영감을 주는 수학교사이자, 뛰어난 친구이자 동료였던 크누트 쉬셰테르에게 이 책을 바칩니다.
2012년에 우리 곁을 떠난 크누트 교수의 통찰력, 헌신, 높은 전문성, 유머 감각은
이 책의 출발점이자 완성의 밑거름이 되었습니다.

– 피터 해먼드, 아르네 스트룀, 안드레스 카르바할

부모님 엘시 해먼드(Elsie Hammond, 1916~2007)와 프레드 해먼드(Fred Hammond, 1916~2008)께
이 책을 바칩니다. 두 분은 저의 첫 수학, 기초 경제학,
그리고 삶의 중요한 가르침을 주신 스승이셨습니다.

– 피터 해먼드

사랑스럽고 인내심 깊은 아내 엘세(Else)에게
이 책을 바칩니다.

– 아르네 스트룀

이 책을 "옛날 옛적에…"로 시작하자고 조르던, 내게 가장 사랑스러운
'수학괴물(matemáquinas)' 제자 예예(Yeye)와 타타(Tata)에게 바칩니다.
그리고 피포카(Pipoca)에게도 무한한 사랑을 담아 바칩니다.

– 안드레스 카르바할

경영·경제분석을 위한 핵심 수학 6판

초판발행 2025년 7월 9일

지은이 크누트 쉬세테르, 피터 해먼드, 아르네 스트룀, 안드레스 카르바할
옮긴이 표용수, 우창화, 안세륭 / **펴낸이** 전태호
펴낸곳 한빛아카데미(주) / **주소** 서울시 서대문구 연희로2길 62 한빛아카데미(주) 2층
전화 02-336-7112 / **팩스** 02-336-7199
등록 2013년 1월 14일 제2017-000063호 / **ISBN** 979-11-7340-032-2 93320

총괄·책임편집 김은정 / **기획** 임선진 / **편집** 윤세은
디자인 이아란 / **전산편집** 백지선 / **제작** 박성우, 김정우
영업 김호철, 김태진, 김성삼, 이정훈, 임현기, 이성훈, 김주성, 심지연

이 책에 대한 의견이나 오탈자 및 잘못된 내용은 출판사 홈페이지나 아래 이메일로 알려주십시오.
파본은 구매처에서 교환하실 수 있습니다. 책값은 뒤표지에 표시되어 있습니다.

홈페이지 www.hanbit.co.kr / 이메일 question@hanbit.co.kr

경영·경제분석을 위한 핵심 수학 6판

Essential Mathematics for Economic Analysis

크누트 쉬셰테르, 피터 해먼드, 아르네 스트룀, 안드레스 카르바할 지음
표용수, 우창화, 안세륭 옮김

한빛아카데미 Hanbit Academy, Inc.

지은이와 옮긴이 소개

지은이 소개

크누트 쉬셰테르(Knut Sydsæter)

노르웨이 오슬로대학교 경제학과 명예교수였으며 2012년에 별세했다. 45년 넘게 경제학 전공자들을 대상으로 수학을 가르쳤다.

피터 해먼드(Peter Hammond)

영국 워릭대학교 경제학과 교수이다. 미국 스탠퍼드대학교에서 명예교수로 은퇴한 이후 2007년에 워릭대학교로 옮겼다. 스탠퍼드대학교를 비롯해 영국 옥스퍼드대학교, 영국 에식스대학교에서 경제학 전공자들을 대상으로 수학을 가르쳤다.

아르네 스트룀(Arne Strøm)

노르웨이 오슬로대학교 경제학과의 명예 부교수이다. 오랜 기간 경제학과에서 전공자들을 대상으로 수학교육을 담당했다.

안드레스 카르바할(Andrés Carvajal)

미국 캘리포니아대학교 데이비스캠퍼스 경제학과 교수이다. 브라질 FGV 경제대학원(EPGE)에서도 겸임교수로 재직 중이다. 현재 《수리경제학 저널(Journal of Mathematical Economics)》 편집장으로 활동하고 있다.

옮긴이 소개

표용수

계명대학교 수학과를 졸업하고 동대학원에서 박사학위를 받은 뒤 일본 쯔쿠바대학에서 박사후과정을 지냈다. 미국 조지아대학교에서 연구년을 보냈다. 부경대학교 응용수학과 교수로 취임한 뒤 기하학개론, 미분기하학, 경영수학개론, 미분적분학, 선형대수학 등 다양한 과목을 지도했으며 지금은 명예교수로 있다. 『MATHEMATICA를 활용한 미분기하학 개론(10판)』(경문사, 2020), 『쉽게 배우는 경영·경제수학(5판)』(경문사, 2021) 등 다양한 저서를 집필했다.

우창화

경북대학교 수학과를 졸업하고 동대학원에서 석·박사학위를 받았다. 우석대학교 수학교육과에서 조교수를 지냈고, 현재 부경대학교 응용수학과 부교수로 재직 중이다. 강의과목은 기하학개론, 미분기하학, 위상수학, 선형대수학 등이다. 주요 연구분야는 에르미트 대칭공간, 실초극면, 부분다양체의 분류에 걸쳐 있으며, 복소공간에서의 실초곡면 분류에 대한 논문을 국내외 학술지에 다수 발표했다. 『쉽게 배우는 경영·경제수학(5판)』(경문사, 2021), 『선형대수의 이해』(자유아카데미, 2022), 『대학 미적분의 이해』(경문사, 2022), 『(데이터 분석을 위한) 수학기초』(도서출판 홍릉, 2024) 등 다양한 저서를 집필했다.

안세룡

아주대학교 경영학과를 졸업하고 동대학원에서 경영학 박사학위를 받은 뒤 캐나다 캘거리대학교에서 박사후과정을 지냈다. 2019년에 부경대학교 경영학부 교수로 취임하여 재무관리, 투자론, 선물과옵션 등 다양한 재무·금융 관련 과목을 지도하고 있다. 금융경제학의 미시재무이론 전문가이며 주요 연구분야는 투자최적화, 자산가격결정, 금융파생상품, 주택금융 등이다.

지은이 머리말

옛날 옛적에 아주 이성적인 직선이 있었다. 이 직선은 한 점을 절절하게 사랑했다. "당신은 시작이자 끝이고, 중심이자 핵심이며 정수 그 자체입니다."라고 다정하게 말했지만, 경박한 그 점은 직선에 전혀 관심이 없었다. 그 점의 눈에는 오직, 아무 생각 없이 흐느적거리는 지저분한 곡선만이 들어왔기 때문이다. 직선의 낭만적인 꿈은 모두 물거품이 되는 듯했지만, 어느 날 '각도'라는 것을 발견했다. 새로운 자기표현을 알게 된 직선은 이제 무엇이든 될 수 있었다. 정사각형, 삼각형, 평행사변형…. 그리고 그건 시작에 불과했다!

Once upon a time there was a sensible straight line who was hopelessly in love with a dot. 'You're the beginning and the end, the hub, the core and the quintessence,' he told her tenderly, but the frivolous dot wasn't a bit interested, for she only had eyes for a wild and unkempt squiggle who never seemed to have anything on his mind at all. All of the line's romantic dreams were in vain, until he discovered: angles! Now, with newfound self-expression, he can be anything he wants to be—a square, a triangle, a parallelogram ...And that's just the beginning!

– 노튼 저스터(Norton Juster, 1963), 『점과 선 : 저학년 수학의 로맨스』에서

경제이론을 수학적 분석이 아닌 다른 방법으로도 연구할 수 있다고 생각했던 나는, 결국 수학적 분석만이 경제이론을 연구하는 유일한 방법이라는 결론에 도달했다. 경제이론은 수학적 분석 그 자체이며, 나머지는 모두 그림과 말장난에 불과하다.

I came to the position that mathematical analysis is not one of many ways of doing economic theory: It is the only way. Economic theory is mathematical analysis. Everything else is just pictures and talk.

– R. E. 루카스 주니어(R. E. Lucas, Jr., 2001)

이 책을 집필한 이유

오늘날 경제학을 공부하는 학생들이 익혀야 할 내용은 상당한 수준의 수학적 능력을 요구한다. 이는 조세론, 산업조직론, 노동경제학 등 여러 분야의 강의에서 읽게 될, 기술적인 수준이 비교적 낮은 '응용' 문헌에서도 마찬가지이며, 다른 분야에서도 수학적 능력이 필요하다. 실제로 주요 문헌들은 일반적으로 몇 가지 중요한 수학 도구에 익숙하다는 전제로 기술되어 있다. 특히 일변수함수와 다변수함수에 대한 미분적분학이라던가 제약조건이 있거나 없는 다변수 최적화 문제에 대한 기본 개념을 알고 있어야 한다. 선형대수학도 경제이론에서 어느 정도 사용되며 계량경제학에서는 훨씬 더 폭넓게 사용된다.

따라서 이 책 『경영·경제분석을 위한 핵심 수학(6판)』의 목적은 경제학을 공부하는 학생들이 학부 수준에서 가장 관련성이 높은 문헌을 읽고 이해할 수 있을 만큼 충분한 수학 실력을 갖추도록 돕는 데 있다. 여기에는 일부 학생들이 학부 연구 프로젝트를 수행하거나 학위논문을 성공적으로 작성할 때 필요한 수학 능력도 포함된다.

책의 제목에서도 알 수 있듯이 이 책은 수학 교재이므로 수학 개념을 점진적으로 학습할 수 있도록 내용을 구성했다. 그렇다고 해서 경제학적 응용을 배제한 것은 아니다. 이 책에 수록된 다양한 경제학적 응용 사례들은 특정 수학 주제를 공부할 동기를 부여할 뿐만 아니라, 미래의 경제학자들이 수학과 경제학 모두 직관을 함께 키워나갈 수 있도록 돕기 위해 수록되었다.

다만 이 책은 경제학 교재도 아니며 수리경제학 교재는 더더욱 아님을 분명히 밝힌다. 경제이론은 다른 과목을 수강하거나 다른 교재를 통해 체계적으로 학습해야 한다. 여러분이 이 책을 통해 필요한 수학 도구를 충분히 익힌 뒤 경제학 수업에서는 수학에 부담을 갖지 않고 경제이론 그 자체에 집중할 수 있다면, 그걸로 이 책의 목적은 충분히 달성되었다고 생각한다.

이 책을 시작하기 전에 알아두면 좋을 것들

경험상 이런 책을 지나치게 초보적인 수준에서 시작한다고 해서 문제가 되는 경우는 거의 없다. 실제로 얼마 전 기초경제학 과목을 수강하려는 1학년 학생 120명을 대상으로 $(a+2b)^2$을 전개하라는 문제를 냈더니, 무려 35가지나 되는 서로 다른 답이 나왔다. 이런 사례만 봐도 기초부터 차근차근 짚어주는 것이 얼마나 중요한지 알 수 있다.

요즘은 전 세계 어디서든 경제학을 전공하려는 학생들의 수학 배경이 정말 다양하다. 기초 대수학이 서툰 상태에서 시작하는 학생도 있는 반면에, 일변수함수의 미분적분학을 능숙하게 다루는 학생도 있다. 게다가 마지막으로 수학을 정식으로 공부한 것이 몇 년 전인 경우도 드물지 않다. 경제학을 제대로 이해하려면 수학의 중요성이 점점 커지는 만큼, 이 책에서는 기초적인 내용을 가능한 한 충분하게 다뤄야 한다고 느꼈다. 수학이 익숙하지 않은 학생들도 이 책으로 부담 없이 시작하고, 스스로 해결할 수 있는 쉬운 문제를 풀어보면서 "나도 할 수 있네?"라는 자신감을 키우길 바란다.

이 책에서 다루는 경제학 관련 설명들은, 아주 기초적인 수준이라도 경제학에 대한 배경지식을 갖고 있으면 더 이해하기 쉬울 것이다. 그렇다고 경제학 배경이 꼭 필요한 것은 아니다. 실제로 이 책은 기초경제학 강의를 동시에 수강하는 학생들에게 경제수학을 가르치는 데 널리 사용되어 왔다. 정식으로 경제학을 공부하기 전이라도 경제학에 관심이 있다면 이 책의 내용을 익히는 데 전혀 문제가 없다고 생각한다.

이 책에서 다루는 주제

이 책은 전체 18장으로 구성되어 있으며, 1장~11장은 기초 수학 개념과 일변수 미분적분학을 다룬다. 특히 4장~7장은 일변수함수의 미분을 처음 접하는 학생들도 부담 없이 학습할 수 있도록 설명을 충분히 풀어 썼다. 12장~18장은 경제학 전공자가 반드시 익혀야 할 선형대수학, 다변수 미분적분학, 제약조건이 없는 최적화이론에서 제약조건이 있는 최적화이론까지 다룬다. 일변수 미분적분학에 익숙하다면 이 부분을 집중해서 학습해도 좋다.

* 한국어판 기준으로 정리

장	내용
1장 ~ 3장	집합, 수체계, 수식 전개 등 기초 개념 정리
4장 ~ 7장	일변수함수와 미분을 기초부터 차근차근 설명하고, 경제학적 개념과 연결되는 도함수 개념을 자연스럽게 소개
8장	오목함수와 볼록함수 등 최적화이론을 다루기 전 알아야 할 중요한 함수의 형태 소개
9장	조건이 없는 최적화이론 중심으로 극값 개념과 최적화 원리 설명
10장	일변수함수의 적분법과 정적분의 경제학적 활용
11장	기초 금융모형, 차분방정식, 미분방정식 등 경제학의 동적분석에 필요한 기초 개념 소개
12장 ~ 13장	행렬과 행렬식 등 선형대수학의 기초를 다루고, 계량경제학과 경제모형 분석 시 활용 가능성 소개
14장 ~ 15장	다변수함수의 극한, 연속성, 편도함수, 이변수함수의 도함수 등 경제학에 자주 등장하는 다변수함수 미분 개념 소개
16장 ~ 18장	제약조건이 없는 최적화이론에서 제약조건이 있는 최적화이론까지 확장하고 라그랑주 방법, KKT 조건 등을 통해 경제학의 수학적 분석 도구를 심도 있게 소개

다양한 학습 수준을 고려한 구성

기초 위주로 공부하려는 학생이라면 각 장의 핵심 개념과 기본적인 기법만 학습해도 충분하다. 이러한 핵심 개념은 중요성을 강조하기 위해 상자 안에 따로 표시되어 있거나 별도의 색으로 강조되어 있다. 문제를 직접 풀어보는 과정도 학습에 필요하므로, 쉬운 문제들은 반드시 직접 풀어보는 게 좋다. 이 정도 기초만 충실하게 익혀도 고급 학부 수준의 응용경제학 이론을 이해할 때 필요한 수학적 배경을 갖출 수 있다.

더 깊이 공부하고 싶다거나, 난도 높은 문제를 풀거나 증명해야 하는 수업을 듣는다면 도전적인 문제도 시도할 수 있다. 또한 이 책에는 어떤 결과가 참인 이유를 물어보거나, 어떤 방식으로 접근해야 하는지를 스스로 고민하게 만드는 심화적인 수학 내용도 수록되어 있다. 이러한 내용을 통해 수학적 통찰을 조금이라도 더 얻을 수 있다면 좋을 것이다.

이미 학습 수준이 높거나 경제학 유관 분야로의 대학원 진학을 준비하는 학생이라면 이 책에 담긴 설명만으로는 일부 주제를 충분히 깊이 있게 다루기 어려울 수도 있다. 그런 경우를 위해 고급 내용을 체계적으로 다룬 심화 교재 『Further Mathematics for Economic Analysis(2nd ed.)』를 함께 참고하도록 안내했다. 이 책은 노르웨이 오슬로대학교의 동료인 아틀레 사이어스타드(Atle Seierstad) 교수와 함께 집필했으며, 차분방정식과 미분방정식으로 이루어진 동적 시스템이나 동태적 최적화와 같은 고급 주제들을 본격적으로 다룬다. 이러한 주제는 모든 경제학과 학생들에게 꼭 필요한 내용은 아니라고 생각하지만, 더 깊이 공부하고자 하는 이들에게는 반드시 짚고 넘어가야 할 중요한 영역이다.

4판, 5판, 6판에 대해

4판 전 세계 여러 지역의 학생들과 강사들이 이 책의 초판부터 3판까지 유용하게 활용했다는 소식을 듣고 정말 기뻤다. 이 책은 영어 외에도 알바니아어, 프랑스어, 독일어, 헝가리어, 이탈리아어, 포르투갈어, 스페인어, 터키어 등 다양한 언어로 번역되어 폭넓게 사용되어 왔다. 이러한 반응에 힘입어 이번에도 본문 전체를 철저하게 개정할 수 있었다. 특히 다음과 같은 변화가 이루어졌다.

❶ MyMathLab Global을 도입했다(6판에서 이를 MyLab으로 대체했다).

❷ 각 장마다 새로운 연습문제를 추가했다.

❸ 일부 그림을 명확하게 개선했다.

5판 5판에서 가장 큰 변화는 안타깝게도 이 책의 주저자이자 집필의 시작을 이끌었던 크누트 쉬셰테르 교수를 잃었다는 사실이다. 크누트 교수는 우리의 소중한 친구이자 동료였다. 2012년 9월 29일, 75번째 생일을 불과 며칠 앞두고 아내 말린카 스타네바(Malinka Staneva)와 함께 스페인에서 휴가를 보내던 중 갑작스럽게 세상을 떠났다. 크누트 교수의 제자 중 한 명이자 당시 노르웨이 총리였던 옌스 스톨텐베르그(Jens Stoltenberg)는 추도문에서 이렇게 회고했다.

> "작은 종이 한 장만을 원고 삼아, 크누트 교수님은 나를 비롯한 수많은 경제학도들에게 수학이 경제학에서 어떤 도구가 될 수 있는지를 처음으로 보여주셨다. 전문성과 헌신, 유머를 겸비한 교수님은 까다롭기도 했지만 동시에 깊은 영감을 주는 강의로 우리를 이끄셨다. 그분은 우리에게 수학의 세계로 들어가는 문을 열어주었고, 수학은 복잡한 관계를 간단하게 설명할 수 있는 언어임을 보여주셨다."

이 추도문이 실린 웹페이지(https://web.stanford.edu/~hammond/sydsaeter.html)에는 크누트 교수를 기리는 다른 헌사들과 회고 글도 함께 올라와 있다.

비록 크누트 교수는 더 이상 함께하지 못하게 되었지만, 생전에 그가 여러 차례 강조했던 바람을 따라 이 책을 계속 이어가야 한다는 데에는 이견이 없었다. 다행히도 5판을 준비하던 시점에 안드레스 카르바할 교수가 공동저자로 합류하기로 결정되어 있었다. 카르바할 교수는 영국 워릭대학교 피터 해먼드 교수와 함께 일한 경력이 있고, 당시에는 미국 캘리포니아대학교 데이비스 캠퍼스에 부임한 참이었다. 이전 개정판의 스페인어판을 새롭게 작업한 경험도 있었고, 5판부터는 이 책의 영어판 공동저자로 정식 참여하게 되었다. 카르바할 교수의 제안에 따라 1장~3장의 내용을 더욱 논리적인 순서로 재구성했고, 그 결과 집합론(Set Theory)이 이 책의 첫 번째 주제로 자리잡게 되었다.

6판 6판에서는 전체 장 구성이 크게 개편되었다. 이전 판에서는 선형계획법을 다루는 장이 선형대수학을 다룬 두 개 장 이후에 배치되어 있었는데, 비선형계획법을 다룬 앞부분에서 이미 보완여유조건(complementary slackness)과 같은 핵심 개념이 등장하고 있었다. 이에 따라 이번 개정에서는 선형대수학 관련 장을 앞쪽으로 이동시켰다. 이로써 다변수 미분적분학을 설명할 때부터 선형대수학 도구를 함께 활용할 수 있도록 했다. 후반부의 최적화이론(16장~18장)의 흐름도 더욱 자연스럽게 연결되었다.

단순히 장의 순서만 바꾼 것이 아니라, 기존 17개 장에서 18개 장(영어판은 20개 장)으로 늘렸다. 이는 기존에 1개 장으로 구성된 '제약조건이 있는 최적화' 내용을 분할했기 때문이다. 그중 등식 제약조건을 다루는 부분은 17장(영어판 18장)으로 독립시켰고, 부등식 제약조건에 관한 내용은 18장(영어판 20장)으로 분리했다.

이 외에도 2개 장이 새롭게 신설되었다. 8장에서는 일변수함수의 오목함수와 볼록함수를 다루는데, 최적화이론에서 중요한 개념인 오목함수의 상위기울기(supergradient)와 볼록함수의 하위기울기(subgradient)에 대한 결과를 포함한다. 이후의 장에서는 이러한 결과를 이변수함수, 더 나아가 n변수함수로 확장한다. 또한 다중적분을 간단하게 다루는 장이 영어판 16장으로 추가되었다.

마지막으로 13장에 고윳값과 이차형식에 대한 중요한 내용이 추가되었다. 추가된 내용들은 후속 장을 전개하는 데에도 큰 영향을 주었다. 먼저 헤시안 행렬을 바탕으로 15장에서 다변수함수가 오목함수인지 판단하는 조건을 다룰 수 있고, 16장(영어판 17장)에서 임계점이 최댓값 또는 최솟값인지 결정하는 이계조건을 체계적으로 다룰 수 있다. 이러한 수학적 기반이 갖추어졌으므로 18장(영어판 20장)에서 오목계획법 문제에 대해 KKT 조건(카루시–쿤–터커 조건)이 최적점의 충분조건임을 명확하게 논의할 수 있게 되었다.

참고로 영어판 16장은 다중적분을 다루고 영어판 19장은 선형계획법과 보완여유조건을 다루는 장으로 구성되어 있으나, 한국어판에서는 해당 내용의 상대적 중요도를 고려하여 저자들과의 협의하에 생략했다.

감사의 말씀

그동안 정말 많은 동료 교수, 다른 대학의 강사, 학생들로부터 도움을 받아왔다. 도움 주신 이들이 너무 많아서 여기에 모두를 일일이 언급하기 어려울 정도다.

안드레스 카르바할은 다음 분들에게 특별히 감사를 전하고자 한다. 우선 이번 6판의 개정 작업을 훌륭하게 도와준 자오이치엔(Yiqian Zhao)과 양신후이(Xinhui Yang), 책에 경제학적 응용 사례를 많이 담을수록 수학적 설명이 더욱 풍부해진다는 생각에 힘을 실어준 재닌 윌슨(Janine Wilson) 교수, 이전 판에 피드백을 주고 개선 방향에 대해 자신의 의견을 공유해준 짐 와이즈먼(Jim Wiseman) 교수에게 깊이 감사드린다. 또한 미국 캘리포니아대학교 데이비스 캠퍼스 소속 학생들인 바이싱허(Xinghe Bai), 베로니카 콘트레라스(Veronica Contreras), 네이선 지(Nathan Gee), 안잘리 칼라시(Anjali Khalasi), 리옌난(Yannan Li), 다니엘 스케이츠(Daniel Scates), 켈리 스탱글(Kelly Stangl), 수이핑(Yiping Su)은 여러 장을 꼼꼼히 검토하며 오류를 찾아내고 완성도를 높이는 데 큰 도움을 주었다.

이번 6판에서도 피어슨 출판사의 여러 담당자들께 많은 격려와 지원을 받았다. 특히 캐서린 예이츠(Catherine Yates) 제품 매니저와 멜라니 카터(Melanie Carter) 콘텐츠 총괄 프로듀서는 제작 과정 전반에서 큰 역할을 해주었다. 조판 작업을 도와준 SPi 글로벌(SPi Global)의 비벡 칸델왈(Vivek Khandelwal), 교정 작업을 도와준 SpacedEns 편집 서비스(SpacedEns Editorial Services)의 루 앳우드(Lou Attwood)와도 성공적으로 협력할 수 있어 기뻤다. 이들은 이메일 문의에도 언제나 친절하고 적극적으로 응답했으며, 이번 판이 제때 인쇄되도록 세심하게 챙겨주었다.

학문적인 측면에서는 독일 괴팅겐대학교의 프레드 뵈커(Fred Böker) 교수에게 깊이 감사드린다. 프레드 교수는 이 책의 여러 개정판을 독일어판으로 번역했고, 수학적 세부사항 하나하나까지 꼼꼼히 살피며 유용한 수정 제안과 개선 의견을 보내주었다. 그 과정에는 이 책의 독일어판을 강의에 활용해 온 에글레 타페나우(Egle Tafenau) 박사의 제안도 일부 포함되어 있다. KKT 조건을 소개하면서 해롤드 쿤(Harold Kuhn)과 앨버트 터커(Albert Tucker)의 이름과 함께 윌리엄 카루쉬(William Karush)의 이름도 함께 기재해야 한다는 표준 학계 관행을 따르도록 설득한, 미국 스탠퍼드대학교 후버연구소(Hoover Institution)의 케네스 주드(Kenneth Judd) 박사에게도 감사드린다.

이 외에도 영국 더럼대학교의 마우로 밤비(Mauro Bambi) 박사는 MyLab Maths용 문제 콘텐츠를 개발하고 관리해 주었으며, 덴마크 오르후스대학교의 카르스텐 베르트람 호르 안데르센(Carsten Berthram Haahr Andersen) 교수도 MyLab에 대한 피드백을 주었다.

마지막으로 이 책이 세상에 나올 수 있도록 도와주신 많은 분과 기관, 그리고 출판사를 통해 이전 개정판에 대한 의견을 보내주신 분들께 진심으로 감사드린다. 이 책이 학생들에게 실제로 도움이 되는 결과물로 완성되었음을 통해, 도움을 주신 모든 분이 보람을 느끼시길 바란다. 이것이야말로 우리가 바라는 가장 중요한 일이 아닐까 생각한다.

미국 캘리포니아주 데이비스, 영국 잉글랜드 코번트리, 노르웨이 오슬로에서 2021년 1월

안드레스 카르바할, 피터 해먼드, 아르네 스트룀

옮긴이 머리말

『Essential Mathematics for Economic Analysis(6th ed.)』는 경제학을 전공하는 학부생은 물론이고 경제적 사고에 수학이라는 도구를 적극 활용하고자 하는 다양한 전공자들에게 오래도록 사랑받아 온 교재다. 이 책은 수학의 이론적 정밀성과 경제학의 응용적 직관을 성공적으로 결합했으며, 전 세계 수많은 대학교에서 오랫동안 교재로 활용됐다.

이번 6판에서는 최적화이론, 오목성, 고윳값 이론 등 현대 경제분석에서 핵심적인 주제들이 대폭 강화되고 보완되었으며, 이를 통해 이전 판보다 훨씬 더 균형 잡힌 구성과 명확한 체계를 갖추게 되었다.

이 책을 번역하며 원문의 방대한 내용과 정교한 수학적 논의가 국내 독자들에게도 친숙하게 다가갈 수 있도록 노력했다. 경제학적 직관을 놓치지 않으면서도 수학적 논리 구조가 중요한 이유를 충분히 전달하고자 노력했으며, 원문의 의미를 훼손하지 않되 우리말의 흐름에 맞추어 자연스럽게 다듬는 데도 심혈을 기울였다. 이번 한국어판은 원서의 총 20개 장 중 16장과 19장을 번역에서 제외하고 번역(편역)한 형식이다. 이러한 작업 방향을 흔쾌히 이해하고 허락해 주신 원저자들께 깊이 감사드린다.

이번 번역 작업이 가능하도록 소중한 조언과 격려를 보내주신 부경대학교의 여러 교수님들께 깊은 감사의 말씀을 드린다. 또한 한국어판 출간을 위해 적극적으로 협조해주신 한빛아카데미(주) 관계자 여러분께도 진심으로 감사드린다.

이 책이 경제학을 공부하는 독자들에게 수학이라는 도구를 보다 능동적이고 비판적으로 활용할 수 있는 길잡이가 되기를 바란다. 나아가 학제 간 소통의 가능성을 넓히고, 수학적 사고와 경제학적 응용 사이의 간극을 좁히는 데 조금이나마 기여할 수 있기를 진심으로 희망한다.

2025년 여름

표용수 · 우창화 (부경대학교 응용수학과), **안세룡** (부경대학교 경영학부)

미리보기

핵심 용어

본문에서 기억해야 할 주요 개념을 별도의 색으로 강조한다.

강조 상자

본문에서 핵심이 되는 용어나 내용을 한눈에 보이게 강조하여 소개한다.

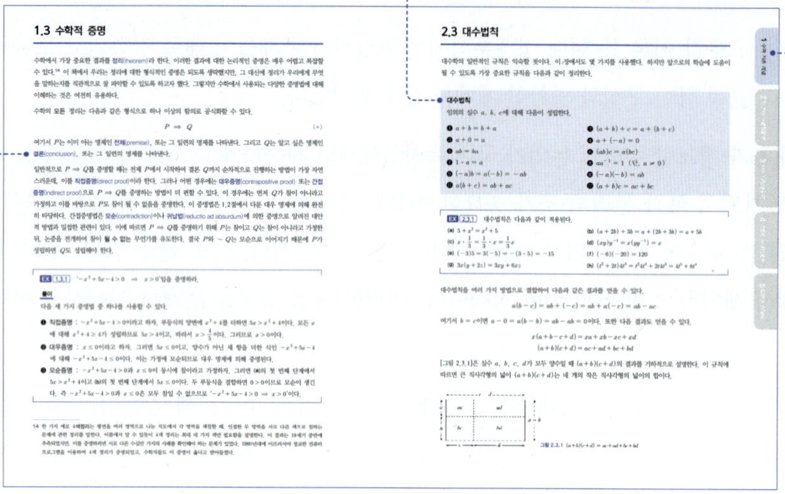

PART 라벨

여러 장을 큰 범주로 구분한 뒤 오른쪽 페이지에 표시해 두었다. 목차에서 구분된 장을 확인할 수 있다.

정리

본문에서 기억해두어야 할 주요 이론을 정리로 소개한다.

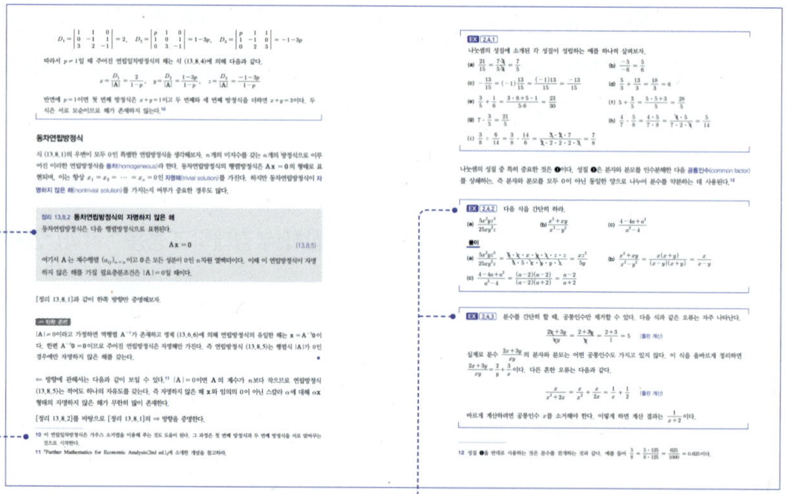

각주

개념을 간단하게 소개하거나 알아두면 좋을 자료를 부연 설명한다.

EX

본문 개념을 적용한 문제와 풀이를 소개한다. 예만 다룰 때도 있다.

표

복잡한 정보를 표 형태로 간결하게 정리하여 제시한다.

참고

본문의 이해를 돕는 보충 설명을 소개한다.

그림

본문의 개념을 시각화하여 직관적으로 이해할 수 있도록 돕는다.

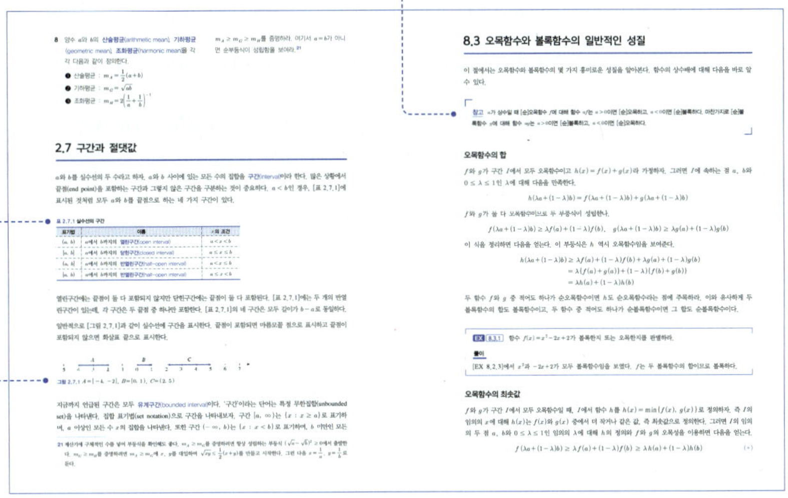

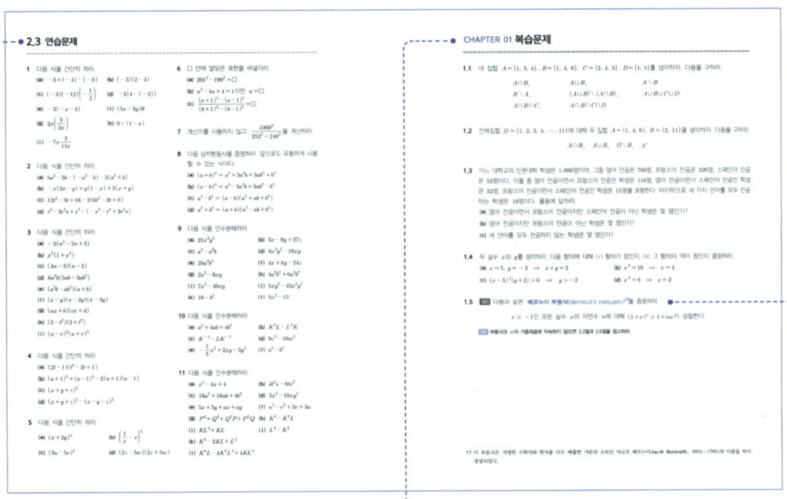

심화

연습문제와 복습문제 중 보다 심도있게 고민해야 할 문제에 **심화** 표시를 추가했다.

연습문제

해당 절에서 익힌 개념은 문제를 통해 복습할 수 있도록 한다.

복습문제

해당 장의 내용은 문제를 풀며 종합적으로 점검할 수 있도록 한다.

- **강의자용 : 강의보조자료 다운로드**
  한빛아카데미(https://hanbit.co.kr/academy) 접속 → [교수전용공간] 클릭 → [강의자료] 클릭 → 도서명 검색
- **학습자용 : 정답 다운로드**
  한빛아카데미(https://hanbit.co.kr/academy) 접속 → 도서명 검색 → 도서 상세 페이지의 [부록/예제소스]

참고문헌

- Körner, T.W. (2013) *Vectors, Pure and Applied* (Cambridge University Press: Cambridge).
- Meyer, C.D. (2000) *Matrix Analysis and Applied Linear Algebra* (SIAM: Philadelphia).
- Sydsæter, K., Hammond, P., Seierstad, A. and Strøm, A. (2008) *Further Mathematics for Economic Analysis* (2nd ed.) (FT/Prentice Hall: Harlow and London).
- Varian, H.L. (2009) *Intermediate Microeconomics: A Modern Approach* (8th ed.) (W.W.Norton: New York and London).

목차

CHAPTER 03 방정식 풀이

CHAPTER 04 일변수함수

CHAPTER 05 함수의 성질

PART 2 일변수 미분적분학

CHAPTER 06 미분

CHAPTER 07 도함수의 활용

CHAPTER 08 함수의 오목과 볼록

CHAPTER 09 최적화

CHAPTER 10 적분

CHAPTER 11 금융과 동적분석의 기초

PART 3 기초 선형대수학

CHAPTER 12 행렬대수

CHAPTER 13 행렬식과 이차형식

PART 4 다변수 미분적분학

CHAPTER 14 다변수함수

CHAPTER 15 편도함수의 활용

PART 5 다변수 최적화

CHAPTER 16 제약조건이 없는 최적화

CHAPTER

01

논리와 집합론

Essentials of Logic and Set Theory

CONTENTS

경제학이 과학이 되려면 수학이 필요하다는 것은 분명하다.
It is clear that economics, if it is to be a science at all,
must be a mathematical science.
_ 윌리엄 스탠리 제번스(William Stanley Jevons, 1835~1882),
『제번스의 정치경제학 이론』(나남, 2011)

수학적 논증은 엄격한 논리적 추론을 요구한다. 현대 경제분석도 마찬가지다. 따라서 논리의 기본 개념과 간단하게 정리된 수학적 증명을 사전에 학습한다면 이 책을 쉽게 이해할 수 있다. 본격적인 내용을 다루기에 앞서 집합론을 간단하게 소개하겠다. 집합론은 수학에서도 그렇지만 경제학에서도 핵심 역할을 하므로 중요하다. 일반적으로 경제모형에서는 경제 주체가 이윤과 같은 특정 목표를 추구하고, 실현가능한 특정 대안 중 최적의 선택을 한다고 가정한다.

이 장은 수학적 귀납법에 대한 논의로 마무리된다. 때로는 경제학에서도 수학적 귀납법으로 논증하며, 경제학자들이 사용하는 수학적 결과를 수학적 귀납법으로 이해해야 할 수도 있다.

1.1 집합론의 기본

일상생활에서 우리는 끊임없이 종류가 같은 개체(object)를 모으고 구분한다. 예를 들어 대학의 교수진은 교수, 부교수, 겸임교수 등 대학에서 학생을 가르치는 모든 구성원을, 정원은 그 안에서 자라는 모든 식물을 나타낸다. 어떤 경제학자는 (본인의 연구에서) 직원이 300명 이상인 스코틀랜드의 모든 기업 또는 2019년에 소득이 50,000~100,000 유로인 독일의 모든 납세자에 대해 다룰 수 있다. 어떤 1학년 학생이 대학에서 쓸 노트북과 스마트폰을 어떤 제품 조합으로 구매할지 생각 중이라고 해보자. 이 학생은 본인이 감당할 수 있는 예산을 초과하지 않는 범위에서 구매할 수 있는 모든 조합을 고려할 것이다. 지금까지 소개한 모든 경우에, 한 단위로 묶이는 개체의 모임이 있을 수 있다. 수학에서는 이러한 모임을 **집합**(set)이라 하며, 집합에 속하는 개체를 **원소**(element) 또는 **구성원**(member)이라 한다.

집합을 나타내는 가장 간단한 방법은 여는 중괄호 $\{$ 와 닫는 중괄호 $\}$ 사이에 원소를 어떤 순서로든 나열하는 것이다. 예를 들어 알파벳의 처음 세 글자로 이루어진 집합은 $S=\{a, b, c\}$이다. 이것은 문자 a, b, c로 표현되는 세 원소를 포함한 집합일 수도 있다. 여기서 $a=0$, $b=1$, $c=2$이면 $S=\{0, 1, 2\}$가 된다. $S=\{a, b, c\}$는 미지수 x에 대한 삼차방정식 $(x-a)(x-b)(x-c)=0$의 해로 이루어진 집합을 나타내기도 한다. 여기서 a, b, c는 모두 실수이다. 문맥상 중괄호를 '~인 원소로 이루어진 집합'으로 읽는다.

집합은 모든 원소를 나열함으로써 완전하게 정의되기 때문에, 두 집합 A와 B가 정확히 동일한 원소를 서로 포함하면 **같은** 집합으로 간주한다. 즉 A의 각 원소는 B의 원소이고 그 역도 성립한다. 이러한 경우를 $A=B$로 표기한다. 집합에서 원소가 나열된 순서는 중요하지 않으므로 $\{1, 2, 3\}=\{3, 2, 1\}$이 성립한다. 원소가 두 개 이상 중복으로 나열되어도 집합은 바뀌지 않으므로 $\{1, 1, 2, 3\}=\{1, 2, 3\}$도 성립한다.

기호 $\varnothing$는 어떤 원소도 포함하지 않는 집합을 나타내며, 이를 **공집합**(empty set)이라 부른다. 공집합은 유일함을 알아두자. 앞서 집합은 모든 원소를 나열함으로써 완전하게 정의된다고 설명했는데, 이 원칙에 따르면 어떤 원소도 포함하지 않는 집합은 하나만 존재할 수 있다. 따라서 상상력이 풍부한 초등학생이든, 최첨단 과학을 연구하는 물리학자이든, 이 책을 읽는 여러분이든 누구든 상관없이 공집합은 모두에게 같은 개념이다.

조건제시

모든 집합이 모든 원소를 나열해야만 정의될 수 있는 것은 아니다. 어떤 집합은 무한히 많은 원소를 포함하는데, 이러한 무한집합은 경제학에서 꽤 흔한 편이다. 예를 들어 소비자이론에 등장하는 예산집합을 생각해보자. 두 개의 재화가 있고 각각의 양을 x와 y로 나타낸다고 가정하자. 두 재화를 단위당 각각 p와 q라는 가격으로 구매할 수 있다고 하자. 소비 묶음은 두 재화의 수량을 쌍으로 묶은 (x, y)이고, 전체 구매 가격은 $px + qy$이다. 소비자가 두 재화를 구매할 때 사용할 수 있는 금액이 최대 m이라고 가정하자. 이때 소비자가 자유롭게 소비할 수 있다고 가정하면, **예산제약**(budget constraint)은 $px + qy \leq m$이다. 여기에 각 상품의 소비량이 반드시 0 이상이어야 한다는 가정이 추가되면, **예산집합**인 B는 세 부등식 $px + qy \leq m$, $x \geq 0$과 $y \geq 0$을 만족하는 모든 소비 묶음 (x, y)로 구성된다. 이 집합은 [그림 4.4.12]로 확인할 수 있다. 이러한 집합을 나타내는 표준 표기는 다음과 같다.

$$B = \{(x, y) : px + qy \leq m, \ x \geq 0, \ y \geq 0\} \tag{1.1.1}$$

여전히 중괄호 { } 는 '~인 원소로 이루어진 집합'을 나타내기 위해 사용된다. 그런데 무한히 많은 점들로 이루어진 삼각형 형태의 예산집합 B는 그 원소를 모두 나열할 수 없다. 그래서 원소를 모두 나열하는 대신 이를 두 부분으로 나누어 명시한다. 먼저 콜론 기호 : 앞에 (x, y)를 사용하여 B의 대표 원소 형태를 나타낸다. 앞선 예에서 (x, y)는 두 재화의 양을 나열하여 명시한 소비 묶음을 의미했다. 콜론 기호(:) 대신 기호 |를 쓸 수 있으며 이는 '~을(를) 만족하는'이라고 읽는다. 그리고 콜론 기호 뒤에 이러한 대표 원소가 만족해야 하는 세 가지 조건을 나열한다. 이로써 집합 B의 표기를 완성했다. 다음과 같이 집합 표기를 일반화했을 때 식 (1.1.1)이 그 한 예가 될 수 있다.

$$S = \{ \text{ 대표 원소 : 조건(또는 조건식) 정의 } \}$$

무한집합뿐만 아니라 유한집합도 조건제시법으로 정의할 수 있음을 알아두자. 사실 '현재 살아있는 모든 사람의 집합'과 같이 어떤 유한집합은 조건제시법으로 **정의해야만** 한다.

집합의 원소

앞서 설명했듯이 집합은 원소 또는 구성원을 포함한다. 집합과 그 원소 간의 관계를 편리하게 나타내고자 표준 기호를 사용한다. 먼저 다음 식은 x가 집합 S의 **원소**임을 나타낸다.

$$x \in S$$

여기서 '~에 속한다'를 뜻하는 기호 $\in$는 그리스 문자 ϵ(엡실론)을 변형한 것이다.

x가 집합 S의 **원소가 아님**을 나타낼 때는 $x \notin S$로 표기한다. 예를 들어 $d \notin \{a, b, c\}$는 d가 집합 $\{a, b, c\}$의 원소가 아님을 의미한다.

집합의 원소 여부를 나타내는 표기법을 어떻게 적용하는지 알아보기 위해, 어떤 1학년 학생이 노트북과 스마트폰을 **모두 구매해야 하는** 예를 다시 생각해보자. 기기마다 '저렴한' 상품과 '비싼' 상품 두 가지가 있고, 학생은 비싼 스마트폰과 비싼 노트북을 같이 구매할 여유가 없다고 가정하자. 이때 학생이 구매할 수 있는 세 가지 조합을 집합으로 나타내면 { 저렴한 노트북과 저렴한 스마트폰, 비싼 노트북과 저렴한 스마트폰, 저렴한 노트북과 비싼 스마트폰}이다. 따라서 학생은 이 집합에서 원소 하나를 선택하도록 제한된다. 즉 선택을 s로 표시하고 구매할 수 있는 조합의 집합을 B로 표시하면 이 학생의 선택은 $s \in B$라는 요구사항에 의해 제약받는다고 할 수 있다. 만약 t가 감당할 수 없는 조합인 '비싼 노트북과 비싼 스마트폰'이라 한다면, $t \notin B$로 나타낼 수 있다.

임의의 두 집합 A와 B를 생각하자. A의 모든 원소가 B의 원소이면, 집합 A는 집합 B의 **부분집합**(subset)이라 하고 이를 $A \subseteq B$로 나타낸다.[1] 특히 $A \subseteq A$와 $\varnothing \subseteq A$는 항상 성립한다. 두 집합이 모두 동일한 원소를 포함할 때, 두 집합은 **서로 같다**(equal)고 한다. 이 정의로부터 $A \subseteq B$인 동시에 $B \subseteq A$일 때만 $A = B$이다.

스마트폰과 노트북을 구매하려는 학생의 예로 돌아와서, 이번에는 학생이 저렴한 스마트폰으로도 충분하다고 여겨 비싼 스마트폰을 구매하지 않는다고 생각해보자. 그렇다면 학생은 저렴한 스마트폰과 함께 어떤 노트북을 사야 할지만 결정하면 된다. 이 학생이 배제하지 않은 선택으로 구성된 집합 {저렴한 노트북과 저렴한 스마트폰, 비싼 노트북과 저렴한 스마트폰}을 A로 나타낸다면, $A \subseteq B$이다.

집합의 연산

집합은 다양한 방식으로 결합할 수 있다. 특히 두 집합 A와 B의 **합집합**, **교집합**, **차집합**이 중요하다. [표 1.1.1]은 이 세 가지 연산을 설명한다.

표 1.1.1 집합의 기본연산

기호	이름	설명
$A \cup B$	합집합	A와 B 중 하나 이상에 속하는 모든 원소로 이루어진 집합
$A \cap B$	교집합	A와 B 모두에 속하는 모든 원소로 이루어진 집합
$A \setminus B$[2]	차집합	A에는 속하나, B에는 속하지 않는 모든 원소로 이루어진 집합

[표 1.1.1]을 다음과 같이 식으로 나타낼 수 있다.

$$A \cup B = \{x : x \in A \text{ 또는 } x \in B\}$$
$$A \cap B = \{x : x \in A \text{이고 } x \in B\}$$
$$A \setminus B = \{x : x \in A \text{이고 } x \notin B\}$$

수학 용어인 '또는'은 '$x \in A$ 또는 $x \in B$'라는 문장이 $x \in A$와 $x \in B$가 모두 참일 가능성도 허용하므로 **포괄적**(inclusive)이며, 이 개념을 아는 것이 중요하다.

EX 1.1.1 $A = \{1, 2, 3, 4, 5\}$, $B = \{3, 6\}$이라 하자. 이때 $A \cup B$, $A \cap B$, $A \setminus B$, $B \setminus A$를 각각 구하라.

풀이

$A \cup B = \{1, 2, 3, 4, 5, 6\}$, $A \cap B = \{3\}$, $A \setminus B = \{1, 2, 4, 5\}$, $B \setminus A = \{6\}$

1 (옮긴이) 집합 A가 부분집합 B인 관계를 $A \subset B$로 나타내는 경우가 많으나 일반적으로는 $A \subseteq B$로 표기한다. $A \subset B$는 $A \neq B$임을 의미하기 위해 표기할 수도 있다.

2 (옮긴이) $A \setminus B$ 대신 $A - B$로 표기하기도 한다.

경제학적 예시로 2019년 한 해 동안 캘리포니아에서 일한 모든 사람을 생각해보자. A는 해당 연도에 소득이 35,000달러 이상인 모든 노동자의 집합, B는 순자산이 200,000달러 이상인 모든 노동자의 집합으로 표시하자. 그러면 합집합 $A \cup B$는 소득이 35,000달러 이상이거나 순자산이 200,000달러 이상인 노동자의 집합이고, 교집합 $A \cap B$는 소득이 35,000달러 이상인 동시에 순자산이 200,000달러 이상인 노동자의 집합이다. 차집합 $A \setminus B$는 소득이 35,000달러 이상이지만 순자산이 200,000달러보다 적은 노동자의 집합이다.

두 집합 A와 B가 공통된 원소를 갖지 않으면, 두 집합을 **서로소**(disjoint)라 한다. 따라서 $A \cap B = \varnothing$이면 집합 A와 B는 서로소이다.

집합들의 모음을 **집합족**(family of set)이라 한다. 어떤 집합족이 주어지면 자연스럽게 그 집합족에 속하는 각 집합을 특별히 고정된 한 집합 $\mathcal{U}$의 부분집합으로 생각할 수 있다. 이제부터 집합 $\mathcal{U}$를 **전체집합**(universal set)이라 부른다. 앞서 살펴본 경제학적 예시에서 전체집합은 당연히 2019년 캘리포니아에 거주한 모든 사람의 집합으로 선택할 수 있다.

집합 A가 전체집합 $\mathcal{U}$의 부분집합이라면, 차집합의 정의에 따라 $\mathcal{U} \setminus A$는 $\mathcal{U}$의 원소 중 A에 속하지 않는 원소의 집합이다. 이 집합을 $\mathcal{U}$에서 A의 **여집합**(complement)이라 하며, 기호 A^c로 표기한다.[3] 어떤 집합의 여집합을 구할 때, 전체집합이 무엇인지 명확히 해두는 것이 매우 중요하다.

EX 1.1.2 어떤 대학교에 재학하는 모든 학생의 집합을 전체집합 $\mathcal{U}$라 하자. F는 여학생의 집합, M은 수학 전공인 학생의 집합, C는 대학 합창단 소속인 학생의 집합, B는 생물학 전공인 학생의 집합, 그리고 T는 테니스를 치는 학생의 집합을 나타낸다고 하자. 집합 $\mathcal{U} \setminus M$, $M \cup C$, $F \cap T$, $M \setminus (B \cap T)$, $(M \setminus B) \cup (M \setminus T)$의 원소를 각각 설명하라.

풀이

$\mathcal{U} \setminus M$은 수학 전공이 아닌 학생의 집합이다. $M \cup C$는 수학 전공 또는 대학 합창단 소속인 학생의 집합으로, 수학 전공인 동시에 대학 합창단 소속인 학생도 포함한다. $F \cap T$는 테니스를 치는 여학생의 집합이다. $M \setminus (B \cap T)$는 수학 전공인 학생 중 생물학 전공도 아니고 테니스도 치지 않는 학생의 집합이다. 그리고 $(M \setminus B) \cup (M \setminus T)$는 수학 전공인 학생 중 생물학 전공이 아닌 학생이거나, 또는 수학 전공인 학생 중 테니스를 치지 않는 학생의 집합이다. 여기서 $M \setminus (B \cap T) = (M \setminus B) \cup (M \setminus T)$임을 알 수 있는가?[4]

벤 다이어그램

서로 다른 집합이 어떻게 연관되는지 알아볼 때, 각 집합을 평면에 영역으로 표시할 수 있으면 매우 유용하다. 이러한 방식으로 나타낸 그림을 **벤 다이어그램**(Venn diagram)이라 한다.[5]

두 집합에 대해 앞서 논의한 집합의 연산을 [그림 1.1.1]과 같이 나타낼 수 있다. 연산에 대한 정의를 직접 이용하거나 벤 다이어그램으로 집합을 나타내면 보편적으로 성립하는 공식을 도출할 수 있다. 예를 들어 두 집합의

3 집합 A의 여집합을 $\mathscr{C}A$와 $\widetilde{A}$로 표기할 수도 있다.

4 임의의 세 집합 M, B, T에 대해 $(M \setminus B) \cup (M \setminus T) = M \setminus (B \cap T)$는 참이다. 이 등식은 벤 다이어그램을 공부하면 쉽게 확인할 수 있다.

5 벤 다이어그램은 이 개념을 최초로 사용한 영국 수학자 존 벤(John Venn, 1834~1923)의 이름을 따서 명명되었다.

교집합 정의에 따르면 식 $A \cap B = B \cap A$를 바로 유도할 수 있다.

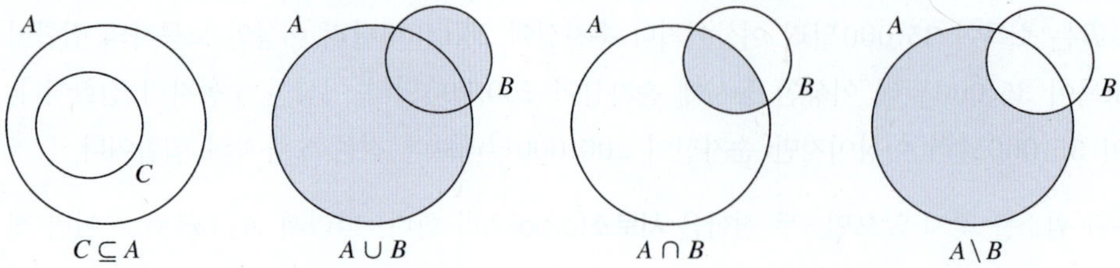

그림 1.1.1 네 가지 벤 다이어그램

세 집합 A, B, C를 벤 다이어그램으로 나타낼 때는 세 집합과 각 원소 사이의 가능한 관계를 모두 나타내도록 그리는 것이 중요하다. 즉 다음에 나열한 식 (1)~(8)은 각각 [그림 1.1.3]에 소개하는 영역 (1)~(8)이며 모두 공집합이 아니어야 한다.[6]

(1) $(A \cap B) \setminus C$　　(2) $(B \cap C) \setminus A$　　(3) $(C \cap A) \setminus B$　　(4) $A \setminus (B \cup C)$

(5) $B \setminus (C \cup A)$　　(6) $C \setminus (A \cup B)$　　(7) $(A \cap B) \cap C$　　(8) $((A \cup B) \cup C)^c$

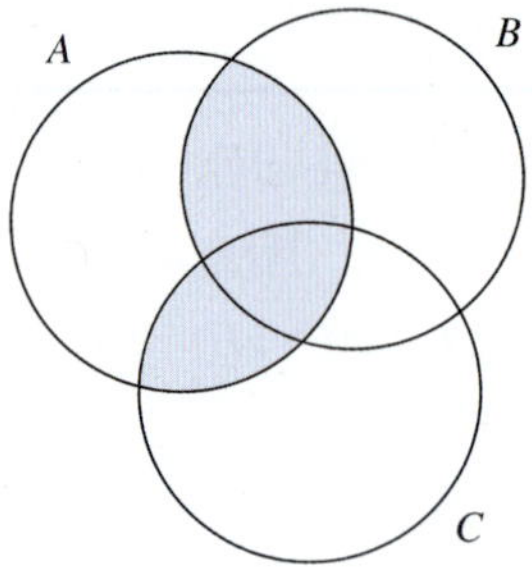

그림 1.1.2 $A \cap (B \cup C)$의 벤 다이어그램

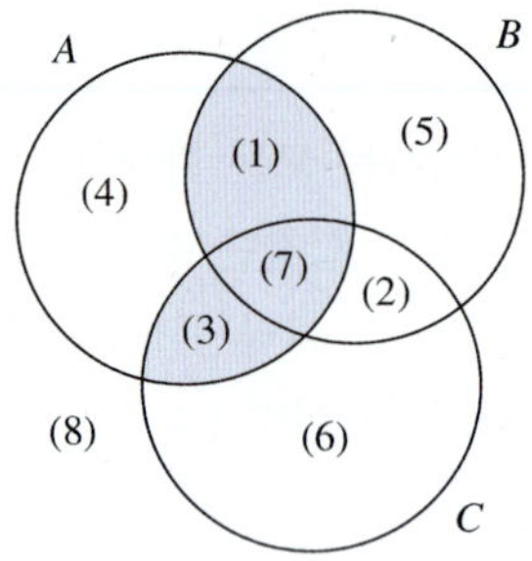

그림 1.1.3 세 집합에 대한 벤 다이어그램

벤 다이어그램은 세 집합 이하의 관계를 나타낼 때 특히 유용하다. 예를 들어 세 집합 A, B, C에서 다음과 같은 관계를 생각해보자.

$$A \cap (B \cup C) = (A \cap B) \cup (A \cap C) \tag{1.1.2}$$

[표 1.1.1]의 정의만으로는 집합 A, B, C에 대해 식 (1.1.2)가 성립하는지 확인하기 어렵다. 그러나 벤 다이어그램을 그려보면 식 (1.1.2)의 좌변과 우변이 모두 [그림 1.1.2] 및 [그림 1.1.3]에서 별도의 색으로 표시한 영역으로 나타남을 쉽게 확인할 수 있다. 이로써 식 (1.1.2)가 성립한다. 비슷한 논리를 이용하여 다음을 증명할 수 있다.

$$A \cup (B \cap C) = (A \cup B) \cap (A \cup C) \tag{1.1.3}$$

교집합과 합집합의 정의를 이용하거나 벤 다이어그램을 적절하게 그리면 $A \cup (B \cup C) = (A \cup B) \cup C$와 $A \cap (B \cap C) = (A \cap B) \cap C$가 성립함을 알 수 있다. 이때는 괄호의 위치가 중요하지 않으므로 괄호 없이

6 세 집합 사이의 관계에 대한 정보가 따로 없는 한 모든 영역은 비어 있지 않아야 한다. 예를 들어 세 집합이 서로소라는 정보가 있을 때 $A \cap B \cap C = \varnothing$이며, [그림 1.1.3]의 영역 (7)이 사라진다.

간단히 $A \cup B \cup C$와 $A \cap B \cap C$로 나타낸다. 그러나 식 (1.1.2)와 식 (1.1.3)의 좌변은 괄호를 제거할 수 없음을 주의해야 한다. 왜냐하면 $A \cap (B \cup C)$는 $(A \cap B) \cup C$와 일반적으로 같지 않고, $A \cup (B \cap C)$도 $(A \cup B) \cap C$와 같지 않기 때문이다.[7]

이렇게 평면상에 집합을 표시하는 방법은 집합이 네 개 이상이면 사용하기 어려워진다. 네 개의 집합을 포함하는 벤 다이어그램은 $2^4 = 16$개의 영역을 포함해야 하기 때문이다.[8]

게오르그 칸토어

집합론의 창시자는 게오르그 칸토어(Georg Cantor, 1845~1918)이다. 칸토어는 러시아 상트페테르부르크에서 태어났으며 11세 때 독일로 이주했다. 칸토어는 역사상 위대한 수학자 중 하나로 꼽히는데, 앞서 소개했듯이 집합론의 발전에 이바지했기 때문만은 아니다. 칸토어는 무한집합에 관한 심오한 연구로 유명하다. 칸토어의 이론이 함의하는 바를 간단히 살펴보자.

특정한 개수의 의자가 있는 방에 여러 사람이 모여 있다. 어떻게 하면 모인 사람의 수와 의자의 개수가 정확히 같을지 알 수 있는가? 한 가지 방법은 의자의 개수와 인원수를 각각 센 뒤 그 수가 같은지를 확인하는 것이다. 또는 사람들에게 의자에 앉으라고 요청하는 방법도 있다. 모든 사람이 의자에 앉았는데 남은 의자가 없다면, 의자의 개수와 인원수가 정확히 같다고 볼 수 있다. 이 경우 의자 하나는 한 사람에 대응하고, 한 사람은 의자 하나에 대응한다. 즉 사람과 의자 간에는 '일대일대응'이 존재한다.

일반적으로 수학자들은 두 집합 사이에 일대일대응이 존재하면, 두 집합의 원소는 같은 **기수**(cardinality)를 갖는다고 한다. 이 정의는 무한집합에서도 유효하다. 칸토어는 이 정의가 갖는 놀라운 함의를 증명하기 위해 3년 동안 고군분투했다. 정사각형이 일차원 선분보다 더 많은 점을 포함한다고 생각할 수 있지만, 두 집합이 같은 기수를 갖는다는 의미에 따르면 정사각형 안에 있는 점의 개수는 정사각형의 한 변에 있는 점의 개수와 동일하다는 것이다. 칸토어는 이렇듯 기수와 일대일대응에 관한 연구로 무한집합의 크기에 대한 수학적 이해를 혁신적으로 발전시켰다.[9]

1.1 연습문제

1 네 집합 $A=\{2, 3, 4\}$, $B=\{2, 5, 6\}$, $C=\{5, 6, 2\}$, $D=\{6\}$에 대한 물음에 답하라.

(a) 다음 6개의 명제 중 참인 것을 구분하라.

$$4 \in C, \quad 5 \in C, \quad A \subseteq B$$
$$D \subseteq C, \quad B = C, \quad A = B$$

(b) 다음 8개 집합의 원소를 모두 나열하라.

$$A \cap B, \quad A \cup B, \quad A \setminus B, \quad B \setminus A,$$
$$(A \cup B) \setminus (A \cap B), \quad A \cup B \cup C \cup D,$$
$$A \cap B \cap C, \quad A \cap B \cap C \cap D$$

---

7 연습 삼아 세 집합을 $A=\{1, 2, 3\}$, $B=\{2, 3\}$, $C=\{4, 5\}$로 두거나 벤 다이어그램을 그려서 이 사실을 증명하라.

8 n개의 집합을 포함하는 벤 다이어그램은 2^n개의 영역을 포함해야 함을 보일 수 있다.

9 1877년 칸토어는 이 결과에 대해 독일의 수학자 리하르트 데데킨트(Richard Dedekind, 1831~1916)에게 "나는 그것을 보았지만, 믿지 않았다."라는 편지를 써서 보냈다.

2 [EX 1.1.2]의 집합 F, M, C, B, T에 대한 물음에 답하라.

(a) 다음 집합의 원소를 각각 설명하라.

$$F \cap B \cap C, \quad M \cap F, \quad ((M \cap B) \setminus C) \setminus T$$

(b) 다음 명제를 집합 용어로 나타내라.

(i) 생물학 전공인 학생은 모두 수학 전공인 학생이다.

(ii) 대학 합창단에는 생물학 전공인 여학생이 있다.

(iii) 테니스를 치는 학생은 생물학 전공이 아니다.

(iv) 테니스를 치지도 않고 대학 합창단 소속도 아닌 여학생은 모두 생물학 전공이다.

3 어느 설문조사에 따르면 50명은 커피를 좋아하고 40명은 차를 좋아한다. 이들 중 35명은 커피와 차를 모두 좋아한다. 마지막으로 10명은 커피와 차 중 어느 것도 좋아하지 않았다. 전체 설문조사에 응답한 사람은 몇 명인지 구하라.

4 집합 $\{a, b, c\}$의 서로 다른 부분집합을 모두 나열하라. 공집합과 자기 자신을 포함한 부분집합은 몇 개인가? 집합 $\{a, b, c, d\}$에 대해 동일한 문제를 풀어라.

5 다음 중 어떤 식이 참인지 판단하라. 거짓인 식은 벤 다이어그램을 이용하여 반례를 설명하라.

(a) $A \setminus B = B \setminus A$

(b) $A \cap (B \cup C) \subseteq (A \cap B) \cup C$

(c) $A \cup (B \cap C) \subseteq (A \cup B) \cap C$

(d) $A \setminus (B \setminus C) = (A \setminus B) \setminus C$

6 벤 다이어그램을 이용하여 다음이 성립함을 증명하라.

(a) $(A \cup B)^c = A^c \cap B^c$

(b) $(A \cap B)^c = A^c \cup B^c$

7 집합 A가 유한개의 서로 다른 원소를 가질 때, $n(A)$는 A의 원소의 개수로 정의되는 기수를 나타낸다. A와 B가 임의의 유한집합일 때, 다음을 증명하라.

(a) $n(A \cup B) = n(A) + n(B) - n(A \cap B)$

(b) $n(A \setminus B) = n(A) - n(A \cap B)$

8 사람들이 특정 날짜에 A, B, C 신문 중 무엇을 읽었는지 알아보기 위해 1,000명을 대상으로 설문조사를 실시했다. 설문조사 결과 420명이 A 신문을, 316명이 B 신문을, 160명이 C 신문을 읽었다고 답했다. 이들 중 A 신문과 B 신문을 모두 읽은 사람은 116명, A 신문과 신문 C 신문을 모두 읽은 사람은 100명, B 신문과 C 신문을 모두 읽은 사람은 30명이고, A, B, C 신문을 모두 읽은 사람은 16명으로 조사되었다. 물음에 답하라.

(a) A 신문을 읽었지만 B 신문을 읽지 않은 사람은 몇 명인가?

(b) A 신문과 B 신문을 읽지 않고 C 신문만 읽은 사람은 몇 명인가?

(c) A, B, C 신문을 모두 읽지 않은 사람은 몇 명인가?

(d) 설문조사에 참여한 모든 사람을 전체집합 $\mathcal{U}$로 나타내자. 여기서 [연습문제 7]의 표기법을 사용하면 $n(A) = 420$, $n(A \cap B \cap C) = 16$이다. (a), (b), (c)의 답을 이 표기법으로 나타내라. 또한 다음 식이 성립하는 이유를 설명하라.

$$n(\mathcal{U} \setminus (A \cup B \cup C)) = n(\mathcal{U}) - n(A \cup B \cup C)$$

9 심화 [연습문제 6]에서 증명한 식은 **드 모르간 법칙**(De Morgan's Law)의 특별한 경우이다. 다음 두 법칙을 수식으로 나타내고 증명하라.

(a) 모든 집합족의 합집합의 여집합은 모든 집합의 여집합의 교집합과 같다.

(b) 모든 집합족의 교집합의 여집합은 모든 집합의 여집합의 합집합과 같다.

1.2 논리의 본질

수학적 모형은 현대 경제학을 포함한 경험과학 분야에서 중요한 역할을 한다. 이러한 발전 방향은 바람직하나 실무자에게는 세심한 주의가 요구된다. 그렇지 않으면 수학적 추론에서 발생한 오류로 인해 무의미한 결론이 쉽게 도출될 수 있기 때문이다.

다음은 잘못된 논리가 어떻게 오답으로 이어지는지 보여주는 대표적인 예이다. [EX 1.2.1]에서는 제곱근을 간략하게 설명한다.

EX 1.2.1 방정식 $x+2=\sqrt{4-x}$를 만족하는 x 값을 **모두** 구한다고 해보자. 방정식 양변을 제곱하면 $(x+2)^2=(\sqrt{4-x})^2$이다. 왼쪽 항을 전개하면 제곱근의 정의에 따라 $x^2+4x+4=4-x$이다. 식을 적절히 이항하면 $x^2+5x=0$이다. 여기서 x를 소거하면 $x+5=0$이므로 $x=-5$이다. 이 추론에 따르면 답은 $x=-5$이어야 한다. 이를 확인하기 위해 주어진 방정식에 $x=-5$를 대입해보자. 좌변은 $x+2=-3$이지만 우변은 $\sqrt{4-x}=\sqrt{9}=3$이므로 이 답은 옳지 않다.[10]

[EX 1.2.1]은 충분하게 생각하지 않고 통상적인 계산에만 의존하면 얼마나 위험한지 알려준다. 앞으로 논리적 추론의 구조를 배우고 나면, 이와 유사한 오류를 쉽게 피할 수 있을 것이다. 이에 대한 논의는 이 절의 나머지 부분에서 계속 다룬다.

제곱근 다시 살펴보기

음이 아닌 수 a에 대해 제곱근 $\sqrt{a}$는 $x^2=a$를 만족하는 음이 아닌 (유일한) 실수 x이다. 실제로 $\sqrt{9}=3$이 성립하는데, 제곱하면 9이면서 음이 아닌 유일한 실수는 3이기 때문이다.

과거에는 양수가 양의 제곱근과 음의 제곱근 두 개를 갖는다고 주장하기도 했다. 예를 들어 $\sqrt{64}$는 8 또는 -8이라 한 것이다. 그러나 이처럼 두 값을 허용하면 혼란을 초래할 수 있어 현재는 음이 아닌 실수만 인정한다. 만약 $\sqrt{49}+\sqrt{25}$에 두 가지 제곱근을 모두 허용한다면 이 값은 $7+5$, $7-5$, $-7+5$, $-7-5$ 중 어느 값이든 될 수 있다. 이러한 혼란을 피하기 위해 $\sqrt{a}$ 대신에 $\pm\sqrt{a}$와 같은 명시적인 표기법을 사용한다. 그래서 $a>0$일 때 $x^2=a$를 만족하는 서로 다른 두 해를 $\{\sqrt{a}, -\sqrt{a}\}$로 나타낸다. 그러므로 $\sqrt{a}$는 항상 방정식 $x^2=a$의 **음이 아닌** 유일한 해임을 기억하라. 물론 a가 음수이면 (제곱근이 반드시 실수여야 한다고 주장하는 한) 어떠한 제곱근도 갖지 않는다.

명제

참 또는 거짓인 주장을 **명제**(statement, proposition)라 한다. 이 책에서 다루는 명제는 대부분 수학 명제이지만, 일상생활에서는 다른 종류의 명제가 있을 수 있다. '숨을 쉬는 모든 사람은 살아 있다.'는 참인 명제의 예이다.

10 방정식을 풀면 해가 정말 맞는지 확인해봐야 한다. [EX 1.2.4]에서 이 오류가 어떻게 발생했는지를 설명한다.

반면에 '숨을 쉬는 모든 사람은 건강하다.'는 거짓인 명제이다. 어떠한 주장을 나타내는 단어가 명확한 의미를 갖지 않으면 그 명제가 참인지 거짓인지 판단하기 어려울 수 있다. 예를 들어 '큰 수'를 명확하게 정의하지 않는다면 '67은 큰 수이다.'라는 주장은 참이나 거짓으로 판정할 수 없다.

명제 $x^2-1=0$은 변수 x를 포함한다. 이와 같은 명제는 변수 x에 다양한 실수를 대입함으로써 어떤 때는 참이고 어떤 때는 거짓인 여러 가지 명제를 생성할 수 있다. 이러한 이유로 주어진 명제를 **열린 명제**라 한다. 실제로 명제 $x^2-1=0$은 x가 1 또는 -1일 때만 참이고, 그 외의 경우에는 참이 아니다. 열린 명제는 단순히 참 또는 거짓이 아니다. 변수 대신 특정한 값을 택하기 전까지 참도 거짓도 아니다. $x^2+y^2=1$과 같이 다변수에 대한 명제에서도 마찬가지이다.

함의

논리적 추론의 각 단계를 놓치지 않고 따라갈 때는 **함의 화살표**(implication arrow)가 도움이 된다. 두 명제 P와 Q에 대해 P가 참일 때 Q가 반드시 참이면, 일반적으로 다음과 같이 나타낸다.

$$P \Rightarrow Q$$

이 식은 'P는 Q를 의미한다.'라고 해석할 수 있으며 'P이면 Q이다.' 또는 'Q는 P의 결과이다.'라고도 해석할 수 있다. 게다가 P가 참일 때 Q는 거짓일 수 없으므로 이 함의는 'P는 오직 Q일 때만 성립한다.'라고 해석할 수도 있다. 기호 $\Rightarrow$는 **함의 화살표**이며 논리적 함의의 방향을 나타낸다. 따라서 $P \Rightarrow Q$는 $Q \Leftarrow P$로 쓸 수도 있다.

EX 1.2.2 다음은 올바른 함의의 예이다.

(a) $x>2 \quad \Rightarrow \quad x^2>4$

(b) $xy=0 \quad \Rightarrow \quad x=0$ 또는 $y=0$이다.

(c) S는 정사각형이다. $\Rightarrow$ S는 직사각형이다.

(d) 그녀는 파리[11]에 산다. $\Rightarrow$ 그녀는 프랑스에 산다.

함의 $P \Rightarrow Q$가 참일 때, 반대 방향인 $Q \Rightarrow P$(또는 $P \Leftarrow Q$)도 마찬가지로 참인 특별한 경우가 존재한다. 이 경우에는 두 가지 함의를 다음과 같이 하나의 **논리적 동치**(logical equivalence)로 나타낼 수 있다.

$$P \Leftrightarrow Q$$

이때 'P는 Q와 동치이다.'라 한다. 'Q이면 P이다.'와 'P이면 Q이다.'가 모두 참이기 때문에 'P와 Q는 필요충분조건이다.'라고도 한다. 영어에서는 이를 간단하게 'P iff Q'로 쓰기도 한다. 물론 기호 $\Leftrightarrow$는 **동치 화살표**(equivalence arrow)라 한다.

[EX 1.2.2 (b)]의 함의 화살표는 동치 화살표로 대체할 수 있다. $x=0$ 또는 $y=0$이면 $xy=0$이기 때문이다. 그러나 [EX 1.2.2]의 다른 함의 화살표는 동치 화살표로 대체할 수 없는데, 그 이유는 다음과 같다.

11 혹시라도 헷갈리지 않도록 미국의 텍사스주 파리가 아니고 캐나다의 온타리오주 파리도 아닌, 프랑스 파리임을 밝혀둔다.

(a) x^2이 4보다 크더라도 x가 반드시 2보다 큰 것은 아니다. 예를 들어 x는 -3일 수도 있다.

(c) 정사각형이 아닌 직사각형이 존재한다.

(d) 파리가 아니어도 프랑스에는 수천만 명이 살고 있다.

EX 1.2.3 다음은 올바른 동치의 예이다.

(a) ($x < -2$ 또는 $x > 2$) $\Leftrightarrow$ $x^2 > 4$

(b) $xy = 0$ $\Leftrightarrow$ $x = 0$ 또는 $y = 0$

(c) $A \subseteq B$ $\Leftrightarrow$ $B^c \subseteq A^c$

대우 명제

두 명제 P, Q에서 $P \Rightarrow Q$라고 가정하자. 이것은 P가 참이면 Q도 반드시 참이어야 함을 의미한다. 이로부터 Q가 거짓이면 P도 거짓이라는 결론이 나온다. 따라서 $\sim Q \Rightarrow \sim P$라는 함의가 성립한다.[12]

이렇게 해서 명제 $P \Rightarrow Q$가 $\sim Q \Rightarrow \sim P$를 함의함을 보였다. 이제 P를 $\sim Q$로 대체하고 Q를 $\sim P$로 대체한다고 해보자. 명제 $\sim Q \Rightarrow \sim P$는 $\sim(\sim P) \Rightarrow \sim(\sim Q)$를 함의한다는 새로운 결과를 얻을 수 있다. 한편 $\sim(\sim P)$가 참인 것은 $\sim P$가 거짓인 것과 동치이므로, 다시 말해 P가 참인 것과 동치이다. 즉 $\sim(\sim P) = P$이다. 같은 방법으로 $\sim(\sim Q) = Q$임을 알 수 있다.

이로써 $P \Rightarrow Q$이면 $\sim Q \Rightarrow \sim P$이고, 또 $\sim Q \Rightarrow \sim P$이면 $P \Rightarrow Q$임을 살펴보았다. 이 결과를 정리하면 다음과 같다.

대우 명제

명제 $P \Rightarrow Q$는 논리적으로 다음의 대우 명제와 동치이다.

$$\sim Q \Rightarrow \sim P$$

이 원리는 수학적 결과를 증명할 때 종종 유용하게 이용된다.

필요조건과 충분조건

명제 P가 명제 Q를 함의한다거나 P가 Q와 동치라는 명제를 나타낼 때 일반적으로 사용되는 다른 방법을 소개한다. 명제 P가 명제 Q를 함의하면 P는 Q에 대한 **충분조건**이라 한다. 결국 Q가 참이 되기 위해서는 P가 참이면 충분하다. 따라서 P가 성립하면 Q도 확실하게 성립한다. 이때 P가 참이면 Q도 반드시 참이어야 하므로 Q는 P에 대한 **필요조건**이라 한다. 이를 정리하면 다음과 같다.

12 (옮긴이) 조건 P의 부정(negation)은 'P가 아니다.'이며, 이를 기호 $\sim P$로 표기한다. 이에 관해서는 1.2절 [연습문제 5]를 참고하라.

필요조건과 충분조건

❶ $P \Rightarrow Q$는 P가 Q에 대한 **충분조건**(sufficient condition)이고 Q가 P에 대한 **필요조건**(necessary condition)임을 의미한다.

❷ $P \Leftrightarrow Q$는 P는 Q에 대한 **필요충분조건**(necessary and sufficient condition)임을 의미한다.

다음 세 가지 명제를 구별하는 것은 매우 중요하다.

P는 Q에 대한 필요조건이다.
P는 Q에 대한 충분조건이다.
P는 Q에 대한 필요충분조건이다.

이 점을 강조하기 위해 다음의 두 명제를 생각해보겠다.

"프랑스에서 산다는 것은 파리에서 살기 위한 필요조건이다."
"파리에서 산다는 것은 프랑스에서 살기 위한 필요조건이다."

첫 번째 명제는 분명히 참이다. 그러나 두 번째 명제는 거짓이다.[13] 왜냐하면 파리가 아닌 다른 프랑스 지역에서 살 수도 있기 때문이다. 하지만 다음 명제는 분명히 참이다.

"파리에서 산다는 것은 프랑스에서 살기 위한 충분조건이다."

앞으로도 필요조건과 충분조건, 그리고 필요충분조건 개념이 계속 등장할 것이다. 이러한 세 조건을 이해하고 차이점을 구별하는 것은 경제분석의 많은 부분을 이해하기 위한 필요조건이지만, 아쉽게도 충분조건은 아니다.

EX 1.2.4 [EX 1.2.1]의 방정식을 풀어 구한 값이 실제로 해인지를 확인해야 하는 이유는 무엇인가? 이 질문에 답하기 위해 그 풀이의 논리적 구조를 분석해보자. 풀이를 함의 화살표로 나타내면 다음과 같다.

$$x+2=\sqrt{4-x} \overset{❶}{\Rightarrow} (x+2)^2=4-x$$
$$\overset{❷}{\Rightarrow} x^2+4x+4=4-x$$
$$\overset{❸}{\Rightarrow} x^2+5x=0$$
$$\overset{❹}{\Rightarrow} x(x+5)=0$$
$$\overset{❺}{\Rightarrow} x=0 \text{ 또는 } x=-5$$

$a=b \Rightarrow a^2=b^2$이고 $(\sqrt{a})^2=a$이므로 함의 ❶은 참이다. 그러나 이 함의를 동치 화살표로 대체할 수는 없다. $a^2=b^2$이면 $a=b$ 또는 $a=-b$ 중 하나가 참인데, 반드시 $a=b$가 참일 필요는 없기 때문이다. 나머지 함의 ❷, ❸, ❹, ❺는 모두 참이며 모두 동치 화살표로 나타낼 수도 있다(그렇지만 방정식을 풀 때 동치로 표현할 필요는 없다). 결과적으로 방정식 $x+2=\sqrt{4-x}$에서 명제 '$x=0$ 또는 $x=-5$'로 이어지는 일련의 함의를 얻었다.

13 "프랑스에 사는 것은 파리에 사는 것과 동치이다."라는 명제도 마찬가지다.

함의 ❶은 반대로 나타낼 수 없으므로 반대 방향으로 이어지는 일련의 함의는 만들 수 없다. 지금까지는 x가 $x+2=\sqrt{4-x}$를 만족한다면 x는 0 또는 -5이어야 하며, 주어진 방정식을 만족하는 다른 실수는 없음을 확인했을 뿐이다. 그런데 0 또는 -5가 주어진 방정식을 실제로 만족하는지 여부를 보여주지 않았다. 0과 -5를 방정식에 대입해야만 $x=0$이 유일한 해임을 알 수 있다.

이제 [EX 1.2.1]을 다시 살펴보면 두 가지 오류를 발견할 수 있다. 첫째, '$x^2+5x=0 \Rightarrow x+5=0$'이라는 함의가 잘못되었다. 왜냐하면 $x=0$도 $x^2+5x=0$의 해이기 때문이다. 둘째, 0 또는 -5가 실제로 방정식을 만족하는지 확인하는 것은 논리적으로 꼭 필요하다.

1.2 연습문제

1 본문에서 소개한 방법 이외에도 함의와 동치를 나타내는 다른 방법이 많이 있다. 적합한 함의 또는 동치 화살표를 이용하여 다음 명제를 나타내라.

(a) 방정식 $2x-4=2$는 $x=3$일 때만 참이다.

(b) $x=3$이면 $2x-4=2$이다.

(c) $x=1$은 방정식 $x^2-2x+1=0$을 만족한다.

(d) $x^2>4$이면 $|x|>2$이고, 이와 반대로 $|x|>2$이면 $x^2>4$이다.

2 다음 중 참인 식을 결정하라. 거짓인 식은 반례를 보여라.

(a) $A \subseteq B \quad \Leftrightarrow \quad A \cup B = B$

(b) $A \subseteq B \quad \Leftrightarrow \quad A \cap B = A$

(c) $A \cap B = A \cap C \quad \Rightarrow \quad B = C$

(d) $A \cup B = A \cup C \quad \Rightarrow \quad B = C$

(e) $A = B \quad \Leftrightarrow \quad (x \in A \ \Leftrightarrow \ x \in B)$

힌트 벤 다이어그램을 이용하면 반례를 보이기 용이할 것이다.

3 실수 x, y, z를 생각하자. 다음 함의에 대해 각각 (i) 주어진 함의가 참인지, (ii) 그 함의의 역이 참인지를 결정하라.

(a) $x=\sqrt{4} \quad \Rightarrow \quad x=2$

(b) ($x=2$이고 $y=5$) $\quad \Rightarrow \quad x+y=7$

(c) $(x-1)(x-2)(x-3)=0 \quad \Rightarrow \quad x=1$

(d) $x^2+y^2=0 \quad \Rightarrow \quad$ ($x=0$ 또는 $y=0$)

(e) ($x=0$이고 $y=0$) $\quad \Rightarrow \quad x^2+y^2=0$

(f) $xy=xz \quad \Rightarrow \quad y=z$

4 명제 $2x+5 \geq 13$에 대한 물음에 답하라.

(a) 조건 $x \geq 0$은 주어진 부등식이 성립하기 위한 필요조건인지, 충분조건인지, 또는 필요충분조건인지 결정하라.

(b) (a)에서 $x \geq 0$을 $x \geq 50$으로 바꾸고 같은 질문에 답하라.

(c) (a)에서 $x \geq 0$을 $x \geq 4$로 바꾸고 같은 질문에 답하라.

5 심화 명제 P에 대해 그 **부정**(negation)은 P가 거짓일 때 참이고, P가 참일 때 거짓인 명제이다. 예를 들어 명제 $2x+3y \leq 8$의 부정은 $2x+3y>8$이다. 주어진 명제에 대해 그 부정을 가능한 한 간단하게 서술하라.

(a) $x \geq 0$이고 $y \geq 0$이다.

(b) 모든 x는 $x \geq a$를 만족한다.

(c) x와 y 모두 5보다 작지 않다.

(d) 각 $\varepsilon>0$에 대해, B를 만족하는 어떤 $\delta>0$이 존재한다.

(e) 누구라도 고양이를 좋아하지 않을 수 없다.

(f) 누구나 언젠가는 누군가를 사랑하게 된다.

1.3 수학적 증명

수학에서 가장 중요한 결과를 **정리**(theorem)라 한다. 이러한 결과에 대한 논리적인 증명은 매우 어렵고 복잡할 수 있다.[14] 이 책에서 우리는 정리에 대한 형식적인 증명은 되도록 생략했지만, 그 대신에 정리가 우리에게 무엇을 말하는지를 직관적으로 잘 파악할 수 있도록 하고자 했다. 그렇지만 수학에서 사용되는 다양한 증명법에 대해 이해하는 것은 여전히 유용하다.

수학의 모든 정리는 다음과 같은 형식으로 하나 이상의 함의로 공식화할 수 있다.

$$P \Rightarrow Q \tag{$*$}$$

여기서 P는 이미 아는 명제인 **전제**(premise), 또는 그 일련의 명제를 나타낸다. 그리고 Q는 알고 싶은 명제인 **결론**(conclusion), 또는 그 일련의 명제를 나타낸다.

일반적으로 $P \Rightarrow Q$를 증명할 때는 전제 P에서 시작하여 결론 Q까지 순차적으로 진행하는 방법이 가장 자연스러운데, 이를 **직접증명**(direct proof)이라 한다. 그러나 어떤 경우에는 **대우증명**(contrapositive proof) 또는 **간접증명**(indirect proof)으로 $P \Rightarrow Q$를 증명하는 방법이 더 편할 수 있다. 이 경우에는 먼저 Q가 참이 아니라고 가정하고 이를 바탕으로 P도 참이 될 수 없음을 증명한다. 이 증명법은 1.2절에서 다룬 대우 명제에 의해 완전히 타당하다. 간접증명법은 **모순**(contradiction)이나 **귀납법**(reductio ad absurdum)에 의한 증명으로 알려진 대안적 방법과 밀접한 관련이 있다. 이에 따르면 $P \Rightarrow Q$를 증명하기 위해 P는 참이고 Q는 참이 아니라고 가정한 뒤, 논증을 전개하여 참이 될 수 없는 무언가를 유도한다. 결국 P와 $\sim Q$는 모순으로 이어지기 때문에 P가 성립하면 Q도 성립해야 한다.

EX 1.3.1 '$-x^2+5x-4>0 \quad \Rightarrow \quad x>0$'임을 증명하라.

풀이

다음 세 가지 증명법 중 하나를 사용할 수 있다.

❶ 직접증명 : $-x^2+5x-4>0$이라고 하자. 부등식의 양변에 x^2+4를 더하면 $5x>x^2+4$이다. 모든 x에 대해 $x^2+4 \ge 4$가 성립하므로 $5x>4$이고, 따라서 $x>\frac{4}{5}$이다. 그러므로 $x>0$이다.

❷ 대우증명 : $x \le 0$이라고 하자. 그러면 $5x \le 0$이고, 양수가 아닌 세 항을 더한 식인 $-x^2+5x-4$에 대해 $-x^2+5x-4 \le 0$이다. 이는 가정에 모순되므로 대우 명제에 의해 증명된다.

❸ 모순증명 : $-x^2+5x-4>0$과 $x \le 0$이 동시에 참이라고 가정하자. 그러면 (a)의 첫 번째 단계에서 $5x>x^2+4$이고 (b)의 첫 번째 단계에서 $5x \le 0$이다. 두 부등식을 결합하면 $0>0$이므로 모순이 생긴다. 즉 $-x^2+5x-4>0$과 $x \le 0$은 모두 참일 수 없으므로 '$-x^2+5x-4>0 \Rightarrow x>0$'이다.

14 한 가지 예로 4색정리는 평면을 여러 영역으로 나눈 지도에서 각 영역을 색칠할 때, 인접한 두 영역을 서로 다른 색으로 칠하는 문제에 관한 정리를 말한다. 이름에서 알 수 있듯이 4색 정리는 최대 네 가지 색만 필요함을 설명한다. 이 결과는 19세기 중반에 추측되었지만, 이를 증명하려면 서로 다른 수십만 가지의 사례를 확인해야 하는 문제가 있었다. 1980년대에 이르러서야 정교한 컴퓨터 프로그램을 이용하여 4색 정리가 증명되었고, 수학자들도 이 증명이 옳다고 받아들였다.

연역적 추론과 귀납적 추론

앞에서 설명한 증명법은 모두 **연역적 추론**(deductive reasoning)으로, 일관된 논리 규칙에 따라 추론한다. 이와 다르게 여러 과학 분야에서는 **귀납적 추론**(inductive reasoning)을 사용한다. 귀납적 추론은 여러 관찰 결과를 바탕으로 일반적인 결론을 도출하는 과정이다. '지난 n년 동안 물가가 매해 상승해 왔으므로 내년에도 반드시 상승할 것이다.'라는 명제는 귀납적 추론의 한 가지 예이다. 이러한 귀납적 접근 방식은 실험과학 및 경험과학에서 기본적으로 중요하지만, 이를 기반으로 한 결론을 절대적으로 신뢰할 수는 없다. 실제로도 경제학에서는 이러한 귀납적 추론(또는 암묵적 예측)이 잘못되었다고 뒤늦게 판명된 경우가 종종 있다.

수학에서는 귀납적 추론을 증명으로 인정하지 않는다. 예를 들어 기하학 수업을 듣는 학생들이 '삼각형의 세 내각의 합이 항상 $180°$이다.'를 증명해야 한다고 해보자. 이 학생들이 서로 다른 삼각형 1,000개의 각을 정확히 측정함으로써 모든 삼각형의 내각의 합이 $180°$임을 보였다고 치자. 그러나 이 활동은 주장을 증명한 게 아니다. 기껏해야 주어진 명제가 참임을 잘 보여준 것이며 이를 수학적 증명이라고 하지 않는다. 마찬가지로 경영학 또는 경제학에서도 어떤 기업의 수익이 지난 20년 동안 계속 늘었다는 사실은 그 기업이 올해에도 수익이 늘어날 것임을 보장하지는 않는다.

1.3 연습문제

1 다소 모호한 명제인 '물가상승률이 증가하면 실업률이 감소한다.'와 동치인 명제를 찾아라.

(a) 실업률이 감소하려면 물가상승률이 증가해야 한다.

(b) 실업률이 감소하기 위한 충분조건은 물가상승률이 증가하는 것이다.

(c) 물가상승률이 증가해야만 실업률이 감소할 수 있다.

(d) 실업률이 감소하지 않으면 물가상승률이 증가하지 않는다.

(e) 물가상승률이 증가하기 위한 필요조건은 실업률이 감소하는 것이다.

2 다음 묘비명을 논리적으로 분석하라. 혹시 이것이 논리보다 시가 더 나은 예가 될 수 있을지 생각해보자.

> "그를 알았던 사람들은 그를 사랑했다. 그를 사랑하지 않은 사람들은 그를 알지 못했다."

3 대우 명제를 이용하여 x와 y가 정수이고 xy가 홀수이면 x와 y는 모두 홀수임을 보여라.

1.4 수학적 귀납법

귀납적 추론과 달리 수학적 귀납법은 논리에 전적으로 의존하는 논증의 한 형태이다. 귀납법은 공식을 증명하거나 자연수를 포함하는 정리를 증명하는 데 널리 사용된다. 예를 들어 처음 n개 홀수의 합을 어떻게 나타낼 수 있을지 생각해보자. $n=1$, 2, 3, 4, 5이면 간단하게 계산하여 다음과 같은 결과를 얻을 수 있다.

$$1 = 1 = 1^2$$

$$1 + 3 = 4 = 2^2$$

$$1 + 3 + 5 = 9 = 3^2$$

$$1 + 3 + 5 + 7 = 16 = 4^2$$

$$1 + 3 + 5 + 7 + 9 = 25 = 5^2$$

이는 처음 n개 홀수의 합이 n^2 형태가 된다는 규칙, 즉 다음과 같은 명제를 암시한다.

$$P(n): 1 + 3 + 5 + \cdots + (2n-1) = n^2 \qquad (*)$$

식 (*)를 **귀납가설**(induction hypothesis)이라 하며, 이 명제를 기호 $P(n)$으로 표기한다. $P(n)$이 모든 자연수 n에 대해 참임을 보이려면 다음과 같은 순서로 진행한다. 먼저 $P(1)$이라 하는 **첫 번째 경우**를 증명하며 시작하는데, 이는 $n=1$일 때 식 (*)가 참임을 보이는 것이다.

다음으로 모든 $k \geq 1$에 대해 $P(k)$가 참이면 $P(k+1)$도 참임을 보이는 **귀납단계**(induction step)를 진행한다. 즉 $P(k) \Rightarrow P(k+1)$을 증명한다. 이를 증명하기 위해 식 (*)의 양변에 $(k+1)$번째 홀수인 $2k+1$을 더하면 다음을 얻는다.

$$1 + 3 + 5 + \cdots + (2k-1) + (2k+1) = k^2 + (2k+1) = (k+1)^2$$

이 식이 정확히 $P(k+1)$이다. 그 이유를 살피면 ❶, ❷와 같다.

❶ 식 (*)의 왼쪽이 k번째 홀수인 $2k-1$이 아니라 $(k+1)$번째 홀수인 $2k+1$로 끝났다.
❷ 식 (*)의 오른쪽이 k^2에서 $(k+1)^2$으로, '단계적으로 증가'했기 때문이다.

❶, ❷로부터 처음 k개의 홀수의 합이 k^2이라는 $P(k)$가 성립함을 가정하면 처음 $(k+1)$개의 홀수의 합이 $(k+1)^2$과 같다는 $P(k+1)$이 성립하므로 '귀납단계'의 증명이 끝난다.

식 (*)가 $n=1$일 때 성립한다는 첫 번째 경우가 주어지면, '귀납단계'는 (*)가 모든 n에 대해 성립함을 의미한다. 왜냐하면 (*)가 $n=1$일 때 성립하면 귀납단계에 의해 $n=2$일 때 성립하고, $n=2$일 때 성립하면 $n=3$일 때 성립하며 이를 연달아 적용할 수 있다. 그리고 n에 대해 성립하면 $(n+1)$에 대해서도 성립하며, 이를 계속 적용할 수 있다.

이러한 유형의 증명법을 **수학적 귀납법**(proof by induction)이라 한다.[15] 수학적 귀납법으로 증명하려면 다음 두 가지를 보여야 한다.

❶ 먼저 식이 $n=1$일 때 성립한다. 즉 첫 번째 경우가 성립한다.
❷ 그다음에 식이 $n=k$일 때 성립한다고 가정하면 $n=k+1$일 때도 성립한다. 즉 귀납단계를 보인다.

❶, ❷에 의해 귀납적으로 이 식은 모든 자연수 n에 대해 성립한다.

15 수학적 귀납법의 기원을 찾자면 플라톤과 유클리드를 비롯한 고대 그리스 철학자 및 수학자까지 거슬러 올라가야 한다.

EX 1.4.1 모든 자연수 n에 대해 다음 식이 성립함을 수학적 귀납법으로 증명하라.

$$3+3^2+3^3+3^4+\cdots+3^n=\frac{1}{2}(3^{n+1}-3) \qquad (**)$$

풀이

$n=1$이면 양변은 모두 3이다. 귀납단계를 보이기 위해 식 (**)가 $n=k$일 때 참이라고 가정하자. 식 (**)의 양변에 다음 항인 3^{k+1}을 더하면 다음이 성립한다.

$$3+3^2+3^3+3^4+\cdots+3^k+3^{k+1}=\frac{1}{2}(3^{k+1}-3)+3^{k+1}=\frac{1}{2}(3^{k+2}-3)$$

위 식은 식 (**)의 n에 k 대신 $(k+1)$을 대입한 것과 정확히 일치한다. 따라서 수학적 귀납법에 의해 식 (**)는 모든 n에 대해 성립한다.

이러한 예를 통해 귀납적 증명의 일반적인 구조를 다음과 같이 설명할 수 있다. 귀납적 증명의 목표는 이를테면 n에 관한 식 $P(n)$과 같은 논리적인 명제가 모든 자연수 n에 대해 성립함을 참임을 증명하는 데 있다. 앞선 두 예에서 명제 $P(n)$은 각각 다음과 같다.

$$P(n): 1+3+5+\cdots+(2n-1)=n^2$$

$$P(n): 3+3^2+3^3+3^4+\cdots+3^n=\frac{1}{2}(3^{n+1}-3)$$

각 증명에 필요한 단계는 다음과 같다. 첫 번째로 $P(1)$이 참인지 확인한다. 즉 $n=1$일 때 식이 성립하는지 확인한다. 다음으로 각 자연수 k에 대해 $P(k)$가 참이라고 **가정하면** $P(k+1)$도 반드시 참임을 증명한다. 여기서 $P(k)$가 참이라는 사실은 **귀납가설**이고, $P(k)$에서 $P(k+1)$로 이동하는 것은 증명의 **귀납단계**이다. $P(1)$이 참이고 임의의 자연수 k에 대해 귀납단계가 증명되었다면, 수학적 귀납법을 통해 모든 자연수 n에 대해 명제 $P(n)$이 참이라는 결론을 내릴 수 있다. 이 일반적인 원리를 공식화하면 다음과 같다.

수학적 귀납법의 원리

각각의 자연수 n에 대해, n에 관한 명제 $P(n)$을 생각하자. 다음 두 조건 ❶과 ❷를 모두 만족하면 모든 자연수 n에 대해 명제 $P(n)$은 참이다.

❶ $P(1)$은 참이다.

❷ 각각의 자연수 k에 대해 $P(k)$가 참이라고 **가정하면** $P(k+1)$도 참이다.

수학적 귀납법의 원리는 직관적으로 당연해 보인다. 각 자연수 k에 대해 $P(k)$가 참인 것이 $P(k+1)$가 참인 것을 함의한다고 하자. 그러면 $P(1)$이 참이므로 $P(2)$가 참이고, 이는 다시 $P(3)$가 참임을 의미하며 이것이 무한히 반복된다.[16] 즉 다음과 같이 함의로 구성된 무한 사슬을 만들 수 있다.

16 예를 들어 무한한 계단이 있는 사다리를 올라간다고 해보자. 첫 번째 계단을 올라갈 수 있고, 각 계단을 올라가면 항상 다음 계단을 올라갈 수 있다고 가정하자. 그러면 어떤 계단이라도 올라갈 수 있다. 말 그대로 귀납적 논증은 일반 명제를 단계별로 증명한다.

$$P(1) \Rightarrow P(2) \Rightarrow P(3) \Rightarrow \cdots \Rightarrow P(k) \Rightarrow P(k+1) \Rightarrow \cdots$$

수학적 귀납법의 원리는 임의의 정수 n_0보다 크거나 같은 각 정수에 대해 $P(n)$이 참인 경우로 쉽게 확장할 수 있다. 실제로 $P(n_0)$가 참이고, 각 $k \geq n_0$에 대해 $P(k)$가 참이라 가정하면 $P(k+1)$도 참임을 증명할 수 있다고 하자. 그러면 모든 $n \geq n_0$에 대해 $P(n)$은 참이다.

1.4 연습문제

1 모든 자연수 n에 대해 다음 식이 성립함을 수학적 귀납법으로 증명하라.

$$1+2+3+\cdots+n = \frac{1}{2}n(n+1)$$

2 모든 자연수 n에 대해 다음 식이 성립함을 수학적 귀납법으로 증명하라.

$$\frac{1}{1\cdot 2}+\frac{1}{2\cdot 3}+\frac{1}{3\cdot 4}+\cdots+\frac{1}{n(n+1)} = \frac{n}{n+1}$$

3 $1^3+2^3+3^3=36$은 9로 나눌 수 있다. 이제 임의의 자연수 n에 대해 연속한 세 자연수의 세제곱의 합인 $n^3+(n+1)^3+(n+2)^3$은 항상 9로 나눌 수 있음을 수학적 귀납법으로 증명하라.

4 명제 $P(n)$을 '하나의 방에 모인 사람 n명의 소득은 모두 동일하다.'라 하자. 다음과 같은 '귀납적 논증'에서 무엇이 잘못되었는지 찾아라.

> $P(1)$은 분명히 참이다. 어떤 자연수 n에 대해 $P(n)$이 참이라고 가정한다. 이제 $P(n+1)$이 참임을 증명하려고 한다. 그래서 임의로 한 방에 $(n+1)$명이 모인 상태에서 한 명을 밖으로 내보낸다. 귀납가설에 의해 나머지 n명의 소득은 동일해진다. 내보낸 사람을 다시 방에 데려온 뒤 다른 사람을 밖으로 내보낸다. 이 경우에도 나머지 n명의 소득은 동일하다. 그러면 $(n+1)$명의 소득이 모두 동일해진다. 수학적 귀납법에 따라 n명 모두의 소득이 동일함을 증명했다.

CHAPTER 01 복습문제

1.1 네 집합 $A=\{1, 3, 4\}$, $B=\{1, 4, 6\}$, $C=\{2, 4, 3\}$, $D=\{1, 5\}$를 생각하자. 다음을 구하라.

$$A\cap B, \quad A\cup B, \quad A\setminus B$$
$$B\setminus A, \quad (A\cup B)\setminus(A\cap B), \quad A\cup B\cup C\cup D$$
$$A\cap B\cap C, \quad A\cap B\cap C\cap D$$

1.2 전체집합 $\Omega=\{1, 2, 3, 4, \cdots, 11\}$에 대해 두 집합 $A=\{1, 4, 6\}$, $B=\{2, 11\}$을 생각하자. 다음을 구하라.

$$A\cap B, \quad A\cup B, \quad \Omega\setminus B, \quad A^c$$

1.3 어느 대학교의 인문대학 학생은 1,000명이며, 그중 영어 전공은 780명, 프랑스어 전공은 220명, 스페인어 전공은 52명이다. 이들 중 영어 전공이면서 프랑스어 전공인 학생은 110명, 영어 전공이면서 스페인어 전공인 학생은 32명, 프랑스어 전공이면서 스페인어 전공인 학생은 15명을 포함한다. 마지막으로 세 가지 언어를 모두 전공하는 학생은 10명이다. 물음에 답하라.

(a) 영어 전공이면서 프랑스어 전공이지만 스페인어 전공이 아닌 학생은 몇 명인가?

(b) 영어 전공이지만 프랑스어 전공이 아닌 학생은 몇 명인가?

(c) 세 언어를 모두 전공하지 않는 학생은 몇 명인가?

1.4 두 실수 x와 y를 생각하자. 다음 함의에 대해 (i) 함의가 참인지, (ii) 그 함의의 역이 참인지 결정하라.

(a) $x=5,\ y=-3 \Rightarrow x+y=2$

(b) $x^2=16 \Rightarrow x=4$

(c) $(x-3)^2(y+2)>0 \Rightarrow y>-2$

(d) $x^3=8 \Rightarrow x=2$

1.5 심화 다음과 같은 **베르누이 부등식**(Bernoulli's inequality)[17]을 증명하라.

$x \geq -1$인 모든 실수 x와 자연수 n에 대해 $(1+x)^n \geq 1+nx$가 성립한다.

힌트 부등식과 n의 거듭제곱에 익숙하지 않으면 2.2절과 2.6절을 참고하라.

17 이 부등식은 저명한 수학자와 학자를 다수 배출한 가문의 소속인 야코프 베르누이(Jacob Bernoulli, 1654~1705)의 이름을 따서 명명되었다.

MEMO

CHAPTER

02

대수

Algebra

CONTENTS

신은 정수를 만들었고, 그 밖의 모든 것은 인간의 작품이다.
God made the integers, all else is the work of Man.
__ 레오폴드 크로네커(Leopold Kronecker), 1886년

이 장에서 다루는 주요 주제는 기초적인 대수이다. 하지만 복습이 필요할 수 있는 몇 가지 다른 주제도 간략히 살펴볼 것이다. 수학에 대한 배경지식이 풍부한 학생도 과거에 배운 내용을 간단히 복습하면 도움이 되는 경우가 많다. 이러한 학생은 이 장의 자료를 살펴본 뒤 어려운 연습문제를 풀어보기를 권한다. 그러나 수학에 대한 배경지식이 약하거나 오랫동안 수학을 멀리한 학생은 본문을 주의 깊게 읽고 연습문제를 거의 모두 풀어보기를 권한다. 마지막으로 이번 장을 이해하기 매우 어렵다면 기초수학을 먼저 학습하는 게 좋다.

2.1 실수

먼저 수에 관한 몇 가지 중요한 사실과 개념을 살펴보자. 기본적인 수는 다음과 같은 **자연수**(natural number)이다.

$$1,\ 2,\ 3,\ 4,\ \cdots$$

자연수는 **양의 정수**(positive integer)라고도 한다. 2의 배수인 2, 4, 6, 8, ⋯은 **짝수**(even number)이고 2의 배수가 아닌 1, 3, 5, 7, ⋯은 **홀수**(odd number)이다. 이러한 수는 친숙하지만 실제로는 다소 추상적이며 고차원적인 개념이다. 문명은 양 네 마리와 돌멩이 네 개가 '4'라는 공통점을 가지고 있다는 개념을 파악하면서 중요한 문턱을 넘었다. 이 아이디어는 원시적인 방식으로 도미노, 주사위, 카드놀이에서 여전히 사용되며, 로마숫자 IV와 현대의 4와 같은 기호로 표현되었다. 대다수 어린이는 아주 어릴 때 이 핵심 개념을 이해하며, 수학 능력이 발달함에 따라 계속해서 개념을 다듬어 나간다.

양의 정수는 0과 **음의 정수**(negative integer) $-1,\ -2,\ -3\ -4,\ \cdots$와 함께 다음과 같이 정수를 구성한다.

$$0,\ \pm 1,\ \pm 2,\ \pm 3,\ \pm 4,\ \cdots$$

정수는 [그림 2.1.1]과 같은 **실수선**(number line) 상에 표현할 수 있다. 화살표는 수가 증가하는 방향을 나타낸다.

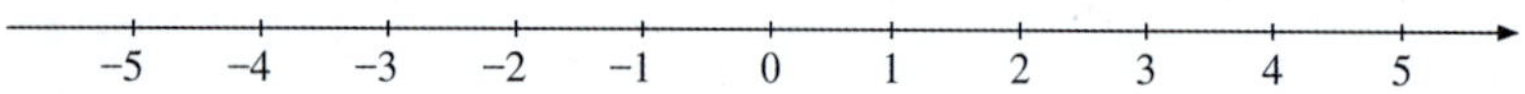

그림 2.1.1 실수선

유리수(rational number)는 $\frac{3}{5}$과 같이 $\frac{a}{b}$ 형식으로 쓸 수 있는 수로, 여기서 a와 b는 모두 정수이고 $b \neq 0$이다. $n = \frac{n}{1}$이므로 모든 정수 n도 유리수이다. 유리수의 다른 예는 다음과 같다.

$$\frac{1}{2},\ \frac{11}{70},\ \frac{125}{7},\ -\frac{10}{11},\ 0 = \frac{0}{1},\ -19,\ -1.26 = -\frac{126}{100}$$

유리수는 실수선에 표시할 수 있다. 먼저 $\frac{1}{2}$과 $\frac{1}{2}$의 모든 배수를 표시한다고 가정하자. 다음으로 $\frac{1}{3}$과 $\frac{1}{3}$의 모든 배수를 표시한 다음 $\frac{1}{4}$의 모든 배수를 표시하는 방식을 계속 이어가자. '결국에는' 실수선에 있는 모든 점을 다 표시할 수 있다고 생각할 수 있다. 그러나 사실 이것은 매우 잘못된 생각이다. 고대 그리스인은 이미 모든 유리수를 표시한 후에도 실수선에 아직 '빈 곳(hole)'이 있을 것임을 알고 있었다. 예를 들어 $\sqrt{2}=\frac{p}{q}$ 형태를 만족하는 정수인 p와 q를 찾을 수 없다. 따라서 $\sqrt{2}$는 유리수가 아니다.[1] 따라서 유리수는 넓이와 부피는 물론이고 가능한 모든 길이를 측정하기에 충분하지 않다. 이러한 결함은 이른바 **무리수**(irrational number)를 허용하도록 수의 개념을 확장하여 보완할 수 있다. 앞으로 설명할 것처럼 소수 표기법을 사용하면 이러한 확장을 자연스럽게 수행할 수 있다.

오늘날 거의 모든 사람이 숫자를 쓰는 방식을 **십진법**(decimal) 또는 **10 진법**(base 10 system)이라 한다. 십진법은 10을 기준으로 하는 위치 표기법이다. 모든 자연수는 오직 0, 1, 2, ⋯ , 9라는 **숫자**(digit)로만 표현할 수 있다.[2] 위치 표기법의 십진법 체계는 10의 거듭제곱의 합을 나타내기 위해 십진수 숫자를 사용한다. 예를 들어 1984를 다음과 같이 표현할 수 있다.

$$1984 = 1 \cdot 10^3 + 9 \cdot 10^2 + 8 \cdot 10^1 + 4 \cdot 10^0$$

각 자연수는 이 방식으로 유일하게 표현된다. 플러스(+)와 마이너스(−) 기호를 사용하여 모든 정수와 양수, 음수를 동일한 방식으로 표현할 수 있다. 또한 소수점을 사용하여 자연수가 아닌 유리수도 표현할 수 있다. 예를 들어 3.1415를 다음과 같이 표현할 수 있다.

$$3.1415 = 3 + \frac{1}{10^1} + \frac{4}{10^2} + \frac{1}{10^3} + \frac{5}{10^4}$$

유한한 소수점 위치만을 사용하여 정확하게 표현할 수 있는 유리수를 **유한소수**(finite decimal fraction)라 한다.

모든 유한소수는 유리수이지만 모든 유리수를 유한소수로 나타낼 수 있는 것은 아니다. 또한 다음과 같은 **순환소수**(infinite decimal fraction)도 허용해야 한다.

$$\frac{100}{3} = 33.333\cdots$$

여기서 끝에 있는 점 세 개(⋯)는 숫자 3이 무한히 반복됨을 나타낸다.

소수가 유리수이면 항상 **주기적**(periodic) 또는 **순환적**(recurring)이다. 즉 소수점 표현의 특정 위치 이후에는 숫자가 더 이상 나타나지 않거나 특정한 배열의 숫자들이 무한히 반복된다. 예를 들어 다음과 같이 여섯 자리의 숫자 571428이 무한히 반복되면, 반복되는 처음 숫자와 마지막 숫자 위에 점을 붙여 표기한다.

$$\frac{11}{70} = 0.15714285714 28\cdots = 0.1\dot{5}7142\dot{8}$$

실수에 대한 정의는 앞선 논의에서 이어진다. **실수**(real number)를 임의의 무한소수로 정의한다. 따라서 실수는 $x = \pm m.\alpha_1\alpha_2\alpha_3\cdots$ 형태로 나타난다. 여기서 m은 음이 아닌 정수이며, 각 자연수 n에 대해 기호 α_n은 집합 $\{0, 1, 2, 3, 4, 5, 6, 7, 8, 9\}$에 속하는 **십진수 숫자**(decimal digit)를 나타낸다.[3]

---

1 최초의 완전한 증명은 기원전 약 300년경에 쓰인 『유클리드 원론(Euclid's Elements)』에 등장한다.

2 digit은 손가락을 의미하는 라틴어에서 온 말이다. 사실 인류와 다른 영장류도 손가락이 10개이다.

3 0을 제외한 모든 유한소수는 마지막에 9가 계속 반복되는 순환소수로도 쓸 수 있음을 참고하라. 한 가지 예로 5.347 = 5.346999⋯가 있다.

우리는 이미 순환소수와 유리수를 동일시했다. 게다가 비순환소수로 나타낼 수 있는 새로운 수는 무한히 많다. 이러한 새로운 수를 **무리수**라 한다. 예를 들어 $\sqrt{2}$, $-\sqrt{5}$, π, $2^{\sqrt{2}}$, $0.12112111211112\cdots$ 등이 있다.[4]

앞에서 언급한 대로 모든 유리수는 실수선의 유일한 점으로 나타낼 수 있다. 모든 유리수가 이 선 위에 배치된 후에도 여전히 무리수로 '채워져야 할 빈 곳'이 있다. 따라서 원점에서 시작하고 길이가 양의 단위인 연속이고 무한한 직선은 실수를 나타내는 만족스러운 모형을 형성한다. 일반적으로 실수와 실수선상의 점 사이에는 **일대일대응**(one-to-one correspondence)이 있다고 한다. 이러한 이유로 실수선(number line) 대신 실선(real line)이라는 표현을 사용하기도 한다.

유리수 집합과 그 여집합인 무리수 집합은 모두 실선에서 조밀한(dense) 집합이다. 즉 서로 다른 두 실수는 서로 아무리 가까워도 두 수 사이에 항상 유리수와 무리수를 모두 찾을 수 있다. 실제로 무한히 많은 유리수와 무리수를 항상 찾을 수 있다.

실수에 적용되는 네 가지 기본 산술 연산인 덧셈, 뺄셈, 곱셈, 나눗셈은 연산 결과가 항상 유일하다. 유일한 예외는 0으로 나눌 수 없다는 것이다.

0으로 나누기

어떤 실수 a에 대해서도 $\frac{a}{0}$ 값은 정의되지 않는다.

이 예외는 매우 중요하며, $\frac{0}{b}=0$(단, $b \neq 0$)과 혼동해서는 안 된다. 특히 $\frac{0}{0}$은 어떤 실수로도 정의되지 않는다. 예를 들어 어떤 자동차가 600km를 가기 위해 연료가 60L 필요하다면, 연료 소비량은 '$\frac{60}{600}=100$km 당 10L'이다. 그러나 자동차가 0km를 가는 데 연료를 0리터 사용한다고 하면, $\frac{0}{0}$은 정의되지 않은 수이므로 연료 소비량에 대해 아무것도 알 수 없다.

2.1 연습문제

1 다음 중 참인 명제를 찾아라.

(a) 1984는 자연수이다.

(b) -5는 실수선에서 -3의 오른쪽에 있다.

(c) -13은 자연수가 아니다.

(d) 유리수가 아닌 자연수는 존재하지 않는다.

(e) 3.1415는 유리수가 아니다.

(f) 두 무리수의 합은 무리수이다.

(g) $-\frac{3}{4}$은 유리수이다.

(h) 모든 유리수는 실수이다.

2 무한소수 $1.01001000100001000001\cdots$이 유리수가 아닌 이유를 설명하라.

4 일반적으로 수학자들은 분명히 무리수처럼 보이는 수가 실제로 무리수임을 증명하기 매우 어렵다고 한다. 예를 들어 원주율 π가 무리수라는 사실은 1776년부터 알려져 있었지만, $2^{\sqrt{2}}$이 무리수라는 사실은 1927년이 되어서야 밝혀졌다. 많은 다른 수가 무리수임을 증명하는 것은 여전히 어려운 과제이다.

2.2 정수의 거듭제곱

우리는 종종 3을 네 번 곱한 $3 \cdot 3 \cdot 3 \cdot 3$ 대신 3^4이라고 표현한다. 또한 $\frac{1}{2} \cdot \frac{1}{2} \cdot \frac{1}{2} \cdot \frac{1}{2} \cdot \frac{1}{2}$은 $\left(\frac{1}{2}\right)^5$으로 쓸 수 있으며, $(-10)^3$은 -10을 세 번 곱한 $(-10)(-10)(-10) = -1000$이다. 더욱이 실수 a와 자연수 n에 대해 a^n은 다음과 같이 정의한다.

$$a^n = \underbrace{a \cdot a \cdot \ \cdots \ \cdot a}_{n\text{개}}$$

표현식 a^n은 a의 **n 제곱**이라 한다. 여기서 a는 **밑수**(base)이고, n은 **지수**(exponent)이다. 예를 들어 $a^2 = a \cdot a$와 $x^4 = x \cdot x \cdot x \cdot x$이다. $a = \frac{p}{q}$이고 $n = 5$이면 다음과 같다.

$$\left(\frac{p}{q}\right)^5 = \frac{p}{q} \cdot \frac{p}{q} \cdot \frac{p}{q} \cdot \frac{p}{q} \cdot \frac{p}{q}$$

일반적으로 1제곱 $a^1 = a$는 하나의 인수(factor)만을 가진 '곱셈'이다. 혼동의 여지가 없으면 곱셈 기호를 생략한다. 예를 들어 $a \cdot b \cdot c$ 대신에 abc를 쓰지만, 소수점이 있는 식에서는 곱셈 기호를 유지하는 게 좋다. 수를 직접 대입하면 $1.05^3 = 1.05 \cdot 1.05 \cdot 1.05$와 같은 식이다.

어떤 실수 $a \neq 0$에 대해 0번의 거듭제곱(0제곱) $a^0 = 1$을 정의한다. 예를 들어 $5^0 = 1$, $(-16.2)^0 = 1$, $(x \cdot y)^0 = 1$(단, $x \cdot y \neq 0$)이다. 그러나 $a = 0$이면 a^0 값을 생각하지 않는다. 즉 0^0은 정의되지 않는다.

이제 음의 지수를 가진 거듭제곱도 정의해야 한다. 3^{-2}은 무엇을 의미하는지 생각해보자. 3^{-2}을 $\frac{1}{3^2} = \frac{1}{9}$로 두면 합리적이다. 일반적으로 n이 자연수이고 $a \neq 0$일 때, 음의 지수를 가진 거듭제곱을 다음과 같이 나타낸다.

$$a^{-n} = \frac{1}{a^n}$$

특히 $a^{-1} = \frac{1}{a}$이다. 이러한 방식으로 x가 양수, 음수, 0인지와 관계없이 모든 정수 x에 대해 a^x을 정의한다.

거듭제곱의 성질

거듭제곱에 대한 몇 가지 규칙은 반드시 숙지해야 하며, 그 규칙이 성립하는 이유도 알고 있어야 한다. 가장 중요한 두 가지 성질을 살펴보자.

거듭제곱의 성질

임의의 실수 a와 임의의 두 정수 r, s에 대해 $a^r \cdot a^s = a^{r+s}$이고 $(a^r)^s = a^{rs}$이다.

이 규칙의 첫 번째 식은 밑이 동일한 거듭제곱의 곱은 거듭제곱의 지수를 더하는 것임을 의미한다. 다음 예를 보자.

$$a^3 \cdot a^5 = \underbrace{a \cdot a \cdot a}_{3\text{개}} \cdot \underbrace{a \cdot a \cdot a \cdot a \cdot a}_{5\text{개}} = \underbrace{a \cdot a \cdot a \cdot a \cdot a \cdot a \cdot a \cdot a}_{3+5=8\text{개}} = a^8 = a^{3+5}$$

이 규칙의 두 번째 식은 거듭제곱의 거듭제곱이 거듭제곱의 지수를 곱하는 것임을 의미한다. 다음 예를 보자.

$$(a^2)^4 = \underbrace{\underbrace{a \cdot a}_{2\text{개}} \cdot \underbrace{a \cdot a}_{2\text{개}} \cdot \underbrace{a \cdot a}_{2\text{개}} \cdot \underbrace{a \cdot a}_{2\text{개}}}_{4\text{개}} = \underbrace{a \cdot a \cdot a \cdot a \cdot a \cdot a \cdot a \cdot a}_{4 \cdot 2 = 8\text{개}} = a^8 = a^{2 \cdot 4}$$

0이 아닌 동일한 밑수를 가지는 두 거듭제곱의 나눗셈은 다음과 같다.

$$a^r \div a^s = \frac{a^r}{a^s} = a^r \frac{1}{a^s} = a^r \cdot a^{-s} = a^{r-s}$$

밑이 동일한 거듭제곱의 나눗셈은 분모의 지수에서 분자의 지수를 빼면 된다.[5] 즉 $a^3 \div a^5 = a^{3-5} = a^{-2}$이다. 마지막으로 다음 사항을 참고하라.

$$(ab)^r = \underbrace{ab \cdot ab \cdot \cdots \cdot ab}_{r\text{개}} = \underbrace{a \cdot a \cdot \cdots \cdot a}_{r\text{개}} \cdot \underbrace{b \cdot b \cdot \cdots \cdot b}_{r\text{개}} = a^r b^r$$

$$\left(\frac{a}{b}\right)^r = \underbrace{\frac{a}{b} \cdot \frac{a}{b} \cdot \cdots \cdot \frac{a}{b}}_{r\text{개}} = \frac{\overbrace{a \cdot a \cdot \cdots \cdot a}^{r\text{개}}}{\underbrace{b \cdot b \cdot \cdots \cdot b}_{r\text{개}}} = \frac{a^r}{b^r} = a^r b^{-r}$$

이러한 규칙은 인수가 2개 이상인 경우로 확장할 수 있다. 예를 들어 다음과 같다.

$$(abcde)^r = a^r b^r c^r d^r e^r$$

거듭제곱의 성질에 의해 $(ab)^r = a^r b^r$임을 알 수 있다. 그러면 $(a+b)^r$은 어떻게 표현하는가? 기초수학을 학습할 때 흔히 저지르는 오류 중 하나는 $(a+b)^r$을 $a^r + b^r$으로 계산하는 것이다. $(2+3)^3 = 5^3 = 125$이지만, $2^3 + 3^3 = 8 + 27 = 35$임을 확인하라. 따라서 일반적으로 다음과 같다.

$$(a+b)^r \neq a^r + b^r$$

---

5 $a^0 = 1$과 $a^{-n} = \frac{1}{a^n}$의 정의를 도입하는 이유는 거듭제곱의 성질이 양수 지수와 음수 지수, 0의 지수에 대해 모두 성립하기를 원하기 때문이다. 예를 들어 $r = 5$이고 $s = 0$일 때 $a^r \cdot a^s = a^{r+s}$이 성립하길 원한다. 즉 $a^5 \cdot a^0 = a^{5+0} = a^5$이어야 하므로 $a^0 = 1$을 선택해야 한다. 또한 $m = -n$일 때 $a^n \cdot a^m = a^{n+m}$이 성립하길 원한다면, $a^n \cdot a^{-n} = a^{n+(-n)} = a^0 = 1$이어야 한다. 또한 $a^n \cdot \frac{1}{a^n} = 1$이므로 a^{-n}을 $\frac{1}{a^n}$로 정의해야 한다.

EX 2.2.1 다음을 간단히 표현하라.

(a) $x^p x^{2p}$ (단, p는 정수)

(b) $t^s \div t^{s-1}$ (단, $t \neq 0$이고 s는 정수)

(c) $a^2b^3a^{-1}b^5$ (단, $a \neq 0$)

(d) $\dfrac{t^p t^{q-1}}{t^r t^{s-1}}$ (단, $t \neq 0$이고 p, q, r, s는 정수)

풀이

(a) $x^p x^{2p} = x^{p+2p} = x^{3p}$

(b) $t^s \div t^{s-1} = t^{s-(s-1)} = t^{s-s+1} = t^1 = t$

(c) $a^2b^3a^{-1}b^5 = a^2a^{-1}b^3b^5 = a^{2-1}b^{3+5} = a^1b^8 = ab^8$

(d) $\dfrac{t^p \cdot t^{q-1}}{t^r \cdot t^{s-1}} = \dfrac{t^{p+q-1}}{t^{r+s-1}} = t^{p+q-1-(r+s-1)} = t^{p+q-1-r-s+1} = t^{p+q-r-s}$

EX 2.2.2 $x^{-2}y^3 = 5$일 때, $x^{-4}y^6$, x^6y^{-9}, $x^2y^{-3}+2x^{-10}y^{15}$을 계산하라.

풀이

$x \neq 0$이고 $y \neq 0$일 때만 $x^{-2}y^3 = 5$이라는 점에 유의하자.

- $(x^{-2}y^3)^2 = x^{-4}y^6$이므로 $x^{-4}y^6 = 5^2 = 25$이다.
- $x^6y^{-9} = 5^{-3} = \dfrac{1}{125}$
- $x^2y^{-3} + 2x^{-10}y^{15} = (x^{-2}y^3)^{-1} + 2(x^{-2}y^3)^5 = 5^{-1} + 2 \cdot 5^5 = 6250.2$

EX 2.2.3 거듭제곱을 다룰 때 실수하기 쉬운 내용을 몇 가지 소개한다.

(a) $(-10)^2 = (-10) \cdot (-10) = 100$과 $-10^2 = -(10 \cdot 10) = -100$은 서로 다르다. 마이너스 10의 제곱은 10의 제곱의 마이너스가 아니다.

(b) $(2x)^{-1} = \dfrac{1}{2x}$은 $2x$에 -1제곱을 한 것이다. 반면에 $2x^{-1}$은 x에만 -1제곱을 하므로 $2x^{-1} = 2 \cdot \dfrac{1}{x} = \dfrac{2}{x}$이다.

(c) 반지름이 r인 구의 부피는 $\dfrac{4}{3}\pi r^3$이다. 반지름이 두 배로 늘어나면 구의 부피는 다음과 같이 바뀐다.

$$\frac{4}{3}\pi(2r)^3 = \frac{4}{3}\pi(2r)(2r)(2r) = \frac{4}{3}\pi 8r^3 = 8\left(\frac{4}{3}\pi r^3\right)$$

즉 구의 새로운 부피는 초기 부피의 8배이다. 만약 $(2r)^3$에서 괄호를 없애고 $2r^3$으로 '간단히' 나타낸다면 결과는 부피의 두 배만 증가함을 의미하고, 이는 상식에 어긋난다.

백분율과 복리 이자

거듭제곱은 경제학을 비롯한 응용수학의 거의 모든 분야에서 사용된다. 복리 이자를 어떻게 계산하는지 떠올려 보자. 먼저 백분율 1%는 100분의 1, 즉 0.01을 의미한다. 예를 들어 23%는 $23 \cdot 0.01 = 0.23$이다. 그런 다음 4000의 23%는 $4000 \cdot \frac{23}{100} = 920$으로 계산하거나 $4000 \cdot 0.23 = 920$으로 계산하면 된다. 사람들이 간과하기 쉬운 백분율 계산의 함정을 지금 한번 짚고 넘어가자. 예를 들어 이전의 50% 감소를 되돌리려면 100% 증가가 필요하고, 이전의 100% 증가를 상쇄하려면 50% 감소가 필요하다.[6]

이제 매년 말에 8%의 이자를 지급하는 은행 계좌에 1,000달러를 예치한다고 가정해보겠다. 1년 후에는 이자를 $1000 \cdot 0.08 = 80$달러 받으므로 계좌의 총금액은 1,080달러이다. 이는 다음과 같이 나타낼 수 있다.

$$1000 + \frac{1000 \cdot 8}{100} = 1000\left(1 + \frac{8}{100}\right) = 1000 \cdot 1.08$$

이 새로운 금액 1,080달러가 이자율 8%로 1년 더 은행에 예치된다고 가정하자. 2년 후 추가 이자는 $1000 \cdot 1.08 \cdot 0.08$달러이다. 따라서 총금액은 다음과 같이 증가한다.

$$1000 \cdot 1.08 + (1000 \cdot 1.08) \cdot 0.08 = 1000 \cdot 1.08(1 + 0.08) = 1000 \cdot (1.08)^2$$

이러한 논증을 자명한 방식으로 확장하면 매년 금액이 1.08배 증가하고, t년 후에는 금액이 $1000 \times (1.08)^t$달러로 증가함을 알 수 있다.

초기 금액이 K달러이고 연 이자율이 p%인 경우, 첫해 연말에는 계좌에 $K + K \cdot \frac{p}{100} == K\left(1 + \frac{p}{100}\right)$ 달러가 있다. 따라서 연간 성장률은 $\left(1 + \frac{p}{100}\right)$이다. 일반적으로 t년 후에(마지막 해의 연말에) 초기 금액 K달러는 다음과 같이 증가한다.

$$K\left(1 + \frac{p}{100}\right)^t$$

여기서 이자율이 연 p%이고 매년 원금에 이자가 추가(복리)되었다. 이 예를 일반화하면 다음과 같다.

기하급수적 성장(exponential growth)

매년 p%씩 증가하는 수량 K는 t년 후에 다음과 같이 증가한다.

$$K\left(1 + \frac{p}{100}\right)^t$$

여기서 $\left(1 + \frac{p}{100}\right)$를 p% 성장에 대한 **성장률**(growth factor)이라 한다.

$(1.08)^t$을 보고 이자율이 연 8%일 때 1달러를 t년 동안 예치한 후의 금액임을 바로 알 수 있어야 한다. 그러면 $(1.08)^0$을 어떻게 해석해야 하는가? 연 이자율 8%로 1달러를 예치하고 0년 동안 두었다고 가정하자. 이자가 쌓일 시간이 없었으므로 여전히 1달러이다. 이것이 $(1.08)^0$이 반드시 1이어야 하는 이유이다.[7]

6 [복습문제 2.20]과 비교해보자.

7 $1000 \cdot (1.08)^5$은 1,000달러를 연 이자율 8%로 투자했을 때 5년 후 계좌에 보유하게 되는 금액이다. 계산기를 사용하면 약 1,469.33달러이다. 참고로 $1000 \cdot (1.08)^5 = (1000 \cdot 1.08)^5 = (1080)^5$처럼 계산하면 안 된다. 무려 실제 값의 1조($=10^{12}$)배이다.

EX 2.2.4 새 차를 30,000달러에 구매했고, 6년 동안 매년 15%씩 이 차의 가치가 하락(감가상각)한다고 가정하자. 6년 후 이 차의 가치를 구하라.

풀이

차를 구입하고 1년 후 이 차의 가치는 다음과 같이 감소한다.

$$30000 - \frac{30000 \cdot 15}{100} = 30000 \cdot \left(1 - \frac{15}{100}\right) = 30000 \cdot 0.85 = 25500$$

2년 후 가치는 $30000 \cdot (0.85)^2 = 21675$달러이고, 6년 후에는 $30000 \cdot (0.85)^6 \approx 11314$달러이다.

이 예를 일반화하면 다음과 같다.

기하급수적 감소(exponential decline)

매년 $p\%$씩 감소하는 수량 K는 t년 후에 다음과 같이 줄어든다.

$$K\left(1 - \frac{p}{100}\right)^t$$

여기서 $1 - \frac{p}{100}$는 연간 $p\%$ 감소에 따른 성장률이다. 참고로 성장률이 1보다 작으면 수축을 나타낸다.

음수 지수가 정말 필요한가?

5년 동안 이자율이 연 8%라고 가정할 때, 현재 1,000달러를 가지려면 5년 전 은행에 얼마를 예치해야 하는가? 예치해야 할 금액을 x라고 하면 $x(1.08)^5 = 1000$이 되어야 한다. 양쪽을 1.08^5으로 나누면 다음과 같다.

$$x = \frac{1000}{(1.08)^5} = 1000 \cdot (1.08)^{-5}$$

이 값은 약 681달러이다. 따라서 $(1.08)^{-5}$달러는 8%의 고정 이자율을 감안할 때 현재 1달러를 갖기 위해 5년 전에 예치했어야 하는 금액이다. 일반적으로 $P\left(1 + \frac{p}{100}\right)^{-t}$달러는 이자율이 매년 $p\%$인 경우, 현재 P달러를 갖기 위해 t년 전에 예치했어야 하는 금액이다.

2.2 연습문제

1 다음을 계산하라.

(a) 10^3 (b) $(-0.3)^2$

(c) 4^{-2} (d) $(0.1)^{-1}$

2 다음 수를 2의 거듭제곱으로 표현하라.

(a) 4 (b) 1

(c) 64 (d) $\frac{1}{16}$

3 다음 수를 거듭제곱 형태로 표현하라.

(a) $15 \cdot 15 \cdot 15$　(b) $\left(-\frac{1}{3}\right)\left(-\frac{1}{3}\right)\left(-\frac{1}{3}\right)$

(c) $\left(\frac{1}{10}\right)$　(d) 0.0000001

(e) $tttttt$　(f) $(a-b)(a-b)(a-b)$

(g) $aabbbb$　(h) $(-a)(-a)(-a)$

4 다음 식을 간단히 하라.

(a) $2^5 \cdot 2^5$　(b) $3^8 \cdot 3^{-2} \cdot 3^{-3}$

(c) $(2x)^3$　(d) $(-3xy^2)^3$

(e) $\dfrac{p^{24}p^3}{p^4p}$　(f) $\dfrac{a^4b^{-3}}{(a^2b^{-3})^2}$

(g) $\dfrac{3^4(3^2)^6}{(-3)^{15}3^7}$　(h) $\dfrac{p^{\gamma}(pq)^{\sigma}}{p^{2\gamma+\sigma}q^{\sigma-2}}$

5 다음 식을 간단히 하라.

(a) $2^0 \cdot 2^1 \cdot 2^2 \cdot 2^3$　(b) $\left(\frac{4}{3}\right)^3$

(c) $\dfrac{4^2 \cdot 6^2}{3^3 \cdot 2^3}$　(d) x^5x^4

(e) $y^5y^4y^3$　(f) $(2xy)^3$

(g) $\dfrac{10^2 \cdot 10^{-4} \cdot 10^3}{10^0 \cdot 10^{-2} \cdot 10^5}$　(h) $\dfrac{(k^2)^3k^4}{(k^3)^2}$

(i) $\dfrac{(x+1)^3(x+1)^{-2}}{(x+1)^2(x+1)^{-3}}$

6 반지름이 r인 구의 겉넓이는 $4\pi r^2$이다. 물음에 답하라.

(a) 반지름이 세 배가 되면 겉넓이는 몇 배로 증가하는가?

(b) 반경이 16% 증가하면 겉넓이는 몇 % 증가하는가?

7 a, b는 양수이고, m, n은 정수라고 하자. 다음 식의 참, 거짓을 판정하라.

(a) $a^0 = 0$　(b) $(a+b)^{-n} = \dfrac{1}{(a+b)^n}$

(c) $a^m \cdot a^m = a^{2m}$　(d) $a^m \cdot b^m = (ab)^{2m}$

(e) $(a+b)^m = a^m + b^m$　(f) $a^n \cdot b^m = (ab)^{n+m}$

8 □ 안에 알맞은 표현을 써넣어라.

(a) $xy = 3 \quad \Rightarrow \quad x^3y^3 = \square$

(b) $ab = -2 \quad \Rightarrow \quad (ab)^4 = \square$

(c) $a^2 = 4 \quad \Rightarrow \quad (a^8)^0 = \square$

(d) n이 정수이면 $(-1)^{2n} = \square$

9 다음을 계산하라.

(a) 150의 13%

(b) 2400의 6%

(c) 200의 5.5%

10 주어진 식을 경제학적으로 해석하고, 계산기로 대략적인 값을 계산하라.

(a) $50 \cdot (1.11)^8$달러

(b) $10000 \cdot (1.12)^{20}$유로

(c) $5000 \cdot (1.07)^{-10}$파운드

11 공 5개가 들어 있는 상자의 가격은 8.50유로이다. 공을 개별로 구매하면 개당 2.00유로이다. 공 5개를 개별로 구매하는 것보다 상자를 구매하는 것이 얼마나 더 저렴한가? 백분율로 계산하라.

12 물음에 답하라.

(a) 연 이자율이 4%인 계좌에 12,000파운드가 예치되어 있다. 15년 후 금액을 구하라.

(b) 이자율이 매년 6%라고 하자. 현재 50,000파운드를 가지려면 5년 전에 은행에 얼마를 예치했어야 하는지 구하라.

13 수량이 3년 동안 매년 25%씩 증가한다. 3년 동안의 총성장률은 얼마인가?

14 어느 기업의 연간 수익은 2010년과 2011년 사이에 20% 증가했지만 2011년과 2012년 사이에는 17% 감소했다. 물음에 답하라.

(a) 2010년과 2012년 중 어느 해의 연간 수익이 더 높았는가?

(b) 2011년부터 2012년까지 수익이 p% 감소할 때, 2010년과 2012년의 연간 수익이 동일했다고 하자. p를 구하라.

2.3 대수법칙

대수학의 일반적인 규칙은 익숙할 것이다. 이 장에서도 몇 가지를 사용했다. 하지만 앞으로의 학습에 도움이 될 수 있도록 가장 중요한 규칙을 다음과 같이 정리한다.

대수법칙

임의의 실수 a, b, c에 대해 다음이 성립한다.

❶ $a + b = b + a$

❷ $(a + b) + c = a + (b + c)$

❸ $a + 0 = a$

❹ $a + (-a) = 0$

❺ $ab = ba$

❻ $(ab)c = a(bc)$

❼ $1 \cdot a = a$

❽ $aa^{-1} = 1$ (단, $a \neq 0$)

❾ $(-a)b = a(-b) = -ab$

❿ $(-a)(-b) = ab$

⓫ $a(b + c) = ab + ac$

⓬ $(a + b)c = ac + bc$

EX 2.3.1 대수법칙은 다음과 같이 적용된다.

(a) $5 + x^2 = x^2 + 5$

(b) $(a + 2b) + 3b = a + (2b + 3b) = a + 5b$

(c) $x \cdot \frac{1}{3} = \frac{1}{3} \cdot x = \frac{1}{3}x$

(d) $(xy)y^{-1} = x(yy^{-1}) = x$

(e) $(-3)5 = 3(-5) = -(3 \cdot 5) = -15$

(f) $(-6)(-20) = 120$

(g) $3x(y + 2z) = 3xy + 6xz$

(h) $(t^2 + 2t)4t^3 = t^2 4t^3 + 2t4t^3 = 4t^5 + 8t^4$

대수법칙을 여러 가지 방법으로 결합하여 다음과 같은 결과를 얻을 수 있다.

$$a(b - c) = ab + (-c) = ab + a(-c) = ab - ac$$

여기서 $b = c$이면 $a - 0 = a(b - b) = ab - ab = 0$이다. 또한 다음 결과도 얻을 수 있다.

$$x(a + b - c + d) = xa + xb - xc + xd$$
$$(a + b)(c + d) = ac + ad + bc + bd$$

[그림 2.3.1]은 실수 a, b, c, d가 모두 양수일 때 $(a + b)(c + d)$의 결과를 기하적으로 설명한다. 이 규칙에 따르면 큰 직사각형의 넓이 $(a + b)(c + d)$는 네 개의 작은 직사각형의 넓이의 합이다.

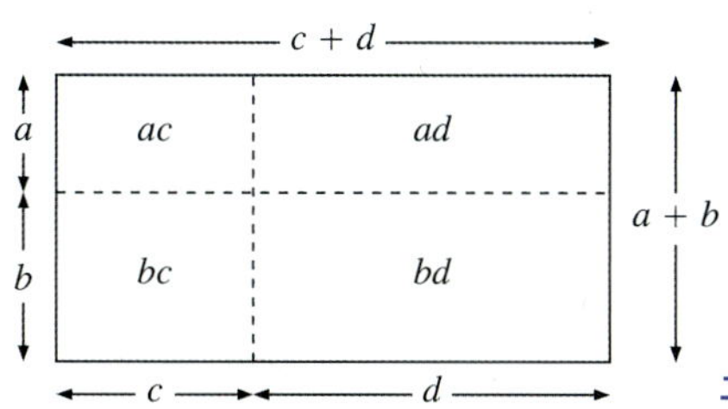

그림 2.3.1 $(a+b)(c+d) = ac+ad+bc+bd$

다음 세 가지 규칙은 자주 사용되므로 반드시 알아두어야 한다.

이차항등식

$$(a+b)^2 = a^2 + 2ab + b^2$$
$$(a-b)^2 = a^2 - 2ab + b^2$$
$$a^2 - b^2 = (a+b)(a-b)$$

이차항등식 중 마지막 공식을 **제곱의 차 공식**(difference-of-squares formula)이라 한다. 이차항등식의 세 가지 공식은 쉽게 증명할 수 있다. 예를 들어 $(a+b)^2$은 $(a+b)(a+b)$를 의미하고, 이는 $aa+ab+ba+bb = a^2+2ab+b^2$과 같다.

EX 2.3.2

다음 식을 전개하라.

(a) $(3x+2y)^2$ (b) $(1-2z)^2$ (c) $(4p+5q)(4p-5q)$

풀이

(a) $(3x+2y)^2 = (3x)^2 + 2(3x)(2y) + (2y)^2 = 9x^2 + 12xy + 4y^2$

(b) $(1-2z)^2 = 1 - 2\cdot 1\cdot 2\cdot z + (2z)^2 = 1 - 4z + 4z^2$

(c) $(4p+5q)(4p-5q) = (4p)^2 - (5q)^2 = 16p^2 - 25q^2$

괄호 앞에 마이너스 기호가 있는 식을 살펴보자. $(-1)x = -x$이므로 다음과 같이 전개할 수 있다.

$$-(a+b-c+d) = -a-b+c-d$$

다시 말해 괄호 내의 마이너스 기호를 제거할 때 괄호 내 모든 항의 부호를 변경해야 하며, 어떤 항도 빠뜨리지 말아야 한다.

지금까지 두 인수 $(a+b)$와 $(c+d)$를 곱하는 방법을 알아보았다. 인수가 여러 개이면 곱셈을 어떻게 계산하는가? 다음은 한 예이다.

$$\begin{aligned}(a+b)(c+d)(e+f) &= \{(a+b)(c+d)\}(e+f)\\ &= (ac+ad+bc+bd)(e+f)\\ &= (ac+ad+bc+bd)e + (ac+ad+bc+bd)f\\ &= ace+ade+bce+bde+acf+adf+bcf+bdf\end{aligned}$$

EX 2.3.3 식 $(r+1)^3$을 전개하라. 이 식을 사용하여 반지름이 r미터인 공의 부피는 반지름이 1미터 증가할 때 얼마나 팽창하는지 계산하라.

풀이

$(r+1)^3$을 전개하면 다음과 같다.

$$(r+1)^3 = \{(r+1)(r+1)\}(r+1) = (r^2+2r+1)(r+1) = r^3+3r^2+3r+1$$

반지름이 r미터인 공의 부피는 $\frac{4}{3}\pi r^3(\mathrm{m^3})$이다. 반지름이 1미터 증가하면 공의 부피는 다음과 같이 확장된다.

$$\frac{4}{3}\pi(r+1)^3-\frac{4}{3}\pi r^3 = \frac{4}{3}\pi(r^3+3r^2+3r+1)-\frac{4}{3}\pi r^3 = \frac{4}{3}\pi(3r^2+3r+1)$$

대수 표현식

$3xy-5x^2y^3+2xy+6y^3x^2-3x+5yx+8$과 같이 문자가 포함된 식을 **대수 표현식**(algebraic expression)이라 한다. 여기서 $3xy$, $-5x^2y^3$, $2xy$, $6y^3x^2$, $-3x$, $5yx$, 8을 각각 **항**(term)이라 하고, 이 항을 모두 더하여 위 식을 형성한다. 그리고 3, -5, 2, 6, -3, 5는 처음 여섯 개 항의 **계수**(coefficient)이다. $-5x^2y^3$, $6y^3x^2$과 같이 계수만 다른 두 항은 **동류항**(terms of the same type)이라 한다. 식을 간단히 하기 위해 먼저 동류항을 모으고, 각 항 내에서는 계수를 맨 앞에 놓은 뒤 알파벳 순으로 문자를 나열한다. 따라서 다음이 성립한다.

$$3xy-5x^2y^3+2xy+6y^3x^2-3x+5yx+8 = x^2y^3+10xy-3x+8$$

EX 2.3.4 식 $(2pq-3p^2)(p+2q)-(q^2-2pq)(2p-q)$를 전개하고 간단히 하라.

풀이

식을 전개하고 정리하면 다음과 같다.

$$\begin{aligned} &2pqp+2pq2q-3p^3-6p^{2q}-(q^22p-q^3-4pqp+2pq^2) \\ &=2p^2q+4pq^2-3p^3-6p^2q-2pq^2+q^3+4p^2q-2pq^2 \\ &=-3p^3+q^3 \end{aligned}$$

인수분해

$49 = 7 \cdot 7$과 $672 = 2 \cdot 2 \cdot 2 \cdot 2 \cdot 2 \cdot 3 \cdot 7$로 나타낸 것은 49와 672를 인수분해한 결과이다. 대수식도 비슷한 방식으로 인수분해할 수 있다. **인수분해**(factorization)란 식을 더 간단한 인수의 곱으로 표현하는 것이다. 예를 들어 $6x^2y = 2 \cdot 3 \cdot x \cdot x \cdot y$, $5x^2y^3-15xy^2 = 5 \cdot x \cdot y \cdot y(xy-3)$이다.[8]

8 $9x^2-25y^2 = 3 \cdot 3 \cdot x \cdot x - 5 \cdot 5 \cdot y \cdot y$는 $9x^2-25y^2$의 인수분해가 아니다. 올바른 인수분해는 $9x^2-25y^2=(3x-5y)(3x+5y)$이다.

EX 2.3.5 다음 식을 인수분해하라.

(a) $5x^2+15x$ (b) $-18b^2+9ab$

(c) $K(1+r)+K(1+r)r$ (d) $\delta L^{-3}+(1-\delta)L^{-2}$

풀이

(a) $5x^2+15x = 5x(x+3)$

(b) $-18b^2+9ab = 9ab-18b^2 = 3 \cdot 3b(a-2b)$

(c) $K(1+r)+K(1+r)r = K(1+r)(1+r) = K(1+r)^2$

(d) $\delta L^{-3}+(1-\delta)L^{-2} = L^{-3}\{\delta+(1-\delta)L\}$

이차항등식은 인수분해할 때 역으로 사용될 수 있다. 이를 통해 인수가 없는 것처럼 보이는 식을 인수분해할 수 있다.

EX 2.3.6 다음 식을 인수분해하라.

(a) $16a^2-1$ (b) $x^2y^2-25z^2$

(c) $4u^2+8u+4$ (d) $x^2-x+\frac{1}{4}$

풀이

(a) $16a^2-1 = (4a+1)(4a-1)$ (b) $x^2y^2-25z^2 = (xy+5z)(xy-5z)$

(c) $4u^2+8u+4 = 4(u^2+2u+1) = 4(u+1)^2$ (d) $x^2-x+\frac{1}{4} = \left(x-\frac{1}{2}\right)^2$

인수분해하는 과정에서 창의력을 발휘해야 할 때도 있다. 다음 예를 살펴보자.

$$\begin{aligned} 4x^2-y^2+6x^2+3xy &= (4x^2-y^2)+3x(2x+y) \\ &= (2x+y)(2x-y)+3x(2x+y) \\ &= (2x+y)(2x-y+3x) \\ &= (2x+y)(5x-y) \end{aligned}$$

인수분해는 어렵고 심지어는 불가능한 경우도 많다. 그러나 주어진 인수분해가 맞는지 확인하는 작업은 인수를 곱하고 정리하기만 하면 되어서 굉장히 쉽다. 예를 들어 $(x-a)(x-b)$를 간단히 전개해 다음을 확인할 수 있다.

$$x^2-(a+b)x+ab = (x-a)(x-b)$$

대부분의 대수식은 인수분해가 불가능하다. 예를 들어 $x^2+10x+50$을 더 간단한 인수의 곱으로 나타내는 방법은 없다.[9]

9 복소수를 아직 도입하지 않았음을 참고하라.

2.3 연습문제

1 다음 식을 간단히 하라.

(a) $-3+(-4)-(-8)$ (b) $(-3)(2-4)$

(c) $(-3)(-12)\left(-\dfrac{1}{2}\right)$ (d) $-3\{4-(-2)\}$

(e) $-3(-x-4)$ (f) $(5x-3y)9$

(g) $2x\left(\dfrac{3}{2x}\right)$ (h) $0\cdot(1-x)$

(i) $-7x\dfrac{2}{14x}$

2 다음 식을 간단히 하라.

(a) $5a^2-3b-(-a^2-b)-3(a^2+b)$

(b) $-x(2x-y)+y(1-x)+3(x+y)$

(c) $12t^2-3t+16-2(6t^2-2t+8)$

(d) $r^3-3r^2s+s^3-(-s^3-r^3+3r^2s)$

3 다음 식을 간단히 하라.

(a) $-3(n^2-2n+3)$

(b) $x^2(1+x^3)$

(c) $(4n-3)(n-2)$

(d) $6a^2b(5ab-3ab^2)$

(e) $(a^2b-ab^2)(a+b)$

(f) $(x-y)(x-2y)(x-3y)$

(g) $(ax+b)(cx+d)$

(h) $(2-t^2)(2+t^2)$

(i) $(u-v)^2(u+v)^2$

4 다음 식을 간단히 하라.

(a) $(2t-1)(t^2-2t+1)$

(b) $(a+1)^2+(a-1)^2-2(a+1)(a-1)$

(c) $(x+y+z)^2$

(d) $(x+y+z)^2-(x-y-z)^2$

5 다음 식을 간단히 하라.

(a) $(x+2y)^2$ (b) $\left(\dfrac{1}{x}-x\right)^2$

(c) $(3u-5v)^2$ (d) $(2z-5w)(2z+5w)$

6 □ 안에 알맞은 표현을 써넣어라.

(a) $201^2-199^2=$□

(b) $u^2-4u+4=1$이면 $u=$□

(c) $\dfrac{(a+1)^2-(a-1)^2}{(b+1)^2-(b-1)^2}=$□

7 계산기를 사용하지 않고 $\dfrac{1000^2}{252^2-248^2}$을 계산하라.

8 다음 삼차항등식을 증명하라. 앞으로도 유용하게 사용할 수 있는 식이다.

(a) $(a+b)^3=a^3+3a^2b+3ab^2+b^3$

(b) $(a-b)^3=a^3-3a^2b+3ab^2-b^3$

(c) $a^3-b^3=(a-b)(a^2+ab+b^2)$

(d) $a^3+b^3=(a+b)(a^2-ab+b^2)$

9 다음 식을 인수분해하라.

(a) $21x^2y^3$ (b) $3x-9y+27z$

(c) a^3-a^2b (d) $8x^2y^2-16xy$

(e) $28a^2b^3$ (f) $4x+8y-24z$

(g) $2x^2-6xy$ (h) $4a^2b^3+6a^3b^2$

(i) $7x^2-49xy$ (j) $5xy^2-45x^3y^2$

(k) $16-b^2$ (l) $3x^2-12$

10 다음 식을 인수분해하라.

(a) $a^2+4ab+4b^2$ (b) K^2L-L^2K

(c) $K^{-4}-LK^{-5}$ (d) $9z^2-16w^2$

(e) $-\dfrac{1}{5}x^2+2xy-5y^2$ (f) a^4-b^4

11 다음 식을 인수분해하라.

(a) x^2-4x+4 (b) $4t^2s-8ts^2$

(c) $16a^2+16ab+4b^2$ (d) $5x^3-10xy^2$

(e) $5x+5y+ax+ay$ (f) $u^2-v^2+3v+3u$

(g) $P^3+Q^3+Q^2P+P^2Q$ (h) K^3-K^2L

(i) KL^3+KL (j) L^2-K^2

(k) $K^2-2KL+L^2$

(l) $K^3L-4K^2L^2+4KL^3$

2.4 분수 표현

두 수를 나눌 때 다음 관계가 성립함을 떠올려보자.

$$a \div b = \frac{a}{b} \quad \begin{array}{l} \leftarrow \text{분자} \\ \leftarrow \text{분모} \end{array}$$

예를 들어 $5 \div 8 = \frac{5}{8}$인데 표기 문제로 $\frac{5}{8}$ 대신 5/8를 쓸 수도 있다.[10] 물론 $5 \div 8 = 0.625$와 같이 분수를 소수로 표현할 수 있다. 분수 $\frac{5}{8}$는 5가 8보다 작기 때문에 **진분수**(proper fraction)라 한다. 분수 $\frac{19}{8}$는 분자가 분모보다 크거나 같기 때문에 **가분수**(improper fraction)이다.

가분수는 다음과 같이 **대분수**(mixed number)로 쓸 수 있다.[11]

$$\frac{19}{8} = 2 + \frac{3}{8} = 2\frac{3}{8}$$

분수의 가장 중요한 성질을 아래에 나열했다. [EX 2.4.1]에서 이를 확인해보자. 이러한 성질을 숙지하는 것은 매우 중요하므로 모든 내용을 이해했는지 꼼꼼히 확인해야 한다.

나눗셈의 성질

임의의 수 a, b, c에 대해 다음이 성립한다. 단, 분모에 있는 b, c, d는 0이 아니어야 한다.

❶ $\frac{a \cdot \cancel{c}}{b \cdot \cancel{c}} = \frac{a}{b}$

❷ $\frac{-a}{-b} = \frac{(-a) \cdot (-1)}{(-b) \cdot (-1)} = \frac{a}{b}$

❸ $-\frac{a}{b} = (-1)\frac{a}{b} = \frac{(-1)a}{b} = \frac{-a}{b}$

❹ $\frac{a}{c} + \frac{b}{c} = \frac{a+b}{c}$

❺ $\frac{a}{b} + \frac{c}{d} = \frac{a \cdot d + b \cdot c}{b \cdot d}$

❻ $a + \frac{b}{c} = \frac{a \cdot c + b}{c}$

❼ $a \cdot \frac{b}{c} = \frac{a \cdot b}{c}$

❽ $\frac{a}{b} \cdot \frac{c}{d} = \frac{a \cdot c}{b \cdot d}$

❾ $\frac{a}{b} \div \frac{c}{d} = \frac{a}{b} \cdot \frac{d}{c} = \frac{a \cdot d}{b \cdot c}$

10 (옮긴이) 가독성을 위해 이 책에서 분수 형태를 a/b에서 $\frac{a}{b}$ 형태로 다수 변경했다.

11 여기서 $2\frac{3}{8}$은 2 더하기 $\frac{3}{8}$을 의미한다. 반면에 $2 \cdot \frac{3}{8} = \frac{2 \cdot 3}{8} = \frac{3}{4}$이다. 나눗셈의 성질을 참고하라. 그러나 $2\frac{x}{8}$는 $2 \cdot \frac{x}{8}$를 나타내기도 한다. 이 경우 $\frac{2x}{8}$ 또는 $2x/8$와 같은 표기법이 훨씬 낫다. 실제로 $\frac{19}{8}$ 또는 19/8가 $2\frac{3}{8}$보다 모호하지 않으므로 적절한 표현이라 할 수 있다.

EX 2.4.1

나눗셈의 성질에 소개된 각 성질이 성립하는 예를 하나씩 살펴보자.

(a) $\frac{21}{15}=\frac{7\cdot\cancel{3}}{5\cdot\cancel{3}}=\frac{7}{5}$

(b) $\frac{-5}{-6}=\frac{5}{6}$

(c) $-\frac{13}{15}=(-1)\frac{13}{15}=\frac{(-1)13}{15}=\frac{-13}{15}$

(d) $\frac{5}{3}+\frac{13}{3}=\frac{18}{3}=6$

(e) $\frac{3}{5}+\frac{1}{6}=\frac{3\cdot 6+5\cdot 1}{5\cdot 6}=\frac{23}{30}$

(f) $5+\frac{3}{5}=\frac{5\cdot 5+3}{5}=\frac{28}{5}$

(g) $7\cdot\frac{3}{5}=\frac{21}{5}$

(h) $\frac{4}{7}\cdot\frac{5}{8}=\frac{4\cdot 5}{7\cdot 8}=\frac{\cancel{4}\cdot 5}{7\cdot 2\cdot\cancel{4}}=\frac{5}{14}$

(i) $\frac{3}{8}\div\frac{6}{14}=\frac{3}{8}\cdot\frac{14}{6}=\frac{\cancel{3}\cdot\cancel{2}\cdot 7}{\cancel{2}\cdot 2\cdot 2\cdot 2\cdot\cancel{3}}=\frac{7}{8}$

나눗셈의 성질 중 특히 중요한 것은 ❶이다. 성질 ❶은 분자와 분모를 인수분해한 다음 **공통인수**(common factor)를 상쇄하는, 즉 분자와 분모를 모두 0이 아닌 동일한 양으로 나누어 분수를 약분하는 데 사용된다.[12]

EX 2.4.2 다음 식을 간단히 하라.

(a) $\frac{5x^2yz^3}{25xy^2z}$ (b) $\frac{x^2+xy}{x^2-y^2}$ (c) $\frac{4-4a+a^2}{a^2-4}$

풀이

(a) $\frac{5x^2yz^3}{25xy^2z}=\frac{\cancel{5}\cdot\cancel{x}\cdot x\cdot\cancel{y}\cdot\cancel{z}\cdot z\cdot z}{\cancel{5}\cdot 5\cdot\cancel{x}\cdot\cancel{y}\cdot y\cdot\cancel{z}}=\frac{xz^2}{5y}$

(b) $\frac{x^2+xy}{x^2-y^2}=\frac{x(x+y)}{(x-y)(x+y)}=\frac{x}{x-y}$

(c) $\frac{4-4a+a^2}{a^2-4}=\frac{(a-2)(a-2)}{(a-2)(a+2)}=\frac{a-2}{a+2}$

EX 2.4.3 분수를 간단히 할 때, 공통인수만 제거할 수 있다. 다음 식과 같은 오류는 자주 나타난다.

$$\frac{2\cancel{x}+3y}{\cancel{x}y}=\frac{2+3\cancel{y}}{\cancel{y}}=\frac{2+3}{1}=5 \quad \text{(틀린 계산)}$$

실제로 분수 $\frac{2x+3y}{xy}$의 분자와 분모는 어떤 공통인수도 가지고 있지 않다. 이 식을 올바르게 정리하면 $\frac{2x+3y}{xy}=\frac{2}{y}+\frac{3}{x}$이다. 다른 흔한 오류는 다음과 같다.

$$\frac{x}{x^2+2x}=\frac{x}{x^2}+\frac{x}{2x}=\frac{1}{x}+\frac{1}{2} \quad \text{(틀린 계산)}$$

바르게 계산하려면 공통인수 x를 소거해야 한다. 이렇게 하면 계산 결과는 $\frac{1}{x+2}$이다.

12 성질 ❶을 반대로 사용하는 것은 분수를 전개하는 것과 같다. 예를 들어 $\frac{5}{8}=\frac{5\cdot 125}{8\cdot 125}=\frac{625}{1000}=0.625$이다.

나눗셈의 성질 ❹, ❺, ❻은 분수를 더할 때 사용된다. ❶과 ❹에서 ❺를 도출할 수 있다. 실제로는 다음과 같다.

$$\frac{a}{b}+\frac{c}{d}=\frac{a\cdot d}{b\cdot d}+\frac{c\cdot b}{d\cdot b}=\frac{a\cdot d+b\cdot c}{b\cdot d}$$

예를 들어 식을 다음과 같이 전개할 수 있다.

$$\frac{a}{b}-\frac{c}{d}+\frac{e}{f}=\frac{adf}{bdf}-\frac{cbf}{bdf}+\frac{ebd}{bdf}=\frac{adf-cbf+ebd}{bdf} \qquad (*)$$

만약 b, d, f가 공통인수를 가진다면 (*)에서 수행된 계산은 불필요하게 큰 수를 포함할 것이다. 분수의 **최소공통분모**(LCD; Least Common Denominator)를 찾으면 이 과정을 간소화할 수 있다. 이를 위해 각 분모를 완전히 인수분해하자. 최소공통분모는 어떤 분모에서 나타나는 서로 다른 인수의 모든 곱이며, 각각의 인수는 어떤 분모에서 어떤 최고 차수로 나타나느냐에 따라 결정된다. 최소공통분모의 사용법은 [EX 2.4.4]에서 살펴보자.

EX 2.4.4 다음 식을 간단히 하라.

(a) $\frac{1}{2}-\frac{1}{3}+\frac{1}{6}$ (b) $\frac{2+a}{a^2b}+\frac{1-b}{ab^2}-\frac{2b}{a^2b^2}$ (c) $\frac{x-y}{x+y}-\frac{x}{x-y}+\frac{3xy}{x^2-y^2}$

풀이

(a) $6=2\cdot3$이므로 최소공통분모는 6이며, 주어진 식은 다음과 같다.

$$\frac{1}{2}-\frac{1}{3}+\frac{1}{6}=\frac{1\cdot3}{2\cdot3}-\frac{1\cdot2}{2\cdot3}+\frac{1}{2\cdot3}=\frac{3-2+1}{6}=\frac{2}{6}=\frac{1}{3}$$

(b) 최소공통분모는 a^2b^2이므로 주어진 식은 다음과 같다.

$$\frac{2+a}{a^2b}+\frac{1-b}{ab^2}-\frac{2b}{a^2b^2}=\frac{(2+a)b}{a^2b^2}+\frac{(1-b)a}{a^2b^2}-\frac{2b}{a^2b^2}=\frac{2b+ab+a-ba-2b}{a^2b^2}=\frac{a}{a^2b^2}=\frac{1}{ab^2}$$

(c) $x^2-y^2=(x+y)(x-y)$이므로 최소공통분모는 $(x+y)(x-y)$이고 주어진 식은 다음과 같다.

$$\begin{aligned}\frac{x-y}{x+y}-\frac{x}{x-y}+\frac{3xy}{x^2-y^2}&=\frac{(x-y)(x-y)}{(x-y)(x+y)}-\frac{(x+y)x}{(x+y)(x-y)}+\frac{3xy}{(x-y)(x+y)}\\&=\frac{x^2-2xy+y^2-x^2-xy+3xy}{(x-y)(x+y)}\\&=\frac{y^2}{x^2-y^2}\end{aligned}$$

$1-\frac{5-3}{2}$은 1에서 $\frac{5-3}{2}=\frac{2}{2}=1$을 빼는 것을 나타내므로 $1-\frac{5-3}{2}=0$이다. 또는 다음과 같이 생각할 수도 있다.

$$1-\frac{5-3}{2}=\frac{2}{2}-\frac{(5-3)}{2}=\frac{2-(5-3)}{2}=\frac{2-5+3}{2}=\frac{0}{2}=0$$

$\dfrac{2+b}{ab^2}-\dfrac{a-2}{a^2b}$는 $\dfrac{2+b}{ab^2}$에서 $\dfrac{a-2}{a^2b}$를 빼는 것을 나타낸다. 따라서 다음과 같이 쓸 수 있다.

$$\frac{2+b}{ab^2}-\frac{a-2}{a^2b}=\frac{(2+b)a}{a^2b^2}-\frac{(a-2)b}{a^2b^2}=\frac{(2+b)a-(a-2)b}{a^2b^2}=\frac{2(a+b)}{a^2b^2}$$

[EX 2.4.5]와 같이 분수의 분자를 괄호로 먼저 묶는 것이 좋다.

EX 2.4.5 식 $\dfrac{x-1}{x+1}-\dfrac{1-x}{x-1}-\dfrac{-1+4x}{2(x+1)}$를 간단히 하라.

풀이

$$\begin{aligned}\frac{x-1}{x+1}-\frac{1-x}{x-1}-\frac{-1+4x}{2(x+1)}&=\frac{(x-1)}{x+1}-\frac{(1-x)}{x-1}-\frac{(-1+4x)}{2(x+1)}\\&=\frac{2(x-1)^2-2(1-x)(x+1)-(-1+4x)(x-1)}{2(x+1)(x-1)}\\&=\frac{2(x^2-2x+1)-2(1-x^2)-(4x^2-5x+1)}{2(x+1)(x-1)}\\&=\frac{x-1}{2(x+1)(x-1)}\\&=\frac{1}{2(x+1)}\end{aligned}$$

다음으로 나눗셈의 성질 ❾를 증명하기 위해 $\dfrac{a}{b}\div\dfrac{c}{d}$를 분수의 비로 쓰는 방법을 살펴보자.

$$\frac{a}{b}\div\frac{c}{d}=\frac{\frac{a}{b}}{\frac{c}{d}}=\frac{b\cdot d\cdot\frac{a}{b}}{b\cdot d\cdot\frac{c}{d}}=\frac{\frac{\cancel{b}\cdot d\cdot a}{\cancel{b}}}{\frac{b\cdot\cancel{d}\cdot c}{\cancel{d}}}=\frac{d\cdot a}{b\cdot c}=\frac{a\cdot d}{b\cdot c}$$

분수 안에 분수가 있는 형태(번분수)를 다룰 때는 어느 선이 분모의 분수선인지를 강조해야 한다. 예를 들어 $\dfrac{b}{c}$분의 a와 c분의 $\dfrac{a}{b}$는 각각 다음과 같이 나타낸다.

$$\frac{a}{\frac{b}{c}}=a\div\frac{b}{c}=\frac{ac}{b}\qquad(*)$$

$$\frac{\frac{a}{b}}{c}=\frac{a}{b}\div c=\frac{a}{bc}\qquad(**)$$

물론 식 (*)를 $\dfrac{a}{b/c}$로 쓰고, 식 (**)를 $\dfrac{a/b}{c}$로 쓰면 분수선을 구별하기 쉽다.[13]

13 (*)와 (**)의 수치적 예로 다음을 주목하라. $\dfrac{1}{\frac{3}{5}}=\dfrac{5}{3}$인 반면에 $\dfrac{\frac{1}{3}}{5}=\dfrac{1}{15}$이다.

2.4 연습문제

1 다음 식을 간단히 하라.

(a) $\frac{3}{7}+\frac{4}{7}-\frac{5}{7}$ (b) $\frac{3}{4}+\frac{4}{3}-1$

(c) $\frac{3}{12}-\frac{1}{24}$ (d) $\frac{1}{5}-\frac{2}{25}-\frac{3}{75}$

(e) $3\frac{3}{5}-1\frac{4}{5}$ (f) $\frac{3}{5}\cdot\frac{5}{6}$

(g) $\left(\frac{3}{5}\div\frac{2}{15}\right)\cdot\frac{1}{9}$ (h) $\left(\frac{2}{3}+\frac{1}{4}\right)\div\left(\frac{3}{4}+\frac{3}{2}\right)$

2 다음 식을 간단히 하라.

(a) $\frac{x}{10}-\frac{3x}{10}+\frac{17x}{10}$

(b) $\frac{9a}{10}-\frac{a}{2}+\frac{a}{5}$

(c) $\frac{b+2}{10}-\frac{3b}{15}+\frac{b}{10}$

(d) $\frac{x+2}{3}+\frac{1-3x}{4}$

(e) $\frac{3}{2b}-\frac{5}{3b}$

(f) $\frac{3a-2}{3a}-\frac{2b-1}{2b}+\frac{4b+3a}{6ab}$

3 다음 식에서 공통인수를 약분하라.

(a) $\frac{325}{625}$ (b) $\frac{8a^2b^3c}{64abc^3}$

(c) $\frac{2a^2-2b^2}{3a+3b}$ (d) $\frac{P^3-PQ^2}{(P+Q)^2}$

4 $x=\frac{3}{7}$이고 $y=\frac{1}{14}$일 때, 다음 분수를 간단히 하라.

(a) $x+y$ (b) $\frac{x}{y}$

(c) $\frac{x-y}{x+y}$ (d) $13\frac{2x-3y}{2x+1}$

5 다음 식을 간단히 하라.

(a) $\frac{1}{x-2}-\frac{1}{x+2}$

(b) $\frac{6x+25}{4x+2}-\frac{6x^2+x-2}{4x^2-1}$

(c) $\frac{18b^2}{a^2-9b^2}-\frac{a}{a+3b}+2$

(d) $\frac{1}{8ab}-\frac{1}{8b(a+2)}$

(e) $\frac{2t-t^2}{t+2}\cdot\left(\frac{5t}{t-2}-\frac{2t}{t-2}\right)$

(f) $2-\frac{a\left(1-\frac{1}{2a}\right)}{0.25}$

6 다음 식을 간단히 하라.

(a) $\frac{2}{x}+\frac{1}{x+1}-3$

(b) $\frac{t}{2t+1}-\frac{t}{2t-1}$

(c) $\frac{3x}{x+2}-\frac{4x}{2-x}-\frac{2x-1}{x^2-4}$

(d) $\frac{\frac{1}{x}+\frac{1}{y}}{\frac{1}{xy}}$

(e) $\frac{\frac{1}{x^2}-\frac{1}{y^2}}{\frac{1}{x^2}+\frac{1}{y^2}}$

(f) $\frac{\frac{a}{x}-\frac{a}{y}}{\frac{a}{x}+\frac{a}{y}}$

7 $x^2+2xy-3y^2=(x+3y)(x-y)$임을 증명하고, 다음 식을 간단히 하라.

$$\frac{x-y}{x^2+2xy-3y^2}-\frac{2}{x-y}-\frac{7}{x+3y}$$

8 다음 식을 간단히 하라.

(a) $\left(\frac{1}{4}-\frac{1}{5}\right)^{-2}$

(b) $n-\frac{n}{1-\frac{1}{n}}$

(c) $\frac{1}{1+x^{p-q}}+\frac{1}{1+x^{q-p}}$

(d) $\dfrac{\dfrac{1}{x-1}+\dfrac{1}{x^2-1}}{x-\dfrac{2}{x+1}}$

(e) $\dfrac{\dfrac{1}{(x+h)^2}-\dfrac{1}{x^2}}{h}$

(f) $\dfrac{\dfrac{10x^2}{x^2-1}}{\dfrac{5x}{x+1}}$

2.5 분수 거듭제곱

경제학 교재와 연구 논문에는 $K^{\frac{1}{4}}L^{\frac{3}{4}}$, $Ar^{2.08}p^{-1.5}$과 같이 분수 지수가 포함된 거듭제곱과 관련된 수학 표현이 자주 등장한다. x가 유리수일 때 a^x은 어떻게 정의하는가? 물론 일반적인 거듭제곱 규칙이 여전히 적용되기를 바란다.

여러분은 $x=\frac{1}{2}$일 때 a^x의 의미를 알고 있을 것이다. 실제로 a가 음수가 아니고 $x=\frac{1}{2}$이면 $a^x=a^{\frac{1}{2}}$은 a의 **제곱근**(square root)인 $\sqrt{a}$와 같다고 정의한다. 따라서 $a^{\frac{1}{2}}=\sqrt{a}$는 음이 아닌 수로써 자기 자신을 곱하면 a가 되는 수로 정의한다. $a^{\frac{1}{2}}\cdot a^{\frac{1}{2}}=a^{\frac{1}{2}+\frac{1}{2}}=a^1=a$이므로 제곱근의 정의에 들어맞는다.

실수 r이 양수, 음수, 0인지에 상관없이 어떤 r을 자기 자신과 곱한 결과는 항상 양수여야 한다. 따라서 $a\geq 0$이면 다음이 성립한다.

$$a^{\frac{1}{2}}=\sqrt{a}$$

예를 들어 $4^2=16$이므로 $\sqrt{16}=16^{\frac{1}{2}}=4$이고, $\left(\frac{1}{5}\right)^2=\frac{1}{5}\cdot\frac{1}{5}=\frac{1}{25}$이므로 $\sqrt{\frac{1}{25}}=\frac{1}{5}$이다.

> **제곱근의 성질**
>
> ❶ a와 b가 음수가 아니면 $\sqrt{ab}=\sqrt{a}\sqrt{b}$이다.
>
> ❷ a가 음수가 아니고 b가 양수이면 $\sqrt{\frac{a}{b}}=\frac{\sqrt{a}}{\sqrt{b}}$이다.

물론 이 두 성질은 $(ab)^{1/2}=a^{1/2}b^{1/2}$, $\left(\frac{a}{b}\right)^{1/2}=\frac{a^{1/2}}{b^{1/2}}$으로 표현할 수도 있다. 예를 들면 다음과 같다.

$$\sqrt{16\cdot 25}=\sqrt{16}\cdot\sqrt{25}=4\cdot 5=20,\quad \sqrt{\frac{9}{4}}=\frac{\sqrt{9}}{\sqrt{4}}=\frac{3}{2}$$

제곱근의 성질 ❶과 ❷가 a 또는 b 또는 둘 다 음수일 경우에는 유효하지 않음을 주의하라. 예를 들어 $\sqrt{(-1)(-1)} = \sqrt{1} = 1$이지만, $\sqrt{(-1)} \cdot \sqrt{(-1)}$은 (복소수를 사용하지 않는 한) 정의되지 않는다.

일반적으로 $(a+b)^r \neq a^r + b^r$임을 기억하자. $r = \frac{1}{2}$이면 이 식은 다음과 같다.[14]

$$\sqrt{a+b} \neq \sqrt{a} + \sqrt{b}$$

또한 $(-2)^2 = 4$와 $2^2 = 4$이므로 $x = -2$와 $x = 2$는 둘 다 방정식 $x^2 = 4$의 해이다. 따라서 $x^2 = 4$이면 $x = \pm\sqrt{4} = \pm 2$이다. 단, $\sqrt{4}$는 오직 2를 나타내며 -2는 포함되지 않는다는 점을 기억해야 한다.

계산기를 사용하면 $\sqrt{2} \div \sqrt{3} \approx 1.414 \div 1.732 \approx 0.816$을 구할 수 있다. 그러나 이런 방식의 계산은 불필요하게 복잡하고 불편하다. 계산 도중 적어도 제곱근의 근삿값 하나를 어딘가에 저장해야 하기 때문이다. 더 간단한 방법은 $\sqrt{2} \div \sqrt{3} = \sqrt{2 \div 3} \approx 0.667 \approx 0.817$로 계산하는 것이다. 이번에는 분자와 분모 모두에 동일한 항 $\sqrt{3}$을 곱함으로써 '분모 유리화'를 수행한다고 가정해보겠다. 이 과정은 분모의 제곱근을 모두 약분할 수 있으며 하나의 제곱근만 포함하므로 더 간단하다.

$$\frac{\sqrt{2}}{\sqrt{3}} = \frac{\sqrt{2} \cdot \sqrt{3}}{\sqrt{3} \cdot \sqrt{3}} = \frac{\sqrt{2 \cdot 3}}{3} = \frac{\sqrt{6}}{3} \approx \frac{2.449}{3} \approx 0.816$$

2.3절의 제곱의 차 공식은 분수의 분모에서 제곱근을 소거하는 데 사용할 수 있다. 다음 예를 살펴보자.

$$\frac{1}{\sqrt{5} + \sqrt{3}} = \frac{\sqrt{5} - \sqrt{3}}{(\sqrt{5} + \sqrt{3})(\sqrt{5} - \sqrt{3})} = \frac{\sqrt{5} - \sqrt{3}}{5 - 3} = \frac{1}{2}(\sqrt{5} - \sqrt{3})$$

n제곱근

n이 자연수이고 a가 양수일 때 $a^{\frac{1}{n}}$은 어떤 의미인가? 예를 들어 $5^{\frac{1}{3}}$은 어떤 수를 세 번 거듭제곱해서 5가 되는 수를 나타낸다. 여기에 거듭제곱의 성질 $(a^r)^s = a^{rs}$이 여전히 성립해야 한다고 가정하면 $(5^{\frac{1}{3}})^3 = 5^1 = 5$가 되어야 한다(2.2절 참고). 이것은 $x^3 = 5$를 만족하는 해가 $x = 5^{\frac{1}{3}}$임을 의미한다. 이러한 방정식은 유일한 양수 해를 가지며, 이를 5의 **세제곱근**(cube root)인 $\sqrt[3]{5}$로 표기한다. 따라서 $5^{\frac{1}{3}}$은 $\sqrt[3]{5}$로 정의한다.

일반적으로 $a^{\frac{1}{n} \cdot n} = a^1 = a$이다. 따라서 방정식 $x^n = a$의 해인 분수 지수 $x = a^{\frac{1}{n}}$을 정의해야 한다. 다시 말하지만, 이 방정식에는 유일한 양의 해가 존재함을 증명할 수 있다.[15] 이 해를 a의 **n제곱근**(nth root)이라 하며, $\sqrt[n]{a}$로 표기한다. 즉 다음을 의미한다.

$$\sqrt[n]{a} = a^{\frac{1}{n}}$$

---

14 필자는 어느 경제학 기초 수업 시험에서 수강생의 22%가 $\sqrt{\frac{1}{16} + \frac{1}{25}}$을 $\frac{1}{4} + \frac{1}{5} = \frac{9}{20} = 0.45$로 잘못 풀었음을 확인했다. 실제로는 $\sqrt{\frac{25}{400} + \frac{16}{400}} = \sqrt{\frac{41}{400}} = \frac{\sqrt{41}}{20} \approx 0.32$여야 한다.

15 [EX 7.10.3]에 따르면 이를 증명하는 하나의 방법은 중간값정리(intermediate value theorem)를 사용하는 것이다. 중간값정리는 [정리 7.10.1]에서 확인할 수 있다. 또한 [EX 2.6.4]와 [EX 2.10.3]은 대안적인 증명 방법을 제시한다. 먼저 유일성을 증명하고 나중에 존재성을 증명하는 방식이다.

n제곱근

a가 양수이고 n이 자연수이면 $\sqrt[n]{a}$는 a를 n제곱하여 a가 되는 유일한 양수이다. 즉 다음과 같다.

$$(\sqrt[n]{a})^n = a$$

EX 2.5.1 다음 거듭제곱을 계산하라.

(a) $\sqrt[3]{27}$ (b) $\left(\frac{1}{32}\right)^{\frac{1}{5}}$ (c) $(0.0001)^{0.25} = (0.0001)^{\frac{1}{4}}$

풀이

(a) $3^3 = 27$이므로 $\sqrt[3]{27} = 3$이다.

(b) $\left(\frac{1}{2}\right)^5 = \frac{1}{32}$이므로 $\left(\frac{1}{32}\right)^{\frac{1}{5}} = \frac{1}{2}$이다.

(c) $(0.1)^4 = 0.0001$이므로 $(0.0001)^{\frac{1}{4}} = 0.1$이다.

EX 2.5.2 계좌에 든 금액 5,000달러가 15년 후에 10,000달러로 증가했다. 연 이자율 p가 상수일 때, p 값을 구하라.

풀이

5,000달러가 15년 후에 10,000달러로 증가했다고 가정하면 다음과 같은 방정식을 세울 수 있다.

$$5000\left(1+\frac{p}{100}\right)^{15} = 10000 \quad \Leftrightarrow \quad \left(1+\frac{p}{100}\right)^{15} = 2$$

일반적으로 $(a^t)^{\frac{1}{t}} = a^1 = a$(단, $t \neq 0$)이 성립하므로 양변을 $\frac{1}{15}$제곱하면 다음과 같다.

$$1+\frac{p}{100} = 2^{\frac{1}{15}} \quad \Leftrightarrow \quad p = 100(2^{\frac{1}{15}} - 1)$$

계산기를 사용하면 $p \approx 4.73$을 얻는다.

p가 정수, q가 자연수, a가 양수일 때 $a^{\frac{p}{q}}$을 정의하자. 먼저 $5^{\frac{2}{3}}$을 고려해보자. 이미 $5^{\frac{1}{3}}$을 정의했다. 이제 2.2절의 거듭제곱의 성질 중 $(a^r)^s = a^{rs}$을 만족할 수 있도록 $5^{\frac{2}{3}}$을 정의하려고 한다. 이 경우에 $5^{\frac{2}{3}} = (5^{\frac{1}{3}})^2$이 필요하다. 따라서 $5^{\frac{2}{3}}$을 $(\sqrt[3]{5})^2$으로 정의해야 한다.

일반적으로 어떤 양수 a에 대해 p가 정수, q가 자연수일 때 다음과 같이 정의한다.

$$a^{\frac{p}{q}} = (a^{\frac{1}{q}})^p = (\sqrt[q]{a})^p$$

거듭제곱의 성질(2.2절 참고)의 두 번째 식을 다시 사용하면 이 정의는 다음을 의미한다.

$$a^{\frac{p}{q}} = (a^{\frac{1}{q}})^p = (a^p)^{\frac{1}{q}} = \sqrt[q]{a^p}$$

따라서 $a^{\frac{p}{q}}$을 계산할 때 다음과 같이 두 가지 방법을 사용할 수 있다. 첫 번째는 먼저 a의 q제곱근을 취한 다음 결과를 p제곱하는 방법이고, 두 번째는 먼저 a를 p제곱한 다음 결과의 q제곱근을 취하는 방법이다. 어느 방법을 사용하더라도 동일한 답을 얻는다.[16] 예를 들어 다음이 성립한다.

$$4^{\frac{7}{2}} = (4^7)^{\frac{1}{2}} = 16384^{\frac{1}{2}} = 128 = 2^7 = (4^{\frac{1}{2}})^7$$

EX 2.5.3 다음을 계산하라.

(a) $16^{\frac{3}{2}}$ (b) $16^{-1.25}$ (c) $\left(\frac{1}{27}\right)^{-\frac{2}{3}}$

풀이

(a) $16^{\frac{3}{2}} = \left(16^{\frac{1}{2}}\right)^3 = 4^3 = 64$

(b) $16^{-1.25} = 16^{-\frac{5}{4}} = \frac{1}{16^{5/4}} = \frac{1}{(\sqrt[4]{16})^5} = \frac{1}{2^5} = \frac{1}{32}$

(c) $\left(\frac{1}{27}\right)^{-\frac{2}{3}} = 27^{\frac{2}{3}} = (\sqrt[3]{27})^2 = 3^2 = 9$

EX 2.5.4 다음은 유리 지수를 가진 거듭제곱이 필요한 두 가지 실제 사례이다.

(a) 식 $S \approx 4.84V^{\frac{2}{3}}$은 공의 겉넓이 S의 근삿값을 부피 V의 함수로 구한다. [연습문제 11]을 참고하라.

(b) Y를 순국민총생산, K를 자본금, L을 노동, t를 시간이라고 하자. 국가 경제 성장 연구에서 $Y = 2.262K^{0.203}L^{0.763}(1.02)^t$과 같은 식을 자주 볼 수 있다. 이렇게 유리 지수를 가진 거듭제곱은 경제학에서 자주 사용된다.

EX 2.5.5 다음 식을 양의 지수만 포함하는 형태로 간단히 하라.

(a) $\frac{a^{\frac{3}{8}}}{a^{\frac{1}{8}}}$ (b) $(x^{\frac{1}{2}}x^{\frac{3}{2}}x^{-\frac{2}{3}})^{\frac{3}{4}}$ (c) $\left(\frac{10p^{-1}q^{2/3}}{80p^2q^{-7/3}}\right)^{-2/3}$

16 필자는 많은 학생이 이차항등식은 잘 다루지만, 더 복잡한 거듭제곱에서는 종종 실수한다는 점을 알게 되었다. 다음 예는 실제 시험에서 가져왔다. ❶ $(1+r)^{20}$은 $1^{20}+r^{20}$과 같지 않다. ❷ $u=9+x^{\frac{1}{2}}$이면 $u^2=81+x$가 아니라 $u^2=81+18x^{\frac{1}{2}}+x$가 성립한다. 또한 ❸ $(e^x-e^{-x})^p$은 $p=1$이 아닌 이상 $e^{xp}-e^{-xp}$과 같지 않다.

풀이

(a) $\dfrac{a^{\frac{3}{8}}}{a^{\frac{1}{8}}} = a^{\frac{3}{8}-\frac{1}{8}} = a^{\frac{2}{8}} = a^{\frac{1}{4}} = \sqrt[4]{a}$

(b) $\left(x^{\frac{1}{2}}x^{\frac{3}{2}}x^{-\frac{2}{3}}\right)^{\frac{3}{4}} = \left(x^{\frac{1}{2}+\frac{3}{2}-\frac{2}{3}}\right)^{\frac{3}{4}} = \left(x^{\frac{4}{3}}\right)^{\frac{3}{4}} = x$

(c) $\left(\dfrac{10p^{-1}q^{2/3}}{80p^2q^{-7/3}}\right)^{-2/3} = \left\{8^{-1}p^{-1-2}q^{\frac{2}{3}-\left(-\frac{7}{3}\right)}\right\}^{-\frac{2}{3}} = 8^{\frac{2}{3}}p^2q^{-2} = 4\dfrac{p^2}{q^2}$

q가 홀수이고 p가 정수인 경우, $a^{\frac{p}{q}}$은 a가 음수인 경우에도 정의할 수 있다. 예를 들어 $(-8)^{\frac{1}{3}}$을 정의할 때 $(-2)^3 = -8$임을 고려해 $(-8)^{\frac{1}{3}} = \sqrt[3]{-8} = -2$로 정의할 수 있다. 그러나 a가 음수일 때 $a^{\frac{p}{q}}$을 정의하려면 분모 q는 홀수여야 한다. q가 짝수라면 '$-2=(-8)^{\frac{1}{3}}=(-8)^{\frac{2}{6}} = \sqrt[6]{(-8)^2} = \sqrt[6]{64} = \sqrt[6]{2^6} = 2$'와 같은 논리적 모순이 생길 수 있다.

앞서 a가 양수인 경우 $\sqrt[m]{a}$를 먼저 찾고, 그 결과를 n제곱해서 $a^{\frac{n}{m}}$을 계산함이 더 쉽다는 것을 알았다. a가 음수이고 m이 홀수인 경우도 마찬가지다. 예를 들어 $(-64)^{\frac{5}{3}} = (\sqrt[3]{(-64)})^5 = (-4)^5 = -1024$와 같이 나타낼 수 있다.

EX 2.5.6 p는 자연수, q는 홀수, a는 임의의 음의 실수라고 하자. 다음 항의 부호를 구하라.

(a) $a^{\frac{1}{q}}$ (b) $a^{\frac{p}{q}}$ (c) $a^{-\frac{p}{q}}$

풀이

(a) $\left(a^{\frac{1}{q}}\right)^q = a$이며 이 값은 음수이다. 따라서 $a^{\frac{1}{q}}$도 음수이다.

(b) $a^{\frac{p}{q}} = \left(a^{\frac{1}{q}}\right)^p = (-1)^p\left(-a^{\frac{1}{q}}\right)^p$이다. $a^{\frac{1}{q}}$은 음수이므로 $(-a^{\frac{1}{q}})^p$은 양수이다. 따라서 $a^{\frac{p}{q}}$은 $(-1)^p$의 부호를 가진다. 여기서 p가 짝수일 때 양수이고, p가 홀수일 때 음수이다.

(c) $a^{\frac{p}{q}} \cdot a^{-\frac{p}{q}} = 1$이므로 $a^{-\frac{p}{q}}$의 부호는 $a^{\frac{p}{q}}$의 부호와 동일하다.

2.5 연습문제

1 다음을 계산하라.

(a) $\sqrt{9}$ (b) $\sqrt{1600}$

(c) $100^{\frac{1}{2}}$ (d) $\sqrt{9+16}$

(e) $36^{-\frac{1}{2}}$ (f) $0.49^{\frac{1}{2}}$

(g) $\sqrt{0.01}$ (h) $\sqrt{\frac{1}{25}}$

2 a와 b가 양수라고 하자. □ 안에 $=$, $\neq$ 중 알맞은 표현을 써넣어라. 그리고 식을 증명하라.

(a) $\sqrt{25 \cdot 16}$ □ $\sqrt{25} \cdot \sqrt{16}$

(b) $\sqrt{25+16}$ □ $\sqrt{25} + \sqrt{16}$

(c) $(a+b)^{\frac{1}{2}}$ □ $a^{\frac{1}{2}} + b^{\frac{1}{2}}$

(d) $(a+b)^{-\frac{1}{2}}$ □ $(\sqrt{a+b})^{-1}$

3 x에 대한 방정식을 풀어라.

(a) $\sqrt{x} = 9$ (b) $\sqrt{x} \cdot \sqrt{4} = 4$

(c) $\sqrt{x+2} = 25$ (d) $\sqrt{3} \cdot \sqrt{5} = \sqrt{x}$

(e) $2^{2-x} = 8$ (f) $2^x - 2^{x-1} = 4$

4 다음 식의 분모를 유리화하고 간단히 하라.

(a) $\dfrac{6}{\sqrt{7}}$ (b) $\dfrac{\sqrt{32}}{\sqrt{2}}$

(c) $\dfrac{\sqrt{3}}{4\sqrt{2}}$ (d) $\dfrac{\sqrt{54}-\sqrt{24}}{\sqrt{6}}$

(e) $\dfrac{2}{\sqrt{3}\sqrt{8}}$ (f) $\dfrac{4}{\sqrt{2y}}$

(g) $\dfrac{x}{\sqrt{2x}}$ (h) $\dfrac{x(\sqrt{x}+1)}{\sqrt{x}}$

5 다음 식의 분모를 유리화하고 간단히 하라.

(a) $\dfrac{1}{\sqrt{7}+\sqrt{5}}$ (b) $\dfrac{\sqrt{5}-\sqrt{3}}{\sqrt{5}+\sqrt{3}}$

(c) $\dfrac{x}{\sqrt{3}-2}$ (d) $\dfrac{x\sqrt{y}-y\sqrt{x}}{x\sqrt{y}+y\sqrt{x}}$

(e) $\dfrac{h}{\sqrt{x+h}-\sqrt{x}}$ (f) $\dfrac{1-\sqrt{x+1}}{1+\sqrt{x+1}}$

6 계산기를 사용하지 않고 다음을 계산하라.

(a) $\sqrt[3]{125}$ (b) $243^{\frac{1}{5}}$

(c) $(-8)^{\frac{1}{3}}$ (d) $\sqrt[3]{0.008}$

(e) $81^{\frac{1}{2}}$ (f) $64^{-\frac{1}{3}}$

(g) $16^{-2.25}$ (h) $\left(\dfrac{1}{3^{-2}}\right)^{-2}$

7 계산기를 사용하여 근삿값을 구하라.

(a) $\sqrt[3]{55}$ (b) $160^{\frac{1}{4}}$

(c) $2.71828^{\frac{1}{5}}$ (d) $(1+0.0001)^{10000}$

8 한 국가의 인구가 12년 만에 4천만 명에서 6천만 명으로 증가했다. 연간 성장률은 몇 $p\%$인가?

9 다음 식을 간단히 하라.

(a) $(27x^{3p}y^{6q}z^{12r})^{\frac{1}{3}}$ (b) $\dfrac{(x+15)^{4/3}}{(x+15)^{5/6}}$

(c) $\dfrac{8\sqrt[3]{x^2}\sqrt[4]{y}\sqrt{\frac{1}{z}}}{-2\sqrt[3]{x}\sqrt{y^5}\sqrt{z}}$

10 다음 식을 간단히 하여, 지수 하나만 포함하도록 만들어라.

(a) $\left[\left\{\left(a^{\frac{1}{2}}\right)^{\frac{2}{3}}\right\}^{\frac{3}{4}}\right]^{\frac{4}{5}}$ (b) $a^{\frac{1}{2}} \cdot a^{\frac{2}{3}} \cdot a^{\frac{3}{4}} \cdot a^{\frac{4}{5}}$

(c) $\dfrac{\{(3a)^{-1}\}^{-2}(2a^{-2})^{-1}}{a^{-3}}$ (d) $\dfrac{\sqrt[3]{a} \cdot a^{1/12} \cdot \sqrt[4]{a^3}}{a^{5/12} \cdot \sqrt{a}}$

11 반지름이 r인 구의 겉넓이 S와 부피 V의 공식은 각각 $S=4\pi r^2$, $V=\dfrac{4}{3}\pi r^3$이다. V의 거듭제곱함수로 S를 표현하라.

12 모든 실수 x, y에 대해 성립하는 방정식을 찾아라.

(a) $(2^x)^2 = 2^{x^2}$

(b) $3^{x-3y} = \dfrac{3^x}{3^{3y}}$

(c) $3^{-1/x} = \dfrac{1}{3^{1/x}}$ (단, $x \neq 0$)

(d) $5^{\frac{1}{x}} = \dfrac{1}{5^x}$ (단, $x \neq 0$)

(e) $a^{x+y} = a^x + a^y$ (단, a는 양수)

(f) $2^{\sqrt{x}} \cdot 2^{\sqrt{y}} = 2^{\sqrt{xy}}$ (단, x, y는 양수)

13 한 기업이 공정 A에서 투입량을 x단위 사용한다. x가 0 또는 양수라면 산출량은 $32x^{\frac{3}{2}}$이다. 다른 공정 B에서 투입량을 동일하게 하면 산출량은 $4x^3$이다. 공정 A가 공정 B보다 더 많이 생산할 때의 투입량을 결정하라.

2.6 부등식

실수는 양수, 0, 음수로 구성된다. a가 양수인 경우 $a > 0$(이와 동치로 $0 < a$)이라 표기하고, a가 0보다 크다고 한다. c가 음수이면 $c < 0$(이와 동치로 $0 > c$)이라 표기한다.

양수의 기본 성질은 다음과 같다.

$$a > 0 \text{이고 } b > 0 \quad \Rightarrow \quad a + b > 0 \text{이고 } a \cdot b > 0 \tag{2.6.1}$$

일반적으로 $a - b$가 양수이면 **a가 b보다 크다**고 하고, $a > b$로 표기한다. 또는 **b가 a보다 작다**고 하고 $b < a$로 표기한다. $4.11 > 3.12$인 이유는 $4.11 - 3.12 = 0.99 > 0$이기 때문이다. 또한 $-3 > -5$인 이유는 $-3-(-5) = 2 > 0$이기 때문이다. [그림 2.1.1]의 실수선에서 볼 수 있듯이 부등식 $a > b$는 a가 b의 오른쪽에 위치한 경우와 동치이다.

부등식 $a > b$는 $a = b$를 제외한다는 점을 강조하기 위해 a가 b보다 엄격하게 크다(strictly greater)고도 표현한다. $a > b$ 또는 $a = b$이면 $a \geq b$(또는 $b \leq a$)로 표기하고 a가 b보다 **크거나 같다**(greater than or equal)고 하거나 a가 **b보다 작지 않다**(no less than)고 한다. 따라서 $a \geq b$는 $a - b \geq 0$을 의미한다. 예를 들어 $4 \geq 4$, $4 \geq 2$로 표기한다.[17] 기호 $>$와 $<$를 **순부등호**(strict inequality sign)라 하고, 기호 $\geq$와 $\leq$를 **부등호**(weak inequality sign)[18]라 한다. 부등호와 순부등호의 차이는 경제분석에서 매우 중요하다.

순부등호 $>$ 또는 부등호 $\geq$를 포함한 부등식의 여러 가지 중요한 성질을 증명할 수 있다. 예를 들어 모든 실수 a, b, c에 대해 다음이 성립한다.

$$a > b \quad \Leftrightarrow \quad a + c > b + c \tag{2.6.2}$$

증명은 간단하다. 모든 실수 a, b, c에 대해 $(a+c)-(b+c) = a+c-b-c = a-b$이다. 따라서 $a - b > 0$은 $(a+c)-(b+c) > 0$와 동치이므로 식 (2.6.2)가 성립한다. [그림 2.6.1]의 실수선에서 자명하게 확인할 수 있다(그림에서 c는 음수이다).

17 특히 $4-2$는 양수 또는 0이므로 $4 \geq 2$라고 쓰는 것이 정확하다는 점에 유의하자.

18 (옮긴이) 국내에서 $\leq$, $\geq$를 부등식이라 표현하므로 이 책 전체에서 weak inequality를 따로 해석하지 않고 부등식으로 표현했다.

그림 2.6.1 $a > b \Rightarrow a+c > b+c$

더 복잡한 부등식을 다루기 위해서는 다음과 같은 성질을 사용해야 한다.

부등식의 성질

실수 a, b, c, d에 대해 다음이 성립한다.

$$a > b \text{이고 } b > c \quad \Rightarrow \quad a > c \tag{2.6.3}$$

$$a > b \text{이고 } c > 0 \quad \Rightarrow \quad ac > bc \tag{2.6.4}$$

$$a > b \text{이고 } c < 0 \quad \Rightarrow \quad ac < bc \tag{2.6.5}$$

$$a > b \text{이고 } c > d \quad \Rightarrow \quad a+c > b+d \tag{2.6.6}$$

모든 네 가지 성질은 각각의 $>$가 $\geq$로 대체되거나, $<$가 $\leq$로 대체되어도 유효하다. 이러한 성질은 모두 명제 (2.6.1)에서 쉽게 유도된다. 예를 들어 명제 (2.6.5)는 다음과 같이 증명할 수 있다. $a > b$와 $c < 0$을 가정하자. 그러면 $a-b > 0$이고 $-c > 0$이므로 명제 (2.6.1)에 따라 $(a-b)(-c) > 0$이다. 따라서 $-ac+bc > 0$이며, 이는 $ac < bc$를 의미한다.

명제 (2.6.4)와 (2.6.5)에 따르면 부등식의 양쪽을 곱할 때 다음과 같은 규칙이 적용된다.

❶ 양수를 곱하면 부등식 방향은 유지된다.
❷ 음수를 곱하면 부등식 방향이 반전된다.

이 규칙을 이해하고, 이것들이 일상 경험에도 적용됨을 인지하는 것이 중요하다. 예를 들어 명제 (2.6.4)를 밑변이 같은 두 개의 직사각형이 주어지면, 높이가 더 큰 직사각형의 넓이가 더 크다고 해석할 수 있다.

EX 2.6.1 $3x-5 > x-3$을 만족하는 x 값을 구하라.

풀이

명제 (2.6.2)에 따라 부등식 양변에 5를 더하면 $3x-5+5 > x-3+5$, $3x > x+2$이다. 명제 (2.6.2)를 다시 사용하여 양변에 $-x$를 더하면 $3x-x > x-x+2$, $2x > 2$이다. 마지막으로 명제 (2.6.4)를 사용하여 양변에 양수 $\frac{1}{2}$을 곱하면 $x > 1$이다. 이 논증은 당연히 역방향으로 전개될 수 있으며, 해는 $x > 1$이다.

이중부등식

두 부등식이 동시에 성립하면 이를 **이중부등식**(double inequality)으로 표기하기도 한다. 예를 들어 $a \leq z$이면서 $z < b$이면 이를 $a \leq z < b$로 자연스럽게 표기한다.[19]

19 그런데 $a \leq z$이면서 $z > b$일 때, a와 b 중 어느 것이 더 큰지 알 수 없다면 $a \leq b < z$ 또는 $b \leq a \leq z$로 표기할 수 없다. 또한 $a \leq z > b$로 표기하지 않도록 한다.

EX 2.6.2 어느 날 부에노스아이레스의 최저 기온은 50°F이고 최고 기온은 77°F였다. 해당 온도 변화를 섭씨 단위로 나타내라.[20]

풀이

섭씨온도 C는 부등식 $50 \le \frac{9}{5}C + 32 \le 77$을 만족해야 한다. 이제 명제 (2.6.2)를 사용하여 각 항에서 32를 빼면 $50 - 32 \le \frac{9}{5}C \le 77 - 32$이다. 식을 간단히 하면 $18 \le \frac{9}{5}C \le 45$이다. 마지막으로 명제 (2.6.4)에 따라 모든 항에 양수인 $\frac{5}{9}$를 곱하면 양쪽 부등식이 유지된다. 따라서 $10 \le C \le 25$이다. 따라서 온도 변화는 10℃에서 25℃ 사이이다.

임의의 실수 $x > 0$이 주어지면 자연수 n이 증가함에 따라 **거듭제곱함수**(power function) x^n은 다음과 같다.

❶ $x > 1 \iff x^n$이 증가한다.

❷ $0 < x < 1 \iff x^n$이 감소한다.

다음은 거듭제곱함수의 중요한 특성을 보여준다.

EX 2.6.3 모든 자연수 n에 대해 n에 대한 귀납법으로 다음 명제를 증명하라.

(a) $x > 1$이면 $x^{n+1} > x^n > 1$이다.

(b) $0 < x < 1$이면 $0 < x^{n+1} < x^n < 1$이다.

풀이

(a) $x > 1$일 때 부등식에 명제 (2.6.4)를 적용하면 $x \cdot x > x \cdot 1$이므로 $x^2 > x^1 > 1$이다. 어떤 $k \ge 1$에 대해 $x^{k+1} > x^k > 1$이라고 가정하자. 명제 (2.6.4)를 다시 한번 적용하면 $x \cdot x^{k+1} > x \cdot x^k$이므로 $x^{k+2} > x^{k+1} > 1$이고, 증명이 끝난다.

(b) $1 > x > 0$일 때 부등식에 명제 (2.6.4)를 적용하면 $x \cdot 1 > x \cdot x$이므로 $1 > x^1 > x^2$이다. 이제 어떤 $k \ge 1$에 대해 $1 > x^k > x^{k+1}$이라고 가정하자. 명제 (2.6.4)를 다시 한번 적용하면 $x \cdot x^k > x \cdot x^{k+1}$이므로 $1 > x^{k+1} > x^{k+2}$이고, 증명이 끝난다.

[EX 2.6.4]는 방정식 $x^n = a$의 해를 다룬다. 여기서 $a > 0$은 양수이고 n은 자연수이다. 2.5절에서는 이 방정식이 고유한 양수 해를 가질 것이라고 주장했고, 이를 사용하여 분수 거듭제곱 또는 n제곱근 $a^{\frac{1}{n}} = \sqrt[n]{a}$를 정의했다. [EX 2.6.4]에서는 $x^n = a$의 임의의 양수 해가 유일하다는 것을 증명한다. 추후 [EX 2.10.3]에서는 양수 해가 존재함을 증명할 것이다.

20 F가 화씨온도를 나타내고 C가 섭씨온도를 나타내면 $F = \frac{9}{5}C + 32$가 성립한다.

EX 2.6.4 자연수 n이 주어질 때, 다음을 증명하라.

(a) $0<y<x$이면 $y^n<x^n$이다.

(b) 방정식 $x^n=a$는 유일한 양수 해를 갖는다.

풀이

(a) $n=1$이면 이는 분명히 참이다. $n>1$이면 다음과 같이 나타낼 수 있다.

$$x^n-y^n=(x-y)(x^{n-1}+x^{n-2}y+\cdots+xy^{n-2}+y^{n-1}) \qquad (*)$$

식 (*)를 확인하는 가장 쉬운 방법은 우변의 곱을 단순히 곱해보는 것이다. 대부분의 항은 서로 쌍을 이루어 소거되므로 남은 항은 x^n-y^n이다. 이제 식 (*)에서 괄호 안의 표현은 $x^{n-k}y^{k-1}$(단, $k=1, \cdots, n$) 형태인 n개 항의 합이다. 각 항은 양수의 곱으로 구성되므로 [연습문제 7]에 따라 양수이다. 또한 이는 이 n개의 양수 항의 합이 양수임을 의미한다. 그런 다음 $x-y$가 양수이므로 (*)의 우변의 곱은 양수이고, 따라서 $x^n-y^n>0$이다.

(b) (a)의 결과에 따라 임의의 양수 x, y에 대해 $x^n=y^n=a$이면, $x=y$이다.

2.6 연습문제

1 다음 중 참인 부등식을 찾아라.

(a) $-6.15>-7.16$ (b) $6\geq 6$

(c) $(-5)^2\leq 0$ (d) $-\frac{1}{2}\pi<-\frac{1}{3}\pi$

(e) $\frac{4}{5}>\frac{6}{7}$ (f) $2^3<3^2$

(g) $2^{-3}<3^{-2}$ (h) $\frac{1}{2}-\frac{2}{3}<\frac{1}{4}-\frac{1}{3}$

2 다음 부등식을 만족하는 x 값을 구하라.

(a) $-x-3\leq 5$

(b) $3x+5<x-13$

(c) $3x-(x-1)\geq x-(1-x)$

(d) $\frac{2x-4}{3}\leq 7$

(e) $\frac{1}{3}(1-x)\geq 2(x-3)$

(f) $\frac{x}{24}-(x+1)+\frac{3x}{8}<\frac{5}{12}(x+1)$

3 다음 부등식을 풀어라.

(a) $1\leq\frac{1}{3}(2x-1)+\frac{8}{3}(1-x)<16$

(b) $-5<\frac{1}{x}<0$

4 □ 안에 ⇒, ⇐, ⇔ 중 알맞은 표현을 써넣어라.

(a) $x(x+3)<0$ □ $x>-3$

(b) $x^2<9$ □ $x<3$

(c)$x^2>0$ □ $x>0$

(d) $x>y^2$ □ $x>0$

5 다음 부등식이 모든 x, y에 대해 성립하는지 판단하라.

(a) $x+1>x$ (b) $x^2>x$

(c) $x+x>x$ (d) $x^2+y^2\geq 2xy$

6 [EX 2.6.2]에서 다룬 섭씨온도 C와 화씨온도 F 사이의 관계식 $F=\frac{9}{5}C+32$를 생각하자. 물음에 답하라.

(a) 감자를 보관하는 온도는 4℃에서 6℃ 사이여야 한다. 해당 온도는 화씨 단위로 어떻게 되는가?

(b) 우유 한 병은 36℉에서 40℉ 사이에 보관하면 신선도가 7일 동안 보장된다. 해당 온도 변화를 섭씨 단위로 구하라.

7 n개의 수 $a_1, a_2, \cdots, a_n$이 모두 양수라고 가정한다. 식 (2.6.1)을 사용하여 합 $a_1+a_2+\cdots+a_n$과 곱 $a_1\cdot a_2\cdot\cdots\cdot a_n$이 모두 양수임을 귀납적으로 증명하라.

8 양수 a와 b의 **산술평균**(arithmetic mean), **기하평균**(geometric mean), **조화평균**(harmonic mean)을 각각 다음과 같이 정의한다.

❶ 산술평균 : $m_A = \frac{1}{2}(a+b)$

❷ 기하평균 : $m_G = \sqrt{ab}$

❸ 조화평균 : $m_H = 2\left(\frac{1}{a}+\frac{1}{b}\right)^{-1}$

$m_A \geq m_G \geq m_H$를 증명하라. 여기서 $a=b$가 아니면 순부등식이 성립함을 보여라.[21]

2.7 구간과 절댓값

a와 b를 실수선의 두 수라고 하자. a와 b 사이에 있는 모든 수의 집합을 **구간**(interval)이라 한다. 많은 상황에서 끝점(end point)을 포함하는 구간과 그렇지 않은 구간을 구분하는 것이 중요하다. $a < b$인 경우, [표 2.7.1]에 표시된 것처럼 모두 a와 b를 끝점으로 하는 네 가지 구간이 있다.

표 2.7.1 실수선의 구간

표기법	이름	x의 조건
(a, b)	a에서 b까지의 **열린구간**(open interval)	$a<x<b$
$[a, b]$	a에서 b까지의 **닫힌구간**(closed interval)	$a \leq x \leq b$
$(a, b]$	a에서 b까지의 **반열린구간**(half-open interval)	$a<x \leq b$
$[a, b)$	a에서 b까지의 **반열린구간**(half-open interval)	$a \leq x<b$

열린구간에는 끝점이 둘 다 포함되지 않지만 닫힌구간에는 끝점이 둘 다 포함된다. [표 2.7.1]에는 두 개의 반열린구간이 있는데, 각 구간은 두 끝점 중 하나만 포함한다. [표 2.7.1]의 네 구간은 모두 길이가 $b-a$로 동일하다.

일반적으로 [그림 2.7.1]과 같이 실수선에 구간을 표시한다. 끝점이 포함되면 마름모꼴 점으로 표시하고 끝점이 포함되지 않으면 화살표 끝으로 표시한다.

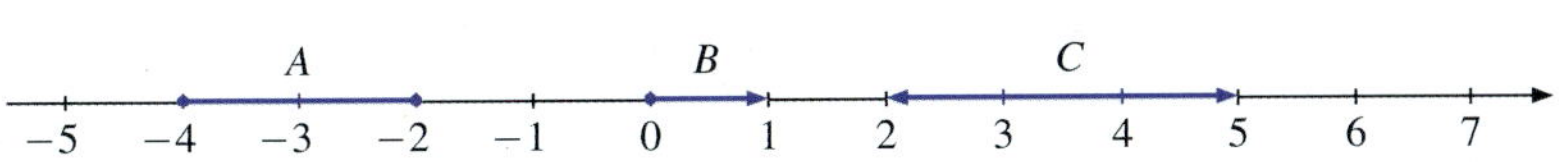

그림 2.7.1 $A=[-4, -2]$, $B=[0, 1)$, $C=(2, 5)$

지금까지 언급된 구간은 모두 **유계구간**(bounded interval)이다. '구간'이라는 단어는 특정 무한집합(unbounded set)을 나타낸다. 집합 표기법(set notation)으로 구간을 나타내보자. 구간 $[a, \infty)$는 $\{x : x \geq a\}$로 표기하며, a 이상인 모든 수 x의 집합을 나타낸다. 또한 구간 $(-\infty, b)$는 $\{x : x < b\}$로 표기하며, b 미만인 모든

21 계산기에 구체적인 수를 넣어 부등식을 확인해도 좋다. $m_A \geq m_G$를 증명하려면 항상 성립하는 부등식 $(\sqrt{a}-\sqrt{b})^2 \geq 0$에서 출발한다. $m_G \geq m_H$를 증명하려면 $m_A \geq m_G$에 x, y를 대입하여 $\sqrt{xy} \leq \frac{1}{2}(x+y)$를 만들고 시작한다. 그런 다음 $x=\frac{1}{a}$, $y=\frac{1}{b}$로 둔다.

수 x의 집합을 나타낸다. 여기서 ∞는 무한대를 나타내는 일반적인 기호이다. 이 기호는 숫자가 아니므로 일반적인 산술 규칙이 적용되지 않는다. $[a, \infty)$에서 기호 ∞는 단순히 a 이상의 모든 수를 고려함을 나타내며, 수의 크기에 대한 상한값(upper bound)이 없음을 의미한다. 마찬가지로 $(-\infty, b)$는 어떤 수에 대한 하한값(lower bound)이 없음을 나타낸다.

앞서 설명한 내용을 바탕으로 (a, ∞)와 $(-\infty, b]$가 어떤 의미를 갖는지 명확하게 알 수 있다. 이 법칙에 따르면 실수의 모든 집합은 $(-\infty, \infty)$라는 기호로 나타낼 수 있는 열린구간이다.

구간의 내부

구간 I의 **내부점**(interior point)을 살펴보자. 내부점은 I 안에 있지만 끝점이 아닌 점을 의미한다. 구간 I의 모든 내부점의 집합은 I의 **내부**(interior)를 구성한다. 이러한 정의는 $a < b$인 경우에 네 가지 서로 다른 구간 $[a, b]$, $[a, b)$, $(a, b]$, (a, b)의 내부가 열린구간 (a, b)로 동일함을 의미한다. 또한 $(-\infty, b]$와 $(-\infty, b)$의 내부는 모두 $(-\infty, b)$이며, $[a, \infty)$와 (a, ∞)의 내부도 마찬가지이다. 마지막으로 전체 실수선 $(-\infty, \infty)$는 그 집합 자체로 내부이다.

구간 I의 내부점 c에게 약간 꼼지락거릴 공간(wiggle room)이 존재한다는 점이 중요하다. 이것은 점 c를 왼쪽 또는 오른쪽으로 약간 이동시킬 수 있지만 구간 밖으로는 내보내지 않음을 의미한다. 다시 말해 c에 충분히 가까운 모든 점도 I에 속한다. 그림을 그려보면 이것이 무엇을 의미하는지 쉽게 이해할 수 있다.

절댓값

a를 실수라고 가정하고 실선상의 위치를 생각해보자. a와 0 사이의 거리를 a의 **절댓값**(absolute value)이라 한다. a가 양수이거나 0이면 절댓값은 a 그 자체이고, a가 음수이면 거리가 양수여야 하므로 절댓값은 양수 $-a$와 같다. 즉 다음과 같다.

절댓값

숫자 a의 **절댓값**은 $|a|$로 표기하며, 다음과 같이 정의한다.

$$|a| = \begin{cases} a, & a \geq 0 \\ -a, & a < 0 \end{cases} \quad (2.7.1)$$

예를 들어 $|13| = 13$, $|-5| = -(-5) = 5$, $\left|-\frac{1}{2}\right| = \frac{1}{2}$, $|0| = 0$이다. 특히 $|-a| = |a|$라는 점에 유의하자.[22]

22 일반적으로 저지르는 오류 중 하나는 a의 조건을 명시적으로 언급하지 않더라도 a가 반드시 양수를 나타낸다고 가정하는 것이다. 마찬가지로 많은 학생이 $-a$를 항상 음수라고 믿는다. 그러나 a 자체가 음수라면 $-a$는 양수이다. 예를 들어 $a = -5$일 때 $-a = -(-5) = 5$이다. 그럼에도 경제학에서는 변수를 가능한 한 음수가 아닌 양수로 정의하는 것이 유용하다.

EX 2.7.1 $x=-3$, $x=0$, $x=4$에 대해 $|x-2|$를 계산하라. 그런 다음 절댓값의 정의를 사용하여 $|x-2|$를 식 (2.7.1)과 같은 방식으로 다시 나타내라.

풀이

$x=-3$에 식 (2.7.1)을 사용하면 $|x-2|=|-3-2|=|-5|=5$이고, $x=0$이면 $|x-2|=|0-2|=|-2|=2$이다. 마찬가지로 $x=4$이면 $|x-2|=|4-2|=|2|=2$이다.

식 (2.7.1)에서 a에 $x-2$를 대입하면 $x-2>0$, 즉 $x \geq 2$일 때 $|x-2|=x-2$이다. 그러나 $x-2<0$, 즉 $x<2$인 경우를 고려해보자. 이 경우 $|x-2|=-(x-2)=2-x$이다. 요약하면 다음과 같다.

$$|x-2| = \begin{cases} x-2, & x \geq 2 \\ 2-x, & x<2 \end{cases}$$

절댓값의 다른 정의는 $|a|=\sqrt{a^2}$이다. 2.5절에서 다룬 논의에 따르면 다음과 같은 일반적인 결과가 성립한다.

EX 2.7.2 임의의 자연수 n과 임의의 실수 $x \neq 0$에 대해 다음을 증명하라.

$$\sqrt[n]{x^n} = \begin{cases} x, & n\text{이 홀수} \\ |x|, & n\text{이 짝수} \end{cases}$$

풀이

n이 홀수인 경우, 실수 $y=\sqrt[n]{x^n}$은 x의 부호가 아니라 x^n의 부호와 동일하며, $y^n=x^n$의 유일한 해이다. 이는 $y=x$를 의미한다. 그러나 n이 짝수이고 $x \neq 0$인 경우, x^n은 x의 부호와 관계없이 양수이다. 이제 실수 $y=\sqrt[n]{x^n}$은 $y^n=x^n$의 유일한 양수 해이다. 이는 x가 양수일 때 $y=x$이지만 x가 음수일 때 $y=-x$임을 의미한다. 즉 $y=|x|$이다.

x_1과 x_2가 임의의 수라고 가정하자. 실수선상에서 x_1과 x_2 사이의 거리는 $x_1 \geq x_2$일 때 x_1-x_2이며, $x_1<x_2$일 때 $-(x_1-x_2)$이다. 따라서 다음과 같은 관계가 성립한다.

실수선상에서 두 실수 사이의 거리

실수선에서 x_1과 x_2 사이의 **거리**(distance)는 다음과 같다.

$$|x_1-x_2|=|x_2-x_1| \tag{2.7.2}$$

[그림 2.7.2]에서는 동치 화살표를 사용하여 7과 2 사이의 거리는 5이고, -3과 -5 사이의 거리는 2와 같음을 기하적으로 표시했다. -3과 -5 사이의 거리가 2인 이유는 다음 식이 성립하기 때문이다.

$$|-3-(-5)|=|-3+5|=|2|=2$$

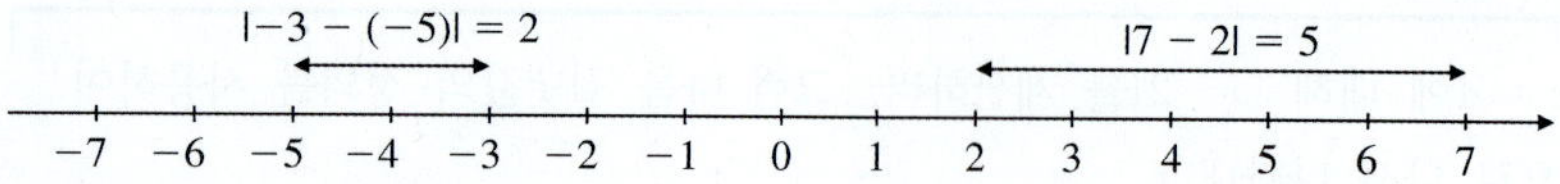

그림 2.7.2 7과 2 사이의 거리와 −3과 −5 사이의 거리

$|x| = 5$라고 가정하자. x는 어떤 값을 가질 수 있는가? 다른 수는 절댓값이 5와 같지 않으므로 $x = 5$ 또는 $x = -5$만 가능하다. 일반적으로 a가 0보다 크거나 같으면, $|x| = a$는 $x = a$ 또는 $x = -a$를 의미한다. 식 (2.7.1)은 모든 x에 대해 $|x| \geq 0$임을 의미하므로 $a < 0$일 때 $|x| = a$의 해가 없다.

만약 a가 양수이고 $|x| < a$이면 x에서 0까지의 거리는 a보다 작다. 또한 a가 음수가 아니고 $|x| \leq a$이면 x에서 0까지의 거리는 a보다 작거나 같다. 이를 기호로 나타내면 다음과 같다.

$$|x| < a \quad \Leftrightarrow \quad -a < x < a \tag{2.7.3}$$

$$|x| \leq a \quad \Leftrightarrow \quad -a \leq x \leq a \tag{2.7.4}$$

EX 2.7.3 부등식 $|3x-2| \leq 5$가 $x = -3$, $x = 0$, $x = \frac{7}{3}$, $x = 10$에 대해 성립하는지 확인하라. 부등식을 만족하는 모든 x를 찾아라.

풀이

$x = -3$일 때 $|3x-2| = |-9-2| = 11$이고 $x = 0$일 때 $|3x-2| = |-2| = 2$이다. $x = \frac{7}{3}$일 때 $|3x-2| = |7-2| = 5$이고 $x = 10$일 때 $|3x-2| = |30-2| = 28$이다. 따라서 주어진 부등식은 $x = 0$, $x = \frac{7}{3}$일 때 성립하지만, $x = -3$, $x = 10$일 때 성립하지 않는다.

일반적인 x에 대해 명제 (2.7.4)에 따르면 부등식 $|3x-2| \leq 5$가 성립하는 경우는 오직 $-5 \leq 3x-2 \leq 5$일 때만이다. 각 변에 2를 더하면 $-5+2 \leq 3x-2+2 \leq 5+2$이다. 이 식은 $-3 \leq 3x \leq 7$이며, 양변을 3으로 나누면 $-1 \leq x \leq \frac{7}{3}$이다.

2.7 연습문제

1 물음에 답하라.

(a) $x = 0$, $x = \frac{1}{2}$, $x = \frac{7}{2}$에 대해 $|2x-3|$을 계산하라.

(b) 방정식 $|2x-3| = 0$을 풀어라.

(c) 절댓값의 정의를 사용하여 $|2x-3|$을 표현하라.

2 물음에 답하라.

(a) $x = -1$, $x = 2$, $x = 4$에 대해 $|5-3x|$를 계산하라.

(b) 방정식 $|5-3x| = 5$을 풀어라.

(c) 절댓값의 정의를 사용하여 $|5-3x|$를 표현하라.

3 다음 식이 참이 되는 x를 구하라.

(a) $|3-2x| = 5$

(b) $|x| \leq 2$

(c) $|x-2| \leq 1$

(d) $|3-8x| \leq 5$

(e) $|x| > \sqrt{2}$

(f) $|x^2-2| \leq 1$

4 고객이 주문한 철 막대는 광고에서 길이가 5m이고, 1mm의 허용 오차가 있다고 했다. 즉 철 막대의 길이는 규정된 값에서 1mm 이상 벗어날 수 없다. 이 철 막대의 허용가능한 길이 x에 대한 사양을 다음 두 가지 표현으로 나타내라. 여기서 단위는 m이다.

(a) 이중부등식 (b) 절댓값 기호

2.8 기호 도표

기호 도표는 부등식이 성립하는 구간을 찾는다는 의미에서 부등식을 푸는 데 유용한 도구가 될 수 있다. 기호 도표의 구성과 사용법을 설명하는 간단한 문제로 시작하자.

EX 2.8.1 부등식 $(x-1)(3-x)>0$이 $x=-3$, $x=2$, $x=5$에서 성립하는지 확인하고, 이 부등식을 만족하는 모든 x의 해집합을 구하라.

풀이

- $x=-3$일 때, $(x-1)(3-x)=(-4)\cdot 6=-24<0$이다.
- $x=2$일 때, $(x-1)(3-x)=1\cdot 1=1>0$이다.
- $x=5$일 때, $(x-1)(3-x)=4\cdot(-2)=-8<0$이다.

따라서 부등식은 $x=2$에서 성립하지만 $x=-3$, $x=5$에서는 성립하지 않는다. 전체 해집합을 찾기 위해 **기호 도표**(sign diagram)를 사용하자. 먼저 곱의 각 인수의 부호 변화를 결정한다. 예를 들어 인수 $x-1$은 $x<1$일 때 음수이고 $x=1$일 때 0이며, $x>1$일 때 양수이다. 두 인수와 그 곱의 부호 변화는 [그림 2.8.1]에 표시되어 있다.

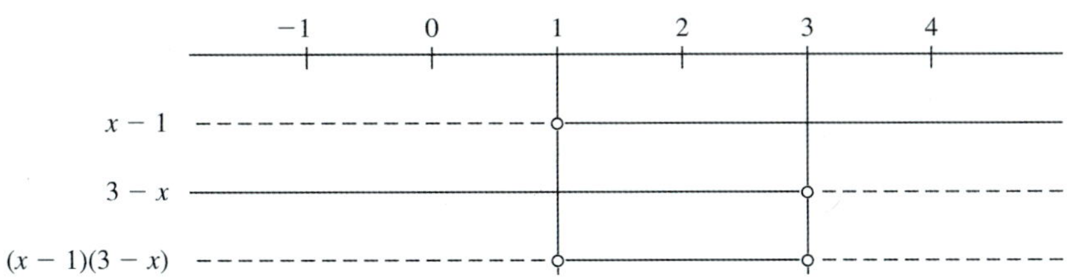

그림 2.8.1 $(x-1)(3-x)$의 기호 도표

이 기호 도표에서 $x-1$로 표시된 첫 번째 수평선을 살펴보자. 수직선 $x=1$ 왼쪽에 있는 점선 부분은 $x-1<0$, 즉 $x<1$을 나타낸다. 작은 원은 $x-1=0$, 즉 $x=1$을 나타낸다. 수직선 $x=1$ 오른쪽에 있는 실선은 $x-1>0$, 즉 $x>1$을 나타낸다. 비슷한 방식으로 $3-x$로 표시된 두 번째 수평선은 $3-x$의 부호 변화를 나타낸다.

두 인수의 곱인 $(x-1)(3-x)$의 부호 변화는 다음과 같이 구한다. $x<1$이면 $x-1$은 음수이고 $3-x$는 양수이므로 곱은 음수이다. $1<x<3$이면 두 인수 모두 양수이므로 곱은 양수이다. $x>3$이면 $x-1$은 양수이고 $3-x$는 음수이므로 곱은 음수이다.

결론적으로 해집합은 1보다 크지만 3보다 작은 x로 구성된다. 즉 $(x-1)(3-x)>0 \Leftrightarrow 1<x<3$이다.

EX 2.8.2 부등식 $\dfrac{2p-3}{p-1}>3-p$를 만족하는 모든 p 값을 구하라.

풀이

부등식의 각 변에 $p-1$을 곱하고 싶을 것이다. 그러나 명제 (2.6.5)에 따르면 $p-1<0$인 경우에는 부등식 부호를 뒤집어야 한다. 그래서 $p-1>0$인 경우와 $p-1<0$인 경우를 구별해야 한다. 다행히 두 가지의 경우를 구별할 필요가 없는 대안이 있다. 양쪽에 $p-3$을 더하면 다음과 같다.

$$\frac{2p-3}{p-1}+p-3>0$$

$p-1$을 공통분모로 만들면 $\dfrac{2p-3+(p-3)(p-1)}{p-1}>0$이다. 분자를 다음과 같이 간단히 할 수 있다.

$$2p-3+(p-3)(p-1)=2p-3+p^2-4p+3=p^2-2p=p(p-2)$$

이를 통해 부등식을 다음과 같이 줄일 수 있다.

$$\frac{p(p-2)}{p-1}>0$$

해집합을 찾기 위해 p, $p-2$, $p-1$의 부호 변화를 기반으로 판단한다. 예를 들어 $0<p<1$일 때, p는 양수이고 $(p-2)$는 음수이므로 $p(p-2)$는 음수이다. 그러나 이 구간에서 $p-1$도 음수이므로 $\dfrac{p(p-2)}{p-1}$는 양수이다. 이러한 방식으로 네 가지 관련 구간을 판단하면 표시된 기호 도표가 나온다.[23]

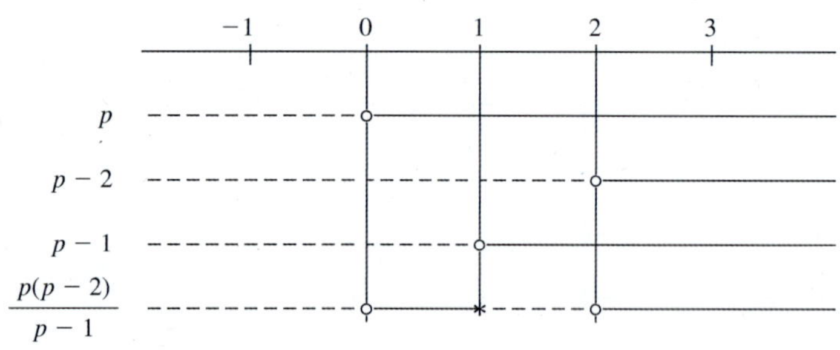

그림 2.8.2 $\dfrac{p(p-2)}{p-1}$**의 기호 도표**

따라서 원래의 부등식은 $0<p<1$ 또는 $p>2$일 때만 성립한다.

23 원래의 부등식은 $p=1$일 때 정의되지 않는다. 이는 기호 도표의 가장 낮은 수평선에서 $p=1$에 작은 별표(*)로 표시된다.

여기서 두 가지 주의할 점이 있다. 첫째, 부등식을 풀 때 가장 흔히 범하는 오류는 [EX 2.8.2]에 언급한 것이다. 양변에 $p-1$을 곱하면 $p-1$이 양수인 경우, 즉 $p>1$일 때만 부등호의 방향이 보존된다. 둘째, 기호 도표를 사용하는 방법을 제대로 이해해야 한다. 또 다른 일반적인 오류는 [EX 2.8.3]에서 설명한다.

EX 2.8.3 부등식 $\dfrac{(x-2)+3(x+1)}{x+3}\le 0$을 만족하는 모든 x 값을 구하라.

풀이

[그림 2.8.3]에 표시된 기호 도표를 구성한다고 가정한다. 참고로 이 기호 도표는 잘못되었다.

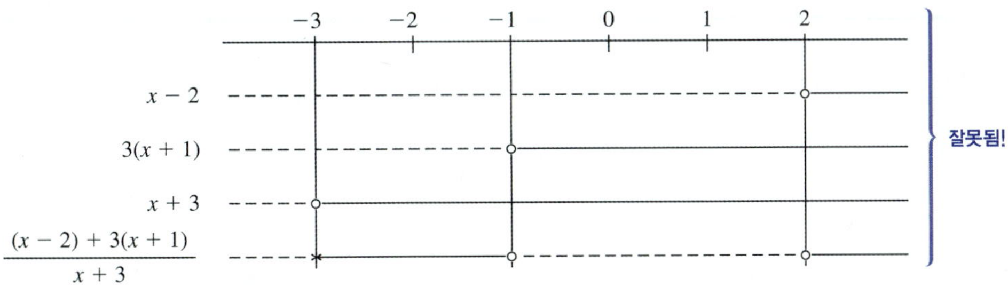

그림 2.8.3 $\dfrac{(x-2)+3(x+1)}{x+3}$의 잘못된 기호 도표

[그림 2.8.3]의 기호 도표에 따르면 부등식은 $x<-3$ 또는 $-1\le x\le 2$에서 성립해야 한다. 그러나 x가 -3보다 작은 $x=-4$라면 분수는 15이며 양수이다. 무엇이 잘못되었는지 생각해보자. $x<-3$이라고 가정하면 $x-2<0$이고 $3(x+1)<0$이므로 분자 $(x-2)+3(x+1)$은 음수이다. 분모 $x+3$ 또한 $x<-3$에서 음수이다. 따라서 이 분수는 양수이다. [그림 2.8.3]은 분수의 부호 변화를 제대로 반영하지 못한다. 두 음수의 곱은 양수이지만, 그 합은 양수가 아니라 음수이다.

문제의 올바른 해를 얻으려면 분자를 정리해서 부등식을 $\dfrac{4x+1}{x+3}\le 0$으로 만들어야 한다. 이제 이 부등식에 대한 기호 도표를 다시 구성하면 정답은 $-3<x\le -\dfrac{1}{4}$이다.

2.8 연습문제

1 다음 부등식을 풀어라.

(a) $2<\dfrac{3x+1}{2x+4}$

(b) $\dfrac{120}{n}+1.1\le 1.85$

(c) $g^2-2g\le 0$

(d) $\dfrac{1}{p-2}+\dfrac{3}{p^2-4p+4}\ge 0$

(e) $\dfrac{-n-2}{n+4}>2$

(f) $x^4<x^2$

2 다음 부등식을 풀어라.

(a) $\dfrac{x+2}{x-1}<0$

(b) $\dfrac{2x+1}{x-3}>1$

(c) $5a^2\le 125$

(d) $(x-1)(x+4)>0$

(e) $(x-1)^2(x+4)>0$

(f) $(x-1)^3(x-2)\le 0$

(g) $(5x-1)^{10}(x-1)<0$

(h) $(5x-1)^{11}(x-1)<0$

(i) $\dfrac{3x-1}{x}>x+3$

(j) $\dfrac{x-3}{x+3}<2x-1$

(k) $x^2-4x+4>0$

(l) $x^3+2x^2+x\le 0$

3 부등식 $\left(\dfrac{1}{x}-1\right)\div\left(\dfrac{1}{x}+1\right)\ge 1$을 풀어라.

2.9 합(Σ) 표기법

경제학자들은 종종 인구조사 데이터를 활용한다. 예를 들어 한 국가가 6개의 지역으로 나뉘어 있다고 가정해보자. N_i를 i번째 지역의 인구로 두자. 이 국가의 전체 인구는 다음과 같이 표현된다.

$$N_1+N_2+N_3+N_4+N_5+N_6$$

이렇게 긴 표현은 축약된 표기법을 사용하는 것이 편리하다. 그리스 대문자 시그마는 $\sum$로 표기하고, 일반적으로 **합 기호**(summation symbol)로 사용된다. 이 기호를 사용하면 합을 다음과 같이 더 간결하게 작성할 수 있다. 이 식은 '$i=1$에서 $i=6$까지 N_i의 합'으로 읽는다.

$$\sum_{i=1}^{6} N_i$$

지역이 6개가 아닌 n개인 경우 총인구를 나타내는 식은 다음과 같다.

$$N_1+N_2+\cdots+N_n \qquad (*)$$

마지막 두 덧셈 기호 사이의 점($\cdots$)은 이전에 나타난 패턴이 계속됨을 나타내며 마지막 항은 N_n임을 의미한다. 합 표기법에서는 다음과 같이 표현한다.

$$\sum_{i=1}^{n} N_i$$

이 합 표기법은 i의 아래끝이 1부터 시작하여 위끝이 n으로 끝날 때 발생하는 모든 항을 합해야 함을 나타낸다. 여기서 기호 i를 **합의 첨수**(index of summation)라 한다. 이는 (아직 사용하지 않은) 다른 문자로 대체할 수 있는 **무효변수**(dummy variable)이다. 따라서 $\sum_{j=1}^{n} N_j$와 $\sum_{k=1}^{n} N_k$는 (*)와 동일한 합을 나타낸다.

합의 위끝뿐만 아니라 아래끝도 달라질 수 있다. 예를 들어 다음과 같은 합을 고려해보자.

$$\sum_{j=30}^{35} N_j = N_{30}+N_{31}+N_{32}+N_{33}+N_{34}+N_{35}$$

이것은 30에서 35까지 번호가 매겨진 여섯 개 지역의 총인구를 나타낸다.

일반적으로 아래끝과 위끝이 정수 p와 q이고 $q \geq p$라고 가정한다. 정수 i가 $i=p$에서 $i=q$까지의 범위에서 연속으로 변할 때 a_i의 합은 다음과 같이 쓸 수 있다.

$$\sum_{i=p}^{q} a_j = a_p + a_{p+1} + \cdots + a_q$$

만약 합의 위끝과 아래끝이 동일하다면, '합'은 하나의 항인 $a_p = a_q$로 축소된다. 그러나 위끝이 아래끝보다 작은 경우에는 어떤 항도 없다. 이 경우 일반적으로 '합'은 0인 항의 합으로 축소되며, 0으로 간주한다.

EX 2.9.1 다음 합을 계산하라.

(a) $\sum_{i=1}^{5} i^2$ (b) $\sum_{k=3}^{6} (5k-3)$ (c) $\sum_{j=0}^{2} \frac{(-1)^j}{(j+1)(j+3)}$

풀이

(a) $\sum_{i=1}^{5} i^2 = 1^2 + 2^2 + 3^2 + 4^2 + 5^2 = 1+4+9+16+25 = 55$

(b) $\sum_{k=3}^{6} (5k-3) = (5 \cdot 3 - 3) + (5 \cdot 4 - 3) + (5 \cdot 5 - 3) + (5 \cdot 6 - 3) = 78$

(c) $\sum_{j=0}^{2} \frac{(-1)^j}{(j+1)(j+3)} = \frac{1}{1 \cdot 3} + \frac{-1}{2 \cdot 4} + \frac{1}{3 \cdot 5} = \frac{40-15+8}{120} = \frac{33}{120} = \frac{11}{40}$

경제학자들은 종종 합 표기법을 사용하므로 이를 해석하는 방법을 알아두어야 한다. 합의 첨수 외에도 여러 가지 다른 변수나 모수(parameter)가 있을 수 있다.

EX 2.9.2 다음 표현식을 전개하라.[24]

(a) $\sum_{i=1}^{n} p_t^{(i)} q^{(i)}$ (b) $\sum_{j=-3}^{1} x^{5-j} y^j$ (c) $\sum_{i=1}^{N} (x_{ij} - \overline{x}_j)^2$

풀이

(a) $\sum_{i=1}^{n} p_t^{(i)} q^{(i)} = p_t^{(1)} q^{(1)} + p_t^{(2)} q^{(2)} + \cdots + p_t^{(n)} q^{(n)}$

(b) $\sum_{j=-3}^{1} x^{5-j} y^j = x^8 y^{-3} + x^7 y^{-2} + x^6 y^{-1} + x^5 + x^4 y$

(c) $\sum_{i=1}^{N} (x_{ij} - \overline{x}_j)^2 = (x_{1j} - \overline{x}_j)^2 + (x_{2j} - \overline{x}_j)^2 + \cdots + (x_{Nj} - \overline{x}_j)^2$

24 (a)에서 t는 합의 첨수가 아니며, (c)에서 j는 1이 아님에 유의하라.

EX 2.9.3 합 표기법을 사용하여 다음 합을 표현하라.

(a) $1+3+3^2+3^3+\cdots+3^{81}$

(b) $a_i^6+a_i^5b_j+a_i^4b_j^2+a_i^3b_j^3+a_i^2b_j^4+a_ib_j^5+b_j^6$

풀이

(a) $1=3^0$, $3=3^1$임을 알고 있다면 합을 $3^0+3^1+3^2+3^3+\cdots+3^{81}$으로 표현할 수 있다. 일반항은 3^i이며, 다음과 같이 나타낼 수 있다.

$$3^0+3^1+3^2+3^3+\cdots+3^{81}=\sum_{i=0}^{81}3^i$$

(b) 이는 좀 더 어려운 문제이지만 지수 i와 j는 항상 일정하다는 점에 주목할 수 있다. 또한 a_i의 지수는 6에서 0까지 단계적으로 감소하는 반면 b_j의 지수는 0에서 6까지 증가한다. 일반항은 $a_i^{6-k}b_j^k$ 형태이며, k는 0부터 6까지 변한다. 따라서 다음과 같이 표현할 수 있다.

$$a_i^6+a_i^5b_j+a_i^4b_j^2+a_i^3b_j^3+a_i^2b_j^4+a_ib_j^5+b_j^6=\sum_{k=0}^{6}a_i^{6-k}b_j^k$$

EX 2.9.4 **(물가지수)** 국가 내에서 여러 가지 상품의 가격이 변동된다고 가정하자. 가격 변화의 전반적인 영향을 요약하기 위해 다양한 **물가지수**(price index)가 제안되었다. n개의 상품으로 이루어진 '장바구니'를 고려해보자. 각각의 $i=1, \cdots, n$에 대해, q^i은 상품 i의 단위 수량을 나타내고 p_0^i은 0년도에 상품 i의 단위당 가격을 나타내며, p_t^i은 t년도에 상품 i의 단위당 가격을 나타낸다. 그러면 0년도 장바구니의 총비용은 다음과 같다.

$$\sum_{i=1}^{n}p_0^iq^i=p_0^1q^1+p_0^2q^2+\cdots+p_0^nq^n$$

반면 t년도 장바구니의 총비용은 다음과 같다.

$$\sum_{i=1}^{n}p_t^iq^i=p_t^1q^1+p_t^2q^2+\cdots+p_t^nq^n$$

정의에 따라 물가지수가 100인 0년도를 기준으로 사용하면 연도 t의 물가지수를 0년도와 t년도의 고정된 장바구니 비용 비율의 100배로 계산할 수 있다. 즉 t년도의 물가지수는 다음과 같다.

$$\left(\frac{\sum_{i=1}^{n}p_t^iq^i}{\sum_{i=1}^{n}p_0^iq^i}\right)\cdot 100$$

예를 들어 0년도에 장바구니 비용이 1032이고 t년도에 동일한 장바구니 비용이 1548이면 물가지수는 $\frac{1548}{1032}\cdot 100=150$이다.

수량 q^i이 기준 연도인 0년도의 소비 수준이면, 이를 **라스페레스 물가지수**(Laspeyres price index)라 한다. 그러나 수량 q^i이 t년도의 소비 수준인 경우 이를 **파슈 물가지수**(Paasche price index)라 한다.

2.9 연습문제

1 다음 합을 계산하라.

(a) $\sum_{i=1}^{10} i$ (b) $\sum_{k=2}^{6}(5\cdot 3^{k-2}-k)$

(c) $\sum_{m=0}^{5}(2m+1)$ (d) $\sum_{l=0}^{2} 2^{2^l}$

(e) $\sum_{i=1}^{10} 2$ (f) $\sum_{j=1}^{4}\frac{j+1}{j}$

2 다음 합을 전개하라.

(a) $\sum_{k=-2}^{2} 2\sqrt{k+2}$ (b) $\sum_{i=0}^{3}(x+2i)^2$

(c) $\sum_{k=1}^{n} a_{ki}b^{k+1}$ (d) $\sum_{j=0}^{m} f(x_j)\Delta x_j$

3 다음 식을 합 표기법으로 표현하라.

(a) $4+8+12+16+\cdots+4n$

(b) $1^3+2^3+3^3+4^3+\cdots+n^3$

(c) $1-\frac{1}{3}+\frac{1}{5}-\frac{1}{7}+\cdots+(-1)^n\frac{1}{2n+1}$

(d) $a_{i1}b_{1j}+a_{i2}b_{2j}+\cdots+a_{in}b_{nj}$

(e) $3x+9x^2+27x^3+81x^4+243x^5$

(f) $a_i^3b_{i+3}+a_i^4b_{i+4}+\cdots+a_i^pb_{i+p}$

(g) $a_i^3b_{i+3}+a_{i+1}^4b_{i+4}+\cdots+a_{i+p}^{p+3}b_{i+p+3}$

(h) $81297+81495+81693+81891$

4 [EX 2.9.4]에서 $n=3$일 때의 물가지수를 계산하라.

$$p_0^1=1,\quad p_0^2=2,\quad p_0^3=3,$$
$$p_t^1=2,\quad p_t^2=3,\quad p_t^3=4,$$
$$q^1=3,\quad q^2=5,\quad q^3=7$$

5 다음 합에 대해 우변의 □ 안에 알맞은 아래끝과 위끝을 써넣어라.

(a) $\sum_{k=1}^{10}(k-2)t^k=\sum_{m=\square}^{\square} mt^{m+2}$

(b) $\sum_{n=0}^{N}2^{n+5}=\sum_{j=\square}^{\square}32\cdot 2^{j-1}$

6 2020년 초 이래로, 유럽 경제 지역은 30개 국가로 구성되어 있으며 원칙적으로 지역 내에서의 자유 이동에 동의했다. 2025년에 각 $i\neq j$에 대해 국가 i에서 국가 j로 이동할 예상 인원수를 c_{ij}로 나타내자. 예를 들어 $i=25$이고 $j=10$일 때, c_{ij}를 $c_{25,10}$으로 표기한다. 다음 두 합의 의미를 설명하라.

(a) $\sum_{j=1}^{30} c_{ij}$ (b) $\sum_{i=1}^{30} c_{ij}$

7 다음 중 일반적으로 성립하는 식을 찾아라.

(a) $\sum_{k=1}^{n} ck^2=c\sum_{k=1}^{n}k^2$

(b) $\left(\sum_{i=1}^{n}a_i\right)^2=\sum_{i=1}^{n}a_i^2$

(c) $\sum_{j=1}^{n}b_j+\sum_{j=n+1}^{N}b_j=\sum_{j=1}^{N}b_j$

(d) $\sum_{k=3}^{7}5^{k-2}=\sum_{k=0}^{4}5^{k+1}$

(e) $\sum_{i=0}^{n-1}a_{i,j}^2=\sum_{k=1}^{n}a_{k-1,j}^2$

(f) $\sum_{k=1}^{n}\frac{a_k}{k}=\frac{1}{k}\sum_{k=1}^{n}a_k$

2.10 합의 법칙

다음 두 가지 성질은 합을 계산할 때 유용하다.

$$\sum_{i=1}^{n}(a_i+b_i)=\sum_{i=1}^{n}a_i+\sum_{i=1}^{n}b_i \tag{2.10.1}$$

$$\sum_{i=1}^{n}ca_i=c\sum_{i=1}^{n}a_i \tag{2.10.2}$$

이러한 성질은 각각 **가산성**(additivity)과 **동차성**(homogeneity)으로 알려져 있다. 각 성질은 직관적으로 증명할 수 있다. 예를 들어 식 (2.10.2)는 다음과 같이 증명한다.

$$\sum_{i=1}^{n}ca_i=ca_1+ca_2+\cdots+ca_n=c(a_1+a_2+\cdots+a_n)=c\sum_{i=1}^{n}a_i$$

동차성은 상수 계수를 합 기호 밖으로 이동할 수 있음을 나타낸다. 특히 모든 i에 대해 $a_i=1$이면 식 (2.10.3)이 성립한다. 이 식은 상수 c를 n번 합한 값은 n 곱하기 c와 같다는 것을 나타낸다.

$$\sum_{i=1}^{n}c=nc \tag{2.10.3}$$

합에 대한 법칙을 조합하여 다음과 같은 공식을 얻을 수 있다.

$$\sum_{i=1}^{n}(a_i+b_i-c_i+d)=\sum_{i=1}^{n}a_i+\sum_{i=1}^{n}b_i-\sum_{i=1}^{n}c_i+nd$$

EX 2.10.1 다음 합을 계산하라. 여기서 $\frac{1}{(m-1)m}=\frac{1}{m-1}-\frac{1}{m}$을 사용한다.

$$\sum_{m=2}^{n}\frac{1}{(m-1)m}=\frac{1}{1\cdot 2}+\frac{1}{2\cdot 3}+\cdots+\frac{1}{(n-1)n}$$

풀이

주어진 식을 전개하면 다음과 같다.

$$\begin{aligned}\sum_{m=2}^{n}\frac{1}{m(m-1)}&=\sum_{m=2}^{n}\left(\frac{1}{m-1}-\frac{1}{m}\right)\\&=\sum_{m=2}^{n}\frac{1}{m-1}-\sum_{m=2}^{n}\frac{1}{m}\\&=\left(\frac{1}{1}+\frac{1}{2}+\frac{1}{3}+\cdots+\frac{1}{n-1}\right)-\left(\frac{1}{2}+\frac{1}{3}+\cdots+\frac{1}{n-1}+\frac{1}{n}\right)\\&=1-\frac{1}{n}\end{aligned}$$

마지막 등식을 유도하기 위해서는 항 $\frac{1}{2}$, $\frac{1}{3}$, $\cdots$, $\frac{1}{n-1}$이 모두 서로 소거되어야 한다. 소거 후 남는 항은 첫 번째 괄호 내의 첫 번째 항인 1과 마지막 괄호 내의 마지막 항인 $-\frac{1}{n}$이다. 이 강력한 소거 기법은 이러한 종류의 특별한 합을 계산하는 데 자주 사용된다. 다른 예는 2.10절 [연습문제 4]를 참고하라.

EX 2.10.2 **산술평균** 또는 **평균**(mean) μ_x는 T개의 수 x_1, x_2, $\cdots$, x_T의 합을 항의 개수인 T로 나눈 것으로 정의한다. 식은 다음과 같이 나타낼 수 있다.

$$\mu_x = \frac{1}{T}\sum_{t=1}^{T} x_t$$

이를 이용하여 $\sum_{t=1}^{T}(x_t - \mu_x) = 0$과 $\sum_{t=1}^{T}(x_t - \mu_x)^2 = \sum_{t=1}^{T} x_t^2 - T\mu_x^2$을 보여라.

풀이

x_t와 평균 μ_x 간의 차 $x_t - \mu_x$를 **편차**(deviation)라 한다. 편차의 합이 0임을 증명하기 위해 앞에서 정의한 μ_x를 사용한다.

$$\sum_{t=1}^{T}(x_t - \mu_x) = \sum_{t=1}^{T} x_t - \sum_{t=1}^{T}\mu_x = \sum_{t=1}^{T} x_t - T\mu_x = T\mu_x - T\mu_x = 0$$

또한 편차의 제곱의 합은 다음과 같다.

$$\begin{aligned}\sum_{t=1}^{T}(x_t - \mu_x)^2 &= \sum_{t=1}^{T}(x_t^2 - 2\mu_x x_t + \mu_x^2) = \sum_{t=1}^{T} x_t^2 - 2\mu_x \sum_{t=1}^{T} x_t + \sum_{t=1}^{T}\mu_x^2 \\ &= \sum_{t=1}^{T} x_t^2 - 2\mu_x T\mu_x + T\mu_x^2 = \sum_{t=1}^{T} x_t^2 - T\mu_x^2\end{aligned}$$

T로 나누면 **평균제곱편차**(mean square deviation) $\frac{1}{T}\sum_{t=1}^{T}(x_t - \mu_x)^2$은 평균 제곱 $\frac{1}{T}\sum_{t=1}^{T} x_t^2$에서 평균의 제곱 μx^2을 뺀 값과 같다.

유용한 공식

어떤 교사가 학생들에게 다음 합을 계산해보라는 문제를 냈다.[25]

$$81297 + 81495 + 81693 + \cdots + 100899$$

이 합에는 총 100개의 항이 있으며, 연속되는 두 항 사이의 차이는 198로 일정하다. 세계 최고의 수학자 중 한 명인 카를 가우스(Carl Gauss, 1777~1855)는 당시 9세였지만 이 수업에 참석하여 단 몇 분 만에 올바른 답을 냈다고 알려져 있다. 우리는 이미 1.4절 [연습문제 1]에서 수학적 귀납법을 사용하여 이 문제에 대한 해를 찾기 위한 중요한 단계를 밟았다. 이보다 쉬운 문제인 합 $x = 1 + 2 + \cdots + n$을 찾는 문제에 카를 가우스의

25 이 이야기는 1937년에 출간된 에릭 템플 벨(Eric Temple Bell)의 저서 『Men of Mathematics』에서 유래한 것으로 보인다. 국내에는 『고독한 천재들』(지앤지, 2006)로 번역된 바 있다.

논리는 다음과 같이 적용될 것이다. 먼저 합 x를 두 가지 방법으로 쓴다.

$$x = 1+2+ \cdots +(n-1)+n$$
$$x = n+(n-1)+ \cdots +2+1$$

이 두 방정식에서 동일한 세로 줄에 있는 한 항씩 합하고 묶으면 다음과 같다.

$$\begin{aligned} 2x &= (1+n)+\{2+(n-1)\}+ \cdots +\{(n-1)+2\}+(n+1)(1+n)+(1+n) \\ &= (1+n)+(1+n)+ \cdots +(1+n)+(1+n) \\ &= n(1+n) \end{aligned}$$

이를 x에 대해 풀면 다음을 얻는다.

$$\sum_{i=1}^{n} i = 1+2+ \cdots \cdot +n = \frac{1}{2}n(n+1) \tag{2.10.4}$$

경제학에서 다음 두 가지 합 공식은 유용하게 사용된다.[26] 증명은 2.10절 [연습문제 1]로 남긴다.

$$\sum_{i=1}^{n} i^2 = 1^2+2^2+3^2+ \cdots +n^2 = \frac{1}{6}n(n+1)(2n+1) \tag{2.10.5}$$

$$\sum_{i=1}^{n} i^3 = 1^3+2^3+3^3+ \cdots +n^3 = \left\{\frac{1}{2}n(n+1)\right\}^2 = \left(\sum_{i=1}^{n} i\right)^2 \tag{2.10.6}$$

소수 표기법

2.1절에서는 십진법이 모든 양의 실수를 $x = m.\alpha_1\alpha_2\alpha_3 \cdots$로 나타낼 수 있음을 보여주었다. 여기서 m은 음이 아닌 정수이다. 그런 다음 소수점 이후에 나열된 기호 α_n(단, n은 자연수)은 집합 $\{0, 1, 2, \cdots, 9\}$에 속하는 n번째 **십진법 자릿수**를 나타낸다. 소수점 이하 p자리까지 있는 십진수는 $x = m.\alpha_1\alpha_2\alpha_3 \cdots \alpha_p$로 나타내며, 10의 음수 거듭제곱에 대한 유한합 $x = m + \sum_{k=1}^{p} \alpha_k \cdot 10^{(-k)}$에 유일하게 대응한다.

그러나 어떤 실수에 대해 소수점 이하의 자릿수가 무한히 끝나지 않으면 $x = m.\alpha_1\alpha_2\alpha_3 \cdots \alpha_k \cdots$로 나타내며, 이 수는 무한합 $x = m + \sum_{k=1}^{\infty} \alpha_k \cdot 10^{-k}$에 유일하게 대응한다. 여기서 m은 $m \le x$를 만족하는 가장 큰 음이 아닌 정수이다. 다음으로 음이 아닌 정수 $10\{m+\alpha_1 \cdot 10^{(-1)}\} = 10m+\alpha_1$은 $x \cdot 10$보다 크지 않은 수 중 가장 큰 정수이며, 같은 방식이 계속된다. 실제로 각각의 자연수 p에 대해 소수점 이하 p자리까지의 합은 S_p로 표기하며, $S_p = m + \sum_{k=1}^{p} \alpha_k \cdot 10^{(-k)}$으로 정의한다. 이 합은 $S_p \cdot 10^p$이 $x \cdot 10^p$을 초과하지 않는 수 중 가장 큰 정수라는 성질을 갖는다.

[EX 2.6.4]에서 방정식 $x^n = a$의 양의 해가 유일해야 함을 증명했다. 이제 해를 구성하는 방법을 설명해 볼 것이다.

---

26 $n=1, 2, 3$에 대해 참인지 확인하라.

EX 2.10.3 방정식 $x^n = a$의 유일한 양의 해인 십진수 $x = m + \sum_{k=1}^{p} \alpha_k \cdot 10^{(-k)}$을 구성하는 방법을 서술하라. 여기서 a는 양수이다.

풀이

먼저 $m^n \le a$를 만족하는 가장 큰 음이 아닌 정수 m을 선택한다. 첫 번째 단계에서 구성한 m에 대해 $(m+\alpha_1 \cdot 10^{-1})^n \le a$를 만족하는 가장 큰 음이 아닌 정수 α_1을 선택한다. m의 정의에 따라 $(m+1)^n > a \ge m^n$이고, $0 \le \alpha_1 \le 9$이다.

일반적으로 $p=1$, 2, $\cdots$에 대해 S_{p-1}을 p번째 단계에서 구성한, 소수점 이하 $(p-1)$자리까지의 전개식 $m + \sum_{k=1}^{p-1} \alpha_k \cdot 10^{-k}$을 나타낸다고 하자. 귀납법 가정에 의해 $(S_{p-1})^n \le a < (S_{p-1} + 10^{(2-p)})^n$이라 가정하면 이 부등식은 $p=1$ 또는 $p=2$일 때 성립한다.

이제 소수점 이하 p번째 수 α_p를 구성하자. α_p는 소수점 이하 p자리까지의 전개식 $S_{p-1} + \alpha_p \cdot 10^{-p}$을 만족하는 가장 큰 음이 아닌 정수이다. 이때 $S_{p-1} + \alpha_p \cdot 10^{-p}$을 S_p라고 표기하며, $(S_p)^n \le a$를 만족한다. 귀납법 가정에 따르면 $0 \le \alpha_p \le 9$이다. 특히 $(S_p)^n \le a < (S_p + 10^{(1-p)})^n$이 성립하며, 귀납법이 증명된다. 따라서 문제에 주어진 성질을 만족하는 소수 전개에 대한 무한수열 S_p(단, $p=1$, 2, $\cdots$)가 존재한다.

만약 이 구성을 무한히 반복할 수 있다면 그 결과는 유일한 소수 $x = m + \sum_{k=1}^{\infty} \alpha_k \cdot 10^{-k}$이다. 이 구성에 따라 x는 $x^n \le a$를 만족하는 가장 큰 십진수이다. 따라서 $x^n = a$를 만족해야 한다.

2.10 연습문제

1 수학적 귀납법(1.4절 참고)을 사용하여 식 (2.10.5)와 식 (2.10.6)을 증명하라.

2 식 (2.10.1)~(2.10.5)를 사용하여 $\sum_{k=1}^{n} (k^2 + 3k + 2)$를 계산하라.

3 식 (2.10.1)~(2.10.4)를 사용하여 **등차수열**(arithmetic serie)의 합 공식 $\sum_{i=0}^{n-1} (a + d \cdot i) = na + \frac{n(n-1)d}{2}$를 증명하라. 또한 등차수열의 합 공식을 적용하여 9세 때 가우스가 계산했다고 알려진 합을 계산하라.

4 물음에 답하라.

(a) [EX 2.10.1]의 풀이에 설명된 소거 기법을 사용하여 $\sum_{k=1}^{n} (a_{k+1} - a_k) = a_{n+1} - a_1$을 증명하라.

(b) (a)의 결과를 사용하여 다음을 계산하라.

(i) $\sum_{k=1}^{50} \left(\frac{1}{k} - \frac{1}{k+1} \right)$

(ii) $\sum_{k=1}^{12} (3^{k+1} - 3^k)$

(iii) $\sum_{k=1}^{n} (ar^{k+1} - ar^k)$

2.11 뉴턴 이항정리

$(a+b)^1 = a+b$는 자명하게 성립하며, $(a+b)^2 = a^2+2ab+b^2$도 알아두어야 한다. 두 식은 2.3절에서 중요하게 다룬 세 가지 이차항등식 중 첫 번째 항등식이다. 다음 두 거듭제곱은 $(a+b)^3 = (a+b)(a+b)^2$과 $(a+b)^4 = (a+b)(a+b)^3$임을 이용하여 구한다. $(a+b)^2 = a^2+2ab+b^2$의 양변에 각각 $a+b$를 곱한 다음 $(a+b)^3$에도 동일한 작업을 수행한다. 그러면 거듭제곱 결과는 다음과 같다.

$$\begin{aligned}(a+b)^1 &= a+b\\ (a+b)^2 &= a^2+2ab+b^2\\ (a+b)^3 &= a^3+3a^2b+3ab^2+b^3\\ (a+b)^4 &= a^4+4a^3b+6a^2b^2+4ab^3+b^4\end{aligned} \tag{2.11.1}$$

다음은 $(a+b)^m$에 해당하는 공식으로 **뉴턴 이항정리**(Newton's bionomial formula)라 한다. 여기서 m은 임의의 자연수이다.

뉴턴 이항정리

$$(a+b)^m = a^m + \binom{m}{1}a^{m-1}b + \cdots + \binom{m}{m-1}ab^{m-1} + \binom{m}{m}b^m \tag{2.11.2}$$

식 (2.11.2)는 $k=1, 2, \cdots, m$에 대해 m **이항계수**(binomial coefficient) $\binom{m}{k}$를 포함한다. $m=0, 1, 2, \cdots, 9$에 대한 이항계수는 모두 [그림 2.11.1]에 나와 있다. 이러한 계수는 삼각 패턴에 해당하는 (0부터 번호 매김한) 10개의 행을 구성한다. 예를 들어 6행의 수는 다음과 같다.

$$\binom{6}{0}, \binom{6}{1}, \binom{6}{2}, \binom{6}{3}, \binom{6}{4}, \binom{6}{5}, \binom{6}{6}$$

$$\begin{array}{ccccccccccccccccccc}
&&&&&&&&&1&&&&&&&&&\\
&&&&&&&&1&&1&&&&&&&&\\
&&&&&&&1&&2&&1&&&&&&&\\
&&&&&&1&&3&&3&&1&&&&&&\\
&&&&&1&&4&&6&&4&&1&&&&&\\
&&&&1&&5&&10&&10&&5&&1&&&&\\
&&&1&&6&&15&&20&&15&&6&&1&&&\\
&&1&&7&&21&&35&&35&&21&&7&&1&&\\
&1&&8&&28&&56&&70&&56&&28&&8&&1&\\
1&&9&&36&&84&&126&&126&&84&&36&&9&&1
\end{array}$$

그림 2.11.1 파스칼 삼각형

원칙적으로 [그림 2.11.1]은 지수 m의 임의로 큰 값을 포함하기 위해 무한히 계속될 수 있다.

이항계수 $\binom{m}{k}$는 'm 선택 k'로 읽는다. 이를 이해할 수 있도록 $m=3$이라 해보자. 식 (2.11.1)과 (2.11.2)가 일관성을 가지려면 $\binom{3}{1}=\binom{3}{2}=3$이 필요하다. 이제 $(a+b)^3$을 $2^3=8$개 항으로 확장하면 다음과 같다.

$$(a+b)^3 = aaa + aab + aba + abb + baa + bab + bba + bbb$$

식 (2.11.1)에서 a^2b와 ab^2의 계수가 모두 3인 이유는 두 개의 인수 a와 하나의 인수 b를 선택하는 방법이 $\binom{3}{1}=3$가지이며, 하나의 인수 a와 두 개의 인수 b를 선택하는 방법이 $\binom{3}{2}=3$가지이기 때문이다. 일반적으로 m과 k(단, $k \le m$)에 대해 $\binom{m}{k}$는 항 $a^{m-k}b^k$의 계수를 형성할 때 $m-k$개의 인수 a와 k개의 인수 b를 선택하는 방법을 센다.

이항계수 $\binom{m}{k}$를 정의하기 전에 먼저 표준 표기법 $k!$을 소개하겠다. $k!$은 'k 계승(factorial)'이라 읽으며, 처음 k개의 자연수에 대한 곱 $1\cdot 2\cdot 3\cdots(k-1)\cdot k$를 나타낸다. 다시 말해 다음과 같이 표기한다.

$$k! = 1\cdot 2\cdot 3\cdot \;\cdots\; \cdot(k-1)\cdot k \tag{2.11.3}$$

또한 편의상 $0!=1$을 정의한다. 왜냐하면 0이 아닌 임의의 실수 x에 대해 0제곱이 $x^0=1$인 것과 마찬가지로, 계승 $0!$은 0개 수의 곱이어야 하기 때문이다. 분명히 식 (2.11.3)은 다음을 의미한다.

$$k! = k\cdot\{1\cdot 2\cdot 3\cdot \;\cdots\; \cdot(k-1)\} = k(k-1)! \;\; (\text{단, } k=1,\ 2,\ \cdots)$$

이 공식을 반복하여 적용하면 처음 5개의 계승은 다음과 같다.

$$0!=1,\quad 1!=1\cdot 0!=1,\quad 2!=2\cdot 1!=2,\quad 3!=3\cdot 2!=6,\quad 4!=4\cdot 3!=24$$

이 패턴을 따라가면 다음 네 개의 계승은 $5!=120$, $6!=720$, $7!=5040$, $8!=10320$이다. 계승은 눈에 띄게 빠르게 증가한다. 식 (2.11.3)에 따르면 k와 m(단, $k \le m$)이 자연수일 때 틀림없이 다음을 만족한다.

$$m! = \{m(m-1)\cdots(m-k+1)\}(m-k)! \tag{2.11.4}$$

계승 표기법을 설명했으므로 $m=1,\ 2,\ \cdots$와 $k=0,\ 1,\ 2,\ \cdots,\ m$에 대해 다음과 같이 이항계수를 정의할 수 있다.

$$\binom{m}{k} = \frac{m!}{k!(m-k)!} \tag{2.11.5}$$

이 식은 특히 다음을 유도한다.

$$\binom{m}{0} = \frac{m!}{0!m!} = 1,\quad \binom{m}{1} = \frac{m!}{1!(m-1)!} = m,\quad \binom{m}{m} = \frac{m!}{m!0!} = 1$$

식 (2.11.4)로 인해 식 (2.11.5)는 다음과 동치이다.

$$\binom{m}{k} = \frac{m(m-1)\cdots(m-k+1)}{k!}$$

예를 들어 $m=5$이면 다음과 같다.

$$\binom{5}{2} = \frac{5 \cdot 4}{1 \cdot 2} = 10, \quad \binom{5}{3} = \frac{5 \cdot 4 \cdot 3}{1 \cdot 2 \cdot 3} = 10, \quad \binom{5}{4} = \frac{5 \cdot 4 \cdot 3 \cdot 2}{1 \cdot 2 \cdot 3 \cdot 4} = 5$$

따라서 식 (2.11.2)는 $(a+b)^5 = a^5 + 5a^4b + 10a^3b^2 + 10a^2b^3 + 5ab^4 + b^5$을 의미한다.

다음으로 [그림 2.11.1]의 수에 대한 두 가지 일반적인 성질에 주목하자. 이 중 첫 번째는 가운데에 수직선을 그으면 수직선을 기준으로 수가 대칭을 이룬다는 점이다. 이 대칭성은 다음과 같이 표현할 수 있다.

$$\binom{m}{k} = \binom{m}{m-k} \tag{2.11.6}$$

예를 들어 $\binom{6}{2} = 15 = \binom{6}{4}$이다. 일반적으로 이 대칭성은 다음 사실과 같은 자명한 의미를 갖는다. 즉 k와 $m-k$를 교환해도 식 (2.11.5)의 정의에는 차이가 없다.

두 번째 성질은 조금 더 세심하게 살펴봐야 한다. 각 행의 양쪽 끝에 있는 1을 제외하고 [그림 2.11.1]의 각 수는 위 행에서 인접한 두 숫자의 합과 같다. 예를 들어 8행의 56은 7행의 바로 위에 있는 인접한 두 수 21과 35의 합과 같다. 이를 기호로 나타내면 다음과 같다.

$$\binom{m+1}{k} = \binom{m}{k-1} + \binom{m}{k} \tag{2.11.7}$$

[연습문제 2]에서는 식 (2.11.6)과 식 (2.11.7)을 증명해야 한다.

마지막으로 뉴턴 이항정리를 증명해보자. 이를 증명하기 전에 합 표기법을 사용하여 $(a+b)^m$을 다음과 같이 나타낸다.

$$(a+b)^m = a^m + \sum_{k=1}^{m-1} \binom{m}{k} a^{m-k} b^k + b^m \tag{2.11.8}$$

EX 2.11.1 m에 대한 귀납법을 사용하여 식 (2.11.8)을 증명하라. 여기서 $m = 1, 2, \cdots$이다.

풀이

$m=1$일 때, 식 (2.11.8)에서 우변의 합은 완전히 사라지므로 방정식은 자명하게 참이다.

귀납 단계에서 특정한 자연수 m에 대해 식 (2.11.8)이 성립한다고 가정한다. 식 (2.11.8)의 양변에 $a+b$를 곱하면 다음과 같다.

$$(a+b)^{m+1} = a^{m+1} + a^m b + \sum_{k=1}^{m-1} \binom{m}{k} \left(a^{m-k+1} b^k + a^{m-k} b^{k+1}\right) + ab^m + b^{m+1} \tag{*}$$

식 (*)에서 $a^m b$의 계수는 $1 + \binom{m}{1} = \binom{m}{0} + \binom{m}{1}$이며, 여기서 두 번째 항은 $k=1$일 때 (*)의 합의 첫 번째 부분에서 나온다. 반면에 ab^m의 계수는 $\binom{m}{m-1} + 1 = \binom{m}{m-1} + \binom{m}{m}$이다. 여기서 첫 번째 항은 $k = m-1$일 때 (*)의 합의 두 번째 부분에서 나온다. 또한 $k = 2, 3, \cdots, m-1$인 각 k에 대해 $a^{m+1-k}b^k$의 계수는 $\binom{m}{k-1} + \binom{m}{k}$이다. 이 계수의 첫 번째 항은 k를 1로 줄인 (*)의 합의 두 번째 부분에서 나오는 반면 두 번째 항은 (*)의 합의 첫 번째 부분에서 직접 나온다.

따라서 $k=1,\ 2,\ 3,\ \cdots,\ m-1,\ m$인 각 k에 대해 $a^{m+1-k}b^k$의 계수는 $\binom{m}{k-1}+\binom{m}{k}$이다. 하지만 식 (2.11.7)을 적용하면 이 식을 $\binom{m+1}{k}$로 간단히 할 수 있다. 따라서 다음 식을 증명했다.

$$(a+b)^{m+1}=a^{m+1}+\sum_{k=1}^{m}\binom{m+1}{k}a^{m-k+1}b^k+b^{m+1}$$

그런데 이 식은 식 (2.11.8)에서 m에 $m+1$을 대입한 것과 정확히 일치한다. 따라서 m에 대한 귀납법으로 증명을 완료했다.

2.11 연습문제

1 뉴턴 이항정리를 사용하여 $(a+b)^6$을 구하라.

2 물음에 답하라.

(a) 직접 계산하여 다음이 성립함을 확인하라.

$$\binom{8}{3}=\binom{8}{8-3},\quad \binom{8+1}{4}=\binom{8}{4}+\binom{8}{4-1}$$

(b) 정의 (2.11.5)를 사용하여 식 (2.11.6)과 식 (2.11.7)이 성립함을 확인하라.

3 이항정리에 $a=b=1$을 적용하여 $\sum_{k=0}^{m}\binom{m}{k}$를 계산하라.

2.12 이중합

두 개 이상의 합 기호를 결합해야 하는 경우가 있다. 예를 들어 다음과 같은 직사각형 배열을 생각해보자.

$$\begin{matrix} a_{11} & a_{12} & \cdots & a_{1n} \\ a_{21} & a_{22} & \cdots & a_{2n} \\ \vdots & \vdots & & \vdots \\ a_{m1} & a_{m2} & \cdots & a_{mn} \end{matrix} \tag{2.12.1}$$

이 배열은 스프레드시트(spreadsheet)로 간주할 수 있다. 경제학적 사례를 들면 각 a_{ij}는 j월에 지역 i에서 판매한 기업의 총수익을 나타내는 식이다.

배열의 일반적인 항은 a_{ij}와 같은 형태이며, i는 행을 나타내고 j는 열을 나타낸다. 이때 $1\le i\le m$, $1\le j\le n$이다. 따라서 전체 배열에는 $n\cdot m$개의 수가 있다. 배열에 있는 모든 $n\cdot m$개의 수에 대한 합을 찾아야 한다고 가정해보자. 이를 수행하는 한 가지 방법은 먼저 m개의 행에 대해 각 행에 있는 n개의 숫자의 합을 구한 다음 이 모든 행의 합을 더하는 것이다. m개의 서로 다른 행의 합은 다음과 같은 형태로 쓸 수 있다.

$$\sum_{j=1}^{n} a_{1j},\ \sum_{j=1}^{n} a_{2j},\ \cdots,\ \sum_{j=1}^{n} a_{mj}$$

m개의 행에 대한 합은 다음과 같다.

$$\sum_{j=1}^{n} a_{1j} + \sum_{j=1}^{n} a_{2j} + \cdots + \sum_{j=1}^{n} a_{mj}$$

여기서 핵심은 합 표기법을 두 번 사용하여 다음과 같은 이중 합으로 표현할 수 있다는 것이다.

$$\sum_{i=1}^{m}\left(\sum_{j=1}^{n} a_{ij}\right)$$

또 다른 방법은 먼저 n개의 열에 대해 각 열의 수를 더한 다음 이러한 열의 합을 더하는 것이다. 이렇게 하면 다음과 같이 나타낼 수 있다.

$$\sum_{i=1}^{m} a_{i1} + \sum_{i=1}^{m} a_{i2} + \cdots + \sum_{i=1}^{m} a_{in} = \sum_{j=1}^{n}\left(\sum_{i=1}^{m} a_{ij}\right)$$

어떤 방법을 사용하더라도 배열의 모든 수의 합을 계산할 수 있다. 이러한 이유로 다음이 성립한다.

$$\sum_{i=1}^{m}\sum_{j=1}^{n} a_{ij} = \sum_{j=1}^{n}\sum_{i=1}^{m} a_{ij}$$

여기서 일반적인 관행에 따라 괄호를 삭제했다. 이 공식은 **(유한) 이중 합에서 합의 순서가 중요하지 않다**는 것을 나타낸다. 이 내용이 성립하려면 i와 j에 대한 합의 위끝이 서로 독립적이어야 한다는 점이 중요하다.[27] 경제학적 사례에서 이러한 이중 합은 m개의 모든 지역에서 n개월 동안의 총수익과 같다.

EX 2.12.1 $\sum_{i=1}^{3}\sum_{j=1}^{4}(i+2j)$를 계산하라.

풀이

주어진 식을 계산하면 다음과 같다.

$$\begin{aligned}\sum_{i=1}^{3}\sum_{j=1}^{4}(i+2j) &= \sum_{i=1}^{3}\{(i+2)+(i+4)+(i+6)+(i+8)\}\\ &= \sum_{i=1}^{3}(4i+20) = 24+28+32=84\end{aligned}$$

i를 먼저 합하는 대신 j를 먼저 합해도 결과가 동일함을 확인하기 바란다.

27 $\sum_{j=1}^{n}\left(\sum_{i=1}^{j} a_{ij}\right)$와 같은 이중 합에서 순서를 변경하여 $\sum_{i=1}^{j}\left(\sum_{j=1}^{n} a_{ij}\right)$처럼 만들면 거의 의미 없는 식이 되어 버린다.

2.12 연습문제

1 이중합을 전개하고 계산하라.

(a) $\sum_{i=1}^{3}\sum_{j=1}^{4} i \cdot 3^j$ (b) $\sum_{s=0}^{2}\sum_{r=2}^{4}\left(\frac{rs}{r+s}\right)^2$

(c) $\sum_{i=1}^{m}\sum_{j=1}^{n}(i+j^2)$ (d) $\sum_{i=1}^{m}\sum_{j=1}^{2} i^j$

2 서로 다른 m개의 재화를 특정 개수만큼 보유하고 있는 개인 그룹을 생각하자. a_{ij}는 개인 j가 소유한 재화 i의 단위 수를 나타내며, $i=1, \cdots, m$이고 $j=1, \cdots, n$이다. 다음 합의 의미를 설명하라.

(a) $\sum_{j=1}^{n} a_{ij}$

(b) $\sum_{i=1}^{m} a_{ij}$

(c) $\sum_{j=1}^{n}\sum_{i=1}^{m} a_{ij}$

3 다음과 같은 삼각형 배열을 생각하자.

$$\begin{matrix} a_{11} & & & & \\ a_{21} & a_{22} & & & \\ a_{31} & a_{32} & a_{33} & & \\ \vdots & \vdots & \vdots & \ddots & \\ a_{m1} & a_{m2} & a_{m3} & \cdots & a_{mm} \end{matrix}$$

이 삼각형 배열의 모든 수의 합이 $\sum_{i=1}^{m}\left(\sum_{j=1}^{i} a_{ij}\right)$로도 쓸 수 있고, $\sum_{j=1}^{m}\left(\sum_{i=j}^{n} a_{ij}\right)$로도 쓸 수 있음을 증명하라.

4 **심화** 직사각형 배열 (2.12.1)에 있는 $m \cdot n$개의 수 a_{ij}를 생각하자. 모든 수의 산술평균을 $\bar{a}$로 표기하고, j열의 평균을 $\bar{a}_j$로 나타내자. 그러면 $\bar{a} = \frac{1}{mn}\sum_{r=1}^{m}\sum_{s=1}^{n} a_{rs}$이고 $\bar{a}_j = \frac{1}{m}\sum_{r=1}^{m} a_{rj}$로 나타낼 수 있다. $\bar{a}$는 열 평균 $\bar{a}_j$(단, $j=1, \cdots, n$)의 평균임을 보이고 다음 식을 증명하라.

$$\sum_{r=1}^{m}\sum_{s=1}^{m}(a_{rj}-\bar{a})(a_{sj}-\bar{a}) = m^2(\bar{a}_j-\bar{a})^2$$

CHAPTER 02 복습문제

2.1 물음에 답하라.

(a) a로 표기한 휴대폰 가격에 부가가치세(VAT)가 20% 포함되어 있다고 가정하자. VAT가 포함되기 전의 가격은 얼마인가?

(b) 어떤 사람이 단위당 가격이 p_1, p_2, p_3인 세 가지 상품을 각각 x_1, x_2, x_3단위만큼 구매한다고 가정하자. 총지출액을 구하라.

(c) 렌터카의 대여 비용은 하루에 F달러의 고정요금과 1km당 b달러의 합으로 구성된다. 하루 동안 $x\text{km}$를 운전할 때 렌터카 회사가 청구하는 비용을 구하라.

(d) 어떤 회사는 연간 F달러의 고정비용과 생산 단위당 c달러의 가변비용을 갖고 있다. 이 회사가 일 년 동안 x단위를 생산한다면, 발생하는 단위당 총비용(총평균비용)에 대한 식을 구하라.

(e) 어떤 직원이 연봉 L달러로 시작하여 $p\%$ 인상된 뒤 두 번째로 $q\%$ 인상되었다. 두 번의 인상 후 이 직원의 연봉을 구하라.

2.2 다음 실수를 십진법으로 표현하라.

(a) 5^3

(b) 10^{-3}

(c) $\dfrac{1}{3^{-3}}$

(d) $\dfrac{-1}{10^{-3}}$

(e) $3^{-2}3^3$

(f) $(3^{-2})^{-3}$

(g) $-\left(\dfrac{5}{3}\right)^0$

(h) $\left(-\dfrac{1}{2}\right)^{-3}$

2.3 다음 중 값이 정의된 표현식을 찾아라. 값이 정의되어 있다면 그 값을 구하라.

(a) $(0+2)^0$

(b) 0^{-2}

(c) $\dfrac{10^0}{(0+1)^0}$

(d) $\dfrac{(0+1)^0}{(0+2)^0}$

2.4 다음 식을 간단히 하라.

(a) $(2^3 2^{-5})^3$

(b) $\left(\dfrac{2}{3}\right)^{-1}-\left(\dfrac{4}{3}\right)^{-1}$

(c) $(3^{-2}-5^{-1})^{-1}$

(d) $(1.12)^{-3}(1.12)^3$

2.5 다음 식을 간단히 하라.

(a) $(2x)^4$

(b) $(2^{-1}-4^{-1})^{-1}$

(c) $\dfrac{24x^3y^2z^3}{4x^2yz^2}$

(d) $\{-(-ab^3)^{-3}(a^6b^6)^2\}^3$

(e) $\dfrac{a^5\cdot a^3\cdot a^{-2}}{a^{-3}\cdot a^6}$

(f) $\left\{\left(\dfrac{x}{2}\right)^3\cdot\dfrac{8}{x^{-2}}\right\}^{-3}$

2.6 □ 안에 알맞은 표현을 써넣어라.

(a) $x^{-1}y^{-1}=3 \quad \Rightarrow \quad x^3y^3=\square$

(b) $x^7=2 \quad \Rightarrow \quad (x^{-3})^6(x^2)^2=\square$

(c) $\left(\dfrac{xy}{z}\right)^{-2}=3 \quad \Rightarrow \quad \left(\dfrac{z}{xy}\right)^6=\square$

(d) $a^{-1}b^{-1}c^{-1}=\dfrac{1}{4} \quad \Rightarrow \quad (abc)^4=\square$

2.7 다음 식을 경제학적으로 해석하고 근삿값을 구하라.

(a) $100\cdot(1.01)^8$유로

(b) $50000\cdot(1.15)^{10}$파운드

(c) $6000\cdot(1.03)^{-8}$달러

2.8 물음에 답하라.

(a) 연이율이 8%인 계좌에 100,000달러가 예치되었다. 추가 입출금이 없다면 10년 후 계좌 잔액을 구하라.

(b) 이자율이 매년 8%라면, 6년 전에 은행에 얼마를 예치해야 현재 25,000달러를 가질 수 있을지 구하라.

2.9 다음 식을 전개하고 간단히 하라.

(a) $a(a-1)$

(b) $(x-3)(x+7)$

(c) $-\sqrt{3}(\sqrt{3}-\sqrt{6})$

(d) $(1-\sqrt{2})^2$

(e) $(x-1)^3$

(f) $(1-b^2)(1+b^2)$

(g) $(1+x+x^2+x^3)(1-x)$

(h) $(1+x)^4$

2.10 다음 식을 인수분해하라.

(a) $25x-5$

(b) $3x^2-x^3y$

(c) $50-x^2$

(d) $a^3-4a^2b+4ab^2$

2.11 다음 식을 인수분해하라.

(a) $5(x+2y)+a(x+2y)$

(b) $(a+b)c-d(a+b)$

(c) $ax+ay+2x+2y$

(d) $2x^2-5yz+10xz-xy$

(e) p^2-q^2+p-q

(f) $u^3+v^3-u^2v-v^2u$

2.12 계산기를 사용하지 않고 값을 구하라.

(a) $16^{\frac{1}{4}}$

(b) $243^{-\frac{1}{5}}$

(c) $5^{\frac{1}{7}}\cdot 5^{\frac{6}{7}}$

(d) $(4^8)^{-\frac{3}{16}}$

(e) $64^{\frac{1}{3}}+\sqrt[3]{125}$

(f) $\left(-\dfrac{8}{27}\right)^{\frac{2}{3}}$

(g) $\left(-\dfrac{1}{8}\right)^{-\frac{2}{3}}+\left(\dfrac{1}{27}\right)^{-\frac{2}{3}}$

(h) $\dfrac{1000^{-\frac{2}{3}}}{\sqrt[3]{5^{-3}}}$

2.13 x에 대한 다음 방정식을 풀어라.

(a) $2^{2x}=8$ (b) $3^{3x+1}=\frac{1}{81}$

(c) $10^{x^2-2x+2}=100$

2.14 x에 대한 다음 방정식을 풀어라.

(a) $25^5\cdot 25^x=25^3$ (b) $3^x-3^{x-2}=24$

(c) $3^x\cdot 3^{x-1}=81$ (d) $3^5+3^5+3^5=3^x$

(e) $4^{-6}+4^{-6}+4^{-6}+4^{-6}=4^x$ (f) $\frac{2^{26}-2^{23}}{2^{26}+2^{23}}=\frac{x}{9}$

2.15 다음 식을 간단히 하라.

(a) $\frac{s}{2s-1}-\frac{s}{2s+1}$ (b) $\frac{x}{3-x}-\frac{1-x}{x+3}-\frac{24}{x^2-9}$

(c) $\left(\frac{1}{x^2y}-\frac{1}{xy^2}\right)\div\left(\frac{1}{x^2}-\frac{1}{y^2}\right)$

2.16 다음 분수를 간단히 하라.

(a) $\frac{25a^3b^2}{125ab}$ (b) $\frac{x^2-y^2}{x+y}$

(c) $\frac{4a^2-12ab+9b^2}{4a^2-9b^2}$ (d) $\frac{4x-x^3}{4-4x+x^2}$

2.17 다음 부등식을 풀어라.

(a) $2(x-4)<5$ (b) $\frac{1}{3}(y-3)+4\geq 2$

(c) $8-0.2x\leq\frac{4-0.1x}{0.5}$ (d) $\frac{x-1}{-3}>\frac{-3x+8}{-5}$

(e) $|5-3x|\leq 8$ (f) $|x^2-4|\leq 2$

2.18 휴대폰 사용료가 월 30달러이고 1분당 0.16달러가 추가로 부과될 때, 물음에 답하라.

(a) 한 달 동안 휴대폰을 총 x분 사용했을 때, 사용료를 구하라.

(b) 월 전화요금이 102달러에서 126달러 사이일 때, 한 달에 전화를 사용할 수 있는 최소 시간과 최대 시간을 구하라. 여기서, 단위는 시(hr)이다.

2.19 적도를 따라 지구의 표면을 밧줄로 감을 수 있다면 이 밧줄은 대략 원형이며 그 길이가 약 4,000만 미터 (40,000,000 m)일 것이다. 이 밧줄을 연장하여 모든 지점에서 적도면 기준으로 1미터 위에 있도록 하려고 한다. 그렇다면 얼마나 더 많은 밧줄이 필요할지 구하라. 단, 반지름이 r인 원의 둘레는 $2\pi r$이다.

2.20 물음에 답하라.

(a) $a+\frac{a\cdot p}{100}-\frac{\left(a+\frac{a\cdot p}{100}\right)\cdot p}{100}=a\left\{1-\left(\frac{p}{100}\right)^2\right\}$을 증명하라.

(b) 처음에는 2,000달러인 한 품목의 가격이 5% 인상된다. 이후에 가격이 5% 인하되었다면, 최종 가격을 구하라.

(c) 한 품목의 초기 가격을 a달러라고 하자. 그 가격에서 p% 인상된 다음, 인상된 가격에서 p% 인하되었다. 이 물건의 최종 가격을 구하라.

힌트 (a)의 식을 참고하라.

(d) 먼저 가격을 p% 낮춘 다음, 가격을 p% 올리면 결과는 어떻게 되는가?

2.21 물음에 답하라.

(a) $a>b$이면 $a^2>b^2$은 반드시 참인가?

(b) $a+b>0$일 때, $a>b$이면 $a^2>b^2$임을 보여라.

2.22 물음에 답하라.

(a) $a>b$이면 구체적인 수를 대입하여 $\frac{1}{a}>\frac{1}{b}$인지 아니면 $\frac{1}{a}<\frac{1}{b}$인지 확인하라.

(b) $a>b,\ ab>0$이면 $\frac{1}{b}>\frac{1}{a}$임을 증명하라.

2.23 모든 실수 a, b에 대해 다음을 증명하라. 여기서 부등식 (b)를 **삼각부등식**(triangle inequality)이라 한다.

(a) $|ab|=|a|\cdot|b|$

(b) $|a+b|\le|a|+|b|$

2.24 고정된 정삼각형을 고려하고, P를 삼각형 내의 임의의 점이라고 하자. 점 P에서 세 변까지의 최단 거리를 각각 h_1, h_2, h_3라고 하자. 이때 $h_1+h_2+h_3$가 삼각형 내 P의 위치에 관계없이 일정함을 증명하라.

힌트 삼각형 넓이는 분할된 세 삼각형의 합으로 계산한다.

2.25 다음 합을 계산하라.

(a) $\sum_{i=1}^{4}\frac{1}{i(i+2)}$

(b) $\sum_{j=5}^{9}(2j-8)^2$

(c) $\sum_{k=1}^{5}\left(\frac{k-1}{k+1}\right)$

(d) $\sum_{n=2}^{5}(n-1)^2(n+2)$

(e) $\sum_{k=1}^{5}\left(\frac{1}{k}-\frac{1}{k+1}\right)$

(f) $\sum_{i=-2}^{3}(i+3)^i$

2.26 다음 식을 합의 표기법으로 표현하라.

(a) $3+5+7+\cdots+199+201$

(b) $\frac{2}{1}+\frac{3}{2}+\frac{4}{3}+\cdots+\frac{97}{96}$

(c) $4\cdot 6+5\cdot 7+6\cdot 8+\cdots+38\cdot 40$

(d) $\frac{1}{x}+\frac{1}{x^2}+\cdots+\frac{1}{x^n}$

(e) $1+\frac{x^2}{3}+\frac{x^4}{5}+\frac{x^6}{7}+\cdots+\frac{x^{32}}{33}$

(f) $1-\frac{1}{2}+\frac{1}{3}-\frac{1}{4}+\cdots-\frac{1}{80}+\frac{1}{81}$

2.27 다음 중 항상 성립하는 등식과 성립하지 않는 경우가 존재하는 등식으로 구분하라.

(a) $\sum_{i=1}^{n} a_i = \sum_{j=3}^{n+2} a_{j-2}$

(b) $\sum_{i=1}^{n} (a_i+b_i)^2 = \sum_{i=1}^{n} a_i^2 + \sum_{i=1}^{n} b_i^2$

(c) $\sum_{k=0}^{n} 5a_{k+1,j} = 5\sum_{k=1}^{n+1} a_{k,j}$

(d) $\sum_{i=1}^{3} \frac{a_i}{b_i} = \frac{\sum_{i=1}^{3} a_i}{\sum_{i=1}^{3} b_i}$

2.28 다음 합을 계산하라.

(a) $3+5+7+\cdots+197+199+201$

(b) $1001+2002+3003+\cdots+8008+9009+10010$

CHAPTER

03

방정식 풀이

Solving Equations

CONTENTS

진정한 수학자는 수가 아니라 개념을 갖고 노는 사람이다.
The true mathematician is not a juggler of numbers, but of concepts.
_ 이안 스튜어트(Ian Stewart, 1975),
『보통 사람을 위한 현대수학(Concepts of Modern Mathematics)』(휴머니스트, 2018)

수학의 거의 모든 응용 분야에는 풀어야 하는 방정식이 있다. 경제학도 예외는 아니므로 이 장에서는 경제모형에서 자주 나타나는 일부 유형의 방정식을 살펴보겠다. 학생들은 보통 x로 표시되는 하나(only one)의 변수만 포함하는 대수식과 방정식을 익숙하게 다룬다. 그러나 여러 변수와 다양한 이름으로 표시되는 식을 처음 다룰 때 어려워하곤 한다. 그러나 경제학자에게는 대수식과 방정식을 쉽게 처리할 수 있는 능력이 매우 중요하다.

3.1 방정식 풀이

방정식을 **푼다**(solve)는 것은 방정식을 만족하는 변수의 모든 값을 찾는 것을 의미한다. **변수**(variable) x를 포함한 간단한 예시를 살펴보겠다.

$$3x + 10 = x + 4$$

방정식의 한 변을 x로만 나타내기 위해 양변에 $-x$를 더한다. 이렇게 하면 $2x + 10 = 4$이다. 이 방정식의 양변에 -10을 더하면 $2x = 4 - 10 = -6$이다. 2로 나누면 해인 $x = -3$을 얻는다. 이 절차는 이미 익숙할 것이다. 해가 정확히 같은 두 방정식을 **동치**(equivalent)라고 하며, 동치방정식을 다루는 방법은 다음과 같다.

동치방정식

동치방정식을 얻으려면 등호를 기준으로 양변에 다음 작업 중 하나를 수행한다.

❶ 동일한 수를 더하거나 빼기

❷ 0이 아닌 동일한 수로 곱하거나 나누기

0으로 나누는 것만이 아니라 0으로 곱하는 것도 제외한다는 점에 유의하라. 예를 들어 방정식 $x = 1$의 양변에 0을 곱하면 그 결과는 $0 = 0$이라는 자명한 방정식이 된다. 이제 '$x = 1 \Rightarrow 0 = 0$'이라는 주장은 별로 흥미롭지 않지만 문제가 될 것은 없다. 그러나 $0 = 0$은 $x = 1$을 의미하지 않으므로 두 방정식은 당연히 동치가 아니다.

괄호와 분수가 포함된 더 복잡한 방정식은 일반적으로 괄호로 묶인 식을 곱하여 전개한 뒤, 방정식에 포함된 분수의 분모 중 최소공배수를 양변에 곱한다.

EX 3.1.1 방정식 $6p - \frac{1}{2}(2p-3) = 3(1-p) - \frac{7}{6}(p+2)$를 풀어라.

풀이

괄호로 묶인 식을 곱해서 전개하면 $6p - p + \frac{3}{2} = 3 - 3p - \frac{7}{6}p - \frac{7}{3}$이다. 양변에 분모의 최소공배수를 곱하여 $36p - 6p + 9 = 18 - 18p - 7p - 14$를 얻는다. 식을 정리하면 $55p = -5$이므로 $p = -\frac{5}{55} = -\frac{1}{11}$이다.

표현식에 어떤 값을 대입할 때, 그 표현식을 포함한 방정식이 정의되지 않으면 대입한 그 값은 허용하지 않는다. 예를 들어 대수식 $\frac{z}{z-5}$를 포함한 임의의 방정식은 변수 z에 5를 허용하지 않는데, $\frac{5}{0}$가 정의되어 있지 않기 때문이다. 다음 예에서 볼 수 있듯이 $z \neq 5$와 같은 제약조건은 특정 방정식에 해가 전혀 없음을 의미할 수 있다.

EX 3.1.2 방정식 $\frac{z}{z-5}+\frac{1}{3}=\frac{-5}{5-z}$를 만족하는 z 값을 구하라.

풀이

z가 5일 수 없다는 제약조건을 기억하면서, 양변에 분모의 최소공배수인 $3(z-5)$를 곱하여 분수를 없애자. 결과는 $3z+z-5=15$이며, 이 방정식의 유일한 해는 $z=5$이다. 하지만 $z \neq 5$를 가정했으므로 원래의 방정식에 해가 없다는 결론을 내릴 수 있다.

다음 예는 올바른 해를 찾기 위해 때로는 세심하게 살펴봐야 할 점이 있음을 보여준다.

EX 3.1.3 방정식 $\frac{x+2}{x-2}-\frac{8}{x^2-2x}=\frac{2}{x}$를 풀어라.

풀이

$x^2-2x=x(x-2)$이므로 분모의 최소공배수는 $x(x-2)$이다. $x=2$와 $x=0$은 모두 분모 중 적어도 하나를 0으로 만들기 때문에 방정식이 성립하지 않는다. $x \neq 0$이고 $x \neq 2$이면 분모의 최소공배수인 $x(x-2)$를 양변에 곱하여 다음을 얻을 수 있다.

$$\frac{x+2}{x-2} \cdot x(x-2)-\frac{8}{x(x-2)} \cdot x(x-2)=\frac{2}{x} \cdot x(x-2)$$

공통분모를 소거하면 $(x+2)x-8=2(x-2)$, 즉 $x^2+2x-8=2x-4$이므로 $x^2=4$이다. $a>0$이면 방정식 $x^2=a$의 해는 $x=\sqrt{a}$, $x=-\sqrt{a}$이다. 주어진 문제에서 방정식 $x^2=4$의 해는 $x=2$, $x=-2$이다. 하지만 $x=2$를 대입하면 원래의 방정식이 성립하지 않으므로 해는 $x=-2$만 가능하다.

경제분석에서 문제를 해결하려면 적절한 **대수방정식**(algebraic equation)을 세워야 하는 경우가 많다.

EX 3.1.4 어느 기업은 단위당 생산비용이 20달러인 상품을 제조한다. 또한 이 기업의 고정 지출 비용은 2,000달러이다. 상품은 단위당 75달러에 판매된다. 이 기업이 이윤 목표인 14,500달러를 달성하려면 상품을 몇 단위 판매해야 하는가?

풀이

생산 및 판매된 제품의 단위 수를 Q라고 나타내면 기업의 수익은 $75Q$이고 총생산비용은 $20Q+2000$이다. 이윤은 총수익과 총비용의 차이므로 $75Q-(20Q+2000)$이다. 따라서 이윤 목표인 14,500달러를 달성하려면 다음 방정식을 만족해야 한다.

$$75Q-(20Q+2000)=14500$$

따라서 주어진 방정식의 해는 $Q=\frac{16500}{55}=300$단위이다.

3.1 연습문제

1 다음 방정식을 풀어라.

(a) $2x-(5+x)=16-(3x+9)$

(b) $-5(3x-2)=16(1-x)$

(c) $4x+2(x-4)-3=2(3x-5)-1$

(d) $(8x-7)5-3(6x-4)+5x^2=x(5x-1)$

(e) $x^2+10x+25=0$

(f) $(3x-1)^2+(4x+1)^2=(5x-1)(5x+1)+1$

2 다음 방정식을 풀어라.

(a) $3x=\frac{1}{4}x-7$

(b) $\frac{x-3}{4}+2=3x$

(c) $\frac{1}{2x+1}=\frac{1}{x+2}$

(d) $\sqrt{2x+14}=16$

3 다음 방정식을 풀어라.

(a) $\frac{x-3}{x+3}=\frac{x-4}{x+4}$

(b) $\frac{3}{x-3}-\frac{2}{x+3}=\frac{9}{x^2-9}$

(c) $\frac{6x}{5}-\frac{5}{x}=\frac{2x-3}{3}+\frac{8x}{15}$

4 주어진 상황에 알맞은 방정식을 세우고 문제를 풀어라.

(a) 연속된 세 자연수의 합이 가장 작은 자연수의 두 배보다 10이 더 크다. 세 자연수를 구하라.

(b) 제인은 주당 38시간을 초과하여 근무하는 모든 시간에 대해 두 배의 임금을 받는다. 지난주에 제인이 48시간 근무하여 총 812달러를 받았다고 하자. 제인의 시간당 정규임금을 구하라.

(c) 제임스는 연이율 10%로 15,000파운드를 투자했다. 연말까지 총이자가 2,100파운드가 되려면 추가로 얼마를 투자해야 할지 이율 12%를 적용하여 구하라.

(d) 반즈 씨는 세상을 떠나기 전 유산의 $\frac{2}{3}$를 아내에게, $\frac{1}{4}$을 자녀에게, 나머지 10만 달러를 자선 단체에 기부했다. 반즈 씨의 유산을 계산하라.

5 다음 방정식을 풀어라.

(a) $\frac{3y-1}{4}-\frac{1-y}{3}+2=3y$

(b) $\frac{4}{x}+\frac{3}{x+2}=\frac{2x+2}{x^2+2x}+\frac{7}{2x+4}$

(c) $\frac{2-\frac{z}{1-z}}{1+z}=\frac{6}{2z+1}$

(d) $\frac{1}{2}\left(\frac{p}{2}-\frac{3}{4}\right)-\frac{1}{4}\left(1-\frac{p}{3}\right)-\frac{1}{3}(1-p)=-\frac{1}{3}$

6 프레스턴 여사는 y유로로 사과, 바나나, 체리를 구매하려고 한다. 사과는 킬로그램당 3유로, 바나나는 킬로그램당 2유로, 체리는 킬로그램당 6유로이며, 프레스턴 여사는 과일을 각각 같은 금액으로 구매하기로 결정했다. 프레스턴 여사가 구입한 과일의 총 무게를 식으로 나타내고, 과일 1킬로그램당 지불한 금액을 구하라.[1]

1 이것은 '달러 비용(dollar cost)' 평균법의 예이다. 이는 14.5절 [연습문제 4]에서 다시 다룬다.

3.2 방정식과 모수

경제학에서는 서로 다른 경제 변수가 서로 어떻게 영향을 미치는지를 설명하기 위해 수학적 모형을 사용한다. 이를 **상호의존성**(interdependence)이라 한다. 예를 들어 거시경제모형은 한 국가 경제의 대략적인 윤곽을 설명하기 위해 고안되었으며, 이러한 모형에서 가장 자주 사용하는 변수로는 경제의 총생산량(또는 국내총생산), 총소비, 총투자가 있다.

두 변수 간의 가장 단순한 관계는 한 변수의 변화에 대해 다른 변수의 변화가 항상 일정한 경우이다. 이러한 관계는 다음과 같은 **일차방정식**(linear equation) 또는 **선형방정식**으로 설명할 수 있다.

$$y = 10x, \quad y = 3x + 4, \quad y = -\frac{8}{3}x - \frac{7}{2} \tag{3.2.1}$$

세 방정식 (3.2.1)에서 변수 x가 한 단위 증가하면 변수 y 값은 각각 10, 3, $-\frac{8}{3}$만큼 증가한다. 따라서 이 세 방정식은 같은 형식이다. 이를 통해 x와 y만이 변수인 모든 특수한 경우를 포함하는 일반적인 일차방정식을 다음과 같이 나타낼 수 있다.

$$y = ax + b \tag{3.2.2}$$

여기서 a와 b는 실수이다. 예를 들어 $a = 3$, $b = 4$이면 $y = 3x + 4$이다. $a = 0$이면 y 값은 상수이고 방정식의 그래프는 수평직선이 된다. 방정식이 수직직선도 나타낼 수 있는데, x 값은 상수이지만 y 값이 변하면 된다. 이 경우를 표현하기 위해 x와 y의 위치를 바꾸고 $x = c$로 표현한다. 이때 c는 상수이다.

식 (3.2.2)에서 a와 b는 **모수**(parameter) 또는 **매개변수**라고 하며, 서로 독립된 **고정값**(fixed value)을 가진다. 경제학에서 모수는 종종 흥미롭게 해석된다.[2]

EX 3.2.1 표준 거시경제모형이 다음과 같이 두 개의 식으로 주어졌다고 하자.

$$Y = C + \bar{I} \tag{3.2.3}$$

$$C = a + bY \tag{3.2.4}$$

여기서 Y는 국내총생산(GDP), C는 소비, $\bar{I}$는 고정값으로 간주되는 총투자를 의미한다. 식 (3.2.3)에 따르면 GDP는 소비와 총투자의 합으로 정의된다. 식 (3.2.4)는 소비가 GDP의 일차함수임을 나타낸다. 여기서 a와 b는 양의 모수로 $b < 1$이다.[3] 위 모형을 Y에 대해 $\bar{I}$와 모수로 나타내라.

2 일차방정식은 4.4절에서 더 자세히 설명한다.

3 모수 a는 경제의 소득에 비례하지 않는 소비 부분을 나타내므로 **자율 소비**(autonomous consumption)라고도 하다. 소득이 한 단위 증가할 때 발생하는 소비의 증가는 b로 측정되고, 따라서 이 모수는 일반적으로 **한계소비성향**(marginal propensity to consume)으로 알려져 있다. 모수에 특정 값을 선택하면 특수한 모형을 얻을 수 있다. 예를 들어 $\bar{I} = 100$, $a = 500$, $b = 0.8$을 대입하면 $Y = C + 100$, $C = 500 + 0.8Y$이고, $\bar{I} = 150$, $a = 600$, $b = 0.9$를 대입하면 $Y = C + 150$, $C = 600 + 0.9Y$이다.

풀이

식 (3.2.4)를 식 (3.2.3)에 대입하면 다음과 같다.

$$Y = a + bY + \overline{I}$$

이제 이 방정식을 정리하여 Y를 포함하는 모든 항이 좌변에 오도록 한다. 양변에 $-bY$를 더하여 우변의 bY항을 소거하면 결과는 다음과 같다.

$$Y - bY = a + \overline{I}$$

좌변은 $(1-b)Y$와 같으므로 위 식은 $(1-b)Y = a + \overline{I}$ 이다. 양변을 $(1-b)$로 나누어 Y의 계수를 1로 만들면 해는 다음과 같다.

$$Y = \frac{a}{1-b} + \frac{1}{1-b}\overline{I} \tag{3.2.5}$$

이 해는 모수 a와 b를 사용하여 $\overline{I}$에 관한 Y를 표현하는 일차방정식이다.

[EX 3.2.1]과 같은 접근법은 모형을 한 번만 풀고 모수에 적절한 값을 대입하기만 하면 답을 구할 수 있다는 점이 장점이다. 예를 들어 $\overline{I} = 100$, $a = 500$, $b = 0.8$이면 $Y = 3000$이다. 경제학에서는 일반적으로 식 (3.2.3)과 식 (3.2.4)를 모형의 **구조형모형**(structural form)이라 하며, 식 (3.2.5)는 **축약형모형**(reduced form)이라 한다. 축약형모형에서 $\dfrac{1}{1-b}$은 그 자체로 모수이다. 이는 '외생적' 투자 증가에 대해 소득 반응을 측정하기 때문에 **투자승수**(investment multiplier)라고 한다.

종종 복잡한 **비선형방정식**(nonlinear equation)을 풀어야 할 때가 있다. 비선형방정식에는 모수와 변수를 나타내는 '특이한' 문자가 포함되는 경우가 많다.

EX 3.2.2 경제에서 화폐에 대한 총수요가 다음과 같이 주어졌다고 하자.

$$M = \alpha Y + \beta(r-\gamma)^{-\delta} \tag{*}$$

여기서 M은 시중에 유통되는 화폐의 양, Y는 국민소득, r은 이자율이다. 또한 α, β, γ, δ는 모두 양의 매개변수이며 δ는 유리수이다. 물음에 답하라.

(a) 주어진 모형을 r에 대해 나타내라.

(b) 1929년~1952년 동안 미국에서 네 가지 모수는 $\alpha = 0.14$, $\beta = 76.03$, $\gamma = 2$, $\delta = 0.84$로 추정되었다. 그러면 r은 $r = 2 + \left(\dfrac{76.03}{M - 0.14Y}\right)^{\frac{25}{21}}$과 같이 나타낼 수 있음을 보여라.

풀이

(a) 방정식 (*)에서 $(r-\gamma)^{-\delta} = \dfrac{M - \alpha Y}{\beta}$를 쉽게 구할 수 있다. 이제 양변을 $-\dfrac{1}{\delta}$거듭제곱하여 다음을 얻는다.

$$r - \gamma = \left(\frac{M - \alpha Y}{\beta}\right)^{-\frac{1}{\delta}}$$

양변에 γ를 더하고 공식 $\left(\frac{a}{b}\right)^{-p}=\left(\frac{b}{a}\right)^{p}$을 사용하면 다음과 같다.

$$r=\gamma+\left(\frac{\beta}{M-\alpha Y}\right)^{\frac{1}{\delta}} \qquad (**)$$

(b) $\frac{1}{\delta}=\frac{1}{0.84}=\frac{100}{84}=\frac{25}{21}$이고, 식 (**)에 모수를 대입하면 바로 얻을 수 있다.

3.2 연습문제

1 [EX 3.2.1]의 모형에서 Y와 C의 관계가 다음과 같다고 하자.

$$Y=C+150,\quad C=600+0.9Y$$

Y 값을 구하라. 식 (3.2.5)가 동일한 결과를 유도하는지 확인하라.

2 x에 대한 다음 방정식을 풀어라.

(a) $\frac{1}{ax}+\frac{1}{bx}=2$

(b) $\frac{ax+b}{cx+d}=A$

(c) $\frac{1}{2}px^{-\frac{1}{2}}-w=0$

(d) $\sqrt{1+x}+\frac{ax}{\sqrt{1+x}}=0$

(e) $a^2x^2-b^2=0$

(f) $(3+a^2)^x=1$

3 지정된 변수에 대해 다음 방정식을 풀어라.

(a) 가격 p에 대한 수요함수 $q=0.15p+0.14$

(b) 가격 P에 대한 공급함수 $S=\alpha+\beta P$

(c) 밑변 b에 대한 삼각형의 넓이 $A=\frac{1}{2}bh$

(d) 반지름 r에 대한 공의 부피 $V=\frac{4}{3}\pi r^3$

(e) 노동 투입량 L에 대한 생산함수 $AK^{\alpha}L^{\beta}=Y_0$

4 지정된 변수에 대해 다음 방정식을 풀어라.

(a) $\alpha x-a=\beta x-b$; x

(b) $\sqrt{pq}-3q=5$; p

(c) $Y=94+0.2\{Y-(20+0.5Y)\}$; Y

(d) $K^{\frac{1}{2}}\left(\frac{1}{2}\frac{r}{w}K\right)^{\frac{1}{4}}=Q$; K

(e) $\dfrac{\frac{1}{2}K^{-1/2}L^{1/4}}{\frac{1}{4}L^{-3/4}K^{1/2}}=\frac{r}{w}$; L

(f) $\frac{1}{2}pK^{-\frac{1}{4}}\left(\frac{1}{2}\frac{r}{w}K\right)^{\frac{1}{4}}=r$; K

5 지정된 변수에 대해 다음 방정식을 풀어라.

(a) $\frac{1}{s}+\frac{1}{T}=\frac{1}{t}$; s

(b) $\sqrt{KLM}-\alpha L=B$; M

(c) $\frac{x-2y+xz}{x-z}=4y$; z

(d) $V=C\left(1-\frac{T}{N}\right)$; T

3.3 이차방정식

미지수 x에 대한 일반적인 이차방정식의 형태는 다음과 같다.

$$ax^2 + bx + c = 0 \tag{3.3.1}$$

여기서 상수 a, b, c는 주어진 실수이다. $a = 0$이면 방정식 (3.3.1)은 일차방정식 $bx + c = 0$으로 간단해진다. 따라서 $a \neq 0$이라 가정한다. 이 식의 각 항을 a로 나누면 동치방정식 $x^2 + \frac{b}{a}x + \frac{c}{a} = 0$이 된다. 이제 $p = \frac{b}{a}$, $q = \frac{c}{a}$로 정의하면 방정식은 다음과 같이 간단해진다.

$$x^2 + px + q = 0 \tag{3.3.2}$$

두 가지 특수한 경우는 다루기 쉽다. 첫 번째는 $q = 0$으로 **상수항**이 없는 경우이다. 방정식은 $x^2 + px = 0$으로 간단해지며 $x(x + p) = 0$과 같다. 두 수의 곱은 하나 이상이 0일 때만 0이므로 $x = 0$ 또는 $x = -p$이다. 이를 요약하면 다음과 같다.

$$x^2 + px = 0 \quad \Leftrightarrow \quad x = 0 \text{ 또는 } x = -p$$

이제 $p \neq 0$이면 방정식 $x^2 + px = 0$의 해는 $x = 0$, $x = -p$이다. $p = 0$이면 $x^2 = 0$이라는 자명한 방정식이 유도되며, 이 방정식의 유일한 해는 $x = 0$이다.

두 번째는 $q \neq 0$, $p = 0$으로 x에 대한 **일차항**이 없는 경우이고, 식 (3.3.2)는 $x^2 + q = 0$으로 간단해진다. 그러면 $x^2 = -q$이므로 다시 두 가지 경우를 고려해야 한다. $q > 0$이면 어떤 수를 제곱해도 음수가 되지 않으므로 이 방정식은 해가 없다. $q \leq 0$이면 방정식의 해는 $x = \sqrt{-q}$, $x = -\sqrt{-q}$이다. 2.5절에서 논의한 대로 $x = \pm\sqrt{-q}$라는 표현은 $x^2 + q = 0$의 해인 $\sqrt{-q}$와 $-\sqrt{-q}$를 나타낸다. 따라서 $q \leq 0$이라고 가정하면 다음과 같이 쓸 수 있다.

$$x^2 + q = 0 \quad \Leftrightarrow \quad x = \pm\sqrt{-q}$$

이러한 결과로 두 가지 간단한 경우의 모든 방정식을 풀 수 있다.

EX 3.3.1 다음 방정식을 풀어라.

(a) $5x^2 - 8x = 0$ (b) $x^2 - 4 = 0$ (c) $x^2 + 3 = 0$

풀이

(a) 각 항을 5로 나누면 $x^2 - \frac{8}{5}x = x\left(x - \frac{8}{5}\right) = 0$이므로 $x = 0$ 또는 $x = \frac{8}{5}$이다.

(b) $x^2 = 4$이므로 $x = \pm\sqrt{4} = \pm 2$이다. 또는 좌변이 $x^2 - 4 = (x+2)(x-2)$이므로 $(x+2)(x-2) = 0$이다. 어느 쪽이든 해는 $x = 2$ 또는 $x = -2$이다.

(c) x^2은 0보다 작지 않으므로 방정식 $x^2 + 3 = 0$의 좌변은 항상 양수이다. 따라서 이 방정식은 해가 없다.

더 어려운 이차방정식

식 (3.3.2)의 계수 p와 q가 모두 0이 아니면 방정식을 풀기 어려워진다. 예를 들어 다음 방정식을 생각해보자.

$$x^2 - \frac{4}{3}x - \frac{1}{4} = 0$$

물론 시행착오를 통해 방정식을 만족하는 x 값을 찾을 수도 있다. 하지만 그렇게 해서 $x = \frac{3}{2}$, $x = -\frac{1}{6}$이라는 단 두 가지 해를 찾기란 쉽지 않다. 이차방정식을 풀다가 실패한 두 가지 경우를 소개한다.

❶ $x^2 - \frac{4}{3}x - \frac{1}{4} = 0$을 정리하면 $x^2 - \frac{4}{3}x = \frac{1}{4}$, 즉 $x\left(x - \frac{4}{3}\right) = \frac{1}{4}$이다. 이 식은 x와 $x - \frac{4}{3}$의 곱이 $\frac{1}{4}$이라는 뜻인데, 곱이 $\frac{1}{4}$인 두 수는 무수히 많으므로 x를 구하는 데 큰 도움이 되지 않다.

❷ 각 항을 x로 나누면 $x - \frac{4}{3} = \frac{1}{4x}$이다. 이 방정식에는 x항, $\frac{1}{x}$항, 상수항이 모두 포함되어 있으므로 전혀 진전이 없다.

방정식 (3.3.2)의 해를 구하려면 완전히 새로운 아이디어가 필요하다. 다음은 이 어려운 방정식을 푸는 일반적인 해법을 보여준다.

EX 3.3.2 방정식 $x^2 + 8x - 9 = 0$을 풀어라.

풀이

자연스럽게 -9를 우변으로 이항하자.

$$x^2 + 8x = 9 \qquad (*)$$

그러나 두 항에서 x가 나타나므로 어떻게 진행해야 하는지 명확하지 않다. 이제 수학에서 가장 오래된 방법 중 하나인 **완전제곱법**(completing the square)을 사용할 때이다. 먼저 2.3절의 이차항등식을 상기하자. 첫 번째 항등식은 $(x+b)^2 = x^2 + 2bx + b^2$이다. 이 항등식에 $b = 4$를 대입하면 $(x+4)^2 = x^2 + 8x + 16$이고, 처음 두 항이 (*)의 좌변과 일치한다. 세 번째 항 16을 얻기 위해 방정식 (*)의 양변에 16을 더하면 다음과 같다.

$$x^2 + 8x + 16 = 9 + 16 \qquad (**)$$

식 (**)의 좌변은 완전제곱식 $x^2 + 8x + 16 = (x+4)^2$이므로 다음과 같다.

$$(x+4)^2 = 25 \qquad (***)$$

방정식 $z^2 = 25$의 해는 $z = \pm\sqrt{25} = \pm 5$로 두 개이다. 따라서 방정식 (***)는 $x + 4 = 5$ 또는 $x + 4 = -5$이고 해는 $x = 1$, $x = -9$이다. 방정식 (***)를 다르게 풀기 위해 $(x+4)^2 - 5^2 = 0$으로 나타내자. 2.3절에서 설명한 제곱의 차 공식을 사용하면 $(x+4-5)(x+4+5) = 0$, 즉 $(x-1)(x+9) = 0$으로 간단해진다. 따라서 다음 인수분해가 성립한다.

$$x^2 + 8x - 9 = (x-1)(x+9)$$

$x = 1$ 또는 $x = -9$일 때 $(x-1)(x+9)$는 정확히 0이다.

일반적인 이차방정식 풀이

이제 완전제곱법을 이차방정식 (3.3.2)에 적용한다. 이 방정식은 $x^2+px=-q$와 동일한 해를 가진다. 일차항 x의 계수의 절반은 $\frac{p}{2}$이다. 이 수의 제곱을 방정식의 양변에 더하면 다음과 같다.

$$x^2+px+\left(\frac{p}{2}\right)^2=\left(\frac{p}{2}\right)^2-q$$

이제 좌변은 완전제곱식이다. 따라서 위 방정식은 다음과 같이 나타난다.

$$\left(x+\frac{p}{2}\right)^2=\frac{p^2}{4}-q \tag{3.3.3}$$

$\frac{p^2}{4}-q<0$이면 우변은 음수이다. $\left(x+\frac{p}{2}\right)^2$은 모든 실수 x에 대해 음수가 아니므로 이 경우 방정식 (3.3.3)은 해가 없다. 반면에 $\frac{p^2}{4}-q>0$이면 방정식 (3.3.3)은 두 가지 가능성이 있다.

$$x+\frac{p}{2}=\sqrt{\frac{p^2}{4}-q} \text{ 또는 } x+\frac{p}{2}=-\sqrt{\frac{p^2}{4}-q}$$

그러면 x 값을 쉽게 찾을 수 있다. 이 공식은 $\frac{p^2}{4}-q=0$일 때에도 성립하지만 하나의 해 $x=-\frac{p}{2}$만 나타난다. 지금까지의 내용을 정리하면 다음과 같다.

표준형 이차방정식의 근의 공식

$\frac{1}{4}p^2 \geq q$일 때 다음이 성립한다.

$$x^2+px+q=0 \quad \Leftrightarrow \quad x=-\frac{1}{2}p\pm\sqrt{\frac{1}{4}p^2-q} \tag{3.3.4}$$

$a \neq 0$일 때 방정식이 (3.3.1)과 같은 형태로 주어지면 먼저 방정식을 a로 나눈 뒤 명제 (3.3.4)를 사용하여 해를 찾는다. 때로는 근의 공식을 방정식 (3.3.1)의 원래 계수인 a, b, c로 표현하는 것이 편리할 때가 있다. 방정식 (3.3.1)을 a로 나누면 $p=\frac{b}{a}$, $q=\frac{c}{a}$로 나타낼 수 있다. 이 값들을 명제 (3.3.4)에 대입하면 방정식의 해 $x=-\frac{b}{2a}\pm\sqrt{\frac{b^2}{4a^2}-\frac{c}{a}}$를 얻는다. 여기서 $\sqrt{\frac{b^2}{4a^2}-\frac{c}{a}}=\frac{\sqrt{b^2-4ac}}{|2a|}$이므로 다음이 유도된다.

이차방정식의 근의 공식

$b^2-4ac \geq 0$이고 $a \neq 0$일 때 다음이 성립한다.

$$ax^2+bx+c=0 \quad \Leftrightarrow \quad x=\frac{-b\pm\sqrt{b^2-4ac}}{2a} \tag{3.3.5}$$

명제 (3.3.4) 또는 명제 (3.3.5)를 꼼꼼히 외워두는 것이 좋다. 그러면 모든 이차방정식의 해를 바로 구할 수 있다. $b^2-4ac \geq 0$인 경우에만 해가 실수이다. $b^2-4ac < 0$일 때 공식을 사용하면 음수의 제곱근이 나타나고 실수해가 존재하지 않는다. 방정식의 해를 종종 방정식의 **근**(root)이라고도 한다.[4]

EX 3.3.3 이차방정식의 근의 공식을 사용하여 방정식 $2x^2-2x-40=0$을 풀어라.

풀이

이 방정식은 $2x^2+(-2)x+(-40)=0$으로 나타낼 수 있으므로 $ax^2+bx+c=0$의 형태이며 $a=2$, $b=-2$, $c=-40$이다. 이차방정식의 근의 공식 (3.3.5)를 적용하면 다음과 같다.

$$x=\frac{-(-2)\pm\sqrt{(-2)^2-4\cdot 2\cdot(-40)}}{2\cdot 2}=\frac{2\pm\sqrt{4+320}}{4}=\frac{2\pm 18}{4}=\frac{1}{2}\pm\frac{9}{2}$$

따라서 해는 $x=\frac{1}{2}+\frac{9}{2}=5$, $x=\frac{1}{2}-\frac{9}{2}=-4$이다. 또는 문제의 이차방정식에서 각 항을 2로 나누면 $x^2-x-20=0$이므로 명제 (3.3.4)를 적용할 수 있으며, 해는 다음과 같다.

$$x=\frac{1}{2}\pm\sqrt{\frac{1}{4}+20}=\frac{1}{2}\pm\sqrt{\frac{81}{4}}=\frac{1}{2}\pm\frac{9}{2}$$

지금 얻은 해는 명제 (3.3.5)로 얻은 값과 완전히 동일하다.

$\frac{p^2}{4}-q\geq 0$이라 가정하고 방정식 (3.3.2)의 해를 x_1, x_2라 하자. [EX 3.3.2]에서 인수분해를 구할 때와 마찬가지로 제곱의 차 공식을 사용하면 식 (3.3.3)이 $(x-x_1)(x-x_2)=0$과 동치임을 알 수 있다. 따라서 다음을 유도한다.

이차인수분해

x_1과 x_2가 $ax^2+bx+c=0$의 해일 때, 다음이 성립한다.

$$ax^2+bx+c=a(x-x_1)(x-x_2) \tag{3.3.6}$$

이는 일반적인 이차함수를 인수분해하는 방법을 보여주므로 매우 중요하다. $b^2-4ac<0$이면 ax^2+bx+c는 인수분해가 불가능하다. $b^2-4ac=0$이면 $x_1=x_2=-\frac{b}{2a}$이고 $ax^2+bx+c=a(x-x_1)^2=a(x-x_2)^2$이다.

4 이차방정식의 근의 공식은 매우 유용하지만, 항상 이 방법에만 지나치게 의존하는 것은 오히려 비효율적일 수 있다. 이 절의 시작 부분에서 $b=0$ 또는 $c=0$일 때 이차방정식을 쉽게 푸는 방법을 설명했으므로 상황에 따라 적절하게 사용해야 한다. 일전에 어떤 학생은 방정식 $(x-4)^2=0$을 푸는 문제가 나왔을 때, 괄호를 풀어 $x^2-8x+16=0$을 구한 다음 이차방정식의 근의 공식을 사용하여 $x=4$를 구하는 극단적인 모습을 보였다. 여러분이라면 어떻게 하겠는가?

EX 3.3.4 가능하면 다음 이차다항식을 인수분해하라.

(a) $\frac{1}{3}x^2+\frac{2}{3}x-\frac{14}{3}$

(b) $-2x^2+40x-600$

풀이

(a) $\frac{1}{3}x^2+\frac{2}{3}x-\frac{14}{3}=0$과 양변에 3을 곱한 $x^2+2x-14=0$은 동일한 해를 가진다. 방정식 (3.3.2)에 따르면 방정식 $x^2+2x-14=0$의 해는 $x=-1\pm\sqrt{1+14}=-1\pm\sqrt{15}$이며, 주어진 방정식의 해이기도 하다. 이제 $a=\frac{1}{3}$로 두고 식 (3.3.6)을 적용하면 $x_1=-1+\sqrt{15}$이고 $x_2=-1-\sqrt{15}$이므로 인수분해 결과는 다음과 같다.

$$\begin{aligned}\frac{1}{3}x^2+\frac{2}{3}x-\frac{14}{3}&=\frac{1}{3}\{x-(-1+\sqrt{15})\}\{x-(-1-\sqrt{15})\}\\&=\frac{1}{3}(x+1-\sqrt{15})(x+1+\sqrt{15})\end{aligned}$$

(b) $a=-2$, $b=40$, $c=-600$로 두고 근의 공식 (3.3.5)를 적용하면 $b^2-4ac=1600-4800=-3200<0$인데, 이 경우 인수분해가 불가능하다.

항등식 $x^2+px+q=(x-x_1)(x-x_2)$의 우변을 전개하면 $x^2+px+q=x^2-(x_1+x_2)x+x_1x_2$이다. 이때 x와 차수가 동일한 항들을 비교하여 $x_1+x_2=-p$와 $x_1x_2=q$를 얻는다. 이를 정리하면 다음과 같다.

이차방정식의 근과 계수의 관계

x_1과 x_2가 $x^2+px+q=0$의 근이면 다음이 성립한다.

$$x_1+x_2=-p\text{이고 } x_1x_2=q \tag{3.3.7}$$

즉 두 근의 합은 일차항의 계수에 마이너스 기호를 붙인 값이고, 두 근의 곱은 상수항이다. 식 (3.3.7)은 명제 (3.3.4)에서 찾은 두 근을 더하고 곱하여 얻을 수도 있다.

3.3 연습문제

1 다음 이차방정식에 해가 있다면 방정식을 풀어라.

(a) $15x-x^2=0$

(b) $p^2-16=0$

(c) $(q-3)(q+4)=0$

(d) $2x^2+9=0$

(e) $x(x+1)=2x(x-1)$

(f) $x^2-4x+4=0$

2 완전제곱법과 인수분해를 사용하여 다음 이차방정식을 풀어라. 가능하면 좌변을 인수분해하라.

(a) $x^2-5x+6=0$

(b) $y^2-y-12=0$

(c) $2x^2+60x+800=0$

(d) $-\frac{1}{4}x^2+\frac{1}{2}x+\frac{1}{2}=0$

(e) $m(m-5)-3=0$

(f) $0.1p^2+p-2.4=0$

3 이차방정식의 근의 공식을 사용하여 다음 방정식을 풀어라.

(a) $r^2+11r-26=0$

(b) $3p^2+45p=48$

(c) $20000=300K-K^2$

(d) $r^2+(\sqrt{3}-\sqrt{2})r=\sqrt{6}$

(e) $0.3x^2-0.09x=0.12$

(f) $\frac{1}{24}=p^2-\frac{1}{12}p$

4 이차방정식의 근의 공식을 사용하여 다음 방정식을 풀어라.

(a) $x^2-3x+2=0$ (b) $5t^2-t=3$

(c) $6x=4x^2-1$ (d) $9x^2+42x+44=0$

(e) $30000=x(x+200)$ (f) $3x^2=5x-1$

5 물음에 답하라.

(a) 직사각형의 둘레가 40cm이고 넓이가 75cm^2일 때, 각 변의 길이를 구하라.

(b) 연속인 두 자연수에 대해 제곱의 합이 13일 때, 두 자연수를 구하라.

(c) 직각삼각형에서 빗변은 34cm이다. 빗변이 아닌 두 변 중 하나는 다른 변보다 14cm 더 길다. 빗변이 아닌 두 변의 길이를 각각 구하라.

(d) 어느 운전자가 80km를 운전했다. 이 운전자는 16분을 절약하기 위해 평소보다 시속 10km 더 빠르게 운전해야 했다. 이 운전자의 평소 주행 속도를 구하라.

6 **심화** 다음 방정식을 풀어라.

(a) $x^3-4x=0$

(b) $x^4-5x^2+4=0$

(c) $z^{-2}-2z^{-1}-15=0$

3.4 비선형방정식

이 절에서는 여러 인수의 곱이 0인 일반적인 방정식을 살펴본다. 이러한 방정식은 일차방정식(선형방정식)뿐만 아니라 해가 있는 이차방정식도 포함한다. 경제학에서도 이러한 방정식을 흔히 다루므로 해에 대한 정보를 최대한 많이 얻으려면 방정식을 다룰 수 있어야 한다.

EX 3.4.1 다음 방정식을 풀어라.

(a) $x^3\sqrt{x+2}=0$ (b) $x(y+3)(z^2+1)\sqrt{w-3}=0$ (c) $x^2-3x^3=0$

풀이

(a) $x^3\sqrt{x+2}=0$이면 $x^3=0$ 또는 $\sqrt{x+2}=0$이다. 방정식 $x^3=0$은 $x=0$만 해이고, 방정식 $\sqrt{x+2}=0$은 $x=-2$만 해이다. 따라서 주어진 방정식의 해는 $x=0$, $x=-2$이다.

(b) 좌변에는 인수가 4개 있다. 인수 z^2+1은 절대 0이 아니므로 해는 $x=0$, $y=-3$, $w=3$이다.

(c) 좌변을 인수분해하면 $x^2(1-3x)=0$이다. $x^2(1-3x)$는 $x^2=0$ 또는 $1-3x=0$인 경우에만 0이다. 따라서 해는 $x=0$, $x=\frac{1}{3}$이다.[5]

5 방정식을 풀 때 0이 될 수 있는 인수를 약분하면 심각한 문제가 생길 수 있다. 예를 들어 방정식 $x^2-3x^3=0$에서 공통인수 x^2을 약분한다면 $1-3x=0$이므로 해가 $x=\frac{1}{3}$만 있다는 잘못된 결론을 얻는다. 하지만 실제 방정식의 해 중에 $x=0$이 있으므로 제외하면 안 된다. 따라서 항상 식을 약분할 때 약분한 인수가 실제로 0이 아닌지 확인해야 한다.

[EX 3.4.1]의 방정식을 풀 때 두 개 이상 인수의 곱은 적어도 하나의 인수가 0일 때만 0이 된다는 사실을 반복적으로 사용했다. 특히 다음 명제를 이용했다.

$$ab = ac \quad \Leftrightarrow \quad a = 0 \text{ 또는 } b = c \tag{3.4.1}$$

이는 방정식 $ab = ac$가 $ab - ac = 0$ 또는 $a(b-c) = 0$인 것과 동치이기 때문이다. 물론 식 (3.4.1)에서 $ab = ac$이고 $a \neq 0$이면 $b = c$라는 결론을 내릴 수 있다.

EX 3.4.2 다음 방정식에서 변수에 대해 어떤 결론을 도출할 수 있는가?

(a) $x(x+a) = x(2x+b)$

(b) $\lambda y = \lambda z^2$

(c) $xy^2(1-y) - 2\lambda(y-1) = 0$

풀이

(a) $x(x+a-2x-b) = 0$이므로 $x(-x+a-b) = 0$이다. 따라서 해는 $x = 0$, $x = a-b$이다.

(b) $\lambda(y-z^2) = 0$이므로 $\lambda = 0$ 또는 $y = z^2$이다. $\lambda = 0$을 빠트리지 않도록 하자.

(c) 좌변을 인수분해하면 $xy^2(1-y) + 2\lambda(1-y) = 0$, 즉 $(1-y)(xy^2+2\lambda) = 0$이다. 마지막 방정식에서 $1-y = 0$ 또는 $xy^2 + 2\lambda = 0$, 즉 $y = 1$ 또는 $\lambda = -\frac{1}{2}xy^2$이라는 결론을 내릴 수 있다.

마지막으로 분수를 포함하는 몇 가지 방정식을 살펴보자. 분수 $\frac{a}{b}$는 $b = 0$이면 정의되지 않는다. $b \neq 0$이면 $\frac{a}{b} = 0$은 $a = 0$과 같다.

EX 3.4.3 다음 방정식을 풀어라.

(a) $\dfrac{1-K^2}{\sqrt{1+K^2}} = 0$　　(b) $\dfrac{45+6r-3r^2}{(r^4+2)^{2/3}} = 0$　　(c) $\dfrac{x^2-5x}{\sqrt{x^2-25}} = 0$

풀이

(a) 분모는 절대 0이 아니므로 $1-K^2 = 0$, 즉 $K = \pm 1$일 때 주어진 방정식은 0이다.

(b) 분모는 절대 0이 아니므로 주어진 방정식은 $45+6r-3r^2 = 0$, 즉 $3r^2 - 6r - 45 = 0$이다. 이 이차방정식을 풀면 $r = -3$ 또는 $r = 5$이다.

(c) 분자는 $x(x-5)$와 같으며, $x = 0$ 또는 $x = 5$이면 주어진 방정식은 0이다. $x = 0$일 때 분모는 $\sqrt{-25}$인데, 이 값은 정의되지 않으므로 $x = 5$일 때 분모가 0이다. 따라서 주어진 방정식은 해가 없다.

3.4 연습문제

1 다음 방정식을 풀어라.

(a) $x(x+3)=0$

(b) $x^3(1+x^2)(1-2x)=0$

(c) $x(x-3)=x-3$

(d) $\sqrt{2x+5}=0$

(e) $\dfrac{x^2+1}{x(x+1)}=0$

(f) $\dfrac{x(x+1)}{x^2+1}=0$

2 다음 방정식을 풀어라.

(a) $\dfrac{5+x^2}{(x-1)(x+2)}=0$

(b) $1+\dfrac{2x}{x^2+1}=0$

(c) $\dfrac{(x+1)^{1/3}-\frac{1}{3}x(x+1)^{-2/3}}{(x+1)^{2/3}}=0$

(d) $\dfrac{x}{x-1}+2x=0$

3 다음 경우 주어진 변수에 대해 어떤 결론을 도출할 수 있는지를 밝혀라.

(a) $z^2(z-a)=z^3(a+b)$ (단, $a\neq 0$)

(b) $(1+\lambda)\mu x=(1+\lambda)y\mu$

(c) $\dfrac{\lambda}{1+\mu}=\dfrac{-\lambda}{1-\mu^2}$

(d) $ab-2b-\lambda b(2-a)=0$

3.5 함의 화살표

함의 화살표와 동치 화살표는 방정식을 풀 때 실수를 줄여주는 유용한 개념이다. 다음을 살펴보자.

EX 3.5.1 방정식 $(2x-1)^2-3x^2=2\left(\frac{1}{2}-4x\right)$를 풀어라.

풀이

좌변의 $(2x-1)^2$을 전개한 뒤 우변을 전개하면 원래 방정식과 동일한 해를 갖는 새로운 방정식(동치방정식)을 얻을 수 있다.

$$(2x-1)^2-3x^2=2\left(\frac{1}{2}-4x\right) \quad\Leftrightarrow\quad 4x^2-4x+1-3x^2=1-8x$$

두 번째 방정식의 양변에 $(8x-1)$을 더하고 정리하면 또 다른 동치방정식이 된다.

$$4x^2-4x+1-3x^2=1-8x \quad\Leftrightarrow\quad x^2+4x=0$$

이제 $x^2+4x=x(x+4)=0$은 $x=0$ 또는 $x=-4$일 때만 0이다. 즉 다음이 성립한다.

$$x^2+4x=0 \quad\Leftrightarrow\quad x(x+4)=0 \quad\Leftrightarrow\quad [x=0 \text{ 또는 } x=-4]$$

여기서 결과를 명확하게 이해할 수 있도록 마지막 식에 괄호를 사용했다. 종합하면 동치 화살표로 주어진 방정식은 모두 $x=0$과 $x=-4$에 대해 성립하고, 다른 어떤 x 값에서도 성립하지 않는다.

EX 3.5.2 x에 대한 방정식 $x+2=\sqrt{4-x}$를 풀어라.[6]

풀이

주어진 방정식의 양변을 제곱하면 다음 식을 얻는다.

$$(x+2)^2=\left(\sqrt{4-x}\right)^2$$

결과적으로 $x^2+4x+4=4-x$, 즉 $x^2+5x=0$이다. 좌변을 x로 묶으면 $x(x+5)=0$이므로 $x=0$ 또는 $x=-5$이다. 그러면 방정식 $x+2=\sqrt{4-x}$의 해는 $x=0$ 또는 $x=-5$가 되어야 하는데, $x=-5$일 때 방정식의 좌변은 음수인 데 반해 우변은 제곱근으로 음수가 아니다. 따라서 $x=0$이 주어진 방정식의 유일한 해이다.

[EX 3.5.2]를 푸는 데 사용된 방법이 가장 일반적인 방법이다. 이 방법은 주어진 방정식에서 시작하여 가능한 모든 해의 집합으로 이어지는 일련의 함의를 설정하는 것이다. 그런 다음 각 경우를 차례로 검증하여 어떤 해가 실제로 방정식을 만족하는지 찾을 수 있다. 함의 연쇄가 등식으로 이어지더라도 이러한 검증법은 항상 논리와 계산이 모두 올바른지 모두 확인하는 데 유용하다.

3.5 연습문제

1 함의 화살표를 사용하여 방정식 $\dfrac{(x+1)^2}{x(x-1)}+\dfrac{(x-1)^2}{x(x+1)}-2\dfrac{3x+1}{x^2-1}=0$을 풀어라.

2 함의 화살표를 사용하여 다음 방정식을 풀어라.

(a) $x+2=\sqrt{4x+13}$

(b) $|x+2|=\sqrt{4-x}$

(c) $x^2-2|x|-3=0$

3 함의 화살표를 사용하여 다음 방정식을 풀어라.

(a) $\sqrt{x-4}=\sqrt{x+5}-9$

(b) $\sqrt{x-4}=9-\sqrt{x+5}$

4 다음은 누군가가 방정식 $x+\sqrt{x+4}=2$를 풀기 위해 생각한 내용이다.

> 주어진 방정식은 $\sqrt{x+4}=2-x$와 같이 변형된다. 이 식의 양변을 제곱하면 $x+4=4-4x+x^2$이다. 이 방정식의 모든 항을 좌변으로 이항하면 $x^2-5x=0$이다. x를 약분하면 $x-5=0$이므로 주어진 방정식은 $x=5$일 때 성립한다.

(a) 위 글에 표현된 함의 또는 동치를 화살표로 표시하라. 어느 것이 맞는가?

(b) 방정식의 올바른 해를 구하라.

6 [EX 1.2.1]을 참고하라.

3.6 두 미지수에 대한 두 일차방정식

[EX 3.2.1]에는 두 개의 방정식으로 이루어진 거시경제모형이 있다. 여기서는 GDP의 가치에 대한 해에 초점을 맞추었지만, 경제학에서는 모형의 모든 내생변수에 대한 해에 관심을 가지곤 한다. 이 예에서는 총소비량도 해에 포함해야 한다. 두 변수가 두 개의 일차방정식으로 연립된 경우, 일반적인 해법을 쉽게 찾을 수 있다. 일반적인 경우를 다루기 전에 다음 문제를 통해 주요 개념을 확립하자.

EX 3.6.1 두 방정식을 모두 만족하는 x와 y 값을 구하라.

$$\begin{cases} 2x+3y=18 \\ 3x-4y=-7 \end{cases}$$

풀이

이와 같은 연립일차방정식을 해결하는 두 가지 일반적인 방법이 있다.

[방법 1] 3.2절에서 했던 것처럼 변수 중 하나에 대해 먼저 정리한 다음 해당 변수의 해를 사용하여 다른 변수의 해를 구하자. 즉 다음과 같이 한다.

❶ 한 방정식을 한 변수에 대해 푼다.

❷ 다른 방정식에 ❶의 결과를 대입한다. 그러면 하나의 미지수에 대한 하나의 방정식만 남으므로 쉽게 풀린다.[7]

우선 첫 번째 방정식을 x에 대한 y의 식으로 풀자. $2x+3y=18$은 $3y=18-2x$이므로 다음 식과도 같다.

$$y=6-\frac{2}{3}x \qquad (*)$$

이 식을 두 번째 방정식의 y에 대입하면 다음과 같다.

$$3x-4\left(6-\frac{2}{3}x\right)=-7,\ \text{즉}\ 3x-24+\frac{8}{3}x=-7$$

오른쪽 방정식의 양변에 3을 곱하면 $9x-72+8x=-21$이고, 이는 $17x=51$이다. 따라서 $x=3$이다. y를 구하기 위해 (*)에 $x=3$을 대입하여 $y=6-\frac{2}{3}\cdot 3=4$를 얻는다. 따라서 연립일차방정식의 해는 $x=3$, $y=4$이다.[8]

[방법 2] 한 변수를 소거하기 위해 한 방정식의 배수를 다른 방정식에 더하거나 빼는 방식을 기반으로 한다. 변수 y를 소거한다고 가정해보자. 이를 위해 연립일차방정식의 첫 번째 방정식에 4를 곱하고 두 번째 방정식에 3을 곱한다. 그 결과로 두 방정식의 y에 대한 계수는 부호를 제외하고 같아진다. 그런 다음 변형된 방정식을 더하면 y항이 사라지고 다음을 얻는다.

7 [EX 3.2.1]의 해법은 이 두 단계 중 첫 번째 단계를 거쳤다. 두 번째 단계는 식 (3.2.5)를 식 (3.2.4)에 대입하여 C에 대한 해 $C=\frac{a+bI}{1-b}$를 구하는 것이다. 이 방정식을 Y에 대한 식 (3.2.5)와 결합하면 축약형모형이 완성된다.

8 이러한 해를 직접 대입해 확인하는 것이 유용한 검증법이다. 원래 연립일차방정식에 $x=3$, $y=4$를 대입하면 $2\cdot 3+3\cdot 4=18$, $3\cdot 3-4\cdot 4=-7$로 성립한다.

$$\begin{array}{rcr} 8x+12y &=& 72 \\ 9x-12y &=& -21 \\ \hline 17x \quad\quad &=& 51 \end{array}$$

따라서 $x=3$이다. y 값을 찾으려면 원래 방정식 중 하나에 $x=3$을 대입하고 y를 구한다. 그러면 $y=4$이고, 이는 [방법 1]의 결과와 일치한다.

2×2 연립일차방정식 분석

두 개의 미지수로 이루어진 두 일차방정식을 2×2 연립일차방정식이라 한다. 일반적인 2×2 연립일차방정식은 다음과 같다.

$$ax+by=c \tag{3.6.1}$$

$$dx+ey=f \tag{3.6.2}$$

여기서 a, b, c, d, e, f는 임의로 주어진 수이고, x와 y는 변수 또는 **미지수**이다. $a=2$, $b=3$, $c=18$, $d=3$, $e=-4$, $f=7$이면 이 연립일차방정식은 [EX 3.6.1]의 연립일차방정식이 된다.

성급하게 이 연립일차방정식의 해를 대수적으로 분석하기 전에 먼저 두 가지 작업을 수행한다. 첫째, 자명한 경우를 제거한다. 둘째, 방정식을 기하적으로 분석한다. 각각을 살펴보자.

연립일차방정식이 **자명한 경우**(trivial case)는 네 개의 계수 a, b, d, e 중 하나 이상이 0일 때 나타난다. 예를 들어 $e=0$이라고 가정하면 식 (3.6.2)는 일차방정식 $dx=f$로 간단해진다. 방정식 $dx=f$는 $d\neq 0$일 때 해가 $x=\dfrac{f}{d}$이고, $d=0$이고 $f\neq 0$일 때 해가 없고, $d=f=0$일 때 해 x는 임의의 값이다. x가 $dx=f$를 풀면 연립일차방정식의 해는 순서쌍 (x, y)이며, 여기서 y는 $b\neq 0$이거나 $b=0$, $ax=c$일 때 방정식 $by=c-ax$로 결정된다.

이번에는 $e\neq 0$이라고 가정하자. a, b, d 중 하나 이상이 0이면 두 방정식 중 적어도 하나는 미지수가 한 개인 일차방정식으로 간단해지므로 즉시 풀 수 있다. 그런 다음 $e=0$일 때와 마찬가지로 간단하게 치환하여 미지수가 한 개인 방정식 하나만 남기면 다른 미지수를 찾을 수 있다.

이제 연립일차방정식에 대해 **기하적 분석**(geometric analysis)을 해보겠다. 자명한 경우를 제외하면 네 개의 계수 a, b, d, e 중 어느 것도 0이 아니다. 따라서 식 (3.6.1)을 b로 나누고 식 (3.6.2)를 d로 나눈 다음 적절히 이항하면 다음과 같은 두 방정식을 얻는다.

$$y=\frac{c-ax}{b},\ y=\frac{f-dx}{e} \tag{3.6.3}$$

4.4절에서 설명하겠지만 이는 xy평면에서 두 직선의 방정식이며 각각의 기울기는 각각 x의 계수인 $-\dfrac{a}{b}$와 $-\dfrac{d}{e}$이다. 이제 세 가지 경우를 고려해야 한다.

❶ **두 직선이 교차(intersecting)하는 경우** : 두 직선의 기울기가 다른 경우로 $-\dfrac{a}{b} \neq -\dfrac{d}{e}$ 이다. 이 부등식[9]의 양변에 0이 아닌 수 $-be$를 곱하면 동치부등식 $ae \neq bd$ 또는 $ae - bd \neq 0$이다. 이 경우 두 직선이 교차하며 교점이 유일한 해이다. 이 점은 [EX 3.6.1]을 푸는 [방법 1] 또는 [방법 2]를 사용하여 찾을 수 있다. 또는 두 방정식 (3.6.3)의 우변이 일치할 때만 해 (x, y)를 가진다. 즉 $\dfrac{c - ax}{b} = \dfrac{f - dx}{e}$ 이어야 한다. 양변에 be를 곱하면 $e(c - ax) = b(f - dx)$이므로 $ce - bf = (ae - bd)x$이다. 우변에서 $ae - bd \neq 0$이고, 마지막 방정식은 $x = \dfrac{ce - bf}{ae - bd}$를 의미한다. y를 구하기 위해 이 x 값을 식 (3.6.3)의 방정식 중 하나에 대입한다. 어느 방법을 사용하든지 x와 y 모두에 대해 동일하고 유일한 해를 찾을 수 있으며, 그 해는 다음과 같다.

$$x = \frac{ce - bf}{ae - bd}, \quad y = \frac{af - cd}{ae - bd} \tag{3.6.4}$$

❷ **두 직선이 평행(parallel)한 경우** : 식 (3.6.1)과 식 (3.6.2)에는 해가 없다. 왜냐하면 (3.6.3)의 두 직선은 서로 다르지만 평행하기 때문이다. 두 직선이 평행한 경우는 기울기가 서로 같을 때이므로 $-\dfrac{a}{b} = -\dfrac{d}{e}$ 이다. 이 등식의 양변에 0이 아닌 수 $-be$를 곱하면 동치인 등식 $ae - bd = 0$이 된다. 물론 이 등식은 식 (3.6.4)가 해를 정의하지 못하는 경우에만 성립한다. 마지막으로 식 (3.6.3)에 주어진 두 평행선이 구별될 필요충분조건은 두 직선이 세로축 $x = 0$과 각각 다른 점에서 교차할 때이며, 이는 $\dfrac{c}{b} \neq \dfrac{f}{e}$ 또는 $bf \neq ce$일 때만 참이다.

❸ **두 직선이 일치(coincident)하는 경우** : 두 직선 (3.6.3)이 평행할 뿐만 아니라 일치하는 경우는 식 (3.6.1)과 식 (3.6.2)가 하나의 동일한 직선을 정의할 때만 나타난다. 즉 $ae - bd = bf - ce = 0$이다. 그러면 두 방정식에는 두 개의 일치하는 직선을 따라 무수히 많은 해가 존재한다.

[표 3.6.1]은 식 (3.6.1)과 식 (3.6.2)로 주어진 2×2 연립일차방정식에 대해 가능한 해의 집합을 세 가지 경우로 나누어 나타낸다. 계수 a, b, d, e가 모두 0이 아니라는 가정에서 시작했지만, 계수 중 하나 이상이 0이라도 [표 3.6.1]의 결과는 여전히 유효하다.

표 3.6.1 2×2 **연립일차방정식** $ax + by = c$, $dx + ey = f$**의 해**

두 직선의 위치 관계	조건	연립방정식의 해
교차	$ae \neq bd$	$x = \dfrac{ce - bf}{ae - bd}$, $y = \dfrac{af - cd}{ae - bd}$
평행	$ae = bd$이고 $bf \neq ce$	해가 없음
일치	$ae = bd$이고 $bf = ce$	무수히 많은 해가 존재

12.2절에서는 방정식의 개수도 많고 미지수도 여러 개인 다양한 종류의 연립일차방정식의 가능한 해를 살펴볼 것이다.

9 (옮긴이) 이 책에서는 양변의 크고 작음을 비교하지 않고 $\neq$만 포함하는 식도 부등식(inequlity)으로 표현하기로 한다.

3.6 연습문제

1 다음 연립일차방정식을 풀어라.

(a) $\begin{cases} x-y=5 \\ x+y=11 \end{cases}$

(b) $\begin{cases} 4x-3y=1 \\ 2x+9y=4 \end{cases}$

(c) $\begin{cases} 3x+4y=2.1 \\ 5x-6y=7.3 \end{cases}$

2 다음 연립일차방정식을 풀어라.

(a) $\begin{cases} 5x+2y= & 3 \\ 2x+3y= & -1 \end{cases}$

(b) $\begin{cases} x-3y= & -25 \\ 4x+5y= & 19 \end{cases}$

(c) $\begin{cases} 2x+3y= & 3 \\ 6x+6y= & -1 \end{cases}$

3 다음 연립일차방정식을 풀어라.

(a) $\begin{cases} 23p+45q=181 \\ 10p+15q=65 \end{cases}$

(b) $\begin{cases} 0.01r+0.21s= & 0.042 \\ -0.25r+0.55s= & -0.47 \end{cases}$

4 물음에 답하라.

(a) 합이 52이고 차가 26인 두 수를 구하라.

(b) 테이블 5개와 의자 20개는 1,800달러이고, 테이블 2개와 의자 3개는 420달러이다. 각 테이블과 의자의 가격을 구하라.

(c) 어떤 기업에서 베이직 헤드폰(B)과 프리미엄 헤드폰(P)을 생산한다. 내년에 B의 예상 생산량은 P보다 50% 높고, 판매된 단위당 수익은 B가 200달러, P가 300달러이다. 내년에 수익 목표가 180,000달러일 때, 두 제품을 각각 얼마만큼 생산해야 하는지 구하라.

(d) 연초에 한 사람이 두 계좌에 총 10,000달러를 가지고 있었다. 이자율은 각각 연 5%와 7.2%였다. 이 사람이 1년 동안 이체하지 않고 이자를 총 676달러 받았다면 두 계좌의 초기 잔액은 얼마였을지 각각 구하라.

CHAPTER 03 복습문제

3.1 다음 방정식을 풀어라.

(a) $3x-20=16$

(b) $-5x+8+2x=-(4-x)$

(c) $-6(x-5)=6(2-3x)$

(d) $\dfrac{4-2x}{3}=-5-x$

(e) $\dfrac{5}{2x-1}=\dfrac{1}{2-x}$

(f) $\sqrt{x-3}=6$

3.2 다음 방정식을 풀어라.

(a) $\dfrac{x-3}{x-4}=\dfrac{x+3}{x+4}$

(b) $\dfrac{3(x+3)}{x-3}-2=9\dfrac{x}{x^2-9}+\dfrac{27}{(x+3)(x-3)}$

(c) $\dfrac{2x}{3}=\dfrac{2x-3}{3}+\dfrac{5}{x}$

(d) $\dfrac{x-5}{x+5}-1=\dfrac{1}{x}-\dfrac{11x+20}{x^2-5x}$

3.3 지정된 변수에 대해 다음 방정식을 풀어라.

(a) $x=\dfrac{2}{3}(y-3)+y$; y

(b) $ax-b=cx+d$; x

(c) $AK\sqrt{L}=Y_0$; L

(d) $px+qy=m$; y

(e) $\dfrac{\dfrac{1}{1+r}-a}{\dfrac{1}{1+r}+b}=c$; r

(f) $Px(Px+Q)^{-\frac{1}{3}}+(Px+Q)^{\frac{2}{3}}=0$; x

3.4 지정된 변수에 대해 다음 방정식을 풀어라.

(a) $3K^{-\frac{1}{2}}L^{\frac{1}{3}}=\dfrac{1}{5}$; K

(b) $\left(1+\dfrac{r}{100}\right)^t=2$; r

(c) $p-abx_0^{b-1}=0$; x_0

(d) $\{(1-\lambda)a^{-\rho}+\lambda b^{-\rho}\}^{-\frac{1}{\rho}}=c$; b

3.5 다음 이차방정식을 풀어라.

(a) $z^2=8z$

(b) $x^2+2x-35=0$

(c) $p^2+5p-14=0$

(d) $12p^2-7p+1=0$

(e) $y^2-15=8y$

(f) $42=x^2+x$

3.6 다음 방정식을 풀어라.

(a) $(x^2-4)\sqrt{5-x}=0$

(b) $(x^4+1)(4+x)=0$

(c) $(1-\lambda)x=(1-\lambda)y$

3.7 존슨은 $1,500$달러를 투자했는데, 그중 일부는 이자율이 15%이고 나머지는 이자율이 20%이다. 두 투자로 인해 존슨은 연간 275달러의 수입이 생겼다. 각 이자율에 얼마씩 투자했는지 구하라.

3.8 다음 세 가지 방정식으로 설명되는 거시경제모형을 고려하자.

$$Y = C + \overline{I} + G, \qquad C = b(Y - T), \qquad T = tY$$

여기서 b는 한계소비성향을 나타내고 t는 세율을 나타낸다. 두 모수는 모두 양수이며 1보다 작다. 변수 Y는 GDP, C는 소비지출, $\overline{I}$는 총투자, T는 세수, G는 정부지출을 나타낸다. 물음에 답하라.

(a) Y, C를 $\overline{I}$, G, 모수에 대해 표현하라.

(b) t가 증가하면 Y와 C는 어떻게 되는가?

3.9 $5^{3x} = 25^{y+2}$, $x - 2y = 8$일 때 $x - y$를 구하라.

3.10 심화 다음 연립일차방정식을 풀어라.

(a) $\begin{cases} \dfrac{2}{x} + \dfrac{3}{x} = 4 \\ \dfrac{3}{x} - \dfrac{2}{x} = 19 \end{cases}$

(b) $\begin{cases} 3\sqrt{x} + 2\sqrt{y} = 2 \\ 2\sqrt{x} - 3\sqrt{y} = \dfrac{1}{4} \end{cases}$

(c) $\begin{cases} x^2 + y^2 = 13 \\ 4x^2 - 3y^2 = 24 \end{cases}$

CHAPTER

04

일변수함수

Functions of One Variable

CONTENTS

수학은 단순한 학문이나 과목이라기보다는 어떤 주제든 공부하는 방식이며,
과학이라기보다는 삶의 한 방식이다.
… mathematics is not so much a subject as a way of studying any subject,
not so much a science as a way of life.
__ 조지 F. J. 템플(George F. J. Temple, 1981)

함수는 순수수학과 응용수학 전반에서 중요한 개념이며, 특히 경제학에 적용되는 수학에서도 중요한 역할을 한다. 경제학에는 수요함수, 공급함수, 비용함수, 생산함수, 소비함수 등의 개념이 자주 등장한다. 기초 경제학을 가르치는 교사는 수요곡선(demand curve)과 공급곡선(supply curve)과 같은 용어를 선호할 수 있지만, 이는 기본함수를 그래프로 표현한 것일 뿐이다. 이 장에서는 중요한 경제학적 사례를 통해 실수변수를 갖는 일변수함수에 관해 설명한다.

4.1 함수 : 직관적으로 살펴보기

변수 y가 변수 x에 **의존한다**(depend)면 변수 y는 변수 x의 함수이다. 예를 들어 원의 넓이는 반지름의 함수이다. 반지름 r이 주어지면 넓이 A는 $A = \pi r^2$으로 결정된다. 이때 π는 상수 $3.14159\cdots$이다. 어떤 변수가 다른 변수의 함수라는 개념을 전달하기 위해 반드시 수학 공식이 필요한 것은 아니다. 변수 간의 관계는 표를 이용해서도 보여줄 수 있다. 예를 들어 [표 4.1.1]은 2013년 1분기($13Q1$)부터 2014년 4분기($14Q4$)까지 인플레이션을 고려하지 않고 유로화로 측정된 유럽연합(EU)의 총 최종 소비지출 증가율을 보여준다.[1] 이 표에서는 소비지출(C)을 달력 분기(Q)의 함수로 정의한다.

표 4.1.1 EU의 최종 소비지출(단위 : 십억 유로)

Q	$13Q1$	$13Q2$	$13Q3$	$13Q4$	$14Q1$	$14Q2$	$14Q3$	$14Q4$
C	1917.5	1924.9	1934.3	1946.0	1958.6	1973.4	1995.1	2008.2

일상적인 대화에서 '함수'라는 단어를 비슷한 의미로 사용할 때가 있다. 예를 들어 한 국가의 영유아 사망률은 의료 서비스의 질적 수준에 따른 함수이고, 한 국가의 국민생산은 투자 수준에 따른 함수라고 말할 수 있다.

두 실수변수 사이의 관계는 그래프로도 설명할 수 있다. [그림 4.1.1]은 수년 전 '공급 측면 경제학'에서 중요한 역할을 했다고 알려진 **래퍼 곡선**(Laffer curve)을 나타낸다. 이 곡선은 한 국가의 소득세율과 총소득세 수입 사이의 추정 관계를 보여준다. 세율이 0%이면 세수입은 0이다. 그러나 세율이 100%이면 세수입 또한 (대략) 0이 될 것이다. 이는 전체 소득이 모두 세금으로 환수된다면 아무도 일하려 하지 않기 때문이다. 1974년 미국의 경제학자 아서 래퍼(Arthur Laffer)가 식당에서 냅킨 뒷면에 그렸다고 알려진 이 래퍼 곡선은 상당한 논란을 불러일으켰고, 이후 대중에게 널리 알려졌다.[2]

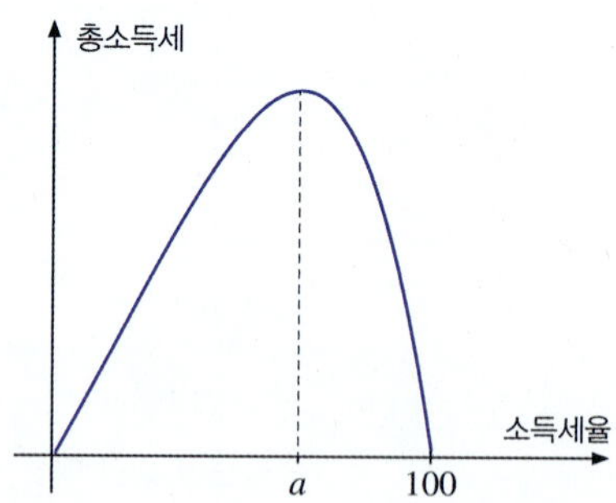

그림 4.1.1 세수와 세율의 관계를 나타내는 래퍼 곡선

어떤 경우에는 수식보다 그래프가 더 유용할 수 있다. 예를 들어 환자의 심장 박동 패턴을 보여주는 심전도(ECG; electrocardiogram)를 생각해보자. 의사는 심전도 그래프에서 직접 반복되는 패턴을 분석할 수 있다.

1 2013년 7월 1일 크로아티아가 EU에 가입하면서 회원국 수가 27개국에서 28개국으로 증가했다.

2 이와 유사한 개념은 이미 많은 경제학자들이 연구해왔다. 예를 들어 [EX 7.2.2(b)]에서도 비슷한 논의가 이루어지고 있다.

그런데 만약 의사가 심전도 그래프를 수식으로 근사한 뒤 이를 해석하려고 한다면, 공식을 이해하는 데 시간이 걸리는 동안 환자가 사망할 수도 있다. 따라서 이러한 상황에서는 직관적인 그래프가 훨씬 효과적이다.

지금까지 설명한 모든 관계에는 한 가지 공통된 특징이 있다. 바로 하나의 변수 값을 다른 변수의 특정 값과 연결하는 명확한 규칙이 존재한다는 것이다. ECG 예시에서 이 규칙은 심장의 전기적 활동을 시간에 따라 나타내는 함수로 볼 수 있다. 또한 지금까지의 모든 예에서는 변수에 특정한 제약조건이 암묵적으로 적용된다고 가정한다. 예를 들어 [표 4.1.1]에서는 특정 연도와 각 분기 사이에서의 관련성을 분석 대상으로 간주한다.

4.2 함수의 정의

4.1절의 예는 다음과 같은 일반적인 정의로 이어진다. 여기서 D는 실수집합이다.

함수

실함수(real-valued function)란 **정의역**(domain) D의 실수변수 x에 대해 유일한 실수 $f(x)$를 대응하는 규칙 $x \mapsto f(x)$이다. 변수 x가 전체 정의역에 걸쳐 변함에 따라 가능한 모든 결괏값 $f(x)$의 집합을 f의 **치역**(range)이라 한다.

'규칙'이라는 단어는 매우 광범위한 의미로 사용된다. 앞에서 설명한 성질을 만족하는 규칙이라면 그것이 수식으로 주어지든, 단어로 설명되든, 표로 제시되든, 곡선으로 나타내든, 그 밖의 다른 방법으로 표현되든 모두 함수로 간주될 수 있다. 많은 함수들은 f, g, F, ϕ와 같은 문자로 표기된다. 함수 f에서 x가 정의역 D의 어떤 수일 때, $f(x)$는 함수 f가 x에 대응하는 실수를 나타낸다. 기호 $f(x)$는 '에프-엑스'로 읽는다.[3] 함수(규칙) 자체를 나타내는 기호 f와 정의역의 특정한 x에서 f 값을 나타내는 $f(x)$를 구분하는 것이 중요하다.

함수 f에서 때때로 y를 x에 대한 f 값으로 나타내므로 이를 기호 $y = f(x)$로 표기하기도 한다. 이때 다음이 성립한다.

- x를 **독립변수**(independent variable) 또는 f의 **인자**(argument)라 한다.
- y는 **종속변수**(dependent variable)라 하고, (일반적으로) x 값에 따라 달라진다.

그러면 함수 f의 정의역은 독립변수의 가능한 모든 값의 집합이고, 치역은 종속변수의 해당 값의 집합이다. 경제학에서 x는 **외생변수**(exogenous variable)라고도 하며, 이는 경제모형 **외부**에서 미리 정해져 있는 변수로 간주된다. 반면 주어진 각 x에 대해 방정식 $y = f(x)$는 경제모형 내부에서 결정되는 **내생변수**(endogenous variable) y를 나타낸다. 함수는 종종 수식으로 정의되며, 예를 들어 $y = 8x^2 + 3x + 2$와 같이 표현할 수 있다. 이 경우 함수는 x의 각 값에 $8x^2 + 3x + 2$라는 수를 대응하는 규칙 $x \mapsto 8x^2 + 3x + 2$이다.

3 (옮긴이) 영어권에서는 $f(x)$를 x의 f(f of x)로 읽는다.

함수 표기법

관련된 표기법에 익숙해지려면 수식으로 정의된 함수의 몇 가지 예를 살펴보는 것이 좋다.

EX 4.2.1 다음 규칙에 따라 모든 실수에 대해 함수가 정의되어 있다고 가정하자.

각 실수에 그 수의 세제곱을 대응한다.

이 함수는 다음과 같은 대응이 존재한다.

$$0 \mapsto 0^3=0, \qquad 3 \mapsto 3^3=27$$

$$-2 \mapsto (-2)^3=(-2)(-2)(-2)=-8, \qquad \frac{1}{4} \mapsto \left(\frac{1}{4}\right)^3=\frac{1}{64}$$

이 함수는 임의의 수 x에 수 x^3을 대응한다. 이 세제곱함수를 f로 나타내면 $f(x)=x^3$이고, 다음이 성립한다.

$$f(0)=0^3=0,\ \ f(3)=3^3=27,\ \ f(-2)=(-2)^3=-8,\ \ f\left(\frac{1}{4}\right)=\left(\frac{1}{4}\right)^3=\frac{1}{64}$$

이 함수 f의 식에 x 대신 a를 대입하면 $f(a)=a^3$이고 $(a+1)$을 대입하면 다음과 같다.

$$f(a+1)=(a+1)^3=(a+1)(a+1)(a+1)=a^3+3a^2+3a+1$$

일반적인 오류는 $f(a)=a^3$일 때 $f(a+1)=a^3+1$이라 잘못 가정하는 것이다. 이 오류는 f의 간단한 해석을 통해 설명할 수 있다. a가 미터(m) 단위로 측정된 정육면체의 한 변의 길이라 하자. 그러면 $f(a)=a^3$은 입방미터(m^3) 단위로 측정된 정육면체의 부피를 의미한다. 이제 [그림 4.2.1]과 같이 정육면체의 각 변이 1m씩 증가한다고 가정하면 새로운 정육면체의 부피는 $f(a+1)=(a+1)^3(m^3)$이다. 반면에 [그림 4.2.2]와 같이 한 변의 길이가 a인 정육면체에 한 변의 길이가 1인 정육면체를 추가한다고 가정하면 총 부피는 a^3+1이다.

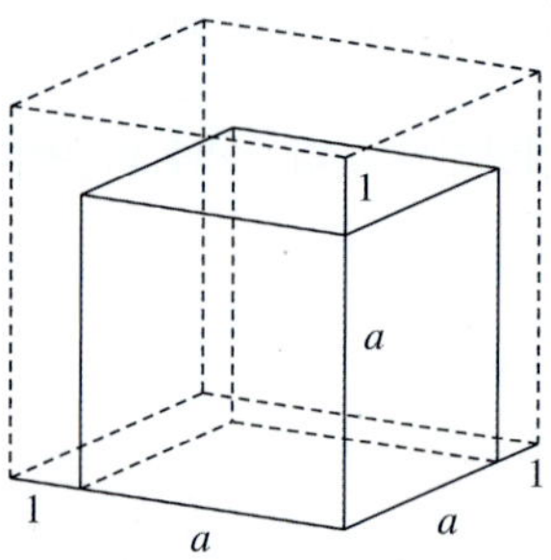

그림 4.2.1 부피 $f(a+1)=(a+1)^3$

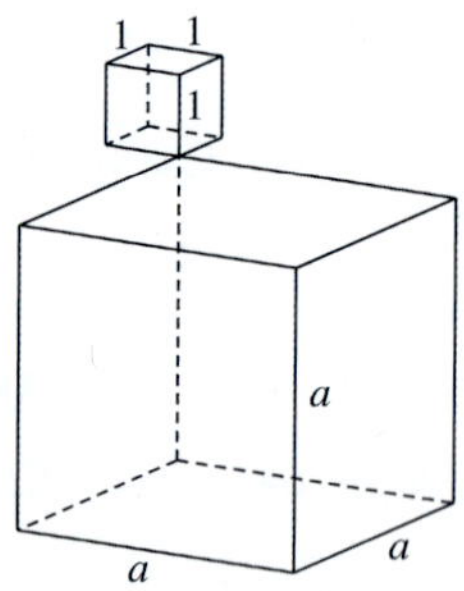

그림 4.2.2 부피 a^3+1

두 그림을 비교해보면 첫 번째 부피 $(a+1)^3$이 두 번째 부피 (a^3+1)보다 훨씬 크다는 것을 알 수 있다. 실제로 뉴턴 이항정리 (2.11.2)를 사용하여 이 차이를 정확하게 계산할 수 있으며, 그 결과는 다음과 같다.

$$(a+1)^3-(a^3+1)=3a^2+3a=3a(a+1)$$

EX 4.2.2 모든 음이 아닌 정수 x에 대해 x단위의 제품을 생산하는 데 필요한 총비용이 다음과 같다고 가정하자. 여기서 단위는 달러이다.

$$C(x) = 100x\sqrt{x} + 500$$

(a) 16단위를 생산하는 데 드는 비용을 구하라.

(b) 회사가 이미 a단위를 생산하고 있다고 가정하고, 한 단위를 더 생산할 때 발생하는 비용 **증가분**(increase)을 구하라.

풀이

(a) 16단위를 생산하는 비용은 $C(x)$의 식에 $x=16$을 대입하여 구할 수 있다.

$$C(16) = 100 \times 16\sqrt{16} + 500 = 100 \times 16 \times 4 + 500 = 6900$$

(b) a단위를 생산하는 비용은 $C(a) = 100a\sqrt{a} + 500$이고, $(a+1)$단위를 생산하는 비용은 $C(a+1)$이다. 따라서 비용 증가분은 다음과 같다.

$$\begin{aligned} C(a+1) - C(a) &= 100(a+1)\sqrt{a+1} + 500 - 100a\sqrt{a} + 500 \\ &= 100\{(a+1)\sqrt{a+1} - a\sqrt{a}\} \end{aligned}$$

경제이론에서는 독립변수뿐만 아니라 여러 모수에 의존하는 함수도 연구한다. [EX 4.2.2]를 일반화하면 다음과 같다.

EX 4.2.3 x단위의 제품을 생산하는 데 필요한 총비용이 다음과 같다고 가정하자.

$$C(x) = Ax\sqrt{x} + B$$

여기서 A와 B는 상수이다. 0단위, 10단위, $(x+h)$단위를 생산하는 데 드는 비용을 각각 구하라.

풀이

- 0단위를 생산하는 데 드는 비용은 $C(0) = A \times 0 \times \sqrt{0} + B = 0 + B = B$이다.[4]
- 10단위를 생산하는 데 드는 비용은 $C(10) = A10\sqrt{10} + B$이다.
- $(x+h)$단위를 생산하는 데 드는 비용은 $C(x+h) = A(x+h)\sqrt{x+h} + B$이며, 이는 주어진 비용의 식에 $(x+h)$를 대입하여 얻는다.

지금까지 독립변수를 나타내기 위해 x를 사용했지만, 거의 모든 종류의 다른 기호를 사용할 수 있다. 예를 들어 다음 식들은 모두 정확히 동일한 함수를 정의한다.

$$f(x) = x^4, \quad g(t) = t^4, \quad \phi(\xi) = \xi^4$$

4 모수 B는 단순히 고정비용을 나타낸다. 이는 택시 운전자의 연간 면허 수수료와 같이 실제 생산 여부와 관계없이 지불해야 하는 비용이다.

따라서 $f=g=\phi$라 할 수 있다. 이 함수를 $x \mapsto x^4$ 또는 $f(\cdot)=(\cdot)^4$으로 표기할 수도 있다. 여기서 소괄호 사이의 점은 임의의 숫자나 문자 또는 다른 함수(예를 들어 $\frac{1}{y}$)로 대체할 수 있다. 따라서 다음과 같은 표현을 모두 사용할 수 있다.

$$1 \mapsto 1^4=1, \quad k \mapsto k^4, \quad \frac{1}{y} \mapsto \left(\frac{1}{y}\right)^4$$

$$f(1)=1^4=1, \quad f(k)=k^4, \quad f\left(\frac{1}{y}\right)=\left(\frac{1}{y}\right)^4$$

정의역과 치역 명시하기

함수의 정의역이 명확하지 않다면 정의역이 명시될 때까지 함수의 정의는 불완전하다. 예를 들어 $f(x)=x^3$으로 정의되는 함수를 생각하자. 함수 f의 자연스러운 정의역은 모든 실수의 집합이다. [EX 4.2.2]에서 $C(x)=100x\sqrt{x}+500$은 제품 x단위를 생산하는 데 드는 비용을 나타내는 함수이고, 정의역은 음이 아닌 정수집합으로 지정되었다. 하지만 더 자연스러운 정의역은 $0, 1, 2, \cdots, x_0$로 이루어진 집합이며, 여기서 x_0는 회사가 생산할 수 있는 최대 생산량을 나타낸다. 그러나 철광산과 같은 생산자의 경우 출력량 x를 철광석 톤(ton)과 같은 연속적인 변수로 볼 수 있다. 이때 자연스러운 정의역은 닫힌구간 $[0, x_0]$이다. 이 책에서는 다음과 같은 규칙을 따른다. **함수가 대수 식으로 정의되면 다른 정의역이 명시적으로 언급되지 않는 한, 정의역은 해당 식이 유일한 값을 가지도록 하는 독립변수의 모든 값으로 구성된다.**

EX 4.2.4 다음 함수의 정의역을 구하라.

(a) $f(x)=\dfrac{1}{x+3}$ (b) $g(x)=\sqrt{2x+4}$ (c) $h(x)=\dfrac{3}{\sqrt{x+1}-3}$

풀이

(a) $x=-3$일 때 주어진 식은 의미 없는 표현인 '$\frac{1}{0}$'이 된다. 그러나 그 외의 모든 x 값에 대해 이 함수는 $f(x)$를 잘 정의된 수로 만든다. 따라서 정의역은 $x \neq -3$인 모든 실수의 집합이다.

(b) $\sqrt{2x+4}$는 $2x+4$가 음이 아닌 모든 x에 대해 유일하게 정의된다. x에 대해 부등식 $2x+4 \ge 0$을 풀면 $x \ge -2$이다. 따라서 g의 정의역은 구간 $[-2, \infty)$이다.

(c) (a)와 같이 '$\frac{1}{0}$'을 피하려면 $\sqrt{x+1}-3 \neq 0$이어야 한다. 즉 $x \neq 8$이어야 한다. 반면에 (b)와 같이 $\sqrt{x+1}$이 정의되려면 $x+1 \ge 0$이어야 한다. 즉 $x \ge -1$이어야 한다. h의 정의역은 두 조건을 모두 만족하는 모든 실수 x의 집합이므로 두 구간의 합집합인 $[-1, 8) \cup (8, \infty)$이다.

함수 f가 정의역 D를 가진다고 가정하자. 이때 함수 f가 취할 수 있는 모든 값 $f(x)$의 집합을 f의 **치역**이라 한다. 흔히 f의 정의역을 D_f, 치역을 R_f로 표기한다. 이러한 개념은 [그림 4.2.3]에 설명되어 있으며, 4.3절에서 함수의 그래프 개념을 공식적으로 다룰 것이다.

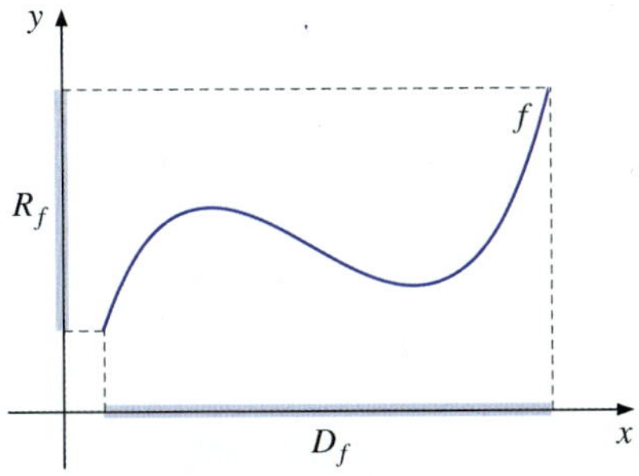

그림 4.2.3 정의역 D_f와 f의 치역 R_f

모든 함수 f는 정의역의 x를 입력하면 출력 $f(x)$를 생성하는 엔진 $x \mapsto f(x)$로 생각할 수 있다. 이렇게 보면 f의 치역은 정의역의 모든 수를 입력으로 사용했을 때 얻을 수 있는 모든 출력값의 집합이다. 정의역에 없는 수를 입력으로 사용하려 하면 엔진이 작동하지 않으므로 출력이 존재하지 않는다.

EX 4.2.5 함수 $g(x) = \sqrt{2x+4}$를 생각하자.

(a) 실수 4가 함수 g의 치역에 속함을 보여라.

(b) 함수 g의 전체 치역을 구하라.

풀이

(a) 4가 g의 치역에 속한다는 것은 $g(x)=4$를 만족하는 실수 x가 존재함을 보이는 것과 같다. 즉 x에 대한 방정식 $\sqrt{2x+4}=4$를 풀어야 한다. 방정식의 양변을 제곱하면 $2x+4=4^2=16$이므로 $x=6$이다. $g(6)=4$이므로 실수 4는 치역 R_g에 속한다.

(b) g의 전체 치역을 구하려면 "x가 구간 $[-2, \infty)$에 속할 때 $\sqrt{2x+4}$가 가질 수 있는 모든 가능한 값의 집합은 무엇인가?"라는 질문에 답해야 한다. $x=-2$일 때 $\sqrt{2x+4}=0$이고, $\sqrt{2x+4}$는 절대 음수가 될 수 없다. 어떤 $y_0 \ge 0$을 선택하든지 간에 $\sqrt{2x_0+4}=y_0$가 되는 실수 x_0가 존재한다. 마지막 방정식의 양변을 제곱하면 $2x_0+4=y_0^2$이다. 이제 $2x_0=y_0^2-4$, 즉 $x_0=\frac{1}{2}(y_0^2-4)$이다. $y_0^2 \ge 0$이므로 $x_0=\frac{1}{2}(y_0^2-4) \ge \frac{1}{2}(-4)=-2$이다. 모든 수 $y_0 \ge 0$에 대해 $g(x_0)=y_0$가 되는 실수 $x_0 \ge -2$를 찾았다. 따라서 함수 g의 치역은 $[0, \infty)$이다.

함수가 식과 특정 정의역을 포함하여 완전하게 정의되었다고 하더라도, 그 함수의 치역을 항상 쉽게 찾는다는 보장이 없다. 예를 들어 아직 소개하지 않은 미분적분학의 방법을 사용하지 않으면 $D_f=[-2, 3]$에서 정의된 함수 $f(x)=3x^3-2x^2-12x-3$의 치역 R_f를 정확히 찾기 어렵다.

함수 f에 대해 $x_1 < x_2$일 때 $f(x_1) \le f(x_2)$가 성립하면 함수 f는 **증가**(increasing)하거나 **비감소**(nondecreasing)한다고 한다. $x_1 < x_2$일 때 $f(x_1) < f(x_2)$가 성립하면 **순증가**(strictly increasing)한다고 한다. **감소함수**(decreasing function)와 **순감소함수**(strictly decreasing function)는 증가함수와 반대로 동일한 방식으로 정의된다.[5] [EX 4.2.5]에서 다룬 함수 g는 정의역 $[-2, \infty)$에서 순증가한다.

5 자세한 내용은 6.3절을 참고하라.

4.2 연습문제

1 $f(x)=x^2+1$이라 하자.

(a) $f(0)$, $f(-1)$, $f\left(\frac{1}{2}\right)$, $f(\sqrt{2})$를 계산하라.

(b) 다음 식은 어떤 x 값에 대해 참인가?

(i) $f(x)=f(-x)$

(ii) $f(x+1)=f(x)+f(1)$

(iii) $f(2x)=2f(x)$

2 모든 실수 x에 대해 $F(x)=10$이라 하자. $F(0)$, $F(-3)$, $F(a+h)-F(a)$를 구하라.

3 $f(t)=a^2-(t-a)^2$이라 하자. 여기서 a는 상수이다.

(a) $f(0)$, $f(a)$, $f(-a)$, $f(2a)$를 계산하라.

(b) $3f(a)+f(-2a)$를 계산하라.

4 $f(x)=\dfrac{x}{1+x^2}$라 하자.

(a) $f\left(-\frac{1}{10}\right)$, $f(0)$, $f\left(\frac{1}{\sqrt{2}}\right)$, $f(\sqrt{\pi})$, $f(2)$를 계산하라.

(b) 모든 실수 x에 대해 $f(-x)=-f(x)$이고, $x\neq 0$에 대해 $f\left(\frac{1}{x}\right)=f(x)$임을 보여라.

5 함수 $F(t)=\sqrt{t^2-2t+4}$에 대해 $F(0)$, $F(-3)$, $F(t+1)$을 계산하라.

6 상품 x단위를 생산하는 데 드는 비용이 이차함수 $C(x)=1000+300x+x^2$으로 주어진다고 하자.

(a) $C(0)$, $C(100)$, $C(101)-C(100)$을 계산하라.

(b) $C(x+1)-C(x)$를 계산하고, 이 식의 의미를 설명하라.

7 가격 P의 함수로서 1915년에서 1919년까지 미국의 면화 수요는 $Q=D(P)=6.4-0.3P$로 추정되었다. 여기서 P와 Q는 각각 적절한 단위의 가격과 수요량을 나타낸다.

(a) 가격이 8, 10, 10.22일 때의 수요량을 구하라.

(b) 수요량이 3.13일 때의 가격을 구하라.

8 다음을 증명하라.

(a) $f(x)=100x^2$일 때 모든 실수 t에 대해 $f(tx)=t^2f(x)$이다.

(b) $P(x)=x^{\frac{1}{2}}$일 때 모든 $t\geq 0$에 대해 $P(tx)=t^{\frac{1}{2}}P(x)$이다.

9 호수에 있는 불순물의 $p\%$를 제거하는 데 드는 비용은 $b(p)=\dfrac{10p}{105-p}$로 주어진다.

(a) $b(0)$, $b(50)$, $b(100)$을 구하라.

(b) $b(50+h)-b(50)$이 의미하는 바를 설명하라. 여기서 $h\geq 0$이다.

10 특정한 '덧셈(additive)' 함수에 대해서만 모든 실수 a, b에 대해 $f(a+b)=f(a)+f(b)$가 성립한다. 다음 각 함수에 대해 $f(2+1)=f(2)+f(1)$이 성립하는지 판정하라.

(a) $f(x)=2x^2$

(b) $f(x)=-3x$

(c) $f(x)=\sqrt{x}$

11 다음을 증명하라.

(a) $f(x)=Ax$일 때 모든 실수 a, b에 대해 $f(a+b)=f(a)+f(b)$이다.

(b) $f(x)=10^x$일 때 모든 자연수 a, b에 대해 $f(a+b)=f(a)\cdot f(b)$이다.

12 누군가가 $(x+1)^2=x^2+1$이라고 주장한다. 기하적 인수를 사용하여 이 주장이 틀렸음을 보여라.

13 다음 식으로 정의된 함수의 정의역을 구하라.

(a) $y=\sqrt{5-x}$

(b) $y=\dfrac{2x-1}{x^2-x}$

(c) $y=\sqrt{\dfrac{x-1}{(x-2)(x+3)}}$

14 $f(x)=\dfrac{3x+6}{x-2}$이라 하자.

(a) 함수의 정의역을 구하라.

(b) $\dfrac{3x+6}{x-2}=5$가 되는 x를 구하여 5가 f의 치역에 속함을 보여라.

(c) f의 치역에 3이 포함되지 않음을 보여라.

15 $g(x)=1-\sqrt{x+2}$의 정의역과 치역을 구하라.

4.3 함수의 그래프

중·고등학교 수학 과정에서 배웠듯이 **데카르트 좌표계**(Cartesian coordinate system) 또는 **직교좌표계**(rectangular coordinate system)는 두 개의 수직인 좌표축을 그려 얻는다. 이 두 축은 각각 x **축**(x–axis) 또는 **가로축**(horizontal axis), y **축**(y–axis) 또는 **세로축**(vertical axis)이라 한다.[6] 두 축이 교차하는 지점을 **원점**(origin) O라 한다. [그림 4.3.1]과 같이 각 좌표축을 따라 실수값을 측정한다. [그림 4.3.1]에서는 x축과 y축의 단위 거리가 동일하지만, 반드시 동일할 필요는 없다. [그림 4.3.1]의 데카르트 좌표계는 xy **평면**(xy–plane)이라고도 한다. 좌표축은 평면을 네 개의 사분면으로 나누며, 전통적으로 [그림 4.3.1]과 같이 번호를 매긴다.

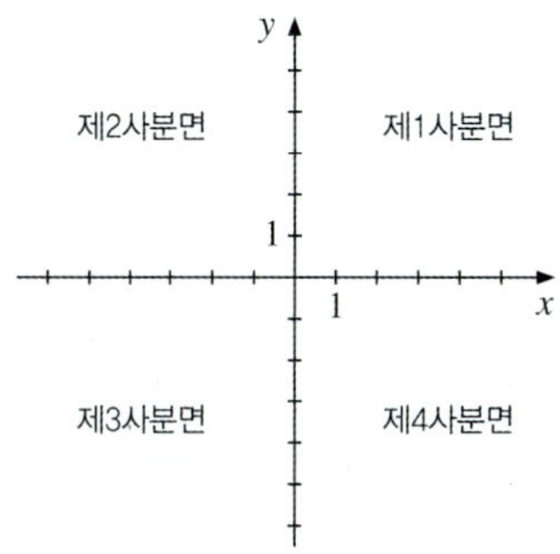

그림 4.3.1 **데카르트 좌표계**

평면상의 임의의 점 P는 유일한 실수쌍 $(x,\ y)$로 나타낼 수 있다. 이 실수들은 [그림 4.3.2]와 같이 두 축에 각각 수직인 두 점선을 그려서 찾을 수 있다. 실수쌍 $(x,\ y)$로 표현되는 특정한 점은 $x=a$와 $y=b$를 의미하고, 수직선 $x=a$와 수평선 $y=b$가 교차하는 지점에 위치한다.

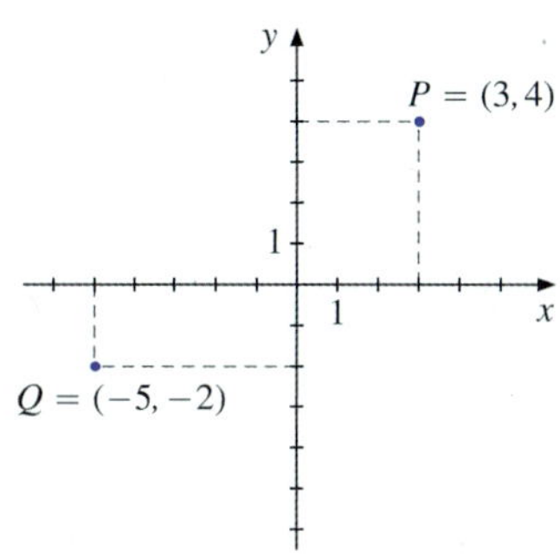

그림 4.3.2 **점** $(3,\ 4)$**와 점** $(-5,\ -2)$

반대로 평면상의 임의의 점도 유일한 실수쌍으로 나타낼 수 있다. 예를 들어 실수쌍 $(3,\ 4)$가 주어지면 해당 점 P는 수직선 $x=3$과 수평선 $y=4$가 교차하는 곳에 위치한다. 즉 [그림 4.3.2]와 같이 점 P는 y축을 기준으로 오른쪽으로 3단위, x축을 기준으로 위로 4단위에 있다. 이 점 P의 **좌표**(coordinate)를 $(3,\ 4)$라 한다. 마찬가지로 [그림 4.3.2]의 점 Q는 y축을 기준으로 왼쪽으로 5단위, x축을 기준으로 아래로 2단위에 있으므로 점 Q의 좌표는 $(-5,\ -2)$이다. 그리고 $(a,\ b)$를 **순서쌍**(ordered pair)이라 한다. 이는 소괄호 속 두 실수의 순서가 중요하기 때문이다. 예를 들어 $(3,\ 4)$와 $(4,\ 3)$은 서로 다른 두 점을 나타낸다. 실제로 두 점 $(a,\ b)$와 $(b,\ a)$는 $a=b$일 때만 서로 같은 점이다.

6 (옮긴이) horizontal axis는 **가로축** 또는 **수평축**이라고 하며, vertical axis는 **세로축** 또는 **수직축**이라 한다. 이 책 전체에서 가로축과 세로축으로 번역했다.

변수가 한 개인 함수는 이러한 직교좌표계에서 그래프로 나타낼 수 있다. 그래프의 모양이 함수의 특성을 반영하므로 그래프를 이용한 시각화는 함수를 직관적으로 이해하는 데 도움이 된다.

그래프

함수 f의 **그래프**(graph)는 모든 순서쌍 $(x, f(x))$의 집합이며, 여기서 x는 f의 정의역에 속한다.

EX 4.3.1 함수 $f(x)=x^2-4x+3$을 생각하자. 이 함수의 특정한 x 값에 대한 $f(x)$ 값은 [표 4.3.1]에 나와 있다. 이 표에서 얻은 점 $(0, 3)$, $(1, 0)$, $(2, -1)$, $(3, 0)$, $(4, 3)$을 xy평면에 찍어서 나타낸 후, 이러한 점을 지나는 매끄러운 곡선을 그린다. 결과는 [그림 4.3.3]에 나타나 있으며, 이 그래프가 함수 f의 그래프이다.[7]

표 4.3.1 $f(x)=x^2-4x+3$의 값

x	0	1	2	3	4
$f(x)$	3	0	-1	0	3

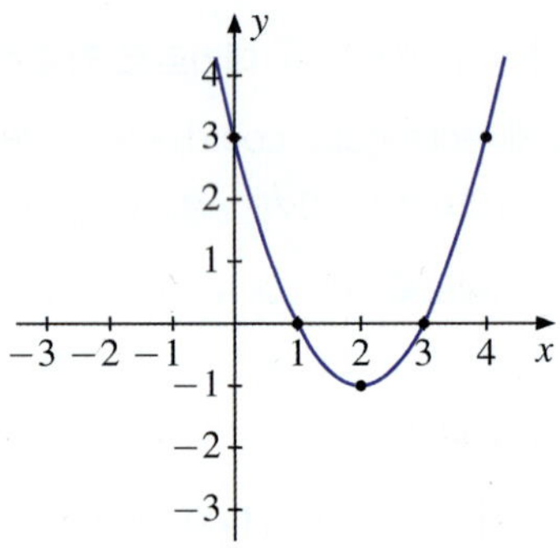

그림 4.3.3 $f(x)=x^2-4x+3$의 그래프

EX 4.3.2 함수 $g(x)=2x-1$의 그래프 위에 있는 몇 개의 점을 찾고, 점과 그래프를 함께 그려라.

풀이

함수 g에 대해 $g(-1)=2\cdot(-1)-1=-3$, $g(0)=2\cdot 0-1=-1$, $g(1)=2\cdot 1-1=1$, $g(2)=3$이다. 그래프 상에는 무한히 많은 점이 존재하므로 모든 점을 나열할 수는 없다. [그림 4.3.4]에 점 $(-1, -3)$, $(0, -1)$, $(1, 1)$, $(2, 3)$이 표시되어 있으며, 이 점들은 모두 하나의 직선 위에 있다. 이 직선이 함수 g의 그래프이다.

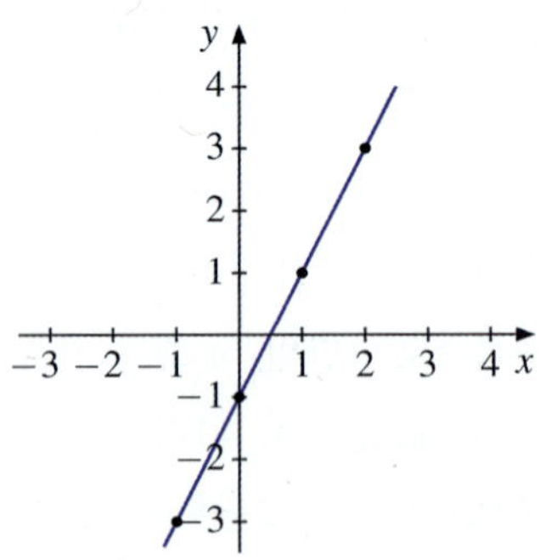

그림 4.3.4 $g(x)=2x-1$의 그래프

7 이 그래프를 **포물선**(parabola)이라 하며, 4.6절에서 자세히 다룰 것이다.

중요한 함수의 그래프

[그림 4.3.5]부터 [그림 4.3.10]까지는 여섯 가지 특별한 함수의 그래프를 보여준다. 이러한 함수는 매우 자주 등장하므로 함수의 형태를 빠르게 인식하는 방법을 배워야 한다. 각 함수에 대해 [표 4.3.1]과 같은 함숫값 표를 만들어 해당 그래프의 형태를 분석하는 것이 도움이 된다.

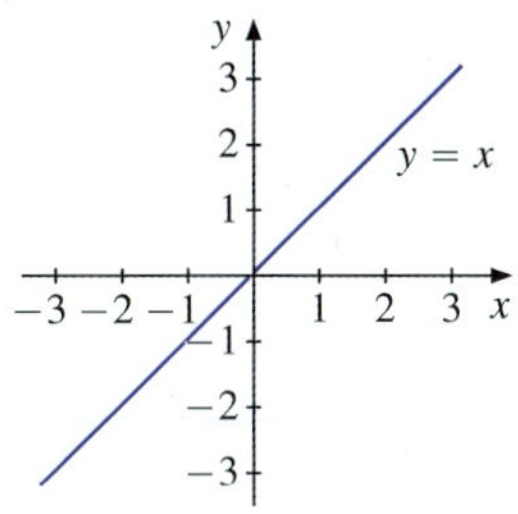

그림 4.3.5 $y = x$

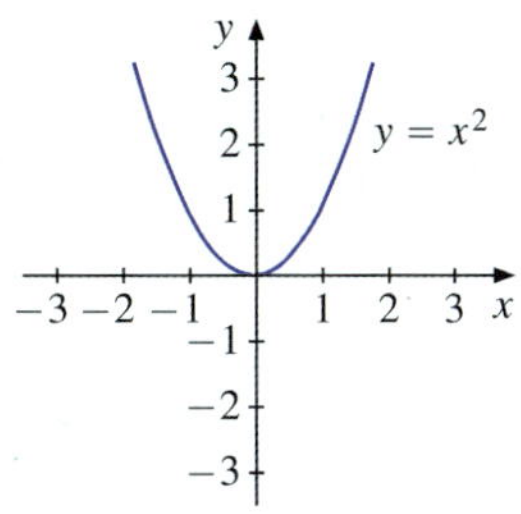

그림 4.3.6 $y = x^2$

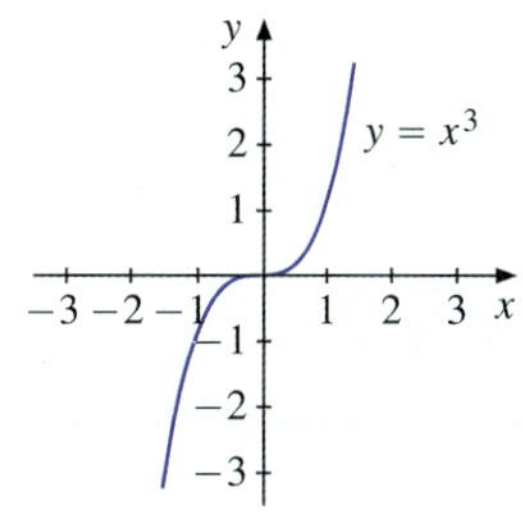

그림 4.3.7 $y = x^3$

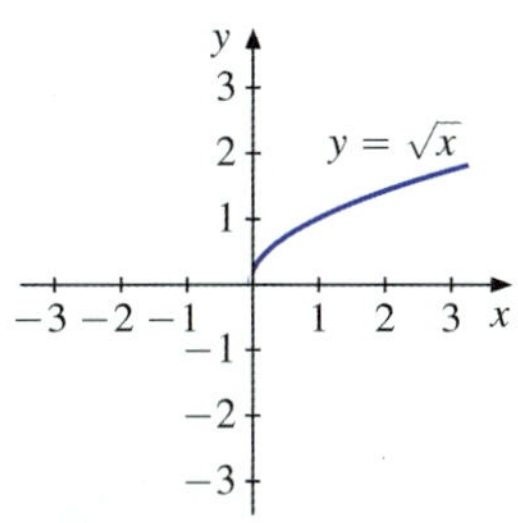

그림 4.3.8 $y = \sqrt{x}$

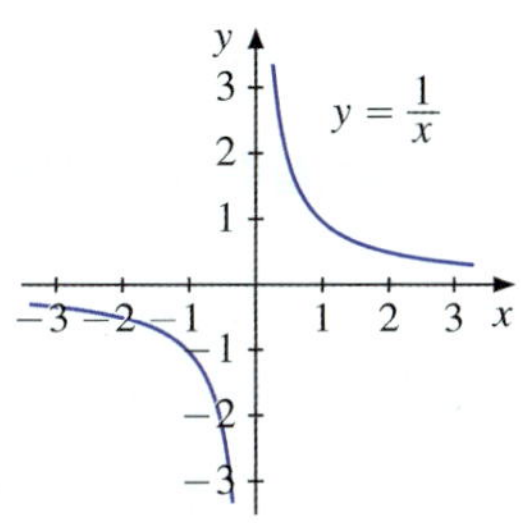

그림 4.3.9 $y = \dfrac{1}{x}$

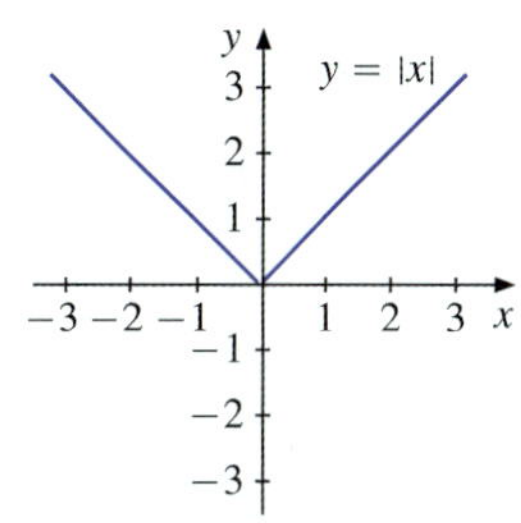

그림 4.3.10 $y = |x|$

함수의 그래프를 그릴 때는 충분한 개수의 점을 포함해야 한다는 것에 유의하자. 그렇지 않으면 그래프의 중요한 특징을 놓칠 수 있다. 몇 가지 점만 나타내면 함수의 복잡한 변화를 놓칠 가능성도 있다. 더 복잡한 함수의 그래프를 그려야 한다면 나중에 소개할 미적분 기법을 사용하여 그래프의 굴곡(울퉁불퉁한 부분)을 정확히 분석할 수 있다.

4.3 연습문제

1 하나의 좌표계에 다섯 개의 점 $(2,\ 3)$, $(-3,\ 2)$, $\left(-\dfrac{3}{2},\ -2\right)$, $(4,\ 0)$, $(0,\ 4)$를 모두 찍어서 나타내라.

2 함수 f의 그래프가 [그림 4.3.11]과 같을 때, 물음에 답하라.

(a) 그래프를 분석하여 $f(-5)$, $f(-3)$, $f(-2)$, $f(0)$, $f(3)$, $f(4)$를 구하라.

(b) 함수 f의 정의역과 치역을 결정하라.

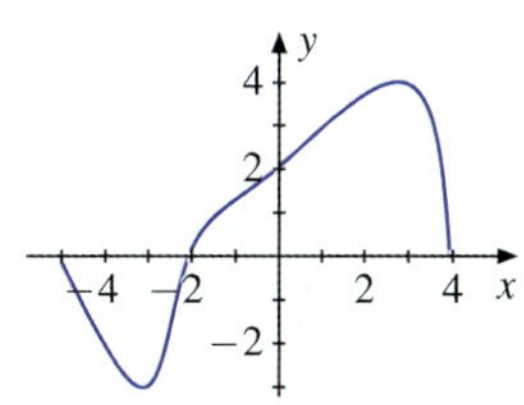

그림 4.3.11 [연습문제 2]의 함수 f

3 주어진 표의 빈칸을 채우고 함수의 그래프를 그려라.

(a)

x	0	1	2	3	4
$g(x)=-2x+5$					

(b)

x	-2	-1	0	1	2	3	4
$h(x)=x^2-2x-3$							

(c)

x	-2	-1	0	1	2
$F(x)=3^x$					

(d)

x	-2	-1	0	1	2	3
$G(x)=1-2^{-x}$						

4.4 일차함수

일차방정식은 경제학에서 매우 자주 사용된다. 식 (3.2.2)에서 일반적인 일차방정식은 다음과 같다.

$$y = ax + b$$

여기서 a와 b는 상수이다. [EX 4.3.2]에서 보았듯이 이 방정식의 그래프는 직선이다. f를 x에 대해 y를 대응하는 함수로 나타내면 $f(x) = ax + b$이다. 이때 f를 **일차함수** 또는 **선형함수**(linear function)라 한다. 임의의 실수 x에 대해 일차함수 f는 다음을 만족한다.

$$f(x+1) - f(x) = a(x+1) + b - ax - b = a$$

이는 x가 1단위 증가할 때 함숫값이 a만큼 변화함을 보여준다. 이러한 이유로 수 a를 직선(또는 함수)의 **기울기**(slope)라고 한다. 기울기 a가 양수이면 직선이 오른쪽 위로 증가한다. 여기서 a 값이 클수록 더 가파르게 증가한다. 반면에 a가 음수이면 선은 오른쪽 아래로 감소한다. 여기서 a의 절댓값이 클수록 더 가파르게 감소한다. 예를 들어 $a=-3$이면 기울기는 3이다. $a=0$인 특수한 경우에는 직선이 수평이고 기울기가 0이다. 즉 직선 $y = ax + b$는 모든 x에 대해 $y = b$이다. 이 세 가지 경우는 [그림 4.4.1]~[그림 4.4.3]에서 확인할 수 있다. $x=0$일 때 함숫값은 $y = ax + b = b$이다. 이러한 수 b를 ***y* 절편**(y-intercept) 또는 **절편**(intercept)이라 한다.

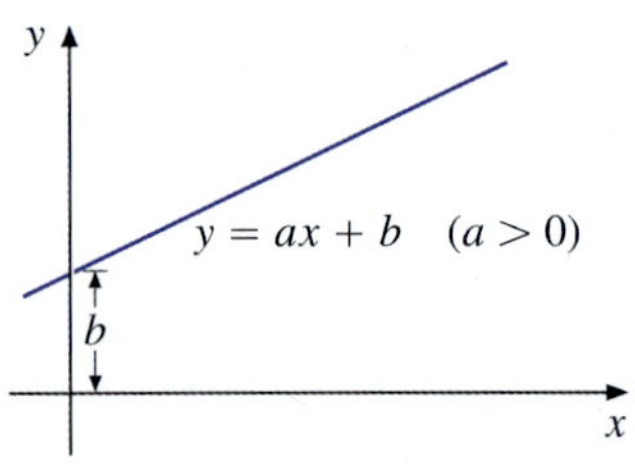

그림 4.4.1 증가함수

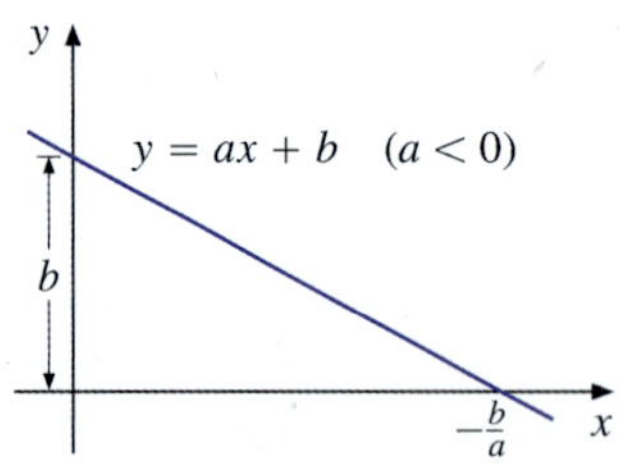

그림 4.4.2 감소함수

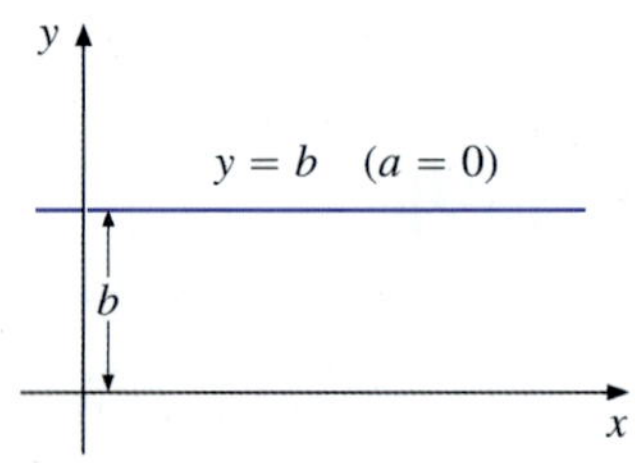

그림 4.4.3 상수함수

EX 4.4.1 다음 직선의 기울기를 구하고 경제학적으로 해석하라.

(a) 1917년~1938년 동안 미국 철강 회사의 비용함수는 $C = 55.73x + 182100000$으로 추정되었다. 여기서 C는 연간 총비용(달러)이고 x는 연간 철강 생산량(톤)이다.

(b) 일부 대도시의 월간 차량 공유 서비스에 대한 수요함수는 대략 $q = -4.5p + 150$으로 추정된다. 여기서 $10 \le p \le 20$은 마일당 가격(특정 통화 단위)이고 q의 단위는 백만 건이다.

풀이

(a) 기울기는 55.73으로 생산량이 1톤 증가하면 비용은 55.73달러 **증가**한다.

(b) 기울기는 -4.5로 가격이 1단위 인상되면 차량 공유 운행 횟수가 4.5백만 건 **감소**한다.

평면에서 직선의 기울기는 간단하게 계산할 수 있다. [그림 4.4.4]와 같이 직선 위의 서로 다른 두 점 $P = (x_1,\ y_1)$, $Q = (x_2,\ y_2)$를 선택하자. 그러면 직선의 기울기는 비 $\dfrac{y_2 - y_1}{x_2 - x_1}$이다.

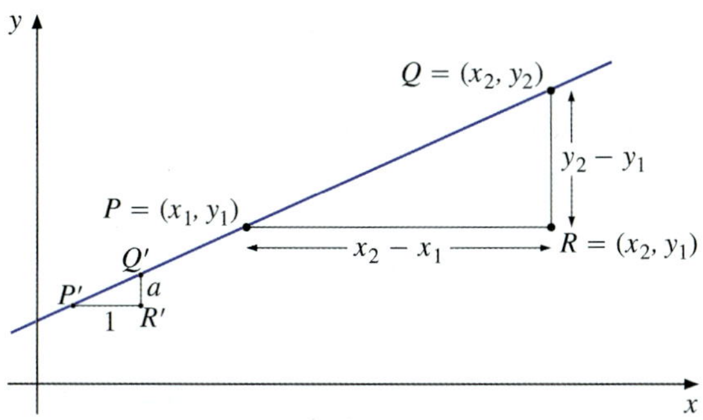

그림 4.4.4 기울기 $a = \dfrac{y_2 - y_1}{x_2 - x_1}$

기울기를 a로 표기하면 다음이 성립한다.

직선의 기울기

수직선이 아닌 직선 l의 **기울기**는 다음과 같다.

$$a = \frac{y_2 - y_1}{x_2 - x_1} \tag{4.4.1}$$

여기서 $(x_1,\ y_1)$과 $(x_2,\ y_2)$는 직선 l 위에 있는 서로 다른 두 점이다. 만약 직선 l 위에 $x_1 = x_2$인 서로 다른 두 점 $(x_1,\ y_1)$과 $(x_2,\ y_2)$가 있다면, 이 직선은 수직선이다.

$\dfrac{y_2 - y_1}{x_2 - x_1}$의 분자와 분모에 -1을 곱하면 $\dfrac{y_1 - y_2}{x_1 - x_2}$가 되는데, 이 경우 비율은 변하지 않는다. 이는 어떤 점을 P로 두고 어떤 점을 Q로 두더라도 기울기가 동일함을 보여준다. 또한 [그림 4.4.4]에서 P와 Q 대신 P'과 Q'을 사용하여 기울기를 계산했다고 해보자. 그러면 삼각형의 닮음에 대한 성질에 따라 [그림 4.4.4]의 작은 삼각형과 큰 삼각형에서 $\dfrac{Q'R'}{P'R'}$과 $\dfrac{QR}{PR}$의 비율이 동일해야 하므로 기울기가 같다. 따라서 $a = \dfrac{y_2 - y_1}{x_2 - x_1}$ 값은 x가 1단위 증가할 때 y의 변화량을 나타내고, 이 변화는 일정하고 직선의 기울기와 일치한다.

EX 4.4.2 [그림 4.4.5]에서 [그림 4.4.7]까지 각각 그래프로 표시된 세 직선 l, m, n의 기울기를 구하라.

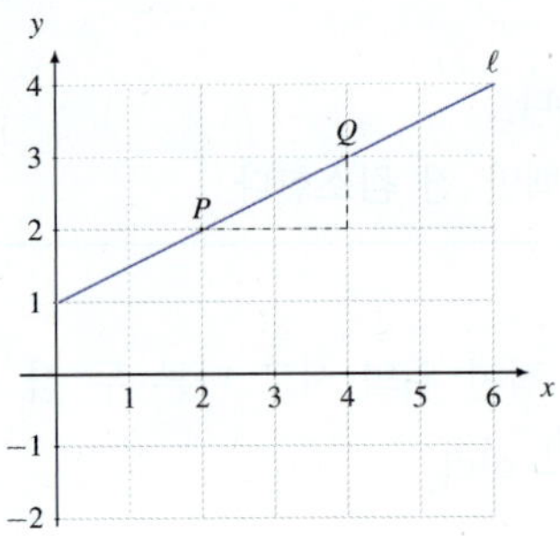

그림 4.4.5 직선 l

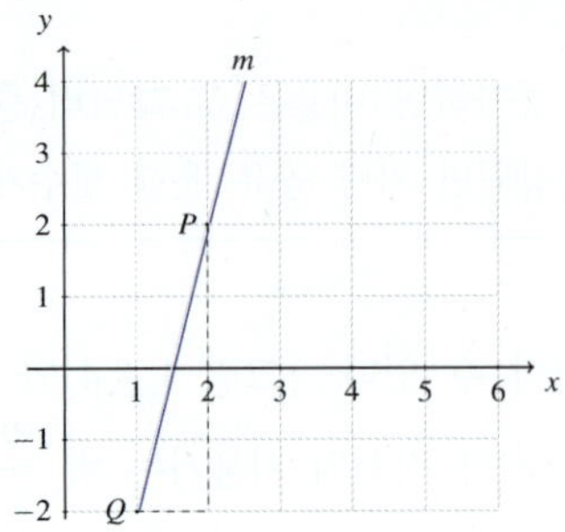

그림 4.4.6 직선 m

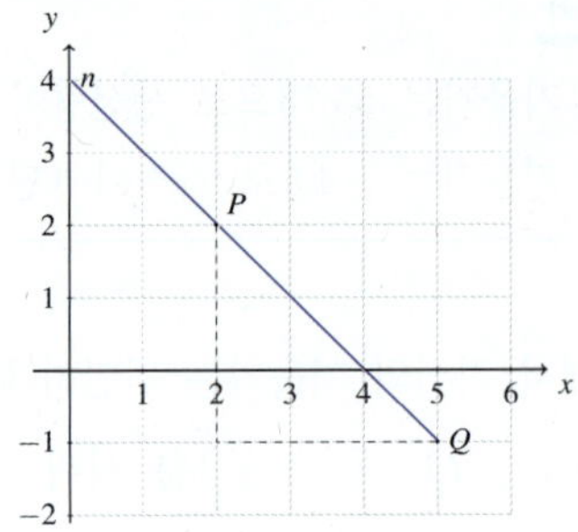

그림 4.4.7 직선 n

풀이

직선 l, m, n은 모두 공통인 점 $P=(2, 2)$를 지난다. [그림 4.4.5]에서 점 Q는 $(4, 3)$이고 [그림 4.4.6]에서 점 Q는 $(1, -2)$, [그림 4.4.7]에서 점 Q는 $(5, -1)$이다. 따라서 식 (4.4.1)에 의해 세 직선 l, m, n의 기울기는 각각 다음과 같다.

$$a_l = \frac{3-2}{4-2} = \frac{1}{2}, \quad a_m = \frac{-2-2}{1-2} = 4, \quad a_n = \frac{-1-2}{5-2} = -1$$

한 점과 기울기를 이용한 직선의 방정식과 두 점을 이용한 직선의 방정식

기울기가 a이고 점 $P=(x_1, y_1)$를 지나는 직선 l의 방정식을 구해보자. 직선 위의 다른 점을 (x, y)라 하고 식 (4.4.1)을 적용하여 x와 y를 각각 x_2와 y_2로 대체하면 기울기 a가 다음 공식을 만족해야 한다.

$$\frac{y-y_1}{x-x_1} = a$$

기울기 a가 주어졌을 때 양변에 $x-x_1$을 곱하면 $y-y_1 = a(x-x_1)$이다. 따라서 다음이 성립한다.

한 점과 기울기를 이용한 직선의 방정식

점 (x_1, y_1)을 지나고 기울기가 a인 직선의 방정식은 다음과 같다.

$$y-y_1 = a(x-x_1)$$

이 공식을 사용할 때 x_1, y_1은 주어진 점 P의 좌표를 나타내는 고정된 값이다. 반면에 x, y는 직선 위 임의의 점의 좌표를 나타내는 변수이다.

EX 4.4.3 기울기가 -4이고 점 $(-2, 3)$을 지나는 직선의 방정식을 구하라. 그런 다음 이 직선의 y절편과 x축의 교점을 찾아라.

풀이

한 점과 기울기를 이용한 직선의 방정식 공식에 $(x_1, y_1)=(-2, 3)$과 기울기 $a=-4$를 대입하면 방정식은 다음과 같다.

$$y-3=(-4)\{x-(-2)\} \quad \Rightarrow \quad y-3=-4(x+2)$$

이는 $4x+y=-5$를 의미한다. 이 직선의 y절편은 $x=0$일 때 $y=-5$이다. 직선은 $y=0$일 때 x축과 교차하므로 $4x=-5$에서 $x=-\frac{5}{4}$이다. 따라서 x축의 교점은 $\left(-\frac{5}{4}, 0\right)$이다.[8]

가끔 서로 다른 두 점을 지나는 직선의 방정식을 구해야 할 때가 있다. 이를 위해 직선의 기울기 공식과 한 점과 기울기를 이용한 직선의 방정식 공식을 결합하면 된다.

두 점을 이용한 직선의 방정식

$x_1 \neq x_2$를 만족하는 두 점 (x_1, y_1), (x_2, y_2)를 지나는 직선의 방정식은 다음과 같은 순서로 구할 수 있다.

❶ 직선의 기울기 $a=\frac{y_2-y_1}{x_2-x_1}$을 계산한다.

❷ a의 식을 한 점과 기울기를 이용한 직선의 방정식 공식에 대입하면 결과는 다음과 같다.

$$y-y_1=\frac{y_2-y_1}{x_2-x_1}(x-x_1) \tag{4.4.2}$$

EX 4.4.4 두 점 $(-1, 3)$, $(5, -2)$를 지나는 직선의 방정식을 구하라.

풀이

식 (4.4.2)에 $(x_1, y_1)=(-1, 3)$, $(x_2, y_2)=(5, -2)$를 대입하면 다음과 같다.

$$y-3=\frac{-2-3}{5-(-1)}\{x-(-1)\}=-\frac{5}{6}(x+1) \quad \Rightarrow \quad 5x+6y=13$$

일차방정식의 기하적 해

3.6장에서는 두 개의 미지수로 이루어진 두 개의 일차방정식을 푸는 대수적 방법을 다뤘다. 각 방정식은 일차방정식이므로 그래프는 직선이 된다. 직선상의 모든 점의 좌표는 해당 직선의 방정식을 만족하다. 따라서 두 직선은 두 방정식을 모두 만족하는 경우에만 평면의 한 지점에서 교차한다.

8 이 직선의 그래프를 그려서 해답을 확인하면 좋은 연습이 될 것이다.

EX 4.4.5 다음 연립일차방정식의 해를 그래프를 사용하여 구하라.

(a) $\begin{cases} x+y= & 5 \\ x-y= & -1 \end{cases}$ (b) $\begin{cases} x+\ \ y= & -7 \\ x-4y= & 2 \end{cases}$ (c) $\begin{cases} 3x+4y=2 \\ 6x+8y=24 \end{cases}$

풀이

(a) [그림 4.4.8]은 두 직선 $x+y=5$와 $x-y=-1$의 그래프를 보여준다. 교점은 (2, 3) 하나뿐이다. 따라서 연립일차방정식의 해는 $x=2$, $y=3$이다.

(b) [그림 4.4.9]는 두 직선 $x+y=-7$과 $x-4y=2$의 그래프를 보여준다. 교점은 $(-2, -1)$ 하나뿐이다. 따라서 연립일차방정식의 해는 $x=-2$, $y=-1$이다.

(c) [그림 4.4.10]은 두 직선 $3x+4y=2$와 $6x+8y=24$의 그래프를 보여준다. 이 직선들은 평행하므로 교점이 없다. 따라서 이 연립일차방정식에는 해가 없다.

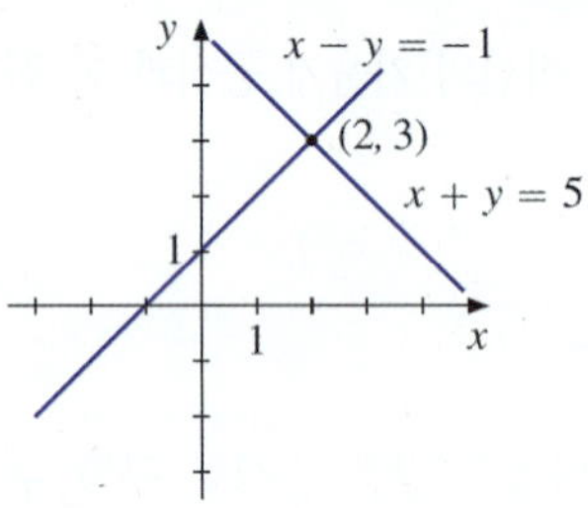

그림 4.4.8 $x+y=5$, $x-y=-1$

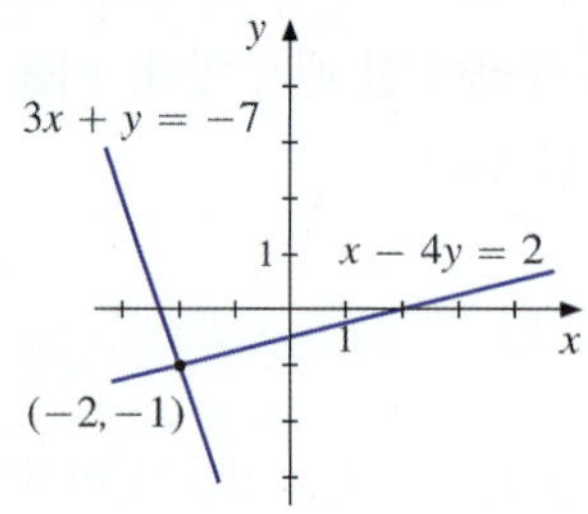

그림 4.4.9 $3x+y=-7$, $x-4y=2$

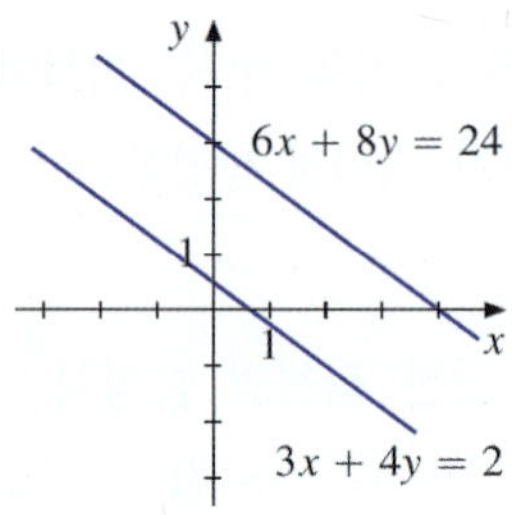

그림 4.4.10 $3x+4y=2$, $6x+8y=24$

일차부등식

이 절에서는 일차부등식을 기하적으로 표현하는 방법에 대해 논의하며 마무리한다. 이를 설명하기 위해 두 가지 예를 제시한다.

EX 4.4.6 부등식 $2x+y \le 4$를 만족하는 모든 순서쌍 (x, y)의 집합 $\{(x, y) : 2x+y \le 4\}$를 xy평면에 그려라.

풀이

주어진 부등식은 $y \le -2x+4$로 쓸 수 있다. 방정식 $y=-2x+4$를 만족하는 점 (x, y)의 집합은 직선이다. 따라서 부등식 $y \le -2x+4$를 만족하는 점 (x, y)의 집합은 직선 $y=-2x+4$상의 점보다 작은 y 값을 가져야 한다. 즉 이 직선에 있거나 직선 아래쪽에 있는 모든 점으로 구성된다. [그림 4.4.11]을 참고하라.

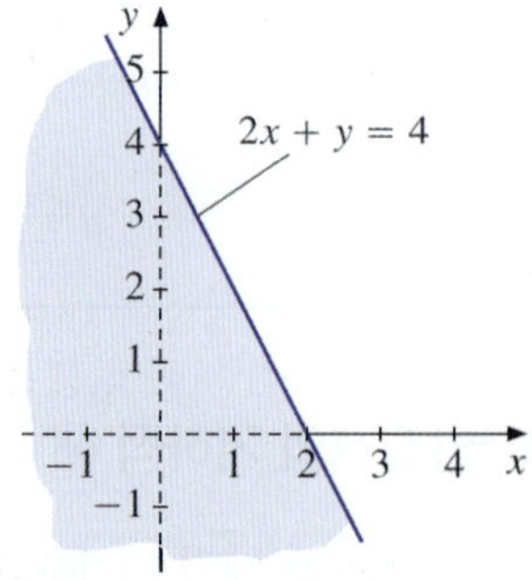

그림 4.4.11 부등식 $\{(x, y) : 2x+y \le 4\}$를 만족하는 영역

EX 4.4.7 한 사람이 두 가지 상품을 구매하기 위한 예산 m달러를 가지고 있다고 하자. 두 상품의 가격은 단위당 p달러와 q달러이며, 두 가격은 모두 양수이다. 이 사람이 첫 번째 상품을 x단위, 두 번째 상품을 y단위 구매한다고 가정하자. 상품의 마이너스 구매는 불가능하므로 $x \geq 0$, $y \geq 0$이어야 한다. 또한 예산을 모두 사용할 필요가 없다고 가정하면 이 사람은 다음과 같은 **예산집합**(budget set) 내에서 선택할 수 있다. 참고로 이 식은 식 (1.1.1)에서 소개한 바 있다.

$$B = \{(x,\ y) : px + qy \leq m,\ x \geq 0,\ y \geq 0\}$$

예산집합 B를 xy평면에 그려라. 예산직선 $px + qy = m$의 기울기와 x절편, y절편을 구하라.

풀이

$x \geq 0$과 $y \geq 0$을 만족하는 점 $(x,\ y)$의 집합은 (음이 아닌) 제1사분면이다. 제약조건 $px + qy \leq m$을 적용하면 [그림 4.4.12]에 표시된 삼각형 모양의 정의역 B를 얻는다. 0이 아닌 p, q에 대해 $px + qy = m$이면 $qy = -px + m$이므로 $y = -\frac{p}{q}x + \frac{m}{q}$이다. 이 직선의 기울기는 $-\frac{p}{q}$이다. 예산직선은 $y = 0$일 때 x축과 교차하므로 $px = m$에서 $x = \frac{m}{p}$이다. 예산직선은 $x = 0$일 때 y축과 교차하므로 $qy = m$에서 $y = \frac{m}{q}$이다. 따라서 두 교점은 [그림 4.4.12]와 같이 $\left(\frac{m}{p},\ 0\right)$과 $\left(0,\ \frac{m}{q}\right)$이다.

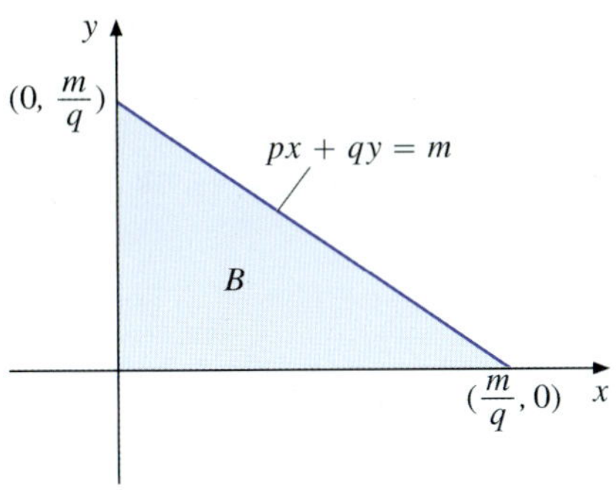

그림 4.4.12 예산집합 $px + qy \leq m$, $x \geq 0$, $y \geq 0$

[EX 4.4.7]에서 다룬 예산직선은 경제학 강의에서 자주 등장하므로 [그림 4.4.12]의 모든 세부 사항을 기억해 두는 것이 좋다.

4.4 연습문제

1 다음 두 점을 지나는 직선의 기울기를 구하라.

(a) $(2,\ 3)$, $(5,\ 8)$

(b) $(-1,\ -3)$, $(2,\ -5)$

(c) $\left(\frac{1}{2},\ \frac{3}{2}\right)$, $\left(\frac{1}{3},\ -\frac{1}{5}\right)$

2 다음 직선의 그래프를 그려라.

(a) $3x + 4y = 12$

(b) $\frac{x}{10} - \frac{y}{5} = 1$

(c) $x = 3$

3 재화에 대한 수요 D가 단위당 가격이 P달러인 일차 함수라고 가정하자. 가격이 10달러일 때 수요는 200개이고, 가격이 15달러일 때 수요는 150개라 하자. 수요함수를 구하라.

4 다음 중 두 변수 사이에 일차함수 관계(선형관계)가 성립하는 경우를 찾아라.

(a) $5y+2x=2$ (b) $P=10(1-0.3t)$

(c) $C=(0.5x+2)(x-3)$

(d) $p_1x_1+p_2x_2=R$ (단, p_1, p_2, R은 상수)

5 한 인쇄회사가 보고서 100부 제작에 1,400달러, 500부 제작에 3,000달러의 견적을 제시했다. 제작 부수와 비용 사이에 일차함수 관계(선형관계)가 성립한다고 가정할 때, 300부를 제작할 때의 가격을 구하라.

6 [그림 4.4.13]에 표시된 직선 l_1, l_2, l_3, l_4, l_5의 기울기를 구하고, 각 직선의 방정식을 구하라.

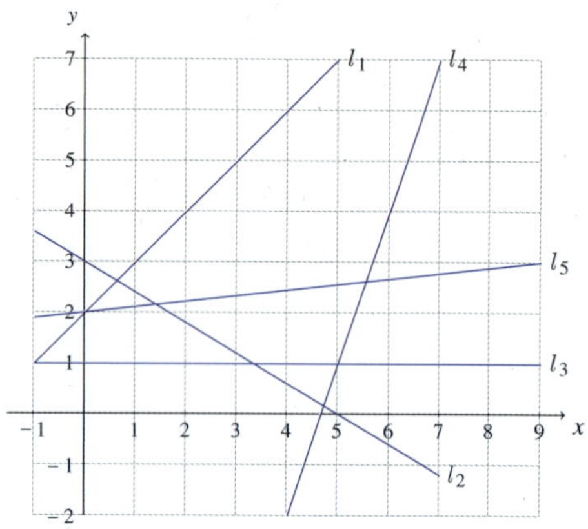

그림 4.4.13 직선 l_1, l_2, l_3, l_4, l_5의 그래프

7 다음 직선의 방정식을 구하라.

(a) 점 $(1, 3)$을 지나고 기울기가 2인 직선 l_1

(b) 두 점 $(-2, 2)$, $(3, 3)$을 지나는 직선 l_2

(c) 원점을 지나며 기울기는 $-\frac{1}{2}$인 직선 l_3

(d) 두 점 $(a, 0)$, $(0, b)$를 지나며 $a \neq 0$인 직선 l_4

8 다음 연립일차방정식을 그래프로 풀어라.

(a) $\begin{cases} x-y=5 \\ x+y=1 \end{cases}$ (b) $\begin{cases} x+\ y=2 \\ x-2y=2 \\ x-\ y=2 \end{cases}$

(c) $\begin{cases} 3x+4y=1 \\ 6x+8y=6 \end{cases}$

9 다음 부등식을 만족하는 모든 순서쌍 (x, y)의 집합을 xy평면에 그려라.

(a) $2x+4y \geq 5$ (b) $x-3y+2 \leq 0$

(c) $100x+200y \leq 300$

10 다음 세 부등식을 모두 만족하는 모든 순서쌍 (x, y)의 집합을 xy평면에 그려라.

$$3x+4y \leq 12,\ x-y \leq 1,\ 3x+y \geq 3$$

4.5 선형모형

선형관계는 수학적 모형에서 자주 나타난다. [EX 2.6.2]에서는 섭씨온도를 화씨온도로 변환하는 공식으로 일차방정식 $F=\frac{9}{5}C+32$를 사용했다. 경제학에서 사용되는 대부분의 선형모형은 이보다 복잡한 모형의 근사치이다. 두 가지 예를 [EX 4.4.1]에 소개한 그림에서 확인할 수 있다. 실제 데이터에 최대한 근접한 선형관계를 구축하기 위해 통계적 방법이 고안된다. 예를 들어 일부 인구 데이터를 기반으로 선형모형을 구축하려는 매우 단순한 시도를 다음과 같이 소개한다.

EX 4.5.1 한 유엔(UN) 보고서에 따르면 1960년 유럽 인구는 6억 6,600만 명이었고 1970년에는 6억 5,700만 명이 될 것으로 추정했다. 이 추정치를 사용하여 유럽 인구를 근사하는 시간 t의 일차함수를 작성하라. 그런 다음 이 함수를 사용하여 1930년, 2000년, 2015년의 인구를 추정하라.

풀이

t는 1960년을 기준으로 경과한 연도를 나타내므로 $t=0$은 1960년, $t=1$은 1961년이고 다른 값도 동일하게 생각할 수 있다. P는 유럽 인구를 백만 명 단위로 나타낸다. 유럽 인구 성장을 일차방정식 $P=at+b$로 나타낼 수 있다. 주어진 데이터에 따르면 이 함수의 그래프는 두 점 $(t_1, P_1)=(0, 606)$, $(t_2, P_2)=(10, 657)$을 지나는 직선이어야 한다. 따라서 두 점을 이용한 직선의 방정식 (4.4.2)를 사용하여 x와 y를 각각 t와 P로 대체하면 다음과 같다.

$$P-606=\frac{657-606}{10-0}(t-0)=\frac{51}{10}t$$

이 식을 P에 대해 정리하면 다음과 같다.

$$P=5.1t+606 \tag{*}$$

[표 4.5.1]은 식 (*)로 계산한 추정치와 UN 보고서의 추정치를 비교한 것이다. 참고로 $t=0$은 1960년, $t=-30$은 1930년에 해당한다.

표 4.5.1 유럽 인구 추정치(단위 : 백만 명)

연도	1930	2000	2015
t	−30	40	55
식 (*)으로 얻는 값	555	810	887
UN 추청치	549	726	738

직선 (*)의 기울기는 5.1임을 참고하라. 즉 유럽 인구가 이 방정식에 따라 증가했다고 가정하면 연간 인구 증가는 510만 명으로 일정했을 것이다.[9]

EX 4.5.2 **(소비함수)** 케인즈주의 거시경제이론(Keynesian macroeconomic theory)은 영국의 영향력 있는 경제학자 존 메이너드 케인즈(Jonh Maynard Keynes, 1883~1946)의 이름을 딴 모형 모음을 설명하는 용어이다. 이 모형의 주요 특징은 적어도 단기적으로는 국민소득 Y로 측정되는 경제 활동 수준이 경제의 총수요에 의해 결정된다는 주장이다. 즉 재화와 서비스에 대한 총소비지출 C는 국민소득 Y의 함수로 가정되고, 이를 $C=f(Y)$로 표기한다. 이때 $f(Y)$는 **소비함수**(consumption function)이다.

케인즈의 동료인 리처드 F. 칸(Richard F. Kahn, 1905~1989)이 케임브리지에서 발표한 연구에 따르면 많은 모형에서 소비함수는 일차함수로 가정되므로 $C=a+bY$와 같이 표현된다. 이러한 직선의 기울기 b를

9 실제로 유럽 인구는 1960년대에 이례적으로 빠르게 증가했다. 물론 1939년~1945년 동안 전쟁을 치르며 수백만 명이 사망하는 바람에 실제 인구 증가 속도는 비정상적으로 느려졌다. 따라서 식 (*)를 유엔 보고서의 추정치와 비교했을 때 정확한 결과를 제공하지 못하는 경우가 많다. 인구 증가를 더 정확하게 모형화하는 방법은 [EX 4.9.1]을 참고하라.

한계소비성향이라 한다. 예를 들어 C와 Y의 단위가 10억 달러라고 하면, 실수 b는 국민소득이 10억 달러 증가할 때 소비가 몇십억 달러 증가하는지를 알려준다. 칸의 연구에 따르면 한계소비성향 b는 일반적으로 0과 1 사이의 값으로 계산된다.

노르웨이 경제학자 트리그베 호벨모(Trygve Haavelmo, 1911~1999)[10]는 1929년~1941년 미국 경제 연구에서 소비함수를 $C=95.05+0.712Y$로 추정한 바 있다. 여기서 한계소비성향은 0.712이다.

EX 4.5.3 **(수요와 공급)** 일주일과 같은 고정된 기간에 소비자가 요구하는(구매 의향이 있는) 특정 재화의 수량은 해당 재화의 가격에 따라 달라진다. 일반적으로 가격이 상승하면 수요는 감소한다.[11] 또한 생산자가 특정 기간에 시장에 공급할 의향이 있는 단위 수는 생산자가 얻을 수 있는 가격에 따라 달라진다. 일반적으로 가격이 상승하면 공급이 증가한다. 따라서 일반적인 수요곡선과 공급곡선은 [그림 4.5.1]과 같다.

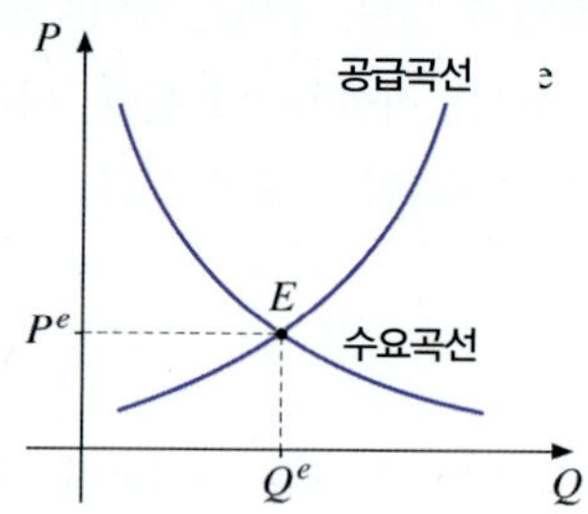

그림 4.5.1 수요곡선과 공급곡선

[그림 4.5.1]에서 수요곡선과 공급곡선이 교차하는 점 E는 **균형**(equilibrium)을 나타낸다. 이때 형성되는 가격 P^e를 **균형가격**(equilibrium price)이라 하고, 이에 대응하는 수량 Q^e를 **균형수량**(equilibrium quantity)이라 한다. 따라서 균형가격 P^e는 소비자가 구매하고자 하는 수량과 생산자가 판매하고자 하는 수량이 일치하는 가격으로 정의된다. 아주 간단한 예로 선형수요함수 $D=100-P$와 선형공급함수 $S=10+2P$를 생각해보자. 두 역함수는 $P=100-D$와 $P=\frac{1}{2}S-5$이고, 그 그래프는 [그림 4.5.2]에 나와 있다.[12]

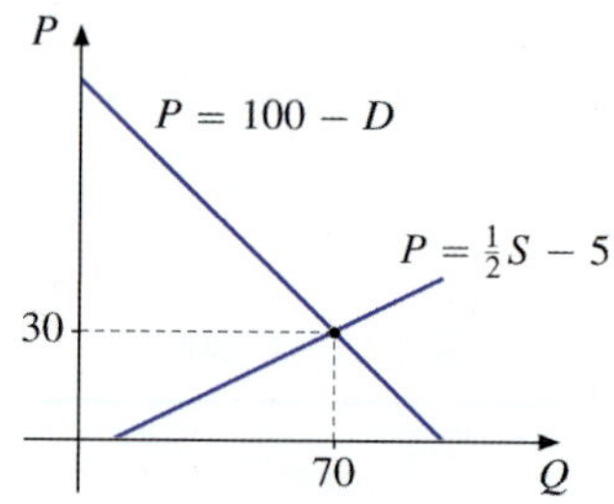

그림 4.5.2 함수 $P=100-D$와 함수 $P=\frac{1}{2}S-5$

수요량 D와 공급량 S는 $100-P=10+2P$로 일치해야 하므로 $3P=90$이 성립한다. 따라서 균형가격은 $P^e=30$이고, 균형수량은 $Q^e=70$이다.

[그림 4.5.1]과 [그림 4.5.2]의 특이한 점은 일반적으로 수요량과 공급량을 가격의 함수로 간주하지만, 경제학자는 일반적으로 가격을 세로축(y축), 공급량을 가로축(x축)에 둔다. 이러한 표기 방식은 프랑스 수학자이자 경제학자인 앙투안 오귀스탱 쿠르노(Antoine-Augustin Cournot, 1801~1877)와 동시대 유럽 경제학자들의 기본 아이디어에서 비롯했으며, 이후 기본 가격이론에서 표준 관행으로 자리 잡았다. 영국 경제학자 알프레드 마샬

---

10 1989년에 노벨경제학상을 수상했다.

11 예외도 존재한다. 예를 들어 향수와 같이 선물로 많이 주는 특정 사치재는 가격이 상승하면 오히려 수요가 증가할 수 있다. 또한 당뇨병 환자용 인슐린과 같이 절대적인 필수재는 수요와 가격이 거의 무관하다. 식료품은 가격이 오르면 수요가 증가하는 **기펜재**(giffen goods)가 될 수도 있다. 이러한 식료품은 극빈층 가구의 생존에 필수적이므로 가격이 상승하면 실질 소득이 크게 감소한다. 따라서 기존에 소비하던 필수재(기펜재)를 더 많이 소비하게 되는 현상이 나타날 수 있다.

12 선형공급함수를 설정할 때 상수항의 부호가 중요한 의미를 가질 수 있다. 방금 소개한 $S=10+2P$처럼 상수항이 음수이면 가격이 0일 때도 공급이 양수 10(단위)이므로 직관에 반하는 결과가 나타난다. 이러한 상황은 생산자가 재고를 보유하고 해당 재화가 부패하기 쉬울 때 설명할 수 있다. 그러나 매우 낮은 가격에서도 공급이 항상 양수이고 증가하는 것은 실제 생산자의 행동과 일치하지 않을 수도 있다. 문제는 상수항이 양수일 때 일부 낮은 가격에서는 생산자의 공급이 음수가 되는 문제가 발생할 수 있다. 여기서는 이러한 문제를 다루지 않지만, 지나치게 단순화된 모형은 바람직하지 않은 특성을 나타낼 수도 있음을 주의해야 한다.

(Alfred Marshall, 1842~1924)은 19세기 후반에 이 이론을 대중화하는 데 많은 공헌을 했다.

EX 4.5.4 (선형수요함수와 선형공급함수) 일반적으로 선형수요함수는 $D=a-bP$이고 선형공급함수는 $S=\alpha+\beta P$로 둔다. 여기서 a, b는 수요함수 D의 양의 모수이고 α, β는 공급함수 S의 양의 모수이다.[13] 균형 가격 P^e는 수요와 공급이 같은 지점에서 결정된다. 그런데 $P=P^e$에서 $D=S$는 $a-bP^e=\alpha+\beta P^e$를 의미하므로 $a-\alpha=(\beta+b)P^e$이다. 해당 균형수량은 $Q^e=a-bP^e$이다. 따라서 균형은 P^e와 Q^e가 다음과 같을 때 발생한다.

$$P^e=\frac{a-\alpha}{\beta+b}, \quad Q^e=a-b\frac{a-\alpha}{\beta+b}=\frac{a\beta+\alpha b}{\beta+b}$$

4.5 연습문제

1 소비함수 $C=4141+0.78Y$는 1949년~1975년의 영국 데이터를 기반으로 추정되었다. 한계소비성향을 구하라.

2 다음 수요와 공급의 선형모형에 대한 균형가격을 구하라.

(a) $D=75-3P$, $S=2P$

(b) $D=100-0.5P$, $S=-20+0.5P$

3 어떤 상품의 x단위를 생산하는 데 드는 총비용 C는 x의 일차함수이다. 기록에 따르면 어떤 경우에는 100단위를 생산할 때 총비용이 200달러였고, 다른 경우에는 150단위를 생산할 때 총비용이 275달러였다. 총비용 C에 대한 일차방정식을 생산 단위 x에 대해 나타내라.

4 한 가구의 소비재에 대한 지출 C는 가구 소득 Y와 다음과 같은 관계를 가진다. 즉 소득이 1,000달러일 때 소비재에 대한 지출은 900달러이고, 소득이 100달러 증가할 때마다 소비재에 대한 지출은 80달러씩 증가한다. 소비재에 대한 지출을 소득의 함수로 표현하라. 이때 소비재에 대한 지출과 소득 사이에 선형관계가 있다고 가정한다.

5 자동차, 전자기기, 가구 등 대부분의 자산은 시간이 지나면서 매년 **감가상각**(depreciate)이 이루어진다. 자산 가치가 매년 원래 가치의 일정 비율만큼 감소하는 경우, 이를 **정액 감가상각**(straight line depreciation)이라 한다.

(a) 처음 가격이 20,000달러인 자동차가 매년 원래 가치의 10%씩 감가상각된다고 가정하자. t년 후의 가치 $P(t)$를 나타내는 공식을 구하라.

(b) 500달러 짜리 세탁기가 10년 후 완전히 감가상각(정액 감가상각)되었다고 하자. t년 후 세탁기의 가치 $W(t)$를 구하라.

13 이러한 선형수요함수와 선형공급함수는 경제학에서 중요한 역할을 한다. 예를 들어 구리와 같은 특정 상품의 시장은 선형수요함수와 선형공급함수를 이용하여 대략적으로 나타낼 수 있는 경우가 많다.

4.6 이차함수

경제학자들은 종종 일차함수만으로는 경제 현상을 아주 정확하게 모형화하기 어렵다고 본다. 실제로 많은 경제 모형에는 함수가 특정 최솟값까지 감소한 후 다시 증가하거나, 특정 최댓값까지 증가한 후 감소하는 형태를 가진다. 이러한 성질을 가진 간단한 함수로 3.3장에서 처음 살펴본 **이차함수**(quadratic function)가 있다. 이차함수의 일반적인 형태는 다음과 같다.

$$f(x) = ax^2 + bx + c \tag{4.6.1}$$

여기서 a, b, c는 상수이고 $a \neq 0$이다. $a = 0$이면 $f(x)$는 일차함수이다. 일반적으로 $f(x) = ax^2 + bx + c$의 그래프를 **포물선**(parabola)이라 한다. 이 포물선의 모양은 $a < 0$일 때 ⋂와 같은 모양이고, $a > 0$일 때 ⋃와 같은 모양이다. 세 가지 전형적인 사례를 [그림 4.6.1]~[그림 4.6.3]에서 확인할 수 있다.

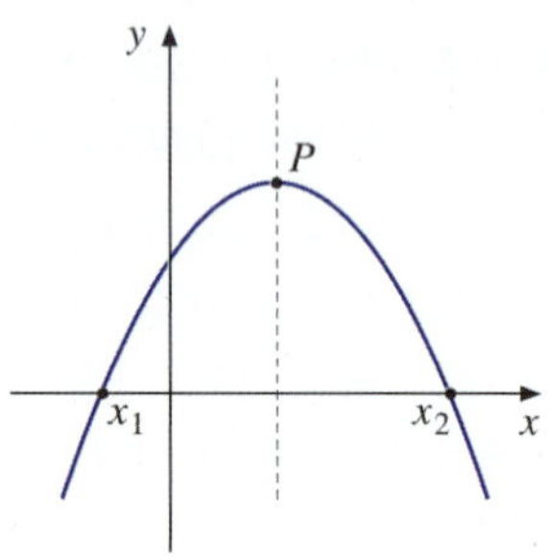

그림 4.6.1 $a<0$, $b^2>4ac$

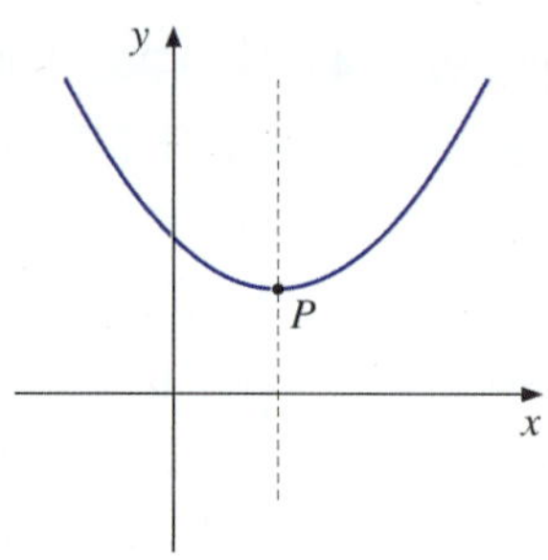

그림 4.6.2 $a<0$, $b^2<4ac$

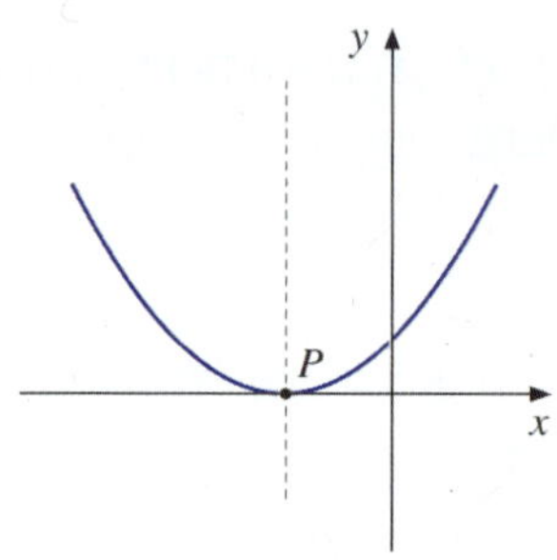

그림 4.6.3 $a<0$, $b^2=4ac$

함수 $f(x) = ax^2 + bx + c$에 대해 자세히 알아보기 위해 다음과 같은 질문 두 가지를 생각하자.

❶ $ax^2 + bx + c = 0$이 성립하는 x가 존재한다면 그 값은 무엇인가?

❷ 포물선의 **꼭짓점**(vertex)이라고도 하는 극점(최대점 또는 최소점) P의 좌표는 무엇인가?

❶의 답은 이차방정식의 근의 공식 (3.3.5)와 해당 공식에 대한 후속 논의를 통해 알 수 있다. ❷를 해결하는 가장 쉬운 방법은 미분을 사용하는 것이다.[14] 지금은 3.3절에서 다룬 완전제곱법이 어떻게 ❷에 대한 답을 어떻게 제공하는지 간략하게 살펴보자. 실제로 이 방법을 사용하면 다음과 같은 식을 얻을 수 있다.

$$f(x) = ax^2 + bx + c = a\left(x + \frac{b}{2a}\right)^2 - \frac{b^2 - 4ac}{4a} \tag{4.6.2}$$

이는 우변을 전개하고 항들을 정리하면 쉽게 확인할 수 있다. x가 변하면 $a\left(x + \frac{b}{2a}\right)^2$ 값만 변한다. 이 제곱항은 $x = -\frac{b}{2a}$일 때만 0이다. $a > 0$이면 제곱항 $a\left(x + \frac{b}{2a}\right)^2$은 0보다 작아질 수 없다. 그러므로 $a > 0$일 때 함수 $f(x)$는 $x = -\frac{b}{2a}$에서 최솟값을 가지고, 그 값은 다음과 같다.

$$f\left(-\frac{b}{2a}\right) = -\frac{b^2 - 4ac}{4a} = c - \frac{b^2}{4a}$$

14 미분은 6장의 주제로 ❷의 내용은 6.2절 [연습문제 7]에서 다룬다.

반면에 $a<0$이면 모든 x에 대해 $a\left(x+\dfrac{b}{2a}\right)^2 \le 0$이고, 제곱항은 $x=-\dfrac{b}{2a}$일 때만 0이다. 따라서 함수 $f(x)$는 $x=-\dfrac{b}{2a}$에서 최댓값을 가진다. 지금까지의 내용을 요약하면 다음과 같다.

> **이차함수의 극점**
>
> - $a<0$이면 $f(x)=ax^2+bx+c$는 $x=-\dfrac{b}{2a}$에서 **최댓값**을 가진다. (4.6.3)
> - $a>0$이면 $f(x)=ax^2+bx+c$는 $x=-\dfrac{b}{2a}$에서 **최솟값**을 가진다. (4.6.4)

포물선의 **대칭축**(axis of symmetry)은 그래프가 대칭을 이루는 수직선이다. [그림 4.6.1]~[그림 4.6.3]에서 이 대칭축은 포물선의 꼭짓점을 지나는 점선이고, 꼭짓점은 P이다. 그 이유를 설명하기 위해 5.2절에서 모든 t에 대해 $f(x_0+t)=f(x_0-t)$인 함수 f는 **$x=x_0$에서 대칭**이라 정의할 것이다. 이제 임의의 수 t에 대해 식 (4.6.2)에 $x=-\dfrac{b}{2a}\pm t$를 대입하면 다음을 얻는다.

$$f\left(-\frac{b}{2a}+t\right)=at^2-\frac{b^2-4ac}{4a}=f\left(-\frac{b}{2a}-t\right)$$

즉 이차함수 $f(x)=ax^2+bx+c$가 극점(extremum) P를 지나는 수직선 $x=-\dfrac{b}{2a}$에서 실제로 대칭이다.

경제학에서 이차 최적화 문제

경제분석의 대부분은 최적화 문제와 관련이 있다. 경제학은 결국 선택의 과학이며, 최적화 문제는 경제학자가 선택을 수학적으로 모형화하는 일반적인 방식이다. 이러한 문제에 대한 일반적인 논의는 미분적분학에서 필요한 도구를 먼저 개발한 뒤 다루어야 한다. 여기서는 이 절에서 살펴볼 이차함수의 극대화 결과를 활용해 몇 가지 기본적인 경제 개념을 설명하는 방법을 보여준다.

EX 4.6.1 **(기댓값)** 각 공에 숫자가 적힌 공이 T개 들어 있는 항아리를 생각하자. 공 하나가 무작위로 뽑히고, 해당 공에 적힌 숫자를 추측하라는 요청을 받는다. $t=1,\ 2,\ \cdots,\ T$에 대해 공 t에 적힌 숫자를 y_t로 표기하자. 다음 목표는 y_t에 가능한 한 가까운 값 $\hat{y}$을 추측하는 것이다. 공 t가 뽑힌 경우 추측값의 오차는 $|y_t-\hat{y}|$이다. 여기서 추측과 실제 값 차이의 절댓값을 사용하는데, 이는 실제 값을 과소 추정하는 것이 같은 양만큼 과대 추정하는 것과 동일한 정도로 잘못된 것으로 보기 때문이다. 대안적으로 오차의 대칭적인 측정값을 구하는 방법 중 하나로 차이의 제곱 $(y_t-\hat{y})^2$을 사용하는 것이 있다. 이 **제곱오차**(squared error)는 통계에서 널리 사용되는 개념이다. 실제로 통계학자들은 일반적으로 이러한 상황에서 사람이 선택하는 추측값이 [EX 2.10.2]에 정의된 대로 (산술) **평균제곱오차**(mean squared error)를 최소화해야 한다고 가정한다. 즉 추측값은 **손실함수**(loss function)를 최소화하도록 선택되어야 한다.

$$L(\hat{y})=\frac{1}{T}\sum_{t=1}^{T}(y_t-\hat{y})^2$$

합의 법칙인 식 (2.10.1)~(2.10.3)을 사용하면 다음과 같은 결과를 얻는다.

$$L(\hat{y}) = \frac{1}{T}\sum_{t=1}^{T} y_t^2 - \frac{1}{T}\sum_{t=1}^{T} 2y_t\hat{y} + \frac{1}{T}\sum_{t=1}^{T}\hat{y}^2 = \frac{1}{T}\sum_{t=1}^{T} y_t^2 - \left(\frac{2}{T}\sum_{t=1}^{T} y_t\right)\hat{y} + \hat{y}^2$$

수 y_1, y_2, $\cdots$, y_T의 평균을 μ_y로 표기하면, 위 식을 다음과 같이 다시 쓸 수 있다.

$$L(\hat{y}) = \frac{1}{T}\sum_{t=1}^{T} y_t^2 - 2\mu_y\hat{y} + \hat{y}^2 \qquad (*)$$

이 식은 방정식 (4.6.1)과 같이 $\hat{y}$의 이차함수이며 $a=1$, $b=-2\mu_y$이다. 식 (4.6.3)에서 손실함수를 최소화하는 추측은 다음과 같다.

$$\hat{y} = -\frac{b}{2a} = \frac{2\mu_y}{2} = \mu_y$$

즉 평균제곱오차를 최소화하는 최적의 추정값은 정확히 **확률변수**(random variable) y의 평균이다. 따라서 확률변수 y의 평균을 종종 **기댓값**(expectation) 또는 **예상값**(expected value)이라 한다.

EX 4.6.2 기업이 생산량 Q단위를 생산하여 판매할 때, 단위당 가격 P를 $P=102-2Q$로 받는다고 하자. 또한 이 기업의 단위당 생산 및 판매비용이 $C=2Q+\frac{1}{2}Q^2$이라 하자. 그러면 기업의 이윤은 다음과 같이 계산할 수 있다.[15]

$$\pi(Q) = PQ - C = (102-2Q)Q - \left(2Q + \frac{1}{2}Q^2\right) = 100Q - \frac{5}{2}Q^2$$

이윤을 최대화하는 Q 값과 그에 해당하는 최대 이윤을 구하라.

풀이

공식 (4.6.4)를 사용하면 다음 생산량 Q에서 이윤이 최대화된다.

$$Q = Q^* = -\frac{100}{2\cdot\left(-\frac{5}{2}\right)} = 20$$

기업의 이윤함수에 이 값을 대입하면 $\pi^* = \pi(Q^*) = 100\cdot 20 - \frac{5}{2}\cdot 400 = 1000$이다. 이 예는 [EX 4.6.3]에서 다룰 독점문제의 특수한 경우이다.

EX 4.6.3 **(독점문제)** 한 기업이 특허받은 의약품의 유일한 판매자로, 시장을 독점하고 있다고 하자. 이 독점기업의 총비용은 다음과 같은 이차함수로 주어진다.

$$C = \alpha Q + \beta Q^2$$

여기서 생산량은 $Q \geq 0$이고, α와 β는 양의 상수이다. 각 Q에 대해 단위당 가격 P는 일차 역수요함수 $P=a-bQ$에 의해 결정된다고 가정하자. 여기서 a와 b는 $a>0$, $b\geq 0$인 상수이다. 따라서 음수가 아닌

15 수학에서 그리스 문자 π는 원의 둘레와 지름 사이의 상수 비율 3.1415…를 나타내지만 경제학에서는 이 상수를 자주 사용하지 않는다. 또한 경제학에서 소문자 p와 대문자 P는 보통 가격을 나타내므로 π는 이윤을 나타내는 기호로 사용된다.

모든 Q에 대해 독점기업의 총수익 R은 이차함수 $R=PQ=(a-bQ)Q$로 주어지며, 이윤은 다음과 같은 이차함수로 주어진다.

$$\pi(Q)=R-C=(a-bQ)Q-\alpha Q-\beta Q^2=(a-\alpha)Q-(b+\beta)Q^2$$

독점기업의 목표가 이윤함수 $\pi=\pi(Q)$를 최대화하는 것이라고 가정할 때, 최적 생산량 Q^M과 상응하는 최적 이윤 π^M을 구하라.

풀이

식 (4.6.4)를 사용하면 π는 다음과 같은 경우에 최댓값에 도달한다.

$$Q^M=\frac{a-\alpha}{2(b+\beta)} \tag{4.6.5}$$

이때 최적 이윤에 대해 $\pi^M=\dfrac{(a-\alpha)^2}{2(b+\beta)}-(b+\beta)\dfrac{(a-\alpha)^2}{4(b+\beta)^2}=\dfrac{(a-\alpha)^2}{4(b+\beta)}$이 성립한다. 이 결과는 $a>\alpha$일 때 유효하다. $a\le\alpha$일 때 기업은 아무것도 생산하지 않고, $Q^M=0$과 $\pi^M=0$이 된다. 두 경우는 [그림 4.6.4]와 [그림 4.6.5]에 설명되어 있다.

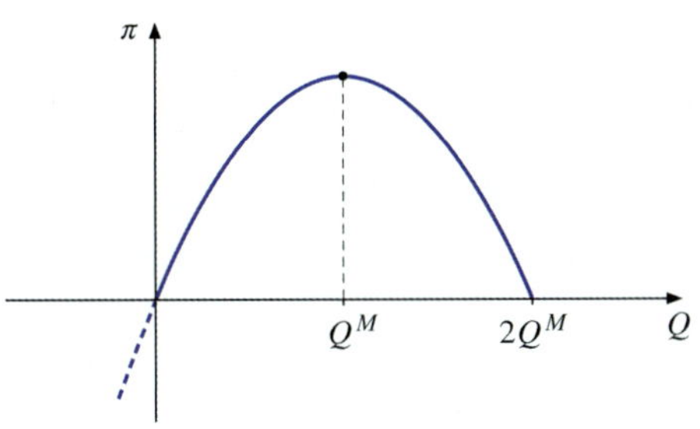

그림 4.6.4 $a>\alpha$일 때 이윤함수

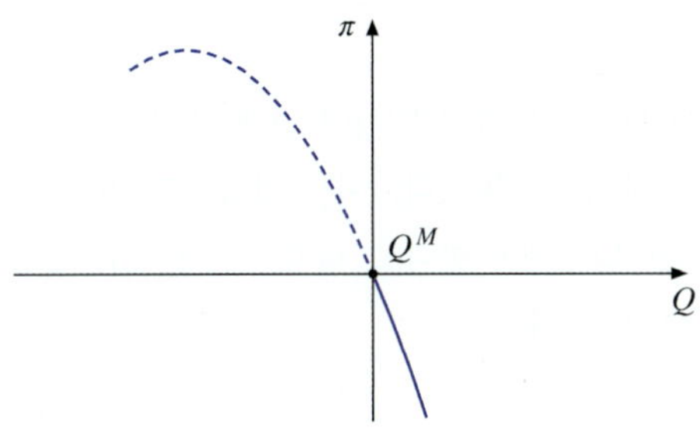

그림 4.6.5 $a\le\alpha$일 때 이윤함수

두 그림에서 $Q=0$ 왼쪽에 있는 포물선은 점선으로 표시되어 있다. 이는 $Q\ge 0$이어야 한다는 조건을 고려할 때 실제로 관련이 없기 때문이다. 식 (4.6.5)에 Q^M에 대응하는 가격과 비용은 일반적인 산술계산을 수행하여 구할 수 있다. 가격함수 $P=a-bQ$에 $b=0$을 대입하면 모든 Q에 대해 $P=a$이다. 이때 기업의 생산량 선택이 가격에 전혀 영향을 미치지 않으므로 기업은 **완전경쟁적**(perfectly competitive)이라 할 수 있다. 이때 이전 식에서 a를 P로 대체하면 이윤은 다음 생산량에서 최대가 된다.

$$Q^*=\frac{P-\alpha}{2\beta} \tag{4.6.6}$$

최대 이윤은 $P>\alpha$일 때 $\pi^*=\dfrac{P-\alpha}{4\beta}$이다. $P\le\alpha$이면 $Q^*=0$이고 $\pi^*=0$이다. 식 (4.6.6)을 P에 대해 풀면 $P=\alpha+2\beta Q^*$이다. 그러므로 다음 방정식은 $P>\alpha$일 때 이 완전경쟁기업의 **공급곡선**을 나타낸다.

$$P=\alpha+2\beta Q \tag{4.6.7}$$

$P\le\alpha$일 때 이윤을 극대화하는 생산량은 $Q^*=0$이다. 시장 가격과 기업의 생산량 선택을 나타내는 공급곡선은 [그림 4.6.6]에 표시되어 있다. 이 공급곡선은 원점과 점 $(0, \alpha)$ 사이의 선분에 포함된 모든 점을 나타낸다. 그리고 여기서는 가격이 너무 낮아 회사가 양의 생산량을 선택하더라도 이윤을 얻을 수 없는 상황이 발생한다.

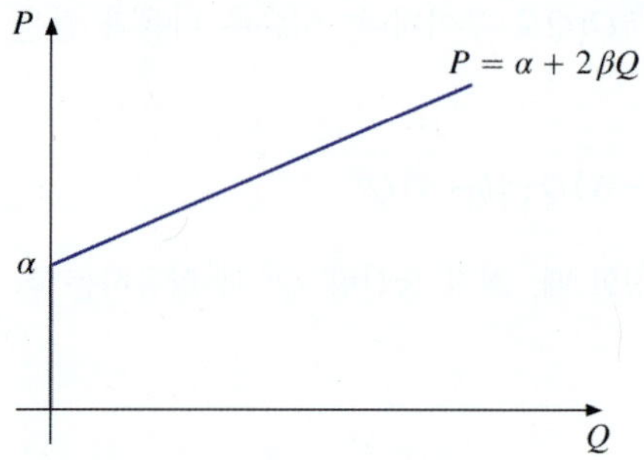

그림 4.6.6 완전경쟁기업의 공급곡선

공급곡선이 없는 독점기업으로 돌아가자. 만약 이 기업이 어떤 방식으로든 가격을 주어진 값으로 받아들이며 경쟁기업처럼 행동하도록 만들 수 있다면, 이 기업은 공급곡선 (4.6.7) 위에 있을 것이다. 수요곡선 $P=a-bQ$가 주어지면 공급과 수요 사이의 균형은 공급곡선 (4.6.7)도 동시에 만족할 때 발생하므로 $P=a-bQ=\alpha+2\beta Q$이다. 이제 두 번째 방정식을 풀고 P와 π를 차례로 대입하면 균형생산량, 균형가격, 균형이윤은 각각 다음과 같다.

$$Q^e=\frac{a-\alpha}{b+2\beta},\quad P^e=\frac{2a\beta+\alpha b}{b+2\beta},\quad \pi^e=\frac{\beta(a-\alpha)^2}{(b+2\beta)^2}$$

독점기업이 $(Q^e,\ P^e)$를 선택하여 경쟁기업을 모방하게 하려면, 독점기업의 생산량에 세금을 부과하거나 보조금을 지급해야 할 수 있다. 이를 설명하기 위해 다음과 같은 경우를 가정해보자. 독점기업이 생산량 단위당 세금 τ를 납부해야 한다고 하자. 이때 세금 납부액 $\tau\cdot Q$가 기업의 비용에 추가되므로 새로운 총비용함수는 다음과 같다.

$$C=\alpha Q+\beta Q^2+\tau Q=(\alpha+\tau)Q+\beta Q^2$$

이전과 동일한 계산을 수행하되 α를 $(\alpha+\tau)$로 대체하면 독점기업의 생산량 선택은 다음과 같다.

$$Q_\tau^M=\begin{cases}\dfrac{a-\alpha-\tau}{2(b+\beta)}, & a\geq\alpha+\tau\\ 0, & \text{그 외의 경우}\end{cases}$$

따라서 $\dfrac{a-\alpha-\tau}{2(b+\beta)}=\dfrac{a-\alpha}{b+2\beta}$가 성립할 때 $Q_\tau^M=Q^e$를 얻는다. 이 방정식을 τ에 대해 풀면 다음과 같다.

$$\tau=-\frac{(a-\alpha)b}{b+2\beta}$$

τ는 실제로 음수이며, 이는 생산을 늘리도록 장려하기 위해 독점기업의 생산량에 보조금(subsidy)을 지급하는 것이 바람직할 수 있음을 나타낸다.[16]

16 물론 독점기업에 보조금을 지급하는 것은 일반적으로 부당하다고 여겨진다. 따라서 독점기업을 규제하는 적절한 정책을 수립하기에 앞서 추가적인 여러 복잡한 문제를 신중하게 검토해야 한다. 앞선 분석은 독점기업의 가격이나 이윤을 낮추는 것이 윤리적으로 바람직하다고 판단되면, 생산량에 세금을 부과하기보다 이를 직접 조정하는 편이 훨씬 더 효과적일 수 있음을 시사한다.

4.6 연습문제

1 $f(x)=x^2-4x$이라 하자.

(a) 다음 표를 완성하고 이를 사용하여 f의 그래프를 그려라.

x	-1	0	1	2	3	4	5
$f(x)$							

(b) 식 (4.6.3)을 사용하여 f 값이 최소가 되는 점(최소점)을 구하라.

(c) 방정식 $f(x)=0$을 풀어라.

2 $f(x)=-\frac{1}{2}x^2-x+\frac{3}{2}$이라 하자.

(a) 다음 표를 완성하고 f의 그래프를 그려라.

x	-4	-3	-2	-1	0	1	2
$f(x)$							

(b) 식 (4.6.4)를 사용하여 f 값이 최대가 되는 점(최대점)을 구하라.

(c) 방정식 $f(x)=0$을 풀어라.

(d) $f(x)=-\frac{1}{2}(x-1)(x+3)$임을 보이고, 이를 이용하여 x 값에 따라 $f(x)$의 부호가 어떻게 변하는지 확인하라. 그 결과를 f의 그래프와 비교하라.

3 식 (4.6.3) 또는 식 (4.6.4)를 적절히 사용하여 다음 함수의 최대점 또는 최소점을 구하라.

(a) x^2+4x (b) $x^2+6x+18$

(c) $-3x^2+30x-30$ (d) $9x^2-6x-44$

(e) $-x^2-200x+30000$ (f) $x^2+100x-20000$

4 [연습문제 3]의 각 이차함수를 0으로 놓고 가능한 모든 근을 구하라. 또한 가능하면 각 함수를 인수분해해서 $a(x-x_1)(x-x_2)$의 형식으로 나타내라.

5 다음 방정식을 풀어라. 여기서 a, b는 모수이다.

(a) $x^2-3ax+2a^2=0$

(b) $x^2-(a+b)x+ab=0$

(c) $2x^2+(4b-a)x=2ab$

6 효율적인 대출시장이론의 한 모형은 다음과 같은 함수를 포함한다.

$$U(x)=72-(4+x)^2-(4-rx)^2$$

여기서 r은 상수이다. $U(x)$가 최댓값을 가지는 x 값을 구하라.

7 한 농부가 철조망 1,000m를 사용하여 직사각형 모양 울타리를 만들려고 한다. [그림 4.6.7]과 같이 밑면의 길이를 $250+x$로 하고 높이는 $250-x$로 한다.

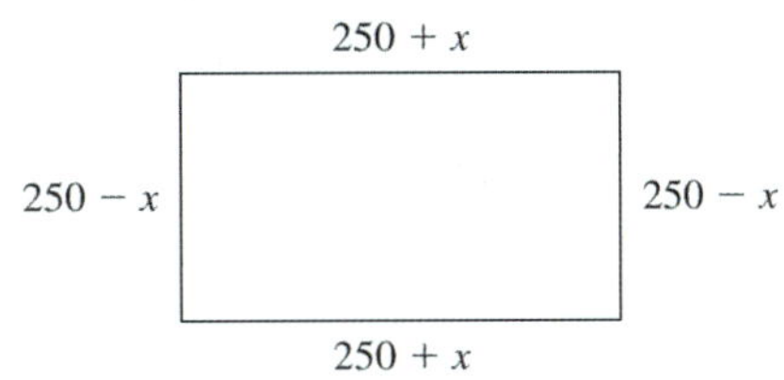

그림 4.6.7 철조망 1,000m로 만든 울타리

(a) 밑변이 각각 100m, 250m, 350m일 때의 x 값과 해당하는 직사각형의 넓이를 구하라.

(b) 넓이가 가장 클 때의 x 값을 구하라.[17]

8 한 코코아 운송회사가 영국에서 Q톤의 코코아를 판매할 때 받는 가격은 $P_U=\alpha_1-\frac{1}{3}Q$라 한다. 반면에 가나에 있는 유일한 공급처에서 Q톤의 코코아를 구매할 때 지불해야 하는 가격은 $P_G=\alpha_2+\frac{1}{6}Q$라 한다. 또한 가나에 있는 공급업체에서 유일한 시장인 영국의 고객에게 코코아를 운송하려면 톤당 γ의 배송비가 든다. 여기서 α_1, α_2, γ는 모두 양수이다.

(a) 코코아 운송회사의 이윤을 선적된 톤 수 Q의 함수로 표현하라.

(b) $\alpha_1-\alpha_2-\gamma>0$이라 가정하고, 코코아의 이윤을 극대화하는 선적량을 구하라. 만약 $\alpha_1-\alpha_2-\gamma\le 0$이면 어떻게 되는가?

(c) 가나 정부가 코코아에 톤당 τ의 수출세를 부과한다고 가정하자. 이때 운송회사의 이윤함수에 대한 새로운 식을 구하고, 이윤을 극대화하는 새로운 선적 수량을 구하라.

17 고대에는 일부 측량사가 농부에게 직사각형 토지를 판매할 때, 둘레만 명시된 계약서를 작성하곤 했다. 그 결과 판매된 토지는 길고 좁은 형태인 경우가 많았다.

(d) 가나 정부의 수출세 수입을 τ의 함수로 나타내고, 이 함수의 그래프를 [그림 4.1.1]에 제시한 래퍼 곡선과 비교하라.

(e) 가나 정부가 가능한 한 많은 세수를 확보할 방법을 찾아라.

9 **심화** 임의의 실수 $a_1,\ a_2,\ \cdots,\ a_n$과 $b_1,\ b_2,\ \cdots,\ b_n$에 대해 다음 부등식을 **코시-슈바르츠 부등식**(Cauchy-Schwarz inequality)이라 한다.

$$(a_1b_1 + a_2b_2 + \cdots + a_nb_n)^2 \le \left(a_1^2 + a_2^2 + \cdots + a_n^2\right)\left(b_1^2 + b_2^2 + \cdots + b_n^2\right) \quad (4.6.8)$$

(a) $a_1 = -3,\ a_2 = 2,\ b_1 = 5,\ b_2 = -2$일 때 $n = 2$에 대한 부등식이 성립하는지 확인하라.

(b) 다음 기법을 사용하여 부등식 (4.6.8)을 증명하라.

> 먼저 모든 실수 x에 대해 $f(x) = (a_1x + b_1)^2 + \cdots + (a_nx + b_n)^2$을 정의한다. 여기서 모든 실수 x에 대해 자명하게 $f(x) \ge 0$임을 확인할 수 있다. 이제 $f(x)$를 $Ax^2 + Bx + C$로 나타낸다. 여기서 계수 $A,\ B,\ C$는 부등식 (4.6.8)의 항과 관련이 있다. 모든 실수 x에 대해 $Ax^2 + Bx + C \ge 0$이므로 $B^2 - 4AC \le 0$이 되어야 한다. 그 이유를 밝혀라.

(c) (a), (b)의 증명에 의해 부등식 (4.6.8)이 성립함을 보여라.

4.7 다항식

삼차함수

일차함수와 이차함수를 학습했다면 다음 단계로 **삼차함수**(cubic function)를 고려할 수 있다. 삼차함수의 일반적인 형태는 다음과 같다.

$$f(x) = ax^3 + bx^2 + cx + d \quad (4.7.1)$$

여기서 $a,\ b,\ c,\ d$는 상수이고 $a \ne 0$이다. 일차함수와 이차함수의 그래프는 비교적 쉽게 이해할 수 있지만 삼차함수는 계수 $a,\ b,\ c,\ d$가 변함에 따라 그래프 모양이 급격하게 변하므로 훨씬 더 복잡하다. [그림 4.7.1]과 [그림 4.7.2]에는 삼차함수의 두 가지 예가 제시되어 있다. 삼차함수는 경제학 모형에서도 가끔 등장한다.

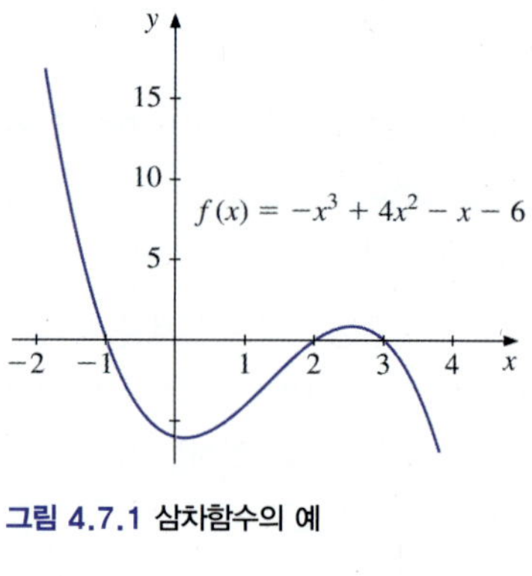

그림 4.7.1 삼차함수의 예

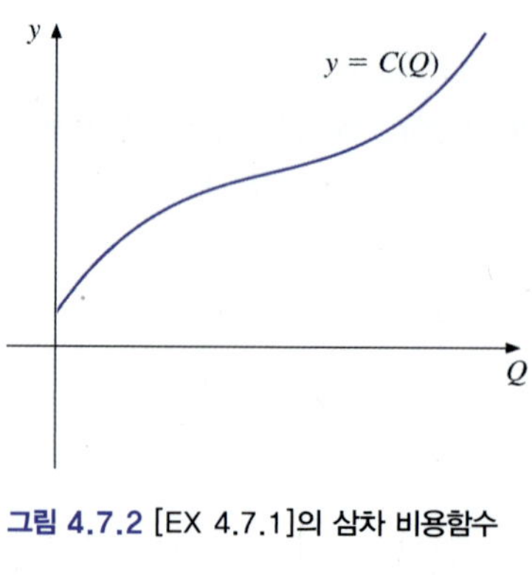

그림 4.7.2 [EX 4.7.1]의 삼차 비용함수

EX 4.7.1 한 기업이 단일 상품을 생산한다고 가정하자. 이때 상품 Q단위를 생산하는 데 드는 총비용은 $C(Q)$이다. 비용함수는 일반적으로 다음과 같은 특성을 가진다.

- $C(0)$은 초기 고정 지출이 포함되기 때문에 양수이다.
- 생산량이 증가하면 비용도 증가한다. 초기에는 비용이 빠르게 증가하지만, 주당 근무시간 중 생산 장비의 활용도가 증가하면서 증가 속도가 둔화된다.
- 생산량이 매우 많아지면 비용 증가속도가 다시 빨라진다. 기술적 병목 현상과 근로자 초과근무 수당 등의 영향 때문이다.

이러한 특성을 만족하는 삼차 비용함수는 $C(Q) = aQ^3 + bQ^2 + cQ + d$이며, 여기서 $a > 0$, $b < 0$, $c > 0$, $d > 0$, $3ac > b^2$이다. 그래프는 [그림 4.7.2]에 나타나 있다.

계수가 다른 부호를 가지는 삼차 비용함수도 연구되었다. 예를 들어 특정 발전소에 대한 연구에 따르면 일정 기간 출력 Q의 함수인 연료 비용함수는 다음과 같이 주어진다.

$$C(Q) = -Q^3 + 214.2Q^2 - 7900Q + 320700$$

이 함수는 충분히 큰 Q에서 $C(Q)$가 음수가 될 수 있으므로 모든 Q에 대해 성립한다고 볼 수 없다.

나중에 살펴보겠지만 미분과 적분을 활용하면 삼차함수를 쉽게 분석할 수 있다.

일반 다항식

일차함수, 이차함수, 삼차함수는 모두 **다항식**(polynomial)의 예이다.

일반 다항식

모든 x에 대해 다음과 같이 정의되는 함수 P를 생각해보자.

$$P(x) = a_n x^n + a_{n-1} x^{n-1} + \cdots + a_1 x + a_0 \quad (4.7.2)$$

여기서 a_0, a_1, $\cdots$, a_n은 상수이다. $a_n \neq 0$일 때 P를 a_0, a_1, $\cdots$, a_n을 **계수**(coefficient)로 가지는 **차수 n의 다항식** 또는 **n차 다항식**(general polynomial of degree n)이라 한다.

예를 들어 $n = 4$일 때 $P(x) = a_4 x^4 + a_3 x^3 + a_2 x^2 + a_1 x + a_0$는 **차수 4의 다항함수** 또는 **사차 다항함수**이다. 물론 다항함수가 아닌 $5 + x^{-2}$ 또는 $\dfrac{1}{x^3 - x + 2}$과 같은 함수도 많이 있다. 일반적인 다항함수의 정의 (4.7.2)는 우변의 다항식을 x의 지수에 대해 내림차순의 합으로 쓰고 있다. $|x| > 1$이 되어 $|x|^n$이 n에 따라 증가하면 가장 영향력이 큰 항을 먼저 두는 것이 일반적이다. 특히 $|x| < 1$일 때는 x의 지수에 대해 오름차순의 합으로 쓰는 것이 유리할 수 있다. 그러면 $P(x) = \sum_{k=0}^{n} a_k x^k$으로 나타난다.

다항식 인수분해

모든 대수 표현식과 마찬가지로 다항식도 더하기, 빼기, 곱하기를 할 수 있다. 분모가 0이 아니면 하나의 다항식을 다른 다항식으로 나누어 모든 정의역에서 잘 정의되는 함수를 만들 수도 있다. 이 나눗셈의 결과는 새로운 다항식이 될 수도 있지만 한 정수를 다른 정수로 나눌 때처럼 나머지가 남을 수도 있다. 다음은 이에 관한 유용한 결과로, **나머지정리**(remainder theorem)라 한다.

나머지정리

$P(x)$를 차수 m의 다항식, $Q(x)$를 차수 n의 다항식이라 하자(단, $m > n$). 그러면 다음과 같이 차수 $m-n$의 다항식 $q(x)$와 차수가 n보다 낮은 다항식 $r(x)$가 각각 유일하게 존재한다.

$$P(x) = q(x)Q(x) + r(x) \tag{4.7.3}$$

자명하게 방정식 (4.7.3)은 $Q(x)$가 0이 아닌 모든 x에 대해 $\dfrac{P(x)}{Q(x)} = q(x) + \dfrac{r(x)}{Q(x)}$ 형태로 나타낼 수 있다. 이러한 의미에서 다항식 $r(x)$는 $P(x)$를 $Q(x)$로 나눈 후 남은 값이고, 이를 **나머지**(remainder)라 부른다. 만약 방정식 (4.7.3)이 모든 x에 대해 $r(x) = 0$이라면 $Q(x)$는 $P(x)$의 **인수**(factor)이고, $P(x)$는 $Q(x)$로 **나눌 수 있다**(divisible)고 한다. 그러면 $P(x) = q(x)Q(x)$ 또는 $\dfrac{P(x)}{Q(x)} = q(x)$이다. 특히 $Q(x) = x - a$일 때를 생각하자. $Q(x)$는 차수가 1이고 나머지 $r(x)$는 차수가 0이므로 상수여야 한다. 따라서 모든 x에 대해 $P(x) = q(x)(x-a) + r$이다. $x = a$이면 $P(a) = r$이므로 $x - a$가 $P(x)$를 나누는 것과 $P(a) = 0$인 것은 서로 동치이다. 이 중요한 특성은 다음과 같이 정리할 수 있다.

다항식 인수분해

다항식 $P(x)$는 $P(a) = 0$일 때만 $x - a$을 인수로 가진다. (4.7.4)

EX 4.7.2 $x-5$가 다항식 $P(x) = x^3 - 3x^2 - 50$의 인수임을 증명하라.

풀이

$P(5) = 125 - 75 - 50 = 0$이므로 명제 (4.7.4)에 따르면 $x-5$는 $P(x)$를 나눈다. 실제로 $P(x)$를 인수분해하면 $P(x) = (x-5)(x^2 + 2x + 10)$이다.

수학과 그 응용 분야에서 많은 문제는 다항식과 관련이 있다. 특히 $P(x)$의 **영점**(zero) 개수와 위치를 찾는 것이 중요한 경우가 많다. 여기서 영점은 $P(x) = 0$을 만족하는 x 값으로 정의된다.[18]

18 (옮긴이) 영점과 근(root)은 같은 의미이다.

일반적인 n차 방정식(general equation of degree n)은 다음과 같은 형태이다.

$$a_n x^n + a_{n-1} x^{n-1} + \cdots + a_1 x + a_0 = 0 \tag{4.7.5}$$

이 방정식에는 **최대 n개의 실수해**(실근)가 있지만 반드시 근이 있을 필요가 없음을 곧 보일 것이다. 이에 대응하는 n차 다항함수의 그래프는 변곡점(순증가에서 순감소하거나, 순감소에서 순증가하는 점)을 최대 $(n-1)$개 가진다. 변곡점 개수는 이보다 더 적을 수도 있다. 예를 들어 100차방정식 $x^{100}+1=0$은 $x^{100}+1$이 항상 1보다 크거나 같으므로 해가 없고, $y=x^{100}+1$의 그래프에는 $x=0$에서 단 하나의 변곡점만 가진다.

대수학의 기본 정리(fundamental theorem of algebra)에 따르면 식 (4.7.2)와 같은 형태의 모든 다항식은 차수 1 또는 2의 다항식들의 곱으로 나타낼 수 있다.

명제 (4.7.4)에서 다항식 $P(x)$의 각 영점 $x=a$는 $x-a$ 형태의 다른 인수를 가짐을 알 수 있다. 따라서 $P(x)$가 n차 다항식이라면 **최대 n개의 서로 다른 영점**을 가질 수 있다.

정수근

각 정수 m에 대해 다음 삼차방정식을 고려하자.

$$-x^3 + 4x^2 - x - 6 = 0 \tag{$*$}$$

삼차방정식 $(*)$를 만족하는 각 정수 m은 반드시 방정식 $m(-m^2+4m-1)=6$을 만족해야 한다. 여기서 $-m^2+4m-1$도 정수이므로 m은 상수항 6의 약수여야 한다. ± 1, ± 2, ± 3, ± 6은 6의 약수이므로 가능한 정수근은 8개뿐이다. 방정식 $(*)$의 좌변에 이 값들을 직접 대입하면 방정식의 정수근이 -1, 2, 3임을 알 수 있다. 삼차방정식은 최대 3개의 근을 가질 수 있으므로 모든 근을 찾았다. 주어진 삼차방정식에 대해 다음이 성립한다.

$$-x^3 + 4x^2 - x - 6 = -(x+1)(x-2)(x-3)$$

일반적으로 식 (4.7.5)는 다음과 같이 다시 쓸 수 있다.

$$x\left(a_n x^{n-1} + a_{n-1} x^{n-2} + \cdots + a_1\right) = -a_0 \tag{4.7.6}$$

따라서 계수 a_n, a_{n-1}, $\cdots$, a_1, a_0가 모두 정수이고 x가 방정식 (4.7.5)의 정수근이면 식 (4.7.6)의 좌변 괄호 안의 식도 정수여야 한다. 즉 x는 a_0의 약수여야 한다. 이를 요약하면 다음과 같다.

정수근

다음 방정식을 고려하자.

$$a_n x^n + a_{n-1} x^{n-1} + \cdots + a_1 x + a_0 = 0 \tag{4.7.7}$$

여기서 a_n, a_{n-1}, $\cdots$, a_1, a_0는 정수이다. 그러면 가능한 모든 정수근은 상수항 a_0의 약수여야 한다.

EX 4.7.3 방정식 $\frac{1}{2}x^3 - x^2 + \frac{1}{2}x - 1 = 0$의 가능한 모든 정수근을 구하라.

풀이

방정식의 양변에 2를 곱하면 계수가 모두 정수인 방정식 $x^3 - 2x^2 + x - 2 = 0$을 구할 수 있다. 모든 정수근은 2의 인수여야 하므로 ± 1과 ± 2만 가능하다. 네 가지 값을 대입하면 $x = 2$만 근이다. 실제로 방정식의 좌변을 인수분해하면 $x^3 - 2x^2 + x - 2 = (x-2)(x^2+1)$이므로 $x = 2$가 유일한 실근이다.

EX 4.7.4 [그림 4.7.3]과 [그림 4.7.4]의 그래프에 해당하는 이차함수와 삼차함수를 각각 구하라.

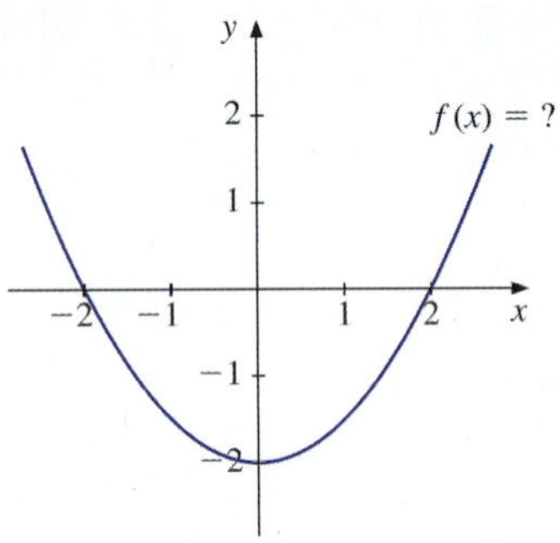

그림 4.7.3 이차함수 $f(x)$의 그래프

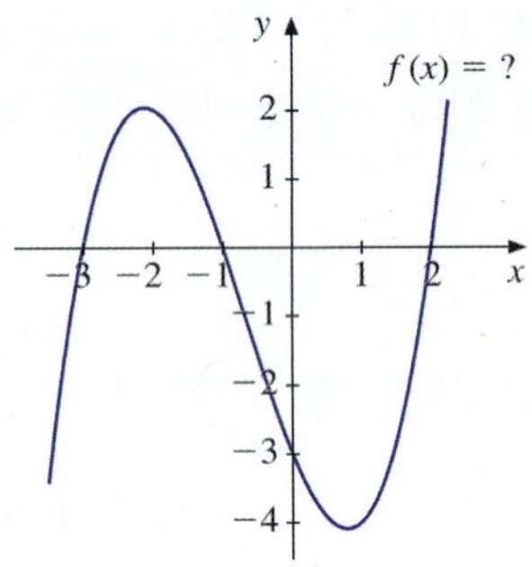

그림 4.7.4 삼차함수 $f(x)$의 그래프

풀이

[그림 4.7.3]의 경우 그래프가 $x = -2$와 $x = 2$에서 x축과 교차하므로 이차함수 형태를 $f(x) = a(x-2)(x+2)$로 둘 수 있다. 그러면 $f(0) = -4a$이다. 그래프에 따르면 $f(0) = -2$이므로 $a = \frac{1}{2}$이고 다음과 같다.

$$f(x) = \frac{1}{2}(x-2)(x+2) = \frac{1}{2}x^2 - 2$$

[그림 4.7.4]의 경우 방정식 $f(x) = 0$의 근이 $x = -3$, $x = -1$, $x = 2$로 3개이다. 따라서 삼차함수 형태를 $f(x) = b(x+3)(x+1)(x-2)$로 둘 수 있다. 그러면 $f(0) = -6b$이다. $b = \frac{1}{2}$이므로 다음 식을 얻는다.

$$f(x) = \frac{1}{2}(x+3)(x+1)(x-2)$$

다항식 나눗셈

다항식을 나누는 방법은 긴 나눗셈을 사용하여 수를 나누는 것과 유사하다. 긴 나눗셈의 원리를 상기하기 위해 다음과 같이 2735를 5로 나누는 예를 살펴보자.

$$\begin{array}{rcll}
2735 & \div & 5 & = 500 + 40 + 7 \\
\underline{2500} & \leftarrow & 500 \times 5 & \\
235 & & & \\
\underline{200} & \leftarrow & 40 \times 5 & \\
35 & & & \\
\underline{35} & \leftarrow & 7 \times 5 & \\
0 & & & \leftarrow \text{나머지}
\end{array}$$

각 화살표(←)는 오른쪽의 곱셈 결과(몫의 자릿수와 나누는 수의 곱)를 왼쪽에 포함해야 함을 나타낸다. 따라서 각 가로줄은 위의 수에서 바로 위의 수를 빼라는 지시를 의미한다.[19] 결국 $2735 \div 5 = 547$이라는 답을 구할 수 있다. 이번에는 다음과 같은 다항식 나눗셈에 동일한 방법을 적용해보자.

$$(-x^3+4x^2-x-6) \div (x-2)$$

다항식 나눗셈은 다음과 같이 한다.

$$\begin{array}{rcl}
-x^3+4x^2-x-6 & \div & x-2 = -x^2+2x+3 \\
-x^3+2x^2 & \leftarrow & -x^2(x-2) \\
\hline
+2x^2-x-6 & & \\
+2x^2-4x & \leftarrow & 2x(x-2) \\
\hline
+3x-6 & & \\
+3x-6 & \leftarrow & 3(x-2) \\
\hline
0 & & \leftarrow \text{나머지}
\end{array}$$

즉 $(-x^3+4x^2-x-6) \div (x-2) = -x^2+2x+3$이다. $-x^2+2x+3 = -(x+1)(x-3)$임을 쉽게 확인할 수 있으므로 다음이 성립한다.

$$-x^3+4x^2-x-6 = -(x+1)(x-3)(x-2)$$

EX 4.7.5 다항식 $P(x) = -2x^3+2x^2+10x+6$이 $x=3$에서 0임을 증명한 다음, 다항식을 인수분해하라.

풀이

$x=3$을 대입하면 $P(3)=0$이므로 $P(x)$는 $x=3$에서 0이다. 명제 (4.7.4)에 의해 $x-3$은 $P(x)$의 인수이므로 $(-2x^3+2x^2+10x+6) \div (x-3)$의 몫은 $-2x^2-4x-2 = -2(x+1)^2$이다. 따라서 주어진 다항식은 $P(x) = -2(x-3)(x+1)^2$으로 인수분해된다.

나머지가 있는 다항식 나눗셈

2734를 5로 나누면 몫은 546이고 나머지는 4이다. 이를 분수 형태로 나타내면 $\frac{2734}{5} = 546 + \frac{4}{5}$이다. 이와 유사한 방식으로 다항식에서도 나눗셈을 생각해보자.

EX 4.7.6 나눗셈 $(x^4+3x^2-4) \div (x^2+2x)$를 수행하라.

풀이

다음과 같이 진행한다.[20]

19 수를 배열하는 방식이 다를 수도 있지만, 기본 원리는 항상 동일하다.

20 다항식 x^4+3x^2-4에는 x^3항과 x항이 없으므로 계산 과정에서 발생하는 x^3항과 x항을 포함할 수 있도록 공간을 추가로 확보했다.

$$
\begin{array}{rcl}
x^4 \quad +3x^2 \quad -4 & \div & x^2+2x = x^2-2x+7 \\
\underline{x^4+2x^3 \qquad\qquad\quad} & \leftarrow & x^2(x^2+2x) \\
-2x^3+3x^2 \quad -4 & & \\
\underline{-2x^3-4x^2 \qquad\quad} & \leftarrow & -2x(x^2+2x) \\
7x^2 \quad -4 & & \\
\underline{7x^2+14x \qquad} & \leftarrow & 7(x^2+2x) \\
-14x \ -4 & & \leftarrow \text{나머지}
\end{array}
$$

$x^4+3x^2-4=(x^2-2x+7)(x^2+2x)+(-14x-4)$이므로 $\dfrac{x^4+3x^2-4}{x^2+2x}=x^2-2x+7-\dfrac{14x+4}{x^2+2x}$이다.

나머지정리의 핵심 내용은 다음과 같다. 어떤 다항식 $P(x)$를 차수가 더 낮은 다른 다항식 $Q(x)$로 나눌 때, 이 나눗셈 과정은 항상 수행할 수 있고, 식 (4.7.3)을 만족하는 유일한 형태로 표현할 수 있다.

유리함수

유리함수(rational function)는 두 다항식 $P(x)$와 $Q(x)$의 비율로 표현할 수 있는 모든 함수 $R(x)=\dfrac{P(x)}{Q(x)}$이다. 이 함수는 $Q(x)\neq 0$인 모든 x에 대해 정의된다.

$P(x)$의 차수가 $Q(x)$의 차수보다 작은 유리함수 $R(x)$를 **진유리함수**(proper rational function)라 한다. $P(x)$의 차수가 $Q(x)$의 차수보다 크거나 같은 유리함수 $R(x)$를 **가유리함수**(improper rational function)라 한다. [EX 4.7.6]과 같이 다항식 나눗셈을 사용하면 어떤 가유리함수도 다항식과 진유리함수의 합으로 표현할 수 있다.

EX 4.7.7 가장 간단한 유형의 유리함수 중 하나는 다음과 같다.

$$R(x)=\frac{ax+b}{cx+d}$$

여기서 $c\neq 0$이라 가정한다. 만약 $c=0$이면 $R(x)$는 다음 두 가지 중 하나를 만족한다.

❶ $d\neq 0$이면 $R(x)$는 일차함수이다.

❷ $d=0$이면 $R(x)$는 정의되지 않는다.

R의 그래프는 **쌍곡선**(hyperbola)이다. 예를 들어 유리함수 $R(x)=\dfrac{3x-5}{x-2}$의 그래프는 [그림 5.1.7]에서 확인할 수 있다.[21] 아주 간단한 유리함수의 예로 $R(x)=\dfrac{a}{x}$(단, $a>0$인 상수)를 생각할 수 있다. [그림 4.7.5]는 유리함수 $R(x)=\dfrac{a}{x}$의 그래프를 제1사분면에 표시한 것이다. 색이 칠해진 영역 A의 넓이는 $A=x_0\left(\dfrac{a}{x_0}\right)$이고, 이는 점 P를 어떻게 선택하든 항상 같은 값이다.

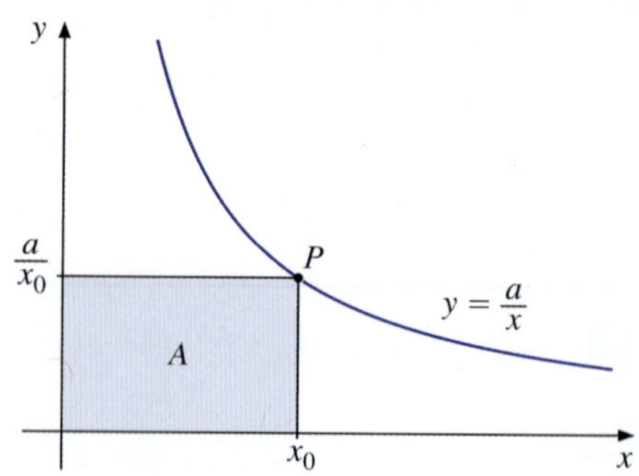

그림 4.7.5 영역 A는 P와 독립적이다.

미분적분학의 적절한 방법을 학습하고 나면 더 복잡한 유리함수의 그래프를 쉽게 연구할 수 있다.[22]

21 5.5절의 마지막 부분도 참고하라.

22 7.9절 [연습문제 9]를 참고하라.

4.7 연습문제

1 다음 방정식의 모든 정수근을 구하라.

(a) $x^4-x^3-7x^2+x+6=0$

(b) $2x^3+11x^2-7x-6=0$

(c) $x^4+x^3+2x^2+x+1=0$

(d) $\frac{1}{4}x^3-\frac{1}{4}x^2-x+1=0$

2 다음 방정식의 모든 정수근을 구하라.

(a) $x^2+x-2=0$

(b) $x^3-x^2-25x+25=0$

(c) $x^5-4x^3-3=0$

3 다음 나눗셈을 계산하라.

(a) $(2x^3+2x-1)\div(x-1)$

(b) $(x^4+x^3+x^2+x)\div(x^2+x)$

(c) $(x^5-3x^4+1)\div(x^2+x+1)$

(d) $(3x^8+x^2+1)\div(x^3-2x+1)$

4 [그림 4.7.6]~[그림 4.7.8]의 그래프를 나타내는 다항함수의 식을 각각 찾아라.

(a)

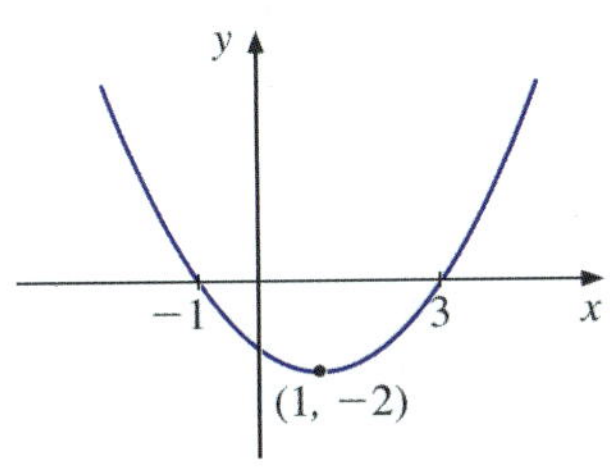

그림 4.7.6 [연습문제 4(a)]의 그래프

(b)

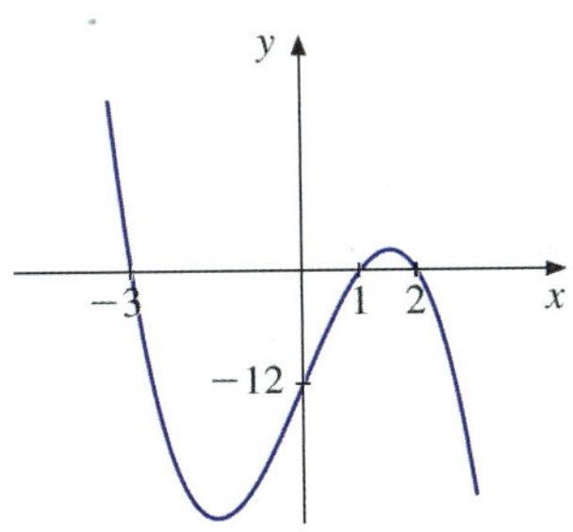

그림 4.7.7 [연습문제 4(b)]의 그래프

(c)

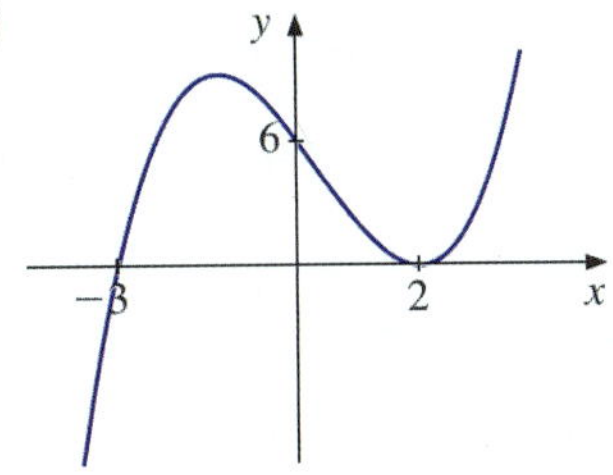

그림 4.7.8 [연습문제 4(c)]의 그래프

5 다음 나눗셈을 계산하라.

(a) $(x^2-x-20)\div(x-5)$

(b) $(x^3-1)\div(x-1)$

(c) $(-3x^3+48x)\div(x-4)$

6 $(x^4+3x^2+5)\div(x-c)$는 모든 실수 c에 대해 나머지가 존재함을 보여라.

7 $\frac{ax+b}{cx+d}=\frac{a}{c}+\frac{bc-ad}{c(cx+d)}$가 성립함을 증명하라. 여기서 $c\neq 0$과 $cx+d\neq 0$이다.

8 수요이론에서 사용되는 함수는 $E=\alpha\frac{x^2-\gamma x}{x+\beta}$이다. 여기서 α, β, γ는 상수이다. 나눗셈 $(x^2-\gamma x)\div(x+\beta)$를 수행하고, 그 결과를 이용하여 E를 일차함수와 진유리함수의 합으로 표현하라.

4.8 거듭제곱함수

2.5절에서 모든 양의 실수 x와 모든 유리수 r에 대해 x^r을 정의할 수 있음을 살펴보았다. 모든 실수 r에 대해 x^r을 정의하기 위해 r이 무리수일 때도 고려해야 한다. 예를 들어 5를 무리수 π만큼 거듭제곱한 식은 5^π은 어떻게 정의할 수 있는가? π는 3.1에 가까우므로 5^π은 대략 다음과 같은 값에 근사할 것으로 예상된다.

$$5^{3.1} = 5^{\frac{31}{10}} = \sqrt[10]{5^{31}}$$

더 정확한 근사치는 다음과 같다.

$$5^\pi \approx 5^{3.14} = 5^{\frac{314}{100}} = 5^{\frac{157}{50}} = \sqrt[50]{5^{157}}$$

여기에 $\pi = 3.1415926535\cdots$의 소수 전개를 계속 추가할 수 있다. 이렇게 추가된 각 자릿수의 결과는 5^π에 점점 더 가까워진다. 그렇다면 5^π의 의미는 점차 명확해질 것이다. 지금은 계산기를 사용하여 $5^\pi \approx 156.993$임을 확인하는 것으로 충분하다. 이후 7.11절에서 무리수 r에 대해 x^r을 수열의 극한으로 정의하는 방법을 자세히 설명할 것이다.

거듭제곱함수

거듭제곱함수는 $x > 0$에 대해 다음과 같이 정의된다.

$$f(x) = Ax^r \tag{4.8.1}$$

여기서 r과 A는 상수이다.

거듭제곱함수를 고려할 때 항상 $x > 0$을 가정하는 이유는 $r = \frac{1}{2}$과 같은 r 값에 대해 x^r이 음수 x에서 정의되지 않기 때문이다. 또한 $x = 0$도 제외하는데, 이는 $r \le 0$일 때 0^r이 정의되지 않기 때문이다.

거듭제곱함수의 그래프

정의역 $x > 0$에서 거듭제곱함수 $f(x) = x^r$을 생각해보자. 이 함수는 모든 실수 r에 대해 정의된다. 모든 실수 r에 대해 항상 $f(1) = 1^r = 1$이므로 함수의 그래프는 xy평면에서 점 $(1,\ 1)$을 지난다. 거듭제곱함수의 그래프는 r 값에 따라 모양이 확연히 달라지며, [그림 4.8.1]~[그림 4.8.3]에서 확인할 수 있다.

- $0 < r < 1$: 그래프는 [그림 4.8.1]과 비슷한 형태이며, [그림 4.3.8]에 표시된 $f(x) = x^{0.5}$의 그래프와도 유사하다.
- $r > 1$: 그래프는 [그림 4.8.2]와 비슷한 형태이다. 예를 들어 $r = 2$일 때의 그래프는 [그림 4.3.6]에 표시된 포물선 $y = x^2$의 오른쪽 절반과 같다.

- $r<0$: 그래프는 [그림 4.8.3]과 비슷한 형태이다. 예를 들어 $r=-1$일 때의 그래프는 [그림 4.3.9]에 표시된 쌍곡선 $y=\dfrac{1}{x}$의 절반과 같다.

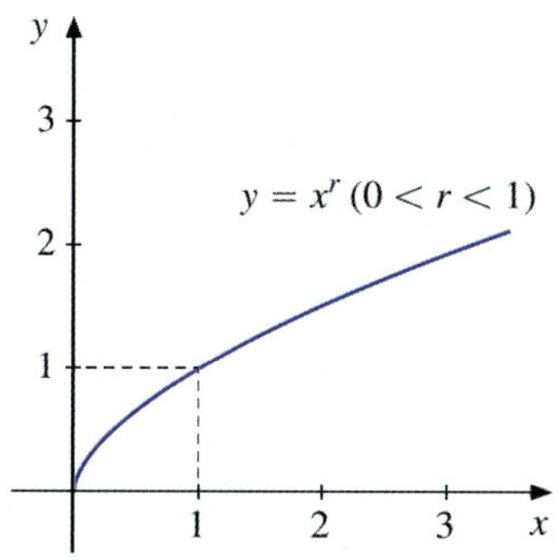

그림 4.8.1 $0<r<1$일 때 $y=x^r$의 그래프

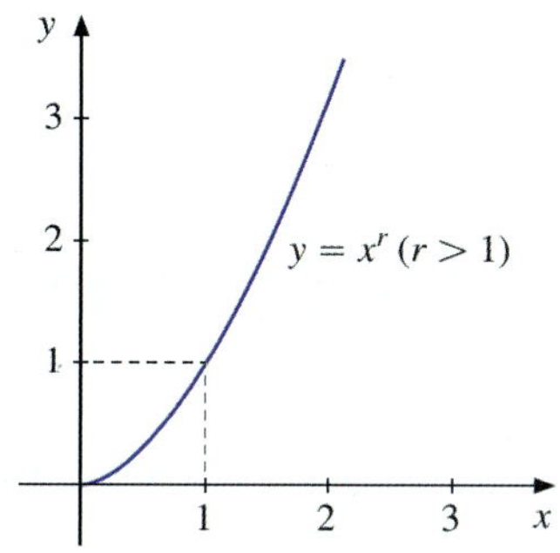

그림 4.8.2 $r>1$일 때 $y=x^r$의 그래프

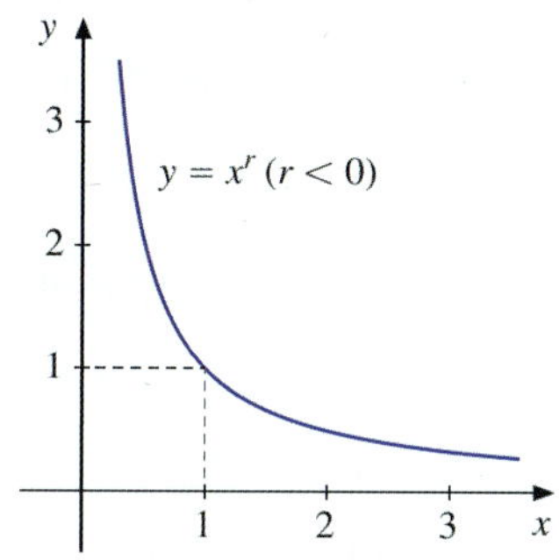

그림 4.8.3 $r<0$일 때 $y=x^r$의 그래프

[그림 4.8.4]는 지수 r의 양수 값이 변화함에 따라 $y=x^r$의 그래프가 어떻게 변하는지를 보여준다.

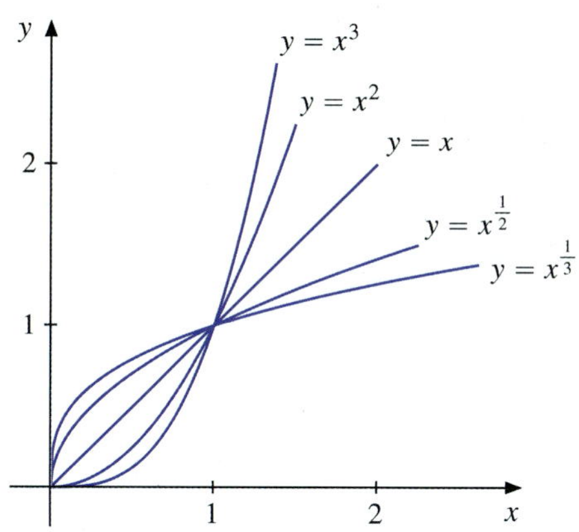

그림 4.8.4 r 값에 따른 $y=x^r$의 그래프

4.8 연습문제

1 $x>0$일 때, $y=x^{-3}$, $y=x^{-1}$, $y=x^{-\frac{1}{2}}$, $y=x^{-\frac{1}{3}}$의 그래프를 각각 그려라.

2 계산기를 사용하여 $\sqrt{2}^{\sqrt{2}}$과 π^{π}의 대략적인 값을 구하라.

3 x에 대한 다음 방정식을 풀어라.

(a) $2^{2x}=8$

(b) $3^{3x+1}=\dfrac{1}{81}$

(c) $10^{x^2-2x+2}=100$

4 t에 대한 다음 방정식을 풀어라.

(a) $3^{5t}9^t=27$

(b) $9^t=\dfrac{(27)^{\frac{1}{5}}}{3}$

4.9 지수함수

어떤 양이 일정한 시간 단위마다 일정한 비율로 증가[감소]할 때, 이를 **기하급수적으로 증가[감소]**(increase [decrease] exponentially)한다고 한다. 일정한 비율이 a라면 이를 다음과 같은 지수함수로 나타낼 수 있다.

$$f(t) = Aa^t \tag{4.9.1}$$

여기서 $a > 0$과 A는 상수이다. 앞으로 A가 양수인 경우를 생각하고 계산하겠지만, 만약 A가 음수이면 $-f(t) = (-A)a^t$임을 이용하여 부호를 변경하면 된다. 함수 $f(t) = Aa^t$에 대해 $f(t+1) = Aa^{t+1} = Aa^t \cdot a^1 = af(t)$이므로 $(t+1)$시점의 f 값은 t시점의 f 값에 a를 곱한 값이다. $a > 1$이면 f는 증가함수이고, $0 < a < 1$이면 f는 감소함수이다. [그림 4.9.1]과 [그림 4.9.2]를 참고하라. 또한 $f(0) = Aa^0 = A$이므로 항상 $f(t) = f(0)a^t$으로 쓸 수 있다.

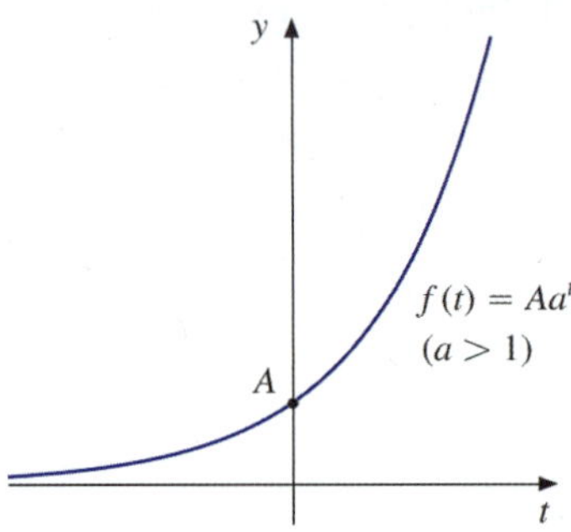

그림 4.9.1 $a>1$일 때 $f(t)=Aa^t$의 그래프

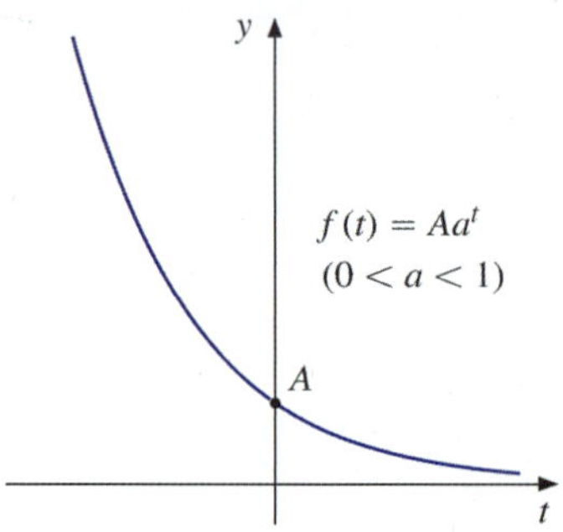

그림 4.9.2 $0<a<1$일 때 $f(t)=Aa^t$의 그래프

지수함수 $f(x) = a^x$과 앞서 4.8절에서 설명한 거듭제곱함수 $g(x) = x^a$ 사이에는 근본적인 차이가 있음을 인식해야 한다. 지수함수 a^x에서는 지수 x가 변하지만 밑 a는 일정하고, 거듭제곱함수 x^a에서는 지수 x가 일정하지만 밑 x는 변한다.

지수함수는 경제학, 사회과학, 물리학 등 다양한 분야의 중요한 모형에서 나타난다. 예를 들어 경제 성장, 인구 증가, 연속복리이자, 방사성 붕괴, 문맹률 감소 등은 모두 지수함수로 설명할 수 있다. 또한 지수함수는 통계학에서 중요한 함수 중 하나이다. 다음은 한 가지 응용 사례이다.

EX 4.9.1 **(인구 증가)** 20세기 유럽과 같이 인구가 증가하는 경우를 생각해보자. [EX 4.5.1]에서는 일차함수 $P=5.1t+606$을 사용하여 유럽 인구를 모형화했다. 여기서 P는 백만 명 단위의 인구를 나타내고, $t=0$은 인구가 6억 6백만 명이었던 1960년, $t=10$은 인구 추정치가 6억 5천 7백만 명이었던 1970년에 해당한다. 이 일차함수는 매년 인구가 510만 명씩 일정하게 증가한다고 가정하는데, 이는 매우 비현실적이다. 이 모형에 따르면 $t \le 119$인 1841년 이전에는 유럽 인구가 음수였음을 의미하기 때문이다.

실제로 UN의 추정에 따르면 1960년부터 2000년까지 유럽 인구는 매년 약 0.45%의 비율로 증가했다. 만약 이 성장률이 일정했다면 1960년에 인구 6억 6천만 명에서 시작하여 1961년 인구는 $606 \cdot 1.0045$백만, 즉 약 6억 9백만 명이 되었을 것이다(2.2절 참고). 다음 해인 1962년에는 $606 \cdot 1.0045^2$백만, 즉 약 6억 1천 100만 명으로 증가했을 것이다. 실제로 인구는 매년 1.0045배씩 증가했다. 따라서 1960년 이후 t년 후의 인구는 다음과 같았을 것이다.

$$P(t) = 606 \cdot 1.0045^t$$

여기서 $P(t)$는 식 (4.9.1)과 같은 형태의 지수함수이다. 2015년의 인구 추정치는 $t=55$를 대입하면 되고 $P(55) \approx 776$, 즉 7억 7,600만 명으로 추정된다.[23]

많은 나라, 특히 아프리카 국가들은 최근 유럽보다 훨씬 빠르게 인구가 증가했다. 예를 들어 1970년대와 1980년대 짐바브웨의 연간 인구 성장률은 약 3.5%였다. 1969년을 인구 조사 기준연도로 삼아 $t=0$으로 두자. 1969년의 인구는 510만 명이었다. 연간 인구 성장률 3.5%를 적용하면 1969년 이후 t년 후의 인구는 다음과 같다.

$$P(t) = 5.1 \cdot 1.035^t$$

이 공식을 사용하면 $P(20) \approx 10$(백만 명), $P(40) \approx 20$(백만 명), $P(60) \approx 40$(백만 명)이다. 따라서 짐바브웨는 20년마다 인구가 대략 두 배로 증가한다고 볼 수 있다. 그러나 기하급수적인 인구 증가는 영원히 지속될 수 없으므로 이러한 예측에는 한계가 있다. 만약 인구 성장률 3.5%가 유지되고 이민이 없다면 2296년에는 짐바브웨 국민 1인당 생활가능한 땅이 단 1m^2밖에 남지 않는다. 4.10절 [연습문제 10]을 참고하라.

EX 4.9.2 **(복리)** 2.2절에서 살펴본 바와 같이 매년 이자가 p%씩 붙는 초기 예금액 K는 t년 후에 $K\left(1+\frac{p}{100}\right)^t$으로 증가한다. 예를 들어 매년 이자율이 8%($p=8$)인 1달러 예금($K=1$)을 생각해보자. t년 후 예금 잔액은 $\left(1+\frac{8}{100}\right)^t = 1.08^t$달러로 증가한다. [표 4.9.1]에 따르면 이 예금액은 매우 빠르게 증가한다. 30년 후에는 1달러가 10달러 이상이 되고, 200년 후에는 480만 달러 이상이 될 것이다.

표 4.9.1 연이율 8%로 1달러의 예금이 시간에 따라 증가하는 과정

t	1	2	5	10	20	30	50	100	200
$(1.08)^t$	1.08	1.17	1.47	2.16	4.66	10.06	46.9	2199.8	4838949.6

1.08^t은 식 (4.9.1) 형태의 지수함수이며, 여기서 $a=1.08$이다. a가 1보다 조금만 크더라도 t가 커질수록 거듭제곱 a^t은 매우 빠르게 증가한다.

EX 4.9.3 **(정액 감가상각)** 자동차, 전자기기, 가구와 같은 자산 대부분은 해마다 가치가 감소한다. 이러한 감가상각이 매년 고정된 비율로 이루어진다면 이를 **정액 감가상각**이라 한다.[24] 시점 $t=0$에서 초기 가치가 P_0인 자동차가 5년 동안 매년 20%씩 감가상각된다고 가정하자. $t=1, 2, 3, 4, 5$일 때 t시점에서 자동차의 가치 $A(t)$를 구하라.

23 실제 2015년 유럽 인구는 약 7억 3,800만 명이었다. 이는 단순한 기하급수적 성장 모형에 기반한 예측의 한계를 보여준다.

24 4.5절 [연습문제 5]에서 설명한 정액 감가상각의 경우를 생각해보자.

풀이

1년 후 자동차의 가치는 $P_0 - \frac{20P_0}{100} = P_0\left(1 - \frac{20}{100}\right) = P_0(0.8)^1$이다. 이후에도 매년 0.8을 곱하며 감가상각되므로 t년 후 자동차의 가치는 $A(t) = P_0(0.8)^t$이다. 순차적으로 구하면 $A(2) = 0.64P_0$, $A(3) = 0.512P_0$, $A(4) = 0.4096P_0$, $A(5) = 0.32768P_0$이다. 특히 $A(5) = P_0(0.8)^5 \approx 0.32P_0$이므로 5년 후 자동차의 가치는 초기 가치의 약 32%로 감소한다.

다음은 지수함수의 정의와 핵심 성질이다.

지수함수

밑이 $a > 0$인 **지수함수**(exponential function)는 다음과 같다.

$$f(x) = Aa^x$$

여기서 a는 x가 1단위 증가할 때 $f(x)$가 변화하는 인수이다. x단위 증가할 때 다음이 성립한다.

❶ $p > 0$일 때 $a = 1 + \frac{p}{100}$이면 $f(x)$는 p%만큼 증가한다.

❷ $0 < p < 100$일 때 $a = 1 - \frac{p}{100}$이면 $f(x)$는 p%만큼 감소한다.

자연지수함수

밑 a 값에 따라 $f(x) = Aa^x$은 서로 다른 지수함수를 나타낸다. 그런데 특정한 값 a에서는 $f(x) = Aa^x$이 다른 밑일 때보다 훨씬 더 중요한 지수함수가 된다. 보통 $a = 2$ 또는 $a = 10$이 특별한 밑이 아닐까 생각할 수도 있다. 밑이 2인 거듭제곱은 컴퓨터 계산 시 중요하고, 밑이 10인 거듭제곱은 우리가 사용하는 십진법에서 중요하다. 그러나 미분적분학을 조금만 공부하면 지수함수의 가장 중요한 밑은 2.7보다 약간 큰 무리수임을 알 수 있다. 이 값은 문자 e로 표기하며, 지수를 나타내는 영어 단어 exponential의 첫 글자에서 따온 것으로 알려져 있다.[25] e의 소수점 이하 15자리까지의 값은 다음과 같다.

$$e = 2.718281828459045\cdots \tag{4.9.2}$$

지수함수의 밑을 e로 두면 미분적분학의 많은 공식이 훨씬 간단해진다. 밑이 e인 지수함수는 다음과 같다.

$$f(x) = e^x \tag{4.9.3}$$

이를 **자연지수함수**(natural exponential function)라 한다. [EX 7.5.4]와 [EX 7.6.2]에서는 e^x을 임의의 정확도로 근사하는 구체적인 방법을 소개할 것이다. 함수 $f(x) = e^x$과 $f(x) = e^{-x}$의 그래프는 [그림 4.9.3]에 나타나 있다.

25 이 수는 100년 전에 암묵적으로 정의되었지만, 문자 e로 처음 표시한 사람은 스위스 과학자이자 수학자인 레온하르트 오일러(Leonhard Euler, 1707~1783)이다. 오일러는 이 수가 무리수임을 증명하고 소수점 이하 23자리까지 정확한 근삿값을 계산했다.

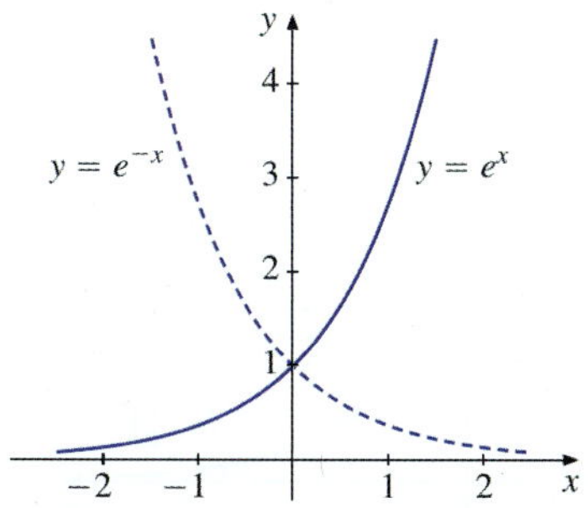

그림 4.9.3 $y=e^x$와 $y=e^{-x}$의 그래프

거듭제곱에 대한 모든 일반적인 규칙은 자연지수함수에도 적용된다. 특히 다음 성질이 성립한다.

❶ $e^s e^t = e^{s+t}$　　❷ $\dfrac{e^s}{e^t} = e^{s-t}$　　❸ $(e^s)^t = e^{st}$

e를 밑으로 하는 거듭제곱은 e^1조차도 손으로 계산하기 어렵다. 그러나 계산기에 $\boxed{e^x}$ 키가 있다면 $e^{1.0} \approx 2.7183$, $e^{0.5} \approx 1.6487$, $e^{-\pi} \approx 0.0432$와 같은 값을 바로 계산할 수 있다. 때로 기호 e^u 대신 $\exp(u)$ 또는 $\exp u$를 사용하기도 한다. 특히 u가 $x^3 + x\sqrt{\dfrac{x-1}{x}} + 5$와 같이 복잡한 식이면 $e^{x^3 + x\sqrt{\frac{x-1}{x}} + 5}$으로 쓰는 것보다 $\exp\left(x^3 + x\sqrt{\dfrac{x-1}{x}} + 5\right)$로 표기하는 것이 훨씬 읽고 쓰기 쉽다.

4.9 연습문제

1 초기 예금액이 100달러인 저축 계좌가 연 12%의 이자를 받는다. t년 후의 저축 금액을 구하라. [표 4.9.1]과 유사한 표를 만들고, 50년 후까지 계산하라.

2 다음 표의 빈칸을 채우고 $y=2^x$과 $y=2^{-x}$의 그래프를 그려라.

x	-3	-2	-1	0	1	2	3
2^x							
2^{-x}							

3 다음과 같이 정의된 **정규분포의 확률밀도함수**(normal density function)는 통계학에서 가장 중요한 함수 중 하나이다.

$$\varphi(x) = \frac{1}{\sqrt{2\pi}} e^{-\frac{1}{2}x^2}$$

이 함수의 그래프는 종 모양이므로 **종 곡선**(bell curve)이라 불린다. 계산기를 사용하여 다음 표의 빈칸을 채워라.

x	-2	-1	0	1	2
$y=\phi(x)$					

4 다음 중 x에 대한 지수함수를 정의하지 않는 식을 찾아라.

(a) $y=3^x$　　(b) $y=x^{\sqrt{2}}$

(c) $y=(\sqrt{2})^x$　　(d) $y=x^x$

(e) $y=(2.7)^x$　　(f) $y=\dfrac{1}{2^x}$

5 모든 가격이 연 19%의 일정한 비율(인플레이션율)로 상승한다고 하자. 현재 가격이 P_0인 품목의 t년 후 가격을 구하는 공식을 사용하여 다음 가격을 예측하라.

(a) 현재 16달러인 20kg 옥수수 포대의 5년 후 가격

(b) 현재 4.40달러인 커피 한 캔의 10년 후 가격

(c) 현재 250,000달러인 주택의 4년 후 가격

6 [그림 4.9.4]~[그림 4.9.6]의 그래프 A, B, C를 나타내는 지수함수의 식을 구하라.

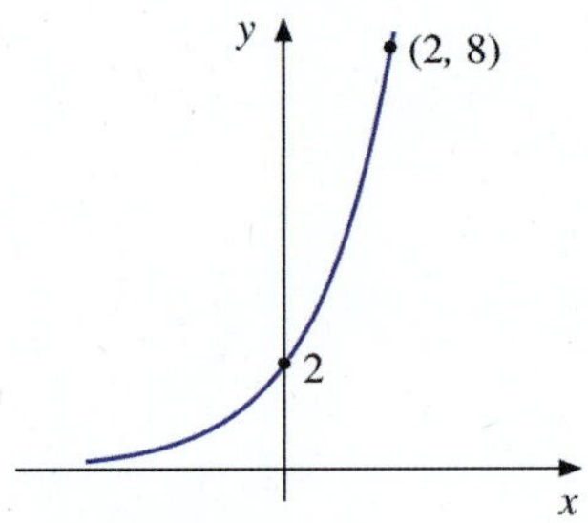

그림 4.9.4 그래프 A

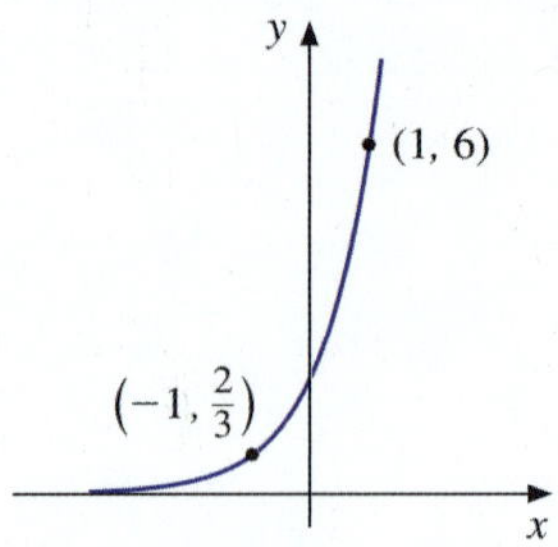

그림 4.9.5 그래프 B

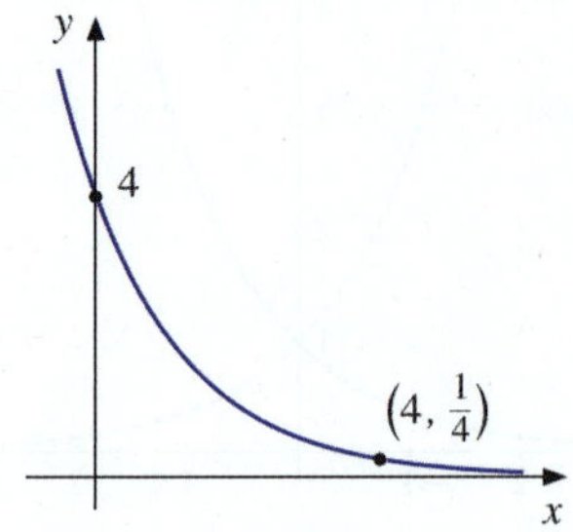

그림 4.9.6 그래프 C

4.10 로그함수

경제학자들은 종종 다음과 같은 질문에 관심을 가진다.

❶ 현재 인플레이션율로 물가가 세 배가 되기까지 얼마나 걸리는가?

❷ 세계 인구가 매년 2%씩 증가하면 두 배가 되기까지 얼마나 걸리는가?

❸ 연이율 8%인 저축 계좌에 1,000달러를 입금할 때, 잔고가 10,000달러가 되려면 얼마나 걸리는가?

이러한 모든 질문은 $a^x = b$ 형태의 방정식을 푸는 것과 관련이 있다. 질문 ❸은 방정식 $1000(1.08)^x = 10000$을 푸는 문제로 환원되는 식이다. 이 절에서는 먼저 지수의 밑이 무리수 $e(= 2.718\cdots)$인 방정식을 다룰 것이다. 이러한 방정식의 예로 $e^x = 4$, $5e^{-3x} = 16$, $A\alpha e^{-\alpha x} = k$가 있으며, 모든 방정식에 미지수 x가 지수로 나타난다. 따라서 $e^u = a$를 만족하는 u를 a의 **자연로그**(natural logarithm)라 정의하며, 기호 $u = \ln a$로 표기한다. 즉 $\ln a$의 정의는 다음과 같다.

자연로그

임의의 양수 a에 대해 자연로그 $\ln a$는 다음 방정식의 유일한 해이다.

$$e^x = a \tag{4.10.1}$$

즉 $e^{\ln a} = a$이고, $\ln a$는 e를 몇 제곱해야 a가 되는지 나타낸다.

e^u은 u의 순증가함수이므로 정의 (4.10.1)에 의해 $\ln a$가 유일하게 결정된다. 이 정의는 이 절과 이후 배울 많은 개념의 기반이 되므로 반드시 외우기 바란다. 다음은 자연로그의 정의를 사용하는 방법을 보여준다.

EX 4.10.1 다음 값을 구하라.

(a) $\ln 1$ (b) $\ln e$ (c) $\ln\left(\frac{1}{e}\right)$ (d) $\ln 4$ (e) $\ln(-6)$

풀이

(a) $\ln 1 = 0$이다. $e^0 = 1$이므로 e를 0제곱해야 1이 된다.

(b) $\ln e = 1$이다. $e^1 = e$이므로 e를 1제곱해야 e가 된다.

(c) $\ln\left(\frac{1}{e}\right) = \ln e^{-1} = -1$이다. $\frac{1}{e}$을 얻으려면 e를 -1제곱해야 한다.

(d) $\ln 4 \approx 1.386$이다. $\ln 4$는 e를 몇 제곱해야 4가 되는지를 나타낸다. $e^1 \approx 2.7$, $e^2 = e^1 \cdot e^1 \approx 7.3$이므로 $\ln 4$는 1과 2 사이의 값이어야 한다. 계산기를 사용하면 $\ln 4 \approx 1.386$이다. 따라서 $e^{1.386} \approx 4$이다.

(e) $\ln(-6)$은 e를 몇 제곱해야 -6이 되는지를 나타낸다. 모든 x에 대해 e^x은 항상 양수이므로 $\ln(-6)$은 정의되지 않는다. 일반적으로 $x \leq 0$일 때 $\ln x$는 정의되지 않는다.

다음은 자연로그의 기본 성질을 참고할 수 있도록 정리한 것이다.

자연로그의 기본 성질

- $\ln 1 = 0$, $\ln e = 1$
- 모든 실수 x에 대해 $\ln e^x = x$이고 모든 실수 $x > 0$에 대해 $x = e^{\ln x}$이다. (4.10.2)

물론 $\ln 1 = 0$과 $\ln e = 1$은 [EX 4.10.1]의 (a)와 (b)에서 이미 증명했다. 명제 (4.10.2)를 증명하려면 먼저 $x = e^{\ln x}$이 정의 (4.10.1)에서 a에 x를 대입한 것임을 확인하면 된다. 만약 $x = \ln y$이면 이는 $y = e^x$을 의미하므로 $e^x = \ln y = x$이다. 다음은 자연로그의 중요한 성질을 몇 가지 정리한 것이다.

자연로그의 성질

실수 x, $y > 0$에 대해 다음이 성립한다.

❶ **곱** : xy의 로그는 각각의 로그의 합과 같다. 즉 $\ln(xy) = \ln x + \ln y$이다.

❷ **나눗셈** : $\frac{x}{y}$의 로그는 분자와 분모의 로그 차와 같다. 즉 $\ln\left(\frac{x}{y}\right) = \ln x - \ln y$이다.

❸ **거듭제곱** : x^p의 로그는 지수와 밑의 로그의 곱과 같다. 즉 $\ln x^p = p\ln x$이다.

❶을 증명해보자. 자연로그의 정의에 따라 $e^{\ln x} = x$, $e^{\ln y} = y$, $e^{\ln xy} = xy$가 성립하므로 다음이 성립한다.

$$e^{\ln(xy)} = xy = e^{\ln x}e^{\ln y} = e^{\ln x + \ln y} \tag{*}$$

여기서 마지막 등식은 거듭제곱의 성질 $e^s e^t = e^{s+t}$을 사용했다. 일반적으로 $e^u = e^v$이면 $u = v$가 성립하므로 식 (*)에서 $\ln(xy) = \ln x + \ln y$라는 결론을 내릴 수 있다. ❷와 ❸은 각각 거듭제곱의 성질 $\frac{e^s}{e^t} = e^{s-t}$과

$(e^s)^t = e^{st}$을 이용하여 증명할 수 있다. 실제 증명 과정은 여러분에게 맡긴다.

$\ln(x+y)$를 $\ln x + \ln y$로 바꾸려는 **유혹**에 빠질 수 있지만 이는 완전히 **잘못**된 것이다. 실제로 $\ln x + \ln y$는 $\ln(xy)$이고, $\ln(x+y)$와는 전혀 다르다.

자연로그의 덧셈

$\ln(x+y)$와 $\ln(x-y)$에 대한 간단한 공식은 없다.

지금까지 설명한 규칙을 이용하여 여러 가지 문제를 풀어보자.

EX 4.10.2 다음 수를 $\ln 2$의 배수로 표현하라.

(a) $\ln 4$ **(b)** $\ln \sqrt[3]{2^5}$ **(c)** $\ln \frac{1}{16}$

풀이

(a) $\ln 4 = \ln(2 \cdot 2) = \ln 2 + \ln 2 = 2\ln 2$ 또는 $\ln 4 = \ln 2^2 = 2\ln 2$이다.

(b) $\ln \sqrt[3]{2^5} = 2^{\frac{5}{3}}$이므로 $\ln \sqrt[3]{2^5} = \ln 2^{\frac{5}{3}} = \frac{5}{3}\ln 2$이다.

(c) $\ln \frac{1}{16} = \ln 1 - \ln 16 = 0 - \ln 2^4 = -4\ln 2$ 또는 $\ln \frac{1}{16} = \ln 2^{-4} = -4\ln 2$이다.

EX 4.10.3 x에 대한 다음 방정식을 풀어라. 여기서 A, α, k는 상수이고 $A\alpha > 0$, $k > 0$이다.

(a) $5e^{-3x} = 16$ **(b)** $A\alpha e^{-\alpha x} = k$ **(c)** $(1.08)^x = 10$ **(d)** $e^x + 4e^{-x} = 4$

풀이

(a) 양변에 자연로그를 취하면 $\ln(5e^{-3x}) = \ln 16$이다. 곱의 로그 성질을 이용하면 $\ln(5e^{-3x}) = \ln 5 + \ln e^{-3x}$이다. 명제 (4.10.2)에 따르면 $\ln e^{-3x} = -3x$이다. 주어진 방정식은 $\ln 5 - 3x = \ln 16$이고, 유일한 해는 다음과 같다.

$$x = \frac{1}{3}(\ln 5 - \ln 16) = \frac{1}{3}\ln \frac{5}{16}$$

(b) (a)와 같이 양변에 자연로그를 취하면 $\ln(A\alpha e^{-\alpha x}) = \ln k$이다. 좌변을 정리하면 $\ln(A\alpha) + \ln e^{-\alpha x} = \ln k$이고, 유일한 해는 다음과 같다.

$$x = \frac{1}{\alpha}(\ln(A\alpha) - \ln k) = \frac{1}{\alpha}\ln \frac{A\alpha}{k}$$

(c) 양변에 자연로그를 취하면 $x \ln 1.08 = \ln 10$이므로 해는 $x = \frac{\ln 10}{\ln 1.08} \approx 29.9$이다. 즉 이자율이 8%일 때 1달러가 10달러로 증가하는 데 거의 30년이 소요된다. 상세한 사항은 [표 4.9.1]을 참고하라.

(d) $\ln(e^x+4e^{-x})=\ln 4$로 시작하고 싶겠지만 좌변의 $\ln(e^x+4e^{-x})$을 더 이상 계산할 수 없으므로 적절하지 않다. 그 대신 $u=e^x$으로 치환하면 $e^{-x}=\frac{1}{e^x}=\frac{1}{u}$이므로 주어진 방정식은 $u+\frac{4}{u}=4$가 된다. 여기서 $u\neq 0$이므로 양변에 u를 곱해 이차방정식 $u^2+4=4u$를 얻는다. 식을 정리하면 $(u-2)^2=0$이므로 유일한 해는 $u=2$이다. $u=e^x=2$이므로 구하려는 해는 $x=\ln 2$이다.

함수 $g(x)=\ln x$

임의의 양수 x에 대해 자연로그 $\ln x$는 $e^{\ln x}=x$로 정의된다. 즉 $u=\ln x$는 방정식 $e^u=x$의 해이다. 이 정의는 [그림 4.10.1]로도 확인할 수 있다.

모든 $x>0$에 대해 정의된 x의 **자연로그**는 실함수 g에 대해 다음과 같이 정의된다.

$$g(x)=\ln x \tag{4.10.3}$$

x를 원점에서 수직축을 따라 위로 이동하는 점이라 하자. x가 1보다 작은 값에서 1보다 큰 값으로 증가할 때, $g(x)$는 음수에서 양수로 증가한다. 음수 u의 절댓값이 점점 커지면 e^u은 0에 가까워진다. x가 0에 가까워지면 $g(x)$는 음수이고 절댓값이 점점 커진다. $\ln x$의 정의를 반복한 다음 $y=\ln x$를 대입하고 양변에 자연로그를 취하면 식 (4.10.2)를 얻는다. 즉 모든 $x>0$에 대해 $e^{\ln x}=x$이고, 모든 y에 대해 $\ln e^y=y$이다.

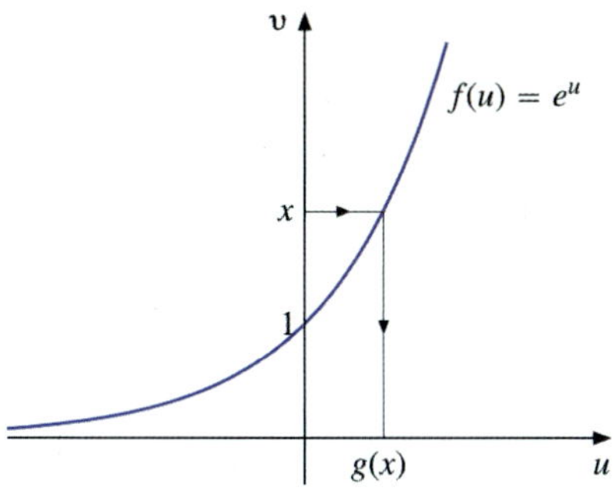

그림 4.10.1 $g(x)=\ln x$의 구성

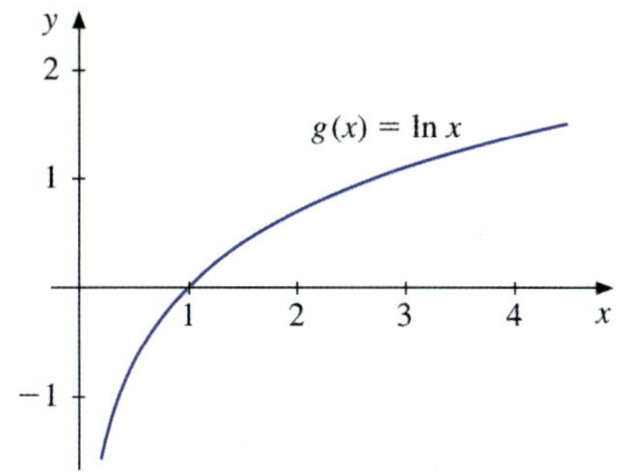

그림 4.10.2 $g(x)=\ln x$의 그래프

[그림 4.10.2]는 자연로그함수 $g(x)=\ln x$의 그래프이다. 이 그래프의 형태를 반드시 기억하기를 바란다. 이 그래프는 [그림 4.10.1]의 그래프를 기울기가 45°인 직선에 대해 대칭이동하면 얻을 수 있다. 이 변환을 통해 u축과 v축이 서로 바뀌어 각각 [그림 4.10.2]의 y축과 x축이 된다. [EX 4.10.1]에서 $g\left(\frac{1}{e}\right)=-1$, $g(1)=0$, $g(e)=1$임을 확인한 바 있다. 이 값들이 그래프와 일치하는지 확인해보라.

e가 아닌 밑을 가진 로그

자연로그 $\ln x$는 e를 몇 제곱해야 x가 되는지를 나타내는 지수로 정의했다. 하지만 때에 따라서는 밑이 e가 아닌 로그가 더욱 편리하다.

과거에는 기계식 계산기나 전자계산기가 보편화되기 전까지 밑이 10인 로그표를 사용하여 곱셈, 나눗셈, 제곱근 계산 등을 간단히 했다.[26] 이제 a를 1보다 큰 임의의 양수로 고정하고 $a^u = x$를 생각하자. 이때 u를 **밑 a에 대한 x의 로그**(logarithm of x to base a)라 하고 기호 $u = \log_a x$로 표기한다. 모든 양수 x에 대해 $\log_a x$는 다음과 같이 정의할 수 있다.

a를 밑으로 하는 로그

$$a^{\log_a x} = x \tag{4.10.4}$$

예를 들어 $2^5 = 32$이므로 $\log_2 32 = 5$이고, $10^{-2} = \frac{1}{100}$이므로 $\log_{10}\frac{1}{100} = -2$이다. 참고로 자연로그는 $\ln x = \log_e x$이다. 식 (4.10.4)의 양변에 자연로그를 취하고 자연로그의 성질 ❸을 적용하면 $\log_a x \cdot \ln a = \ln x$가 된다. $a > 1$이고 $\ln a \neq 0$이면 다음과 같이 계산할 수 있다.

$$\log_a x = \frac{1}{\ln a}\ln x \tag{4.10.5}$$

이는 밑이 a인 x의 로그 $\log_a x$가 자연로그 $\ln x$에 비례하고, 그 비례상수는 $\frac{1}{\ln a}$임을 보여준다. 이로부터 $\log_a 1 = 0$, $\log_a a = 1$이 성립하고, 밑이 a인 로그 $\log_a(\cdot)$가 자연로그와 동일한 성질 ❶~❸을 따른다는 사실을 알 수 있다.

❶ $\log_a(xy) = \log_a x + \log_a y$

❷ $\log_a \frac{x}{y} = \log_a x - \log_a y$

❸ $\log_a x^p = p\log_a x$

예를 들어 성질 ❶은 자연로그에 대한 해당 성질에서 바로 얻을 수 있다.

$$\log_a(xy) = \frac{1}{\ln a}\ln(xy) = \frac{1}{\ln a}(\ln x + \ln y) = \frac{1}{\ln a}\ln x + \frac{1}{\ln a}\ln y = \log_a x + \log_a y$$

26 저자 중 한 명은 한때 10진 로그값을 소수점 이하 7자리까지 담은 아주 긴 표가 수록된, 무려 200쪽짜리 책을 자랑스럽게 가지고 있었던 기억이 있다.

배가시간

$a>1$이고 $A>0$일 때, 지수함수 $f(t)=Aa^t$은 시간 t의 증가함수이다. **배가시간**(doubling time)은 $f(t)$ 값이 2배가 되는 데 걸리는 시간이다. 즉 배가시간은 $t=0$ 시점의 $f(0)=A$와 방정식 $f(t^*)=Aa^{t^*}=2A$를 만족하는 t^* 값으로 정의된다. 방금 정의한 방정식에서 A를 약분하면 다음과 같다.

$$a^{t^*}=2 \tag{4.10.6}$$

따라서 지수함수 $f(t)=Aa^t$의 배가시간 t^*는 a를 몇 제곱해야 2가 되는지를 나타낸다. 배가시간은 기준 연도와 독립적이다.[27] 방정식 (4.10.6)의 양변에 자연로그를 취하면 $\ln(a^{t^*})=t^*\ln a=\ln 2$이므로 $t^*=\dfrac{\ln 2}{\ln a}$이다. 그러면 식 (4.10.5)는 $t^*=\dfrac{1}{\log_2 a}$을 의미한다. 방정식 (4.10.6)의 양변에 밑이 a인 로그를 취하면 다음과 같다.

$$\log_a(a^{t^*})=t^*\log_a a=t^*=\log_a 2$$

지금까지의 내용을 요약하면 다음과 같다.

> **배가시간**
>
> $a>1$이고 $A>0$일 때 지수함수 $f(t)=Aa^t$은 유일한 배가시간 t^*를 가진다. 배가시간은 방정식 $a^{t^*}=2$를 만족하는 값으로, 그 값은 다음과 같다.
>
> $$t^*=\frac{\ln 2}{\ln a}=\log_a 2=\frac{1}{\log_2 a} \tag{4.10.7}$$

EX 4.10.4 계산기를 사용하여 다음 경우의 배가시간을 계산하라.

(a) 인구 성장률이 매년 3.5%인 경우[28]

(b) 인구 성장률이 매년 4.2%인 경우[29]

풀이

(a) 배가시간 t^*는 방정식 $1.035^{t^*}=2$를 만족해야 한다. 계산기를 사용하면 $1.035^{15}\approx 1.68$이고, $1.035^{25}\approx 2.36$이다. 따라서 t^*는 15와 25 사이의 값이어야 한다. $1.035^{20}\approx 1.99$이므로 t^*는 20에 가깝다. 실제로 $t^*=\dfrac{\ln 2}{\ln 1.035}\approx 20.15$이다.

(b) 배가시간 t^*는 방정식 $1.042^{t^*}=2$를 만족해야 하며, 이 방정식의 유일한 해는 $t^*=\dfrac{\ln 2}{\ln 1.042}$이다. 계산기를 사용하면 $t^*\approx 16.85$이다. 따라서 4.2%의 성장률이 지속된다면 인구는 17년 내에 두 배가 될 것이다.

27 이는 [연습문제 11]에서 증명한다.

28 [EX 4.9.1]의 짐바브웨 인구 성장률에 대한 계산을 이 방법으로 다시 확인해보라.

29 참고로 1980년대의 케냐 인구 성장률이 4.2%로 당시 세계에서 가장 높았다.

4.10 연습문제

1 다음 값을 ln3의 배수로 표현하라.

(a) $\ln 9$ (b) $\ln\sqrt{3}$

(c) $\ln\sqrt[5]{3^2}$ (d) $\ln\frac{1}{81}$

2 x에 대한 다음 방정식을 풀어라.

(a) $3^x=8$ (b) $\ln x=3$

(c) $\ln(x^2-4x+5)=0$ (d) $\ln\{x(x-2)\}=0$

(e) $\dfrac{x\ln(x+3)}{x^2+1}=0$ (f) $\ln(\sqrt{x}-5)=0$

3 x에 대한 다음 방정식을 풀어라.

(a) $3^x 4^{x+2}=8$ (b) $3\ln x+2\ln x^2=6$

(c) $4^x-4^{x-1}=3^{x+1}-3^x$ (d) $\log_2 x=2$

(e) $\log_x e^2=2$ (f) $\log_3 x=-3$

4 지수함수 $f(t)=Ae^{rt}$, $g(t)=Be^{st}$을 생각하자. 여기서 $A>0$, $B>0$, $r\neq s$이다. 이때 t에 대한 방정식 $f(t)=g(t)$를 풀어라.

5 1990년 중국의 GDP 추정치는 $1.2\cdot 10^{12}$달러였고, 같은 해 미국의 GDP 추정치는 $5.6\cdot 10^{12}$달러였다. 두 나라의 연간 성장률은 각각 9%와 2%로 추정되었다. 이를 바탕으로 1990년 이후 t년이 지난 뒤 두 나라의 GDP를 각각 Ae^{rt}과 Be^{st}으로 나타낼 수 있다. 여기서 $r=0.09$, $s=0.02$이고 A, B는 적절한 상수이다. 이 성장률이 유지되었다고 가정하고 [연습문제 4]의 결과를 이용하여 두 나라의 GDP가 같아지는 연도를 구하라.

6 다음 식의 모든 변수가 양수라고 가정할 때, 항상 참인 식과 때에 따라 거짓인 식을 판별하라.

(a) $(\ln A)^4=4\ln A$

(b) $\ln B=2\ln\sqrt{B}$

(c) $\ln A^{10}-\ln A^4=3\ln A^2$

(d) $\ln\dfrac{A+B}{C}=\ln A+\ln B-\ln C$

(e) $\ln\dfrac{A+B}{C}=\ln(A+B)-\ln C$

(f) $\ln\dfrac{A}{B}+\ln\dfrac{B}{A}=0$

(g) $p\ln(\ln A)=\ln(\ln A^p)$

(h) $p\ln(\ln A)=\ln(\ln A)^p$

(i) $\dfrac{\ln A}{\ln B+\ln C}=\ln A(BC)^{-1}$

7 다음 식을 간단히 하라.

(a) $\exp\{\ln(x)\}-\ln\{\exp(x)\}$

(b) $\ln\{x^4\exp(-x)\}$

(c) $\exp\{\ln(x^2)-2\ln(y)\}$

8 유럽 인구가 매년 0.72%의 일정한 비율로 증가한다면 배가시간이 얼마인지 구하라.

9 1989년 보츠와나의 인구는 122만 명으로 추정되었으며, 매년 3.4%의 비율로 증가하는 것으로 알려져 있다. $t=0$을 1989년으로 설정할 때 시점 t의 인구 $P(t)$에 대한 공식을 구하고 배가시간도 구하라.

10 짐바브웨의 면적은 약 $3.91\cdot 10^{11}\,\text{m}^2$이다. t에 대한 방정식 $5.1\cdot 10^6\cdot 1.035^t=3.91\cdot 10^{11}$을 풀고 해의 의미를 해석하라.

힌트 [EX 4.9.1]을 참고하고 계산기를 사용하라.

11 지수함수 $f(t)=Aa^t$을 생각하자. $f(t+t^*)=2f(t)$이면 $a^{t^*}=2$임을 증명하라. 이는 지수함수의 배가시간 t^*가 초기 시간 t와 무관함을 보여준다.

CHAPTER 04 복습문제

4.1 $f(x)=3-27x^3$이라 하자.

(a) $f(0)$, $f(-1)$, $f\left(\frac{1}{3}\right)$, $f(\sqrt[3]{2})$를 계산하라.

(b) 모든 실수 x에 대해 $f(x)+f(-x)=6$임을 증명하라.

4.2 $F(x)=1+\dfrac{4x}{x^2+4}$이라 하자.

(a) $F(0)$, $F(-2)$, $F(2)$, $F(3)$을 계산하라.

(b) 양수 x의 절댓값이 커지거나 음수 x의 절댓값이 커지면 $F(x)$는 어떻게 되는가?

(c) F의 그래프를 개략적으로 그려라.

4.3 [그림 4.R.1]은 이차함수 f와 일차함수 g의 그래프를 나타낸다. 두 함수의 그래프를 사용하여 x에 대한 부등식의 해를 구하라.

(a) $f(x) \le g(x)$

(b) $f(x) \le 0$

(c) $g(x) \ge 0$

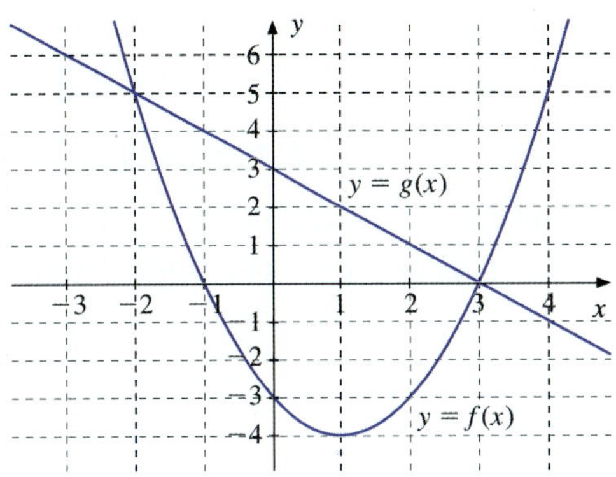

그림 4.R.1 이차함수 f와 일차함수 g

4.4 다음 함수의 정의역을 구하라.

(a) $f(x)=\sqrt{x^2-1}$

(b) $g(x)=\dfrac{1}{\sqrt{x-4}}$

(c) $h(x)=\sqrt{(x-3)(5-x)}$

4.5 어떤 상품 x단위를 생산하는 데 드는 비용이 $C(x)=100+40x+2x^2$으로 주어진다.

(a) $C(0)$, $C(100)$, $C(101)-C(100)$을 구하라.

(b) $C(x+1)-C(x)$를 구하고, 이 차이가 의미하는 바를 설명하라.

4.6 다음 직선의 기울기를 구하라.

(a) $y=-4x+8$

(b) $3x+4y=12$

(c) $\dfrac{x}{a}+\dfrac{y}{b}=1$

4.7 다음 직선의 방정식을 구하라.

(a) l_1은 점 $(-2, 3)$을 지나고 기울기는 -3이다.

(b) l_2는 두 점 $(-3, 5)$와 $(2, 7)$을 지난다.

(c) l_3는 두 점 (a, b)와 $(2a, 3b)$를 지나고, $a \neq 0$이다.

4.8 일차함수 $f(x)=ax+b$에 대해 $f(2)=3$, $f(-1)=-3$이라 하자. $f(-3)$을 구하라.

4.9 다음 표의 빈칸을 채우고 함수 $y=x^2e^x$의 그래프를 개략적으로 그려라.

x	-5	-4	-3	-2	-1	0	1
$y=x^2e^x$							

4.10 세 점 $(1, -3)$, $(0, -6)$, $(3, 15)$를 지나는 포물선의 방정식이 $y=ax^2+bx+c$일 때, a, b, c를 구하라.

4.11 한 기업이 Q톤의 제품을 판매한다고 하자. 톤당 판매가격은 $P=1000-\frac{1}{3}Q$이고, 톤당 기업이 지불해야 하는 가격은 $P=800+\frac{1}{5}Q$이다. 또한 톤당 100의 운송비용이 추가로 발생한다. 물음에 답하라.

(a) 기업의 이윤 π를 판매량 Q의 함수로 표현하고, 이윤을 극대화하는 수량을 구하라.

(b) 정부가 이 기업의 제품에 톤당 10의 세금을 부과한다고 가정하자. 새로운 이윤함수 $\hat{\pi}$을 구하고, 이윤을 극대화하는 새로운 출하 수량을 구하라.

4.12 [EX 4.6.2]를 상기하자. 생산 단위당 τ의 세금이 부과된다고 가정하자. $\tau<100$일 때, 이윤을 극대화하는 생산량을 구하라.

4.13 한 기업이 상품을 생산하여 판매할 때, 단위당 100달러의 수익을 얻는다고 한다. x단위의 상품을 생산하고 판매하는 데 총비용이 $20x+0.25x^2$달러일 때, 물음에 답하라.

(a) 이윤을 극대화하는 생산량을 구하라.

(b) 단위당 10달러의 세금이 부과된다면, 새로운 최적 생산량을 구하라.

(c) 단위당 판매 가격을 p라 하고 (b)를 다시 풀어라. x단위를 판매하는 총비용은 $\alpha x+\beta x^2$이고 단위당 세금은 τ이다. 여기서 $\tau \leq p-\alpha$이다.

4.14 다음 다항식을 일차식의 곱으로 표현하라.

(a) $p(x)=x^3+x^2-12x$

(b) $q(x)=2x^3+3x^2-18x+8$

4.15 다음 중 나머지가 0인 식을 찾아라.

(a) $\dfrac{x^3-x-1}{x-1}$

(b) $\dfrac{2x^3-x-1}{x-1}$

(c) $\dfrac{x^3-ax^2+bx-ab}{x-a}$ (단, a, b는 상수)

(d) $\dfrac{x^{2n}-1}{x+1}$ (단, n은 자연수)

4.16 다항식 $q(x)$가 다항식 $p(x)$를 나눌 때 나누어떨어지게 하는 k 값을 구하라.

(a) $p(x)=x^2-kx+4,\ q(x)=x-2$

(b) $p(x)=k^2x^2-kx-6,\ q(x)=x+2$

(c) $p(x)=x^3-4x^2+x+k,\ q(x)=x+2$

(d) $p(x)=k^2x^4-3kx^2-4,\ q(x)=x-1$

4.17 삼차함수 $p(x)=\frac{1}{4}x^3-x^2-\frac{11}{4}x+\frac{15}{2}$는 세 개의 근을 가진다. $x=2$가 하나의 근임을 확인하고, 나머지 두 근도 찾아라.

4.18 1964년 탄자니아에 5개년 계획이 도입되었다. 이 계획의 목표 중 한 가지는 15년 이내에 1인당 실질 소득을 두 배로 증가시키는 것이었다. 이 목표를 달성하기 위해 필요한 1인당 실질 소득의 연평균 성장률을 구하라.

4.19 다음 조건에 대한 물음에 답하라.

(i) 섭씨온도(C)와 화씨온도(F)는 일차함수 관계(선형관계)에 있다.
(ii) 물의 어는점은 섭씨 0°와 화씨 32°이다.
(iii) 물의 끓는점은 섭씨 100°와 화씨 212°이다.

(a) 섭씨온도 C를 화씨온도 F로 변환하는 방정식을 구하라.

(b) 섭씨온도와 화씨온도가 동일한 값을 가지는 온도를 구하라.

4.20 t에 대한 다음 방정식을 풀어라.

(a) $x=e^{at+b}$

(b) $e^{-at}=\frac{1}{2}$

(c) $\frac{1}{\sqrt{2\pi}}e^{-\frac{1}{2}t^2}=\frac{1}{8}$

4.21 [그림 4.R.2]는 함수 $y=f(x)=\frac{ax+b}{x+c}$의 그래프이다. 이 그래프를 이용하여 상수 $a,\ b,\ c$가 양수인지, 0인지, 음수인지 확인하라.

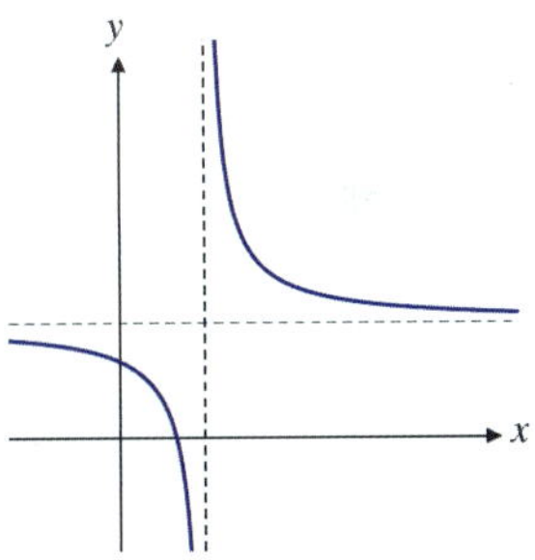

그림 4.R.2 $y=\frac{ax+b}{x+c}$의 그래프

4.22 [그림 4.R.3]은 함수$y=g(x)=px^2+qx+r$의 그래프이다. 이 그래프를 이용하여 상수 $p,\ q,\ r$이 양수인지, 0인지, 음수인지 확인하라.

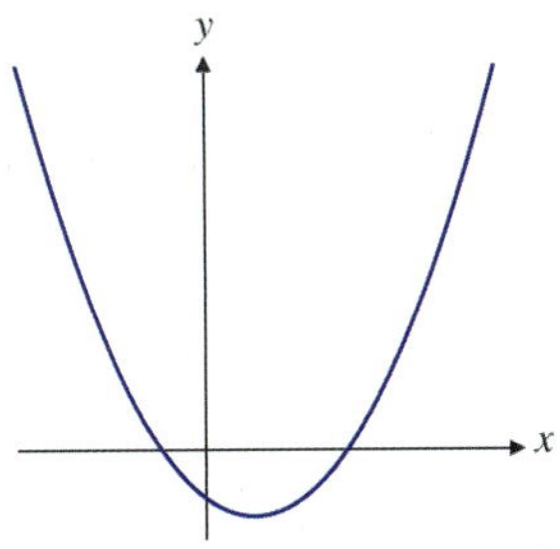

그림 4.R.3 $y=px^2+qx+r$의 그래프

4.23 (a)~(e)의 □ 안에 [그림 4.R.4]~[그림 4.R.9] 중 해당하는 그래프의 기호를 써넣어라. 또한 (f)의 □ 안에 남은 그래프의 기호를 써넣고, 밑줄 친 부분에 적절한 함수의 식을 작성하라.

(a) $y=\frac{1}{2}x^2-x-\frac{3}{2}$의 그래프는 □

(b) $y=2\sqrt{2-x}$의 그래프는 □

(c) $y=-\frac{1}{2}x^2+x+\frac{3}{2}$의 그래프는 □

(d) $y=\left(\frac{1}{2}\right)^x-2$의 그래프는 □

(e) $y=2\sqrt{x-2}$의 그래프는 □

(f) $y=$__________의 그래프는 □

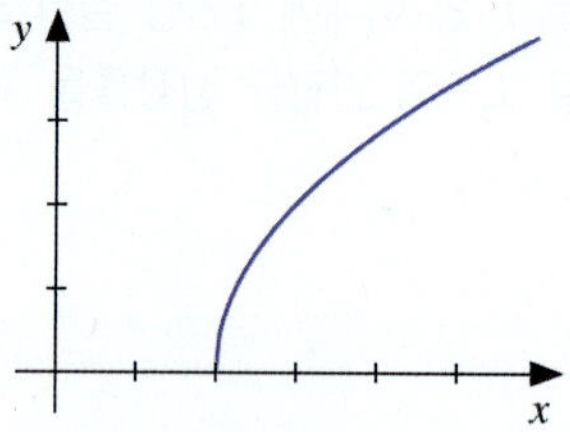

그림 4.R.4 그래프 A

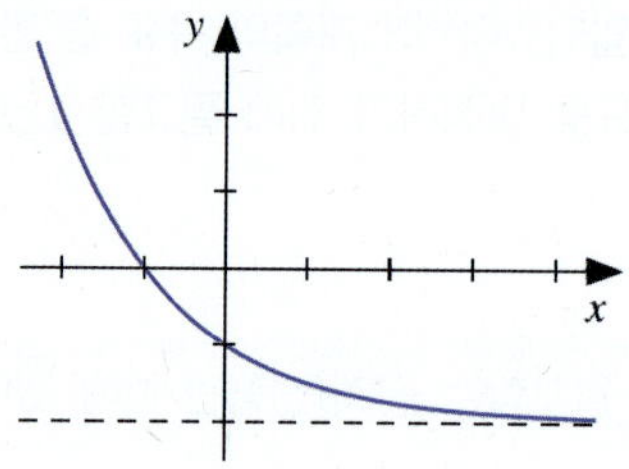

그림 4.R.5 그래프 B

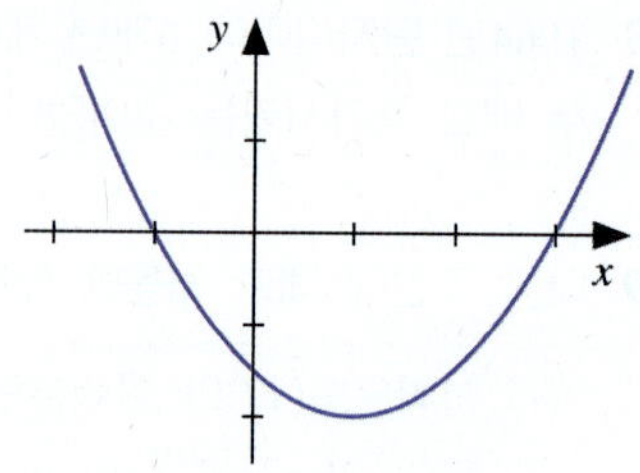

그림 4.R.6 그래프 C

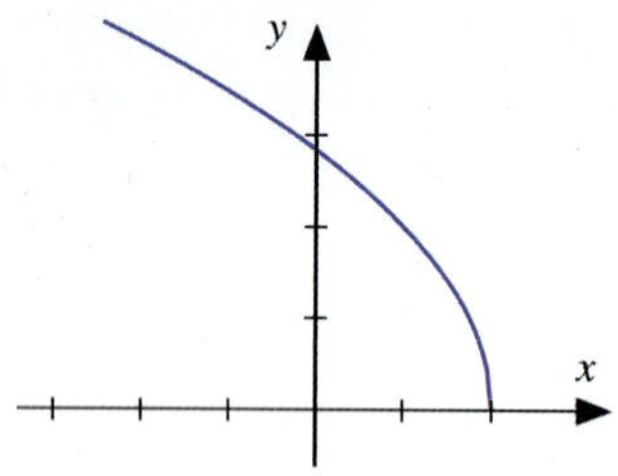

그림 4.R.7 그래프 D

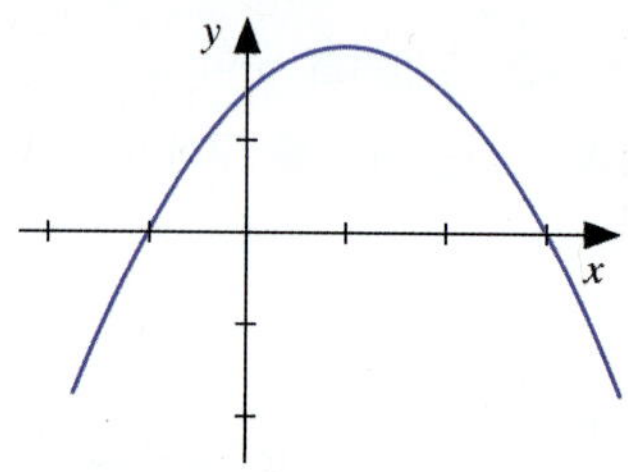

그림 4.R.8 그래프 E

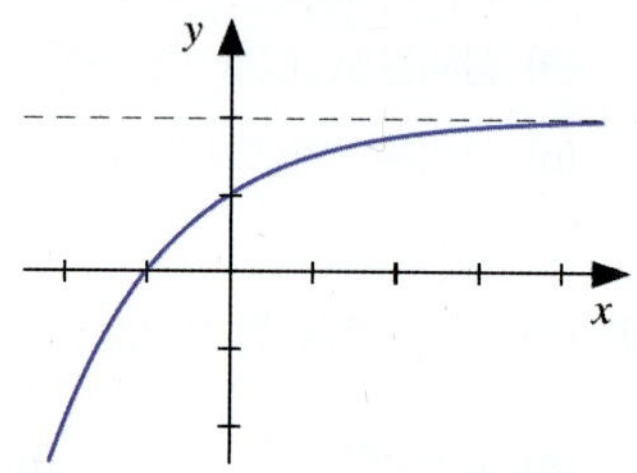

그림 4.R.9 그래프 F

4.24 다음 등식을 적절한 변수의 제한조건과 함께 증명하라.

(a) $\ln x-2=\ln\frac{x}{e^2}$

(b) $\ln x-\ln y+\ln z=\ln\frac{xz}{y}$

(c) $3+2\ln x=\ln(e^3x^2)$

(d) $\frac{1}{2}\ln x-\frac{3}{2}\ln\frac{1}{x}-\ln(x+1)=\ln\frac{x^2}{x+1}$

CHAPTER

05

함수의 성질

Properties of Functions

CONTENTS

이제 가장 추상적인 개념이야말로 구체적인 사실에 대한 우리의 사고를 통제하는 진정한 무기라는 역설이 완전히 확립되었다.

The paradox is now fully established that the utmost abstractions are the true weapons with which to control our thought of concrete facts.

__ 알프레드 노스 화이트헤드(Alfred North Whitehead, 1925)

이 장에서는 일변수함수(변수가 하나인 함수)와 그 그래프를 더 자세히 살펴본다. 5.1절에서 함수의 변화가 그래프의 이동과 어떻게 관련되는지를 다루고, 5.2절에서 기존 함수에서 새로운 함수를 어떻게 구성할 수 있는지도 살펴본다. 다음으로 5.3절에서 어떤 경우에 함수가 역함수를 가지는지 논의하고, 역함수가 원래 함수의 효과를 어떻게 반전시키는지 설명한다. 두 변수로 이루어진 모든 방정식은 xy평면에서 곡선(또는 점의 집합)으로 나타낼 수 있다. 5.4절~5.5절에서 몇 가지 예를 통해 설명한다. 마지막으로 5.5절에서 함수의 일반적인 개념을 다룬다. 함수는 수학에서 가장 근본적인 개념 중 하나이며, 경제학에서도 매우 중요하다.

5.1 그래프 이동

새로운 유전이 생산에 투입되면 석유의 공급곡선에 영향을 미치고, 이는 균형가격에도 영향을 준다. 어떤 상품의 생산과정에 개선된 기술이 도입되면 그 상품의 생산함수는 위로 이동하고 비용함수는 아래로 이동한다. 이 절에서는 함수 $f(x)$의 그래프가 함수 $f(x)+c$, $f(x+c)$, $cf(x)$, $f(-x)$의 그래프와 어떻게 관련되는지를 일반적으로 살펴본다. 여기서 c는 상수이다. 일반적인 규칙을 제시하기 전에 다음 예를 살펴보자.

EX 5.1.1 [그림 4.3.8]은 $y=\sqrt{x}$의 그래프이다. 이를 참고하여 다음 여덟 가지 함수 $\sqrt{x}+2$, $\sqrt{x}-2$, $\sqrt{x+2}$, $\sqrt{x-2}$, $2\sqrt{x}$, $\sqrt{\frac{x}{2}}$, $-\sqrt{x}$, $\sqrt{-x}$에 대해 $y=f(x)$의 그래프 개형을 그려라.

풀이

[그림 5.1.1]~[그림 5.1.5]는 모두 공통으로 $y=\sqrt{x}$의 그래프를 점선으로 나타낸다. [그림 5.1.1]에서 실선으로 나타낸 $y=\sqrt{x}+2$와 $y=\sqrt{x}-2$의 그래프는 $y=\sqrt{x}$의 그래프를 각각 위로 2단위, 아래로 2단위 평행이동하여 얻는다. 함수 $y=\sqrt{x+2}$는 $x+2\geq 0$, 즉 $x\geq -2$에서 정의된다. [그림 5.1.2]에 나타난 이 함수의 그래프는 $y=\sqrt{x}$의 그래프를 왼쪽으로 2단위 평행이동하여 얻는다. 같은 방식으로 [그림 5.1.2]와 같이 $y=\sqrt{x-2}$의 그래프는 $y=\sqrt{x}$의 그래프를 오른쪽으로 2단위 평행이동하여 얻는다. [그림 5.1.3]과 같이 $y=2\sqrt{x}$의 그래프는 f의 그래프를 수직으로 2배 늘려서 얻는다. 같은 그림에서 $y=\sqrt{\frac{x}{2}}$의 그래프는 f의 그래프를 수직으로 $\sqrt{\frac{1}{2}}=\frac{\sqrt{2}}{2}$만큼 축소해서 얻는다.

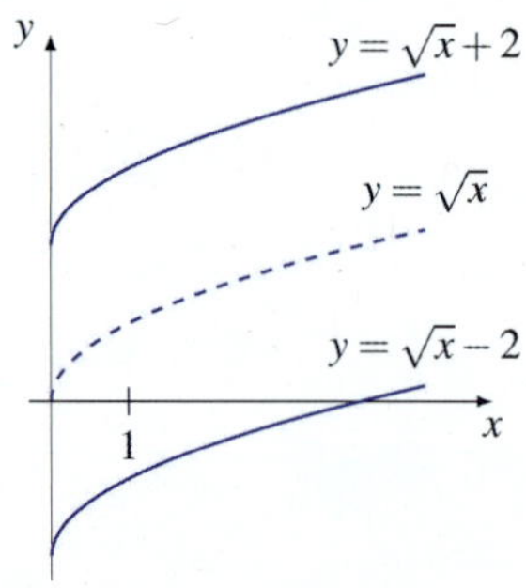

그림 5.1.1 $y=\sqrt{x}\pm 2$의 그래프

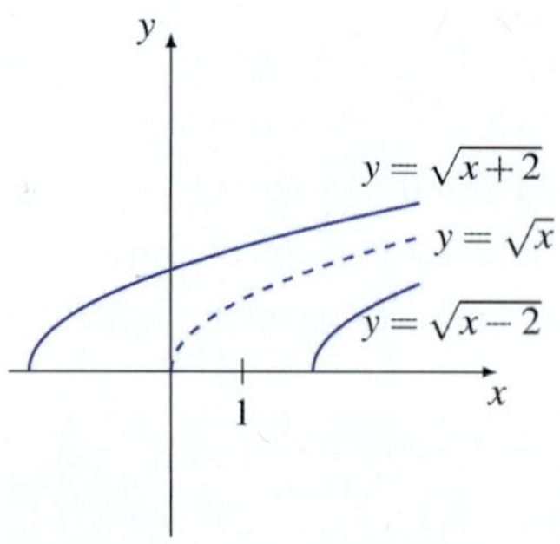

그림 5.1.2 $y=\sqrt{x\pm 2}$의 그래프

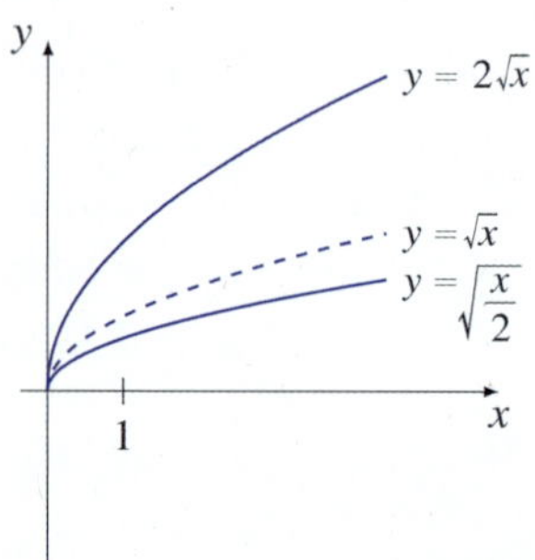

그림 5.1.3 $y=2\sqrt{x}$, $y=\sqrt{\frac{x}{2}}$의 그래프

$y=-\sqrt{x}$의 그래프는 [그림 5.1.4]에 나타나 있듯이 $y=\sqrt{x}$의 그래프를 x축에 대해 대칭이동하여 얻는다. 마지막으로 함수 $y=\sqrt{-x}$를 살펴보자. 이 함수는 $-x\geq 0$, 즉 $x\leq 0$일 때 정의된다. 이 그래프는 [그림 5.1.5]에 나타나 있듯이 $y=\sqrt{x}$의 그래프를 y축에 대해 대칭이동하여 얻는다.

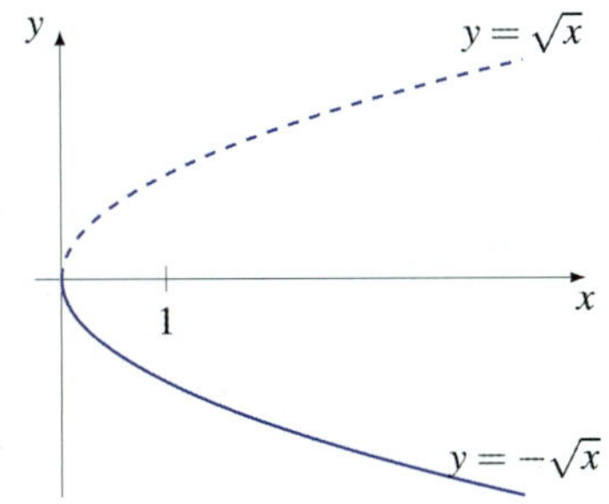

그림 5.1.4 $y=-\sqrt{x}$의 그래프

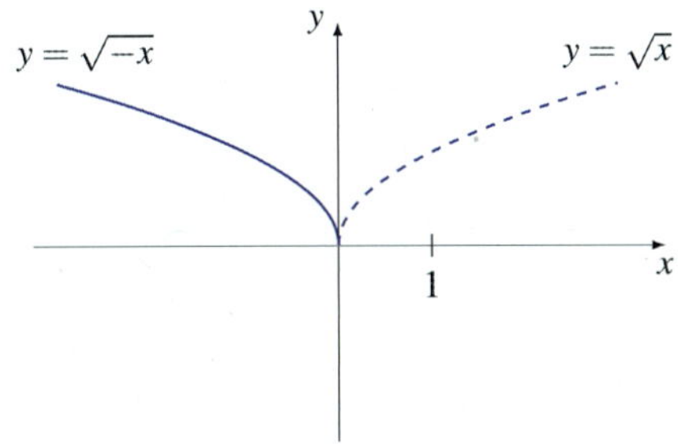

그림 5.1.5 $y=\sqrt{-x}$의 그래프

[표 5.1.1]은 함수의 그래프를 이동하는 일반적인 규칙을 정리한 것이다. 독립변수가 y이고 $x=g(y)$이면 ❶, ❷에서 '위쪽'을 '오른쪽'으로, '아래쪽'을 '왼쪽'으로 바꿔야 한다. ❸에서 '수직'을 '수평'으로, 'x축'을 'y축'으로 바꿔야 한다. ❹에서 'y축'을 'x축'으로 바꿔야 한다.

표 5.1.1 $y=f(x)$ 그래프의 이동 규칙

함수	조건	$y=f(x)$ 그래프의 이동
❶ $y=f(x)+c$	$c>0$	위로 c단위 평행이동
	$c<0$	아래로 c단위 평행이동
❷ $y=f(x+c)$	$c>0$	왼쪽으로 c단위 평행이동
	$c<0$	오른쪽으로 c단위 평행이동
❸ $y=cf(x)$	$c>1$	수직으로 늘어남
	$0<c<1$	수직으로 줄어듦
	$c<0$	수직으로 늘어나거나 줄어든 뒤 x축에 대해 대칭이동
❹ $y=f(-x)$		y축에 대해 대칭이동

[그림 4.3.5]~[그림 4.3.10]에 표시된 그래프에 이러한 규칙을 적용하면 유용한 그래프를 새로 쉽게 그릴 수 있다. 다음에서 이를 확인하자.

EX 5.1.2 다음 그래프를 그려라.

(a) $y=2-(x+2)^2$

(b) $y=\dfrac{1}{x-2}+3$

풀이

(a) 먼저 $y=x^2$의 그래프를 x축에 대해 대칭이동하면 $y=-x^2$의 그래프가 된다. 이 그래프를 왼쪽으로 2단위 이동하면 $y=-(x+2)^2$의 그래프가 된다. 마지막으로 이 그래프를 위로 2단위 이동하면 [그림 5.1.6]과 같은 그래프가 된다.

(b) [그림 4.3.9]에 있는 $y=\dfrac{1}{x}$의 그래프에서 시작하자. 이 그래프를 오른쪽으로 2단위 이동하면 $y=\dfrac{1}{x-2}$의 그래프가 된다(이 그래프는 그림으로 따로 표시하지 않았다). 이제 이 그래프를 위로 3단위 이동하면 [그림 5.1.7]과 같이 $y=\dfrac{1}{x-2}+3$의 그래프가 된다.

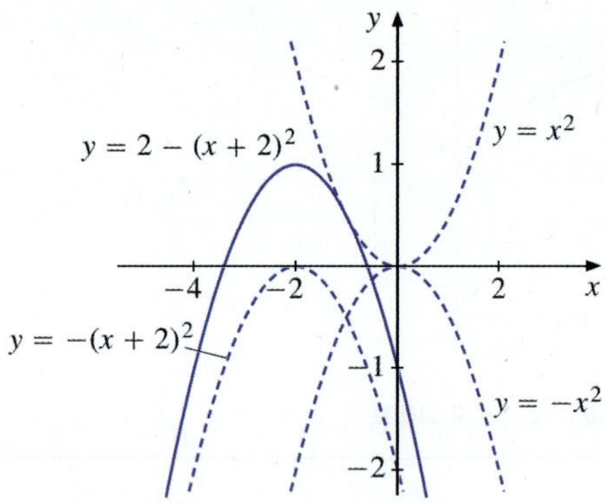

그림 5.1.6 $y=2-(x+2)^2$의 그래프

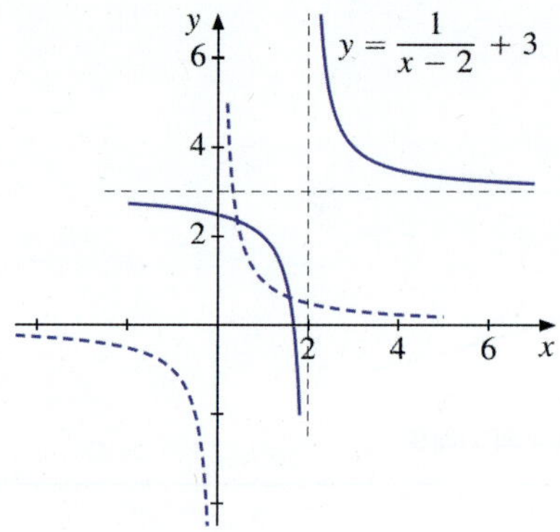

그림 5.1.7 $y=\dfrac{1}{x-2}+3$의 그래프

EX 5.1.3 [EX 4.5.3]에서는 간단한 수요함수 $D=100-P$와 공급함수 $S=10+2P$를 살펴봤으며, 이로부터 균형가격 $P^e=30$과 해당하는 균형수량 $Q^e=70$을 구했다. 공급곡선이 오른쪽으로 이동하여 새로운 가격 P에서의 공급이 $\widetilde{S}=16+2P$가 된다고 가정하자. 새로운 균형가격 $\widetilde{P}^e$는 방정식 $100-\widetilde{P}^e=16+2\widetilde{P}^e$로 결정된다. 이 식을 풀면 $\widetilde{P}^e=28$과 $\widetilde{Q}^e=100-28=72$를 얻는다. [그림 5.1.8]을 참고하라. 따라서 새로운 균형가격은 기존보다 낮아졌고 수량은 더 많아졌다. 공급곡선이 S에서 $\widetilde{S}$로 바깥쪽으로 이동하면, 균형점은 변하지 않는 수요곡선을 따라 오른쪽 아래로 이동한다.

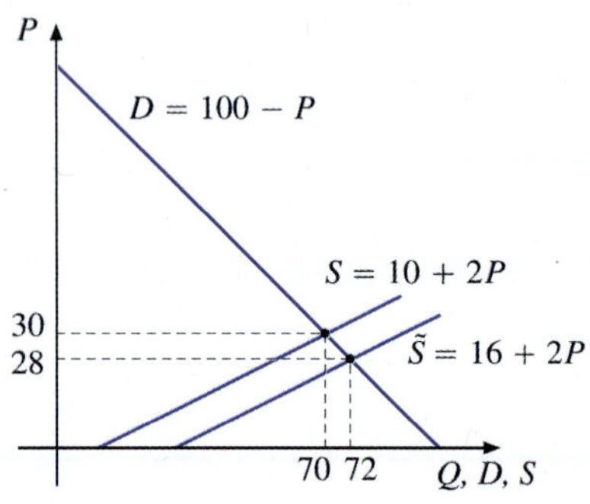

그림 5.1.8 공급의 이동

[EX 4.5.4]에서는 일반적인 선형수요함수 $D=a-bP$와 선형공급함수 $S=\alpha+\beta P$를 살펴보았다. 여기서 a, b, α, β는 모두 양의 모수이다. 이때 균형가격 P^e와 해당하는 균형수량 Q^e는 다음과 같이 결정된다.

$$P^e=\frac{a-\alpha}{\beta+b},\quad Q^e=\frac{a\beta+\alpha b}{\beta+b}$$

[그림 5.1.9]와 같이 공급곡선이 이동하여 가격 P에서의 새로운 공급이 $\widetilde{S} = \widetilde{\alpha} + \beta P$가 되었다고 하자. 여기서 $\widetilde{\alpha} > \alpha$이다.

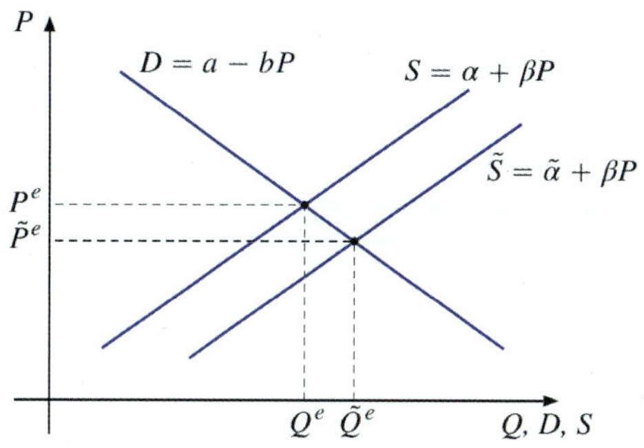

그림 5.1.9 공급의 이동

그러면 새로운 균형가격 $\widetilde{P}^e$는 방정식 $a - b\widetilde{P}^e = \widetilde{\alpha} + \beta \widetilde{P}^e$에 의해 다음과 같이 나타난다.

$$\widetilde{P}^e = \frac{a - \widetilde{\alpha}}{\beta + b}, \quad \widetilde{Q}^e = a - b\widetilde{P}^e = \frac{a\beta + \widetilde{\alpha} b}{\beta + b}$$

새로운 균형가격과 이전 균형가격의 차이, 그리고 새로운 균형수량과 이전 균형수량의 차이는 각각 다음과 같다.

$$\widetilde{P}^e - P^e = \frac{\alpha - \widetilde{\alpha}}{\beta + b}, \quad \widetilde{Q}^e - Q^e = \frac{(\widetilde{\alpha} - \alpha)b}{\beta + b} = -b(\widetilde{P}^e - P^e)$$

[그림 5.1.9]에서 볼 수 있듯이 $\widetilde{\alpha} > \alpha$이므로 $\widetilde{P}^e$는 P^e보다 작고, $\widetilde{Q}^e$는 Q^e보다 크다. 공급곡선이 S에서 $\widetilde{S}$로 오른쪽으로 이동하면 균형점은 변하지 않은 수요곡선을 따라 오른쪽 아래로 이동한다. 과세나 생산비용 증가와 같은 요인으로 인해 공급곡선이 위로 이동하는 것도 같은 방식으로 분석할 수 있다. 수요곡선이 이동하는 경우도 마찬가지로 분석할 수 있다.

EX 5.1.4 어떤 사람이 1년 동안 y달러를 벌고, 그 해에 소득세로 $f(y)$달러를 낸다고 하자. 그리고 정부가 소득세를 줄이기로 결정했다. 첫 번째 방안은 세금을 계산하기 전에 모든 납세자가 과세소득에서 d달러를 공제받도록 하는 것(소득공제)이다. 두 번째 방안은 전체 과세소득에 대해 세금을 계산한 다음, 납부해야 할 세액에서 c달러를 **세액공제**(tax credit)하는 것이다. '정상' 세금함수 f에 대해 두 가지 방안을 그래프로 나타내라. 그런 다음 두 방안이 동일한 세수를 산출하는 소득 y^*를 표시하라.

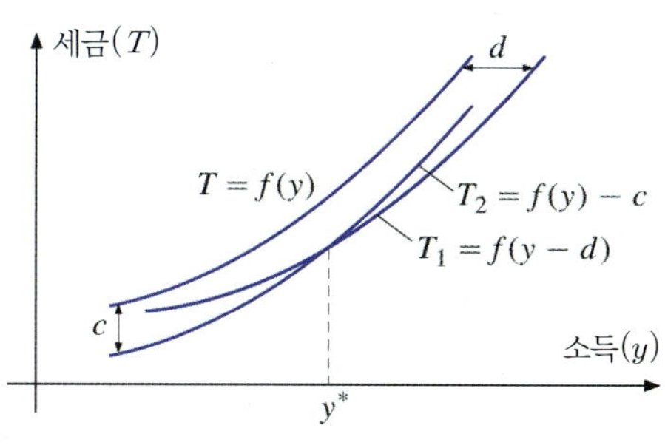

그림 5.1.10 $T_1 = f(y-d)$와 $T_2 = f(y) - c$의 그래프

풀이

[그림 5.1.10]에 표시된 함수 $T=f(y)$는 소위 '누진' 세율표로, 정의에 따라 평균세율 $\frac{T}{y}=\frac{f(y)}{y}$는 y의 증가함수이다.[1] 과세소득이 y이고 공제액이 d이면 과세대상소득은 $y-d$이고, 세금은 $f(y-d)$이다. 따라서 $T_1=f(y-d)$의 그래프는 $T=f(y)$의 그래프를 오른쪽으로 d단위로 이동한 것과 같다. $T_2=f(y)-c$의 그래프는 $T=f(y)$의 그래프를 아래로 c단위 이동하여 얻는다.

소득세를 줄이는 두 방안이 동일한 세금을 부과할 때의 소득 y^*는 다음 방정식으로 주어진다.

$$f(y^*-d)=f(y^*)-c$$

$y<y^*$일 때는 $T_1>T_2$이지만, $y>y^*$일 때는 $T_1<T_2$이다. 따라서 세액공제 방식은 저소득층에게 더 유리하고, 소득공제 방식은 고소득층에게 더 유리하다. 이는 일반적인 기대와도 일치한다.

5.1 연습문제

1 [그림 4.3.6]에 나타나 있는 $y=x^2$의 그래프와 [표 5.1.1]에 소개한 그래프의 이동 규칙을 사용하여 다음 함수의 그래프를 그려라.

(a) $y=x^2+1$

(b) $y=(x+3)^2$

(c) $y=3-(x+1)^2$

2 $y=f(x)$의 그래프가 [그림 5.1.11]과 같다고 가정하자. 다음 함수의 그래프를 그려라.

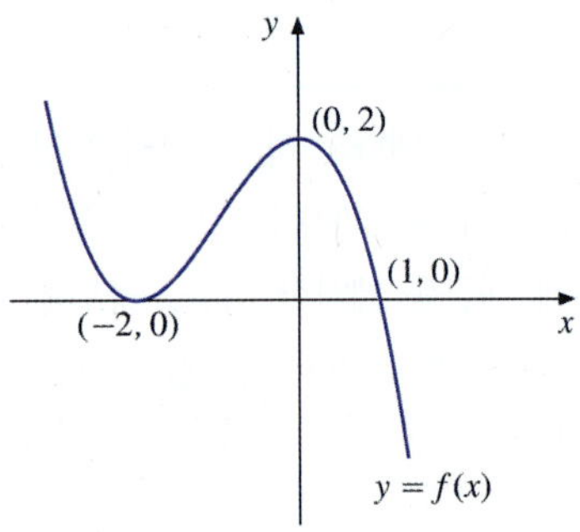

그림 5.1.11 [연습문제 2]의 함수 f

(a) $y=f(x-2)$

(b) $y=f(x)-2$

(c) $y=f(-x)$

3 [EX 5.1.3]의 첫 번째 모형에서 수요가 증가했을 때, 어떤 가격 P에서의 새로운 수요를 $\widetilde{D}=106-P$라 가정하자. 새로운 균형점을 찾고, 이를 그래프로 나타내라.

4 [그림 4.3.10]의 그래프와 [표 5.1.1]에 소개한 그래프의 이동 규칙을 사용하여 $y=2-|x+2|$의 그래프를 그려라.

5 함수 $f(x)=\frac{1}{x^2}$의 그래프를 생각하자. 이를 이용하여 함수 $g(x)=2-(x+2)^{-2}$의 그래프를 그려라.

6 [EX 5.1.4]에서 $f(y)=Ay+By^2$이고, A와 B는 양의 모수라고 하자. 이때 y^*를 구하라.

1 [EX 5.4.4]에서 이 특성을 가진 미국 연방 소득세를 다룬다.

5.2 기존 함수로부터 새로운 함수 구성하기

[그림 5.2.1]은 1986년~1997년 동안 특정 대학에 등록한 남학생과 여학생의 인원수를 그래프로 나타낸 것이다. t년도의 여학생 인원수를 $f(t)$, 남학생 인원수를 $m(t)$라 하면 총 학생 인원수는 $n(t)=f(t)+m(t)$이다. [그림 5.2.2]와 같이 총 학생 인원수 $n(t)$의 그래프는 $m(t)$의 그래프 위에 $f(t)$의 그래프를 쌓아서 구할 수 있다.

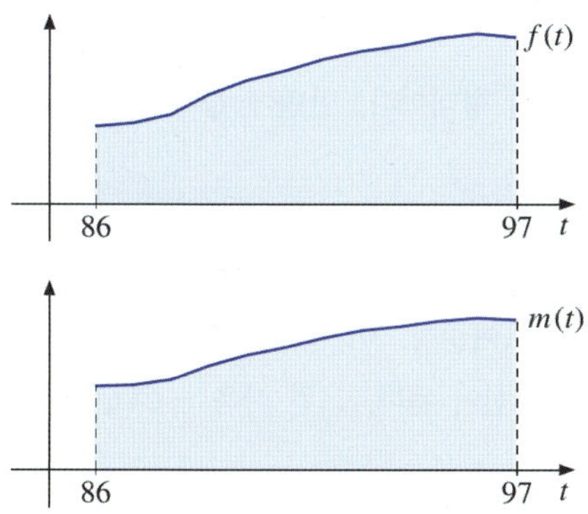

그림 5.2.1 남학생과 여학생 인원수(단위 : 천)

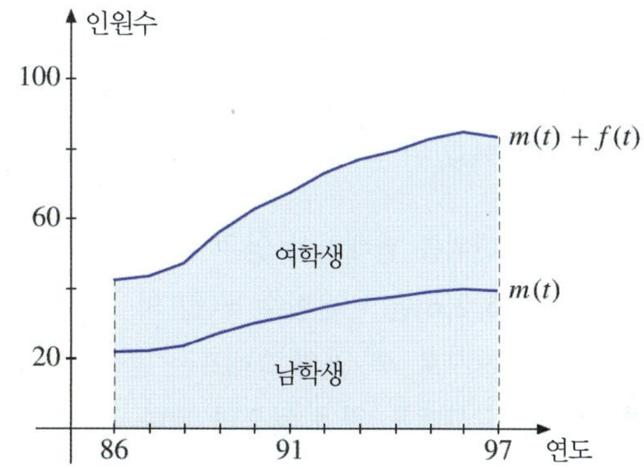

그림 5.2.2 총 학생 인원수(단위 : 천)

일반적으로 함수 f와 g가 모두 어떤 실수 집합 A에서 정의되어 있다고 하자. 그러면 $h(x)=f(x)+g(x)$로 정의하는 함수 h를 f와 g의 **합**(sum)이라 하고 기호 $h=f+g$로 표기한다. $l(x)=f(x)-g(x)$로 정의하는 함수 l를 f와 g의 **차**(difference)라 하고 기호 $l=f-g$로 표기한다. 방금 소개한 예에서 t년도의 여학생과 남학생 수의 차는 $f(t)-m(t)$이다. 이 함수의 그래프는 $-m(t)$의 그래프 위에 $f(t)$의 그래프를 쌓아서 구할 수 있다.

함수의 합과 차는 경제모형에서 자주 볼 수 있다. 다음은 대표적인 예이다.

EX 5.2.1 어떤 상품을 $Q>0$단위 생산하는 데 드는 비용은 $C(Q)$라 하자. 이때 단위당 생산비용인 $A(Q)=\dfrac{C(Q)}{Q}$를 **평균비용**(average cost)이라 한다. 이제 비용함수가 다음과 같이 주어진다고 하자.

$$C(Q)=aQ^3+bQ^2+cQ+d$$

이 함수의 그래프는 [그림 4.7.2]와 같다. 그러면 평균비용은 다음과 같다.

$$A(Q)=aQ^2+bQ+c+\frac{d}{Q}$$

$A(Q)$는 이차함수 $y=aQ^2+bQ+c$와 쌍곡선 $y=\dfrac{d}{Q}$의 합으로 구성된다. 평균비용함수 $A(Q)$의 그래프를 얻으려면 [그림 5.2.4]에 표시된 쌍곡선 $y=\dfrac{d}{Q}$를 [그림 5.2.3에] 표시된 포물선 $y=aQ^2+bQ+c$ 위에 쌓아야 한다. 이렇게 해서 완성된 그래프는 [그림 5.2.5]와 같다.

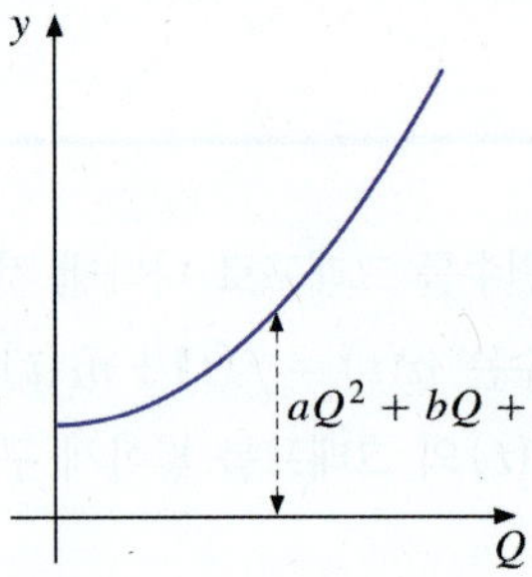

그림 5.2.3 aQ^2+bQ+c의 그래프

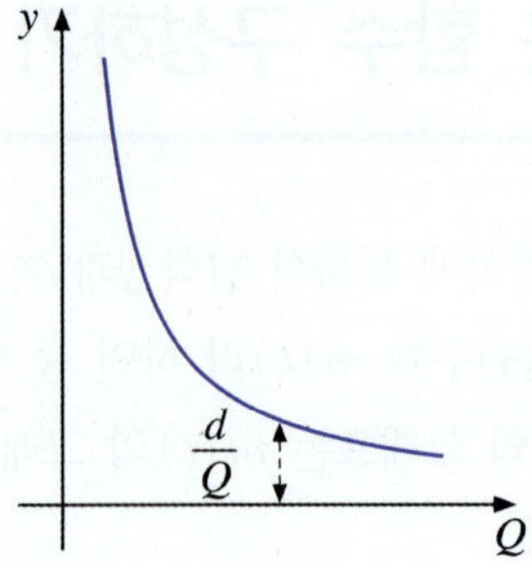

그림 5.2.4 $\frac{d}{Q}$의 그래프

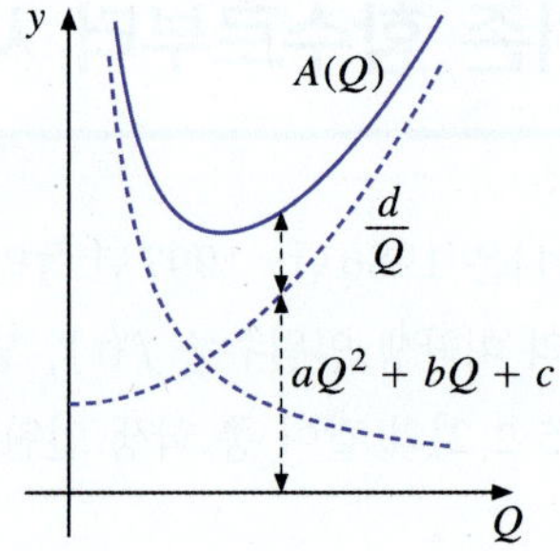

그림 5.2.5 $A(Q)$의 그래프

Q가 작을 때는 $\frac{d}{Q}$가 크므로 $A(Q)$의 그래프는 $y=\frac{d}{Q}$의 그래프와 비슷한 형태이다. 반면에 Q가 클 때는 $\frac{d}{Q}$가 작으므로 $A(Q)$의 그래프는 포물선과 비슷한 형태이다.

$R(Q)$는 상품 Q단위를 판매하여 얻은 **수익**(revenue)이다. 그러면 **이윤**(profit)은 $\pi(Q)=R(Q)-C(Q)$로 주어진다. [그림 5.2.6]은 이윤함수 $\pi(Q)$의 그래프를 구성하는 방법을 보여준다. 이 경우 회사는 단위당 고정 가격 p를 받으므로 $R(Q)$의 그래프는 원점을 지나고 기울기가 p인 직선이 된다. 그런 다음 $-C(Q)$의 그래프를 $R(Q)$의 그래프 위에 쌓으면 된다.

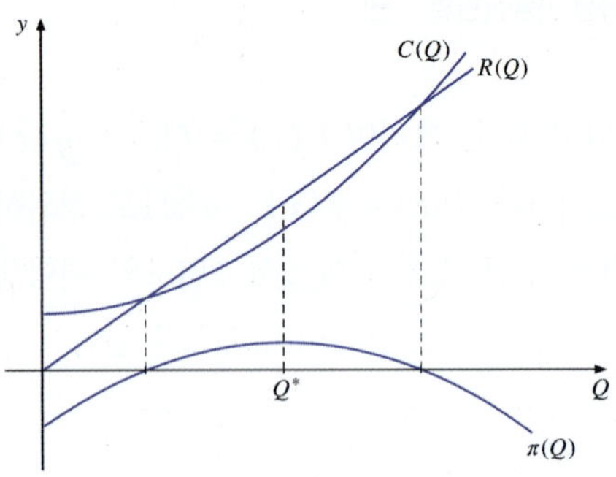

그림 5.2.6 $\pi(Q)=R(Q)-C(Q)$의 그래프

마지막으로 수익을 극대화하는 생산수준은 Q^*이다. 이때 직선 $y=R(Q)=pQ$의 높이는 곡선 $y=C(Q)$보다 가장 크게 벌어지는 곳, 즉 두 그래프 사이가 가장 클 때의 값이다.

함수의 곱과 나눗셈

두 함수 f와 g가 동일한 정의역 A에 정의되어 있다고 하자. A에 $h(x)=f(x)\cdot g(x)$로 정의된 함수 h를 f와 g의 **곱**(product)이라 하고 기호 $h=f\cdot g$ 또는 간단히 fg로 표기한다. 또한 $g(x)\neq 0$인 정의역 A에 $l(x)=\frac{f(x)}{g(x)}$로 정의되는 함수 l을 f와 g의 **몫**(quotient)이라 하고 기호 $l=\frac{f}{g}$로 표기한다. 이러한 연산의 예는 앞서 살펴본 바 있다. 다만 $f+g$나 $f-g$와는 달리 f와 g의 그래프를 기반으로 fg나 $\frac{f}{g}$의 그래프를 직관적으로 파악하기는 어렵다.

함수의 합성

어떤 상품의 수요가 그 가격의 함수라고 가정하자. 가격이 일정하지 않고 시간에 따라 달라진다면, 자연스럽게 상품의 수요를 시간의 함수로 간주하는 것이 타당하다. 일반적으로 y가 x의 함수이고 z가 y의 함수이면 z는 x의 함수로 생각할 수 있다. 이때 z를 x의 **합성함수**(composite function)라 한다. 두 함수를 각각 f와 g라 하고 $y=f(x)$, $z=g(y)$로 표기하자. 그러면 y에 $f(x)$를 대입하여 $z=g(f(x))$로 쓸 수 있다. z를 계산할 때 먼저 x에 f를 적용하여 $y=f(x)$를 구한 다음 y에 g를 적용한다. 여기서 $f(x)$를 **내부함수**(interior function)라 하고, g를 **외부함수**(exterior function)라 한다. x를 $z=g(f(x))$로 대응시키는 이 전체 함수를 g와 f의 **합성**(composition)이라 한다. 이를 기호 $g \circ f$로 표기하고 'g 합성 f'로 읽는다. 이를 정리하면 다음과 같다.

g와 f의 합성

두 함수 f, g의 정의역을 각각 D_f, D_g라 하고, 치역을 R_f, R_g라 하자. $R_f \subseteq D_g$이면 g와 f의 **합성**은 정의역이 $D_h = D_f$이고 치역이 $R_h \subseteq R_g$인 함수 $h = g \circ f$이다. 이를 식으로 나타내면 다음과 같다.

$$h(x) = g(f(x)) \tag{5.2.1}$$

만약 $R_f \subseteq R_g$라는 가정이 충족되지 않으면 어떤 x에 대해 $f(x)$는 정의되지만 $h(x)$는 정의되지 않을 수 있다. 일반적으로 g의 치역 R_g에 속하는 z 값 중 일부는 h의 치역 R_h에 속하지 않을 수 있다.

함수의 합성 $g \circ f$와 함수의 곱 $g \cdot f$는 겉보기에 비슷하게 보이지만 전혀 다른 방식으로 정의된다. x에서 $g \circ f$ 값을 계산할 때, 먼저 $f(x)$를 계산한 다음 그 값을 g에 대입한다. 반면에 g와 f의 곱 $g \cdot f$는 특정한 실수 x에서 단순히 $g(x)$와 $f(x)$의 곱이므로 $(g \cdot f)(x) = g(x) \cdot f(x)$이다.

$g \circ f$는 x를 $g(f(x))$에 대응하는 함수이고, $f \circ g$는 x를 $f(g(x))$에 대응하는 함수이다. 따라서 다음이 성립한다.

$$(f \circ g)(x) = f(g(x)), \quad (g \circ f)(x) = g(f(x))$$

일반적으로 $f \circ g$와 $g \circ f$는 전혀 다른 별개의 함수다. 예를 들어 $g(v) = 2 - v^2$이고 $f(u) = u^3$이라면 $(f \circ g)(x) = (2 - x^2)^3$이지만 $(g \circ f)(x) = 2 - (x^3)^2 = 2 - x^6$이다. 결과로 나온 두 다항식은 같지 않다.

EX 5.2.2 다음 함수를 합성함수로 나타내라.

(a) $z = (x^3 + x^2)^{50}$

(b) $z = e^{-(x-\mu)^2}$ (단, μ는 상수)

풀이

(a) x 값이 주어지면 $x^3 + x^2$을 먼저 계산하므로 내부함수는 $f(x) = x^3 + x^2$이다. 그 결과를 50제곱하므로 외부함수는 $g(y) = y^{50}$이다. 따라서 $g(f(x)) = g(x^3 + x^2) = (x^3 + x^2)^{50}$이다.

(b) 내부함수가 $f(x)=-(x-\mu)^2$, 외부함수가 $g(y)=e^y$이면 $g(f(x))=g(-(x-\mu)^2)$에서 $g(f(x))=e^{-(x-\mu)^2}$이다. 내부함수를 $f(x)=(x-\mu)^2$, 외부함수를 $g(y)=e^{-y}$으로 해도 결과는 같다.

대칭

함수 $f(x)=x^2$에 대해 $f(-x)=f(x)$가 성립한다. 마찬가지로 모든 짝수 거듭제곱 x^{2n}도 이 성질을 만족한다. 여기서 n은 양수든 음수든 상관없는 정수이다. 이러한 예에서 착안하여 어떤 함수 f가 해당 정의역의 모든 x에 대해 $f(-x)=f(x)$를 만족하면 f를 **우함수**(even function)라 한다. 이 조건은 f의 그래프가 y축에 대해 대칭이라는 뜻으로 [그림 5.2.7]에서 볼 수 있다.

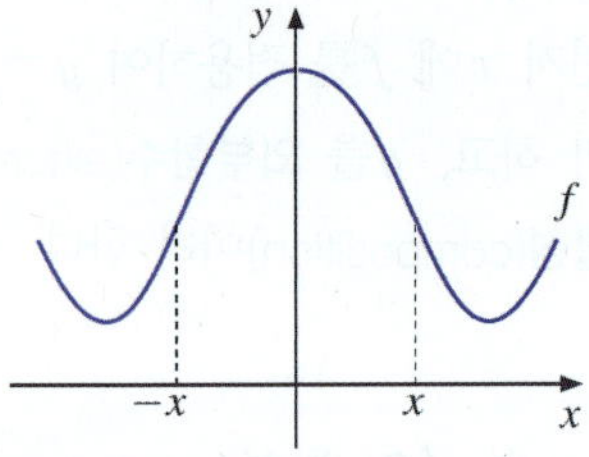

그림 5.2.7 우함수

$f(x)=x^3$과 같은 홀수 거듭제곱 x^{2n+1}은 $f(-x)=-f(x)$를 만족한다. 따라서 함수 f가 해당 정의역의 모든 x에 대해 $f(-x)=-f(x)$를 만족하면 f를 **기함수**(even function)라 한다. [그림 5.2.8]에서 보듯이 f의 그래프는 원점을 중심으로 시계방향이든 반시계방향이든 180° 회전해도 변하지 않는, 이른바 '홀수스러운' 대칭성을 가진다.

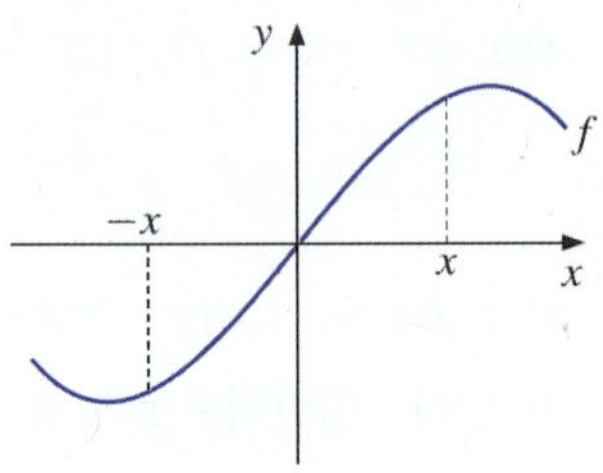

그림 5.2.8 기함수

함수 f가 모든 x에 대해 $f(a+x)=f(a-x)$를 만족하면 f는 a에 대해 **대칭**(symmetric)이라 한다. 이때 f의 그래프는 직선 $x=a$에 대해 대칭이고 이는 [그림 5.2.9]에 나타나 있다. 한 가지 예로 4.6절에서 다룬 이차함수 $f(x)=ax^2+bx+c$가 $a\neq 0$일 때 $x=-\dfrac{b}{2a}$에 대해 대칭인 것이 있다. 두 번째 예로 [EX 5.2.2]의 (b)에 소개한 합성함수 $z=e^{-(x-\mu)^2}$은 $x=\mu$에 대해 대칭이다.

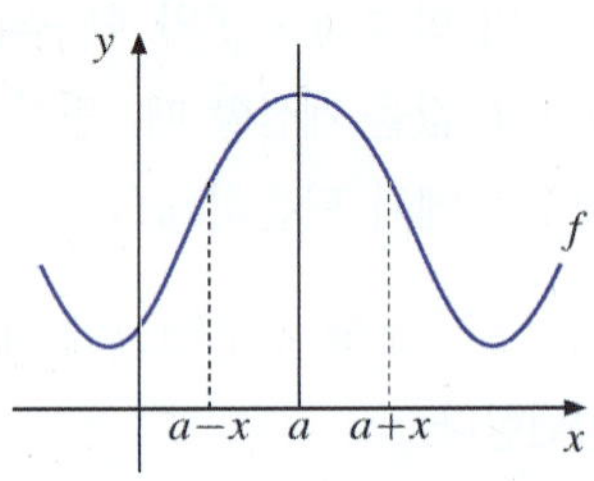

그림 5.2.9 $x=a$에 대한 대칭

5.2 연습문제

1 $x>0$이라 가정하고, [그림 5.2.1]과 [그림 5.2.2]처럼 $y=\dfrac{1}{4}x^2+\dfrac{1}{x}$의 그래프가 어떻게 $y=\dfrac{1}{4}x^2$의 그래프 위에 $y=\dfrac{1}{x}$의 그래프를 쌓아 얻어지는지 보여주는 그래프 3개를 그려라.

2 다음 함수의 그래프를 그려라.

(a) $y=\sqrt{x}-x$ (b) $y=e^x+e^{-x}$

(c) $y=e^{-x^2}+x$

3 $f(x)=3x-x^3$, $g(x)=x^3$일 때 함수 $(f+g)(x)$, $(f-g)(x)$, $(fg)(x)$, $\left(\dfrac{f}{g}\right)(x)$, $f(g(1))$, $g(f(1))$을 각각 식으로 나타내라.

4 $f(x)=3x+7$이라 하자. $f(f(x))$를 계산하고 $f(f(x^*))=100$이 되도록 하는 x^* 값을 구하라.

5 $\ln(\ln e)$와 $(\ln e)^2$을 계산하라. 어떤 점을 발견할 수 있는가?[2]

2 함수 f^2을 $f^2(x)=\{f(x)\}^2$으로 정의하면 일반적으로 $f^2(x)\neq f(f(x))$이다.

5.3 역함수

상품 수요량 D가 단위당 가격 P에 따라 $D=\dfrac{30}{P^{1/3}}$이라 가정하자. 이 식은 가격 P에 해당하는 수요 D를 알려준다. 예를 들어 $P=27$이면 $D=\dfrac{30}{27^{1/3}}=10$이다. 따라서 D는 P의 함수이고 $D=f(P)=\dfrac{30}{P^{1/3}}$이다. 이 함수는 가격이 오르면 수요가 감소하는 관계를 보여준다. 그러나 생산자 입장에서 생산량은 본인이 선택할 수 있는 변수이므로 그에 따라 결정되는 가격을 고려하는 것이 더 자연스럽다. 따라서 생산자는 가격이 판매량에 따라 어떻게 결정되는지 나타내는 함수, 즉 **역수요함수**(inverse demand function)를 알고 싶어한다. 이 예에서는 수요함수 $D=\dfrac{30}{P^{1/3}}$을 P에 대해 풀면 된다.

$P^{\frac{1}{3}}=\dfrac{30}{D}$의 양변을 세제곱하면 $\left(P^{\frac{1}{3}}\right)^3=\left(\dfrac{30}{D}\right)^3$이므로 $P=\dfrac{27000}{D^3}$이다. 이 식은 주어진 수요량 D에 해당하는 가격 P를 알려준다. 예를 들어 $D=10$이면 $P=\dfrac{27000}{10^3}=27$이다. 이 경우 P는 D의 함수이므로 $P=g(D)$이고, $g(D)=\dfrac{27000}{D^3}$이다. 이 예에서 변수 D, P는 서로를 함수로 표현할 수 있을 정도로 밀접하게 관련되어 있다. 실제로 두 함수는 다음과 같다.

$$f(P)=30P^{-\frac{1}{3}},\quad g(D)=27000D^{-3} \tag{5.3.1}$$

두 함수는 서로 **역함수**(inverse function)이다. f는 g의 역함수이고 g는 f의 역함수라고 한다.

두 함수 f, g는 서로 같은 정보를 다르게 표현한다. 예를 들어 가격이 27일 때 수요가 10이라는 사실을 $f(27)=10$, $g(10)=27$로 표현할 수 있고, 두 식은 완전히 동일한 의미를 갖는다. [EX 4.5.3]에서는 더 간단한 수요함수 $D=100-P$를 다룬 바 있다. 이 식을 P에 대해 정리하면 $P=100-D$이고, 이 식이 바로 역수요함수이다.

어떤 함수 f의 정의역이 $D_f=A$라 하자. 이는 A에 속하는 각 x에 유일한 실수 $f(x)$가 대응한다는 뜻이다. 함수 f의 정의역이 A일 때 치역은 $B=R_f=\{f(x):x\in A\}$이다. 이를 기호 $f(A)$로도 표기한다. 즉 치역 B는 A 전체에 걸쳐 x를 변화시켜 얻을 수 있는 모든 실수 $f(x)$로 구성된다. 이제 함수 f가 A의 두 다른 점에서 함숫값이 서로 같지 않으면 f는 A에서 **일대일함수**(one-to-one function)라 한다. 즉 B의 각 y 값에 대해 $y=f(x)$가 되는 x가 A에 정확히 하나만 존재해야 한다. 이를 형식적으로는 다음과 같이 설명할 수 있다. 각각의 x_1, $x_2\in A$에 대해 $x_1\neq x_2$일 때 $f(x_1)\neq f(x_2)$이면 f는 A에서 일대일함수이다. 어떤 함수가 A 전체에서 순증가하거나 A 전체에서 순감소하면 그 함수는 일대일함수이다. [그림 5.3.1]은 특별한 형태의 일대일함수 f를 보여준다. [그림 5.3.2]의 함수 g는 일대일함수가 아닌데, 서로 다른 x 값인 x_1과 x_2는 모두 동일한 y 값인 y_1에 대응되기 때문이다.

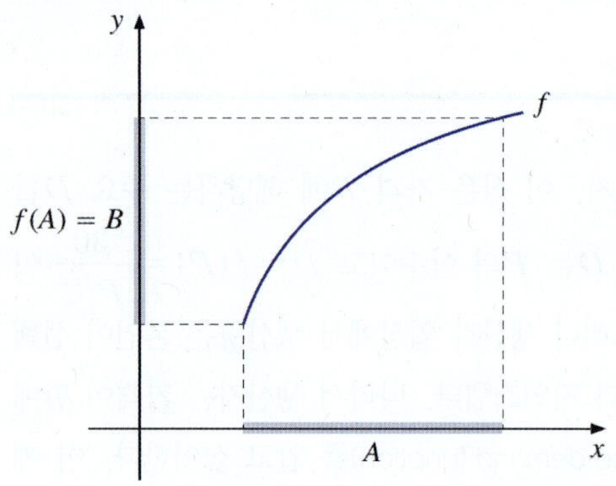

그림 5.3.1 함수 f는 정의역 A와 치역 B에 대해 일대일 함수이고, 역함수를 가진다.

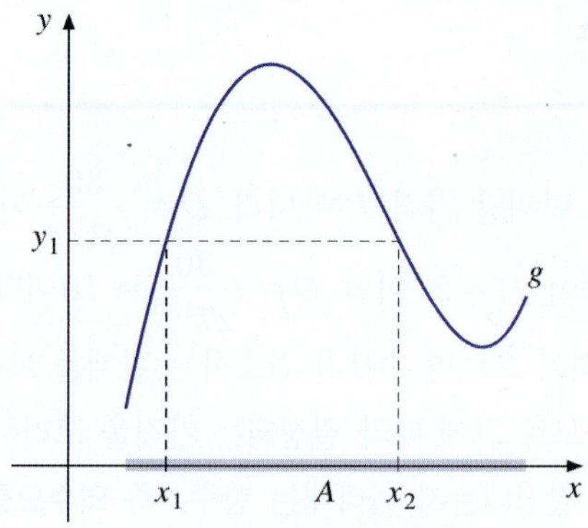

그림 5.3.2 함수 g는 일대일함수가 아니므로 정의역 A 전체에서 역함수를 가지지 않는다.

역함수

함수 f가 정의역 A와 치역 B를 가진다고 하자. f가 일대일함수인 경우에만 **역함수** g가 존재한다. 이때 역함수 g는 정의역이 B이고 치역이 A이며, 다음 규칙으로 정의된다. 즉 B에 속하는 각 y에 대해 $g(y)$는 A에 속하는 유일한 실수 x로서 $f(x)=y$를 만족한다. 그러면 다음과 같이 나타낼 수 있다.

$$\text{모든 } x\in A,\ y\in B\text{에 대해 } g(y)=x \quad \Leftrightarrow \quad y=f(x) \tag{5.3.2}$$

명제 (5.3.2)로부터 즉시 얻을 수 있는 중요한 결과는 다음과 같다.

$$A\text{의 모든 } x\text{에 대해 } g(f(x))=x\text{이고 } B\text{의 모든 } y\text{에 대해 } f(g(y))=y \tag{5.3.3}$$

첫 번째 식 $g(f(x))=x$는 먼저 f를 x에 적용한 다음 그 결과에 g를 적용하면 다시 원래의 x로 돌아온다는 뜻이다. 즉 g는 f가 x에 대해 수행한 역할을 되돌리는 역할을 한다. 여기서 주목할 점은 g가 함수 f의 역함수이면 f 역시 g의 역함수라는 사실이다. 그래서 g가 f의 역함수일 때, 일반적으로 기호 f^{-1}로 표기한다.[3]

앞에서 소개한 예에서는 수요함수 $D=\dfrac{30}{P^{1/3}}$을 풀어서 P를 D로 표현했고, 이를 통해 식 (5.3.1)에 나타난 함수 f와 g를 유도했다. 이렇게 간단한 경우에는 주어진 함수의 식을 직접 풀어서 역함수를 구할 수 있고, 동시에 역함수가 존재함을 자연스럽게 확인할 수 있다. 그런 예를 몇 가지 더 살펴보자.

3 실수 a가 $a\neq 0$이면 $a^{-1}=\dfrac{1}{a}$인데, 함수 기호에서 $f^{-1}(x)$는 $\dfrac{1}{f(x)}$이 아니라 $\dfrac{1}{f(x)}=f(x)^{-1}$라는 차이가 있다. 예를 들어 두 함수 $y=\dfrac{1}{x^2+2x+3}$, $y=x^2+2x+3$은 서로 역함수 관계가 아니라 역수 관계이다.

EX 5.3.1 x에 대한 다음 방정식을 풀고 각 함수에 대한 역함수를 구하라.

(a) $y=4x-3$ (b) $y=\sqrt[5]{x+1}$ (c) $y=\dfrac{3x-1}{x+4}$

풀이

(a) x에 대해 방정식을 나타내면 모든 x와 y에 대해 다음이 성립한다.

$$y=4x-3 \quad \Leftrightarrow \quad 4x=y+3 \quad \Leftrightarrow \quad x=\frac{1}{4}y+\frac{3}{4}$$

따라서 $f(x)=4x-3$, $g(y)=\frac{1}{4}y+\frac{3}{4}$은 서로 역함수이다.

(b) 양변을 5제곱하면 다음이 성립한다.

$$y=\sqrt[5]{x+1} \quad \Leftrightarrow \quad y^5=x+1 \quad \Leftrightarrow \quad x=y^5-1$$

이 관계는 모든 x, y에 대해 성립하므로 $f(x)=\sqrt[5]{x+1}$, $g(y)=y^5-1$은 서로 역함수이다.

(c) 양변에 $(x+4)$를 곱하면 $y(x+4)=3x-1$이다. 이 방정식은 $yx+4y=3x-1$이고 x가 포함된 항을 좌변으로 이항하면 $x(3-y)=4y+1$이다. 이제 x를 y에 대해 나타내면 다음과 같다.

$$x=\frac{4y+1}{3-y}$$

따라서 $f(x)=\dfrac{3x-1}{x+4}$, $g(y)=\dfrac{4y+1}{3-y}$은 서로 역함수이다. f는 $x\neq-4$에서만 정의되고, g는 $y\neq3$에서만 정의됨을 주의하자. 따라서 식 (5.3.2)의 역함수 관계는 이렇게 정의역을 제한해야 성립한다.

역함수의 기하적 성질

식 (5.3.1)을 통해 두 함수 $f(P)=30P^{-\frac{1}{3}}$, $g(D)=27000D^{-3}$이 역함수임을 알았다. 여기서는 기호 P와 D를 사용하여 구체적으로 해석했으므로 두 함수를 이렇게 설명하는 것이 자연스러웠다. 하지만 상황에 따라서는 f와 g 모두에 동일한 변수를 사용하는 것이 더 편리할 수도 있다. [EX 5.3.1(a)]에서 $f(x)=4x-3$, $g(y)=\frac{1}{4}y+\frac{3}{4}$이 서로 역함수임을 확인했다. 이때 함수 g의 변수로 y 대신 x를 사용하면 다음과 같이 두 함수는 서로 역함수이다.

$$f(x)=4x-3,\ g(x)=\frac{1}{4}x+\frac{3}{4} \tag{*}$$

같은 방식으로 [EX 5.3.1(b)]에 근거하여 다음과 같은 두함수도 서로 역함수이다.

$$f(x)=(x+1)^{\frac{1}{5}},\ g(x)=x^5-1 \tag{**}$$

식 (*)와 (**)처럼 주어진 역함수 f와 g의 그래프는 흥미로운 기하적 성질을 가지고 있다. [그림 5.3.3]과 [그림 5.3.4]에서 볼 수 있듯이 두 그래프는 직선 $y=x$에 대해 서로 대칭인 거울상이다.

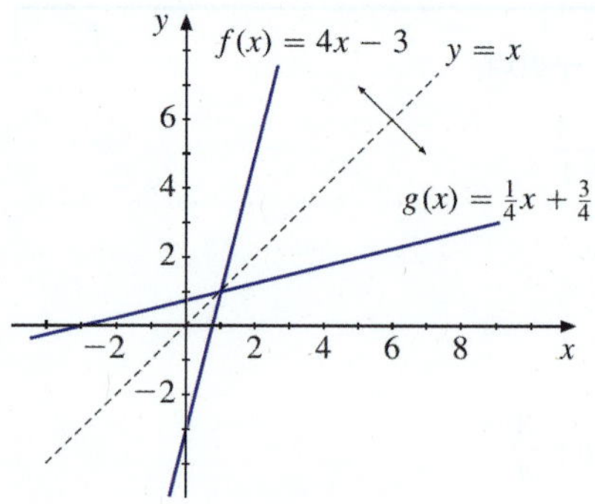

그림 5.3.3 f와 g는 역함수이다.

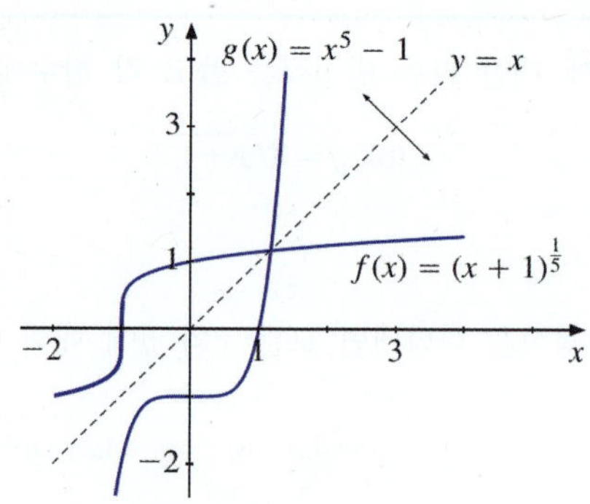

그림 5.3.4 f와 g는 역함수이다.

일반적으로 f와 g가 서로 역함수라고 가정하자. 점 $(a,\ b)$가 함수 f의 그래프 위에 있다는 사실은 $b = f(a)$임을 의미한다. 식 (5.3.2)에 따르면 이는 $g(b) = a$를 의미하므로 점 $(b,\ a)$는 함수 g의 그래프 위에 있음을 의미한다. [연습문제 8]에서는 두 점 $(a,\ b)$, $(b,\ a)$가 직선 $y = x$에 대해 대칭임을 보일 것이다.

역함수의 대칭성

두 함수 f, g가 서로 역함수라고 하자. 좌표축의 배율이 동일하다면 $y = f(x)$ 와 $y = g(x)$의 그래프는 직선 $y = x$에 대해 대칭이다.

함수 f와 g가 서로 역함수일 때 정의 (5.3.2)에 따르면 $y = f(x)$, $x = g(y)$는 서로 동치이다. 즉 두 함수는 실제로 정확히 동일한 그래프를 갖는다. 다만 두 번째 식에서는 y가 독립변수이고 x가 종속변수라는 관점에서 생각해야 한다. $y = f(x)$와 $y = g(x)$의 그래프는 서로 다른 그래프이지만, 직선 $y = x$에 대해 대칭이다. 예를 들어 [EX 4.5.3]과 [EX 5.1.3]에서는 수요곡선과 공급곡선을 다뤘다. 이는 수량 Q가 가격 P에 의존하는 함수의 그래프로 볼 수 있다. 이와 동치로 가격 P가 수량 Q에 의존하는 역함수의 그래프로도 생각할 수 있다.

지금까지 살펴본 모든 예에서 역함수는 알려진 공식으로 표현할 수 있었다. 하지만 어떤 함수가 역함수를 가지더라도 우리가 아는 함수로 표현하는 것이 불가능할 수도 있다. 사실 **역함수는 실제로 새로운 함수를 정의하는 중요한 원천이기도 하다.** 지수함수를 기반으로 한 것이 대표적인 예이다. 4.9절에서는 $y = e^x$이 순증가함수이고 $x \to \infty$일 때 0에 가까워짐을 보여주었다. 그리고 $x \to \infty$일 때 ∞로 향함을 알았다. 따라서 각 $y > 0$에 대해 $e^x = y$를 만족하는 유일한 x가 존재한다. 4.10절에서 이 새로운 함수를 자연로그함수라고 했고, 기호 ln으로 표기했다. 정의에 따라 '$y = e^x \Leftrightarrow x = \ln y$'라는 동치관계가 성립한다. 이 동치관계는 **두 함수** $f(x) = e^x$, $g(y) = \ln y$**가 서로 역함수임을** 보여준다. 자연로그함수는 다양한 맥락에서 나타나기 때문에 그 값이 널리 표로 정리되어 왔고, 많은 계산기에 자연로그함수 전용 버튼이 따로 있을 정도이다.[4]

4 계산기에 어떤 함수 f를 나타내는 버튼이 있다면, 보통 역함수 f^{-1}를 나타내는 버튼도 있다. 예를 들어 e^x 버튼이 있으면 [ln$x$] 버튼도 있다. 역함수의 정의에 따르면 $f^{-1}(f(x)) = x$가 성립한다. 따라서 어떤 숫자 x를 입력하고 [f] 버튼을 누른 다음 [f^{-1}] 버튼을 누르면 다시 원래의 x가 나와야 한다. 적절한 계산기가 있다면 5를 입력하고 [e^x] 버튼을 누른 다음 [ln$x$] 버튼을 누르면 결과는 다시 5에 가까운 값이 되어야 한다. 반올림 오류로 인해 정확히 5가 나오지 않을 수도 있지만 거의 근접한 값을 얻을 수 있다.

f와 g가 서로 역함수이면 f의 정의역은 g의 치역과 같고, 반대로 g의 정의역은 f의 치역과 같다. 다음을 살펴보자.

EX 5.3.2 구간 $[-3, \infty)$에 정의된 함수 $f(x)=\sqrt{3x+9}$는 순증가하므로 역함수를 갖는다. 이 역함수를 구하라. 이때 두 함수의 자유변수로 x를 사용하라.

풀이

x가 -3에서 ∞로 증가하면 함숫값 $f(x)$는 0에서 ∞로 증가하므로 f의 치역은 $[0, \infty)$이다. 따라서 f의 역함수 g는 $[0, \infty)$에서 정의된다. 역함수의 식을 구하기 위해 방정식 $y=\sqrt{3x+9}$를 x에 대해 푼다. 양변을 제곱하면 $y^2=3x+9$이고 해는 $x=\frac{1}{3}y^2-3$이다. 이 식에서 x와 y를 서로 바꿔서 x를 자유변수로 하면, f의 역함수는 $y=g(x)=\frac{1}{3}x^2-3$이고 $[0, \infty)$에서 정의된다. [그림 5.3.5]를 참고하자.

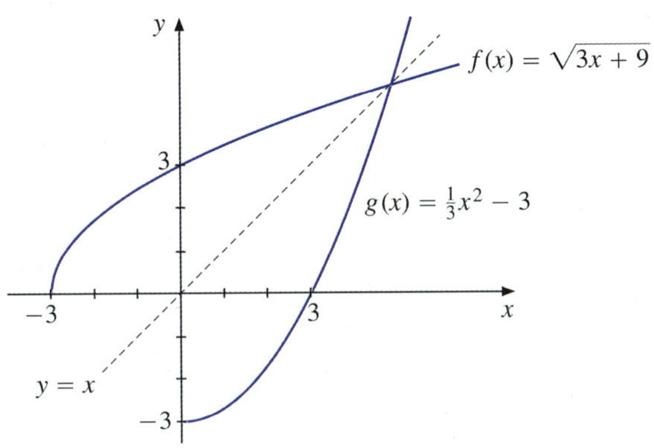

그림 5.3.5 $f(x)=\sqrt{3x+9}$**와** $g(x)=\frac{1}{3}x^2-3$**의 그래프**

EX 5.3.3 $f(x)=4\ln(\sqrt{x+4}-2)$로 정의된 함수 f를 생각하자.

(a) $f(x)$가 정의되는 x 값을 구하고, f의 치역도 구하라.

(b) 자유변수로 x를 사용하여 f의 역함수를 표현하라.

풀이

(a) $\sqrt{x+4}$가 정의되려면 $x \geq -4$이어야 한다. 하지만 $\ln(\sqrt{x+4}-2)$가 정의되려면 $\sqrt{x+4}-2>0$도 만족해야 한다. $\sqrt{x+4}-2>0$은 $\sqrt{x+4}>2$이므로 $x+4>4$이고 $x>0$이다. 따라서 f의 정의역은 $(0, \infty)$이다. x가 0 근방에서 ∞로 변할 때 $f(x)$는 $-\infty$에서 ∞로 증가한다. 그러므로 f의 치역은 $(-\infty, \infty)$이다.

(b) $y=4\ln(\sqrt{x+4}-2)$이면 $\ln(\sqrt{x+4}-2)=\frac{y}{4}$이고 $\sqrt{x+4}-2=e^{\frac{y}{4}}$이다. 따라서 $\sqrt{x+4}=2+e^{\frac{y}{4}}$이다. 양변을 제곱하면 $x+4=\left(2+e^{\frac{y}{4}}\right)^2=4+4e^{\frac{y}{4}}+e^{\frac{y}{2}}$에서 $x=4e^{\frac{y}{4}}+e^{\frac{y}{2}}$이다. 따라서 자유변수를 y 대신 x로 바꾸면 역함수는 $y=e^{\frac{x}{2}}+4e^{\frac{x}{4}}$이다. 이 함수의 정의역은 $(-\infty, \infty)$이고 치역은 $(0, \infty)$이다.

5.3 연습문제

1 가격 P의 수요함수 D는 $D=\frac{32}{5}-\frac{3}{10}P$로 주어진다. 이 식을 P에 대해 풀고 역함수를 구하라.

2 1915년부터 1929년까지 미국의 설탕 수요 D는 가격 P의 함수 $D=f(P)=\frac{157.8}{P^{0.3}}$로 추정되었다. 이 식을 P에 대해 정리하고 f의 역함수를 구하라.

3 다음 함수의 정의역, 치역, 역함수를 구하라.

(a) $y=-3x$ **(b)** $y=\frac{1}{x}$

(c) $y=x^3$ **(d)** $y=\sqrt{\sqrt{x}-2}$

4 함수 f는 다음 표로 정의된다.

x	-4	-3	-2	-1	0	1	2
$f(x)$	-4	-2	0	2	4	6	8

(a) f의 역함수를 f^{-1}라 하자. f^{-1}의 정의역을 구하라. $f^{-1}(2)$ 값을 구하라.

(b) 모든 실수 x에 대해 정의되고 위 표와 일치하는 함수 $f(x)$의 공식을 구하라. 그 함수의 역함수를 식으로 나타내라.

5 함수 $f(x)=x^2$은 $(-\infty, \infty)$의 모든 x에 대해 왜 역함수를 갖지 않는가? f의 정의역을 $[0, \infty)$로 제한하면 역함수를 가짐을 보이고 이때의 역함수를 구하라.

6 다음 명제를 수학적인 식으로 표현하라.

(a) 반으로 나누는 것과 두 배로 만드는 것은 서로 역연산이다.

(b) 어떤 수에 3을 곱한 다음 2를 빼는 연산은, 그 수에 2를 더한 후 3으로 나누는 연산의 역연산이다.

(c) 어떤 수에서 32를 뺀 다음 $\frac{5}{9}$를 곱하는 연산은, 그 수에 $\frac{9}{5}$를 곱한 후 32를 더하는 연산의 역연산이다. 참고로 이는 화씨온도와 섭씨온도를 변환하는 과정을 설명한다.[5]

7 특정 금액 C로 구매할 수 있는 당근 무게 Q를 알려주는 함수가 $Q=f(C)$라 하자. 그렇다면 역함수 f^{-1}는 무엇을 알려주는가?

8 평면좌표계에서 물음에 답하라.

(a) 두 점 $(3, 1)$, $(1, 3)$이 직선 $y=x$에 대해 대칭이고, 두 점 $(5, 3)$, $(3, 5)$도 직선 $y=x$에 대해 대칭임을 보여라.

(b) 삼각형의 합동에 대한 성질을 사용하여 평면위의 두 점 (a, b), (b, a)가 직선 $y=x$에 대해 대칭임을 증명하라. 이 두 점의 중점을 구하라.

9 x를 독립변수로 두고 다음 함수의 역함수를 구하라.

(a) $f(x)=(x^3-1)^{\frac{1}{3}}$ **(b)** $f(x)=\frac{x+1}{x-2}$

(c) $f(x)=(1-x^3)^{\frac{1}{5}}+2$

10 다음과 같이 정의된 함수는 정의역에서 순증가함수이다. 각 역함수의 정의역과 해당 역함수의 식을 구하라.

(a) $y=e^{x+4}$

(b) $y=\ln x-4$ (단, $x>0$)

(c) $y=\ln(2+e^{x-3})$

11 심화 $f(x)=\frac{1}{2}(e^x-e^{-x})$의 역함수를 구하라.

힌트 $z=e^x$으로 치환하여 이차방정식을 푼다.

---

5 [EX 2.6.2]와 [복습문제 4.19]를 상기하라.

5.4 방정식의 그래프

세 방정식 $x\sqrt{y}=2$, $x^2+y^2=16$, $y^3+3x^2y=13$은 모두 두 변수 x, y로 이루어진 하나의 방정식의 예이다. 이러한 방정식의 **해**(solution)는 x에 a를 대입하고 y에 b를 대입했을 때 방정식이 성립하는 순서쌍 (a, b)이다. 방정식의 **해집합**(solution set)은 이러한 해들로 이루어진 모든 순서쌍의 집합이다. 해집합의 모든 순서쌍을 데카르트 좌표계로 표현하면 방정식의 **그래프**를 얻을 수 있다.

EX 5.4.1 다음 방정식의 해를 몇 개 구하고 그래프를 그려라.

(a) $x\sqrt{y}=2$ (b) $x^2+y^2=16$

풀이

(a) $x\sqrt{y}=2$를 y에 대해 풀면 $y=\dfrac{4}{x^2}$이므로 x 값을 정하면 이에 대응하는 y 값을 쉽게 찾을 수 있다. 이러한 값은 [표 5.4.1]에 제시되어 있고, 그래프는 [그림 5.4.1]에 네 개의 점과 함께 그려져 있다.

표 5.4.1 $x\sqrt{y}=2$의 해

x	1	2	4	6
y	4	1	$\frac{1}{4}$	$\frac{1}{9}$

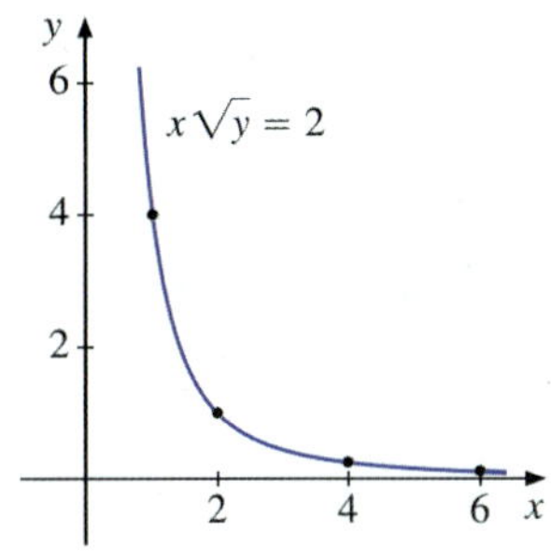

그림 5.4.1 $x\sqrt{y}=2$의 그래프

(b) $x^2+y^2=16$에서 $y=0$이면 $x^2=16$이므로 $x=\pm 4$이다. 두 해는 $(4, 0)$, $(-4, 0)$이다. [표 5.4.2]에는 이 외의 다른 해도 제시되어 있다. 그래프는 [그림 5.4.2]에 12개의 점과 함께 그려져 있다. 이 그래프는 원 모양을 하고 있고, 이는 5.5절에서 다시 확인할 것이다.

표 5.4.2 $x^2+y^2=16$의 해

x	-4	-3	-1	0	1	3	4
y	0	$\pm\sqrt{7}$	$\pm\sqrt{15}$	± 4	$\pm\sqrt{15}$	$\pm\sqrt{7}$	0

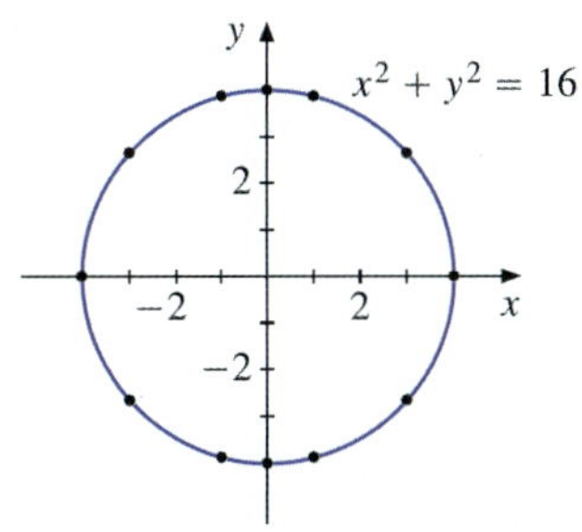

그림 5.4.2 $x^2+y^2=16$의 그래프

EX 5.4.2 방정식 $y^3+3x^2y=13$의 그래프에 대해 설명하라.

풀이

$x=0$이면 $y^3=13$이므로 $y=\sqrt[3]{13}\approx 2.35$이다. 따라서 점 $(0, \sqrt[3]{13})$은 그래프상에 있다. x는 제곱형태이므로 어떤 점 (x_0, y_0)가 그래프상에 있으면 점 $(-x_0, y_0)$도 그래프상에 있다. 이 그래프는 y축에 대해 대칭이다. 예를 들어 $(2, 1)$이 해이면 $(-2, 1)$도 해이다.

이제 원래의 식을 다음과 같은 형태로 작성해보자.

$$y = \frac{13}{y^2 + 3x^2} \tag{5.4.1}$$

그러면 그래프상의 어떤 점 (x, y)도 $y \le 0$일 수 없으므로 그래프가 x축보다 위에 있다. 또한 식 (5.4.1)에서 $|x|$가 매우 커지면 y는 작아져야 함을 알 수 있다. [그림 5.4.3]은 이 성질을 반영한 그래프를 보여준다. 식 (5.4.1)을 x에 대해 풀면 $x = \pm\sqrt{\frac{13 - y^3}{3y}}$을 만족하는 모든 점 (x, y)로 구성되어 있음을 알 수 있다.

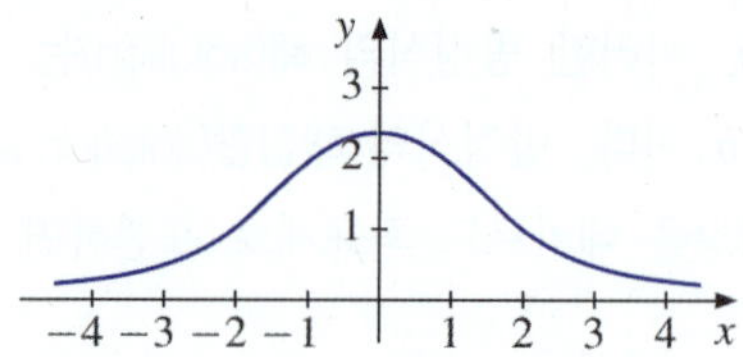

그림 5.4.3 $y^3 + 3x^2y = 13$의 그래프

수직선 검사

함수의 그래프는 아주 다양한 모양을 가질 수 있다. 하지만 평면의 모든 곡선이 함수의 그래프는 아니다. 함수의 정의에 따르면 함수는 정의역에 있는 각 x에 대해 오직 하나의 y 값만을 대응하기 때문이다. 따라서 함수의 그래프는 x축상의 모든 점을 통과하는 수직선이 그래프와 최대 한 점에서만 교차해야 한다. 이 간단한 기준이 바로 **수직선 검사**(vertical–line test)이고, [그림 5.4.4]와 [그림 5.4.5]에서 그 예를 볼 수 있다.

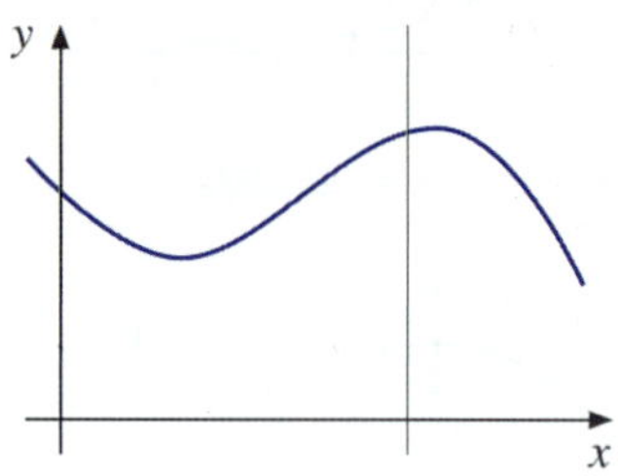

그림 5.4.4 함수

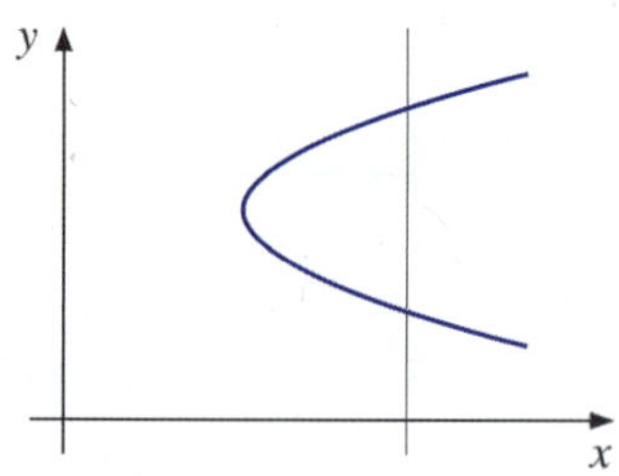

그림 5.4.5 함수가 아님

[그림 5.4.2]에 표시된 원 $x^2 + y^2 = 16$의 그래프는 수직선 검사를 통과하지 못하므로 함수가 아닌 그래프의 전형적인 예이다. $-4 < a < 4$인 모든 a에 대해 수직선 $x = a$는 원과 두 점에서 교차한다. y에 대해 방정식 $x^2 + y^2 = 16$을 풀면 $y = \pm\sqrt{16 - x^2}$이다. 여기서 위쪽 반원은 함수 $y = \sqrt{16 - x^2}$의 그래프이고, 아래쪽 반원은 함수 $y = -\sqrt{16 - x^2}$의 그래프이다. 이 두 함수는 모두 구간 $[-4, 4]$에 정의되어 있다.

단위 선택하기

함수는 정의역의 실수에 치역의 실수를 대응시키는 규칙이다. 어떤 경험적 관계를 함수로 표현하려면 먼저 측정 단위를 선택해야 한다. 예를 들어 시간을 측정할 때는 연, 일, 주 중에서 선택할 수 있다. 금액은 원화, 달러, 엔화, 유로 중에서 선택할 수 있다. 단위 선택에 따라 함수의 그래프가 전달하는 시각적 인상이 달라진다.

[그림 5.4.6]과 [그림 5.4.7]은 모두 2009년부터 2018년까지 EU에 속한 28개국의 총소비지출을 시계열(time series)로 보여준다. 여기서 데이터는 인플레이션의 영향을 보정하지 않은 유로 단위이다. 이 두 그래프는 사람들이 실증적 관계에 대해 받는 인상을 바꾸기 위해 자주 사용되는 대표적인 시각적 방법을 보여준다. 두 그래프는

모두 시간을 연 단위로 하고 소비는 10억 유로 단위로 측정되어 있으며, 실제로는 동일한 함수이다. 만약 유럽 경제의 성과를 청중에게 인상적으로 보여주고 싶다면, 두 그래프 중 어느 쪽을 선택하겠는가?

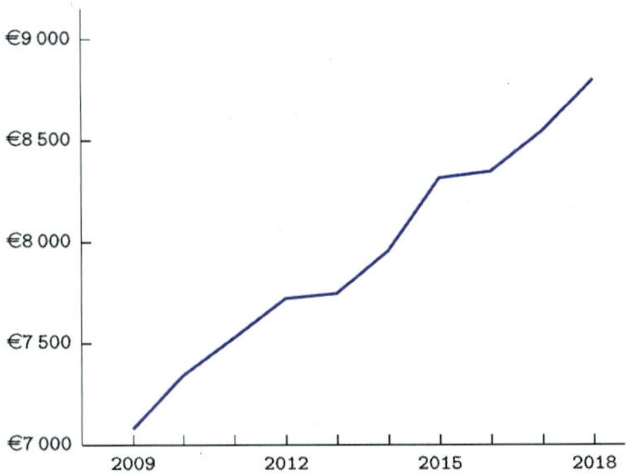

그림 5.4.6 낙관적 관점

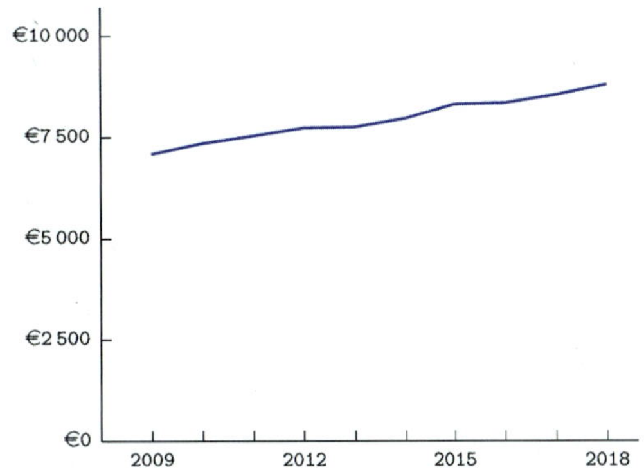

그림 5.4.7 비관적 관점

구간별로 정의된 함수

어떤 함수는 정의역을 서로 겹치지 않는 여러 구간으로 나눈 뒤, 각 구간마다 별도의 공식을 제시하여 정의하기도 한다. 이러한 형태의 함수를 **구간별로 정의된 함수**(piecewise function)라 한다. 이미 익숙한 예로는 식 (2.7.1)로 정의된 절댓값함수 $y=|x|$를 들 수 있다.[6] 구간별로 정의된 함수의 또 다른 두 가지 예를 소개한다.

EX 5.4.3 다음과 같이 정의된 함수 f의 그래프를 그려라.

$$f(x)=\begin{cases}-x\,, & x\le 0\\ x^2\,, & 0<x\le 1\\ 1.5\,, & x>1\end{cases}$$

풀이

그래프는 [그림 5.4.8]에 그려져 있다. 점 $(1,\ 1.5)$에 속이 비어 있는 점은 이 점이 함수의 그래프에 포함되지 않음을 나타낸다. 7.8절에서 설명하겠지만 이 함수는 $x=1$에서 **불연속**(discontinuous)이다.

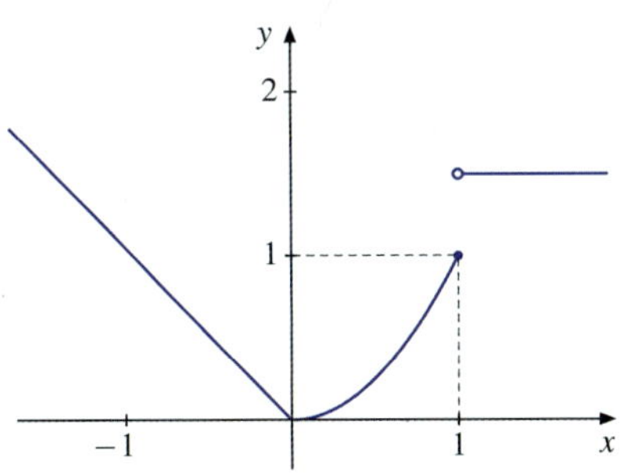

그림 5.4.8 [EX 5.4.3]의 함수

6 [EX 2.7.2]에서 지적한 것처럼 절댓값을 $y=\sqrt{x^2}$으로 정의하면 실수선의 다른 구간마다 식을 나눠서 사용하지 않아도 된다. 하지만 $y=|x|$의 일반적인 정의는 $x>0$인 경우와 $x<0$인 경우를 구분한다.

EX 5.4.4 **(2025년 미국 연방 소득세)**[7] [그림 5.4.9]에는 개인의 순소득에 따라 납부해야 하는 소득세액을 나타내는 함수의 그래프 일부가 그려져 있다.[8]

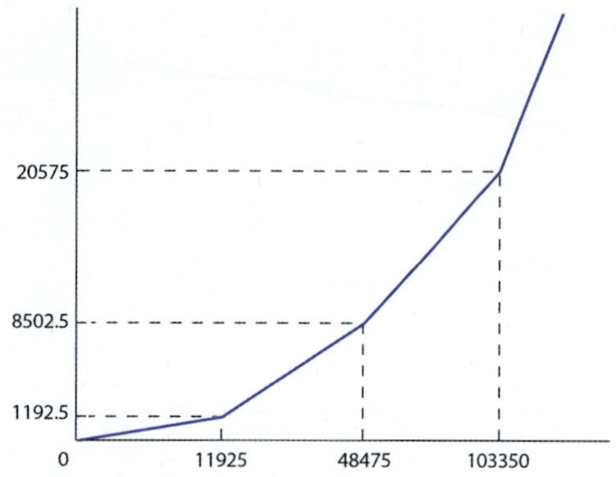

그림 5.4.9 2025년 미국 연방 소득세

순소득이 11,925달러 미만인 경우 세율은 10%이므로 소득이 x인 사람은 $y=0.1x$의 세금을 납부한다. 소득이 11,926달러에서 48,475달러 사이인 경우 세금은 1,192.5달러에 추가로 11,925달러를 초과한 금액의 12%가 부과된다. 즉 이 구간에서 소득이 x인 사람은 $y=1192.5+0.12(x-11925)$의 세금을 납부한다. 여기서 $0.12=12\%$를 이 구간의 소득에 대한 **한계세율**(marginal tax rate)이라 한다. 소득이 높아질수록 한계세율도 높아지기 때문에, 그래프는 오른쪽으로 갈수록 가파르게 상승한다. 예를 들어 소득이 10만 3,350달러에서 19만 7,300달러 사이이면 한계세율은 24%이고, 소득이 62만 6,350달러를 초과하면 한계세율은 37%에 이른다. 공공 재정에서 납세자의 소득이 증가함에 따라 한계세율이 함께 증가하는 세금체계를 흔히 **누진세**(progressive)라 한다.

5.4 연습문제

1 다음 두 방정식의 해를 몇 가지 구하고 방정식의 그래프를 그려라.

(a) $x^2+2y^2=6$　　(b) $y^2-x^2=1$

2 $\sqrt{x}+\sqrt{y}=5$의 해를 몇 가지 구하고 방정식의 그래프를 그려라.

3 함수 F는 모든 $r \ge 0$에 대해 다음과 같이 정의된다. $F(100000)$ 값을 계산하고 F의 그래프를 그려라.

$$F(r)=\begin{cases}0, & r \le 7500 \\ 0.044(r-7500), & r > 7500\end{cases}$$

7 https://www.irs.gov/newsroom/irs-releases-tax-inflation-adjustments-for-tax-year-2025

8 물론 [그림 5.4.9]는 이상적인 형태이다. 실제 소득세함수는 달러 단위의 정숫값에 대해서만 정의된다. 정확하게는 이 함수의 그래프는 불연속적인 **계단함수**(step function) 형태인데, 소득이 1달러 증가할 때마다 값이 조금씩 튀어오른다. 또한 과세 대상 순소득에는 개인 공제, 자녀나 기타 부양가족에 대한 공제, 소유 주택의 주택담보대출 이자 등 승인된 지출에 대한 다양한 '항목별 공제'가 포함되지 않는다.

5.5 평면에서의 거리

[그림 5.5.1]과 같이 두 점 $P_1=(x_1,\ y_1)$, $P_2=(x_2,\ y_2)$가 xy평면에 있다고 하자. 피타고라스 정리에 따르면 P_1와 P_2 사이의 거리 d는 방정식 $d^2=(x_2-x_1)^2+(y_2-y_1)^2$을 만족한다. 이로부터 다음과 같이 중요한 공식을 얻을 수 있다.

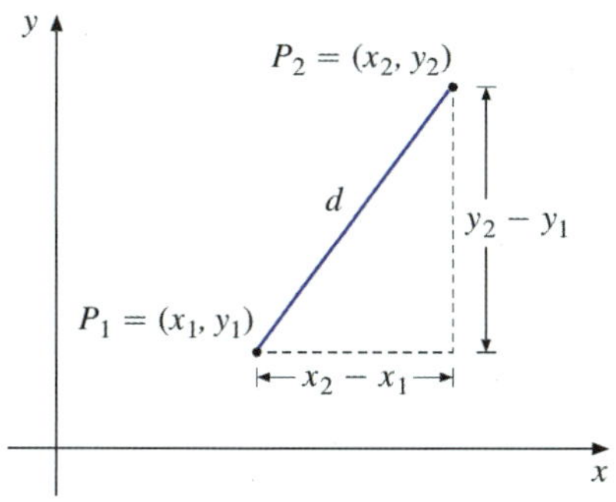

그림 5.5.1 두 점 P_1, P_2 사이의 거리

거리 공식

두 점 $(x_1,\ y_1)$, $(x_2,\ y_2)$ 사이의 거리는 다음과 같다.

$$d=\sqrt{(x_2-x_1)^2+(y_2-y_1)^2} \tag{5.5.1}$$

거리 공식을 증명하기 위해 제1사분면에 있는 두 점을 고려했지만, 실제로 이 공식은 두 점 P_1, P_2가 평면 어디에 있든지 항상 성립한다. 또한 $(x_1-x_2)^2=(x_2-x_1)^2$이고 $(y_1-y_2)^2=(y_2-y_1)^2$이므로 어느 점이 P_1이고 어느 점이 P_2인지는 차이가 없다.

식 (5.5.1)이 직관적으로 잘 와닿지 않는다면 언어로 표현하는 게 도움이 된다. 이 공식은 다음 과정을 통해 평면상의 두 점 사이의 거리를 구할 수 있음을 알려준다.

❶ 두 점의 x좌표의 차이를 구하고 그 값을 제곱한다.
❷ y좌표에 대해서도 ❶과 동일한 계산을 수행한다.
❸ ❶과 ❷의 두 제곱값을 더한다.
❹ ❸에서 얻은 합의 제곱근을 취한다.

EX 5.5.1 두 점 $P_1=(-4,\ 3)$, $P_2=(5,\ -1)$ 사이의 거리 d를 구하라.

풀이

[그림 5.5.2]를 참고하여 공식 (5.5.1)에 $x_1=-4$, $y_1=3$, $x_2=5$, $y_2=-1$을 대입하면 d는 다음과 같다.

$$d=\sqrt{\{5-(-4)\}^2+(-1-3)^2}=\sqrt{9^2+(-4)^2}=\sqrt{81+16}=\sqrt{97}\approx 9.85$$

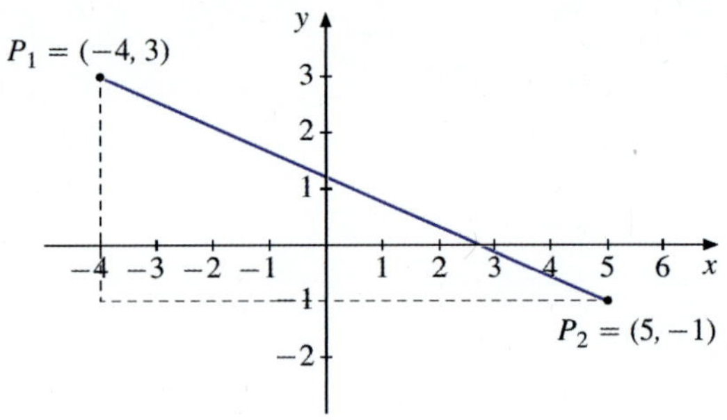

그림 5.5.2 두 점 $(-4,\ 3)$, $(5,\ -1)$ 사이의 거리

원

평면상의 한 점 $(a,\ b)$를 생각하자. 중심이 $(a,\ b)$이고 반지름이 r인 원은 점 $(a,\ b)$로부터의 거리가 정확히 r인 모든 점 $(x,\ y)$의 집합이다. [그림 5.5.3]에 표시된 원 위의 일반적인 점 $(x,\ y)$에 거리 공식을 적용하면 다음 식을 구할 수 있다.

$$\sqrt{(x-a)^2+(y-b)^2}=r$$

양변을 제곱하면 다음 공식이 유도된다.

원의 방정식

중심이 $(a,\ b)$이고 반지름이 r인 원의 방정식은 다음과 같다.

$$(x-a)^2+(y-b)^2=r^2 \qquad (5.5.2)$$

식 (5.5.2)의 그래프는 [그림 5.5.3]과 같다. 예를 들어 $a=b=0$, $r=4$이면 식 (5.5.2)는 $x^2+y^2=16$이다. 이는 [그림 5.4.2]와 같이 중심이 $(0,\ 0)$이고 반지름이 4인 원의 방정식이다.

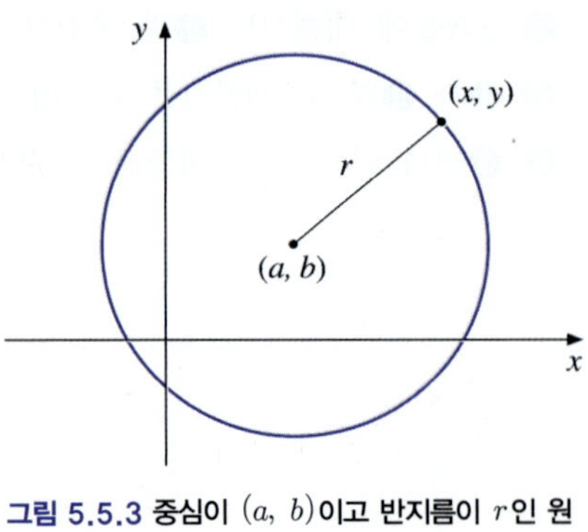

그림 5.5.3 중심이 $(a,\ b)$이고 반지름이 r인 원

EX 5.5.2 중심이 $(-4,\ 1)$이고 반지름이 3인 원의 방정식을 구하라.

풀이

[그림 5.5.4]를 보자. 여기서 $a=-4,\ b=1,\ r=3$이다. 따라서 식 (5.5.2)에 의해 원의 방정식은 다음과 같다.

$$(x+4)^2+(y-1)^2=9 \qquad (*)$$

식의 우변을 전개하면 $x^2+8x+16+y^2-2y+1=9$이고, 우변의 식을 좌변으로 이항하면 다음과 같다.

$$x^2+y^2+8x-2y+8=0 \qquad (**)$$

방정식 (**)는 원의 중심과 반지름을 바로 알아보기 어렵다는 단점이 있다. 그러나 방정식 (**)에서 시작하더라도 **완전제곱식**을 이용해 식 (*)를 다시 얻을 수 있다. 자세한 과정은 [연습문제 5]를 확인하자.

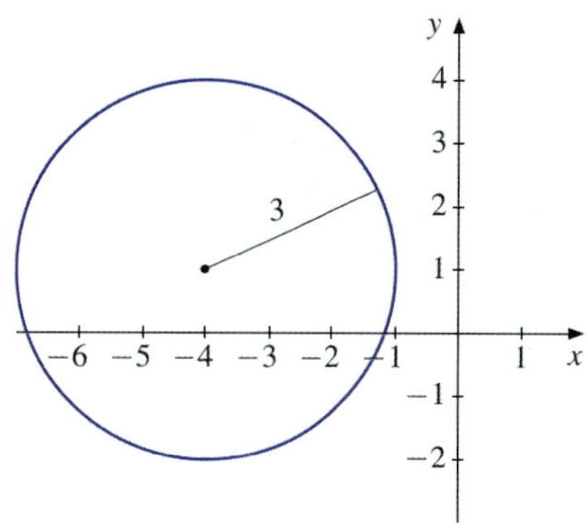

그림 5.5.4 중심이 $(-4,\ 1)$이고 반지름이 3인 원

타원과 쌍곡선

지구를 포함한 모든 행성은 태양 주위를 타원형에 가까운 궤도로 돈다. 그래서 타원은 물리학이나 천문학에서 매우 중요한 곡선이다. 가끔 경제학이나 통계학에서 타원이 등장하기도 한다. 가장 간단한 유형의 **타원**(ellipse) 방정식은 다음과 같다.

$$\frac{(x-x_0)^2}{a^2}+\frac{(y-y_0)^2}{b^2}=1 \tag{5.5.3}$$

이 타원의 중심은 $(x_0,\ y_0)$이고 그래프는 [그림 5.5.5]와 같다. 특히 $a=b$이면 타원은 반지름이 $r=a=b$인 원으로 변한다.

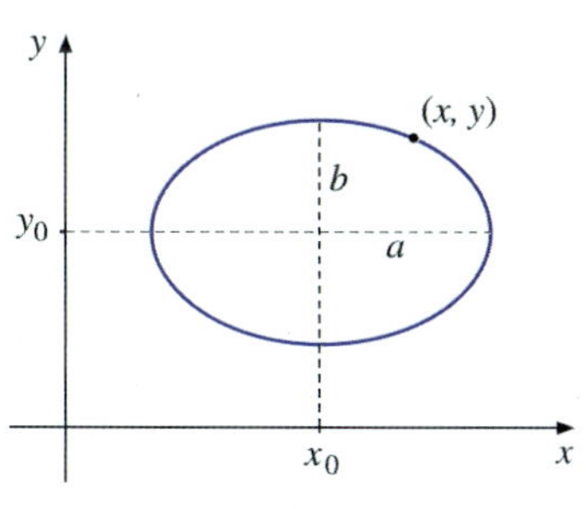

그림 5.5.5 타원

방정식 (5.5.3)에서 덧셈 기호를 뺄셈 기호로 변경하면 완전히 다른 곡선이 되는데, 이것이 바로 **쌍곡선**이다. [그림 5.5.6]과 [그림 5.5.7]은 식 (5.5.4)에 해당하는 두 쌍곡선의 그래프를 나타낸다.

$$\frac{(x-x_0)^2}{a^2}-\frac{(y-y_0)^2}{b^2}=+1,\quad \frac{(x-x_0)^2}{a^2}-\frac{(y-y_0)^2}{b^2}=-1 \tag{5.5.4}$$

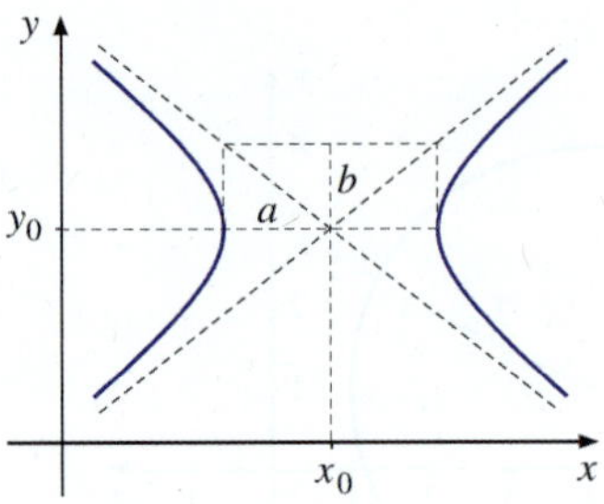

그림 5.5.6 쌍곡선

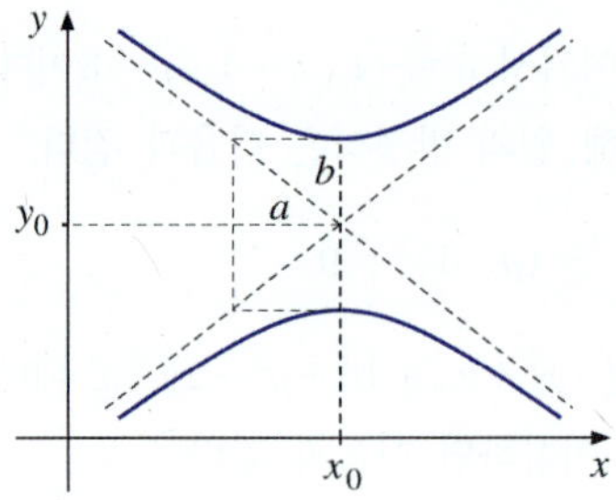

그림 5.5.7 쌍곡선

이 두 그림에는 중심 $(a,\ b)$를 지나는 점선 두 개가 있다. 이 직선들이 바로 **점근선**(asymptote)이다. 점근선은 중심을 기준으로 회전시키면서 쌍곡선에 가능한 한 가까워지지만 결코 만나지 않는 직선들로 정의한다. 이 점근선들은 두 그림에서 동일하고, 방정식은 $y-y_0=\pm\frac{b}{a}(x-x_0)$이다.

마지막으로 일반적인 이차방정식의 형태를 살펴보자.

$$Ax^2+Bxy+Cy^2+Dx+Ey+F=0 \tag{5.5.5}$$

여기서 A, B, C가 모두 동시에 0이 될 수 없다. 이 방정식의 그래프는 다음 세 가지 중 한 가지 형태로 나타난다.

❶ $4AC>B^2$: 타원(또는 원), 한 점, 공집합 중 하나

❷ $4AC=B^2$: 포물선, 한 직선, 두 평행선, 공집합 중 하나

❸ $4AC<B^2$: 쌍곡선 또는 교차하는 두 직선

5.5 연습문제

1 다음 두 점 사이의 거리를 구하라.

(a) $(1,\ 3)$, $(2,\ 4)$ (b) $(-1,\ 2)$, $(-3,\ 3)$

(c) $\left(\frac{3}{2},\ -2\right)$, $(-5,\ 1)$ (d) $(x,\ y)$, $(2x,\ y+3)$

(e) $(a,\ b)$, $(-a,\ b)$ (f) $(a,\ 3)$, $(2+a,\ 5)$

2 두 점 $(2,\ 4)$, $(5,\ y)$ 사이의 거리는 $\sqrt{13}$ 이다. 이때 y를 구하고, y 값이 두 개여야 하는 이유를 기하적으로 설명하라.

3 다음 두 점 사이의 거리를 구하라.

(a) $(3.998,\ 2.114)$, $(1.130,\ -2.416)$

(b) $(\pi,\ 2\pi)$, $(-\pi,\ 1)$

4 다음 방정식을 구하라.

(a) 중심이 $(2,\ 3)$이고 반지름이 4인 원

(b) 중심이 $(2,\ 5)$이고 원 위의 한 점이 $(-1,\ 3)$인 원

5 방정식 $x^2+y^2-10x+14y+58=0$의 그래프가 원임을 다음과 같이 보일 수 있다. 먼저 방정식을 $(x^2-10x)+(y^2+14y)=-58$로 정리한다. 완전제곱식을 이용하면 다음과 같다.

$$(x^2-10x+5^2)+(y^2+14y+7^2)=-58+5^2+7^2 \\ =16$$

따라서 방정식은 $(x-5)^2+(y+7)^2=16$이고 그래프는 중심이 $(5,\ -7)$이고 반지름이 $\sqrt{16}=4$인 원이다. 이 방법을 사용하여 다음 원의 중심과 반지름을 찾아라.

(a) $x^2+y^2+10x-6y+30=0$

(b) $3x^2+3y^2+18x-24y=-39$

6 두 점 $(x,\ y)$, $(-2,\ 0)$ 사이의 거리가 두 점 $(x,\ y)$, $(4,\ 0)$ 사이의 거리의 두 배라면, 점 $(x,\ y)$는 중심이 $(6,\ 0)$이고 반지름이 4인 원 위에 있음을 증명하라.

7 [EX 4.7.7]에서 함수 $y=\dfrac{ax+b}{cx+d}$가 $c\neq 0$일 때 쌍곡선임을 알았다. 이 결과가 식 (5.5.5) 아래에 주어진 분류 ❶, ❷, ❸ 중 어디에 해당하는지 설명하라.

8 **심화** 방정식 $x^2+y^2+Ax+By+C=0$을 생각하고, A, B, C가 상수라 하자. $A^2+B^2>4C$이면 이 방정식의 그래프가 원임을 보여라. [연습문제 5]의 방법을 사용하여 이 원의 중심과 반지름을 구하라. $A^2+B^2\leq 4C$이면 이 방정식의 그래프는 어떻게 되는지 설명하라.

9 **심화** 식 (5.5.5)에서 $A>0$, $D=E=0$이라 하자. 완전제곱식을 사용하여 이 방정식의 그래프가 어떤 형태를 가질 수 있는지 조사하라.

5.6 일반적인 함수

지금까지는 변수가 하나인 함수(일변수함수)만을 다뤘다. 이러한 함수는 정의역과 치역이 모두 실수 집합이다. 하지만 현실에서 많은 경제적 현상을 설명하려면 여러 변수를 동시에 고려해야 한다. 예를 들어 버터와 같은 상품의 수요는 여러 변수의 함수(다변수함수)로 나타낼 수 있다. 버터 자체의 가격뿐만 아니라 빵과 같은 보완재의 가격, 올리브 오일이나 마가린과 같은 대체재의 가격에도 영향을 받는다. 또한 소비자의 소득, 의사의 조언, 채식주의자가 얼마나 많은지 등에도 영향을 받을 수 있다.

이미 특별한 형태의 다변수함수를 많이 보았을 것이다. 예를 들어 밑변의 반지름이 r이고 높이가 h인 원기둥의 부피 V에 대한 공식 $V=\pi r^2h$를 생각해보자.[9] 이 공식은 반지름 r과 높이 h라는 두 변수를 가진다. 여기서 두 변수는 서로 독립적으로 변할 수 있다. 실제로 양의 순서쌍 $(r,\ h)$마다 원기둥의 부피 V는 명확한 하나의 값이 있다. 이때 부피 V가 변수 r과 h 값에 모두 의존한다는 것을 강조하기 위해 $V(r,\ h)$로 표기한다. 즉 다음과 같다.

$$V(r,\ h)=\pi r^2h$$

$r=2$, $h=3$이면 $V(2,\ 3)=12\pi$이고, $r=3$, $h=2$이면 $V(3,\ 2)=18\pi$이다. 또한 $r=1$, $h=\dfrac{1}{\pi}$이면 $V\left(1,\ \dfrac{1}{\pi}\right)=1$이다. 특히 $V(2,\ 3)\neq V(3,\ 2)$에 유의하라.

9 이때 π는 원주율 상수 $\pi\approx 3.14159$를 나타낸다.

일부 추상적인 경제모형에서는 변수 간에 어떤 함수 관계가 존재한다는 것만 알면 충분할 수도 있다. 이때 구체적인 의존 관계를 명시할 필요는 없다. 예를 들어 어떤 시장에서 세 가지 상품을 판매하고 있고, 이 상품들의 단위당 가격이 각각 p, q, r이라 하자. 경제학자들은 일반적으로 소득이 m인 개인이 이 중 한 가지 상품에 대해 가지는 수요를 네 가지 변수 p, q, r, m에 의존하는 함수(4변수함수)인 $f(p, q, r, m)$으로 나타낸다. 이때 이 함수의 구체적인 형태를 반드시 명확하게 지정할 필요는 없다.

다변수함수에 대한 자세한 논의는 14장에서 시작된다. 이 절에서는 이보다 더 일반적인 유형의 함수를 소개한다. 이러한 함수 개념은 경제학에 응용된 수학을 포함하여 순수수학과 응용수학의 거의 모든 분야에서 근본적으로 중요하다. 이제 함수의 일반적인 정의를 살펴보자.

함수

A에서 B로의 함수는 집합 A의 각 원소마다 집합 B의 원소를 정확히 하나씩 대응시키는 규칙이다.

다음 예는 함수라는 개념이 얼마나 폭넓게 쓰일 수 있는지 보여준다.

EX 5.6.1

(a) 평면 위에 있는 각 삼각형의 넓이를 대응시키는 함수

(b) 각 납세자에게 주민등록번호를 대응시키는 함수

(c) 수평으로 놓인 평면 위의 각 점 P에 대해 P에서 수직으로 정확히 3단위 위에 있는 점을 결정하는 함수

(d) A를 특정 상황에서 한 사람이 선택할 수 있는 행동들의 집합이라 하자. 이때 집합 A에 속한 각각의 행동 a가 이익과 같은 특정한 결과 $\phi(a)$를 만든다고 하자. 이렇게 하면 집합 A를 정의역으로 하는 함수 ϕ가 정의된다.

함수를 f로 표기하면 함수가 정의된 집합 A를 **정의역**이라 한다. 함숫값을 포함하는 다른 집합 B를 **목표집합**(target set) 또는 **공역**(codomain)이라 한다. 이는 4.2절의 정의를 일반화한 것으로, 두 집합 A, B가 반드시 수의 집합일 필요는 없으며 임의의 원소로 구성될 수 있다. 결국 함수를 정의하려면 다음 세 가지가 필요하다.

❶ 정의역 A

❷ 공역 B

❸ 집합 A의 각 원소마다 집합 B의 원소를 정확히 하나씩 대응시키는 규칙[10]

함수의 정의에서 중요한 요건은 정의역 A의 각 원소마다 공역 B의 원소가 오직 하나씩만 대응한다는 것이다. 예를 들어 아이에게 그 아이를 낳은 어머니를 대응시키는 규칙은 함수라고 할 수 있다. 그러나 아이에게 고모를 대응시키는 규칙은 일반적으로 함수라고 할 수 없다. 많은 아이에게 고모가 두 명 이상 있을 수 있기 때문이다. 이러한 개념을 제대로 이해했는지 확인해보자. [EX 5.6.1(c)]와 다르게 '평면상의 임의의 점 P에 대해 점 P로부터 정확히 3단위 떨어진 점을 대응시킨다.'라는 규칙이 함수를 정의하지 않는 이유를 생각해보기 바란다.

10 그러나 많은 경우에 문맥상 두 집합 A, B가 무엇인지 명확하게 알 수 있다면 이들을 명시적으로 적지 않기도 한다.

함수 f가 정의역 A와 공역 B를 가질 때, 흔히 함수 f는 **A에서 B로의 함수**라 하며, 이를 기호 $f: A \to B$로 표현한다. 이러한 함수 관계는 종종 [그림 5.6.1]과 같이 표현된다.

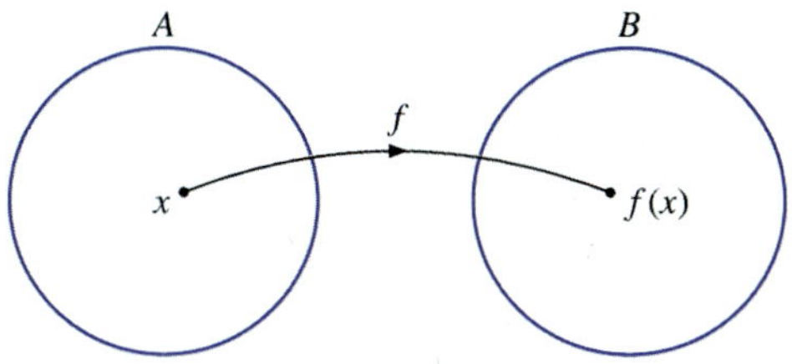

그림 5.6.1 A에서 B로의 함수

때로는 '함수'라는 용어 대신 **변환**(transformation)과 **사상**(map, mapping)이라는 표현을 사용하기도 한다. 가끔 함수가 정의역 A의 각 원소 x를 공역 B의 유일한 원소 $f(x)$에 대응시킨다는 의미에서 기호 $x \to f(x)$를 사용하기도 한다.[11]

이 특정한 $f(x)$는 함수 f에 의한 원소 x의 **상**(image)이라 한다. 공역 B에서 A의 원소 중 적어도 하나의 원소에 대응되는 모든 원소의 집합을 함수의 **치역**(range)이라 한다. 따라서 치역은 공역의 부분집합이다. 함수 f의 치역을 기호 R_f로 표기하면 $R_f = \{f(x) : x \in A\}$이다. 이를 기호 $f(A)$로 표기하기도 한다. [EX 5.6.1(a)]에서 함수의 치역은 모든 양수의 집합이다. [EX 5.6.1(c)]에서 치역은 원래 평면을 3단위 위로 평행이동한, 수평으로 놓인 (전체) 평면이다.

함수의 정의에 따르면 집합 A의 각 원소에 대해 집합 B의 원소가 정확히 하나씩 대응되어야 한다. 그러나 A의 서로 다른 원소가 B의 동일한 원소에 대응될 수도 있다. 예를 들어 [EX 5.6.1(a)]에서 넓이가 동일한 삼각형은 얼마든지 생각할 수 있다. 집합 B의 각 원소가 A의 원소에 많아야 하나 대응된다면, 이러한 함수 f를 **일대일함수**(one-to-one)라 한다. 그렇지 않고 집합 B의 원소 중 하나 이상이 A의 여러 원소에 대응되는 함수 f를 **다대일함수**(many-to-one)라 한다.[12] [EX 5.6.1(b)]의 주민등록번호를 대응시키는 함수는 서로 다른 사람이 항상 서로 다른 주민등록번호를 가져야 하므로 일대일함수이다. [EX 5.6.1(c)]에 정의된 함수가 일대일함수인 이유를 생각해보길 바란다. 또한 아이에게 어머니를 대응시키는 함수는 일대일함수가 아닌 이유도 생각해보라.

역함수

5.3절에서 제시한 역함수의 정의는 일반적인 함수로 쉽게 확장할 수 있다. 함수 f가 집합 A에서 집합 B로의 일대일함수라고 하자. 함수 f의 치역이 집합 B 전체라고 가정하면 집합 B에서 A로의 함수 g를 다음과 같이 자연스러운 방식으로 정의할 수 있다. 집합 B의 각 원소 v에 대해 관계식 $v = f(u)$를 만족하는 A의 원소 $u = g(v)$를 대응시킨다. f는 일대일함수이므로 집합 A에는 $v = f(u)$를 만족하는 u가 단 하나만 존재한다. 따라서 함수 g는 집합 B를 정의역으로 가지고, 공역과 치역은 모두 A이다. 이렇게 정의된 함수를 f의 **역함수**라 한다. 예를 들어 [EX 5.6.1(b)]의 주민등록번호를 대응시키는 함수의 역함수는 각 주민등록번호에 대해 그 번호를 가진 유일한 사람을 대응시키는 함수이다.

11 함수 f의 정의역과 공역을 모두 명확하게 나타내는 표기법은 $A \ni x \mapsto f(x) \in B$이다.

12 일대다(one-to-many) 관계는 함수가 아니다.

5.6 연습문제

1 다음 중 함수의 정의를 만족하는 규칙을 찾아라.

(a) 교실의 각 사람에게 그 사람의 키를 대응

(b) 각 어머니에게 그 어머니의 생존한 자녀 중 가장 어린 자녀를 대응

(c) 직사각형의 넓이에 그 직사각형의 둘레를 대응

(d) 구의 부피에 그 구의 겉넓이를 대응

(e) 순서쌍 (x, y)에 순서쌍 $(x+3, y)$를 대응

2 [연습문제 1]에서 정의된 함수 중 일대일함수를 찾고, 그중 역함수가 존재하는 것도 찾아라. 역함수가 존재하면 그 역함수를 구하라.

CHAPTER 05 복습문제

5.1 [그림 4.3.5]~[그림 4.3.10]과 그래프의 이동 규칙([표 5.1.1] 참고)을 사용하여 다음 함수의 그래프를 그려라.

(a) $y=|x|+1$ (b) $y=|x+3|$

(c) $y=3-|x+1|$

5.2 $f(x)=x^3-2$이고 $g(x)=(1-x)x^2$인 경우, 다음 식을 계산하라.

(a) $(f+g)(x)$ (b) $(f-g)(x)$

(c) $(fg)(x)$ (d) $\left(\frac{f}{g}\right)(x)$

(e) $f(g(1))$ (f) $g(f(1))$

5.3 수요곡선 $D=150-\frac{1}{2}P$와 공급곡선 $S=20+2P$를 생각하자. 여기서 가격 P는 달러 단위이다.

(a) 균형가격 P^*와 이에 대응하는 균형수량 Q^*를 구하라.

(b) 생산한 상품에 단위당 2달러의 세금이 부과된다고 하자. 이 세금이 균형가격에 어떤 영향을 미치는가?

(c) 세금이 부과되기 전 생산자의 총수입(R^*)과 세금이 부과된 후 생산자의 총수입($\hat{R}$)을 각각 구하라.

5.4 가격 P에 따른 수요함수 D가 $D=\frac{32}{5}-\frac{3}{10}P$로 주어진다고 하자. 이 식을 P에 대해 정리하고 역수요함수를 구하라.[13]

5.5 어떤 제품의 가격 P에 따른 수요함수 D가 $D=120-5P$로 주어진다고 하자. 이 식을 P에 대해 정리하고 역수요함수를 구하라.

5.6 다음 함수의 역함수를 구하라.

(a) $y=100-2x$ (b) $y=2x^5$

(c) $y=5e^{3x-2}$

5.7 다음 함수는 모두 정의역에서 순증가한다. 각 함수에 대해 역함수의 정의역과 x를 자유변수로 사용하는 역함수의 식을 구하라.

(a) $f(x)=3+\ln(e^x-2)$, 정의역은 $x\in(\ln 2,\ \infty)$

(b) $f(x)=\frac{a}{e^{-\lambda x}+a}$, 여기서 a와 λ는 양수이고 정의역은 $x\in(-\infty,\ \infty)$

13 경제적인 의미에 대한 설명은 4.2절 [연습문제 7]을 참고하라.

5.8 다음 두 점 사이의 거리를 구하라.

(a) $(2,\ 3)$, $(5,\ 5)$

(b) $(-4,\ 4)$, $(-3,\ 8)$

(c) $(2a,\ 3b)$, $(2-a,\ 3b)$

5.9 다음 조건을 만족하는 원의 방정식을 구하라.

(a) 중심이 $(2,\ -3)$이고 반지름이 5인 원

(b) 중심이 $(-2,\ 2)$이고 점 $(-10,\ 1)$을 지나는 원

5.10 한 점 P가 평면에서 움직이는데, 항상 두 점 $A=(3,\ 2)$와 $B=(5,\ -4)$에서의 거리가 동일하다. 이때 점 P의 좌표 $(x,\ y)$가 만족해야 하는 간단한 방정식을 구하라.

힌트 점 P에서 두 점 A와 B까지의 거리의 제곱을 각각 계산하라.

5.11 한 팀의 각 팀원은 ABO 혈액형이 A, B, AB, O 중 하나이다. 이 팀의 각 사람을 자신의 혈액형에 대응시키는 함수를 생각하자. 만약 이 팀이 5명이면, 이 함수는 일대일함수일 수 있는가?

CHAPTER

06

미분

Differentiation

CONTENTS

미분법을 단순히 더 고급 기술로만 여긴다면 그 본질을 놓치는 것이다.
미분법에서 수학은 역동적인 사고방식이 되고,
이는 인류의 발전에서 하나의 중요한 정신적 도약이다.
To think of [differential calculus] merely as a more advanced technique is to miss its real content. In it, mathematics becomes a dynamic mode of thought, and that is a major mental step in the ascent of man.
__ 제이콥 브로노프스키(Jacob Bronowski, 1973)

시간의 흐름에 따라 수량이 얼마나 빨리 변하는지를 연구하는 것은 경제학을 포함한 많은 과학 분야에서 중요한 주제이다. 예를 들어 행성의 미래 위치를 계산하거나, 생물 종의 개체수 증가를 예측하거나 상품에 대한 미래 수요를 추정하기 위해 과학자들은 변화율에 대한 정보를 필요로 한다.

도함수는 수학자들이 함수의 변화율을 설명하는 데 이용하는 기본적이고 핵심적인 개념이다. 이 장에서는 함수의 도함수를 정의하고 도함수를 구하는 데 중요한 몇 가지 법칙을 소개한다. 영국의 아이작 뉴턴(Issac Newton, 1642~1727)과 독일의 고트프리트 빌헬름 라이프니츠(Gottfried Wilhelm Leibniz, 1646~1716)는 이러한 일반적인 법칙 대부분을 각자 독립적으로 발견했다. 두 사람의 발견은 현대 과학의 필수 기초인 미분학의 시작이 되었다. 미분학은 또한 현대 경제과학의 많은 분야를 발전시키는 데 매우 중요한 역할을 했다.

6.1 곡선의 기울기

함수의 그래프를 학습할 때, 그래프 위의 임의의 점에서 함수의 가파른 정도를 정확히 측정하고자 한다. 함수 $y = px + q$의 그래프는 일정한 기울기 p를 갖는 직선임을 알고 있다. p가 양의 큰 수이면 직선은 왼쪽에서 오른쪽으로 가파르게 상승하고 p가 음의 큰 수이면,[1] 직선은 가파르게 하강한다. 그러면 f가 일차함수가 아닌 임의의 함수일 때, 그 그래프는 얼마나 가파른가?

xy평면에서 함수의 그래프 또는 다른 곡선상의 임의의 점 P를 생각하자. 점 P에서 곡선의 접선은 P에서 곡선에 바로 닿는 직선이다. 따라서 곡선 위의 점 P에서 곡선의 가파름이나 **기울기**를 P에서 접선(tangent)의 기울기로 정의하면 자연스럽다.

[그림 6.1.1]과 같이 $y = f(x)$로 표기된 곡선과 좌표가 $(a, f(a))$인 점 P를 생각해보자. L로 표기된 직선은 점 P에서의 접선이다. 이 직선의 기울기는 $\frac{1}{2}$이므로, 점 P에서 곡선의 가파른 정도는 $\frac{1}{2}$로 나타난다.

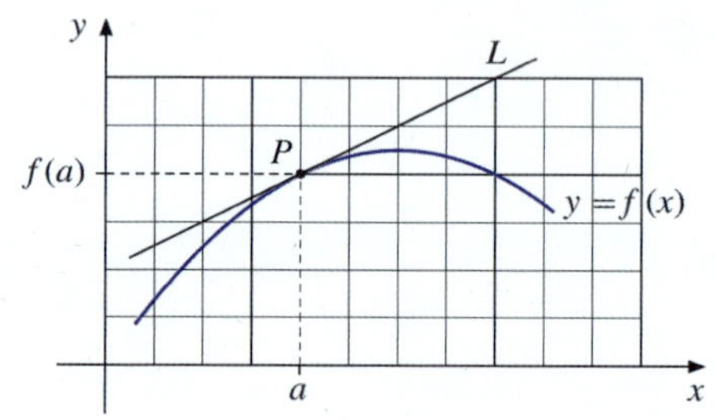

그림 6.1.1 $f'(a) = \frac{1}{2}$

그래프 위의 점 P에서 접선의 기울기를 $x = a$에서 $f(x)$의 **도함수**(derivative) 또는 **미분계수**(differential coefficient)라고 한다.[2] 일반적으로 $f'(a)$로 표기하며 'f 프라임 a'라고 읽는다. [그림 6.1.1]에서는 $f'(a) = \frac{1}{2}$이다. 이를 요약하면 다음과 같다.

1 음의 큰 수는 절댓값이 큰 음수로, $-\infty$에 '가까운' 수이다.

2 (옮긴이) 원서에서는 도함수와 미분계수를 구분하지 않고 derivative로만 적고 있다. 따라서 이후에는 일반 수학 교재에서 흔히 사용하는 용어인 미분계수에 대해 전혀 언급하지 않았다. 여러분은 특정 점에서의 도함수 값을 그 점에서의 미분계수로 이해하면 된다.

도함수

$f'(a)$는 점 $(a,\ f(a))$에서 곡선 $y=f(x)$에 접하는 접선의 기울기이다.

특정한 점에서 함수의 도함수를 정의할 때 **유일한** 접선을 언급한다는 점에 유의하라. 그 점에서 곡선에 접하는 접선은 암묵적으로 **하나뿐**이라고 가정한다. 곡선이 점 $(a,\ f(a))$에서 '비틀림'이 있으면, 그 점에서는 곡선에 닿는 직선이 여러 개 있으므로 대체 접선의 역할을 할 수 있다. 이러한 경우는 $x=a$에서 함수의 도함수를 정의하지 않고 대신 $f'(a)$가 존재하지 않는다고 한다.

EX 6.1.1 함수 f의 그래프가 [그림 6.1.2]와 같을 때, $f'(1)$, $f'(4)$, $f'(7)$을 구하라.

풀이

점 $P=(1,\ 2)$에서 접선은 점 $(0,\ 1)$을 지나므로 기울기는 1이다. 점 $Q=(4,\ 3)$에서 접선은 수평이므로 기울기는 0이다. 점 $R=\left(7,\ 2\frac{1}{2}\right)$에서 접선은 점 $(8,\ 2)$를 지나므로 기울기는 $-\frac{1}{2}$이다. 따라서 $f'(1)=1$, $f'(4)=0$, $f'(7)=-\frac{1}{2}$이다.

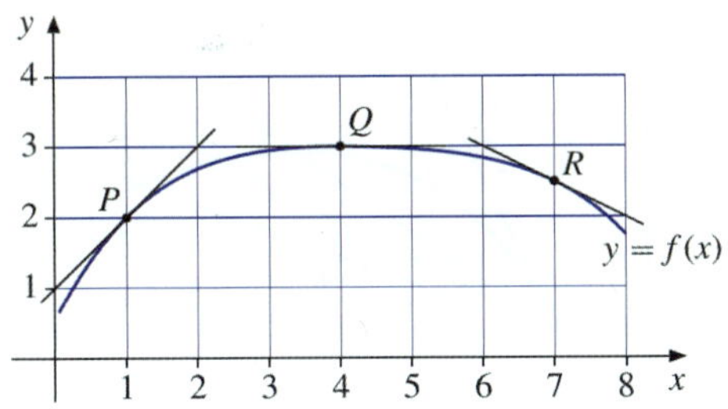

그림 6.1.2 함수 $y=f(x)$의 그래프

6.1 연습문제

1 [그림 6.1.3]은 함수 f의 그래프이다. $f(3)$과 $f'(3)$을 구하라.

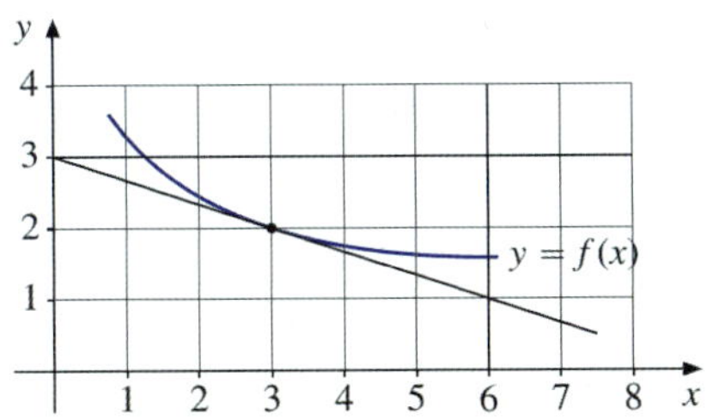

그림 6.1.3 [연습문제 1]의 그래프

2 [그림 6.1.4]는 함수 g의 그래프이다. $g(5)$와 $g'(5)$를 구하라.

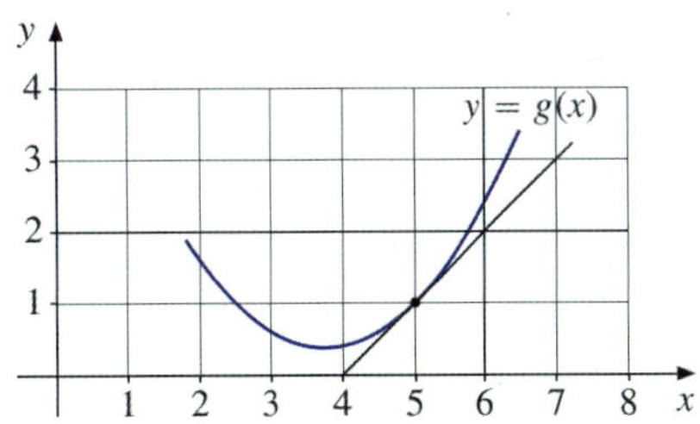

그림 6.1.4 [연습문제 2]의 그래프

6.2 접선과 도함수

앞 절에서는 한 점에서 곡선의 접선에 대한 기하적 정의를 모호하게 했다. 즉 접선은 그 점에서 곡선에 바로 닿는 직선이라 했다. 앞으로는 지금 제시한 개념과 동일하지만 더욱 정확하고 공식적인 정의가 필요하다.

기하적 정의의 이면에 있는 아이디어는 이해하기 쉽다. [그림 6.2.1]과 같이 xy평면에 있는 곡선 위에 점 P가 있다고 생각해보자. 또한 PT는 P에서 곡선의 접선을 형성하는 직선을 나타낸다. 함수의 그래프가 곡선이면 P에서 도함수를 결정하기 위해 접선 PT의 기울기를 구해야 한다.

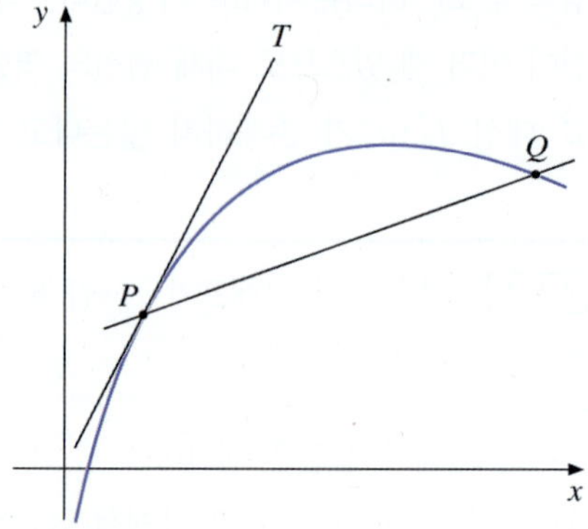

그림 6.2.1 할선

접선 PT의 기울기를 구하기 위해 곡선 위에 있는 임의의 다른 점 Q를 택하자. P와 Q를 지나는 전체 직선을 **할선**(secant)이라 하는데, 이는 곡선과 적어도 두 점에서 교차하기 때문에 이 두 점 사이에 있지 않은 모든 곡선을 잘라내는 데 사용할 수 있다. 이제 P는 고정된 점이고 P가 아닌 점 Q는 곡선을 따라 P를 향해 이동한다고 가정하자. 할선 PQ는 [그림 6.2.2]와 같이 P를 중심으로 회전할 것이다. 직선이 회전함에 따라 그림에서 두 직선 PQ와 PT의 기울기 차는 0으로 꾸준히 줄어든다. 기울기 차가 0이 되면 할선 PQ는 **접선**(tangent line) PT에 도달한다. 따라서 이 접선의 기울기는 PQ의 기울기의 극한이어야 한다.

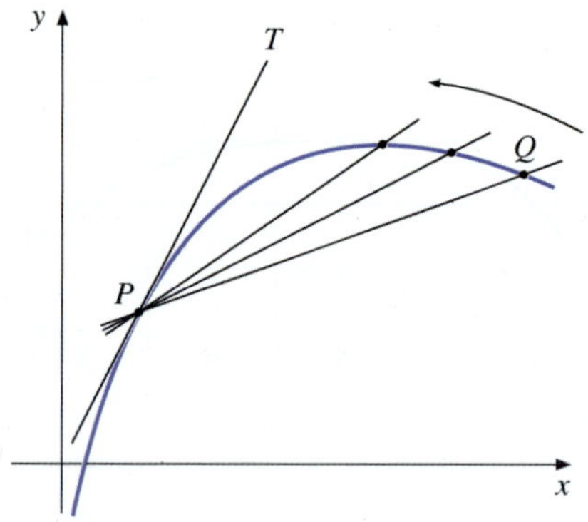

그림 6.2.2 할선과 접선

[그림 6.2.1]의 곡선이 함수 f의 그래프라고 하자. [그림 6.2.3]은 [그림 6.2.1]의 곡선, 두 점 P와 Q, 접선 PT를 다시 나타냈다. [그림 6.2.3]에서 점 P의 좌표는 $(a,\ f(a))$이고, 점 Q 또한 f의 그래프 위에 있다. Q의 x좌표가 $(a+h)$이고 $h \neq 0$이면, Q가 f의 그래프 위에 있으므로 Q의 y좌표는 $f(a+h)$이다. 따라서 점 Q의 좌표는 $(a+h,\ f(a+h))$이다. 식 (4.4.1)을 이용하면 할선 PQ의 기울기는 다음과 같다.

$$\frac{f(a+h)-f(a)}{h} \tag{6.2.1}$$

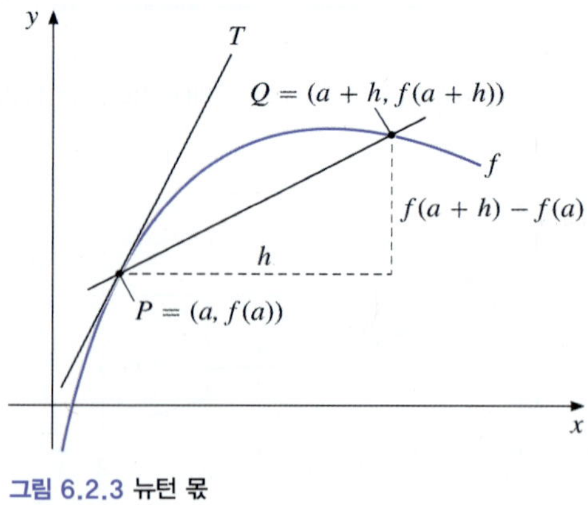

그림 6.2.3 뉴턴 몫

분수 (6.2.1)을 a에서 f의 **뉴턴 몫**(Newton quotient)이라 한다.

h가 0에 가까워질수록, 다시 말해 Q가 P에 가까워질수록 이 뉴턴 몫이 어떻게 되는지에 관심이 있다. 식 (6.2.1)에 $h=0$을 대입하면 h는 분모이므로 뉴턴 몫은 정의되지 않는다. 따라서 $h=0$을 단순히 대입할 수는

없다. 사실 분자와 분모가 모두 0이므로 뉴턴 몫은 어떠한 실수도 아닌 '$\frac{0}{0}$'이다. 이러한 시도 대신 이번에는 뉴턴 몫이 할선 PQ의 기울기라는 사실에 초점을 맞추자. 이 기울기는 Q가 P에 가까워질수록 접선 PT에 가까워지는데, 이 현상은 h가 0에 가까워짐에 따라 발생한다. 수학적 언어로는 h가 0에 가까워질 때, 그래서 Q가 P에 가까워질 때 식 (6.2.1)의 극한을 생각하는 것이다. 사실 P에서 접선의 기울기는 h가 0에 가까워질 때 할선 PQ의 기울기의 극한으로 정의한다. 이제 수학자들은 h를 포함하는 도함수 정의에서 'h가 0에 가까워질 때의 극한'을 기호 $\lim_{h\to 0}$로 표기한다. 이는 다음과 같은 정의를 이끌어낸다.

도함수 정의

한 점 a에서 함수 f의 도함수 $f'(a)$는 다음과 같이 정의한다.

$$f'(a)=\lim_{h\to 0}\frac{f(a+h)-f(a)}{h} \tag{6.2.2}$$

$f'(a)$는 점 $(a,\ f(a))$에서 곡선 $y=f(x)$에 접하는 접선의 기울기이다. 한 점과 기울기를 이용한 직선의 방정식 공식을 이용하면, 점 $(x_1,\ y_1)$을 지나고 기울기가 b인 직선의 방정식은 $y=y_1+b(x-x_1)$이다. 따라서 다음을 얻는다.

접선

식 (6.2.2)에 의해 도함수 $f'(a)$가 존재하면 점 $(a,\ f(a))$에서 $y=f(x)$의 그래프에 접하는 유일한 접선의 방정식은 다음과 같다.

$$y=f(a)+f'(a)(x-a) \tag{6.2.3}$$

지금까지 $f'(a)$의 정의에서 극한 개념이 다소 부정확하게 소개되었다. 극한 개념은 상대적으로 복잡하므로 더 자세한 내용은 6.5절에서 살펴보고, 당분간 직관에 의존한다. 다음과 같은 간단한 문제를 생각해보자.

EX 6.2.1 $f(x)=x^2$이라 하자.

(a) 식 (6.2.2)를 사용하여 $f'(a)$를 구하라.

(b) $f'\left(\frac{1}{2}\right)$과 $f'(-1)$을 구하라.

(c) 두 점 $\left(\frac{1}{2},\ \frac{1}{4}\right)$과 $(-1,\ 1)$에서 각각의 접선을 그림으로 나타내라. 또 접선의 방정식을 구하라.

풀이

(a) $f(x)=x^2$에서 $f(a+h)=(a+h)^2=a^2+2ah+h^2$이므로 다음과 같다.

$$f(a+h)-f(a)=(a^2+2ah+h^2)-a^2=2ah+h^2$$

따라서 모든 $h\neq 0$에 대해 다음을 얻는다.

$$\frac{f(a+h)-f(a)}{h}=\frac{2ah+h^2}{h}=\frac{h(2a+h)}{h}=2a+h \qquad (*)$$

여기서 $h\neq 0$이므로 h를 약분할 수 있고, 마지막 등식이 성립한다. 또한 h가 0에 가까이 가면 $(2a+h)$는 분명히 $2a$에 가까이 가므로 다음이 성립한다.

$$f'(a)=\lim_{h\to 0}\frac{f(a+h)-f(a)}{h}=\lim_{h\to 0}(2a+h)=2a$$

즉 함수 $f(x)=x^2$에 대해 $f'(a)=2a$이다.

(b) $a=\frac{1}{2}$에 대해 $f'\left(\frac{1}{2}\right)=2\cdot\frac{1}{2}=1$이고 $f'(-1)=2\cdot(-1)=-2$이다.

(c) [그림 6.2.4]는 식 (*)를 그래프로 나타낸 것이고, [그림 6.2.5]는 $a=\frac{1}{2}$과 $a=-1$에서 $f(x)=x^2$의 접선을 그린 것이다. $a=\frac{1}{2}$에서 $f(a)=\left(\frac{1}{2}\right)^2=\frac{1}{4}$이고 $f'\left(\frac{1}{2}\right)=1$이므로 접선의 방정식은 $y=\frac{1}{4}+1\cdot\left(x-\frac{1}{2}\right)$, 즉 $y=x-\frac{1}{4}$이다.[3] 식 $f'(a)=2a$는 $a<0$이면 $f'(a)<0$이고, $a>0$이면 $f'(a)>0$임을 확인하라. 이것이 그래프와 일치하는지 직접 확인해보라.

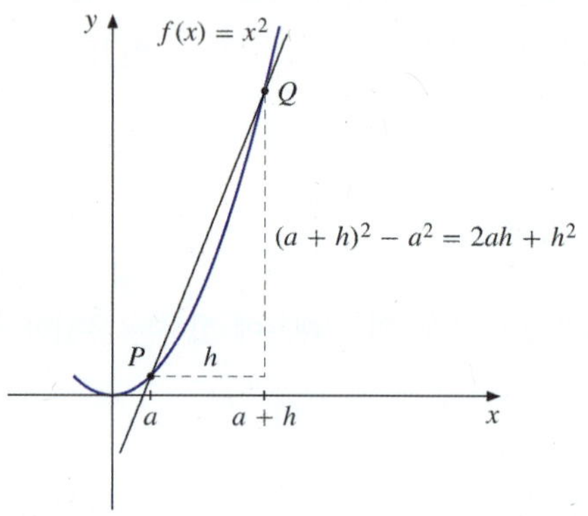

그림 6.2.4 $f(x)=x^2$의 할선

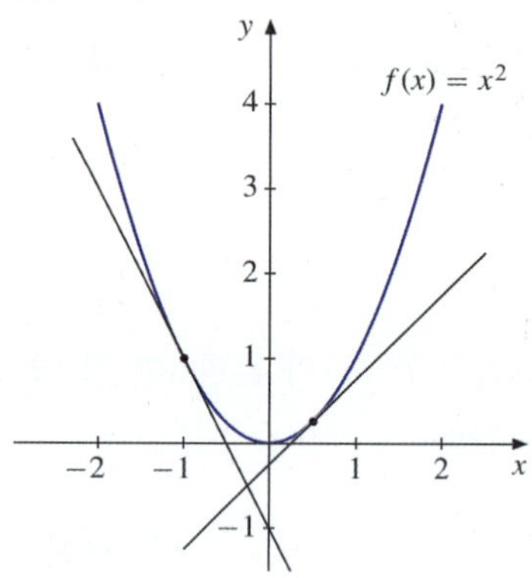

그림 6.2.5 $f(x)=x^2$의 접선

f가 비교적 간단한 함수이면 다음 절차에 따라 $f'(a)$를 구할 수 있다.

도함수 계산

a에서 f의 도함수 $f'(a)$를 구하는 절차는 다음과 같다.

❶ a에 h를 더해 $f(a+h)$를 구한다.
❷ 함숫값의 변화 $f(a+h)-f(a)$를 구한다.
❸ $h\neq 0$에 대해 뉴턴 몫 (6.2.1)을 작성한다.
❹ ❸의 분수를 가능한 한 간단히 한다. 가능하면 분자와 분모 모두에서 h를 약분한다.
❺ $f'(a)$는 h가 0에 가까이 갈 때, 단순화된 뉴턴 몫 ❹의 극한이다.

3 [그림 6.2.5]에서 점 (−1, 1) 위의 접선의 방정식이 $y=-2x-1$임을 보이는 과정은 여러분의 몫으로 남긴다.

도함수 계산 절차를 다음 문제에 적용해보자.

EX 6.2.2 $f(x)=x^3$일 때 $f'(a)$를 구하라.

풀이

각 절차에 따라 도함수를 구해보자.

❶ $f(a+h)=(a+h)^3=a^3+3a^2h+3ah^2+h^3$

❷ $f(a+h)-f(a)=(a^3+3a^2h+3ah^2+h^3)-a^3=3a^2h+3ah^2+h^3$

❸~❹ $\dfrac{f(a+h)-f(a)}{h}=\dfrac{3a^2h+3ah^2+h^3}{h}=3a^2+3ah+h^2$

❺ h가 0에 가까이 가면 $3ah+h^2$도 0에 가까이 가므로 식 $3a^2+3ah+h^2$은 $3a^2$에 가까이 간다. 따라서 $f'(a)=3a^2$이다.

이렇게 점 $x=a$에서 함수 $f(x)=x^3$의 그래프는 기울기가 $3a^2$인 접선을 가짐을 보였다. $a\neq 0$일 때 $f'(a)=3a^2>0$이고 $f'(0)=0$이다. 모든 $a\neq 0$에서 접선은 오른쪽 위를 가리키며 원점에서는 수평선이다. 이러한 움직임은 [그림 4.3.7]의 $f(x)=x^3$에 대한 그래프에서 확인할 수 있다.

지금 살펴본 도함수 계산 절차는 [EX 6.2.1]과 [EX 6.2.2]와 같은 단순한 함수에서는 잘 적용된다. 그러나 $f(x)=\sqrt{3x^2+x+1}$과 같이 더 복잡한 함수의 경우에는 도함수 계산 절차가 필요 이상으로 번거롭다. 6.6절에서 설명할 여러 가지 법칙은 복잡한 함수의 도함수를 쉽게 구할 수 있게 해준다. 그러나 이 법칙을 이해하려면 6.5절에서 제시하는 정확한 극한 개념이 필요하다.

도함수 표기법

[EX 6.2.1]에서는 $f(x)=x^2$이면 모든 a에 대해 $f'(a)=2a$임을 보여주었다. x는 임의의 값을 취할 수 있는 기호로 자주 사용하므로 $f'(x)=2x$라고 쓴다. 이 표기법을 사용하면 [EX 6.2.1]과 [EX 6.2.2]의 결과를 다음과 같이 나타낼 수 있다.

$$f(x)=x^2 \quad\Rightarrow\quad f'(x)=2x \qquad (6.2.4)$$

$$f(x)=x^3 \quad\Rightarrow\quad f'(x)=3x^2 \qquad (6.2.5)$$

명제 (6.2.4)의 결과는 명제 (6.2.6)의 특별한 경우이다. 명제 (6.2.6)의 증명은 [연습문제 7]로 남긴다. 상수 a, b, c에 대해 다음이 성립한다.

$$f(x)=ax^2+bx+c \quad\Rightarrow\quad f'(x)=2ax+b \qquad (6.2.6)$$

명제 (6.2.6)을 응용한 예를 몇 가지 소개한다. 단, 마지막 식에서 p는 임의의 상수이다.

$$f(x)=3x^2+2x+5 \quad\Rightarrow\quad f'(x)=2\cdot 3x+2=6x+2$$

$$f(x)=-16+\frac{1}{2}x-\frac{1}{16}x^2 \quad\Rightarrow\quad f'(x)=\frac{1}{2}-\frac{1}{8}x$$

$$f(x)=(x-p)^2=x^2-2px+p^2 \quad\Rightarrow\quad f'(x)=2x-2p$$

만약 함수 $y=f(x)$의 전형적인 값을 나타내기 위해 y를 사용한다면, 도함수를 단순히 y'으로 적는다. 즉 다음과 같이 나타낼 수 있다.

$$y=x^3 \quad\Rightarrow\quad y'=3x^2$$

도함수에 대한 여러 가지 표기법은 수학과 그 응용 분야에서 자주 사용된다. 그중 하나는 라이프니츠에 의한 **미분 표기법**(differential notation)이다. $y=f(x)$이면 $f'(x)$ 대신에 다음과 같이 표기하는 식이다.

$$\frac{dy}{dx},\quad \frac{df(x)}{dx},\quad \frac{d}{dx}f(x)$$

예를 들어 $y=x^2$이면 다음과 같이 나타낸다.

$$\frac{dy}{dx}=2x,\quad \frac{d}{dx}(x^2)=2x$$

기호 $\frac{d}{dx}$는 x의 함수로 취한 다음, 그 식을 미분하라는 명령어로 생각할 수 있다.[4] 수학 용어에서 명령어 $\frac{d}{dx}$는 'x에 대한 미분(differentiate with respect to x)'[5]을 의미한다.

f, x, y 이외의 문자를 사용한다면 도함수는 그 문자에 따라 바꾸어 표기한다. 예를 들어 다음과 같다.

$$P(t)=t^2 \quad\Rightarrow\quad P'(t)=2t$$

$$Y=K^3 \quad\Rightarrow\quad Y'=3K^2$$

$$A=\pi r^2 \quad\Rightarrow\quad \frac{dA}{dr}=2\pi r$$

6.2 연습문제

1 $f(x)=4x^2$이라 하자. $h\neq 0$에 대해 다음이 성립함을 보여라.

$$\frac{f(5+h)-f(5)}{h}=40+4h$$

이 결과를 이용하여 $f'(5)$를 구하라. 식 (6.2.6)으로 구한 결과와 답을 비교하라.

2 $f(x)=3x^2+2x-1$에 대한 물음에 답하라.

(a) $h\neq 0$에 대해 $\frac{f(x+h)-f(x)}{h}=6x+2+3h$ 임을 보이고, 이를 이용하여 $f'(x)$를 구하라.

(b) $f'(0)$, $f'(-2)$, $f'(3)$을 구하라. 그리고 점 $(0, -1)$에서 그래프의 접선의 방정식을 구하라.

---

4 여기서 기호 $\frac{dy}{dx}$는 $f'(x)$의 의미로만 생각한다. 이 기호가 $dy \div dx$와 어떤 관련이 있는지는 고려하지 않는다. 7.4절에서는 함수의 미분 개념을 소개하고, 표기법을 더욱 명확히 할 것이다.

5 영어로 된 수학 문헌에 '~에 대한(with respect to)'이라는 표현을 지나치게 자주 사용되어 w.r.t.라는 약어가 표준이 되었다.

3 가격이 P인 상품에 대한 수요함수는 다음과 같이 주어진다.

$$D(P)=a-bP$$

식 (6.2.6)을 이용하여 $\dfrac{dD(P)}{dP}$를 구하라.

4 어느 상품을 x단위 생산할 때, 비용함수는 다음과 같다고 하자.

$$C(x)=p+qx^2$$

식 (6.2.6)을 이용하여 $C'(x)$를 구하라.[6]

5 $f(x)=\dfrac{1}{x}$일 때 $\dfrac{f(x+h)-f(x)}{h}=-\dfrac{1}{x(x+h)}$이 성립함을 보여라. 그리고 이 식을 이용하여 다음을 증명하라.

$$f(x)=x^{-1} \;\Rightarrow\; f(x)=-x^{-2}$$

6 주어진 점에서 f의 그래프에 접하는 접선의 기울기를 구하라.

(a) $f(x)=3x+2$, $(0,\ 2)$

(b) $f(x)=x^2-1$, $(1,\ 0)$

(c) $f(x)=2+\dfrac{3}{x}$, $(3,\ 3)$

(d) $f(x)=x^3-2x$, $(0,\ 0)$

(e) $f(x)=x+\dfrac{1}{x}$, $(-1,\ -2)$

(f) $f(x)=x^4$, $(1,\ 1)$

7 $f(x)=ax^2+bx+c$라 할 때, 물음에 답하라.

(a) $\dfrac{f(x+h)-f(x)}{h}=2ax+b+ah$임을 보여라.
이를 이용하여 $f'(x)=2ax+b$임을 보여라.

(b) $f'(x)=0$을 만족하는 x 값을 구하라. 명제 (4.6.3)~(4.6.4)의 관점에서 이 결과를 설명하라.

8 함수 f의 그래프가 [그림 6.2.6]과 같다고 하자. x가 a, b, c, d일 때, 각각에 대한 도함수 $f'(x)$의 부호를 결정하라.

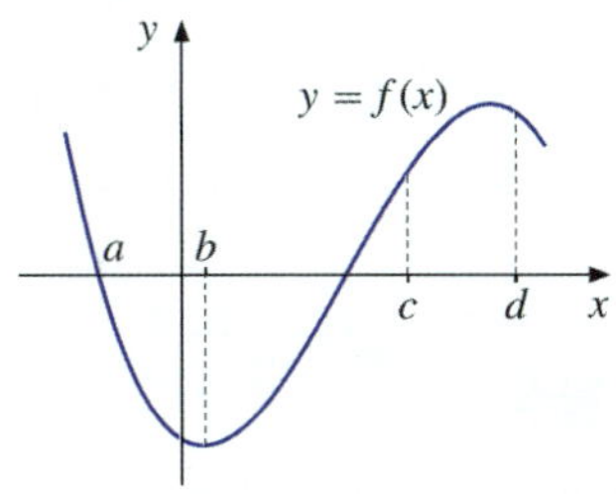

그림 6.2.6 [연습문제 8]의 함수 $y=f(x)$

9 $f(x)=\sqrt{x}=x^{\frac{1}{2}}$이라 할 때, 물음에 답하라.

(a) $(\sqrt{x+h}-\sqrt{x})(\sqrt{x+h}+\sqrt{x})=h$를 보여라.

(b) (a)를 이용하여 $f(x)$의 뉴턴 몫은 $\dfrac{1}{\sqrt{x+h}+\sqrt{x}}$임을 보여라.

(c) (b)를 이용하여 $x>0$인 경우 $f'(x)=\dfrac{1}{2\sqrt{x}}=\dfrac{1}{2}x^{-\frac{1}{2}}$임을 보여라.

10 $f(x)=ax^3+bx^2+cx+d$라 하자. 물음에 답하라.

(a) $h\neq 0$에 대해 뉴턴 몫은
$3ax^2+2bx+c+3axh+ah^2+bh$임을 보이고,
$f'(x)$를 구하라.

(b) (a)의 결과는 [EX 6.2.2]와 [연습문제 7]의 일반화임을 보여라.

11 심화 2.3절 [연습문제 8]을 적용하여 다음을 증명하라.

$$\left\{(x+h)^{\frac{1}{3}}-x^{\frac{1}{3}}\right\}\left\{(x+h)^{\frac{2}{3}}+(x+h)^{\frac{1}{3}}x^{\frac{1}{3}}+x^{\frac{2}{3}}\right\}=h$$

[연습문제 9]를 푸는 절차에 따라 $f(x)=x^{\frac{1}{3}}$일 때 $f'(x)=\dfrac{1}{3}x^{-\frac{2}{3}}$임을 보여라.

6 6.4절에서 이 도함수는 한계비용으로 해석된다.

6.3 함수의 증가와 감소

증가와 **감소**라는 용어는 그래프를 따라 왼쪽에서 오른쪽으로 이동할 때, 함수의 움직임을 설명하기 위해 이전에도 사용되었다. 용어를 명확히 설정하기 위해 다음 정의를 소개한다. 모든 경우에 f는 구간 I에서 정의되고 x_1과 x_2는 구간 I에 속하는 수라고 가정한다.

증가함수와 감소함수

❶ $x_2 > x_1$일 때마다 $f(x_2) \geq f(x_1)$이면, f는 I에서 **증가**(increasing)한다.

❷ $x_2 > x_1$일 때마다 $f(x_2) > f(x_1)$이면, f는 I에서 **순증가**(strictly increasing)한다.

❸ $x_2 > x_1$일 때마다 $f(x_2) \leq f(x_1)$이면, f는 I에서 **감소**(decreasing)한다.

❹ $x_2 > x_1$일 때마다 $f(x_2) < f(x_1)$이면, f는 I에서 **순감소**(strictly decreasing)한다.

[그림 6.3.1]~[그림 6.3.4]는 각각 ❶~❹의 정의를 만족하는 그래프를 보여준다. 증가함수와 감소함수는 그래프가 수평인 구간이 있을 수도 있으므로 일상 언어와 정확히 일치하지 않는다. 급여가 일정할 때 급여가 증가한다고 말하는 사람은 거의 없기 때문이다. 이러한 이유로 증가함수는 '감소하지 않는다'고도 하고, 감소함수는 '증가하지 않는다'고도 한다.

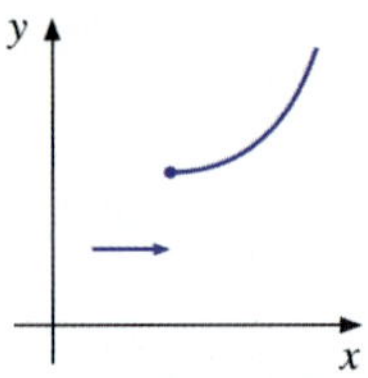

그림 6.3.1 증가

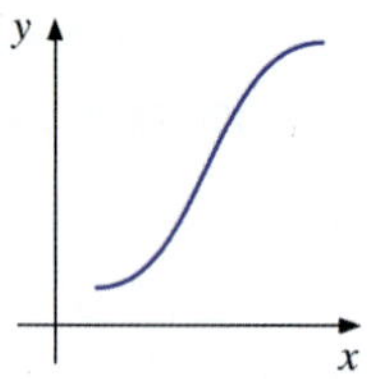

그림 6.3.2 순증가

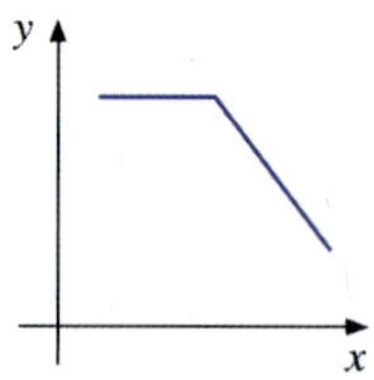

그림 6.3.3 감소

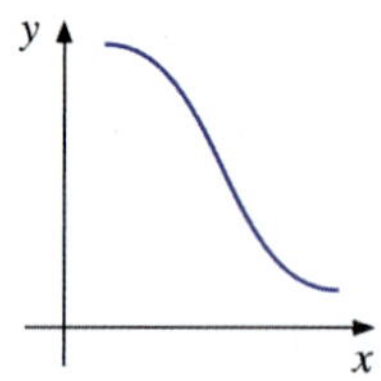

그림 6.3.4 순감소

이 정의를 사용하여 함수가 (순)증가하는지 또는 (순)감소하는지를 알아보려면, $x_2 > x_1$일 때마다 $f(x_2) - f(x_1)$의 부호를 생각해야 한다. 그러나 서로 다른 점 x에서 $f(x)$ 값을 확인함으로써 직접 부호를 조사하는 방법은 매우 어렵다. 다행스럽게도 함수에 대해 그 도함수의 부호를 통해 함수가 증가하는지 또는 감소하는지를 판정할 수 있다.

$$\text{구간 } I\text{에 속하는 모든 } x\text{에 대해 } f'(x) \geq 0 \quad \Leftrightarrow \quad f\text{는 } I\text{에서 증가함수이다.} \tag{6.3.1}$$

$$\text{구간 } I\text{에 속하는 모든 } x\text{에 대해 } f'(x) \leq 0 \quad \Leftrightarrow \quad f\text{는 } I\text{에서 감소함수이다.} \tag{6.3.2}$$

함수의 도함수가 그 그래프에 접하는 접선의 기울기와 같다는 사실은 (6.3.1)과 (6.3.2)의 동치관계를 거의 명확하게 제시한다. 또한 다음 관찰도 참이다.

$$\text{구간 } I\text{에 속하는 모든 } x\text{에 대해 } f'(x) = 0 \quad \Leftrightarrow \quad f\text{는 } I\text{에서 상수함수이다.} \tag{6.3.3}$$

명제 (6.3.1)~(6.3.3)은 9.4절의 주제인 평균값정리를 이용하여 엄밀하게 증명한다.

EX 6.3.1 명제 (6.2.6)의 결과를 이용하여 $f(x)=\frac{1}{2}x^2-2$의 도함수를 구하라. 그리고 f가 증가 또는 감소하는 구간을 조사하라.

풀이

$f'(x)=x$는 $x\geq 0$에서 음이 아니고, $x\leq 0$에서 양이 아니다. 따라서 f는 $[0, \infty)$에서 증가하고 $(-\infty, 0]$에서 감소한다. [그림 6.3.5]에서 이를 확인하라.

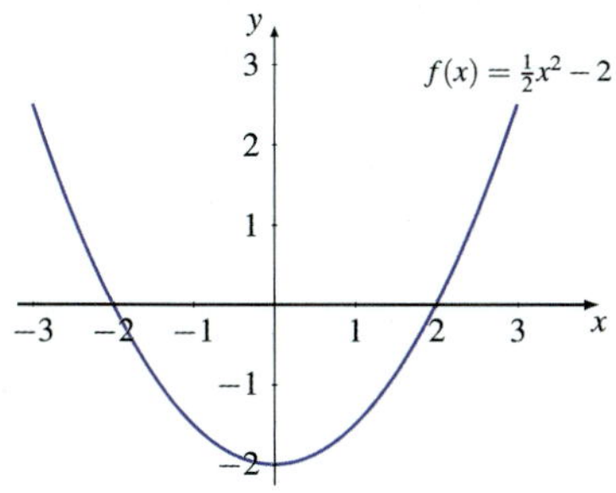

그림 6.3.5 $f(x)=\frac{1}{2}x^2-2$의 그래프

EX 6.3.2 함수 $f(x)=-\frac{1}{3}x^3+2x^2-3x+1$이 증가 또는 감소하는 구간을 조사하라. 6.2절 [연습문제 10]의 결과를 이용하여 그 도함수를 구하라.

풀이

6.2절 [연습문제 10]의 식 $f(x)=ax^3+bx^2+cx+d$에 $a=-\frac{1}{3}$, $b=2$, $c=-3$, $d=1$을 대입하면 도함수는 $f'(x)=-x^2+4x-3$이다. 방정식 $f'(x)=-x^2+4x-3=0$을 풀면 해는 $x=1$과 $x=3$이므로 $f'(x)=-(x-1)(x-3)=(x-1)(3-x)$이다. 따라서 $f'(x)$는 $[1, 3]$에서 음이 아니고, $(-\infty, 1]$과 $[3, \infty)$에서 모두 양이 아니다.[7] 결과적으로 $f(x)$는 $[1, 3]$에서 증가하고 $(-\infty, 1]$과 $[3, \infty)$에서 감소한다. [그림 6.3.6]에서 이를 확인하라.

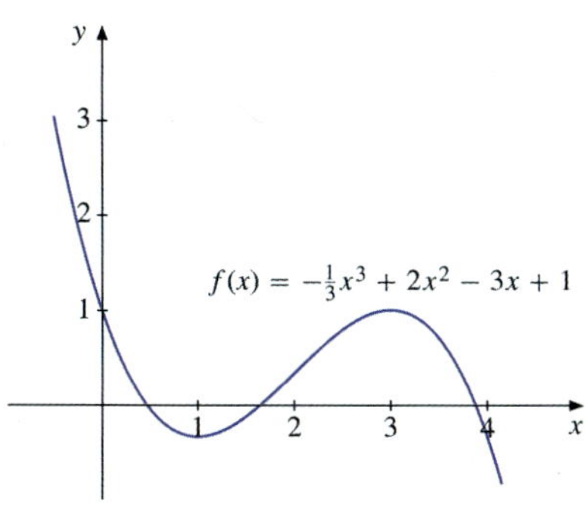

그림 6.3.6 $f(x)=-\frac{1}{3}x^3+2x^2-3x+1$의 그래프

7 [EX 2.8.1]을 참고하라.

어떤 구간에서 $f'(x)$가 양이면 함수는 순증가할 것으로 예상된다. 실제로 다음이 성립한다.

$$\text{구간 } I\text{에 속하는 모든 } x\text{에 대해 } f'(x)>0 \;\Rightarrow\; f\text{는 } I\text{에서 순증가함수이다.} \tag{6.3.4}$$

$$\text{구간 } I\text{에 속하는 모든 } x\text{에 대해 } f'(x)<0 \;\Rightarrow\; f\text{는 } I\text{에서 순감소함수이다.} \tag{6.3.5}$$

식 (6.3.4)와 식 (6.3.5)의 함의는 f가 순증가하거나 순감소할 **충분조건**만을 제공한다. 이 함의는 필요조건이 될 수 없다. 그런데 다음과 같은 명제를 가끔 볼 수 있을 것이다. 'f가 순증가한다고 가정하자. 즉, $f'(x)>0$이라 하자.' 이 명제는 틀렸다. 예를 들어 $f(x)=x^3$은 순증가하지만 $f'(0)=0$이기 때문이다. 자세한 내용은 [연습문제 3]을 참고하라. 이처럼 어떤 함수는 특정한 점에서 도함수 값이 0이지만 순증가할 수 있다.[8]

6.3 연습문제

1 식 (6.2.6), 식 (6.3.1), 식 (6.3.2)를 이용하여 함수 $f(x)=x^2-4x+3$이 증가 또는 감소하는 x의 구간을 구하라. 이를 [그림 4.3.3]과 비교하라.

2 6.2절 [연습문제 10]의 결과를 이용하여 함수 $f(x)=-x^3+4x^2-x-6$이 증가 또는 감소하는 구간을 구하라. 이를 [그림 4.7.1]과 비교하라.

3 다음 식의 부호를 조사하여 $f(x)=x^3$이 순증가함을 대수적으로 보여라.

$$\begin{aligned} x_2^3-x_1^3 &= (x_2-x_1)(x_1^2+x_1x_2+x_2^2) \\ &= (x_2-x_1)\left\{\left(x_1+\frac{1}{2}x_2\right)^2+\frac{3}{4}x_2^2\right\} \end{aligned}$$

6.4 경제학에의 응용

어떤 특정한 점에서 함수의 도함수는 그 점에서 그래프에 접하는 접선의 기울기로 정의했다. 경제학자들은 도함수를 경제 변수의 변화율에서 비롯해 여러 가지 중요한 관점으로 분석한다.

어떤 양 y가 어떤 양 x와 $y=f(x)$의 관계가 있다고 가정하자. 만약 x가 a 값을 가지면 함숫값은 $f(a)$이다. a가 $(a+h)$로 바뀐다면 새로운 y 값은 $f(a+h)$이고, x가 a에서 $(a+h)$로 바뀐다면 함숫값의 변화는 $f(a+h)-f(a)$이다. a에서 $(a+h)$까지의 구간에서 x의 단위 변화당 y의 변화량을 특별히 f의 **평균변화율**(average rate of change)이라 한다. 이를 식으로 표기하면 다음과 같다.

$$\frac{f(a+h)-f(a)}{h}$$

이 분수는 a에서 f의 뉴턴 몫과 정확히 일치함에 주목하라. h가 0에 가까워질 때 극한을 구하면 a에서 f의 도함수가 된다. 따라서 다음과 같이 해석할 수 있다.

8 I에 속하는 모든 x에 대해 $f'(x)\geq 0$이고 I의 유한개 점에서만 $f'(x)=0$이라고 가정하자. 그러면 $f'(x)=0$을 만족하는 인접한 임의의 두 점 사이의 각 부분구간에서는 $f'(x)>0$이므로 f는 각 부분구간에서 순증가한다. 그 결과 $f(x)$는 전체 구간에서 순증가한다.

변화율

a에서 f의 **변화율**(rate of change)은 $f'(a)$이다.

이 매우 중요한 개념은 변화하는 양을 다룰 때마다 나타난다. 시간 t가 독립변수일 때 t에 대한 x의 시간도함수 $\frac{dx}{dt}$는 종종 **점 표기법**인 $\dot{x}$으로 표기한다. 예를 들어 $x(t)=t^2$이면 $\dot{x}(t)=2t$이다. 이와 같은 시간도함수는 종종 **순간변화율**(instantaneous rate of change)이라 한다.

EX 6.4.1 시점 t에서 어떤 동물 한 종의 개체수를 $N(t)$라 하자. t가 $(t+s)$로 증가하면 개체수는 $N(t+s)-N(t)$만큼 변한다. 따라서 **평균변화율**은 다음과 같다.

$$\frac{N(t+s)-N(t)}{s}$$

그리고 s가 0에 가까워질 때, 극한을 취하면 시점 t에 대한 전체 개체수의 **순간변화율** $\dot{N}(t)=\frac{dN}{dt}$를 구할 수 있다.

[EX 4.5.1]에서는 1960년 이후 t년이 경과한 시점에서 유럽 인구의 (부정확한) 추정값으로 $P=5.1t+606$(백만 명)을 사용했다. 이 경우 연간변화율은 $\frac{dP}{dt}=5.1$(백만 명)로 모든 t에 대해 동일하다.

EX 6.4.2 시점 t에서 경제의 자본금을 $K(t)$라 하자. $K(t)$의 변화율 $\dot{K}(t)$를 시간 t에서의 **순투자율**(net rate of investment)이라 하며,[9] 일반적으로 $I(t)$로 표기한다.

$$\dot{K}(t)=I(t) \tag{6.4.1}$$

경제학에서는 비율 $\frac{f'(a)}{f(a)}$를 연구하기도 한다. 이 비율은 다음과 같이 정의한다.

상대변화율

a에서 f의 **상대변화율**(relative rate of change)은 $\frac{f'(a)}{f(a)}$이다.

EX 6.4.3 [EX 6.4.1]과 같이 시점 t에서 어떤 동물 한 종의 개체수를 $N(t)$라 할 때, t가 $(t+s)$로 증가하면 개체수의 **평균 상대변화율**(average relative rate of change)은 다음과 같다.

$$\frac{1}{N(t)}\,\frac{N(t+s)-N(t)}{s}$$

9 이는 감가상각된 자본을 대체하기 위해 일부 투자가 필요하므로 총투자와는 다르다.

$s \to 0$일 때 극한을 취하면 시점 t에서 전체 개체수의 **순간 상대변화율**(instantaneous relative rate of change) $\frac{1}{N}\dot{N}(t) = \frac{1}{N}\frac{dN}{dt}$를 구할 수 있다.

경제학에서 이러한 상대변화율을 종종 볼 수 있다. 상대변화율은 **비례변화율**(proportional rates of change)이라고도 불린다. 비례변화율은 보통 시간 단위당 백분율, 예를 들면 연간 백분율 등으로 인용된다. 상대변화율이 매년 $\frac{3}{100} = 0.03$이라면 그 변수가 매년 3%씩 증가한다고 표현하는 식이다.

변수 x의 (작은) 변화를 보통 Δx로 표기한다. Δ는 그리스 알파벳 대문자 델타이다. 여기서 Δx는 Δ와 x의 곱이 아니라, 하나의 기호로 간주한다. 다음 문제를 살펴보자.

EX 6.4.4 한 기업이 주어진 기간에 상품 x단위를 생산하는 비용을 $C(x)$라 하자. 이때 x에서 도함수 $C'(x)$를 x의 **한계비용**(marginal cost)이라 한다. 정의에 따르면 도함수는 다음과 같다.

$$C'(x) = \lim_{\Delta x \to 0} \frac{C(x+\Delta x) - C(x)}{\Delta x} \tag{6.4.2}$$

여기서 Δx의 절댓값이 아주 작으면 다음 근사식을 얻는다.

$$C'(x) \approx \frac{C(x+\Delta x) - C(x)}{\Delta x} \tag{6.4.3}$$

차 $\Delta C(x) = C(x+\Delta x) - C(x)$는 Δx단위를 추가 생산하는 데 소요되는 **증분비용**(incremental cost)이라고 한다. Δx가 작은 경우, 이 증분비용에 대한 선형근삿값은 한계비용과 생산량 변화의 곱인 $C'(x)\Delta x$이다. 이는 $\Delta x < 0$일 때도 마찬가지이다. 이 경우는 생산량의 감소를 나타내고, $C'(x) > 0$이면 비용이 더 낮아진다.

근사식 (6.4.3)에 $\Delta x = 1$을 대입하면 한계비용은 대략 다음과 같다.

$$C'(x) \approx C(x+1) - C(x) \tag{6.4.4}$$

따라서 한계비용은 증분비용 $C(x+1) - C(x)$, 즉 **x보다 한 단위를 더 많이 생산하는 데 소요되는 추가 비용**과 거의 같다. 초등 경제학 교재에서는 미분법의 적절한 개념을 사용할 수 없으므로 한계비용을 종종 $C(x+1) - C(x)$로 정의한다.

이 책에서는 변수 x를 한 단위 증가시킬 때 함수의 변화를 생각하는 경제학적 분석을 가끔 제시할 것이다. 증가량이 적으면 단위 증가당 함수의 변화를 생각하는 것이 더 정확하다. 다음 문제를 풀어보자.

EX 6.4.5 어느 호수에서 오염물질의 x%를 제거할 때 $C(x)$백만 달러의 비용이 든다고 하자. 방정식 $C'(50) = 3$을 경제학적으로 해석하라.

풀이

선형근삿값이 $C(50+\Delta x) - C(50) \approx C'(50)\Delta x$이므로 $C'(50) = 3$을 정확하게 해석하면 오염물질이 50%에서 시작할 때, 오염물질의 1%를 추가로 제거할 때마다 약 3백만 달러의 추가 비용이 발생한다는 뜻이다. $C'(50)=3$을 덜 정확하게 해석하면 오염물질을 50%가 아니라 51% 제거하려면 약 3백만 달러의 추가 비용이 들어간다는 뜻이다.

이러한 문제에 따르면 경제학자들은 도함수를 종종 '한계(marginal)'라는 단어로 표현한다. 예를 들어 **한계소비성향**은 소득에 대한 소비함수의 도함수이고, 마찬가지로 노동의 **한계생산**(marginal product) 또는 **생산성**(productivity)은 노동 투입에 대한 생산함수의 도함수이다.

한계에 대한 개념은 경제학의 거의 모든 부분에서 다룰 정도로 매우 중요하다. 예를 들어 경제학의 창시자로 여겨지는 아담 스미스(Adam Smith)는 다이아몬드와 같은 사치재가 물과 같은 필수재보다 훨씬 더 가치가 있는지 이해하기 위해 고군분투했다. 카를 멩거(Carl Menger, 1840~1921), 레옹 발라스(Leon Walras, 1834~1910), 스탠리 제본스(Stanley Jevons, 1835~1882)는 한계분석을 통해 이 역설을 다음과 같이 설명했다. 물과 다이아몬드 중 하나만 선택할 수 있다면 사람들은 살아가는 데 물이 필수이므로 반드시 물을 선택할 것이다. 하지만 물과 다이아몬드를 모두 소유하고 있다면, 사람들은 여분의 물 한 잔의 가치를 다이아몬드 한 개보다 훨씬 낮게 여길지도 모른다. 최적의 결정에 대한 이러한 근본적인 이해로 인해 세 경제학자는 '한계주의' 경제학파의 창시자로 알려졌다.

6.4 연습문제

1 $C(x)=x^2+3x+100$을 기업의 비용함수라고 하자. $\Delta x \neq 0$에 대해 x가 100에서 $(100+\Delta x)$로 바뀌었을 때, 산출물의 단위당 평균변화율은 다음과 같음을 보여라.

$$\frac{C(100+\Delta x)-C(100)}{\Delta x}=203+\Delta x$$

한계비용 $C'(100)$은 무엇인가? 식 (6.2.6)을 이용하여 $C'(x)$와 $C'(100)$을 각각 구하라.

2 한 기업의 비용함수가 $C(x)=\overline{C}+cx$일 때, 모수 c와 $\overline{C}$를 경제학적으로 해석하라.

3 한 국가의 총저축액이 국민생산 Y에 대한 함수 $S(Y)$로 주어질 때, $S'(Y)$를 **한계저축성향**(MPS; marginal propensity to save)이라 한다. 다음 함수에 대한 MPS를 구하라.

(a) $S(Y)=\overline{S}+sY$

(b) $S(Y)=100+0.1Y+0.0002Y^2$

4 개인 소득 y에 대해 개인이 납부할 소득세를 $T(y)$라 할 때, $T'(y)$를 **한계세율**이라 한다. $T(y)=t(y-a)-b$인 경우를 생각해보자. 여기서 t는 구간 $(0, 1)$에 속하는 상수이고, a와 b는 음이 아닌 상수이다. 한계세율에 따른 $T(y)$의 특징을 설명하라.

5 시점 t에서 어떤 유정에 $x(t)$배럴의 석유가 남아 있다고 가정하자. 여기서 시간은 분 단위로 측정한다. 식 $x'(0)=-3$의 의미를 해석하라.

6 어떤 상품 $x \geq 0$단위를 생산하는 데 소요되는 총비용을 $C(x)=x^3-90x^2+7500x$라 하자. 물음에 답하라.

(a) 6.2절 [연습문제 10]의 결과를 이용하여 한계비용 함수 $C'(x)$를 구하라.

(b) 한계비용이 가장 적은 x를 구하라.

7 물음에 답하라.

(a) 한 기업의 이윤함수가 $\pi(Q)=24Q-Q^2-5$일 때, 한계이윤 $\pi'(Q)$와 이윤을 극대화하는 Q값인 Q^*를 구하라.

(b) 한 기업의 수익함수가 $R(Q)=500Q-\frac{1}{3}Q^3$일 때, 한계수익을 구하라.

(c) [EX 4.7.1]에서 다룬 비용함수 $C(Q)$는 다음과 같다. 이 함수의 한계비용을 구하라.

$$C(Q)=-Q^3+214.2Q^2-7900Q+320700$$

8 [EX 6.4.4]의 정의를 참고하여 다음 함수의 한계비용을 구하라.

(a) $C(x)=a_1x^2+b_1x+c_1$

(b) $C(x)=a_1x^3+b_1$

6.5 극한에 대한 소개

6.2절에서는 극한 개념에 기반하여 함수의 도함수를 정의했다. 도함수는 수학뿐만 아니라 경제분석에서도 많이 사용되므로 이제 좀 더 자세히 살펴보고자 한다. 여기서는 극한을 간략하게 정의하고 극한에 대한 중요한 공식을 몇 가지 소개한다. 7.9절에서는 극한 개념을 자세히 알아볼 것이다.

EX 6.5.1 다음과 같이 정의된 함수 F를 생각해보자.

$$F(x)=\frac{e^x-1}{x}$$

여기서 수 $e\approx 2.718$은 4.9절에서 소개한 자연로그함수의 밑이다. 만약 $x=0$이면 $e^0=1$이고, F는 '$\frac{0}{0}$'이 되어 특정한 값을 갖지 않는다. 따라서 함수 F는 $x=0$에서 정의되지 않는다. 그러나 x가 0에 가까워질 때, $F(x)$가 어떻게 되는지는 여전히 의문으로 남는다. 계산기를 사용하면 [표 6.5.1]에 표기된 값과 $F(0)$이 정의되지 않는 $x=0$에서 '$\frac{0}{0}$'을 찾을 수 있다.

표 6.5.1 x가 0에 가까워질 때 $F(x)=\frac{e^x-1}{x}$의 함숫값

x	−0.1	−0.001	−0.0001	0	0.0001	0.001	0.1
$F(x)$	0.9516	0.9995	1.0000	'$\frac{0}{0}$'	1.0001	1.0005	1.0517

[표 6.5.1]에서 x가 0에 가까워질수록 분수 $F(x)$는 1에 점점 가까워지는 것을 볼 수 있다. 따라서 x가 0에 가까워질 때 $F(x)$의 극한은 1에 가까워진다고 가정하는 것은 타당해 보인다. 다음에 설명하겠지만 e의 정의는 $F(x)$의 극한이 1이어야 한다는 요구사항에서 비롯한다. 그래서 다음과 같이 나타낸다.

$$\lim_{x\to 0}\frac{e^x-1}{x}=1 \quad \text{또는} \quad \text{'}x\to 0\text{일 때 } \frac{e^x-1}{x}\to 1\text{'}$$

[그림 6.5.1]은 F의 그래프 일부이다. 함수 F는 $x=0$이 아닌 모든 x에서 정의되고 $\lim_{x \to 0} F(x) = 1$이다. 점 (0, 1)이 F의 그래프 위에 있지 않음을 나타내기 위해 y축의 1 위치에 속이 빈 원을 표시했다.

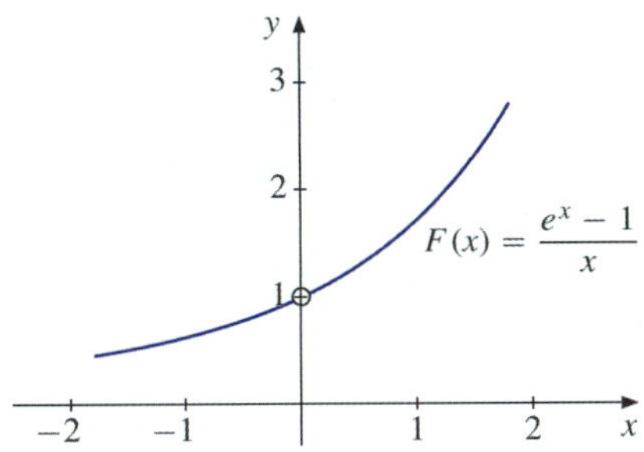

그림 6.5.1 $y = \dfrac{e^x - 1}{x}$ **의 그래프**

지금까지의 내용을 일반화하기 위해 함수 f가 a의 근방에서 a를 제외한 모든 x에 대해 정의되었다고 가정하자. x가 (a는 아니면서) a에 가까워질 때 $f(x)$가 어떤 실수 A에 가까워지면, A를 $x=a$에서 $f(x)$의 **극한**(limit)이라 하고, 다음과 같이 표기한다.

$$\lim_{x \to a} f(x) = A \quad \text{또는} \quad `x \to a\text{일 때 } f(x) \to A'$$

그러나 x가 a에 가까이 가더라도 $f(x)$ 값은 고정된 실수에 가까이 가지 않는 때도 있다. 이때는 $\lim_{x \to a} f(x)$가 존재하지 않는다고 하거나, x가 a에 가까워질 때 $f(x)$는 극한을 갖지 않는다고 한다.

EX 6.5.2 계산기를 사용하여 극한 $\lim_{h \to 0} \dfrac{\sqrt{h+1} - 1}{h}$을 구하라.

풀이

0에 가까운 수 h를 택하여 [표 6.5.2]를 작성할 수 있다.

표 6.5.2 h**가 0에 가까워질 때** $F(h) = \dfrac{\sqrt{h+1} - 1}{h}$ **의 함숫값**

h	−0.5	−0.2	−0.1	−0.01	0	0.01	0.1	0.2	0.5
$F(h)$	0.586	0.528	0.513	0.501	‘$\frac{0}{0}$’	0.499	0.488	0.477	0.449

[표 6.5.2]는 구하려는 극한이 0.5임을 나타낸다.

[EX 6.5.1]과 [EX 6.5.2]에서 구한 극한은 모두 수치 계산에 따른 다소 불확실한 예측에 근거한다. 예를 들어 [EX 6.5.2]에서 극한에 대한 예측이 정확하다고 확신할 수 있는가? h 값을 0에 더 가깝게 택하면 $F(h)$ 값은 0.5가 아닌 다른 극한을 가질 수는 없는가? 극한이 존재하지 않는 가능성은 전혀 없는가? 계산을 추가한다면 처음에 예측한 값이 정확할 것이라는 믿음을 뒷받침할 수 있겠지만 0에 가까운 모든 h 값에 대한 표는 절대로 만들 수 없다. 아무리 많은 수치 계산을 하더라도 그것만으로는 정확한 극한을 결코 확실히 알 수 없다.

이는 극한의 정확한 수학적 정의를 바탕으로 극한을 구하는 엄격한 절차가 필요함을 보여준다. 극한에 대한 정확한 정의는 7.9절에서 소개한다. 여기서는 올바른 개념을 전달하기 위해 간략하게 소개한다.

극한

다음 식 (6.5.1)은 x가 a가 아니지만 a에 충분히 가까워지면, $f(x)$를 원하는 만큼 A에 가깝게 할 수 있음을 의미한다.

$$\lim_{x \to a} f(x) = A \tag{6.5.1}$$

극한을 구할 때 다음을 꼭 유의해야 한다.

❶ 극한 $\lim_{x \to a} f(x)$는 a에 가까운 x에 대해 $f(x)$ 값이 어떻게 바뀌는지에 따라 달라지지만, $x = a$에서의 정확한 함숫값 $f(a)$가 어떻게 되는지에 따라서는 달라지지 않는다. 실제로 $\lim_{x \to a} f(x)$를 구할 때 함숫값 $f(a)$는 물론이고 f가 a에서 정의되는지도 관심을 갖지 않는다.

❷ $\lim_{x \to a} f(x)$를 구할 때 a의 왼쪽과 오른쪽에 있는 x 값을 모두 생각해야 한다.

극한법칙

극한은 수치 계산만으로는 구할 수 없으므로 대신 간단한 법칙을 사용한다. 수학적 개념으로 극한을 명확히 정의하면 이 법칙이 성립함을 확인할 수 있다. 극한법칙은 매우 단순해서 이전 절에서 이미 몇 가지 법칙을 사용하기도 했다.

f와 g가 (반드시 a에서 정의되지 않더라도) a의 근방에서 x의 함수로 정의되었다고 가정하자. 그러면 다음과 같은 법칙을 갖는다.[10]

극한법칙

$\lim_{x \to a} f(x) = A$이고 $\lim_{x \to a} g(x) = B$이면 다음이 성립한다.

- $\lim_{x \to a} \{f(x) \pm g(x)\} = A \pm B$ (6.5.2)
- $\lim_{x \to a} \{f(x) \cdot g(x)\} = A \cdot B$ (6.5.3)
- $\lim_{x \to a} \dfrac{f(x)}{g(x)} = \dfrac{A}{B}$ (단, $B \neq 0$) (6.5.4)
- $\lim_{x \to a} \{f(x)\}^r = A^r$ (단, r이 실수이고 A^r이 정의되는 경우) (6.5.5)

10 $f(x) - g(x) = f(x) + (-1)g(x)$이고 $\dfrac{f(x)}{g(x)} = f(x)\{g(x)\}^{-1}$이므로 일부 법칙은 다른 법칙으로부터 성립한다.

극한법칙은 직관적으로 쉽게 설명할 수 있다. $\lim_{x\to a}f(x)=A$이고 $\lim_{x\to a}g(x)=B$라고 가정하자. 이 식은 x가 a에 가까워지면 $f(x)$는 A에 가까워지고, $g(x)$는 B에 가까워진다는 것을 의미한다. 따라서 직관적으로 두 함수의 합 $f(x)+g(x)$는 $A+B$에 가까워지고 두 함수의 차 $f(x)-g(x)$는 $A-B$에 가까워지며, 두 함수의 곱 $f(x)g(x)$는 $A\cdot B$에 가까워진다.

식 (6.5.2)와 (6.5.3)을 반복하여 사용하면 확장된 법칙도 얻을 수 있다.

$$\lim_{x\to a}\{f_1(x)+f_2(x)+\cdots+f_n(x)\}=\lim_{x\to a}f_1(x)+\lim_{x\to a}f_2(x)+\cdots+\lim_{x\to a}f_n(x)$$
$$\lim_{x\to a}\{f_1(x)\cdot f_2(x)\cdot\cdots\cdot f_n(x)\}=\lim_{x\to a}f_1(x)\cdot\lim_{x\to a}f_2(x)\cdot\cdots\cdot\lim_{x\to a}f_n(x)$$

즉 합의 극한은 극한의 합과 같고, 곱의 극한은 극한의 곱과 같다.

다음 두 가지는 극한값이 자명한 특수 경우이다. 첫째, 함수 $f(x)$가 모든 x에 대해 함숫값이 항상 c인 상수함수이면 모든 점 a에서 다음이 성립한다.

$$\lim_{x\to a}c=c$$

둘째, $f(x)=x$이면 모든 점 a에서 다음이 성립한다.

$$\lim_{x\to a}f(x)=\lim_{x\to a}x=a$$

이 두 가지 단순한 극한을 일반 법칙과 결합하면 함수의 특정 조합에 대한 극한을 쉽게 구할 수 있다.

EX 6.5.3 식 (6.5.2)부터 식 (6.5.5)까지 이용하여 다음 극한을 구하라.

(a) $\lim_{x\to -2}(x^2+5x)$ (b) $\lim_{x\to 4}\dfrac{2x^{\frac{3}{2}}-\sqrt{x}}{x^2-15}$ (c) $\lim_{x\to a}Ax^n$

풀이

(a) 식 (6.5.2)에 의해 $\lim_{x\to -2}(x^2+5x)=\lim_{x\to -2}(x\cdot x)+\lim_{x\to -2}(5\cdot x)$이고, 식 (6.5.3)을 두 번 사용하면 $\lim_{x\to -2}x\cdot\lim_{x\to -2}x+\lim_{x\to -2}5\cdot\lim_{x\to -2}x$와 같다. 따라서 구하는 극한값은 다음과 같다.

$$\lim_{x\to -2}(x^2+5x)=(-2)(-2)+5\cdot(-2)=-6$$

(b) $$\lim_{x\to 4}\frac{2x^{\frac{3}{2}}-\sqrt{x}}{x^2-15}=\frac{2\lim_{x\to 4}x^{\frac{3}{2}}-\lim_{x\to 4}\sqrt{x}}{\lim_{x\to 4}x^2-15}=\frac{2\cdot 4^{\frac{3}{2}}-\sqrt{4}}{4^2-15}=\frac{2\cdot 8-2}{16-15}=14$$

(c) $$\lim_{x\to a}Ax^n=\lim_{x\to a}A\cdot\lim_{x\to a}x^n=A\cdot\left(\lim_{x\to a}x\right)^n=Aa^n$$

[EX 6.5.3]은 바로 구할 수 있지만 [EX 6.5.1]과 [EX 6.5.2]는 분자와 분모가 모두 0으로 가까이 가기 때문에

더 어렵다. 극한이 존재하면 간단한 관찰을 통해 극한을 구하는 데 도움이 될 수 있다. $\lim_{x \to a} f(x)$는 x가 a는 아니면서 a와 가까울 때에만 f 값에 의존하므로 다음을 얻을 수 있다.

서로 같은 극한

$x=a$일 필요가 없고 a에 가까운 모든 점 x에 대해 f와 g가 서로 같은 함수이고, 둘 중 어느 하나라도 $x=a$에서 극한을 가진다고 하자. 다음이 성립한다.

$$\lim_{x \to a} f(x) = \lim_{x \to a} g(x) \tag{6.5.6}$$

다음 두 문제는 서로 같은 극한법칙이 어떻게 적용되는지 보여준다.

EX 6.5.4 극한 $\lim_{x \to 2} \frac{3x^2+3x-18}{x-2}$을 구하라.

풀이

x가 2에 가까워지면 분자와 분모 모두 0에 가까워진다. 분자의 식 $3x^2+3x-18$은 $x=2$에서 0이므로 $x-2$를 인수로 갖는다. 실제로 $3x^2+3x-18=3(x-2)(x+3)$이므로 다음을 얻는다.

$$f(x) = \frac{3x^2+3x-18}{x-2} = \frac{3(x-2)(x+3)}{x-2}$$

$x \neq 2$일 때 분자와 분모에서 $x-2$를 소거하면 $3(x+3)$이고, $f(x)$와 $g(x)=3(x+3)$은 $x \neq 2$인 모든 x에 대해 서로 같은 함수이다. 따라서 식 (6.5.6)에 의해 다음이 성립한다.

$$\lim_{x \to 2} \frac{3x^2+3x-18}{x-2} = \lim_{x \to 2} 3(x+3) = 3(2+3) = 15$$

EX 6.5.5 다음 극한을 구하라.

(a) $\lim_{h \to 0} \frac{\sqrt{h+1}-1}{h}$

(b) $\lim_{x \to 4} \frac{x^2-16}{4\sqrt{x}-8}$

풀이

(a) h가 0에 가까워지면 분자와 분모는 모두 0에 가까워지므로 식 (6.5.4)를 적용할 수 없다. 그러나 요령있게 분자와 분모에 $\sqrt{h+1}+1$을 곱하면 다음과 같이 공통 인수 h를 소거한 식을 얻는다.

$$\frac{\sqrt{h+1}-1}{h} = \frac{(\sqrt{h+1}-1)(\sqrt{h+1}+1)}{h(\sqrt{h+1}+1)} = \frac{h+1-1}{h(\sqrt{h+1}+1)} = \frac{1}{\sqrt{h+1}+1}$$

$h \neq 0$이고 $h \geq -1$인 모든 h에 대해 주어진 함수는 $\frac{1}{\sqrt{h+1}+1}$과 같고, 이는 $h \to 0$일 때 $\frac{1}{2}$에 가까워진다. 따라서 구하는 극한은 $\frac{1}{2}$이다. 이는 [EX 6.5.2]의 결과를 확인해준다.

(b) $x=4$에서는 '$\frac{0}{0}$'이므로 다시 요령있게 분수를 인수분해하자.

$$\frac{x^2-16}{4\sqrt{x}-8}=\frac{(x+4)(x-4)}{4(\sqrt{x}-2)}=\frac{(x+4)(\sqrt{x}+2)(\sqrt{x}-2)}{4(\sqrt{x}-2)} \qquad (*)$$

모든 $x \geq 0$에 대해 $x-4=(\sqrt{x}+2)(\sqrt{x}-2)$이므로, 식 (*)의 마지막 등호가 성립한다. 그리고 $\sqrt{x}-2 \neq 0$, 즉 $x \neq 4$이면 분자와 분모에서 공통 인수 $\sqrt{x}-2$를 소거할 수 있다. 식 (6.5.6)을 다시 이용하면 (*)의 각 변에 극한을 취할 수 있으므로 다음을 구한다.

$$\lim_{x\to 4}\frac{x^2-16}{4\sqrt{x}-8}=\lim_{x\to 4}\frac{1}{4}(x+4)(\sqrt{x}+2)=\frac{1}{4}(4+4)(\sqrt{4}+2)=8$$

6.5 연습문제

1 극한법칙을 이용하여 다음을 구하라.

(a) $\lim_{x\to 0}(3+2x^2)$

(b) $\lim_{x\to -1}\frac{3+2x}{x-1}$

(c) $\lim_{x\to 2}(2x^2+5)^3$

(d) $\lim_{t\to 8}\left(5t+t^2-\frac{1}{8}t^3\right)$

(e) $\lim_{y\to 0}\frac{(y+1)^5-y^5}{y+1}$

(f) $\lim_{z\to -2}\frac{\frac{1}{z}+2}{z}$

2 계산기를 사용하여 다음 극한을 수치 계산으로 조사하라.

(a) $\lim_{h\to 0}\frac{1}{h}(2^h-1)$

(b) $\lim_{h\to 0}\frac{1}{h}(3^h-1)$

(c) $\lim_{\lambda\to 0}\frac{1}{\lambda}(3^\lambda-2^\lambda)$

3 극한 $\lim_{x\to 1}\frac{x^2+7x-8}{x-1}$에 대한 물음에 답하라.

(a) x가 1에 가까워질 때, 분수의 값을 표로 만들어 극한을 수치 계산으로 조사하라.

(b) [EX 6.5.4]의 방법으로 극한을 정확히 구하라.

4 다음 극한을 구하라. 단, (f)에서 $h \neq 0$이다.

(a) $\lim_{x\to 2}(x^2+3x-5)$ (b) $\lim_{y\to -3}\frac{1}{y+8}$

(c) $\lim_{x\to 0}\frac{x^3-2x-1}{x^5-x^2-1}$ (d) $\lim_{x\to 0}\frac{x^3+3x^2-2x}{x}$

(e) $\lim_{h\to 0}\frac{(x+h)^3-x^3}{h}$ (f) $\lim_{x\to 0}\frac{(x+h)^3-x^3}{h}$

5 다음 극한을 구하라.

(a) $\lim_{h\to 2}\frac{\frac{1}{3}-\frac{2}{3h}}{h-2}$ (b) $\lim_{x\to 0}\frac{x^2-1}{x^2}$

(c) $\lim_{t\to 3}\frac{\sqrt[3]{32t-96}}{t^2-2t-3}$ (d) $\lim_{h\to 0}\frac{\sqrt{h+3}-\sqrt{3}}{h}$

(e) $\lim_{t\to -2}\frac{t^2-4}{t^2+10t+16}$ (f) $\lim_{x\to 4}\frac{2-\sqrt{x}}{4-x}$

6 $f(x)=x^2+2x$일 때, 다음 극한을 구하라.

(a) $\lim_{x\to 1}\frac{f(x)-f(1)}{x-1}$ (b) $\lim_{x\to 2}\frac{f(x)-f(1)}{x-1}$

(c) $\lim_{h\to 0}\frac{f(2+h)-f(2)}{h}$ (d) $\lim_{x\to a}\frac{f(x)-f(a)}{x-a}$

(e) $\lim_{h\to 0}\frac{f(a+h)-f(a)}{h}$

(f) $\lim_{h\to 0}\frac{f(a+h)-f(a-h)}{h}$

7 **심화** 다음 극한을 구하라. 단, (c)에서 n은 임의의 자연수이다.

(a) $\lim_{x\to 2}\frac{x^2-2x}{x^3-8}$

(b) $\lim_{h\to 0}\frac{\sqrt[3]{27+h}-3}{h}$

힌트 $u=\sqrt[3]{27+h}$로 치환한다.

(c) $\lim_{x\to 1}\frac{x^n-1}{x-1}$

6.6 간단한 미분법칙

식 (6.2.2)에서 함수 f의 도함수를 다음 식 (*)로 정의했음을 상기하자.

$$f'(x)=\lim_{h\to 0}\frac{f(x+h)-f(x)}{h} \tag{*}$$

이 극한이 존재하면 f는 x에서 **미분가능**(differentiable)하다고 하고, 함수의 도함수를 구하는 과정을 **미분**(differentiation)이라 한다. 미분은 주어진 함수 f를 (*)의 극한이 존재하는 x 값에 대해 정의된 새로운 함수 f'으로 변환하는 연산이라 생각하면 유용하다. 만약 $y=f(x)$이면 $f'(x)$ 대신에 기호 y'과 $\frac{dy}{dx}$로 표기할 수도 있다.

6.2절에서는 식 (*)를 사용하여 몇 가지 간단한 함수를 구분했다. 그러나 식 (*)를 개별 문제에 직접 적용하는 것은 어렵기도 하고 시간이 많이 소요된다. 이제 수식으로 주어진 미분가능한 함수, 심지어 복잡한 함수를 기계적이고 효율적으로 미분하는 일반 법칙을 체계적으로 찾아보겠다. 몇 가지 간단한 법칙으로 시작해보자.

상수함수의 도함수

f가 상수함수이면 그 도함수는 0이다.

$$f(x)=A \quad\Rightarrow\quad f'(x)=0 \tag{6.6.1}$$

이 결과는 기하적으로 쉽게 알 수 있다. $f(x)=A$의 그래프는 x축에 평행한 직선이므로 이 그래프의 접선은 [그림 6.6.1]과 같이 각 점에서 기울기가 0인 직선 그 자체이다. 이제 동일한 답을 얻으려면, $f'(x)$의 정의를 이용해야 한다.

다음 미분법칙 두 가지도 아주 유용하다.

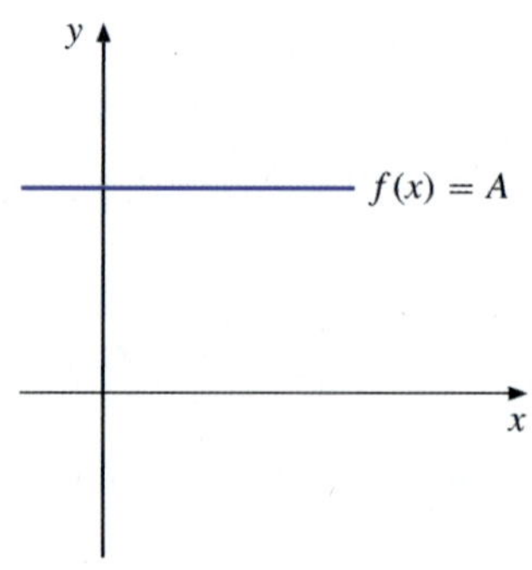

그림 6.6.1 $f(x)=A$의 그래프

간단한 미분법칙

도함수를 취하면 곱셈의 상수는 보존되지만, 덧셈으로 연결된 상수는 없어진다. 이를 기호로 나타내면 다음과 같다.

$$y = A + f(x) \quad \Rightarrow \quad y' = f'(x) \tag{6.6.2}$$

$$y = Af(x) \quad \Rightarrow \quad y' = Af'(x) \tag{6.6.3}$$

A가 양수일 때의 법칙 (6.6.2)는 [그림 6.6.2]에 그려져 있다. 5.1절에서 살펴보았듯이 $A + f(x)$의 그래프는 $f(x)$의 그래프가 y축의 양의 방향으로 A단위만큼 평행이동한 것이다. 따라서 같은 x 값에서 두 곡선 $y = f(x)$와 $y = f(x) + A$의 접선은 평행해야 한다. 특히 그 기울기가 같다. 이를 증명하려면 $f'(x)$의 정의를 사용해야 한다.

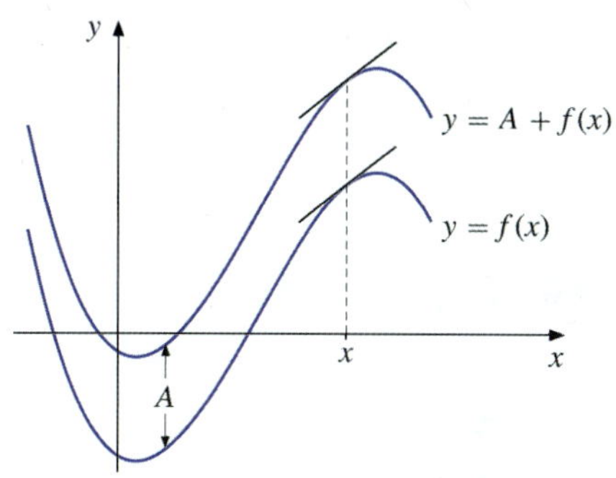

그림 6.6.2 $f(x)$와 $A + f(x)$의 그래프

도함수 정의를 사용하여 명제 (6.6.3)을 증명해보자. 만약 $g(x) = Af(x)$이면 다음과 같이 나타낼 수 있다.

$$g(x+h) - g(x) = Af(x+h) - Af(x) = A\{f(x+h) - f(x)\}$$

$g'(x)$는 다음과 같다.

$$g'(x) = \lim_{h \to 0} \frac{g(x+h) - g(x)}{h} = A \lim_{h \to 0} \frac{f(x+h) - f(x)}{h} = Af'(x)$$

명제 (6.6.3)을 경제학적으로 설명하기 위해 $R(t)$가 시점 t에서 A기업의 판매 수입을 나타낸다고 하자. 또한 각 시점에 B기업의 판매 수입 $S(t)$는 A기업의 3배라고 가정하자. 그러면 B기업의 판매 수입의 절대성장률은 A의 3배이다. 이를 수학적으로 나타내면 $S(t) = 3R(t)$이므로 $S'(t) = 3R'(t)$이다. 그렇지만 두 회사의 상대성장률 $\frac{R'(t)}{R(t)}$와 $\frac{S'(t)}{S(t)}$는 서로 같다.

미분법칙 (6.6.1)~(6.6.3)을 라이프니츠 표기법으로 나타내면 다음과 같다.

$$\frac{d}{dx}A = 0, \quad \frac{d}{dx}\{A + f(x)\} = \frac{d}{dx}f(x), \quad \frac{d}{dx}\{Af(x)\} = A\frac{d}{dx}f(x)$$

EX 6.6.1 $f'(x)$를 알고 있을 때, 다음 함수의 도함수를 구하라.

(a) $5 + f(x)$ (b) $f(x) - \frac{1}{2}$ (c) $4f(x)$ (d) $-\frac{f(x)}{5}$ (e) $\frac{Af(x)+B}{C}$ (단, $C \neq 0$)

풀이

명제 (6.6.2)와 (6.6.3)을 적용하면 다음을 얻는다.

(a) $\frac{d}{dx}\{5 + f(x)\} = f'(x)$

(b) $\dfrac{d}{dx}\left\{f(x)-\dfrac{1}{2}\right\}=\dfrac{d}{dx}\left\{-\dfrac{1}{2}+f(x)\right\}=f'(x)$

(c) $\dfrac{d}{dx}\{4f(x)\}=4f'(x)$

(d) $\dfrac{d}{dx}\left\{-\dfrac{f(x)}{5}\right\}=\dfrac{d}{dx}\left\{-\dfrac{1}{5}f(x)\right\}=-\dfrac{1}{5}f'(x)$

(e) $\dfrac{d}{dx}\left\{\dfrac{Af(x)+B}{C}\right\}=\dfrac{d}{dx}\left\{\dfrac{A}{C}f(x)+\dfrac{B}{C}\right\}=\dfrac{A}{C}f'(x)$

거듭제곱함수의 미분법칙

다음 미분법칙은 매우 유용하다.

거듭제곱함수의 미분법칙

임의의 상수 a가 주어질 때 ❶ a가 자연수이거나, 그렇지 않으면 ❷ $x>0$이라 가정하자. 그러면 다음이 성립한다.

$$f(x)=x^a \quad\Rightarrow\quad f'(x)=ax^{a-1} \tag{6.6.4}$$

$a=2$와 $a=3$에 대해 명제 (6.6.4)를 명제 (6.2.4)와 (6.2.5)에서 확인할 수 있다. a가 3보다 큰 자연수이면 이 법칙은 [EX 6.7.5]와 같이 곱의 도함수에 대한 명제 (6.7.3)을 사용하여 쉽게 확인할 수 있다. 또한 a가 음의 정수 $-n$이면 [EX 6.7.8]과 같이 몫의 미분법칙을 $\dfrac{1}{x^n}$에 적용할 수 있다. 최종적으로 $x>0$이면 성질 $\ln(x^a)=a\ln x$, $x^a=\exp(a\ln x)$를 이용하여 법칙 (6.6.4)가 모든 실수 거듭제곱 a에 대해 성립한다는 내용인 식 (6.11.7)을 유도할 수 있다.

EX 6.6.2 명제 (6.6.4)를 이용하여 다음 함수의 도함수를 구하라.

(a) $y=x^5$ (b) $y=3x^8$ (c) $y=\dfrac{x^{100}}{100}$

풀이

(a) $y=x^5 \quad\Rightarrow\quad y'=5x^{5-1}=5x^4$

(b) $y=3x^8 \quad\Rightarrow\quad y'=3\cdot 8x^{8-1}=24x^7$

(c) $y=\dfrac{x^{100}}{100}=\dfrac{1}{100}x^{100} \quad\Rightarrow\quad y'=\dfrac{1}{100}\cdot 100x^{100-1}=x^{99}$

EX 6.6.3 다음 변수가 양수일 때 명제 (6.6.4)를 이용하여 다음을 구하라.

(a) $\dfrac{d}{dx}(x^{-0.33})$ (b) $\dfrac{d}{dr}(-5r^{-3})$ (c) $\dfrac{d}{dp}(Ap^{\alpha}+B)$ (d) $\dfrac{d}{dx}\left(\dfrac{A}{\sqrt{x}}\right)$

풀이

(a) $\dfrac{d}{dx}(x^{-0.33}) = -0.33x^{-0.33-1} = -0.33x^{-1.33}$

(b) $\dfrac{d}{dr}(-5r^{-3}) = (-5)(-3)r^{-3-1} = 15r^{-4}$

(c) $\dfrac{d}{dp}(Ap^{\alpha} + B) = A\alpha p^{\alpha-1}$

(d) $\dfrac{d}{dx}\left(\dfrac{A}{\sqrt{x}}\right) = \dfrac{d}{dx}\left(Ax^{-\frac{1}{2}}\right) = A\left(-\dfrac{1}{2}\right)x^{-\frac{1}{2}-1} = -\dfrac{1}{2}Ax^{-\frac{3}{2}} = \dfrac{-A}{2x\sqrt{x}}$

EX 6.6.4 한 가구의 연간 소득을 달러로 나타낸 것을 $r > 0$이라 하자. 이때 **파레토 소득분포**(Pareto income distribution)는 다음 공식으로 설명한다.

$$f(r) = \frac{B}{r^{\beta}} = Br^{-\beta} \tag{6.6.5}$$

여기서 B와 β는 양의 상수이다. 10.4절에서 더 자세히 설명하겠지만 $f(r)\Delta r$은 소득이 r과 $r+\Delta r$ 사이에 있는 모집단의 비율을 나타낸다. 분포함수 (6.6.5)는 특정 임곗값을 초과하는 소득에 대해 만족할 만한 근삿값을 제공한다. 여기서 β의 경험적 추정값은 일반적으로 $2.4 < \beta < 2.6$의 범위에 있다.

법칙 (6.6.4)를 이용하면 $f'(r) = -\beta Br^{-\beta-1} = -\dfrac{\beta B}{r^{\beta+1}}$이므로 $f'(r) < 0$이다. 따라서 $f(r)$은 순감소한다.

6.6 연습문제

1 다음 함수의 도함수를 구하라.

(a) $y = 5$ (b) $y = x^4$

(c) $y = 9x^{10}$ (d) $y = \pi^7$

2 $g'(x)$를 알 때, 다음 함수의 도함수를 나타내라.

(a) $2g(x) + 3$ (b) $-\dfrac{1}{6}g(x) + 8$

(c) $\dfrac{g(x) - 5}{3}$

3 다음 함수의 도함수를 구하라.

(a) x^6 (b) $3x^{11}$

(c) x^{50} (d) $-4x^{-7}$

(e) $\dfrac{x^{12}}{12}$ (f) $\dfrac{-2}{x^2}$

(g) $\dfrac{3}{\sqrt[3]{x}}$ (h) $\dfrac{-2}{x\sqrt{x}}$

4 다음을 구하라.

(a) $\dfrac{d}{dr}(4\pi r^2)$ (b) $\dfrac{d}{dy}(Ay^{b+1})$

(c) $\dfrac{d}{dA}\left(\dfrac{1}{A^2\sqrt{A}}\right)$

5 $f'(a) = \lim\limits_{x \to a}\dfrac{f(x) - f(a)}{x - a}$인 이유를 설명하라. 이를 이용하여 $f(x) = x^2$일 때 $f'(a)$를 구하라.

6 다음 함수에 대해 $f(x)$를 도함수로 갖는 함수 $F(x)$를 구하라. 즉 $F'(x)=f(x)$를 만족하는 함수 $F(x)$를 구하라.

(a) $f(x)=x^2$

(b) $f(x)=2x+3$

(c) $f(x)=x^a$ (단, $a\neq -1$)

7 **심화** 다음 극한은 모두 $\lim_{h\to 0}\frac{f(a+h)-f(a)}{h}$의 형태이다. 도함수 개념을 적용하여 다음 극한을 구하라.

(a) $\lim_{h\to 0}\frac{(5+h)^2-5^2}{h}$

(b) $\lim_{s\to 0}\frac{(s+1)^5-1}{s}$

(c) $\lim_{h\to 0}\frac{5(x+h)^2+10-5x^2-10}{h}$

6.7 합, 곱, 몫의 도함수

함수 $f'(x)$와 $g'(x)$를 알고 있을 때, $f(x)+g(x)$, $f(x)-g(x)$, $f(x)\cdot g(x)$, $\frac{f(x)}{g(x)}$의 도함수는 무엇인가? 처음 두 개 함수의 도함수를 정확히 추측하겠지만, 이전에 답을 배운 적이 없다면 마지막 두 개 함수의 도함수가 무엇인지 답하기 어려울 것이다.

합과 차의 도함수

f와 g는 둘 다 실수의 한 부분집합 A에서 정의된 함수라 하자.

> **합과 차의 도함수**
>
> f와 g가 모두 x에서 미분가능하면 두 함수의 합 $f+g$와 차 $f-g$는 모두 x에서 미분가능하고 다음이 성립한다.
>
> $$F(x)=f(x)\pm g(x) \quad\Rightarrow\quad F'(x)=f'(x)\pm g'(x) \qquad (6.7.1)$$

이를 라이프니츠 표기법으로 나타내면 다음과 같다.

$$\frac{d}{dx}\{f(x)\pm g(x)\}=\frac{d}{dx}f(x)\pm\frac{d}{dx}g(x)$$

법칙 (6.7.1)을 형식적으로 증명해보자.

법칙 (6.7.1)의 증명

$F(x)=f(x)+g(x)$일 때 F의 뉴턴 몫은 다음과 같다.

$$\frac{F(x+h)-F(x)}{h}=\frac{\{f(x+h)+g(x+h)\}-\{f(x)+g(x)\}}{h}=\frac{f(x+h)-f(x)}{h}+\frac{g(x+h)-g(x)}{h}$$

$h\to 0$일 때 마지막 두 분수는 각각 $f'(x)$와 $g'(x)$에 가까워지므로 그 합은 $f'(x)+g'(x)$에 가까워진다.

따라서 다음이 성립한다.

$$F'(x) = \lim_{h \to 0} \frac{F(x+h) - F(x)}{h} = f'(x) + g'(x)$$

이것으로 두 함수의 합에 대한 도함수의 명제 (6.7.1)을 증명했다. 두 함수의 차에 대한 증명은 일부 부호만 반대로 바꾸면 된다. ■

EX 6.7.1 $\dfrac{d}{dx}\left(3x^8 + \dfrac{x^{100}}{100}\right)$을 구하라.

풀이

명제 (6.7.1)과 [EX 6.6.2]의 결과를 이용하면 다음을 얻는다.

$$\frac{d}{dx}\left(3x^8 + \frac{x^{100}}{100}\right) = \frac{d}{dx}(3x^8) + \frac{d}{dx}\left(\frac{x^{100}}{100}\right) = 24x^7 + x^{99}$$

EX 6.7.2 [EX 6.4.4]에서 주어진 기간에 어떤 상품 x단위를 생산하는 비용을 $C(x)$로 나타냈다. 상품 x단위를 판매하여 얻은 수익을 $R(x)$라 하면, 이윤함수 $\pi(x) = R(x) - C(x)$는 수익과 비용의 차이다. 따라서 명제 (6.7.1)에 의해 $\pi'(x) = R'(x) - C'(x)$가 성립한다. 특히 $R'(x) = C'(x)$이면 $\pi'(x) = 0$이다. 즉 한계수익이 한계비용과 같으면 한계이익은 0이다.

명제 (6.7.1)은 항이 여러 개일 때의 합으로 확장할 수 있다. 예를 들어 다음을 만족한다.

$$\frac{d}{dx}\{f(x) - g(x) + h(x)\} = f'(x) - g'(x) + h'(x) \qquad (6.7.2)$$

식 (6.7.2)는 $f(x) - g(x) + h(x)$를 $\{f(x) - g(x)\} + h(x)$로 나타낸 후 명제 (6.7.1)을 두 번 이용하여 얻을 수 있다. 거듭제곱함수의 미분법칙 (6.6.4)와 이 법칙을 함께 이용하면 어떤 다항식도 미분할 수 있다.

곱의 도함수

두 함수 $f(x) = x$, $g(x) = x^2$의 곱은 $(f \cdot g)(x) = x^3$이다. 세 함수의 도함수는 $f'(x) = 1$, $g'(x) = 2x$, $(f \cdot g)'(x) = 3x^2$이므로 $(f \cdot g)(x)$의 도함수는 $f'(x) \cdot g'(x) = 2x$와 같지 않다. 함수의 곱을 미분하는 올바른 방법은 다음과 같이 조금 복잡하다.

곱의 도함수

두 함수 f와 g가 둘 다 점 x에서 미분가능하면 두 함수의 곱 $F = f \cdot g$도 x에서 미분가능하고 다음이 성립한다.

$$F(x) = f(x) \cdot g(x) \quad \Rightarrow \quad F'(x) = f'(x) \cdot g(x) + f(x) \cdot g'(x) \qquad (6.7.3)$$

이 식을 문장으로 설명하면 이렇다. 두 함수의 곱의 도함수는 '첫 번째 함수의 도함수에 두 번째 함수를 곱한 것'과 '첫 번째 함수에 두 번째 함수의 도함수를 곱한 것'을 더한 것이다. 그러나 곱의 도함수 공식은 문장으로 된 설명보다 훨씬 쉽게 받아들여진다.

곱의 도함수를 라이프니츠 표기법으로 나타내면 다음과 같다.

$$\frac{d}{dx}\{f(x)\cdot g(x)\}=\left\{\frac{d}{dx}f(x)\right\}\cdot g(x)+f(x)\cdot\left\{\frac{d}{dx}g(x)\right\}$$

명제 (6.7.3)이 성립하는 이유를 설명하기 전에 다음의 두 문제를 소개한다.

EX 6.7.3 $h(x)=(x^3-x)\cdot(5x^4+x^2)$일 때 $h'(x)$를 구하라. 그리고 $h(x)$를 전개한 뒤 미분해보라. 두 가지 방법으로 구한 답이 일치하는지 확인하라.

풀이

$f(x)=x^3-x$와 $g(x)=5x^4+x^2$으로 두면 $h(x)=f(x)\cdot g(x)$이다. 도함수를 구하면 $f'(x)=3x^2-1$이고 $g'(x)=20x^3+2x$이므로 명제 (6.7.3)으로부터 다음을 얻는다.

$$h'(x)=f'(x)\cdot g(x)+f(x)\cdot g'(x)=(3x^2-1)\cdot(5x^4+x^2)+(x^3-x)\cdot(20x^3+2x)$$

답을 다항식으로 나타내기 위해 모두 전개하여 간단히 한다. 따라서 $h'(x)=35x^6-20x^4-3x^2$이다.

이번에는 $h(x)$를 먼저 전개하면 $h(x)=5x^7-4x^5-x^3$을 얻는다. 여기서 법칙 (6.6.4)와 법칙 (6.7.1)을 이용하면 $h'(x)=35x^6-20x^4-3x^2$이다.

EX 6.7.4 한 제품의 수요함수를 $D(P)$라고 할 때, 생산자는 단위가격 P로 $D(P)$단위를 판매하여 수익 $R(P)=PD(P)$를 얻는다. 통상적으로 가격이 인상되면 수요가 감소하기 때문에 $D'(P)$는 음수이다. 그리고 곱의 도함수 법칙을 이용하여 다음을 얻는다.

$$R'(P)=D(P)+PD'(P) \qquad (*)$$

경제학적 해석을 위해 P가 1달러 상승한다고 가정하면, 수익 $R(P)$는 두 가지 사유로 인해 바뀐다. 첫째, $R(P)$는 $1\cdot D(P)$달러 증가하는데, 이는 $D(P)$단위의 상품 각각이 1달러의 수익을 더 가져오기 때문이다. 둘째, 제품의 단위가격이 1달러 상승하면 수요는 $D(P+1)-D(P)$단위만큼 변하는데, 이는 대략 $D'(P)$에 해당한다. 따라서 단위당 가격이 1달러 상승하여 발생한 (양의) 손실은 $-PD'(P)$이며, 식 (*)와 같이 $R'(P)$를 얻기 위해서는 $D(P)$에서 $-PD'(P)$를 빼야 한다. 이 결과로 $R(P)$의 전체 변화율인 $R'(P)$는 얻는 것에서 잃는 것을 뺀 것이라는 단순한 사실을 확인할 수 있다.

이제 곱의 도함수 법칙을 증명해보자.

명제 (6.7.3)의 증명

f와 g가 모두 x에서 미분가능하다고 하자. h가 0에 가까워지면 뉴턴 몫 $\frac{f(x+h)-f(x)}{h}$, $\frac{g(x+h)-g(x)}{h}$는

각각 극한인 $f'(x)$와 $g'(x)$에 가까워진다. 여기서 함수의 곱 F의 뉴턴 몫은 식 (**)와 같이 표현되고, 이는 정확히 극한 $f'(x)g(x)+f(x)g'(x)$에 가까워짐을 보여야 한다.

$$\frac{F(x+h)-F(x)}{h}=\frac{f(x+h)g(x+h)-f(x)g(x)}{h} \tag{**}$$

이제 식 (**)의 우변에 f와 g의 뉴턴 몫이 포함되도록 요령있게 바꾸어야 한다. 우변의 분자에 $f(x)g(x+h)$를 빼고 더해도 분자는 바뀌지 않는다. 따라서 분자의 항들을 적절히 묶어서 다음과 같이 정리할 수 있다.

$$\begin{aligned}\frac{F(x+h)-F(x)}{h}&=\frac{f(x+h)g(x+h)-f(x)g(x+h)+f(x)g(x+h)-f(x)g(x)}{h}\\&=\frac{f(x+h)-f(x)}{h}\cdot g(x+h)+f(x)\cdot\frac{g(x+h)-g(x)}{h}\end{aligned}$$

여기서 h가 0에 가까워지면 두 뉴턴 몫은 각각 $f'(x)$와 $g'(x)$에 가까워진다. $h\neq 0$일 때 $g(x+h)$는 다음과 같이 나타낼 수 있다.

$$g(x+h)=\left\{\frac{g(x+h)-g(x)}{h}\right\}h+g(x)$$

따라서 극한에 대한 곱의 법칙과 $g'(x)$의 정의에 의해 h가 0에 가까워지면 $g(x+h)$는 $g'(x)\cdot 0+g(x)=g(x)$에 가까워짐을 알 수 있다. 결과적으로 h가 0에 가까워질수록 식 (**)에 의해 주어진 F의 뉴턴 몫은 $f'(x)g(x)+f(x)g'(x)$에 가까워진다. ■

이제 두 함수의 곱을 미분하는 방법을 알았으므로 세 개 이상의 함수 곱에 대한 미분을 생각해보자. 예를 들어 $y=f(x)g(x)h(x)$일 때, y'은 무엇인가? 식 (6.7.2)를 보이기 위해 사용한 기법을 이번에도 적용하자. 즉 $y=\{f(x)g(x)\}h(x)$라 두고 곱의 도함수 법칙 (6.7.3)을 두 번 적용하면 다음을 얻는다.

$$\begin{aligned}y'&=\{f(x)g(x)\}'h(x)+\{f(x)g(x)\}h'(x)\\&=\{f'(x)g(x)+f(x)g'(x)\}h(x)+f(x)g(x)h'(x)\\&=f'(x)g(x)h(x)+f(x)g'(x)h(x)+f(x)g(x)h'(x)\end{aligned}$$

또한 세 함수 중 어느 것도 0이 아니면 다음과 같이 나타낼 수 있다.[11]

$$\frac{(fgh)'}{fgh}=\frac{f'}{f}+\frac{g'}{g}+\frac{h'}{h}$$

유사한 방법으로 n개 함수의 곱에 대한 대응하는 결과도 쉽게 나타낼 수 있다. 즉 n개의 함수를 곱한 함수의 상대증가율은 각 n개 인자의 상대증가율의 합으로 주어진다.

다음 문제에서는 거듭제곱이 자연수일 때 거듭제곱함수의 미분법칙을 확인하기 위해 곱의 도함수 법칙을 이용한다.

11 모든 함수가 양수이면 이 결과는 로그미분법을 이용하여 더 쉽게 보여줄 수 있다. 6.11절을 참고하라.

EX 6.7.5 **(거듭제곱함수 x^n의 도함수)** 수학적 귀납법을 이용하여 다음 거듭제곱함수의 미분법칙을 확인하라. 모든 실수 x와 임의의 자연수 n에 대해 다음이 성립한다.

$$f(x)=x^n \quad \Rightarrow \quad f'(x)=nx^{n-1} \tag{6.7.4}$$

풀이

명제 (6.6.4)에서 살펴보았듯이 명제 (6.7.4)는 $n=1,\ 2,\ 3$에 대해 성립한다. 임의의 자연수 m에 대해 $n=m$일 때 명제 (6.7.4)가 성립한다고 가정하자. 여기서 곱 $x^{m+1}=x\cdot x^m$을 미분하면 다음을 얻는다.

$$\frac{d}{dx}x^{m+1}=\left(\frac{d}{dx}x\right)x^m+x\left(\frac{d}{dx}x^m\right)=1\cdot x^m+x\cdot mx^{m-1}=(m+1)x^m$$

이는 다음 단계인 $n=m+1$에 대해서도 명제 (6.7.4)가 성립함을 의미한다. 따라서 수학적 귀납법에 의해 증명이 끝난다.

몫의 도함수

함수의 곱을 미분하는 공식 (6.7.3)이 복잡했으므로 함수의 몫을 미분하는 공식은 어떨지 가늠하기 어려울 수 있다. 두 함수 $f,\ g$가 모든 x에 대해 미분가능하고 $g(x)\neq 0$일 때 $F(x)=\dfrac{f(x)}{g(x)}$라 가정하자. 사실 $F(x)$가 미분가능하다고 가정하면 $F'(x)$를 쉽게 구할 수 있다. $F(x)=\dfrac{f(x)}{g(x)}$를 $f(x)=F(x)g(x)$로 둘 수 있고, 이 식에 곱의 도함수 법칙을 이용하면 $f'(x)=F'(x)\cdot g(x)+F(x)\cdot g'(x)$이다. 가정에서 $g(x)\neq 0$이므로 $F'(x)$는 다음과 같다.

$$F'(x)=\frac{f'(x)-F(x)g'(x)}{g(x)}=\frac{f'(x)-\left\{\dfrac{f(x)}{g(x)}\right\}g'(x)}{g(x)}$$

마지막 분수의 분자와 분모 모두에 $g(x)$를 곱하면 다음과 같이 중요한 공식을 얻는다.

몫의 도함수

f와 g가 x에서 미분가능하고 $g(x)\neq 0$이면, $F=\dfrac{f}{g}$도 x에서 미분가능하고 다음이 성립한다.

$$F(x)=\frac{f(x)}{g(x)} \quad \Rightarrow \quad F'(x)=\frac{f'(x)\cdot g(x)-f(x)\cdot g'(x)}{\{g(x)\}^2} \tag{6.7.5}$$

이 식을 문장으로 설명하면 이렇다. 몫의 도함수는 '분자의 도함수' 곱하기 '분모'에서 '분자' 곱하기 '분모의 도함수'를 뺀 식을 분모의 제곱으로 나눈 것이다. 이를 간단히 $\left(\dfrac{f}{g}\right)'=\dfrac{f'g-fg'}{g^2}$으로 표기하기도 한다.

곱의 도함수 법칙은 두 함수가 대칭적으로 표현되므로 기억하기 쉽다. 하지만 몫의 도함수 공식에서는 분자를 작성하는 순서를 지켜야 한다. 여기에 순서가 올바른지 확인하는 한 방법이 있다. 공식을 적은 다음 $g\equiv 1$로 두면, $g'\equiv 0$이므로 도함수는 f'이 되어야 한다. 만약 계산 결과가 $-f'$이면 공식에서 기호를 잘못 기억하고 있다는 뜻이다.

명제 (6.7.5)의 결과는 $\frac{f}{g}$가 미분가능하다는 **가정하에** 구했다. 6.8절 [연습문제 13]에서 이 몫이 실제로 미분가능함을 증명해야 한다.

EX 6.7.6 함수 $F(x)=\frac{3x-5}{x-2}$에 대해 $F'(x)$와 $F'(4)$를 구하라.

풀이

두 함수 $f(x)=3x-5$와 $g(x)=x-2$에 대해 명제 (6.7.5)를 적용해보자. $f'(x)=3$이고 $g'(x)=1$이므로 $F(x)$의 도함수는 다음과 같다. 여기서 $x\neq 2$이다.

$$F(x)=\frac{3\cdot(x-2)-(3x-5)\cdot 1}{(x-2)^2}=\frac{3x-6-3x+5}{(x-2)^2}=\frac{-1}{(x-2)^2}$$

$F'(x)$에 $x=4$를 대입하면 $F'(4)=-\frac{1}{(4-2)^2}=-\frac{1}{4}$이다. $x\neq 2$인 모든 x에 대해 $F'(x)<0$임을 주목하라. 따라서 F는 $x<2$와 $x>2$에서 순감소한다. 함수 $F(x)$는 $F(x)=3+\frac{1}{x-2}$로 나타낼 수도 있으며, 그래프는 [그림 5.1.7]과 같다.

EX 6.7.7 어떤 상품 x단위를 생산하는 데 필요한 총비용을 $C(x)$라고 하자. 그러면 $\frac{C(x)}{x}$는 x단위를 생산하는 **평균비용**이다. 이때 $\frac{d}{dx}\left\{\frac{C(x)}{x}\right\}$를 구하라.

풀이

구하려는 도함수는 다음과 같이 나타낼 수 있다.

$$\frac{d}{dx}\left\{\frac{C(x)}{x}\right\}=\frac{C'(x)x-C(x)}{x^2}=\frac{1}{x}\left\{C'(x)-\frac{C(x)}{x}\right\} \quad (6.7.6)$$

이는 생산량이 증가할 때 평균비용이 증가할 필요충분조건은 한계비용 $C'(x)$가 평균비용 $\frac{C(x)}{x}$를 초과하는 경우임을 보여준다.[12]

상대변화율을 고려하면 몫의 도함수에 대한 공식은 더 대칭적인 형태가 된다. 명제 (6.7.5)를 사용하여 간단히 계산하면 다음을 얻는다.

$$F(x)=\frac{f(x)}{g(x)} \Rightarrow \frac{F'(x)}{F(x)}=\frac{f'(x)}{f(x)}-\frac{g'(x)}{g(x)} \quad (6.7.7)$$

즉 **몫의 상대변화율은 분자의 상대변화율에서 분모의 상대변화율을 뺀 값과 같다.** 식 (6.7.7)을 곱의 상대변화율에 대한 다음 공식과 비교해보라.

$$\frac{\{f(x)g(x)\}'}{f(x)g(x)}=\frac{f'(x)}{f(x)}+\frac{g'(x)}{g(x)}$$

12 마찬가지로 농구팀이 새로운 선수를 영입하면 새로운 선수의 키가 그 팀의 기존 평균 키를 초과하는 경우에만 그 팀의 평균 키가 증가한다.

시점 t에서 $W(t)$를 명목임금률, $P(t)$를 물가지수라고 할 때 $w(t)=\frac{W(t)}{P(t)}$를 **실질임금률**(real wage rate)이라 한다. 식 (6.7.7)에 의해 다음을 얻는다.

$$\frac{\dot{w}(t)}{w(t)}=\frac{\dot{W}(t)}{W(t)}-\frac{\dot{P}(t)}{P(t)}$$

즉 실질임금률의 상대변화율은 명목임금률의 상대변화율에서 물가지수의 상대변화율을 뺀 값과 같다. 따라서 명목임금이 연 5%의 비율로 증가하더라도 물가가 연 6% 상승하면 실질임금은 1% 하락한다. 또한 인플레이션으로 인해 임금과 물가가 동일한 상대적 비율로 증가하면 실질임금률은 일정하다.

마지막으로 다음 문제에서 거듭제곱함수의 미분법칙 (6.6.4)의 변형을 하나 더 소개한다.

EX 6.7.8 **(거듭제곱함수 x^{-n}의 미분법칙)** 임의의 자연수 n에 대해 함수 $f(x)=x^{-n}$은 모든 $x\neq 0$에서 미분가능하고 그 도함수가 $f'(x)=-nx^{-n-1}$임을 증명하라.

풀이

$\frac{1}{x^n}$에 몫의 도함수 법칙을 적용하면 다음 도함수를 얻는다. 이는 모든 $x\neq 0$에서 x^{-n}이 미분가능함을 의미한다.

$$\frac{d}{dx}x^{-n}=\frac{d}{dx}\left(\frac{1}{x^n}\right)=\frac{0\cdot x^n-1\cdot nx^{n-1}}{(x^n)^2}=-nx^{-n-1}$$

6.7 연습문제

1 다음 함수를 x에 대해 미분하라.

(a) $x+1$ (b) $x+x^2$

(c) $3x^5+2x^4+5$ (d) $8x^4+2\sqrt{x}$

(e) $\frac{1}{2}x-\frac{3}{2}x^2+5x^3$ (f) $1-3x^7$

2 다음 함수를 x에 대해 미분하라.

(a) $\frac{3}{5}x^2-2x^7+\frac{1}{8}-\sqrt{x}$

(b) $(2x^2-1)(x^4-1)$

(c) $\left(x^5+\frac{1}{x}\right)(x^5+1)$

3 다음 함수를 x에 대해 미분하라.

(a) $\frac{1}{x^6}$ (b) $x^{-1}(x^2+1)\sqrt{x}$

(c) $\frac{1}{\sqrt{x^3}}$ (d) $\frac{x+1}{x-1}$

(e) $\frac{x+1}{x^5}$ (f) $\frac{3x-5}{2x+8}$

(g) $3x^{-11}$ (h) $\frac{3x-1}{x^2+x+1}$

4 다음 함수를 x에 대해 미분하라.

(a) $\frac{\sqrt{x}-2}{\sqrt{x}+1}$ (b) $\frac{x^2-1}{x^2+1}$

(c) $\frac{x^2+x+1}{x^2-x+1}$

5 노동 L단위를 투입했을 때, 산출량을 $x=f(L)$이라 하자. $f(0)=0$이고 모든 $L>0$에 대해 $f'(L)>0$, $f''(L)<0$이라 가정하자. 이때 평균 생산성은 $g(L)=\frac{f(L)}{L}$로 정의된다. 물음에 답하라.

(a) $L^*>0$이라 하자. $f'(L^*)$와 $g(L^*)$ 값을 그림으로 표시하라. 어느 것이 더 큰가?

(b) 노동 투입량이 증가할 때 평균 생산성은 어떻게 변하는가?

6 다음 함수가 증가하는 구간을 구하라.

(a) $y = 3x^2 - 12x + 13$

(b) $y = \frac{1}{4}(x^4 - 6x^2)$

(c) $y = \frac{2x}{x^2+2}$

(d) $y = \frac{x^2 - x^3}{2(x+1)}$

7 주어진 점에서 다음 함수의 그래프에 대한 접선의 방정식을 구하라.

(a) $y = 3 - x - x^2,\ x = 1$

(b) $y = \frac{x^2-1}{x^2+1},\ x = 1$

(c) $y = \left(\frac{1}{x^2}+1\right)(x^2-1),\ x = 2$

(d) $y = \frac{x^4+1}{(x^2+1)(x+3)},\ x = 0$

8 시점 t에서 $x(t)$는 유정에서 하루에 추출되는 배럴 단위의 석유 생산량이고, $p(t)$는 배럴당 가격을 달러로 나타낸다고 하자. 그러면 $R(t) = p(t)x(t)$는 하루에 발생하는 달러 단위의 수익이다. $\dot{R}(t)$에 대한 식을 구하고, $p(t)$와 $x(t)$ 모두 증가할 때 $\dot{R}(t)$를 경제학적으로 해석해보라.

힌트 $R(t)$는 두 가지 이유로 증가한다.

9 다음 함수를 t에 대해 미분하라.

(a) $\frac{at+b}{ct+d}$

(b) $t^n(a\sqrt{t}+b)$

(c) $\frac{1}{at^2+bt+c}$

10 $f(x) = \sqrt{x}$이면 $f(x) \cdot f(x) = x$이다. 곱의 도함수 법칙을 이용하여 $f'(x)$를 구하라. 이를 6.2절 [연습문제 9]의 결과와 비교하라.

11 임의의 자연수 n에 대해 $a = -n$이라 하자. $x \neq 0$일 때 $x^{-n} = \frac{1}{x^n}$과 몫의 도함수 법칙 (6.7.5)를 이용하여 거듭제곱함수의 미분법칙 $[y = x^a \Rightarrow y' = ax^{a-1}]$을 증명하라.

6.8 연쇄법칙

5.2절에서 y가 x의 함수이고 z가 y의 함수이면 z는 x의 합성함수임을 살펴본 바 있다. 이제 x가 변한다고 가정하면, 두 단계의 '연쇄반응'이 일어난다. 첫째, y는 x의 변화에 직접 반응한다. 둘째, z는 y의 유도된 변화에 반응한다. 변화율 $\frac{dy}{dx}$와 $\frac{dz}{dy}$를 알고 있다면 변화율 $\frac{dz}{dx}$는 무엇을 의미하는가? 다음과 같이 이에 대해 간단한 법칙인 **연쇄법칙**(chain rule)을 사용할 수 있다.

연쇄법칙

z가 y의 미분가능한 함수이고 y가 x의 미분가능한 함수이면, z는 x의 미분가능한 함수이고 다음을 만족한다.

$$\frac{dz}{dx} = \frac{dz}{dy} \cdot \frac{dy}{dx} \tag{6.8.1}$$

식 (6.8.1)에 라이프니츠 표기법을 사용하면 연쇄법칙을 더 쉽게 기억할 수 있다. 왜냐하면 식 (6.8.1)의 좌변이 우변에 있는 두 개의 기호 dy를 '약분'한 결과와 정확히 같기 때문이다. 물론 이는 연상법에 불과하다. $\frac{dz}{dy}$와 $\frac{dy}{dx}$는 분수가 아니라 서로 다른 도함수를 나타내는 기호이기 때문이다. 또한 dy는 수가 아니므로 약분하는 것도 정의되지 않는다![13] 따라서 다음 논의에서는 더욱 신중하게 접근해야 한다. 이번에는 z가 거듭제곱함수인 특수한 경우의 중요한 연쇄법칙을 소개한다.

일반화된 거듭제곱함수의 미분법칙

$z=y^a$과 y가 x의 미분가능한 함수이면 다음이 성립한다.

$$z'=ay^{a-1}y' \tag{6.8.2}$$

연쇄법칙은 매우 강력하다. 미분 연습을 많이 해야 연쇄법칙을 편리하게 적용할 수 있다.

EX 6.8.1 다음 함수에서 $\frac{dz}{dx}$를 구하라.

(a) $z=y^5,\ y=1-x^3$

(b) $z=\dfrac{10}{(x^2+4x+5)^7}$

풀이

(a) 여기서는 식 (6.8.1)을 직접 이용할 수 있다. $\frac{dz}{dy}=5y^4$이고 $\frac{dy}{dx}=-3x^2$이므로 다음 식을 얻는다.

$$\frac{dz}{dx}=\frac{dz}{dy}\cdot\frac{dy}{dx}=5y^4(-3x^2)=-15x^2y^4=-15x^2(1-x^3)^4$$

마지막 단계에서 $y=1-x^3$을 대입하여 x의 함수로 나타냈다.

(b) z가 거듭제곱함수 $10y^{-7}$이 되도록 $y=x^2+4x+5$로 나타내자. 일반화된 거듭제곱함수의 미분법칙 (6.8.2)를 적용하면 다음을 얻는다.

$$\frac{dz}{dx}=10(-7)y^{-8}y'=-70y^{-8}(2x+4)=\frac{-140(x+2)}{(x^2+4x+5)^8}$$

어느 정도 연습이 되었다면 중간 단계의 계산은 생략해도 좋다. 예를 들어 다음과 같은 합성함수를 생각하자.

$$z=(\underbrace{1-x^3}_{y})^5$$

이 함수를 미분하기 위해 [EX 6.8.1(a)]처럼 $y=1-x^3$이라 두고 z를 $z=y^5$으로 생각할 수 있다. y^5과 $(1-x^3)$을 암산으로 미분하고 곧바로 $z'=5(1-x^3)^4(-3x^2)$을 구할 수 있다.

13 식 (6.8.1)의 증명에서 dy를 삭제하는 것은 $\frac{64}{16}=4$에서 좌변의 두 개의 6을 삭제하여 $\frac{\not 6 4}{1\not 6}=4$로 계산하는 것보다 더 나을 것이 없다.

몫의 도함수 법칙을 이용하여 $y=\dfrac{x^5}{5}$을 미분해도 정답을 얻을 수 있지만, 사소한 '수학적 오류'를 저지를 수 있음을 유의하라. $y'=\dfrac{1}{5}\cdot 5x^4=x^4$을 구하기 위해 y를 $y=\dfrac{1}{5}x^5$으로 나타내는 것이 아주 쉽기 때문이다. 마찬가지로 [EX 6.8.1(b)]의 함수에 몫의 도함수 법칙을 적용하는 것은 불필요하고 번거롭다. 일반화된 거듭제곱함수의 미분법칙을 적용하는 것이 훨씬 효과적이다.

EX 6.8.2 다음 함수를 미분하라.

(a) $z=(x^3+x^2)^{50}$ (b) $z=\left(\dfrac{x-1}{x+3}\right)^{\frac{1}{3}}$ (c) $z=\sqrt{x^2+1}$

풀이

(a) $y=x^3+x^2$이라 두면 $z=(x^3+x^2)^{50}=y^{50}$이다. 그러면 $y'=3x^2+2x$이므로 구하려는 미분은 식 (6.8.2)에 의해 다음과 같다.

$$z'=50y^{50-1}\cdot y'=50(x^3+x^2)^{49}(3x^2+2x)$$

(b) 식 (6.8.2)를 이용하기 위해 $y=\dfrac{x-1}{x+3}$이라 두면 주어진 함수는 다음과 같다.

$$z=\left(\frac{x-1}{x+3}\right)^{\frac{1}{3}}=y^{\frac{1}{3}}$$

먼저 몫의 도함수 법칙을 이용하면 $y'=\dfrac{1\cdot(x+3)-(x-1)\cdot 1}{(x+3)^2}=\dfrac{4}{(x+3)^2}$이므로 다음을 구한다.

$$z'=\frac{1}{3}y^{\frac{1}{3}-1}\cdot y'=\frac{1}{3}\left(\frac{x-1}{x+3}\right)^{-\frac{2}{3}}\cdot\frac{4}{(x+3)^2}=\frac{4}{3}(x-1)^{-\frac{2}{3}}(x+3)^{-\frac{4}{3}}$$

(c) $z=\sqrt{x^2+1}=(x^2+1)^{\frac{1}{2}}$이므로 $y=x^2+1$이라 두면 $z=y^{\frac{1}{2}}$이다. 따라서 다음을 구한다.

$$z'=\frac{1}{2}y^{\frac{1}{2}-1}\cdot y'=\frac{1}{2}(x^2+1)^{-\frac{1}{2}}\cdot 2x=\frac{x}{\sqrt{x^2+1}}$$

연쇄법칙에 대한 공식은 다소 추상적이고 어려워 보일 수 있지만, 경제학에 관련된 다음 문제와 같이 식 (6.8.1)의 도함수를 변화율로 해석하면 연쇄법칙이 훨씬 더 직관적으로 다가온다.

EX 6.8.3 한 상품에 대한 수요 x는 가격 p에 의존하고, 가격 p는 시간 t에 의존한다고 가정하자. 그러면 x는 t의 합성함수이다. 연쇄법칙을 적용하면 다음을 만족한다.

$$\frac{dx}{dt}=\frac{dx}{dp}\cdot\frac{dp}{dt}$$

예를 들어 가격이 파운드당 1달러 오르면 버터 수요는 5,000파운드 감소한다고 가정하자. 즉 $\dfrac{dx}{dp}\approx-5000$

이다. 또한 파운드당 가격이 매달 5센트씩 오른다고 가정하면 $\frac{dp}{dt} \approx 0.05$이다. 이때 상품의 한계수요는 한 달에 파운드 단위로 얼마나 감소하는가?

풀이

파운드당 가격은 매달 0.05달러씩 상승하고, 가격이 1달러 오를 때마다 수요는 5,000파운드씩 감소한다. 따라서 수요는 매달 약 $5000 \cdot 0.05 = 250$파운드씩 감소한다. 즉 $\frac{dx}{dt} \approx -250$은 한 달에 파운드 단위로 측정한 것이다.

다음 문제는 연쇄법칙을 두 번 사용한다.

EX 6.8.4 $x(t) = 5\left(1 + \sqrt{t^3+1}\right)^{25}$일 때 $x'(t)$를 구하라.

풀이

먼저 $u = 1 + \sqrt{t^3+1}$이라 두면 $x(t) = 5u^{25}$이므로 다음을 얻는다.

$$x'(t) = 5 \cdot 25u^{24}\frac{du}{dt} = 125u^{24}\frac{du}{dt} \qquad (*)$$

이 문제는 $\frac{du}{dt}$를 한꺼번에 구할 수 없다는 특징이 있다. 따라서 연쇄법칙을 두 번째로 이용하기 위해 $v = t^3+1$이라 두면 $u = 1 + \sqrt{v} = 1 + v^{\frac{1}{2}}$이다. 여기서 $\frac{du}{dt}$를 다음과 같이 나타낼 수 있다.

$$\frac{du}{dt} = \frac{1}{2}v^{\frac{1}{2}-1} \cdot \frac{dv}{dt} = \frac{1}{2}v^{-\frac{1}{2}} \cdot 3t^2 = \frac{1}{2}(t^3+1)^{-\frac{1}{2}} \cdot 3t^2 \qquad (**)$$

(*)에 (**)를 대입하면 다음을 구한다.

$$x'(t) = 125\left(1+\sqrt{t^3+1}\right)^{24} \cdot \frac{1}{2}(t^3+1)^{-\frac{1}{2}} \cdot 3t^2$$

마지막 예로 x는 u의 함수, u는 v의 함수이고 v는 t의 함수라 하자. 그러면 x는 t의 합성함수이고, 연쇄법칙을 두 번 사용하면 다음을 구할 수 있다.

$$\frac{dx}{dt} = \frac{dx}{du} \cdot \frac{du}{dv} \cdot \frac{dv}{dt}$$

이는 분명히 [EX 6.8.4]에서 사용한 공식이다. 다시 말해 이 표기법은 다시 우변에서 du와 dv를 모두 '약분'하면 정확히 어떤 결과가 나올지를 암시한다.

연쇄법칙의 다른 표현

라이프니츠 표기법은 연쇄법칙을 쉽게 기억하게 해주지만, 각 도함수가 어디에서 값을 구하는지는 나타내지 않는다. 이제 합성함수와 관련된 함수에 이름을 붙여 이 문제를 해결하려고 한다. $y = f(x)$, $z = g(y)$라 두면

z는 다음과 같이 나타낼 수 있다.

$$z = (g \circ f)(x) = g(f(x))$$

여기서 z는 5.2절에서 다루었듯이 x의 **합성함수**이며, g는 **외부함수**이고 f는 **내부함수**이다.

연쇄법칙

f는 x_0에서 미분가능하고 g는 $y_0 = f(x_0)$에서 미분가능하다고 가정하자. 그러면 합성함수 $F = g \circ f$는 x_0에서 미분가능하고, 그 도함수는 다음과 같다.

$$F'(x_0) = g'(y_0)f'(x_0) = g'(f(x_0))f'(x_0) \tag{6.8.3}$$

즉 합성함수의 미분은 먼저 내부함수에 관해 외부함수를 미분한 다음, 내부함수의 도함수를 곱한다.

EX 6.8.5 $f(x) = 2 - x^2$과 $g(y) = y^3$의 합성함수 $F(x) = g(f(x))$에 대해 $x_0 = -3$에서의 도함수를 구하라.

풀이

$f(-3) = 2 - (-3)^2 = 2 - 9 = -7$이고 $f'(x) = -2x$이므로 $f'(-3) = 6$이다. 그리고 $g(y) = 3y^2$이므로 $g'(f(-3)) = g'(-7) = 3(-7)^2 = 3 \cdot 49 = 147$이다. 따라서 식 (6.8.3)을 적용하면 $x_0 = -3$에서의 도함수는 다음과 같다.

$$F'(-3) = g'(f(-3))f'(-3) = 147 \cdot 6 = 882$$

마지막으로 연쇄법칙을 증명해보자. 이 대안적인 방식으로 보면 다음과 같이 주장하고 싶어질 수 있다.

식 (6.8.3)의 잘못된 증명

방금 사용했듯이 $z = F(x) = g(y)$와 $y = f(x)$로 단순화된 표기법을 사용하자. 그리고 $\Delta z = F(x) - F(x_0)$, $\Delta y = y - y_0 = f(x) - f(x_0)$와 $\Delta x = x - x_0$로 정의하자. 함수 f가 연속이므로 $x \to x_0$이면 $\Delta y \to 0$이다. 따라서 다음이 성립한다.

$$\begin{aligned} F'(x_0) &= \lim_{x \to x_0} \frac{F(x) - F(x_0)}{x - x_0} = \lim_{\Delta x \to 0} \frac{\Delta z}{\Delta x} = \lim_{\Delta x \to 0} \left(\frac{\Delta z}{\Delta y} \cdot \frac{\Delta y}{\Delta x} \right) \\ &= \lim_{\Delta y \to 0} \frac{\Delta z}{\Delta y} \cdot \lim_{\Delta x \to 0} \frac{\Delta y}{\Delta x} = \frac{dz}{dy} \cdot \frac{dy}{dx} = g'(y_0)f'(x_0) \end{aligned}$$ ■

여기서 x_0에 임의로 가까운 x 값에 대해 Δy가 0이 될 수도 있는데, 그러면 $\frac{\Delta z}{\Delta y}$가 정의되지 않으므로 문제가 있다. 올바른 증명은 다음과 같다.

식 (6.8.3)의 올바른 증명

먼저 두 함수 ϕ와 γ를 다음과 같이 정의하자.

$$\phi(x)=\begin{cases}\dfrac{f(x)-f(x_0)}{x-x_0}, & x\neq x_0\\ f'(x_0), & x=x_0\end{cases}, \qquad \gamma(y)=\begin{cases}\dfrac{g(y)-g(y_0)}{y-y_0}, & y\neq y_0\\ g'(y_0), & y=y_0\end{cases}$$

그러면 식 (6.8.3)에서 사용된 가정은 $\lim_{x\to x_0}\phi(x)=\phi(x_0)$와 $\lim_{y\to y_0}\gamma(y)=\gamma(y_0)$임을 뜻한다. 더욱이 x_0의 한 근방에 있는 모든 x와 y_0의 한 근방에 있는 모든 y에 대해 다음이 성립한다.

$$f(x)-f(x_0)=\phi(x)(x-x_0),\quad g(y)-g(y_0)=\gamma(y)(y-y_0)$$

0에 가까운 모든 h에 대해 다음을 만족한다.

$$\begin{aligned}F(x_0+h)-F(x_0)&=g(f(x_0+h))-g(f(x_0))\\&=\gamma(f(x_0+h))\cdot\{f(x_0+h)-f(x_0)\}\\&=\gamma(f(x_0+h))\cdot\phi(x_0+h)\cdot h\end{aligned}$$

따라서 $F'(x_0)$는 다음과 같다.

$$F'(x_0)=\lim_{h\to 0}\frac{F(x_0+h)-F(x_0)}{h}=\gamma(f(x_0))\cdot\phi(x_0)=g'(f(x_0))f'(x_0)$$ ■

6.8 연습문제

1 연쇄법칙 (6.8.1)을 이용하여 다음 두 함수에 대해 $\dfrac{dz}{dx}$를 구하라.

(a) $z=5y^4,\ y=1+x^2$

(b) $z=y-y^6,\ y=1+\dfrac{1}{x}$

2 물음에 답하라.

(a) $Y=-3(V+1)^5$이고 $V=\dfrac{1}{3}t^3$일 때, $\dfrac{dY}{dt}$를 구하라.

(b) 양수 $A,\ a,\ b,\ c$에 대해 $K=AL^a$이고 $L=bt+c$일 때, $\dfrac{dK}{dt}$를 구하라.

3 다음 함수의 도함수를 구하라.

(a) $y=\dfrac{1}{(x^2+x+1)^5}$

(b) $y=\sqrt{x+\sqrt{x+\sqrt{x}}}$

(c) $y=x^a(px+q)^b$ (단, $a,\ p,\ q,\ b$는 상수)

4 Y는 K의 함수이고 K는 t의 함수일 때, $t=t_0$에서 t에 대한 Y의 도함수를 구하라.

5 $Y=F(K)$이고 $K=h(t)$일 때, $\dfrac{dY}{dt}$에 대한 식을 구하라.

6 수요함수 $x=b-\sqrt{ap-c}$를 생각해보자. 여기서 $a,\ b,\ c$는 양의 상수이고 x는 수요량이며 가격 p는 $p>\dfrac{c}{a}$를 만족한다. 이때 $\dfrac{dx}{dp}$를 구하라.

7 다음 경우에 $h'(x)$에 대한 식을 구하라.

(a) $h(x)=f(x^2)$

(b) $h(x)=g(x^nf(x))$

8 한 자동차가 t시간에 $s(t)$킬로미터를 주행한다고 하고, $B(s)$는 자동차가 s킬로미터를 주행할 때 들어가는 리터 단위의 연료 소모량이라 하자. 이때 함수 $b(t)=B(s(t))$를 해석하고 $b'(t)$의 식을 구하라.

9 상수 q와 $x<50$에 대해 $C=20q-4q\left(25-\dfrac{1}{2}x\right)^{\frac{1}{2}}$일 때, $\dfrac{dC}{dx}$를 구하라.

10 두 가지 다른 방법으로 다음을 미분하라.

(a) $y=(x^4)^5=x^{20}$

(b) $y=(1-x)^3=1-3x+3x^2-x^3$

11 1년에 $p\%$의 이자로 1,000유로를 투자한다고 가정하고, $g(p)$를 10년 후에 가지게 될 유로 단위의 금액을 나타낸다고 하자. 물음에 답하라.

(a) $g(5)\approx 1629$와 $g'(5)\approx 155$를 경제학적으로 해석하라.

(b) (a)의 값을 확인하기 위해 $g(p)$에 대한 식을 구한 다음, $g(5)$와 $g'(5)$를 계산하라.

12 f가 x에서 미분가능할 때, 다음 함수의 도함수를 구하라.

(a) $x+f(x)$　　(b) $\{f(x)\}^2-x$

(c) $\{f(x)\}^4$　　(d) $x^2f(x)+\{f(x)\}^3$

(e) $xf(x)$　　(f) $\sqrt{f(x)}$

(g) $\dfrac{x^2}{f(x)}$　　(h) $\dfrac{\{f(x)\}^2}{x^3}$

13 물음에 답하라.

(a) 정의에 따라 모든 $x\neq 0$에 대해 함수 $\phi(x)=\dfrac{1}{x}$은 미분가능함을 보여라.

(b) 함수 f와 g가 모두 $g(x)\neq 0$인 모든 x에서 미분가능하다고 가정할 때, (a)를 이용하여 두 함수 $\dfrac{1}{g(x)}$과 $\dfrac{f(x)}{g(x)}$는 x에서 미분가능함을 증명하라.

6.9 고계도함수

$f(x)$를 x의 미분가능한 함수라고 하자. 도함수 $f'(x)$는 다시 x의 함수로 f의 **일계도함수**(first derivative)라고 한다. 만약 $f'(x)$가 x에 관해 미분가능하면, f'을 미분할 수 있다. 그 결과 $(f')'$을 **이계도함수**(second derivative)라고 하고, f''으로 간결하게 표기한다. 한 점 x에서 구한 f의 이계도함수는 $f''(x)$로 나타낸다.

EX 6.9.1 $f(x)=2x^5-3x^3+2x$일 때 $f'(x)$와 $f''(x)$를 구하라.

풀이

다항식의 미분법칙에 의해 일계도함수 $f'(x)=10x^4-9x^2+2$를 구한다. 그리고 이 등식의 각 변을 미분하여 이계도함수 $f''(x)=40x^3-18x$를 얻는다.

이계도함수에 대한 다른 표기법은 일계도함수에 대한 표기법과 유사하다. 예를 들어 $y=f(x)$의 이계도함수는 $y''=f''(x)$로 표기한다. 이계도함수에 대한 라이프니츠 표기법도 사용된다. 일계도함수에 대한 표기 $\dfrac{dy}{dx}$ 또는 $\dfrac{df(x)}{dx}$에서 기호 $\dfrac{d}{dx}$는 x에 대한 미분을 구하는 연산자로 이해할 수 있다. 따라서 이계도함수는 연산자 $\dfrac{d}{dx}$를 두 번 사용하여 다음과 같이 얻는다.

$$f''(x)=\left(\frac{d}{dx}\right)\left(\frac{d}{dx}\right)f(x)$$

보통 이를 $f''(x)=\left(\frac{d}{dx}\right)^2 f(x)$로 생각하여 다음과 같이 나타낸다.

$$f''(x)=\frac{d^2f(x)}{dx^2} \text{ 또는 } y''=\frac{d^2y}{dx^2}$$

이 표기에서 위첨자 위치에 유의하라. 물론 y와 다른 변수를 사용한다면 이계도함수 기호 y''도 바뀌어야 한다.

EX 6.9.2 물음에 답하라.

(a) A, a가 상수일 때 $K>0$의 함수 $Y=AK^a$에 대해 Y''을 구하라.

(b) $t\geq 0$의 함수 $L=\frac{t}{t+1}$에 대해 $\frac{d^2L}{dt^2}$을 구하라.

풀이

(a) K에 대해 $Y=AK^a$을 미분하면 일계도함수 $Y'=AaK^{a-1}$을 얻는다. 이를 K에 대해 다시 미분하면 이계도함수 $Y''=Aa(a-1)K^{a-2}$이다.

(b) 몫의 미분법칙을 이용하여 다음을 구한다.

$$\frac{dL}{dt}=\frac{d}{dt}\left(\frac{t}{t+1}\right)=\frac{1\cdot(t+1)-t\cdot 1}{(t+1)^2}=(t+1)^{-2}$$

이를 t에 대해 다시 미분하면 이계도함수는 다음과 같다.

$$\frac{d^2L}{dt^2}=\frac{d}{dt}(t+1)^{-2}=-2(t+1)^{-3}=\frac{-2}{(t+1)^3}$$

삼계 이상의 도함수

$y=f(x)$일 때 x에 대한 $y''=f''(x)$의 도함수를 **삼계도함수**(third derivative)라 하는데, 이를 관례적으로 $y'''=f'''(x)$로 나타낸다. 반복되는 미분을 나타내기 위해 프라임 기호(′)를 계속 사용하면 번거로워지는 문제가 있어 **4계도함수**(fourth derivative)는 보통 $y^{(4)}=f^{(4)}(x)$로 표기한다.[14] 이를 $\frac{d^4y}{dx^4}$로도 나타낸다. 일반적으로 x에서 f의 **n계도함수**(nth derivative)는 다음과 같이 나타낸다.

$$y^{(n)}=f^{(n)}(x) \text{ 또는 } \frac{d^ny}{dx^n}$$

여기서 자연수 n을 도함수의 **계수**(order)라고 한다. 예를 들어 $f^{(6)}(x_0)$는 x_0에서 f를 6번 미분한 6계도함수의 함숫값이다.

14 y의 네제곱인 y^4과의 혼동을 피하기 위해 소괄호 안에 숫자 4를 넣었다.

EX 6.9.3 다음 함수의 4계까지 모든 도함수를 구하라.

$$f(x)=3x^{-1}+6x^3-x^2 \quad (\text{단}, \ x \neq 0)$$

풀이

미분을 반복하여 다음을 구한다.

$$f'(x)=-3x^{-2}+18x^2-2x, \qquad f''(x)=6x^{-3}+36x-2$$
$$f'''(x)=-18x^{-4}+36, \qquad f^{(4)}(x)=72x^{-5}$$

6.9 연습문제

1 다음 함수의 이계도함수를 구하라.

(a) $y=x^5-3x^4+2$

(b) $y=\sqrt{x}$

(c) $y=(1+x^2)^{10}$

2 $y=\sqrt{1+x^2}=(1+x^2)^{\frac{1}{2}}$일 때 $\dfrac{d^2y}{dx^2}$을 구하라.

3 물음에 답하라.

(a) $y=3x^3+2x-1$일 때 y''을 구하라.

(b) $Y=1-2x^2+6x^3$일 때 Y'''을 구하라.

(c) $z=120t-\dfrac{1}{3}t^3$일 때 $\dfrac{d^3z}{dt^3}$을 구하라.

(d) $f(z)=100z^{-4}$일 때 $f^{(4)}(1)$을 구하라.

4 $g(t)=\dfrac{t^2}{t-1}$일 때 $g''(2)$를 구하라.

5 $y=f(x)g(x)$일 때 y''와 y'''에 대한 식을 구하라.

6 $L=\dfrac{1}{\sqrt{2t-1}}$일 때 $\dfrac{d^2L}{dt^2}$을 구하라.

7 소득이 y인 개개인의 효용을 $u(y)$로 나타낸다고 하자. $R=-\dfrac{yu''(y)}{u'(y)}$는 **상대위험회피**(relative risk aversion)의 계수이다.[15] 이때 다음 효용함수에 대한 R을 구하라. 여기서 A_1, A_2와 $\rho \neq 1$은 양의 상수이고, $y>0$을 가정한다.

(a) $u(y)=A_1y$

(b) $u(y)=\sqrt{y}$

(c) $u(y)=A_1-A_2y^{-2}$

(d) $u(y)=A_1+A_2\dfrac{y^{1-\rho}}{1-\rho}$

8 1985년 미국 국방부 장관은 의회가 국방예산을 삭감했다고 주장했다. 그러나 그레이 의원은 예산이 삭감된 것이 아니라 의회가 증액률만 줄인 것이라고 지적했다. P가 국방예산의 규모를 나타내는 경우, 미국 국방부 장관과 그레이 의원의 주장을 P'과 P''의 부호에 대한 서로 동치인 명제로 변경하라.

9 "은행 대출금액의 증가율이 점점 증가하는 속도로 증가하고 있다."라는 신문 기사가 있다. 만약 $L(t)$가 시간 t에서의 전체 은행 대출금액을 나타낸다면, 이 기사를 L의 적절한 도함수의 부호에 대한 수학적 명제로 나타내라.

15 이와 달리 $R_A=-\dfrac{u''(y)}{u'(y)}$는 **절대위험회피**(absolute risk aversion)의 정도를 나타낸다.

6.10 지수함수 미분법

지수함수는 4.9절에서 소개했으며, 성장과 복리와 같은 특정한 경제 현상을 설명하는 데 매우 적합한 것으로 알려져 있다. 특히 $f(x)=e^x$ 또는 $\exp x$로 표기하는 **자연지수함수**도 소개했다. 여기서 $e \approx 2.71828$이다.

이제 이 특별한 지수함수가 '자연적'이라고 불리는 이유를 알아보자. $f(x)=e^x$의 뉴턴 몫은 다음과 같다.

$$\frac{f(x+h)-f(x)}{h}=\frac{e^{x+h}-e^x}{h} \tag{*}$$

h가 0에 가까워질 때, 이 뉴턴 몫이 수렴함을 확인할 수만 있으면 $f(x)=e^x$은 미분가능하고 $f'(x)$는 정확히 이 극한과 같다.

$e^{x+h}=e^x \cdot e^h$을 이용하여 식 (*)에서 우변의 분자 $e^{x+h}-e^x$를 $e^x(e^h-1)$로 나타내자. 그러면 (*)는 다음과 같이 다시 표현할 수 있다.

$$\frac{f(x+h)-f(x)}{h}=e^x \cdot \frac{e^h-1}{h} \tag{**}$$

이제 $h \to 0$일 때 우변의 극한을 구해보자. 여기서 h가 변할 때 e^x은 상수임을 유의하라. $\dfrac{e^h-1}{h}$일 때 [EX 6.5.1]에서 (변수는 h가 아니라 x이었지만) h가 0에 가까워질수록 이 분수는 1에 가까워졌다. 단순히 $\lim_{h\to 0}\frac{1}{h}(e^h-1)=1$임을 받아들이면 $h \to 0$일 때 식 (**)의 극한은 다음과 같다.

자연지수함수의 도함수

$$f(x)=e^x \quad \Rightarrow \quad f'(x)=e^x \tag{6.10.1}$$

따라서 **자연지수함수 $f(x)=e^x$은 도함수가 함수 그 자체와 같다는 놀라운 성질을** 가진다. 이것이 이 함수가 수학과 그 응용 분야에서 자주 등장하는 주된 이유이다. 식 (6.10.1)은 우변을 다시 미분하면 먼저 $f''(x)=e^x$을 얻고, 반복적으로 미분하면 모든 자연수 n에 대해 $f^{(n)}(x)=e^x$이 성립함을 보여준다. 모든 x에 대해 $e^x>0$이므로 $f'(x)$와 $f''(x)$는 모두 양수이고, 따라서 f와 f'은 모두 순증가한다. 이로써 자연지수함수 그래프는 [그림 4.9.3]과 같이 위로 볼록한 모양임을 알 수 있다.[16]

식 (6.10.1)을 다른 미분법칙과 결합하면 지수함수 e^x을 포함하는 많은 식을 미분할 수 있다.

16 볼록함수에 대한 자세한 내용은 8장을 참고하라.

EX 6.10.1 다음 함수의 일계도함수와 이계도함수를 각각 구하라.

(a) $y = x^3 + e^x$ (b) $y = x^5 e^x$ (c) $y = \dfrac{e^x}{x}$

풀이

(a) $y' = 3x^2 + e^x$이고 $y'' = 6x + e^x$이다.

(b) 곱의 미분법칙을 이용하여 $y' = 5x^4 e^x + x^5 e^x = x^4 e^x (5 + x)$를 구한다. y''을 구하기 위해 방금 계산한 $y' = 5x^4 e^x + x^5 e^x$을 한 번 더 미분하면 다음을 얻는다.

$$y'' = 20x^3 e^x + 5x^4 e^x + 5x^4 e^x + x^5 e^x = x^3 e^x (x^2 + 10x + 20)$$

(c) 몫의 미분법칙을 $y = \dfrac{e^x}{x}$에 적용하면 일계도함수는 $y' = \dfrac{e^x \cdot x - e^x \cdot 1}{x^2} = \dfrac{e^x (x-1)}{x^2}$이다. x에 관해 $y' = \dfrac{e^x x - e^x}{x^2}$을 다시 미분하여 다음 이계도함수를 구한다.

$$y'' = \frac{(e^x x + e^x - e^x) x^2 - (e^x x - e^x) 2x}{(x^2)^2} = \frac{e^x (x^2 - 2x + 2)}{x^3}$$

다음으로 명제 (6.10.1)을 연쇄법칙 (6.8.1)과 함께 적용하는 다소 복잡한 경우를 살펴보자. $y = e^{g(x)}$에서 $u = g(x)$라 두면 $y = e^u$으로 다시 나타낼 수 있다. 그러면 $y' = e^u \cdot u'$이고 $u' = g'(x)$이므로 다음이 성립한다.

$$y = e^{g(x)} \quad \Rightarrow \quad y' = e^{g(x)} g'(x) \tag{6.10.2}$$

EX 6.10.2 다음 함수를 미분하라.

(a) $y = e^{-x}$ (b) $y = x^p e^{ax}$ (단, p, a는 상수) (c) $y = \sqrt{e^{2x} + x}$

풀이

(a) 명제 (6.10.2)를 직접 이용하면 '$y = e^{-x} \Rightarrow y' = e^{-x} \cdot (-1) = -e^{-x}$'이다. 이 도함수는 항상 음수이므로 주어진 함수는 순감소한다. 또한 $y'' = e^{-x} > 0$이므로 음수인 기울기는 0을 향해 증가한다. 이는 [그림 4.9.3]의 그래프와 일치한다.

(b) e^{ax}의 도함수는 ae^{ax}이므로 곱의 도함수 법칙을 사용하면 다음을 얻는다.

$$y' = px^{p-1} e^{ax} + x^p a e^{ax} = x^{p-1} e^{ax} (p + ax)$$

(c) $u = e^{2x} + x$라 두면 $y = \sqrt{e^{2x} + x} = \sqrt{u}$이다. 연쇄법칙을 이용하면 $u' = 2e^{2x} + 1$이므로 연쇄법칙을 다시 이용하여 다음을 구한다.

$$y = \sqrt{e^{2x} + x} = \sqrt{u} \quad \Rightarrow \quad y' = \frac{1}{2\sqrt{u}} \cdot u' = \frac{2e^{2x} + 1}{2\sqrt{e^{2x} + x}}$$

EX 6.10.3 다음 함수에 대해 증가하는 구간을 구하라.

(a) $y=\dfrac{e^x}{x}$　　(b) $y=x^4e^{-2x}$　　(c) $y=xe^{-\sqrt{x}}$

풀이

(a) [EX 6.10.1(c)]에 따르면 $y'=\dfrac{e^x(x-1)}{x^2}$이므로 $x\ge 1$일 때 $y'\ge 0$이다. 따라서 y는 $[1, \infty)$에서 증가한다.

(b) [EX 6.10.2(b)]에서 $p=4$이고 $a=-2$인 경우이므로 $y'=x^3e^{-2x}(4-2x)$이다. 부호 도표는 $[0, 2]$에서 y가 증가함을 나타낸다.

(c) 함수는 $x\ge 0$에 대해서만 정의된다. 연쇄법칙을 이용하면 $x>0$일 때 $e^{-\sqrt{x}}$의 도함수는 $-\dfrac{e^{-\sqrt{x}}}{2\sqrt{x}}$이다. 따라서 곱의 도함수 법칙에 의해 $y=xe^{-\sqrt{x}}$의 도함수는 다음과 같다.

$$y'=1\cdot e^{-\sqrt{x}}-\frac{xe^{-\sqrt{x}}}{2\sqrt{x}}=e^{-\sqrt{x}}\left(1-\frac{1}{2}\sqrt{x}\right)$$

여기서 두 번째 등식은 $\dfrac{x}{\sqrt{x}}=\sqrt{x}$를 이용했다. 따라서 $x>0$이고 $1-\dfrac{1}{2}\sqrt{x}\ge 0$일 때 y가 증가한다. 그리고 $x=0$이면 $y=0$이고, $x>0$이면 $y>0$이므로 y는 구간 $[0, 4]$에서 증가한다.

지수함수를 미분할 때 흔히 있는 오류는 x에 대한 e^x의 도함수가 xe^{x-1}이라고 생각하는 것이다. 사실 이것은 e에 대한 e^x의 도함수이다. 다시 말해 x의 지수함수 e^x과 e의 거듭제곱함수 e^x을 혼동한 것이다.

자연지수함수의 성질

자연지수함수 $f(x)=\exp(x)=e^x$은 미분가능하고 순증가한다. 왜냐하면 $f'(x)=f(x)=e^x$이기 때문이다. 또한 모든 지수 s와 t에 대해 다음을 만족한다.

$$e^se^t=e^{s+t},\quad \frac{e^s}{e^t}=e^{s-t},\quad (e^s)^t=e^{st}$$

더욱이 다음이 성립한다.

$$\lim_{x\to-\infty}e^x=0,\quad \lim_{x\to\infty}e^x=\infty \tag{6.10.3}$$

식 (6.10.3)이 성립함을 보이려면 $x\to\pm\infty$로 극한을 허용하고, $|x|$가 무한히 커지도록 6.5절에 도입한 극한 개념을 확장해야 한다. 식 (6.10.3)의 첫 번째 식은 만약 $0<h<1$이라면 h가 아무리 작은 수일지라도 $x<\ln h<0$인 모든 x에 대해 $0<e^x<h$를 만족하기 때문에 성립한다. 이와 유사하게 식 (6.10.3)의 두 번째 식은 y가 임의의 큰 수일지라도 $x>\ln y$인 모든 x에 대해 $e^x>y$를 만족하기 때문에 성립한다.

일반 지수함수의 미분

지금까지는 e^x의 도함수만을 생각했다. 여기서 $e = 2.71828\cdots$이다. 다른 양의 상수 a에 대해 $y = a^x$은 어떻게 미분할 수 있는가? 식 (4.10.1)의 정의에 따르면 $a = e^{\ln a}$이므로 성질 $(e^r)^s = e^{rs}$을 이용하여 다음 식을 얻는다.

$$a^x = (e^{\ln a})^x = e^{(\ln a)x}$$

여기서 b가 상수 $b = \ln a$이면 특별한 지수함수 e^{bx}의 미분은 쉽게 다룰 수 있다. 특히 $e^{x\ln a}$을 미분함으로써 a^x을 미분할 수 있다. 즉 $g(x) = (\ln a)x$라 두고 명제 (6.10.2)를 이용하여 미분하면 다음을 얻는다.

$$y = a^x \quad \Rightarrow \quad y' = a^x \ln a \tag{6.10.4}$$

EX 6.10.4 다음 함수의 도함수를 구하라.

(a) $f(x) = 10^{-x}$

(b) $g(x) = x2^{3x}$

풀이

(a) $u = -x$라 두면 $f(x) = 10^{-x} = 10^u$으로 다시 나타낼 수 있다. 여기서 명제 (6.10.4)와 연쇄법칙을 이용하면 $f'(x) = -10^{-x}\ln 10$이다.

(b) $u = 3x$라 두면 $y = 2^{3x} = 2^u$이다. 여기서 연쇄법칙을 이용하면 다음을 얻는다.

$$y' = (2^u \ln 2)u' = (2^{3x}\ln 2)\cdot 3 = 3\cdot 2^{3x}\ln 2$$

따라서 $g(x) = x2^{3x} = xy$에 곱의 도함수 법칙을 적용하면 다음과 같다.

$$g'(x) = 1\cdot 2^{3x} + x\cdot 3\cdot 2^{3x}\ln 2 = 2^{3x}(1 + 3x\ln 2)$$

6.10 연습문제

1 다음 함수에서 x에 대한 일계도함수를 구하라.

(a) $y = e^x + x^2$

(b) $y = 5e^x - 3x^3 + 8$

(c) $y = \dfrac{x}{e^x}$

(d) $y = \dfrac{x + x^2}{e^x + 1}$

(e) $y = -x - 5 - e^x$

(f) $y = x^3e^x$

(g) $y = e^x x^{-2}$

(h) $y = (x + e^x)^2$

2 다음 함수에서 t에 대한 일계도함수를 구하라. 여기서 a, b, c, p, q는 상수이다.

(a) $x = (a + bt + ct^2)e^t$

(b) $x = \dfrac{p + qt^3}{te^t}$

(c) $x = \dfrac{(at + bt^2)^2}{e^t}$

3 다음 함수의 일계도함수와 이계도함수를 구하라.

(a) $y = e^{-3x}$

(b) $y = 2e^{x^3}$

(c) $y = e^{\frac{1}{x}}$

(d) $y = 5e^{2x^2 - 3x + 1}$

4 다음 함수가 증가하는 구간을 구하라.

(a) $y = x^3 + e^{2x}$

(b) $y = 5x^2e^{-4x}$

(c) $y = x^2e^{-x^2}$

5 다음 함수가 증가하는 구간을 구하라.

(a) $y=\dfrac{x^2}{e^{2x}}$

(b) $y=e^x-e^{3x}$

(c) $y=\dfrac{e^{2x}}{x+2}$

6 다음을 구하라.

(a) $\dfrac{d}{dx}\{e^{(e^x)}\}$

(b) $\dfrac{d}{dt}\left(e^{\frac{t}{2}}+e^{-\frac{t}{2}}\right)$

(c) $\dfrac{d}{dt}\left(\dfrac{1}{e^t+e^{-t}}\right)$

(d) $\dfrac{d}{dz}(e^{z^3}-1)^{\frac{1}{3}}$

7 다음 함수를 미분하라.

(a) $y=5^x$

(b) $y=x2^x$

(c) $y=x^2 2^{x^2}$

(d) $y=e^x 10^x$

6.11 로그함수 미분법

4.10절에서 자연로그함수 $g(x)=\ln x$를 소개했다. 이 함수는 모든 $x>0$에 대해 정의되며 그 그래프는 [그림 4.10.2]와 같다. 5.3절에 따르면 이 함수의 **역함수**는 $f(x)=e^x$이다. 따라서 $g(x)=\ln x$가 모든 $x>0$에서 도함수를 가진다고 **가정하면** 그 도함수는 쉽게 구할 수 있다. 이를 위해 $g(x)=\ln x$를 정의하는 다음 방정식을 생각해보자.

$$e^{g(x)}=x \qquad (*)$$

식 (6.10.2)를 이용하여 (*)의 각 변을 x로 미분하면 $e^{g(x)}g'(x)=1$을 만족한다. 한편 $e^{g(x)}=x$이므로 $xg'(x)=1$이고, 따라서 $g'(x)=\dfrac{1}{x}$을 얻는다. 이를 정리하면 다음과 같다.

자연로그함수의 도함수

$$g(x)=\ln x \quad \Rightarrow \quad g'(x)=\frac{1}{x} \qquad (6.11.1)$$

모든 $x>0$에 대해 $g'(x)>0$이므로 $g(x)$는 **순증가**한다. 또한 $g''(x)=-\dfrac{1}{x^2}$은 모든 $x>0$에 대해 음수이므로 $g(x)$는 움푹 들어간 면이 아래쪽인 오목한 곡선을 그린다.[17] 이로써 [그림 4.10.2]의 그래프 모양을 이해할 수 있다. 실제로 함수 $\ln x$는 매우 천천히 증가한다. 예를 들어 $\ln x=10$이려면 $x=e^{10}\approx 22026.5$이어야 하므로 $x>22026$이 되기까지 $\ln x$ 값은 10이 되지 않는다.

EX 6.11.1 다음 함수에서 y'과 y''을 구하라.

(a) $y=x^3+\ln x$

(b) $y=x^2\ln x$

(c) $y=\dfrac{\ln x}{x}$

17 오목함수에 대한 자세한 내용은 8장을 참고하라.

풀이

(a) $y' = 3x^2 + \frac{1}{x}$이고 $y'' = 6x - \frac{1}{x^2}$이다.

(b) 곱의 도함수 법칙에서 $y' = 2x\ln x + x^2\left(\frac{1}{x}\right) = 2x\ln x + x$를 얻는다. 이를 x에 대해 다시 미분하면 $y'' = 2\ln x + 2x\left(\frac{1}{x}\right) + 1 = 2\ln x + 3$이다.

(c) 곱의 도함수 법칙을 이용하면 다음을 얻는다.

$$y' = \frac{\frac{1}{x}\cdot x - (\ln x)\cdot 1}{x^2} = \frac{1-\ln x}{x^2}$$

이를 다시 미분하여 다음을 구한다.

$$y'' = \frac{-\frac{1}{x}\cdot x^2 - (1-\ln x)\cdot 2x}{(x^2)^2} = \frac{2\ln x - 3}{x^3}$$

때로는 자연로그를 포함한 합성함수의 미분을 생각할 때가 있다. $\ln u$는 $u > 0$일 때만 정의되므로 합성함수 $y = \ln h(x)$는 $h(x) > 0$을 만족하는 x에 대해서만 정의된다.

$\ln x$의 미분법칙을 연쇄법칙과 결합하면 여러 가지 형태의 함수를 미분할 수 있다. 예를 들어 $y = \ln h(x)$로 주어질 때 $h(x)$는 양의 값을 갖는 미분가능한 함수이어야 한다. $u = h(x)$인 $y = \ln u$의 도함수는 연쇄법칙에 의해 $y' = \left(\frac{1}{u}\right)u' = \left\{\frac{1}{h(x)}\right\}h'(x)$이므로 다음을 만족한다.

자연로그함수의 도함수

모든 x에 대해 $h(x) > 0$이면 다음이 성립한다.

$$y = \ln h(x) \quad \Rightarrow \quad y' = \frac{h'(x)}{h(x)} \tag{6.11.2}$$

$N(t)$가 모든 t에 대해 $N(t) > 0$을 만족하는 함수이면 자연로그함수의 도함수는 다음과 같다.

$$\frac{d}{dt}\ln N(t) = \frac{1}{N(t)}\frac{dN(t)}{dt} = \frac{\dot{N}(t)}{N(t)}$$

이는 $N(t)$의 상대증가속도를 나타낸다.

EX 6.11.2 다음 함수의 정의역을 구한 다음, 도함수를 구하라.

(a) $y = \ln(1-x)$ (b) $y = \ln(4-x^2)$ (c) $y = \ln\left(\frac{x-1}{x+1}\right) - \frac{x}{4}$

풀이

(a) $\ln(1-x)$는 $1-x>0$, 즉 $x<1$에서 정의된다. $h(x)=1-x$라 두면 $h'(x)=-1$이므로 명제 (6.11.2)를 이용하여 y의 도함수를 구하면 $y'=\dfrac{-1}{1-x}=\dfrac{1}{x-1}$이다.

(b) $\ln(4-x^2)$은 $4-x^2>0$, 즉 $-2<x<2$인 경우에만 정의된다. 구간 $(-2, 2)$에서 명제 (6.11.2)를 이용하여 y의 도함수를 구하면 $y'=\dfrac{-2x}{4-x^2}=\dfrac{2x}{x^2-4}$이다.

(c) $u=\dfrac{x-1}{x+1}$이라 두면 $y=\ln u-\dfrac{1}{4}x$이다. 이 함수가 정의되기 위해서는 $u>0$이어야 한다. 즉 $x<-1$ 또는 $x>1$을 만족해야 하는데, 이는 $|x|>1$과 동치이다. 명제 (6.11.2)를 사용하면 $y'=\dfrac{u'}{u}-\dfrac{1}{4}$을 얻고, u'은 다음과 같다.

$$u'=\frac{1\cdot(x+1)-1\cdot(x-1)}{(x+1)^2}=\frac{2}{(x+1)^2}$$

따라서 y의 도함수는 다음과 같다.

$$y'=\frac{2(x+1)}{(x+1)^2(x-1)}-\frac{1}{4}=\frac{9-x^2}{4(x^2-1)}=\frac{(3-x)(3+x)}{4(x-1)(x+1)}$$

EX 6.11.3 다음 함수에서 증가하는 구간을 구하라.

(a) $y=x^2\ln x$ (b) $y=4x-5\ln(x^2+1)$ (c) $y=3\ln(1+x)+x-\dfrac{1}{2}x^2$

풀이

(a) 함수 $y=x^2\ln x$는 $x>0$에서 정의되고 도함수는 다음과 같다.

$$y'=2x\cdot\ln x+x^2\cdot\frac{1}{x}=x(2\ln x+1)$$

그러므로 $\ln x\geq-\dfrac{1}{2}$, 즉 $x\geq e^{-\frac{1}{2}}$일 때, $y'\geq 0$이다. 따라서 y는 구간 $\left[e^{-\frac{1}{2}}, \infty\right)$에서 증가한다.

(b) $y=4x-5\ln(x^2+1)$을 미분하면 다음과 같다.

$$y'=4-\frac{10x}{x^2+1}=\frac{4(x-2)\left(x-\frac{1}{2}\right)}{x^2+1}$$

부호 도표는 구간 $\left(-\infty, \dfrac{1}{2}\right]$과 $[2, \infty)$에서 y가 증가함을 보여준다.

(c) 함수 $y=3\ln(1+x)+x-\dfrac{1}{2}x^2$은 $x>-1$에서 정의되고 도함수는 다음과 같다.

$$y'=\frac{3}{1+x}+1-x=\frac{(2-x)(2+x)}{x+1}$$

부호 도표는 y가 구간 $(-1, 2]$에서 증가함을 보여준다.

자연로그함수의 성질

자연로그함수 $g(x) = \ln x$는 $(0, \infty)$에서 미분가능하고 순증가한다. 일계도함수와 이계도함수는 각각 다음과 같다.

$$g'(x) = \frac{1}{x}, \quad g''(x) = -\frac{1}{x^2}$$

모든 $x > 0$에 대해 $e^{\ln x} = x$이고, 모든 x에 대해 $\ln e^x = x$이다. 그리고 모든 $x > 0$와 $y > 0$에 대해 다음 성질이 성립한다.

$$\ln(xy) = \ln x + \ln y, \quad \ln\left(\frac{x}{y}\right) = \ln x - \ln y, \quad \ln x^p = p \ln x$$

또한 다음 명제를 만족한다.

$$\text{오른쪽에서 } x \to 0\text{이면 } \ln x \to -\infty \tag{6.11.3}$$

$$\lim_{x \to \infty} \ln x = \infty \tag{6.11.4}$$

극한 (6.11.3)과 (6.11.4)는 식 (6.10.3)이 참임을 보이기 위해 사용한 주장을 적용하여 정립할 수 있다. 실제로 임의의 $y < 0$이 주어지면 $|y|$가 아무리 큰 수이더라도 $0 < x < e^y$인 모든 x에 대해 $\ln x < y$를 만족하기 때문에 극한 (6.11.3)이 성립한다. 또한 임의의 $z > 0$이 주어지면 z가 아무리 큰 수일지라도 $x > e^z$인 모든 x에 대해 $\ln x > z$를 만족하므로 극한 (6.11.4)가 성립한다.

로그미분법

곱, 몫, 제곱근, 거듭제곱을 조합하여 만든 복잡한 식을 미분할 때는 **로그미분법**(logarithmic differentiation)이 유리하다. 이 방법은 다음 두 가지 문제로 설명할 수 있다.

EX 6.11.4 모든 $x > 0$에서 정의된 $y = x^x$의 도함수를 구하라.

풀이

거듭제곱함수의 미분법칙(6.6절 참고)인 '$y = x^a \Rightarrow y' = ax^{a-1}$'이 성립하려면 지수 a가 상수이어야 하고, 법칙 '$y = a^x \Rightarrow y = a^x \ln a$'는 로그의 밑 a가 상수이어야 한다. 그런데 주어진 함수 x^x은 지수와 밑이 모두 x에 따라 변하므로 이 두 법칙을 모두 사용할 수 없다.

여기서는 각 변에 자연로그를 취해 $\ln y = x \ln x$로 둔다. 각 변을 x에 대해 미분하면 $\frac{y'}{y} = 1 \cdot \ln x + x \cdot \frac{1}{x} = \ln x + 1$이다. 이 식에 $y = x^x$을 곱하면 결과적으로 다음을 구한다.

$$y = x^x \quad \Rightarrow \quad y' = x^x(\ln x + 1)$$

EX 6.11.5 $y=\{A(x)\}^{\alpha}\{B(x)\}^{\beta}\{C(x)\}^{\gamma}$의 도함수를 구하라. 여기서 α, β, γ는 상수이다. 함수 A, B, C는 모든 $x>0$에서 정의되고 양의 값을 갖는다.

풀이

함수의 각 변에 자연로그를 취하면 다음과 같다.

$$\ln y = \alpha \ln\{A(x)\} + \beta \ln\{B(x)\} + \gamma \ln\{C(x)\}$$

이를 x에 대해 미분하면 다음을 얻는다.

$$\frac{y'}{y} = \alpha\frac{A'(x)}{A(x)} + \beta\frac{B'(x)}{B(x)} + \gamma\frac{C'(x)}{C(x)}$$

이 식의 양변에 y를 곱하여 다음을 구한다.

$$y' = \left\{\alpha\frac{A'(x)}{A(x)} + \beta\frac{B'(x)}{B(x)} + \gamma\frac{C'(x)}{C(x)}\right\}\{A(x)\}^{\alpha}\{B(x)\}^{\beta}\{C(x)\}^{\gamma}$$

식 (4.10.5)에 따르면 밑이 a인 x의 로그는 $\log_a x$로 나타내며, 이는 $\log_a x = \frac{1}{\ln a}\ln x$임을 보였다. 이 등식의 각 변을 x에 대해 미분하면 다음을 얻는다.

$$y = \log_a x \quad \Rightarrow \quad y' = \frac{1}{\ln a}\frac{1}{x} \tag{6.11.5}$$

수 e의 근삿값

$g(x)=\ln x$이면 $g'(x)=\frac{1}{x}$이고 $g'(1)=1$이다. ❶ $g'(1)$의 정의, ❷ $\ln 1 = 0$, ❸ $\ln x^p = p\ln x$를 차례로 이용하면 다음 등식을 얻는다.

$$1 = g'(1) = \lim_{h\to 0}\frac{\ln(1+h)-\ln 1}{h} = \lim_{h\to 0}\frac{1}{h}\ln(1+h) = \lim_{h\to 0}\ln(1+h)^{\frac{1}{h}}$$

$h\to 0$이면 $\ln(1+h)^{\frac{1}{h}}\to 1$이고, 지수함수는 연속이므로 $(1+h)^{\frac{1}{h}} = \exp\left\{\ln(1+h)^{\frac{1}{h}}\right\}$ 자체가 $\exp 1 = e$에 가까워진다. 즉 **오일러 수**(Euler's number) e를 다음과 같이 나타낼 수 있다.

오일러 수

$$e = \lim_{h\to 0}(1+h)^{\frac{1}{h}} \tag{6.11.6}$$

이 극한을 설명하기 위해 [표 6.11.1]에 계산기로 구한 몇 개의 함숫값을 제시했다. 이 표를 통해 식 (4.9.2)에서 e 값으로 제시한 소수 전개 $2.718281828\cdots$이 올바른 값인 것처럼 느껴진다. 물론 이것만으로 극한이 존재함을 결코 증명할 수 없다. 그러나 이는 h를 점점 더 작게 택하면 e에 점점 더 가까운 근삿값을 얻을 수 있음을 암시한다.[18]

표 6.11.1 $h>0$**일 때** $(1+h)^{\frac{1}{h}}$ **값은 점점 작아진다.**

h	1	$\frac{1}{2}$	$\frac{1}{10}$	$\frac{1}{1000}$	10^{-6}	10^{-10}
$(1+h)^{\frac{1}{h}}$	2	2.25	2.5937⋯	2.7169⋯	2.7182805⋯	2.7182818283⋯

거듭제곱함수

6.6절에서 모든 실수 a와 모든 $x>0$에 대해 다음이 성립함을 주장했다.

$$f(x)=x^{a} \quad \Rightarrow \quad f(x)=ax^{a-1} \tag{6.11.7}$$

거듭제곱함수의 미분법칙 (6.6.4)는 a의 거듭제곱이 정수인 경우에만 생각했으나, 실제로 $a>0$이면 모든 실수 x에 대해 성립하고 $a \le 0$이면 모든 $x \ne 0$에 대해 성립한다.

x와 a가 모두 실수이고 $x>0$을 가정하자. $x=\exp(\ln x)$이므로 $x^{a}=\{\exp(\ln x)\}^{a}=\exp(a\ln x)$이다. 여기서 $y=\ln x$라 두고 연쇄법칙을 이용하여 미분하면 다음을 얻는다.

$$\frac{d}{dx}(x^{a})=\frac{d}{dx}\exp(a\ln x)=\frac{d\{\exp(y)\}}{dy}\cdot\frac{dy}{dx}=\exp(y)\cdot\frac{a}{x}=x^{a}\frac{a}{x}=ax^{a-1}$$

따라서 a가 정수가 아니고 $x>0$여도 x에 대해 x^{a}을 미분할 때 거듭제곱함수의 미분법칙을 이용하면 된다.

6.11 연습문제

1 다음 함수의 일계도함수와 이계도함수를 각각 구하라.

(a) $y=\ln x+3x-2$　(b) $y=x^{2}-2\ln x$

(c) $y=x^{3}\ln x$　(d) $y=\dfrac{\ln x}{x}$

2 다음 함수의 도함수를 구하라.

(a) $y=x^{3}(\ln x)^{2}$　(b) $y=\dfrac{x^{2}}{\ln x}$

(c) $y=(\ln x)^{10}$　(d) $y=(\ln x+3x)^{2}$

3 다음 함수의 도함수를 구하라.

(a) $\ln(\ln x)$　(b) $\ln\sqrt{1-x^{2}}$

(c) $e^{x}\ln x$　(d) $e^{x^{3}}\ln x^{2}$

(e) $\ln(e^{x}+1)$　(f) $\ln(x^{2}+3x-1)$

(g) $2(e^{x}-1)^{-1}$　(h) $e^{2x^{2}-x}$

4 다음과 같이 정의된 함수의 정의역을 구하라.

(a) $y=\ln(x+1)$

(b) $y=\ln\left(\dfrac{3x-1}{1-x}\right)$

(c) $y=\ln|x|$

18 [EX 7.5.4]는 실수 x에 대해 e^{x}을 근사화하는 훨씬 더 나은 방법을 제시한다.

5 다음과 같이 정의된 함수의 정의역을 구하라.

(a) $y=\ln(x^2-1)$

(b) $y=\ln(\ln x)$

(c) $y=\dfrac{1}{\ln(\ln x)-1}$

6 다음 함수에서 증가하는 구간을 구하라.

(a) $y=\ln(4-x^2)$

(b) $y=x^3\ln x$

(c) $y=\dfrac{(1-\ln x)^2}{2x}$

7 물음에 답하라.

(a) x좌표가 1, $\dfrac{1}{2}$, e인 세 점에서 $y=\ln x$의 그래프에 대한 접선의 방정식을 구하라.

(b) x좌표가 0, 1, -2인 세 점에서 $y=xe^x$의 그래프에 대한 접선의 방정식을 구하라.

8 로그미분법을 이용하여 다음 함수에서 $\dfrac{f'(x)}{f(x)}$를 구하라.

(a) $f(x)=x^{2x}$

(b) $f(x)=\sqrt{x-2}\,(x^2+1)(x^4+6)$

(c) $f(x)=\left(\dfrac{x+1}{x-1}\right)^{\frac{1}{3}}$

9 로그미분법을 이용하여 다음 함수를 미분하라.

(a) $y=(2x)^x$

(b) $y=x^{\sqrt{x}}$

(c) $y=(\sqrt{x})^x$

10 u와 v가 x의 미분가능한 함수이고 $u>0$일 때, 다음을 증명하라.

$$y=u^v \;\Rightarrow\; y'=u^v\left(v'\ln u+\frac{vu'}{u}\right)$$

11 심화 $f(x)=e^x-1-x$이면 모든 $x>0$에 대해 $f'(x)=e^x-1>0$이다. 따라서 $f(x)$는 구간 $[0, \infty)$에서 순증가한다. 한편 $f(0)=0$이므로 모든 $x>0$에 대해 $f(x)>0$이고, 따라서 모든 $x>0$에 대해 $e^x>1+x$이다. 이러한 방법으로 다음 부등식을 증명하라.

(a) $x>0$일 때 $e^x>1+x+\dfrac{x^2}{2}$

(b) $0<x<1$일 때 $\dfrac{1}{2}x<\ln(1+x)<x$

(c) $x>1$일 때 $\ln x<2(\sqrt{x}-1)$

CHAPTER 06 복습문제

6.1 $f(x)=x^2-x+2$일 때 뉴턴 몫은 $2x-1+h$임을 보이고 이를 이용하여 $f'(x)$를 구하라.

6.2 $f(x)=-2x^3+x^2$일 때, 뉴턴 몫을 계산하고 $f'(x)$를 구하라.

6.3 다음 함수의 일계도함수와 이계도함수를 각각 구하라.

(a) $y=2x-5$

(b) $y=\frac{1}{3}x^9$

(c) $y=1-\frac{1}{10}x^{10}$

(d) $y=3x^7+8$

(e) $y=\frac{1}{10}(x-5)$

(f) $y=x^5-x^{-5}$

(g) $y=\frac{1}{4}x^4+\frac{1}{3}x^3+\frac{1}{2}5^2$

(h) $y=x^{-1}+x^{-2}$

6.4 한 달에 어떤 상품을 Q단위 생산하는 비용을 $C(Q)$라 할 때, $C'(1000)=25$의 의미를 설명하라. 단위당 이익을 30으로 고정하고 현재 월 생산량을 1,000단위라고 가정할 때, 생산량을 늘리면 이익이 되겠는가?

6.5 다음과 같이 주어진 점에서 각 함수의 그래프에 대한 접선의 방정식을 구하라.

(a) $y=-3x^2,\ x=1$

(b) $y=\sqrt{x}-x^2,\ x=4$

(c) $y=\frac{x^2-x^3}{x+3},\ x=1$

6.6 바닥의 넓이가 x제곱미터인 집을 짓는 데 소요되는 비용을 $A(x)$달러라고 하자. 이때 $A'(100)=250$의 의미를 해석하라.

6.7 다음 함수를 미분하라.

(a) $f(x)=x(x^2+1)$

(b) $g(w)=w^{-5}$

(c) $h(y)=y(y-1)(y+1)$

(d) $G(t)=\frac{2t+1}{t^2+3}$

(e) $\phi(\xi)=\frac{2\xi}{\xi^2+2}$

(f) $F(s)=\frac{s}{s^2+s-2}$

6.8 다음을 구하라.

(a) $\frac{d}{da}(a^2t-t^2)$

(b) $\frac{d}{dt}(a^2t-t^2)$

(c) $\frac{d}{d\phi}(x\phi^2-\sqrt{\phi})$

6.9 연쇄법칙을 사용하여 다음 함수에 대한 $\frac{dy}{dx}$를 구하라.

(a) $y=10u^2,\ u=5-x^2$

(b) $y=\sqrt{u},\ u=\frac{1}{x}-1$

6.10 다음을 구하라.

(a) $Z=(u^2-1)^3$이고 $u=t^3$일 때 $\dfrac{dZ}{dt}$

(b) $K=\sqrt{L}$이고 $L=1+\dfrac{1}{t}$일 때 $\dfrac{dK}{dt}$

6.11 $a(t)$와 $b(t)$가 t의 양의 함숫값을 갖는 미분가능한 함수이고 A, α, β가 상수일 때, 다음의 각 x에 대해 $\dfrac{\dot{x}}{x}$를 구하라.

(a) $x=a(t)^2 \cdot b(t)$

(b) $x=A \cdot a(t)^{\alpha} \cdot b(t)^{\beta}$

(c) $x=A \cdot \{a(t)^{\alpha}+b(t)^{\beta}\}^{\alpha+\beta}$

6.12 $R=S^{\alpha}$, $S=1+\beta K^{\gamma}$, $K=At^p+B$일 때 $\dfrac{dR}{dt}$를 구하라.

6.13 다음 함수의 도함수를 구하라. 여기서 a, b, p, q는 상수이다.

(a) $h(L)=(L^a+b)^p$

(b) $C(Q)=aQ+bQ^2$

(c) $P(x)=(ax^{\frac{1}{q}}+b)^q$

6.14 다음 함수의 일계도함수를 구하라.

(a) $y=-7e^x$

(b) $y=e^{-3x^2}$

(c) $y=\dfrac{x^2}{e^x}$

(d) $y=e^x\ln(x^2+2)$

(e) $y=e^{5x^3}$

(f) $y=2-x^4e^{-x}$

(g) $y=(e^x+x^2)^{10}$

(h) $y=\ln(\sqrt{x}+1)$

6.15 다음 함수가 증가하는 구간을 구하라.

(a) $y=(\ln x)^2-4$

(b) $y=\ln(e^x+e^{-x})$

(c) $y=x-\dfrac{3}{2}\ln(x^2+2)$

6.16 물음에 답하라.

(a) $\pi(Q)=QP(Q)-cQ$라 가정하자. 여기서 P는 미분가능한 함수이고 c는 상수일 때 $\dfrac{d\pi}{dQ}$를 구하라.

(b) $\pi(L)=PF(L)-wL$이라 가정하자. 여기서 F는 미분가능한 함수이고 P, w는 상수일 때 $\dfrac{d\pi}{dL}$을 구하라.

CHAPTER

07

도함수의 활용

Derivatives in Use

CONTENTS

역설적으로 보일지 모르지만, 모든 학문은 근삿값이라는 개념에 의해 지배된다.
Although this may seem a paradox,
all science is dominated by the idea of approximation.
_ 버트런드 러셀(Bertrand Russell)

많은 경제모형은 한 개 이상의 방정식에 의해 음함수로 정의되는 함수들을 포함한다. 이 장은 역함수를 미분하는 방법과 더불어, 그러한 함수의 도함수를 어떻게 구하는지를 보여주면서 시작한다. 경제학자들이 음함수미분법을 완전히 이해하는 것은 매우 중요하다. 다음으로 선형근삿값과 미분을 논의한 뒤, 이차다항식과 고차다항식의 근삿값에 대해서도 다룰 것이다. 7.6절에서 다루는 테일러 공식은 함수를 다항식으로 근사화할 때 오차를 분석할 수 있도록 해준다. 중요한 경제 개념인 탄력성은 7.7절에서 다룬다.

연속(continuous)이라는 단어는 일상에서도 흔히 볼 수 있다. 특히 연속은 갑작스러운 변화가 아니라 점진적인 변화로 본다. 이 표현은 연속함수 개념과 밀접한 관련이 있다. 7.8절에서 연속 개념을 살펴보고 극한과 어떻게 밀접한 관계가 있는지 설명하려고 한다. 극한과 연속은 수학의 핵심 개념으로 수학을 경제학에서 응용할 때 매우 중요하다. 7.8절의 끝부분에 제시하는 재산세에 기초한 실제 사례는 이러한 점을 강조한다.

그 다음에는 6.5절에서 간략하게 소개한 극한을 다룬다. 7.9절은 극한 개념을 자세히 살펴보고 여러 방향으로 확장한다. 다음으로 연속함수가 '연결된' 그래프를 가진다는 개념을 정밀하게 보여주는 중간값정리를 제시한다. 중간값정리를 통해 어떤 방정식이 해를 가짐을 증명할 수 있다. 그런 뒤 주어진 방정식의 근삿값을 찾는 데 사용되는 뉴턴 방법을 간단하게 논의하고, 무한수열을 간략하게 소개한다. 마지막으로 7.12절은 부정형에 대한 극한을 구하는 데 유용한 로피탈 법칙을 소개한다.

7.1 음함수미분법

6장에서는 $y = f(x)$와 같은 형태의 양함수를 미분하는 방법을 집중적으로 살펴보았다. 이제 상수 c에 대해 $g(x,\ y) = c$ 형태로 주어지는 음함수를 미분하는 방법을 생각해보자. 아주 간단한 문제를 다음과 같이 소개한다.

EX 7.1.1 두 실변수 x와 y를 포함하는 다음 방정식을 생각해보자.

$$xy = 5 \tag{7.1.1}$$

이 방정식에서 $x = 1$이면 $y = 5$이고, $x = 3$이면 $y = \frac{3}{5}$이며, $x = 5$이면 $y = 1$이다. 일반적으로 실수 $x \neq 0$에 대해 식 (7.1.1)을 만족하는 실수의 쌍 $(x,\ y)$는 단 하나 존재한다. 이때 식 (7.1.1)은 y를 x의 **음함수**로 정의한다고 한다. [그림 7.1.1]은 $x > 0$인 범위에서 주어진 방정식의 그래프를 보여준다.

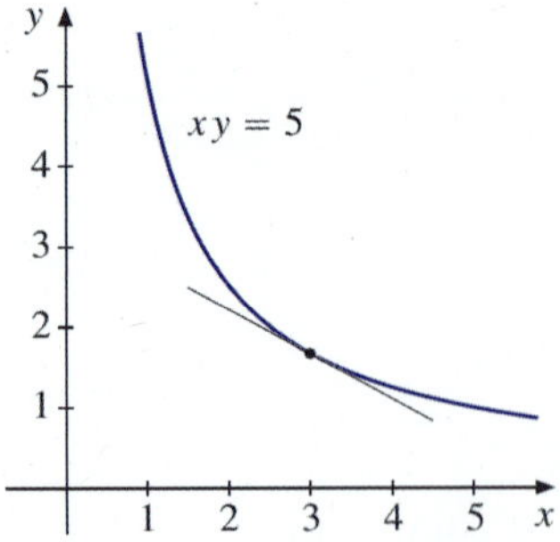

그림 7.1.1 $xy = 5$ (단, $x > 0$)

경제학자들은 종종 주어진 그래프의 임의의 한 점에서 접선의 기울기를 알아야 할 필요가 있다. 즉 접선의 기울기는 x의 함수이며 y의 도함수를 알아야 한다. 그 방법은 y를 x의 음함수로 정의하는 식 (7.1.1)에 **음함수미분법**(implicit differentiation)을 적용하여 구할 수 있다. 만약 이 함수를 f로 표기하고 식 (7.1.1)에

$y=f(x)$로 대입하면, 새로운 방정식을 다음과 같이 얻는다.

$$xf(x)=5 \quad (\text{단}, \ x>0) \tag{7.1.2}$$

식 (7.1.2)는 오직 하나의 변수 x만을 포함한다. 모든 $x>0$에 대해 좌변과 우변이 같으므로 x에 대한 좌변과 우변의 도함수도 같아야 한다. 한편 상수 5의 도함수는 0이고, $xf(x)$를 미분하려면 곱의 법칙을 사용해야 한다. 따라서 식 (7.1.2)의 양변을 x에 대해 미분하면 $1\cdot f(x)+xf'(x)=0$이다. 따라서 모든 $x>0$에 대해 다음과 같은 y의 도함수를 구할 수 있다.

$$f'(x)=-\frac{f(x)}{x}$$

위 식에 $x=3$을 대입하면 $f(3)=\frac{5}{3}$이므로 $f'(3)=-\frac{\frac{5}{3}}{3}=-\frac{5}{9}$이다. 이러한 계산값들은 [그림 7.1.1]과 일치함을 확인할 수 있다.

보통 x의 함수 y를 $y=f(x)$와 같이 양함수로 나타내지 않는다. 단순히 y가 x에 대해 미분가능한 함수임을 상기하면서 식 (7.1.1)의 양변을 x에 대해 미분한다. 즉 곱의 법칙을 $xy=5$에 적용하면 $y+xy'=0$이다. 이 식을 y'으로 나타내면 다음을 얻는다.

$$f'(x)=-\frac{y}{x} \tag{7.1.3}$$

식 (7.1.1)의 도함수는 다른 방법으로도 구할 수 있다. 식 (7.1.2)를 y로 나타내면 $y=\frac{5}{x}=5x^{-1}$이고, 이 식의 양변을 x에 대해 미분하면 $y'=5(-1)x^{-2}=-\frac{5}{x^2}$를 얻는다. 식 (7.1.3)에 $y=\frac{5}{x}$를 대입해도 $y'=-\frac{5}{x^2}$임을 주목하라.

EX 7.1.2 [그림 7.1.2]는 [EX 5.4.2]에서 살펴본 다음 방정식의 그래프이다.

$$y^3+3x^2y=13 \tag{$*$}$$

이 그래프는 점 (2, 1)을 지난다. 이 점에서 그래프의 기울기를 구하라.

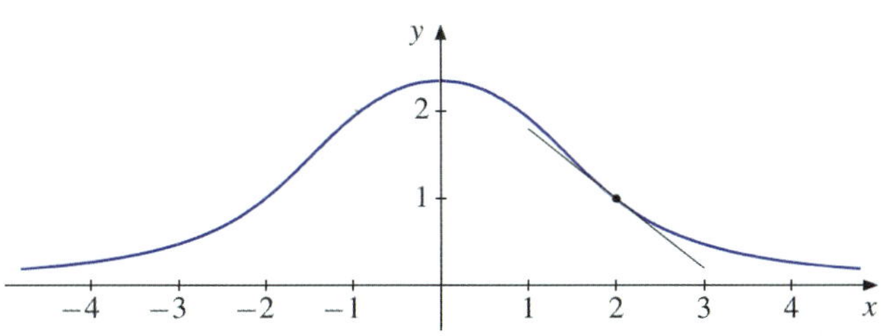

그림 7.1.2 $y^3+3x^2y=13$의 그래프

풀이

y를 x의 양함수로 나타내려면 삼차방정식을 풀어야 하므로, 그렇게 하는 대신 음함수미분법을 사용하려고 한다. 그러면 y를 x에 대해 미분가능한 함수로 생각할 수 있다. 이러한 관점에서 y^3+3x^2y는 x에 대해

미분가능한 함수이며, 식 (*)의 값은 모든 x에 대해 상수 13이어야 한다. 따라서 식 (*)의 양변을 미분하면 x에 대한 y^3+3x^2y의 도함수가 모든 x에서 0임을 알 수 있다.

연쇄법칙에 따르면 x에 대한 y^3의 도함수는 $3y^2y'$이고, 미분의 곱에 대한 법칙을 이용하여 $3x^2y$를 미분하면 $6xy+3x^2y'$이다. 따라서 식 (*)를 미분하면 다음과 같다.

$$3y^2y'+6xy+3x^2y'=0 \tag{7.1.4}$$

마지막으로 이를 y'에 대한 식으로 정리하면 다음을 얻는다.

$$y'=\frac{-6xy}{3x^2+3y^2}=\frac{-2xy}{x^2+y^2} \tag{7.1.5}$$

$x=2$, $y=1$에서 $y'=-\frac{4}{5}$를 구하는데, 이는 [그림 7.1.2]와 같다.[1]

[EX 7.1.1]과 [EX 7.1.2]는 다음과 같은 일반적인 음함수미분법을 설명한다.

음함수미분법

두 변수 x와 y에 대한 방정식에서 y'을 구하는 방법은 다음과 같다.

❶ y를 x의 함수로 간주하여 방정식의 양변을 x에 대해 미분한다.

❷ 미분한 결과의 식에서 y'을 구한다.

일반적으로 ❶에서는 미분의 연쇄법칙을 이용한다. 7.2절에서는 음함수미분법으로 해결하는 몇 가지 경제학적 예시를 제시한다. 특히 음함수미분법에 대한 중요한 응용은 9장에서 확인할 수 있는데, 최적화 문제에서 모수가 바뀌면 문제 풀이에 어떤 영향을 미치는지 알아본다.

EX 7.1.3 방정식 $x^2y^3+(y+1)e^{-x}=x+2$는 점 $(x, y)=(0, 1)$의 근방에서 x에 대해 미분가능한 함수 y를 정의한다고 하자. 이 점에서 y'을 구하라.

풀이

x에 대한 음함수미분법으로부터 다음을 얻는다.

$$2xy^3+x^2 3y^2y'+y'e^{-x}+(y+1)(-e^{-x})=1$$

여기에 $x=0$, $y=1$을 대입하면 $y'+2(-1)=1$이므로 $y'=3$이다.

EX 7.1.4 다음 방정식과 같이 y가 x에 의해 음함수로 주어졌다고 하자.

$$g(xy^2)=xy+1 \tag{*}$$

1 [그림 5.4.3]을 상기하라.

여기서 g는 주어진 미분가능한 일변수함수이다. 이때 y'의 식을 구하라.

풀이

y를 x의 함수로 간주하여 방정식의 양변을 x에 대해 미분해보자. x에 대한 $g(xy^2)$의 도함수는 $g'(xy^2)(y^2+x2yy')$이므로 식 (*)의 각 변을 미분하면 다음을 만족한다.

$$g'(xy^2)(y^2+x2yy')=y+xy'$$

이 방정식을 y'에 대해 풀면 다음을 얻는다.

$$y'=\frac{y\{yg'(xy^2)-1\}}{x\{1-2yg'(xy^2)\}}$$

EX 7.1.5 어떤 사람이 미래를 위해 현재 수입의 얼마만큼을 저축할지 결정해야 한다고 가정하자.[2] 경제학에서 대개 함수 $u(c)$는 양의 실수집합에서 정의되며, 주어진 기간에 c를 소비하는 소비자에 대한 효용성을 나타낸다. 만약 그 사람이 t년도에 c_t를 소비한다면 그의 **순간효용**(instantaneous utility)은 $u(c_t)$이다. 일반적으로 경제학자들은 개인이 미래의 소비보다 현재의 소비를 더 중요하게 여긴다는 의미에서, 그에게 인내심이 없다고 가정한다. 단순화를 위해 그 사람이 '현재'와 '미래'라는 두 기간에만 생활한다고 가정하면, '시점 간 효용'은 다음 방정식으로 모형화된다.

$$u(c_1)+\beta u(c_2) \tag{7.1.6}$$

여기서 모수 β는 $0\le\beta\le1$을 만족하는 상수로, 1과의 차는 개인의 조급함을 나타낸다. 경제학자들은 수 β를 개인의 **할인요소**(discount factor)라 부른다.

분명히 저축을 더 많이 하면 c_1으로 표기되는 현재 소비가 감소할 것이다. 만약 식 (7.1.6)으로 주어진 그 사람의 시점 간 효용이 일정하게 유지된다면, 개인의 미래 소비 c_2는 얼마나 많이 변하는가? 저축에 아무런 변화가 없다면 그의 시점 간 효용수준은 $\overline{U}$가 될 것이라고 가정하자. 이전의 표기를 유지하기 위해 $x=c_1$, $y=c_2$라 하면 y는 다음과 같이 x의 음함수로 정의된다.

$$u(x)+\beta u(y)=\overline{U} \tag{7.1.7}$$

여기서 x가 변할 때 y가 얼마나 많이 변하는지가 궁금할 것이다. x의 변화 Δx가 작다면 y의 근사적인 변화는 $y'\cdot\Delta x$로 주어진다. y'을 구하기 위해 식 (7.1.7)의 양변을 x에 대해 미분하면 다음과 같다.

$$u'(x)+\beta u'(y)y'=0$$

이 식을 y'에 대해 정리하면 다음을 얻는다.

$$y'=-\frac{u'(x)}{\beta u'(y)} \tag{7.1.8}$$

모든 c에 대해 $u'(c)>0$임을 가정하여 그 사람이 더 많은 소비를 선호한다고 가정하는 것이 일반적이다. 이 가정에 따르면 $y'<0$이고 다음이 성립해야 한다. 즉 그 사람의 현재 소비가 감소할 때, 현 상태를 유지

2 이 문제는 [EX 9.5.4]에서 자세히 다룬다.

하려면 각 개인의 미래 소비가 **증가해야 한다**. 이 문제에서 비율 $\dfrac{u'(x)}{\beta u'(y)}$는 경제학자들이 현재 소비와 미래 소비 사이의 **한계대체율**(MRS; marginal rate of substitution)이라 부르는 한 예이다. $x=y$ 또는 $c_1=c_2$이면 MRS는 $\dfrac{1}{\beta}$이다. $0<\beta<1$이면 $\dfrac{1}{\beta}>1$이므로 이때의 MRS는 현재와 미래의 소비가 동일한 시점에서 미래 소비에 비해 현재 소비에 얼마나 더 많은 가치가 부여되는지 측정한다. 이 개념은 15.3절에서 자세히 설명한다.

음함수의 이계도함수

다음 문제들은 식 (7.1.1)과 같은 형태인 음함수의 이계도함수를 구하는 방법을 제시한다.

EX 7.1.6 음함수 $xy=5$에서 이계도함수 y''을 구하라.

풀이

[EX 7.1.1]에서 $y+xy'=0$이고, 모든 $x\neq 0$에서 $y'=-\dfrac{y}{x}$임을 알았다. 여기서 y와 y'이 x에 대한 함수라고 생각하고 $y+xy'=0$의 양변을 x로 음함수미분하면 $y'+y'+xy''=0$이므로 $y''=-\dfrac{2y'}{x}$을 얻는다. 한편 $y'=-\dfrac{y}{x}$를 대입하면 $y''=\dfrac{2y}{x^2}$임을 알 수 있다. 만약 $y>0$이면 [그림 7.1.1]에서 보는 바와 같이 그래프가 위로 볼록하므로 $y''>0$임을 안다. 또한 $y=\dfrac{5}{x}$이므로 역시 $y''=\dfrac{10}{x^3}$도 구할 수 있다.

y''을 구하기 위해 [EX 7.1.1]의 식 (7.1.3)과 같은 $y'(x)=-\dfrac{y}{x}$에서 시작할 수도 있다. 몫의 미분법칙을 사용하여 이 분수를 x에 대해 미분하고, y가 x에 대한 식임을 고려하면 다음을 구할 수 있다.[3]

$$y''=\frac{d}{dx}\left(\frac{-y}{x}\right)=-\frac{y'x-y}{x^2}=-\frac{\left(-\frac{y}{x}x\right)-y}{x^2}=\frac{2y}{x^2}$$

EX 7.1.7 [EX 7.1.2]의 음함수 $y^3+3x^2y=13$에 대해 점 $(x, y)=(2, 1)$에서 y''을 구하라.

풀이

가장 쉬운 풀이는 식 (7.1.4)의 각 변을 x에 대해 미분하는 것이다. x에 대한 $3y^2y'$의 도함수는 $(6yy')y'+3y^2y''=6y(y')^2+3y^2y''$이다. 다른 두 항도 유사한 방법으로 미분하면 다음 방정식을 얻는다.

$$6y(y')^2+3y^2y''+6y+6xy'+6xy'+3x^2y''=0$$

이제 $x=2$, $y=1$을 대입하면 [EX 7.1.2]에서 구한 값인 $y'=-\dfrac{4}{5}$와 일치함을 알 수 있다. 위의 방정식에 대입하여 $y''=\dfrac{78}{125}$을 구한다.

다른 방법으로 식 (7.1.5)의 우변에 있는 분수를 x에 대해 미분하여 구할 수도 있다.

3 이렇게 단순한 경우에는 답을 직접 확인할 수 있다. $y=5x^{-1}$이고 $y'=-5x^{-2}$이므로 $y''=10x^{-3}$이다.

EX 7.1.8 [EX 7.1.5]의 시점 간 효용 문제를 상기하자. 식 (7.1.7)을 만족하는 순서쌍 (x, y)는 개인의 시점 간 효용을 일정하게 유지해주는 현재 소비와 미래 소비의 조합이다. 이를 만족하는 모든 순서쌍의 그래프를 소비자의 **무차별곡선**(indifference curve)이라 하며, [그림 7.1.3]에서 확인할 수 있다.

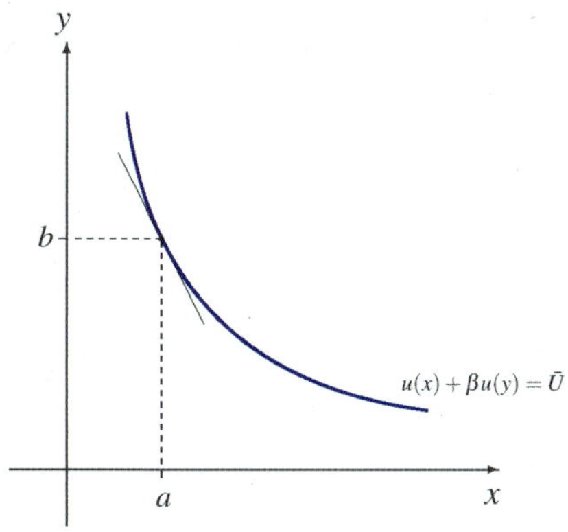

그림 7.1.3 무차별곡선

식 (7.1.8)을 반복하면 $y' = -\dfrac{u'(x)}{\beta u'(y)}$이므로 $y' < 0$이다. 이는 무차별곡선이 아래쪽으로 기울어짐을 알려준다. [EX 7.1.5]에서 살펴본 바와 같이, 임의의 점 (a, b)에서 $|y'| = \dfrac{u'(a)}{\beta u'(b)}$로 주어지는 기울기의 절댓값은 그 시점의 MRS이다.

이제 무차별곡선의 모양에 대해 더 많은 정보를 알려주는 y''의 부호를 정할 수 있다. $y' = -\dfrac{u'(x)}{\beta u'(y)}$를 x에 대해 미분하면 다음을 얻는다.

$$y'' = -\frac{u'(y)u''(x) - u'(x)u''(y)y'}{\beta\{u'(y)\}^2} = -\frac{1}{\beta\{u'(y)\}^2}\left[u'(y)u''(x) + \frac{\{u'(x)\}^2}{\beta u'(y)}u''(y)\right] \quad (*)$$

여기서 $y' = -\dfrac{u'(x)}{\beta u'(y)}$를 두 번 대입하여 구했다.

경제학에서는 일반적으로 u의 일계도함수가 양수이지만 점차 감소한다고 가정한다. 이 개념은 소비의 추가 단위마다 개인 효용의 증가폭이 이전보다 감소한다고 보는 것이다. 이러한 가정은 모든 $c > 0$에 대해 $u''(c) < 0$임을 뜻한다. 이는 식 (*)에서 $u''(x) < 0$과 $u''(y) < 0$이 동시에 성립하므로 항상 $y'' > 0$임을 의미한다.

[그림 7.1.3]은 전형적인 무차별곡선과 점 (a, b)에서 그 곡선의 접선을 같이 보여준다. 접선의 기울기는 식 (7.1.8)로 주어진 y'이고, 기울기의 절댓값은 MRS이다. 이 문제의 맥락으로 보면 현재 소비와 미래 소비 사이의 '시점 간' MRS로 봐야 한다.

식 (*)에서 $y'' > 0$이므로 x에 따라 y'이 증가한다. 그리고 $y' < 0$이기 때문에 x가 증가함에 따라 y'의 절댓값이 감소한다. 이는 무차별곡선이 오른쪽 아래 방향으로 움직일수록 평평해진다는 사실에 해당한다. 그리고 경제학에서는 이를 '개인의 현재 소비가 많을수록 현재 소비의 고정된 희생을 보상하기 위해 요구되는 미래 소비의 증가가 더욱 낮아진다.'고 해석한다.

7.1 연습문제

1 방정식 $3x^2+2y=5$에 음함수미분법을 적용하여 y'을 구하라. 그리고 방정식을 y에 대해 나타낸 뒤 미분하여 서로 확인하라.

2 방정식 $x^2y=1$에 음함수미분법을 적용하여 $\frac{dy}{dx}$와 $\frac{d^2y}{dx^2}$을 각각 구하라. 그리고 방정식을 y에 대해 나타낸 뒤 미분하여 서로 확인하라.

3 다음 함수에 음함수미분법을 적용하여 $\frac{dy}{dx}$와 $\frac{d^2y}{dx^2}$을 각각 구하라.

(a) $x-y+3xy=2$ (b) $y^5=x^6$

4 방정식 $u^2+uv-v^3=0$으로 주어진 uv평면 위의 곡선을 생각하자. 음함수미분법을 이용하여 $\frac{dv}{du}$를 계산하라. 또한 주어진 곡선에서 $\frac{dv}{du}=0$이고 $u\neq 0$인 점 (u, v)를 구하라.

5 y가 x에 대해 미분가능한 함수이고, 다음 방정식을 만족한다고 하자.

$$2x^2+6xy+y^2=18$$

점 $(x, y)=(1, 2)$에서 y'과 y''을 각각 구하라.

6 미분가능한 함수 $y=f(x)$가 다음 방정식을 각각 만족한다고 할 때 y'을 구하라. 여기서 a는 양의 상수이다.

(a) $x^2+y^2=a^2$ (b) $\sqrt{x}+\sqrt{y}=\sqrt{a}$

(c) $x^4-y^4=x^2y^3$ (d) $e^{xy}-x^2y=1$

7 곡선 $2xy-3y^2=9$와 그 위의 점 $(x, y)=(6, 1)$에 대한 물음에 답하라.

(a) 주어진 점에서 곡선에 대한 접선의 기울기를 구하라.

(b) 주어진 점에서 이계도함수를 계산하라.

8 다음 각 방정식에 주어진 g는 일변수이며 미분가능한 함수이고, y는 x에 대한 음함수로 정의된다고 가정하자. 각각에서 y'에 대한 식을 구하라.

(a) $xy=g(x)+y^3$

(b) $g(x+y)=x^2+y^2$

(c) $(xy+1)^2=g(x^2y)$

9 일변수함수 F는 미분가능한 함수이고 $F(0)=0$과 $F'(0)\neq -1$을 만족하며, 다음 방정식에서 y는 x에 대한 음함수로 정의된다고 가정하자.

$$x^3F(xy)+e^{xy}=x$$

이때 점 $(x, y)=(1, 0)$에서 y'에 대한 식을 구하라.

10 다음에 소개하는 [그림 7.1.4]는 **연주형**(lemniscate)으로 알려져 있다.

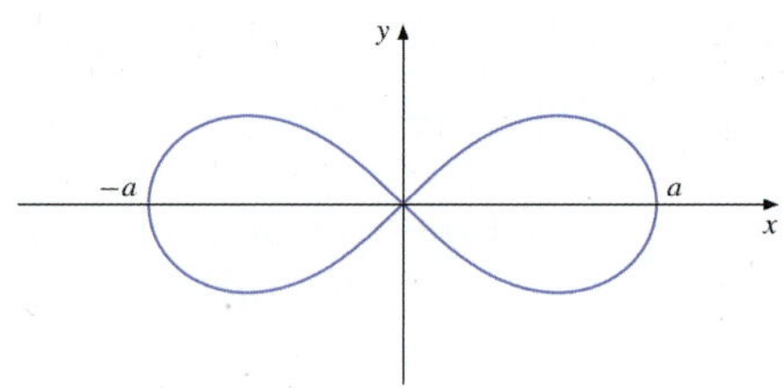

그림 7.1.4 연주형

1600년대 후반에 스위스 수학자 요한 베르누이(Johann Bernoulli, 1667~1748)는 연주형 곡선이 다음과 같은 방정식으로 표현됨을 발견했다. 여기서 a는 양의 상수이다.

$$(x^2+y^2)^2=a^2(x^2-y^2)$$

(a) 이 곡선 위에 있고 $y\neq 0$인 임의의 점 (x, y)에서 접선의 기울기를 구하라.

(b) 이 곡선에서 접선이 x축과 평행한 점들을 구하라.

7.2 경제학적 예시

경제학에서 음함수미분법보다 더 중요한 수학적 기법은 거의 없다. 이것은 경제모형에서 많은 함수가 하나의 방정식 또는 연립방정식에 의해 음함수로 정의되기 때문이다. 방정식의 변수가 x와 y가 아닌 경우도 많이 있으므로 주어진 방정식을 다른 변수의 이름으로 미분하는 연습이 필요하다.

EX 7.2.1 [EX 3.2.1]에서 국민소득을 결정하는 표준 거시경제모형을 살펴봤다. 이를 다소 일반화한 형태인 [EX 4.5.2]는 두 가지 방정식 ❶, ❷를 포함한다.

❶ $Y = C + \bar{I}$　　　❷ $C = f(Y)$

여기서 방정식 ❶은 Y로 표기되는 GDP가 소비 C와 투자 $\bar{I}$로 나누어짐을 의미한다. 그리고 후자는 외생 상수로 가정한다. 반면에 방정식 ❷는 [EX 4.5.2]에 제시했듯이 일반화된 소비함수이다. **한계소비성향** $f'(Y)$는 0과 1 사이에 있다고 가정한다. 물음에 답하라.

(a) 먼저 특수한 경우인 $C = f(Y) = 95.05 + 0.712\,Y$를 생각하자. 이는 [EX 4.5.2]에서 논의한 소비함수에 관해 트리그베 호벨모(Trygve Haavelmo)가 추정한 값이다. 식 ❶과 ❷를 이용하여 이때의 Y를 $\bar{I}$에 대한 항으로 나타내라.

(b) 일반적일 때의 함수 $f(Y)$로 돌아가서 식 ❷의 C를 ❶에 대입하면 $Y = f(Y) + \bar{I}$를 얻는다. 이 방정식이 Y를 $\bar{I}$에 대한 미분가능한 함수로 정의한다고 하자. $\frac{dY}{d\bar{I}}$를 구하라.

(c) $f''(Y)$가 존재한다고 가정할 때 $f''(Y) = \frac{d^2Y}{d\bar{I}^2}$을 구하라.

풀이

(a) $Y = 95.05 + 0.712\,Y + \bar{I}$를 Y에 대해 풀면 $Y = \frac{95.05 + \bar{I}}{1 - 0.712} \approx 3.47\bar{I} + 330.03$이다. 특히 $\frac{dY}{d\bar{I}} \approx 3.47$인데, 이는 $\bar{I}$가 10억 달러 증가하면 GDP는 약 34억 7천만 달러 증가함을 의미한다.

(b) 연쇄법칙을 이용하여 $Y = f(Y) + \bar{I}$를 $\bar{I}$에 대해 미분하면 다음과 같다.

$$\frac{dY}{d\bar{I}} = f'(Y)\frac{dY}{d\bar{I}} + 1,\ \text{즉}\ \frac{dY}{d\bar{I}}\{1 - f'(Y)\} = 1 \tag{7.2.1}$$

이를 $\frac{dY}{d\bar{I}}$에 대해 정리하면 다음을 얻는다.

$$\frac{dY}{d\bar{I}} = \frac{1}{1 - f'(Y)} \tag{7.2.2}$$

예를 들어 $f'(Y) = \frac{1}{2}$이면 $\frac{dY}{d\bar{I}} = 2$이다. 만약 (a)처럼 $f'(Y) = 0.712$이면 $\frac{dY}{d\bar{I}} \approx 3.47$이다. 일반적으로 $f'(Y)$가 0과 1 사이에 있다고 가정하면 $1 - f'(Y)$ 또한 0과 1 사이에 있다는 결론을 얻는다. 따라서 $\frac{1}{1 - f'(Y)}$은 항상 1보다 크다. 그러므로 이 모형에서는 투자를 10억 달러 늘리면 항상 GDP가 10억 달러 이상 증가하는 것으로 이어진다. $f'(Y)$가 클수록 한계소비성향 $1 - f'(Y)$가 작아지므로 $\frac{dY}{d\bar{I}}$는 커진다.

(c) Y'' 을 구하기 위해 음함수미분법을 이용하여 식 (7.2.1)의 첫 번째 방정식을 $\bar{I}$에 대해 미분해보자. $\bar{I}$에 대한 $f'(Y)$의 도함수는 $f''(Y)\dfrac{dY}{d\bar{I}}$이므로 곱의 미분법에 따라 다음을 얻는다.

$$\frac{d}{d\bar{I}}\left\{f'(Y)\frac{dY}{d\bar{I}}\right\} = f''(Y)\frac{dY}{d\bar{I}}\frac{dY}{d\bar{I}} + f'(Y)\frac{d^2Y}{d\bar{I}^2}$$

따라서 구하려고 하는 도함수는 다음 식을 만족한다.

$$\frac{d^2Y}{d\bar{I}^2} = f''(Y)\left(\frac{dY}{d\bar{I}}\right)^2 + f'(Y)\frac{d^2Y}{d\bar{I}^2} \tag{7.2.3}$$

이 방정식을 $\dfrac{d^2Y}{d\bar{I}^2}$에 대해 정리한 다음 식 (7.2.2)를 적용하면 다음을 얻는다.

$$\frac{d^2Y}{d\bar{I}^2} = \frac{f''(Y)}{1-f'(Y)}\left(\frac{dY}{d\bar{I}}\right)^2 = \frac{f''(Y)}{\{1-f'(Y)\}^3}$$

EX 7.2.2 [EX 4.5.4]의 공급과 수요에 대한 선형모형에서 소비자가 단위당 세금을 τ만큼 납부해야 한다고 가정하자. 소비자가 부담하는 단위당 가격은 P에서 $(P+\tau)$로 인상한다. 따라서 다음 방정식이 성립한다.

$$D = a - b(P+\tau),\ S = \alpha + \beta P \tag{7.2.4}$$

여기서 a, b, α, β는 양의 상수이다. 균형가격은 수요와 공급을 같게 함으로써 결정되므로 다음을 만족한다.

$$a - b(P+\tau) = \alpha + \beta P \tag{7.2.5}$$

(a) 식 (7.2.5)는 단위세 τ의 함수로서 가격 P를 음함수 형태로 정의한다. 음함수미분법을 이용하여 $\dfrac{dP}{d\tau}$를 구하라. $\dfrac{dP}{d\tau}$의 부호와 $\dfrac{d}{d\tau}(P+\tau)$의 부호를 결정하라. 식 (7.2.5)를 P에 대해 풀고, $\dfrac{dP}{d\tau}$를 양함수로 구하여 그 결과를 확인하라.

(b) 조세수입 T를 τ의 함수로 나타내라. 또한 이차함수 T는 τ의 어떤 값에서 최댓값에 도달하는지 구하라.

(c) $f' < 0$이고 $g' > 0$을 만족하는 미분가능한 두 함수 f와 g에 대해 $D = f(P+\tau)$와 $S = g(P)$임을 가정하여 모형을 일반화하라. 평형조건 $f(P+\tau) = g(P)$는 P가 τ에 대해 미분가능한 음함수임을 보여준다. 음함수미분법을 이용하여 $\dfrac{dP}{d\tau}$에 대한 식을 구하라. 그리고 이를 기하적으로 설명하라.

풀이

(a) 식 (7.2.5)를 τ에 대해 미분하면 다음과 같다.

$$-b\left(\frac{dP}{d\tau}+1\right) = \beta\frac{dP}{d\tau}$$

이 식을 정리하면 $\dfrac{dP}{d\tau} = \dfrac{-b}{b+\beta}$를 얻는다. 여기서 $\dfrac{dP}{d\tau}$는 음수인데, 단위세율 τ가 높아지면 생산자가 받는 가격 P는 내려갈 것이기 때문이다. 그러나 $(P+\tau)$는 소비자 가격이다. 또한 다음이 성립한다.

$$\frac{d}{d\tau}(P+\tau) = \frac{dP}{d\tau}+1 = \frac{-b}{b+\beta}+1 = \frac{-b+b+\beta}{b+\beta} = \frac{\beta}{b+\beta}$$

즉 $0<\frac{d}{d\tau}(P+\tau)<1$이다. 따라서 소비자 가격 $(P+\tau)$는 증가하지만, 세금 인상폭보다는 적게 증가한다. 식 (7.2.5)를 P에 대해 풀면 다음을 얻는다.

$$P=\frac{a-\alpha-b\tau}{b+\beta}=\frac{a-\alpha}{b+\beta}-\frac{b}{b+\beta}\tau$$

이는 균형생산자 가격 P는 기울기가 $-\frac{b}{b+\beta}$인 단위세 τ에 대한 일차함수임을 보여준다.

(b) 균형가격 P에 대해 총 조세수입은 $T=S\tau=(\alpha+\beta P)\tau$이다. 즉 다음과 같다.

$$T=\left\{\alpha+\beta\left(\frac{a-\alpha}{b+\beta}-\frac{b}{b+\beta}\tau\right)\right\}\tau=\frac{-b\beta}{b+\beta}\tau^2+\frac{\alpha b+\beta a}{b+\beta}\tau$$

4.6절에 따르면 이 이차함수는 $\tau=\frac{\alpha b+\beta a}{2b\beta}$에서 최댓값을 가진다.

(c) 방정식 $f(P+\tau)=g(P)$를 τ에 대해 미분하면 다음과 같다.

$$f'(P+\tau)\left(\frac{dP}{d\tau}+1\right)=g'(P)\frac{dP}{d\tau} \tag{7.2.6}$$

이를 $\frac{dP}{d\tau}$에 대해 풀면 다음을 얻는다.

$$\frac{dP}{d\tau}=\frac{f'(P+\tau)}{g'(P)-f'(P+\tau)}$$

$f'<0$이고 $g'>0$이므로 이 경우에도 $\frac{dP}{d\tau}$는 음수임을 알 수 있다. 더욱이 다음이 성립한다.

$$\frac{d}{d\tau}(P+\tau)=\frac{dP}{d\tau}+1=\frac{f'(P+\tau)}{g'(P)-f'(P+\tau)}+1=\frac{g'(P)}{g'(P)-f'(P+\tau)}$$

이로부터 $0<\frac{d}{d\tau}(P+\tau)<1$이 성립한다.

[그림 7.2.1]은 이 결과를 설명하는 그래프이다. 통상적으로 경제학에서 그래프의 수평축은 수량을, 수직축은 가격을 나타낸다. 가격에 세금이 포함된 수요곡선은 $Q=f(P+\tau)$로 표현되며, $Q=f(P)$의 그래프를 수직방향으로 τ만큼 평행이동하여 얻는다. 이 그래프는 역수요곡선 $P=f^{-1}(Q)$의 그래프이기도 하다. 평행이동한 그래프는 $P=f^{-1}(Q)-\tau$를 나타내며, 이 또한 $Q=f(P+\tau)$의 그래프이다.

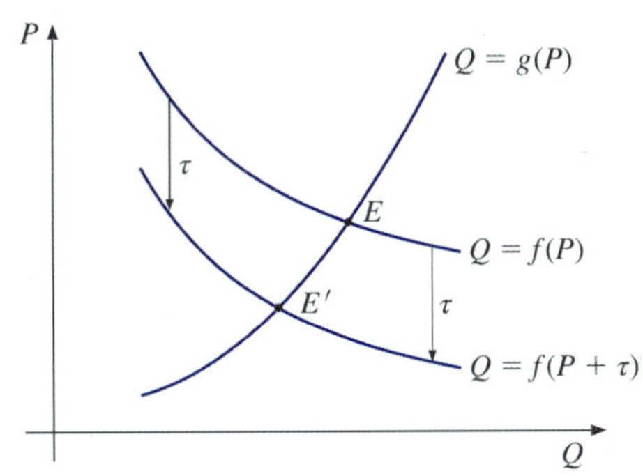

그림 7.2.1 수요곡선의 이동

[그림 7.2.1]은 세금 τ가 증가할 때 E'에서 새로운 균형이 이루어짐을 보여준다. 이로부터 신규 수량이 E보다 적어지며, 공급자가 받는 가격도 낮아짐을 알 수 있다. 그러나 P의 감소 폭이 τ의 증가 폭보다 적기 때문에 구매자가 지급하는 가격 $(P+\tau)$는 증가한다.

7.2 연습문제

1 한 연구에 따르면 1925년부터 1937년까지 스톡홀름에서 버터 수요 Q는 가격 P에 대해 $Q \cdot P^{\frac{1}{2}} = 38$의 방정식으로 주어진다고 한다. 이때 음함수미분법을 이용하여 $\dfrac{dQ}{dP}$를 구하라. 다른 방법으로도 도함수를 구하여 서로 일치하는지 확인하라.

2 단일 상품을 생산하는 이윤극대화기업이 있다고 하자. 이 기업이 단위당 고정가격을 P로 받으면, Q단위 판매하여 얻는 이익은 $\pi(Q) = PQ - C(Q)$이다. 여기서 비용함수 $C(Q)$는 $C'(Q) > 0$, $C''(Q) > 0$을 가정한다. [EX 8.5.1]에서 다음 식 (*)를 만족할 때, $Q = Q^* > 0$으로 이익을 극대화함을 보일 것이다.

$$P = C'(Q^*) \qquad (*)$$

따라서 최적의 한계비용은 단위당 가격과 같아야 한다. 물음에 답하라.

(a) 음함수미분법으로 식 (*)를 P에 대해 미분하여 $\dfrac{dQ^*}{dP}$에 대한 식을 구하라.

(b) $\dfrac{dQ^*}{dP}$의 부호를 설명하라.

3 양의 상수 A, α, β, S에 대해 방정식 $AP^{-\alpha}r^{-\beta} = S$를 생각해보자. 이 식의 좌변은 상품의 수요가 상품가격 P와 이자율 r에 대해 감소함을 나타낸다. 균형상태에서는 이 수요는 고정 공급량 S와 같아야 한다. 물음에 답하라.

(a) 양변의 자연로그를 취한 다음 음함수미분법으로 $\dfrac{dP}{dr}$에 대한 식을 구하라.

(b) 이자율이 상승하면 균형가격이 어떻게 되는지 설명하라.

4 [EX 7.2.1]의 표준 거시경제모형을 국제무역에 개방된 경제로 확장하면 세 방정식 (i), (ii), (iii)을 얻는다.

(i) $Y = C + \overline{I} + \overline{X} - M$

(ii) $C = f(Y)$

(iii) $M = g(Y)$

여기서 $\overline{X}$는 수출을 나타내는 외생상수이고, M은 수입량이다. (ii)의 소비함수 f는 $0 < f'(Y) < 1$을 만족하고, (iii)의 함수 g는 **수입함수**(import function)라 정의하며, $0 < g'(Y) < f'(Y)$를 만족한다고 가정한다. 물음에 답하라.

(a) (ii)와 (iii)을 (i)에 대입하여 Y를 외생투자 $\overline{I}$의 함수로 나타내라.

(b) 음함수미분법으로 $\dfrac{dY}{d\overline{I}}$에 대한 식을 구한 다음 $\dfrac{dY}{d\overline{I}}$의 부호를 설명하라.

(c) $\dfrac{d^2Y}{d\overline{I}^2}$에 대한 식을 구하라.

5 [EX 7.2.2(c)]의 풀이 중 식 (7.2.6)을 τ에 대해 미분하여 $\dfrac{d^2P}{d\tau^2}$를 구하라.

6 [EX 7.2.2]는 소비자에게 세금이 부과되는 수요와 공급 모형을 알아보았다. 여기서 생산자는 판매가격 P의 일부인 τ(단, $0 < \tau < 1$)에 해당하는, 판매 단위당 세금을 납부해야 한다고 가정한다. 이는 세금과의 균형조건이 다음 방정식과 같음을 의미한다.

$$f(P) = g(P - \tau P) \qquad (*)$$

여기서 $f' < 0$이고 $g' > 0$이라 가정하고 물음에 답하라.

(a) 식 (*)를 τ에 대해 미분하여 $\dfrac{dP}{d\tau}$를 구하라.

(b) $\dfrac{dP}{d\tau}$의 부호를 구하고 이를 경제학적으로 해석하라.

7.3 역함수정리

역함수에 대해서는 5.3절에서 소개했다. f가 구간 I에서 정의된 일대일함수이면 f의 치역 $f(I)$에서 역함수 g가 정의된다. f와 g의 도함수 사이에는 무슨 관계가 있는가? 여기 간단한 예를 소개한다.

EX 7.3.1 $a \neq 0$이면 두 일차함수 $f(x) = ax + b$와 $g(x) = \dfrac{x-b}{a}$는 서로 역함수이다. 두 함수의 그래프는 직선 $y = x$에 대해 대칭인 직선이고, 기울기는 각각 a와 $\dfrac{1}{a}$이다. [그림 5.3.3]을 다시 보면 f의 기울기는 4이고 g의 기울기는 $\dfrac{1}{4}$이므로 이 결과를 확인할 수 있다.

일반적으로 f와 g가 서로의 역함수이면 정의에 따라 구간 I의 모든 x에 대해 다음이 성립한다.

$$g(f(x)) = x \tag{7.3.1}$$

f와 g가 모두 미분가능하면, 음함수미분법으로 f와 g의 도함수 사이의 관계를 쉽게 구할 수 있다. 식 (7.3.1)을 x에 대해 미분하면 $g'(f(x))f'(x) = 1$이다. 즉 $f'(x) \neq 0$인 임의의 x에서 $g'(f(x)) = \dfrac{1}{f'(x)}$이다.

역함수에 관해 가장 중요한 사실은 다음 정리로 요약된다. 구간의 한 점이 **내부**인 것은 그 점이 구간의 끝점이 아님과 동치임을 기억하자.

정리 7.3.1 역함수정리

f가 한 구간 I에서 미분가능하고 순증가[순감소]하면 f는 역함수 g를 가지고 g도 구간 $f(I)$에서 순증가[순감소]한다. 또한 a가 I의 내부점이고 $f'(a) \neq 0$이면 g는 $b = f(a)$에서 미분가능하고 다음을 만족한다.

$$g'(b) = \frac{1}{f'(a)} \tag{7.3.2}$$

식 (7.3.2)는 다음 방법으로 b에서 f의 역함수 g의 도함수를 구하는 데 이용된다. 풀이가 가능하면 $f(a) = b$를 만족하는 a를 주어진 구간 I에서 찾은 다음, $f'(x)$를 구하여 $f'(a)$를 계산한다. $f'(a) \neq 0$이면 g는 b에서 도함수를 가지며 그 값은 $g'(b) = \dfrac{1}{f'(a)}$이다. 식 (7.3.2)는 f'과 g'이 같은 부호를 가져야 함을 시사한다. 따라서 f가 순증가[순감소]하면 g도 순증가[순감소]하고, 그 역도 마찬가지이다. 식 (7.3.2)의 기하적 해석은 [그림 7.3.1]에 잘 나타나 있다. 여기서 f와 g는 서로 역함수이다. P의 좌표는 (a, b)이고 Q의 좌표는 (b, a)이다. 점

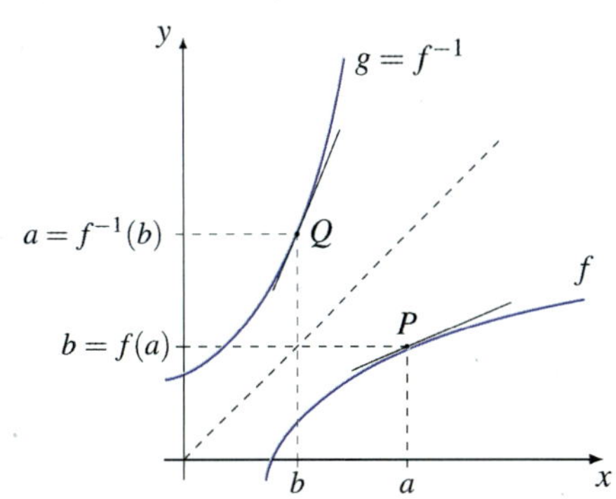

그림 7.3.1 P에서 기울기는 y'이고 Q에서 기울기는 $\dfrac{1}{y'}$

P에서 접선의 기울기를 $y' = f'(a)$라 하면 점 Q에서 접선의 기울기는 $g'(b) = \frac{1}{y'}$이다.

EX 7.3.2 함수 f가 모든 실수 x에서 $f(x) = x^5 + 3x^3 + 6x - 3$으로 정의되었다고 하자. f가 역함수 g를 가짐을 보여라. $f(1) = 7$과 식 (7.3.2)를 이용하여 $g'(7)$을 구하라.

풀이

$f(x)$를 미분하면 $f'(x) = 5x^4 + 9x^2 + 6$이다. 분명히 모든 x에 대해 $f'(x) > 0$이므로 f는 순증가함수이고 결과적으로 일대일함수이다. 따라서 f는 역함수 g를 갖는다. 한편 $f'(1) = 20$이므로 식 (7.3.2)에 $a = 1$, $b = 7$을 대입하면 $g'(7) = \frac{1}{f'(1)} = \frac{1}{20}$을 얻는다. 역함수 g의 식을 대수적으로 구할 수 없더라도 이러한 방법으로 $g'(7)$을 정확히 구할 수 있음에 주목하라.

EX 7.3.3 f와 g는 서로 역함수이고, 모두 두 번 미분가능하다고 가정하자. $f'(x) \neq 0$인 임의의 점 x에서 $g'(f(x)) = \frac{1}{f'(x)}$을 x에 대해 미분하여 $g''(f(x))$를 구하라. 그리고 f''와 g''의 부호가 같은지 또는 다른지 구하라.

풀이

방정식 $g'(f(x)) = \frac{1}{f'(x)}$의 각 변을 x에 대해 미분하면 다음을 얻는다.

$$g''(f(x))f'(x) = (-1)(f'(x))^{-2}f''(x)$$

여기서 $f'(x) \neq 0$이면 다음이 성립한다.

$$g''(f(x)) = -\frac{f''(x)}{(f'(x))^3} \tag{7.3.3}$$

$f' > 0$이면 $f''(x)$와 $g''(f(x))$는 부호가 반대이지만, $f' < 0$이면 부호가 같다. 특히 f가 순증가하고 모든 x에 대해 $f''(x) < 0$이면 [그림 7.3.1]과 같이 역함수 g는 순증가하고 모든 x에 대해 $g''(x) > 0$이다.

식 (7.3.2)를 일반적으로 다음과 같이 간단하게 나타내기도 한다.

$$\frac{dx}{dy} = \frac{1}{\frac{dy}{dx}} \tag{7.3.4}$$

그래서 마치 dx와 dy를 일반적인 수처럼 취급할 수 있다고 착각하기도 한다. 식 (7.3.3)은 이러한 착각이 이계도함수 표기법에서는 적용되지 않음을 보여준다. 예를 들어 $\frac{d^2x}{dy^2} = \frac{1}{\frac{dy^2}{d^2x}}$은 사용할 수 없다.

EX 7.3.4 [EX 4.5.4]의 선형수요함수 대신 $\ln Q = a - b\ln P$ 형태의 함수를 가정하자. 이 함수는 가격과 수량의 로그가 선형이므로 **로그선형**(log-linear)이라 한다.[4]

(a) Q를 P의 함수로 나타내고 $\dfrac{dQ}{dP} = -\dfrac{bQ}{P}$임을 보여라.

(b) P를 Q의 함수로 나타내고 $\dfrac{dP}{dQ}$를 구하라.

(c) 식 (7.3.4)에서 나타내는 대로 $\dfrac{dP}{dQ} = \dfrac{1}{\frac{dQ}{dP}}$을 만족하는지 확인하라.

풀이

(a) 주어진 방정식의 양변에 지수를 취하면 $Q = e^{a-b\ln P} = e^{a}(e^{\ln P})^{-b} = e^{a}P^{-b}$이고, 이로부터 $\dfrac{dP}{dQ} = -be^{a}P^{-b-1} = -\dfrac{bQ}{P}$를 얻는다.

(b) P에 대해 $Q = e^{a}P^{-b}$을 풀면 $P = e^{\frac{a}{b}}Q^{-\frac{1}{b}}$이므로 $\dfrac{dP}{dQ} = -\dfrac{1}{b}e^{\frac{a}{b}}Q^{-1-\frac{1}{b}}$이다.

(c) (b)와 (a)를 이용하면 $\dfrac{dP}{dQ} = -\dfrac{1}{b}\dfrac{P}{Q} = \dfrac{1}{\frac{dQ}{dP}}$이다.

7.3 연습문제

1 모든 x에 대해 $f(x) = e^{2x-2}$으로 정의된 함수는 역함수 g를 갖는다. $f(x) = 1$을 만족하는 x를 구한 다음, 식 (7.3.2)를 이용하여 $g'(1)$을 구하라. 함수 g를 구하여 그 결과를 확인하라.

2 함수 f가 $-2 \le x \le 2$에서 $f(x) = \dfrac{1}{3}x^{3}\sqrt{4-x^{2}}$으로 정의되었다고 하자.

(a) f가 증가하는 구간과 f가 감소하는 구간을 구하고, 그래프의 개형을 그려라.

(b) f가 구간 $[0, \sqrt{3}]$에서 역함수 g를 갖는 이유를 설명하고, $g'\left(\dfrac{1}{3}\sqrt{3}\right)$을 구하라.

힌트 $f(1) = \dfrac{\sqrt{3}}{3}$이다.

3 f가 모든 x에 대해 $f(x) = \ln(2 + e^{x-3})$으로 정의되었다고 하자.

(a) f가 순증가함수임을 보이고 f의 치역을 구하라.

(b) f의 역함수 g를 구하고 g의 정의역을 설명하라.

(c) $f'(3) = \dfrac{1}{g'(f(3))}$임을 보여라.

4 5.3절 [연습문제 2]에 따르면 1915년부터 1929년까지 미국의 설탕 수요는 가격 P에 대한 함수로서 $D = \dfrac{157.8}{P^{0.3}}$으로 주어진다고 한다. 식 (7.3.4)를 이용하여 $\dfrac{dP}{dD}$를 구하라.

5 다음 각 방정식에 식 (7.3.4)를 이용하여 $\dfrac{dx}{dy}$를 구하라.

(a) $y = e^{-x-5}$ (b) $y = \ln(e^{-x} + 3)$

(c) $xy^{3} - x^{3}y = 2x$

4 역수요함수는 $\ln P = \dfrac{1}{b}(a - \ln Q)$로 나타낼 수 있으며, 이 또한 로그선형이다.

7.4 선형근사

현대 경제분석은 대부분 근삿값에 불과한 수치 계산에 의존한다. 따라서 복잡한 함수보다는 조금 더 간단한 함수로 근삿값을 구하는 경우가 많다. 특히 일차함수가 단순하므로 먼저 **선형근삿값**을 사용하는 것이 당연해 보인다. 이제 $x=a$에서 미분가능한 함수 $f(x)$를 생각해보자. [그림 7.4.1]과 같이 f의 그래프를 특정한 점 $(a, f(a))$에서의 접선으로 근사한다고 가정한다. 식 (6.2.3)에 의해 이 접선은 함수 $y=p(x)=f(a)+f'(a)(x-a)$의 그래프로 주어진다.

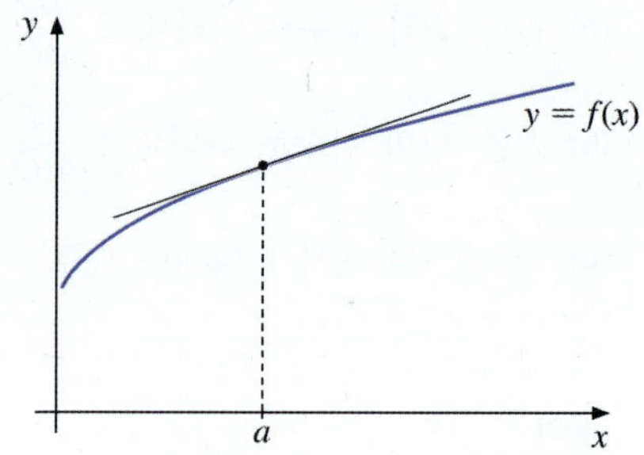

그림 7.4.1 접선에 의한 함수의 근사

$x=a$ 근방에서 미분가능한 f의 선형근사식

$f(x)$가 $x=a$에서 미분가능하면, $x=a$의 근방에서 $f(x)$의 근사식은 다음과 같다.

$$f(x) \approx f(a)+f'(a)(x-a) \tag{7.4.1}$$

$f(x)$와 선형근사식 $p(x)=f(a)+f'(a)(x-a)$는 모두 $x=a$에서 함숫값도 같고 도함수도 같다.[5]

EX 7.4.1 $x=1$의 근방에서 $f(x)=\sqrt[3]{x}$에 대한 선형근사식을 구하라.

풀이

$f(x)=\sqrt[3]{x}=x^{\frac{1}{3}}$이므로 $f(1)=1$이고 $f'(x)=\frac{1}{3}x^{-\frac{2}{3}}$이다. 따라서 $f'(1)=\frac{1}{3}$을 얻는다. 이 값들을 식 (7.4.1)에 대입하면 $a=1$일 때 $x=1$의 근방에서 다음 근사식을 구할 수 있다.

$$\sqrt[3]{x} \approx f(1)+f'(1)(x-1)=1+\frac{1}{3}(x-1)$$

예를 들어 $x=1.03$에서는 $\sqrt[3]{1.03} \approx 1+\frac{1}{3}(1.03-1)=1.01$이다. 실제로 $\sqrt[3]{1.03}$을 소수점 이하 4자리까지 정확하게 구한 값은 1.0099이다.

EX 7.4.2 식 (7.4.1)을 이용하여 $x=0$의 근방에서 $\ln(1+x) \approx x$임을 보여라.

풀이

$f(x)=\ln(1+x)$라 두면 $f(0)=0$이고 $f'(x)=\frac{1}{1+x}$이다. 이로부터 $f'(0)=1$을 구한 다음 식 (7.4.1)을 이용하면 $\ln(1+x) \approx x$를 얻는다.

5 f가 미분가능하면 $f(x)-f(a)=f'(a)(x-a)+\epsilon \cdot (x-a)$임을 증명할 수 있다. 여기서 $x \to a$일 때 $\epsilon \to 0$임을 가정한다. 만약 $x-a$가 아주 작은 수이면 ϵ도 아주 작은 수이고, $\epsilon \cdot (x-a)$는 더욱더 작은 수이다.

EX 7.4.3 **(70의 법칙)** 총액 K에 연이율 $p\%$의 이자가 발생한다고 가정하자. 그러면 식 (4.10.7)에 의해 계좌에 있는 금액이 두 배가 되는 데 걸리는 시간은 다음과 같다.

$$t^* = \frac{\ln 2}{\ln\left(1+\dfrac{p}{100}\right)}$$

$\ln 2 \approx 0.7$로 두고 [EX 7.4.2]의 근사식 $\ln(1+x) \approx x$를 이용하면 다음을 얻는다.

$$t^* = \frac{\ln 2}{\ln\left(1+\dfrac{p}{100}\right)} \approx \frac{0.7}{\dfrac{p}{100}} = \frac{70}{p}$$

이 식은 연이율이 $p\%$일 때 총액이 두 배가 되는 시간이 대략 70을 p로 나눈 값이라는 70의 법칙을 나타낸다. 예를 들어 $p=3.5$이면 t^*는 20이며, 정확한 값인 $t^* = \dfrac{\ln 2}{\ln 1.035} \approx 20.1$에 아주 가깝다.[6]

EX 7.4.4 식 (7.4.1)을 이용하여 $(1.001)^{50}$의 근삿값을 구하라.

풀이

$f(x) = x^{50}$이라 두자. $f(1)=1$이고 $f'(x) = 50x^{49}$이므로 $f'(1) = 50 \cdot 1^{49} = 50$이다. 따라서 $x = 1.001$과 $a=1$을 식 (7.4.1)에 대입하여 다음을 얻는다.

$$(1.001)^{50} \approx 1 + 50 \cdot 0.001 = 1.05$$

계산기를 사용하면 더 정확한 근삿값 $(1.001)^{50} \approx 1.0512$를 얻는다.

함수의 미분

미분가능한 함수 $f(x)$에 대해 dx는 변수 x의 임의의 작은 변화를 나타낸다고 하자. 이 표기법에서 'dx'는 d와 x의 곱이 아니라 x 값의 작은 변화를 나타내는 하나의 기호이다. $f'(x)dx$로 표현한 식은 $y=f(x)$의 **미분**(differential)이라 부른다. 이 미분을 dy 또는 $df(x)$를 이용하여 다음과 같이 나타낸다.

$$dy = df(x) = f'(x)dx \tag{7.4.2}$$

dy가 dx에 비례하고, 도함수 $f'(x)$가 비례계수임에 주목하라.

만약 x가 dx만큼 변하면 그에 대응하는 $y=f(x)$의 변화는 다음과 같다.

$$\Delta y = f(x+dx) - f(x) \tag{7.4.3}$$

선형근사식 (7.4.1)에서 x를 $x+dx$로, a를 x로 치환하면 $f(x+dx) \approx f(x) + f'(x)dx$가 성립한다. 식 (7.4.2)와 (7.4.3)에서 dy와 Δy의 정의를 각각 사용하여 근사식 $\Delta y \approx dy$를 얻는다.

6 현대 회계의 아버지라고 불리는 루카 파치올리(Luca Pacioli)는 1494년 베니스에서 $t^* = \dfrac{72}{p}$라고 하는 72의 법칙을 제안했다. 72가 70보다 더 많은 정수로 나눌 수 있어 계산이 편리하기 때문이다. 더 나아가 69.3의 법칙의 근삿값이 조금 더 정확한데, 소수점 이하 3자리까지 $\ln 2 \approx 0.693$으로 계산할 수 있기 때문이다.

x가 $(x+dx)$로 변할 때 미분 dy는 y의 실제 증분이 아니다. 오히려 x가 $(x+dx)$로 변함에 따라 y가 고정 속도 $f'(x)$로 계속 변할 때 일어날 수 있는 y의 변화이다. [그림 7.4.2]는 정확한 변화 Δy가 아닌 근삿값인 dy를 사용함으로써 생기는 오차를 두 점 R과 Q 사이의 거리 $|\Delta y - dy|$로 그린 것이다.

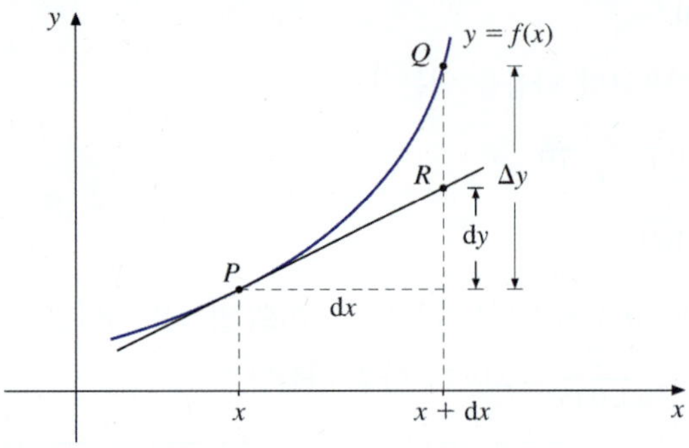

그림 7.4.2 미분 dy와 $\Delta y = f(x+dx) - f(x)$

이 오차를 자세히 알아보기 위해 그래프를 따라 P에서 Q로 이동한다고 하자. x가 $(x+dx)$로 이동하여 dx만큼 움직이면 점의 수직 높이는 $f(x+dx) - f(x) = \Delta y$만큼 움직인다. 이와 달리 P에서 그래프의 접선을 따라서만 이동할 수 있다고 가정하자. x가 dx만큼 변하는 접선을 따라 P에서 R로 움직이면 그에 따라 dy의 높이가 변화한다. [그림 7.4.2]에서 알 수 있듯이 dx의 절댓값이 작을수록 근삿값 $\Delta y \approx dy$는 더 가까워진다. 이는 dx가 0에 가까이 갈 때 선분 RQ의 길이 $|RQ| = |\Delta y - dy|$도 0에 가까이 가기 때문이다. 실제로 $dx \to 0$일 때 선분의 길이 $|RQ|$는 아주 빠르게 작아져서 비율 $\frac{1}{dx}|RQ|$도 0에 가까이 간다. [연습문제 12]를 참고하라.

미분법칙

기호 $\frac{d}{dx}(\cdot)$는 괄호 안에 있는 식을 x에 대해 미분한다는 의미이다. 예를 들어 $\frac{d}{dx}(x^3) = 3x^2$이다. 마찬가지로 $d(\cdot)$도 괄호 안에 있는 식의 미분을 나타낸다. 이를테면 $d(x^3) = 3x^2dx$이다.

EX 7.4.5 다음 미분을 계산하라.

(a) $d(Ax^a + B)$ (단, A, B, a는 상수)

(b) $d\{f(K)\}$ (단, f는 K에 대해 미분가능한 함수)

풀이

(a) $f(x) = Ax^a + B$라 두면 $f'(x) = Aax^{a-1}$이므로 $d(Ax^a + B) = Aax^{a-1}dx$이다.

(b) $d\{f(K)\} = f'(K)dK$

미분법칙

f와 g가 x에 대해 미분가능한 함수이고 a와 b는 상수라고 하자. 그러면 미분에 대해 다음이 성립한다.

- $d(af+bg)=a\,df+b\,dg$ (7.4.4)
- $d(fg)=g\,df+f\,dg$ (7.4.5)
- $d\left(\dfrac{f}{g}\right)=\dfrac{g\,df-f\,dg}{g^2}$ (단, $g\neq 0$) (7.4.6)

식 (7.4.5)는 다음과 같이 증명할 수 있다.

$$d(fg)=(fg)'dx=(f'g+fg')dx=gf'dx+fg'dx=g\,df+f\,dg$$

다른 두 법칙도 비슷한 방법으로 증명할 수 있다.

$y=f(x)$이고 $x=g(t)$가 t의 함수라고 가정하자. 그러면 $y=h(t)=f(g(t))$는 t의 함수이고, $y=h(t)$의 미분은 $dy=h'(t)dt$이다. 연쇄법칙에 따르면 $h'(t)=f'(g(t))g'(t)$이므로 $dy=f'(g(t))g'(t)dt$로 나타낼 수 있다. 또한 $x=g(t)$에서 x의 미분은 $dx=g'(t)dt$이다. 이는 x가 다른 변수에 의존하는지 아닌지에 관계없이 $y=f(x)$이면 y의 미분은 $dy=f'(x)dx$와 일치함을 보여준다.

경제학에서는 경제모형을 나타낼 때 미분을 흔히 사용한다. 전형적인 예를 소개한다.

EX 7.4.6 [EX 7.2.1]에 제시된 거시경제모형을 다시 생각해보자. $d\bar{I}$항으로 표현된 미분 dY를 구하라. 고용 N이 국민소득의 함수 $g(Y)$일 때, $d\bar{I}$항으로 표현된 미분 dN을 구하라.

풀이

[EX 7.2.1]에서 식 ❶을 미분하면 $dY=dC+d\bar{I}$이고, 식 ❷를 미분하면 $dC=f'(Y)dY$이다. 후자의 dC를 전자에 대입하면 dY는 다음과 같다.

$$dY=\frac{1}{1-f'(Y)}d\bar{I}$$

이는 식 (7.2.2)에 부합한다. 또한 $N=g(Y)$에서 $dN=g'(Y)dY$이므로 다음이 성립한다.

$$dN=\frac{g'(Y)}{1-f'(Y)}d\bar{I}$$

경제학자들은 일반적으로 GDP가 증가함에 따라 고용이 증가하고(즉 $g'(Y)>0$) 한계소비성향 $f'(Y)$가 0과 1 사이에 있다고 주장한다. 따라서 dN의 방정식은 투자 $\bar{I}$가 증가하면 고용이 증가함을 보여준다.

7.4 연습문제

1 $x=0$의 근방에서 근사식 $\sqrt{1+x} \approx 1+\frac{1}{2}x$임을 증명하라. 같은 좌표평면에 $y=1+\frac{1}{2}x$와 $y=\sqrt{1+x}$의 그래프를 그려서 이 근사식을 설명하라.

2 식 (7.4.1)을 이용하여 $x=0$의 근방에서 함수 $f(x)=(5x+3)^{-2}$의 선형근사식을 구하라.

3 $x=0$의 근방에서 다음 각 함수의 선형근사식을 구하라.

(a) $f(x)=(1+x)^{-1}$ **(b)** $f(x)=(1+x)^{5}$

(c) $f(x)=(1-x)^{\frac{1}{4}}$

4 $K=1$의 근방에서 $F(K)=AK^{\alpha}$의 선형근사식을 구하라.

5 다음 미분을 구하라. 여기서 $p,\ q,\ r$은 모두 상수이다.

(a) $d(10x^3)$

(b) $d(5x^3-5x^2+5x+5)$

(c) $d\left(\frac{1}{x^3}\right)$ **(d)** $d(\ln x)$

(e) $d(x^p+x^q)$ **(f)** $d(x^p x^q)$

(g) $d((px+q)^r)$ **(h)** $d(e^{px}+e^{qx})$

6 물음에 답하라.

(a) $x=0$의 근방에서 $(1+x)^m \approx 1+mx$임을 증명하라.

(b) **(a)**의 결과를 이용하여 (i)~(iv)의 근삿값을 구하라.

(i) $\sqrt[3]{1.1}=\left(1+\frac{1}{10}\right)^{\frac{1}{3}}$

(ii) $\sqrt[5]{33}=2\left(1+\frac{1}{32}\right)^{\frac{1}{5}}$

(iii) $\sqrt[3]{9}=\sqrt[3]{8+1}$

(iv) $(0.98)^{25}$

7 각 경우에 대해 $\Delta y=f(x+dx)-f(x)$와 미분 $dy=f'(x)dx$를 계산하라. 또한 각각에 대해 (i), (ii)일 때를 계산하라.

(a) $f(x)=x^2+2x-3,\ x=2$

(i) $dx=\frac{1}{10}$ (ii) $dx=\frac{1}{100}$

(b) $f(x)=\frac{1}{x},\ x=3$

(i) $dx=-\frac{1}{10}$ (ii) $dx=-\frac{1}{100}$

(c) $f(x)=\sqrt{x},\ x=4$

(i) $dx=\frac{1}{20}$ (ii) $dx=\frac{1}{100}$

8 방정식 $3xe^{xy^2}-2y=3x^2+y^2$은 y를 점 $(x,\ y)=(1,\ 0)$에서 x의 미분가능한 함수로 정의한다. 물음에 답하라.

(a) 음함수미분법을 이용하여 주어진 점에서 그래프의 기울기를 구하라.

(b) $x=1$의 근방에서 y의 선형근사식을 구하라.

9 반지름이 r인 원의 넓이는 $A(r)=\pi r^2$이고, 원의 둘레는 $A'(r)=2\pi r$이다. 다음 근사식을 기하적으로 설명하라. 단, 반지름이 r인 구의 부피는 $V(r)=\frac{4}{3}\pi r^3$이고, 구의 겉넓이는 $V'(r)=4\pi r^2$이다.

(a) $A(r+dr)-A(r) \approx 2\pi r\,dr$

(b) $V(r+dr)-V(r) \approx 4\pi r^2 dr$

10 연이율 $p\%$인 신용카드에 K라는 금액이 청구된다고 가정하자. 일부 금액을 선결제하지 않는다면 t년 후의 미상환금액은 (최소 결제 불이행에 대한 위약금이 없어도) $K_t=K\left(1+\frac{p}{100}\right)^t$으로 커진다. [EX 7.4.2]의 근사식 $\ln\left(1+\frac{p}{100}\right) \approx \frac{p}{100}$를 이용하여 근사식 $\ln K_t \approx \ln K+\frac{pt}{100}$가 성립함을 증명하라. t^*년 후에 미상환금액이 두 배가 되었을 때, 그에 상응하는 대략적인 연이율 p와 정확한 연이율 p^*를 구하라.

11 함수 $g(\mu)=A(1+\mu)^{\frac{a}{1+b}}-1$을 생각하자. $\mu=0$인 점에서 함수 $g(\mu)$의 선형근사식을 구하라. 여기서 $A,\ a,\ b$는 양의 상수이다.

12 함수 f가 a에서 미분가능하면 $h \to 0$일 때 선형근사식 $f(a+h) \approx f(a)+f'(a)h$의 오차는 h보다 더 빨리 0에 가까워짐을 보여라. 즉 다음 식을 만족함을 보여라.

$$\lim_{h\to 0}\frac{f(a+h)-(f(a)+f'(a)h)}{h}=0$$

7.5 다항식근사

7.4절에서는 일차함수를 이용하여 일변수함수의 선형근사를 살펴보았다. 특히 [EX 7.4.1]은 $x=1$의 근방에서 다음 근사식이 성립함을 보였다.

$$\sqrt[3]{x} \approx 1+\frac{1}{3}(x-1)$$

이때 두 함수 $y=\sqrt[3]{x}$와 $y=1+\frac{1}{3}(x-1)$은 모두 $x=1$에서 함숫값이 1이고 미분계수는 $\frac{1}{3}$이다. 그런데 선형근사는 정확도가 충분하지 않을 수 있으므로 자연스럽게 이차 또는 더 높은 차수의 다항식을 이용한 근삿값을 생각할 수 있다.

이차근사

함수 $y=f(x)$가 두 번 미분가능할 때, $x=a$의 근방에서 다음과 같은 이차다항식을 이용하여 근사화하는 방법으로 시작해보자.

$$p(x) = A + B(x-a) + C(x-a)^2 \tag{7.5.1}$$

이차다항식을 결정하려면 고정된 수 a와 세 개의 계수 A, B, C를 알아야 한다. 계수 A, B, C를 구하기 위해 세 가지 조건을 사용한다. 구체적으로 식 (7.5.1)에 주어진 $f(x)$와 $p(x)$가 $x=a$에서 ❶ 함숫값, ❷ 도함수, ❸ 이계도함수가 같아야 한다. 이를 기호로 나타내면 $f(a)=p(a)$, $f'(a)=p'(a)$, $f''(a)=p''(a)$이다. 한편 $p'(x)=B+2C(x-a)$이고 $p''(x)=2C$이므로 $x=a$를 대입한 다음 식에서 계수 A, B, C를 구할 수 있다.

$$A=p(a)=f(a), \quad B=p'(a)=f'(a), \quad C=\frac{1}{2}p''(a)=\frac{1}{2}f''(a)$$

이로부터 다음을 알 수 있다.

$x=a$ 근방에서 f의 이차근사식

$f(x)$가 $x=a$에서 두 번 미분가능하면 $x=a$의 근방에서 $f(x)$의 근사식은 다음과 같다.

$$f(x) \approx f(a)+f'(a)(x-a)+\frac{1}{2}f''(a)(x-a)^2 \tag{7.5.2}$$

이 근사식에는 식 (7.4.1)과 비교하여 단순히 $(x-a)^2$항이 새로이 추가되었다. 특히 $a=0$이면 0의 근방에 속하는 x에 대해 다음 근사식을 얻는다.

$$f(x) \approx f(0)+f'(0)x+\frac{1}{2}f''(0)x^2 \tag{7.5.3}$$

EX 7.5.1 $x=1$의 근방에서 $f(x)=\sqrt[3]{x}$에 대한 이차근사식을 구하라.

풀이

$f'(x)=\frac{1}{3}x^{-\frac{2}{3}}$이고 $f''(x)=\frac{1}{3}\left(-\frac{2}{3}\right)x^{-\frac{5}{3}}$이므로 $f'(1)=\frac{1}{3}$이고 $f''(1)=-\frac{2}{9}$이다. 식 (7.5.2)에 $f(1)=1$과 $f'(1)$, $f''(1)$을 대입하면 1의 근방에 속하는 모든 x에 대해 다음 근사식을 얻는다.

$$\sqrt[3]{x}\approx 1+\frac{1}{3}(x-1)-\frac{1}{9}(x-1)^2$$

예를 들어 $\sqrt[3]{1.03}\approx 1+\frac{1}{3}\cdot 0.03-\frac{1}{9}(0.03)^2=1+0.01-0.0001=1.0099$이다. 이 값은 [EX 7.4.1]에서 구한 선형근삿값보다 좋으며, 소수점 이하 4자리까지 정확하다.

EX 7.5.2 점 $(x, y)=(0, 1)$의 근방에서 y가 x에 대해 음함수 $xy^3+1=y$로 정의되었을 때, $x=0$의 근방에서 $y=y(x)$에 대한 이차근사식을 구하라.

풀이

음함수 $xy^3+1=y$를 음함수미분법으로 x에 대해 미분하여 다음을 얻는다.

$$y^3+3xy^2y'=y' \tag{*}$$

$x=0$과 $y=1$을 식 (*)에 대입하면 $y'=1$이다. 식 (*)를 다시 x에 대해 미분하면 다음과 같다.

$$3y^2y'+(3y^2+6xyy')y'+3xy^2y''=y''$$

여기에 $x=0$, $y=1$, $y'=1$을 대입하면 $y''=6$을 얻는다. 따라서 식 (7.5.3)에 의해 구하려는 이차근사식은 다음과 같다.

$$y(x)\approx y(0)+y'(0)x+\frac{1}{2}y''(0)x^2=1+x+3x^2$$

고차근사

지금까지 선형근사와 이차근사에 대해 살펴보았다. 삼계도함수 또는 고계도함수를 갖는 함수의 경우, 더 높은 차수의 다항식을 사용하여 한 점의 근방에서 더욱 정확한 근사식을 구할 수 있다. 다음과 같은 형태의 n차다항식을 사용하여 $x=a$의 근방에서 함수 $f(x)$의 근사식을 구하려고 한다.

$$p(x)=A_0+A_1(x-a)+A_2(x-a)^2+A_3(x-a)^3+\cdots+A_n(x-a)^n \tag{7.5.4}$$

여기서 $p(x)$의 계수는 $(n+1)$개이므로 이 다항식에 다음과 같은 $(n+1)$개의 조건을 부여한다.

$$f(a)=p(a),\quad f'(a)=p'(a),\quad \cdots,\quad f^{(n)}(a)=p^{(n)}(a)$$

이 조건들은 $x=a$에서 '$p(x)$의 함숫값과 처음 n개 도함수의 값'과 '$f(x)$의 함숫값과 처음 n개 도함수의 값'이 각각 일치해야 함을 의미한다.

특히 $n=3$일 때 이러한 조건이 어떻게 되는지 자세히 살펴보자. 근사식은 다음과 같이 주어진다.

$$p(x) = A_0 + A_1(x-a) + A_2(x-a)^2 + A_3(x-a)^3$$

이 근사식을 반복하여 미분하면 다음 세 방정식을 얻는다.

$$p'(x) = A_1 + 2A_2(x-a) + 3A_3(x-a)^2, \quad p''(x) = 2A_2 + 2\cdot 3A_3(x-a), \quad p'''(x) = 2\cdot 3A_3$$

각각의 식에 $x=a$를 대입하면 $p(a) = A_0$, $p'(a) = 1!\,A_1$, $p''(a) = 2!\,A_2$, $p'''(a) = 3!\,A_3$를 구한다. 이는 다음을 근사식으로 사용할 수 있음을 시사한다.

$$f(x) \approx f(a) + \frac{1}{1!}f'(a)(x-a) + \frac{1}{2!}f''(a)(x-a)^2 + \frac{1}{3!}f'''(a)(x-a)^3$$

이 근사식은 이차근사식 (7.5.2)에 새로운 항을 추가한 것이다.

일반적으로 $n>3$일 때도 같은 유형의 근사식을 갖는다. n차다항식을 이용하여 $x=a$의 근방에서 구한 $f(x)$의 근사식은 다음과 같다.

$x=a$ 근방에서 f의 테일러 근사식

$x=a$의 근방에서 다음의 함수 $f(x)$의 근사식은 다음과 같다.

$$f(x) \approx f(a) + \frac{f'(a)}{1!}(x-a) + \frac{f''(a)}{2!}(x-a)^2 + \cdots + \frac{f^{(n)}(a)}{n!}(x-a)^n \quad (7.5.5)$$

식 (7.5.5)의 우변을 n차 **테일러 다항식**(Taylor polynomial) 또는 $x=a$의 근방에서 f에 대한 **테일러 근사식**(Taylor approximation)이라 한다. 주어진 함수 f와 그 n차 테일러 다항식은 $x=a$를 중심으로 하는 아주 작은 구간에서 서로 같은 함수처럼 접하기 때문에 식 (7.5.5)를 함수에 대한 근사식으로 보는 것이 타당하다. 다음 절에서는 이러한 n차 다항근사식을 사용했을 때 생기는 오차를 분석한다. f가 차수 n을 초과하지 않는 다항식이면 근사식은 어떤 점에서도 근사 오차 없이 정확한 값을 갖는다.

EX 7.5.3 $x=0$의 근방에서 함수 $f(x)=\sqrt{1+x}$에 대한 3차 테일러 근사식을 구하라.

풀이

주어진 함수 $f(x)=\sqrt{1+x}=(1+x)^{\frac{1}{2}}$에서 처음 세 도함수는 다음과 같다.

$$f'(x) = \frac{1}{2}(1+x)^{-\frac{1}{2}}, \quad f''(x) = \frac{1}{2}\left(-\frac{1}{2}\right)(1+x)^{-\frac{3}{2}}, \quad f'''(x) = \frac{1}{2}\left(-\frac{1}{2}\right)\left(-\frac{3}{2}\right)(1+x)^{-\frac{5}{2}}$$

이들 식에 $x=0$을 대입하면 $f(0)=1$, $f'(0)=\frac{1}{2}$, $f''(0)=\frac{1}{2}\cdot\left(-\frac{1}{2}\right)=-\frac{1}{4}$이며, $f'''(0)=\frac{1}{2}\cdot\left(-\frac{1}{2}\right)\left(-\frac{3}{2}\right)=\frac{3}{8}$을 얻는다. 따라서 $n=3$일 때 식 (7.5.5)를 적용하면 다음 근사식을 구한다.

$$f(x) \approx 1 + \frac{1}{1!}\frac{1}{2}x + \frac{1}{2!}\left(-\frac{1}{4}\right)x^2 + \frac{1}{3!}\left(\frac{3}{8}\right)x^3 = 1 + \frac{1}{2}x - \frac{1}{8}x^2 + \frac{1}{16}x^3$$

EX 7.5.4 임의의 자연수 n에 대해 $x=0$의 근방에서 $f(x)=e^x$에 대한 n차 테일러 근사식을 구하라.

풀이

$f(x)=e^x$의 모든 도함수는 e^x이다. 모든 $k=1, 2, \cdots, n$에 대해 $f^{(k)}(0)=1$이므로 식 (7.5.5)를 이용하면 다음을 얻는다.

$$e^x \approx 1+\frac{x}{1!}+\frac{x^2}{2!}+\cdots+\frac{x^n}{n!} \tag{7.5.6}$$

이 전개식은 중요하므로 기억해 두기를 바란다.

7.5 연습문제

1 주어진 점의 근방에서 다음 각 함수에 대한 이차근사식을 구하라.

(a) $f(x)=(1+x)^5$, $x=0$

(b) $F(K)=AK^{\alpha}$, $K=1$

(c) $f(\varepsilon)=\left(1+\frac{3}{2}\varepsilon+\frac{1}{2}\varepsilon^2\right)^{\frac{1}{2}}$, $\varepsilon=0$

(d) $H(x)=(1-x)^{-1}$, $x=0$

2 $x=0$의 근방에서 $f(x)=\ln(1+x)$에 대한 5차 테일러 근사식을 구하라.

3 $x=0$의 근방에서 $f(x)=5\{\ln(1+x)-\sqrt{1+x}\}$에 대한 2차 테일러 근사식을 구하라.

4 위험에 대한 태도의 연구는 다음과 같이 소비자의 효용함수에 대한 근사식을 기반으로 한다. 여기서 y는 소비자의 초기소득이고 m은 소비자가 받을 수 있는 임의의 포상이다.

$$U(y+m)\approx U(y)+U'(y)m+\frac{1}{2}U''(y)m^2$$

이 근사식을 유도하는 방법을 설명하라.

5 y가 x의 음함수로서 방정식 $1+x^3y+x=y^{\frac{1}{2}}$으로 정의되었을 때, 점 $(x, y)=(0, 1)$의 근방에서 y에 대한 이차근사식을 구하라.

6 함수 $x(t)$가 $x(0)=1$과 $\dot{x}(t)=tx(t)+2\{x(t)\}^2$을 만족한다고 하자. 이때 $t=0$의 근방에서 $x(t)$의 2차 테일러 다항식을 구하라.

7 근사식 $e^{\sigma\sqrt{\frac{t}{n}}}\approx 1+\sigma\sqrt{\frac{t}{n}}+\sigma^2\frac{t}{2n}$이 성립함을 보여라.

8 근사식 $\left(1+\frac{p}{100}\right)^n\approx 1+n\frac{p}{100}+\frac{n(n-1)}{2}\left(\frac{p}{100}\right)^2$이 성립함을 보이라.

9 $p>q>0$일 때, 함수 h가 모든 $x>0$에 대해 $h(x)=\frac{x^p-x^q}{x^p+x^q}$으로 정의된다고 하자. $x=1$의 근방에서 $h(x)$에 대한 1차 테일러 근사식을 구하라.

7.6 테일러 공식

식 (7.5.5)와 같은 근사식은 오차에 대해 알려진 것이 없다면 제한적으로 사용할 수밖에 없다. 테일러 공식은 이러한 결함을 해결한다. 이 공식은 경제학자들이 자주 사용하며 수학적 분석의 주요 결과 중 하나이다. 식 (7.5.5)에 $a=0$을 대입하여 구한, $x=0$ 근방에서 n차 테일러 근사식을 다음과 같이 생각하자.

$$f(x) \approx f(0) + \frac{1}{1!}f'(0)x + \frac{1}{2!}f''(0)x^2 + \cdots + \frac{1}{n!}f^{(n)}(0)x^n \qquad (*)$$

일반적으로 $x=0$을 제외하면 함수 $f(x)$와 (*)의 우변에 있는 테일러 다항식의 값은 다르다. 두 함수의 차는 n은 물론 x에도 의존한다. 제n항 다음의 항을 **나머지항**(remainder)이라 하며, $R_{n+1}(x)$로 나타낸다. 즉 나머지항을 이용하여 $f(x)$를 다음과 같이 나타낼 수 있다.

$$f(x) = f(0) + \frac{1}{1!}f'(0)x + \cdots + \frac{1}{n!}f^{(n)}(0)x^n + R_{n+1}(x) \qquad (7.6.1)$$

다음 정리는 나머지항에 대해 중요하고도 분명한 공식을 소개한다.[7] 증명은 9.4절에서 다룬다.

라그랑주의 나머지항

f가 0을 포함하는 한 구간에서 $(n+1)$번 미분가능하고 $x \neq 0$이라 하자. 식 (7.6.1)에 주어진 나머지항 $R_{n+1}(x)$는 $0<z<x$인 어떤 실수 z에 대해 다음과 같이 나타낼 수 있다.

$$R_{n+1}(x) = \frac{1}{(n+1)!}f^{(n+1)}(z)x^{n+1} \qquad (7.6.2)$$

식 (7.6.1)의 $R_{n+1}(x)$에 라그랑주의 나머지항 공식을 대입하면 다음을 얻는다.

테일러 공식

f가 0을 포함하는 한 구간에서 $(n+1)$번 미분가능하고 $x \neq 0$이라 하자. $0<z<x$인 어떤 실수 z에 대해 다음 방정식이 성립한다.

$$f(x) = f(0) + \frac{1}{1!}f'(0)x + \cdots + \frac{1}{n!}f^{(n)}(0)x^n + \frac{1}{(n+1)!}f^{(n+1)}(z)x^{n+1} \qquad (7.6.3)$$

테일러 공식에서 나머지항은 앞의 항들과 그 형태가 유사함에 주목하라. 차이점이 있다면 나머지항을 나타내는 식에서 $(n+1)$번째 도함수 $f^{(n+1)}$은 0과 x 사이의 불특정 수 z에서 계산된다는 점이다. 이는 도함수가 0에서 계산되는 다른 모든 항과는 대조적이다. z는 n은 물론 x에도 의존하기 때문에 고정되지 않는다.

7 영국 수학자 브룩 테일러(Brook Taylor, 1685~1731)는 이미 1715년에 일반적인 형태 (*)의 다항근사식을 알아냈다. 이탈리아계 프랑스 수학자 조제프-루이 라그랑주(Joseph-Louis Lagrange, 1736~1813)는 식 (7.6.2)를 약 50년이 지나서야 증명했다.

식 (7.6.3)에 $n=1$을 대입하면 0과 x 사이의 어떤 z에 대해 다음을 만족한다.

$$f(x)=f(0)+f'(0)x+\frac{1}{2}f''(z)x^2 \tag{7.6.4}$$

이 식은 $\frac{1}{2}f''(z)x^2$이 $x=0$의 근방에서 $f(x)$에 대한 선형근사식으로 대체될 때 발생하는 오차임을 알려준다.

나머지항에 대한 공식은 어떻게 사용하는가? 이 공식은 f를 n차 테일러 근사다항식으로 대체할 때 발생하는 오차의 상한을 나타낸다. 예를 들어 구간 I에 속하는 모든 x에 대해 $f^{(n+1)}(x)$의 절댓값이 최대 M이라고 가정하면 테일러 공식 (7.6.3)은 이 구간에서 다음 부등식을 만족한다.

$$|R_{n+1}(x)| \le \frac{M}{(n+1)!}|x|^{n+1} \tag{7.6.5}$$

여기서 n이 큰 수이고 x가 0에 가까우면 $|R_{n+1}(x)|$는 다음 두 가지 이유로 인해 아주 작아진다. 첫째, n이 큰 수이면 부등식 (7.6.5)의 분모 $(n+1)!$이 커지기 때문이다. 둘째, $|x|$가 1보다 작으면 n이 커질 때 $|x|^{n+1}$이 작아지기 때문이다.

EX 7.6.1 식 (7.6.4)를 이용하여 다음 함수를 근사화하라.

$$f(x)=\sqrt{25+x}=(25+x)^{\frac{1}{2}}$$

이로부터 나머지항의 절댓값을 경계로 하여 $\sqrt{25.01}$의 추정값을 구하라.

풀이

식 (7.6.4)를 이용하기 위해 $f(x)$의 도함수와 이계도함수를 구하면 다음과 같다.

$$f'(x)=\frac{1}{2}(25+x)^{-\frac{1}{2}}, \quad f''(x)=\frac{1}{2}\left(-\frac{1}{2}\right)(25+x)^{-\frac{3}{2}}$$

이로부터 $f(0)=5$, $f'(0)=\frac{1}{2}\cdot\frac{1}{5}=\frac{1}{10}$, $f''(z)=-\frac{1}{4}(25+z)^{-\frac{3}{2}}$임을 알 수 있다. 이들을 식 (7.6.4)에 대입하면 모든 $x\ne 0$에 대해 다음을 만족하는 어떤 z가 0과 x 사이에 존재한다.

$$\sqrt{25+x}=5+\frac{1}{10}x+\frac{1}{2}\left(-\frac{1}{4}\right)(25+z)^{-\frac{3}{2}}x^2=5+\frac{1}{10}x-\frac{1}{8}(25+z)^{-\frac{3}{2}}x^2 \tag{*}$$

이 식을 이용하여 $\sqrt{25.01}$의 근삿값을 구해보자. $25.01=25+0.01$에서 $x=0.01$이라 두면 z는 0과 0.01 사이에 있으므로 $25+z>25$이다. $(25+z)^{-\frac{3}{2}}<(25)^{-\frac{3}{2}}=\frac{1}{125}$을 만족하므로 식 (*)에서 나머지항의 절댓값은 다음을 만족한다.

$$|R_2(0.01)|=\left|-\frac{1}{8}(25+z)^{-\frac{3}{2}}\left(\frac{1}{100}\right)^2\right| \le \frac{1}{80000}\cdot\frac{1}{125}=10^{-7}$$

결론적으로 근삿값은 $\sqrt{25.01}\approx 5+\frac{1}{10}\cdot\frac{1}{100}=5.001$이고 오차는 10^{-7} 미만임을 알 수 있다.

EX 7.6.2 함수 $f(x)=e^x$에 대한 테일러 공식을 구하고, $n=3$과 $x=0.1$일 때 오차를 추정하라.

풀이

테일러 공식과 [EX 7.5.4]로부터 0과 x 사이에 다음을 만족하는 수 z가 존재한다.

$$e^x = 1 + \frac{x}{1!} + \frac{x^2}{2!} + \cdots + \frac{x^n}{n!} + \frac{x^{n+1}}{(n+1)!}e^z \tag{7.6.6}$$

z가 0과 x 사이에 있으므로 $|z|<|x|$이다. 그리고 고정된 $x \neq 0$에 대해 식 (7.6.6)의 나머지항 $R_{n+1}(x) = \frac{x^{n+1}}{(n+1)!}e^z$은 $|R_{n+1}(x)| < \frac{|x|^{n+1}e^{|x|}}{(n+1)!}$을 만족한다. 이제 $m \geq 2|x|$인 m을 택하면 $\frac{|x|}{m} \leq \frac{1}{2}$이다. 그러면 $n>m$인 임의의 n에 대해 m의 선택은 $k=m+2,\ m+3,\ \cdots,\ n+1$에 대해 $\frac{|x|}{k} < \frac{1}{2}$임을 보장하고, 다음을 만족한다.

$$\begin{aligned}|R_{n+1}(x)| &< \frac{|x|^{n+1}e^{|x|}}{(n+1)!} = \frac{|x|^{m+1}e^{|x|}}{(m+1)!}|x|^{n-m}\frac{(m+1)!}{(n+1)!}\\ &< \frac{|x|^{m+1}e^{|x|}}{(m+1)!}2^{-(n-m)}\end{aligned}$$

여기서 $n \to \infty$이면 $2^{-(n-m)} \to 0$이고 $|R_{n+1}(x)| \to 0$이다. 임의의 x에 대해 식 (7.6.6)을 이용하면 임의의 정확도로 e^x 값을 구할 수 있다. 그럼에도 식 (7.6.6)의 나머지항보다 앞에 있으면서 연속인 두 항을 임의로 선택하면, 그 두 항의 비율의 절댓값은 다음과 같다.

$$\frac{\dfrac{|x^n|}{n!}}{\dfrac{|x|^{n-1}}{(n-1)!}} = \frac{|x|}{n}$$

따라서 $|x|>1$인 경우에 연속되는 항이 증가를 멈추기 전에 적어도 $|x|$항이 필요하며, 이 비율은 점차 1보다 작아져서 항들이 0에 가까워짐을 알 수 있다. 따라서 $|x|$가 크면 정확한 근삿값을 구하기 위해 더 많은 항이 필요하다.

$n=3$이고 $x=0.1$일 때 식 (7.6.6)은 구간 $(0,\ 0.1)$에 속하는 적당한 z에 대해 다음 식이 성립함을 의미한다.

$$e^{0.1} = 1 + \frac{1}{10} + \frac{1}{200} + \frac{1}{6000} + \frac{(0.1)^4}{24}e^z \tag{*}$$

$z<0.1$이면 $e^z<e^{0.1}$이다. $(1.2)^{10} \approx 6.2 > e$이므로 $e<(1.2)^{10}$이다. 즉 $e^z < e^{0.1} < \{(1.2)^{10}\}^{0.1} = 1.2$이다. 이를 이용하여 다음 부등식을 얻는다.

$$\left|R_4\left(\frac{1}{10}\right)\right| = \frac{(0.1)^4}{24}e^z < \frac{1}{240000}\cdot 1.2 = 0.000005 = 5\cdot 10^{-6}$$

따라서 식 (*)에서 나머지항을 빼면 발생하는 오차는 $5\cdot 10^{-6}$보다 작다.

$x=0$ 대신에 $x=a$를 포함하는 구간에서 테일러 공식을 생각해보자. 식 (7.6.3)의 우변에 있는 처음 $(n+1)$ 개의 항은 식 (7.5.5)의 항으로 대체되고, 모든 $x \neq a$에 대해 새로운 나머지항은 x와 a 사이의 어떤 z에 대해 다음과 같이 표현된다.

$$R_{n+1}(x) = \frac{1}{(n+1)!} f^{(n+1)}(z)(x-a)^{n+1} \tag{7.6.7}$$

0의 근방에 속하는 t에 대해 $g(t)=f(a+t)$로 정의되는 함수 g를 생각하면 식 (7.6.7)은 식 (7.6.2)와 식 (7.6.3)에 의해 쉽게 유도됨을 알 수 있다.

7.6 연습문제

1 함수 $f(x)=\ln(1+x)$를 $n=2$일 때의 테일러 공식 (7.6.3)으로 나타내라.

2 물음에 답하고, 계산기를 이용하여 구한 근삿값이 정확한지 확인하라.

(a) 근사식 $(1+x)^m \approx 1+mx+\frac{1}{2}m(m-1)x^2$과 $\sqrt[3]{25}=3\left(1-\frac{2}{27}\right)^{\frac{1}{3}}$을 이용하여 $\sqrt[3]{25}$의 근삿값을 구하라.

(b) (a)와 유사한 방법으로 $\sqrt[5]{33}$의 근삿값을 구하라.

3 $\sqrt[3]{9}=2\left(1+\frac{1}{8}\right)^{\frac{1}{3}}$임을 보여라. 식 (7.6.3)에서 $n=2$로 두고 $\sqrt[3]{9}$를 소수점 이하 3자리까지 구하라.

4 $g(x)=\sqrt[3]{1+x}$에 대한 물음에 답하라.

(a) 원점에서 $g(x)$에 대한 2차 테일러 다항식을 구하라.

(b) $x \geq 0$일 때 $|R_3(x)| \leq \frac{5x^3}{81}$임을 보여라.

(c) $\sqrt[3]{1003}$의 근삿값을 소수점 이하 7자리까지 구하라.

7.7 탄력성

경제학자들은 커피와 같은 상품의 수요가 가격 변화에 어떻게 반응하는지를 연구하곤 한다. 또는 유로 단위로 가격이 상승할 때 킬로그램 단위로 측정된 수요량이 얼마나 변할지 알아볼 수도 있다. 답은 구체적인 수로 나타난다. 그러나 유로당 킬로그램으로 측정하거나 달러당 파운드로 측정하는 등 단위가 결정적으로 달라지기 때문에, 그 답은 불만족스러운 편이다. 예를 들어 커피 수요가 유로지역의 가격 변화에 더 민감한지 미국의 가격 변화에 더 민감한지 알고 싶으면 수량과 가격 단위를 조정해야 한다. 1파운드짜리 커피 가격이 1달러 상승하는 것은 큰일이지만, 자동차 가격이 1달러 상승하는 것은 별일이 아니므로 다른 문제가 생긴다.

이러한 어려움은 상대적인 가격과 수량 변화를 고려하면 상당 부분 해소된다. 구체적으로 커피 가격이 1% 인상될 때, 커피 수요가 몇 **퍼센트** 변하는지 알아볼 수 있다. 이 결과는 수량과 가격의 측정 단위에 전혀 의존하지 않는다. 이러한 수치적 비율을 **수요의 가격탄력성**(price elasticity of the demand)이라 한다. 함수의 도함수와 같이 이 탄력성은 측정되는 가격에 따라 달라진다.

1960년에 특정 국가에서 버터의 가격탄력성이 −1로 추정되었다고 하자. 이는 수요에 영향을 미치는 다른 요인이 모두 일정할 때, 가격이 1% 상승하면 수요가 1% 감소함을 의미한다. 감자의 가격탄력성이 -0.2로 추정되었다면 이 수치를 어떻게 해석해야 하는가? 감자의 수요탄력성의 절댓값이 버터의 수요탄력성의 절댓값보다 훨씬 낮다고 생각하는 이유는 무엇인가?

상품에 대한 수요 x를 가격 p의 함수 $x = D(p)$로 설명할 수 있다고 가정하자. 가격이 p에서 $(p+\Delta p)$로 변하면 x로 표기되는 수요량도 변한다. x의 절대적인 변화는 $\Delta x = D(p+\Delta p) - D(p)$이지만, **상대적인 (또는 비례적인)** 변화는 다음과 같다.

$$\frac{\Delta x}{x} = \frac{D(p+\Delta p) - D(p)}{D(p)}$$

따라서 수요량과 가격의 상대적인 변화 사이의 비율은 다음과 같다.

$$\frac{\Delta x}{x} \div \frac{\Delta p}{p} = \frac{p}{x}\frac{\Delta x}{\Delta p} = \frac{p}{D(p)}\frac{D(p+\Delta p) - D(p)}{\Delta p} \tag{7.7.1}$$

$\Delta p = \dfrac{p}{100}$라 두고 p가 1% 증가하면, 식 (7.7.1)은 $\dfrac{\Delta x}{x} \cdot 100$이고 이는 수요량의 백분율을 나타낸다. 식 (7.7.1)의 비율을 구간 $[p,\ p+\Delta p]$에서 x의 **평균탄력성**(average elasticity)이라 한다. 식 (7.7.1)의 값은 가격 변동 Δp와 가격 p에 모두 의존한다. 그러나 수요량의 변화를 톤, 킬로그램, 파운드로 측정하거나 가격 변화를 원, 달러, 파운드, 유로로 측정해도 아무런 차이가 없다는 점에서 단위와 무관하다.

이제 p에서 D의 탄력성을 정의하여 탄력성이 p가 증가하는 크기에도 의존하지 않도록 하려고 한다. 이 탄력성은 D가 p에 대해 미분가능한 함수이면 정의할 수 있다. 왜냐하면 p에 대한 D의 탄력성을 Δp가 0에 가까이 접근할 때 식 (7.7.1)의 비율의 극한으로 정의하는 것이 자연스럽기 때문이다. 미분가능성은 Δp가 0에 가까이 접근할 때 뉴턴 몫 $\dfrac{D(p+\Delta p) - D(p)}{\Delta p}$가 도함수 $D'(p)$로 수렴함을 의미하므로 다음을 얻는다.

수요의 가격탄력성

가격 p에 대한 수요함수 $D(p)$의 **탄력성**(elasticity)은 다음과 같다.

$$\frac{p}{D(p)}\frac{dD(p)}{dp} \tag{7.7.2}$$

가끔 $\dfrac{\Delta p}{p} = \dfrac{1}{100} = 1\%$로 하고 $\dfrac{p\Delta x}{x\Delta p}$를 계산하면 탄력성에 대한 좋은 근삿값을 얻을 수 있다.

탄력성의 일반적인 정의

앞서 소개한 탄력성의 정의는 가격함수로서 수요량을 결정하는 함수와 관련이 있다. 그러나 경제학자들은 수요를 소득함수로 간주할 때 수요의 소득탄력성도 고려한다. 이 외에도 공급탄력성, 대체탄력성 등 여러 가지 다른 탄력성도 생각할 수 있다. 따라서 일반적으로 미분가능한 함수에 대해 탄력성을 정의하는 방법을 알아두면 도움이 된다. 동시에 x에 대한 함수 $f(x)$의 탄력성을 표기하는 방법도 소개한다.

탄력성

f가 x에 대해 미분가능하고 $f(x) \neq 0$이면 x에 대한 f의 **탄력성**은 기호 $\mathrm{El}_x f(x)$로 표기하고, 다음과 같이 정의한다.

$$\mathrm{El}_x f(x) = \frac{x}{f(x)} f'(x) \tag{7.7.3}$$

EX 7.7.1 A와 b가 상수이고 $A \neq 0$일 때 $f(x) = Ax^b$의 탄력성을 구하라.

풀이

$f'(x) = Abx^{b-1}$이므로 탄력성은 $\mathrm{El}_x(Ax^b) = \dfrac{x}{Ax^b} Abx^{b-1} = b$이다. 따라서 다음이 성립한다.

$$f(x) = Ax^b \quad \Rightarrow \quad \mathrm{El}_x f(x) = b \tag{7.7.4}$$

즉 x에 대한 거듭제곱함수 Ax^b의 탄력성은 간단히 지수 b이다. 이 함수는 일정한 탄력성을 가진다. 실제로 이는 상수 탄력성을 가지는 함수의 한 형태이며, 11.10절 [연습문제 6]에서 소개한다.

EX 7.7.2 어떤 상품의 수요량이 가격 p의 함수인 $D(p) = 8000p^{-1.5}$으로 주어진다고 가정하자. $D(p)$의 탄력성을 계산하라. 또 가격이 $p=4$에서 1% 상승할 때 수요량의 정확한 백분율 변화를 구하라.

풀이

식 (7.7.4)를 이용하면 $D(p)$의 탄력성은 $\mathrm{El}_p D(p) = -1.5$이다. 즉 가격이 1% 상승하면 수요량이 약 1.5% 감소한다. 이때 수요의 감소를 정확히 구할 수 있다. 가격이 4일 때 수요량은 $D(4) = 8000 \cdot 4^{-1.5} = 1000$이다. 가격이 $p=4$에서 1% 상승하면 인상된 가격은 $4 \cdot 1.01 = 4.04$이다. 그러므로 수요량의 변화는 다음과 같다.

$$\begin{aligned} \Delta D &= D(4.04) - D(4) \\ &= 8000 \cdot 4.04^{-1.5} - 1000 = -14.81 \end{aligned}$$

$D(4)$로부터 수요의 백분율 변화는 $-\dfrac{14.81}{1000} \cdot 100 = -1.481\%$이다.

EX 7.7.3 상품에 대한 수요함수를 $D(p)$라고 하자. 생산자는 $D(p)$단위를 가격 p에 판매함으로써 수익 $R(P) = P \cdot D(P)$를 얻는다. 그러면 p에 대한 $R(P)$의 탄력성은 다음과 같다.

$$\begin{aligned} \mathrm{El}_P R(P) &= \frac{P}{R(P)} \frac{d}{dP}\{P \cdot D(P)\} \\ &= \frac{1}{D(P)}\{D(P) + P \cdot D'(P)\} = 1 + \mathrm{El}_P D(P) \end{aligned}$$

$\mathrm{El}_P D(P) = -1$이면 $\mathrm{El}_P R(P) = 0$이다. 따라서 한 점에서 수요의 가격탄력성이 -1이면 작은 가격변동은 수익에 거의 영향을 미치지 않을 것이다. 일반적으로 수요의 가격탄력성이 -1보다 크면 가격변동으로 발생하는 한계수익 $\frac{dR}{dP}$는 양이고, 수요의 가격탄력성이 -1보다 작으면 $\frac{dR}{dP}$는 음이다.

경제학자들은 보통 다음과 같은 용어를 사용한다.

❶ $|\mathrm{El}_x f(x)| > 1$: f는 x에서 **탄력적**(elastic)이다.
❷ $|\mathrm{El}_x f(x)| = 1$: f는 x에서 **단위탄력적**(unit elastic)이다.
❸ $|\mathrm{El}_x f(x)| < 1$: f는 x에서 **비탄력적**(inelastic)이다.
❹ $|\mathrm{El}_x f(x)| = 0$: f는 x에서 **완전비탄력적**(perfectly inelastic)이다.
❺ $|\mathrm{El}_x f(x)| = \infty$: f는 x에서 **완전탄력적**(perfectly elastic)이다.

함수 $y = f(x)$가 역함수 $x = g(y)$를 가지면 [정리 7.3.1]의 역함수정리는 다음을 의미한다.

$$\mathrm{El}_y\, g(y) = \frac{y}{g(y)} g'(y) = \frac{f(x)}{x} \frac{1}{f'(x)} = \frac{1}{\mathrm{El}_x f(x)} \tag{7.7.5}$$

이 식은 식 (7.3.2)에 적절히 대응하여 다음과 같이 나타낼 수 있다.

$$\mathrm{El}_y x = \frac{1}{\mathrm{El}_x y} \tag{7.7.6}$$

[연습문제 9]에서 함수의 합, 곱, 몫, 합성함수의 탄력성 공식을 도출할 수 있다. 이 공식들은 유용할 때가 있으므로 참고하길 바란다.

로그도함수로서의 탄력성

[EX 7.7.1]과 같이 두 변수 x와 y가 방정식 $y = Ax^b$을 만족한다고 가정하자. 여기서 x, y, A는 모두 양수이다. 식의 각 변에 자연로그를 취한 다음 4.10절에서 설명한 로그함수의 성질을 이용하면 다음이 성립한다.

$$\ln y = \ln A + b \ln x \tag{7.7.7}$$

따라서 $\ln y$는 $\ln x$에 대해 일차함수이다. 식 (7.7.7)은 x와 y 사이에 **로그선형** 관계가 있다고 할 수 있다.

[EX 7.7.1]에 따르면 함수 $y = Ax^b$에 대해 $\mathrm{El}_x y = b$이다. 따라서 식 (7.7.7)에서 $\mathrm{El}_x y$는 이 로그선형관계의 상수 기울기라고 할 수 있는 (이중) 로그도함수 $\frac{d(\ln y)}{d(\ln x)}$와 같음을 알 수 있다. 이는 탄력성에 대한 일반적인 법칙이 로그도함수의 성질과 동치임을 보여준다. 실제로 x, y가 모두 양의 변수이고 y가 x에 대해 미분가능한 함수이면 연쇄법칙을 반복하여 다음을 얻는다.

$$\mathrm{El}_x y = \frac{x}{y}\frac{dy}{dx} = \frac{d(\ln y)}{d(\ln x)} \tag{7.7.8}$$

주어진 방정식 $y = Ax^b$에서 식 (7.7.7)로의 변환은 경제모형에서 종종 볼 수 있으며, 때로는 밑이 e가 아닌 다른 로그를 사용하기도 한다.

7.7 연습문제

1 다음 식으로 주어진 각 함수의 탄력성을 구하라.

(a) $3x^{-3}$

(b) $-100x^{100}$

(c) $\sqrt{x}$

(d) $\dfrac{A}{x\sqrt{x}}$ (단, A는 상수)

2 어느 교통경제학 연구는 도로 건설에 대한 지출 K와 교통량 T에 대해 관계식 $T=0.4K^{1.06}$을 사용한다고 하자. K에 대한 T의 탄력성을 구하라. 이 모형에서 지출이 1% 증가할 때, 교통량이 약 몇 % 증가하는지 설명하라.

3 노르웨이 국영 철도에 관한 연구에 따르면 최대 60km까지 운행할 때 교통량의 가격탄력성은 약 -0.4로 나타났다고 한다. 물음에 답하라.

(a) 이 연구에서 요금이 10% 인상되면 어떤 결과가 나타나는지 설명하라.

(b) 철도를 300km 이상 운행하면 가격탄력성이 약 -0.9로 계산된다고 하자. 이 가격탄력성이 60km까지 운행할 때의 가격탄력성보다 절댓값이 더 큰 이유를 설명하라.

4 정의 (7.7.3)을 이용하여 다음 각 함수에 대한 $\mathrm{El}_x y$를 구하라. 여기서 a와 p는 상수이다.

(a) $y=e^{ax}$ (b) $y=\ln x$

(c) $y=x^p e^{ax}$ (d) $y=x^p \ln x$

5 p가 상수일 때 $\mathrm{El}_x f(x)^p = p\,\mathrm{El}_x f(x)$임을 보여라.

6 1927년부터 1941년까지 미국의 사과 수요 D는 소득 r의 함수인 $D=Ar^{1.23}$으로 추정되었다. 여기서 A는 상수이다. 수요에 대한 소득탄력성, 또는 r에 대한 D의 탄력성으로 정의되는 **엥겔탄력성**(Engel elasticity)을 구하고 그 의미를 해석하라.

7 미국 37개 도시의 대중교통 시스템에 관한 어떤 연구는 각 도시의 평균 출근시간 m(분)을 인구수 N에 대한 함수로 두고 $m=e^{-0.02}N^{0.19}$의 관계가 있다고 추정했다. 이 관계식을 로그선형 형태로 나타내라. 또한 $N=480000$일 때 m 값을 구하라.

8 탄력성을 구하여 다음이 성립함을 보여라.

(a) 곱셈 상수가 없어진다.

즉 $\mathrm{El}_x (Af(x)) = \mathrm{El}_x f(x)$이다.

(b) 덧셈 상수가 없어지지 않는다.

즉 $\mathrm{El}_x (A+f(x)) = \dfrac{f(x)\,\mathrm{El}_x f(x)}{A+f(x)}$이다.

9 **심화** 함수 f와 g가 양수이고 x에 대해 미분가능하며 A가 상수일 때, 다음 법칙이 성립함을 보여라. 참고로 $\mathrm{El}_x f(x)$에서 변수 x를 생략하여 $\mathrm{El}_x f$로 표기했다.

(a) $\mathrm{El}_x A = 0$

(b) $\mathrm{El}_x (fg) = \mathrm{El}_x f + \mathrm{El}_x g$

(c) $\mathrm{El}_x \left(\dfrac{f}{g}\right) = \mathrm{El}_x f - \mathrm{El}_x g$

(d) $\mathrm{El}_x (f+g) = \dfrac{f\,\mathrm{El}_x f + g\,\mathrm{El}_x g}{f+g}$

(e) $\mathrm{El}_x (f-g) = \dfrac{f\,\mathrm{El}_x f - g\,\mathrm{El}_x g}{f-g}$

(f) $\mathrm{El}_x f(g(x)) = \mathrm{El}_u f(u)\,\mathrm{El}_x g$ (단, $u=g(x)$)

10 **심화** [연습문제 9]의 법칙을 이용하여 다음을 구하라.

(a) $\mathrm{El}_x (-10x^{-5})$ (b) $\mathrm{El}_x (x+x^2)$

(c) $\mathrm{El}_x (x^3+1)^{10}$ (d) $\mathrm{El}_x (\mathrm{El}_x 5x^2)$

(e) $\mathrm{El}_x (1+x^2)$ (f) $\mathrm{El}_x \left(\dfrac{x-1}{x^5+1}\right)$

7.8 연속성

개략적으로 말해서 함수 $y = f(x)$가 연속인 점은 그 곳에서 독립변수 x의 작은 변화가 함숫값 y의 작은 변화로 이어짐을 의미한다. 기하적으로 **함수의 그래프가 끊어지지 않고 연결된 채로 그려지면 이 함수는 주어진 구간에서 연속이다.** 연속의 예는 [그림 7.8.1]에 제시되어 있다.

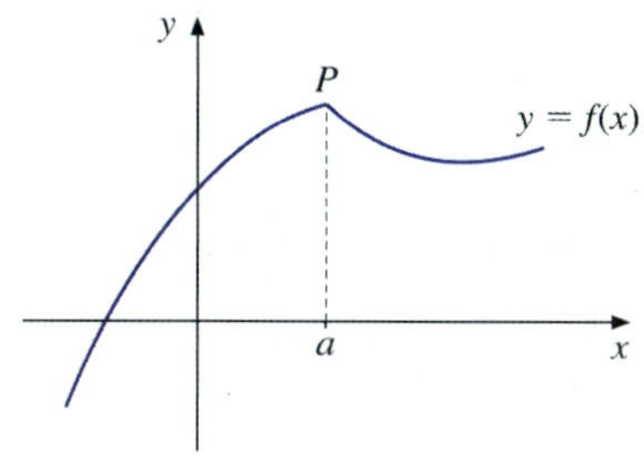

그림 7.8.1 연속함수

연필을 종이에서 떼지 않고 주어진 함수의 그래프를 그릴 수 있으면 연속함수라 한다. 이와 달리 그래프에 하나 이상의 도약(jump)이 포함되어 있으면 f는 **불연속**이라고 한다. 그래프가 [그림 7.8.2]와 같은 함수는 $x = a$에서 불연속이지만, 정의역의 다른 모든 점에서 연속이다. 이 그래프는 모든 $x < a$에서 $f(x) < 0$이지만 모든 $x \geq a$에서 $f(x) > 0$이므로 $x = a$에서 도약이 있다.

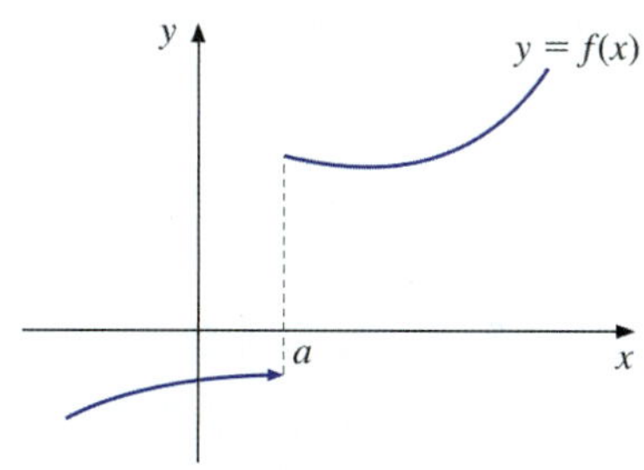

그림 7.8.2 불연속함수

수학에서는 왜 연속함수와 불연속함수를 구별하는 데 관심을 가지는가? 연속 여부가 중요한 이유 중 하나는 일반적으로 수치 근삿값을 사용해 계산하기 때문이다. 예를 들어 함수 f에 대해 $f(\sqrt{2})$를 계산한다고 하자. 보통 $f(1.4142)$를 먼저 구한 뒤 $f(\sqrt{2})$에 대한 좋은 근삿값을 얻을 수 있음을 당연하게 받아들인다. f가 연속함수이면 1.4142는 $\sqrt{2}$에 가까운 수이므로 함숫값 $f(1.4142)$도 $f(\sqrt{2})$에 가까울 것이다.

자연과학과 경제학에 수학을 적용할 때, 함수는 종종 어떤 현상이 시간이 지남에 따라 어떻게 변하는지 나타낸다. 함수의 연속성은 갑작스러운 변화가 아니라 점진적인 변화라는 의미에서 현상의 연속성을 반영한다. 예를 들어 체온은 시간에 대한 함수이며, 어떤 값에서 다른 값으로 변할 때 모든 중간값을 거쳐야만 한다. 다른 예로 브렌트유(Brent crude oil)의 시장가격은 사실상 시간에 대한 불연속함수이다. 일반적으로 브렌트유는 배럴당 달러로 가격을 표시하는데, 항상 소수점 이하 자릿수가 적어야 하기 때문이다. 조금 더 흥미롭게는 수요나 공급에 상당한 영향을 미치는 뉴스나 소문이 갑자기 생기면 가격이 크게 변하는 문제가 간헐적으로 발생하기 때문이다. 한 예로 주요 석유 수출국의 정부에 갑작스럽게 변화가 생길 수 있고, 정부가 운영에 영향을 미치는 몇몇 석유 수출국이 브렌트유 공급을 제한하기로 합의하는 경우가 있을 수 있다.

경제분석을 하려면 단순히 기하적 직관에만 의존하지 않는 연속성에 대한 정의가 필요하다. 이제 극한을 기반으로 연속의 정확한 정의를 살펴보자.

극한에서의 연속성

앞에서 논의한 바와 같이 x의 작은 변화가 $f(x)$의 작은 변화로 이어진다면 함수 $y = f(x)$는 $x = a$에서 연속이다. 달리 말해 x가 a에 가까우면 $f(x)$는 $f(a)$에 가까워야 한다. 이 개념을 이용하여 다음과 같이 연속성을 정의할 수 있다.

연속성

$\lim_{x \to a} f(x) = f(a)$이면 함수 f는 $x = a$에서 **연속**이라 한다. (7.8.1)

연속성의 정의는 함수 f가 $x = a$에서 연속이려면 다음 조건 ❶~❸을 모두 만족해야 함을 의미한다. 세 조건 중 하나라도 만족하지 않으면 f는 a에서 **불연속**이라 한다.

❶ f는 $x = a$에서 정의되어야 한다.
❷ x가 a에 가까이 갈 때 $f(x)$의 극한이 존재해야 한다.
❸ ❷의 극한이 $f(a)$와 같아야 한다.

[그림 7.8.3]의 그래프는 두 가지 불연속 유형을 모두 보여준다. 함수 f는 $x = a$에서 불연속인데, x가 a에 가까이 갈 때 $f(x)$의 극한이 존재하지 않기 때문이다. 따라서 조건 ❷를 만족하지 않는다. 이는 $x = a$에서 f의 함숫값을 적절히 다시 정의하더라도 연속이 되게 할 수 없으므로 **제거 불가능한 불연속**이라 한다. 한편 x가 b에 가까이 갈 때 $f(x)$의 극한은 A이다. 그러나 $A \neq f(b)$이므로 조건 ❸을 만족하지 않고, f는 b에서 불연속이다. 이는 $x = b$에서 $f(b)$를 A로 다시 정의하면 f가 연속이 될 수 있으므로 **제거가능한 불연속**이라 한다.

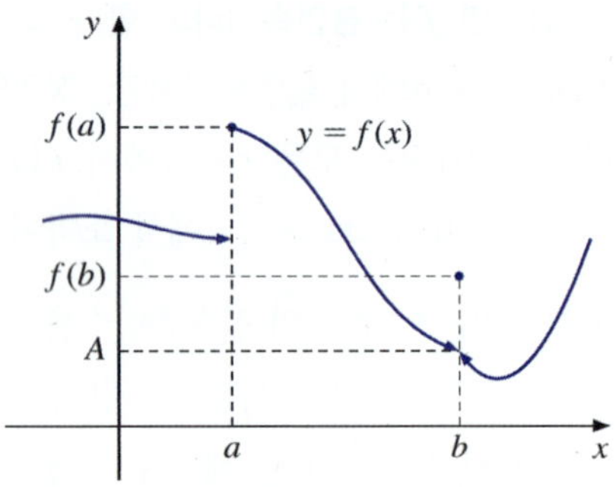

그림 7.8.3 불연속함수

연속함수의 성질

수학자들은 오직 연속함수에만 적용되는 많은 중요한 결과를 발견했다. 따라서 주어진 함수가 연속인지 여부를 판정하는 방법을 아는 것이 중요하다. 실제로 함수 유형에 따라 6.5절에서 다룬 극한법칙을 이용하면 함수의 연속성을 쉽게 파악할 수 있다.

$$\text{각 점 } a\text{에서 } \lim_{x \to a} c = c\text{와 } \lim_{x \to a} x = a\text{이므로}$$
$$\text{두 함수 } f(x) = c\text{와 } f(x) = x\text{는 모든 점에서 연속이다.} \quad (7.8.2)$$

두 함수의 그래프가 직선이므로 이들은 당연히 연속이다.

다음으로 연속의 정의 (7.8.1)과 극한법칙 (6.5.2)~(6.5.5)를 적용하면 다음을 얻는다.

연속함수의 성질

두 함수 f와 g가 a에서 연속이면 다음을 만족한다.

❶ 합 $f+g$와 차 $f-g$도 a에서 연속이다.
❷ 곱 fg와 몫 $\frac{f}{g}$(단, $g(a) \neq 0$)도 a에서 연속이다.

❸ 거듭제곱함수 $(f(x))^r$(단, r은 임의의 실수)은 정의역에 속하는 모든 a에서 연속이다.
❹ 구간 I에 f의 역함수가 있으면 그 역함수 f^{-1}도 $f(I)$에서 연속이다.

예를 들어 ❷의 첫 번째 내용인 함수의 곱에 대한 연속을 증명하기 위해 f와 g가 모두 a에서 연속이라고 가정하자. 그러면 $x \to a$일 때 $f(x) \to f(a)$와 $g(x) \to g(a)$를 만족한다. 극한법칙에 따르면 $x \to a$일 때 $f(x)g(x) \to f(a)g(a)$가 성립하고, 이는 fg가 $x=a$에서 연속임을 의미한다. ❹는 증명하기 조금 까다롭지만 함수 f와 역함수 f^{-1}의 그래프가 5.3절에서 살펴본 바와 같이 $y=x$에 대해 대칭임을 안다면 쉽게 이해할 수 있다.

연속함수의 성질과 명제 (7.8.2)를 이용하면 $h(x)=x+8$ 또는 $k(x)=3x^3+x+8$과 같은 함수들은 연속이다. 일반적으로 다항식은 연속함수의 합으로 주어지므로 모든 점에서 연속이다. 다음과 같은 형태의 유리함수를 생각해보자.

$$R(x)=\frac{P(x)}{Q(x)} \quad (\text{단, } P(x)\text{와 } Q(x)\text{는 다항식})$$

여기서 $Q(x) \neq 0$이면 연속함수의 성질 ❷에 의해 $R(x)$가 모든 x에서 연속이다.

이번에는 두 함수 f와 g가 모두 연속일 때 합성함수 $g(f(x))$를 생각해보자. f가 $x=a$에서 연속이므로 x가 a에 가까워지면 $f(x)$는 $f(a)$에 가까워진다. 또 g가 $f(a)$에서 연속이므로 $f(x)$가 $f(a)$에 가까워지면 $g(f(x))$는 $g(f(a))$에 가까워진다. 따라서 합성함수 $g \circ f$는 a에서 연속이다. 간단히 말해서 **연속함수의 합성함수도 연속이다.**

지금까지의 내용을 요약하면 다음과 같이 강력하고 일반적인 결과를 얻는다.

연속성 보존

덧셈, 뺄셈, 곱셈, 나눗셈(분모가 0인 경우 제외), 합성함수 중 하나 이상의 연산으로 연속함수를 조합하여 다른 함수를 구성하면 이 함수는 정의되는 모든 점에서 연속이다.

방금 논의한 결과를 이용하면 함수를 정의하는 식을 한눈에 살펴보기만 해도 연속인 점을 찾을 수 있다.

EX 7.8.1 함수 f와 g가 연속인 x 값을 구하라.

(a) $f(x)=\dfrac{x^4+3x^2-1}{(x-1)(x+2)}$ (b) $g(x)=(x^2+2)\left(x^3+\dfrac{1}{x}\right)^4+\dfrac{1}{\sqrt{x+1}}$

풀이

(a) f는 $(x-1)(x+2) \neq 0$인 모든 x에서 연속인 유리함수이다. 따라서 f는 1과 -2를 제외한 모든 x에서 연속이다.

(b) 함수 g는 $x \neq 0$이고 $x+1>0$일 때 정의된다. 연속함수의 성질 ❶, ❷, ❸에 의해 g는 정의역 $(-1,0)\cup(0,\infty)$에서 연속이다.

함수가 연속인 곳을 알면 극한 계산을 꽤 간소화할 수 있다. 함수 f가 $x=a$에서 연속이면 x가 a로 가까워질 때 $f(x)$의 극한은 단순히 $f(a)$이다. [EX 6.5.3]의 함수 $f(x)=x^2+5x$는 연속함수이므로 다음을 얻는다.

$$\lim_{x\to -2}(x^2+5x)=f(-2)=(-2)^2+5(-2)=4-10=-6$$

이처럼 단순히 $f(-2)$를 구하는 것이 극한법칙을 이용하는 것보다 훨씬 수월하다.

[EX 5.4.3]과 [EX 5.4.4]의 함수는 서로소인 구간에서 다른 식에 의해 **구간별**(piecewise)로 정의된다. 이렇게 구간별로 정의되는 함수는 종종 구간이 만나는 접점에서 불연속이다. 또 다른 예로 우편요금은 편지 무게에 대한 불연속함수이다(사전에 인쇄된 우표를 사용하는 동안에는 '우편요금함수'가 대체로 연속이라고 보기 어렵다). 그러나 [EX 5.4.4]와 같은 소득세율에 대한 정보가 주어지면 각자 납부해야 하는 세금은 본질적으로 순수입에 대한 연속함수로 간주할 수 있다.

EX 7.8.2 경제학적으로 중요한 불연속함수의 한 예로 2014년 개혁 전까지 유지된 영국의 주택매입 관련 부동산 취득세를 생각할 수 있다. 모든 주택매입자는 공식적으로 **SDLT**(Stamp Duty Land Tax)라 하는 인지세를 납부해야 했다. SDLT는 2014년 12월 3일 이전까지 평균세율이 평판형(slab) 누진세[8]로 부과되었다. 2012년 3월 24일~2014년 12월 3일의 SDLT 세율은 [표 7.8.1]과 같다.[9]

표 7.8.1 2014년 12월 3일까지 시행된 영국의 주택매입 관련 SDLT 세율

부동산 매입가격	SDLT 세율
125,000파운드 미만	0
125,000파운드 ~ 250,000파운드	2%
250,000파운드 ~ 925,000파운드	5%
925,000파운드 ~ 1,500,000파운드	10%
1,500,000파운드 초과	12%

이 누진세의 특징은 세율이 인상될 때마다 납부 세액이 불연속적으로 도약한다는 점이다. 주택을 125,000파운드에 매입하면 세금은 0이지만, 125,001파운드에 매입하면 세금은 매입가의 2%인 2,500.02파운드로 증가한다. 마찬가지로 주택을 250,000파운드에 매입하면 세금은 매입가의 2%인 5,000파운드이지만, 250,001파운드에 매입하면 세금은 매입가의 5%인 12,500.05파운드로 증가한다.

[그림 7.8.4]는 과거 SDLT 수익함수의 그래프이며 세율이 증가하는 매입가격 네 군데에서 불연속적으로 도약한다. [그림 7.8.5]는 2006년 한 해 동안 서로 다른 가격으로 주택을 매입한 빈도분포를 보여주는 막대그래프이다.[10] 당연한 이야기이지만 세율이 증가하는 지점의 바로 윗부분의 분포에는 눈에 띄는 저점이 있다. 특히 250,000파운드 바로 왼쪽 막대의 빈도는 심하게 증가하고, 오른쪽 막대의 빈도는 거의 0에 가깝게 감소했음에 주목하라.

8 (옮긴이) 누진세가 평판형이면 각 과세구간을 초과하는 구매가격 전액에 대해 해당 과세구간의 세율을 적용한다.

9 http://www.hmrc.gov.uk/sdlt/rates-tables.htm#3

10 이 막대그래프는 「주택 양도세와 가구 이동성: 주택시장 또는 노동시장에 대한 왜곡?」의 저자인 테무 뤼티캐이넨(Teemu Lyytikäinen)과 크리스찬 힐버(Christian Hilber)의 허락을 받아 각색했다. 논문에 대한 정보는 https://econpapers.repec.org/paper/ferwpaper/47.htm에서 확인할 수 있다.

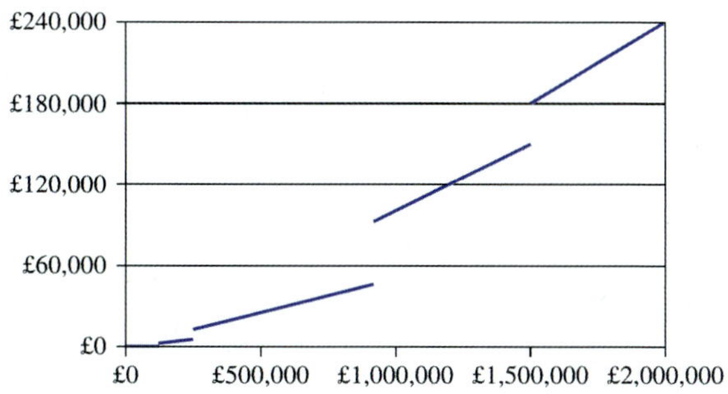

그림 7.8.4 SDLT 수익함수

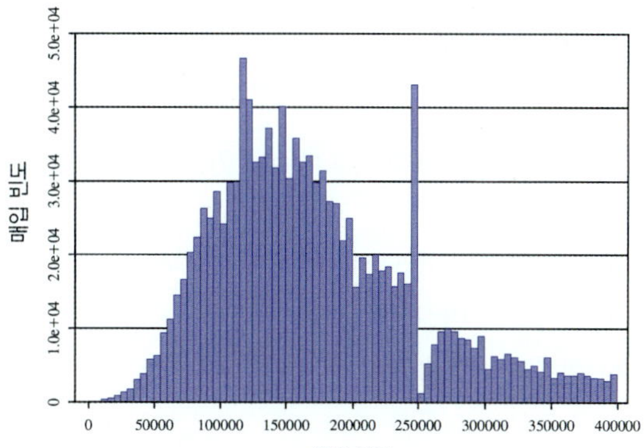

그림 7.8.5 주택매입 빈도분포

경제학자는 이 상황을 다음과 같이 설명한다. 결국 구매자와 판매자 모두 주택 한 채의 실제 가치가 251,000파운드이고 세금이 12,550파운드라는 데 동의한다면, 매입가격을 249,000파운드로 기록해서 세금을 4,950파운드로 낮추는 데에도 동의할 수 있다는 뜻이다. 그러면 매입자는 세금을 7,600파운드나 절약할 수 있고, 영국에서는 종종 주택 가격에 포함되지 않는 카펫이나 커튼 같은 '집기류 및 부속품' 비용으로 최소 2,000파운드를 판매자에게 따로 지불할 수도 있다.[11]

결국 영국 재무부는 이러한 조세제도에 심각한 결함이 있음을 인식하고, 2014년 12월 3일 SDLT 소득세율표를 즉시 개혁하겠다고 발표했다. 이는 [EX 5.4.4]에서 설명했듯이 구간이 여러 개인 미국 연방 소득세 시스템과 더 비슷해졌다.[12] 이러한 구간 사이에서 한계세율은 증가하겠지만, 평균세율과 총 납부세액은 모두 가격에 대해서 연속함수이다. 이렇게 조세제도를 연속성을 띄는 형태로 전환했을 때, 영국 주택과 그 주택이 건설된 토지의 매입 가격의 빈도분포가 더 규칙적으로 변할지는 두고 보아야 할 것이다.[13]

그러나 영국의 시사 주간지인 이코노미스트는 2014년 12월 6일자 기사에 이 세제 개혁에 대한 논설을 싣고 새로운 수익함수가 '덜 비틀려 있다'고 설명했다. 이 표현은 수학적으로 의미가 없다. 비틀림(kink)은 그래프에 접하는 기울기가 불연속적으로 변하는 모서리를 말하며, 도약과는 다른 개념이다.[14][15] 이전 과세제도의 그래프에는 도약이 있었지만, 그 외에는 비틀림이 없었다. 새로운 과세제도의 그래프에는 비틀림이 있지만 연속적이므로 도약은 없다.

11 뤼티캐이넨과 힐버는 SDLT가 2003년에 기존 취득세 제도를 대체했을 때 '탈세를 단속하기 위해 설계된 제도'라고 지적했다. 기존 제도에서는 '집기류 및 부속품'을 별도로 과도한 가격에 판매함으로써 탈세할 수 있었다. 그러나 2006년 기준으로는 부동산과 '집기류 및 부속품' 매매를 같이 신고하고, 토지등기부에서 매입가격과 해당 지역의 일반적인 거래 가격을 비교하여 탈세를 적발한다. 주택 가격에 대한 빈도분포의 이상 현상은 그러한 탈세를 완벽히 단속하지 못했음을 암시한다.

12 실제로 이 조세제도는 잉글랜드와 웨일스에서만 적용되었으며 스코틀랜드와 북아일랜드는 적용 대상이 아니었다.

13 2017년 11월 22일의 후속 개혁에서는 실제로 매입가격이 30만 파운드와 50만 파운드 사이에서 주요 거주지로 인정되는 주거용 부동산을 최초로 매입한 경우에 한해 불연속 평판형시스템을 재도입했다. 다음 파일을 참고하라.
https://assets.publishing.service.gov.uk/government/uploads/system/uploads/attachment_data/file/1116811/Withdrawn_Stamp_Duty_Land_Tax_relief_for_first_time_buyers_-_guidance_note.pdf

14 식 (7.9.4) 아래에서 논의하는 바를 참고하라.

15 (옮긴이) [그림 7.9.5]의 그래프에서 $x=a$와 같은 형태를 의미한다.

7.8 연습문제

1 다음 중 시간에 대해 연속함수일 가능성이 큰 함수를 찾아라.

(a) 취리히 금 시장에서 금 1온스 가격

(b) 성장하는 어린이의 키

(c) 항공기의 해발고도

(d) 자동차가 이동한 거리

2 모든 x에 대해 f와 g가 다음과 같다고 하자.

$$f(x)=\begin{cases} x^2-1, & x \le 0 \\ -x^2, & x>0 \end{cases}$$

$$g(x)=\begin{cases} 3x-2, & x \le 2 \\ -x+6, & x>2 \end{cases}$$

각 함수의 그래프를 그려라. 함수 f는 $x=0$에서 연속인지 판단하라. 또 함수 g는 $x=2$에서 연속인지 판단하라.

3 다음과 같이 정의된 함수에서 연속인 x를 구하라.

(a) x^5+4x (b) $\frac{x}{1-x}$

(c) $\frac{1}{\sqrt{2-x}}$ (d) $\frac{x}{x^2+1}$

(e) $\frac{x^8-3x^2+1}{x^2+2x-2}$ (f) $\frac{1}{\sqrt{x}}+\frac{x^7}{(x+2)^{3/2}}$

4 어떤 비행기가 [그림 7.8.6]과 같은 지면 위를 날아다닐 때, 이 비행기의 높이 y를 위치 x의 지면에서 수직 방향으로 측정했다고 하자. x에 대한 함수 y의 그래프를 그려라. y는 x에 대해 연속함수인지 여부를 판단하라.

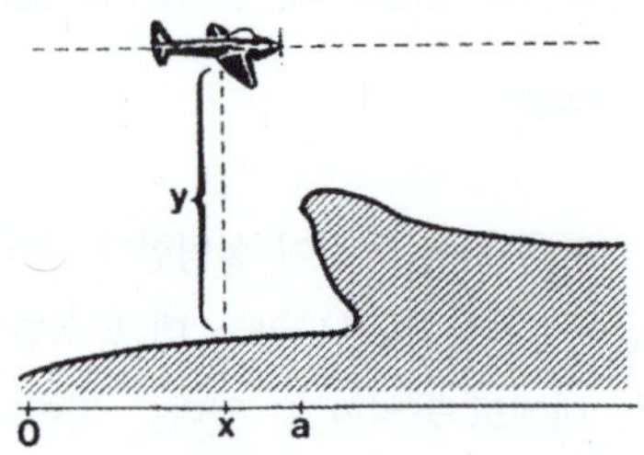

그림 7.8.6 [연습문제 4]의 그림

5 다음 함수가 모든 x에 대해 연속이 되게 하는 a 값을 구하라.

$$f(x)=\begin{cases} ax-1, & x \le 1 \\ 3x^2+1, & x>1 \end{cases}$$

6 한 구간에서 일대일이지만 순증가도 순감소도 아닌 함수 f의 그래프를 그려라.

힌트 f는 연속함수가 될 수 없다.

7.9 여러 형태의 극한

6.5절에서는 극한을 간단하게 살펴보았다. 이번 절에서는 6.5절의 직관적인 수준을 유지하면서 극한에 대한 몇 가지 개념과 결과를 보완한다. 이렇게 점진적으로 접근한 이유는 극한에 대한 실제적인 지식을 습득하는 것이 중요하면서도 매우 쉽기 때문이다. 그러나 경험에 비추어 볼 때 극한을 정확하게 정의하는 것도 어렵고 그 정의에 기초하여 증명하는 것도 마찬가지로 까다롭게 느껴질 수 있다.

함수 f가 a의 모든 근방인 x에 대해 정의되었다고 가정하자. 이때 f가 꼭 a에서 정의되어야 할 필요는 없다. 정의 (6.5.1)에 따르면 x가 a는 아니면서 a에 충분히 가까워질 때 $f(x)$를 원하는 만큼 A에 가깝게 할 수 있다면, x는 a에 가까워질 때 $f(x)$의 극한을 A라고 할 수 있다. 이제 극한이 존재하지 않는 경우를 알아보자.

EX 7.9.1 계산기를 사용하여 $\lim_{x \to -2} \frac{1}{(x+2)^2}$을 구하라.

풀이

x 값이 -2에 가까워질수록 함숫값은 [표 7.9.1]과 같이 나타난다.

표 7.9.1 x가 -2에 가까워질 때 $\frac{1}{(x+2)^2}$ 값

x	-1.8	-1.9	-1.99	-1.999	-2.0	-2.001	-2.01	-2.1	-2.2
$\frac{1}{(x+2)^2}$	25	100	10000	1000000	‘$\frac{1}{0}$’	1000000	10000	100	25

[표 7.9.1]에 따르면 x가 -2에 더욱 가까워질수록 분수 값이 더욱 커진다. $x=-2.0001$과 $x=-1.999$에서 $\frac{1}{(x+2)^2}$ 값은 1억이다. [그림 7.9.1]은 $f(x)=\frac{1}{(x+2)^2}$의 그래프를 보여준다. 직선 $x=-2$는 f의 그래프에 대한 **수직점근선**(vertical asymptote)이라고 한다.

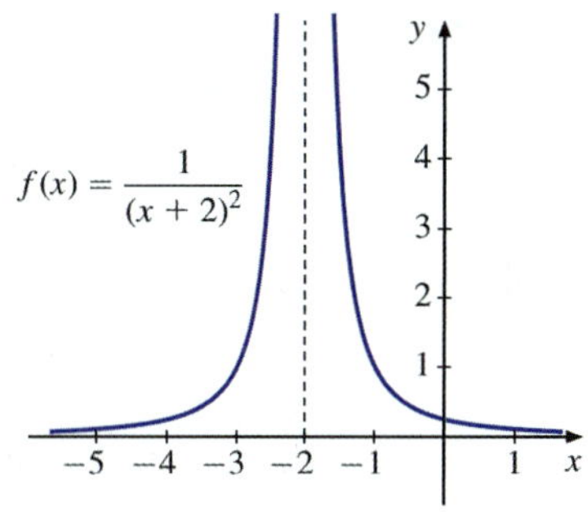

그림 7.9.1 $x \to -2$이면 $f(x) \to \infty$

실제로 -2에 충분히 가까운 x를 선택하여 $\frac{1}{(x+2)^2}$을 원하는 만큼 크게 만들 수 있다. 즉 x가 -2에 가까이 갈 때 극한이 존재하지 않는다. 이를 **무한대로 발산**한다고 하고 다음과 같이 표기한다.

$$x \to -2\text{일 때 } \frac{1}{(x+2)^2} \to \infty$$

참고로 ∞는 수가 아닌 기호이므로 극한이 아니다.

단측극한

그래프가 [그림 7.9.2]와 같은 함수는 x가 a로 가까이 갈 때 분명히 극한이 존재하지 않는다. 그러나 이 그래프는 x가 a보다 작으면서(a 왼쪽에 있으면서) a에 가까이 가면 $f(x)$는 B라는 수에 가까이 간다. 이처럼 x가 작으면서 a에 가까이 갈 때, B를 $x=a$에서 $f(x)$의 **좌극한**(left limit)이라 하고 다음과 같이 표기한다.

$$\lim_{x \to a^-} f(x) = B \text{ 또는 ‘}x \to a^-\text{일 때 } f(x) \to B\text{’}$$

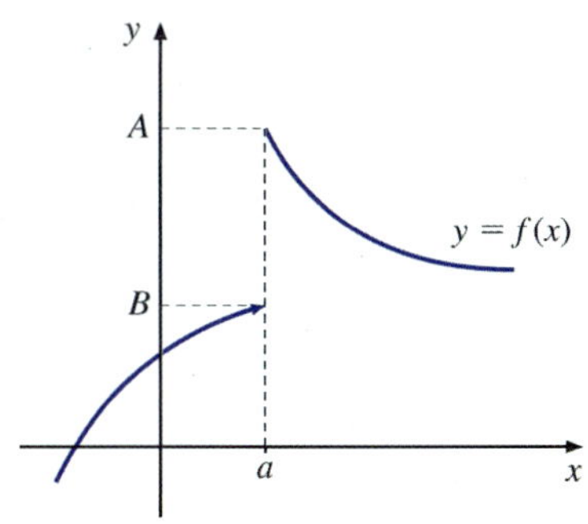

그림 7.9.2 $\lim_{x \to a} f(x)$는 존재하지 않음

마찬가지로 [그림 7.9.2]의 그래프는 x가 a보다 크면서(a 오른쪽에 있으면서) a에 가까이 가면 $f(x)$는 A라는 수에 가까이 간다. 이처럼 x가 크면서 a에 가까이 갈 때 A를 $x=a$에서 $f(x)$의 **우극한**(right limit)이라 하고 다음과 같이 표기한다.

$$\lim_{x \to a^+} f(x) = A \text{ 또는 ‘}x \to a^+\text{일 때 } f(x) \to A\text{’}$$

좌극한과 우극한을 통틀어 **단측극한**(one-sided limit)이라 한다.

극한이 존재하기 위한 필요충분조건은 f의 좌극한과 우극한이 각각 존재하고 두 값이 서로 같다는 것이다.

$$\lim_{x\to a} f(x) = A \quad \Leftrightarrow \quad `\lim_{x\to a^-} f(x) = A \text{이고 } \lim_{x\to a^+} f(x) = A' \tag{7.9.1}$$

이제 다음 표현이 의미하는 바도 분명해졌다.

$$x \to a^- \text{일 때 } f(x) \to \pm\infty, \quad x \to a^+ \text{일 때 } f(x) \to \pm\infty$$

예를 들어 $\lim_{x\to 0^+} \ln x = -\infty$는 식 (6.11.3)에서 다룬 적이 있다.

EX 7.9.2 구간 [0, 9]에서 정의된 함수 f의 그래프가 [그림 7.9.3]과 같다고 하자. 이를 이용하여 다음에 주어진 극한 식이 올바른지 확인해보자.

$$\lim_{x\to 2} f(x) = 3, \quad \lim_{x\to 4^-} f(x) = \frac{1}{2}, \quad \lim_{x\to 4^+} f(x) = 3, \quad \lim_{x\to 6^-} f(x) = \lim_{x\to 6^+} f(x) = -\infty$$

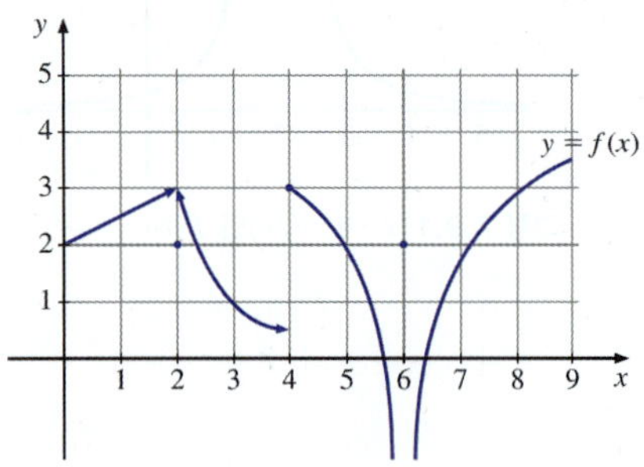

그림 7.9.3 [0, 9]에 정의된 함수

식 (7.9.1)에 의해 하한과 상한이 실제로 존재하지 않아도 단순히 $\lim_{x\to 6} f(x) = -\infty$로 나타낼 수 있다.

EX 7.9.3 다음 극한을 설명하라.

$$x \to 2^- \text{일 때 } \frac{1}{\sqrt{2-x}} \to \infty, \quad x \to 2^+ \text{일 때 } \frac{-1}{\sqrt{x-2}} \to -\infty$$

풀이

x가 2보다 약간 작으면 $2-x$는 작은 양수이다. 따라서 $\sqrt{2-x}$는 0에 가깝고 $\frac{1}{\sqrt{2-x}}$은 큰 양수이다. 예를 들어 $\frac{1}{\sqrt{2-1.9999}} = \frac{1}{\sqrt{0.0001}} = 100$이다. 즉 x가 2^-에 가까이 가면 $\frac{1}{\sqrt{2-x}}$은 ∞에 가까워진다.

이와 달리 x가 2보다 약간 크면 $\sqrt{x-2}$는 0에 가까운 양수이므로 $\frac{-1}{\sqrt{x-2}}$은 절댓값이 큰 음수이다. 즉 x가 2^+에 가까이 가면 $\frac{-1}{\sqrt{x-2}}$은 $-\infty$에 가까워진다.

단측연속

단측극한을 소개했으므로 단측연속도 정의할 수 있다. f가 반열린구간 $(c, a]$에서 정의된다고 가정하자. x가 a^-로 가까이 갈 때, $f(x)$가 $f(a)$에 가까이 가면 f는 a에서 **좌측연속**(left continuous)이라 한다. 마찬가지로 반열린구간 $[a, d)$에서 정의된 f에 대해 x가 a^+에 가까이 갈 때, $f(x)$가 $f(a)$에 가까이 가면 f는 a에서 **우측연속**(right continuous)이라 정의한다. 식 (7.9.1)에 의해 함수 f가 a에서 좌측연속인 동시에 우측연속일 때에만 a에서 연속이다.

EX 7.9.4 [EX 7.9.2]에 소개한 함수 f의 그래프 [그림 7.9.3]을 상기하자. $\lim_{x\to 4^+} f(x)$가 존재하고 그 극한값이 함숫값 $f(4)=3$과 같으므로 f는 $x=4$에서 우측연속이다. 한편 $x=2$에서 좌극한과 우극한은 $\lim_{x\to 2^-} f(x) = \lim_{x\to 2^+} f(x) = 3$으로 동일하지만 함숫값은 $f(2)=2$이다. 따라서 $x=2$에서는 우측연속도, 좌측연속도 아니다.

닫힌구간 $[a, b]$에서 정의된 함수 f를 생각해보자. 만약 f가 열린구간 (a, b)의 각 점에서 연속이고 a에서 우측연속이며 b에서 좌측연속이면 대개 f는 $[a, b]$에서 연속이라 한다. 반열린구간에서 연속을 정의하는 방법도 명확해야 한다. 구간의 모든 점에서(끝점이면 단측연속을 포함하여) 함수가 연속인 것은 종종 '잘 동작하는' 함수를 논할 때 필요한 최소 필요조건이다.

무한대에서의 극한

함수의 독립변수가 양수 또는 음수로 무한히 커질 때, 극한을 이용하여 함수가 어떻게 움직이는지 설명할 수 있다. f가 임의의 큰 양수 x에 대해 정의된 함수라 하자. x를 충분히 크게 만들어서 함수 $f(x)$가 A에 임의로 가까워지게 할 수 있다고 하자. 그러면 **x가 무한대에 가까워질 때 $f(x)$는 극한 A를 갖는다**고 한다. 이를 다음과 같이 나타낸다.

$$\lim_{x\to\infty} f(x) = A \text{ 또는 '} x\to\infty \text{일 때 } f(x)\to A\text{'}$$

마찬가지로 x를 충분히 절댓값이 큰 음수로 만들어서 함수 $f(x)$가 B에 임의로 가까워지게 할 수 있으면 다음과 같이 나타낸다.

$$\lim_{x\to -\infty} f(x) = B \text{ 또는 '} x\to -\infty \text{일 때 } f(x)\to B\text{'}$$

이는 x가 충분히 큰 음수에 가까이 가면 $f(x)$는 B에 임의로 가까이 갈 수 있음을 나타낸다.

[그림 7.9.4]는 두 극한을 설명한다. 수평선 $y = A$는 x가 ∞로 가까이 갈 때 f의 그래프에 대한 **수평점근선**(horizontal asymptote)이라 하고, 수평선 $y = B$는 x가 $-\infty$로 가까이 갈 때 f의 그래프에 대한 수평점근선이다.

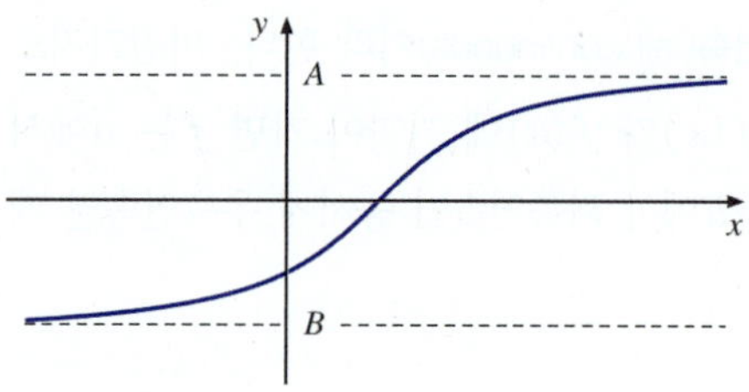

그림 7.9.4 수평점근선 $y = A$와 $y = B$

식 (6.10.3)에서 자연지수함수에 대해 극한 $\lim_{x \to -\infty} e^x = 0$과 $\lim_{x \to +\infty} e^x = +\infty$가 성립함을 살펴보았다. 또한 식 (6.11.4)에 따르면 자연로그함수에 대해 극한 $\lim_{x \to +\infty} \ln x = +\infty$가 성립한다.

EX 7.9.5 $x \to \infty$와 $x \to -\infty$일 때 다음 함수의 극한을 조사하라.

(a) $f(x) = \dfrac{3x^2 + x - 1}{x^2 + 1}$

(b) $g(x) = \dfrac{1 - x^5}{x^4 + x + 1}$

풀이

(a) $x \neq 0$일 때 분모에서 차수가 가장 높은 x^2으로 분자와 분모를 각각 나누면 다음을 만족한다.

$$f(x) = \frac{3x^2 + x - 1}{x^2 + 1} = \frac{3 + \left(\frac{1}{x}\right) - \left(\frac{1}{x^2}\right)}{1 + \left(\frac{1}{x^2}\right)}$$

만약 x의 절댓값이 충분히 크면 $\frac{1}{x}$과 $\frac{1}{x^2}$은 모두 0에 가까워지므로 $f(x)$는 3에 임의로 아주 가까워진다. 따라서 $x \to \pm\infty$이면 $f(x) \to 3$이다.

(b) (a)와 같이 분모에서 차수가 가장 높은 x^4으로 분자와 분모를 각각 나누면 다음을 얻는다.

$$g(x) = \frac{1 - x^5}{x^4 + x + 1} = \frac{\left(\frac{1}{x^4}\right) - x}{1 + \left(\frac{1}{x^3}\right) + \left(\frac{1}{x^4}\right)}$$

따라서 $x \to -\infty$이면 $g(x) \to \infty$이고, $x \to \infty$이면 $g(x) \to -\infty$이다.

주의해야 할 점

지금까지 극한의 기본 정의를 여러 가지 방향으로 확장했다. 6.5절에서 다룬 극한법칙은 이렇게 확장된 극한 개념에도 적용할 수 있다. 예를 들어 일반적인 극한법칙은 좌극한 또는 우극한만 고려해도 성립한다. 만약 $x \to a$를 $x \to \infty$ 또는 $x \to -\infty$로 바꾸어도 대응하는 극한의 성질이 여전히 성립한다. 두 극한 A와 B 중 적어도 하나가 0이 아닐 때에도 극한법칙 (6.5.2)~(6.5.5)가 성립한다. 이 법칙은 A와 B 중 하나가 무한대일 때에도 유효하다.

그러나 x가 a에 가까이 갈 때 $f(x)$와 $g(x)$가 모두 무한히 커진다면 주의해야 한다. x가 a에 충분히 가까워지면 $f(x)$와 $g(x)$를 각각 임의로 크게 만들 수 있으므로 $f(x)+g(x)$와 $f(x)g(x)$ 모두 임의로 크게 만들 수 있다. 그러나 $f(x)-g(x)$와 $\dfrac{f(x)}{g(x)}$의 극한은 무엇인지 단정할 수 없다. 두 식의 극한은 x가 a에 가까이 감에 따라 $f(x)$와 $g(x)$가 각각 얼마나 빠르게 무한대로 가까이 가는가에 따라 달라지기 때문이다. 이를 요약하면 다음과 같다.

무한극한의 성질

$x \to \infty$일 때, $f(x) \to \infty$, $g(x) \to \infty$라 가정하면 다음이 성립한다.

$$x \to \infty \text{일 때 } f(x)+g(x) \to \infty \text{이고 } f(x)g(x) \to \infty \tag{7.9.2}$$

그러나 $f(x)-g(x)$와 $\dfrac{f(x)}{g(x)}$의 극한은 단정할 수 없다.

$f(x)-g(x)$와 $\dfrac{f(x)}{g(x)}$의 극한은 f와 g에 대한 추가 정보가 있어야 결정할 수 있다. 다음 문제는 몇 가지 가능성을 보여준다.

EX 7.9.6 두 함수가 $f(x)=\dfrac{1}{x^2}$이고 $g(x)=\dfrac{1}{x^4}$이라고 하자. 그러면 $x \to 0$일 때 $f(x) \to \infty$이고 $g(x) \to \infty$이다. $x \to 0$일 때 다음 네 가지 경우의 극한을 조사하라.

$$f(x)-g(x), \quad g(x)-f(x), \quad \frac{f(x)}{g(x)}, \quad \frac{g(x)}{f(x)}$$

풀이

$x \to 0$일 때 함수 $f(x)-g(x)=\dfrac{x^2-1}{x^4}$의 분자는 -1이고 분모는 양수이면서 0에 가까이 간다. 따라서 $f(x)-g(x) \to -\infty$이다. 나머지 세 가지 함수의 극한은 다음과 같다.

$$g(x)-f(x)=\frac{1-x^2}{x^4} \to \infty, \quad \frac{f(x)}{g(x)}=x^2 \to 0, \quad \frac{g(x)}{f(x)}=\frac{1}{x^2} \to \infty$$

[EX 7.9.6]의 극한 계산을 통해 무한극한을 계산할 때 주의해야 할 부분이 많음을 알 수 있다. 또 다른 까다로운 예로 $x \to 0$일 때 $g(x) \to 0$인 함수의 곱 $f(x)g(x)$의 극한을 생각할 수 있다. $f(x)g(x) \to 0$이 성립하겠는가? 반드시 그렇지는 않다. 만약 $f(x)$가 유한값 A에 가까워지면 $f(x)g(x) \to A \cdot 0 = 0$이 되지만, $f(x)$가 $\pm\infty$로 가까워지면 $f(x)g(x) \to 0$이라는 보장이 없다. [연습문제 4]를 풀기 전에 $f(x)g(x) \to 0$이 성립하지 않는 예를 생각해보라.

연속성과 미분가능성

그래프가 [그림 7.9.5]와 같은 함수 f를 생각해보자. 그래프는 점 $(a,\ f(a))$에서 접선이 유일하지 않다. 따라서 f는 $x=a$에서 연속이지만 $x=a$에서 도함수를 갖지 않는다. 이렇게 어떤 함수는 한 점에서 미분할 수 없어도 연속일 수는 있다. [그림 4.3.10]의 절댓값함수가 이에 대한 표준 예이다. 절댓값함수는 모든 점에서 연속이지만 원점에서 미분할 수 없다.

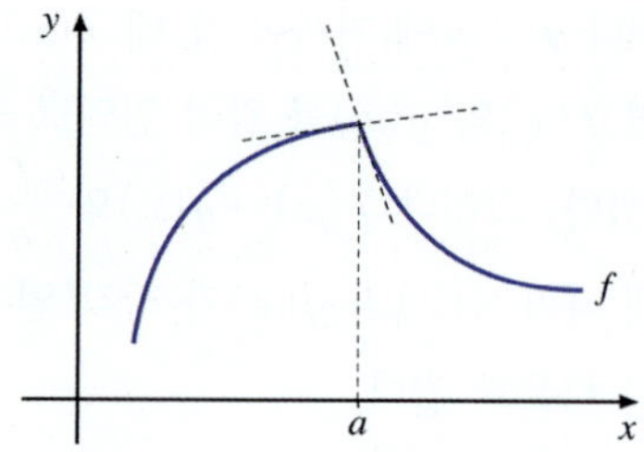

그림 7.9.5 f는 $x=a$에서 연속이지만 미분불가능

한편 미분가능성은 연속성을 함의한다. 실제로 이 증명은 어렵지 않다.

> **연속성과 미분가능성**
>
> $x=a$에서 미분가능한 함수 f는 $x=a$에서 연속이다. (7.9.3)

증명

$h \to 0$일 때 $f(a+h)-f(a) \to 0$이면 f는 $x=a$에서 연속이다. 모든 $h \neq 0$에 대해 다음이 자명하게 성립한다.

$$f(a+h)-f(a) = \frac{f(a+h)-f(a)}{h} \cdot h \qquad (*)$$

f가 $x=a$에서 미분가능하면 정의에 의해 $h \to 0$일 때 뉴턴 몫은 $\frac{f(a+h)-f(a)}{h} \to f'(a)$이다. 따라서 $h \to 0$이면 $(*)$의 우변은 $f'(a) \cdot 0 = 0$에 가까이 간다. 이는 f가 $x=a$에서 연속임을 증명한다. ■

함수 f에 대해 양수인 h가 $h \to 0$일 때 뉴턴 몫이 극한으로 가까이 간다고 가정하자. 그 극한을 a에서 f의 **우도함수**(right derivative)라 한다. 비슷한 방법으로 a에서 f의 **좌도함수**(left derivative)를 정의한다. 따라서 뉴턴 몫과 관련 있는 단측극한이 존재할 때 다음과 같이 표기한다.

$$f'(a^+) = \lim_{h \to 0^+} \frac{f(a+h)-f(a)}{h}, \quad f'(a^-) = \lim_{h \to 0^-} \frac{f(a+h)-f(a)}{h} \qquad (7.9.4)$$

함수 f가 a에서 연속이고 좌도함수와 우도함수가 존재하며 그 값이 $f'(a^+) \neq f'(a^-)$를 만족한다고 가정하자. 이처럼 두 도함수 값이 다르면 f의 그래프는 $(a,\ f(a))$에서 **비틀림**(kink)을 갖는다고 한다.

EX 7.9.7 **(2025년 미국 연방 소득세)** 2025년 소득이 x인 사람의 세금 납부액을 $\tau(x)$로 표기하자. 여기서 x와 $\tau(x)$의 단위는 모두 미국 달러이다. 소득세 함수 τ는 [EX 5.4.4]에서 살펴보았으며, 그 그래프는 [그림 5.4.9]와 같다. 함수 τ는 $x=11925$와 $x=48475$ 같은 곳에서 비틀림이 존재한다. 실제로 소득이 11,925달러 이하이면 소득세율은 10%인 반면, 소득이 11,925달러~48,475달러이면 '최초' 11,925달러의 10%에다가 11,925달러 이상의 소득에 대한 12%를 합산하여 소득세를 납부해야 한다. 게다가 $\tau'(11925^-)=0.1$이고 $\tau'(11925^+)=0.12$이므로 11,925달러일 때 비틀림이 있다. 마찬가지로 $\tau'(48475^-)=0.12$이고 $\tau'(48475^+)=0.22$이므로 48,475달러일 때 또 다른 비틀림이 발생한다. 마지막으로 $\tau'(626350^+)=0.37$이므로 한계세율 37%가 적용되는 626,350달러에서 비틀림이 발생한다.

극한의 엄밀한 정의

식 (6.5.1)에서 극한 $\lim_{x \to a} f(x) = A$를 a가 아니면서 a에 충분히 가까운 x를 선택함으로써 $f(x)$를 A에 원하는 만큼 가깝게 할 수 있다고 해석했다. 식 (2.7.2)를 따르면 근접 개념을 다음과 같이 정확하게 세울 수 있다. 즉 두 수 y와 z 사이의 거리 $|y - z|$가 작으면 작을수록 y와 z가 가깝다고 한다. 이로써 극한의 정의를 다음과 같이 재구성할 수 있다.

극한

$\lim_{x \to a} f(x) = A$는 모든 $x \neq a$에 대해 $|x - a|$를 충분히 작게 함으로써, $|f(x) - A|$를 원하는 만큼 작게 만들 수 있음을 의미한다.

19세기 말, 당대 최고의 수학자들 중 일부는 이 정의를 다음과 같은 방식으로 엄밀하게 나타낼 수 있음을 점차 깨달았다.[16]

극한의 $\varepsilon - \delta$식 정의

임의로 주어진 수 $\varepsilon > 0$을 생각하자. $0 < |x - a| < \delta$인 모든 x에 대해 $|f(x) - A| < \varepsilon$을 만족하는 $\delta > 0$이 존재하면, 'x가 a에 가까이 갈 때 $f(x)$는 극한 A를 가진다.'고 하고 다음과 같이 나타낸다.

$$\lim_{x \to a} f(x) = A$$

이러한 $\varepsilon - \delta$식 정의는 수학에서 극한에 관해 엄밀한 연구를 수행하는 기초가 된다. 이 정의를 [그림 7.9.6]으로 이해할 수 있다. 임의의 $\varepsilon > 0$과 관련된 모든 δ에 대해 구간 $(a - \delta,\ a + \delta)$에 속하면서 a가 아닌 모든 x에 대한 f의 그래프가 직사각형 $PQRS$ 내에 나타나야 함을 시사한다. 특히 그래프는 수평선분 PQ, SR을 통과하여 직사각형 내부에서 외부로 벗어날 수 없는 대신, 수직선분 PS와 QR을 통과해야 한다.

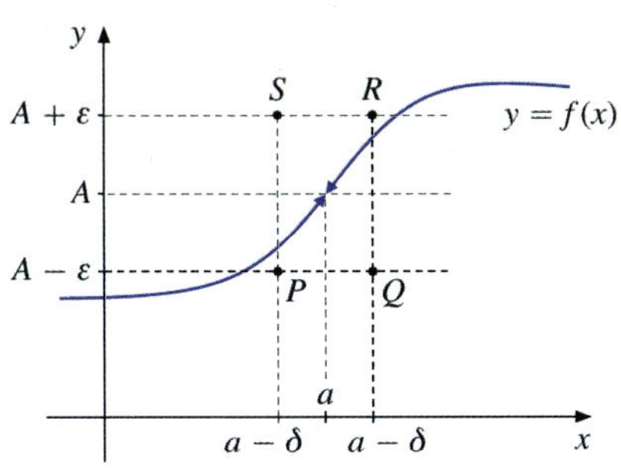

그림 7.9.6 극한의 정의

극한의 $\varepsilon - \delta$식 정의는 아주 중요한 내용이지만 이 책에서는 극한을 직관적으로만 다룰 예정이다.

---

16 이에 대한 구체적인 발상은 두 독일 수학자 에두아르트 하이네(Eduard Heine, 1821~1881)와 카를 바이어슈트라스(Karl Weierstrass, 1815~1897) 덕분이지만, 실제로 합의가 이루어지지 않았다.

7.9 연습문제

1 구간 $0<x<5$에서 정의된 함수 f의 그래프가 [그림 7.9.7]과 같을 때, 다음 극한을 구하라.

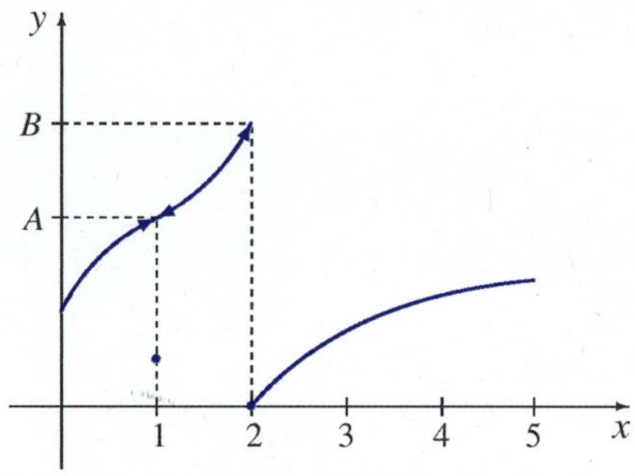

그림 7.9.7 [연습문제 1]의 함수 f

(a) $\lim_{x\to 1^-} f(x)$ (b) $\lim_{x\to 1^+} f(x)$

(c) $\lim_{x\to 2^-} f(x)$ (d) $\lim_{x\to 2^+} f(x)$

2 다음 극한을 구하라.

(a) $\lim_{x\to 0^+}(x^2+3x-4)$ (b) $\lim_{x\to 0^-}\frac{x+|x|}{x}$

(c) $\lim_{x\to 0^+}\frac{x+|x|}{x}$ (d) $\lim_{x\to 0^+}\frac{-1}{\sqrt{x}}$

(e) $\lim_{x\to 3^+}\frac{x}{x-3}$ (f) $\lim_{x\to 3^-}\frac{x}{x-3}$

3 다음 극한을 구하라.

(a) $\lim_{x\to\infty}\frac{x-3}{x^2+1}$ (b) $\lim_{x\to-\infty}\sqrt{\frac{2+3x}{x-1}}$

(c) $\lim_{x\to\infty}\frac{(ax-b)^2}{(a-x)(b-x)}$

4 함수 $f_1(x)=x$, $f_2(x)=x$, $f_3(x)=x^2$, $f_4(x)=\frac{1}{x}$을 생각하자. 각각의 $i=1, 2, 3, 4$에 대해 $\lim_{x\to\infty} f_i(x)$를 구하라. $x\to\infty$일 때 6.5절의 극한법칙이 다음 함수의 극한에도 적용되는지의 여부를 정하라.

(a) $f_1(x)+f_2(x)$ (b) $f_1(x)-f_2(x)$

(c) $f_1(x)-f_3(x)$ (d) $\frac{f_1(x)}{f_2(x)}$

(e) $\frac{f_1(x)}{f_3(x)}$ (f) $f_1(x)f_2(x)$

(g) $f_1(x)f_4(x)$ (h) $f_3(x)f_4(x)$

5 직선 $y=ax+b$에 대해 다음이 성립한다고 하자.

$x\to\infty$(또는 $x\to-\infty$)일 때 $f(x)-(ax+b)\to 0$

이러한 직선 $y=ax+b$를 $x\to\infty$(또는 $x\to-\infty$)일 때 곡선 $y=f(x)$에 대한 **점근선**(asymptote)이라 한다. 점근선 조건은 [그림 7.9.8]과 같이 $x\to\pm\infty$일 때 곡선의 모든 점 $(x, f(x))$와 그에 대응하는 직선 위의 점 $(x, ax+b)$ 사이의 수직 거리가 0에 한없이 가까워짐을 의미한다.

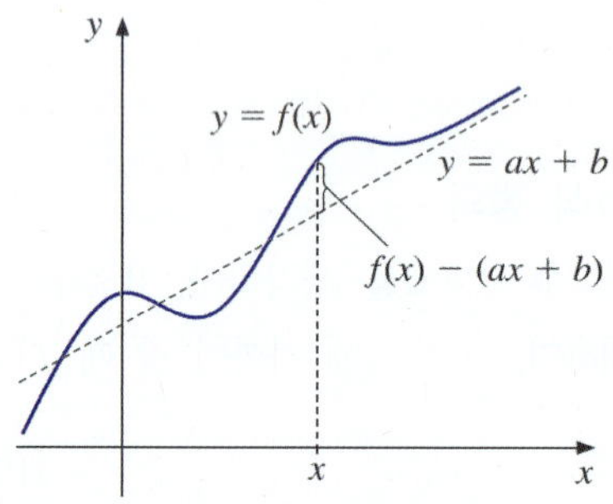

그림 7.9.8 함수 f에 대한 점근선

유리함수 $f(x)=\frac{P(x)}{Q(x)}$에서 다항식 $P(x)$의 차수가 다항식 $Q(x)$의 차수보다 정확히 1이 크면, $f(x)$는 점근선을 가진다. 실제로 이 점근선을 구하려면 4.7절에서 설명한 다항식 나눗셈 $P(x)\div Q(x)$를 계산해야 한다. 나눗셈 결과는 일차다항식과 $x\to\pm\infty$일 때 0에 수렴하는 나머지항을 더한 형태이다. x에 대한 함수가 다음과 같이 주어졌을 때, 방금 설명한 방법을 이용하여 함수에 대한 점근선을 구하라.

(a) $\frac{x^2}{x+1}$ (b) $\frac{2x^3-3x^2+3x-6}{x^2+1}$

(c) $\frac{3x^2+2x}{x-1}$ (d) $\frac{5x^4-3x^2+1}{x^3-1}$

6 모든 $x\geq 0$에 대해 $C(x)=A\frac{x(x+b)}{x+c}+d$로 정의되는 비용함수를 생각해보자. 여기서 A, b, c, d는 양의 상수이다. 함수 $C(x)$에 대한 점근선을 구하라.

7 $0<x<5$인 모든 x에서 정의된 함수 f의 그래프가 [그림 7.9.9]와 같다고 하자. 다음과 같이 주어진 점에서 함수 f의 연속성과 미분가능성을 조사하라.

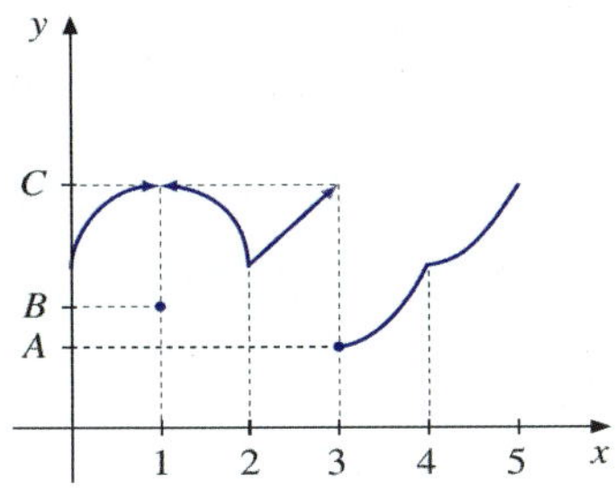

그림 7.9.9 $0<x<5$에서 정의된 함수 f의 그래프

(a) $x=1$ (b) $x=2$

(c) $x=3$ (d) $x=4$

8 $x \le 0$일 때 $f(x)=0$이고 $x>0$일 때 $f(x)=x$인 함수 f의 그래프를 그려라. 또 $f(0^+)$와 $f(0^-)$ 값을 구하라.

9 함수 f가 $x \neq 2 \pm \sqrt{3}$인 모든 x에 대해 $f(x)=\dfrac{3x}{-x^2+4x-1}$로 정의되었다고 하자. $f'(x)$를 구하라. 그리고 기호 도표를 이용하여 함수가 증가하는 범위를 구하라.

7.10 중간값정리

연속함수 개념을 도입한 중요한 이유는 '단절이 없다'는 의미에서 그래프가 연결함수 개념을 정확하게 나타내기 위함이었다. 극한의 $\varepsilon-\delta$식 정의를 사용하여 증명할 수 있는 다음 결과를 수학적 언어로 소개한다.

정리 7.10.1 중간값정리(intermediate value theorem)

함수 f가 구간 $[a, b]$에서 연속이라 가정하자. 그러면 다음이 성립한다.

❶ $f(a)$와 $f(b)$의 부호가 다르면 $f(c)=0$인 점 c가 구간 (a, b)에 적어도 하나 존재한다.

❷ $f(a) \neq f(b)$이면 $f(a)$와 $f(b)$ 사이의 열린구간에 속하는 모든 중간값 y에 대해 $f(c)=y$를 만족하는 c가 구간 (a, b)에 적어도 하나 존재한다.

❷의 결론은 함수 $g(x)=f(x)-y$에 ❶을 적용하면 쉽게 얻을 수 있다. 이러한 c가 존재하지 않는 함수는 적어도 하나의 불연속점을 가져야 함을 이해할 수 있도록 그림을 직접 그려보라.

주어진 방정식의 풀이가 간단하지 않을 때, [정리 7.10.1]은 해의 존재를 보장하는 데 중요한 역할을 한다. 이 정리의 증명은 7.11절에서 다룬다.

EX 7.10.1 방정식 $x^6+3x^2-2x-1=0$은 0과 1 사이에 적어도 하나의 해 c를 가짐을 보여라.

풀이

다항함수 $f(x)=x^6+3x^2-2x-1$은 모든 x에 대해 연속이고, 특히 구간 $[0, 1]$에서 연속이다. 그리고 $f(0)=-1$이고 $f(1)=1$이므로 [정리 7.10.1]에 의해 $f(c)=0$을 만족하는 c가 구간 $(0, 1)$에 적어도 하나 존재한다.

때로는 특정 방정식의 해가 유일함을 증명하는 것이 중요하다. 다음 예를 생각해보자.

EX 7.10.2 방정식 $2x-5e^{-x}(1+x^2)=0$은 구간 $(0,\ 2)$에서 유일한 해를 가짐을 보여라.

풀이

$g(x)=2x-5e^{-x}(1+x^2)$이라 두자. $g(0)=-5$, $g(2)=4-\dfrac{25}{e^2}$이고 $e>\dfrac{5}{2}$이므로 $g(2)>0$이다. 중간값정리를 이용하면 연속함수인 g는 $(0,\ 2)$에서 적어도 하나의 해를 갖는다. 한편 다음이 성립한다.

$$\begin{aligned} g'(x) &= 2+5e^{-x}(1+x^2)-10xe^{-x} \\ &= 2+5e^{-x}(1-2x+x^2)=2+5e^{-x}(x-1)^2 \end{aligned}$$

모든 x에 대해 $g'(x)>0$이므로 g는 순증가함수이다. 따라서 주어진 방정식의 해는 오직 하나이다.

임의의 $a>0$에 대해 a의 n제곱근 $\sqrt[n]{a}$은 $x^n=a$의 유일한 해로 잘 정의된다는 2.5절의 주장을 이번 문제에서 확인해보자.

EX 7.10.3 n은 $n\ge 2$인 임의의 자연수이고 a는 임의의 양의 실수라고 하자. 방정식 $x^n=a$는 1과 a 사이에 유일한 해 x^*를 가짐을 보여라.

풀이

함수 $f(x)=x^n$은 연속함수 $g(x)=x$를 n번 거듭제곱한 것이므로 $f(x)$는 모든 x에 대해 연속이다. 이제 다음 두 가지 경우로 나누고 [EX 2.6.3]의 내용을 상기하며 살펴보자.

❶ $0<a<1$이면 $a^n<a$이므로 $f(a)<a<f(1)$이다.

❷ $a>1$이면 $a^n>a$이므로 $f(a)>a>f(1)$이다.

중간값정리에 의해 ❶, ❷ 모두 $f(x^*)=a$를 만족하는 x^*가 1과 a 사이에 존재한다. 게다가 함수 f는 모든 x에 대해 미분가능하고 그 도함수는 $f'(x)=nx^{n-1}>0$이므로 $f(x)=a$의 해 x^*는 유일하다.

뉴턴 방법

중간값정리는 종종 방정식 $f(x)=0$이 주어진 구간에서 해를 가짐을 보여주기 위해 사용된다. 그러나 이 해를 어디에서 찾을 수 있는지에 대한 정보를 주지 않는다. 이 절에서는 좋은 근사해를 구하는 효과적인 방법을 소개한다. 이 방법은 뉴턴이 처음으로 제안했으며, 기하적으로 쉽게 이해할 수 있다.

함수 $y=f(x)$의 그래프가 [그림 7.10.1]과 같다고 하자. 이 함수는 $x=a$에서 함숫값이 0이지만 a를 정확히 알 수 없다. 이제 a의 초기 추정값으로 x_0를 택하여 a를 구해보자. 가능하면 x_0를 a에서 너무 멀지 않은 값으로 두는 게 좋다.

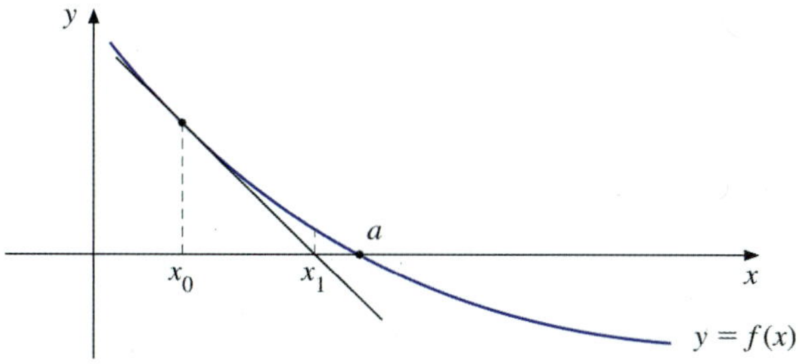

그림 7.10.1 뉴턴 방법

추정값 x_0를 개선하기 위해 점 $(x_0,\ f(x_0))$에서 그래프의 접선을 구하고, 다음 근삿값으로 [그림 7.10.1]과 같이 접선이 x축과 교차하는 점 x_1을 택한다. 대개 x_1은 x_0보다 a에 훨씬 더 가까운 추정값이 된다. 만약 f가 일차함수이면 x_0에서의 접선은 함수 그 자체이며 $f(x_1)=0$이므로 $x_1=a$이다. 실제로 f가 일차함수가 아니더라도 이런 일이 발생할 수 있다. 추정값 x_1에서 $f(x_1)=0$이 아니면 점 $(x_1,\ f(x_1))$에서 곡선에 대한 접선을 구하고 같은 방법으로 추정값 x_2를 택한다. 이 과정을 반복하여 a로 빠르게 수렴하는 점의 수열 x_1, x_2, $\cdots$를 얻는다. 각각의 x_1, x_2, $\cdots$는 어렵지 않게 구할 수 있다. x_0에서 접선의 기울기는 $f'(x_0)$이므로 $(x_0,\ f(x_0))$를 지나는 접선의 방정식은 다음과 같다.

$$y - f(x_0) = f'(x_0)(x - x_0)$$

이 접선이 x축의 교차점은 $y=0$이고 $x=x_1$이므로 $-f(x_0)=f'(x_0)(x_1-x_0)$가 성립한다. 이 식을 x_1에 대해 풀면 첫 번째 추정값은 다음과 같다.

$$x_1 = x_0 - \frac{f(x_0)}{f'(x_0)} \tag{$*$}$$

다음 단계는 x_1에서 시작하고 같은 방법으로 두 번째 근삿값 x_2를 구한다. x_2를 구하기 위해 (*)의 좌변에서 x_1을 x_2로 바꾸고 우변에서 x_0를 x_1으로 바꾸면 다음을 얻는다.

$$x_2 = x_1 - \frac{f(x_1)}{f'(x_1)}$$

이 방법을 계속 반복하면 n번째 근삿값 x_n을 구할 수 있다. n번째 단계에서는 x_{n-1}에서 시작하여 x_n으로 이동한다. 따라서 식 (*)에서 x_1을 x_n으로 바꾸고 x_0를 x_{n-1}으로 바꾸면 다음 공식을 얻는다.

뉴턴 방법(Newton's method)

$f(x_{n-1}) \neq 0$이면 뉴턴 방법은 점화식으로 정의되는 수열을 만든다.

$$x_n = x_{n-1} - \frac{f(x_{n-1})}{f'(x_{n-1})}, \quad n = 1,\ 2,\ \cdots \tag{7.10.1}$$

대체로 이 무한수열 x_1, x_2, $\cdots$는 f의 함숫값이 0이 되는 점으로 빠르게 수렴한다.

EX 7.10.4 [EX 7.10.1]의 풀이에서 다룬 함수 $f(x) = x^6 + 3x^2 - 2x - 1$을 상기하자. 뉴턴 방법을 한 번 사용하여 구간 $[0, 1]$에서 f의 함숫값이 0이 되는 x의 근삿값을 구하라.

풀이

$x_0 = 1$을 택하면 $f(x_0) = f(1) = 1$이다. 도함수는 $f'(x) = 6x^5 + 6x - 2$이므로 $f'(1) = 10$이다. 따라서 식 (7.10.1)에 의해 다음을 얻는다.

$$x_1 = 1 - \frac{f(1)}{f'(1)} = 1 - \frac{1}{10} = \frac{9}{10} = 0.9$$

EX 7.10.5 뉴턴 방법을 두 번 사용하여 $\sqrt[15]{2}$의 근삿값을 구하라.

풀이

$x = \sqrt[15]{2} = 2^{\frac{1}{15}}$을 근으로 하는 방정식 $f(x) = 0$을 $f(x) = x^{15} - 2$라고 둘 수 있다. $x_0 = 1$을 택하면 $f(x_0) = f(1) = -1$이다. 도함수가 $f'(x) = 15x^{14}$이므로 $f'(1) = 15$이다. 따라서 식 (7.10.1)에 의해 다음과 같이 x_1의 근삿값을 얻는다.

$$x_1 = 1 - \frac{f(1)}{f'(1)} = 1 - \frac{-1}{15} = \frac{16}{15} \approx 1.0667$$

x_2의 근삿값은 다음과 같다.

$$x_2 = x_1 - \frac{f(x_1)}{f'(x_1)} = \frac{16}{15} - \frac{f\left(\frac{16}{15}\right)}{f'\left(\frac{16}{15}\right)} = \frac{16}{15} - \frac{\left(\frac{16}{15}\right)^{15} - 2}{15\left(\frac{16}{15}\right)^{14}} \approx 1.04729412$$

계산기를 사용하면 이 값이 실제로 소수점 이하 8자리까지 정확함을 알 수 있다.

뉴턴 방법은 얼마나 빨리 수렴하는가

경험론적으로 소수점 이하 k자리까지 정확한 근삿값을 얻으려면 근삿값 x_n의 소수점 이하 k자리까지의 수가 x_{n-1}의 소수점 이하 k자리까지의 수와 같아질 때까지 뉴턴 방법을 반복하면 된다. 그러나 다음 정리로 인해 필요 이상으로 많은 단계가 필요할 수도 있다.

정리 7.10.2 뉴턴 방법에 의한 수렴

다음을 가정해보자.

❶ 함수 f는 두 번 미분가능하고 $f(x^*) = 0$과 $f'(x^*) \neq 0$을 만족한다.

❷ 열린구간 $I = (x^* - \delta, x^* + \delta)$에 속하는 x에 대해 $\frac{|f(x) f''(x)|}{\{f'(x)\}^2} \leq K|x - x^*|$를 만족하는 $K > 0$과 $\delta > 0$이(단, $K\delta < 1$) 존재한다.

그러면 식 (7.10.1)에 따른 무한수열 $x_1,\ x_2,\ \cdots$는 구간 I에 속하는 x_0에서 시작하여 x^*로 수렴한다. 단, 오차 $|x_n - x^*|$는 모든 n에 대해 $|x_n - x^*| \leq \dfrac{(\delta K)^{2^n}}{K}$을 만족한다.

대체로 뉴턴 방법은 매우 효율적이다. 그렇지만 식 (7.10.1)에 의해 정의된 무한수열 $x_1,\ x_2,\ \cdots$는 수렴하지 않을 수도 있다. [그림 7.10.2]는 x_1이 x_0보다 a에 대해 훨씬 더 나쁜 근삿값인 예를 보여준다. 대개 뉴턴 방법은 일부 n에 대해 $f'(x_n)$의 절댓값이 아주 작아질 때에만 실패한다. 물론 $f'(x_n)=0$이면 식 (7.10.1)은 정의되지 않는다.

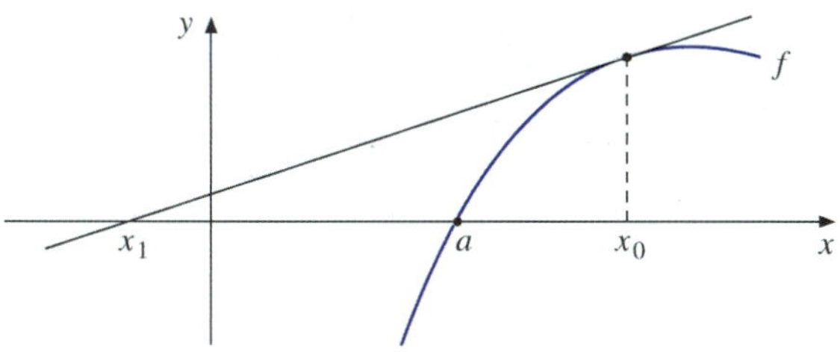

그림 7.10.2 뉴턴 방법이 효율적이지 않은 예

7.10 연습문제

1 다음 각 방정식이 주어진 구간에서 적어도 하나의 해를 가짐을 보여라.

(a) $x^7 - 5x^5 + x^3 - 1 = 0$; $(-1,\ 1)$

(b) $x^3 + 3x - 8 = 0$; $(1,\ 3)$

(c) $\sqrt{x^2+1} = 3x$; $(0,\ 1)$

(d) $e^{x-1} = 2x$; $(0,\ 1)$

2 현재 키가 1m를 초과하는 사람은 키가 정확히 1m인 때가 있었던 이유를 설명하라.

3 뉴턴 방법을 한 번 사용하여 $\sqrt[3]{17} \approx 2.5$보다 더 나은 근삿값을 구하라.

4 방정식 $x^4 + 3x^3 - 3x^2 - 8x + 3 = 0$의 정수해는 하나이다. 그 해를 구하라. 나머지 3가지 해는 각각 $-1.9,\ 0.4,\ 1.5$에 가깝다. 정수가 아닌 각 해에 대해 뉴턴 방법을 사용하여 더 나은 근삿값을 구하라.

5 방정식 $(2x)^x = 15$는 정수에 가까운 해를 갖는다. 뉴턴 방법을 사용하여 더 나은 근삿값을 구하라.

6 [그림 7.10.1]의 함수 f에 대해 $f(x_0) > 0$이고 $f'(x_0) < 0$이다. 더욱이 x_1은 x_0의 오른쪽에 있다. 이것이 $n=0$일 때 공식 (7.10.1)과 일치함을 보여라. 그리고 $f(x_0)$와 $f'(x_0)$의 부호를 조합하여 x_1이 x_0의 어느 쪽에 있는지 판정하라. 기하적 방법과 해석적 방법으로 각각 설명하라.

7.11 무한수열

뉴턴 방법에서 살펴봤듯이 자연수 n에 어떤 수 $s(n)$를 대응하는 함수가 있다. 이러한 함수를 **무한수열**(infinite sequence), 또는 간단히 **수열**(sequence)이라 한다. 수열의 항은 $s(1)$, $s(2)$, $s(3)$, $\cdots$, $s(n)$, $\cdots$으로 나타내거나 첨자를 사용하여 s_1, s_2, s_3, $\cdots$, s_n, $\cdots$으로 나타낸다. 임의의 무한수열을 간결하게 $(s_n)_{n=1}^{\infty}$으로 두거나 간단히 (s_n)으로 표기하기도 한다.[17] 예를 들어 $n=1, 2, 3, \cdots$일 때 $s_n = \frac{1}{n}$이면 수열의 항은 다음과 같다.

$$1, \frac{1}{2}, \frac{1}{3}, \frac{1}{4}, \cdots, \frac{1}{n}, \cdots$$

n을 충분히 큰 수로 택하면 이 수열의 항 s_n은 원하는 만큼 아주 작게 만들 수 있다. 그러면 이 수열은 0에 수렴한다고 한다. 수렴을 다음과 같이 정의할 수 있다. **수열 (s_n)에서 충분히 큰 n을 택하여 s에 임의로 가깝게 할 수 있을 때, 수열 (s_n)은 s에** **수렴한다**(converge)고 하고, 다음과 같이 표기한다.

$$\lim_{n\to\infty} s_n = s \text{ 또는 '} n \to \infty \text{ 일 때 } s_n \to s \text{'}$$

이 정의는 기존 정의인 '$x \to \infty$일 때 $f(x) \to A$'를 그대로 적용했다. 실제로 6.5절의 일반적인 극한법칙은 수열의 극한에도 적용된다.

어떤 실수에도 수렴하지 않는 수열은 **발산한다**(diverge)고 한다. 수열 $(2n)_{n=0}^{\infty}$, $((-1)^n)_{n=1}^{\infty}$이 발산하는 이유를 생각해보라.[18]

EX 7.11.1 $n \ge 3$일 때 반지름이 1인 원에 내접하며 길이가 같은 n개의 변과 크기가 같은 n개의 각을 가진 정다각형의 넓이를 A_n이라 하자. 이러한 정다각형을 **정n각형**(n-gon)이라 한다. $n=1$과 $n=2$이면 정다각형을 만들 수 없으므로 $A_1 = A_2 = 0$이라 둔다.

$n=3$이면 A_3는 정삼각형의 넓이, $n=4$이면 A_4는 정사각형의 넓이, $n=5$이면 A_5는 정오각형의 넓이이다. [그림 7.11.1]을 참고하라.

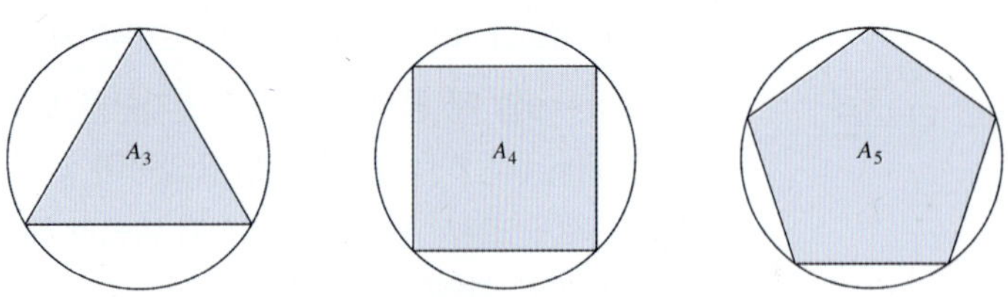

그림 7.11.1 정삼각형, 정사각형, 정오각형

17 수열을 $\{s_n\}_{n=0}^{\infty}$ 또는 간단히 $\{s_n\}$으로 쓰기도 한다. 다만 순서가 없는 집합을 표기할 때 중괄호를 사용한다는 사실을 고려하면, 수열은 순서가 있는 집합이므로 이 책에서는 중괄호를 사용하지 않는다.

18 때에 따라 수열의 첫 번째 항의 첨자는 1이 아닌 다른 정수(보통 0)를 쓰기도 한다.

정n각형의 넓이 A_n은 n에 따라 확실히 증가하지만, 반지름이 1인 원의 넓이인 π보다는 항상 작다. 즉 충분히 큰 n을 택함으로써 A_n과 π의 차를 원하는 만큼 얼마든지 작게 할 수 있음을 직관적으로 알 수 있다. 이는 $n \to \infty$일 때, $A_n \to \pi$임을 보여준다.

EX 7.11.2 식 (6.11.6)에서 $\lim_{h \to 0}(1+h)^{\frac{1}{h}} = e = 2.718\cdots$임을 알고 있다. 여기에 $h = \frac{1}{n}$을 대입하면 $h \to 0$은 자연수 n에 대해 $n \to \infty$로 나타낼 수 있다. 따라서 다음과 같이 중요한 극한을 얻는다.

$$e = \lim_{n \to \infty}\left(1+\frac{1}{n}\right)^n \tag{7.11.1}$$

중간값정리의 증명

두 수열 $(a_n)_{n=1}^{\infty}$과 $(b_n)_{n=1}^{\infty}$이 다음 조건을 만족한다고 가정하자.

$$a_n \le a_{n+1} \le b_{n+1} \le b_n, \quad n = 1,\ 2,\ \cdots \tag{7.11.2}$$

이때 조건 (7.11.3)을 만족하면 실직선의 기본 성질에서 두 수열은 $\lim_{n\to\infty} a_n = \lim_{n\to\infty} b_n = c^*$와 같은 공통 극한 c^*를 갖는다.

$$\lim_{n \to \infty} |b_n - a_n| = 0 \tag{7.11.3}$$

이 성질을 이용하여 다음과 같이 [정리 7.10.1]의 중간값정리를 증명할 수 있다.

[정리 7.10.1]의 증명

구간 $[a_n, b_n]$의 축소구간수열을 구성하려고 한다. $a_0 = a$와 $b_0 = b$로 두고 시작하자. 가정에 의해 $f(a_0)$와 $f(b_0)$의 부호는 반대이다. c_0를 구간 $[a_0, b_0]$의 중점인 $c_0 = \frac{1}{2}(a_0 + b_0)$라 두자. $f(c_0) = 0$이면 $c = c_0$를 택함으로써 수열 구성이 끝난다.

반면에 $f(c_0) \ne 0$이면 $f(c_0)$와 $f(a_0)$의 부호가 반대이거나, $f(c_0)$와 $f(b_0)$의 부호가 반대이다. 첫 번째 경우이면 $a_1 = a_0$와 $b_1 = c_0$를 선택하고, 두 번째 경우이면 $a_1 = c_0$와 $b_1 = b_0$를 택한다. 이와 같은 방법으로 $f(a_1)$과 $f(b_1)$의 부호가 반대가 되도록 새로운 구간 $[a_1, b_1]$을 구성할 수 있다. 새로 구성한 구간의 길이는 $|b_1 - a_1| = |c_0 - a_0| = \frac{1}{2}|b_0 - a_0|$ 또는 $|b_1 - a_1| = |b_0 - c_0| = \frac{1}{2}|b_0 - a_0|$이다. 모든 경우에 새로운 구간의 길이는 이전 구간의 절반이며, $a_0 \le a_1 \le b_1 \le b_0$를 만족한다.

이 방법을 반복하여 함숫값 $f(a_n)$과 $f(b_n)$이 끝점에서 반대 부호이고 $|b_{n+1} - a_{n+1}| = \frac{1}{2}|b_n - a_n|$을 만족하는 구간 $[a_n, b_n]$의 수열을 구성할 수 있다. 만약 $f(c_n) = 0$인 c_n에 도달하면 n단계 후에 수열 구성이 끝난다. 그렇지 않으면 구간의 길이가 $|b_n - a_n| = 2^{-n}|b_0 - a_0|$를 만족하므로 그 길이는 0에 수렴한다. 또한 하한의 수열 a_n은 감소하지 않고, 상한의 수열 b_n은 증가하지 않는다.

수열의 구성 방법에 따라 두 수열 $(a_n)_{n=1}^{\infty}$과 $(b_n)_{n=1}^{\infty}$은 조건 (7.11.2)와 조건 (7.11.3)을 만족한다. 따라서 두

수열에는 공통 극한인 실수 c^*가 존재하는데, c^*는 a_n의 좌극한이자 b_n의 우극한이다. 한편 함수 f가 구간 $[a, b]$에서 연속임을 가정하므로 식 (7.8.1)은 $n \to \infty$일 때 $f(a_n) \to f(c^*)$인 동시에 $f(b_n) \to f(c^*)$임을 의미한다.

모든 $n=0, 1, 2, \cdots$에 대해 $f(a_n)$과 $f(b_n)$은 부호가 반대이므로 $f(a_n)f(b_n) \le 0$이다. 따라서 극한의 성질에 의해 다음이 성립한다.

$$\{f(c^*)\}^2 = \lim_{n \to \infty} f(a_n)f(b_n) \le 0$$

이는 $f(c^*)=0$인 경우에만 가능하므로 $c=c^*$를 택할 수 있다. ■

증명 내용을 유리수집합에 국한한다면 실직선의 기본 성질인 (7.11.2)와 (7.11.3)은 성립하지 않는다. 실제로 유리수 구간 $[1, 2]$에서 함수 $f(x)=x^2-2$를 생각하자. 함수 f는 중간값정리를 적용할 때 필요한 다른 모든 조건을 만족한다. 유리수집합에 극한점이 없는 것을 제외하면 구간 $[a_n, b_n]$에서 앞의 조건을 모두 만족하는 무한수열을 만들 수 있다. 그런데 $\sqrt{2}$는 무리수이므로 $f(x)=0$을 만족하는 유리수는 없다.

수열의 극한으로서의 무리수

[EX 7.11.1]에서 정n다각형의 넓이로 이루어진 수열 (A_n)을 생각하고, 이 수열은 무리수 $\pi = 3.14159265\cdots$에 수렴한다고 했다. 그리고 2.10절 마지막 부분에서 연속하는 소수의 확장을 다루었다. π를 확장하면 $s_1 = 3.1$, $s_2 = 3.14$ $s_3 = 3.141$, $s_4 = 3.1415$ 등으로 확장되는 수열이 생성된다. 여기서 각 s_n은 π를 소수점 이하 n자리까지 확장한 것이다. 이렇게 구성한 s_n은 π보다 큰 값이 아니면서 소수점 이하 n자리까지 있는 가장 큰 분수이므로 부등식 $s_n \le \pi \le s_n + 10^{-n}$을 만족한다. 실제로 두 수열 (s_n)과 $(s_n + 10^{-n})$은 식 (7.11.2)와 (7.11.3)을 만족한다. 이는 두 수열이 $n \to \infty$일 때 π가 공통 극한임을 의미한다.

a를 임의의 고정된 양의 실수라고 두자. 2.5절에서 유리수 x에 대해 거듭제곱 a^x을 정의했다. 이어서 5^π과 같은 특수한 경우를 고려하여 4.8절에서 무리수 x에 대해 거듭제곱 a^x을 정의하는 방법을 제시했다. 이제 r을 임의의 무리수라고 하자. 앞에서 다룬 π처럼 $n \to \infty$일 때 $r_n \to r$을 만족하는 유리수 수열 (r_n)이 존재한다. 거듭제곱 a^{r_n}은 모든 n에 대해 잘 정의된다. r_n이 r로 수렴하므로 n이 무한히 커질 때 a^{r_n}의 극한을 a^r으로 정의하는 것이 타당하다.

$$a^r = \lim_{n \to \infty} a^{r_n} \tag{*}$$

실제로 주어진 무리수 r에 수렴하는 유리수 수열 (r_n)은 무한히 많다. 그럼에도 (*)에서 극한이 존재하고, 그 극한은 유리수 수열의 선택과 무관함을 보일 수 있다.

7.11 연습문제

1 $n=1,\ 2,\ \cdots$에서 $\alpha_n = \dfrac{3-n}{2n-1}$, $\beta_n = \dfrac{n^2+2n-1}{3n^2-2}$ 이라고 하자. 다음 극한을 구하라.

(a) $\lim\limits_{n\to\infty}\alpha_n$ (b) $\lim\limits_{n\to\infty}\beta_n$

(c) $\lim\limits_{n\to\infty}(3\alpha_n+4\beta_n)$ (d) $\lim\limits_{n\to\infty}\alpha_n\beta_n$

(e) $\lim\limits_{n\to\infty}\dfrac{\alpha_n}{\beta_n}$ (f) $\lim\limits_{n\to\infty}\sqrt{\beta_n-\alpha_n}$

2 일반항이 다음과 같은 수열의 수렴 여부를 조사하라.

(a) $s_n = 5-\dfrac{2}{n}$ (b) $s_n = \dfrac{n^2-1}{n}$

(c) $s_n = \dfrac{3n}{\sqrt{2n^2-1}}$

3 $x>0$일 때 $e^x = \lim\limits_{n\to\infty}\left(1+\dfrac{x}{n}\right)^n$임을 증명하라.[19]

7.12 로피탈 법칙

다음과 같이 x가 a에 가까이 갈 때 분자와 분모가 모두 0에 가까이 가는 몫의 극한에 대해 생각해보자.

$$\lim_{x\to a}\frac{f(x)}{g(x)} = \frac{0}{0}$$

이러한 극한을 $\dfrac{0}{0}$ 형의 **부정형**(indeterminate form)이라 한다. 여기서 a를 a^+, a^-, ∞, $-\infty$로 대체할 수 있다. '부정형'이라는 표현은 추가 정보 없이 현재 상태만으로 극한이나 단측극한을 구할 수 없음을 의미한다.

f와 g가 $x=a$에서 미분가능하고 $f(a)=g(a)=0$인 단순한 경우부터 시작하자. $x\neq a$이고 $g(x)\neq g(a)$이면 다음과 같이 나타낼 수 있다.

$$\frac{f(x)}{g(x)} = \frac{\dfrac{f(x)-f(a)}{x-a}}{\dfrac{g(x)-g(a)}{x-a}}$$

여기서 우변은 뉴턴 몫의 비율이다. $x\to a$일 때의 극한을 취하면 이 비율은 $\dfrac{f'(a)}{g'(a)}$(단, $g'(a)\neq 0$)에 수렴함을 알 수 있다. 따라서 다음과 같은 결과를 얻는다.

로피탈 법칙(L'Hôpital's rule)

함수 f와 g가 모두 $x=a$에서 미분가능하고 $f(a)=g(a)=0$일 때 $g'(a)\neq 0$이면 다음이 성립한다.

$$\lim_{x\to a}\frac{f(x)}{g(x)} = \frac{f'(a)}{g'(a)} \tag{7.12.1}$$

19 $x<0$일 때에도 극한은 같다.

식 (7.12.1)에 따르면 $g'(a) \neq 0$일 때 분자와 분모를 각각 미분하여 $\frac{0}{0}$형의 부정형 극한을 구할 수 있다.

EX 7.12.1 로피탈 법칙을 이용하여 [EX 6.5.1]의 식 $\lim_{x \to 0} \frac{e^x - 1}{x} = 1$이 성립함을 보여라.

풀이

식 (7.12.1)에 $f(x) = e^x - 1$과 $g(x) = x$를 대입하면 $f(0) = e^0 - 1 = 0$이고 $g(0) = 0$이다. 또한 $f'(x) = e^x$, $g'(x) = 1$이므로 $f'(0) = g'(0) = 1 \neq 0$이다. 이를 종합하면 다음을 얻는다.

$$\lim_{x \to 0} \frac{e^x - 1}{x} = \frac{f'(0)}{g'(0)} = \frac{1}{1} = 1$$

EX 7.12.2 $x > 0$, $y > 0$일 때 $\lim_{\lambda \to 0} \frac{x^\lambda - y^\lambda}{\lambda}$을 구하라.

풀이

이 문제에서 x와 y는 상수이다. $f(\lambda) = x^\lambda - y^\lambda$과 $g(\lambda) = \lambda$로 두면 $f(0) = g(0) = 0$이다. 지수함수의 미분 공식 $\frac{d}{dx} a^x = a^x \ln a$를 이용하면 $f'(\lambda) = x^\lambda \ln x - y^\lambda \ln y$이므로 $f'(0) = \ln x - \ln y$이다. 또한 $g'(\lambda) = 1$이므로 $g'(0) = 1 \neq 0$이다. 이제 로피탈 법칙을 이용하면 다음을 얻는다.

$$\lim_{\lambda \to 0} \frac{x^\lambda - y^\lambda}{\lambda} = \frac{\ln x - \ln y}{1} = \ln \frac{x}{y}$$

특히 $y = 1$이면 다음과 같이 유용한 결론을 얻는다.

$$\lim_{\lambda \to 0} \frac{x^\lambda - 1}{\lambda} = \ln x \tag{7.12.2}$$

이번에는 식 (7.12.1)과 같이 $\frac{0}{0}$형의 부정형이지만 $\frac{f'(a)}{g'(a)}$도 $\frac{0}{0}$형의 부정형이라 해보자. $g'(a) = 0$이므로 식 (7.12.1)의 논리를 적용할 수 없다. 그러면 어떻게 해야 하는가? 분자와 분모를 각각을 다시 미분하자. 그래도 $\frac{0}{0}$형의 부정형이 나타나면, 극한이 결정될 때까지 반복하여 분자와 분모를 각각 미분한다. 다음 문제는 통계학에서 볼 수 있는 한 예이다.

EX 7.12.3 $\lim_{x \to 0} \frac{e^{xt} - 1 - xt}{x^2}$를 구하라.

풀이

$x = a$에서 분자와 분모는 모두 0이다. 로피탈 법칙을 두 번 이용하면 다음을 얻는다.

$$\underbrace{\lim_{x \to 0} \frac{e^{xt} - 1 - xt}{x^2}}_{= \frac{0}{0}} = \underbrace{\lim_{x \to 0} \frac{te^{xt} - t}{2x}}_{= \frac{0}{0}} = \lim_{x \to 0} \frac{t^2 e^{xt}}{2} = \frac{1}{2} t^2$$

다음으로 로피탈 법칙을 적용할 때 많이 범하는 오류 두 가지를 소개한다.

❶ 부정형 극한의 조건을 만족하는지 확인하라. 아니면 [연습문제 5]와 같이 오류가 생길 수 있다.

❷ $x \to a$일 때 $\dfrac{f'}{g'}$의 극한을 구하라. 분수함수 $\dfrac{f}{g}$를 미분하면 안 된다.

지금까지 설명한 내용과 [EX 7.12.3]의 풀이에 사용한 방법은 다음 [정리 7.12.1]에 기반한다. f와 g에 대한 조건은 지금까지 소개한 문제의 조건보다 약하다. 이를테면 f와 g는 $x = a$에서 미분가능할 필요도 없다. 따라서 이 정리는 로피탈 법칙을 일반화한 것이다.

정리 7.12.1 $\dfrac{0}{0}$형의 로피탈 법칙

다음을 가정하자.

❶ 두 함수 f와 g는 a를 포함하는 구간 $(\alpha,\ \beta)$에서 미분가능하다. 단, a에서 미분가능할 필요는 없다.
❷ x가 a에 가까이 가면 $f(x)$와 $g(x)$는 모두 0에 가까이 간다.
❸ 구간 $(\alpha,\ \beta)$의 모든 $x \neq a$에 대해 $g'(x) \neq 0$이다.
❹ $x \to a$일 때 $\dfrac{f'(x)}{g'(x)} \to L$라고 하자. 이때 L은 유한하거나 ∞ 또는 $-\infty$이다.

그러면 다음을 만족한다.

$$\lim_{x \to a} \frac{f(x)}{g(x)} = \lim_{x \to a} \frac{f'(x)}{g'(x)} = L$$

로피탈 법칙의 확장

로피탈 법칙은 다른 경우로 확장할 수 있다. 예를 들어 a가 구간 $(\alpha,\ \beta)$의 끝점이면 $x \to a$는 $x \to a^+$ 또는 $x \to a^-$로 대체된다. [연습문제 4] 또는 [연습문제 8]과 같이 a를 ∞ 또는 $-\infty$로 대체할 수도 있다.

로피탈 법칙은 $\dfrac{\pm\infty}{\pm\infty}$형의 부정형에도 적용된다. [연습문제 9]에서 직접 증명을 완성해보길 바란다. 다음은 로피탈 법칙이 적용되는 한 예이다.

$$\underbrace{\lim_{x \to \infty} \frac{\ln x}{x}}_{=\frac{\infty}{\infty}} = \lim_{x \to \infty} \frac{\frac{1}{x}}{1} = 0 \qquad (7.12.3)$$

실제로 대수적 연산이나 치환을 통해 이미 소개한 표현으로 변환할 수 있는 다양한 부정형이 있다.

EX 7.12.4 $L=\lim_{x\to\infty}(\sqrt[5]{x^5-x^4}-x)$를 구하라.

풀이

주어진 식은 $\infty-\infty$형이므로 대수적으로 조작하여 $\frac{0}{0}$형으로 바꾸고자 한다. $x\neq 0$이면 극한 내부의이 식을 전개하여 $\sqrt[5]{x^5-x^4}-x=\left\{x^5\left(1-\frac{1}{x}\right)\right\}^{\frac{1}{5}}-x=x\left(1-\frac{1}{x}\right)^{\frac{1}{5}}-x$로 둘 수 있다. 따라서 주어진 식은 다음과 같고, $\frac{0}{0}$형 부정형이다.

$$\lim_{x\to\infty}(\sqrt[5]{x^5-x^4}-x)=\lim_{x\to\infty}\frac{\left(1-\frac{1}{x}\right)^{\frac{1}{5}}-1}{\frac{1}{x}}$$

이제 로피탈 정리를 사용하면 다음을 얻는다.

$$L=\lim_{x\to\infty}\frac{\frac{1}{5}\left(1-\frac{1}{x}\right)^{-\frac{4}{5}}\frac{1}{x^2}}{-\frac{1}{x^2}}=\lim_{x\to\infty}\left\{-\frac{1}{5}\left(1-\frac{1}{x}\right)^{-\frac{4}{5}}\right\}=-\frac{1}{5}$$

EX 7.12.5 한 기업이 자본금 K단위와 노동력 L단위를 투입하여 얻는 총산출량 Y가 다음과 같다고 하자. 여기서 $K>0$, $L>0$, $A>0$, $a\in(0,1)$이고 $\rho\neq 0$는 상수이다.

$$Y=A\{aK^{-\rho}+(1-a)L^{-\rho}\}^{-\frac{1}{\rho}} \qquad (*)$$

A, K, L과 a를 고정하고 $\rho\to 0$일 때 $z=\ln\frac{Y}{A}$에 로피탈 정리를 적용하여 다음이 성립함을 보여라.[20]

$$\lim_{\rho\to 0}A\{aK^{-\rho}+(1-a)L^{-\rho}\}^{-\frac{1}{\rho}}=AK^aL^{1-a} \qquad (**)$$

풀이

$\rho\to 0$일 때 $\ln\{aK^{-\rho}+(1-a)L^{-\rho}\}^{-\frac{1}{\rho}}=-\ln\frac{aK^{-\rho}+(1-a)L^{-\rho}}{\rho}\to\frac{0}{0}$이다. $\frac{d}{d\rho}K^{-\rho}=-K^{-\rho}\ln K$, $\frac{d}{d\rho}L^{-\rho}=-L^{-\rho}\ln L$이므로 로피탈 법칙을 이용하면 다음을 얻는다.

$$\lim_{\rho\to 0}z=\lim_{\rho\to 0}\left\{\frac{aK^{-\rho}\ln K+(1-a)L^{-\rho}\ln L}{aK^{-\rho}+(1-a)L^{-\rho}}\right\}\div 1=a\ln K+(1-a)\ln L=\ln K^aL^{1-a}$$

즉 $e^z\to K^aL^{1-a}$이다. 따라서 z의 정의에 따라 $\rho\to 0$일 때 $F(K,L)\to AK^aL^{1-a}$이다.

20 식 (*)의 우변은 경제학에서 **고정대체탄력성**(CES; Constant Elasticity of Substitution) 함수로 알려져 있다. 식 (**)의 우변은 콥-더글러스 생산함수이다. 이러한 이변수함수는 14장에서 다시 다룬다. 이 문제는 이변수함수에 로피탈 법칙을 적용하면 경제학에서 유의미한 결과를 얻을 수 있음을 보여준다.

중요한 극한

a가 $a>1$인 임의의 큰 수이면 $x\to\infty$일 때 $a^x\to\infty$이다. 예를 들어 $x\to\infty$일 때 $(1.0001)^x\to\infty$이다. 또 $x\to\infty$일 때 p가 임의의 양수이면 $x^p\to\infty$이다. $(1.0001)^x$과 x^{1000}의 증가 속도를 비교해보자. 초기에 $(1.0001)^x$은 아주 천천히 증가하지만 x^{1000}은 아주 빨리 증가한다. 그럼에도 $(1.0001)^x$은 x^{1000}을 '압도'한다. 일반적으로 $a>1$이면 임의의 고정된 양수 p에 대해 다음을 만족한다.

$$\lim_{x\to\infty}\frac{x^p}{a^x}=0 \tag{7.12.4}$$

예를 들어 x가 무한히 커지면 $\frac{x^2}{e^x}$과 $\frac{x^{10}}{1.1^x}$은 모두 0에 가까워진다. 이 결과는 실제로 상당히 주목할 만하다. 임의의 밑 $a>1$에 대해 **지수함수 a^x은 x의 임의의 거듭제곱 x^p보다 더 빨리 증가한다**고 간단히 표현할 수 있다. 더 간결하게는 '지수가 거듭제곱을 압도한다.'고 할 수 있다. $p\le 0$이면 극한은 당연히 0이다.

식 (7.12.4)를 증명하기 위해 좌변의 함수에 로그를 취하면 다음을 얻는다.

$$\ln\frac{x^p}{a^x}=p\ln x-x\ln a=x\left(p\frac{\ln x}{x}-\ln a\right) \tag{$*$}$$

식 (7.12.3)에 따르면 $x\to\infty$일 때 $\frac{\ln x}{x}\to 0$이다. 따라서 식 (*)에서 괄호 안의 항은 $-\ln a$로 수렴하며, $a>1$이므로 음수이다. (*)에 의해 $\ln\frac{x^p}{a^x}\to-\infty$이고, $z\to-\infty$일 때 $e^z\to 0$이므로 $\frac{x^p}{a^x}=\exp\left(\ln\frac{x^p}{a^x}\right)\to 0$이다.

7.12 연습문제

1 로피탈 법칙을 이용하여 다음 극한을 구하라.

(a) $\lim\limits_{x\to 3}\frac{3x^2-27}{x-3}$

(b) $\lim\limits_{x\to 0}\frac{e^x-1-x-\frac{1}{2}x^2}{3x^3}$

(c) $\lim\limits_{x\to 0}\frac{e^{-3x}-e^{-2x}+x}{x^2}$

2 다음 극한을 구하라.

(a) $\lim\limits_{x\to a}\frac{x^2-a^2}{x-a}$

(b) $\lim\limits_{x\to 0}\frac{2\sqrt{1+x}-2-x}{2\sqrt{1+x+x^2}-2-x}$

3 로피탈 법칙을 이용하여 다음 극한을 구하라.

(a) $\lim\limits_{x\to 1}\frac{x-1}{x^2-1}$

(b) $\lim\limits_{x\to -2}\frac{x^3+3x^2-4}{x^3+5x^2+8x+4}$

(c) $\lim\limits_{x\to 2}\frac{x^4-4x^3+6x^2-8x+8}{x^3-3x^2+4}$

(d) $\lim\limits_{x\to 1}\frac{\ln x-x+1}{(x-1)^2}$

(e) $\lim\limits_{x\to 1}\frac{1}{x-1}\ln\left(\frac{7x+1}{4x+4}\right)$

(f) $\lim\limits_{x\to 1}\frac{x^x-x}{1-x+\ln x}$

4 다음 극한을 구하라.

(a) $\lim_{x\to\infty}\frac{\ln x}{\sqrt{x}}$

(b) $\lim_{x\to 0^+} x\ln x$

(c) $\lim_{x\to 0^+}(xe^{\frac{1}{x}}-x)$

5 다음 추론 과정에서 오류를 찾아라.

$$\lim_{x\to 1}\frac{x^2+3x-4}{2x^2-2x}=\lim_{x\to 1}\frac{2x+3}{4x-2}=\lim_{x\to 1}\frac{2}{4}=\frac{1}{2}$$

처음 극한의 올바른 값을 구하라.

6 $\beta>0$이고 $\gamma>0$일 때, $\lim_{v\to 0^+}\frac{1-(1+v^{\beta})^{-\gamma}}{v}$을 구하라.

힌트 $\beta=1$인 경우를 먼저 생각해보라.

7 [EX 7.1.5]와 [EX 7.1.8]의 맥락에서 CES 효용함수족은 모든 $c>0$에 대해 다음과 같이 주어진다.[21]

$$u(c)=\begin{cases}\dfrac{c^{1-\rho}-1}{1-\rho}, & \rho\neq 1\\ \ln c, & \rho=1\end{cases}$$

로피탈 법칙을 이용하여 $\lim_{\rho\to 1}\frac{c^{1-\rho}-1}{1-\rho}=\ln c$임을 보여라. 이러한 의미에서 이 효용함수족은 'ρ에서 연속'이다.

8 **심화** 모든 큰 실수 x에 대해 f와 g가 모두 미분가능하고, $x\to\infty$일 때 $f(x)$와 $g(x)$가 모두 0에 수렴한다고 가정하자. $\lim_{x\to\infty}g'(x)\neq 0$이면 다음이 성립함을 증명하라. 단, 첫 번째 분수식에 $x=\frac{1}{t}$을 대입하고 $t\to 0^+$일 때 로피탈 법칙을 사용하면 된다.

$$\lim_{x\to\infty}\frac{f(x)}{g(x)}=\lim_{x\to\infty}\frac{f'(x)}{g'(x)}$$

$$=\frac{\infty}{\infty}$$

9 **심화** $\lim_{x\to a}\frac{f(x)}{g(x)}$는 $\pm\frac{\infty}{\infty}$형이고 $\lim_{x\to a}\frac{f(x)}{g(x)}=L\neq 0$이라 하자. 단, f와 g는 미분가능한 함수이며 $x\to a$일 때 그 도함수 $f'(x)$와 $g'(x)$가 0이 아닌 극한으로 수렴한다. 로피탈 법칙을 이와 동치인 $\frac{0}{0}$형 극한 $\lim_{x\to a}\frac{\frac{1}{g(x)}}{\frac{1}{f(x)}}$에 적용하여 이 극한이 존재한다면 다음 관계가 성립함을 보여라.

$$L=\lim_{x\to a}\frac{f'(x)}{g'(x)}$$

21 [EX 7.12.5]를 참고하라. 이 함수는 일정상대위험회피(CRRA; Constant Relative Risk Aversion) 효용함수로 알려져 있다.

CHAPTER 07 복습문제

7.1 음함수미분법을 이용하여 다음 방정식에 대해 $\dfrac{dy}{dx}$와 $\dfrac{d^2y}{dx^2}$을 구하라. 그리고 각 방정식을 x의 함수로 나타낸 후, 미분하여 서로 일치하는지 확인하라.

(a) $5x+y=10$ **(b)** $xy^3=125$ **(c)** $e^{2y}=x^3$

7.2 음함수 y가 방정식 $y^5-xy^2=24$로 정의될 때 y'을 구하라. 또한 $y'=0$이 될 수 있는지 판단하라.

7.3 방정식 $x^3+y^3=3xy$의 그래프는 점 $\left(\dfrac{3}{2},\ \dfrac{3}{2}\right)$을 지난다. 이 점에서 주어진 곡선에 접하는 접선의 기울기를 구하라. 이 방정식은 **데카르트 엽선**(Descartes's folium)이라 하며 그래프는 [그림 7.R.1]과 같다.

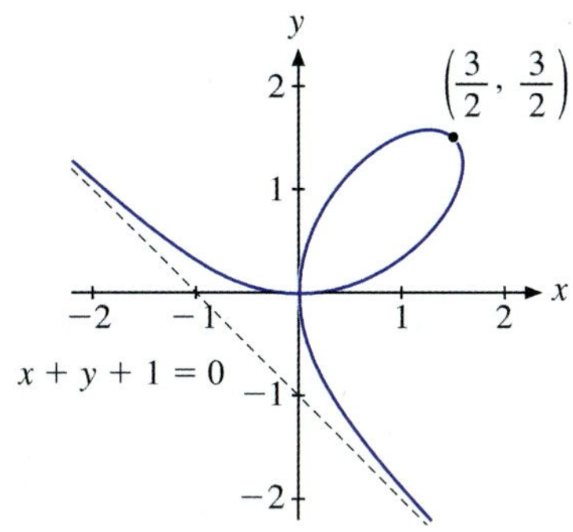

그림 7.R.1 데카르트 엽선

7.4 곡선 $x^2y+3y^3=7$에 대한 물음에 답하라.

(a) 점 $(x,\ y)=(2,\ 1)$에서 접선의 기울기를 구하라.

(b) 점 $(2,\ 1)$에서 $y''=-\dfrac{210}{13^3}$임을 증명하라.

7.5 $K^{\frac{1}{3}}L^{\frac{1}{3}}=24$일 때 음함수미분법으로 $\dfrac{dL}{dK}$를 구하라.

7.6 $x>0,\ y>0$일 때 x의 함수 y를 $\ln y+y=1-2\ln x-0.2(\ln x)^2$으로 정의하자. y'을 구하고 $x=e^{-5}$에서 $y'=0$임을 보여라.

7.7 다음과 같은 거시경제모형을 생각해보자.

(i) $Y=C+I$ (ii) $C=f(Y-T)$ (iii) $T=\alpha+\beta Y$

여기서 Y는 GDP, C는 소비, T는 세금을 나타내며, 모수 α와 β는 상수이다. $f'\in(0,\ 1)$과 $\beta\in(0,\ 1)$을 가정하고 물음에 답하라.

(a) 식 (i)~(iii)을 이용하여 $Y=f((1-\beta)Y-\alpha)+I$를 유도하라.

(b) (a)의 식을 I에 대해 음함수미분법으로 미분하여 $\dfrac{dY}{dI}$를 구하라.

(c) $\dfrac{dY}{dI}$의 부호를 조사하라.

7.8 음함수 y가 방정식 $x^2 - xy + 2y^2 = 7$로 정의될 때 물음에 답하라.

(a) y'을 구하라.

(b) 방정식의 그래프에서 접선이 수평인 점과 수직이 되는 점을 각각 구하라. 그 결과가 [그림 7.R.2]의 그래프와 일치하는지 확인하라.

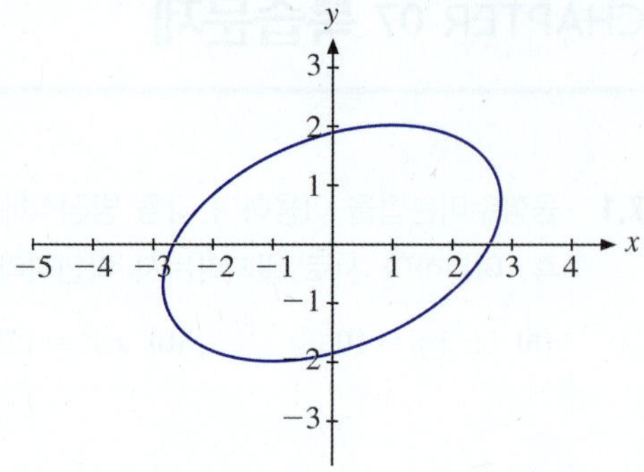

그림 7.R.2 방정식 $x^2 - xy + 2y^2 = 7$의 그래프

7.9 방정식 $x^2y - 3y^3 = 2x$에 대한 물음에 답하라.

(a) 방정식 위의 점 $(x, y) = (-1, 1)$에서 그래프의 기울기를 구하라.

(b) 그래프에서 접선이 수직인 점을 구하고, 그래프의 어떤 점에서도 수평접선이 존재하지 않음을 보여라. 그 결과가 [그림 7.R.3]의 그래프와 일치하는지 확인하라.

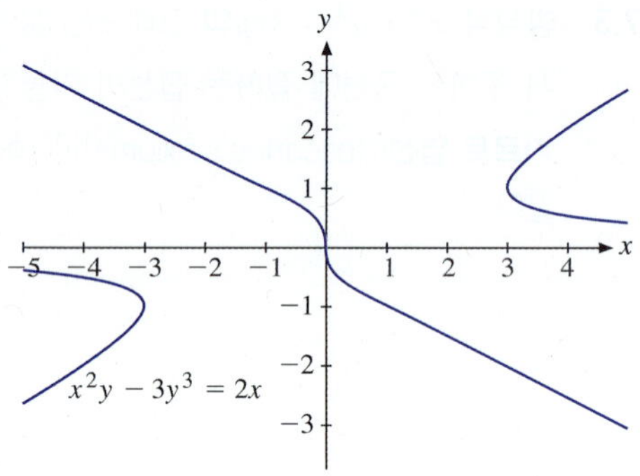

그림 7.R.3 방정식 $x^2y - 3y^3 = 2x$의 그래프

7.10 함수 f가 방정식 $f(x) = \frac{1}{2}\ln\frac{1+x}{1-x}$로 정의될 때 물음에 답하라.

(a) f의 정의역과 치역을 결정하라.

(b) f는 역함수 g를 가짐을 증명하고, 그 역함수를 구하라. 그리고 $f\left(\frac{1}{2}\right) = \frac{1}{2}\ln 3$임을 이용하여 두 가지 다른 방법으로 $g'\left(\frac{1}{2}\ln 3\right)$을 구하라.

7.11 $f(x)$가 모든 $x > 0$에 대해 $f(x) = (\ln x)^3 - 2(\ln x)^2 + \ln x$로 정의될 때 물음에 답하라.

(a) $f(e^2)$을 계산하고, $f(x) = 0$이 되는 x를 구하라.

(b) 구간 $[e, \infty)$에 정의된 $f(x)$가 역함수 h를 가짐을 증명하고, $h'(2)$를 구하라.

7.12 다음에 주어진 함수에서 $x = 0$에 대한 이차근삿값을 구하라.

(a) $f(x) = \ln(2x+4)$

(b) $g(x) = (1+x)^{-\frac{1}{2}}$

(c) $h(x) = xe^{2x}$

7.13 다음 미분을 구하라.

(a) $d(\sqrt{1+x^2})$

(b) $d(4\pi r^2)$

(c) $d(100K^4+200)$

(d) $d\{\ln(1-x^3)\}$

7.14 $f(x)=\sqrt{1+x^3}$의 도함수를 구하라. x가 $x=2$에서 $x=2+dx$로 변할 때 $f(x)$가 대략 얼마나 변하는지 구하라. 여기서 $dx=0.2$이다.

7.15 $n=5$일 때 식 (7.6.6)을 이용하여 $\sqrt{e}$의 근삿값을 구하라. 이 결과가 소수점 이하 3자리까지 정확함을 보여라.

힌트 $0<z<\frac{1}{2}$에 대해 $e^z<e^{\frac{1}{2}}<2$임을 주목하라.

7.16 y가 $y+\ln y=1+x$로 정의된 x의 음함수라 할 때 점 $(x, y)=(0, 1)$에 대한 $y=y(x)$의 이차근삿값을 구하라.

7.17 다음과 같이 정의된 함수가 연속인 x 값을 구하라.

(a) $e^x+e^{\frac{1}{x}}$

(b) $\dfrac{\sqrt{x}+\dfrac{1}{x}}{x^2+2x+2}$

(c) $\dfrac{1}{\sqrt{x+2}}+\dfrac{1}{\sqrt{2-x}}$

7.18 f가 미분가능한 일변수함수라 하자. x에 대한 음함수 y가 다음 방정식과 같이 정의될 때, y'에 대한 식을 구하라.

(a) $x=f(y^2)$

(b) $xy^2=f(x)-y^3$

(c) $f(2x+y)=x+y^2$

7.19 1920년~1937년 영국에서 마가린과 외식에 대한 수요는 개인 소득 r의 함수로 나타낼 수 있으며, 두 식은 각각 적당한 상수 A와 B에 대해 $D_{마가린}=Ar^{-0.165}$과 $D_{외식}=Br^{2.39}$으로 추정된다고 하자. 이때 r에 대한 $D_{마가린}$과 $D_{외식}$의 (엥겔)탄력성을 구하고 그 의미를 경제학적으로 해석하라.

7.20 다음 식으로 주어진 함수의 탄력성을 구하라.

(a) $50x^5$

(b) $\sqrt[3]{x}$

(c) x^3+x^5

(d) $\dfrac{x-1}{x+1}$

7.21 방정식 $x^3-x-5=0$의 해는 2에 가깝다. $x_0=2$라 두고 뉴턴 방법을 사용하여 이 해의 근삿값을 구하라.

7.22 구간 $(1, 4)$에서 $f(x)=e^{\sqrt{x}}-3$이 0이 되는 해는 유일함을 증명하라. $x_0=1$로 두고 뉴턴 방법을 사용하여 해의 근삿값을 구하라.

7.23 다음 극한을 구하라.

(a) $\lim_{x \to 3^-} (x^2 - 3x + 2)$

(b) $\lim_{x \to -2^+} \frac{x^2 - 3x + 14}{x + 2}$

(c) $\lim_{x \to -1} \frac{3 - \sqrt{x + 17}}{x + 1}$

(d) $\lim_{x \to 0} \frac{(2 - x)e^x - x - 2}{x^3}$

(e) $\lim_{x \to 3} \left(\frac{1}{x - 3} - \frac{5}{x^2 - x - 6} \right)$

(f) $\lim_{x \to 4} \frac{x - 4}{2x^2 - 32}$

(g) $\lim_{x \to 2} \frac{x^2 - 3x + 2}{x - 2}$

(h) $\lim_{x \to -1} \frac{4 - \sqrt{x + 17}}{2x + 2}$

(i) $\lim_{x \to \infty} \frac{(\ln x)^2}{3x^2}$

7.24 b와 d는 양수이고 a, b, c, d는 서로 다른 상수일 때 $\lim_{x \to 0} \frac{\sqrt{ax + b} - \sqrt{cx + d}}{x}$를 조사하라.

7.25 $\lim_{x \to 0} \frac{a^x - b^x}{e^{ax} - e^{bx}}$을 구하라. 여기서 a, b는 $a \neq b$인 양수이다.

7.26 방정식 $x^{21} - 11x + 10 = 0$은 $x = 1$에서 해를 가지며, 구간 $(0, 1)$에도 다른 해가 있다. $x_0 = 0.9$에서 시작하여 필요한 횟수만큼 뉴턴 방법을 사용하여, 소수점 이하 3자리까지 주어지는 마지막 해를 구하라.

CHAPTER

08

함수의 오목과 볼록

Concave and Convex Functions

CONTENTS

우리는 눈앞의 아주 가까운 미래까지만 내다볼 수 있지만,
그 안에서도 해야 할 일이 많다는 것을 안다.
We can only see a short distance ahead,
but we can see plenty there that needs to be done.
_ 앨런 튜링(Alan Turing, 1950)

최대화 또는 최소화를 수반하는 여러 경제분석에서는 함수가 오목하거나 볼록한지가 결론을 내릴 때 중요하다. 일반적인 정의에 따르면 함수는 미분가능 여부와 관계없이 오목하거나 볼록할 수 있다. 8.1절에서 몇 가지 기하적 직관을 소개한 뒤, 8.2절에서 주된 내용을 살펴보겠다. 정의 자체는 이해하기 쉽지만, 주어진 함수가 이를 만족하는지를 판단하는 것은 의외로 어려울 수 있다. 그래서 8.3절에서는 오목함수의 합, 합성함수, 역함수에 대한 성질을 다룬다. 다음으로 8.4절에서는 상위기울기(supergradient)[1]와 하위기울기(subgradient)의 개념을 소개하고, 오목함수와 볼록함수의 관계를 살펴본다. 이후 8.5절에서는 경제학자들이 함수가 오목한지 볼록한지를 판단하기 위해 가장 자주 사용하는 이계도함수에 관련된 성질을 알아본다. 마지막 8.6절에서는 함수가 오목한 구간과 볼록한 구간의 경계에서 발생하는 변곡점을 간략하게 설명한다.

8.1 오목과 볼록 직관적으로 살펴보기

동굴에 사는 어떤 사람이 [그림 8.1.1]과 같이 곡선 모양의 동굴 천장 아래에 직선 모양의 빨랫줄을 매단다고 생각해보라. 이 모양은 지점 A와 B에 지지대를 설치하면 두 지점 사이에 직선 모양의 빨랫줄을 매달 수 있음을 뜻한다. 이제 이 사람이 동굴에 가장 자주 드나드는 통로 중 하나가 큰 도랑을 가로지른다고 가정하자. 매번 도랑의 바닥으로 내려갔다가 반대쪽으로 다시 기어오르는 대신, 밧줄을 이용해 도랑을 건너는 방법을 생각할 수 있다. 도랑이 [그림 8.1.2]의 그래프 모양과 비슷하다면 이 방법도 가능하다. 지점 C와 D에 지지대를 고정하여 두 지점 사이에 밧줄을 매달면 된다.[2]

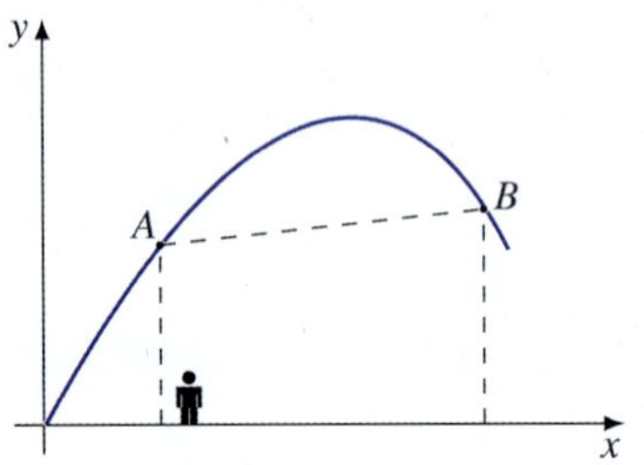

그림 8.1.1 동굴 천장에 매단 빨랫줄

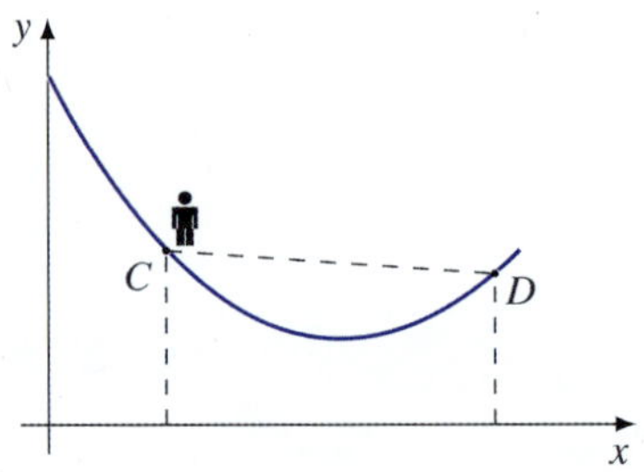

그림 8.1.2 도랑을 가로지르는 밧줄

두 그래프는 모두 중요한 의미를 갖는데, [그림 8.1.1]에서 A와 B를 잇는 선분은 완전히 동굴 천장 아래에 있고, [그림 8.1.2]에서 C와 D를 잇는 선분은 완전히 도랑 위에 있다. 이 두 성질은 매우 중요하므로 특별한 이름이 붙어있다. 첫 번째 성질은 **오목성**(concavity)이라 하고, 두 번째 성질은 **볼록성**(convexity)이라 한다.[3]

1 (옮긴이) 벡터해석학 등에서는 gradient를 구배 또는 그래디언트로 번역하기도 하지만, 이 책에서는 기울기로 번역했다.

2 [그림 8.1.1]과 [그림 8.1.2]는 빨랫줄과 밧줄이 양쪽 지지대 사이에 완전히 일직선으로 매달린 것처럼 보인다. 그런데 빨랫줄과 밧줄을 완벽하게 일직선으로 만들려면, 무중력이 아닌 이상 줄 자체가 끊어질 때까지 점점 더 많은 장력을 가해야 한다. 이는 현실적으로 이상적인 상황에 불과하다.

3 [그림 8.1.2]의 그래프 아래에 있는 사람은 C와 D에 박은 못에 빨랫줄을 직선 모양으로 천장 아래에 매다는 것은 불가능하다고 할 수 있다. 왜냐하면 전형적인 동굴 천장과는 달리 여기에 큰 장애물이 있기 때문이다.

물론 아래에는 빨랫줄을 매달 수 없고 위에는 밧줄을 걸 수 없는 형태의 그래프도 있다. 그러한 예시 중 하나가 [그림 8.1.3]이다. 그래프에서 양쪽 끝점 E와 F에 지지대를 세우고 그 사이를 연결한 선분을 생각해보자. 이 선분은 동굴 천장의 아래에 매달린 빨랫줄도 될 수 없고, 도랑 위를 건너는 밧줄도 될 수 없다. 따라서 이 그래프는 오목성과 볼록성 모두 만족하지 않는다.

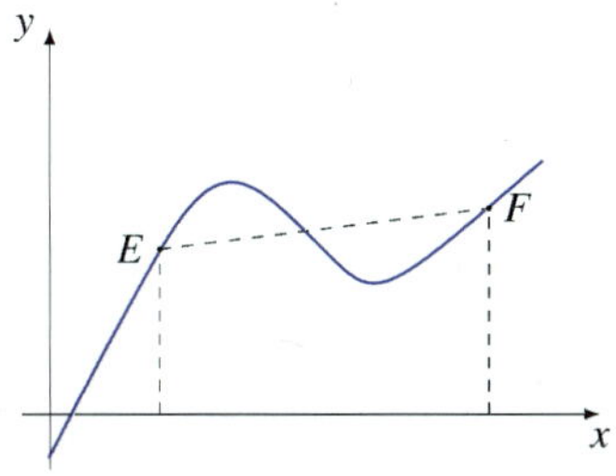

그림 8.1.3 동굴도 도랑도 없는 그래프

8.2 오목과 볼록의 정의

수직선의 한 구간을 I라 하자.

오목함수

구간 I에 정의된 함수 f가 I에 속하는 모든 a, b와 $0 \le \lambda \le 1$인 모든 λ에 대해 다음 부등식을 만족하면 f는 I에서 **오목**(concave)하다고 한다.

$$f(\lambda a + (1-\lambda)b) \ge \lambda f(a) + (1-\lambda) f(b) \tag{8.2.1}$$

이 성질은 [그림 8.2.1]의 두 점 $A=(a,\ f(a))$와 $B=(b,\ f(b))$ 사이에 빨랫줄을 매다는 직관을 표현한다. 이를 보여주기 위해 식 (8.2.1)의 좌변에 있는 $x = \lambda a + (1-\lambda)b$를 생각해보자. $\lambda = 0$일 때 $x = b$이고, $\lambda = 1$이면 $x = a$이다. λ는 0에서 1 사이의 모든 값을 나타내므로 $x = \lambda a + (1-\lambda)b$는 a와 b 사이의 모든 값이다.

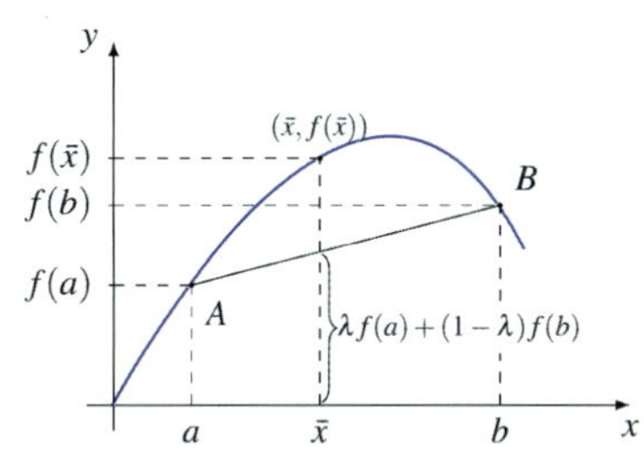

그림 8.2.1 오목함수[4]

다음으로 두 점 $A=(a,\ f(a))$와 $B=(b,\ f(b))$를 지나는 직선의 방정식(4.4절 참고)은 다음과 같다.

$$y - f(a) = \frac{f(b)-f(a)}{b-a}(x-a)$$

$x = \lambda a + (1-\lambda)b$일 때, $x - a = (1-\lambda)(b-a)$이므로 $\dfrac{x-a}{b-a} = 1-\lambda$를 만족한다. 그러나 두 점 A와 B를 지나는 직선 위에 대응하는 y 값은 $y - f(a) = (1-\lambda)(f(b)-f(a))$, 즉 $y = \lambda f(a) + (1-\lambda) f(b)$를 만족한다. 이는 A에서 B를 잇는 선분이 다음을 만족하는 점들로 이루어진 집합임을 보여준다.

$$\{(\lambda a + (1-\lambda)b,\ \lambda f(a) + (1-\lambda) f(b)) : 0 \le \lambda \le 1\}$$

반면에 A에서 B로 확장되는 $y = f(x)$의 그래프는 다음을 만족하는 점들로 이루어진 집합이다.

4 (옮긴이) 그림의 $\bar{x}$는 부등식 (8.2.6)에 관한 설명을 참고하라.

$$\{(\lambda a+(1-\lambda)b,\ f(\lambda a+(1-\lambda)b)) : 0 \le \lambda \le 1\}$$

따라서 부등식 (8.2.1)은 이 구간에서 f의 함숫값이 A와 B를 잇는 선분상에 있는 점의 y 값보다 작지 않음을 보여준다. 달리 말해 함수 f의 그래프가 그래프상의 임의의 두 점을 잇는 선분보다 아래쪽에 있지 않으면 **오목함수**라 한다. 따라서 오목함수는 그래프에서 속이 빈 부분이 아래를 향하는 함수이다. 이와 반대로 그래프에서 속이 빈 부분이 위쪽을 향하는 함수는 **볼록함수**(convex function)라 한다.

볼록함수

구간 I에 정의된 함수 f가 I에 속하는 모든 c, d와 $0 \le \lambda \le 1$인 모든 λ에 대해 다음 식을 만족하면 이 함수는 I에서 **볼록**(convex)하다고 한다.

$$f(\lambda c+(1-\lambda)d) \le \lambda f(c)+(1-\lambda)f(d) \tag{8.2.2}$$

이 성질은 [그림 8.2.2]에 나타나 있다. 다시 말해 c와 d 사이에 있는 임의의 x는 어떤 $0 \le \lambda \le 1$에 대해 $x = \lambda c + (1-\lambda)d$의 형태로 나타낼 수 있다. 따라서 식 (8.2.2)는 f의 그래프가 C와 D를 잇는 선분보다 위쪽에 있지 않음을 의미한다.

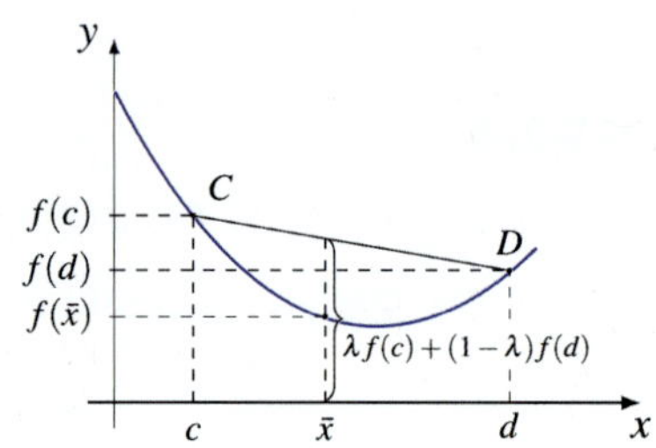

그림 8.2.2 볼록함수[5]

함수의 오목과 볼록은 함수의 증가와 감소에 무관함을 이해하는 것이 중요하다. [그림 8.2.3]~[그림 8.2.6]은 함수의 오목과 볼록의 네 가지 가능성을 나타내며, 이를 주의 깊게 살펴보아야 한다. 또한 구간 I를 명시적으로 언급하지 않으면 실수 전체 집합으로 간주하기도 한다.

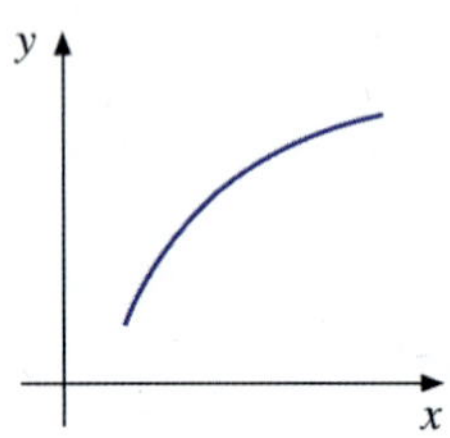

그림 8.2.3 증가하는 오목

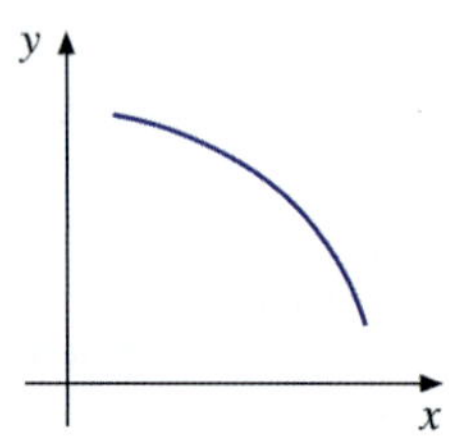

그림 8.2.4 감소하는 오목

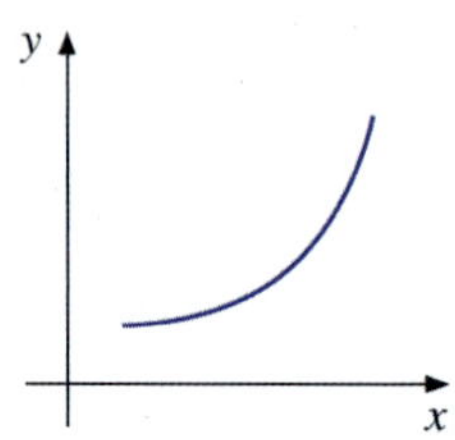

그림 8.2.5 증가하는 볼록

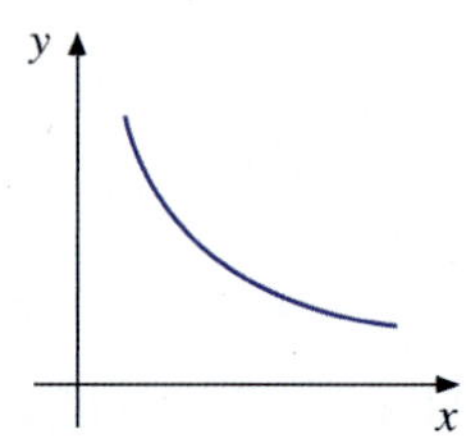

그림 8.2.6 감소하는 볼록

EX 8.2.1

(a) [그림 8.2.7]은 에이커당 비료를 N파운드 사용할 때, 밀의 수확량 $Y(N)$을 나타낸 그래프이다. 이는 1952년 아이오와주에서 실시한 비료 실험 데이터를 기반으로 하며, 오목함수이다. 에이커당 비료 50파운드와 250파운드로 얻은 생산량의 가중평균을 계산하면, 동일한 가중치를 적용하여 50파운드와 250파운드의 가중평균값의 비료로 얻은 에이커당 밀의 생산량보다 더 적게 나온다.

(b) [그림 8.2.8]은 1500년부터 2000년까지 각 연도 t의 세계 인구(십억 단위)를 나타내는 함수 $P(t)$의 개략적인 그래프이다. 이 그래프는 [그림 8.2.6]처럼 증가하는 볼록함수를 나타낸다. 예를 들어 1600년의

5 (옮긴이) 그림의 $\bar{x}$는 부등식 (8.2.7)에 관한 설명을 참고하라.

인구와 2000년의 인구의 산술평균은 분명히 1800년도의 인구를 초과한다.

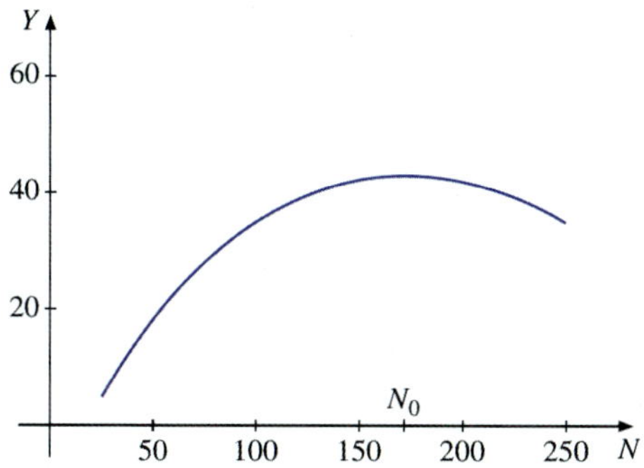

그림 8.2.7 밀 생산량의 그래프

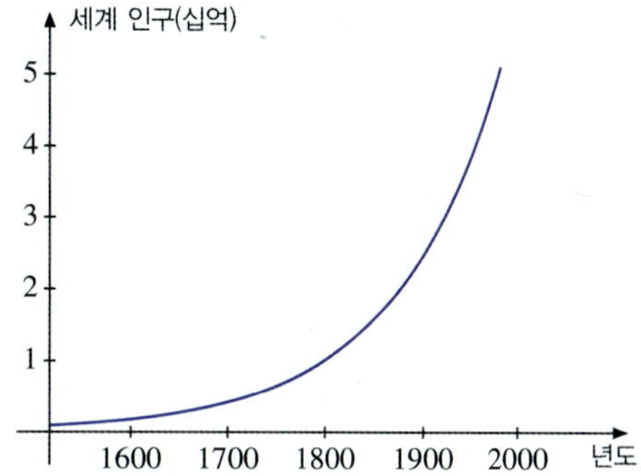

그림 8.2.8 세계 인구의 그래프

EX 8.2.2 [EX 7.1.5]의 시점 간 의사결정 문제를 다시 생각해보자. 단순하게 접근하기 위해 할인계수 β를 1이라 두고, 순간효용함수 $u(c)$는 오목하다고 가정한다. 이제 어느 소비자가 다음 세 가지 대안적 소비 계획 중 하나를 선택해야 한다고 가정하자. $C \geq c$에 대해 첫 번째 계획은 (C, c)인데, 이는 첫 번째 기간의 소비가 두 번째 기간의 소비에 비해 적지 않다는 뜻이다. 두 번째 계획은 (c, C)인데, 이는 두 번째 기간의 소비가 첫 번째 기간의 소비보다 적지 않다는 뜻이다. 세 번째 계획은 다음 방정식과 같이 각 기간 동일한 평균소비량 $\bar{c}$를 소비하는 것이다.

$$\bar{c} = \frac{1}{2}(C+c)$$

비록 함수 u의 구체적인 형태를 알 수는 없지만, 함수 u가 오목함수라고 가정하면 경제학자들은 한 개인이 두 기간 동안 동일하게 소비하는 세 번째 계획이 적어도 처음 두 가지 중 한 가지만큼은 좋다는 결론을 내릴 수 있다. u가 오목하다는 가정에 의해 식 (8.2.1)에 $\lambda = \frac{1}{2}$을 대입하여 다음을 얻을 수 있기 때문이다.

$$u(\bar{c}) + u(\bar{c}) = 2u\left\{\frac{1}{2}(C+c)\right\} \geq 2\left\{\frac{1}{2}u(C) + \frac{1}{2}u(c)\right\} = u(C) + u(c) \qquad (8.2.3)$$

EX 8.2.3 2.6절 [연습문제 8]의 결과를 이용하여 다음이 성립함을 보여라.

(a) 함수 $f(x) = \sqrt{x}$는 구간 $[0, \infty)$에서 오목하다.

(b) 함수 $g(x) = x^2$은 실수 전체 $(-\infty, \infty)$에서 볼록하다.

(c) 일차함수 $h(x) = ax + b$는 $(-\infty, \infty)$에서 오목한 동시에 볼록하다.

풀이

(a) 2.6절 [연습문제 8]은 임의의 양수 a와 b에 대해 항상 다음이 성립함을 의미한다.

$$\sqrt{ab} \leq \frac{1}{2}(a+b) \qquad (*)$$

이 식은 a와 b 중 어느 하나가 0이거나 둘 다 0인 경우에도 성립한다. $0 \leq \lambda \leq 1$인 임의의 λ에 대해 $\lambda(1-\lambda) \geq 0$이다. 따라서 식 (*)는 음이 아닌 임의의 a와 b에 대해 다음이 성립함을 보여준다.

$$
\begin{aligned}
2\lambda(1-\lambda)\sqrt{ab} &\le \lambda(1-\lambda)(a+b) \\
&= \lambda(1-\lambda)a+\lambda(1-\lambda)b \\
&= \lambda(1-\lambda)a+\{1-(1-\lambda)\}(1-\lambda)b \\
&= \lambda a-\lambda^2 a+(1-\lambda)b-(1-\lambda)^2 b
\end{aligned}
$$

항을 적당히 정리하면 다음 식을 얻는다.

$$\lambda^2 a+2\lambda(1-\lambda)\sqrt{ab}+(1-\lambda)^2 b \le \lambda a+(1-\lambda)b$$

또한 다음과 같이 다시 정리할 수 있다.

$$\{\lambda\sqrt{a}+(1-\lambda)\sqrt{b}\}^2 \le \lambda a+(1-\lambda)b$$

한편 제곱근함수 $f(x)=\sqrt{x}$는 x에 대해 증가하므로 다음 부등식을 만족한다.

$$\lambda\sqrt{a}+(1-\lambda)\sqrt{b} \le \sqrt{\lambda a+(1-\lambda)b}$$

이는 임의의 a, b와 λ에 대해 식 (8.2.1)이 성립한다는 뜻이므로 $f(x)=\sqrt{x}$는 오목함수이다.

(b) 임의의 a, b와 $0 \le \lambda \le 1$인 λ에 대해 부등식 (8.2.2)의 양변의 차를 생각하자. 그러면 함수 $g(x)=x^2$에 대해 다음이 성립한다.

$$
\begin{aligned}
g(\lambda a+(1-\lambda)b)-\{(\lambda g(a)+(1-\lambda)g(b)\} &= \{\lambda a+(1-\lambda)b\}^2-\lambda a^2-(1-\lambda)b^2 \\
&= \lambda^2 a^2+2\lambda(1-\lambda)ab+(1-\lambda)^2 b^2-\lambda a^2-(1-\lambda)b^2 \\
&= \lambda(\lambda-1)a^2+2\lambda(1-\lambda)ab+(1-\lambda)(1-\lambda-1)b^2 \\
&= \lambda(\lambda-1)(a^2-2ab+b^2) \\
&= \lambda(\lambda-1)(a-b)^2 \qquad (**)
\end{aligned}
$$

모든 λ는 $[0, 1]$에 속하므로 $\lambda(\lambda-1) \le 0$이고, 따라서 식 (**)의 마지막은 ≤ 0이다. 이는 식 (8.2.2)에 의해 g가 볼록함수임을 보여준다.

(c) 일차함수 $h(x)=ax+b$에 대해 다음이 성립한다.

$$\lambda h(x)+(1-\lambda)h(y)=\lambda(ax+b)+(1-\lambda)(ay+b)=h(\lambda x+(1-\lambda)y)$$

이 등식은 $h(x)$가 오목성의 정의 (8.2.1)과 볼록성의 정의 (8.2.2)를 모두 만족함을 의미한다. 따라서 h는 오목함수이자 볼록함수이다.

[EX 8.2.3]에서는 비교적 간단한 처음 두 함수의 오목 또는 볼록을 확인하기 위해 꽤 복잡한 수식 계산이 필요했다. 실제로 $y=x^2$의 그래프([그림 4.3.6] 참고)와 $y=\sqrt{x}$의 그래프([그림 4.3.8] 참고)를 살펴보면 그 결과는 다소 명확해진다. 다행히 오목과 볼록의 정의인 부등식 (8.2.1)과 (8.2.2)를 직접 사용하는 대신에, 미분을 이용하여 더 간단하게 함수의 오목 또는 볼록을 판정하는 방법이 있다. [EX 8.2.5]에서 살펴보겠다.

지금은 4.4절에 소개한 일차함수가 오목이면서 볼록인 유일한 함수라는 점에 주목하자. 이제 어떤 함수도 오목인 동시에 볼록일 수 없는 더 강한 조건의 오목과 볼록을 소개하려고 한다. 부등식 (8.2.1)과 (8.2.2)에서 $a \ne b$이고 $0<\lambda<1$인 경우, 즉 이와 동치조건인 $\lambda a+(1-\lambda)b \notin \{a, b\}$의 경우로 제한하자. 그러면 다음이 성립한다.

❶ f는 **순오목**(strictly concave) : f가 식 (8.2.1)의 순부등식을 만족

❷ f는 **순볼록**(strictly convex) : f가 식 (8.2.2)의 순부등식을 만족

EX 8.2.4 [EX 8.2.2]에서 $C > c$이고 함수 u는 순오목하다고 가정하자. 그러면 결론을 강화하여 소비자가 현재에도 미래와 동일한 수준으로 소비한다는 소비계획 $(\bar{c}, \bar{c})$를 분명히 선호한다고 할 수 있다. 이는 부등식 (8.2.3)이 다음과 같은 순부등식이 되기 때문이다.

$$u(\bar{c})+u(\bar{c}) = 2u\left\{\frac{1}{2}(C+c)\right\} > 2\left\{\frac{1}{2}u(C)+\frac{1}{2}u(c)\right\} = u(C)+u(c) \tag{8.2.4}$$

이 결과는 거시경제학에서 중요하게 생각하는 **소비평활화**(consumption smoothing)로 알려져 있다. 이는 순간 효용함수의 순오목 성질에서 기본적으로 유도된다. 여기서 $\beta=1$이라는 단순화된 가정이 필요하지 않다는 점이 중요하다. $c_1 \neq c_2$인 임의의 소비계획 (c_1, c_2)가 주어졌을 때, 특별한 가중평균을 다음과 같이 정의하자.

$$\bar{c} = \frac{1}{1+\beta}c_1 + \frac{\beta}{1+\beta}c_2$$

그러면 함수 u의 순오목 성질에서 다음을 얻는다.

$$u(\bar{c}) + \beta u(\bar{c}) = (1+\beta)u(\bar{c}) > (1+\beta)\left\{\frac{1}{1+\beta}u(c_1) + \frac{\beta}{1+\beta}u(c_2)\right\} = u(c_1) + \beta u(c_2)$$

기울기에 따른 특성

오목함수와 볼록함수

구간 I에 정의된 함수 f를 생각하자.

❶ I에 속하는 임의의 a, b와 $0 \le \lambda \le 1$인 모든 λ에 대해 다음 부등식을 만족하면 f는 **오목**하다고 한다.

$$f(\lambda a+(1-\lambda)b) \ge \lambda f(a)+(1-\lambda)f(b) \tag{8.2.1}$$

$a \neq b$와 $0 < \lambda < 1$일 때 순부등식을 만족하면 f는 **순오목**하다고 한다.

❷ I에 속하는 임의의 c, d와 $0 \le \lambda \le 1$인 모든 λ에 대해 다음 부등식을 만족하면 f는 **볼록**하다고 한다.

$$f(\lambda c+(1-\lambda)d) \le \lambda f(c)+(1-\lambda)f(d) \tag{8.2.2}$$

$c \neq d$와 $0 < \lambda < 1$일 때 순부등식을 만족하면 f는 **순볼록**하다고 한다.

6.2절 특히 [그림 6.2.1]과 [그림 6.2.2]에서 할선을 함수의 그래프에 있는 서로 다른 두 점을 지나는 직선으로 소개했다. 또한 식 (6.2.1)에서 뉴턴 몫을 그러한 할선의 기울기로 정의했다. 이러한 기울기는 오목함수와 볼록함수의 개략적인 성질을 파악하는 데 사용할 수 있다. 구간 I에서 정의된 함수 f와 $a \neq b$에 대해 그래프의 서로 다른 두 점 $(a, f(a))$와 $(b, f(b))$를 잇는 할선의 **기울기** $s(a, b)$는 다음과 같이 정의한다.

$$s(a, b) = \frac{f(a)-f(b)}{a-b} \tag{8.2.5}$$

이 정의에서 $s(a, b)=s(b, a)$가 성립하므로 $\{a, b\}$ 중 어느 점이 다른 점보다 크고 작은지는 중요하지 않다.

이제 [그림 8.2.1]과 같이 오른쪽으로 이동하며 아래쪽으로 휘는 오목함수를 생각하자. 집합 $\{(a, f(a)), (\bar{x}, f(\bar{x})), (b, f(b))\}$에 속하는 서로 다른 점의 쌍을 잇는 할선이 있다. 그래프가 아래로 휘기 때문에 세 개의 기울기(양 또는 음)는 분명히 다음을 만족한다.

$$s(a, \bar{x})>s(a, b)>s(\bar{x}, b) \tag{8.2.6}$$

[그림 8.2.2]와 같이 오른쪽으로 이동하며 위쪽으로 휘는 볼록함수에 대해 대응하는 세 개의 기울기는 다음을 만족한다.

$$s(c, \bar{x})<s(c, d)<s(\bar{x}, d) \tag{8.2.7}$$

이러한 부등식은 오목함수 또는 볼록함수의 특성을 나타낸다.

정리 8.2.1 기울기의 특성

구간 I에 정의된 함수 $f(x)$를 생각하자.

❶ $f(x)$가 오목일 필요충분조건은 임의의 고정된 점 $a\in I$에서 기울기 $s(a, x)$가 x에서 감소하는 것이다.
❷ $f(x)$가 순오목일 필요충분조건은 임의의 고정된 점 $a\in I$에서 기울기 $s(a, x)$가 x에서 순감소하는 것이다.
❸ $f(x)$가 볼록일 필요충분조건은 임의의 고정된 점 $a\in I$에서 기울기 $s(a, x)$가 x에서 증가하는 것이다.
❹ $f(x)$가 순볼록일 필요충분조건은 임의의 고정된 점 $a\in I$에서 기울기 $s(a, x)$가 x에서 순증가하는 것이다.

증명

구간 I에 속하는 점 a, x, y가 $a<y<x$ 또는 $a>y>x$를 만족한다고 하자. $\lambda=\dfrac{y-a}{x-a}$라 두면 $0<\lambda<1$이고 $y=\lambda x+(1-\lambda)a$이다. 기울기 s의 정의에 의해 다음이 성립한다.

$$\begin{aligned} s(a, y)-s(a, x) &= \frac{f(y)-f(a)}{y-a}-\frac{f(x)-f(a)}{x-a} \\ &= \frac{f(y)-f(a)}{\lambda(x-a)}-\frac{\lambda\{f(x)-f(a)\}}{\lambda(x-a)} \end{aligned}$$

이를 정리하여 다음을 얻는다.

$$s(a, y)-s(a, x)=\frac{f(y)-\{\lambda f(x)+(1-\lambda)f(a)\}}{\lambda(x-a)} \tag{$*$}$$

$\lambda>0$이므로 $x>a$이면 식 (*)에서 $f(y)-\{\lambda f(x)+(1-\lambda)f(a)\}$와 $s(a, y)-s(a, x)$의 부호가 같다. 반면에 $x<a$이면 이들의 부호가 반대이다.

❶ $a<y<x$와 $0<\lambda<1$에 대해 $y=\lambda x+(1-\lambda)a$를 만족하는 세 점 a, x, y를 생각해보자. 만약 x에서 $s(a, x)$가 감소하면 $s(a, y)-s(a, x) \geq 0$이다. 따라서 (*)에 의해 $f(y)-\{\lambda f(x)+(1-\lambda)\}f(a) \geq 0$이고, 이는 f가 오목함을 의미한다. 역으로 f가 오목함수이면 $f(y)-\{\lambda f(x)+(1-\lambda)f(a)\} \geq 0$이고, 식 (*)에 의해 $a<y<x$이면 $s(a, y)-s(a, x) \geq 0$이다. $a>y>x$이면 $s(a, y)-s(a, x) \leq 0$을 동일한 방법으로 보일 수 있다. 결국 어느 방향이든 x에서 기울기 $s(a, x)$는 감소한다.

❷ ❶의 증명 과정에서 부등호 ≥ 0 또는 ≤ 0을 대응하는 순부등호 >0 또는 <0으로 바꾸면 된다.

❸, ❹의 증명은 f를 $-f$로 대체하고, 필요에 따라 ❶ 또는 ❷를 이용한다.

따라서 증명이 끝났다. ■

[정리 8.2.1]을 이용하면 [EX 8.2.3]의 결과를 훨씬 더 간단히 얻을 수 있다.

EX 8.2.5 [정리 8.2.1]을 이용하여 다음이 성립함을 보여라.

(a) 함수 $f(x)=\sqrt{x}$는 구간 $[0, \infty)$에서 순오목하다.

(b) 함수 $g(x)=x^2$은 실수 전체 $(-\infty, \infty)$에서 순볼록하다.

(c) 일차함수 $h(x)=ax+b$는 $(-\infty, \infty)$에서 오목한 동시에 볼록하다.

풀이

(a) 임의의 고정된 점 $a \geq 0$과 $x \geq 0$인 $x \neq a$에 대해 그 기울기는 다음과 같다.

$$s(a, x)=\frac{\sqrt{x}-\sqrt{a}}{x-a}=\frac{1}{\sqrt{x}+\sqrt{a}}$$

이 기울기는 분명히 x에서 순감소하므로 f는 순오목함수이다.

(b) 임의의 고정된 점 $a \geq 0$과 $x \geq 0$인 $x \neq a$에 대해 그 기울기는 다음과 같다.

$$s(a, x)=\frac{x^2-a^2}{x-a}=x+a$$

이 기울기는 분명히 x에서 순증가하므로 g는 순볼록함수이다.

(c) 임의의 고정된 점 y와 모든 $x \neq y$에 대해 그 기울기는 다음과 같다.

$$s(y, x)=\frac{(ax+b)-(ay+b)}{x-y}=a$$

기울기가 일정하므로 x에서 증가와 감소가 동시에 있다. 따라서 일차함수 h는 오목한 동시에 볼록하다.

8.2 연습문제

1 어떤 함수 f의 그래프가 [그림 8.2.9]와 같다고 하자. 이 함수는 오목, 순오목, 볼록, 순볼록 중 무엇을 만족하는가?

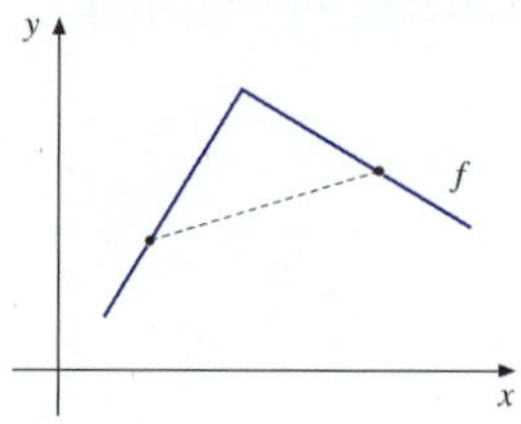

그림 8.2.9 [연습문제 1]의 그래프

2 다음이 성립함을 보여라.

(a) 순오목함수는 오목함수이다.

(b) 오목하면서 동시에 볼록한 함수도 있다.

(c) 오목하지만 순오목하지 않는 함수가 있다.

(d) 순오목한 함수는 볼록할 수 없다.

3 두 함수의 그래프가 [그림 8.2.7], [그림 8.2.8]과 같다고 하자. 두 함수가 각각 오목, 순오목, 볼록, 순볼록한지를 판단하라.

4 [EX 5.2.1]과 같은 기업이 $Q \geq 0$단위의 제품을 생산할 때 드는 비용이 순볼록함수 $c(Q)$로 주어진다고 가정하자. 여기서 $c(0)=0$이다. 이 회사가 동일한 비용함수를 가진 두 번째 공장을 설립하고, 생산량의 일부를 두 번째 공장에 다시 할당할 가능성이 생겼다고 해보자. 그렇게 해야 할 필요가 있는지를 설명하라.

5 [정리 8.2.1]을 이용하여 [EX 5.4.4]의 미국 연방 소득세 함수는 볼록함수이지만 순볼록함수는 아님을 보여라.

6 심화 함수 f가 구간 I에서 증가하면서 순오목하면 f는 I에서 순증가함을 증명하라.

힌트 f가 증가하지만 순증가하지 않으면 f가 상수인 구간이 있다.

7 심화 각각의 $n=2,\ 3,\ \cdots$에 대해 모든 실수 x에서 정의된 거듭제곱함수 $f(x)=x^n$을 생각하자. [정리 8.2.1]을 이용하여 다음이 성립함을 보여라.

(a) $n=2$이면 $f(x)=x^2$은 구간 $(-\infty,\ \infty)$에서 순볼록하다.

(b) 각각의 $n=2,\ 3,\ \cdots$에 대해 $f(x)=x^n$은 구간 $[0,\ \infty)$에서 순볼록하다.

(c) n이 짝수이면 $f(x)=x^n$은 구간 $(-\infty,\ 0]$에서 순볼록하다.[6]

(d) n이 홀수이면 $f(x)=x^n$은 구간 $(-\infty,\ 0]$에서 순오목하다.

힌트 (c)와 (d)에서 기울기 $s(-a,\ -x)$와 $s(a,\ x)$를 비교하라.

8 심화 구간 I에 정의된 함수 f가 7.8절에서 설명한 연속의 정의를 만족한다고 하자. 함수 f가 오목할 충분조건은 **중점오목**(midpoint concave)한 것인데,[7] 중점오목하려면 I에 속하는 모든 점 a와 b에 대해 다음 조건을 만족해야 한다.

$$f\left(\frac{1}{2}a+\frac{1}{2}b\right) \geq \frac{1}{2}f(a)+\frac{1}{2}f(b)$$

위 부등식의 부호가 반대로 성립하면 f는 **중점볼록**(midpoint convex)하다고 한다. 지수함수와 로그함수 법칙을 이용하여 $f(x)=\ln x$는 중점오목하고, $g(x)=e^x$은 중점볼록함을 보여라. 이는 로그함수는 오목하고, 지수함수는 볼록함을 뜻한다.

9 심화 f가 구간 I에서 오목함수라고 하자. 임의의 자연수 n과 I에 속하는 n개의 점 $x_1,\ x_2,\ \cdots,\ x_n$과 $\sum_{i=1}^{n}\lambda_i=1$을 만족하는 n개의 양수 $\lambda_1,\ \lambda_2,\ \cdots,\ \lambda_n$에 대해 다음이 성립함을 보여라.

$$f\left(\sum_{i=1}^{n}\lambda_i x_i\right) \geq \sum_{i=1}^{n}\lambda_i f(x_i)$$

힌트 수학적 귀납법의 원리를 기억하라.

6 8.3절 [연습문제 6]은 실수 전체에서 순볼록함을 보이라는 문제이다.

7 이 조건의 이름은 $\frac{1}{2}a+\frac{1}{2}b$가 끝점이 a와 b인 실수 구간의 중점이고, $\left(\frac{1}{2}a+\frac{1}{2}b,\ \frac{1}{2}f(a)+\frac{1}{2}f(b)\right)$가 함수 f의 그래프에서 두 점 $(a,\ f(a))$와 $(b,\ f(b))$를 잇는 선분의 중점이라는 사실에서 기인한다.

8.3 오목함수와 볼록함수의 일반적인 성질

이 절에서는 오목함수와 볼록함수의 몇 가지 흥미로운 성질을 알아본다. 함수의 상수배에 대해 다음을 바로 알 수 있다.

참고 a가 상수일 때 [순]오목함수 f에 대해 함수 af는 $a>0$이면 [순]오목하고, $a<0$이면 [순]볼록하다. 마찬가지로 [순]볼록함수 g에 대해 함수 ag는 $a>0$이면 [순]볼록하고, $a<0$이면 [순]오목하다.

오목함수의 합

f와 g가 구간 I에서 모두 오목함수이고 $h(x)=f(x)+g(x)$라 가정하자. 그러면 I에 속하는 점 a, b와 $0\le\lambda\le1$인 λ에 대해 다음을 만족한다.

$$h(\lambda a+(1-\lambda)b)=f(\lambda a+(1-\lambda)b)+g(\lambda a+(1-\lambda)b)$$

f와 g가 둘 다 오목함수이므로 두 부등식이 성립한다.

$$f(\lambda a+(1-\lambda)b)\ge\lambda f(a)+(1-\lambda)f(b),\quad g(\lambda a+(1-\lambda)b)\ge\lambda g(a)+(1-\lambda)g(b)$$

이 식을 정리하면 다음을 얻는다. 이 부등식은 h 역시 오목함수임을 보여준다.

$$\begin{aligned}h(\lambda a+(1-\lambda)b)&\ge\lambda f(a)+(1-\lambda)f(b)+\lambda g(a)+(1-\lambda)g(b)\\&=\lambda\{f(a)+g(a)\}+(1-\lambda)\{f(b)+g(b)\}\\&=\lambda h(a)+(1-\lambda)h(b)\end{aligned}$$

두 함수 f와 g 중 적어도 하나가 순오목함수이면 h도 순오목함수라는 점에 주목하라. 이와 유사하게 두 볼록함수의 합도 볼록함수이고, 두 함수 중 적어도 하나가 순볼록함수이면 그 합도 순볼록함수이다.

EX 8.3.1 함수 $f(x)=x^2-2x+2$가 볼록한지 또는 오목한지를 판별하라.

풀이

[EX 8.2.3]에서 x^2과 $-2x+2$가 모두 볼록함수임을 보였다. f는 두 볼록함수의 합이므로 볼록하다.

오목함수의 최솟값

f와 g가 구간 I에서 모두 오목함수일 때, I에서 함수 h를 $h(x)=\min\{f(x),\ g(x)\}$로 정의하자. 즉 I의 임의의 x에 대해 $h(x)$는 $f(x)$와 $g(x)$ 중에서 더 작거나 같은 값, 즉 최솟값으로 정의한다. 그러면 I의 임의의 두 점 a, b와 $0\le\lambda\le1$인 임의의 λ에 대해 h의 정의와 f와 g의 오목성을 이용하면 다음을 얻는다.

$$f(\lambda a+(1-\lambda)b)\ge\lambda f(a)+(1-\lambda)f(b)\ge\lambda h(a)+(1-\lambda)h(b)\qquad(*)$$

$$g(\lambda a+(1-\lambda)b) \geq \lambda g(a)+(1-\lambda)g(b) \geq \lambda h(a)+(1-\lambda)h(b) \qquad (**)$$

임의의 세 실수 u, v, w가 $u \geq w$와 $v \geq w$를 모두 만족한다면 분명히 u, v의 최솟값은 $\min\{u, v\} \geq w$이므로 두 부등식 (*)와 (**)로부터 다음을 알 수 있다.

$$\begin{aligned} h(\lambda a+(1-\lambda)b) &= \min\{f(\lambda a+(1-\lambda)b), g(\lambda a+(1-\lambda)b)\} \\ &\geq \lambda h(a)+(1-\lambda)h(b) \end{aligned}$$

이는 두 오목함수의 최솟값으로 정의된 h 역시 구간 I에서 오목함을 보여준다.

볼록함수 f와 g에 대해 함수 $h(x)=\max\{f(x), g(x)\}$를 정의하면 $-h(x)=\min\{-f(x), -g(x)\}$는 두 오목함수의 최솟값이므로 역시 오목함수이다. 따라서 두 볼록함수의 최댓값으로 정의된 h는 볼록함수이다.

[연습문제 4]는 이 결과를 확장하여 임의의 오목함수가 유한개 있을 때, 이 중 최솟값으로 정의되는 함수도 오목함을 보이려고 한다. 물론 임의의 볼록함수가 유한개 있을 때, 이 중 최댓값으로 정의되는 함수도 볼록함을 증명할 수 있다.

EX 8.3.2 절댓값함수 $f(x)=|x|$는 볼록함을 보여라.

풀이

절댓값함수는 $|x|=\max\{x, -x\}$이고 두 볼록함수 x와 $-x$의 최댓값으로 정의되므로 역시 볼록함수이다.

오목함수의 합성

f가 구간 I에서 오목함수이고 g가 f의 치역에서 정의된 증가함수이면서 오목함수라고 가정하자. 그리고 6.8절에서 정의한 합성함수 $h(x)=g(f(x))$를 생각해보자. 합성함수 h가 오목한지 확인하기 위해 구간 I에서 서로 다른 두 실수 a, b와 $0<\lambda<1$인 λ를 임의로 택하고, 다음의 각 단계를 확인해보자.

❶ f가 오목하므로 $f(\lambda a+(1-\lambda)b) \geq \lambda f(a)+(1-\lambda)f(b)$를 만족한다.

❷ g가 증가하므로 $g(f(\lambda a+(1-\lambda)b)) \geq g(\lambda f(a)+(1-\lambda)f(b))$를 만족한다.

❸ g가 오목하므로 $g(\lambda f(a)+(1-\lambda)f(b)) \geq \lambda g(f(a))+(1-\lambda)g(f(b))$를 만족한다.

❹ h의 정의에 의해 $h(\lambda a+(1-\lambda)b)=g(f(\lambda a+(1-\lambda)b))$이고 $g(f(a))=h(a)$와 $g(f(b))=h(b)$도 성립한다. ❷와 ❸의 부등식을 결합하면 $h(\lambda a+(1-\lambda)b) \geq \lambda h(a)+(1-\lambda)h(b)$이다. 즉 합성함수 h는 오목하다.

여기서 외부함수 g는 오목할 뿐만 아니라 증가함수여야 한다는 점에 주목하라. f가 순오목하고 g가 순증가하는 오목함수이면 ❶과 ❷의 두 부등식을 순부등식으로 대체할 수 있다. 그러면 ❸의 부등식이 그대로 성립하더라도 ❹에서는 순부등식으로 바뀐다. 이처럼 조건이 바뀐 경우에도 합성함수 h는 역시 순오목함수이다.

볼록함수에 대해서도 유사한 결과가 성립한다. 즉 f가 (순)볼록하고 g가 (순)증가하면서 볼록하면, **그 합성함수도 (순)볼록하다.**

EX 8.3.3 함수 $f(x)=ax^2+bx+c$가 볼록한지 또는 오목한지를 판정하라.

풀이

주어진 함수가 볼록한지 또는 오목한지는 a의 부호에 따라 달라진다.

❶ $a=0$이면 [EX 8.2.3]으로부터 f는 오목한 동시에 볼록하다.

❷ $a>0$이면 [EX 8.2.3]에 의해 x^2이 볼록하므로 8.3절 시작 부분의 [참고]에 의해 ax^2은 볼록하다. $bx+c$도 볼록하므로 $f(x)=ax^2+bx+c$는 볼록하다.

❸ $a<0$이면 ax^2은 오목하고 $bx+c$도 오목하므로 $f(x)$는 오목하다.

오목함수의 역함수

오목함수 또는 볼록함수에 대한 마지막 일반 성질을 소개한다. **증가하는 오목함수** f의 역함수 $g=f^{-1}$를 생각해보자. f는 오목하고 $g=f^{-1}$이므로 임의의 실수 a, b와 $0 \le \lambda \le 1$인 임의의 λ에 대해 다음을 만족한다.

$$f(\lambda g(a)+(1-\lambda)g(b)) \ge \lambda f(g(a))+(1-\lambda)f(g(b))=\lambda a+(1-\lambda)b \qquad (*)$$

f가 증가함수이므로 7.3절에서와 같이 역함수 g도 증가한다. 따라서 다음과 같다.

$$g(f(\lambda g(a)+(1-\lambda)g(b))) \ge g(\lambda a+(1-\lambda)b) \qquad (**)$$

여기서 $g=f^{-1}$임을 이용하면 다음 부등식이 성립한다.

$$\lambda g(a)+(1-\lambda)g(b) \ge g(\lambda a+(1-\lambda)b)$$

따라서 g는 **볼록함수**이다. 이에 관한 그래프는 [그림 7.3.1]을 참고하라. 즉 **증가하는 오목함수의 역함수는 증가하는 볼록함수이다.** 비슷한 내용이 반복되어 잘못 이해할 수 있으니 유의해야 한다.

EX 8.3.4 8.2절 [연습문제 8]에서 로그함수 $\ln x$는 오목하고 지수함수 e^x은 볼록함을 증명했다. 오목과 볼록을 판단할 때는 두 함수 중 하나만 다루어도 된다. 로그함수와 지수함수는 서로 역함수 관계이고 모두 증가함수이기 때문이다. $\ln x$의 오목성은 e^x의 볼록성을 의미하고 그 반대도 마찬가지이다.

f가 **감소하는 오목함수**이고 그 역함수를 $g=f^{-1}$라고 가정하자. f가 오목함수이므로 $(*)$가 성립하고, f가 감소함수이므로 g도 감소함수이며 부등식 $(**)$에서 부등호 방향이 반대로 바뀐다. 즉 다음과 같다.

$$g(f(\lambda g(a)+(1-\lambda)g(b))) \le g(\lambda a+(1-\lambda)b)$$

여기서 $g=f^{-1}$임을 이용하면 다음 부등식이 성립한다.

$$\lambda g(a)+(1-\lambda)g(b) \le g(\lambda a+(1-\lambda)b)$$

따라서 f의 역함수 g도 **오목하다.** 즉 **감소하는 오목함수의 역함수는 감소하는 오목함수이다.**

볼록함수에 대해서도 유사한 결과를 얻는다. 증가하는 볼록함수의 역함수는 증가하지만 오목하다. 그러나 감소하는 볼록함수의 역함수는 감소하는 볼록함수이다.

8.3 연습문제

1 함수 f가 순오목하고 함수 g가 오목하면, $f+g$는 순오목함수임을 증명하라.

2 $\sqrt{x}$가 오목함을 이용하여 $x \geq 0$과 $a \geq 0$에 대해 함수 $f(x)=ax^2+b$가 볼록함을 증명하라.

3 8.3절에서 f, g가 둘 다 오목함수이고 g가 증가하면, 합성함수 $g \circ f$도 오목함수임을 주장했다. 또한 f가 순오목하고 g가 순증가하면 $g \circ f$도 순오목함을 알아보았다. 이제 두 성질이 반드시 성립해야 함을 보여라. 구체적으로는 f가 순오목이 아니고 g가 순증가가 아니면 합성함수 $g \circ f$는 순오목함수가 아닌 오목함수인 예를 소개하라.

4 실수에서 임의의 한 구간을 I라 하자. 각 $i=1,\ 2,\ \cdots,\ n$에 대해 I에서 정의된 함수 $f_i(x)$가 모두 오목하다고 가정하자. 구간 I에서 $f^*(x)=\min\{f_i(x) : i=1,\ 2,\ \cdots,\ n\}$으로 정의된 함수 $f^*(x)$가 오목함수임을 n에 대한 수학적 귀납법으로 증명하라.

5 실수에서 정의된 두 함수 $f(x)=-|x-1|$과 $g(x)=|x+1|$에 대한 물음에 답하라.

(a) 실수 전체에서 f는 오목하고 g는 볼록함을 보여라.

(b) 구간 $(a,\ b)$에서 정의된 함수 $f+g$가 각각 성질 (i)~(iv)를 만족할 때, 구간 $(a,\ b)$에 대해 설명하라. 단, (iv)는 f가 오목하고 g가 볼록할 때 함수 $f+g$는 오목도 볼록도 될 필요가 없다는 의미이다.

(i) 오목	(ii) 볼록
(iii) 오목과 볼록	(iv) 오목도 볼록도 아님

6 각 $n=2,\ 3,\ \cdots$마다 모든 x에 대해 $f(x)=x^n$으로 정의되는 거듭제곱함수를 생각해보자. 8.2절 [연습문제 7]의 결과와 볼록함수의 합성함수에 관한 결과를 이용하여 n이 $n=2m \geq 4$인 짝수이면 $x^n=(x^2)^m$은 실수 전체에서 순볼록함을 증명하라.

8.4 일계도함수 판정법

[그림 8.4.1]은 [그림 7.4.1]을 다시 나타낸 것으로, 점 a의 근방에서 미분가능한 함수 f에 대한 선형근사식 $y=f(a)+f'(a)(x-a)$의 그래프를 보여준다. 물론 이 그래프는 a에서 f의 그래프에 대한 접선을 나타낸다. 함수 f가 오목하므로 이 접선은 함수의 그래프 위에 완전히 놓여 있다. 따라서 $x=a$에서의 $f'(a)$와 같은 기울기를 **상위기울기(supergradient)**라 한다. 함수가 오목하지 않고 볼록하다면 임의의 점에서의 접선은 그래프 아래에 완전히 놓일 것이다. 이 경우 a에서의 기울기 $f'(a)$를 **하위기울기(subgradient)**라 한다.

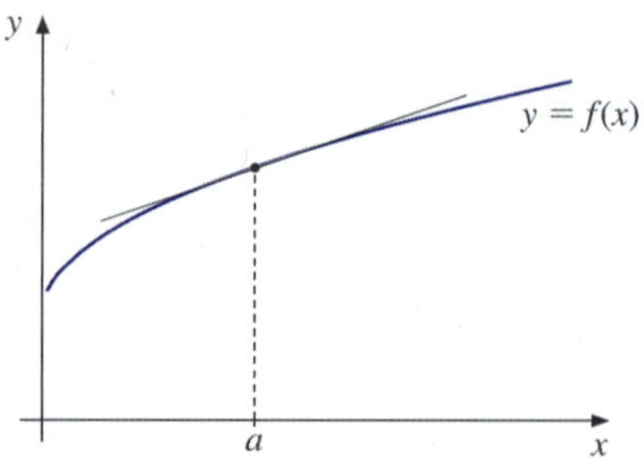

그림 8.4.1 오목함수의 상위기울기

이로부터 다음과 같은 정의를 내릴 수 있다.

상위기울기와 하위기울기

f는 구간 I에 정의된 임의의 함수이고, 점 a는 I에 속한다고 하자.

❶ I에 속하는 모든 x에 대해 $f(x) \le f(a) + p(x-a)$를 만족하는 실수 p를 $x=a$에서 f의 **상위기울기**라 한다. (8.4.1)

❷ I에 속하는 모든 x에 대해 $f(x) \ge f(a) + p(x-a)$를 만족하는 실수 p를 $x=a$에서 f의 **하위기울기**라 한다. (8.4.2)

정리 8.4.1 오목함수와 볼록함수의 필요조건

구간 I에 정의된 함수 f가 내부점 a에서 미분가능하다고 가정하자.

❶ f가 오목하면 $f'(a)$는 a에서 상위기울기이다.

❷ f가 볼록하면 $f'(a)$는 a에서 하위기울기이다.

증명

$x > a$인 경우에 $a+h < x$를 만족하는 임의의 $h > 0$을 생각하자. f가 오목하므로 [정리 8.2.1]에 의해 x에 대한 기울기 $s(a,\ x) = \dfrac{f(x)-f(a)}{x-a}$는 감소한다. 따라서 $s(a,\ a+h) \ge s(a,\ x)$이고, 다음 부등식이 성립한다.

$$\frac{f(a+h)-f(a)}{h} \ge \frac{f(x)-f(a)}{x-a}$$

위 식에 극한 $h \to 0^+$를 취하면 도함수의 정의에 의해 다음이 성립한다.

$$f'(a) = \lim_{h\to 0^+} \frac{f(a+h)-f(a)}{h} \ge \frac{f(x)-f(a)}{x-a}$$

여기서 $x-a>0$이므로 $f(x)-f(a) \le f'(a)(x-a)$가 성립한다.

$x < a$인 경우에 $a+h > x$를 만족하는 임의의 $h < 0$을 생각하자. 이때도 $x > a$인 경우와 유사한 방법으로 부등식 $s(a,\ a+h) \le s(a,\ x)$가 성립하고, 다음을 만족한다.

$$f'(a) = \lim_{h\to 0^-} \frac{f(a+h)-f(a)}{h} \le \frac{f(x)-f(a)}{x-a}$$

여기서 $x-a<0$이므로 이 경우에도 $f(x) - f(a) \le f'(a)(x-a)$가 성립한다. 이로써 f가 오목함수이면 $f'(a)$가 상위기울기임을 증명할 수 있다. f가 볼록함수인 경우에도 동일한 방법으로 증명할 수 있다. 그러나 함수 f에 대한 하위기울기 성질이 함수 $-f$에 대한 상위기울기 성질 (8.4.3)과 동일하므로, 이를 이용하는 것이 훨씬 빠르고 간단하다. ■

좌도함수와 우도함수의 정의 (7.9.4)를 상기하자. 위의 증명을 확장해서 f가 구간 I에 정의된 오목함수이고, a가 I의 내부점이라 하면 다음을 만족한다.

❶ $f'(a)$는 존재하지 않더라도 좌도함수 $f'(a^-)$와 우도함수 $f'(a^+)$는 모두 존재한다.

❷ $f'(a^-) \ge f'(a^+)$이고, 구간 $[f'(a^+),\ f'(a^-)]$에 속하는 임의의 p는 f의 상위기울기이다.

따라서 한 구간에 정의된 오목함수는 그 구간의 모든 내부점에서 적어도 하나의 상위기울기를 갖는다. f가 볼록함수일 때에도 그에 대응하는 결과가 분명히 존재한다. 또한 상위기울기와 하위기울기는 주어진 함수가 오목한지 또는 볼록한지를 판정하는 중요한 충분조건을 제시한다. 다음 정리를 살펴보자.

정리 8.4.2 오목함수와 볼록함수의 충분조건

함수 f가 구간 I에서 정의되었다고 가정하자.

❶ f가 I의 모든 점에서 상위기울기를 가지면 f는 오목하다.
❷ f가 I의 모든 점에서 하위기울기를 가지면 f는 볼록하다.

여기서는 ❶만 증명한다. ❷도 같은 방법으로 증명할 수 있다.

증명

구간 I에 임의로 주어진 a, b와 $0 \le \lambda \le 1$인 λ에 대해 $c = \lambda a + (1-\lambda)b$라 두자. f가 c에서 상위기울기 p를 갖는다고 가정하면 명제 (8.4.1)에 따라 다음 두 식이 모두 성립한다.

$$f(a) \le f(c) + p(a-c) \quad (*)$$

$$f(b) \le f(c) + p(b-c) \quad (**)$$

(*)의 양변에 λ을 곱하고 (**)의 양변에 $(1-\lambda)$를 곱하자. λ와 $(1-\lambda)$는 모두 음수가 아니므로 부등식의 방향은 바뀌지 않는다. 두 부등식을 더하고 정리하면 다음을 얻는다.

$$\lambda f(a) + (1-\lambda)f(b) \le \{\lambda + (1-\lambda)\}f(c) + p\{\lambda(a-c) + (1-\lambda)(b-c)\}$$

$\{\lambda + (1-\lambda)\}f(c) = f(c)$이고 $\lambda(a-c) + (1-\lambda)(b-c) = \lambda a + (1-\lambda)b - c = 0$이므로 위 부등식은 모든 a, b에 대해 다음과 같이 정리할 수 있다.

$$\lambda f(a) + (1-\lambda)f(b) \le f(c) = f(\lambda a + (1-\lambda)b)$$

따라서 함수 f는 오목하다. ■

[정리 8.4.1]과 [정리 8.4.2]의 결과를 종합하면 다음과 같은 결론을 얻는다.

오목함수와 볼록함수의 특성

함수 f가 열린구간 I에서 미분가능하다고 가정하면 다음이 성립한다.

❶ f가 오목할 필요충분조건은 I의 속하는 모든 a와 x에 대해 다음 부등식을 만족하는 것이다.

$$f(x) \le f(a) + f'(a)(x-a) \quad (8.4.3)$$

❷ f가 볼록할 필요충분조건은 I에 속하는 모든 a와 x에 대해 다음 부등식을 만족하는 것이다.

$$f(x) \ge f(a) + f'(a)(x-a) \quad (8.4.4)$$

앞에서 언급한 상위기울기 부등식 (8.4.3)과 하위기울기 부등식 (8.4.4)를 **기울기의 특성**이라 했다. 이것은 미분가능한 함수에 대해 이 특성이 오목성 또는 볼록성과 논리적으로 동치임을 강조하려는 의도이다. 다음 두 예는 오목성 또는 볼록성을 판정할 때 상위기울기 또는 하위기울기의 특성을 어떻게 이용하는지 보여준다.

EX 8.4.1 [EX 8.2.3]에서 $f(x) = \sqrt{x}$는 오목하고 $g(x) = x^2$은 볼록하며 $h(x) = ax + b$는 오목한 동시에 볼록함을 확인했다. 이 함수들이 미분가능함을 이용하여 상위기울기 또는 하위기울기의 특성을 조사하고, 이를 확인하라.

풀이

함수 $f(x) = \sqrt{x}$를 생각하자. $x > 0$과 $a > 0$일 때, $x = a$의 근방에서 $f(x)$의 선형근사식은 다음과 같다.

$$f(a) + f'(a)(x-a) = \sqrt{a} + \frac{1}{2\sqrt{a}}(x-a) = \frac{1}{2}\left(\sqrt{a} + \sqrt{\frac{x^2}{a}}\right) \qquad (*)$$

여기서 $\sqrt{a}$와 $\sqrt{\frac{x^2}{a}}$에 대해 2.6절 [연습문제 8]의 부등식 $m_A \geq m_G$를 적용하면 다음을 얻는다.

$$\frac{1}{2}\left(\sqrt{a} + \sqrt{\frac{x^2}{a}}\right) \geq \sqrt{\sqrt{a} \cdot \sqrt{\frac{x^2}{a}}} = \sqrt{x} = f(x) \qquad (**)$$

식 (*)와 부등식 (**)로부터 $f(a) + f'(a)(x-a) \geq f(x)$를 얻는다. 즉 모든 $a > 0$에 대해 상위기울기 부등식을 만족하므로 f는 오목함수이다.

이번에는 함수 $g(x) = x^2$을 생각하자. $x = a$의 근방에서 g의 선형근사식은 다음과 같다.

$$g(a) + g'(a)(x-a) = a^2 + 2a(x-a) = 2ax - a^2$$

부등식 $(a-x)^2 \geq 0$은 $a^2 + x^2 \geq 2ax$를 의미하므로 다음 부등식이 성립한다.

$$g(x) = x^2 \geq 2ax - a^2 = g(a) + g'(a)(x-a)$$

위 식은 하위기울기 부등식 (8.4.4)를 만족하므로 g는 볼록함수이다.

마지막으로 함수 $h(x) = ax + b$를 생각하자. 임의의 점 c의 근방에서 함수 h의 선형근사식은 자기 자신과 같다. 다시 말해 부등식 (8.4.3)과 (8.4.4)가 동시에 성립하므로 등식이 된다.

$$h(c) + h'(c)(x-c) = ac + b + a(x-c) = ax + b = h(x)$$

따라서 h는 오목한 동시에 볼록하다.

EX 8.4.2 하위기울기 부등식 (8.4.4)를 이용하여 함수 $f(x) = x^2 - 2x + 2$가 볼록함을 설명하라.

풀이

$x = a$의 근방에서 $f(x)$의 선형근사식은 다음과 같다.

$$f(a) + f'(a)(x-a) = a^2 - 2a + 2 + (2a-2)(x-a) = -a^2 + 2ax - 2x + 2$$

부등식 $(x-a)^2 \geq 0$은 $a^2+x^2 \geq 2ax$를 의미하므로 다음의 하위기울기 부등식을 얻는다.

$$f(a)+f'(a)(x-a) \leq x^2-2x+2=f(x)$$

8.5 이계도함수 판정법

6.3절에서는 일계도함수의 부호를 통해 함수가 구간 I에서 증가하는지 또는 감소하는지 여부를 결정하는 방법을 알아보았다. 실제로 I에서 $f'(x) \geq 0[f'(x) \leq 0]$이면 f는 I에서 증가[감소]하고, 그 역도 성립한다. 이계도함수 $f''(x)$는 $f'(x)$의 도함수이다. 따라서 다음이 성립한다.

$$I\text{에서 } f''(x) \geq 0\text{이다.} \quad \Leftrightarrow \quad f'\text{은 } I\text{에서 증가한다.} \tag{8.5.1}$$

$$I\text{에서 } f''(x) \leq 0\text{이다.} \quad \Leftrightarrow \quad f'\text{은 } I\text{에서 감소한다.} \tag{8.5.2}$$

식 (8.5.1)의 동치관계는 [그림 8.5.1]에 나타나 있다. x가 증가할 때 x에서 접선의 기울기 $f'(x)$는 증가한다. 한편 x가 증가할 때 [그림 8.5.2]의 그래프에서 접선의 기울기는 감소한다.

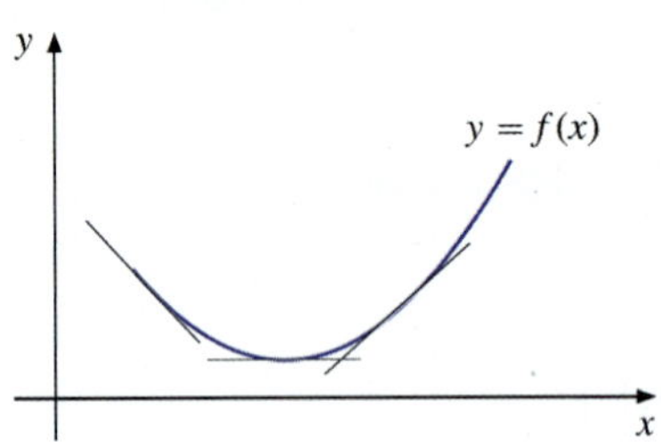

그림 8.5.1 x가 증가할 때 접선의 기울기는 증가한다.

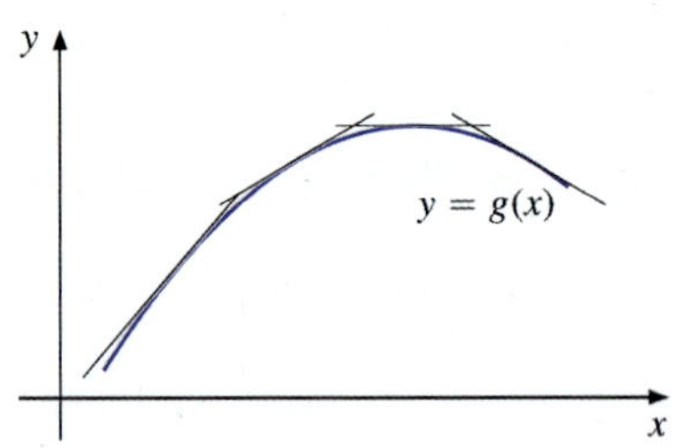

그림 8.5.2 x가 증가할 때 접선의 기울기는 감소한다.

이를 직관적으로 이해하기 위해 자를 곡선에 붙이고 접선 형태를 유지하면서 곡선을 따라 움직인다고 생각해보자. 곡선을 따라 왼쪽에서 오른쪽으로 자를 움직이면 [그림 8.5.1]에서는 접선이 반시계방향으로 회전한다. 반면에 [그림 8.5.2]에서는 시계방향으로 회전한다. 이로부터 다음과 같은 판정법을 얻는다. 이 성질은 동일한 끝점을 가진 열린구간의 내부를 포함한다는 점을 기억해야 한다.

이계도함수를 이용한 오목함수와 볼록함수 판정법

f가 구간 I에서 연속이고 I의 내부점에서 두 번 미분가능하다고 하자.

$$f\text{는 } I\text{에서 오목하다.} \quad \Leftrightarrow \quad I\text{의 모든 내부점 } x\text{에 대해 } f''(x) \leq 0\text{이다.} \tag{8.5.3}$$

$$f\text{는 } I\text{에서 볼록하다.} \quad \Leftrightarrow \quad I\text{의 모든 내부점 } x\text{에 대해 } f''(x) \geq 0\text{이다.} \tag{8.5.4}$$

EX 8.5.1 다음 함수가 볼록한지 또는 오목한지 판정하라.

(a) $f(x) = x^2 - 2x + 2$ (b) $f(x) = ax^2 + bx + c$

풀이

(a) 모든 x에 대해 $f'(x) = 2x - 2$이고 $f''(x) = 2 > 0$이므로 함수 f는 볼록하다. 이는 [EX 8.4.2]의 결과와 동일하다.

(b) $f'(x) = 2ax + b$이고 $f''(x) = 2a$이다.

❶ $a = 0$이면 f는 일차함수인데, 부등식 (8.5.3)과 (8.5.4)를 모두 만족하므로 주어진 함수는 오목한 동시에 볼록하다.

❷ $a > 0$이면 $f''(x) > 0$이므로 f는 볼록하다.

❸ $a < 0$이면 $f''(x) < 0$이므로 f는 오목하다.

이는 [EX 8.3.3]에서 얻은 결과와 일치한다.

EX 8.5.2 모든 $K \geq 0$에 대해 정의된 생산함수 $Y = AK^a$이 볼록한지 또는 오목한지 판정하라. 여기서 A와 a는 양의 상수이다.

풀이

[EX 6.9.2]에서 풀어본 바와 같이 $Y'' = Aa(a-1)K^{a-2}$이므로 a의 범위에 따라 다음과 같이 세 가지 경우로 나누어 생각할 수 있다.

❶ $0 < a < 1$이면 계수는 $Aa(a-1) < 0$이므로 모든 $K > 0$에 대해 $Y'' < 0$이다. 즉 Y는 오목함수이다. $0 < a < 1$일 때, $Y = AK^a$의 그래프는 [그림 8.5.3]과 같다.

❷ $a > 1$이면 $Y'' > 0$이다. 따라서 Y는 K에 대해 볼록함수이고, 그 그래프는 [그림 8.5.4]와 같다.

❸ $a = 1$이면 Y는 일차함수이므로 오목한 동시에 볼록하다.

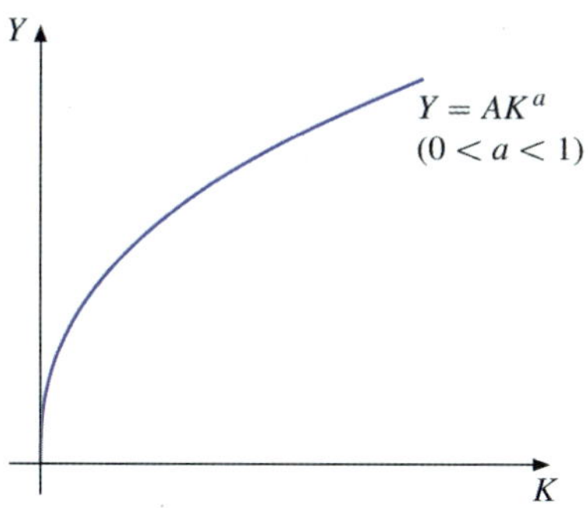

그림 8.5.3 오목 생산함수

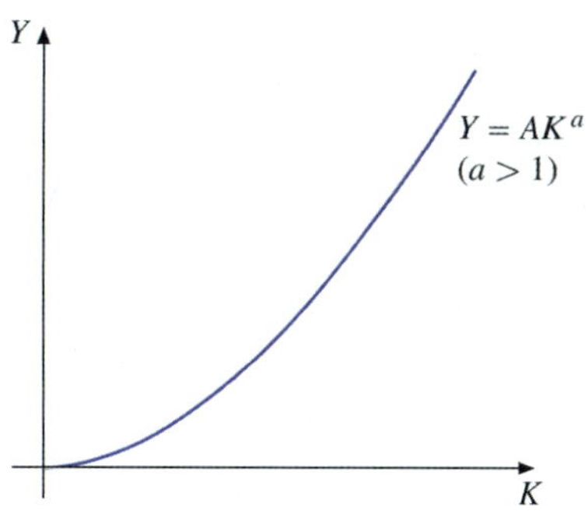

그림 8.5.4 볼록 생산함수

EX 8.5.3 f와 g가 모두 두 번 미분가능한 함수라고 가정하자. 이계도함수 판정법 (8.5.3)을 이용하여 두 함수가 모두 오목함수이면 두 함수의 합도 오목함수임을 보여라.

풀이

$h(x)=f(x)+g(x)$라 하자. 식 (6.7.1)을 두 번 이용하면 $h''(x)=f''(x)+g''(x)$이다. 가정에서 f와 g가 모두 오목함수이므로 모든 x에 대해 $f''(x) \leq 0$이고 $g''(x) \leq 0$이다. 따라서 $h''(x) \leq 0$이고, 두 함수의 합 h도 오목함수이다.

EX 8.5.4 U와 g가 모두 증가하는 오목함수라고 가정하자. 여기서 $U' \geq 0$, $U'' \leq 0$, $g' \geq 0$, $g'' \leq 0$이다. 명제 (6.3.1)과 (8.5.3)을 이용하여 합성함수 $f(x)=g(U(x))$도 증가하는 오목함수임을 보여라.

풀이

함수 f를 미분하면 연쇄법칙에 의해 다음과 같다.

$$f'(x) = g'(U(x)) \cdot U'(x) \qquad (*)$$

가정에서 $g' \geq 0$, $U' \geq 0$이므로 $f'(x) \geq 0$이다. 따라서 함수 f는 증가한다. 즉 **증가함수들의 합성도 증가함수이다.** $f''(x)$를 구하기 위해 식 (*)의 우변을 미분하자. 연쇄법칙에 따르면 $g'(U(x))$의 도함수가 $g''(U(x)) \cdot U'(x)$이므로 다음을 얻는다.

$$f''(x) = g''(U(x)) \cdot \{U'(x)\}^2 + g'(U(x)) \cdot U''(x) \qquad (**)$$

$g'' \leq 0$, $g' \geq 0$, $U'' \leq 0$이므로 $f''(x) \leq 0$이다. 따라서 **증가하는 오목함수와 오목함수의 합성함수는 오목함수이다.**

이계도함수 판정법 (8.5.3)과 (8.5.4)는 유용하다. 오목함수에 대한 이계도함수 판정법 (8.5.3)을 먼저 증명하자. 볼록함수에 대한 이계도함수 판정법 (8.5.4)는 오목함수 $-f$를 생각하면 된다.

명제 (8.5.3)의 증명

먼저 구간 I의 내부에 있는 모든 x에 대해 $f''(x) \leq 0$은 f가 오목함수일 충분조건임을 증명한다. I의 임의의 점 a를 고정하고 $n=1$일 때 나머지항이 있는 테일러 공식(7.6절 참고)을 떠올려보자. 그러면 I에 속하는 모든 x에 대해 다음 식을 만족하는 I의 한 내부점 z를 찾을 수 있다.

$$f(x) = f(a) + f'(a)(x-a) + \frac{1}{2}f''(z)(x-a)^2$$

따라서 I의 임의의 내부점 z에 대해 $f''(z) \leq 0$이라는 가정은 I에 속하는 모든 x에 대해 상위기울기 부등식 $f(x) \leq f(a)+f'(a)(x-a)$가 성립함을 의미한다. 이는 식 (8.4.3)에 의해 f가 오목함수일 충분조건이다.

역으로 정의역 I의 임의의 점 a와 임의의 수 $h \neq 0$을 고정하자. f가 오목함수이면 상위기울기 부등식 (8.4.3)은 다음 두 부등식을 나타낸다.

$$f(a+h) \leq f(a)+f'(a)h, \quad f(a) \leq f(a+h)+f'(a+h)(-h)$$

이 두 부등식을 변끼리 더하고 공통인 항 $f(a+h)+f(a)$를 소거하면 다음과 같다.

$$0 \leq f'(a)h + f'(a+h)(-h)$$

이 부등식을 음수 $-h^2$으로 나누면 다음을 얻는다.

$$\frac{f'(a+h)-f'(a)}{h} \leq 0$$

이 부등식의 좌변은 a에서 함수 f'의 뉴턴 몫이고, 극한 $h \to 0$을 취해도 부등식이 유지된다. f는 a에서 두 번 미분가능하므로 $f''(a) \leq 0$을 얻고, 증명이 끝난다. ■

마지막으로 순오목 또는 순볼록에 대한 이계도함수 판정법을 살펴보자. 그런데 이 판정법은 부분적으로만 유효하다는 한계가 있다. 구체적으로 이 조건은 충분조건이지만 필요조건은 아니다. [연습문제 4]에서 이에 대한 예를 찾아보기 바란다.

이계도함수를 이용한 순오목함수와 순볼록함수 판정법

f가 구간 I에서 연속이고, I의 내부점에서 두 번 미분가능하다고 가정하자.

I의 모든 내부점에서 $f''(x) < 0$이다. $\Rightarrow$ f는 I에서 순오목함수이다. (8.5.5)

I의 모든 내부점에서 $f''(x) > 0$이다. $\Rightarrow$ f는 I에서 순볼록함수이다. (8.5.6)

8.5 연습문제

1 두 함수 $\ln x$와 e^x의 오목성과 볼록성에 대해 8.2절 [연습문제 8]에서 소개한 결과를 증명하라. 단, $\ln x$는 $x>0$에서 정의되고 e^x은 모든 실수 x에서 정의된다.

2 구간 $[0, \infty)$에서 정의된 순오목함수 $f(x) = -x^2$과 순볼록함수 $g(x) = x^3$의 합 $f+g$를 생각해보자. 다음 조건을 만족하는 구간 (a, b)를 구하라. 이는 오목함수와 볼록함수의 합이 오목함수일 수도 있고, 볼록함수일 수도 있으며, 둘 다 아닐 수도 있음을 보여준다.

(a) $f+g$가 오목함수

(b) $f+g$가 볼록함수

(c) $f+g$가 오목함수도 볼록함수도 아님

3 미분가능한 오목함수 $f(x)$와 $g(x)$를 생각하자. g가 증가함수이면 합성함수 $h(x) = g(f(x))$도 오목함수임을 보여라.

4 구간 (a, b)에 속하는 모든 x에 대해 $f''(x) < 0$인 것은 f가 (a, b)에서 순오목함수일 필요조건이 아님을 보여주는 예를 제시하라.

5 함수 f가 구간 I에서 두 번 미분가능한 오목함수이고 $f' \neq 0$이라 하자. 물음에 답하라.

(a) [정리 7.3.1]을 이용하여 역함수 $g(y) = f^{-1}(y)$가 정의되고 치역 $f(I)$에서 두 번 미분가능함을 보여라.

(b) 식 (7.3.3)을 이용하여 I에 속하는 임의의 x에 대해 함수 f가 감소하거나 증가함에 따라 $f''(x)$와 $g''(f(x))$의 부호가 같은지 아니면 반대인지를 보여라.

(c) 심화 구간 I 전체에서 $f'' \neq 0$일 때, 역함수에 대한 8.3절의 결과가 순오목함수 또는 순볼록함수에 대해 어떻게 강화될 수 있는지 설명하라.

8.6 변곡점

함수가 볼록에서 오목으로, 또는 반대로 오목에서 볼록으로 바뀌는 점을 **변곡점**(inflection point)이라 한다. 두 번 미분가능한 함수에 대해 변곡점을 다음과 같이 정의한다.

변곡점

함수 f가 두 번 미분가능할 때 다음 조건을 만족하는 점 c를 포함하는 구간 $(a,\ b)$가 존재하면 c를 f의 **변곡점**이라 한다.

❶ $(a,\ c)$에서 $f''(x) \ge 0$이고 $(c,\ b)$에서 $f''(x) \le 0$이다.

❷ $(a,\ c)$에서 $f''(x) \le 0$이고 $(c,\ b)$에서 $f''(x) \ge 0$이다.

간단히 말해서 $x=c$에서 $f''(x)$의 **부호가 바뀌면** $x=c$는 변곡점이다.[8] 이때 그래프상의 점 $(c,\ f(c))$도 변곡점이라 한다. [그림 8.6.1]은 수학에서 변곡점의 한 예를 나타내고, [그림 8.6.2]는 겨울 스포츠의 한 예로 (아주 현실적이지는 않은) 스키 점프의 곡선을 나타낸다. 이때 기울기가 가장 가파른 점 P가 변곡점이다.

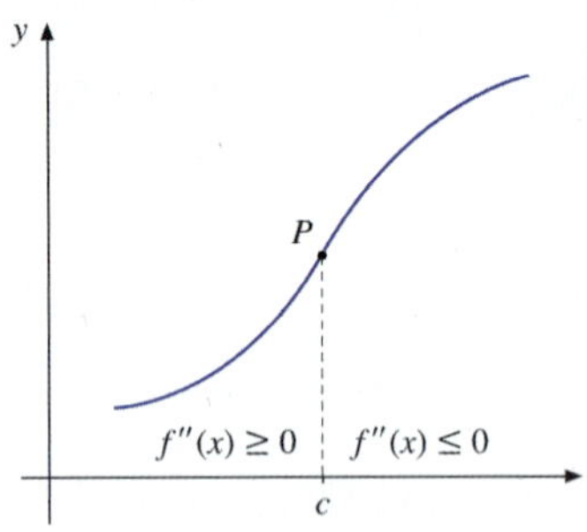

그림 8.6.1 점 P는 그래프의 변곡점이고 $x=c$는 함수의 변곡점

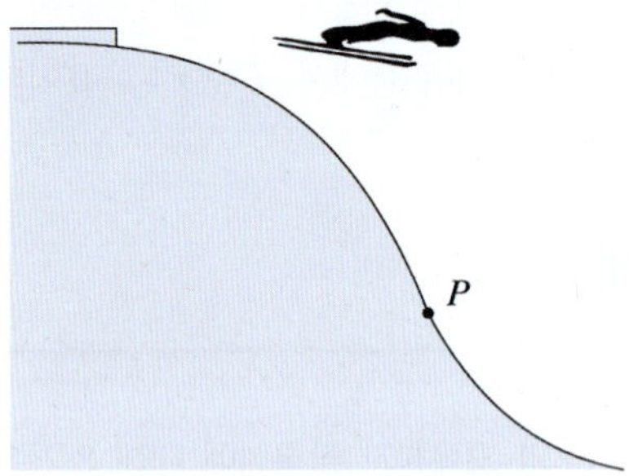

그림 8.6.2 기울기가 가장 가파른 점 P가 변곡점

함수의 변곡점을 구할 때 일반적으로 [정리 8.6.1]의 ❷를 사용한다. 이 정리의 증명은 비교적 간단하다.

정리 8.6.1 변곡점 판정법

구간 I에서 연속인 이계도함수를 갖는 함수 f와 I의 내부점 c를 생각하자.

❶ c가 f의 변곡점이면 $f''(c)=0$이다.

❷ $f''(c)=0$이고 c에서 f''의 부호가 바뀌면 c는 f의 변곡점이다.

증명

❶ c를 기준으로 한쪽(왼쪽 또는 오른쪽)은 $f''(x) \le 0$이고, 다른 한쪽은 $f''(x) \ge 0$이다. 그리고 f''은 연속이므로 반드시 $f''(c)=0$이다.

❷ f''의 부호가 c에서 바뀌면 정의에 따라 c는 f의 변곡점이다. ■

8 수학에서 함수 f의 전환점이라 부르는 것, 즉 f'의 부호가 바뀌는 점을 대중적인 표현으로 변곡점이라 부르는 경우가 많다. 아마도 대중적인 표현에서 이계도함수의 부호의 변화를 고려하는 건 과한 욕심일 수도 있다.

[정리 8.6.1]은 $f''(c)=0$이 c가 변곡점이 되기 위한 **필요조건**임을 의미한다. 그러나 $f''(c)=0$은 $x=c$에서 f''의 부호가 바뀐다는 결론을 내리지 않으므로 충분조건은 아니다. 이에 대한 전형적인 경우를 살펴보자.

EX 8.6.1 함수 $f(x)=x^4$은 $f''(0)=0$이지만, $x=0$을 변곡점으로 갖지 않음을 보여라.

풀이

$f'(x)=4x^3$이고 $f''(x)=12x^2$이므로 $f''(0)=0$이다. 그러나 모든 $x\neq 0$에 대해 $f''(x)>0$이므로 f''은 $x=0$에서 부호가 바뀌지 않는다. 따라서 $x=0$은 변곡점이 아니다. [그림 8.6.3]과 같이 그려지는 f의 그래프에서 이를 확인할 수 있다.

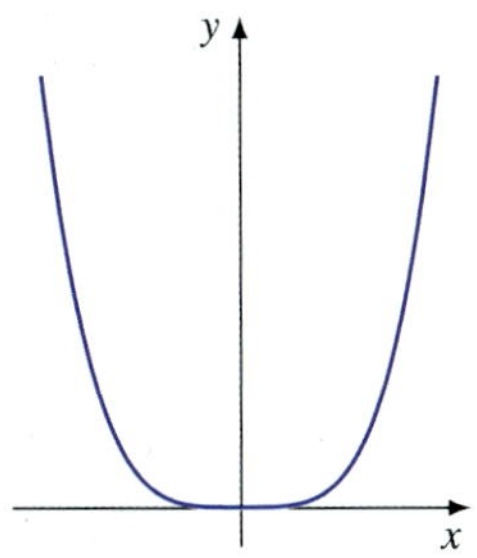

그림 8.6.3 $y=x^4$의 그래프

EX 8.6.2 함수 $f(x)=\frac{1}{9}x^3-\frac{1}{6}x^2-\frac{2}{3}x+1$에 변곡점이 있으면 구하라.

풀이

함수 $f(x)$의 일계도함수와 이계도함수는 각각 다음과 같다.

$$f'(x)=\frac{1}{3}(x+1)(x-2),\quad f''(x)=\frac{2}{3}x-\frac{1}{3}=\frac{2}{3}\left(x-\frac{1}{2}\right)$$

$x<\frac{1}{2}$이면 $f''(x)<0$이고 $f''\left(\frac{1}{2}\right)=0$이며, $x>\frac{1}{2}$이면 $f''(x)>0$이다. [정리 8.6.1]의 ❷에 따라 $x=\frac{1}{2}$은 f의 변곡점이다. 이는 [그림 8.6.4]로 확인할 수 있다.

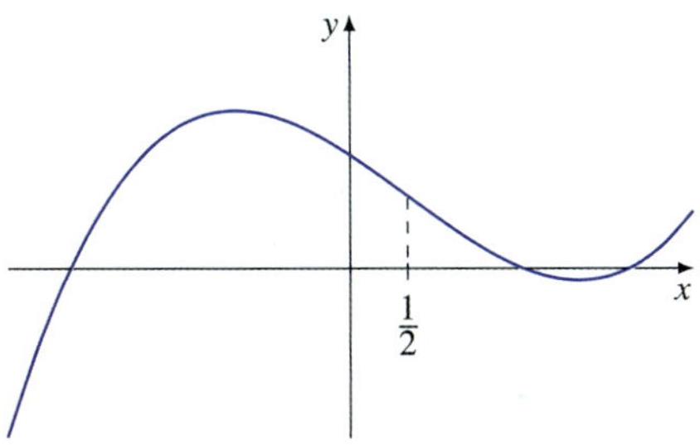

그림 8.6.4 $y=\frac{1}{9}x^3-\frac{1}{6}x^2-\frac{2}{3}x+1$의 그래프

EX 8.6.3 함수 $f(x)=x^6-10x^4$에 변곡점이 있으면 구하라.

풀이

일계도함수는 $f'(x)=6x^5-40x^3$이고 이계도함수는 다음과 같다.

$$f''(x)=30x^4-120x^2=30x^2(x^2-4)=30x^2(x-2)(x+2)$$

따라서 f의 부호 도표는 다음과 같다.

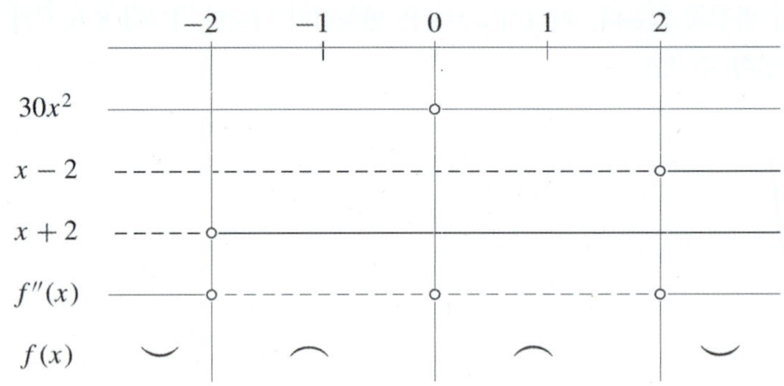

부호 도표를 보면 $x=-2$, $x=2$에서 f''의 부호가 바뀌므로 -2와 2는 주어진 함수의 변곡점이다. 그러나 $x=0$에서는 f''의 부호가 바뀌지 않으므로 $f''(0)=0$이지만 변곡점은 아니다.

경제모형에는 종종 변곡점을 가지는 함수가 포함된다. [그림 4.7.2]의 비용함수가 그 대표적인 예이다. 이 외에도 다음과 같은 예가 있다.

EX 8.6.4 한 기업이 오직 한 종류의 재료만 투입하여 상품을 생산한다고 하자. $x\geq 0$일 때 x단위를 투입하여 얻은 생산량을 $y=f(x)$라 하자. 이 $y=f(x)$를 **생산함수**(production function)라 한다. 생산함수의 일계도함수는 추가 투입량이 아주 적을 때 추가 생산량의 증가를 측정한다. 이 도함수를 기업의 **한계생산**이라고 부른다.

흔히 생산함수의 그래프는 'S자형'이라고 가정한다. 즉 한계생산 $f'(x)$는 어떤 투입량 c까지는 증가하다가 이후 감소한다. [그림 8.6.1]은 이러한 생산함수의 그래프를 보여준다. 함수 f가 두 번 미분가능하면 구간 $[0, c]$에서 $f''(x)\geq 0$이지만 구간 $[c, \infty)$에서 $f''(x)\leq 0$이다. 따라서 f는 $x=c$에서 볼록했다가 오목으로 바뀐다. 그러므로 c는 변곡점이다. $x=c$는 한계생산이 최대가 되는 투입량이다.

8.6 연습문제

1 모든 x에 대해 함수가 $f(x)=x^3+\frac{3}{2}x^2-6x+10$으로 정의되었다고 하자. 물음에 답하라.

(a) $f'(c)=0$인 점 c를 구하고, f가 증가하는 구간을 구하라.

(b) f의 변곡점을 구하라.

2 다음 함수가 볼록한 구간을 구하고, 변곡점이 있으면 변곡점을 구하라.

(a) $f(x)=\dfrac{x}{1+x^2}$　　(b) $g(x)=\dfrac{1-x}{1+x}$

(c) $h(x)=xe^x$

3 다음과 같이 정의된 함수의 변곡점을 구하고, 함수가 볼록 또는 오목한 구간을 구하라.

(a) $y=(x+2)e^{-x}$　　(b) $y=\ln x+\dfrac{1}{x}$

(c) $y=x^3e^{-x}$　　(d) $y=\dfrac{\ln x}{x^2}$

(e) $y=e^{2x}-2e^x$　　(f) $y=(x^2+2x)e^{-x}$

4 그래프가 [그림 8.6.5]와 같은 함수 f의 변곡점을 구하라.

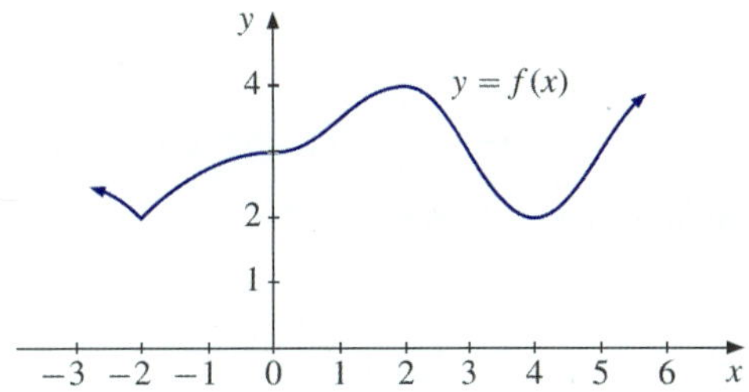

그림 8.6.5 [연습문제 4]의 그래프

5 $f(x)=ax^3+bx^2$의 그래프가 점 $(-1, 1)$을 지나고 $x=\frac{1}{2}$에서 변곡점을 가질 때, 실수 a와 b를 구하라.

CHAPTER 08 복습문제

8.1 두 함수 $f(x)=\sqrt{x}$와 $g(y)=y^3$에 대해 합성함수 $g(f(x))$가 오목하거나 볼록한 구간을 구하라. 합성함수에 대한 8.3절의 결과와 모순되는 점이 있는지 설명하라.

8.2 함수 $g(x)=3x^3-\frac{1}{5}x^5$에 대한 물음에 답하라.

(a) $g'(x)$와 $g''(x)$를 구하라.

(b) g가 증가하는 구간과 오목한 구간을 구하라.

(c) g의 그래프를 그려라.

8.3 함수 $f(x)$가 두 번 미분가능하고 그래프가 [그림 8.R.1]과 같다고 하자. 다음 중 네 가지 명제가 모두 참인 것을 구하라.

(a) $f'(a)=0,\ f''(b)>0,\ f'(c)=0,\ f''(c)>0$

(b) $f'(a)=0,\ f'(b)<0,\ f''(b)=0,\ f''(c)>0$

(c) $f''(a)<0,\ f''(b)=0,\ f'(c)=0,\ f''(c)=0$

(d) $f''(a)>0,\ f''(b)=0,\ f'(c)=0,\ f''(c)>0$

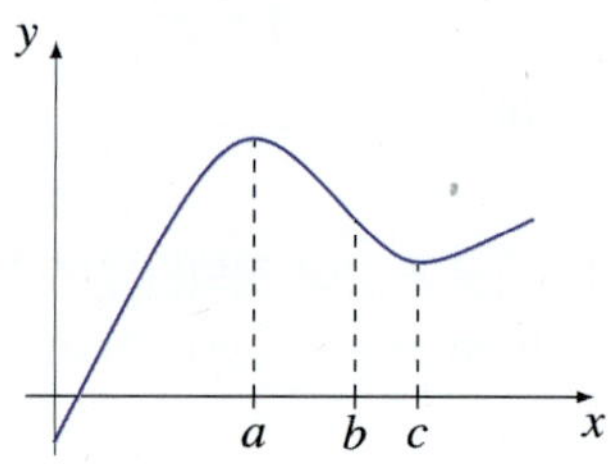

그림 8.R.1 [복습문제 3]의 그래프

8.4 다음 함수가 오목하거나 볼록한 구간을 구하라.

(a) $f(x)=2x^3-12x^2+5$

(b) $f(x)=x+\frac{4}{x}$

(c) $f(x)=\frac{x}{x^2+16}$

8.5 $x\neq 0$에 대해 $f(x)=e^{\frac{1}{x}}$이라 하자. $f'(x)$와 $f''(x)$를 계산하고, f가 오목하거나 볼록한 구간을 구하라.

8.6 $x\geq 0$에 대해 $C(x)=ax^3+bx^2+cx+d$로 정의되는 삼차 비용함수를 생각해보자. 여기서 $a>0,\ b<0,\ c>0,\ d>0$이다. 이 함수가 볼록한 구간과 오목한 구간을 구하고, 유일한 변곡점도 찾아라.

8.7 모든 x에서 정의된 오목함수 f와 g의 그래프를 한 좌표평면에 그려라. 함수 $h(x)=\min\{f(x),\ g(x)\}$를 정의하자. 각각의 x에 대해 $h(x)$는 $f(x)$와 $g(x)$ 중에서 최솟값을 뜻한다. h의 그래프를 그리고, 이 함수가 오목한 이유를 설명하라.

CHAPTER

09

최적화

Optimization

CONTENTS

> 글자 그대로의 사실주의를 원한다면 주변 세상을 보라.
> 하지만 이해하기를 원한다면 이론을 보라.
> If you want literal realism, look at the world around you;
> if you want understanding, look at theories.
> _ 로버트 도프만(Robert Dorfman, 1964)

특정 작업을 수행하는 가장 좋은 방법 중에 **최적화 문제**(optimization problem)가 있다. 최적화 문제는 인간 활동의 거의 모든 영역에 걸쳐있다. 경영자는 이윤을 극대화하거나 비용을 극소화하기 위해 자본과 노동과 같은 투입량을 조절한다. 농부는 헥타르당 비료의 양을 어느 정도 사용해야 작물 수확량을 극대화할 수 있을지 알고자 할 것이고, 석유회사는 자사의 유정에서 최적의 추출률을 찾고자 할 것이다.

일반적으로 경제학에서 최적화 문제를 해결하기 위해 설계된 수학적 방법보다 더 중요한 방법은 없다. 경제학에서 이러한 문제는 보통 여러 변수를 포함하지만, 4.6절의 이차함수의 최적화 사례만 보더라도 일변수함수의 최적화에서도 경제적 통찰력을 얼마나 유용하게 얻을 수 있는지를 보여준다.

9.1 극점

함수가 정의역에서 가장 큰 함숫값과 가장 작은 함숫값을 갖는 점을 각각 **최대점**과 **최소점**이라 한다. 따라서 다음과 같이 정의한다.

최대점과 최소점

함수 $f(x)$의 정의역을 D라 하자.

❶ 모든 $x \in D$에 대해 식 (9.1.1)을 만족하면 $a \in D$는 f에 대한 **최대점**(maximum point), $f(a)$는 **최댓값**(maximum value)이라 한다.

$$f(x) \le f(a) \tag{9.1.1}$$

❷ 모든 $x \in D$에 대해 식 (9.1.2)를 만족하면 $b \in D$는 f에 대한 **최소점**(minimum point), $f(b)$는 **최솟값**(minimum value)이라 한다.

$$f(x) \ge f(b) \tag{9.1.2}$$

최댓값과 최솟값을 구별할 필요가 없을 때는 이들을 **극값**(extreme value)이라 하고, 극값에 도달하는 점을 통칭하여 **극점**(extreme point, extrema)이라 한다. 일부 저자들은 다른 용어를 선호하여 극점을 함수가 **최적값**(optimal value)에 도달하는 최적점이라고도 하고, 극값에 이르는 점을 **극대화**(maximizer) 또는 **극소화**(minimizer)하는 점이라고도 한다.

점 c에서 f 값이 정의역 D에 속하는 다른 어떤 점보다도 완전히 크면 c는 **순최대점**(strict maximum point)이라 하고, $x \ne d$인 모든 $x \in D$에 대해 $f(x) > f(d)$이면 d는 **순최소점**(strict minimum point)이라 한다. 즉 x^*가 D에서 f의 순최대점일 필요충분조건은 x^*가 D에서 f를 극대화하는 유일한 점이다. 마찬가지로 x^*가 D에서 f의 순최소점일 필요충분조건은 x^*가 D에서 f를 극소화하는 유일한 점이다.

정의역 D를 갖는 임의의 함수 f에서 함수 $-f$는 D의 모든 x에 대해 $(-f)(x) = -f(x)$로 정의한다. 이때

D에 속하는 x에 대해 $f(x) \leq f(c)$일 필요충분조건은 $-f(x) \geq -f(c)$임을 주목하라. 따라서 점 c가 D에서 f를 극대화할 필요충분조건은 c가 D에서 $-f$를 극소화하는 것이다. 이 간단한 관찰을 활용하면 모든 극대화 문제는 그에 대응하는 극소화 문제로 바꿀 수 있고, 반대로 모든 극소화 문제는 그에 대응하는 극대화 문제로 바꿀 수 있다. 이는 [그림 9.1.1]에서 시각적으로 설명된다.

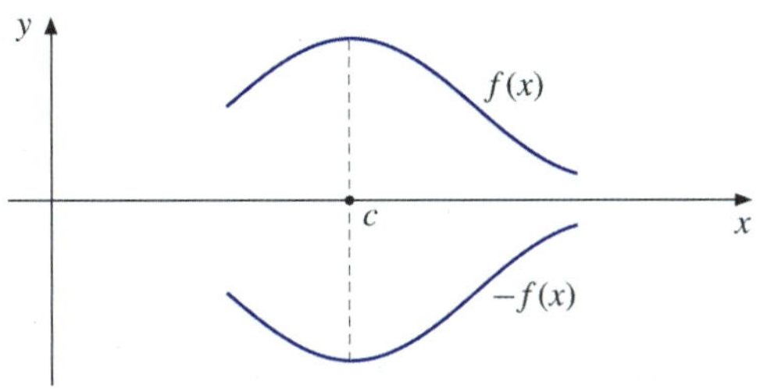

그림 9.1.1 점 c는 $f(x)$의 최대점이면서 $-f(x)$의 최소점

때때로 4.6절에서 다룬 이차함수의 최적화 문제와 같이 함수를 정의하는 수식만 간단히 살펴봄으로써 최대점과 최소점을 구할 수 있다. 다음을 살펴보자.

EX 9.1.1 다음 함수의 최대점 또는 최소점이 있으면 구하라.

(a) $f(x) = 3 - (x-2)^2$ (b) $g(x) = \sqrt{x-5} - 100$ (단, $x \geq 5$)

풀이

(a) 모든 x에 대해 $(x-2)^2 \geq 0$이므로 $f(x) \leq 3$이다. $x=2$이면 $(x-2)^2 = 0$이고, 여기서 $f(x) = 3$이다. 따라서 $x=2$는 f의 최대점이다. 그리고 $x \to \infty$이면 $f(x) \to -\infty$이므로 f의 최소점은 없다.

(b) 모든 $x \geq 5$에 대해 $\sqrt{x-5} \geq 0$이므로 $g(x) \geq -100$이다. 한편 $g(5) = -100$이므로 $x=5$는 g의 최소점이다. 또한 $x \to \infty$이면 $g(x) \to \infty$이므로 g의 최대점은 없다.

[EX 9.1.1]에서와 같이 극점을 간단히 구할 수 있는 경우는 흔하지 않다. 전형적인 문제에서는 더 중요한 개념이 필요하다. 미분가능한 함수 f가 정의역의 내부점 c에서 최댓값 또는 최솟값을 가질 때, 극점에서 그래프에 접하는 접선은 그 점에서 수평(x축과 평행)이어야 한다. 즉 $f'(c) = 0$이어야 한다. 미분가능한 함수 f에서 $f'(c) = 0$인 점 c를 f의 **임계점**(critical point) 또는 **정지점**(stationary point)이라 정의한다. 다음 정리는 일계도함수를 이용하여 미분가능한 함수가 극점을 가질 필요조건을 알려준다.

정리 9.1.1 일계도함수 필요조건

함수 f가 구간 I에서 미분가능하고 c가 I의 내부점이라 가정하자. 만약 c가 I에서 f의 최대점 또는 최소점(극점)이면, c는 f의 임계점이다. 즉 다음을 만족한다.

$$f'(c) = 0 \tag{9.1.3}$$

증명

f가 c에서 최댓값을 갖는다고 가정하자. d의 절댓값이 충분히 작다면 c가 I의 내부점이므로 $c+d \in I$이다. 또한 c가 최대점이므로 $f(c+d)-f(c) \leq 0$이다. 따라서 d가 충분히 작은 양수이면 뉴턴 몫은 $\dfrac{f(c+d)-f(c)}{d} \leq 0$을 만족한다. 따라서 $d \to 0^+$일 때 좌변의 극한은 0보다 작거나 같다. 한편 $f'(c)$가 존재하므로 극한은 $f'(c)$이고, 따라서 $f'(c) \leq 0$이다. 이번에는 d가 충분히 작은 음수이면 $\dfrac{f(c+d)-f(c)}{d} \geq 0$이다. 따라서 $d \to 0^-$일 때 좌변의 극한은 0보다 크거나 같으므로 $f'(c) \geq 0$이다. 다시 말해 $f'(c) \leq 0$과 $f'(c) \geq 0$을 동시에 만족해야 하므로 $f'(c)=0$이다. c가 최소점인 경우에도 이와 유사하게 증명할 수 있다. ■

최댓값과 최솟값의 성질을 체계적으로 학습하기 전에 임계점이 최적화이론에서 어떤 역할을 하는지 보여주는 세 가지 기하적 예를 살펴보자. [그림 9.1.2]는 구간 $[a, b]$에서 정의된 함수의 그래프로 두 개의 임계점 c와 d를 갖고 c에서 최댓값을, d에서 최솟값을 갖는다. [그림 9.1.3]은 임계점이 없는 함수의 그래프로 끝점 b에서 최댓값을 갖고 내부점 d에서 최솟값을 가진다. 이 함수는 d에서 미분불가능하므로 [정리 9.1.1]을 적용할 수 없다. 그리고 b에서 좌도함수는 0이 아니다.

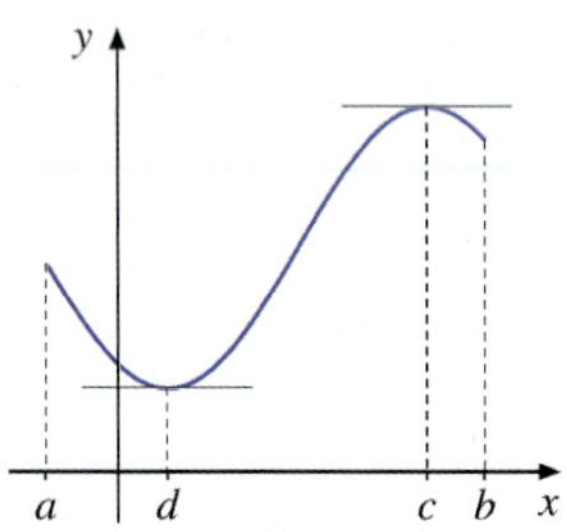

그림 9.1.2 두 개의 임계점

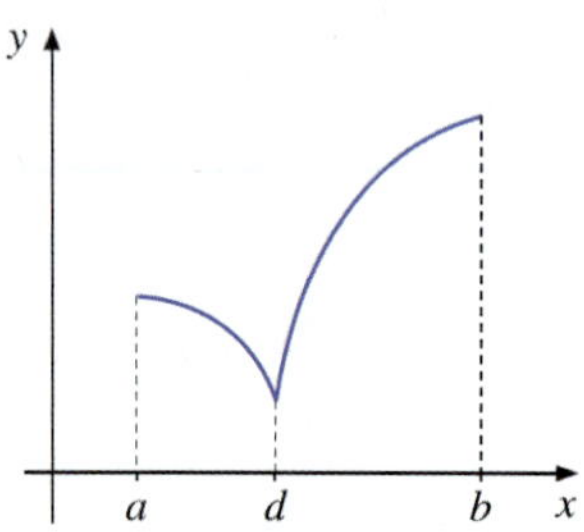

그림 9.1.3 임계점 없음

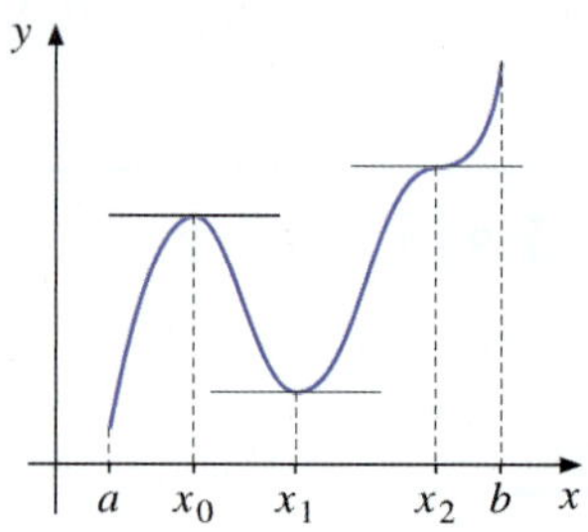

그림 9.1.4 내부 극값 없음

식 (9.1.3)의 조건은 함수의 **일계조건**(FOC; first-order condition)으로 알려져 있는데, 이는 함수의 일계도함수와 관련이 있기 때문이다. [정리 9.1.1]은 식 (9.1.3)이 필요조건임을 의미한다. 즉 미분가능한 함수가 정의역의 내부점에서 최댓값 또는 최솟값을 가지려면 반드시 해당 점에서 도함수가 0이어야 한다. 그러나 이는 충분조건이 아니다. [그림 9.1.4]의 함수는 세 개의 임계점 x_0, x_1, x_2를 갖지만, 어느 것도 극값이 아니다. 실제로 끝점 a에서 최솟값을, 끝점 b에서 최댓값을 갖는다.[1] 임계점 x_0에서 이 함수는 '국소 최댓값'을 가지는데, 이는 점 x_0의 근방에서 x_0의 함숫값이 가장 크다는 것을 의미한다. 마찬가지로 x_1에서 '국소 최솟값'을 갖지만, x_2는 국소 최솟값과 국소 최댓값을 모두 갖지 않는 임계점이다.[2] 사실 x_2는 8.6절에서 다룬 변곡점이다.

[그림 9.1.2]는 대부분의 경제학적 응용 문제에서 발생하는 전형적인 상황을 보여준다. 즉 최대점과 최소점은 보통 내부 임계점에서 발생한다. 그러나 [그림 9.1.3]과 [그림 9.1.4]도 경제 문제에서 일어날 수 있는 예외적인 상황이다. 이 세 그림은 일변수함수 최적화 문제의 중요한 측면을 보여준다. 경제학에서 이러한 최적화 문제가 매우 중요하므로 막연한 기하적 직관을 넘어서야 한다. 대신 정확하게 공식화된 수학적 결과를 바탕으로 더욱 확고한 분석 틀이 필요하다.

1 a에 대해서도 비슷한 경우를 고려할 수 있다. 또는 b가 함수의 정의역에 속하지 않고 $x \to b$일 때 $f(x) \to \infty$일 수도 있다.

2 (옮긴이) 여기서 설명한 국소 최댓값은 극댓값, 국소 최솟값은 극솟값을 의미하며, 9.6절에서 자세히 다룬다.

9.1 연습문제

1 [EX 9.1.1]과 유사한 방법으로 다음 함수의 최대점 또는 최소점을 구하라.

(a) $f(x) = \dfrac{8}{3x^2+4}$

(b) $g(x) = 5(x+2)^4 - 3$

(c) $h(x) = \dfrac{1}{1+x^4}$ (단, $-1 \le x \le 1$)

(d) $F(x) = \dfrac{-2}{2+x^2}$

(e) $G(x) = 2 - \sqrt{1-x}$

(f) $H(x) = 100 - e^{-x^2}$

9.2 극점에 대한 간단한 판별법

많은 경우에 일계도함수의 부호를 분석하기만 해도 함수의 최댓값 또는 최솟값을 구할 수 있다. 함수 $f(x)$가 구간 I에서 미분가능하고 $x=c$에서 유일한 임계점을 갖는다고 하자. 또 $x \le c$인 모든 $x \in I$에 대해 $f'(x) \ge 0$이고, $x \ge c$인 모든 $x \in I$에 대해 $f'(x) \le 0$이면, $f(x)$는 c의 왼쪽에서 증가하고 c의 오른쪽에서 감소한다. 이는 $x \le c$에서 $f(x) \le f(c)$이고 $x \ge c$에서 $f(x) \le f(c)$임을 의미한다. 따라서 $x=c$는 구간 I에서 f의 최대점이다. 이러한 개념은 [그림 9.2.1]로 확인할 수 있다.

위 조건의 부등식에 등식이 없다면 더 강한 조건의 결과를 얻는다. 즉 $x < c$인 $x \in I$에 대해 $f'(x) > 0$이고 $x > c$인 모든 $x \in I$에 대해 $f'(x) < 0$이면, $f(x)$는 c의 왼쪽에서 순증가하고 c의 오른쪽에서 순감소한다. 따라서 $x=c$는 구간 I에서 f의 순최대점이다. 이 개념 또한 [그림 9.2.1]에서 확인할 수 있다. 유사하게 동일한 논리를 적용하면 [그림 9.2.2]에서 점 d는 구간 I에서 f의 최소점 또는 순최소점임을 확인할 수 있다.

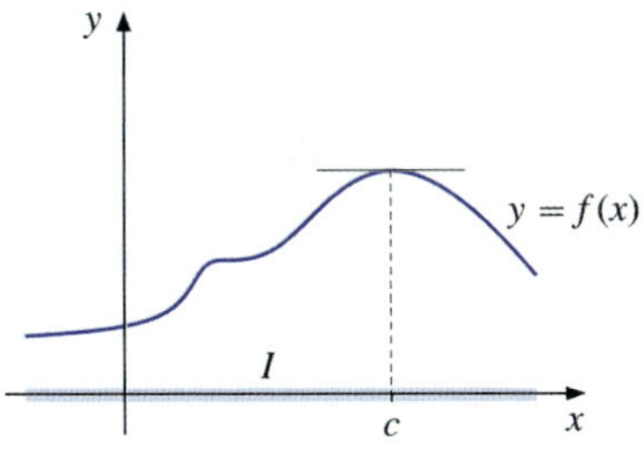

그림 9.2.1 (순)최대점 c

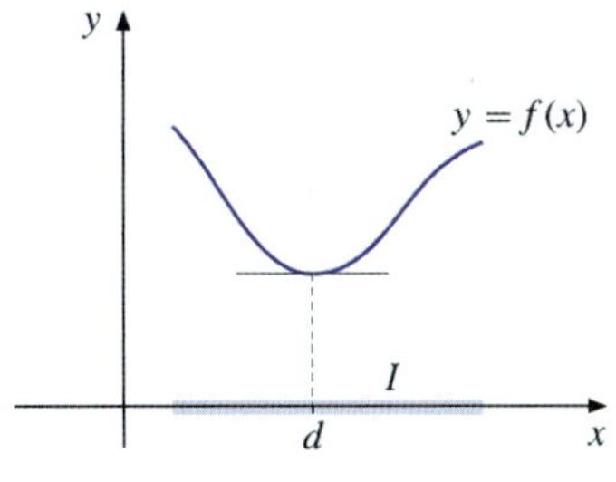

그림 9.2.2 (순)최소점 d

지금까지의 내용을 요약하면 다음과 같다.[3]

3 경제학을 위한 많은 수학 교재에는 이 일계도함수에 의한 판정이 훨씬 더 쉽게 사용될 수 있는 경우에도 학생들에게 "[정리 9.6.2]의 이계조건을 항상 확인하라."라고 서술되어 있다.

정리 9.2.1 일계도함수 극값판정법

임계점 c를 포함하는 구간 I에서 함수 $f(x)$가 미분가능하다고 가정하자.

❶ $x < c$에서 $f'(x) \geq 0$이고 $x > c$에서 $f'(x) \leq 0$일 때, c는 I에서 f의 최대점이다. 더욱이 $x \neq c$인 모든 $x \in I$에서 $f'(x)$에 대해 순부등식이 성립하면 c는 순최대점이다.

❷ $x < c$에서 $f'(x) \leq 0$이고 $x > c$에서 $f'(x) \geq 0$일 때, c는 I에서 f의 최소점이다. 더욱이 $x \neq c$인 모든 $x \in I$에서 $f'(x)$에 대해 순부등식이 성립하면 c는 순최소점이다.

EX 9.2.1 모든 x에 대해 함수 f가 다음과 같이 정의되어 있다.

$$f(x) = e^{2x} - 5e^x + 4 = (e^x - 1)(e^x - 4)$$

(a) $f(x) = 0$인 x를 구하고, $f'(x)$를 구하라.

(b) f가 증가하는 구간과 감소하는 구간을 찾고, f의 극점과 극값이 있으면 구하라.

(c) $\lim_{x \to -\infty} f(x)$를 구하고, f의 개형을 그려라.

풀이

(a) 함수 $f(x) = (e^x - 1)(e^x - 4)$에서 $e^x = 1$ 또는 $e^x = 4$이면 $f(x) = 0$이다. 즉 $x = 0$ 또는 $x = \ln 4$일 때 $f(x) = 0$이다. $f(x)$를 x로 미분하면 $f'(x) = 2e^{2x} - 5e^x$이다.

(b) $f'(x) = 2e^{2x} - 5e^x = e^x(2e^x - 5)$에서 $e^x = \frac{5}{2} = 2.5$, 즉 $x = \ln 2.5$이면 $f'(x) = 0$이다. $x < \ln 2.5$에서 $f'(x) < 0$이고 $x > \ln 2.5$에서 $f'(x) > 0$이므로, $f(x)$는 구간 $(-\infty, \ln 2.5)$에서 순감소하고 구간 $(\ln 2.5, \infty)$에서 순증가한다. 따라서 $f(x)$는 $x = \ln 2.5$에서 순최솟값 $f(\ln 2.5) = (2.5 - 1)(2.5 - 4) = -2.25$를 갖는다. 한편 $x \to \infty$일 때 $f(x) \to \infty$이므로 최댓값은 없다.

(c) $x \to -\infty$일 때 $e^x \to 0$이므로 $f(x) \to 4$이다. [그림 9.2.3]은 이에 대한 그래프를 보여준다. $x \to -\infty$이면 $y = 4$는 그래프의 수평점근선임을 주목하라.

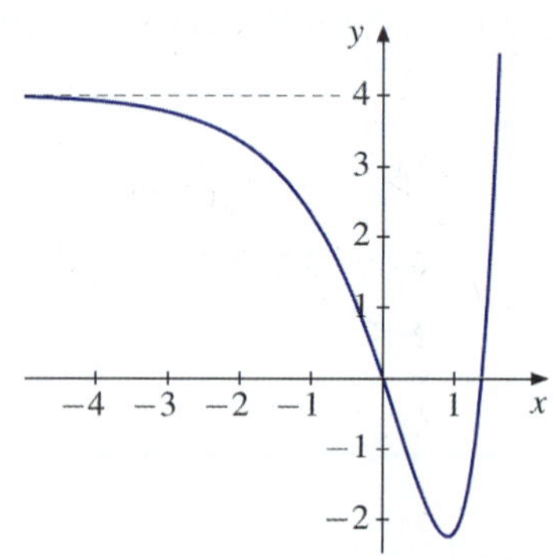

그림 9.2.3 $f(x) = e^{2x} - 5e^x + 4$의 그래프

EX 9.2.2 혈류 속 약물 농도는 주사 후 $t \geq 0$시간이 지나면 $c(t) = \frac{t}{t^2 + 4}$로 주어진다고 한다. 약물 농도가 최대가 되는 시간과 최대 농도를 구하라. 여기서 농도의 단위는 mg/L이다.

풀이

약물 농도 $c(t)=\dfrac{t}{t^2+4}$를 t로 미분하면 다음과 같다.

$$c'(t)=\frac{1\cdot(t^2+4)-t\cdot 2t}{(t^2+4)^2}=\frac{4-t^2}{(t^2+4)^2}=\frac{(2+t)(2-t)}{(t^2+4)^2}$$

$t\geq 0$에서 분모와 분자의 $(2+t)$가 항상 양수이므로 $(2-t)$의 부호가 $c'(t)$의 부호를 결정한다. 실제로 $t<2$에서 $c'(t)>0$이고 $t>2$에서 $c'(t)<0$이므로 $t=2$는 $c(t)$의 순최대점이다. 따라서 약물 농도는 주사 후 2시간이 되었을 때 가장 높다. 또한 $c(2)=\dfrac{1}{4}$이므로 (순)최대 농도는 0.25mg/L이다.

오목함수와 볼록함수의 극점

함수 f가 구간 I에 정의된 오목함수라 하자. [정리 8.4.1]의 ❶에 따르면 f가 정의역의 한 점 a에서 미분가능할 때, 점 a에서의 도함수 $f'(a)$는 상위기울기이다. 따라서 c가 I의 내부에 있는 임계점이면 $f'(c)=0$은 상위기울기이다. 그러므로 상위기울기의 부등식은 I에 속하는 모든 x에 대해 다음을 만족한다.

$$f(x)-f(c)\leq f'(c)(x-c)=0\cdot(x-c)=0$$

따라서 c는 f의 최대점이다. [정리 8.4.1]의 ❷는 볼록함수에 대해서도 비슷한 결과를 얻을 수 있음을 보여준다. 즉 내부 임계점은 최소점이다. 이를 요약하면 다음과 같다.

정리 9.2.2 오목함수와 볼록함수의 극점

함수 f가 구간 I에서 정의되고, c가 I의 내부에 있는 f의 임계점이라 가정하자.

❶ f가 오목함수이면 c는 I에서 최대점이다.

❷ f가 볼록함수이면 c는 I에서 최소점이다.

이러한 결과는 함수 f가 임계점 이외의 점에서 미분불가능하더라도 성립함을 강조한다.

EX 9.2.3 모든 x에 대해 $f(x)=e^{x-1}-x$로 정의된 함수 f를 생각하자. 함수 f가 볼록함수임을 보이고 최소점을 구하라. 그리고 그래프의 개형을 그려라.

풀이

f의 도함수는 $f'(x)=e^{x-1}-1$이고 $f''(x)=e^{x-1}>0$이므로 f는 볼록함수이다. 함수 f의 임계점을 구하기 위해 $f'(x)=e^{x-1}-1=0$을 풀면 $x=1$만 존재한다. 따라서 [정리 9.2.2]에 의해 $x=1$에서 f가 최소점을 가진다. 이 결과는 f의 그래프인 [그림 9.2.4]에서도 확인할 수 있다.

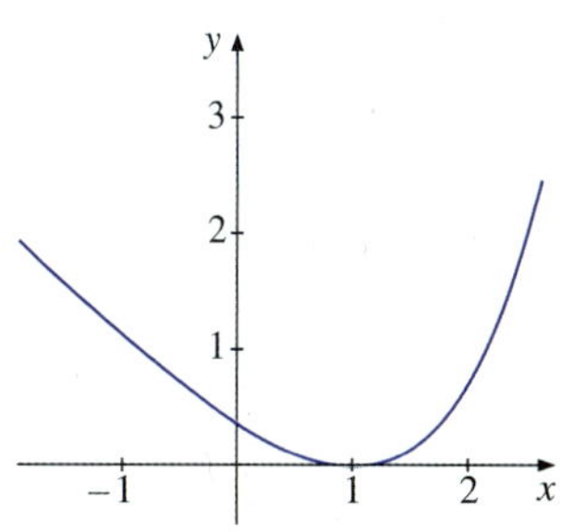

그림 9.2.4 $f(x)=e^{x-1}-x$의 그래프

다음 유일성에 관한 결과는 순오목함수 또는 순볼록함수의 극점에 대한 중요한 성질을 보여준다.

정리 9.2.3 순오목함수와 순볼록함수의 극점

함수 f가 구간 I에 정의되어 있다고 가정하자.

❶ f가 순오목함수이면, I에서 f의 최대점은 유일하다.

❷ f가 순볼록함수이면, I에서 f의 최소점은 유일하다.

증명

함수 f가 순오목함수라고 하자. x^*를 구간 I에서 f의 임의의 최대점이라 두고, x를 x^*가 아닌 I의 임의의 점이라 하자. 순오목함수의 정의에 의해 다음이 성립한다.

$$f(x^*) \geq f\left(\frac{1}{2}x + \frac{1}{2}x^*\right) > \frac{1}{2}f(x) + \frac{1}{2}f(x^*)$$

따라서 $f(x^*) > f(x)$이고, x^*가 아닌 모든 x는 최대점이 될 수 없다. f가 순볼록함수이고 x^*가 최소점일 때에는 부등식을 반대로 적용하면 동일한 방식으로 최소점이 유일함을 보일 수 있다. ■

9.2 연습문제

1 1948년 시카고에서 주당 돼지고기 평균 생산량 y백만 파운드는 주당 총작업시간인 x천 시간에 대해 함수 $y = -2.05 + 1.06x - 0.04x^2$으로 추정되었다고 하자. y'의 부호 변화를 조사하여 y 값이 최대가 되는 x 값을 구하라.

2 모든 x에 대해 $h(x) = \dfrac{8x}{3x^2+4}$로 정의된 함수 h의 도함수를 구하라. $h'(x)$의 부호 변화를 조사하여 $h(x)$의 극점을 구하라.

힌트 $x \to \pm\infty$일 때 $h(x) \to 0$임에 주목하라.

3 어떤 화초의 키가 t개월 후 $h(t) = \sqrt{t} - \dfrac{1}{2}t$로 주어진다고 하자. 여기서 t는 구간 $[0, 3]$에 속한다. 이 화초의 키가 가장 클 때의 시점을 구하라.

4 다음 명제가 성립함을 보이고, 구간 $[0, \infty)$에서 함수 f의 최댓값을 구하라.

$$f(x) = \frac{2x^2}{x^4+1}$$
$$\Rightarrow \quad f'(x) = \frac{4x(1+x^2)(1+x)(1-x)}{(x^4+1)^2}$$

5 함수 $g(x) = x^3 \ln x$가 구간 $(0, \infty)$에서 극점을 가지면 그 극점을 구하라.

6 함수 $f(x) = e^{3x} - 6e^x$이 실수 전체에서 극점을 가지면 그 극점을 구하라.

7 구간 $[0, 4]$에서 $y = x^2 e^{-x}$의 최댓값을 구하라.

8 [정리 9.2.2]를 이용하여 다음 함수를 극대화하거나 극소화하는 x 값을 구하라.

(a) $y = e^x + e^{-2x}$

(b) $y = 9 - (x-a)^2 - 2(x-b)^2$

(c) $y = \ln x - 5x$ (단, $x > 0$)

9 n개의 수 $a_1, a_2, \cdots, a_n$에 대해 다음 함수를 최소로 하는 실수 $\bar{x}$를 구하라. 이는 주어진 수들을 가장 잘 근사하는 값을 찾는 문제이다.

$$d(x) = (x-a_1)^2 + (x-a_2)^2 + \cdots + (x-a_n)^2$$

10 심화 1953년 북해 홍수 이후, 네덜란드 정부는 제방의 최적 높이를 결정하는 프로젝트를 시작했다. 모형 중 하나는 $x \geq 0$에 대해 $f(x) = I_0 + kx + Ae^{-\alpha x}$을 극소화하는 x 값을 구하는 것이었다. 여기서 x는 제방을 추가로 쌓는 미터 단위의 높이이고, $I_0 + kx$는 건설 비용, $Ae^{-\alpha x}$은 잠재적 홍수로 인한 예상 손실을 추정한 값이다. 주어진 상수 I_0, k, A, α는 모두 양수이다. 물음에 답하라.

(a) $A\alpha > k$라 가정하고 $f(x)$를 극소화하는 $x_0 > 0$을 구하라.

(b) 상수는 $A = p_0 V \dfrac{1+100}{\delta}$으로 정의된다. 여기서 p_0는 제방을 재건하지 않았을 때 홍수가 발생할 확률, V는 홍수 피해 비용의 추정값, δ는 이자율이다. 이를 이용하여 $x_0 = \dfrac{1}{\alpha}\ln\left\{\dfrac{\alpha p_0 V}{k}\left(1+\dfrac{100}{\delta}\right)\right\}$을 증명하라. 또한 변수 p_0, V, δ, k 중 하나가 증가할 때 x_0가 어떻게 변하는지 분석하고, 그 결과가 타당한지 설명하라.[4]

9.3 경제학적 사례

이 절에서는 경제학에서 다루는 최적화 문제의 몇 가지 흥미로운 사례를 소개한다.

EX 9.3.1 (계량경제학 : 선형회귀 1) 실증경제학(Empirical economics)은 자료를 분석하여 과거의 패턴을 이해하고 미래를 예측하는 데 도움을 주는 관계를 찾는 것을 목표로 한다. 예를 들어 천연가스와 같은 특정 상품의 가격과 수량에 대한 자료를 사용하여 수요함수를 추정할 수 있다. 이렇게 추정된 수요함수로 미래의 가격 변화에 대한 수요 반응을 예측할 수 있다. 이러한 함수를 추정하는 가장 일반적인 방법은 **선형회귀**(linear regression)이다.

변수 y가 변수 x에 의존한다고 가정하자. 시간 $t=1,\ 2,\ \cdots,\ T$에 대해 두 변수의 관측값을 $(x_t,\ y_t)$라 두고 단순화를 위해 두 변수의 산술평균이 0이라고 가정하자.[5] 이를 기호로 나타내면 다음과 같다.

$$\mu_x = \frac{1}{T}\sum_{t=1}^{T} x_t = 0, \quad \mu_y = \frac{1}{T}\sum_{t=1}^{T} y_t = 0$$

선형회귀 기법은 주어진 자료에 가장 가까이 근접하는 일차함수 $y = \beta x$를 찾는 것을 목표로 한다. [그림 9.3.1]에서 이를 시각적으로 확인할 수 있다.

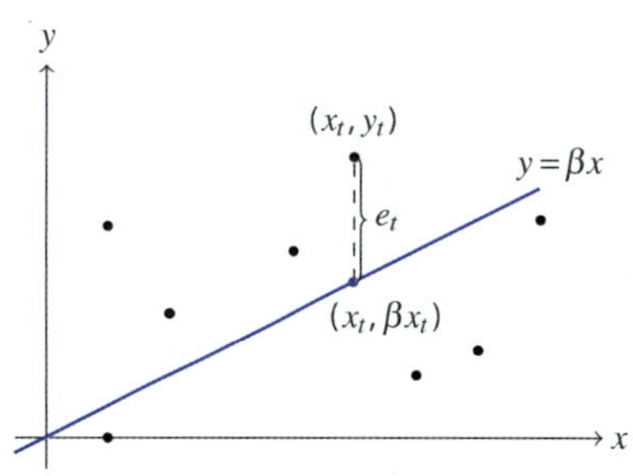

그림 9.3.1 선형회귀

모든 $t=1,\ 2,\ \cdots,\ T$에 대해 완벽하게 $y_t = \beta x_t$를 만족하는 상수 β 값이 존재하는 경우는 거의 없다.

4 이 문제는 네덜란드 수학자 다비드 반 댄치그(David van Dantzig)가 제기했다. 다음 문헌을 참고하라. “Economic Decision Problems for Flood Prevention”. Econometrica, 24 (1956): 276-287.

5 이 가정은 x와 y를 원자료로 생각한다면 제한적일 수 있다. 그러나 분석가 관점에서는 예를 들어 이자율의 과거 평균에서의 편차가 실업률의 유사한 편차를 유발할 수 있다고 판단할 수도 있다. 이때 원자료에서 평균을 뺀 편차 자료를 생성하면 된다. 그러면 [EX 2.10.2]에서 보인 바와 같이 변환된 자료는 이 가정을 만족한다.

일반적으로 특정한 β를 선택하여 정확히 맞출 수는 없으므로 다음과 같은 식을 택한다.

$$y_t = \beta x_t + e_t \quad (\text{단, } t=1,\ 2,\ \cdots,\ T)$$

여기서 e_t는 **오차항**(error term) 또는 **교란항**(disturbance term)이다. 당연히 오차가 평균적으로 작기를 희망한다. 그래서 어떻게든 오차를 '가능한 작게 만드는 방향으로' 모수 β를 선택한다. 한 가지 방법은 $\sum_{t=1}^{T}(y_t - \beta x_t) = 0$이 되게 하는 것이다. 그러나 이렇게 하면 큰 양의 오차가 큰 음의 오차를 상쇄할 위험이 있다. 즉 회귀직선이 주어진 자료에 잘 맞지 않더라도 단순히 오차의 합이 0이 되는 경우가 발생할 수 있다. 이를 방지하기 위해 일반적으로 제곱오차를 극소화하는 방법을 사용한다. 즉 다음과 같은 이차 **손실함수**를 극소화함으로써 가능하다.

$$L(\beta) = \frac{1}{T}\sum_{t=1}^{T} e_t^2 = \frac{1}{T}\sum_{t=1}^{T}(y_t - \beta x_t)^2 \qquad (*)$$

이는 평균제곱오차와 동일하다. 이 식을 전개하면 손실함수는 다음과 같이 β에 관한 이차함수가 된다.

$$L(\beta) = \frac{1}{T}\sum_{t=1}^{T}(y_t^2 - 2\beta x_t y_t + \beta^2 x_t^2) \qquad (**)$$

이제 **일반적인 최소제곱법**(ordinary least-square)을 이용하여 β의 추정값을 구하는 방법을 알아보자. 이를 위해 몇 가지 표준 표기법을 도입한다.

$$\sigma_{xx} = \frac{1}{T}\sum_{t=1}^{T} x_t^2, \quad \sigma_{yy} = \frac{1}{T}\sum_{t=1}^{T} y_t^2, \quad \sigma_{xy} = \frac{1}{T}\sum_{t=1}^{T} x_t y_t$$

여기서 σ_{xx}와 σ_{yy}는 각각 변수 x와 y의 **분산**(statistical variance)을 나타내고, σ_{xy}는 그 **공분산**(covariance)을 나타낸다. 이제 x_t가 모두 같지는 않다고 가정하자. 그러면 $\sigma_{xx} > 0$이고 $L(\beta)$에 대한 식 (**)는 다음과 같이 나타낼 수 있다.

$$L(\beta) = \beta^2\sigma_{xx} - 2\beta\sigma_{xy} + \sigma_{yy}$$

$L(\beta)$의 최솟값에 대한 일계조건 (9.1.3)은 다음과 같다.

$$L'(\beta) = 2\beta\sigma_{xx} - 2\sigma_{xy} = 0$$

그러므로 손실함수 $L(\beta)$의 유일한 임계점은 $\hat{\beta} = \frac{\sigma_{xy}}{\sigma_{xx}}$이다. $L''(\beta) = 2\sigma_{xx} > 0$이므로 식 (8.5.4)의 동치조건은 L이 볼록함수임을 보여준다. 따라서 임계점 $\hat{\beta}$은 [정리 9.2.2]에 의해 $L(\beta)$를 극소화한다. 즉 **원점을 지나는 직선 중 관측값 $(x_1,\ y_1),\ (x_2,\ y_2),\ \cdots,\ (x_T,\ y_T)$에 대해 식 (*)에 주어진 평균제곱오차를 극소화하는 직선은 $y = \hat{\beta}x$이고, 이때 $\hat{\beta} = \frac{\sigma_{xy}}{\sigma_{xx}}$이다.**

EX 9.3.2 에이커당 N파운드의 비료를 사용하면 $Y(N)$부셸[6]의 밀이 수확된다고 가정하자. 만약 밀 1부셸의 가격이 p달러, 비료 1파운드의 가격이 q달러라고 하면, 에이커당 이윤은 달러로 다음과 같다.

$$\pi(N) = pY(N) - qN$$

6 (옮긴이) 부셸(bushel)은 곡물이나 과실 따위의 무게를 나타내는 단위이다. 1부셸은 영국식으로 62파운드, 미국식으로 60파운드이다.

여기서 $N \leq N^*$이면 $\pi'(N) \geq 0$이고, $N \geq N^*$이면 $\pi'(N) \leq 0$을 만족하는 N^*가 존재한다고 가정하자. 그러면 N^*에서 이윤이 극대화되고 $\pi'(N^*) = 0$이다. 즉 $pY'(N^*) - q = 0$이므로 다음을 만족한다.

$$pY'(N^*) = q \tag{*}$$

이 조건을 경제학적으로 해석해보자. 비료 사용량을 N^*단위에서 한 단위 증가시키면 밀이 $Y(N^*+1) - Y(N^*)$부셸만큼 더 많이 생산된다. 그런데 $Y(N^*+1) - Y(N^*) \approx Y'(N^*)$이다. 밀 1부셸마다 p달러를 받으므로, **비료 사용량이 N^*단위에서 한 단위 증가하면 추가 수입이 $pY'(N^*)$달러 발생한다. 반면에 N^*단위에서 한 단위 줄어들면 비료 구입비로 q달러를 추가로 지출해야 한다.** 그래서 (*)를 다음과 같이 해석할 수 있다. 이윤을 극대화하려면 비료 사용량을 N^*단위까지 늘려 1파운드의 비료를 추가했을 때, 이윤과 지출 비용이 정확히 같아지는 지점에서 멈춰야 한다.

(a) $Y(N) = \sqrt{N}$, $p = 10$, $q = 0.5$일 때 이윤을 극대화하는 비료 사용량을 구하라.

(b) 아이오와주의 한 농업 연구에서 1952년 밀의 수확량 함수 $Y(N)$을 다음과 같이 추정했다. 밀 1부셸이 1.40달러이고 비료 1파운드가 0.18달러일 때 이윤을 극대화하는 비료 사용량을 구하라.

$$Y(N) = -13.62 + 0.984N - 0.05N^{1.5}$$

풀이

(a) $N \geq 0$에 대한 수익함수는 다음과 같다.

$$\pi(N) = pY(N) - qN = 10N^{\frac{1}{2}} - 0.5N$$

도함수는 $\pi'(N) = 5N^{-\frac{1}{2}} - 0.5$이다. $(N^*)^{-\frac{1}{2}} = 0.1$일 때 $\pi'(N^*) = 0$이므로 $N^* = 100$이다. 더욱이 $N \leq 100$에서 $\pi'(N) \geq 0$이고, $N \geq 100$에서 $\pi'(N) \leq 0$이다. 그러므로 $N^* = 100$일 때 이윤을 극대화한다. 이러한 $\pi(N)$의 그래프는 [그림 9.3.2]에서 확인할 수 있다.

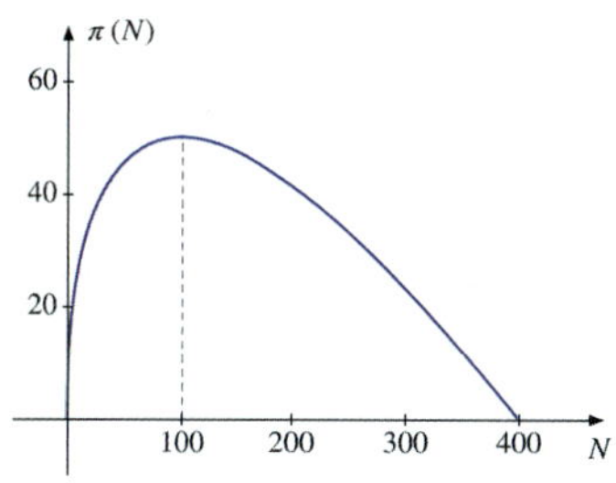

그림 9.3.2 [EX 9.3.2(a)]의 수익함수

(b) 이 경우 수익함수는 다음과 같다.

$$\begin{aligned}\pi(N) &= 1.4(-13.62 + 0.984N - 0.05N^{1.5}) - 0.18N \\ &= -19.068 + 1.1976N - 0.07N^{1.5}\end{aligned}$$

도함수는 다음과 같다.

$$\pi'(N) = 1.1976 - 0.07 \cdot 1.5N^{0.5} = 1.1976 - 0.105\sqrt{N}$$

$0.105\sqrt{N^*} = 1.1976$일 때 $\pi'(N^*) = 0$이다.

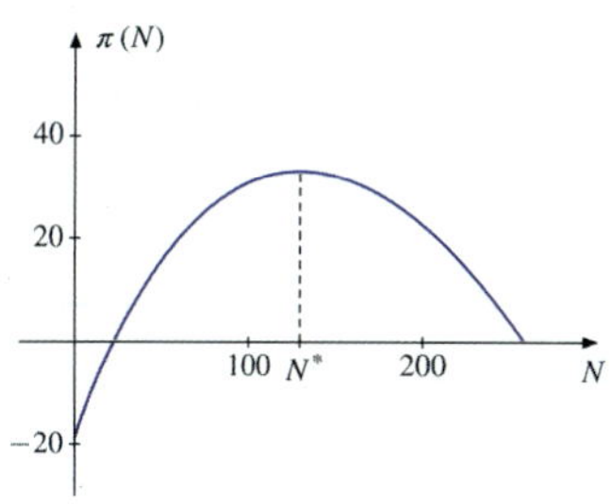

그림 9.3.3 [EX 9.3.2(b)]의 수익함수

식을 정리하면 $\sqrt{N^*} = \dfrac{1.1976}{0.105} \approx 11.4$이므로 $N^* \approx (11.4)^2 \approx 130$이다. N^*의 왼쪽에서 $\pi'(N) > 0$이고 N^*의 오른쪽에서 $\pi'(N) < 0$임을 알 수 있다. 따라서 $N^* \approx 130$일 때 이윤을 극대화한다. 이러한 $\pi(N)$의 그래프는 [그림 9.3.3]에서 확인할 수 있다.

EX 9.3.3 $Q>0$단위의 상품을 생산하는 데 드는 총비용이 $C(Q)=aQ^2+bQ+c$로 주어진다고 가정하자. 여기서 a, b, c는 양의 상수이다.

(a) 총비용이 $C(Q)=2Q^2+10Q+32$일 때 평균비용 $A(Q)=\dfrac{C(Q)}{Q}$를 극소화하는 Q 값을 구하라.

(b) 일반적으로 평균비용함수는 $Q^*=\sqrt{\dfrac{c}{a}}$에서 최솟값을 갖는다. 동일한 좌표계에서 평균 비용함수, 한계비용함수와 직선 $P=aQ+b$의 그래프를 그려라.

풀이

(a) $A'(Q)=2-\dfrac{32}{Q^2}$이고 $A''(Q)=\dfrac{64}{Q^3}$임에 주목하라. $A'(Q)=0$인 유일한 임계점은 $Q=4$이다. 모든 $Q>0$에 대해 $A''(Q)>0$이므로 함수 $A(Q)$는 볼록하다. 이는 $Q=4$가 최소점임을 보여준다.

(b) $A'(Q)=a-\dfrac{c}{Q^2}$이고 $A''(Q)=\dfrac{2c}{Q^3}$이다. 모든 $Q>0$에 대해 $A''(Q)>0$이므로 함수 $A(Q)$는 볼록하다. 또한 $Q^*=\sqrt{\dfrac{c}{a}}$에서 $A'(Q)=0$이므로 이는 최소점이다. [그림 9.3.4]는 평균비용함수와 한계비용함수, 직선 $P=aQ+b$의 그래프를 나타낸다. 특히 최소점 Q^*에서 한계비용과 평균비용이 일치함을 확인할 수 있다. 이는 우연이 아니라 $A'(Q)=0$일 필요충분조건이 $C'(Q)=A(Q)$이기 때문이다.[7]

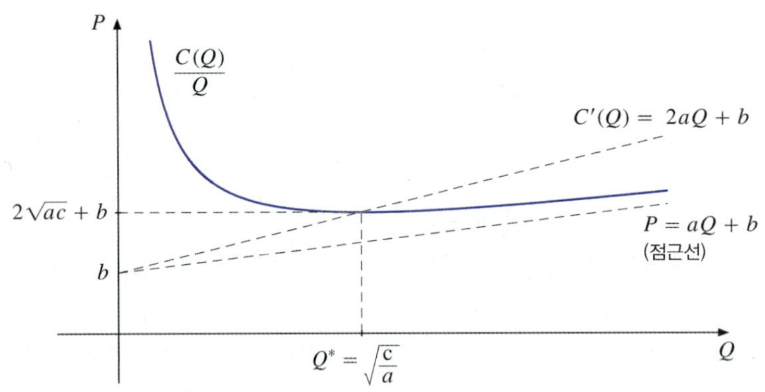

그림 9.3.4 [EX 9.3.3]의 평균비용함수

다음 예는 음함수미분법을 사용할 때 모수의 변화가 최적화 문제의 해에 미치는 영향을 보여준다.

EX 9.3.4 어느 독점기업이 생산량 Q에 대해 구매자가 지불하는 단위당 가격을 나타내는 역수요함수를 $P(Q)$라 하자. 또한 이 기업의 생산 단위당 평균비용이 상수 k라 하자.

(a) 이윤함수 $\pi(Q)$를 구하고, $Q=Q^*(k)>0$에서 최대 이윤을 갖기 위한 일계조건이 다음과 같음을 보여라.

$$P'(Q^*(k))Q^*(k)+P(Q^*(k))=k \qquad (*)$$

(b) 식 (*)에 음함수미분법을 적용하여 독점기업의 최적 생산량 $Q^*(k)$의 k에 대해 미분을 구하라.

(c) 독점기업의 최대 이윤을 함수 $p^*(k)$로 나타내라. k의 변화에 대한 최적 이윤의 반응을 분석하라.

7 최소 평균비용은 $A(Q^*)=a\sqrt{\dfrac{c}{a}}+b+c\Big/\sqrt{\dfrac{c}{a}}=\sqrt{ac}+b+\sqrt{ac}=2\sqrt{ac}+b$이다. [EX 6.7.7]을 참고하라.

풀이

(a) 이윤함수는 $\pi(Q)=P(Q)Q-kQ$이고 도함수는 $\pi'(Q)=P'(Q)Q+P(Q)-k$이다. $Q=Q^*(k)>0$가 $\pi(Q)$를 극대화하기 위해서는 일계조건 $\pi'(Q^*(k))=0$을 만족해야 한다. 이는 식 (*)와 동치이다.

(b) 식 (*)에서 $Q^*(k)$를 k의 미분가능한 함수로 가정하고, 식 (*)를 k로 미분하되 $Q^*(k)$에서 인수 k를 생략하면 다음을 얻는다.

$$P''(Q^*)\frac{dQ^*}{dk}Q^*+P'(Q^*)\frac{dQ^*}{dk}+P'(Q^*)\frac{dQ^*}{dk}=1$$

따라서 이를 $\frac{dQ^*}{dk}$에 대해 풀면 다음을 만족한다.

$$\frac{dQ^*}{dk}=\frac{1}{P''(Q^*)Q^*+2P'(Q^*)}$$

(c) 최적 이윤 $\pi^*(k)$는 $Q=Q^*(k)$에서 나타나므로 $\pi^*(k)=P(Q^*(k))Q^*(k)-kQ^*(k)$이다. 이 방정식의 각 변을 k에 대해 미분하면 다음을 얻는다.

$$\frac{d\pi^*}{dk}=P'(Q^*)\frac{dQ^*}{dk}Q^*+P(Q^*)\frac{dQ^*}{dk}-Q^*-k\frac{dQ^*}{dk}$$

여기서 일계조건 (*)에 의해 $\frac{dQ^*}{dk}=0$이므로 $\frac{d\pi^*}{dk}=-Q^*$를 만족한다. 따라서 비용이 한 단위 증가하면 최적 생산량 Q^*만큼 최적 이윤이 감소한다.

9.3 연습문제

1 물음에 답하라.

(a) 한 기업이 노동력을 L단위 투입할 때 상품 생산량은 $Q=2\sqrt{L}$단위라 하자. 상품의 단위당 가격은 160파운드이고 노동력의 단위당 비용이 40파운드일 때, 이윤 $\pi(L)$을 극대화하는 L 값을 구하라.

(b) 한 기업이 노동력을 L단위 투입할 때 상품 생산량은 $Q=f(L)$단위라 하자. 여기서 $f'(L)>0$이고 $f''(L)<0$이다. 상품의 단위당 가격은 1이고 노동력의 단위당 비용이 w일 때, $L=L^*$에서 이윤을 극대화하기 위한 일계조건을 구하라.

(c) (b)의 일계조건을 w에 대해 음함수미분하여 w가 변할 때 L^*가 어떻게 변하는지 설명하라.

2 [EX 9.3.4]를 상기하자. $P(Q)=a-Q$이고 $0<k<a$라 가정할 때, 물음에 답하라.

(a) 이윤을 극대화하는 생산량 Q^*와 그와 관련된 독점 이윤 $\pi(Q^*)$를 구하라.

(b) 독점 이윤은 k의 변화에 어떻게 반응하는가? 즉 $\frac{d\pi(Q^*)}{dk}$를 구하라.

(c) 정부는 독점기업이 너무 적게 생산한다고 주장한다. 그래서 생산량 단위당 보조금 s를 지원함으로써 이 기업이 목표 생산량 $\hat{Q}=a-k$단위를 생산하도록 유도하고자 한다. 목표치에 도달하기 위해 필요한 보조금을 계산하라.

3 한 변의 길이가 18cm인 정사각형 철판으로 뚜껑이 없는 정사각형 상자를 만들려고 한다. 이를 위해 각 모서리에서 너비 $x$cm의 정사각형을 잘라낸 다음, 남은 모서리를 접어서 상자를 만든다. 이 과정을 나타내는 그림을 그리고, $x\in[0, 9]$일 때 이 상자의 부피가 $V(x)=x(18-2x)^2=4x^3-72x^2+324x$임을 보여라. 또한 $[0, 9]$에서 V의 최대점을 구하라.

4 한 경제모형에서 소득이 x이하이고 컴퓨터를 소유하고 있는 가정의 비율은 $p(x)=a+k(1-e^{-cx})$으로 주어진다고 하자. 여기서 a, k, c는 양의 상수이다. $p'(x)$와 $p''(x)$를 구하라. $p(x)$는 최댓값을 갖는가? p의 그래프를 그려라.

5 어떤 사람이 소득 w에 대해 내야 하는 세금 T가 $T=a(bw+c)^p+kw$로 주어진다고 한다. 여기서 a, b, c, k는 양의 상수이고 $p>1$이다. 그러면 평균세율은 다음과 같다.

$$\overline{T}(w)=\frac{T}{w}=a\frac{(bw+c)^p}{w}+k$$

이 납세자가 최저 평균세율을 부담하기 위한 소득 수준을 구하라.

9.4 극값정리와 평균값정리

지금까지 극점을 찾기 위해 사용한 주요 결과는 [정리 9.2.1]에 제시한 일계조건이다. 이 조건을 이용하려면 극점의 한쪽에서 함수가 꾸준히 증가하고 다른 한쪽에서 꾸준히 감소해야 한다. 그러나 도함수가 이러한 조건을 만족하지 않더라도 많은 함수들이 최댓값 또는 최솟값을 가질 수 있다. 이 절에서는 이러한 함수들의 극점을 구하는 방법을 알아보고자 한다. [EX 9.2.3]은 극점을 갖지 않는 함수를 찾는 것이 비교적 쉬움을 보였다. 그러나 실수 x에서 정의된 함수 중 매우 단순한 함수인 $f(x)=x$도 극점이 존재하지 않는다. 다음 정리는 극점이 존재하기 위한 중요한 충분조건을 제시한다.

정리 9.4.1 극값정리(extreme value theorem)

함수 f가 닫힌 유계구간 $[a, b]$에서 정의되고 연속이면 f는 $[a, b]$에서 최솟값과 최댓값을 갖는다. 즉 $[a, b]$에 속하는 모든 x에 대해 다음을 만족하는 c와 d가 구간 $[a, b]$에 존재한다.

$$f(d)\leq f(x)\leq f(c)$$

어떤 학생들은 시험 답안지에 "함수는 연속이지만 닫힌 유계구간에서 정의되지 않으므로 극값정리에 의해 최댓값이 존재하지 않는다."와 같이 극값정리를 잘못 설명하기도 하는데, 이는 흔히 하는 오해이다. 여기서의 오해는 정리의 조건이 극값이 존재하기 위한 충분조건이지만, 반드시 필요조건은 아니라는 점이다. [연습문제 9]에서는 연속이 아니고 정의역이 닫힌구간도 유계구간도 아닌 함수가 최댓값과 최솟값을 갖는 경우를 살펴볼 것이다.

일반적으로 정리의 가정을 모두 만족하지 않는 한 극점의 존재를 보장할 수 없다. 실제로 [그림 9.4.1]~[그림 9.4.3]은 [정리 9.4.1]의 세 가지 가정 중 두 가지는 만족하지만 하나는 만족하지 않는 함수의 그래프를 보여준다. 각 경우에 함수는 최솟값을 가지지만 최댓값은 존재하지 않는다.

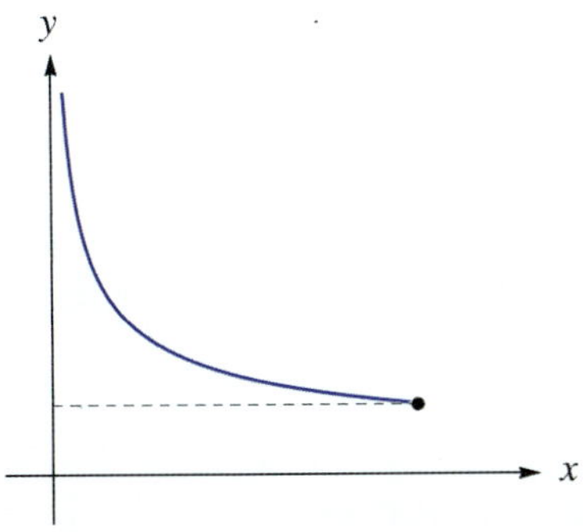

그림 9.4.1 닫혀 있지 않은 정의역

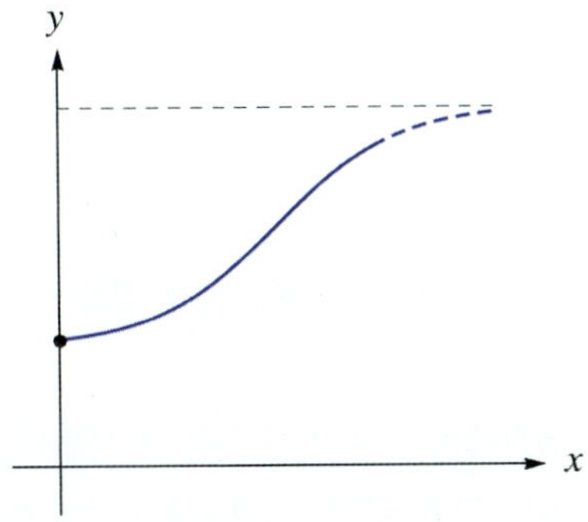

그림 9.4.2 유계가 아닌 정의역

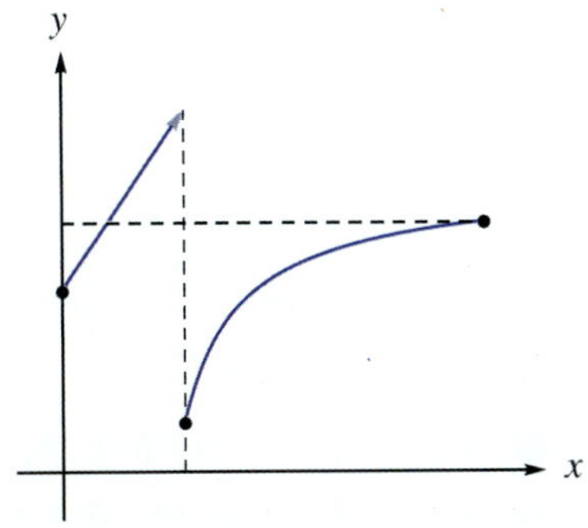

그림 9.4.3 불연속함수

극값정리의 증명은 다소 복잡하다.[8] 그러나 결과 자체는 직관적으로 이해하기에 어렵지 않다. 예를 들어 투르드 프랑스와 같은 산악자전거 경주의 장면을 상상해보자. 도로는 절벽 위를 지나가지 않으므로 해발고도는 주행거리에 대한 연속함수이다. [그림 9.4.4]에서 볼 수 있듯이 경주 구간에는 반드시 가장 낮은 지점 Q뿐만 아니라 가장 높은 지점 P도 존재해야 한다. 이 지점들은 출발점이거나 도착점일 수도 있다.

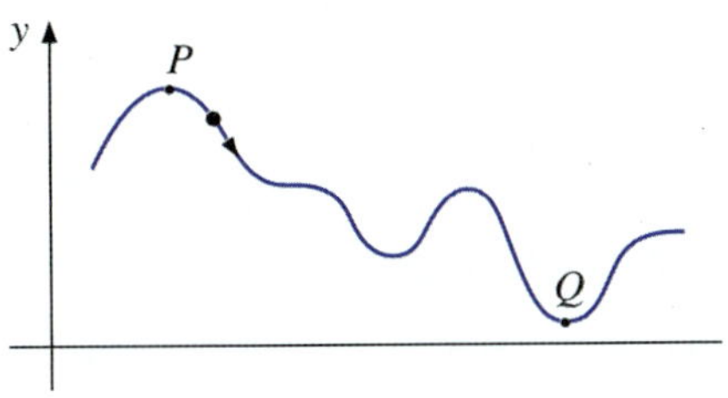

그림 9.4.4 해발고도를 거리에 대한 함수로 표현

극값을 구하는 방법

어떤 함수 f가 유계구간 I에서 최댓값 또는 최솟값을 갖는다고 가정하자. 그러면 최적해는 반드시 I의 내부점 또는 끝점에서 발생할 수 있다. 만약 미분가능한 f가 내부점에서 최적해를 가질 때, 도함수 f'은 그 점에서 0이다. f가 미분불가능하더라도 최적해를 가질 수 있다. 정리하면 모든 극점은 다음 세 가지 경우 중 하나에 속한다.

❶ $f'(x)=0$인 I의 내부점

❷ I의 끝점이 I에 속할 때 I의 끝점

❸ $f'(x)$가 존재하지 않는 I의 내부점

세 조건 중 하나를 만족하는 점을 **후보 극점**(candidate extreme point)이라 부르겠다. 실제로 극점 여부의 판정은 관련된 함숫값을 면밀하게 비교하여 결정해야 한다. [그림 9.1.3]은 유형 ❸의 점에서 최솟값을 가지는 전형적인 예를 보여준다. 그러나 경제학에서 다루는 함수는 대부분 모든 점에서 미분가능하므로 다음 방법으로 대부분의 문제를 해결할 수 있다.

8 최초의 증명은 독일 수학자 카를 바이어슈트라스(Karl Weierstrass, 1815~1897)에 의해 제시되었다. 본질적으로 닫힌 유계구간에서 정의된 연속함수의 치역 또한 닫힌 유계구간이라는 것이다. 치역의 끝점들은 정확하게 함수의 극값들이다.

함수의 극값 구하기

f가 닫힌 유계구간 $[a, b]$에 정의된 미분가능한 함수라고 하자. 함수 f의 최댓값과 최솟값은 다음과 같은 순서로 구한다.

❶ 구간 (a, b)에서 f의 모든 임계점을 구한다. 정의에 의해 임계점 x는 구간 (a, b)에 속하고 일계조건 $f'(x)=0$을 만족한다.

❷ 구간의 양 끝점 a, b와 모든 임계점에서 f의 함숫값을 계산한다.

❸ ❷에서 계산한 함숫값 중 가장 큰 함숫값은 구간 $[a, b]$에서 f의 최댓값이고, 가장 작은 함숫값은 f의 최솟값이다.

미분가능한 함수는 연속이므로 극값정리에 의해 정의역이 닫혀 있고 유계이면 최대점과 최소점이 존재한다. 주어진 절차를 따르면 원칙적으로 이러한 극점들을 찾을 수 있다.

EX 9.4.1 구간 $[0, 3]$에 속하는 모든 x에 대해 함수 $f(x)=3x^2-6x+5$의 최댓값과 최솟값을 구하라.

풀이

함수 f는 주어진 구간에서 미분가능하고 그 도함수는 $f'(x)=6x-6=-6(x-1)$이다. 따라서 $x=1$은 유일한 임계점이고 후보 극점은 구간의 끝점인 0, 3과 내부점 1이다. 세 점에서 f 값은 각각 $f(0)=5$, $f(3)=14$, $f(1)=2$이다. 따라서 함수 f는 끝점 $x=3$에서 최댓값 14을 갖고, 내부점 $x=1$에서 최솟값 2를 갖는다.

EX 9.4.2 구간 $[-1, 3]$에 속하는 모든 x에 대해 함수 $f(x)=\frac{1}{4}x^4-\frac{5}{6}x^3+\frac{1}{2}x^2-1$의 최댓값과 최솟값을 구하라.

풀이

함수 f는 주어진 구간에서 미분가능하며 그 도함수는 다음과 같다.

$$f'(x)=x^3-\frac{5}{2}x^2+x=x\left(x^2-\frac{5}{2}x+1\right)$$

방정식 $x^2-\frac{5}{2}x+1=0$을 풀면 두 근은 $x=\frac{1}{2}$과 $x=2$이므로 $x=0$, $\frac{1}{2}$, 2에서 $f'(x)=0$이다. 따라서 함수 f의 후보 극점은 구간의 끝점 -1, 3에 임계점 $x=0$, $\frac{1}{2}$, 2를 합해 총 5개이다. f의 함숫값을 모두 계산하면 다음과 같다.

$$f(-1)=\frac{7}{12},\quad f(0)=-1,\quad f\left(\frac{1}{2}\right)=-\frac{185}{192},\quad f(2)=-\frac{5}{3},\quad f(3)=\frac{5}{4}$$

따라서 f는 $x=3$에서 최댓값 $\frac{5}{4}$를, $x=2$에서 최솟값 $-\frac{5}{3}$를 갖는다.

지금까지 도함수 $f'(x)$의 부호가 바뀌거나 이계조건과 같은 다른 검정법을 사용하지 않고 최댓값과 최솟값을 구했다. [EX 9.4.1]과 [EX 9.4.2]에서는 $f'(x)=0$을 만족하는 모든 해를 쉽게 구할 수 있었다. 그러나 많은 경우에 이러한 해를 찾는 것이 매우 어렵거나 심지어 불가능할 수도 있다. 예를 들어 $[-1,\ 5]$에 속하는 모든 x에 대해 함수 f가 다음과 같이 정의되었다고 하자.

$$f(x)=x^{26}-32x^{23}-11x^5-2x^3-x+28$$

이 함수는 다항함수이므로 연속함수이고, 따라서 $[-1,\ 5]$에서 최댓값과 최솟값을 갖는다. 그러나 방정식 $f'(x)=0$을 만족하는 해를 모두 구하는 것은 25차 다항식으로 주어진 방정식의 해를 찾는 것과 같은데, 이 방정식의 정확한 해를 구하는 것은 불가능하다. 이러한 어려움은 실제적인 최적화 문제에서 종종 발생한다. 사실 $f'(x)=0$은 아주 특별한 경우에만 정확하게 풀 수 있다. 다행스럽게도 대부분 방정식의 실제 해에 아주 가까운 점을 구할 수 있는 표준수치 해법이 있다. 그중 일부는 7.10절에서 설명한 뉴턴 방법에 기반한다. 더 나아가 어떤 알고리즘은 특정 함수의 극점을 찾도록 설계되어 있어 최적화 문제를 더욱 효율적으로 해결할 수 있다.

평균값정리 선택

이제 평균값정리에 대해 살펴보자. 평균값정리는 미분적분학에서 중요한 도구로 다양한 결과를 엄밀하게 증명하는 데 사용된다. 다음에 소개하는 내용은 이 책의 나머지 부분보다 고급 수준이므로 선택적으로 다루어도 좋다.

함수 f가 닫힌구간 $[a,\ b]$에서 연속이고 열린구간 $(a,\ b)$에서 미분가능이라 하자. [그림 9.4.5]에서 f의 그래프는 끝점 A와 B를 연결하는 연속인 곡선으로 구간 $(a,\ b)$의 모든 점에서 접선을 가진다.

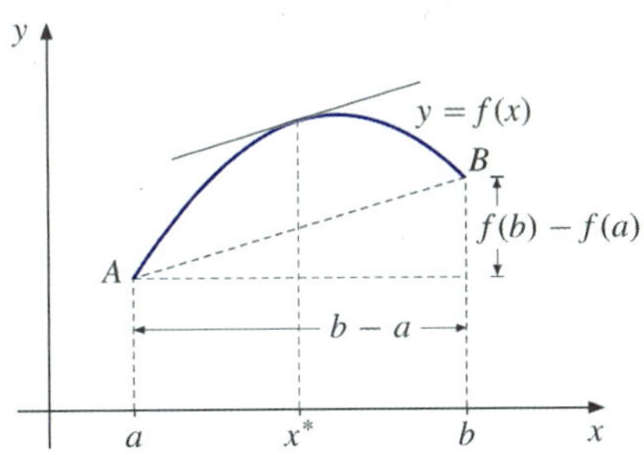

그림 9.4.5 평균값정리

그러면 a와 b 사이에 적어도 하나의 x^*에서 그래프의 접선이 직선 AB와 평행할 것임이 기하적으로 타당해보인다. 이를 [그림 9.4.5]에서도 확인할 수 있다. 직선 AB의 기울기는 $\dfrac{f(b)-f(a)}{b-a}$이다. 따라서 점 $(x^*,\ f(x^*))$에서의 접선이 직선 AB와 평행일 조건은 $f'(x^*)=\dfrac{f(b)-f(a)}{b-a}$이다. 실제로 x^*를 함수 f의 그래프와 직선 AB 사이의 수직 거리가 최대가 되는 지점으로 선택할 수 있다. 다음 정리의 증명은 이러한 사실에 근거한다.

정리 9.4.2 평균값정리(mean value theorem)

함수 f가 닫힌 유계구간 $[a,\ b]$에서 연속이고 열린구간 $(a,\ b)$에서 미분가능하면 구간 $(a,\ b)$에 다음을 만족하는 점 x^*가 적어도 하나 존재한다.

$$f'(x^*)=\frac{f(b)-f(a)}{b-a} \tag{9.4.1}$$

증명

[그림 9.4.5]에서 두 점 A와 B를 지나는 직선의 방정식은 다음과 같다.

$$y-f(a)=\frac{f(b)-f(a)}{b-a}(x-a)$$

함수 f의 그래프와 직선 AB 사이의 수직 거리를 다음과 같이 함수 $g(x)$로 정의하자.

$$g(x)=f(x)-f(a)-\frac{f(b)-f(a)}{b-a}(x-a)$$

여기서 $g(a)=g(b)=0$임은 분명하다. 또한 다음이 성립함에 주목하라.

$$g'(x)=f'(x)-\frac{f(b)-f(a)}{b-a} \qquad (*)$$

f에 대한 가정에 의해 함수 $g(x)$는 구간 $[a, b]$에서 연속이고 구간 (a, b)에서 미분가능하다. 극값정리에 의해 $g(x)$는 구간 $[a, b]$에서 최댓값과 최솟값을 갖는다. $g(a)=g(b)=0$이므로 함수 g의 극점 x^* 중 적어도 하나는 구간 (a, b)에 있어야 한다. (만약 구간 $[a, b]$ 전체에서 $g(x)\equiv 0$이면 구간 $[a, b]$에 속하는 모든 점은 g의 극점이다.) [정리 9.1.1]에 의해 $g'(x^*)=0$이므로 식 (*)로부터 평균값정리가 증명되었다. ■

EX 9.4.3 구간 $[0, 2]$에 정의된 함수 $f(x)=x^3-x$에 대해 평균값정리를 확인하라.

풀이

$\frac{f(2)-f(0)}{2-0}=3$이고 $f'(x)=3x^2-1$이므로 방정식 $f'(x)=3x^2-1=3$, 즉 $3x^2=4$를 풀면 해 $x=\pm\frac{2\sqrt{3}}{3}$을 얻는다. 이때 구간 $(0, 2)$에 속하는 양수 해 $x^*=\frac{2\sqrt{3}}{3}$에서 다음 식이 성립한다.

$$f'(x^*)=\frac{f(2)-f(0)}{2-0}$$

따라서 평균값정리가 성립한다.

평균값정리의 두 가지 의미 선택

여기서는 평균값정리의 두 가지 중요한 의미를 다루고, 좀 더 형식적인 증명을 소개한다. 따라서 선택적으로 다루어도 좋다.

평균값정리를 활용하면 세 명제 (6.3.1), (6.3.2), (6.3.3)을 증명할 수 있다. 6.3절에서 구간 I에 속하는 임의의 x_1, x_2에 대해 $x_2>x_1$일 때 $f(x_2)\ge f(x_1)$을 만족하면 함수 f가 I에서 증가한다고 정의했음을 상기하라. 먼저 도함수 정의에서 $f(x)$가 증가하고 미분가능하면 $f'(x)\ge 0$임이 분명하다. 그 역을 증명하기 위해 함수 f가 구간 I에서 연속이고, I 내부의 모든 x에 대해 도함수 $f'(x)$가 존재하고 $f'(x)\ge 0$임을 가정하자. 평균값정리에 따르면 구간 I에 속하는 임의의 $x_2>x_1$에 대해 구간 (x_1, x_2)에 속하는 x^*가 존재해서 다음을 만족한다.

$$f(x_2)-f(x_1)=f'(x^*)(x_2-x_1) \qquad (9.4.2)$$

여기서 $x_2 > x_1$이고 $f(x^*) \geq 0$이므로 $f(x_2) \geq f(x_1)$을 만족한다. 따라서 $f(x)$는 증가함수이다. 이는 명제 (6.3.1)을 증명한다. 명제 (6.3.2)의 동치는 $-f$가 증가하는 조건을 고려하여 증명할 수 있다. 마지막으로 명제 (6.3.3)은 f와 $-f$가 모두 증가하는 조건을 이용하여 증명할 수 있다.[9]

이제 라그랑주의 나머지항 공식 (7.6.2)를 증명할 때 평균값정리를 사용할 수 있다.

공식 (7.6.2)의 증명

먼저 $n=1$에서 공식이 성립함을 증명하는 것으로 시작하자. 이 경우는 식 (7.6.4)에 해당한다. $x \neq 0$에 대해 함수 $S(x)$를 다음과 같이 음함수로 정의하자.

$$f(x) = f(0) + f'(0)x + \frac{1}{2}S(x)x^2 \qquad (*)$$

식 (7.6.4)가 성립하려면 $S(x) = f''(c)$를 만족하는 c가 0과 x 사이에 존재함을 보여야 한다. x를 고정하고 0과 x 사이의 모든 t에 대해 함수 g를 다음과 같이 정의하자.

$$g(t) = f(x) - \left\{f(t) + f'(t)(x-t) + \frac{1}{2}S(x)(x-t)^2\right\} \qquad (**)$$

정의 (*)와 (**)에서 다음을 얻는다.

$$g(0) = f(x) - \left\{f(0) + f'(0)x + \frac{1}{2}S(x)x^2\right\} = 0, \quad g(x) = 0$$

즉 평균값정리에 의해 $g'(c) = 0$을 만족하는 c가 0과 x 사이에 존재한다. x를 고정하고 t에 대해 식 (**)를 미분하면 다음을 얻는다.

$$g'(t) = -f'(t) + f'(t) - f''(t)(x-t) + S(x)(x-t)$$

따라서 $t=c$라 두면 $g'(c) = -f''(c)(x-c) + S(x)(x-c)$를 얻는다. 여기서 $g'(c) = 0$이고 $c \neq x$임을 이용하면 $S(x) = f''(c)$가 성립한다. 따라서 식 (7.6.4)가 증명되었다.

$n > 1$인 경우에도 동일한 방법으로 정의 (*)와 (**)를 일반화하여 증명한다. ■

9.4 연습문제

1 구간 $[0, 8]$에 속하는 모든 실수 x에 대해 정의된 함수 $f(x) = 4x^2 - 40x + 80$의 최대점과 최소점을 구하고, 그래프를 그려라.

2 주어진 닫힌 구간에서 다음 함수의 최대점과 최소점을 구하라.

(a) $f(x) = -2x - 1$, $[0, 3]$

(b) $f(x) = x^3 - 3x + 8$, $[-1, 2]$

(c) $f(x) = \dfrac{x^2+1}{x}$, $\left[\dfrac{1}{2}, 2\right]$

(d) $f(x) = x^5 - 5x^3$, $[-1, \sqrt{5}]$

(e) $f(x) = x^3 - 4500x^2 + 6 \cdot 10^6 x$, $[0, 3000]$

3 구간 $[-1, 2]$에 속하는 모든 실수 x에 대해 정의된 함수 $g(x) = 15(e^{x^2} + e^{2-x^2})$을 생각하자. $g'(x)$를 계산하고 g의 극점을 구하라.

9 또는 식 (9.4.2)를 이용하면 쉽게 증명할 수 있다.

4 한 스포츠 클럽이 전세 비행기를 빌리고, 좌석을 구매하는 회원들에게 가격의 10%를 수수료로 부과하려 한다. 좌석 비용은 전세 비행기 회사가 정하며 기본요금은 800달러이다. 승객이 60명을 초과하면 처음 60명을 포함한 모든 승객은 1명 증가할 때마다 10달러씩 할인받는다. 단, 비행기는 최대 80명의 승객을 태울 수 있다.

(a) 승객이 61명, 70명, 80명, $(60+x)$명일 때, 스포츠 클럽이 받는 수수료를 구하라.

(b) 스포츠 클럽이 받을 수 있는 총 수수료를 극대화하는 승객 수를 구하라.

5 구간 $[1, e^3]$에 속하는 모든 실수 x에 대해 함수 $f(x)=(\ln x)^3-2(\ln x)^2+\ln x$를 생각하자.

(a) $f(e^{\frac{1}{3}})$, $f(e^2)$, $f(e^3)$을 계산하고 $f(x)=0$을 만족하는 x를 구하라.

(b) f의 극점을 구하라.

(c) $[e, e^3]$에 정의된 f는 역함수 g를 가짐을 보이고, $g'(2)$를 구하라.

6 심화 주어진 함수 f와 구간 $[a, b]$에 대해 평균값정리, 즉 $f(x^*)=\dfrac{f(b)-f(a)}{b-a}$를 만족하는 x^*를 구하라. 여기서 x^*는 $[a, b]$에 속한다.

(a) $f(x)=x^2$, $[1, 2]$

(b) $f(x)=\sqrt{1-x^2}$, $[0, 1]$

(c) $f(x)=\dfrac{2}{x}$, $[2, 6]$

(d) $f(x)=\sqrt{9+x^2}$, $[0, 4]$

7 심화 호수의 A지점에서 B지점까지 항해해야 한다고 하자. 이때 평균값정리는 이 항해에 대해 어떤 의미를 가지는가?

8 심화 $[-1, 1]$에 속하는 모든 x에 대해 다음과 같이 정의된 함수 f가 연속인지 판정하라. 또한 최댓값 또는 최솟값을 갖는지도 밝혀라.

$$f(x)=\begin{cases} x, & -1<x<1 \\ 0, & x=-1 \text{ 또는 } x=1 \end{cases}$$

9 심화 $(0, \infty)$에 속하는 모든 x에 대해 다음과 같이 정의된 함수 f가 최댓값과 최솟값을 가짐을 증명하라. 하지만 극값정리의 조건을 만족하지 않음을 보여라.

$$f(x)=\begin{cases} x+1, & 0<x\le 1 \\ 1, & x>1 \end{cases}$$

9.5 경제학적 추가 사례

EX 9.5.1 단일 상품을 생산하는 한 회사가 이윤을 극대화하려고 한다. Q단위를 생산하고 판매함으로써 특정 기간에 창출된 총수익을 $R(Q)$달러라 하고, 상품 Q단위를 생산할 때 필요한 총생산비용을 $C(Q)$달러라 하자. 그러면 Q단위를 생산하고 판매한 결과로 얻은 이윤은 다음과 같다.

$$\pi(Q)=R(Q)-C(Q)$$

기술적 한계로 인해 이 회사가 주어진 기간 동안 생산할 수 있는 최대 생산량을 $\overline{Q}$단위라 가정한다. 함수 R과 C가 구간 $[0, \overline{Q}]$에서 연속이고 구간 $(0, \overline{Q})$에서 미분가능하다고 하자. 그러면 이윤함수 π도 구간 $[0, \overline{Q}]$에서 연속이므로 최댓값을 갖는다. 특별한 경우로 최댓값은 $Q=0$ 또는 $Q=\overline{Q}$에서 발생할 수 있다. 그렇지 않으면 생산량 Q^*가 $\pi'(Q^*)=0$을 만족하는 '내부 최댓값'을 가지고 다음을 만족한다.

$$R'(Q^*)=C'(Q^*) \tag{9.5.1}$$

따라서 **생산량을 한계수익과 한계비용이 일치하는 수준으로 조정해야 한다.** 경쟁시장에서는 회사가 판매 단위당 가격 p를 통제할 수 없고, 시장에 의해 결정된다고 가정한다. 그러면 $R(Q) = pQ$이므로 식 (9.5.1)은 다음과 같아진다.

$$p = C'(Q^*) \tag{9.5.2}$$

이 경우에는 **내부 최댓값이 존재한다고 가정할 때, 생산량을 한계비용이 상품의 단위당 가격과 같아지는 수준으로 조정해야 한다.** 이 회사의 총수익함수 $R(Q)$와 총생산비용함수 $C(Q)$에 따라 식 (9.5.1)을 만족하는 여러 개의 해가 존재할 가능성이 매우 크다. 그렇다면 최대 이윤은 식 (9.5.1)의 해 중 $\pi(Q^*)$ 값이 가장 큰 Q^*에서 발생한다.

식 (9.5.1)은 [EX 9.3.2]의 최적 조건과 유사한 경제적 해석을 가진다. 즉 생산량을 Q^*에서 한 단위 증가시키면 수익은 $R(Q^*+1) - R(Q^*) \approx R'(Q^*)$만큼 증가할 것이다. 비용도 $C(Q^*+1) - C(Q^*) \approx C'(Q^*)$만큼 증가한다. 식 (9.5.1)은 $R'(Q^*) = C'(Q^*)$이므로 한 단위를 추가로 생산하여 판매한 추가 수익은 대략 해당 단위를 생산하는 추가 비용으로 상쇄된다.

EX 9.5.2 [EX 9.5.1]을 상기하자. 이 회사가 단위당 고정 판매가로 $p = 121$달러를 받고, 총생산비용함수는 $C(Q) = 0.02Q^3 - 3Q^2 + 175Q + 500$이라 가정하자. 이 회사가 최대한 생산할 수 있는 양은 $\overline{Q} = 110$ 단위이다.

(a) Q가 0, 10, 30, 50, 70, 90, 110일 때 총수익함수 $R(Q) = 121Q$, 총생산비용함수 $C(Q)$, 수익함수 $\pi(Q) = R(Q) - C(Q)$의 값을 표로 작성하라. 또한 $R(Q)$와 $C(Q)$의 그래프를 같은 좌표평면 위에 그려라.

(b) (a)의 그래프를 이용하여 (i)~(iii)에 대해 답을 근사적으로 구하라.

(i) 회사가 이윤을 내기 위해 생산해야 하는 최소 단위를 구하라.

(ii) 회사가 이윤 2,000달러를 얻기 위해 생산해야 하는 단위를 구하라.

(iii) 회사의 이윤을 극대화하는 생산량을 구하라.

(c) (b)의 (iii)에서 구한 답을 정확하게 계산하라.

(d) 이 회사가 최대 생산량 110단위를 생산할 때, 손해를 보지 않으려면 받아야 하는 단위당 최소 가격을 구하라.

풀이

(a) 다음과 같은 표를 작성한다.

Q	0	10	30	50	70	90	100
$R(Q) = 121Q$	0	1,210	3,630	6,050	8,470	10,890	13,310
$C(Q)$	500	1,970	3,590	4,250	4,910	6,530	10,070
$\pi(Q) = R(Q) - C(Q)$	−500	−760	40	1,800	3,560	4,360	3,240

$R(Q)$와 $C(Q)$의 그래프는 [그림 9.5.1]에 나타나 있다.

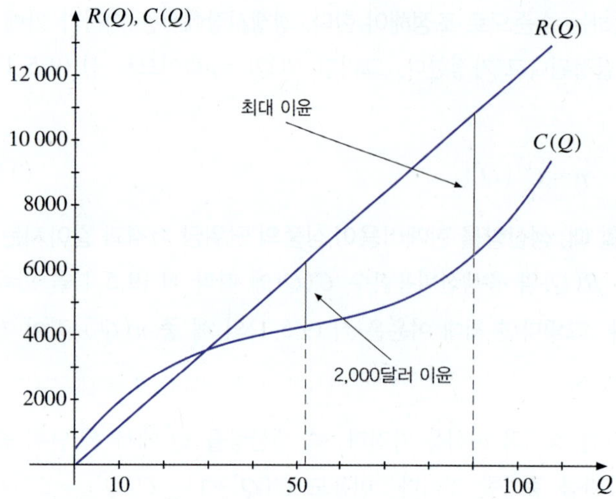

그림 9.5.1 총수익함수 $R(Q)$와 총생산비용함수 $C'(Q)$의 그래프

(b) (i) 회사가 이윤을 얻으려면 $\pi(Q) > 0$, 즉 $R(Q) > C(Q)$를 만족해야 한다. [그림 9.5.1]에서 대략 $Q > 30$일 때 이익이 발생하는 것으로 보인다.

(ii) 회사가 이윤 2,000달러를 얻으려면 $R(Q) - C(Q) = 2000$이 되는 값을 찾아야 한다. [그림 9.5.1]에서 $Q \approx 52$일 때 조건을 만족하는 것으로 보인다.

(iii) 이윤은 $R(Q)$와 $C(Q)$의 차가 최대가 되는 지점에서 가장 커진다. [그림 9.5.1]에서 $Q \approx 90$일 때 이윤이 최대가 되는 것으로 보인다.

(c) 식 (9.5.2)에 $p = 121$을 대입하여 얻은, $C'(Q)$에 대한 방정식은 $121 = 0.06Q^2 - 6Q + 175$이다. 이 이차방정식을 풀면 $Q = 10$, $Q = 90$이다. $\pi(Q)$는 구간 $[0, 110]$에서 극점을 가져야 한다. 후보 극점은 구간의 양 끝점을 포함하여 $Q = 0$, $Q = 10$, $Q = 90$, $Q = 110$이다. **(a)**에서 작성한 표를 이용하여 해당 값에서의 이윤을 구하면 다음과 같다.

$$\pi(0) = -500,\ \pi(10) = -760,\ \pi(90) = 4360,\ \pi(110) = 3240$$

따라서 회사는 90단위를 생산할 때 최대 이윤을 얻는다.

(d) 단위당 가격이 p라면 110단위를 생산하여 얻는 이윤은 $\pi(110) = p \cdot 110 - C(110) = 110p - 10070$이다. 이때 회사가 손실을 보지 않으려면 p는 $110p - 10070 \geq 0$을 만족해야 한다. 즉 회사가 손실을 보지 않는 최소 가격은 $110p - 10070 = 0$을 만족하는 $p \approx 91.55$이므로 단위당 가격이 91.55달러 이상이어야 한다.

EX 9.5.3 [EX 9.5.1]과 [EX 9.5.2]의 모형에서는 회사가 주어진 시장 가격을 받아들였다. 이번에는 회사가 상품 판매를 독점하는 극단적인 경우를 살펴보자. 이때 단위당 가격 $P(Q)$는 구간 $[0, 300]$에 속하는 모든 Q에 대해 변하고, 그 값은 $P(Q) = 100 - \frac{1}{3}Q$로 정해진다. 그리고 비용함수는 다음과 같다고 가정하자.

$$C(Q) = \frac{1}{600}Q^3 - \frac{1}{3}Q^2 + 50Q + \frac{1000}{3}$$

그러면 이윤함수는 다음과 같다.

$$\pi(Q) = QP(Q) - C(Q) = -\frac{1}{600}Q^3 + 50Q - \frac{1000}{3}$$

이윤을 극대화하는 생산량을 구하고 최대 이윤을 계산하라.

풀이

이윤함수 $\pi(Q)$의 도함수는 $\pi'(Q) = -\frac{Q^2}{200} + 50$이므로 $Q^2 = 10000$이면 $\pi'(Q) = 0$이다. 여기서 $Q < 0$은 허용되지 않으므로 유일한 임계점은 $Q = 100$이다. 구간 $[0, 300]$의 두 끝점에서 $\pi(Q)$ 값은 $\pi(0) = -\frac{1000}{3}$과 $\pi(300) = -\frac{91000}{3}$이다. 더욱이 $\pi(100) = 3000$이므로 생산량이 100단위일 때 이윤을 극대화하며, 최대 이윤은 3,000달러이다.

EX 9.5.4 **(대출할 것인가, 저축할 것인가?)**[10] [EX 7.1.5]를 상기하자. 어떤 사람의 현재 수입은 y_1이고, 미래 수입을 y_2로 기대한다. 이 사람의 할인계수를 δ라 하자.[11] 이 사람은 현재 소비 $c_1 > 0$과 미래 소비 $c_2 > 0$을 계획하며 다음과 같은 효용함수를 극대화하려 한다.

$$U = \ln c_1 + \frac{1}{1+\delta}\ln c_2 \qquad (*)$$

현재 소비가 현재 수입보다 크면, 즉 $c_1 > y_1$이면 이 사람은 $(c_1 - y_1)$의 금액을 빌려야 한다. 그러면 대출을 받은 후 이자율 r에 따라 상환해야 할 금액이 증가하므로 미래 소비는 다음과 같다.

$$c_2 = y_2 - (1+r)(c_1 - y_1)$$

반대로 현재 소비가 현재 수입보다 작으면, 즉 $c_1 < y_1$이면 이 사람은 $(y_1 - c_1)$의 금액을 저축한다. 그러면 저축한 돈에 대해 이자율 r만큼의 수익이 발생하므로 미래 소비는 다음과 같다.

$$c_2 = y_2 + (1+r)(y_1 - c_1)$$

최적의 대출 또는 저축 계획을 구하라.

풀이

이 사람이 대출하든 저축하든 상관없이 두 경우 모두 두 번째 기간의 소비는 다음과 같이 표현된다.

$$c_2 = y_2 - (1+r)(c_1 - y_1)$$

식 (*)에 c_2를 대입한 뒤 다음 효용함수를 극대화하는 c_1을 택하려고 한다.

$$U = \ln c_1 + \frac{1}{1+\delta}\ln\{y_2 - (1+r)(c_1 - y_1)\} \qquad (**)$$

그러면 c_1과 c_2가 둘 다 양수인 범위 $0 < c_1 < y_1 + (1+r)^{-1}y_2$에서만 생각하면 된다. 변수 c_1에 대해 식 (**)를 미분하면 다음을 얻는다.

10 셰익스피어에 따르면 폴로니우스가 햄릿에게 한 조언은 "돈을 빌리지도 말고, 빌려주지도 말라."였다고 한다.

11 [EX 7.1.5]의 표기법에서 할인계수 β는 $\beta = \frac{1}{1+\delta}$을 만족한다.

$$\frac{dU}{dc_1}=\frac{1}{c_1}-\frac{1+r}{1+\delta}\cdot\frac{1}{y_2-(1+r)(c_1-y_1)}$$

우변을 통분하여 정리하면 다음과 같다.

$$\frac{dU}{dc_1}=\frac{(1+\delta)\{y_2-(1+r)(c_1-y_1)\}-(1+r)c_1}{c_1(1+\delta)\{y_2-(1+r)(c_1-y_1)\}}$$

우변의 분자를 재배열하고 도함수를 0으로 두면 다음을 얻는다.

$$\frac{dU}{dc_1}=\frac{(1+\delta)\{(1+r)y_1+y_2\}-(2+\delta)(1+r)c_1}{c_1(1+\delta)\{y_2-(1+r)(c_1-y_1)\}}=0 \qquad (***)$$

여기서 $y_2-(1+r)(c_1-y_1)>0$을 가정하므로 이 방정식의 유일한 해는 다음과 같다.

$$c_1^*=\frac{(1+\delta)\{(1+r)y_1+y_2\}}{(2+\delta)(1+r)}=y_1+\frac{(1+\delta)y_2-(1+r)y_1}{(2+\delta)(1+r)}$$

식 (***)에 따르면 $c_1<c_1^*$일 때 $\frac{dU}{dc_1}>0$이고, $c_1>c_1^*$일 때 $\frac{dU}{dc_1}<0$이다. 따라서 [정리 9.2.1]의 일계도함수 극값판정법에서 c_1^*는 U를 극대화함을 알 수 있다. 또한 이 사람은 현재 소득이 미래 소득보다 상대적으로 큰 $(1+\delta)y_2<(1+r)y_1$일 때 저축한다. 그런데 실제로는 미래 소득이 현재 소득보다 높을 가능성이 크므로 $(1+\delta)y_2>(1+r)y_1$가 성립하고, 대출하는 것이 더 합리적이다. 다만 우연히 $(1+\delta)y_2=(1+r)y_1$이라면 셰익스피어가 말했듯이 "돈을 빌리지도 말고, 빌려주지도 말라."와 같은 상황이 된다. 다만 지금까지의 논의에서는 대출 이자율과 예금 이자율의 차이를 고려하지 않았다. 실제로 이러한 금리 차이는 현실에서 항상 존재한다(참고로 셰익스피어 시대에도 마찬가지였다).

9.5 연습문제

1 [EX 9.5.1]을 참고하여 모든 $Q\in[0, 10000]$에 대해 총수익함수는 $R(Q)=10Q-\frac{Q^2}{1000}$이고, $Q\geq 0$에 대해 총생산비용함수는 $C(Q)=5000+2Q$라 하자. 이윤을 극대화하는 생산량 Q를 구하라.

2 [EX 9.5.1]을 참고하여 총수익함수가 $R(Q)=80Q$이고, 총생산비용함수가 $C(Q)=Q^2+10Q+900$이라 가정하자. 이 회사가 최대 50단위를 생산할 수 있을 때, 물음에 답하라.

(a) R과 C의 그래프를 같은 좌표평면 위에 그려라.

(b) 그래프와 계산을 이용하여 (i), (ii)에 답하라.

(i) 이 회사가 이윤을 얻으려면 최소 몇 단위를 생산해야 하는가?

(ii) 이 회사가 이윤을 극대화하려면 몇 단위를 생산해야 하는가?

3 한 제약회사에서 페니실린을 생산한다고 하자. 단위당 판매가격은 200이고, x단위를 생산하는 비용함수는 $C(x)=500000+80x+0.003x^2$이다. 이 회사가 최대 30,000단위까지 생산할 수 있을 때, 이윤을 극대화할 수 있는 생산량 x를 구하라.

4 [EX 9.5.1]을 참고하여 다음 조건에서 이윤을 극대화하는 생산량 Q^*를 구하라.

(a) $R(Q)=1840Q,\ C(Q)=2Q^2+40Q+5000$

(b) $R(Q)=2240Q,\ C(Q)=2Q^2+40Q+5000$

(c) $R(Q)=1840Q,\ C(Q)=2Q^2+1940Q+5000$

5 한 기업에서 생산하는 상품 가격은 수요 Q에 의해 $P(Q)=18-0.006Q$로 결정된다고 하자. 생산에 필요한 총비용은 $C(Q)=0.004Q^2+4Q+4500$이다. 물음에 답하라.

(a) 기업의 이윤함수 $\pi(Q)$를 구하고, 이윤을 극대화하는 Q 값을 구하라.

(b) $P(Q)$의 탄력성을 Q에 대해 구하고, 탄력성이 -1이 되는 값 Q^*를 구하라.

(c) Q^*에서 한계수익이 0임을 보여라.

6 [EX 9.5.1]을 참고하여 총수익함수와 총생산비용함수가 $R(Q)=pQ$와 $C(Q)=aQ^b+c$라 하자. 여기서 p, a, b, c는 양의 상수이고 $b>1$이다. [정리 9.2.2]를 이용하여 이윤 $\pi(Q)$를 극대화하는 Q 값을 구하라.

9.6 국소극점

지금까지 이 장에서는 흔히 **대역적**(global) 최적화 문제라고 불리는 개념을 살펴보았다. 이러한 용어를 사용하는 이유는 함수의 최댓값이나 최솟값을 구할 때 정의역의 모든 점을 고려하여 비교했기 때문이다. 실제 최적화 문제, 특히 경제학에서 발생하는 문제에서는 이러한 대역적 극값이 주로 관심 대상이다. 그러나 때로는 함수의 극댓값과 극솟값을 찾는 것이 중요할 수도 있다. 이때는 해당하는 점과 그 근방에서의 함숫값을 비교한다.

[그림 9.6.1]의 그래프가 지형의 단면을 나타낸다고 생각해 보자. 그러면 산 정상인 P_1과 P_2는 극댓값을 나타내고, 계곡의 바닥인 Q_1과 Q_2는 극솟값을 나타낸다. 이를 엄밀하게 정의하면 다음과 같다.

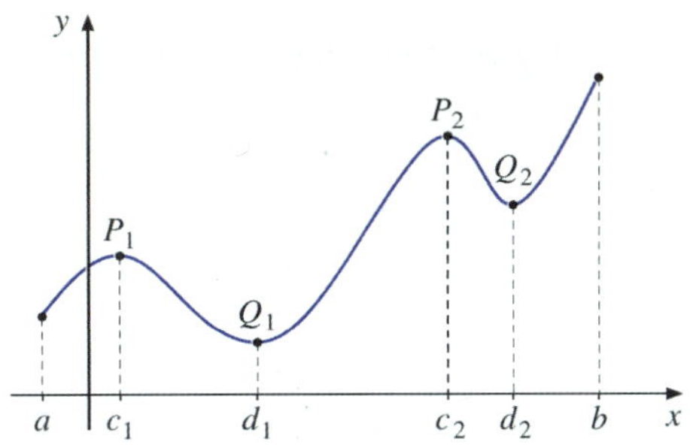

그림 9.6.1 c_1, c_2, b는 극대점이고 a, d_1, d_2는 극소점

국소극값

함수 f가 정의역에서 다음 조건을 만족할 때, 해당 점에서 국소극값을 가진다고 한다.

❶ $\alpha<x<\beta$인 모든 x에 대해 c를 포함하는 구간 (α, β)가 존재하여 $f(x)\le f(c)$이면 f는 c에서 **극댓값**(local maximum)을 갖는다. (9.6.1)

❷ $\alpha<x<\beta$인 모든 x에 대해 c를 포함하는 구간 (α, β)가 존재하여 $f(x)\ge f(c)$이면 f는 c에서 **극솟값**(local minimum)을 갖는다. (9.6.2)

❸ $\alpha<x<\beta$인 모든 $x\ne c$에 대해 $f(x)\ne f(c)$이면 국소극점 c를 **순국소극점**(strict local extreme point)이라 한다.

[그림 9.6.1]에서 극솟값의 정의 (9.6.2)는 끝점 a에도 적용될 수 있다. 이는 $\alpha < a$일 때 (α, β)의 반열린 부분구간 $[a, \beta)$만 f의 정의역에 속할 수 있기 때문이다. 마찬가지로 극댓값의 정의 (9.6.1)이 끝점 b에도 적용될 수 있는 이유는 $\beta > b$일 때 (α, β)의 반열린 부분구간 $(\alpha, b]$만 f의 정의역에 속할 수 있기 때문이다.[12] 따라서 정의 (9.6.2)에 의해 [그림 9.6.1]에서 a, d_1, d_2가 모두 순극소점이며 d_1은 대역적 최소점이다. 또한 정의 (9.6.1)에 의해 c_1, c_2, b가 순극대점이고 b는 대역적 최대점이다.

극대점에 해당하는 함숫값을 **극댓값**(local maximum value)이라 하고, 극소점에 해당하는 함숫값을 **극솟값**(local minimum value)이라 한다. 이를 통칭하여 **국소극점**(local extreme point)과 **국소극값**(local extreme value)이라는 용어를 사용한다. 정의 (9.6.1)을 '구간 (α, β)에서 $x \neq c$인 모든 x에 대해 $f(x) < f(c)$가 성립'한다고 바꾸면 극대점 c는 **순극대점**(strict local maximum point)이다. 또한 정의 (9.6.2)를 동일한 방법으로 수정하여 **순극소점**(strict local minimum point)을 정의할 수 있다.

[정리 9.1.1]은 대역적 최대점과 최소점을 조사할 때 유용하다. 동일한 결과는 국소극점을 구할 때도 적용된다. **즉 미분가능한 함수의 정의역 내부에 있는 국소극점에서는 반드시 도함수가 0이어야 한다.** 이는 [정리 9.1.1]을 증명할 때 극댓값이나 극솟값을 갖는 점 주변의 작은 구간에서 함수의 움직임을 분석했음을 상기한다면 명확해진다. 따라서 구간 I에 정의된 함수 f의 극댓값과 극솟값을 구하려면 다음 세 가지 유형을 고려하면 된다.

❶ $f'(x) = 0$인 I의 내부점
❷ 구간 I에 포함된 끝점
❸ $f'(x)$가 존재하지 않는 I의 내부점

이제 구간 I에 정의된 함수 f가 국소극점을 가질 필요조건을 설정했다. 그러면 필요조건을 만족하는 점이 극댓값인지, 극솟값인지 또는 둘 다 아닌지를 어떻게 판단할 수 있는가? 대역적 극점과는 달리 필요조건을 만족하는 다른 점에서의 함숫값을 계산하는 것은 의미가 없다. 그 이유를 [그림 9.6.1]의 그래프에서 살펴보면 명확하다. 점 P_1은 순극댓값을 갖고 점 Q_2는 순극솟값을 갖지만, P_1에서의 함숫값은 Q_2에서의 함숫값보다 작다.

일계도함수 판정법

주어진 임계점이 극대점인지, 극소점인지, 아니면 둘 다 아닌지를 판별하는 방법으로 크게 두 가지가 있다. 첫 번째는 임계점 주변에서 일계도함수의 부호를 조사하는 것이다. 이 방법은 [정리 9.2.1]을 약간 변형한 것으로 쉽게 유도할 수 있다.

정리 9.6.1 일계도함수 국소극값판정법

함수 $y = f(x)$에 대해 c가 f의 한 임계점이라고 하자.

❶ c 왼쪽에 있는 어떤 구간 (a, c) 전체에서 $f'(x) \geq 0$이고 c 오른쪽에 있는 어떤 구간 (c, b) 전체에서 $f'(x) \leq 0$이면 $x = c$는 f의 한 극대점이다.

12 일부 저자는 극대점[극소점]의 정의를 함수의 정의역의 내부점으로 제한하기도 한다. 그러면 정의역의 내부점이 아닌 대역적 최대점[대역적 최소점]은 극대점[극소점]이 될 수 없다. 그러나 대역적 최대점[대역적 최소점]이 극대점[극소점]이라고 보는 것이 더 적절하다고 판단하므로, 이 책에서는 앞서 제시한 정의 (9.6.1)과 (9.6.2)를 유지하기로 한다.

❷ c 왼쪽에 있는 어떤 구간 $(a,\ c)$ 전체에서 $f'(x) \le 0$이고 c 오른쪽에 있는 어떤 구간 $(c,\ b)$ 전체에서 $f'(x) \ge 0$이면 $x=c$는 f의 한 극소점이다.

❸ c 왼쪽에 있는 어떤 구간 $(a,\ c)$ 전체와 c 오른쪽에 있는 어떤 구간 $(c,\ b)$ 전체에서 $f'(x)>0$이면 $x=c$는 f의 국소극점이 아니다. 또한 c 양쪽에 있는 어떤 두 구간 전체에서 $f'(x)<0$이어도 $x=c$는 f의 국소극점이 아니다.

❸의 경우는 [정리 9.2.1]에서 다루지 않았다. 실제로 구간 $(a,\ c)$와 $(c,\ b)$에서 $f'(x)>0$이면 $f(x)$는 구간 $(a,\ c]$와 $[c,\ b)$에서도 순증가한다. 따라서 $x=c$는 국소극점이 될 수 없다.

EX 9.6.1 함수 $f(x)=\frac{1}{9}x^3-\frac{1}{6}x^2-\frac{2}{3}x+1$의 임계점을 분류하라.

풀이

주어진 함수의 도함수는 $f'(x)=\frac{1}{3}x^2-\frac{1}{3}x-\frac{2}{3}=\frac{1}{3}(x+1)(x-2)$이다([EX 8.6.2] 참고). 따라서 $x=-1$과 $x=2$는 $f(x)$의 임계점이다. $f'(x)$의 부호 도표를 나타낸 [그림 9.6.2]에서 $x=-1$은 극대점이고, $x=2$는 극소점임을 알 수 있다.

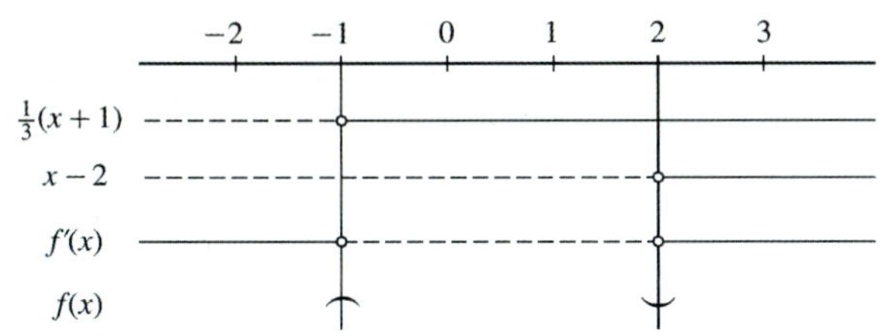

그림 9.6.2 [EX 9.6.1]에서 $f'(x)$의 부호 도표

EX 9.6.2 함수 $f(x)=x^2e^x$의 임계점을 분류하라.

풀이

f를 미분하면 $f'(x)=2xe^x+x^2e^x=xe^x(2+x)$이다. 따라서 $x=0$과 $x=-2$에서 $f'(x)=0$이다. 부호 도표를 이용하면 f가 $x=-2$에서 극대점을 가지고 $x=0$에서는 대역적 최소점을 가짐을 확인할 수 있다. [그림 9.6.3]에 제시된 f의 그래프를 통해 임계점을 시각적으로 확인할 수 있다.

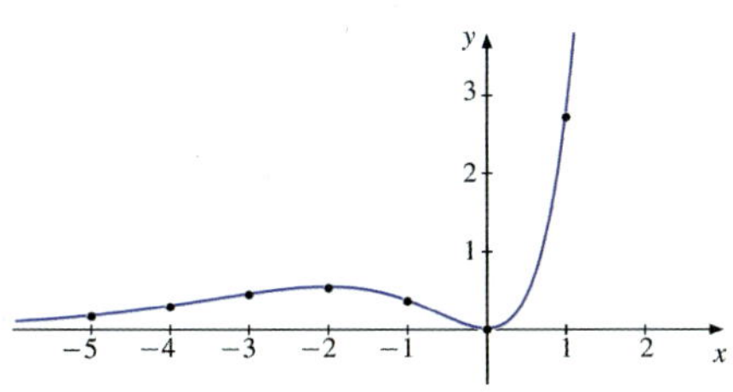

그림 9.6.3 $f(x)=x^2e^x$의 그래프

이계도함수 판정법

경제학에서 다루는 실제 문제들은 대부분 양함수로 정의된 함수를 포함한다. 그러면 [정리 9.6.1]의 일계도함수 국소극값판정법으로 임계점이 극대점인지, 극소점인지, 또는 둘 다 아닌지를 결정한다. 이 판정법은 주어진 임계점의 왼쪽과 오른쪽에 있는 어떤 구간 전체에서 $f(x)$의 부호를 알아야 하지만, 다음 판정법은 임계점 자체에서 함수의 일계도함수와 이계도함수를 아는 것만으로도 충분하다.

> **정리 9.6.2 이계도함수 국소극값판정법**
>
> 구간 I에서 f는 두 번 미분가능한 함수이고 c는 I의 한 내부점이라 하자.
>
> ❶ $f'(c)=0$이고 $f''(c)<0$이면 $x=c$는 순극대점이다.
> ❷ $f'(c)=0$이고 $f''(c)>0$이면 $x=c$는 순극소점이다.
> ❸ $f'(c)=0$이고 $f''(c)=0$이면 $x=c$는 극대점 또는 극소점이거나 둘 다 아닐 수도 있다.

[정리 9.6.2] ❶의 증명

c에서 $f'(x)$의 도함수 $f''(c)$는 다음과 같다. 여기서 $f'(c)=0$이다.

$$f''(c)=\lim_{h\to0}\frac{f'(c+h)-f'(c)}{h}=\lim_{h\to0}\frac{f'(c+h)}{h}$$

가정에서 $f''(c)<0$이므로 $|h|$가 충분히 작으면 $\frac{f'(c+h)}{h}<0$이다. 특히 h가 충분히 작은 양수이면 $f'(c+h)<0$이므로 c의 오른쪽 구간에서 $f'<0$이다. 같은 방법으로 c의 왼쪽에서 $f'>0$임을 알 수 있다. 따라서 $x=c$는 f에 대한 순극대점이다. ■

[정리 9.6.2]의 ❷도 같은 방법으로 증명할 수 있다.

❸과 같이 $f'(c)=f''(c)=0$인 판정불가능한 경우에는 '무슨 일이든' 일어날 수 있다. 예를 들어 함수 $f(x)=x^4$, $f(x)=-x^4$, $f(x)=x^3$을 생각해보자. 세 함수의 그래프는 각각 [그림 9.6.4], [그림 9.6.5], [그림 9.6.6]과 같다. 그래프에서 확인할 수 있듯이 이들 함수는 모두 $f'(0)=f''(0)=0$을 만족하고, $x=0$에서 각각 순최솟값, 순최댓값 그리고 변곡점을 갖는다(8.6절 참고). 이들 경우에는 일반적으로 일계도함수 국소극값 판정법을 이용하여 $f'(c)=f''(c)=0$인 임계점을 분류할 수 있다.

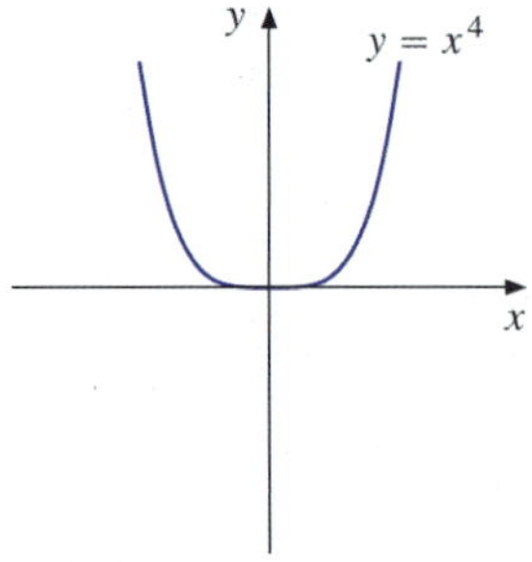

그림 9.6.4 순최솟값

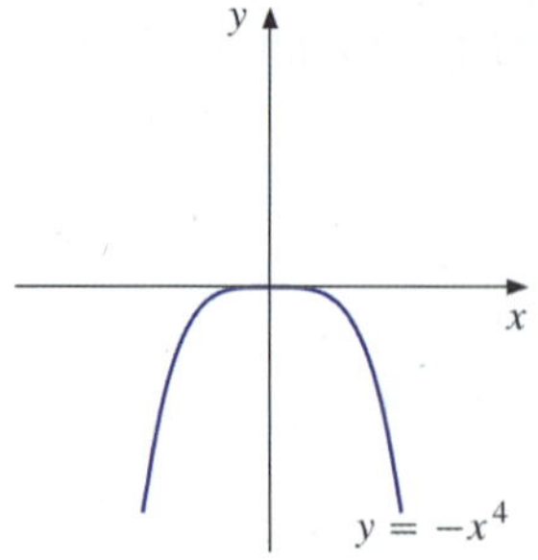

그림 9.6.5 순최댓값

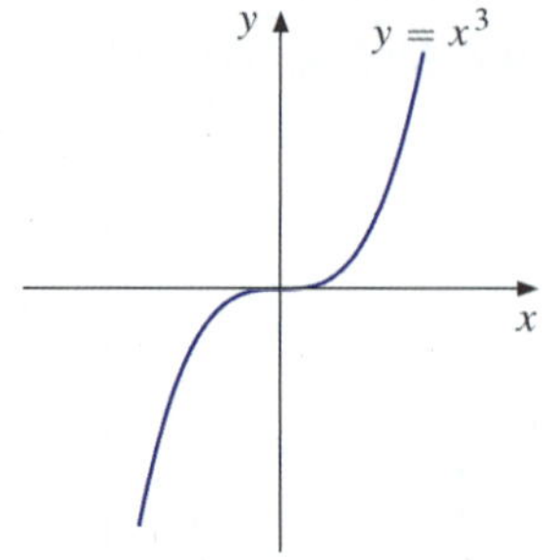

그림 9.6.6 변곡점

EX 9.6.3 이계도함수 국소극값판정법을 이용하여 $f(x)=\frac{1}{9}x^3-\frac{1}{6}x^2-\frac{2}{3}x+1$의 임계점을 분류하라.

풀이

주어진 함수의 도함수는 $f'(x)=\frac{1}{3}x^2-\frac{1}{3}x-\frac{2}{3}=\frac{1}{3}(x+1)(x-2)$이고 [EX 9.6.1]로부터 $x=-1$과 $x=2$는 $f(x)$의 임계점임을 알고 있다. f의 이계도함수는 다음과 같다.

$$f''(x)=\frac{2}{3}x-\frac{1}{3}$$

$f''(-1)=-1<0$이고 $f''(2)=1>0$이다. 따라서 [정리 9.6.2]에 의해 $x=-1$은 극대점이고 $x=2$는 극소점이다. 이는 [EX 9.6.1]의 결과와 동일하다.

EX 9.6.4 이계도함수 판정법을 이용하여 $f(x)=x^2e^x$의 임계점을 분류하라.

풀이

주어진 함수의 도함수는 $f'(x)=2xe^x+x^2e^x=xe^x(2+x)$이고 [EX 9.6.2]로부터 $x=0$과 $x=-2$는 $f(x)$의 임계점임을 알고 있다. f의 이계도함수는 다음과 같다.

$$f''(x)=2e^x+2xe^x+2xe^x+x^2e^x=e^x(2+4x+x^2)$$

두 임계점에서 $f''(0)=2>0$과 $f''(-2)=-2e^{-2}<0$이다. 따라서 [정리 9.6.2]에 의해 $x=0$은 순극소점이고 $x=-2$는 순극대점이다. 이는 [EX 9.6.2]의 결과와 동일하다.

[정리 9.6.2]를 이용하면 극점에 대한 유용한 필요조건을 얻을 수 있다. 함수 f가 구간 I에서 두 번 미분가능하고 c가 극댓값을 갖는 I의 한 내부점이라고 가정하면 $f'(c)=0$이다. 더욱이 $f''(c)\le 0$을 만족해야 한다. 만약 $f''(c)>0$이면 [정리 9.6.2]의 ❷에서 c는 극소점이어야 하는데, 이는 c에서 극댓값을 갖는다는 가정에 모순된다. 같은 방법으로 $f''(c)\ge 0$은 극솟값을 가지는 필요조건임을 알 수 있다. 이를 간단히 공식화하면 다음의 이계도함수 필요조건을 얻을 수 있다.

이계도함수 필요조건

함수 f가 두 번 미분가능할 때

- 점 c가 f에 대해 극대점이면 $f''(c)\le 0$이다. (9.6.3)
- 점 c가 f에 대해 극소점이면 $f''(c)\ge 0$이다. (9.6.4)

경제분석에서 많은 결과들은 일계도함수의 부호 변화보다는 이계도함수의 부호 변화에 더 의존한다.

EX 9.6.5 [EX 9.5.1]을 상기하자. 단일 상품을 생산하는 이 회사가 단위당 τ달러의 판매세를 부담한다고 하자. 그러면 이 회사가 Q단위를 생산하고 판매하여 얻는 이윤은 $\pi(Q)=R(Q)-C(Q)-\tau Q$로 주어진다. $0<Q^*<\overline{Q}$를 만족하는 생산량 Q^*에서 이윤을 극대화하려면 $\pi'(Q^*)=0$이어야 한다. 따라서 다음을 만족해야 한다.

$$R'(Q^*)-C'(Q^*)-\tau=0 \tag{*}$$

$R''(Q^*)<0$이고 $C''(Q^*)>0$이라 하자. 식 (*)는 τ에 대한 미분가능한 함수로서 Q^*를 음함수로 정의한다. $\dfrac{dQ^*}{d\tau}$에 대한 식을 구하고, 그 부호에 대해 논의하라. 또한 이윤함수의 최적값 $\pi(Q^*)$를 τ에 대해 미분하고 $\dfrac{d\pi(Q^*)}{d\tau}=-Q^*$임을 보여라.

풀이

판매세 τ에 대해 식 (*)를 미분하면 다음을 얻는다.

$$R''(Q^*)\frac{dQ^*}{d\tau}-C''(Q^*)\frac{dQ^*}{d\tau}-1=0$$

이 식을 $\dfrac{dQ^*}{d\tau}$에 대해 풀면 다음을 만족한다.

$$\frac{dQ^*}{d\tau}=\frac{1}{R''(Q^*)-C''(Q^*)} \tag{**}$$

R''와 C''의 부호에 대한 가정에 의해 $\dfrac{dQ^*}{d\tau}<0$이므로, 판매세 τ가 증가하면 최적 생산량은 감소한다.

이윤함수의 최적값은 $\pi(Q^*)=R(Q^*)-C(Q^*)-\tau Q^*$이다. Q^*가 τ에 의존하므로 양변을 τ에 대해 미분하면 다음을 얻는다.

$$\begin{aligned}\frac{d\pi(Q^*)}{d\tau}&=R'(Q^*)\frac{dQ^*}{d\tau}-C'(Q^*)\frac{dQ^*}{d\tau}-Q^*-\tau\frac{dQ^*}{d\tau}\\&=\{R'(Q^*)-C'(Q^*)-\tau\}\frac{dQ^*}{d\tau}-Q^*\\&=-Q^* \quad \text{일계조건 (*) 이용}\end{aligned}$$

이는 17.7절에서 설명할 포락선정리(envelope theorem)의 한 예이다. 판매세가 1센트 인상하면 이윤은 약 Q^*센트만큼 감소한다. 여기서 Q^*는 최적의 생산량이다.

9.6 연습문제

1 모든 x에 대해 $f(x)=x^3-12x$로 정의된 함수 f를 생각하자. f의 임계점을 구하라. 일계도함수 국소극값 판정법과 이계도함수 국소극값판정법을 모두 이용하여 임계점을 분류하라.

2 다음 함수에 대해 국소극점과 국소극값이 있으면 구하라.

(a) $f(x)=-2x-1$

(b) $f(x)=x^3-3x+8$

(c) $f(x)=x+\dfrac{1}{x}$

(d) $f(x)=x^5-5x^3$

(e) $f(x)=\dfrac{1}{2}x^2-3x+5$

(f) $f(x)=x^3+3x^2-2$

3 함수 $f(x)=\left(1+\dfrac{2}{x}\right)\sqrt{x+6}$에 대해 물음에 답하라.

(a) f의 정의역과 $f(x)>0$인 x의 구간을 각각 구하라.

(b) f의 국소극점이 있으면 구하라.

(c) $x\to 0^-$, $x\to 0^+$, $x\to\infty$일 때 $f(x)$의 극한을 조사하라. 또한 $x\to\infty$일 때 $f'(x)$의 극한을 구하라. 함수 f가 정의역에서 최댓값 또는 최솟값을 가지는지 밝혀라.

4 [그림 9.6.7]은 함수 f의 도함수 $y=f'(x)$의 그래프를 나타낸다. 주어진 점 a, b, c, d, e에 대해 조건 (i)~(iii)을 만족하는 점을 분류하라.

(i) f의 순극대점

(ii) f의 순극소점

(iii) f의 순극대점과 순극소점 모두에 해당하지 않는 점

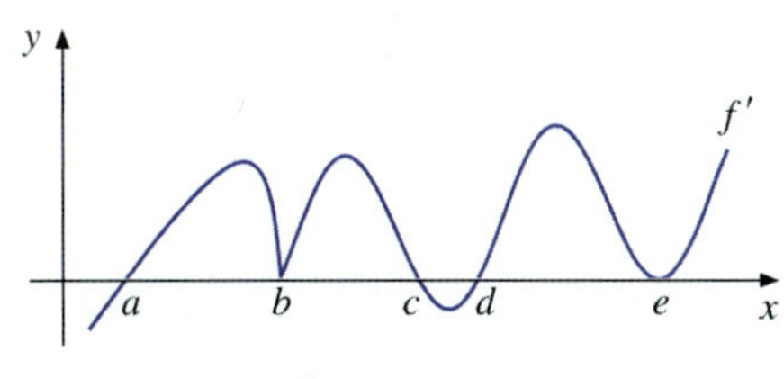

그림 9.6.7 함수 f'의 그래프

5 함수 $f(x)=x^3+ax^2+bx+c$가 다음을 만족하려면 상수 a, b, c에 어떤 조건이 필요한지 설명하라.

(a) $x=0$에서 극솟값을 갖는다.

(b) $x=1$과 $x=3$에서 임계점을 갖는다.

6 다음 함수의 국소극점을 구하라.

(a) $f(x)=x^3e^x$

(b) $g(x)=x^2 2^x$

7 **심화** $f(x)=x^3+ax+b$의 국소극점을 모두 구하라. 답을 이용하여 방정식 $f(x)=0$이 세 개의 다른 실수해를 가지는 것과 $4a^3+27b^2<0$은 동치임을 보여라.

CHAPTER 09 복습문제

9.1 함수 $f(x)=\dfrac{x^2}{x^2+2}$에 대한 물음에 답하라.

(a) $f'(x)$를 구하고, $f(x)$가 증가 또는 감소하는 구간을 결정하라.

(b) f의 변곡점이 있으면 변곡점을 구하라.

(c) $x\to\pm\infty$일 때 $f(x)$의 극한을 구하고, $f(x)$의 그래프를 그려라.

9.2 어떤 기업의 생산함수가 $Q(L)=12L^2-\dfrac{1}{20}L^3$으로 주어진다고 하자. 여기서 L은 노동자 수이고 $0\le L\le 200$이다.

(a) 생산량 $Q(L)$을 극대화하는 노동자 수를 구하라.

(b) 노동자 1인당 생산량 $\dfrac{Q(L)}{L}$을 극대화하는 노동자 수 L^*를 구하라. 이때 $Q'(L^*)=\dfrac{Q(L^*)}{L^*}$인데, 이 관계가 우연의 일치인지 설명하라.

9.3 4.6절 [연습문제 7]과 같이 한 농부가 길이 1,000m의 철조망을 사용하여 직사각형 모양의 울타리를 만들려고 한다. 그러나 울타리 한쪽은 직선 운하와 경계를 이루고 있어 철조망이 필요하지 않다. 이때 울타리의 넓이를 극대화하는 직사각형의 가로와 세로 길이를 구하라.

9.4 한 기업이 상품 Q단위를 생산하고 판매하여 얻는 총수익함수는 $R(Q)=-0.0016Q^2+44Q$이고, 비용함수는 $C(Q)=0.0004Q^2+8Q+64000$으로 주어졌다고 하자.

(a) 이윤을 극대화하는 생산량을 구하라.

(b) $Q=1000$일 때, $\mathrm{El}_Q C(Q)\approx 0.12$임을 보이고, 이 결과를 해석하라.

9.5 한 기업이 $Q\ge 0$단위를 생산하여 판매할 때 얻는 단위가격함수는 $P(Q)=a-bQ^2$이고, Q단위를 생산하고 판매하는 비용함수는 $C(Q)=\alpha+\beta Q$라 하자. 여기서 상수 a, b, α, β는 모두 양수이다. 이윤을 극대화하는 생산량을 구하라.

9.6 어떤 경쟁기업이 생산 단위당 가격으로 p를 받고, 유일한 변수인 투입량의 단위당 가격으로 w를 지불한다. 또한 고정비용 F를 부담한다. 이때 투입량이 x단위인 기업의 생산량은 $f(x)=\sqrt{x}$라 하자.

(a) 이 기업의 총수익, 총비용, 이윤을 x의 함수로 나타내라.

(b) 이윤극대화를 위한 일계조건을 작성하고, 이를 경제학적으로 해석하라. 또한 일계조건을 만족하는 점에서 이윤이 실제로 극대화되는지 확인하라.

9.7 함수 $g(x)=x-2\ln(x+1)$에 대한 물음에 답하라.

(a) 함수 g의 정의역을 구하라.

(b) $g'(x)$와 $g''(x)$를 구하라.

(c) g의 극점과 변곡점이 있으면 구하고, 그래프를 그려라.

9.8 함수 $f(x)=\ln(x+1)-x+\frac{1}{2}x^2-\frac{1}{6}x^3$에 대한 물음에 답하라.

(a) f의 정의역을 구하고, 정의역의 모든 x에 대해 $f'(x)=\frac{x^2-x^3}{2(x+1)}$임을 증명하라.

(b) f의 극점과 변곡점이 있으면 모두 구하라.

(c) $x\to-1^+$일 때 $f(x)$의 극한을 구하라. 구간 $(-1, 2]$에서 f의 그래프를 그려라.

9.9 모든 x에 대해 $h(x)=\frac{e^x}{2+e^{2x}}$으로 정의된 함수를 생각하자.

(a) h가 증가 또는 감소하는 구간을 구하라. h에 대한 최대점 또는 최소점이 있으면 구하라.

(b) h의 정의역을 $(-\infty, 0]$으로 제한하면 h는 역함수를 갖는다. 그 이유는 무엇인가? 역함수의 식을 구하라.

9.10 함수 $f(x)=(e^{2x}+4e^{-x})^2$에 대한 물음에 답하라.

(a) $f'(x)$와 $f''(x)$를 구하라.

(b) f가 증가 또는 감소하는 구간을 구하고, f가 볼록함수임을 보여라.

(c) 극점이 있으면 구하라.

9.11 심화 함수 $f(x)=\frac{x}{\sqrt[3]{x^2-a}}$에 대한 물음에 답하라. 여기서 $a>0$이다.

(a) f의 정의역 D_f와 $f(x)>0$인 구간을 구하라. 그리고 f의 그래프는 원점에 대해 대칭임을 보여라.

(b) f가 증가 또는 감소하는 구간을 구하라. 그리고 f의 국소극점이 존재하면 구하라.

(c) f의 변곡점이 있으면 구하라.

9.12 심화 일계도함수 국소극값판정법을 이용하여 $f(x)=\frac{6x^3}{x^4+x^2+2}$의 임계점을 분류하고, f의 그래프를 그려라.

MEMO

CHAPTER

10

적분

Integration

CONTENTS

내가 묻겠소. 스스로 지루하게 하고 학생들까지 지루하게 하는 것이 과연 옳다고 하겠소?
그것이 지혜로운 일이라 생각하시오?
Is it right I ask; is it even prudence; to bore thyself and bore the students?
_ 요한 볼프강 폰 괴테의 『파우스트』에서 메피스토펠레스가 파우스트에게
(Mephistopheles to Faust, In Johann Wolfgang von Goethe's Faust)

6장과 7장에서 다룬 주요 주제는 미분이었고, 이는 흥미로운 경제 문제에 직접 활용될 수 있었다. 그러나 경제학자들은 특히 통계학을 다룰 때, 도함수로부터 원래의 함수를 찾는 수학적 문제에 자주 부딪힌다. 어떤 함수의 도함수로부터 원래 함수를 재구성하는 것은 미분의 '역과정'으로 생각할 수 있는데, 이러한 과정을 **적분**(integration)이라 한다.

삼각형의 넓이를 구하는 간단한 공식은 고대부터 알려져 있었다. 직선으로 둘러싸인 모든 다각형은 정의상 서로 꼭짓점에서만 만나는 삼각형으로 분할될 수 있다. 따라서 분할된 각 삼각형의 넓이의 합으로 다각형의 넓이를 쉽게 구할 수 있다. 그런데 약 4,000년 전 바빌로니아인들은 원과 같이 직선으로 둘러싸이지 않은 평면도형의 넓이를 정확히 구하는 방법에 관심을 갖기 시작했다. 이러한 도형의 넓이를 구하는 것은 적분의 계산과 밀접한 관련이 있다.

이 장에서는 적분에 대한 기본 개념을 소개하고 경제학자들이 반드시 알아야 하는 적분의 중요한 응용 사례도 다룰 것이다. 다음 장에서 단순한 몇 가지 동태 모형을 중심으로 적분과 관련된 미분방정식의 응용을 다룬다.

10.1 부정적분

함수 F는 알지 못하지만 그 도함수가 x^2이라는 사실을 알고 있다고 하자. 즉 $F'(x) = x^2$이면 F는 무엇인가? x^3의 도함수는 $3x^2$이므로 $\frac{1}{3}x^3$의 도함수는 x^2임을 알 수 있다. 상수항은 미분하면 0이 되므로 임의의 상수 C에 대해 $\frac{1}{3}x^3 + C$의 도함수 또한 x^2이다. 실제로 임의의 함수 $G(x)$가 도함수로 x^2을 갖는다고 하자. 그렇다면 $G(x) - \frac{1}{3}x^3$의 도함수는 0이어야 한다. 한편 식 (6.3.3)에 따르면 모든 x에 대해 도함수가 0인 함수는 상수함수이므로 다음이 성립한다.

$$F'(x) = x^2 \quad \Leftrightarrow \quad F(x) = \frac{1}{3}x^3 + C \text{ (단, } C\text{는 임의의 상수)}$$

EX 10.1.1 어떤 기업의 한계비용함수를 $C'(Q) = 2Q^2 + 2Q + 5$라 하고, 고정비용을 100이라 하자. 비용함수 $C(Q)$를 구하라.

풀이

한계비용함수 $C'(Q)$의 세 항을 각각 따로 생각하고, 이 항들을 적분하면 $C(Q) = \frac{2}{3}Q^3 + Q^2 + 5Q + c$이다. 이를 미분하면 $2Q^2 + 2Q + 5$이고, 고정비용이 100이므로 $C(0) = c = 100$이다. 따라서 구하려는 비용함수는 다음과 같다.

$$C(Q) = \frac{2}{3}Q^3 + Q^2 + 5Q + 100$$

두 함수 $f(x)$와 $F(x)$가 구간 I의 모든 x에 대해 $f(x)=F'(x)$를 만족한다고 하자. 함수 F에서 함수 f로 넘어가는 과정이 미분이므로, 이와 반대로 함수 f에서 함수 F로 넘어가는 역과정은 **역도함수**(antiderivative)라고 부르는 것이 적절할 것이다. 수학적 관행에 따라 함수 F를 구간 I에서 f의 **부정적분**(indefinite integral)이라 하고, 이를 기호 $\int f(x)\,dx$로 표기한다.

만약 어떤 구간 전체에서 두 함수의 도함수가 동일하면 두 함수의 차는 미분했을 때 0이므로 두 함수의 차는 반드시 상수이다. 지금까지의 내용을 정리하면 다음과 같다.

부정적분

만일 $F'(x)=f(x)$이면 다음이 성립한다.

$$\int f(x)\,dx = F(x)+C \tag{10.1.1}$$

여기서 C는 임의의 상수이다.

예를 들어 [EX 10.1.1]의 풀이는 다음을 의미한다.

$$\int (2x^2+2x+5)\,dx = \frac{2}{3}x^3+x^2+5x+C$$

여기서 기호 $\int$은 **적분기호**(integral sign)이고, 식 (10.1.1)에서 $f(x)$는 **피적분함수**(integrand)라 한다. 또한 기호 dx는 x가 **적분변수**(variable of integration)임을 나타내고, C는 **적분상수**(constant of integration)를 의미한다. 이 정의에 의해 식 (10.1.1)을 "x에 대한 $f(x)$의 부정적분은 $F(x)+$상수이다."라고 읽는다. 이때 이 적분을 부정적분(indefinite integral)이라 부르는 이유는, $F(x)+C$가 특정한 하나의 함수가 아니라 동일한 도함수 f를 갖는 모든 함수의 모임으로 간주하기 때문이다.

식 (10.1.1)의 양변을 미분하면 다음을 얻는다.

$$\frac{d}{dx}\int f(x)\,dx = f(x) \tag{10.1.2}$$

즉 부정적분의 도함수는 피적분함수와 같다. 또한 식 (10.1.1)은 다음과 같이 다시 나타낼 수 있다.

$$\int F'(x)\,dx = F(x)+C \tag{10.1.3}$$

이러한 의미에서 적분과 미분은 서로를 상쇄한다.

몇 가지 중요한 적분공식

미분에 대한 기본 법칙에서 바로 구할 수 있는 몇 가지 중요한 적분공식들이 있다. 먼저 $a\neq-1$인 고정된 a에 대해 $\dfrac{x^{a+1}}{a+1}$의 도함수는 x^a이므로 다음이 성립한다.

멱함수의 적분

$a \neq -1$이면 다음이 성립한다.

$$\int x^a\,dx = \frac{1}{a+1}x^{a+1} + C \tag{10.1.4}$$

여기서 C는 임의의 상수이다.

이 중요한 결과는 x^{-1}, 즉 $\frac{1}{x}$을 제외한 모든 x의 거듭제곱의 부정적분은 x의 지수에 1을 더한 다음 새로운 지수로 나누고, 적분상수를 더하면 된다는 것을 보여준다. 이제 대표적인 세 가지 예를 살펴보자.

EX 10.1.2 식 (10.1.4)를 직접 적용하면 다음과 같다.

(a) $\int x\,dx = \int x^1\,dx = \frac{1}{1+1}x^{1+1} + C = \frac{1}{2}x^2 + C$

(b) $\int \frac{1}{x^3}\,dx = \int x^{-3}\,dx = \frac{1}{-3+1}x^{-3+1} + C = -\frac{1}{2x^2} + C$

(c) $\int \sqrt{x}\,dx = \int x^{\frac{1}{2}}\,dx = \frac{1}{\frac{1}{2}+1}x^{\frac{1}{2}+1} + C = \frac{2}{3}x^{\frac{3}{2}} + C$

지수가 $a = -1$이면 식 (10.1.4)는 정의되지 않는다. 왜냐하면 우변의 $(a+1)$이 분모로 나타나는데, 0으로 나누는 것은 의미 없기 때문이다. 이때 피적분함수는 $\frac{1}{x}$이므로 도함수가 $\frac{1}{x}$인 함수를 찾아야 한다. 함수 $F(x) = \ln x$는 이 조건을 만족하지만 $x > 0$에서만 정의된다. 물론 $\ln(-x)$는 $x < 0$에서 정의된다. 아울러 연쇄법칙에 의해 그 도함수는 $\frac{1}{-x} \cdot (-1) = \frac{1}{x}$이다. $x \geq 0$이면 $|x| = x$이고, $x \leq 0$이면 $|x| = -x$임을 기억하라. 따라서 $x > 0$ 또는 $x < 0$에 관계없이 다음을 만족한다.

$\frac{1}{x}$의 적분

$$\int \frac{1}{x}\,dx = \ln|x| + C \quad (\text{단, } x \neq 0) \tag{10.1.5}$$

여기서 C는 임의의 상수이다.

다음으로 지수함수를 생각해보자. e^x의 도함수는 e^x이므로 $\int e^x\,dx = e^x + C$이다. 더 일반적으로 $\frac{1}{a}e^{ax}$의 도함수는 e^{ax}이므로 다음을 만족한다.

지수함수의 적분

$a \neq 0$이면 다음이 성립한다.

$$\int e^{ax}\,dx = \frac{1}{a}e^{ax} + C \tag{10.1.6}$$

여기서 C는 임의의 상수이다.

$a > 0$에 대해 $a^x = e^{(\ln a)x}$으로 나타낼 수 있다. 따라서 $a \neq 1$, 즉 $\ln a \neq 0$일 때 식 (10.1.6)의 a에 $\ln a$를 대입할 수 있다. 그러면 다음을 얻는다.

일반 지수함수의 적분

$a > 0$이고 $a \neq 1$이면 다음이 성립한다.

$$\int a^x\,dx = \frac{1}{\ln a}a^x + C \tag{10.1.7}$$

여기서 C는 임의의 상수이다.

식 (10.1.4)에서 식 (10.1.7)까지는 주어진 함수의 도함수를 알면 그에 대응하는 부정적분을 쉽게 얻을 수 있는 예들이다. 미분을 알고 있는 모든 함수를 첫 번째 열에 나열하고, 그에 대응하는 도함수를 두 번째 열에 나열하여 표를 만든다고 해보자. 예를 들어 첫 번째 열에 $y = x^2e^x$이 있으면 두 번째 열에는 도함수 $y = 2xe^x + x^2e^x$을 적을 수 있다. 적분은 미분의 역과정이므로 적분상수 C에 대해 $\int(2xe^x + x^2e^x)\,dx = x^2e^x + C$임을 도출할 수 있다.

이처럼 엄청난 노력을 들여 표를 완성했다고 하더라도 표의 두 번째 열 어디에서도 e^{-x^2}은 나타나지 않을 것이다. 왜냐하면 e^{-x^2}을 도함수로 하는 기본함수(elementary function)가 없기 때문이다. 실제로 e^{-x^2}의 적분은 통계학에서 특수한 오차함수(error function)의 정의에 사용된다. 이 함수는 정규분포(normal distribution)와 밀접한 관계가 있으며 4.9절 [연습문제 3]과 10.7절 [연습문제 12]에서도 다뤄진다. 이처럼 일반적으로 적분할 수 없는 함수, 즉 '적분불가능한 함수'는 아주 많다. 그중 극히 일부만을 식 (10.3.9)에 소개한다.

적당한 법칙을 체계적으로 사용하면 매우 복잡한 함수라도 어렵지 않게 미분할 수 있다. 반면에 겉보기에 아주 단순해 보이는 함수라도 그 부정적분을 구하는 것이 매우 어려울 수도 있고, 심지어 불가능할 수도 있다. 적분이 가능한 때도 수학자들은 적분을 수월하게 하려고 다양한 **적분법**(integration method)을 개발했다. 이 장의 나머지 부분에서 일부 방법을 설명할 것이다. 그러나 제시한 부정적분이 올바른지 확인하는 것은 그리 어렵지 않다. 그 식을 미분해서 도함수가 실제로 피적분함수와 일치하는지 확인해보면 되기 때문이다.

EX 10.1.3 $x>0$일 때 $\int \ln x\,dx = x\ln x - x + C$임을 보여라.

풀이

$F(x) = x\ln x - x + C$라 두고 $F(x)$를 미분하면 다음과 같다.

$$F'(x) = 1 \cdot \ln x + x \cdot \frac{1}{x} - 1 = \ln x + 1 - 1 = \ln x$$

이는 주어진 적분식이 올바름을 보여준다.

몇 가지 일반 법칙

미분 규칙 (6.6.3)과 (6.7.3)은 $\{aF(x)\}' = aF'(x)$와 $\{F(x)+G(x)\}' = F'(x)+G'(x)$임을 보여준다. 이들을 이용하여 다음과 같은 기본 적분법칙을 얻을 수 있다.

기본 적분법칙

$$\int af(x)\,dx = a\int f(x)\,dx \quad (\text{단, } a\text{는 상수}) \tag{10.1.8}$$

$$\int \{f(x)+g(x)\}\,dx = \int f(x)\,dx + \int g(x)\,dx \tag{10.1.9}$$

식 (10.1.8)은 상수를 적분기호 밖으로 꺼낼 수 있음을 의미하고, 식 (10.1.9)는 함수의 합의 적분은 각 함수의 적분을 합한 것과 동일함을 보여준다. 이 두 법칙을 반복하면 다음 결과를 얻는다.

$$\int \{a_1 f_1(x) + \cdots + a_n f_n(x)\}\,dx = a_1\int f_1(x)\,dx + \cdots + a_n\int f_n(x)\,dx \tag{10.1.10}$$

EX 10.1.4 식 (10.1.10)을 이용하여 다음을 구하라.

(a) $\int (3x^4 + 5x^2 + 2)\,dx$

(b) $\int \left(\frac{3}{x} - 8e^{-4x}\right)dx$

풀이

(a) 식 (10.1.10)과 식 (10.1.4)를 함께 사용하면 다음을 얻는다.

$$\begin{aligned}\int (3x^4+5x^2+2)\,dx &= 3\int x^4\,dx + 5\int x^2\,dx + 2\int 1\,dx \\ &= 3\left(\frac{1}{5}x^5 + C_1\right) + 5\left(\frac{1}{3}x^3 + C_2\right) + 2(x + C_3) \\ &= \frac{3}{5}x^5 + \frac{5}{3}x^3 + 2x + 3C_1 + 5C_2 + 2C_3 \\ &= \frac{3}{5}x^5 + \frac{5}{3}x^3 + 2x + C\end{aligned}$$

여기서 C_1, C_2, C_3는 모두 임의의 상수이므로 $3C_1+5C_2+2C_3$ 역시 임의의 상수 C로 통합할 수 있다. 앞으로 이러한 문제에서는 중간 계산과정에 있는 두 줄을 생략하겠다.

(b) $\int\left(\frac{3}{x}-8e^{-4x}\right)dx=3\int\frac{1}{x}\,dx+(-8)\int e^{-4x}\,dx=3\ln|x|+2e^{-4x}+C$

지금까지는 항상 x를 적분변수로 사용했다. 하지만 실제 응용에서는 다른 기호를 쓰는 변수가 나타나는 경우도 많다. 그렇더라도 적분법칙 자체에는 아무런 영향을 주지 않는다.

EX 10.1.5 다음 적분을 구하라.

(a) $\int\frac{B}{r^{2.5}}\,dr$

(b) $\int(a+bs+cs^2)\,ds$

(c) $\int(1+t)^3\,dt$

(d) $\int(1+t)^n\,dt$ (단, n은 임의의 자연수)

풀이

(a) $\frac{B}{r^{2.5}}$를 $Br^{-2.5}$으로 나타내면 $n=-2.5$이다. 식 (10.1.4)에서 x를 r로 바꾸면 다음 식을 얻는다.

$$\int\frac{B}{r^{2.5}}\,dr=B\int r^{-2.5}\,dr=B\frac{1}{-2.5+1}r^{-2.5+1}+C=-\frac{B}{1.5r^{1.5}}+C$$

(b) $\int(a+bs+cs^2)\,ds=as+\frac{1}{2}bs^2+\frac{1}{3}cs^3+C$

(c) 피적분함수를 전개하고 각항별로 적분하면 다음이 성립한다.

$$\int(1+t)^3\,dt=\int(1+3t+3t^2+t^3)\,dt=t+\frac{3}{2}t^2+t^3+\frac{1}{4}t^4+C$$

한편 $(1+t)^4=1+4t+6t^2+4t^3+t^4$이므로 적분상수 C'에 대해 이 문제의 해를 $\frac{1}{4}(1+t)^4+C'$로 나타낼 수 있다.

(d) (c)의 해와 $\int y^n\,dy=\frac{y^{n+1}}{n+1}+C$를 이용하면 $\int(1+t)^n\,dt=\frac{(1+t)^{n+1}}{n+1}+C$임을 추측할 수 있다. 이 식은 직접 미분하여 쉽게 확인하거나 10.6절에서 설명할 치환적분법을 이용해도 보일 수 있다.

10.1 연습문제

1 식 (10.1.4)를 이용하여 다음 적분을 구하라.

(a) $\int x^{13}\,dx$

(b) $\int x\sqrt{x}\,dx$

(c) $\int\frac{1}{\sqrt{x}}\,dx$

(d) $\int\sqrt{x\sqrt{x\sqrt{x}}}\,dx$

(e) $\int e^{-x}\,dx$

(f) $\int e^{\frac{x}{4}}\,dx$

(g) $\int 3e^{-2x}\,dx$

(h) $\int 2^x\,dx$

2 어느 제조업체에서 x단위를 생산하는 한계비용은 $C'(x)$이고, 고정비용은 $C(0)$이라 하자. 이때 다음 조건을 만족하는 총비용함수 $C(x)$를 구하라.

(a) $C'(x)=3x+4,\ C(0)=40$

(b) $C'(x)=ax+b,\ C(0)=C_0$

3 다음 적분을 구하라.

(a) $\int (x^3+2x-3)\,dx$ (b) $\int (x-1)^2\,dx$

(c) $\int (x-1)(x+2)\,dx$ (d) $\int (x+2)^3\,dx$

(e) $\int (e^{3x}-e^{2x}+e^x)\,dx$ (f) $\int \frac{x^3-3x+4}{x}\,dx$

4 다음 적분을 구하라.

(a) $\int \frac{(y-2)^2}{\sqrt{y}}\,dy$

(b) $\int \frac{x^3}{x+1}\,dx$

(c) $\int x(1+x^2)^{15}\,dx$

힌트 (a)에서는 식 $(y-2)^2$을 전개한 다음 각 항을 $\sqrt{y}$로 나눈다. (b)에서는 4.7절과 같이 다항식 나눗셈을 이용하고, (c)에서는 $(1+x^2)^{16}$의 도함수가 무엇인지 생각해보라.

5 다음이 성립함을 보여라.

(a) $\int x^2 \ln x\,dx = \frac{1}{3}x^3 \ln x - \frac{1}{9}x^3 + C$

(b) $\int \sqrt{x^2+1}\,dx$
$= \frac{1}{2}x\sqrt{x^2+1} + \frac{1}{2}\ln(x+\sqrt{x^2+1}) + C$

6 함수 f의 도함수인 $f'(x)$의 그래프가 [그림 10.1.1]과 같다고 하자.

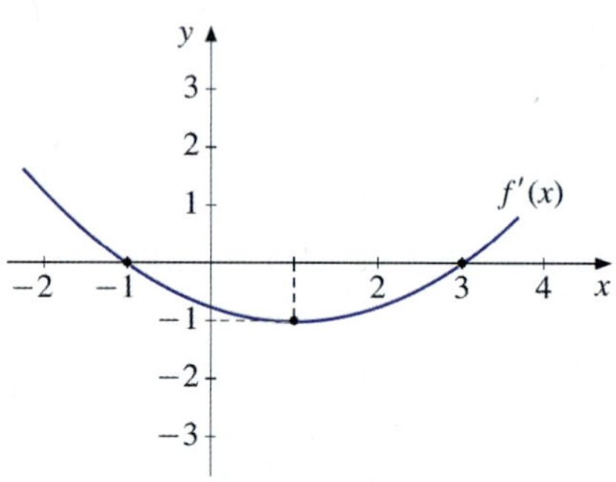

그림 10.1.1 [연습문제 6]의 그래프

(a) $f'(x)$의 이차식 형태를 구하라.

(b) 도함수 $f'(x)$를 가지면서 $f(0)=2$를 만족하는 함수 $f(x)$를 양함수 형태로 구하라.

(c) 함수 $f(x)$의 그래프를 그려라.

7 $f(0)=0$을 만족하는 함수 $f'(x)$의 그래프가 [그림 10.1.2]와 같다고 하자. 이를 만족하는 함수 $f(x)$의 그래프를 그리고, 이 그래프에 해당하는 $f(x)$를 양함수 형태로 구하라.

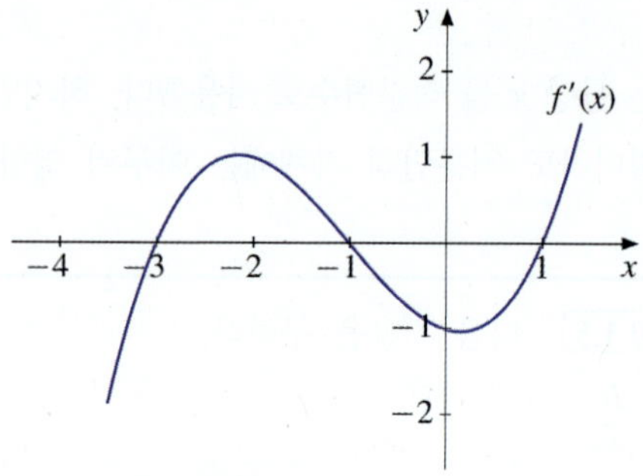

그림 10.1.2 [연습문제 7]의 그래프

8 다음이 성립함을 보여라.

$$\int 2x\ln(x^2+a^2)\,dx = (x^2+a^2)\ln(x^2+a^2) - x^2 + C$$

9 $a \neq 0$이고 $p \neq -1$일 때 다음이 성립함을 보여라.

$$\int (ax+b)^p\,dx = \frac{1}{a(p+1)}(ax+b)^{p+1} + C$$

10 [연습문제 9]의 결과를 이용하여 다음 적분을 구하라.

(a) $\int (2x+1)^4\,dx$ (b) $\int \sqrt{x+2}\,dx$

(c) $\int \frac{1}{\sqrt{4-x}}\,dx$

11 다음 조건을 만족하는 $F(x)$를 구하라.

(a) $F'(x) = \frac{1}{2}e^x - 2x,\ F(0) = \frac{1}{2}$

(b) $F'(x) = x(1-x^2),\ F(1) = \frac{5}{12}$

12 이계도함수가 x^2인 함수 $f(x)$의 일반적인 형태를 구하라. 또한 두 조건 $f(0)=1$과 $f'(0)=-1$을 추가로 만족하는 $f(x)$를 구하라.

13 모든 $x>0$에 대해 $f''(x) = x^{-2}+x^3+2$라 가정하자. $f(1)=0$과 $f'(1)=\frac{1}{4}$을 만족하는 $f(x)$를 구하라.

10.2 넓이와 정적분

이 절에서는 적분 개념을 이용해 다양한 평면도형의 넓이를 어떻게 계산할 수 있는지를 살펴본다. 이 문제는 4,000년 넘게 중요한 주제로 다뤄져 왔다. 모든 주요한 강이 그러하듯 고대 메소포타미아의 티그리스강과 유프라테스강, 이집트의 나일강도 심한 홍수로 인해 종종 물길이 바뀌곤 했다. 그 결과 어떤 농부는 강물에 의해 새로운 땅을 얻고, 어떤 농부는 땅을 잃었다. 당시에는 세금이 대개 토지 넓이에 따라 부과되었기 때문에 강가처럼 불규칙한 경계를 가진 필지의 넓이를 다시 계산해야 할 필요가 있었다.

기원전 360년경, 그리스 수학자 에우독소스(Eudoxos)는 이렇게 모양이 불규칙한 평면도형의 넓이를 구하기 위해 **실진법**(method of exhaustion)이라는 일반적인 방법을 개발했다. 이 방법의 핵심은 넓이를 구할 수 있는 다각형들을 도형 내부에 점점 정교하게 채워 넣는 것이다. 각 다각형은 유한개의 삼각형으로 나눌 수 있으므로 넓이를 정확하게 계산할 수 있다. 만약 이러한 다각형들의 수열이 극한에서 도형 전체를 빠짐없이 채운다면 넓이의 극한값을 전체 도형의 넓이로 정의할 수 있다. 또한 도형에 외접하는 다각형들의 넓이로 이루어진 감소수열의 극한을 주어진 도형의 넓이로 정의할 수 있다. 이 감소수열의 교집합은 주어진 도형 자체가 된다.

에우독소스와 아르키메데스 등을 비롯한 고대 수학자들은 실진법을 사용해 여러 특정한 평면도형의 넓이에 상당히 정확하게 근사했다. 특히 [EX 7.11.1]에서 다룬 원의 넓이를 구할 때 효과적으로 사용했다. 그러나 이 방법은 대수적인 계산이 어려운 문제가 있어 일부 특별한 경우에만 정확한 해를 얻을 수 있었다. 에우독소스 이후 약 1,900년이 지나서야 오늘날 적분이라 부르는 개념이 뉴턴과 라이프니츠의 새로운 미분법과 결합했고, 비로소 정확한 해법이 등장하게 된다. 이러한 생각은 넓이를 완전하고 정확하게 계산할 수 있게 해줄 뿐만 아니라 그 외에도 수많은 가능성을 열어주었다. 특히 미분과 적분 간의 정확한 논리적 관계를 증명한 것은 해석학(Mathematical Analysis)의 가장 위대한 업적 중 하나로 꼽힌다. 심지어 이 발견이 과학 전체를 통틀어 가장 중요한 발견이라고 주장하는 사람도 있다.

이 절에서 다루고 해결하고자 하는 문제는 [그림 10.2.1]에 제시되어 있다. 음이 아닌 연속함수 f가 구간 $[a,\ b]$에 정의되어 있을 때, 그 그래프 아래에 놓인 영역의 넓이 A는 어떻게 구할 수 있는가?

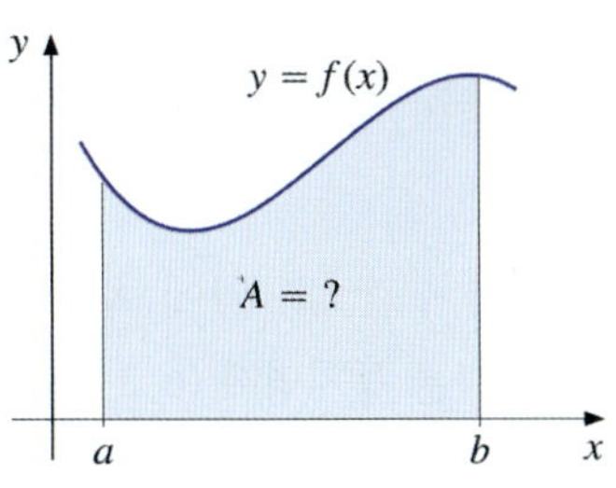

그림 10.2.1 그래프 아래에 놓인 영역

구간 $[a,\ b]$에서 임의의 t를 잡고 [그림 10.2.2]와 같이 $A(t)$를 구간 $[a,\ t]$에서 곡선 $y = f(x)$ 아래 영역의 넓이라고 가정하자. $t = a$이면 넓이가 0으로 줄어들기 때문에 $A(a) = 0$이다. [그림 10.2.1]에서 전체 영역의 넓이는 $A = A(b)$이다. [그림 10.2.2]를 보면 함수 f는 항상 양수이므로 t가 증가하면 $A(t)$도 증가한다. 따라서 t를 양의 Δt만큼 증가시키면 $A(t + \Delta t)$는 구간 $[a,\ t + \Delta t]$에서 곡선 $y = f(x)$ 아래 영역의 넓이를 나타낸다. 따라서 $A(t+\Delta t)-A(t)$는 [그림 10.2.3]과 같이 구간 $[t,\ t+\Delta t]$에서 곡선 아래 영역의 넓이 ΔA이다.

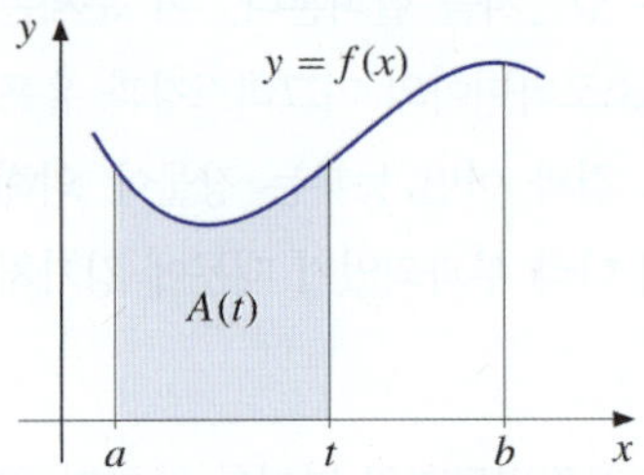

그림 10.2.2 구간 $[a,\ t]$ 위 영역의 넓이

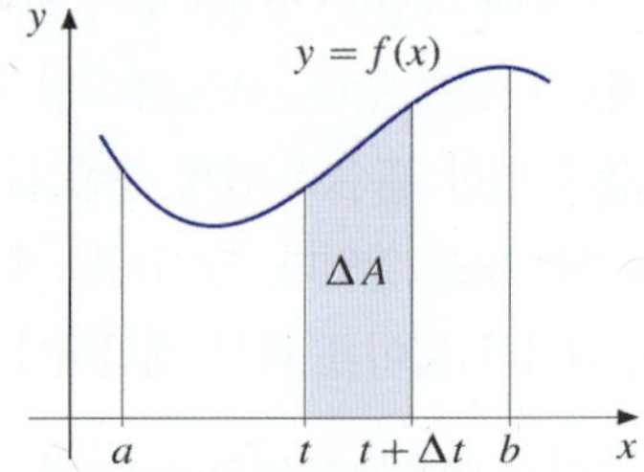

그림 10.2.3 넓이의 변화 ΔA

[그림 10.2.4]와 같이 넓이 ΔA를 확대해보자. 이 넓이는 밑면 Δt와 높이 $f(t+\Delta t)$인 직사각형의 넓이보다 클 수 없고, 밑면 Δt와 높이 $f(t)$인 직사각형의 넓이보다 작을 수 없다. 따라서 모든 $\Delta t>0$에 대해 다음 부등식이 성립한다.

$$f(t)\Delta t \le A(t+\Delta t)-A(t) \le f(t+\Delta t)\Delta t \qquad (*)$$

이제 조건 $\Delta t>0$하에서 부등식의 양변을 Δt로 나누면 다음이 성립한다.

$$f(t) \le \frac{A(t+\Delta t)-A(t)}{\Delta t} \le f(t+\Delta t) \qquad (**)$$

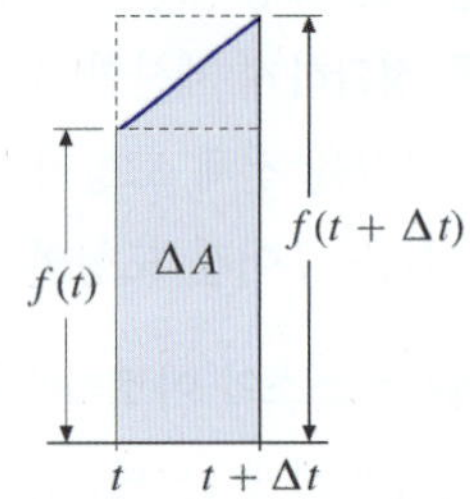

그림 10.2.4 ΔA의 근사

만약 $\Delta t \to 0$이면 부등식 (**)에 어떤 일이 일어나는지 살펴보자. 구간 $[t,\ t+\Delta t]$는 한 점 t로 줄어든다. 함수 f는 연속이므로 함숫값 $f(t+\Delta t)$는 $f(t)$에 수렴한다. 따라서 몫 $\dfrac{A(t+\Delta t)-A(t)}{\Delta t}$는 $f(t)$와 $f(t+\Delta t)$ 사이에서 압축되므로 이 몫은 $\Delta t \to 0$이면 $f(t)$에 수렴한다. $\dfrac{A(t+\Delta t)-A(t)}{\Delta t}$가 바로 함수 $A(t)$의 뉴턴 몫임에 주목하라. 이 함수 $A(t)$는 구간 $[a,\ t]$에서 f의 그래프 아래의 넓이를 나타낸다. 이제 놀라운 결론에 도달하게 된다. 함수 $A(t)$는 미분가능하고 도함수는 다음과 같다.

$$A'(t)=f(t),\quad t\in(a,\ b) \qquad (***)$$

이로써 다음 사실이 증명된다. 넓이함수 $A(t)$의 도함수는 곡선의 '높이함수'인 $f(t)$이다. 즉 넓이함수 $A(t)$는 $f(t)$의 부정적분 중 하나이다.[1]

이제 x를 자유변수로 하고 $F(x)$가 $f(x)$의 임의의 부정적분이라고 가정하자. 그러면 구간 $(a,\ b)$에 속하는 모든 x에 대해 $F'(x)=f(x)$이다. 즉 $A'(x)-F'(x)=0$을 만족하므로 6장에서 다룬 동치명제 (6.3.3)은 상수 C에 대해 $A(x)=F(x)+C$임을 보여준다. 따라서 $0=A(a)=F(a)+C$로부터 $C=-F(a)$이다. 결과적으로 다음과 같은 결론을 얻는다.

1 [그림 10.2.3]과 [그림 10.2.4]의 함수 f는 구간 $[t,\ t+\Delta t]$에서 증가함수이다. 하지만 함수 f가 닫힌구간 $[t,\ t+\Delta t]$에서 연속이기만 하면 동일한 결론이 언제나 성립한다는 것을 쉽게 알 수 있다. 부등식 (*)의 좌변에 있는 $f(t)$를 $f(c)$로 바꾸고 우변에 있는 $f(t+\Delta t)$를 $f(d)$로 바꾸면 된다. 여기서 c는 주어진 구간에서 연속함수 f의 최소점이고 d는 구간 $[t,\ t+\Delta t]$에서 f의 최대점이다. 연속성에 의해 $t\to 0$일 때 $f(c)$와 $f(d)$는 모두 $f(t)$로 수렴해야 한다. 따라서 식 (***)는 임의의 연속함수 f에 대해서도 성립한다.

$$A(x)=F(x)-F(a) \ \ (\text{단, } F(x)=\int f(x)\,dx) \tag{10.2.1}$$

이는 f의 임의의 부정적분 F에 대해 성립한다. 즉 f의 임의의 부정적분 G에 대해 $A(x)=G(x)-G(a)$가 성립한다.

EX 10.2.1 구간 $[0,\ 1]$에서 포물선 $f(x)=x^2$ 아래의 넓이를 구하라.

풀이

구하려는 영역은 [그림 10.2.5]에서 음영으로 표시된 부분이다. x^2의 임의의 부정적분 $F(x)$에 대해 영역의 넓이는 $A=F(1)-F(0)$으로 구할 수 있다. 한편 $\int x^2\,dx=\frac{1}{3}x^3+C$이므로 $F(x)=\frac{1}{3}x^3$으로 두면 구하려는 영역의 넓이는 다음과 같다.

$$A=F(1)-F(0)=\frac{1}{3}\cdot 1^3-\frac{1}{3}\cdot 0^3=\frac{1}{3}$$

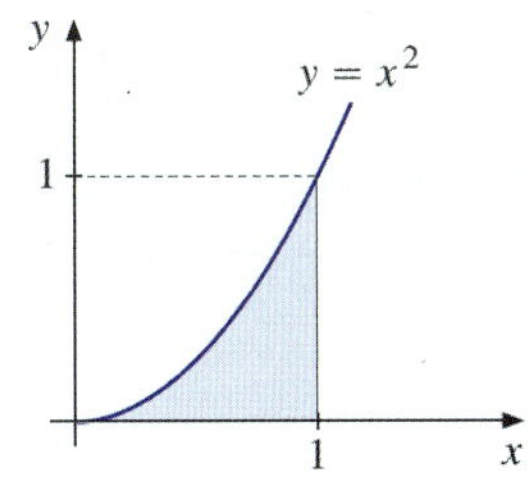

그림 10.2.5 $y=x^2$의 그래프

[그림 10.2.5]에서 음영으로 표시된 영역의 넓이는 한 변의 길이가 1인 정사각형 전체 넓이의 약 $\frac{1}{3}$정도 되어 보이므로 그림으로도 이 값이 타당해 보인다.

식 (10.2.1)로 이어지는 논증은 다소 직관적인 사고에 기반한다. 형식적으로 구간 $[a,\ b]$에서 음이 아닌 연속함수 f의 그래프 아래 영역의 넓이를 $F(b)-F(a)$ 값으로 정의한다. 여기서 $F'(x)=f(x)$이다. 이렇게 정의된 넓이 개념은 경계가 직선으로 이루어진 영역에 대해 우리가 익숙하게 사용하는 넓이 개념과 일치한다. 다음은 이러한 정의가 실제로 특별한 경우에 잘 들어맞는다는 것을 보여준다.

EX 10.2.2 구간 $[a,\ b]$에서 직선 $f(x)=px+q$ 아래의 넓이 A를 구하라. 여기서 $a,\ b,\ p,\ q$는 모두 양수이고 $b>a$이다.

풀이

영역은 [그림 10.2.6]에서 음영으로 표시되어 있다. 구하려는 영역의 넓이는 $px+q$의 임의의 부정적분 $F(x)$에 대해 $A=F(b)-F(a)$이다. $\int (px+q)\,dx=\frac{1}{2}px^2+qx+C$이므로 $F(x)=\frac{1}{2}px^2+qx$로 두면 구하려는 넓이는 다음과 같다.

$$\begin{aligned} A=F(b)-F(a)&=\left(\frac{1}{2}pb^2+qb\right)-\left(\frac{1}{2}pa^2+qa\right) \\ &=\frac{1}{2}p(b^2-a^2)+q(b-a) \end{aligned} \tag{$*$}$$

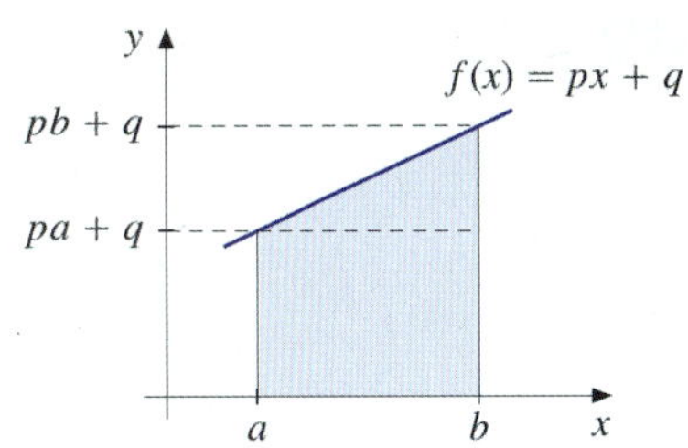

그림 10.2.6 $y=px+q$의 그래프

[그림 10.2.6]에서 알 수 있듯이 넓이 A는 두 영역의 넓이의 합이다. 첫 번째는 밑면이 $(b-a)$이고 높이가 $(pa+q)$인 직사각형의 넓이이고, 두 번째는 밑면이 $(b-a)$이고 높이가 $p(b-a)$인 삼각형의 넓이이다. 따라서 전체 넓이는 $(b-a)(pa+q)+\frac{1}{2}p(b-a)^2$이다. 이 식을 전개하면 식 (*)와 일치함을 알 수 있다.

정적분

함수 f는 구간 $[a,\ b]$에서 정의된 연속함수이고, 함수 F는 구간 $[a,\ b]$에서 연속이며 구간 $(a,\ b)$에 속하는 모든 x에 대해 $F'(x)=f(x)$라 가정하자. 이때 $F(b)-F(a)$를 $[a,\ b]$에서 f의 **정적분**(definite integral)이라 한다. 앞서 살펴봤듯이 이 차는 f의 부정적분 중 어느 것을 F로 택하더라도 그 값은 항상 일정하다. 따라서 $[a,\ b]$에서 f의 정적분은 함수 f와 구간을 나타내는 숫자 a와 b에 의해 결정되는 하나의 값이다. 이를 다음과 같이 나타낸다.

$$\int_a^b f(x)\,dx \tag{10.2.2}$$

이 적분 표기법은 피적분함수 $f(x)$와 적분구간 $[a,\ b]$를 분명하게 나타낸다. 두 끝점 a와 b는 각각 적분의 **하한**(lower limit)과 **상한**(upper limit)이라 한다. 식 (10.2.2)의 변수 x는 식의 다른 곳에 등장하지 않는다면 어떤 기호로 바꿔도 무방하다는 의미에서 **무효변수**이다. 예를 들어 다음 식은 모두 같은 값인 $F(b)-F(a)$를 가진다.

$$\int_a^b f(x)\,dx=\int_a^b f(y)\,dy=\int_a^b f(\xi)\,d\xi$$

그러나 $\int_a^y f(y)\,dy$와 같이 적분의 상한과 무효변수를 모두 같은 변수로 나타내면 안 된다. 이 경우는 y가 적분의 상한인지 무효변수인지 해석할 수 없으므로 의미 없는 표현이 된다. 적분의 상한과 하한에서 부정적분 $F(x)$ 값의 차 $F(b)-F(a)$를 $[F(x)]_a^b$ 또는 $\Big|_a^b F(x)$로도 표기한다. 따라서 다음과 같이 정리할 수 있다.

정적분

$$\int_a^b f(x)\,dx=[F(x)]_a^b=F(b)-F(a) \tag{10.2.3}$$

여기서 F는 a, b를 모두 포함하는 구간에서 정의되고 f의 임의의 부정적분이다.

EX 10.2.3 다음 정적분을 구하라.

(a) $\int_2^5 e^{2x}\,dx$

(b) $\int_{-2}^2 (x-x^3-x^5)\,dx$

풀이

(a) $\int e^{2x}\,dx=\frac{1}{2}e^{2x}+C$이므로 다음을 얻는다.

$$\int_2^5 e^{2x}\,dx=\left[\frac{1}{2}e^{2x}\right]_2^5=\frac{1}{2}e^{10}-\frac{1}{2}e^4=\frac{1}{2}e^4(e^6-1)$$

(b) $\int_{-2}^2 (x-x^3-x^5)\,dx=\left[\frac{1}{2}x^2-\frac{1}{4}x^4-\frac{1}{6}x^6\right]_{-2}^2=\left(2-4-\frac{64}{6}\right)-\left(2-4-\frac{64}{6}\right)=0$

곧 함수 $f(x)=x-x^3-x^5$의 그래프가 원점에 대해 대칭인 이유와 (b)에서 정적분이 0인 이유를 설명하겠다.

정의 (10.2.3)에서 반드시 $a<b$일 필요는 없다. 만약 $a>b$이고 $f(x)$가 구간 $[b,\ a]$ 전체에서 양수이면 $\int_a^b f(x)\,dx$는 음수이다. 또한 식 (10.2.3)은 정적분을 반드시 곡선 아래의 넓이로 해석하지 않아도 의미가 있다. 실제로 정적분은 문맥에 따라 다른 해석이 가능하다. 예를 들어 10.4절에서와 같이 $f(r)$이 소득밀도함수이면 $\int_a^b f(r)\,dr$은 소득이 a와 b 사이에 있는 사람들의 비율을 나타낸다.

정적분과 부정적분의 표기법은 비슷하지만 완전히 다른 개념이다. $\int_a^b f(x)\,dx$는 하나의 값을 의미하지만, $\int f(x)\,dx$는 도함수가 $f(x)$인 무한히 많은 함수 중 하나를 나타낸다.

$f(x) \le 0$일 때의 넓이

구간 $[a,\ b]$에 정의된 함수 f가 $f(x)\ge 0$이면 $\int_a^b f(x)\,dx$는 $[a,\ b]$에서 f의 그래프 아래 영역의 넓이를 나타낸다. 그러나 $[a,\ b]$의 모든 x에 대해 $f(x)\le 0$이면 f의 그래프와 x축과 두 수직선 $x=a$, $x=b$는 [그림 10.2.7]에 표시된 영역 A처럼 어떤 영역을 둘러싼다. 이때 $[a,\ b]$에서 $g(x)=-f(x)$로 정의하면 $g(x)\ge 0$이므로 $\int_a^b g(x)\,dx$는 $[a,\ b]$에서 g의 그래프 아래의 넓이를 의미한다. [그림 10.2.8]을 보면 영역 A의 넓이와 같다. 결과적으로 f의 그래프 위쪽과 구간 $[a,\ b]$ 사이의 넓이는 $\int_a^b (-f)(x)\,dx$이다. 영역의 넓이는 음수가 아니지만 f의 정적분이 음수이므로 피적분함수 앞에 마이너스 부호를 붙였다. 곧 등장할 식 (10.3.3)을 통해 이 표현이 적분 전체 앞에 마이너스 부호를 붙이는 것과 동일한 의미임을 확인할 수 있다.

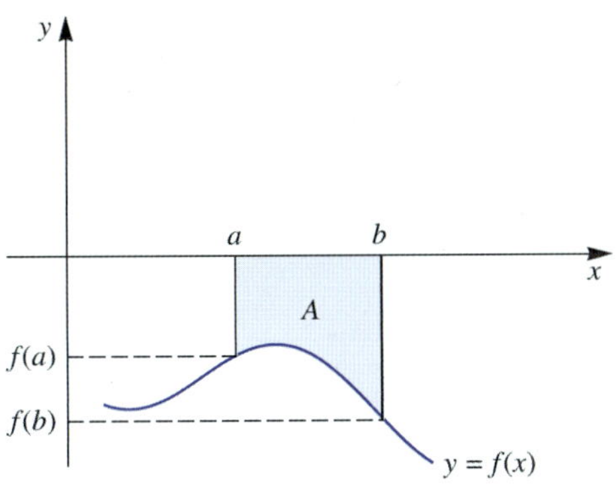

그림 10.2.7 $f(x)\le 0$

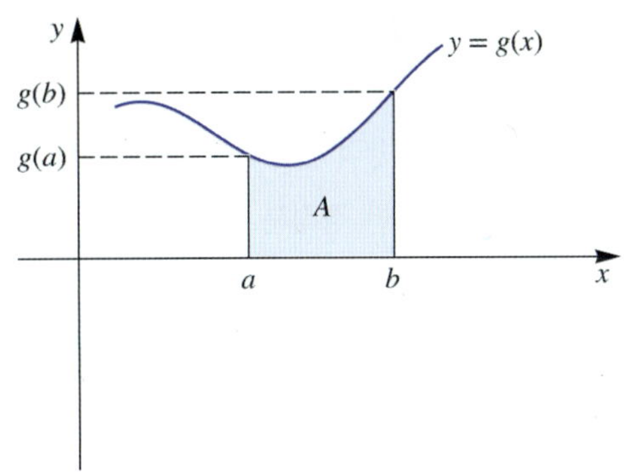

그림 10.2.8 $g(x)=-f(x)\ge 0$

EX 10.2.4 [그림 10.2.9]는 $f(x)=e^{\frac{x}{3}}-3$의 그래프를 보여준다. 구간 $[0,\ b]$에서 x축과 이 그래프 사이에 음영으로 표시된 영역의 넓이 A를 구하라. 여기서 $b=3\ln 3$은 $f(b)=0$을 만족하도록 택한 값이다.

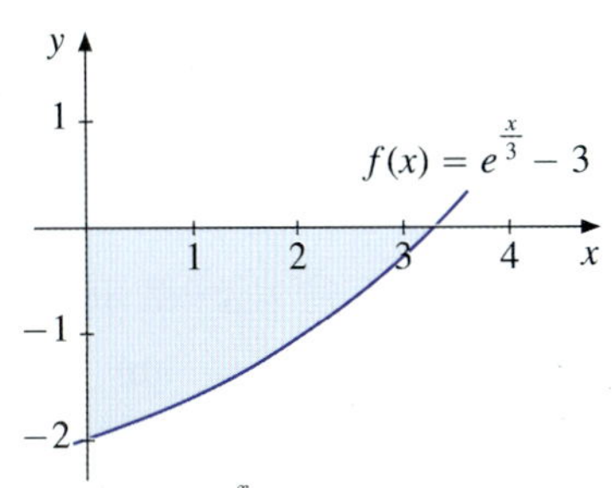

그림 10.2.9 $e^{\frac{x}{3}}-3$의 그래프

풀이

함수 $f(x)$는 닫힌구간 $[0,\ 3\ln 3]$ 전체에서 $f(x)\le 0$이므로 다음을 얻는다.

$$A = -\int_0^{3\ln 3} (e^{\frac{x}{3}} - 3)\,dx = -\left[3e^{\frac{x}{3}} - 3x\right]_0^{3\ln 3} = -(3e^{\ln 3} - 3 \cdot 3\ln 3) + 3e^0$$
$$= -9 + 9\ln 3 + 3 = 9\ln 3 - 6 \approx 3.89$$

이 값이 타당한지 살펴보자. [그림 10.2.9]에서 음영으로 표시된 영역의 넓이는 세 점 $(0, 0)$, $(0, -2)$, $(4, 0)$으로 이루어진 삼각형의 넓이 4보다 약간 작아 보인다. 또한 세 점 $(0, 0)$, $(0, -2)$, $(3\ln 3, 0)$으로 이루어진 내접삼각형의 넓이 $3\ln 3 \approx 3.30$보다 약간 커 보인다. 따라서 $A \approx 3.89$는 이 값 사이에 위치하며, 합리적인 결과로 보인다.

f가 구간 $[a, b]$에서 정의된 연속함수이고 [그림 10.2.10]에서와 같이 어떤 구간에서는 양수이고, 어떤 구간에서는 음수라 하자. f의 그래프가 세 점 c_1, c_2, c_3에서 x축과 교차한다고 가정하면 정적분 $\int_a^b f(x)\,dx$는 x축 위에 음영으로 표시된 두 영역의 넓이의 합에서 x축 아래에 음영으로 표시된 두 영역의 넓이의 합을 뺀 값이다.

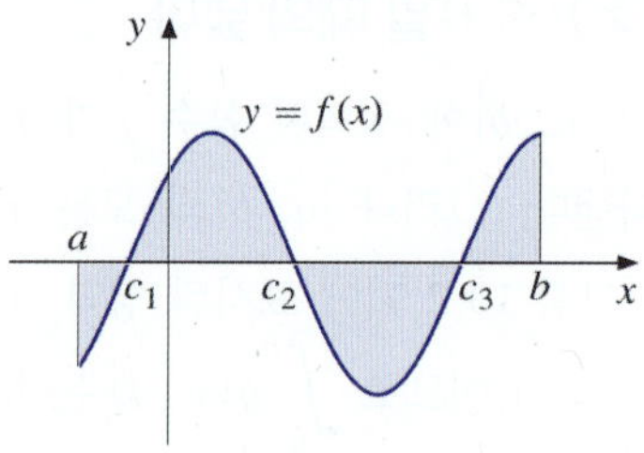

그림 10.2.10 양과 음의 값을 모두 갖는 함수

한편 f의 그래프와 x축, 두 직선 $x = a$와 $x = b$로 둘러싸인 전체 영역의 넓이를 구해보자. 이를 위해서는 앞서 정의한 방식에 따라 각 구간 $[a, c_1]$, $[c_1, c_2]$, $[c_2, c_3]$, $[c_3, b]$에서 각각 양의 넓이를 따로 구한 다음 모두 합하면 된다.

$$-\int_a^{c_1} f(x)\,dx + \int_{c_1}^{c_2} f(x)\,dx - \int_{c_2}^{c_3} f(x)\,dx + \int_{c_3}^{b} f(x)\,dx$$

사실 이것은 다음과 같은 일반적인 결과를 보여준다. 함수 f의 그래프와 x축 사이에 있는 영역의 넓이는 피적분함수 $f(x)$의 절댓값에 대한 정적분 $\int_a^b |f(x)|\,dx$로 주어진다. 이는 음이 아닌 함수 $|f(x)|$의 그래프 아래에 있는 영역의 넓이와 같다.

10.2 연습문제

1 구간 $[0, 1]$에서 다음 함수의 그래프 아래에 있는 영역의 넓이를 구하라.

(a) $f(x) = x^3$　　(b) $f(x) = x^{10}$

2 주어진 구간에서 다음 함수의 그래프 아래에 있는 영역의 넓이를 구하라. (c)에서는 그래프를 그리고, 문제에서 지시한 영역을 음영으로 표시하라.

(a) $f(x) = 3x^2$, $[0, 2]$　　(b) $f(x) = x^6$, $[0, 1]$

(c) $f(x) = e^x$, $[-1, 1]$　　(d) $f(x) = \dfrac{1}{x^2}$, $[1, 10]$

3 함수 $f(x) = \dfrac{1}{x^3}$의 그래프, x축, 두 직선 $x = -2$와 $x = -1$로 둘러싸인 영역의 넓이를 구하라. 이 영역을 그래프로 그려라.

힌트 함수 $f(x)$는 구간 $[-2, -1]$에서 $f(x) < 0$이다.

4 함수 $f(x) = \dfrac{1}{2}(e^x + e^{-x})$의 그래프와 x축, 두 직선 $x = -1$과 $x = 1$로 둘러싸인 영역의 넓이를 구하라.

5 다음 정적분을 구하라.

(a) $\displaystyle\int_0^1 x\,dx$　　(b) $\displaystyle\int_1^2 (2x + x^2)\,dx$

(c) $\displaystyle\int_{-2}^{3}\left(\frac{1}{2}x^2-\frac{1}{3}x^3\right)dx$ (d) $\displaystyle\int_{0}^{2}(t^3-t^4)\,dt$

(e) $\displaystyle\int_{1}^{2}\left(2t^5-\frac{1}{t^2}\right)dt$ (f) $\displaystyle\int_{2}^{3}\left(\frac{1}{t-1}+t\right)dt$

6 함수 $f(x)=x(x-1)(x-2)$에 대한 물음에 답하라.

(a) $f'(x)$를 구하고 $f(x)$가 증가하는 구간을 구하라.

(b) f의 그래프를 그리고, $\displaystyle\int_{0}^{1}f(x)\,dx$를 구하라.

7 어떤 기업의 생산량 $x>0$에 대한 함수인 기업의 이윤은 $f(x)=4000-x-\dfrac{3000000}{x}$으로 주어진다고 하자. 물음에 답하라.

(a) 이윤을 극대화하는 생산량 수준을 구하고, f의 그래프를 그려라.

(b) 실제 생산량이 1,000단위~3,000단위 사이에서 변할 때, 평균 이윤 $I=\dfrac{1}{2000}\displaystyle\int_{1000}^{3000}f(x)\,dx$를 계산하라.

8 다음 정적분을 구하라.

(a) $\displaystyle\int_{1}^{3}\frac{3x}{10}\,dx$ (b) $\displaystyle\int_{-3}^{-1}\xi^2\,d\xi$

(c) $\displaystyle\int_{0}^{1}\alpha e^{\beta\tau}d\tau,\ \beta\neq 0$ (d) $\displaystyle\int_{-2}^{-1}\frac{1}{y}\,dy$

10.3 정적분의 성질

정적분의 정의를 바탕으로 다음 성질을 유도할 수 있다.

정적분의 성질

함수 f가 a, b, c를 포함하는 어떤 구간에서 연속이면 다음이 성립한다.

- $\displaystyle\int_a^b f(x)\,dx=-\int_b^a f(x)\,dx$ (10.3.1)
- $\displaystyle\int_a^a f(x)\,dx=0$ (10.3.2)
- $\displaystyle\int_a^b \alpha f(x)\,dx=\alpha\int_a^b f(x)\,dx$ (단, α는 임의의 수) (10.3.3)
- $\displaystyle\int_a^b f(x)\,dx=\int_a^c f(x)\,dx+\int_c^b f(x)\,dx$ (10.3.4)

정적분을 넓이로 해석하면 식 (10.3.4)는 넓이의 가법성(additivity)을 나타낸다. [그림 10.3.1]에서도 확인할 수 있다. 물론 식 (10.3.4)는 구간 $[a,\ b]$를 임의의 유한개 부분구간으로 세분하여 일반화할 수 있다.

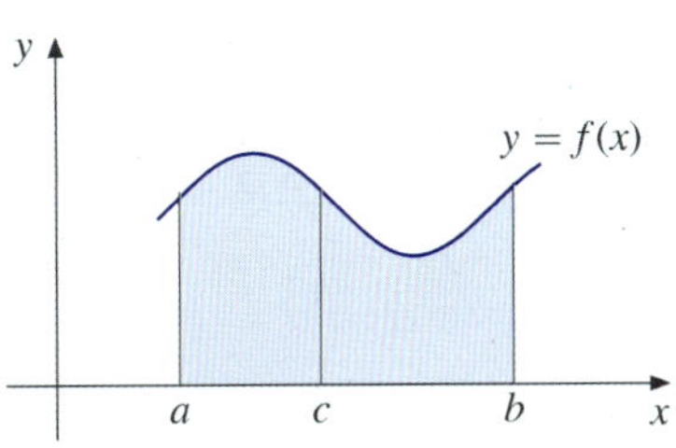

그림 10.3.1 $\displaystyle\int_a^b f(x)\,dx=\int_a^c f(x)\,dx+\int_c^b f(x)\,dx$

식 (10.3.3)과 식 (10.3.4)는 상수 곱에 대한 부정적분의 성질 (10.1.8)과 두 함수의 합에 대한 성질 (10.1.9)에 대응하는 정적분의 성질이다. 실제로 f와 g가 구간 $[a,\ b]$에서 연속이고 α와 β가 실수이면 다음 성질도 쉽게 증명할 수 있다.

$$\int_a^b \{\alpha f(x) + \beta g(x)\}\,dx = \alpha \int_a^b f(x)\,dx + \beta \int_a^b g(x)\,dx \tag{10.3.5}$$

이 법칙은 유한한 개수의 함수에 대해서도 자연스럽게 확장할 수 있다.

적분의 극한에 대한 미분

열린구간 $(a,\ b)$에 속하는 모든 x에 대해 $F'(x) = f(x)$라 가정하자. $a < t < b$이면 $\int_a^t f(x)\,dx = [F(x)]_a^t = F(t) - F(a)$이다. 이를 t에 대해 미분하면 다음을 얻는다.

$$\frac{d}{dt}\int_a^t f(x)\,dx = F'(t) = f(t) \tag{10.3.6}$$

즉 적분의 상한에 대한 도함수는 그 극한에서 구한 피적분함수와 같다. 이에 대응하여 $\int_t^b f(x)\,dx = [F(x)]_t^b = F(b) - F(t)$이고, 따라서 다음이 성립한다.

$$\frac{d}{dt}\int_t^b f(x)\,dx = -F'(t) = -f(t) \tag{10.3.7}$$

즉 적분의 하한에 대한 도함수는 그 극한에서 구한 피적분함수에서 부호를 바꾼 것과 같다. 이러한 결과는 전혀 놀랍지 않다. $f(x) \geq 0$이고 $t < b$일 때 정적분 $\int_t^b f(x)\,dx$를 구간 $[t,\ b]$에서 f의 그래프 아래 넓이로 해석할 수 있다. 그러면 t가 증가함에 따라 구간의 크기는 줄어들고 그래프 아래 넓이도 줄어드는데, 감소 속도는 바로 하한에서 피적분함수의 값에 의해 결정된다. 따라서 식 (10.3.6)과 식 (10.3.7)의 결과를 다음과 같이 일반화할 수 있다. $a(t)$와 $b(t)$가 t에 대해 미분가능하고 $f(x)$가 연속이면 다음이 성립한다.

$$\frac{d}{dt}\int_{a(t)}^{b(t)} f(x)\,dx = f(b(t))b'(t) - f(a(t))a'(t) \tag{10.3.8}$$

이를 증명하기 위해 $F'(x) = f(x)$라 가정하면 $\int_u^v f(x)\,dx = F(v) - F(u)$이고, 특히 다음을 만족한다.

$$\int_{a(t)}^{b(t)} f(x)\,dx = F(b(t)) - F(a(t))$$

연쇄법칙을 이용하여 이 방정식의 우변을 미분하면 $F'(b(t))b'(t) - F'(a(t))a'(t)$이다. $F'(b(t)) = f(b(t))$이고 $F'(a(t)) = f(a(t))$이므로 식 (10.3.8)이 성립한다.[2]

---

2 식 (10.3.8)은 『Further Mathematics for Economic Analysis(2nd ed.)』의 4.2절에서 다룬 라이프니츠 공식의 중요한 특수 사례이다.

연속함수는 적분가능하다

함수 $f(x)$가 구간 $[a, b]$에서 연속이라 가정하자. 지금까지 $f(x)$의 정적분을 $F'(x) = f(x)$인 역도함수 F에 대해 $\int_a^b f(x)dx = F(b) - F(a)$로 정의했다. 때로는 $F(x)$에 대한 양함수 표현을 구할 수도 있지만 항상 그렇지는 않다. 예를 들어 통계학에서의 표준정규분포 밀도함수 $f(x) = \frac{1}{\sqrt{2\pi}}e^{-x^2/2}$은 양의 값을 가지고, 그 그래프는 종 곡선이다. 하지만 도함수가 $f(x)$인 양함수를 구하는 것은 불가능하다. 밀도함수 $f(x)$는 실수의 임의의 구간 $[a, b]$에서 연속이므로 이 구간 위에서 f의 그래프 아래의 넓이는 $\int_a^b f(x)dx$ 값으로 분명히 존재한다. 사실 모든 연속함수는 역도함수를 갖는다는 것이 증명되어 있다. 다음은 일반적인 함수로는 부정적분을 구할 수 없고, 특별히 새로운 함수를 도입해야만 계산할 수 있는 적분의 예이다.

$$\int e^{x^2}dx, \ \int e^{-x^2}dx, \ \int \frac{e^x}{x}dx, \ \int \frac{1}{\ln x}dx, \ \int \frac{1}{\sqrt{x^4+1}}dx \qquad (10.3.9)$$

리만 적분

지금까지 논의한 적분은 역도함수에 기초한 적분의 한 종류로, 이를 **뉴턴-라이프니츠 적분**(Newton-Leibniz integral)이라 한다. 이는 수학자들이 연구한 여러 종류의 적분 중 하나일 뿐이다. 다행히 연속함수에 대해 어떤 적분을 사용하더라도 뉴턴-라이프니츠 적분과 같은 결과를 얻는다. 여기서는 적분의 대표적인 예로 **리만 적분**을 간단히 소개한다.[3] 리만 적분의 정의는 10.2절에서 설명한 실진법과 밀접하게 관련되어 있다.

함수 f를 구간 $[a, b]$에서 정의된 유계함수라 하자. 임의의 고정된 자연수 n에 대해 구간의 내부점 $a = x_0 < x_1 < x_2 < \cdots < x_{n-1} < x_n = b$를 택해 구간 $[a, b]$를 n개의 부분구간으로 세분하자. 각 구간 $[x_i, x_{i+1}]$에서 임의의 점 ξ_i를 택하고, 각 구간의 길이를 $\Delta x_i = x_{i+1} - x_i$(단, $i=0, 1, \cdots, n-1$)라 두자. 이때 다음과 같은 n개 항의 합을 함수 f에 대한 **리만 합**(Riemann sum)이라 한다.[4]

$$f(\xi_0)\Delta x_0 + f(\xi_1)\Delta x_1 + \cdots + f(\xi_{n-1})\Delta x_{n-1} \qquad (10.3.10)$$

리만 합 (10.3.10)은 분명히 함수 f에 의존하고, 구간의 세분방식과 각 부분구간에서 선택된 점 ξ_i에도 의존한다. 그러나 n이 한없이 커지고 동시에 $\Delta x_0, \Delta x_1, \cdots, \Delta x_{n-1}$ 중 가장 큰 수가 0에 수렴할 때, 리만 합 (10.3.10)의 극한이 항상 존재하면 함수 f는 구간 $[a, b]$에서 **리만 적분가능**(Riemann integrable)하다고 한다. 이때 리만 합의 극한을 구간 $[a, b]$에서 f의 **리만 적분**(Riemann integral)이라 한다. 즉 리만 합의 극한이 존재하면 리만 적분은 다음과 같이 정의한다.

$$\int_a^b f(x)dx = \lim_{\max \Delta x_i \to 0} \sum_{i=0}^{n-1} f(\xi_i)\Delta x_i$$

해석학 교재에서는 이 극한이 ξ_i의 선택과 무관함을 증명하고, 모든 연속함수는 리만 적분가능하며 그 리만 적분이 식 (10.2.3)을 만족한다는 사실도 보여준다. 연속함수에서는 뉴턴-라이프니츠 적분과 리만 적분이 서로 일치

3 리만 적분은 독일 수학자 베른하르트 리만(Bernhard Riemann, 1826~1866)에 의해 도입되었다.

4 리만 합의 개념을 시각적으로 이해하려면 리만 합이 어떤 방식으로 구성되는지를 직접 그려보는 것도 도움이 된다.

한다. 그러나 리만 적분은 연속이 아닌 함수 중 일부에 대해서도 정의될 수 있으며, 이러한 함수들에는 뉴턴-라이프니츠 적분이 존재하지 않을 수 있다. 이 점에서 리만 적분은 뉴턴-라이프니츠 적분보다 더 일반적인 개념이라고 할 수 있다.

10.3 연습문제

1 다음 정적분을 구하라.

(a) $\int_0^5 (x+x^2)\,dx$ (b) $\int_{-2}^2 (e^x - e^{-x})\,dx$

(c) $\int_2^{10} \frac{1}{x-1}\,dx$ (d) $\int_0^1 2xe^{x^2}\,dx$

(e) $\int_{-4}^4 (x-1)^3\,dx$ (f) $\int_1^2 (x^5+x^{-5})\,dx$

(g) $\int_0^4 \frac{1}{2}\sqrt{x}\,dx$ (h) $\int_1^2 \frac{1+x^3}{x^2}\,dx$

2 $\int_a^b f(x)\,dx = 8$이고 $\int_a^c f(x)\,dx = 4$일 때 적분 $\int_c^b f(x)\,dx$를 구하라.

3 $\int_0^1 \{f(x)-2g(x)\}\,dx = 6$이고 $\int_0^1 \{2f(x)+2g(x)\}\,dx = 9$일 때 적분 $I = \int_0^1 \{f(x)-g(x)\}\,dx$를 구하라.

4 p, q, r이 양의 상수일 때 적분 $\int_0^1 x^p(x^q+x^r)\,dx$를 구하라.

5 $f'(x) = ax^2+bx$, $f'(1) = 6$, $f''(1) = 18$이고 $\int_0^2 f(x)\,dx = 18$을 만족하는 함수 $f(x)$를 구하라.

6 다음 정적분을 구하라. (d)의 상수는 모두 양수이다.

(a) $\int_0^3 \left\{\frac{1}{3}e^{3x-2} + (x+2)^{-1}\right\} dx$

(b) $\int_0^1 (x^2+2)^2\,dx$

(c) $\int_0^1 \frac{x^2+x+\sqrt{x+1}}{x+1}\,dx$

(d) $\int_1^b \left(A\frac{x+b}{x+c} + \frac{d}{x}\right) dx$

7 $F(x) = \int_0^x (t^2+2)\,dt$이고 $G(x) = \int_0^{x^2} (t^2+2)\,dt$일 때, $F'(x)$와 $G'(x)$를 구하라.

8 $K(\tau)$가 연속함수이고 ρ가 상수일 때 $H(t) = \int_0^{t^2} K(\tau)e^{-\rho\tau}d\tau$라 하자. $H'(t)$를 구하라.

9 다음을 구하라.

(a) $\frac{d}{dt}\int_0^t x^2\,dx$

(b) $\frac{d}{dt}\int_t^3 e^{-x^2}\,dx$

(c) $\frac{d}{dt}\int_{-t}^t \frac{1}{\sqrt{x^4+1}}\,dx$

(d) $\frac{d}{d\lambda}\int_{-\lambda}^2 \{f(t)-g(t)\}\,dt$

10 두 포물선 $y+1 = (x-1)^2$과 $3x = y^2$ 사이에 있는 영역의 넓이를 구하라.

힌트 두 곡선의 교점은 모두 정수 좌표를 갖는다.

11 **심화** 어떤 투자이론은 모든 $T > 0$에 대해 다음과 같이 정의된 함수 W를 사용한다.

$$W(T) = \frac{K}{T}\int_0^T e^{-\rho t}\,dt$$

여기서 K와 ρ는 양의 상수이다. 이 정적분을 구하고, 함수 $W(T)$는 구간 $(0, K)$에서 값을 가지고 순감소 함수임을 증명하라.

힌트 6.11절 [연습문제 11]을 참고하라.

12 심화 모든 $x>0$에 대해 $f(x)=4\ln(\sqrt{x+4}-2)$로 정의된 함수 f를 생각해보자.

(a) f가 역함수 g를 가짐을 보이고, g에 대한 식을 구하라.

(b) f와 g의 그래프를 같은 좌표평면에 그려라.

(c) $A=\int_5^{10} 4\ln(\sqrt{x+4}-2)\,dx$를 기하적으로 해석하고, $A=10a-\int_0^a \left(e^{\frac{x}{2}}+4e^{\frac{x}{4}}\right)dx$가 성립하는 이유를 설명하라. 여기서 $a=f(10)$이다. 이 등식을 이용하여 A를 a에 대한 식으로 나타내라.

10.4 경제학에의 응용

우리는 정적분을 곡선 아래의 넓이를 구하는 방법으로 소개했다. 그러나 정적분은 수학이나 경제학의 다양한 맥락에서 등장한다. 예를 들어 통계학과 계량경제학에서는 정규분포와 같은 많은 확률분포가 특정한 연속확률밀도함수의 적분으로 정의한다. 이 절에서는 경제학에서 정적분이 중요한 이유를 보여주는 다른 예를 소개한다.

유정에서 석유 추출하기

시간 $t=0$에서 어떤 석유 생산자가 총 K배럴의 석유가 매장된 유정을 개발하기 시작한다고 가정하자. 시간 t에서 유정에 남아 있는 석유의 양을 $x(t)$라 하자. 이때 $x(t)$는 배럴 단위로 측정되고, 특히 초기 매장량은 $x(0)=K$이다. 석유를 유정에 다시 넣는 것이 비현실적이라고 가정하면 함수 $x(t)$는 t에 대해 감소함수이다. 임의의 시간 구간 $[t,\ t+\delta]$를 생각해보자. 이 기간 동안 추출한 석유의 양은 $x(t)-x(t+\delta)$이고, 이는 석유의 잔량이 줄어든 양과 같다. 따라서 단위 시간당 석유 추출량은 다음과 같다.

$$\frac{x(t)-x(t+\delta)}{\delta}=-\frac{x(t+\delta)-x(t)}{\delta} \qquad (*)$$

만약 $x(t)$가 미분가능하면 $\delta\to 0$일 때 분수식 (*)는 $-\dot{x}(t)$에 수렴한다. 시간 t에서 석유의 추출 속도를 $u(t)$로 나타내면 $x(0)=K$이고 $\dot{x}(t)=-u(t)$를 만족한다. 따라서 다음을 얻는다.

$$x(t)=K-\int_0^t u(s)\,ds \qquad (**)$$

실제로 식 (**)가 성립함을 확인해보자. 먼저 $t=0$일 때 $x(0)=K$이다. 식 (10.3.6)에 따라 식 (**)를 t에 대해 미분하면 $\dot{x}(t)=-u(t)$가 성립하므로 식 (**)를 다음과 같이 해석할 수 있다. 즉 시간 t에서 유정에 남아 있는 석유의 양은 초기 석유 매장량 K에서 시간 구간 $[0,\ t]$ 동안 채굴한 총량인 $\int_0^t u(\tau)\,d\tau$를 뺀 값이다. 만약 추출 속도가 일정해서 $u(t)=\bar{u}$이면(단, $\bar{u}$는 상수) 식 (**)에 의해 다음과 같이 된다.

$$x(t)=K-\int_0^t \bar{u}\,ds=K-\left[\bar{u}s\right]_0^t=K-\bar{u}t$$

유정이 완전히 비는 시점은 $x(t)=0$일 때이며, 이는 $K-\bar{u}t=0$, 즉 $t=\dfrac{K}{\bar{u}}$일 때이다(물론 이 결과는 적분하지 않고도 바로 구할 수 있다). 이 예는 많은 경제학적 논의에서 구별하는 두 개념을 잘 보여준다. 유정에 남아 있는 석유의 양 $x(t)$는 배럴 단위로 측정되는 **저량**(stock)인 반면에 $u(t)$는 단위 시간당 배럴 단위로 측정되는 **유량**(flow)을 나타낸다.

소득분포

많은 국가에서 (국세청 등) 소득세 당국이 수집한 자료를 활용하면 특정 연도 내의 소득분포에 대한 사실과 더불어 해마다 소득분포가 어떻게 변하는지를 알 수 있다. 연간 소득을 달러로 측정한다고 가정하고, $F(r)$을 특정 연도에 소득이 r달러 이하인 사람의 비율이라 하자. 따라서 모집단이 n명이면 $nF(r)$은 소득이 r달러 이하인 인원수를 나타낸다. 만약 이 모집단에서 r_0가 가장 낮은 소득이고 r_1이 가장 높은 (등록된) 소득이라면, 구간 $[r_0,\ r_1]$에서 정의된 함수 F에 관심을 가지게 된다. r은 0.01달러 단위로만 변할 수 있고, $F(r)$은 $\frac{1}{n}$ 단위로만 변하므로 F는 구간 $[r_0,\ r_1]$에서 불연속함수이며 미분불가능하다. 그러나 모집단의 수가 충분히 많으면 대개 실제 소득분포에 대한 좋은 근삿값을 나타내는 매끄러운(smooth) 함수를 구할 수 있다. 그러므로 F는 구간 $(r_0,\ r_1)$에 속하는 모든 r에 대해 $f(r) = F'(r)$을 만족하고 연속인 도함수 f를 갖는 함수라고 가정하자. 도함수의 정의에 따르면 모든 아주 작은 δ에 대해 다음을 만족한다.

$$f(r)\delta \approx F(r+\delta) - F(r)$$

따라서 $f(r)\delta$는 r과 $(r+\delta)$ 사이에 소득이 있는 사람의 비율과 거의 같다. 이때 함수 f를 **소득밀도함수**(income density function)라 하며, F는 이에 따라 정의된 **누적분포함수**(cumulative distribution function)라고 부른다.[5]

어떤 모집단의 소득이 구간 $[r_0,\ r_1]$에 분포되어 있다고 하자. 만약 $r_0 \le a \le b \le r_1$이면 정적분의 정의에 의해 $\int_a^b f(r)\,dr$은 소득이 구간 $[a,\ b]$에 있는 사람들의 비율을 나타낸다. 따라서 소득이 $[a,\ b]$에 있는 모든 인원수는 다음과 같다.

$$N = n\int_a^b f(r)\,dr \tag{10.4.1}$$

이제 소득이 a달러에서 b달러 사이인 모든 사람의 총소득을 구하는 방법을 알아보자. $M(r)$을 해당 연도에 소득이 r달러 이하인 사람들의 총소득을 나타낸다고 하고, 소득 구간을 $[r,\ r+\delta]$로 세분하자. 이 구간에 대략 $nf(r)\delta$명이 속한다. 이들은 각자 소득이 r달러이므로 이 구간 내의 총소득 $M(r+\delta) - M(r)$은 대략 $nrf(r)\delta$가 된다. 따라서 다음을 얻는다.

$$\frac{M(r+\delta) - M(r)}{\delta} \approx nrf(r)$$

이 근삿값은 δ가 작아질수록 더 정확해진다. 따라서 $\delta \to 0$일 때 이 식의 극한을 취하면 $M'(r) = nrf(r)$을 얻는다. 이제 a에서 b까지 정적분을 구하면 $M(b) - M(a) = n\int_a^b rf(r)\,dr$이다. 따라서 소득이 구간 $[a,\ b]$에 있는 모든 사람의 총소득은 다음과 같다.

$$M = n\int_a^b rf(r)\,dr \tag{10.4.2}$$

5 통계학을 일부 알고 있다면 확률밀도함수와 누적(확률)분포함수와의 유사성을 알 것이다.

식 (10.4.2)로 이어지는 논의를 좀 더 살펴보자. $\delta > 0$일 때 $M(r+\delta) - M(r)$은 소득이 구간 $[r, r+\delta]$에 있는 모든 사람의 총소득이다. 이 소득 구간에는 $n\{F(r+\delta) - F(r)\}$명이 있는데, 각각의 소득은 최소 r달러이고 최대 $(r+\delta)$달러이다. 따라서 다음 부등식이 성립한다.

$$nr\{F(r+\delta) - F(r)\} \le M(r+\delta) - M(r) \le n(r+\delta)\{F(r+\delta) - F(r)\} \qquad (*)$$

$\delta > 0$일 때 양변을 δ로 나누면 다음과 같다.

$$nr\frac{F(r+\delta) - F(r)}{\delta} \le \frac{M(r+\delta) - M(r)}{\delta} \le n(r+\delta)\frac{F(r+\delta) - F(r)}{\delta} \qquad (**)$$

$\delta < 0$이면 부등식 (*)는 그대로 유지되지만 부등식 (**)의 부등호 방향은 반대로 된다. 어느 쪽이든 $\delta \to 0$일 때 $nrF'(r) \le M'(r) \le nrF'(r)$이므로 $M'(r) = nrF'(r) = nrf(r)$이 성립한다.

소득이 특정 구간 $[a, b]$에 있는 모든 사람의 집단을 생각해보자. 이 집단의 인원수 N은 식 (10.4.1)에 의해 주어지고, 총소득 M은 식 (10.4.2)에 의해 주어진다. 이 집단의 '1인당 평균소득'은 $\frac{M}{N}$이라는 비율로 정의된다. 소득이 구간 $[a, b]$에 있는 사람들의 **평균소득**(mean income)은 다음과 같다.

$$m = \frac{M}{N} = \frac{n\int_a^b rf(r)\,dr}{n\int_a^b f(r)\,dr} = \frac{\int_a^b rf(r)\,dr}{\int_a^b f(r)\,dr} \qquad (10.4.3)$$

실제 소득분포의 고소득 구간에서 잘 근사하는 함수 중 하나로 **파레토 소득분포**가 있다. 이 분포는 [EX 6.6.4] 특히 식 (6.6.5)에서 간단히 소개한 바 있다. 파레토 소득분포에서 r달러 이하의 소득이 있는 사람의 비율은 다음과 같다.

$$f(r) = \frac{B}{r^{\beta}} \qquad (10.4.4)$$

여기서 B와 β는 양의 상수이다. 실증연구에 따르면 β 값은 보통 $2.4 < \beta < 2.6$의 범위에 있다. 한편 0에 가까운 r에서는 이 공식을 사용하지 못한다. 10.7절의 논의를 이용하면 적분 $\int_0^a f(r)\,dr$은 ∞로 발산한다.

EX 10.4.1 소득이 a와 b 사이인 n명의 사람들에 대한 소득밀도함수가 $f(r) = \frac{B}{r^{2.5}}$로 주어진다고 하자. 여기서 $b > a > 0$이고 B는 양수이다. 이 집단의 평균소득을 구하라.

풀이

식 (10.4.1)에 따르면 소득이 구간 $[a, b]$에 있는 인원수는 다음과 같다.

$$N = n\int_a^b Br^{-2.5}\,dr = nB\left[-\frac{2}{3}r^{-1.5}\right]_a^b = \frac{2}{3}nB(a^{-1.5} - b^{-1.5})$$

식 (10.4.2)에 따르면 이들의 총소득은 다음과 같다.

$$M = n\int_a^b rBr^{-2.5}\,dr = nB\int_a^b r^{-1.5}\,dr = -2nB\left[r^{-0.5}\right]_a^b = 2nB(a^{-0.5} - b^{-0.5})$$

따라서 식 (10.4.3)에 의해 이 집단에 속하는 사람들의 평균소득은 다음과 같이 주어진다.

$$m = \frac{M}{N} = \frac{2nB(a^{-0.5} - b^{-0.5})}{\frac{2}{3}nB(a^{-1.5} - b^{-1.5})} = 3\frac{a^{-0.5} - b^{-0.5}}{a^{-1.5} - b^{-1.5}}$$

여기서 b가 아주 큰 수라고 가정하면 $b^{-0.5}$과 $b^{-1.5}$은 모두 0에 가까우므로 $m \approx 3a$이다. 따라서 소득이 a 이상인 사람들의 평균소득은 대략 $3a$이다.

소득분포가 수요에 미치는 영향

특정 상품에 대한 소비자의 수요는 분명히 가격 p에 따라 달라진다. 게다가 경제학자들은 수요가 소비자의 소득 r에도 영향을 받음을 알고 있다. 여기서는 소비자 집단 전체의 총수요량을 살펴보겠다. 각 소비자의 개별 수요가 단일 가격 p뿐만 아니라 개인 소득 r에 대한 동일한 연속밀도함수 $D(p,\ r)$로 주어진다고 하자. 여기서 소득 r은 구간 $[a,\ b]$에서 정의된 연속밀도함수 $f(r)$을 따른다.

특정 가격 p가 주어졌을 때 $T(r)$을 소득이 r 이하인 모든 소비자의 총수요량이라 하자. 소득이 구간 $[r,\ r+\delta]$에 있는 사람은 약 $nf(r)$명인데, 이들은 상품을 $D(p,\ r)$만큼씩 소비하므로 이 구간에서 소비자의 총수요는 약 $n\,D(p,\ r)f(r)\delta$이다. 소득이 $[r,\ r+\delta]$에 있는 사람들의 실제 총수요는 정의에 따라 $T(r+\delta) - T(r)$이다. 따라서 $T(r+\delta) - T(r) \approx nD(p,\ r)f(r)\delta$를 만족해야 한다. 이는 다음을 의미한다.

$$\frac{T(r+\delta) - T(r)}{\delta} \approx nD(p,\ r)f(r)$$

이 근사식은 δ가 작아질수록 더 정확해지므로 $\delta \to 0$일 때 근사식의 극한에서 $T'(r) = nD(p,\ r)f(r)$을 얻는다. 정적분의 정의에 의해 다음이 성립한다.

$$T(b) - T(a) = n\int_a^b D(p,\ r)f(r)\,dr$$

여기서 $T(b) - T(a)$는 소득이 구간 $[a,\ b]$에 있는 모든 사람의 총수요량을 나타낸다. 실제로 총수요량은 가격 p에 따라 달라지므로 이 총수요량을 $x(p)$로 표기하면 총수요량은 가격 p의 함수로서 다음과 같이 주어진다.

$$x(p) = \int_a^b nD(p,\ r)f(r)\,dr \qquad (10.4.5)$$

EX 10.4.2 소득이 a와 b 사이에 있는 모든 사람의 소득분포함수가 [EX 10.4.1]과 같다고 가정하자. 소득이 r인 사람의 수요함수가 $D(p,\ r) = Ap^{-1.5}r^{2.08}$일 때 총수요함수를 구하라.

풀이

식 (10.4.5)를 이용하면 다음을 얻는다.

$$x(p) = \int_a^b nAp^{-1.5}r^{2.08}Br^{-2.5}\,dr = nABp^{-1.5}\int_a^b r^{-0.42}\,dr$$

따라서 총수요함수는 다음과 같다.

$$x(p) = nABp^{-1.5} \cdot \left[\frac{1}{0.58} r^{0.58}\right]_a^b = \frac{nAB}{0.58} p^{-1.5}(b^{0.58} - a^{0.58})$$

소비자 잉여와 생산자 잉여

경제학자들은 시장 상황이 변할 때 소비자와 생산자 전체가 얼마나 많은 이익을 얻는지 또는 손해를 보는지에 대해 관심이 있다. 많은 응용 경제학자들이 사용하는 측정 방법 중 하나는 (개념적으로 다소 논란의 여지가 있지만) 소비자 잉여와 생산자 잉여의 총량에 대한 것이다.[6] [그림 10.4.1]의 균형점 E는 수요곡선과 공급곡선이 만나는 곳에서 생긴다. 이 균형점에서 수요와 공급이 일치한다. 이에 대응하는 균형가격 P^*는 [EX 4.5.3]에서와 같이 그 가격에서 생산자가 공급하려는 총량과 정확히 같은 양으로 소비자가 구매하도록 유도하는 가격이다. [그림 10.4.1]의 수요곡선에 따르면 단위당 P^*보다 더 높은 가격이어도 지불할 의향이 있는 소비자가 있다. 실제로 가격이 거의 P_1에 가까울 만큼 높더라도 일부 소비자는 여전히 그 가격에 구입하기를 희망한다. 이처럼 P^*보다 더 많을 금액을 지불할 의향이 있는 소비자들이 절약하는 총금액을 **소비자 잉여**(CS; consumer surplus)라 한다.

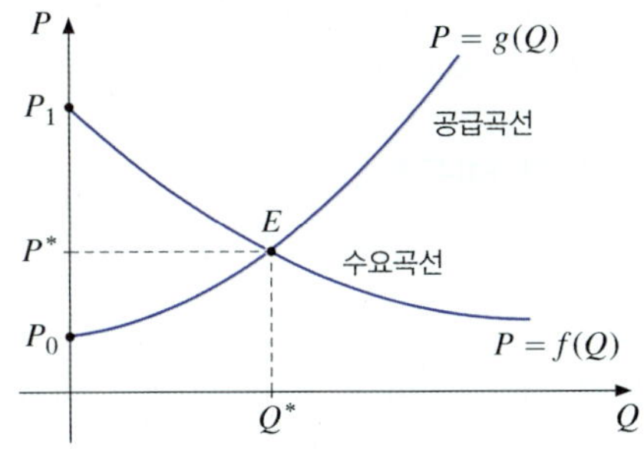

그림 10.4.1 시장균형

[그림 10.4.2]에 표시된 얇은 직사각형을 보자. 이 직사각형의 왼쪽 변은 점 $(Q,\ 0)$을 지나는 수직선 위에 있다. 이 직사각형의 밑변 길이는 ΔQ이고 높이는 $f(Q)$이므로 넓이는 $f(Q) \cdot \Delta Q$이다. 이 넓이는 소비자가 Q단위를 $f(Q)$의 가격으로 구입한 후, 추가로 ΔQ단위를 구매하기 위해 집단 전체가 기꺼이 지불할 수 있는 최대 금액을 근사적으로 나타낸다.

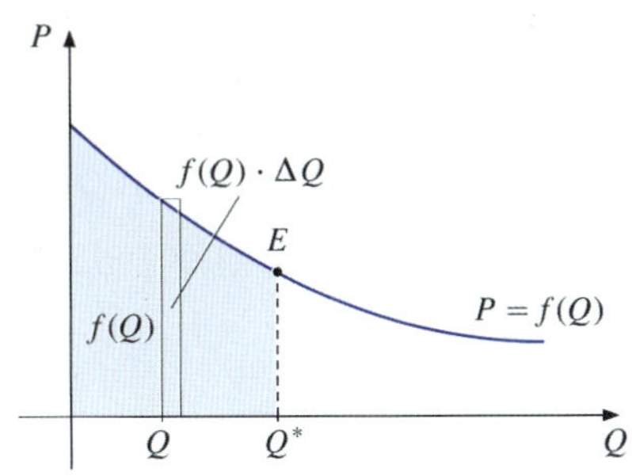

그림 10.4.2 소비자 잉여(CS)

이제 P^* 이상의 가격으로도 해당 상품을 구입할 의사가 있는 모든 소비자들이 재화 Q^*단위를 구매하기 위해 지불할 의사가 있는 총금액은 구간 $[0,\ Q^*]$에서 역수요곡선 $P = f(Q)$ 아래 영역의 넓이인 $\int_0^{Q^*} f(Q)\,dQ$이다. 이 영역은 [그림 10.4.2]에 음영으로 표시되어 있다. 만약 모든 소비자가 Q^*단위를 함께 구매한다면 총비용은 P^*Q^*이다. 이는 밑변 길이가 Q^*이고 높이가 P^*인 직사각형의 넓이이다. 이를 정적분 $\int_0^{Q^*} P^*\,dQ$로 나타낼 수 있다. 따라서 CS는 소비자가 Q^*단위를 구매하기 위해 지불할 의사가 있었던 총금액에서 실제로 지불한 금액을 뺀 것으로 정의한다. 즉 CS는 다음 적분과 같다.

$$\text{CS} = \int_0^{Q^*} \{f(Q) - P^*\}\,dQ \tag{10.4.6}$$

---

6 자세한 내용은 H. 바리안(H. Varian)의 『Intermediate Microeconomics: A Modern Approach(8th ed.)』를 참고하라.

[그림 10.4.3]에서 $\int_0^{Q^*} f(Q)\,dQ$는 영역 OP_1EQ^*의 넓이이고 P^*Q^*는 영역 OP^*EQ^*의 넓이이다. 따라서 CS는 역수요곡선과 수평선 $P=P^*$사이의 영역 P^*P_1E의 넓이와 같다. 이것은 [그림 10.4.3]에서 곡선 $P=f(Q)$의 왼쪽에 위치하며 가격 P^* 위쪽, 곡선의 한 부분 P_1E와 P축 사이에 있는, 밝게 음영 표시된 영역을 의미한다.

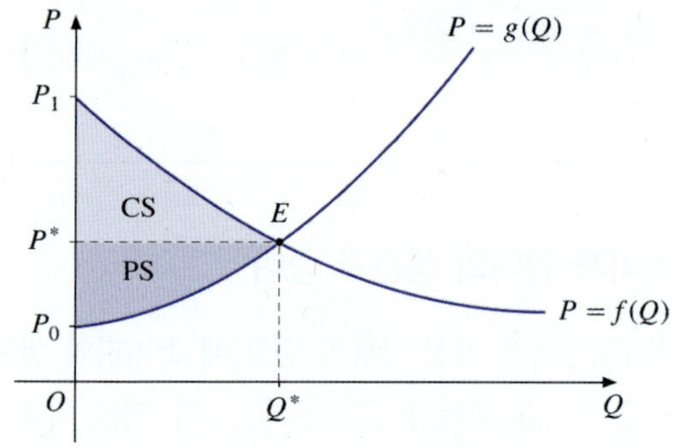

그림 10.4.3 소비자 잉여(CS)와 생산자 잉여(PS)

많은 생산자들은 균형가격 P^*로 상품을 판매함으로써 양의 이득 또는 '잉여'를 얻기도 한다. 왜냐하면 그들은 상품을 P^*보다 더 낮은 가격에도 상품을 공급할 용의가 있기 때문이다. [그림 10.4.3]에서 보듯이 가격이 거의 P_0만큼 저렴하지만 일부 생산자들은 여전히 상품을 공급할 용의가 있다. 이제 판매할 용의가 있는 가격보다 더 많이 받는 모든 생산자의 총잉여를 생각해보자. 이 총잉여는 생산자들이 실제로 받는 총매출액 P^*Q^*에서 Q^*만큼 공급하게 만들기 위해 최소한으로 필요한 수입을 뺀 것과 같다. 이러한 차를 **생산자 잉여**(PS; producer surplus)라 한다. 기하적으로 PS는 [그림 10.4.3]에서 어두운 음영으로 표시된 영역이다. 해석적으로는 PS를 다음과 같이 정의한다.

$$\mathrm{PS} = \int_0^{Q^*} \{P^* - g(Q)\}\,dQ \tag{10.4.7}$$

[그림 10.4.3]에서 수익 P^*Q^*는 영역 OP^*EQ^*의 넓이이고, $\int_0^{Q^*} g(Q)dQ$는 영역 OP_0EQ^*의 넓이이다. 따라서 PS는 역공급곡선 $P=g(Q)$와 직선 $P=P^*$ 사이에 있는 영역 P^*P_0E의 넓이와 같다. 이는 [그림 10.4.3]에서 공급곡선의 왼쪽에 있고, P축과 가격 P^* 아래에 있는 공급곡선 사이에 어두운 음영으로 표시된 영역이다.

EX 10.4.3 한 상품의 역수요곡선은 $P=f(Q)=50-0.1Q$이고 역공급곡선은 $P=g(Q)=0.2Q+20$이라 하자. 균형가격을 구하고 CS와 PS를 구하라.

풀이

$50-0.1Q^*=0.2Q^*+20$에서 균형수량은 $Q^*=100$이고 $P^*=0.2Q^*+20=40=50-0.1Q^*$이므로 CS는 다음과 같다.

$$\mathrm{CS} = \int_0^{100}(50-0.1Q-40)\,dQ = \int_0^{100}(10-0.1Q)\,dQ = \left[10Q-0.05Q^2\right]_0^{100} = 500$$

PS는 다음과 같다.

$$\mathrm{PS} = \int_0^{100}\{40-(0.2Q+20)\}\,dQ = \int_0^{100}(20-0.2Q)\,dQ = \left[20Q-0.1Q^2\right]_0^{100} = 1000$$

10.4 연습문제

1 유정에서 석유의 추출 속도 $u(t)=\bar{u}e^{-at}$은 시간에 따라 지수적으로 감소한다고 하자. 여기서 $\bar{u}$와 a는 양의 상수이다. 초기 석유 매장량이 $x(0)=K$일 때, 시간 t에서 남아 있는 석유의 양 $x(t)$를 구하라. 그리고 유정이 절대로 고갈되지 않는 조건을 구하라.

2 [EX 10.4.1]과 [EX 10.4.2]를 참고하여 물음에 답하라.

(a) 모집단이 n명이고 $f(r)=Br^{-2}$일 때, 구간 $[b,\ 2b]$에서 평균소득 m을 구하라.

(b) 개인의 수요함수가 $D(p,\ r)=Ap^{\gamma}r^{\delta}$이라 하자. 여기서 $A>0,\ \ \gamma<0,\ \ \delta>0,\ \ \delta\neq 1$이다. 식 (10.4.5)를 이용하여 총수요함수 $x(p)$를 구하라.

3 T에 대한 방정식 $S=\int_0^T e^{rt}\,dt$를 풀어라.

4 $K(t)$를 시간 t에서의 경제 자본금이라 하자. 시간 t에서 **순투자**(net investment) $I(t)$는 $K(t)$의 증가율 $\dot{K}(t)$로 주어진다.

(a) $t\geq 0$이고 $I(t)=3t^2+2t+5$일 때 시간 $t=0$부터 $t=5$까지 자본금의 총증가량을 구하라.

(b) $K(t_0)=K_0$일 때 **(a)**의 순투자함수 $I(t)$를 이용하여 $t=t_0$부터 $t=T$까지 자본금의 총증가량에 대한 식을 구하라.

5 한 석유회사가 어느 유전에서 오늘, 즉 $t=0$부터 석유를 추출할 계획이다. 여기서 t는 연도 단위로 측정한 시간이다. 이 회사는 서로 다른 두 가지 추출 프로파일 f와 g 중 하나를 선택할 수 있고, 이들은 각각 단위 시간당 생산량(유량)을 나타낸다. 두 추출 프로파일은 모두 10년 동안 지속되고, 각각 $f(t)=10t^2-t^3$과 $g(t)=t^3-20t^2+100t$이다. 추출 단위는 배럴이다.

(a) 두 추출 프로파일을 같은 좌표평면에 그려라.

(b) 구간 $[0,\ 10]$에 속하는 모든 t에 대해 부등식 $\int_0^t g(\tau)\,d\tau\geq\int_0^t f(\tau)\,d\tau$가 성립함을 보여라.

(c) 이 회사가 석유 단위당 가격 함수를 시간에 따라 $p(t)=1+\dfrac{1}{t+1}$로 설정했다고 하자. 두 추출 프로파일에 대한 총수익은 각각 $\int_0^{10}p(t)f(t)\,dt$와 $\int_0^{10}p(t)g(t)\,dt$이다. 이 적분을 계산하여 어떤 추출 프로파일이 더 많은 수익을 올리는지 설명하라.

6 어떤 상품의 역수요곡선이 $P=f(Q)=200-0.2Q$이고, 역공급곡선이 $P=g(Q)=20+0.1Q$라고 하자. 균형가격과 균형수량을 구한 뒤 CS와 PS를 구하라.

7 특정 상품의 역수요곡선이 $P=f(Q)=\dfrac{6000}{Q+50}$이고, 역공급곡선이 $P=g(Q)=Q+10$이라 하자. 균형가격과 균형수량을 구한 뒤 CS와 PS를 구하라.

10.5 부분적분

수학자, 통계학자, 경제학자들은 자주 $\int x^3e^{2x}\,dx$와 같은 형태의 적분을 구해야 한다. 이러한 적분의 피적분함수는 두 함수의 곱으로 구성되어 있다. 여기서 $\frac{1}{4}x^4$의 도함수는 x^3이고 $\frac{1}{2}e^{2x}$의 도함수는 e^{2x}이지만, $\frac{1}{4}x^4$과 $\frac{1}{2}e^{2x}$의 곱인 $\frac{1}{8}x^4e^{2x}$은 x^3e^{2x}을 도함수로 갖지 않음을 알고 있다. 일반적으로 **곱의 도함수는 도함수의 곱이 아니듯이 곱의 적분은 적분의 곱이 아니다.**

곱에 대한 미분법칙을 사용하면 다음과 같이 함수의 곱을 적분하는 데 유용한 **부분적분법**(integration by parts) 공식을 끌어낼 수 있다. 곱의 미분법칙 (6.7.3)은 다음과 같다.

$$\{f(x)g(x)\}' = f'(x)g(x) + f(x)g'(x) \qquad (*)$$

적분의 선형성을 나타내는 식 (10.1.9)를 이용하여 (*)에서 양변의 부정적분을 구하면 다음을 얻는다.

$$f(x)g(x) = \int f'(x)g(x)\,dx + \int f(x)g'(x)\,dx$$

참고로 우변의 두 부정적분에서는 적분상수를 생략했다. 이 식을 정리하면 다음 공식을 얻는다.

부분적분법

$$\int f(x)g'(x)\,dx = f(x)g(x) - \int f'(x)g(x)\,dx \qquad (10.5.1)$$

언뜻 보기에는 이 공식이 부정적분을 구하는 데 도움이 되지 않을 것처럼 보일 수도 있다. 하지만 이어지는 예를 통해 부분적분법 공식을 제대로 사용하는 방법을 이해하고 나면 이 공식이 아주 유용함을 알게 될 것이다. 실제로 $f(x)g'(x)$의 형태로 나타낼 수 있는 함수 $H(x)$를 적분해보자. 식 (10.5.1)을 이용하면 주어진 문제를 $f'(x)g(x)$를 적분하는 것으로 바꾸어 생각할 수 있다. 대개는 함수 $H(x)$를 $f(x)g'(x)$로 나타낼 수 있다. 따라서 $\int f(x)g'(x)\,dx$를 구하는 것보다 $\int f'(x)g(x)\,dx$를 더 쉽게 구할 수 있도록 f와 g를 선택하는 것이 중요하다.

EX 10.5.1 부분적분법을 이용하여 $\int xe^x\,dx$를 구하라.

풀이

식 (10.5.1)을 사용하려면 피적분함수를 $f(x)g'(x)$의 형태로 나타내야 한다. $f(x)=x$, $g'(x)=e^x$이라 두면 $f(x)g'(x)=xe^x$이다. 여기에 식 (10.5.1)을 적용하면 다음을 얻는다.

$$\int \underbrace{x \cdot e^x}_{f(x)g'(x)}\,dx = \underbrace{x \cdot e^x}_{f(x)g(x)} - \int \underbrace{1 \cdot e^x}_{f'(x)g(x)}\,dx = xe^x - \int e^x\,dx = xe^x - e^x + C$$

실제로 $xe^x - e^x + C$를 미분하면 $e^x + xe^x - e^x = xe^x$이므로 식 (10.5.1)로 얻은 답이 올바름을 알 수 있다. 이제 f와 g를 서로 바꾸면 어떻게 되는지 살펴보자. $f(x)=e^x$과 $g'(x)=x$라 두면, $g(x)=\frac{1}{2}x^2$이다. 이때 $f(x)g'(x)=e^x x = xe^x$이므로 식 (10.5.1)을 다시 적용하면 다음과 같이 처음보다 더 복잡한 적분으로 나타난다.

$$\int \underbrace{e^x \cdot x}_{f(x)g'(x)}\,dx = \underbrace{e^x \cdot \frac{1}{2}x^2}_{f(x)g(x)} - \int \underbrace{e^x \cdot \frac{1}{2}x^2}_{f'(x)g(x)}\,dx$$

처음보다 문제가 더 어려워졌으므로 이는 좋은 선택이 아님을 알 수 있다.

[EX 10.5.1]은 부분적분법에서 피적분함수를 나누는 방법이 중요함을 보여준다. 좋은 선택을 하려면 많은 연습이 필요하다. 부분적분법은 적분을 단순하게 만들 뿐만 아니라 유사한 형태의 적분으로 바꾸는 역할도 한다.

EX 10.5.2 다음 적분을 구하라.

(a) $I=\int \frac{1}{x}\ln x\,dx$ (b) $J=\int x^3e^{2x}\,dx$

풀이

(a) 피적분함수를 $f(x)=\frac{1}{x}$과 $g'(x)=\ln x$의 곱으로 택하면 적분에 도움이 되지 않으므로 $f(x)=\ln x$와 $g'(x)=\frac{1}{x}$로 택하자. 그러면 $f'(x)=\frac{1}{x}$과 $g(x)=\ln x$이므로 다음을 얻는다.

$$I=\int \frac{1}{x}\ln x\,dx=\int \underbrace{\ln x\cdot\frac{1}{x}}_{f(x)g'(x)}dx=\underbrace{\ln x\cdot\ln x}_{f(x)g(x)}-\int \underbrace{\frac{1}{x}\cdot\ln x}_{f'(x)g(x)}dx$$

마지막 적분은 구하려는 적분 I 그 자체이므로 임의의 상수 C_1에 대해 $I=(\ln x)^2-I+C_1$으로 표현할 수 있다. 따라서 $I=\frac{1}{2}(\ln x)^2+\frac{1}{2}C_1$이고, $\frac{1}{2}C_1=C$라 두면 다음과 같이 I를 구한다.

$$\int \frac{1}{x}\ln x\,dx=\frac{1}{2}(\ln x)^2+C$$

이 결과가 맞는지 확인하려면 $\frac{1}{2}(\ln x)^2$을 x에 대해 미분하면 된다.

(b) x^3은 도함수가 $3x^2$이 되어 차수가 낮아지므로 단순해진다. 반면에 e^{2x}은 미분이든 적분이든 거의 동일한 형태를 유지한다. 부분적분에서 f는 미분하고 g는 적분해야 하므로 $f(x)=x^3$과 $g'(x)=e^{2x}$으로 택하면 $f'(x)=3x^2$과 $g(x)=\frac{1}{2}e^{2x}$이다. 따라서 부분적분법을 이용하여 다음을 얻는다.

$$J=\int x^3e^{2x}\,dx=x^3\left(\frac{1}{2}e^{2x}\right)-\int(3x^2)\left(\frac{1}{2}e^{2x}\right)dx=\frac{1}{2}x^3e^{2x}-\frac{3}{2}\int x^2e^{2x}\,dx \qquad (*)$$

마지막 적분에서 x의 거듭제곱이 3에서 2로 줄어들어 처음 적분보다는 다소 간단해졌지만, 아직 적분을 완전히 구하지 못했다. 식 (*)의 마지막 적분에 대해 부분적분법을 다시 이용하여 다음을 얻는다.

$$\int x^2e^{2x}\,dx=x^2\left(\frac{1}{2}e^{2x}\right)-\int(2x)\left(\frac{1}{2}e^{2x}\right)dx=\frac{1}{2}x^2e^{2x}-\int xe^{2x}\,dx \qquad (**)$$

식 (**)의 마지막 적분에 다시 부분적분법을 적용하면 다음과 같다.

$$\int xe^{2x}\,dx=x\left(\frac{1}{2}e^{2x}\right)-\int\frac{1}{2}e^{2x}\,dx=\frac{1}{2}xe^{2x}-\frac{1}{4}e^{2x}+C_1 \qquad (***)$$

식 (***)와 식 (**)의 결과를 식 (*)에 대입하면 다음을 얻는다.

$$J=\frac{1}{2}x^3e^{2x}-\frac{3}{4}x^2e^{2x}+\frac{3}{4}xe^{2x}-\frac{3}{8}e^{2x}+C$$

여기서 $C=\frac{3C_1}{2}$이다. 이 식의 도함수는 $\frac{dJ}{dx}=x^3e^{2x}$이므로 답을 확인할 수 있다.

정적분에도 부분적분법에 관한 정리가 있다. 정적분의 정의와 곱에 대한 미분법칙을 이용하여 다음을 얻는다.

$$\int_a^b \{f'(x)g(x)+f(x)g'(x)\}\,dx = \int_a^b \frac{d}{dx}\{f(x)g(x)\}\,dx = [f(x)g(x)]_a^b$$

이 식을 정리하면 다음 공식을 얻는다.

$$\int_a^b f(x)g'(x)\,dx = [f(x)g(x)]_a^b - \int_a^b f'(x)g(x)\,dx \qquad (10.5.2)$$

EX 10.5.3 적분 $\int_0^{10}(1+0.4t)e^{-0.05t}\,dt$를 구하라.

풀이

여기서 $f(t)=1+0.4t$, $g'(t)=e^{-0.05t}$이라 두면 $f'(t)=0.4$, $g(t)=-20e^{-0.05t}$이다. 식 (10.5.2)를 이용하면 다음을 얻는다.

$$\begin{aligned}\int_0^{10}(1+0.4t)e^{-0.05t}\,dt &= [(1+0.4t)(-20)e^{-0.05t}]_0^{10} - \int_0^{10}(0.4)(-20)e^{-0.05t}\,dt\\ &= -100e^{-0.5}+20+8\int_0^{10}e^{-0.05t}\,dt\\ &= -100e^{-0.5}+20+8[(-20)e^{-0.05t}]_0^{10}\\ &= -100e^{-0.5}+20-160(e^{-0.5}-1) = 180-260e^{-0.5}\\ &\approx 22.3\end{aligned}$$

10.5 연습문제

1 부분적분법을 이용하여 다음을 구하라.

(a) $\int xe^{-x}\,dx$ (b) $\int 3xe^{4x}\,dx$

(c) $\int (1+x^2)e^{-x}\,dx$ (d) $\int x\ln x\,dx$

2 부분적분법을 이용하여 다음을 구하라. (d)에서는 피적분함수의 그래프를 그려보고 구한 답이 타당한지 확인하라.

(a) $\int_{-1}^{1} x\ln(x+2)\,dx$ (b) $\int_0^2 x2^x\,dx$

(c) $\int_0^1 x^2e^x\,dx$ (d) $\int_0^3 x\sqrt{1+x}\,dx$

3 부분적분법을 이용하여 다음을 구하라.

(a) $\int_1^4 \sqrt{t}\ln t\,dt$ (b) $\int_0^2 (x-2)e^{-\frac{x}{2}}\,dx$

(c) $\int_0^3 (3-x)3^x\,dx$

4 임의의 함수 $f(x)$에 대해 $f(x)=1\cdot f(x)$로 나타낼 수 있다. 이 사실과 부분적분법을 이용하여 $\int f(x)\,dx = xf(x)-\int xf'(x)\,dx$임을 증명하라. 이를 $f(x)=\ln x$에 적용해보고 [EX 10.1.3]과 비교하라.

5 $\rho \neq -1$일 때 다음이 성립함을 보여라.

$$\int x^{\rho} \ln x \, dx = \frac{x^{\rho+1}}{\rho+1} \ln x - \frac{x^{\rho+1}}{(p+1)^2} + C$$

6 $r \neq 0$일 때 다음 적분을 구하라.

(a) $\int_0^T bte^{-rt} dt$

(b) $\int_0^T (a+bt)e^{-rt} dt$

(c) $\int_0^T (a-bt+ct^2)e^{-rt} dt$

10.6 치환적분

이 절에서는 미분의 연쇄법칙이 복잡한 적분을 계산하는 중요한 방법으로 어떻게 이어지는지 알아볼 것이다. 다음 적분 문제로 시작해보자.

EX 10.6.1 다음 적분을 구하라.

(a) $\int (x^2+10)^{50} \, 2x \, dx$

(b) $\int_0^a xe^{-cx^2} dx$ (단, $c \neq 0$)

풀이

(a) 이 적분을 부분적분법으로 풀려고 시도하면 안 된다. $(x^2+10)^{50}$을 전개해서 51개 항으로 이루어진 다항식을 만들고 각항을 적분할 수는 있겠지만 이 방법은 지나치게 번거롭다는 문제가 있다. 그래서 새로운 변수 $u = x^2+10$으로 치환하여 문제를 풀이하는 방법을 소개한다. 미분 표기법에서 $du = 2x\,dx$이고 이들을 $\int (x^2+10)^{50} 2x\,dx$에 대입하면 $\int u^{50} du$로 바뀐다. 여기서 $\int u^{50} du = \frac{1}{51}u^{51} + C$임을 쉽게 구할 수 있다. $u = x^2+10$이므로 다시 변수를 되돌리면 다음을 얻는다.

$$\int (x^2+10)^{50} 2x\,dx = \frac{1}{51}(x^2+10)^{51} + C \qquad (*)$$

연쇄법칙을 이용하여 식 (*)의 우변을 미분하면 피적분함수인 $(x^2+10)^{50}2x$가 나온다. 따라서 (*)는 올바른 결과이다.

(b) 먼저 부정적분 $\int xe^{-cx^2} dx$를 구해보자. $u = -cx^2$으로 치환하면 $du = -2cx\,dx$에서 $x\,dx = -\frac{du}{2c}$이다. 따라서 다음을 얻는다.

$$\int xe^{-cx^2} dx = \int -\frac{1}{2c}e^u du = -\frac{1}{2c}e^u + C = -\frac{1}{2c}e^{-cx^2} + C$$

그러므로 구하려는 정적분은 다음과 같다.

$$\int_0^a xe^{-cx^2} dx = -\frac{1}{2c}\left[e^{-cx^2}\right]_0^a = \frac{1}{2c}\left(1 - e^{-ca^2}\right)$$

[EX 10.6.1]에서 $u=g(x)$로 두면 피적분함수를 $f(u)u'$의 형태로 나타낼 수 있다. [EX 10.6.1(a)]에서는 $u=g(x)=x^2+10$, $f(u)=u^{50}$으로 치환했고 [EX 10.6.1(b)]에서는 $u=g(x)=-cx^2$, $f(u)=e^u$으로 치환했다. 그러면 [EX 10.6.1(b)]의 피적분함수 xe^{-cx^2}은 $f(g(x))g'(x)$에 상수 $-\dfrac{1}{2c}$을 곱한 것이다.

이번에는 다음과 같은 일반적인 형태의 적분에 대해 동일한 방법을 적용해보자.

$$\int f(g(x))g'(x)\,dx$$

$u=g(x)$로 치환하면 $du=g'(x)\,dx$이므로 주어진 적분은 $\int f(u)\,du$로 간단해진다. 여기서 $F'(u)=f(u)$를 만족하는 역도함수 $F(u)$를 구할 수 있다면 $\int f(u)du=F(u)+C$이다. 이는 $\int f(g(x))g'(x)\,dx=F(g(x))+C$임을 의미한다. 이러한 형식적인 방법은 항상 옳은 결과를 줄 것인가? 이를 확인하기 위해 연쇄법칙을 이용하여 $F(g(x))+C$를 x로 미분해보자. 도함수는 $F'(g(x))g'(x)$이며, 정확히 $f(g(x))g'(x)$와 일치한다. 따라서 다음 공식을 얻는다.

변수변환 : 치환적분법(integration by substitution)

함수 g가 미분가능하고 f는 g의 치역에 해당하는 정의역에서 부정적분(또는 역도함수)을 갖는다고 가정하자. 이때 $u=g(x)$로 치환하면 다음을 만족한다.

$$\int f(g(x))g'(x)\,dx=\int f(u)\,du \qquad (10.6.1)$$

EX 10.6.2 적분 $\int 8x^2(3x^3-1)^{16}dx$를 구하라.

풀이

$u=3x^3-1$로 치환하면 $du=9x^2dx$이므로 $8x^2dx=\dfrac{8}{9}du$이다. 따라서 다음과 같다.

$$\int 8x^2(3x^3-1)^{16}dx=\frac{8}{9}\int u^{16}du=\frac{8}{9}\cdot\frac{1}{17}u^{17}+C=\frac{8}{153}(3x^3-1)^{17}+C$$

[EX 10.6.1(b)]의 정적분은 치환할 때 적분 범위를 같이 바꾸면 더 간단히 구할 수 있다. $u=-cx^2$로 치환할 때 x가 0부터 a까지 변하면 u는 0부터 $-ca^2$까지 변한다. 따라서 주어진 정적분은 다음과 같이 구할 수 있다.

$$\int_0^a xe^{-cx^2}dx=\int_0^{-ca^2}-\frac{1}{2c}e^u\,du=-\frac{1}{2c}\left[e^u\right]_0^{-ca^2}=\frac{1}{2c}(1-e^{-ca^2})$$

이처럼 적분 범위를 변경하여 정적분을 구하는 방법은 일반적으로 성립한다. 치환적분법 공식 (10.6.1)에 대응하여 정적분에서도 $u=g(x)$로 치환하면 다음과 같이 주어진다.

$$\int_a^b f(g(x))g'(x)\,dx=\int_{g(a)}^{g(b)}f(u)\,du \qquad (10.6.2)$$

이 공식의 논리는 간단하다. $F'(u)=f(u)$이면 다음을 만족하기 때문이다.

$$\int_a^b f(g(x))g'(x)dx = [F(g(x))]_a^b = F(g(b)) - F(g(a)) = \int_{g(a)}^{g(b)} f(u)du$$

EX 10.6.3 적분 $\int_1^e \frac{1+\ln x}{x}dx$를 구하라.

풀이

$u=1+\ln x$로 치환하면 $du=\frac{1}{x}dx$이다. $x=1$일 때 $u=1$이고 $x=e$일 때 $u=2$이므로 다음을 얻는다.

$$\int_1^e \frac{1+\ln x}{x}dx = \int_1^2 u\,du = \frac{1}{2}[u^2]_1^2 = \frac{1}{2}(4-1) = \frac{3}{2}$$

치환적분법으로 풀 수 있는 복잡한 적분

지금까지 다룬 치환적분법의 예는 비교적 간단했다. 이제 이 중요한 방법을 더 복잡한 적분에 어떻게 적용할 수 있는지 다루고자 한다.

EX 10.6.4 $x>0$일 때 치환적분법을 이용하여 다음 적분을 구하라.

$$\int \frac{x-\sqrt{x}}{x+\sqrt{x}}dx$$

풀이

$\sqrt{x}$가 분자와 분모 모두에 있으므로 $u=\sqrt{x}$로 치환하자. $x=u^2$이고 $dx=2u\,du$이므로 다음을 얻는다.

$$\int \frac{x-\sqrt{x}}{x+\sqrt{x}}dx = \int \frac{u^2-u}{u^2+u}2u\,du = 2\int \frac{u^2-u}{u+1}du$$

4.7절에서 소개한, 나머지가 있는 다항식 나눗셈으로 $(u^2-u)\div(u+1)$을 구하면 다음을 계산할 수 있다.

$$\int \frac{x-\sqrt{x}}{x+\sqrt{x}}dx = 2\int\left(u-2+\frac{2}{u+1}\right)du = u^2-4u+4\ln|u+1|+C$$

마지막으로 $u=\sqrt{x}$를 다시 대입하자. 모든 $x>0$에 대해 $\sqrt{x}+1>0$이므로 절댓값 부호를 없앨 수 있다. 최종 결과는 다음과 같다.

$$\int \frac{x-\sqrt{x}}{x+\sqrt{x}}dx = x-4\sqrt{x}+4\ln(\sqrt{x}+1)+C$$

[EX 10.6.4]는 치환적분에서 가장 자주 사용되는 방법을 보여준다. 이 과정을 다음과 같이 요약할 수 있다.

$\int G(x)\,dx$의 일반적인 적분법

❶ $G(x)$에서 적절한 '부분'을 택하여 새로운 변수 $u=g(x)$로 치환한다.

❷ $du=g'(x)\,dx$를 계산한다.

❸ $u=g(x)$와 $du=g'(x)\,dx$를 이용해 적분 $\int G(x)\,dx$를 가능하면 더 단순한 형태의 적분 $\int f(u)\,du$로 바꾼다.

❹ 가능하면 $\int f(u)\,du=F(u)+C$를 계산한다.

❺ u를 다시 $g(x)$로 바꾼다.

❶~❺의 과정을 거치면 $\int G(x)\,dx=F(g(x))+C$로 정리된다.

이 일반적인 적분법 ❸에서 $u=g(x)$로 치환했을 때 $f(u)$가 u와 du만을 포함해야 하고, x에 대한 항이 남아 있지 않게 바꾸는 것이 중요하다. 치환적분법에서 가장 흔하게 발생하는 오류는 단순히 dx를 du로 바꾸는 것이다. 하지만 정확한 공식 $du=g'(x)\,dx$를 사용해야 한다. 또한 특정 치환이 효과가 없다면 다른 치환을 시도해야 한다. 그러나 10.3절에서 설명한 바와 같이 아무리 적절한 치환을 찾아보아도 결국에는 어떤 치환으로도 적분을 계산할 수 없을 가능성도 있다.

EX 10.6.5 다음 적분을 구하라.

(a) $\int x^3\sqrt{1+x^2}\,dx$ (b) $\int_0^1 x^3\sqrt{1+x^2}\,dx$

풀이

(a) $\int G(x)\,dx$의 일반적인 적분법 ❶~❺를 차례로 따라가며 풀어보자.

❶ $x^3\sqrt{1+x^2}$의 한 부분을 새로운 변수 $u=\sqrt{1+x^2}$으로 치환

❷ $u=\sqrt{1+x^2}$이면 $u^2=1+x^2$이므로 $2u\,du=2x\,dx$, 즉 $u\,du=x\,dx$이다. 이는 u를 직접 미분하는 것보다 더 쉽다는 것을 주목하라.

❸ $\int x^3\sqrt{1+x^2}\,dx=\int x^2\sqrt{1+x^2}\,x\,dx=\int (u^2-1)u\cdot u\,du=\int (u^4-u^2)\,du$

❹ $\int (u^4-u^2)\,du=\frac{1}{5}u^5-\frac{1}{3}u^3+C$

❺ $\int x^3\sqrt{1+x^2}\,dx=\frac{1}{5}(\sqrt{1+x^2})^5-\frac{1}{3}(\sqrt{1+x^2})^3+C$

(b) 정적분을 구하기 위해 (a)의 ❸, ❹를 결합한다. $x=0$일 때 $u=1$이고 $x=1$일 때 $u=\sqrt{2}$이므로, 결과는 다음과 같다.

$$\int_0^1 x^3\sqrt{1+x^2}\,dx=\left[\frac{1}{5}u^5-\frac{1}{3}u^3\right]_0^{\sqrt{2}}=\frac{4\sqrt{2}}{5}-\frac{2\sqrt{2}}{3}-\frac{1}{5}+\frac{1}{3}=\frac{2}{15}(\sqrt{2}+1)$$

이 적분은 $u=1+x^2$으로 치환해도 계산할 수 있다.

유리함수 적분과 부분분수 전개

4.7절에서 유리함수를 두 다항식의 비 $\frac{P(x)}{Q(x)}$로 정의했다. 경제학자들은 가끔 이러한 함수들을 적분할 필요가 있다. 그래서 일반적으로 유리함수의 적분 과정을 보여주는 두 개의 예를 제시한다. 하나는 앞서 다룬 [EX 10.6.4]로, 치환을 통해 유리함수 $\frac{u^2-u}{u+1}$로 변환했다. 4.7절에서 소개한, 나머지가 있는 다항식 나눗셈 방법을 사용하면 이 유리함수를 단순화할 수 있으므로 직접 적분할 수 있다. 이 적분은 분모가 일차다항식이므로 간단한 편이다. 그러나 분모의 차수가 1보다 크면 대개 다항식 나눗셈과 함께 나머지의 **부분분수 전개**(partial fraction expansion)를 해야 한다. 다음은 유리함수 적분에 대한 예이다.

EX 10.6.6 다음 적분을 구하라.

$$\int \frac{x^4+3x^2-4}{x^2+2x}\,dx$$

풀이

피적분함수에 다항식 나눗셈을 적용하면 다음의 결과를 얻는다.

$$\frac{x^4+3x^2-4}{x^2+2x}=x^2-2x+7-\frac{14x+4}{x^2+2x}$$

우변의 분수식이 아닌 부분을 적분하면 $\int (x^2-2x+7)dx=\frac{1}{3}x^3-x^2+7x+C_0$이다. 그러나 마지막 항은 분모가 이차다항식인 분수식이다. 다행히 분모가 일차식 x와 $(x+2)$로 인수분해된다. 따라서 이를 적분할 수 있는 식으로 바꾸기 위해 두 부분분수의 합으로 나타내보자.

$$\frac{14x+4}{x(x+2)}=\frac{A}{x}+\frac{B}{x+2} \qquad (*)$$

여기서 상수 A와 B를 구해야 한다. 이 식은 $x=0$과 $x=-2$에서는 정의되지 않지만 이를 제외한 모든 x에 대해 식 (*)의 각 변에 공통분모 $x(x+2)$를 곱하면 $14x+4=A(x+2)+Bx$, 즉 $(14-A-B)x+4-2A=0$이다. 이 식이 $x\neq 0$이고 $x\neq -2$인 모든 x에 대해 성립하려면 x의 계수 $(14-A-B)$와 상수 $(4-2A)$는 모두 0이어야 한다. 이 두 연립방정식을 풀면 $A=2$, $B=12$이다. 따라서 피적분함수의 나머지 네 번째 항은 다음과 같이 적분할 수 있다.

$$\int \frac{14x+4}{x^2+2x}\,dx=\int \frac{2}{x}\,dx+\int \frac{12}{x+2}\,dx=2\ln|x|+12\ln|x+2|+C_1$$

구하려는 적분은 다음과 같다.

$$\int \frac{x^4+3x^2-4}{x^2+2x}\,dx=\frac{1}{3}x^3-x^2+7x+2\ln|x|+12\ln|x+2|+C$$

이 적분 결과를 직접 미분하여 올바르게 풀이했는지 검증할 수 있다.

10.6 연습문제

1 식 (10.6.1)을 이용하여 다음 적분을 구하라.

(a) $\int (x^2+1)^8 2x\,dx$

(b) $\int (x+2)^{10}\,dx$

(c) $\int \frac{2x-1}{x^2-x+8}\,dx$

2 치환적분법을 사용하여 다음 적분을 구하라.

(a) $\int x(2x^2+3)^5\,dx$　　(b) $\int x^2 e^{x^3+2}\,dx$

(c) $\int \frac{\ln(x+2)}{2x+4}\,dx$　　(d) $\int x\sqrt{1+x}\,dx$

(e) $\int \frac{x^3}{(1+x^2)^3}\,dx$　　(f) $\int x^5\sqrt{4-x^3}\,dx$

3 다음 적분을 구하라.

(a) $\int_0^1 x\sqrt{1+x^2}\,dx$　　(b) $\int_1^e \frac{\ln x}{x}\,dx$

(c) $\int_1^3 \frac{1}{x^2}e^{\frac{2}{x}}\,dx$　　(d) $\int_5^8 \frac{x}{x-4}\,dx$

힌트 (d)는 ❶ 치환적분법과 ❷ [EX 10.6.6]에서와 같이 부분분수 전개로 구할 수 있다.

4 $x>2$일 때 방정식 $\int_3^x \frac{2t-2}{t^2-2t}\,dt = \ln\left(\frac{2}{3}x-1\right)$의 해를 구하라.

5 $\int_{t_0}^{t_1} S'(x(t))\dot{x}(t)\,dt = S(x(t_1)) - S(x(t_0))$임을 보여라.

6 심화 다음 적분을 구하라.

(a) $\int_0^1 (x^4-x^9)(x^5-1)^{12}\,dx$

(b) $\int \frac{\ln x}{\sqrt{x}}\,dx$

(c) $\int_0^4 \frac{1}{\sqrt{1+\sqrt{x}}}\,dx$

7 심화 다음 적분을 구하라.

(a) $\int_1^4 \frac{e^{\sqrt{x}}}{\sqrt{x}(1+e^{\sqrt{x}})}\,dx$

(b) $\int_0^{\frac{1}{3}} \frac{1}{e^x+1}\,dx$

(c) $\int_{8.5}^{41} \frac{1}{\sqrt{2x-1}-\sqrt[4]{2x-1}}\,dx$

힌트 (b)에서는 $t=e^{-x}$으로, (c)에서는 $z^4=2x-1$로 치환해보라.

8 심화 적절한 치환을 사용하여 다음 피적분함수에 있는 $x^{1/2}$과 $x^{1/3}$의 분수 지수를 없애고 적분을 구하라.

$$I = \int \frac{x^{1/2}}{1-x^{1/3}}\,dx$$

9 심화 [EX 10.6.6]에서 제시한 부분분수 전개를 사용하여 $f(x)=\frac{cx+d}{(x-a)(x-b)}$를 분수함수의 합으로 나타내라. 이 결과를 이용하여 다음 적분을 계산하라.

(a) $\int \frac{x}{(x+1)(x+2)}\,dx$

(b) $\int \frac{1-2x}{x^2-2x-15}\,dx$

10.7 이상적분

무한 구간에서의 적분

[EX 10.6.1(b)]에서 $c \neq 0$일 때 다음을 증명했다.

$$\int_0^a xe^{-cx^2}dx = \frac{1}{2c}\left(1-e^{-ca^2}\right)$$

여기서 $c>0$일 때 a가 무한히 커지면 식의 우변은 $\frac{1}{2c}$에 수렴한다. 즉 다음 식이 자연스럽게 성립한다.

$$\int_0^\infty xe^{-cx^2}dx = \frac{1}{2c}$$

통계학과 경제학에서는 무한 구간에서 적분해야 하는 경우가 종종 있다. 일반적으로 함수 f가 모든 $x \geq a$에 대해 연속이라 하자. 각 $b \geq a$에 대해 $\int_a^b f(x)\,dx$가 존재한다. 이제 b가 무한대로 가까이 갈 때의 **이상적분**(improper integral) $\int_a^\infty f(x)\,dx$를 생각해보자. 만약 $b \to \infty$일 때 $\int_a^b f(x)\,dx$가 유한한 값에 가까워지면 이 적분은 **수렴한다**고 하고, f는 구간 $[a, \infty)$에서 **적분가능**(integrable)하다고 한다. 이 경우 이상적분을 다음과 같이 정의한다.

$$\int_a^\infty f(x)\,dx = \lim_{b\to\infty}\int_a^b f(x)\,dx \tag{10.7.1}$$

만약 유한한 극한이 없으면 그 이상적분은 **발산한다**고 한다. 이와 유사하게 함수 f가 모든 $x \leq b$에 대해 연속이면 다음과 같이 정의한다.

$$\int_{-\infty}^b f(x)\,dx = \lim_{a\to-\infty}\int_a^b f(x)\,dx \tag{10.7.2}$$

이 극한이 존재하면 주어진 이상적분은 수렴한다고 하고, 그렇지 않으면 발산한다고 한다. 구간 $[a, \infty)$에서 $f(x) \geq 0$이면 이상적분 (10.7.1)을 무한 구간 $[a, \infty)$에서 f의 그래프 아래의 **넓이**(area)로 해석한다.

EX 10.7.1 통계학의 **지수분포**(exponential distribution)는 모든 $x \geq 0$에 대해 밀도함수 $f(x) = \lambda e^{-\lambda x}$으로 정의된다. 여기서 λ는 양의 상수이다. 구간 $[a, \infty)$에서 f의 그래프 아래 영역은 [그림 10.7.1]에 음영으로 표시되어 있다. 이 영역의 넓이가 1임을 보여라.

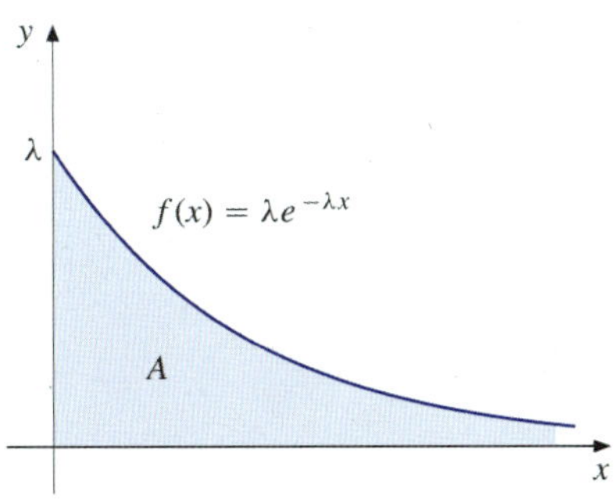

그림 10.7.1 영역 A는 밑변이 유계가 아니지만, 높이가 0으로 급격히 감소하므로 전체 넓이는 1이다.

풀이

$b>0$일 때 구간 $[0, b]$에서 f의 그래프 아래의 넓이는 $\int_0^b \lambda e^{-\lambda x}dx = \left[-e^{-\lambda x}\right]_0^b = -e^{-\lambda b}+1$이다. 여기서 $b \to \infty$일 때 $-e^{-\lambda b}+1$은 1에 수렴한다. 따라서 다음을 얻는다.

$$\int_0^\infty \lambda e^{-\lambda x}dx = \lim_{b\to\infty}\int_0^b \lambda e^{-\lambda x}dx = \lim_{b\to\infty}(-e^{-\lambda b}+1) = 1$$

EX 10.7.2 $a>1$일 때 다음이 성립함을 보여라.

$$\int_1^\infty \frac{1}{x^a}dx = \frac{1}{a-1} \qquad (*)$$

그리고 $a=1$일 때와 $a<1$일 때의 이상적분을 해석해보라.

풀이

모든 $a \neq 1$과 $b>1$에 대해 다음이 성립한다.

$$\int_1^b \frac{1}{x^a}dx = \int_1^b x^{-a}dx = \left[\frac{1}{1-a}x^{1-a}\right]_1^b = \frac{1}{1-a}(b^{1-a}-1) \qquad (**)$$

- $a>1$: $b \to \infty$이면 $b^{1-a} = \frac{1}{b^{a-1}} \to 0$이다. 따라서 $b \to \infty$이면 식 (**)로부터 식 (*)가 성립한다.
- $a=1$: 식 (**)의 우변은 정의되지 않지만 $\int_1^b \frac{1}{x}dx = \ln b - \ln 1 = \ln b$이다. 한편 $b \to \infty$이면 $\ln b \to \infty$이므로 $\int_1^\infty \frac{1}{x}dx$는 [그림 10.7.2]에서 보는 바와 같이 $+\infty$로 발산한다.
- $a<1$: 식 (**)의 마지막 표현은 $b \to \infty$일 때 ∞로 발산한다. 따라서 이 경우에도 이상적분은 발산한다.

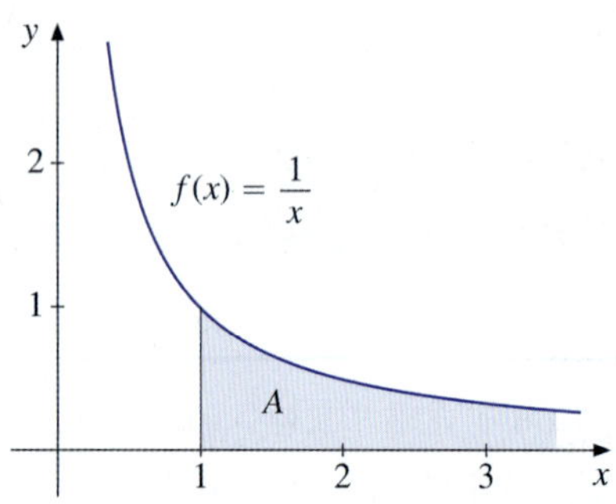

그림 10.7.2 $A = \int_1^\infty \frac{1}{x}dx = \infty$이다. 함수 $\frac{1}{x}$은 수렴할 정도로 빠르게 0에 접근하지 않으므로 이 이상적분은 발산한다.

적분구간의 하한과 상한이 모두 무한이면 구간 $(-\infty, \infty)$에서 연속함수 f의 이상적분은 다음과 같다.

$$\int_{-\infty}^\infty f(x)\,dx = \int_{-\infty}^0 f(x)\,dx + \int_0^\infty f(x)\,dx \qquad (10.7.3)$$

우변의 두 이상적분이 **모두** 수렴하면 이상적분 $\int_{-\infty}^{\infty} f(x)\,dx$는 **수렴한다**고 하고, 둘 중 하나라도 수렴하지 않으면 **발산한다**고 한다. 세분하는 점으로 0 대신 임의의 고정된 실수 c를 사용할 수 있다. 적분이 수렴한다는 전제하에서 적분의 값은 항상 같다. 여기서 중요한 점은 정의 (10.7.3)에서 우변에 있는 두 적분이 모두 수렴해야 한다는 것이다. 특히 다음과 같은 식에 주의하자.

$$\lim_{b\to\infty}\int_{-b}^{b} f(x)\,dx \qquad (10.7.4)$$

이 식은 이상적분 $\int_{-\infty}^{\infty} f(x)\,dx$의 정의가 아니다. [연습문제 4]에서 식 (10.7.3)은 수렴하지만, 식 (10.7.4)의 적분은 발산한다. 그 이유는 $b\to\infty$일 때 $\int_{-b}^{0} f(x)\,dx \to -\infty$이고 $\int_{0}^{b} f(x)\,dx \to \infty$이기 때문이다. 따라서 식 (10.7.3)은 $\int_{-\infty}^{\infty} f(x)\,dx$를 정의하는 방식으로 적절하지만, 식 (10.7.4)는 부적절하다. 이에 관한 다음 결과는 통계학에서 매우 중요하다. 이 또한 [연습문제 12]와도 관련이 있다.

EX 10.7.3 $c>0$일 때 다음 적분이 수렴함을 증명하고 그 값을 구하라.

$$\int_{-\infty}^{\infty} xe^{-cx^2}\,dx$$

풀이

[EX 10.6.1(b)]에서 $\int_{0}^{\infty} xe^{-cx^2}\,dx = \dfrac{1}{2c}$임을 확인한 바 있다. 같은 방법으로 다음을 구할 수 있다.

$$\int_{-\infty}^{0} xe^{-cx^2}\,dx = \lim_{a\to-\infty}\int_{a}^{0} xe^{-cx^2}\,dx = \lim_{a\to-\infty}\left[-\frac{1}{2c}e^{-cx^2}\right]_a^0 =-\frac{1}{2c}$$

따라서 전체 적분은 다음과 같다.

$$\int_{-\infty}^{\infty} xe^{-cx^2}\,dx =-\frac{1}{2c}+\frac{1}{2c}=0 \qquad (10.7.5)$$

이 결과를 보여주는 다른 방법은 함수 $f(x)=xe^{-cx^2}$이 모든 x에 대해 $f(-x)=-f(x)$임을 이용하는 것이다. 함수 f의 그래프가 원점에 대해 대칭이므로 모든 $a\le 0$에 대해 $\int_{a}^{0} xe^{-cx^2}\,dx =-\int_{0}^{-a} xe^{-cx^2}$이다. 따라서 이상적분 $\int_{-\infty}^{0} xe^{-cx^2}\,dx$는 극한 $-\dfrac{1}{2c}$에 수렴한다는 사실을 알 수 있다.

유계가 아닌 함수의 적분

다음으로 유계가 아닌 피적분함수의 이상적분에 대해 알아보자. 먼저 모든 $x\in(0,\ 2]$에 대해 $f(x)=\dfrac{1}{\sqrt{x}}$로 정의된 함수 $f(x)$를 생각해보자. [그림 10.7.3]은 $f(x)$의 그래프를 나타낸다. 이때 $x\to 0^+$이면 $f(x)\to\infty$이다. 함수 f는 구간 $(0,\ 2)$에 속하는 임의의 고정된 수 h에 대해 구간 $[h,\ 2]$에서 연속이므로 구간 $[h,\ 2]$에서 f의 정적분이 존재한다. 실제로 구간 $[h,\ 2]$에서 f의 정적분은 다음과 같다.

$$\int_{h}^{2}\frac{1}{\sqrt{x}}\,dx = \left[2\sqrt{x}\right]_h^2 = 2\sqrt{2}-2\sqrt{h}$$

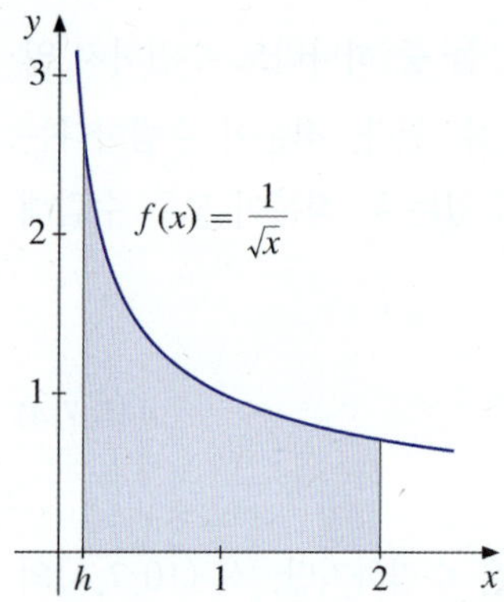

그림 10.7.3 $f(x) = \dfrac{1}{\sqrt{x}}$ **의 그래프**

$h \to 0^+$ 일 때 이 식의 극한은 $2\sqrt{2}$ 이므로 이상적분의 정의에 의해 다음을 얻는다.

$$\int_0^2 \frac{1}{\sqrt{x}}\,dx = 2\sqrt{2}$$

이때 이상적분은 수렴한다고 하며, 구간 $(0, 2]$에서 f의 그래프 아래의 넓이는 $2\sqrt{2}$ 이다. [그림 10.7.3]은 구간 $(h, 2]$에서 f의 그래프 아래의 영역을 보여준다. $h \to 0^+$ 일 때 음영으로 표시된 영역은 유계가 아니지만, f의 그래프는 y축에 매우 빠르게 접근하여 전체 넓이는 유한한 값을 갖는다.

일반적으로 함수 f가 구간 $(a, b]$에서 연속이지만 $x = a$에서 정의되지 않으면 다음과 같이 이상적분을 정의한다.

$$\int_a^b f(x)\,dx = \lim_{h \to 0^+} \int_{a+h}^b f(x)\,dx \tag{10.7.6}$$

이 극한이 존재하면 f의 이상적분은 **수렴한다**고 한다. 구간 $(a, b]$에서 $f(x) \geq 0$이면 적분은 $(a, b]$에서 f의 **그래프 아래의 넓이**로 해석한다. 같은 방법으로 f가 b에서 정의되지 않으면 다음과 같이 이상적분을 정의한다.

$$\int_a^b f(x)\,dx = \lim_{h \to 0^+} \int_a^{b-h} f(x)\,dx \tag{10.7.7}$$

이 극한이 존재하면 f의 이상적분은 **수렴한다**고 한다. 다음으로 f가 구간 (a, b)에서 연속이지만 a 또는 b에서는 정의되지 않을 수도 있는 경우를 생각해보자. 예를 들어 $x \to a^+$ 일 때 $f(x) \to -\infty$ 이고 $x \to b^-$ 일 때 $f(x) \to +\infty$ 라 하자. 이때 구간 (a, b)에 속하는 임의의 고정된 c에 대해 두 적분 $\int_a^c f(x)\,dx$와 $\int_c^b f(x)\,dx$가 모두 수렴하면 f는 (a, b)에서 **적분가능**하다고 정의하고, 식으로는 다음과 같이 정의한다.

$$\int_a^b f(x)\,dx = \int_a^c f(x)\,dx + \int_c^b f(x)\,dx \tag{10.7.8}$$

여기서 적분의 수렴 여부는 물론, 그 값도 구간 (a, b)에서 선택한 c 값에 의존하지 않는다. 한편 식 (10.7.8)의 우변에 있는 두 적분 중 하나라도 수렴하지 않으면 좌변의 적분은 정의되지 않는다.

수렴판정법

다음 수렴판정법은 적분의 수렴 여부를 판정하는 데 유용하게 사용된다. 적분을 실제로 계산하지 않아도 되기 때문이다.

정리 10.7.1 비교 수렴판정법

모든 $x \geq a$에 대해 두 함수 f와 g가 연속이고 $|f(x)| \leq g(x)$라 가정하자. $\int_a^{\infty} g(x)\,dx$가 수렴하면 $\int_a^{\infty} f(x)\,dx$도 수렴하고 다음 부등식을 만족한다.

$$\left|\int_a^{\infty} f(x)\,dx\right| \leq \int_a^{\infty} g(x)\,dx$$

$f(x) \geq 0$이면 [정리 10.7.1]은 다음과 같이 해석할 수 있다. 만약 함수 g의 그래프 아래의 넓이가 유한하면 f의 그래프 아래의 넓이도 유한하다. 왜냐하면 구간 $[a, \infty)$의 어느 점에서도 f의 그래프가 g의 그래프보다 위에 있지 않기 때문이다. 특히 이 결과는 그림을 그려보면 아주 타당하게 보이므로 해석적인 증명은 생략한다. 적분의 하한이 $-\infty$일 경우도 이에 해당하는 정리가 성립한다. 또한 유계구간에서 정의되고 유계가 아닌 함수에 대해서도 유사한 비교검정법을 증명할 수 있다.

EX 10.7.4 다음과 같은 형태의 적분은 경제 성장 이론에서 자주 등장한다.

$$\int_{t_0}^{\infty} U(c(t))e^{-\alpha t}\,dt \qquad (*)$$

여기서 $c(t)$는 시간 t에서의 소비를 나타내며 U는 순간효용함수, α는 양의 할인율이다. 모든 시간 t(단, $t \geq t_0$)에서 가능한 소비함수 $c(t)$에 대해 다음을 만족하는 상수 M과 β(단, $\beta < \alpha$)가 존재한다고 가정하자.

$$|U(c(t))| \leq Me^{\beta t} \qquad (**)$$

소비의 효용의 절댓값은 시간에 따라 증가하지만, 그 증가 속도는 할인율 α보다 느리다. 이때 효용적분 (*)가 수렴함을 증명하라.

풀이

부등식 (**)에 따르면 모든 $t \geq t_0$에 대해 $|U(c(t))e^{-\alpha t}| \leq Me^{-(\alpha-\beta)t}$이다. 더욱이 다음이 성립한다.

$$\int_{t_0}^{T} Me^{-(\alpha-\beta)t}\,dt = \left[-\frac{M}{\alpha-\beta}e^{-(\alpha-\beta)t}\right]_{t_0}^{T} = \frac{M}{\alpha-\beta}\left\{e^{-(\alpha-\beta)t_0} - e^{-(\alpha-\beta)T}\right\}$$

$\alpha - \beta > 0$이므로 마지막 항은 $T \to \infty$일 때 $\left(\frac{M}{\alpha-\beta}\right)e^{-(\alpha-\beta)t_0}$으로 수렴한다. 따라서 [정리 10.7.1]에 따라 적분 (*)가 수렴한다.

EX 10.7.5 함수 $f(x)=e^{-x^2}$은 통계학에서 매우 중요하다. 이 함수에 상수 $\dfrac{1}{\sqrt{\pi}}$을 곱하면 **가우스 분포**(Gaussian distribution) 또는 **정규분포**(normal distribution)에 해당하는 밀도함수가 된다. 여기서는 다음 이상적분의 수렴을 알아보고자 한다.

$$\int_{-\infty}^{\infty} e^{-x^2}\,dx \qquad (*)$$

10.1절에서 $f(x)=e^{-x^2}$의 부정적분은 기본함수로 표현할 수 없음을 알고 있다. 그러나 $f(x)=e^{-x^2}$은 y축에 대칭이므로 $\int_{-\infty}^{\infty} e^{-x^2}\,dx = 2\int_{0}^{\infty} e^{-x^2}\,dx$이다. 따라서 $\int_{0}^{\infty} e^{-x^2}\,dx$가 수렴함을 증명하면 된다. 이를 보이기 위해 적분구간을 세분하여 다음과 같이 나타내자.

$$\int_{0}^{\infty} e^{-x^2}\,dx = \int_{0}^{1} e^{-x^2}\,dx + \int_{1}^{\infty} e^{-x^2}\,dx \qquad (**)$$

여기서 $\int_{0}^{1} e^{-x^2}\,dx$는 유계구간에서 연속함수의 적분이므로 유한한 값을 갖는다. 그런데 $x \ge 1$이면 $x^2 \ge x$이므로 $0 \le e^{-x^2} \le e^{-x}$이다. 한편 $\int_{1}^{\infty} e^{-x}\,dx$는 $\dfrac{1}{e}$에 수렴하므로 [정리 10.7.1]에 의해 적분 $\int_{1}^{\infty} e^{-x^2}\,dx$도 수렴한다. 또한 식 (**)에서 $\int_{0}^{\infty} e^{-x^2}\,dx$가 수렴함을 알 수 있다. 다만 여기서는 이상적분 (*)가 수렴하는 값을 구하지 않았다. 실제로 이 적분 값을 구하려면 고급 적분 기법이 필요하며, 그 결과는 다음과 같다.

$$\int_{-\infty}^{\infty} e^{-x^2}\,dx = \sqrt{\pi} \qquad (10.7.9)$$

10.7 연습문제

1 다음 이상적분의 수렴 또는 발산 여부를 판단하라. 적분이 수렴하면 그 값을 구하라.

(a) $\displaystyle\int_{1}^{\infty} \frac{1}{x^3}\,dx$

(b) $\displaystyle\int_{1}^{\infty} \frac{1}{\sqrt{x}}\,dx$

(c) $\displaystyle\int_{-\infty}^{0} e^{x}\,dx$

(d) $\displaystyle\int_{0}^{a} \frac{x}{\sqrt{a^2-x^2}}\,dx$ (단, $a>0$)

2 통계학에서 **균등분포**(uniform distribution) 또는 **직사각형 분포**(rectangular distribution)는 구간 $[a,\ b]$에 속하는 x에 대해 $f(x)=\dfrac{1}{b-a}$이고, $x \notin [a,\ b]$에 대해 $f(x)=0$으로 정의되는 밀도함수 f로 설명된다. 이때 다음을 구하라.

(a) $\displaystyle\int_{-\infty}^{\infty} f(x)\,dx$

(b) $\displaystyle\int_{-\infty}^{\infty} xf(x)\,dx$

(c) $\displaystyle\int_{-\infty}^{\infty} x^2 f(x)\,dx$

3 [EX 10.7.1]에 정의된 지수분포에 대해 다음 적분을 구하라.

(a) $\displaystyle\int_{0}^{\infty} x\lambda e^{-\lambda x}\,dx$

(b) $\displaystyle\int_{0}^{\infty} \left(x-\frac{1}{\lambda}\right)^2 \lambda e^{-\lambda x}\,dx$

(c) $\displaystyle\int_{0}^{\infty} \left(x-\frac{1}{\lambda}\right)^3 \lambda e^{-\lambda x}\,dx$

여기서 (a), (b), (c)를 각각 지수분포의 **기댓값**, **분산**(variance), **3차 중심모멘트**(third central moment)라 한다.

4 $\int_{-\infty}^{\infty} \frac{x}{1+x^2}\,dx$는 발산하고 $\lim_{b\to\infty}\int_{-b}^{b} \frac{x}{1+x^2}\,dx$는 수렴함을 증명하라.

5 모든 $x>0$에서 정의되는 함수 $f(x)=\frac{\ln x}{x^3}$에 대한 물음에 답하라.

(a) f의 최대점과 최소점이 존재하면 구하라.

(b) 적분 $\int_0^1 f(x)\,dx$와 적분 $\int_1^{\infty} f(x)\,dx$의 수렴 여부를 조사하라.

6 [정리 10.7.1]을 이용하여 적분 $\int_1^{\infty} \frac{1}{1+x^2}\,dx$가 수렴함을 증명하라.

7 $\int_{-2}^{3}\left(\frac{1}{\sqrt{x+2}}+\frac{1}{\sqrt{3-x}}\right)dx = 4\sqrt{5}$임을 보여라.

8 적분 $z=\int_0^{\infty} e^{-rs}D(s)\,ds$는 시간에 따라 변하는 감가상각충당금 $D(s)$에 대해 일정한 이자율 r하에서 현재 할인된 가치를 나타낸다. 여기서 $D(s)$는 $s\ge 0$에서 정의된다. 다음 두 경우에 대해 z를 τ의 함수로 구하라.

(a) 정액 감가상각 : $0\le s\le\tau$이면 $D(s)=\frac{1}{\tau}$이고, $s>\tau$이면 $D(s)=0$

(b) 이중체감법 중 한 가지 방법 : $0\le s\le\tau$이면 $D(s)=\frac{2(\tau-s)}{\tau^2}$이고, $s>\tau$이면 $D(s)=0$

9 만약 적분 $\int_{-1}^{1}\frac{1}{x^2}\,dx$를 정적분 정의만 사용해 기계적으로 계산하면, 피적분함수는 음수가 전혀 아닌데도 적분 결과가 음수임을 확인할 수 있다. 무엇이 잘못되었는가?

10 적분 $\int_0^1 \frac{\ln x}{\sqrt{x}}\,dx$가 수렴함을 증명하고 그 값을 구하라.

힌트 10.6절 [연습문제 6(b)]를 참고하라.

11 적분 $I_k=\int_1^{\infty}\left(\frac{k}{x}-\frac{k^2}{1+kx}\right)dx$를 구하라. 여기서 k는 양의 상수이다. 그리고 $k\to\infty$일 때 I_k의 극한이 존재하는지 확인하라. 극한이 존재하면 그 값을 구하라.

12 심화 통계학에서 평균 μ와 분산 σ^2을 갖는 정규밀도함수(가우스 밀도함수)는 모든 실수 x에 대해 $f(x)=\frac{1}{\sigma\sqrt{2\pi}}\exp\left(-\frac{(x-\mu)^2}{2\sigma^2}\right)$로 정의된다.[7] 다음을 증명하라.

(a) $\int_{-\infty}^{\infty} f(x)\,dx = 1$

(b) $\int_{-\infty}^{\infty} xf(x)\,dx = \mu$

(c) $\int_{-\infty}^{\infty} (x-\mu)^2 f(x)\,dx = \sigma^2$

힌트 $u=\frac{x-\mu}{\sqrt{2}\,\sigma}$로 치환하고 식 (10.7.9)와 식 (10.7.5)를 이용한다.

7 이 함수의 식과 종 곡선, 이 함수를 고안한 카를 프리드리히 가우스(Carl Friedrich Gauss, 1777~1855)의 초상화는 모두 1991년부터 2001년까지 사용된 독일 10마르크 지폐에 실려있었다. 이 지폐는 유로화가 통용되기 직전 10년 동안 사용되었다.

CHAPTER 10 복습문제

10.1 다음 적분을 구하라.

(a) $\int (-16)\,dx$

(b) $\int 5^5\,dx$

(c) $\int (3-y)\,dy$

(d) $\int \left(r-4r^{\frac{1}{4}}\right)dx$

(e) $\int x^8\,dx$

(f) $\int x^2\sqrt{x}\,dx$

(g) $\int \frac{1}{p^5}\,dp$

(h) $\int (x^3+x)\,dx$

10.2 다음 적분을 구하라.

(a) $\int 2e^{2x}\,dx$

(b) $\int \left(x-5e^{\frac{2}{5}x}\right)dx$

(c) $\int (e^{-3x}+e^{3x})\,dx$

(d) $\int \frac{2}{x+5}\,dx$

10.3 다음 적분을 구하라.

(a) $\int_0^{12} 50\,dx$

(b) $\int_0^2 \left(x-\frac{1}{2}x^2\right)dx$

(c) $\int_{-3}^3 (u+1)^2\,du$

(d) $\int_1^5 \frac{2}{z}\,dz$

(e) $\int_2^{12} \frac{3}{t+4}\,dt$

(f) $\int_0^4 v\sqrt{v^2+9}\,dv$

10.4 다음 적분을 구하라.

(a) $\int_1^{\infty} \frac{5}{x^5}\,dx$

(b) $\int_0^1 x^3(1+x^4)^4\,dx$

(c) $\int_0^{\infty} \frac{-5t}{e^t}\,dt$

(d) $\int_1^e (\ln x)^2\,dx$

(e) $\int_0^2 x^2\sqrt{x^3+1}\,dx$

(f) $\int_{-\infty}^0 \frac{e^{3z}}{e^{3z}+5}\,dz$

(g) $\int_{\frac{1}{2}}^{\frac{e}{2}} x^3\ln(2x)\,dx$

(h) $\int_1^{\infty} \frac{e^{-\sqrt{x}}}{\sqrt{x}}\,dx$

10.5 다음 적분을 구하라.

(a) $\displaystyle\int_0^{25} \frac{1}{9+\sqrt{x}}\,dx$ (b) $\displaystyle\int_2^7 t\sqrt{t+2}\,dt$

(c) $\displaystyle\int_0^1 57x^2\sqrt[3]{19x^3+8}\,dx$

10.6 다음에서 $F'(x)$를 구하라.

(a) $\displaystyle F(x)=\int_4^x\left(\sqrt{u}+\frac{x}{\sqrt{u}}\right)du$ (b) $\displaystyle F(x)=\int_{\sqrt{x}}^x \ln u\,du$

10.7 소비함수 $C(Y)$를 생각하자. 한계소비성향이 모든 Y에 대해 다음을 만족한다고 한다.

$$C'(Y)=0.69$$

$C(0)=1000$일 때 $C(Y)$를 구하라.

10.8 어떤 상품 x단위를 생산하는 한계비용이 다음과 같다고 하자.

$$C'(x)=\alpha e^{\beta x}+\gamma$$

여기서 $\beta\neq 0$이고 고정비용이 C_0라 할 때 총비용함수 $C(x)$를 구하라.

10.9 구간 $[-1,\ 3]$에서 정의된 두 연속함수 f와 g에 대해 다음이 성립한다고 하자.

$$\int_{-1}^3\{f(x)+g(x)\}\,dx=6,\quad \int_{-1}^3\{3f(x)+4g(x)\}\,dx=9$$

이때 $\displaystyle\int_{-1}^3\{f(x)+2g(x)\}\,dx$를 구하라.

10.10 $f(Q)$는 역수요곡선이고 $g(Q)$는 역공급곡선이라 하자. 각 경우에 대해 균형가격과 균형수량을 구하고, CS와 PS를 계산하라.

(a) $f(Q)=100-0.05Q,\ g(Q)=10+0.1Q$

(b) $\displaystyle f(Q)=\frac{50}{Q+5},\ g(Q)=4.5+0.1Q$

10.11 $t>0$에서 $\displaystyle f(t)=\frac{4(\ln t)^2}{t}$로 정의된 함수 f에 대한 물음에 답하라.

(a) $f'(t)$와 $f''(t)$를 구하라.

(b) 국소극점이 있으면 구하고, f의 그래프를 그려라.

(c) 구간 $[1,\ e^2]$에서 f의 그래프 아래 넓이를 구하라.

10.12 10.4절에서 논의한 바와 같이 n명으로 구성된 모집단에서 소득밀도함수가 구간 $[0, \infty)$에 속하는 r에 대해 다음 함수를 따른다고 하자.

$$f(r) = \frac{1}{m}e^{-\frac{r}{m}}$$

여기서 m은 양의 상수이다. 물음에 답하라.

(a) m은 평균소득임을 보여라.

(b) 수요함수가 $D(p, r) = ar - bp$라 가정하자. $f(r)$이 소득밀도함수일 때 총수요함수 $x(p)$를 구하라.

CHAPTER

11

금융과 동적분석의 기초

Topics in Finance and Dynamics

CONTENTS

천체의 움직임은 계산할 수 있지만, 사람들의 광기는 계산할 수 없다.
I can calculate the motions of heavenly bodies, but not the madness of people.
_ 아이작 뉴턴(Isaac Newton), 1720년에 남해회사 거품(South Sea bubble) 사태가 터졌을 때 금융 자산의 상당 부분을 잃은 직후

이 장은 금융수학의 몇 가지 기본 주제를 다루며 시작한다. 이 장의 주요 관심사는 이자율이 어떻게 다양한 시점의 투자와 대출의 가치에 영향을 미치는지이다. 2.2절과 4.9절에서 다양한 상수의 이자율로 복리를 계산하는 몇 가지 기본적인 계산법을 설명한 바 있다. 이 장에서는 한 단계 더 나아가 이자 발생 주기의 변동과 같은 문제를 다룬다. 또한 실효이자율, 연속복리 이자, 미래 청구액의 현재가치, 연금, 주택담보대출, 투자안의 내부수익률에 대해서도 차례로 설명한다. 몇 가지 주요 계산에는 등비급수의 합 공식이 포함되어 있으며, 이 공식을 유도한다. 이 장의 마지막 세 절에서는 몇 가지 간단한 동적 모형을 간략히 소개한다. 11.8절에서는 차분방정식을 다루고, 11.9절과 11.10절에서 미분방정식을 살펴본다.

11.1 이자율 기간과 실효이자율

은행 대출이나 저축 계좌 광고에서는 실제 이자가 1년에 두 번 이상의 빈도로 발생하더라도, 일반적으로 **명목이자율**(nominal rate)이라고 하는 **연 이자율**(annual rate)로 이자를 표시한다. **이자 기간**(interest period)은 계좌에 이자가 지급되는 연속적인 날짜 사이에 경과하는 기간이다. 일부 은행 계좌의 이자 기간은 1년이지만, 금융기관에서 다양한 이자 제도를 제공하는 것이 점점 더 일반화되고 있다. 예를 들어 어떤 은행 계좌는 매일 이자를 받고, 어떤 계좌는 적어도 매월 이자를 받는다. 은행에서 1.5%의 연 이자율로 매월 이자를 지급한다면 매월 말 원금의 $\frac{1}{12}\times 1.5\% = 0.125\%$에 해당하는 이자를 받는다. 이 예는 **기간 이자율**(periodic rate)을 얻기 위해 연 이자율을 이자율 기간의 수로 나누어야 한다는 사실을 보여준다.

예를 들어 원금(또는 자본)이 S_0이고 1년마다 $p\%$의 이자를 받는다고 가정하자. 2.2절에서 설명한 대로 t년이 지나면 이자율이 $r=\frac{p}{100}$일 때(즉, $p\%$일 때) $S(t)=S_0(1+r)^t$으로 증가한다. 기간마다 원금은 $(1+r)$ 배(factor)만큼 증가한다.

이 공식은 각 기간의 마지막에 이자가 원금에 더해진다고 가정한다. 연 이자율이 $p\%$이고 이자가 연 2회 $\frac{1}{2}p\%$ 비율로 지급된다고 가정해보자. 그러면 반년 후 원금은 다음과 같이 증가한다.

$$S_0 + S_0 \cdot \frac{\frac{p}{2}}{100} = S_0\left(1+\frac{r}{2}\right)$$

이는 원금이 반년마다 $\left(1+\frac{r}{2}\right)$배만큼 증가하는 방법을 보여준다. 두 번의 기간, 즉 1년이 지나면 $S_0\left(1+\frac{r}{2}\right)^2$으로 증가하고, 전체 t년이 지나면 다음과 같이 증가한다.

$$S_0\left(1+\frac{r}{2}\right)^{2t}$$

$\frac{1}{2}r$의 이자율로 1년에 두 번 이자를 받는 것이 r의 이자율로 1년에 한 번 이자를 받는 것보다 대출기관에 더 유리하다는 사실에 주목하자. 이는 $\left(1+\frac{1}{2}r\right)^2 = 1+r+\frac{1}{4}r^2 > 1+r$이기 때문이다.

일반적으로 이자율이 $\frac{p}{n}$%이고 1년 동안 같은 간격으로 이자가 n번 지급된다고 가정해보자. 예를 들어 이자가 분기별로 지급되면 $n=4$이고, 매월 지급되면 $n=12$일 것이다. 그다음 원금에 매년 $\left(1+\frac{r}{n}\right)^n$을 곱한다. t년이 지나면 원금은 다음과 같이 증가한다.

$$S_0\left(1+\frac{r}{n}\right)^{nt} \tag{11.1.1}$$

[EX 11.2.3]은 n이 증가할수록 이자가 더 많이 발생함을 보여준다.

EX 11.1.1 어느 계좌의 예치금이 5,000파운드이고 이자는 연 이자율 9%로 지급된다고 한다. 이자가 분기별로 지급될 때, 8년 후에 계좌 잔액이 얼마인지 구하라.

풀이

기간 이자율 $\frac{r}{n}$은 분기마다 $\frac{0.09}{4}=0.0225$이다. 8년 동안 분기는 $4\cdot 8=32$번 있다. 따라서 공식 (11.1.1)에 따라 계좌 잔액은 $5000(1+0.0225)^{32}\approx 10190.52$파운드이다.

EX 11.1.2 [EX 11.1.1]에서 예치금 5,000파운드가 15,000파운드로 증가하려면 얼마나 걸리는지 구하라.

풀이

분기별로 이자가 t번 지급된 이후 $5000(1+0.0225)^t$파운드로 증가한다. 이 계좌는 $(1+0.0225)^t=3$일 때 15,000파운드이다. 양변에 자연로그를 취하면 $t\ln 1.0225=\ln 3$을 얻고 다음과 같이 계산된다.

$$t=\frac{\ln 3}{\ln 1.0225}\approx 49.37$$

따라서 계좌가 15,000파운드로 증가하려면 약 49.37분기, 즉 약 12년 4개월이 소요된다.

실효이자율

여러 금융기관에서 다양한 상품을 경쟁적으로 소개받을 수 있다. 따라서 상품을 비교하는 방법을 아는 것이 중요하다. 이러한 비교를 할 때 **실효이자율**(effective interest rate)이라는 개념이 자주 사용된다.

연 이자율이 9%이고 1년에 $\frac{9}{12}=0.75$%의 이자를 12회 지급하는 대출을 생각해보자. 그동안 이자를 지급하지 않았다면 1년 후 초기 원금 S_0는 $S_0\left(1+\frac{0.09}{12}\right)^{12}\approx S_0\cdot 1.094$로 증가할 것이다. 실제로 이자를 지급하지 않는 한 부채는 연간 (대략) 9.4%의 일정한 비율로 증가한다. 이러한 이유로 9.4%를 **연간 실효이자율**(effective yearly rate, effective annual rate)이라 한다. 연간 실효이자율은 일반적으로 다음과 같이 계산한다.

연간 실효이자율

해당 연도에 기간마다 이자율이 $\frac{r}{n}$이고 이자가 n번 지급될 때, 연간 실효이자율 R은 다음과 같이 정의한다.

$$R=\left(1+\frac{r}{n}\right)^n-1 \tag{11.1.2}$$

연간 실효이자율은 초기 원금 S_0와 무관하다. [EX 11.2.3]에 나타난 바와 같이 특정한 값 $r>0$이 주어질 때, n이 커짐에 따라 연간 실효이자율도 증가한다.

EX 11.1.3 이자가 복리로 적용될 때, 다음 주기에 따라 연 이자율 9%에 해당하는 연간 실효이자율 R을 구하라.

(a) 분기별 (b) 월별

풀이

(a) 식 (11.1.2)에 $r=0.09$, $n=4$를 대입하면 연간 실효이자율은 다음과 같다.

$$R=\left(1+\frac{0.09}{4}\right)^4-1=(1+0.0225)^4-1\approx 0.0931 \text{ 또는 } 9.31\%$$

(b) 식 (11.1.2)에 $r=0.09$, $n=12$를 대입하면 연간 실효이자율은 다음과 같다.

$$R=\left(1+\frac{0.09}{12}\right)^{12}-1=(1+0.0075)^{12}-1\approx 0.0938 \text{ 또는 } 9.38\%$$

연간 실효이자율을 이용하여 다양한 금융상품을 비교할 수 있는 대표적인 사례는 다음과 같다.

EX 11.1.4 저축 예금 계좌에 투자할 때 다음 중 어떤 제안이 투자자에게 더 유리한지 결정하라.

❶ 연 이자율 5.9%로 분기별 이자 지급 ❷ 연 이자율 6.0%로 연 2회 이자 지급

풀이

식 (11.1.2)를 사용하면 두 제안의 연간 실효이자율은 각각 다음과 같다.

❶ $R=\left(1+\frac{0.059}{4}\right)^4-1\approx 0.0603$

❷ $R=\left(1+\frac{0.06}{2}\right)^2-1\approx 0.0609$

그러므로 제안 ❷가 투자자에게 더 유리하다.

많은 국가에서 대출을 시작할 때 발생하는 다양한 형태의 고정(fixed) 비용이나 '마감(closing)' 비용을 고려하여 실효이자율에 대한 공식적인 법률적 정의를 두고 있다. **실효이자율**은 모든 비용의 현재가치를 합한 금액이 대출 규모와 같아지도록 하는 이자율로 정의한다. 이는 11.7절에 정의된 내부수익률이며, 현재가치는 11.3절에서 설명한다.

11.1 연습문제

1 물음에 답하라.

(a) 8,000달러를 (i) 매월 또는 (ii) 매일 복리로 지급되는 계좌에 1년(365일) 동안 저축할 때, 5년 후 계좌 잔액을 각각 구하라.

(b) 월 복리로 원금이 두 배가 되는 데 걸리는 기간을 구하라.

2 5,000달러를 투자하면 매년 3%의 이자를 받을 수 있는 투자안이 있다.

(a) 10년 후 이 금액이 얼마로 늘어날지 구하라.

(b) 원금이 세 배가 되는 데 걸리는 기간을 구하라.

3 한 국가의 GDP가 100년 후 100배가 되려면 연간 몇 %의 성장률이 필요할지 구하라. 여기서 $\sqrt[100]{100} \approx 1.047$이다.

4 연간 7%의 이자율로 2,000유로를 투자한다고 하자.

(a) (i) 2년 후 또는 (ii) 10년 후의 계좌 잔액을 각각 구하라.

(b) 잔액이 6,000유로가 되는 데 걸리는 기간은 대략 얼마인지 구하라.

5 17%의 명목이자율이 다음과 같이 복리로 주어질 때, 연간 실효이자율을 구하라.

(a) 반기별

(b) 분기별

(c) 월별

6 다음 중 대출받으려는 고객에게 더 유리한 조건을 결정하라.

(a) 연 이자율 21.5%로 이자를 연 1회 지급

(b) 연 이자율 20%로 이자를 분기별 지급

7 물음에 답하라.

(a) 총 12,000달러를 연 1회 4%의 이자를 지급하는 계좌에 투자한다고 하자. 15년 후 이 금액이 얼마가 될지 구하라.

(b) 5년 전 은행 계좌에 얼마를 예치해야 현재 50,000달러를 보유할 수 있을지 구하라. 이자는 연 1회 지급되며, 이 기간 이자율이 연 5%라고 가정한다.

8 어떤 신용카드는 미결제 잔액에 대해 월 2%의 이자를 부과한다. 연간 실효이자율은 얼마인지 구하라.

9 연간 실효이자율이 28%이고 분기별로 복리 이자가 지급되는 경우 연 명목이자율은 얼마인지 구하라.

11.2 연속복리

11.1절에서 1년 동안 n번의 다른 시점에, 원금 S_0에 이자율이 $\frac{r}{n}$인 이자를 더하면 원금에 매년 $\left(1+\frac{r}{n}\right)^n$배만큼 증가한다는 것을 알았다. t년이 지나면 원금은 $S_0\left(1+\frac{r}{n}\right)^{nt}$으로 증가한다. 실제로 계좌에 이자를 지급하는 빈도에는 제한이 있다. 그러나 연간 빈도 n이 무한히 커지면 식이 어떻게 되는지 살펴보자. $\frac{r}{n}=\frac{1}{m}$이라 가정하면 $n=mr$이므로 다음과 같다.

$$S_0\left(1+\frac{r}{n}\right)^{nt} = S_0\left(1+\frac{1}{m}\right)^{mrt} = S_0\left\{\left(1+\frac{1}{m}\right)^m\right\}^{rt} \qquad (11.2.1)$$

r이 고정되면 $n \to \infty$이면 $m = \frac{n}{r} \to \infty$이다. 그러면 [EX 7.11.2]에 따라 $\left(1 + \frac{1}{m}\right)^m \to \infty$이다. 따라서 식 (11.2.1)은 n이 무한히 커짐에 따라 $S_0 e^{rt}$에 가까워지며, 이는 이자가 점점 더 자주 지급된다는 의미이다. 이자의 **연속복리**(continuous compounding)를 다음과 같이 극한 관점에서 설명할 수 있다.

연속복리 이자율

연 이자율이 r이고 이자가 연속복리이면, 초기 원금 S_0는 t년 후 다음과 같이 증가한다.

$$S(t) = S_0 e^{rt} \tag{11.2.2}$$

EX 11.2.1 총액 5,000파운드를 연 이자율 9%의 저축 계좌에 투자했다고 가정하자. 이자가 연속복리이면 8년 후 계좌 잔액은 얼마인지 계산하라.

풀이

$r = \frac{9}{100} = 0.09$를 식 (11.2.2)에 대입하면 잔액은 $5000e^{0.09 \cdot 8} = 5000e^{0.72} \approx 10272.17$이다. 이 값은 [EX 11.1.1]과 같이 이자가 분기별로 지급되는 경우보다 더 크다.

식 (11.2.2)와 같이 $S(t) = S_0 e^{rt}$이라면 식 (6.10.2)를 적용하여 $S'(t) = S_0 r e^{rt} = rS(t)$가 된다. 따라서 $\frac{S'(t)}{S(t)} = r$이다. 6.4절의 용어를 사용하면 다음과 같이 쓸 수 있다. **이자율 r로 연속복리하면 원금은 일정한 상대 이자율 r로 증가하며,** 이는 $\frac{S'(t)}{S(t)} = r$을 의미한다. 식 (11.2.2)에서 $S(1) = S_0 e^r$을 추론할 수 있으므로 원금은 처음 1년 동안 e^r배만큼 증가한다. 일반적으로 $S(t+1) = S_0 e^{r(t+1)} = S_0 e^{rt} e^r = S(t)e^r$이므로 다음과 같이 쓸 수 있다. **이자율 r로 연속복리하면 원금은 매년 일정하게 e^r배만큼 증가한다.**

다양한 이자 기간 비교

연 이자율이 $p\% = 100r$과 같이 고정된 값으로 주어지면 [EX 11.2.3]은 투자자에게 연속복리 이자율이 가장 유리하다는 것을 보여준다. 그러나 이자율이 비교적 낮고 복리 연수가 많지 않으면 연간복리와 연속복리의 이자 차이가 얼마 되지 않는다.

EX 11.2.2 연 이자율이 8%일 때 1달러의 1년 후 가치를 K라고 하자. 다음과 같이 복리로 주어질 때 K를 각각 구하라.

(a) 연간복리 (b) 연 2회 복리 (c) 연속복리

풀이

$r = \frac{8}{100} = 0.08$이므로 다음을 얻는다.

(a) $K = 1.08$ (b) $K = \left(1 + \frac{0.08}{2}\right)^2 = 1.04^2 = 1.0816$ (c) $K = e^{0.08} \approx 1.08329$

이자율이나 이자가 누적되는 기간을 늘리면 연간복리 이자와 연속복리 이자의 차이가 증가한다.

11.1절에서 연간 실효이자율은 $\left(1+\dfrac{r}{n}\right)^n-1$로 정의했으며, 이자는 기간 이자율 $\dfrac{r}{n}$로 1년에 n회 복리된다. 이 공식에서 n이 무한히 커지면 다음 식을 얻는다.

$$e^r-1 \tag{11.2.3}$$

이를 연 이자율 r에 연속복리를 적용한 **실효이자율**이라고 한다.

특히 [EX 11.2.3(d)]는 이자율 r에 대한 연속복리가 기간 이자율 $\dfrac{r}{n}$로 1년에 n번 이자를 지급하는 것보다 투자자에게 더 유리하다는 것을 보여준다.

EX 11.2.3 물음에 답하라.

(a) 모든 $u \ge 0$에 대해 함수 $h(u)=\ln(1+u)-\dfrac{u}{(1+u)}$를 정의한다. 모든 $u>0$에 대해 ❶ $h'(u)>0$과 ❷ $h(u)>0$이 성립함을 보여라.

(b) 임의의 $r>0$이 주어질 때, 모든 $x>0$에 대해 정의된 함수 $g(x)=\left(1+\dfrac{r}{x}\right)^x$이 있다. 로그 미분법을 사용하여 다음을 보여라.

$$g'(x)=g(x)\left\{\ln\left(1+\frac{r}{x}\right)-\frac{\frac{r}{x}}{1+\frac{r}{x}}\right\}>0$$

(c) 자연수 n에 대해 $\left(1+\dfrac{r}{n}\right)^n$이 순증가함을 보여라.

(d) $n=1,\ 2,\ \cdots$에 대해 $\left(1+\dfrac{r}{n}\right)^n<e^r$임을 보여라.

풀이

(a) ❶ $h'(u)=\dfrac{1}{1+u}-\dfrac{(1+u)-u}{(1+u)^2}=\dfrac{(1+u)-1}{(1+u)^2}=\dfrac{u}{(1+u)^2}>0$

❷ $h(0)=h'(0)=0$이므로 모든 $u>0$에 대해 $h(u)>0$이다.

(b) $\ln g(x)=x\ln\left(1+\dfrac{r}{x}\right)$이므로 다음을 보일 수 있다.

$$\frac{d}{dx}\{\ln g(x)\}=\ln\left(1+\frac{r}{x}\right)-\frac{x\left(\frac{r}{x^2}\right)}{1+\frac{r}{x}}=\ln\left(1+\frac{r}{x}\right)-\frac{\frac{r}{x}}{1+\frac{r}{x}}=h\left(\frac{r}{x}\right)>0$$

(c) $\left(1+\dfrac{r}{n}\right)^n=g(n)>0$이고 $\ln g(x)$는 $x>0$에서 순증가하므로 $\left(1+\dfrac{r}{n}\right)^n$은 n에 대해 순증가한다.

(d) 특히 식 (11.2.2)를 증명하는 데 사용한 논리는 $n\to\infty$일 때 $\left(1+\dfrac{r}{n}\right)^n\to e^r$임을 보여준다. 따라서 (c)로부터 $n=1,\ 2,\ \cdots$에 대해 $\left(1+\dfrac{r}{n}\right)^n<e^r$이다.

11.2 연습문제

1 물음에 답하라.

(a) 연속복리를 적용할 때, 연 이자율이 5%라면 8,000달러는 5년 후 얼마나 되는지 계산하라.

(b) 초기 원금이 두 배가 되는 데 걸리는 기간을 계산하라.

2 원금이 1,000달러이고 연 5%의 이자를 받는다고 하자. (i) 매월 복리로 받거나 (ii) 연속복리로 받을 때, 다음과 같은 기간이 지난 후에 이 원금은 얼마가 될지 구하라.

(a) 10년

(b) 50년

3 물음에 답하라.

(a) 연 이자율 10%로 연속복리를 적용할 때, 실효이자율을 구하라.

(b) 연 이자율 10%로 받을 수 있는 최대 복리 이자를 구하라.

4 어떤 신차의 가치 v_0는 연 10%의 속도로 정액 감가상각된다. 이는 $\delta = 0.1$일 때 t년 후 자동차의 가치가 $v(t) = v_0 e^{-\delta t}$임을 의미한다. 이 자동차가 초기 가치의 90%를 잃는 데 걸리는 기간을 구하라.

5 어떤 기계의 가치는 연 6%의 속도로 정액 감가상각된다. 이 기계의 가치가 절반으로 줄어드는 데 걸리는 기간을 구하라.

11.3 현재가치

현재 보유한 총액 1,000달러는 어느 날 1,000달러 이상의 가치를 지닌다. 이렇게 생각할 수 있는 한 가지 중요한 이유는 1,000달러를 투자하고 이자나 기타 수익을 받을 것으로 기대하기 때문이다. 또 다른 이유는 인플레이션으로 인해 물가가 상승할 경우 미래의 1,000달러는 현재 1,000달러보다 더 적은 양만 구매할 수 있기 때문이다.

연 이자율이 11%이면 1년 후에는 원래 1,000달러가 $1000\left(1+\frac{11}{100}\right)=1110$으로 증가하고, 6년 후에는 $1000\left(1+\frac{11}{100}\right)^6 = 1000(1.11)^6 \approx 1870$으로 증가한다. 이는 연 11%의 이자율을 적용하면 현재의 1,000달러는 내년의 1,110달러, 6년 후의 1,870달러와 가치가 동일함을 보여준다. 따라서 지금부터 1년 후에 지급해야 하는 금액이 1,110달러이고 이자율이 연 11%라면 이 금액의 **현재가치**(present value)는 1,000달러이다. 1,000달러는 1,110달러보다 작으므로 우리는 종종 1,000달러를 내년 1,110달러의 **현재할인가치**(PDV; present discounted value)라고 한다. $\frac{1000}{1110}=\frac{1}{1+11/100}\approx 0.9009$의 비율을 (연간) **할인계수**(discount factor)라고 하며, 이 값의 역수인 1.11은 할인율에 1을 더한 값이다. 이 정의에 따르면 할인율은 이자율 11%와 같다. 마찬가지로 연 이자율이 11%인 경우 6년 후 만기인 1,870달러의 현재가치는 1,000달러이다. 다시 말해 $\frac{1000}{1870}\approx 0.53$의 비율을 할인계수라고 하며, 이번에는 6년 후에 만기인 금액에 대한 할인율이다.

현재 날짜로부터 t년 후에 K라는 금액을 지급해야 한다고 가정해보자. 연 이자율이 $p\%$일 때 현재가치는 얼마인가? 마찬가지로 t년 후에 K라는 금액을 받으려면 현재 연 이자율이 $p\%$일 때 얼마를 예치해야 하는가? 이자를 매년 지급할 때, 금액 A는 t년 후에 $A\left(1+\frac{p}{100}\right)^t$으로 증가하므로 $A\left(1+\frac{p}{100}\right)^t = K$가 필요하다. 따라서 $r=\frac{p}{100}$일 때 $A=K\left(1+\frac{p}{100}\right)^{-t} = K(1+r)^{-t}$을 얻는다. 여기서 연간 할인계수는 $(1+r)^{-1}$이며, $(1+r)^{-t}$은 t년에 대한 할인계수이다. 그러나 이자를 연속복리로 적용할 때, A는 t년 후에 Ae^{rt}으로 증가한다. 따라서 $Ae^{rt}=K$ 또는 $A=Ke^{-rt}$이다. 여기서 e^{-rt}은 할인계수이다. 요약하면 다음과 같다.

현재할인가치

연 이자율 또는 할인율이 $p\%$라고 하자. $r=\frac{p}{100}$이면 t년 후 지급될 금액 K에 대한 **현재할인가치**(PDV)는 다음과 같다.

$$\text{연간복리일 때 } K(1+r)^{-t} \tag{11.3.1}$$

$$\text{연속복리일 때 } Ke^{-rt} \tag{11.3.2}$$

EX 11.3.1 연 이자율이 6%이고, 15년 후 지급될 100,000달러의 현재가치를 구하라.

(a) 연간복리　　(b) 연속복리

풀이

(a) 식 (11.3.1)을 이용하면 현재가치는 $100000(1+0.06)^{-15} \approx 41726.51$이다.

(b) 식 (11.3.2)를 이용하면 현재가치는 $100000e^{-0.06\cdot 15} = 100000e^{-0.9} \approx 40656.97$이다.

예상대로 연속복리를 적용할 때 자본이 가장 빠르게 증가하므로, 연속복리일 때의 현재가치가 더 작다.

EX 11.3.2 **(언제 나무를 벌목할 것인가?)** 시점 $t=0$일 때 나무를 심었다고 가정하자. $P(t)$는 시점 t의 현재 시장 가치를 나타낸다. 여기서 $P(t)$는 미분가능하고 모든 $t\ge 0$에 대해 $P(t)>0$이다. 이자율이 연 $100r\%$이고, 연속복리를 적용한다고 가정한다.

(a) 현재가치를 극대화하기 위해 이 나무를 어느 시점 t^*에 베어야 하는지 구하라.

(b) 최적 절단 시점 t^*는 이자율 r에 따라 다르다. $\frac{dt^*}{dr}$을 구하라.

풀이

(a) 현재가치는 $f(t)=P(t)e^{-rt}$이며, 그 도함수는 다음과 같다.

$$f'(t)=P'(t)e^{-rt}+P(t)(-r)e^{-rt}=e^{-rt}\{P'(t)-rP(t)\} \tag{$*$}$$

$t^*>0$이 $f(t)$를 극대화하기 위한 필요조건은 $f'(t^*)=0$이다. 이 조건은 다음과 같은 경우에 성립한다.

$$P'(t^*)=rP(t^*) \tag{$**$}$$

따라서 나무는 나무 가치의 상대적 증가율이 이자율과 정확히 같아지는 시점 t^*에 베어야 한다. 물론 t^*가 최대점이 되려면 f에 몇 가지 조건이 필요하다. 바로 $t<t^*$일 때 $P'(t) \ge rP(t)$이고 $t>t^*$일 때 $P'(t) \le rP(t)$를 만족하면 된다.

(b) 식 (**)를 r에 대해 미분하면 다음과 같다.

$$P''(t^*)\frac{dt^*}{dr}=P(t^*)+rP'(t^*)\frac{dt^*}{dr}$$

이를 $\frac{dt^*}{dr}$에 대해 풀면 다음과 같다.

$$\frac{dt^*}{dr}=\frac{P(t^*)}{P''(t^*)-rP'(t^*)} \qquad (***)$$

식 (*)를 t에 대해 미분하면 다음을 얻는다.

$$f''(t)=P''(t)e^{-rt}-rP'(t)e^{-rt}-P'(t)re^{-rt}+r^2P(t)e^{-rt}$$

이계조건 $f''(t^*)<0$은 식 (**)에 따라 다음과 동치이다.

$$e^{-rt}\{P''(t^*)-2rP'(t^*)+r^2P(t^*)\}=e^{-rt}\{P''(t^*)-rP'(t^*)\}<0$$

이 경우 $\frac{dt^*}{dr}<0$이다. 따라서 최적 재배 시간은 r이 증가함에 따라 짧아지므로 임업인들은 더 조급해진다. 특히 $r>0$일 때 최적의 t^*는 현재 시장 가치 $P(t)$를 극대화하는 시점보다 이르며, 이 시점은 $r=0$일 때만 최적이다.

[EX 11.3.2]는 나무를 벌목한 땅에 새로운 나무를 심는 등 그 땅을 다른 용도로 사용할 수 있다는 점을 고려하지 않는다. 이러한 용도의 확장은 11.4절 [연습문제 8]에서 다룬다.

11.3 연습문제

1 연 이자율이 8%이고 다음과 같이 복리를 적용할 때, 10년 후 만기인 350,000파운드의 현재가치를 구하라.

(a) 연간복리 **(b)** 연속복리

2 연 이자율이 5.75%이고 이자를 다음과 같이 지급할 때, 5년 후 만기인 50,000유로의 현재가치를 구하라.

(a) 1년에 한 번 지급 **(b)** 연속으로 지급

3 [EX 11.3.2]를 참고하여 모든 $t \ge 0$에 대해 함수 $f(t)=(t+5)^2e^{-0.05t}$인 경우를 생각하자.

(a) $f(t)$를 최대화하는 t 값을 구하고 $f'(t)$의 부호 변화를 분석하라.

(b) $\lim_{t\to\infty} f(t)$를 구하고, f의 그래프를 그려라.

11.4 등비급수

등비급수(geometric series)는 경제와 금융 분야에서 다양하게 활용된다. 여기서는 연금과 주택담보대출(모기지, mortgage) 상환액을 계산하는 데 사용된다.

EX 11.4.1 올해 연간 매출이 1억 달러인 어떤 회사가 앞으로 10년간 매출이 매년 16%씩 증가할 것으로 예상한다. 10년 차에 예상되는 매출을 구하라. 또 전체 기간 동안 예상되는 총매출을 구하라.

풀이

2년 차의 예상 매출은 $1\left(1+\frac{16}{100}\right)=1\cdot 1.16$억 달러이고, 3년 차의 예상 매출은 $1\cdot(1.16)^2$억 달러이다. 10년 차 예상 매출은 $1\cdot(1.16)^9$억 달러가 될 것이다. 따라서 전체 10년 동안 예상되는 총매출은 다음과 같이 계산한다.

$$1+1\cdot 1.16+1\cdot(1.16)^2+\cdots+1\cdot(1.16)^9$$

계산기로 위 식을 계산하면 약 21억 3,200만 달러이다.

[EX 11.4.1]에서 계산기로 숫자 10개의 합을 구하는 작업은 매우 번거롭다. 항이 무한히 많으면 계산은 당연히 불가능하다. 그러나 다음과 같이 더 쉬운 방법이 있다.

n개의 수 a, ak, ak^2, $\cdots$, ak^{n-1}을 생각해보자. 각 항은 이전 항에 상수 k를 곱해 구한다. 이제 이 수의 합을 구하고자 한다.

$$s_n=a+ak+ak^2+\cdots+ak^{n-2}+ak^{n-1} \tag{11.4.1}$$

이 합을 **공비가 k인 유한 등비급수**라고 한다. [EX 11.4.1]의 합은 $a=1$, $k=1.16$, $n=10$인 경우이다.

수열의 합 s_n을 구하기 위해 다음과 같이 할 수 있다. 먼저 식 (11.4.1)의 양변에 k를 곱해 다음을 얻는다.

$$ks_n=ak+ak^2+ak^3+\cdots+ak^{n-1}+ak^n$$

이 식에서 식 (11.4.1)을 빼면 다음을 얻는다.

$$ks_n-s_n=ak^n-a \tag{11.4.2}$$

다른 $(n-1)$개의 항이 모두 소거되므로 식 (11.4.2)를 얻을 수 있다. 이것이 합을 계산하는 핵심이다.

$k=1$이면 식 (11.4.1)의 모든 항이 a와 같으므로 $s_n=an$이다. 하지만 $k\neq 1$이면 식 (11.4.2)로부터 다음을 얻을 수 있다.

$$s_n=a\frac{k^n-1}{k-1}$$

결론적으로 공비 k와 첫 번째 항 a, 항의 개수 n이 주어지면 유한 등비급수의 합은 다음과 같다.

유한 등비급수

$k \neq 1$이면 다음이 성립한다.

$$a + ak + ak^2 + \cdots + ak^{n-2} + ak^{n-1} = a \cdot \frac{k^n - 1}{k - 1} \tag{11.4.3}$$

EX 11.4.2 [EX 11.4.1]에서 $a=1$, $k=1.16$, $n=10$이므로 식 (11.4.3)에 따라 다음을 얻는다.

$$1 + 1.16 + \cdots + (1.16)^9 = \frac{(1.16)^{10} - 1}{1.16 - 1}$$

이 합이 약 21.32임을 보이기 위해 [EX 11.4.1]보다 더 간단하게 계산할 수 있다.

무한 등비급수

다음과 같은 무한수열을 생각해보자.

$$1,\ \frac{1}{2},\ \frac{1}{4},\ \frac{1}{8},\ \frac{1}{16},\ \frac{1}{32},\ \cdots$$

수열에서 각 항은 이전 항을 절반으로 나누어 구한다. 이에 따라 일반항(n번째 항)은 $\frac{1}{2^{n-1}}$이다. 첫 n개 항의 합은 공비 $k = \frac{1}{2}$, 첫 번째 항이 $a=1$인 유한 등비급수의 합이다. 식 (11.4.3)을 적용하면 다음과 같다.

$$1 + \frac{1}{2} + \frac{1}{2^2} + \cdots + \frac{1}{2^{n-1}} = \frac{1 - \left(\frac{1}{2}\right)^n}{1 - \frac{1}{2}} = 2\left(1 - 2^{-n}\right) = 2 - \frac{1}{2^{n-1}} \tag{*}$$

이제 '무한 합'이 무엇을 의미하는지 살펴보자.

$$1 + \frac{1}{2} + \frac{1}{2^2} + \cdots + \frac{1}{2^{n-1}} + \cdots \tag{**}$$

모든 항이 양수이고, 그 수가 무한하여 합이 무한히 커질 것이라고 생각할 수 있다. 그러나 식 (*)에 따르면 처음 n개 항의 합은 $2 - \frac{1}{2^{n-1}}$과 같다. 이 수는 n이 아무리 크더라도 결코 2보다 크지 않다. n이 증가함에 따라 $\frac{1}{2^{n-1}}$은 점점 0에 가까워지고, 식 (*)의 극한은 2이다. 따라서 식 (**)의 무한 합을 2라는 수로 **정의**하는 것이 자연스럽다.

일반적으로 무한 합에 어떤 의미를 부여할 수 있을지 생각해보자.

$$a + ak + ak^2 + \cdots + ak^{n-1} + \cdots \tag{11.4.4}$$

식 (**)에서 사용한 아이디어를 적용하고 식 (11.4.4)에서 처음 n개 항의 합 s_n을 생각해보자. 식 (11.4.4)에 따르면 $k \neq 1$일 때 다음을 얻는다.

$$s_n = a\frac{k^n - 1}{k - 1}$$

n이 무한대로 수렴하면 이 식은 어떻게 되겠는가? k^n만이 n에 의존하므로 분명히 k^n에 따라 달라진다. 실제로 $-1 < k < 1$이면 k^n은 0으로 수렴하고, $k > 1$이거나 $k \le -1$이면 k^n은 어디에도 수렴하지 않는다.[1] 그러므로 $|k| < 1$이면 식 (11.4.4)의 처음 n개 항의 합 s_n은 n이 한없이 커질 때 $\frac{a}{1-k}$로 수렴한다. 이 경우 식 (11.4.4)의 극한이 무한 합을 **정의**하고, 식 (11.4.4)의 무한급수가 **수렴**한다고 한다. 요약하면 다음과 같다.

무한 등비급수

$|k| < 1$이면 다음이 성립한다.

$$a + ak + ak^2 + \cdots + ak^{n-1} + \cdots = \frac{a}{1-k} \tag{11.4.5}$$

2.9절에서 소개한 합 표기법을 무한 합으로 확장한다고 가정하자. $|k| < 1$이면 식 (11.4.5)를 다음과 같이 쓸 수 있다.

$$\sum_{n=1}^{\infty} ak^{n-1} = \frac{a}{1-k}$$

하지만 $|k| \ge 1$이면 식 (11.4.5)의 무한급수는 **발산**한다고 한다. 발산하는 급수는 유한 합이 없다. $|k| > 1$이면 발산은 분명하다. $k = 1$이면 $s_n = na$인데, 이는 $a > 0$이면 $+\infty$로 발산하고 $a < 0$이면 $-\infty$로 발산한다. $k = -1$이면 $s_n = a$이고, n이 짝수일 때 $s_n = 0$이다. ($a = 0$이라는 자명한 경우를 제외하면) $n \to \infty$일 때 극한은 존재하지 않는다.

EX 11.4.3 무한급수 $1 + 0.25 + (0.25)^2 + (0.25)^3 + (0.25)^4 + \cdots$의 합을 구하라.

풀이

식 (11.4.5)에 $a = 1$, $k = 0.25$를 대입하면 다음을 얻는다.

$$1 + 0.25 + (0.25)^2 + (0.25)^3 + (0.25)^4 + \cdots = \frac{1}{1 - 0.25} = \frac{1}{0.75} = \frac{4}{3}$$

EX 11.4.4 1999년 초 노르웨이 대륙붕 아래에 매장된 석유 또는 가스 총매장량은 대략 $13 \cdot 10^9 = 130$억 톤으로 추정된다. 그 해 석유 또는 가스 생산량은 약 $250 \cdot 10^6 = 25{,}000$만 톤이었다. 물음에 답하라.

(a) 생산량을 당시 수준으로 유지하면 매장량이 언제 소진되는지 구하라.

(b) 1999년부터 생산량이 매년 2%씩 감소한다고 가정하자. 이 경우 매장량은 얼마나 오래 지속될 것인지 구하라.

---

1 이 주장에 아직 확신이 서지 않으면 $k = -2$, $k = -1$, $k = -\frac{1}{2}$, $k = \frac{1}{2}$, $k = 2$인 사례를 살펴보라.

풀이

(a) $13 \cdot 10^9$톤이 매년 $250 \cdot 10^6$톤의 비율로 고갈되므로 매장량이 t년 동안 지속된다면 소진되는 시점 t에 대해 $250 \cdot 10^6 t = 13 \cdot 10^9$이 성립한다. 따라서 $t = (13 \cdot 10^9) \div (250 \cdot 10^6) = 52$이다. 그러므로 매장량은 1999년 초에서 52년 후인 2050년 말에 소진될 것이다.

(b) 1999년의 생산량은 $a = 250 \cdot 10^6$이다. 2000년의 생산량은 $a - \dfrac{2a}{100} = a \cdot 0.98$이 될 것이다. 2001년의 생산량은 $a \cdot 0.98^2$일 것이며, 이후로 반복될 것이다. 감소 속도를 영원히 유지한다면, 총생산량은 다음과 같이 계산된다.

$$a + a \cdot 0.98 + a \cdot (0.98)^2 + \cdots + a \cdot (0.98)^{n-1} + \cdots$$

이 등비급수의 공비는 $k = 0.98$이다. 식 (11.4.5)에 따라 이 무한 합은 다음과 같이 계산된다.

$$s = \frac{a}{1 - 0.98} = 50a$$

$a = 250 \cdot 10^6$이므로 합은 $s = 50 \cdot 250 \cdot 10^6 = 12.5 \cdot 10^9$이고, $13 \cdot 10^9$에 조금 못 미친다. 그러므로 매장량은 영원히 지속되며, $0.5 \cdot 10^9 = 5$억 톤은 절대 추출되지 않는 '좌초 자산(stranded asset)'으로 남는다.

일반적인 급수 선택

다음과 같은 일반적인 무한급수를 간단히 생각해보자. 이 급수는 반드시 등비급수일 필요가 없다.

$$a_1 + a_2 + a_3 + \cdots + a_n + \cdots \tag{11.4.6}$$

이 무한급수가 수렴한다는 것은 무엇을 의미하는가? 등비급수 공식 (11.4.5)를 유도한 것과 유사하게, 처음 n개 항의 '부분 합' s_n을 다음과 같이 생각해보자.

$$s_n = a_1 + a_2 + a_3 + \cdots + a_n \tag{11.4.7}$$

특히 $n = 1,\ 2,\ 3$이면 각각 $s_1 = a_1$, $s_2 = a_1 + a_2$, $s_3 = a_1 + a_2 + a_3$이다. n이 증가함에 따라 이러한 부분합은 점점 더 많은 급수의 항을 포함한다. 따라서 n이 ∞로 한없이 커질 때 s_n이 극한 s로 수렴한다면, s를 급수의 **모든** 항의 합으로 간주하는 것이 합리적일 것이다. 그런 다음 무한급수는 합 s로 **수렴**한다고 한다. 그러나 n이 한없이 커질 때 s_n이 유한한 극한으로 수렴하지 않는다면, 급수가 **발산**하고 합이 존재하지 않는다고 한다.[2]

등비급수라면 s_n에 대한 간단한 식을 사용해서 수렴 조건을 쉽게 확인할 수 있다. 그러나 대부분의 급수는 처음 n개 항의 합에 대한 간단한 공식이 없어서 수렴하는지의 여부를 판단하기가 어렵다. 그런데도 소위 **수렴 및 발산 기준**이라고 하는 몇 가지 기준이 존재하고, 이 기준은 많은 경우에 답을 제공한다. 이러한 기준은 경제학에서 직접 사용되는 경우가 거의 없다.

일반적인 사례를 살펴보자. 무한급수 (11.4.6)이 수렴하면 n이 한없이 커질 때 일반항은 0에 가까워져야 한다. 급수가 수렴하면 식 (11.4.7)의 s_n은 n이 한없이 커질 때 극한 s로 수렴할 것이다. $a_n = s_n - s_{n-1}$이므로

2 함수의 극한과 마찬가지로 $n \to \infty$일 때 $s_n \to \pm\infty$이면 이는 극한으로 간주하지 않는다.

수렴의 정의에 따라 s_{n-1}도 n이 한없이 커질 때 s로 수렴한다. 따라서 일반항 $a_n = s_n - s_{n-1}$은 n이 한없이 커질 때 $s - s = 0$으로 수렴해야 한다. 간단히 표현하면 다음과 같다.

$$a_1 + a_2 + \cdots + a_n + \cdots \text{이 수렴} \quad \Rightarrow \quad \lim_{n\to\infty} a_n = 0 \tag{11.4.8}$$

무한급수가 수렴하려면 a_n이 0으로 수렴해야 하지만, 이는 충분조건이 아니다. 즉 $\lim_{n\to\infty} a_n = 0$을 만족하는 무한급수도 발산할 수 있다. [EX 11.4.5]에서 이에 관한 표준적인 예를 확인해보자.

EX 11.4.5 다음 **조화급수**(harmonic series)를 생각해보자.

$$1+\frac{1}{2}+\frac{1}{3}+\frac{1}{4}+\cdots+\frac{1}{n}+\cdots \tag{11.4.9}$$

이 무한급수의 n번째 항은 $\frac{1}{n}$이며, 0으로 수렴한다. 하지만 이 급수는 여전히 발산한다. 이를 확인하기 위해 다음과 같은 방식으로 항을 묶어보자.

$$1+\frac{1}{2}+\left(\frac{1}{3}+\frac{1}{4}\right)+\left(\frac{1}{5}+\cdots+\frac{1}{8}\right)+\left(\frac{1}{9}+\cdots+\frac{1}{16}\right)+\left(\frac{1}{17}+\cdots+\frac{1}{32}\right)+\cdots \tag{$*$}$$

첫 번째 괄호로 묶은 두 항 $\frac{1}{3}$과 $\frac{1}{4}$의 합은 $\frac{2}{4}=\frac{1}{2}$을 초과한다. 두 번째 괄호로 묶은 4개의 항 중 앞의 3개가 $\frac{1}{8}$보다 크고 마지막 항이 $\frac{1}{8}$이므로 그 합이 $\frac{4}{8}=\frac{1}{2}$을 초과한다. 세 번째 괄호로 묶은 8개의 항 중에서 $\frac{1}{16}$보다 큰 항이 7개이고 마지막 항이 $\frac{1}{16}$이므로 합이 $\frac{8}{16}=\frac{1}{2}$을 초과한다. 이 패턴은 무한히 반복된다. n번째 괄호로 묶은 항의 개수는 2^n인데, 앞의 2^n-1개의 항은 2^{-n-1}보다 크고 마지막 항은 2^{-n-1}이므로 그 합은 $2^n \cdot 2^{-n-1} = \frac{1}{2}$을 초과한다. 따라서 n이 아무리 크더라도 m이 충분히 크면(실제로 $m \geq 2^n$이면), ($*$)의 처음 m개 항의 합은 $\frac{1}{2}n$(처음 n개 항이 모두 $\frac{1}{2}$일 때의 합)을 초과한다. 따라서 ($*$)의 급수는 반드시 발산해야 한다.[3]

일반적으로 다음이 성립함을 증명할 수 있다. 이 증명은 [연습문제 11]로 남긴다.

$$\sum_{n=1}^{\infty}\frac{1}{n^p}\text{이 발산} \quad \Leftrightarrow \quad p \geq 1 \tag{11.4.10}$$

11.4 연습문제

1 물음에 답하라.

(a) 유한 등비급수의 합

$$s_n = 1+\frac{1}{3}+\frac{1}{3^2}+\cdots+\frac{1}{3^{n-1}}\text{을 구하라.}$$

(b) n이 무한히 커질 때, s_n의 극한을 구하라.

(c) 합 $\sum_{n=1}^{\infty}\frac{1}{3^{n-1}}$을 구하라.

---

3 1977년 H. H. 골드스타인(H. H. Goldstine)은 라이프니츠에 대한 요제프 호프만(Joseph Hofmann)의 전기를 인용하며 "라이프니츠는 $\sum\frac{1}{n}$을 결정하는 문제에 평생을 바쳤지만, 그 답은 결코 라이프니츠의 손아귀에 들어오지 않았다."라고 말한 바 있다.

2 등비급수의 합을 구하라.

(a) $\frac{1}{5}+\left(\frac{1}{5}\right)^2+\left(\frac{1}{5}\right)^3+\left(\frac{1}{5}\right)^4+\cdots$

(b) $0.1+(0.1)^2+(0.1)^3+(0.1)^4+\cdots$

(c) $517+517(1.1)^{-1}+517(1.1)^{-2}+517(1.1)^{-3}+\cdots$

(d) $a+a(1+a)^{-1}+a(1+a)^{-2}+a(1+a)^{-3}$
$+a(1+a)^{-4}+\cdots$ (단, $a>0$)

(e) $5+\frac{5\cdot 3}{7}+\frac{5\cdot 3^2}{7^2}+\cdots+\frac{5\cdot 3^{n-1}}{7^{n-1}}+\cdots$

3 주어진 급수가 등비급수인지 판단하고, 수렴하는 등비급수이면 그 합을 구하라.

(a) $8+1+\frac{1}{8}+\frac{1}{64}+\cdots$

(b) $-2+6-18+54-\cdots$

(c) $2^{\frac{1}{3}}+1+2^{-\frac{1}{3}}+2^{-\frac{2}{3}}+\cdots$

(d) $1-\frac{1}{2}+\frac{1}{3}-\frac{1}{4}+\cdots$

4 다음 등비급수의 수렴성을 조사하고, 급수의 합이 존재한다면 그 합을 구하라.

(a) $\frac{1}{p}+\frac{1}{p^2}+\frac{1}{p^3}+\cdots$

(b) $x+\sqrt{x}+1+\frac{1}{\sqrt{x}}+\cdots$

(c) $\sum_{n=1}^{\infty}x^{2n}$

5 $p>0$일 때 합 $\sum_{k=0}^{\infty}b\left(1+\frac{p}{100}\right)^{-k}$을 구하라.

6 1971년 세계 철 총소비량은 약 $794\cdot 10^6$톤이었다. 소비량이 매년 5%씩 증가하고, 1971년에 채굴할 수 있는 양이 $249\cdot 10^9$톤이었다면, 세계의 철 자원이 남아 있을 기간을 구하라.

7 1994년 전 세계 천연가스 총소비량은 18억 2,400만 톤(또는 TOE(석유환산톤))이었다. 그 해 말 천연가스 매장량은 1,283억 톤으로 추정되었다. 앞으로 소비량이 2%씩 증가하고 새로운 자원이 발견되지 않았다면 매장량은 얼마나 더 지속될지 구하라.

8 [EX 11.3.2]를 생각해보자. 한 나무가 벌목된 직후 동일한 종류의 새로운 나무가 심어졌다고 가정한다. t, $2t$, $3t$ 등의 시점에 새로운 나무가 심어졌다고 가정하면 모든 나무의 현재가치는 다음과 같을 것이다.

$$f(t)=P(t)e^{-rt}+P(t)e^{-2rt}+\cdots$$

(a) 이 무한 등비급수의 합을 구하라.

(b) $f(t)$가 어떤 시점 $t^*>0$에서 최댓값을 갖는다면, $\frac{P'(t^*)}{P(t^*)}=\frac{r}{1-e^{-rt^*}}$임을 증명하라.

(c) $r\to 0$일 때 $\frac{P'(t^*)}{P(t^*)}$의 극한을 구하라.

9 다음 급수가 발산함을 보여라.

(a) $\sum_{n=1}^{\infty}\frac{n}{1+n}$ (b) $\sum_{n=1}^{\infty}\left(\frac{101}{100}\right)^n$

(c) $\sum_{n=1}^{\infty}\frac{1}{\left(1+\frac{1}{n}\right)^n}$

10 다음 급수가 수렴하는지 또는 발산하는지 조사하라.

(a) $\sum_{n=1}^{\infty}\left(\frac{100}{101}\right)^n$ (b) $\sum_{n=1}^{\infty}\frac{1}{\sqrt{n}}$

(c) $\sum_{n=1}^{\infty}\frac{1}{n^{1.00000001}}$ (d) $\sum_{n=1}^{\infty}\frac{1+n}{4n-3}$

(e) $\sum_{n=1}^{\infty}\left(-\frac{1}{2}\right)^n$ (f) $\sum_{n=1}^{\infty}(\sqrt{3})^{1-n}$

11 [EX 10.7.2]의 결과를 사용하여 명제 (11.4.10)의 동치를 증명하라.

힌트 $p>0$에 대해 함수 $f(x)=x^{-p}$의 그래프를 구간 $[1,\infty)$에서 그려라. 그다음 두 합 $\sum_{n=1}^{\infty}n^{-p}$와 $\sum_{n=2}^{\infty}n^{-p}$을 각각 기하적으로, 즉 직사각형 영역의 무한 합으로 해석하라.

11.5 총현재가치

1년 후 1,000달러, 2년 후 1,500달러, 3년 후 2,000달러를 3년 간 연속으로 납부해야 한다고 가정하자. 이자율이 연 11%라고 할 때 세 번의 납부금을 충당할 수 있을 만큼 충분한 저축액을 마련하기 위해 오늘 계좌에 얼마를 예치해야 할지 생각해보자. 이 저축액을 이 세 번의 납부에 대한 **현재가치**라고 한다.

1년 후 1,000달러를 확보하려면 오늘 입금해야 하는 금액은 $x_1(1+0.11)=1000$을 만족해야 한다. 그러므로 다음이 성립한다.

$$x_1 = \frac{1000}{1+0.11} = \frac{1000}{1.11}$$

2년 후 1,500달러를 확보하려면 오늘 입금해야 하는 금액은 $x_2(1+0.11)^2 = 1500$을 만족해야 한다. 그러므로 다음이 성립한다.

$$x_2 = \frac{1500}{(1+0.11)^2} = \frac{1500}{(1.11)^2}$$

마지막으로 3년 후 2,000달러를 확보하려면 오늘 입금해야 하는 금액은 $x_3(1+0.11)^3 = 2000$을 만족해야 한다. 그러므로 다음이 성립한다.

$$x_3 = \frac{2000}{(1+0.11)^3} = \frac{2000}{(1.11)^3}$$

따라서 세 번의 납부금을 모두 충당하기 위해 오늘 입금해야 하는 총금액인 A, 즉, 세 납부금의 총현재가치는 다음과 같이 계산된다.

$$A = \frac{1000}{1.11} + \frac{1500}{(1.11)^2} + \frac{2000}{(1.11)^3}$$

이 합은 대략 $A \approx 900.90 + 1217.43 + 1462.38 = 3580.71$(달러)이다.

일반적으로 매년 연속으로 납부해야 하는 금액이 a_1, a_2, $\cdots$, a_n이라 하자. 여기서 a_1은 1년 뒤, a_2는 2년 뒤에 납부되는 식이다. 연 이자율이 r이라고 할 때, 이 모든 미래 납부금을 충당할 수 있는 충분한 저축액을 확보하기 위해 오늘 얼마를 예치해야 하는가? 다시 말해 n번 납부금의 현재가치는 얼마인가?

1년 후 a_1을 확보하려면 오늘 $\frac{a_1}{1+r}$을 예치해야 한다. 2년 후 a_2를 확보하려면 오늘 $\frac{a_2}{(1+r)^2}$를 예치해야 한다. 따라서 n번의 납부금을 모두 충당하기 위해 오늘 입금해야 하는 총금액 P_n은 다음과 같다.

$$P_n = \frac{a_1}{1+r} + \frac{a_2}{(1+r)^2} + \cdots + \frac{a_n}{(1+r)^n} \tag{11.5.1}$$

여기서 P_n은 n번 할부의 **현재가치**이다.

연금(annuity)은 일정 시간 간격(일반적으로 1년)으로 특정 기간에 일정 금액이 균등하게 지급되는 일련의 지급 방식이다. 식 (11.5.1)에서 $a_1 = a_2 = \cdots = a_n = a$이면 이 식은 연금의 현재가치를 나타낸다. 이 경우 식 (11.5.1)의 합은 항이 n개인 유한 등비급수이다. 첫 번째 항은 $\frac{a}{1+r}$이고 공비는 $\frac{1}{1+r}$이다. 등비급수의 합 공식 (11.4.3)에 따르면 $k=(1+r)^{-1}$일 때 다음과 같이 계산된다.

$$P_n = \frac{a}{(1+r)} \cdot \frac{1-(1+r)^{-n}}{1-(1+r)^{-1}} = \frac{a}{r}\left\{1-\frac{1}{(1+r)^n}\right\}$$

여기서 가운데 식의 두 분수를 곱하면 분모가 r이 되므로 두 번째 등호가 성립한다. 요약하면 다음과 같다.

연금의 현재가치

기간 이자율이 r이며 n번의 기간에 a가 지급되는 연금을 생각하자. 각 지급액은 매 기간의 말에 지급된다. 이 연금의 현재가치는 다음과 같다.

$$P_n = \frac{a}{1+r} + \cdots + \frac{a}{(1+r)^n} = \frac{a}{r}\left\{1-\frac{1}{(1+r)^n}\right\} \tag{11.5.2}$$

이 합은 [그림 11.5.1]에 잘 나타나 있다.

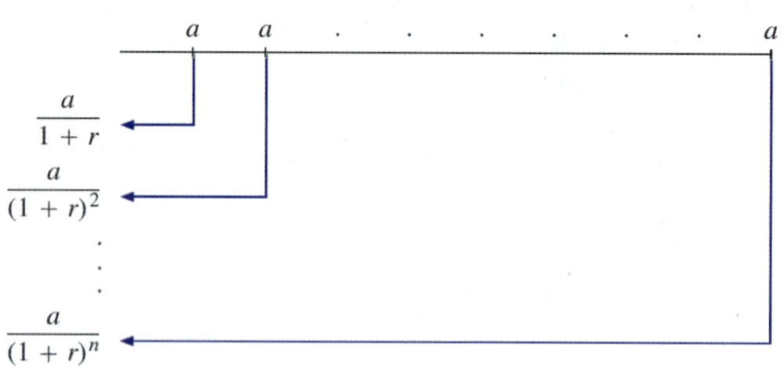

그림 11.5.1 연금의 현재가치

식 (11.5.2)는 각각 a달러씩 n번의 미래 청구에 대한 현재가치를 제공한다. 이번에는 마지막 지급 직후인 n번째 기간 후에 누적된 잔액이 얼마인지 알고 싶다고 하자. 연금의 **미래가치**(future value) F_n은 다음과 같다.

$$F_n = a + a(1+r) + a(1+r)^2 + \cdots + a(1+r)^{n-1} \tag{*}$$

이 합은 [그림 11.5.2]에 잘 나타나 있다.

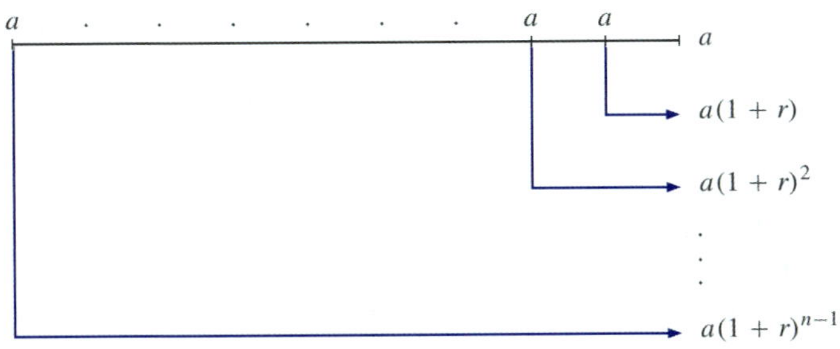

그림 11.5.2 연금의 미래가치

등비급수의 합 공식에 따라 다음을 얻는다.

$$F_n = \frac{a\{1-(1+r)^n\}}{1-(1+r)} = \frac{a}{r}\{(1+r)^n - 1\}$$

모든 i에 대해 $a_i = a$인 특수한 경우에는 식 (*)의 우변의 항이 식 (11.5.1)에서 $a_1 = a_2 = \cdots = a$이지만 역순으로 나열되고 이자가 $(1+r)^n$배만큼 증가한 상황과 같다는 점에 착안하여 미래가치를 계산할 수 있다. 이는 $F_n = P_n(1+r)^n$임을 보여준다. 그러므로 다음과 같다.

연금의 미래가치

기간 이자율이 r이며 n번의 기간에 a가 계좌에 입금되는 연금을 생각하자. 마지막 입금 직후 이 계좌의 미래가치는 다음과 같다.

$$F_n = \frac{a}{r}\{(1+r)^n - 1\} \tag{11.5.3}$$

EX 11.5.1 이자율이 연 6%일 때 앞으로 8년 동안 매년 1,000달러씩 예금한다고 하자. 현재가치와 미래가치를 각각 계산하라.

풀이

현재가치는 식 (11.5.2)에서 $a = 1000$, $n = 8$, $r = \frac{6}{100} = 0.06$으로 두어 구한다.

$$P_8 = \frac{1000}{0.06}\left\{1 - \frac{1}{(1.06)^8}\right\} \approx 6209.79$$

미래가치는 식 (11.5.3)을 적용하여 구한다.

$$F_8 = \frac{1000}{0.06}\{(1.06)^8 - 1\} \approx 9897.47$$

또는 $F_8 = P_8(1.06)^8 \approx 6209.79 \cdot (1.06)^8 \approx 9897.47$로 구할 수도 있다.

다음으로 이자율 $r > 0$일 때 기간별 일정 금액을 영구적으로 지급하는 투자를 생각해보자. 현재가치를 구하기 위해 n이 한없이 커질 때 식 (11.5.2)를 수정한다. 그러면 $(1+r)^n$은 한없이 커지므로 P_n은 $\frac{a}{r}$로 수렴한다. 그러므로 극한을 취하면 다음과 같다.

$$\frac{a}{1+r} + \frac{a}{(1+r)^2} + \cdots = \frac{a}{r} \tag{11.5.4}$$

EX 11.5.2 이자율이 연 14%일 때, 매년 말 1,000달러의 예금을 영구적으로 예치한다고 하자. 총예금액의 현재가치를 계산하라.

풀이

식 (11.5.4)에 따르면 $\frac{1000}{1+0.14} + \frac{1000}{(1+0.14)^2} + \cdots = \frac{1000}{0.14} \approx 7142.86$이다.

연속적인 소득흐름의 가치

지금까지는 특정 개별 시점에 지급되는 일련의 미래 지급액의 현재가치와 미래가치에 대해 논의했다. 그러나 지속해서 성장하는 상업용 산림의 목재 수확량과 같이 연속으로 발생하는 자산을 생각할 필요가 있다. 따라서 다음과 같은 소득의 흐름을 생각해보겠다.

❶ 시점 $t=0$부터 시점 $t=T$까지 연간 $f(t)$달러의 변동 이율 소득이 지속해서 발생한다.

❷ 이자가 고정 연간이자율 r로 연속복리된다.

$P(t)$가 시간 구간 $[0,\ t]$ 동안 이루어진 모든 지급의 PDV를 나타낸다고 하자. 즉 $P(T)$는 시간 구간 $[0,\ T]$ 동안 각 시점 t에 발생한 소득흐름 $f(t)$를 (연속으로) 예치한 경우와 같은 가치를 가지기 위해 시점 $t=0$에 예치해야 할 금액을 의미한다. 임의의 $\Delta t > 0$이 주어지면 시간 구간 $[t,\ t+\Delta t]$에 받은 모든 소득의 현재가치는 $P(t+\Delta t) - P(t)$가 된다. Δt가 작으면 이 시간 동안 받은 소득의 총액은 대략 $f(t)\Delta t$이며, 이 값의 PDV는 대략 $f(t)e^{-rt}\Delta t$이다. 따라서 $P(t+\Delta t) - P(t) \approx f(t)e^{-rt}\Delta t$이며, 이에 따라 다음을 얻는다.

$$\frac{P(t+\Delta t) - P(t)}{\Delta t} \approx f(t)e^{-rt} \tag{11.5.5}$$

이 근사는 Δt가 작아질수록 더 정확해진다. 식 (11.5.5)의 좌변은 함수 $P(t)$의 뉴턴 몫이며, $\Delta t \to 0$일 때의 극한은 도함수 $P'(t)$이다. 따라서 식 (11.5.5)는 $P'(t) = f(t)e^{-rt}$임을 의미한다. $P(0)=0$이므로 정적분의 정의에 따라 $P(T) = \int_0^T f(t)e^{-rt}dt$이다. 그러므로 이 연속적인 소득흐름에 대한 시점 0의 PVD는 다음과 같다.

$$\text{PDV} = \int_0^T f(t)e^{-rt}dt \tag{11.5.6}$$

식 (11.5.6)은 소득흐름 $f(t)$에 대한 시점 0의 값을 알려준다. 이 소득흐름에 대한 시점 T의 **미래할인가치**(FDV; future discounted value)는 $e^{rT}\int_0^T f(t)e^{-rt}dt$이다. e^{rT}은 상수이므로 이 식을 다음과 같이 다시 쓸 수 있다.

$$\text{FDV} = \int_0^T f(t)e^{r(T-t)}dt \tag{11.5.7}$$

식 (11.5.6)의 인수를 조금만 수정하면 시점 s 이후에 받은 소득흐름의 일부 구간 $[0,\ T]$의 모든 시간 s에서 **할인가치**(DV; discounted value)를 구할 수 있다. 실제로 작은 시간 구간 $[t,\ t+dt]$에서 받은 소득 $f(t)$에 대해 시점 s의 DV는 $f(t)e^{-r(t-s)}dt$이다. 이를 시간 구간 $[s,\ T]$에서 적분하면 다음을 얻는다.

$$\text{DV} = \int_s^T f(t)e^{-r(t-s)}dt \tag{11.5.8}$$

$s=0$이면 식 (11.5.8)은 예상대로 식 (11.5.6)이 된다.

EX 11.5.3 이자율이 연 8%이며 연속복리된다고 가정하자. 앞으로 10년간 매년 발생하는 1,000달러의 일정한 소득 흐름의 PDV와 FDV를 각각 구하라.

풀이

식 (11.5.6)과 식 (11.5.7)에 $r=0.08$, $f(t)=1000$, 시간 구간 t는 $[0,\ 10]$을 대입하면 다음을 얻는다.

$$\text{PDV} = \int_0^{10} 1000e^{-0.08t}dt = \left[1000\left(-\frac{e^{-0.08t}}{0.08}\right)\right]_0^{10} = \frac{1000}{0.08}(1-e^{-0.8}) \approx 6883.39$$

$$\text{FDV} = e^{0.08\cdot 10}\times \text{PDV} \approx e^{0.8}\cdot 6883.39 \approx 15319.27$$

11.5 연습문제

1 매년 3,500달러의 연간 예금을 15회 납부하는 경우 현재가치를 구하라. 여기서 1년 후 첫 입금이 이루어지고 연 이자율이 12%이다.

2 연 4%의 일정한 이자율로 이자를 받는 계좌가 수년 동안 휴면 상태였다. 현재 잔액이 100,000달러라면 10년 전에는 계좌에 얼마가 있었을지 구하라.

3 연 6%의 이자를 받는 계좌에 4년 동안 매년 연말에 10,000달러를 입금한다. 4년이 지나면 계좌에 얼마가 있을지 구하라.

4 전체 기간 이자율이 연 6%라면 두 가지 제안 중 무엇을 선택하겠는가?

(i) 10년 후 13,000달러를 받는다.

(ii) 10년 동안 매년 1,000달러씩 받으며, 오늘 첫 번째 지급이 이루어진다.

5 어느 저자가 출간한 도서에 대한 인세를 받는다고 하자. 이자율이 연 6%라면 어떤 제안이 저자에게 더 유리할지 구하라.

(i) 즉시 21,000달러를 받는다.

(ii) 5년 동안 매년 4,600달러를 받는다. 여기서 첫 지급은 지금 이루어진다.

6 이자율이 연 8%일 때, 매년 말 1,500달러를 영구적으로 예치하는 경우의 현재가치를 계산하라.

7 신탁 기금은 한 번에 K만큼 납부하여 구성된다. 이 금액은 연 고정이자율 r로 투자된다. 이 신탁은 매년 고정된 금액을 지급하고, 첫 지급은 신탁 기금이 구성된 후 1년 후에 이루어질 예정이다. 이 기금이 영원히 지속된다고 할 때, 매년 지급될 수 있는 최대 금액을 구하라.

8 할인율이 r일 때 일정한 비율 g로 증가하는 금액 D의 PDV는 다음과 같다.

$$\frac{D}{1+r}+\frac{D(1+g)}{(1+r)^2}+\frac{D(1+g)^2}{(1+r)^3}+\cdots$$

여기서 r과 g는 양수이다. 위 급수의 합이 수렴하기 위한 조건을 구하라. 그리고 급수가 수렴하면 그 합 P_0는 $P_0=\frac{D}{r-g}$를 만족함을 보여라.

9 이자율이 연 6%이고, 연속복리된다고 가정하자. 앞으로 15년 동안 매년 500달러의 일정한 소득흐름이 발생한다면 이 소득흐름의 PDV와 FDV를 각각 구하라.

11.6 주택담보대출 상환

어느 가정에서 고정금리 주택담보대출을 받았다고 가정해보자. 이는 연금처럼 매 기간에(예를 들어 매월 말에) 동일한 금액을 내야 한다는 뜻이다. 정기 상환은 대출금을 모두 갚을 때까지 계속되며, 그 기간은 예를 들어 20년일 수도 있다. 각 지급금의 일부는 미상환 원금에 대한 이자를 지급하고, 일부는 원금을 상환하는 데(즉 미상환 잔액을 줄이는 데) 사용된다. 이자 부분은 전체 대출에 대한 이자를 지급하는 첫 번째 기간에 가장 크다. 그러나 마지막 기간에는 미결제 잔액이 적으므로 이자 부분이 가장 작다. 원금 부분은 고정된 월 상환액과 이자의 차이로 계산하므로, 이자 부분과 반대로 움직인다.

EX 11.6.1 어떤 사람이 연초에 50,000달러를 빌린 후 연 15%의 이자를 더하여 5회 균등 분할 상환해야 한다. 연간 상환액을 구하라.

풀이

a달러를 다섯 번 상환한다고 가정하자. 식 (11.5.2)에 따르면 이 상환액의 현재가치는 다음과 같다. 여기서 단위는 달러이다.

$$\frac{a}{1.15}+\frac{a}{(1.15)^2}+\frac{a}{(1.15)^3}+\frac{a}{(1.15)^4}+\frac{a}{(1.15)^5}=\frac{a}{0.15}\left\{1-\frac{1}{(1.15)^5}\right\}$$

각 상환액은 이 합이 50,000달러가 되도록 선택해야 하므로 다음이 성립함을 의미한다.

$$\frac{a}{0.15}\left\{1-\frac{1}{(1.15)^5}\right\}=50000 \qquad (*)$$

이 방정식의 해는 $a\approx 14915.78$(달러)이다. 모든 상환액의 미래가치의 합을 계산한 다음, 이를 원래 대출의 미래가치와 같게 두어도 구할 수 있다. 이렇게 하면 다음을 얻고, 이는 (*)와 동일하다.

$$a+a(1.15)+a(1.15)^2+a(1.15)^3+a(1.15)^4=50000(1.15)^5$$

연간 상환액 14,915.78달러 중 이자 부분과 원금 상환 부분이 해마다 어떻게 변하는지 설명하기 위해 다음과 같이 표를 구성한다.

연도	상환액	이자	원금 상환액	미상환 원금
1	14,915.78	7,500.00	7,415.78	42,584.22
2	14,915.78	6,387.63	8,528.15	34,056.07
3	14,915.78	5,108.41	9,807.37	24,248.70
4	14,915.78	3,637.31	11,278.47	12,970.23
5	14,915.78	1,945.55	12,970.23	0

매년 지급하는 이자는 전년도 미상환 원금의 15%이다. 연간 상환액 14,915.78달러의 나머지 금액은 해당 연도의 원금 상환액이다. 이 금액은 전년도 미상환 원금에서 차감된다. [그림 11.6.1]에서 연도별 이자 및 원금 상환액을 살펴볼 수 있다.

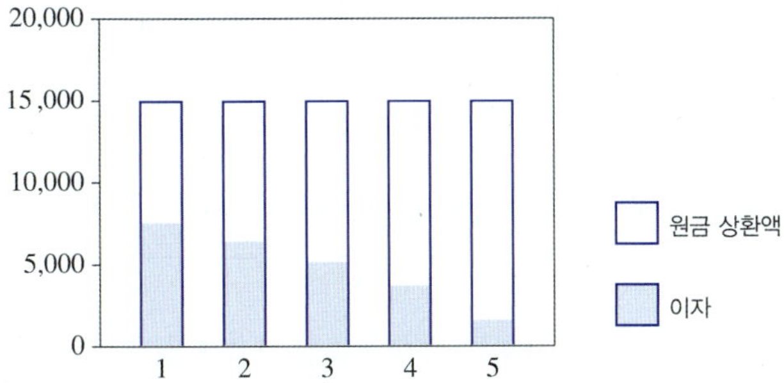

그림 11.6.1 [EX 11.6.1]에서 이자 및 원금 상환액

기간 이자율이 p%일 때, K달러의 대출금을 기간마다 a달러씩 균등하게 분할하여 상환한다고 가정하자. 사실상 이는 이자율이 $r=\dfrac{p}{100}$인 연금과 동일하다. 식 (11.5.2)에 따르면 각 기간에 지불하는 금액 a는 다음을 만족해야 한다.

$$K=\frac{a}{r}\left\{1-\frac{1}{(1+r)^n}\right\}=\frac{a}{r}\{1-(1+r)^{-n}\} \tag{11.6.1}$$

이를 a에 대해 풀면 다음을 얻는다.

$$a=\frac{rK}{1-(1+r)^{-n}} \tag{11.6.2}$$

EX 11.6.2 [EX 11.6.1]의 대출금을 매월 말 균등 상환하면서 연 15%의 명목이자율을 월 복리로 적용한다고 가정하자. 식 (11.6.2)를 사용하여 월 상환액 a를 구하라.

풀이

이자 지급 주기는 1개월이고 월 이자율은 $\dfrac{15}{12}=1.25\%$이므로 $r=\dfrac{1.25}{100}=0.0125$이다. 또한 $n=5\cdot 12=60$이므로 $K=5000$을 식 (11.6.2)에 대입하면 $a=\dfrac{0.0125\cdot 5000}{1-1.0125^{-60}}\approx 1189.50$(달러)이다.

지금까지 고려한 연금은 매 지급 기간 **마지막**에 연금을 지급하는 **일반연금**(ordinary annuity)이다. 지급 기간이 시작될 때 지급되는 연금을 **만기연금**(annuity due)이라 한다. 이러한 종류의 연금은 초기 지급된 연금을 제외하면 일반연금으로 간주할 수 있으므로 쉽게 계산할 수 있다.

EX 11.6.3 어떤 사람이 335,000달러의 대출을 받은 후 매년 a달러씩 15회 균등 상환해야 한다. 첫 상환은 다음 해 초에 바로 이루어져야 하며, 이후에는 매년 초에 상환해야 한다. 연 이자율이 14%일 때 월 상환액 a를 구하라.

풀이

첫 번째 상환의 현재가치는 당연히 a이다. 이후 14회 상환의 현재가치는 식 (11.6.1)에 $r=0.14$, $n=14$를 대입하여 구할 수 있다. 이 현재가치의 합은 335,000달러와 같아야 하므로 다음이 성립한다.

$$a+\frac{a}{0.14}\left\{1-\frac{1}{(1+0.14)^{14}}\right\}=335000$$

이 식을 정리하면 $a+6.0020715a=335000$이다. a에 대해 풀면 $a\approx 47843$(달러)이다.

일부 대출기관은 매 기간 고정된 상환액을 지정하고, 대출 상환에 소요되는 기간에 맞춰 대출을 실행하는 방식을 선호한다. 이러한 대출 상환 방식은 본질적으로 연금과 유사하다. 차이점은 모든 상환액의 현재가치가 대출액과 같아지도록 마지막 상환액에서 최종 조정이 필요하다는 점이다. 이 경우에는 n에 대한 식 (11.6.1)을 푸는 것이 유용하다. 다음을 살펴보자.

$$K=\frac{a}{r}\{1-(1+r)^{-n}\}\quad\Leftrightarrow\quad\frac{1}{(1+r)^n}=1-\frac{rK}{a}=\frac{a-rK}{a}\quad\Leftrightarrow\quad(1+r)^n=\frac{a}{a-rK}$$

양변에 자연로그를 취하면 $n\ln(1+r)=\ln\left(\frac{a}{a-rK}\right)$이므로 다음을 알 수 있다.

주택담보대출 상환기간

대출 원금이 K, 기간별 상환액이 a, 기간 이자율이 r인 경우 대출을 상환하는 데 필요한 기간은 다음 부등식을 만족하는 가장 작은 정수 n과 같다.

$$n\geq\frac{\ln a-\ln(a-rK)}{\ln(1+r)}\tag{11.6.3}$$

위 식에서 등식이 성립하지 않으면 마지막 상환액은 a보다 작아진다.

EX 11.6.4 연 이자율 15%의 대출금 50,000달러를, 다음 해 말부터 매년 말에 이자와 원금을 포함하여 20,000달러씩 상환해야 한다. 이 대출금은 언제 완벽히 상환되는지 구하라. 최종 상환금을 구하라.

풀이

먼저 매년 20,000달러씩 지급하며 50,000달러를 상환하는 데 필요한 횟수 n을 계산한다. 식 (11.6.3)에 $r=0.15$, $a=20000$, $K=50000$을 대입하면 n은 다음보다 크거나 같은 가장 작은 정수이다.

$$\frac{\ln 20000-\ln(20000-0.15\cdot 50000)}{\ln(1+0.15)}=\frac{\ln 1.6}{\ln 1.15}\approx 3.3629$$

따라서 네 번의 지급이 필요하다. 처음 세 번은 20,000달러를 내고, 4년째에 최종 상환금을 추가로 낸다. 이 최종 상환금을 구하기 위해 대출 실행 이후 3년이 지난 시점에 세 번의 상환액 20,000달러의 미래가치를 계산한다. 이는 다음과 같다.

$$20000\cdot(1.15)^2+20000\cdot 1.15+20000=\frac{20000}{0.15}\{(1.15)^3-1\}\approx 69450$$

이와 같은 방식으로 3년 후 50,000달러의 미래가치를 구하면 $50000\cdot(1.15)^3=76043.75$(달러)이다. 그러므로 세 번째 상환 이후 남은 부채는 $76043.75-69450=6593.75$(달러)이다. 남은 부채와 누적 이자를 1년 후 상환한다면, 상환해야 할 금액은 $6593.75\cdot 1.15=7582.81$(달러)이다.

이자 주기 내 예치할 경우

대부분의 은행 계좌는 이자 지급 주기가 1년 또는 최소 1개월이다. 이 이자 주기 내에 예치한 금액에 대해 은행은 복리가 아닌 단리 이자를 적용하는 경우가 많다. 이 경우 이자 지급 주기가 끝날 때 예치한 금액의 $(1+rt)$배만큼 늘어나며, 여기서 t는 잔여 이자 주기의 비율이다.

EX 11.6.5 2009년 3월 31일부터 매 분기 말 어떤 사람이 연 10%의 이자율로 매년 이자가 지급되는 계좌에 100달러를 예치했다. 2011년 12월 31일에 계좌에 얼마가 있을지 구하라.

풀이

2009년 한 해 동안의 예금 내역을 그림으로 나타내면 다음과 같다.

이 네 번의 입금은 2009년 한 해 동안 그림과 같이 매 분기 말에 이루어진다. 2009년 말(이자 주기 말)의 잔액을 구하기 위해 복리가 아닌 단리를 적용한다. 그러면 다음을 얻는다.

$$100\left(1+0.10\cdot\frac{3}{4}\right)+100\left(1+0.10\cdot\frac{2}{4}\right)+100\left(1+0.10\cdot\frac{1}{4}\right)+100=415$$

2010년과 2011년에도 동일한 과정을 수행해서 12회의 원래 예금을 각각 2009년, 2010년, 2011년 연말의 금액인 415달러로 바꿀 수 있다. 그러면 그림과 같다.

2009/12/31	2010/12/31	2011/12/31
415	415	415

잔액은 $415 \cdot (1.10)^2 + 415 \cdot 1.10 + 415 = 1373.65$(달러)이다. 그러므로 2011년 12월 31일에 이 사람이 계좌에 보유한 금액은 1373.65달러이다.

11.6 연습문제

1 어떤 사람이 연초에 80,000달러를 대출받았다고 하자. 물음에 답하라.

(a) 대출금이 매년 말에 10회 균등 분할 상환되고, 이자는 연 복리 7%로 지급된다고 하자. 연간 상환액을 구하라.

(b) 대출금을 매월 말에 120회 균등 분할 상환하고, 이자는 연 이자율 7%이며 매월 복리로 상환된다고 하자. 연간 상환액을 구하라.

2 연 7%의 이자를 받는 계좌에 6년 동안 매년 8,000달러를 예치한다고 가정하자. 마지막 입금 직후 계좌 잔액을 구하라. 마지막 입금 후 4년이 지나면 계좌 잔액이 얼마나 될지 구하라.

3 로널드는 20년 안에 투자금을 세 배로 불릴 수 있는 프로젝트에 투자했다. 연 복리로 이자를 받는다고 가정하면 이자율은 얼마인지 구하라. 연속복리를 가정하면 어떻게 되는지 설명하라.

4 심화 어느 건설회사가 건물 대지를 매입하려고 하며, 다음 세 가지 지급 방안 중 하나를 선택할 수 있다고 한다.

(i) 현금으로 670,000달러를 낸다.

(ii) 8년 동안 매년 120,000달러를 내는데, 첫 번째 할부금은 지금 낸다.

(iii) 220,000달러를 현금으로 내고, 그 이후 12년 동안 매년 70,000달러를 내는데 첫 번째 할부금은 1년 후에 낸다.

이자율이 11.5%이고 회사에서 현금으로 사용할 수 있는 금액이 최소 670,000달러라고 하면, 어떤 방안이 가장 비용이 적게 드는지 결정하라. 이자율이 12.5%라면 어떤 방안이 가장 비용이 적게 드는지 설명하라.

11.7 내부수익률

투자안이 $(n+1)$년 동안 연속으로 얻은 수익을 a_0, a_1, $\cdots$, a_n이라고 하자. 음수는 손실을 나타내고, 반면 양수는 이익을 나타내므로 각 a_i는 실제로 **순이익**(net return)을 나타낸다. 또한 $i = 1, 2, \cdots, n$에 대해 a_i는 i번째 연도의 수익을 의미하고, a_0는 현시점의 수익을 의미한다. 대부분의 투자안에서 a_0는 절댓값이 큰 음수인데, 0보다 큰 수익이 기대되는 투자는 대부분 초기에 큰 비용(투자금)이 필요하기 때문이다. 이자율이 연간 $p\%$이고, $r = \frac{p}{100}$라 하자. 그러면 이 투자안에서 발생하는 이익의 순현재가치(net present value)는 다음과 같다.

$$A = a_0 + \frac{a_1}{1+r} + \frac{a_2}{(1+r)^2} + \cdots + \frac{a_n}{(1+r)^n}$$

대체 투자안을 비교하는 데에는 다양한 기준이 사용된다. 그중 하나는 수익 흐름의 현재가치가 가장 큰 프로젝트를 선택하는 것이다. 이때 사용하는 이자율은 자본 투자에 허용되는 이자율일 수 있다. 또 다른 기준은 **내부수익률**(internal rate of return)에 기반하며, 내부수익률은 모든 현금흐름의 현재가치의 합을 0으로 만드는 이자율로 정의된다.

간단한 예시로 1년 후 b를 상환하는 투자에 a를 투자한다고 가정하자. 그러면 수익률은 이 투자안의 현재가치를 0으로 만드는 이자율 r이다. 즉 r은 $-a+(1+r)^{-1}b=0$을 만족해야 하므로 $r=\dfrac{b}{a}-1$이다. 예를 들어 $a=1000$, $b=1200$이면 수익률은 $r=\dfrac{1200}{1000}-1=0.2$이므로 연 20%이다.

수익률이 a_0, a_1, $\cdots$, a_n인 일반적인 투자안의 내부수익률은 다음을 만족하는 수 r로 표현된다.

$$a_0+\frac{a_1}{1+r}+\frac{a_2}{(1+r)^2}+\cdots+\frac{a_n}{(1+r)^n}=0 \tag{11.7.1}$$

두 투자안이 각각 다른 유일한 내부수익률을 가진다면, 내부수익률이 더 높은 프로젝트를 선호하는 것이 선택 기준이 된다. 식 (11.7.1)은 할인계수 $(1+r)^{-1}$에 있는, 차수 n인 방정식이라는 점에 유의해야 한다. 일반적으로 이 방정식에는 유일한 양의 해 r이 존재하지 않는다.

EX 11.7.1 어떤 투자안의 초기 비용이 50,000달러이고, 이후 2년간의 연말 수익이 각각 30,000달러와 40,000달러라고 하자. 이에 대한 내부수익률을 구하라.

풀이

이 경우 식 (11.7.1)은 $-50000+\dfrac{30000}{1+r}+\dfrac{40000}{(1+r)^2}=0$과 같다. 여기서 $s=(1+r)^{-1}$으로 치환하면 s에 대한 이차방정식 $40000s^2+30000s-50000=0$이 되고, 식을 정리하면 $4s^2+3s-5=0$이다. 이 방정식의 유일한 양의 해는 $s=\dfrac{1}{8}(\sqrt{89}-3)\approx 0.804$이다. 그러므로 $r=\dfrac{1}{s}-1\approx 0.243=24.3\%$이다.

$a_0<0$이고 a_1, $\cdots$, a_n은 모두 양수라고 가정하자. 이때 식 (11.7.1)은 $1+r^*>0$을 만족하는 유일한 해 r^*를 가진다. 따라서 유일한 내부수익률 $r^*>-1$이 존재한다. 또한 $\sum_{i=0}^{n}a_i>0$이면 내부수익률은 양수이다. 증명은 [연습문제 3]으로 남긴다.

11.7 연습문제

1 한 투자안의 초기 비용이 50,000달러이고, 이후 2년간의 연말 수익이 30,000달러라고 하자. 이에 대한 내부수익률 r을 구하라.

2 식 (11.7.1)에서 $a_0<0$이고 $a_i=a>0$(단, $i=1$, 2, $\cdots$)이라고 가정하자. $n\to\infty$일 때 내부수익률에 대한 극한을 구하라.

3 초기 손실이 있고(즉 $a_0<0$), 이후에는 손실이 없는 투자안을 생각하자. 또한 이후 수익의 합이 초기 손실보다 크다고 하자. $\sum_{i=0}^{n}a_i>0$인 경우 $r^*>-1$인 유일한 내부수익률이 존재하며, $r^*>0$임을 증명하라.

힌트 식 (11.7.1)의 좌변을 함수 $f(r)$로 정의하라. 그리고 구간 $(0,\ \infty)$에서 $f(r)$과 $f'(r)$의 부호를 살펴보라.

4 어떤 기계에 투자하면 매년 400,000달러의 수익을 기대할 수 있다. 이 기계의 수명은 7년이고 이자율이 17.5%이며, 매년 말에 수익이 발생한다고 가정한다. 이 기계에 대해 지불해야 할 최대 가격을 구하라.

5 **심화** 어느 투자안의 초기 지출이 100,000달러이고 앞으로 20년 동안 연말마다 10,000달러의 수익이 발생한다. 유일한 양의 내부수익률이 존재함을 증명하고, 그 근삿값을 구하라.

힌트 새로운 변수로 $s = (1+r)^{-1}$을 사용하라. s에 대해 표현한 방정식이 유일한 양의 해를 가짐을 증명하라. $s = 0.928$이 근사해임을 확인하라.

6 **심화** 앨리스는 첫해 말부터 5년 동안 매년 밥에게 1,000달러를 지급해야 한다. 밥은 이 채권을 캐시에게 4,340달러에 판매한다. 이 투자에서 캐시가 얻는 수익률 p를 결정하는 방정식을 구하라. 또한 p가 5%보다 조금 작음을 증명하라.

11.8 차분방정식 살펴보기

소득, 소비, 저축 등 경제학자들이 연구하는 많은 데이터는 매일, 매주, 분기 또는 연간과 같이 고정된 시간 간격으로 기록된다. 이렇게 서로 다른 이산(discrete) 시점에 있는 값에 관계를 주는 방정식을 **차분방정식**(difference equation)이라 한다. 실제로 차분방정식은 연속 시간의 미분방정식[4]에 대응하는 이산 시간의 방정식으로 볼 수 있다.

$t = 0,\ 1,\ 2,\ \cdots$가 서로 다른 이산 기간, 또는 순간을 나타낸다고 하자. 일반적으로 $t = 0$을 **초기기간**(initial period)이라 한다. $x(t)$가 $t = 0,\ 1,\ 2,\ \cdots$에 대해 정의된 함수일 때, $x(0)$, $x(1)$, $x(2)$를 종종 x_0, x_1, x_2로 표현한다. 따라서 일반적으로 $x(t)$ 대신 x_t를 사용한다.
일차 차분방정식의 간단한 예는 다음과 같다.

$$x_{t+1} = ax_t \tag{11.8.1}$$

여기서 $t = 0,\ 1,\ \cdots$, a는 상수이다. 이 방정식은 시점 $(t+1)$의 함숫값을 이전 시점 t의 동일한 함숫값하고만 연관시키므로 일차방정식이다. x_0가 주어졌다고 가정하자. 식 (11.8.1)을 반복해서 적용하면 $x_1 = ax_0$, $x_2 = ax_1 = a \cdot ax_0 = a^2x_0$, $x_3 = ax_2 = a \cdot a^2x_0 = a^3x_0$ 등이다. 일반화하면 다음과 같다.

$$x_t = x_0a^t \tag{11.8.2}$$

직접 확인할 수 있듯이 $x_t = x_0a^t$은 모든 t에 대해 식 (11.8.1)을 만족한다. x_0 값이 주어질 때, 이 방정식을 만족하는 다른 함수는 분명히 존재하지 않는다.

4 11.9절과 11.10절을 참고하라.

EX 11.8.1 $t=0,\ 1,\ \cdots$에 대해 차분방정식 $x_{t+1}=0.2x_t$, $x_0=100$을 생각하자. 식 (11.8.2)로부터 $x_t=100(0.2)^t$임을 알 수 있다.

EX 11.8.2 기간 이자율을 r이라 하고, 기간 t가 시작될 때의 계좌 잔액을 K_t라고 하자. 그렇다면 $t=0,\ 1,\ \cdots$에 대해 시점 $(t+1)$의 계좌 잔액은 차분방정식 $K_{t+1}=K_t+rK_t=(1+r)K_t$로 나타난다. 식 (11.8.2)에서 $K_t=K_0(1+r)^t$임을 알 수 있으며, 이는 2.2절과 이번 장의 앞부분에서 이미 살펴본 식과 동일하다. 일반적으로 이 차분방정식은 각 기간마다 일정한 비율 r로 성장하는 상황을 묘사한다.

EX 11.8.3 **(승수–가속 경제 성장 모형)** 시점 t에서 Y_t는 GDP, I_t는 총투자, S_t는 총저축을 나타낸다. 저축은 GDP에 비례하고, 투자는 시점 t에서 시점 $(t+1)$ 사이에 발생하는 소득 변화에 비례한다고 가정하자. 그러면 $t=0,\ 1,\ 2,\ \cdots$에 대해 다음이 성립한다.

❶ $S_t=\alpha Y_t$ ❷ $I_{t+1}=\beta(Y_{t+1}-Y_t)$ ❸ $S_t=I_t$

식 ❸은 각 기간의 총저축이 총투자와 동일해야 한다는 균형 조건을 의미한다. 여기서 α와 β는 양의 상수이며, $\beta>\alpha>0$이라고 가정한다. Y_0가 주어질 때 Y_t의 경로를 결정하는 차분방정식을 구하라.

풀이

방정식 ❶과 ❸에서 $I_t=\alpha Y_t$이므로 $I_{t+1}=\alpha Y_{t+1}$이다. 이를 ❷에 대입하면 $\alpha Y_{t+1}=\beta(Y_{t+1}-Y_t)$ 또는 $(\alpha-\beta)Y_{t+1}=-\beta Y_t$를 얻는다. 따라서 다음과 같이 쓸 수 있다.

$$Y_{t+1}=\frac{\beta}{\beta-\alpha}Y_t=\left(1+\frac{\alpha}{\beta-\alpha}\right)Y_t \qquad (*)$$

식 (11.8.2)에 따라 $t=1,\ 2,\ \cdots$에 대해 해 $Y_t=\left(1+\dfrac{\alpha}{\beta-\alpha}\right)^t Y_0$를 얻을 수 있다.

상수 계수가 포함된 일계 선형 차분방정식

$t=1,\ 2,\ \cdots$에 대해 다음과 같은 일계 선형 차분방정식을 생각해보자.

$$x_{t+1}=ax_t+b \qquad (11.8.3)$$

여기서 a과 b는 상수 계수이다. 차분방정식 (11.8.1)은 $b=0$인 특수한 경우라고 볼 수 있다. 주어진 x_0에서 시작하여 작은 t에 대해 대수적으로 x_t를 계산할 수 있다. 실제로 다음과 같이 계속 계산할 수 있다.

$$x_1=ax_0+b$$
$$x_2=ax_1+b=a(ax_0+b)+b=a^2x_0+(a+1)b$$
$$x_3=ax_2+b=a\{a^2x_0+(a+1)b\}+b=a^3x_0+(a^2+a+1)b$$

이는 명확한 패턴이 있음을 시사한다. 일반적으로 $a \neq 1$이면 x_t는 다음과 같다.

$$x_t = a^t x_0 + (a^{t-1} + a^{t-2} + \cdots + a + 1)b$$

이 식이 방정식 (11.8.3)을 만족하는지 간단하게 확인할 수 있다. 등비급수의 합 공식에 따르면 $a \neq 1$일 때 $1 + a + a^2 + \cdots + a^{t-1} = \dfrac{1-a^t}{1-a}$이다. 그러므로 다음과 같다.

$a \neq 1$일 때 $t = 0, 1, 2, \cdots$에 대해 다음을 얻는다.

$$x_{t+1} = ax_t + b \iff x_t = a^t\left(x_0 - \frac{b}{1-a}\right) + \frac{b}{1-a} \tag{11.8.4}$$

$a = 1$일 때 $1 + a + a^2 + \cdots + a^{t-1} = t$이므로 $t = 1, 2, \cdots$에 대해 $x_t = x_0 + tb$가 된다.

EX 11.8.4 차분방정식 $x_{t+1} = \frac{1}{3}x_t - 8$을 풀어라.

풀이

식 (11.8.4)를 이용하면 $x_t = \left(\frac{1}{3}\right)^t (x_0 + 12) - 12$이다.

균형상태와 안정

식 (11.8.4)에 주어진 차분방정식 $x_{t+1} = ax_t + b$의 해를 생각해보자. $x_0 = \dfrac{b}{1-a}$일 때, 그 해는 모든 t에 대해 $x_t = \dfrac{b}{1-a}$로 정리된다. 이러한 이유로 차분방정식 $x_{t+1} = ax_t + b$에 대해 상수 $x^* = \dfrac{b}{1-a}$를 **균형상태**(equilibrium state), **안정상태**(stationary state), 또는 **정상상태**(steady state)라 한다.

x^*가 정상상태라면 모든 t에 대해 $x_t = x^*$를 만족하는 차분방정식의 해가 존재해야 한다. 식 (11.8.3)의 경우 $x_{t+1} = x_t = x^*$이므로 $x^* = ax^* + b$이다. 그러므로 $a \neq 1$이면 이전처럼 $x^* = \dfrac{b}{1-a}$를 구할 수 있다.

식 (11.8.3)의 상수 a가 $|a| < 1$, 즉 $-1 < a < 1$을 만족한다고 가정하자. 그러면 $t \to \infty$일 때 $a^t \to 0$이므로 식 (11.8.4)는 다음을 의미한다.

$$t \to \infty \text{일 때 } x_t \to x^* = \frac{b}{1-a}$$

그러므로 $|a| < 1$이면 $t \to \infty$일 때 해는 균형상태로 수렴한다. 그러면 식 (11.8.3)을 **전역에서 점근적으로 안정적**(globally asymptotically stable)이라 한다. 하지만 $|a| > 1$이면 $t \to \infty$일 때 a^t의 절댓값이 ∞로 발산한다. 이 경우 식 (11.8.4)는 $x_0 = \dfrac{b}{1-a}$일 때를 제외하면 해 x_t가 균형상태에서 점점 더 멀어짐을 의미한다. 그렇다면 식 (11.8.3)은 **불안정**(unstable)하다고 할 수 있다.[5]

5 다양한 가능성에 대한 설명은 『Further Mathematics for Economic Analysis(2nd ed.)』의 11.1절을 확인하라.

EX 11.8.5 [EX 11.8.4]의 차분방정식은 $a=\frac{1}{3}$이므로 안정적이다. 균형상태는 -12이다. 이 방정식의 해는 $t\to\infty$일 때 $x_t\to-12$임을 보여준다.

EX 11.8.6 **(주택담보대출 상환)** 차분방정식 (11.8.3)의 특정 사례로 어떤 가구가 시점 0일 때 K만큼의 주택담보대출을 받는 경우를 생각할 수 있다. (보통 일 년보다 한 달 기준으로) 기간 이자율이 r이라고 가정하자. 그리고 기간마다 주택담보대출 상환액은 a이고 n기간(예를 들어 360개월 또는 30년) 후에 상환 완료된다고 하자. t기간의 대출 잔액 또는 **원금**(principal) b_t는 차분방정식 $b_{t+1}=(1+r)b_t-a$를 만족하며, 여기서 $b_0=K$, $b_n=0$이다. 이 차분방정식의 해를 식 (11.8.4)로 다음과 같이 구할 수 있다.

$$b_t=(1+r)^t\left(K-\frac{a}{r}\right)+\frac{a}{r}$$

$t=n$일 때 $b_t=0$이므로 $0=(1+r)^n\left(K-\frac{a}{r}\right)+\frac{a}{r}$이다. 이를 K에 대해 풀면 다음을 얻는다.

$$K=\frac{a}{r}\{1-(1+r)^{-n}\}=a\sum_{t=1}^{n}(1+r)^{-t} \qquad (*)$$

따라서 최초 대출 금액은 1기간부터 시작해 기간마다 균등하게 상환하는 금액 a의 PDV와 일치해야 한다. a에 대해 풀면 다음 결과를 얻는다.

$$a=\frac{rK}{1-(1+r)^{-n}}=\frac{rK(1+r)^n}{(1+r)^n-1} \qquad (**)$$

식 (*)와 (**)는 식 (11.6.1), (11.6.2)와 동일하며, 더 직접적인 인수를 적용하여 도출했다.

11.8 연습문제

1 다음 차분방정식의 해를 구하라.

(a) $x_{t+1}=-2x_t$ (b) $6x_{t+1}=5x_t$

(c) $x_{t+1}=-0.3x_t$

2 x_0가 다음과 같이 주어질 때, 차분방정식을 풀어라.

(a) $x_{t+1}=x_t-4,\ x_0=0$

(b) $x_{t+1}=\frac{1}{2}x_t+2,\ x_0=6$

(c) $2x_{t+1}+6x_t+5=0,\ x_0=1$

(d) $x_{t+1}+x_t=8,\ x_0=2$

3 가격이 P_t일 때 공급은 $S(P_t)=\alpha P_t-\beta$이고 가격이 P_{t+1}일 때 수요는 $D(P_{t+1})=\gamma-\delta P_{t+1}$이라고 하자. 차분방정식 $S(P_t)=D(P_{t+1})$을 풀어라. 여기서 모든 상수는 양수라고 가정한다.

1 수학 기초 개념 2 일변수 미분적분학 3 기초 선형대수학 4 다변수 미분적분학 5 다변수 최적화

11.9 미분방정식의 핵심 원리

경제 성장 이론, 천연자원 추출 연구, 환경 경제학의 많은 모형 등 여러 경제 분야에서 함수뿐만 아니라 함수의 미분도 미지수로 포함하는 방정식을 접한다. 이러한 방정식을 **미분방정식**(differential equation)이라 한다. 미분방정식은 수학에서 가장 흥미로운 분야 중 하나이다.

여기에서는 몇 가지 간단한 유형의 미분방정식만 살펴본다. 경제학에서는 대부분 시간을 독립변수로 사용하므로 독립변수 t가 포함된 미분방정식을 다룰 것이다. 가장 간단한 형태의 미분방정식은 앞에서 다룬 바 있다. 특정 함수 $f(t)$가 주어졌을 때, $f(t)$를 도함수로 갖는 모든 함수를 구한다고 해보자. 이는 미지의 함수 $x(t)$에 대해 $\dot{x}$이 시간 t에 대한 도함수를 의미할 때, 미분방정식 $\dot{x}(t)= f(t)$를 풀어야 한다는 뜻이다. 이 방정식의 해가 부정적분임은 이미 알고 있다.

$$\dot{x}(t)= f(t) \quad \Leftrightarrow \quad x(t)= \int f(t)dt + C$$

위 식에서 $x(t)= \int f(t)dt + C$를 미분방정식 $\dot{x}(t)= f(t)$의 **일반해**(general solution)라 한다. 이제 조금 더 어려운 유형의 미분방정식으로 넘어가자.

지수적 성장 법칙

$x(t)$가 중국의 GDP와 같은 경제 수치를 나타낸다고 하자. 비율 $\dfrac{\dot{x}(t)}{x(t)}$를 이전에는 이 수치의 **상대변화율**이라 불렀다. 여러 경제모형에서는 상대변화율이 상수 r이라고 가정한다. 따라서 모든 t에 대해 다음과 같이 쓸 수 있다.

$$\dot{x}(t)= rx(t) \tag{11.9.1}$$

어떤 함수가 상대변화율이 $r = 1$이면 미분방정식 (11.9.1)은 $\dot{x}= x$이고, $x = e^t$의 미분이 $\dot{x}= e^t$으로 동일한 함수임을 알고 있다. 일반적으로 $x = Ae^t$은 모든 상수 A에 대해 $\dot{x}= x$를 만족한다.

시행착오를 거쳐 방정식 (11.9.1)의 해가 $x(t)= Ae^{rt}$임을 구할 수 있을 것이다. 어쨌든 이는 쉽게 증명할 수 있다. 실제로 $x = Ae^{rt}$이라면 $\dot{x}(t)= Are^{rt} = rx(t)$이다. 게다가 다른 어떤 함수도 방정식 (11.9.1)을 만족하지 않음을 증명할 수 있다. 이를 증명하려면 식 (11.9.1)에 양의 함수 e^{-rt}을 곱한 다음, 좌변으로 모든 항을 이항하면 된다. 그러면 다음을 얻는다.

$$\dot{x}(t)e^{-rt} - rx(t)e^{-rt} = 0 \tag{11.9.2}$$

이제 방정식 (11.9.2)는 방정식 (11.9.1)과 완전히 동치이지만, 방정식 (11.9.2)의 좌변은 곱 $x(t)e^{-rt}$의 도함수이다. 따라서 방정식 (11.9.2)를 다시 쓰면 $\dfrac{d}{dt}\{x(t)e^{-rt}\}= 0$이다. 이는 $x(t)e^{-rt}$이 어떤 상수여야 함을 의미한다. 이를 A로 나타내자. 그러므로 방정식 (11.9.1)의 해는 $x(t)= Ae^{rt}$의 형태여야 한다. 상수 A를 구하려면 $t = 0$에서 $x(t)$ 값이 x_0일 때, $x_0 = Ae^0 = A$를 얻는다. 이를 종합하면 다음과 같다.

지수적 성장

$$[x(0)=x_0\text{일 때 } \dot{x}(t)=rx(t)] \quad \Leftrightarrow \quad x(t)=x_0e^{rt} \tag{11.9.3}$$

EX 11.9.1 $S(t)$가 시간 t에 측정된 특정 상품의 단위 시간당 판매량이라 하자. 판매 프로모션이 없어 판매량이 일정한 비율 $a>0$으로 감소한다고 가정하면, $\dot{S}(t)=-aS(t)$를 얻는다. 물음에 답하라.

(a) 시간 0의 매출액이 S_0일 때, $S(t)$에 대한 식을 구하라.

(b) t에 대한 방정식 $S_0e^{-at}=\frac{1}{2}S_0$를 풀고, 그 답을 해석하라.

풀이

(a) 주어진 방정식은 미분방정식 (11.9.1)과 동일하며 $x=S$, $r=-a$이다. 식 (11.9.3)에 따르면 방정식의 해는 $S(t)=S_0e^{-at}$이다.

(b) $S_0e^{-at}=\frac{1}{2}S_0$에서 $e^{-at}=\frac{1}{2}$을 얻는다. 양변에 자연로그를 취하면 $-at=\ln\frac{1}{2}=-\ln 2$이므로 $t=\frac{1}{a}\ln 2$이다. 이는 매출이 절반으로 줄어드는 데 걸리는 시간이다.

방정식 (11.9.1)은 종종 **자연 성장 법칙**(law of natural growth)이라고도 한다. 이름과 관계없이 이 방정식은 경제학에서 가장 중요한 미분방정식일 것이다. 따라서 모든 경제학자들은 이 방정식을 푸는 방법을 알아야 한다. 미분방정식은 생물학에서도 중요하다. 예를 들어 특정 박테리아 군집이나 북극의 북극곰 집단에 대해, $x(t)$가 시점 t의 집단 내 개체수를 나타낸다고 하자. 이러한 환경에서 비례 성장률 $\frac{\dot{x}(t)}{x(t)}$를 **1 개체당 성장률**(per capita growth rate)이라고 할 수 있다. 전출입이 없다면 1인당 성장률은 1인당 출생률과 사망률의 차이와 동일할 것이다. 이 비율은 식량 공급, 연령 분포, 가능한 생활 공간, 포식자, 질병, 기생충 등 여러 요인에 따라 달라진다.

방정식 (11.9.1)은 경제학자들이 흔히 **맬서스 법칙**(Malthus's law)이라 일컫는 인구 증가의 간단한 모형을 나타낸다. 식 (11.9.3)에 따르면 1인당 성장률이 일정하다면 인구는 기하급수적으로 증가해야 한다. 물론 현실에서 지수적인 성장은 제한된 시간에만 지속될 수 있다. 이제 더 일반적인 인구 증가 모형을 고려해야 할 때다.

방정식 (11.9.1)을 풀 때 로그를 취할 수도 있다. $\frac{d(\ln x)}{dt}=\frac{\dot{x}}{x}=r$이므로 $\ln x(t)=\int r dt=rt+C$이다. 이는 $A=e^C$일 때 $x(t)=e^{rt+C}=e^{rt}e^C=Ae^{rt}$임을 의미한다. 사실 방정식 (11.9.1)의 일반화된 형태는 성장률 r을 시간의 함수 $r(t)$로 두어 다음과 같은 미분방정식을 제공한다.

$$\dot{x}(t)=r(t)x(t) \tag{11.9.4}$$

$x(t)\neq 0$이면 위 식을 다음과 같이 재배열할 수 있다.

$$\frac{d}{dt}\ln x(t)=\frac{\dot{x}(t)}{x(t)}=r(t)$$

위 방정식의 해는 $R(t)=\int_0^t r(s)ds$일 때 $\ln x(t)-\ln x(0)=R(t)$이다. 지수를 취하면 $x(t)=x(0)e^{R(t)}$을 얻는다.

이를 응용하면 미분방정식의 '초깃값'을 $t=0$이 아닌 다른 시점 t에서 설정하는 것이 유용할 때가 있다. $t=0$은 관습일 뿐이므로 다른 값으로 변경해도 무방하다. 실제로 x의 변화가 방정식 (11.9.1)로 주어진다면, 식 (11.9.3)에서는 다른 시작 시점 t_0에서 모든 t에 대해 다음을 얻는다.

$$x(t_0)=x_0e^{rt_0}\text{이고 } x(t)=x_0e^{rt}$$

두 번째 식은 다음과 같이 쓸 수 있다.

$$x(t)=x_0e^{r(t-t_0+t_0)}=x_0e^{r(t-t_0)}e^{rt_0}=\left(x_0e^{rt_0}\right)e^{r(t-t_0)}=x(t_0)e^{r(t-t_0)}$$

따라서 방정식의 초기 기준 시점이 t_0로 이동된다.

상한선이 있는 경우의 성장

인구수 $x(t)$가 수용 한계 K를 초과할 수 없고, 인구 변화율이 인구수와 수용 한계와의 차이에 비례한다고 가정하자. 이는 다음 방정식으로 표현된다.

$$\dot{x}(t)=a\{K-x(t)\} \tag{11.9.5}$$

이 방정식의 모든 해를 쉽게 찾을 수 있는 방법을 소개한다. 새로 정의한 함수 $u(t)=K-x(t)$가 매 시점 t에 인구수와 수용 한계와의 차이를 의미한다고 하자. 그러면 $\dot{u}(t)=-\dot{x}(t)$이다. 이를 방정식 (11.9.5)에 대입하면 $-\dot{u}(t)=au(t)$ 또는 $\dot{u}(t)=-au(t)$로, 이는 방정식 (11.9.1)과 유사하다. 해는 $u(t)=Ae^{-at}$, 즉 $K-x(t)=Ae^{-at}$이며, 이를 x에 대해 나타내면 $x(t)=K-Ae^{-at}$이다. $x(0)=x_0$라면 $x_0=K-A$이므로 $A=K-x_0$이다. 따라서 다음과 같다.

상한선이 있는 경우의 지수적 성장

$$[x(0)=x_0\text{일 때 } \dot{x}(t)=a\{K-x(t)\}] \iff x(t)=K-(K-x_0)e^{-at} \tag{11.9.6}$$

[연습문제 4]에서는 토착 인구의 증가율이 고정되어 있지만, 매년 이민자 할당량이 고정된 국가의 인구를 동일한 방정식으로 설명할 것이다. 이 외에 여러 다른 현상도 설명할 수 있으며, 일부는 이 절의 다른 연습문제에서 논의할 것이다.

EX 11.9.2 $x(t)$가 시점 t의 인구수를 백만 단위로 나타낸다고 하자. $x(t)$가 시점 $t=0$에 5,000만 명으로 시작하여 $a=0.05$이고 수용 한계 K는 2억인 미분방정식 (11.9.5)를 따른다고 하자. 이때의 미분방정식 (11.9.5)를 풀고, 그래프를 그려라.

풀이

식 (11.9.6)에 $a=0.05$, $K=200$을 대입하면 다음 해를 얻는다.

$$x(t)=200-(200-50)e^{-0.05t}=200-150e^{-0.05t}$$

그래프는 [그림 11.9.1]과 같다.

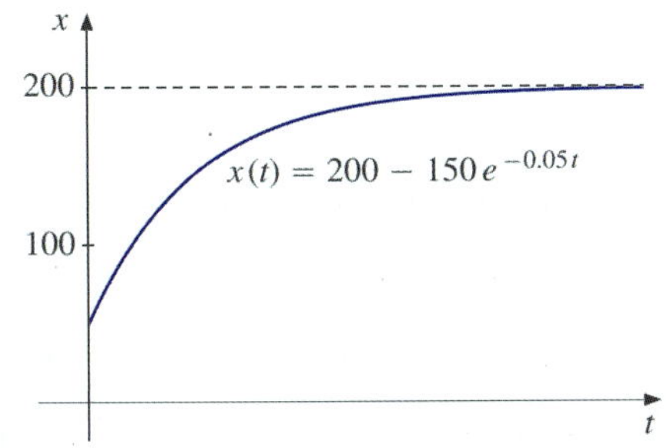

그림 11.9.1 200 수준까지 성장하는 경우

미분방정식 (11.9.5)는 다음과 같은 미분방정식의 특수한 경우이다.

$$\dot{x}+ax=b \tag{11.9.7}$$

자명한 경우는 $a=0$이고 그 해가 $x(t)=bt+C$이다. 이 경우를 배제하고, 변수를 x에서 $y=x-\dfrac{b}{a}$로 바꿔서 식 (11.9.7)을 해가 잘 알려진 식 (11.9.1)로 변환하는 과정[6]을 살펴보자. 실제로 방정식 (11.9.7)에 $x=y+\dfrac{b}{a}$를 대입하면 새로운 미분방정식 $\dot{y}+a\left(y+\dfrac{b}{a}\right)=b$를 얻는다. 식을 정리하면 $\dot{y}+ay=0$이다. 이 식은 미분방정식 (11.9.1)에서 x를 y로, r을 $-a$로 바꾼 것이다. 그러므로 해는 A가 상수인 $y=Ae^{-at}$ 형태이다. $x=y+\dfrac{b}{a}$이므로 $\dot{x}+ax=b$의 해는 다음과 같다.

$$x(t)=Ae^{-at}+\frac{b}{a} \tag{11.9.8}$$

로지스틱 성장

미분방정식 (11.9.5)보다 현실적인 가정은 인구가 적은 동안에는 상대적 증가율이 거의 일정하지만, 인구가 수용 한계 K에 가까워지면 증가율이 0에 수렴한다는 것이다. 이 가정을 적용하면 다음과 같은 식으로 나타낼 수 있다.

$$\dot{x}(t)=rx(t)\left\{1-\frac{x(t)}{K}\right\} \tag{11.9.9}$$

실제로 인구 $x(t)$가 K에 비례하여 작을 때, 즉 $\dfrac{x(t)}{K}$가 작을 때는 $\dot{x}(t)\approx rx(t)$이며 이는 $x(t)$가 (근사적으로) 지수 증가함을 의미한다. 그러나 $x(t)$가 커지고 K에 가까워지면 감소 계수 $1-\dfrac{x(t)}{K}$가 훨씬 작아지면서 그 영향이 커진다. 일반적으로 $x(t)$가 방정식 (11.9.9)를 만족하고, 0과 같지 않은 경우 $x(t)$는 어떤 상수 A에 대해 다음 형태여야 한다.

$$x(t)=\frac{K}{1+Ae^{-rt}} \tag{11.9.10}$$

6 11.10절에서 이 변환의 배경지식을 설명한다.

식 (11.9.10)의 함수 x를 **로지스틱 함수**(logistic function)라고 부른다. 식 (11.9.10)이 방정식 (11.9.9)의 해인지 확인해보자.

식 (11.9.10)의 증명

식 (11.9.10)으로 표현된 해가 유효함을 보이기 위해 다음과 같은 방법을 사용한다. $x=x(t)$가 0이 아니라고 가정하고, 새로운 변수 $u=u(t)=-1+\frac{K}{x}$를 정의하자. 그런 다음 연쇄법칙에 따라 미분하면 $\dot{u}=-\frac{K\dot{x}}{x^2}$이다. 식 (11.9.9)에 $\dot{x}$을 대입하면 $\dot{u}=-\frac{Kr}{x}+r=r\left(-\frac{K}{x}+1\right)=-ru$이다. 그러므로 특정 상수 A에 대해 $u=u(t)=Ae^{-rt}$이다. 그런데 $-1+\frac{K}{x(t)}=Ae^{-rt}$이므로 $x(t)$에 대해 풀면 식 (11.9.10)을 얻는다. ■

시점 $t=0$에 인구가 x_0(명)이라고 하자. 즉 $x(0)=x_0$이다. 식 (11.9.10)에 따라 $x_0=\frac{K}{1+A}$를 얻고, 이는 $A=\frac{K-x_0}{x_0}$를 의미한다. 요약하면 $x(0)=x_0$일 때 식 (11.9.9)의 유일한 해가 다음과 같음을 보였다.

$$A=\frac{K-x_0}{x_0} \text{일 때 } x(t)=\frac{K}{1+Ae^{-rt}} \tag{11.9.11}$$

$0<x_0<K$라면 식 (11.9.11)에서 $r>0$을 가정하여 $x(t)$는 순증가하고 $t\to\infty$일 때 $x(t)\to K$임을 알 수 있다. 이 경우 K 수준까지 **로지스틱 성장**(logistic growth)이 있다고 한다. [그림 11.9.2]는 이 해의 그래프를 보여준다. 이 그래프는 t축의 $\frac{K}{2}$에서 변곡점을 가진다. 이는 식 (11.9.9)를 t에 대해 미분하여 보일 수 있다. 즉 $\ddot{x}=r\dot{x}\left(1-\frac{x}{K}\right)+rx\left(-\frac{\dot{x}}{K}\right)=r\dot{x}\left(1-\frac{2x}{K}\right)$이므로 $x=\frac{K}{2}$일 때 $\ddot{x}=0$이고, $x<\frac{K}{2}$일 때 $\ddot{x}>0$이며 $x>\frac{K}{2}$일 때 $\ddot{x}<0$이다.

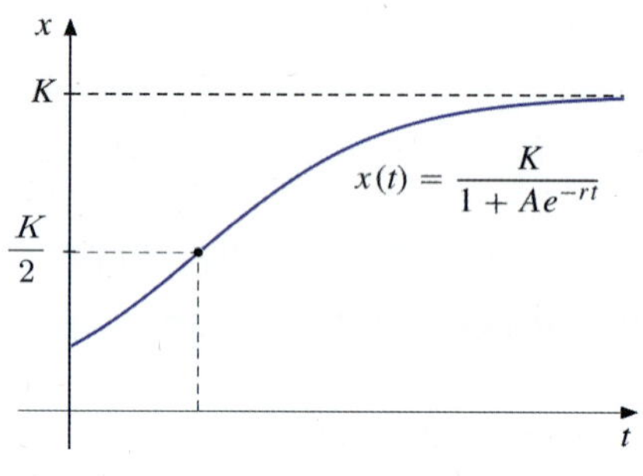

그림 11.9.2 K 수준까지 로지스틱 성장

식 (11.9.9)와 같은 방정식의 해는 식 (11.9.10)과 같은 형태의 로지스틱 함수이며, 많은 경제모형에 나타난다. 일부는 연습문제에서 확인할 수 있다.

미분방정식 (11.9.9)는 다음과 같이 더 간단한 형태로 표현할 수 있다.

$$\dot{x}+ax=bx^2$$

여기서 $a=-r$, $b=-\frac{r}{K}$이다. 자명해 $x=0$을 제외하고, 해는 식 (11.9.10)으로 표현할 수 있으며 $r=-a$, $K=-\frac{r}{b}=\frac{a}{b}$이다. 방정식 $\dot{x}+ax=bx^2$의 자명하지 않은 해는 다음과 같다.

$$x(t)=\frac{\frac{a}{b}}{1+Ae^{at}}=\frac{a}{b-A_1e^{at}} \tag{11.9.12}$$

여기서 임의의 상수 A와 A_1은 $A_1=-bA$의 관계가 있다.

요약

이 절에서 간단한 미분방정식을 여럿 다루었다. 이 미분방정식들은 매우 중요하므로 공통 구조를 강조하는 방식으로 방정식의 해와 일반 해를 설명했다. 미분방정식에서 흔히 하는 것처럼 $x(t)$와 $\dot{x}(t)$를 간단하게 x와 $\dot{x}$으로 표기한다. 그러면 미분방정식과 그 해는 다음과 같이 정리할 수 있다.

간단한 미분방정식의 해

- 모든 t에 대해 $\dot{x}=ax \iff$ 특정 상수 A에 대해 $x=Ae^{at}$ (11.9.3)
- 모든 t에 대해 $\dot{x}+ax=b \iff$ 특정 상수 A에 대해 $x=Ae^{-at}+\frac{b}{a}$ (11.9.8)
- 모든 t에 대해 $\dot{x}+ax=bx^2 \iff$ 특정 상수 A에 대해 $x=\frac{a}{b-Ae^{at}}$ (11.9.12)

참고로 식 (11.9.8)에서 $a\neq 0$임을 가정했고, 식 (11.9.12)에서 모든 t에 대해 자명해 $x(t)=0$을 무시했다.

11.9 연습문제

1 다음 함수 중 상대증가율 $\frac{\dot{x}}{x}$이 상수인 함수를 찾아라.

(a) $x=5t+10$ (b) $x=\ln(t+1)$

(c) $x=5e^t$ (d) $x=-3\cdot 2^t$

(e) $x=e^{t^2}$ (f) $x=e^t+e^{-t}$

2 기업 자본금 $K(t)$가 미분방정식 $\dot{K}(t)=I-\delta K(t)$를 만족한다고 하자. 여기서 투자 I는 상수, δ는 양의 상수이며 $\delta K(t)$는 감가상각을 나타낸다. 물음에 답하라.

(a) 시점 $t=0$의 자본금이 K_0일 때 미분방정식의 해를 구하라.

(b) $\delta=0.05$, $I=10$이라고 하자. K_0가 다음과 같다고 하고 $t\to\infty$일 때 $K(t)$가 어떻게 변하는지 설명하라.

(i) $K_0=150$ (ii) $K_0=250$

3 어떤 국가에서 광대역 인터넷에 접속할 수 있는 사람의 수를 $N(t)$로 나타낸다고 하자. 새로운 사람의 접속 속도는 아직 접속하지 않은 사람의 수에 비례한다고 가정한다. 전체 인구수가 P일 때, $N(t)$에 대한 미분방정식은 $\dot{N}(t)=k\{P-N(t)\}$이며 여기서 k는 양의 상수이다. $N(0)=0$일 때 이 미분방정식의 해를 구하라. 그리고 $t\to\infty$일 때 $N(t)$의 극한을 구하라.

4 어떤 국가의 연간 자연 인구 증가율(출생수에서 사망수를 차감한 값)은 2%이다. 또한 매년 40,000명이 이민 온다고 하자. 시점 t에 이 국가의 (연 단위로 측정한) 인구수를 나타내는 함수 $N(t)$의 미분방정식을 세워라. 시점 $t=0$일 때 인구가 2,000,000명이라 하자. $N(t)$를 구하라.

5 [EX 4.5.1] 또는 [EX 4.9.1]처럼 1960년에서 t년이 지난 시기의 유럽 인구를 $P(t)$로 나타내자. 여기서 단위는 백만 명이다. UN의 추정에 따르면 $P(0)=641$, $P(10)=705$이다. $P(t)$가 지수적으로 증가하여 $P(t)=641e^{kt}$처럼 나타낼 수 있다고 가정하자. k를 계산하고, 1975년, 2000년, 2015년의 인구 추정치인 $P(15)$, $P(40)$, $P(55)$를 구하라.

6 박테리아 군집이 강한 자외선을 받으면 DNA가 파괴되어 박테리아가 죽는다. 실험실에서는 자외선이 노출된 시간이 길어질수록 살아있는 박테리아의 수가 거의 지수적으로 감소한다고 밝혀졌다. 7초 노출 이후 박테리아의 70.5%가 여전히 생존한다고 가정하자. 30초 후에는 몇 %가 살아남을지 구하라. 박테리아의 95%를 죽이는 데 걸리는 시간을 구하라.

7 다음 미분방정식을 풀어라. 명제 (11.9.3), (11.9.8), (11.9.12) 중 적절한 것을 선택하면 된다.

(a) $\dot{x} = -0.5x$　　**(b)** $\dot{K}=0.02K$

(c) $\dot{x} = -0.5x+5$　　**(d)** $\dot{K}-0.2K=100$

(e) $\dot{x}+0.1x=3x^2$　　**(f)** $\dot{K}=K(-1+2K)$

8 어떤 연구는 영국 농업이 1950년부터 얼마나 빠르게 기계화되었는지를 추정하기 위해 트랙터 수를 t의 함수로 나타냈다. 여기서 트랙터 수는 천 대 단위이고 $t=0$은 1950년이며, 연 단위로 측정했다. 추정된 함수는 근사적으로 $y(t)=250+x(t)$였다. $x=x(t)$는 로지스틱 미분방정식 $\dot{x}=0.34x\left(1-\dfrac{x}{230}\right)$를 만족하고 $x(0)=25$이라 하자. 물음에 답하라.

(a) $y(t)$의 식을 구하라.

(b) $t\to\infty$일 때 $y(t)$의 극한을 구하고, $y(t)$의 그래프를 그려라.

9 1,000명으로 구성되고 격리된 집단에서 인플루엔자가 어떻게 확산하는지 설명하는 모형을 생각하자. 1,000명 전원이 보균자와 접촉한 뒤, t일 후에 인플루엔자에 걸린 인원수를 $N(t)$라고 하자. 이에 대한 방정식은 다음과 같다. 물음에 답하라.

$$\dot{N}(t)=0.39N(t)\left\{1-\frac{N(t)}{1000}\right\},\quad N(0)=1$$

(a) $N(t)$의 식을 구하라. 20일 후 인플루엔자에 걸린 인원수를 구하라.

(b) 800명이 인플루엔자에 걸릴 때까지 며칠이 소요되는지 구하라.

(c) 1,000명이 모두 인플루엔자에 걸릴지의 여부를 판단하라.

10 식 (11.9.9)의 로지스틱 함수는 특정 어류 개체군의 수량을 나타낼 때 사용할 수 있다. 이 개체군이 수량에 비례하는 비율로 수확된다고 가정하면 다음과 같이 쓸 수 있다. 물음에 답하라.

$$\dot{x}(t)=rx(t)\left\{1-\frac{x(t)}{K}\right\}-fx(t)$$

(a) 시점 $t=0$의 개체수가 x_0일 때 이 방정식을 풀어라.

(b) $f>r$을 가정하자. $t\to\infty$에 따른 $x(t)$의 극한을 구하라.

11 심화 이 문제는 **뉴턴 냉각 법칙**(Newton's law of cooling)을 이용한다.

> 따뜻한 물체가 냉각되는 속도는 물체의 온도와 그 '주변' 온도의 차이에 비례한다. 시점 t에서 물체의 온도가 $T(t)$이고 주변 온도가 C라면, 특정 상수 $k>0$에 대해 $\dot{T}(t)=k\{C-T(t)\}$이다(여기서 C는 상수). 이는 식 (11.9.6)과 유사하다.

정오 12시에 경찰이 어떤 방에 들어가 시체 한 구를 발견했다고 하자. 경찰은 즉시 시체의 온도를 측정해 섭씨 35도임을 알았다. 경찰이 오후 1시에 다시 시체의 온도를 측정하자 섭씨 32도로 내려갔다. 방 온도가 섭씨 20도로 일정했을 때 그 사람은 언제 사망했을지 구하라.

힌트 온도를 $T(t)$로 둔다. 이때 t는 시간 단위이고, $t=0$이 12시 정오가 되도록 한다.

11.10 분리가능한 선형 미분방정식

이 장의 마지막 절에서는 경제학에서 자주 접하는 두 가지 일반적인 유형의 미분방정식을 간략하게 살펴본다.[7]

분리가능한 방정식

다음과 같은 형태의 미분방정식을 **분리가능**(separable)하다고 한다.

$$\dot{x} = f(t)g(x) \tag{11.10.1}$$

여기서 미지의 함수는 $x = x(t)$이고, 변화율 $\dot{x}$은 t에 대한 함수 $f(t)$와 x에 대한 함수인 $g(x)$의 곱으로 나타난다. 간단한 예로 $\dot{x} = tx$는 분리가능하지만, $\dot{x} = t + x$는 분리가능하지 않다. 실제로 11.9절에서 다룬 모든 미분방정식은 $f(t) \equiv 1$이고 아주 단순한 형태의 분리가능한 미분방정식 $\dot{x} = g(x)$이다. 예를 들어 식 (11.9.12)를 해로 갖는 방정식 $\dot{x} + ax = bx^2$은 $g(x) = -ax + bx^2$일 때 $\dot{x} = g(x)$로 쓸 수 있으므로 분리가능하다.

분리가능한 방정식을 푸는 일반 해법을 간략하게 소개한다.

분리가능한 미분방정식을 푸는 방법

❶ 식 (11.10.1)을 다음과 같이 쓴다.

$$\frac{dx}{dt} = f(t)g(x) \tag{$*$}$$

❷ 변수를 분리하여 $\frac{1}{g(x)}dx = f(t)dt$로 나타낸다.

❸ 양변을 적분하면 $\int \frac{1}{g(x)}dx = \int f(t)dt$이다.

❹ 가능하면 두 적분을 계산하여 음함수 형태로 (*)의 해를 구한다. 그리고 가능하면 $x(t)$에 대해 푼다.

❷에서 암묵적으로 $g(x) \neq 0$을 가정하고 양변을 $g(x)$로 나누었다는 점에 유의하라. 실제로 $g(a) = 0$인 a가 존재한다면 방정식 (*)의 특수해는 모든 t에 대해 $x(t) = a$가 될 것이다. 예를 들어 로지스틱 방정식 (11.9.9)는 모든 t에 대해 $x(t) = 0$과 $x(t) = K$ 둘 다 특수해가 된다.

EX 11.10.1 다음 미분방정식을 풀고, 점 $(t, x) = (0, 1)$을 지나는 **적분곡선**(integral curve)이라 부르는 해 곡선을 구하라.

$$\frac{dx}{dt} = e^t x^2$$

7 자세한 설명은 『Further Mathematics for Economic Analysis(2nd ed.)』를 참고하라.

풀이

먼저 자명해 $x(t) \equiv 0$이 하나 있다. 다른 해를 찾기 위해 분리가능한 미분방정식을 푸는 방법의 ❷~❹를 따른다.

❷ 분리 : $\frac{1}{x^2}dx = e^t dt$

❸ 적분 : $\int \frac{1}{x^2}dx = \int e^t dt$

❹ 계산 : $-\frac{1}{x} = e^t + C$

❹의 결과에서 다음을 얻는다.

$$x = \frac{-1}{e^t + C} \qquad (*)$$

점 (0, 1)을 지나는 적분곡선을 구하려면 정확한 C 값을 결정해야 한다. $t=0$일 때 $x=1$이므로 (*)에서 $1 = -\frac{1}{1+C}$, $C = -2$이다. 따라서 점 (0, 1)을 지나는 적분곡선은 다음과 같다.

$$x = -\frac{1}{e^t - 2} = \frac{1}{2 - e^t}$$

EX 11.10.2 **(경제 성장)**[8] 어떤 국가에 대해 $X = X(t)$는 시점 t의 국민생산, $K = K(t)$는 자본금, $L = L(t)$는 노동자 수를 나타낸다. 모든 $t \geq 0$에 대해 다음이 성립한다고 가정하자.

(i) $X = \sqrt{K}\sqrt{L}$ (ii) $\dot{K} = 0.4X$ (iii) $L = e^{0.04t}$

이로부터 $K = K(t)$에 대한 미분방정식을 하나 유도하라. 그다음 $K(0) = 10000$을 만족하는 해를 구하라.[9]

풀이

식 (i)~(iii)에서 다음과 같은 미분방정식을 도출한다.

❶ $\dot{K} = \frac{dK}{dt} = 0.4\sqrt{K}\sqrt{L} = 0.4e^{0.02t}\sqrt{K}$

미분방정식 ❶은 분명히 분리가능하다. 분리가능한 미분방정식을 푸는 방법을 사용하면 다음과 같이 순서대로 방정식을 얻는다.

❷ $\frac{1}{\sqrt{K}}dK = 0.4e^{0.02t}dt$

❸ $\int \frac{1}{\sqrt{K}}dK = \int 0.4e^{0.02t}dt$

❹ $2\sqrt{K} = 20e^{0.02t} + C$

8 [EX 11.10.2]는 미국의 노벨 경제학상 수상자 로버트 솔로(Robert Solow, 1924~2023)와 호주의 경제학자 트레버 스완(Trevor Swan, 1918~1989)이 공동으로 개발한 솔로-스완 성장 모형(Solow-Swan growth model)의 특수한 사례이다. 『Further Mathematics for Economic Analysis(2nd ed.)』의 [EX 5.7.3]을 참고하라.

9 (i)은 콥-더글러스 생산 함수를 의미한다. (ii)는 총투자가 생산량에 비례함을 설명한다. (iii)은 노동력이 지수적으로 증가함을 의미한다.

$t=0$일 때 $K=10000$이면 $2\sqrt{10000}=20+C$, $C=180$이다. $\sqrt{K}=10e^{0.02t}+90$이므로 해는 다음과 같다.

$$K(t)=\left(10e^{0.02t}+90\right)^2=100\left(e^{0.02t}+9\right)^2$$

이 모형에서 자본-노동 비율의 극한값은 다소 기이하다. 즉 $t\to\infty$일 때 다음과 같다.

$$\frac{K(t)}{L(t)}=100\cdot\frac{\left(e^{0.02t}+9\right)^2}{e^{0.04t}}=100\left(\frac{e^{0.02t}+9}{e^{0.02t}}\right)=100\left(1+9e^{-0.02t}\right)^2\to 100$$

EX 11.10.3 미분방정식 $(\ln x)\dot{x}=e^{1-t}$을 풀어라.

풀이

분리가능한 미분방정식을 푸는 방법에 따라 다음과 같이 할 수 있다.

❶ $\ln x\dfrac{dx}{dt}=e^{1-t}$

❷ $\ln x\,dx=e^{1-t}dt$

❸ $\displaystyle\int\ln x\,dx=\int e^{1-t}dt$

❹ [EX 10.1.3]의 결과를 이용하면 $x\ln x-x=-e^{1-t}+C$

찾고자 하는 함수 $x=x(t)$는 특정 구간의 모든 t에 대해 마지막 식을 만족한다. 여기서 왜 '특정 구간'이라는 단서를 붙였는지 생각해보자. 모든 실수 x에 대해 $x\ln x-x\geq -1$이므로 $x\ln x-x=-e^{1-t}+C$에서 $C\geq -1+e^{1-t}$, $e^{1-t}\leq C+1$이다. 이는 $t\geq 1-\ln(C+1)$과 동치이다.

[EX 11.10.3]과 같이 해를 t의 양함수 형태로 나타내지 않더라도 미분방정식을 풀었다고 할 수 있다. 중요한 점은 해를 음함수 형태의 방정식으로 정의해도 미지함수의 미분을 포함하지 않는다는 것이다.

일계 선형 미분방정식

구간 I에 정의된 미지함수 $x=x(t)$의 **일계 선형 미분방정식**(first-order linear differential equation)은 다음과 같은 형태이다.

$$\dot{x}+a(t)x=b(t) \tag{11.10.2}$$

여기서 $a(t)$와 $b(t)$는 I에서 알려진 연속함수이다. 방정식 (11.10.2)는 고계도함수가 아닌 x의 일계도함수만 포함하므로 일계방정식이라 한다. 좌변이 x와 $\dot{x}$의 선형함수이므로 선형이라 한다. $a(t)$와 $b(t)$가 모두 상수인 특수한 경우는 11.9절에서 다룬 바 있다. 식 (11.9.8)의 해를 구하기 위해 새로운 변수 $y=x-\dfrac{b}{a}$를 도입했으며, 다음과 같이 쓸 수 있다.

$$\dot{x}+ax=b \quad\Leftrightarrow\quad x=Ce^{-at}+\frac{b}{a} \tag{11.10.3}$$

여기서 C는 상수이다. 이 방정식은 분리가능한 미분방정식을 푸는 방법으로도 동일한 해를 얻을 수 있다. $C=0$이라 하면 상수해 $x(t)=\frac{b}{a}$를 구할 수 있다. 식 (11.10.2)의 방정식 $\dot{x}+ax=b$에 대해 $x=\frac{b}{a}$를 **균형상태**, **안정상태**, 또는 **정상상태**라고 한다. $\dot{x}=0$으로 두고 방정식을 x에 대해 푸는 방식으로 $\dot{x}+ax=b$에서 어떻게 이 해를 구하는지 관찰할 수 있다. 상수 a가 양수이면 식 (11.10.3)의 해 $x=Ce^{-at}+\frac{b}{a}$는 $t\to\infty$일 때 $\frac{b}{a}$로 수렴한다. 이 경우 t가 무한히 커지면 방정식의 모든 해가 정상상태에 수렴하므로 방정식이 **안정적**(stable)이라 한다. 이와 같은 안정성은 경제학에 등장하는 미분방정식에서 중요한 문제이다.[10]

EX 11.10.4 미분방정식 $\dot{x}+3x=-9$의 해를 구하고 이 방정식이 안정적인지의 여부를 결정하라.

풀이

식 (11.10.3)에 의해 해는 $x=Ce^{-3t}-3$이고 균형상태는 $x=-3$이다. 또한 $a=3>0$이므로 $t\to\infty$일 때 $x\to-3$이다. 즉 주어진 방정식은 안정적이다.

EX 11.10.5 **(균형가격 조정 메커니즘)** 특정 상품의 수요와 공급을 가격 P에 대한 함수로 나타내자. 즉 $D(P)=a-bP$, $S(P)=\alpha+\beta P$이고 a, b, α, β는 양수이다. 가격 $P=P(t)$는 시간에 따라 변하며, $\dot{P}$은 초과 수요 $D(P)-S(P)$에 비례한다고 가정하자. 따라서 다음과 같다.

$$\dot{P}=\lambda\{D(P)-S(P)\}$$

여기서 λ는 양의 상수이다. 이 식에 $D(P)$와 $S(P)$에 대한 식을 대입하면 $\dot{P}=\lambda(a-bP-\alpha-\beta P)$이다. 다시 정리하면 다음과 같다.

$$\dot{P}+\lambda(b+\beta)P=\lambda(a-\alpha)$$

식 (11.10.3)을 적용하면 해는 다음과 같다.

$$P=Ce^{-\lambda(b+\beta)t}+\frac{a-\alpha}{b+\beta}$$

$\lambda(b+\beta)$가 양수이므로 t가 한없이 커질 때 P는 균형가격 $P^e=\frac{a-\alpha}{b+\beta}$에 수렴하며, 이때 $D(P^e)=S(P^e)$이다. 따라서 이 균형은 안정적이다.

방정식의 우변이 변수인 경우

다음으로 우변이 상수가 아닌 방정식을 생각해보자.

$$\dot{x}+ax=b(t) \tag{11.10.4}$$

이 방정식은 더 이상 분리가능하지 않다. 그럼에도 해를 찾는 기발한 방법이 있다. 방정식 (11.10.4)의 양변에 **적분계수**(integrating factor)라고 하는 양의 계수 e^{at}을 곱하자. 그러면 다음과 같은 방정식을 얻는다.

10 안정성에 대한 더 넓은 범위의 논의는 『Further Mathematics for Economic Analysis(2nd ed.)』를 참고하라.

$$\dot{x}e^{at} + axe^{at} = b(t)e^{at} \qquad (*)$$

(*)의 좌변이 곱 형태인 xe^{at}의 도함수이므로 방정식 (*)를 다음과 같이 나타낼 수 있다.

$$\frac{d}{dt}(xe^{at}) = b(t)e^{at} \qquad (**)$$

이 방정식은 간단한 적분으로 풀 수 있다. 부정적분의 정의에 따르면 구간의 모든 t에서 식 (**)가 성립할 필요충분조건은 $xe^{at} = \int b(t)e^{at}dt + C$인 것이다(여기서 C는 상수). 이 식에 e^{-at}을 곱하면 x에 대한 해를 구할 수 있다. 정리하면 다음과 같다.

비자율(non-autonomous) 일계 선형 미분방정식

$$\dot{x} + ax = b(t) \quad \Leftrightarrow \quad x = Ce^{-at} + e^{-at}\int e^{at}b(t)\,dt \qquad (11.10.5)$$

EX 11.10.6 미분방정식 $\dot{x} + x = t$의 해를 구하고 점 (0, 0)을 지나는 해 곡선을 구하라.

풀이

식 (11.10.5)에 $a=1$과 $b(t)=t$를 대입하면 해는 다음과 같다.

$$x = Ce^{-t} + e^{-t}\int te^{t}dt = Ce^{-t} + e^{-t}(te^{t} - e^{t}) = Ce^{-t} + t - 1$$

여기서 두 번째 등호는 [EX 10.5.1]처럼 $\int te^{t}dt$를 부분적분한 결과이다. $t=0$일 때 $x=0$이면 $0=C-1$이므로 $C=1$이다. 따라서 해는 $x = e^{-t} + t - 1$이다.

EX 11.10.7 **(경제 성장)** 다음과 같은 경제 성장 모형을 생각하자.

❶ $X(t) = 0.2K(t)$ ❷ $\dot{K} = 0.1X(t) + H(t)$ ❸ $N(t) = 50e^{0.03t}$

이 모형은 개발도상국의 특징을 포착하기 위한 것이다. 시점 t에서 $X(t)$는 연간 GDP, $K(t)$는 자본금, $H(t)$는 연간 외국인 투자 순유입액, $N(t)$는 인구 규모이다. ❶은 생산량이 자본금에 단순 비례한다고 가정하고, 비례 계수 0.2를 **자본의 평균 생산성**(average productivity of capital)이라 한다. ❷는 연간 자본금의 총성장률이 내부 저축에 외국인 순투자를 더한 값과 동일하다고 가정한다. 저축은 생산에 비례한다고 가정하며, 비례 계수 0.1을 **저축률**(savings rate)이라 한다. ❸은 인구가 일정한 비례 성장률 0.03으로 증가한다고 가정한다. $H(t) = 10e^{0.04t}$이라 가정하고, 위 식으로부터 $K(t)$에 대한 미분방정식을 유도하라. $K(0) = 200$일 때 그 해를 구하라. 또한 1인당 GDP인 $x(t) = \frac{X(t)}{N(t)}$에 대한 식도 구하라.

풀이

식 ❶~❷에서 $K(t)$가 다음 선형 미분방정식을 만족해야 함을 알 수 있다.

$$\dot{K}(t) - 0.02K(t) = 10e^{0.04t}$$

식 (11.10.5)를 사용하면 다음과 같은 해를 구할 수 있다.

$$\begin{aligned} K(t) &= Ce^{0.02t} + e^{0.02t}\int e^{-0.02t}10e^{0.04t}dt \\ &= Ce^{0.02t} + 10e^{0.02t}\int e^{0.02t}dt \\ &= Ce^{0.02t} + \frac{10}{0.02}e^{0.04t} = Ce^{0.02t} + 500e^{0.04t} \end{aligned}$$

$t=0$에서 $K(0) = C + 500$이며, $K(0) = 200$이어야 하므로 $C = -300$이다. 그러므로 다음과 같다.

$$K(t) = 500e^{0.04t} - 300e^{0.02t} \qquad (*)$$

1인당 GDP는 $x(t) = \dfrac{X(t)}{N(t)} = \dfrac{0.2K(t)}{50e^{0.03t}} = 2e^{0.01t} - 1.2e^{-0.01t}$이다.

일반적인 선형 미분방정식 (11.10.2)를 푸는 방법은 다소 복잡하다.[11] 하지만 여기서는 식 (11.10.2)에서 x의 계수 $a(t)$의 부정적분 $\int a(t)dt$를 $A(t)$로 정의해보자. 그러면 지수 $e^{A(t)}$은 식 (11.10.5)를 유도할 때와 마찬가지로 적용할 수 있는 적분계수이다. 실제로 식 (11.10.2)의 양변에 이 지수를 곱하면 다음과 같다.

$$\dot{x}e^{A(t)} + a(t)xe^{A(t)} = b(t)e^{A(t)}$$

$A(t) = \int a(t)dt$로 가정했으므로 이 식의 좌변은 $\dfrac{d}{dt}\{xe^{A(t)}\}$과 같다. 따라서 위 방정식은 $\dfrac{d}{dt}\{xe^{A(t)}\} = b(t)e^{A(t)}$이다. 이 식의 양변을 적분하면 상수 C를 포함한 $xe^{A(t)} = C + \int b(t)e^{A(t)}dt$를 얻는다. 마지막으로 양변에 $e^{-A(t)}$을 곱하면 다음과 같은 해를 얻는다.

$$x = Ce^{-A(t)} + e^{-A(t)}\int e^{A(t)}b(t)dt$$

이는 식 (11.10.5)에서 $a(t)$가 상수 a가 아닌 경우로 일반화한 식이다.

11.10 연습문제

1 방정식 $x^4\dot{x} = 1 - t$를 풀어라. 점 $(t, x) = (1, 1)$을 지나는 적분곡선을 구하라.

2 다음 미분방정식을 풀어라.

(a) $\dot{x} = \dfrac{e^{2t}}{x^2}$ **(b)** $\dot{x} = e^{-t+x}$

(c) $\dot{x} - 3x = 18$ **(d)** $\dot{x} = \dfrac{(1+t)^6}{x^6}$

(e) $\dot{x} - 2x = -t$ **(f)** $\dot{x} + 3x = te^{t^2 - 3t}$

11 관심이 있다면 『Further Mathematics for Economic Analysis(2nd ed.)』에서 자세한 설명을 확인하기 바란다.

3 $y=\alpha k e^{\beta t}$은 자본 k의 함수로서 생산량을 나타내며, 여기서 계수 $e^{\beta t}$은 기술 진보를 의미한다고 가정한다. 생산량의 일정 부분 $s\in(0,\ 1)$이 저축되고, 자본 축적은 저축과 동일하다. 그러면 $k(0)=k_0$인 분리가능한 미분방정식 $\dot{k}=s\alpha k e^{\beta t}$을 얻는다. 여기서 상수 α, β, k_0는 양수이다. 미분방정식의 해를 구하라.

4 $Y=Y(t)$는 GDP, $C(t)$는 소비, 상수 $\overline{I}$는 투자라고 하자. $\dot{Y}=\alpha(C+\overline{I}-Y)$이고 $C=aY+b$라고 가정하자. 여기서 a, b, α는 양의 상수이며 $a<1$이다. 물음에 답하라.

(a) 변수 Y가 t에만 의존할 때, Y에 대한 미분방정식을 도출하라.

(b) $Y(0)=Y_0$일 때 해를 구하라. $t\to\infty$일 때 $Y(t)$가 어떻게 될지 구하라.

5 성장 모형에서 생산량 Q가 자본 K와 노동 L의 함수라고 가정하자. 또한 다음을 가정하자.

(i) $\dot{K}=\gamma Q$

(ii) $Q=K^{\alpha}L$

(iii) $\dfrac{\dot{L}}{L}=\beta$

$L(0)=L_0$, $\beta\neq 0$, $\alpha\in(0,\ 1)$일 때 K에 대한 미분방정식을 도출하라. $K(0)=K_0$일 때 이 방정식을 풀어라.

6 7.7절에서와 같이 $\mathrm{EI}_t\,x(t)$가 t에 대한 $x(t)$의 탄력성을 나타낸다고 하자. t와 x가 모두 양수이고 a가 상수라고 가정할 때, 모든 $t>0$에 대해 $\mathrm{EI}_t\,x(t)=a$일 때 $x(t)$를 구하라.

CHAPTER 11 복습문제

11.1 5,000달러에 연 3%의 이자를 받는다고 하자. 다음을 구하라.

(a) 10년 후의 금액

(b) 5,000달러가 두 배가 되는 데 걸리는 시간

11.2 8,000유로가 연 5% 이자율로 투자되었다고 하자. 다음을 구하라.

(a) 3년 후 계좌 잔액

(b) 13년 후 잔액

(c) 잔액이 32,000유로에 도달하는 데 걸리는 기간

11.3 다음 중 어느 방안이 차입자에게 유리할지 결정하라.

(i) 연 이자율 11%로 매년 이자를 납부 (ii) 연 이자율 10%로 매월 이자를 납부

11.4 연 이자율 7%로 이자를 받는 계좌에 총 15,000파운드를 투자했다고 가정하자. 이자가 연속복리될 때, 12년 후 잔액을 구하라.

11.5 연 이자율이 6%이고 연속복리를 적용한다고 하자. 물음에 답하라.

(a) 8,000달러가 3년 후 얼마가 되는지 구하라.

(b) 8,000달러가 두 배가 되기까지 걸리는 시간을 구하라.

11.6 다음 무한급수의 합을 구하라.

(a) $44+44\cdot 0.56+44\cdot(0.56)^2+\cdots$

(b) $\sum_{n=0}^{\infty} 20\left(\frac{1}{1.2}\right)^n$

(c) $3+\frac{3\cdot 2}{5}+\frac{3\cdot 2^2}{5^2}+\cdots+\frac{3\cdot 2^{n-1}}{5^{n-1}}+\cdots$

(d) $\sum_{j=-2}^{\infty} \frac{1}{20^j}$

11.7 앞으로 T년 동안 매년 a달러의 고정 수입이 예상된다. 물음에 답하라.

(a) 연 이자율 r로 연속복리된다고 할 때, 이 수입 흐름의 PDV를 구하라.

(b) $T\to\infty$일 때 PDV의 극한을 구하라. 이 결과를 식 (11.5.4)의 결과와 비교하라.

11.8 연 이자율 4%로 이자를 받는 계좌를 생각하자. 이 계좌에 5,000달러를 연초에 입금했다. 4년 후 계좌 잔액을 구하라.

11.9 연 이자율 4%로 이자를 받는 계좌를 생각하자. 이 계좌에 4년간 5,000달러씩 연말에 입금한다. 4번째 입금 직후 계좌 잔액을 구하라.

11.10 2006년 1월 1일에 어느 계좌 잔액이 10,000달러라고 가정해보자. 연 이자율은 4%이다. 2009년 1월 1일부터 8년 동안 매년 고정 금액 K를 입금하기로 동의했다. 마지막 입금 직후 잔액이 70,000달러라면 고정 금액 K는 얼마가 되어야 할지 구하라.

11.11 한 기업이 연초에 은행으로부터 500,000유로를 빌렸다. 연간복리 이자율 7%로 매년 말 10회 균등분할하여 상환하기로 약정했을 때, 물음에 답하라.

(a) 연간 상환액을 구하라. 은행에 납부하는 총금액을 구하라.

(b) 이 기업이 1년에 2회 납부해야 할 때, 총금액을 구하라.

11.12 루시는 다음 세 가지 안 중 하나를 선택할 수 있다.

(i) 1년 후부터 10년 동안 매년 3,200달러를 받는다.

(ii) 오늘 7,000달러를 받고, 1년 후 첫 번째 지급금을 받으면서 5년 동안 매년 3,000달러를 받는다.

(iii) 5년 후부터 10년 동안 매년 4,000달러를 받는다.

연 이자율은 8%이다. 세 가지 안의 현재가치를 계산하라. 루시에게 어느 안을 선택하라고 조언하겠는가?

11.13 [EX 11.3.2]를 상기하자. 나무의 시장 가치가 $P(t)=100e^{\frac{\sqrt{t}}{2}}$ 이며, 현재가치가 $f(t)=100e^{\frac{\sqrt{t}}{2}}e^{-rt}$이라 가정할 때, 물음에 답하라.

(a) 최적 절단 시간 t^*를 구하라. $f'(t)$의 부호 변화를 살펴보고 실제로 최댓값을 찾았음을 증명하라. $r=0.05$일 때 t^*를 구하라.[12]

(b) 동일한 문제를 $P(t)=200e^{-\frac{1}{t}}$, $r=0.04$로 두고 풀어라.

11.14 새로운 유정에서 발생하는 수익은 처음에($t=0$) 연간 1,000,000달러이며, 10년 후에는 연간 5,000,000달러로 균일하게 증가할 것으로 예상된다. 시간을 연 단위로 구분하고, $f(t)$를 시점 t의 단위 시간당 수익(금액은 백만 달러 단위)을 나타낸다고 하면 $f(t)=1+0.4t$이다. $F(t)$가 시간 구간 $[0,\ t]$ 동안 누적된 총수익을 나타낸다면, $F'(t)=f(t)$이다. 물음에 답하라.

(a) 10년간 벌어들인 총수익인 $F(10)$을 계산하라.

(b) 연속복리 이자율을 연 5%로 가정할 때, 시간 구간 $[0,\ 10]$ 동안 수익 흐름의 현재가치를 구하라.

11.15 x_0가 다음과 같이 주어질 때, 차분방정식을 풀어라.

(a) $x_{t+1}=-0.1x_t,\ x_0=1$

(b) $x_{t+1}=x_t-2,\ x_0=4$

(c) $2x_{t+1}-3x_t=2,\ x_0=2$

11.16 다음 미분방정식을 풀어라.

(a) $\dot{x}=-3x$

(b) $\dot{x}+4x=12$

(c) $\dot{x}-3x=12x^2$

(d) $5\dot{x}=-x$

(e) $3\dot{x}+6x=10$

(f) $\dot{x}-\frac{1}{2}x=x^2$

12 r이 증가할 때 t^*는 감소함을 유의하라.

11.17 다음 미분방정식을 풀어라.

(a) $\dot{x}=tx^2$ (b) $2\dot{x}+3x=-15$ (c) $\dot{x}-3x=30$

(d) $\dot{x}+5x=10t$ (e) $\dot{x}+\frac{1}{2}x=e^t$ (f) $\dot{x}+3x=t^2$

11.18 $V(x)$는 비행기가 이륙해 $x$km를 비행한 후 연료 탱크에 남은 연료의 리터 수를 나타낸다고 하자. $V(x)$가 a와 b가 양의 상수인 미분방정식 $V'(x)=-aV(x)-b$를 만족한다고 가정한다. (그러므로 km당 연료 소비량은 상수 b에 남은 연료의 무게로 인한 추가 소비량 $aV(x)$를 더한 값이다.) 물음에 답하라.

(a) $V(0)=V_0$일 때 방정식의 해를 구하라.

(b) 비행기가 연료 탱크에 V_0리터를 채우고 이륙할 때, 비행할 수 있는 거리를 구하라.

(c) 비행기가 이륙 후 $\hat{x}$km를 비행하려고 할 때, 필요한 최소 연료량 V_m을 구하라.

(d) $b=8,\ a=0.001,\ V_0=12000,\ \hat{x}=1200$일 때, x^*와 V_m을 구하라.

CHAPTER

12

행렬대수

Matrix Algebra

CONTENTS

실제로 경제학 모형은 패션모델과 같은 역할을 한다. 즉 보여주고자 하는 내용을 돋보이게 해주는 명확한 틀을 제공한다. 유용한 역할이지만 위험도 따른다. 디자이너는 모델에 너무 빠져서 본인 취향을 과하게 반영할 수도 있고, 관객은 이 모델이 현실보다 훨씬 날씬하고 다듬어졌다는 사실을 잊어버릴 수도 있다.

Indeed, models basically play the same role in economics as in fashion. They provide an articulated frame on which to show off your material to advantage... a useful role, but fraught with the dangers that the designer may get carried away by his personal inclination for the model, while the customer may forget that the model is more streamlined than reality.

__ 자크 H. 드레즈(Jacques H. Drèze, 1984)

경제학자들이 사용하는 대부분의 수학 모형은 궁극적으로 연립방정식을 포함하는데, 이 방정식들은 보통 하나 이상의 내생변수가 여러 개의 외생변수에 어떻게 의존하는지를 나타낸다. 이 식들이 모두 일차방정식으로 주어지면, 이에 대한 연구는 **선형대수학**(linear algebra)이라고 불리는 수학 분야에 속한다. 방정식들이 비선형으로 바뀔지라도 관심 있는 해에 가까운 선형근삿값으로부터 많은 것을 얻을 수 있다. 예를 들어 해가 외생변수에 대한 작은 변화에 어떻게 반응하는지를 알아볼 수도 있다. 실제로 이런 종류의 선형모형은 대부분의 현대 실증적 경제분석에서 일상적으로 사용되는 계량경제학 기법에 대한 논리적 기초를 제공한다. 선형모형은 행렬, 벡터, 행렬식과 같은 몇 가지 수학 개념을 사용하면 훨씬 쉽게 이해할 수 있다. 이 장과 다음 장에서 이 개념을 도입하고 경제모형에 어떻게 적용할 수 있는지 소개한다.

선형대수학의 유용성은 연립일차방정식의 해를 구하는 능력을 훨씬 넘어선다는 점에 주목해야 한다. 선형대수학은 미분방정식과 차분방정식, 선형 최적화이론과 비선형 최적화이론은 물론이고 통계학과 계량경제학 등 다양한 응용수학 분야에서 핵심적인 도구로 활용된다.

12.1 행렬과 벡터

행렬(matrix)은 단순히 숫자들을 직사각형 형태로 배열한 것이고, 하나의 수학적 대상으로 여겨진다. 그 배열이 m개의 **행**(row)과 n개의 **열**(column)로 배열되어 있으면 이를 $m\times n$ 행렬[1]이라 한다. 보통 행렬을 $\mathbf{A}$, $\mathbf{B}$와 같이 알파벳 대문자를 볼드체로 표기한다. $m\times n$ 행렬은 일반적으로 다음과 같이 표현한다.

$$\mathbf{A} = \begin{pmatrix} a_{11} & a_{12} & \cdots & a_{1n} \\ a_{21} & a_{22} & \cdots & a_{2n} \\ \vdots & \vdots & \ddots & \vdots \\ a_{m1} & a_{m2} & \cdots & a_{mn} \end{pmatrix} \tag{12.1.1}$$

식 (12.1.1)에서 행렬 $\mathbf{A}$는 $m\times n$ **차**(order)라 하거나 **차원**(dimension) $m\times n$을 갖는다고 한다. 행렬 $\mathbf{A}$를 구성하는 mn개의 수는 $\mathbf{A}$의 **성분**(entry) 또는 **원소**(element)라 정의한다. 특히 a_{ij}는 i행 j열의 성분을 나타낸다. 식 (12.1.1)의 $m\times n$ 행렬은 종종 $(a_{ij})_{m\times n}$으로 간단히 나타내기도 하고, 차원 $m\times n$이 명확하거나 중요하지 않으면 간단히 (a_{ij})로 표기한다.

EX 12.1.1 다음 네 개의 직사각형 배열은 모두 행렬이다.

$$\mathbf{A} = \begin{pmatrix} 3 & -2 \\ 5 & 8 \end{pmatrix}, \quad \mathbf{B} = (-1 \quad 2 \quad \sqrt{3} \quad 16), \quad \mathbf{C} = \begin{pmatrix} -1 & 2 \\ 8 & 5 \\ 7 & 6 \\ 1 & 1 \end{pmatrix}, \quad \mathbf{D} = \begin{pmatrix} 3 \\ -1 \\ 12 \end{pmatrix}$$

$\mathbf{A}$는 2×2 행렬, $\mathbf{B}$는 1×4 행렬, $\mathbf{C}$는 4×2 행렬, $\mathbf{D}$는 3×1 행렬이다. 또한 $a_{21}=5$와 $c_{32}=6$이다. 그리고 $\mathbf{A}$, $\mathbf{C}$는 열이 2개이므로 a_{23}와 c_{23}는 둘 다 정의되지 않는다.

1 'm-by-n 행렬'이라 읽는다.

행이 하나만 있거나 열이 하나만 있는 행렬을 **벡터**(vector)라고 한다. 행이 하나만 있으면 **행벡터**(row vector)라 하고, 열이 하나만 있으면 **열벡터**(column vector)라 한다. [EX 12.1.1]에서 행렬 B는 행벡터이고 D는 열벡터이다. 벡터는 알파벳 대문자가 아니라 $\mathbf{x}$, $\mathbf{y}$와 같이 알파벳 소문자를 볼드체로 표기하는 것이 일반적이다. 따라서 $\mathbf{a}$가 $1\times n$ 행벡터이면 다음과 같이 표기한다.

$$\mathbf{a} = (a_1,\ a_2,\ \cdots,\ a_n)$$

여기서 n개의 수 a_1, a_2, $\cdots$, a_n은 $\mathbf{a}$의 **좌표** 또는 **성분**(component)이라 한다. (a_i)는 i번째 성분 또는 좌표를 나타낸다. 벡터가 n개의 성분을 가지면 **n차원 벡터**($n-$vector)라 하고 **차원** n을 갖는다고 한다.

EX 12.1.2 모든 i와 j에 대해 $a_{ij}=2i-j$를 만족하는 4×3 행렬 $\mathrm{A} = (a_{ij})_{4\times 3}$를 구성하라.

풀이

행렬 A는 총 $4\cdot 3=12$개의 성분을 가진다. $a_{ij}=2i-j$이므로 $a_{11}=2\cdot 1-1=1$, $a_{12}=2\cdot 1-2=0$, $a_{13}=2\cdot 1-3=-1$ 등이다. 행렬을 완성하면 다음과 같다.

$$\mathrm{A} = \begin{pmatrix} 2\cdot 1-1 & 2\cdot 1-2 & 2\cdot 1-3 \\ 2\cdot 2-1 & 2\cdot 2-2 & 2\cdot 2-3 \\ 2\cdot 3-1 & 2\cdot 3-2 & 2\cdot 3-3 \\ 2\cdot 4-1 & 2\cdot 4-2 & 2\cdot 4-3 \end{pmatrix} = \begin{pmatrix} 1 & 0 & -1 \\ 3 & 2 & 1 \\ 5 & 4 & 3 \\ 7 & 6 & 5 \end{pmatrix}$$

$m=n$인 $m\times n$ 행렬은 행과 열의 수가 같으므로 이를 n차 **정방행렬**(square matrix) 또는 **정사각행렬**이라 한다. 이때 $\mathrm{A} = (a_{ij})_{n\times n}$이면 n개의 성분 a_{11}, a_{22}, $\cdots$, a_{nn}은 왼쪽 위의 첫 번째 성분 a_{11}에서 오른쪽 아래의 마지막 성분 a_{nn}까지 이어지는 **주대각선**(main diagonal, principal diagonal)을 구성한다. 예를 들어 [EX 12.1.1]의 행렬 A는 2차 정방행렬이고, 주대각선은 3과 8로 구성되어 있다. 주대각선은 정방행렬에서만 정의된다.

EX 12.1.3 3.6절에서는 두 개의 변수 x, y에 대한 두 개의 일차방정식으로 이루어진 연립일차방정식을 다룬다. 변수가 두 개인 연립일차방정식의 형태는 다음과 같다.

$$\begin{cases} ax+by=c \\ dx+ey=f \end{cases} \tag{12.1.2}$$

여기서 미지수의 계수는 2×2 행렬 $\begin{pmatrix} a & b \\ d & e \end{pmatrix}$로 자연스럽게 나타낼 수 있다. 또한 연립방정식의 우변에 있는 두 상수는 열벡터 $\begin{pmatrix} c \\ f \end{pmatrix}$로 나타낼 수 있다. 예를 들어 다음 연립방정식을 생각하자.

$$\begin{cases} 3x-2y=5 \\ 5x+y=-2 \end{cases}$$

이 연립방정식에서 계수행렬은 $\begin{pmatrix} 3 & -2 \\ 5 & 1 \end{pmatrix}$이고, 열벡터는 $\begin{pmatrix} 5 \\ -2 \end{pmatrix}$이다.

EX 12.1.4 지점이 4개 있는 체인점이 있다고 하자. 각 지점에서는 8가지의 서로 다른 상품을 판매한다. 이떤 한 달 동안 j지점에서 i상품의 총판매액이 a_{ij}달러라 하자. 이러한 데이터를 나타내는 적절한 방법은 다음과 같이 8×4 행렬로 나타내는 것이다.

$$A = \begin{pmatrix} a_{11} & a_{12} & a_{13} & a_{14} \\ a_{21} & a_{22} & a_{23} & a_{24} \\ \vdots & \vdots & \vdots & \vdots \\ a_{81} & a_{82} & a_{83} & a_{84} \end{pmatrix}$$

이 행렬에서 8개의 행은 각각 8가지의 상품을 나타내고, 4개의 열은 각각 4개의 지점을 나타낸다. 예를 들어 $a_{73} = 225$이면 이는 3지점에서 7상품이 해당 한 달 동안 총 225달러 판매되었음을 의미한다.

두 $m \times n$ 행렬 $A = (a_{ij})_{m \times n}$, $B = (b_{ij})_{m \times n}$를 생각하자. 모든 $i = 1, 2, \cdots, m$과 $j = 1, 2, \cdots, n$에 대해 $a_{ij} = b_{ij}$이면 A와 B는 **서로 같다**고 하고 $A = B$로 표기한다. 즉 두 행렬 A와 B의 차원이 같고 동시에 서로 대응하는 성분이 모두 같으면 두 행렬은 같다. A와 B가 같지 않으면 $A \neq B$로 표기한다.

EX 12.1.5 다음 등식을 만족하는 조건을 구하라.

$$\begin{pmatrix} 3 & t-1 \\ 2t & u \end{pmatrix} = \begin{pmatrix} t & 2v \\ u+1 & t+w \end{pmatrix}$$

풀이

방정식의 양변은 모두 4개의 성분을 갖는 2×2 행렬이다. 두 행렬이 같기 위해서는 서로 대응하는 성분이 모두 같아야 한다. 즉 $3 = t$, $t-1 = 2v$, $2t = u+1$, $u = t+w$를 모두 만족해야 한다. 이 연립일차방정식을 풀면 $t = 3$, $v = 1$, $u = 5$, $w = 2$일 때에만 두 행렬이 서로 같다. 실제로 두 행렬은 $\begin{pmatrix} 3 & 2 \\ 6 & 5 \end{pmatrix}$로 서로 같다.

12.1 연습문제

1 다음 행렬의 차원을 구하라.

(a) $A = \begin{pmatrix} 3 & 4 \\ 7 & -2 \end{pmatrix}$

(b) $T = \begin{pmatrix} 0.85 & 0.10 & 0.10 \\ 0.05 & 0.55 & 0.05 \end{pmatrix}$

(c) $C = \begin{pmatrix} c_{11} & \cdots & c_{1j} & \cdots & c_{1n} \\ \vdots & & \vdots & & \vdots \\ c_{i1} & \cdots & c_{ij} & \cdots & c_{in} \\ \vdots & & \vdots & & \vdots \\ c_{m1} & \cdots & c_{mj} & \cdots & c_{mn} \end{pmatrix}$

2 $i = 1, 2, 3$에서 $a_{ii} = 1$이고 모든 $i \neq j$에서 $a_{ij} = 0$인 행렬 $A = (a_{ij})_{3 \times 3}$를 구성하라.

3 다음 등식이 성립하는 u, v 값을 구하라.

$$\begin{pmatrix} (1-u)^2 & v^2 & 3 \\ v & 2u & 5 \\ 6 & u & -1 \end{pmatrix} = \begin{pmatrix} 4 & 4 & u \\ v & -3v & u-v \\ 6 & v+5 & -1 \end{pmatrix}$$

12.2 연립일차방정식

3.6절에서 두 개의 변수를 갖는 연립일차방정식을 살펴보았고, [EX 12.1.3]에서는 행렬을 사용해 연립일차방정식을 더욱 간결하게 나타내는 방법을 알았다. 이러한 개념을 바탕으로 연립일차방정식을 체계적으로 알아보자.

먼저 크기가 큰 연립일차방정식에서도 사용할 수 있는 적절한 표기법을 도입해보자. 구체적으로 n개의 미지수로 표현된 m개의 방정식을 생각한다. 여기서 m은 n보다 클 수도 있고 같을 수도 있으며 작을 수도 있다. 미지수를 x_1, x_2, $\cdots$, x_n으로 표기하면 연립일차방정식을 다음과 같은 형태로 나타낼 수 있다.

$$\begin{cases} a_{11}x_1 + a_{12}x_2 + \cdots + a_{1n}x_n = b_1 \\ a_{21}x_1 + a_{22}x_2 + \cdots + a_{2n}x_n = b_2 \\ \qquad\vdots \\ a_{m1}x_1 + a_{m2}x_2 + \cdots + a_{mn}x_n = b_m \end{cases} \tag{12.2.1}$$

여기서 a_{11}, a_{12}, $\cdots$, a_{mn}은 이 연립일차방정식의 **계수**(coefficient)라 하고 b_1, b_2, $\cdots$, b_m은 **상수항**(constant term) 또는 **우변**(right-hand side)이라 한다. 이 값들은 모두 실수이다. 첨자의 순서를 주의 깊게 살펴보라. 일반적으로 a_{ij}는 i번째 방정식에서 j번째 변수인 x_j의 계수를 나타낸다. 이들 계수 중 하나 이상은 0일 수 있다. 실제로 연립일차방정식은 계수에 0이 많을수록 분석하거나 해를 구하기 더 쉬워진다.

식 (12.2.1)의 **해**(solution)는 $x_1 = s_1$, $x_2 = s_2$, $\cdots$, $x_n = s_n$을 대입했을 때 모든 일차방정식을 동시에 만족하는 n개의 수 s_1, s_2, $\cdots$, s_n을 의미한다. 해를 $(s_1, s_2, \cdots, s_n)$으로 나타내기로 한다. 이때 성분의 순서는 임의로 바꿀 수 없다. 예를 들어 $(s_1, s_2, \cdots, s_n)$이 연립일차방정식 (12.2.1)의 해가 되더라도 순서를 바꾼 $(s_n, s_{n-1}, \cdots, s_1)$은 통상 해가 되지 않는다.

연립일차방정식 (12.2.1)을 만족하는 해가 적어도 하나 있으면 **일치**(consistent)한다고 하고, 해가 존재하지 않으면 **불능**(inconsistent)이라고 한다.

EX 12.2.1 물음에 답하라.

(a) 연립일차방정식 (12.2.1)에서 $n = m = 3$이라 하자. $a_{ij} = i + j$(단, i, $j = 1, 2, 3$)이고 $b_i = i$(단, $i = 1, 2, 3$)라 하자. 이를 식으로 나타내라.

(b) (a)의 연립일차방정식에서 $(x_1, x_2, x_3) = (2, -1, 0)$은 해이지만, $(x_1, x_2, x_3) = (2, 0, -1)$은 해가 아님을 보여라.

풀이

(a) 연립일차방정식의 계수는 $a_{11} = 1 + 1 = 2$, $a_{12} = 1 + 2 = 3$ 등이므로 연립일차방정식은 다음과 같다.

$$\begin{cases} 2x_1 + 3x_2 + 4x_3 = 1 \\ 3x_1 + 4x_2 + 5x_3 = 2 \\ 4x_1 + 5x_2 + 6x_3 = 3 \end{cases}$$

(b) 주어진 연립일차방정식에 $(x_1, x_2, x_3)=(2, -1, 0)$을 대입하면 세 방정식이 모두 성립하므로 이는 해이다. 반면에 $(x_1, x_2, x_3)=(2, 0, -1)$을 첫 번째 일차방정식에 대입하면 $2x_1+3x_2+4x_3=0$이므로 이 식을 만족하지 못한다. 따라서 $(2, 0, -1)$은 해가 아니다.

연립일차방정식 (12.2.1)에서 미지수들의 계수를 (12.1.1)과 같이 $m \times n$ 행렬 A로 자연스럽게 나타낼 수 있다. 그러면 A를 연립일차방정식 (12.2.1)의 **계수행렬**(coefficient matrix)이라 한다. 이 연립일차방정식의 우변에 있는 **상수벡터**(vector of constant)는 다음과 같다.

$$\mathrm{b} = \begin{pmatrix} b_1 \\ b_2 \\ \vdots \\ b_m \end{pmatrix}$$

EX 12.2.2 다음 연립일차방정식을 생각하자.

$$\begin{cases} 3x_1 - 2x_2 + 6x_3 = 5 \\ 5x_1 + x_2 + 2x_3 = -2 \end{cases}$$

이 연립일차방정식의 계수행렬은 $\begin{pmatrix} 3 & -2 & 6 \\ 5 & 1 & 2 \end{pmatrix}$이고, 상수벡터는 [EX 12.1.3]과 동일하게 $\begin{pmatrix} 5 \\ -2 \end{pmatrix}$이다.

12.2 연습문제

1 다음 방정식이 변수 x, y, z, w에 대해 일차방정식인지 여부를 판정하라.

(a) $3x - y - z - w = 50$

(b) $\sqrt{3}x + 8xy - z + w = 0$

(c) $3.33x - 4y + \dfrac{800}{3}z = 3$

(d) $3(x+y-z) = 4(x-2y+3z)$

(e) $(x-y)^2 + 3z - w = -3$

(f) $2a^2x - \sqrt{|b|}y + (2+\sqrt{|a|})z = b^2$

2 상수 x_1, y_1, x_2, y_2와 변수 a, b, c, d에 대해 다음 방정식을 생각하자.[2]

$$\begin{cases} ax_1^2 + bx_1y_1 + cy_1^2 + d = 0 \\ ax_2^2 + bx_2y_2 + cy_2^2 + d = 0 \end{cases}$$

이 연립방정식이 a, b, c, d에 대한 연립일차방정식인지 판단하라.

3 연립방정식 (12.2.1)에서 $n=4$, $m=3$이라 하자. 이 연립방정식의 계수를 $i=1, 2, 3$이고 $j=1, 2, 3, 4$일 때 $a_{ij}=i+2j+(-1)^i$이고, $i=1, 2, 3$일 때 $b_i=2^i$이라 하자. 이를 식으로 나타내라.

4 연립방정식 (12.2.1)에서 $n=m=4$라 하자. 이 연립방정식의 계수를 모든 $i \neq j$에 대해 $a_{ij}=1$이고, $i=1, 2, 3, 4$일 때 $a_{ii}=0$이라 하자. 이를 식으로 나타내라. 4개의 방정식을 모두 더해서 $\sum_{i=1}^{4} x_i$에 대한 간단한 식을 도출하고, 연립일차방정식의 해를 구하라.

2 이 책의 거의 모든 다른 경우에서 a, b, c, d는 상수를 나타낸다는 것에 주목하라.

5 n명의 사람이 각각 m가지 서로 다른 상품을 일정량 소유하고 있다고 하자. $i=1, 2, \cdots, m$과 $j=1, 2, \cdots, n$에 대해 a_{ij}를 j라는 사람이 소유한 i상품의 단위 수라 하자. 물음에 답하라.

(a) $(a_{1j}, a_{2j}, \cdots, a_{mj})$는 무엇을 나타내는가?

(b) 합 $a_{11}+a_{12}+\cdots+a_{1n}$과 합 $a_{i1}+a_{i2}+\cdots+a_{in}$은 무엇을 나타내는지 설명하라.

(c) $i=1, 2, \cdots, m$에 대해 i상품의 단위당 가격을 p_i라고 하자. j라는 사람이 소유한 전체 상품의 총 가치를 구하라.

6 노르웨이의 노벨 경제학상 수상자인 트리그베 호벨모(Trygve Haavelmo)는 1929년부터 1941년까지의 미국 경제를 다음 4개의 방정식에 기초한 모형으로 설명했다.

(i) $C=0.712Y+95.05$

(ii) $Y=C+X-S$

(iii) $S=0.158(C+X)-34.30$

(iv) $X=93.53$

여기서 X는 총투자, Y는 가처분소득, S는 기업의 총저축, C는 총소비를 의미한다. 변수가 X, Y, S, C의 순서로 나타나도록 연립방정식을 식 (12.2.1)의 형태로 나타내라. 그리고 그 해를 구하라.

12.3 행렬의 덧셈

행렬은 단순히 정보를 저장하는 직사각형 형태의 수 배열로 간주할 수 있다. 그러나 행렬을 연구하는 진정한 이유는 행렬의 연산에 유용한 법칙이 있기 때문이다. 이들은 익숙한 대수법칙과도 어느 정도 일치한다.

[EX 12.1.4]를 상기하자. 8×4 행렬 A는 특정한 1개월 동안 4개 지점에서 8가지 서로 다른 상품의 총판매액을 나타냈다. 그 다음 달의 총판매액을 나타내는 8×4 행렬 $B=(b_{ij})_{8\times4}$가 주어졌다고 가정하자. 두 달을 합친 총판매액은 새로운 8×4 행렬 $C=(c_{ij})_{8\times4}$로 나타낼 수 있다. 여기서 성분은 $i=1, 2, \cdots, 8$과 $j=1, 2, 3, 4$에 대해 $c_{ij}=a_{ij}+b_{ij}$로 주어진다. 이러한 행렬 C는 A와 B의 **합**이라 하고, 기호 $C=A+B$로 표기한다.

행렬의 덧셈

차원이 동일한 두 행렬 $A=(a_{ij})_{m\times n}$, $B=(b_{ij})_{m\times n}$에 대해 A와 B의 **합** $A+B$는 $m\times n$ 행렬 $(a_{ij}+b_{ij})_{m\times n}$로 정의한다. 즉 다음을 만족한다.

$$A+B=(a_{ij})_{m\times n}+(b_{ij})_{m\times n}=(a_{ij}+b_{ij})_{m\times n} \qquad (12.3.1)$$

이를 요약하면 두 행렬의 덧셈은 차원이 동일할 때만 정의되고, 서로 대응하는 성분끼리 더하면 된다.

다음으로 행렬에 스칼라를 곱하는 것은 행렬의 모든 성분에 그 스칼라를 곱해서 얻은 행렬로 정의한다. 여기서 스칼라는 행렬과 벡터대수에서 실수를 의미한다.

[EX 12.1.4]에서 다룬 체인점을 상기하자. 각 매장에서 판매한 상품량이 특정한 두 달 동안 정확히 같았다면 이는 모든 $i=1, 2, \cdots, 8$과 $j=1, 2, 3, 4$에 대해 $a_{ij}=b_{ij}$임을 의미하므로 $A=B$이다. 따라서 두 행렬

의 합 C = A + B의 성분은 모든 i, j에 대해 $c_{ij} = 2a_{ij}$이다. 이때 행렬 C는 행렬 A의 '2배'라고 나타내고자 한다. 이러한 직관을 바탕으로 다음과 같이 정의할 수 있다.

행렬의 스칼라배

$A = (a_{ij})_{m\times n}$이고 α가 임의의 실수일 때 A의 α배인 αA는 $m\times n$ 행렬로 다음과 같이 정의한다.

$$\alpha A = \alpha(a_{ij})_{m\times n} = (\alpha a_{ij})_{m\times n} \tag{12.3.2}$$

EX 12.3.1 다음 두 행렬 A, B에 대해 A + B, 3A, $\left(-\frac{1}{2}\right)$A를 구하라.

$$A = \begin{pmatrix} 1 & 2 & 0 \\ 4 & -3 & -1 \end{pmatrix}, \quad B = \begin{pmatrix} 0 & 1 & 2 \\ 1 & 0 & 2 \end{pmatrix}$$

풀이

식 (12.3.1) 또는 식 (12.3.2)를 이용하여 다음과 같이 구한다.

$$A + B = \begin{pmatrix} 1 & 3 & 2 \\ 5 & -3 & 1 \end{pmatrix}, \quad 3A = \begin{pmatrix} 3 & 6 & 0 \\ 12 & -9 & -3 \end{pmatrix}, \quad \left(-\frac{1}{2}\right)B = \begin{pmatrix} 0 & -\frac{1}{2} & -1 \\ -\frac{1}{2} & 0 & -1 \end{pmatrix}$$

일반적으로 행렬 (−1)A는 −A로 표기한다. 차원이 동일한 두 행렬 A, B의 차 A − B는 합 A + (−1)B로 정의한다. 체인점에 관한 [EX 12.1.4]에서 행렬 B − A는 첫 번째 달에서 두 번째 달로의 매출액 변화를 나타낸다. 각 판매점의 각 상품에 대해 양수 성분은 매출 증가를 나타내고 음수 성분은 매출 감소를 의미한다.

앞에서 정의한 연산들을 바탕으로 유용한 법칙 몇 가지를 쉽게 알 수 있다.

행렬의 덧셈과 스칼라배의 법칙

A, B, C가 임의의 $m\times n$ 행렬이고, α와 β를 실수라 하자. 또한 **0**을 성분이 모두 0인 $m\times n$ 행렬, 즉 **영행렬**(zero matrix)이라 하면 다음 성질을 만족한다.

❶ (A + B) + C = A + (B + C)
❷ A + B = B + A
❸ A + **0** = A
❹ A + (−A) = **0**
❺ $(\alpha+\beta)A = \alpha A + \beta A$
❻ $\alpha(A + B) = \alpha A + \alpha B$

이러한 법칙은 앞에서 정의한 개념과 실수에 대한 대수법칙을 그대로 따른다. 특히 법칙 ❶에 따르면 세 행렬을 더한 A + B + C에서는 괄호를 넣을 필요가 없다. 또한 식 (12.3.1)과 식 (12.3.2)에 따르면 A + A + A는 3A와 같다.

12.3 연습문제

1 $\mathrm{A}=\begin{pmatrix}0 & 1\\ 2 & 3\end{pmatrix}$, $\mathrm{B}=\begin{pmatrix}1 & -1\\ 5 & 2\end{pmatrix}$일 때 $\mathrm{A}+\mathrm{B}$, $3\mathrm{A}$를 구하라.

2 $\mathrm{A}=\begin{pmatrix}0 & 1 & -1\\ 2 & 3 & 7\end{pmatrix}$, $\mathrm{B}=\begin{pmatrix}1 & -1 & 5\\ 0 & 1 & 9\end{pmatrix}$일 때 $\mathrm{A}+\mathrm{B}$, $\mathrm{A}-\mathrm{B}$, $5\mathrm{A}-3\mathrm{B}$를 구하라.

12.4 벡터대수

행이 하나인 행렬을 **행벡터**라 하고, 열이 하나인 행렬을 **열벡터**라 한다. 두 형태를 통틀어 **벡터**라 하고, 보통 알파벳 소문자를 볼드체로 표기한다. 예를 들어 행벡터 $(7,\ 13,\ 4)$와 열벡터 $\begin{pmatrix}7\\ 13\\ 4\end{pmatrix}$는 동일한 정보를 포함한다. 실제로 이들은 수치 자체도 같고 순서도 동일하다. 단지 수가 나열된 방식만 다를 뿐이다.

벡터연산

벡터는 행렬의 특수한 형태이므로 앞서 정의한 행렬의 연산은 벡터에 동일하게 적용할 수 있다. 따라서 다음과 같이 정의한다.

❶ 두 n차원 벡터 $\mathbf{a}$, $\mathbf{b}$에서 서로 대응하는 n개의 성분이 모두 같으면 **서로 같다**고 하고, 이를 기호 $\mathbf{a}=\mathbf{b}$로 표기한다.

❷ $\mathbf{a}$와 $\mathbf{b}$가 모두 n차원 벡터일 때 두 벡터의 **합**은 $\mathbf{a}$의 각 성분에 그에 대응하는 $\mathbf{b}$의 각 성분을 더하여 얻은 n차원 벡터이고, 이를 기호 $\mathbf{a}+\mathbf{b}$로 표기한다.[3]

❸ $\mathbf{a}$가 n차원 벡터이고 t가 실수일 때 **스칼라배**는 벡터 $\mathbf{a}$의 성분에 t배 하여 얻은 n차원 벡터이고, 이를 기호 $t\mathbf{a}$로 표기한다.

❹ 두 n차원 벡터 $\mathbf{a}$와 $\mathbf{b}$의 **차**(difference)는 $\mathbf{a}-\mathbf{b}=\mathbf{a}+(-1)\mathbf{b}$로 정의한다.

두 n차원 벡터 $\mathbf{a}$, $\mathbf{b}$와 임의의 실수 t, s에 대해 n차원 벡터 $t\mathbf{a}+s\mathbf{b}$는 $\mathbf{a}$, $\mathbf{b}$의 **일차결합**(linear combination)이라 한다. 이를 열벡터를 이용하여 다음과 같이 표기할 수 있다.

$$t\begin{pmatrix}a_1\\ a_2\\ \vdots\\ a_n\end{pmatrix}+s\begin{pmatrix}b_1\\ b_2\\ \vdots\\ b_n\end{pmatrix}=\begin{pmatrix}ta_1+sb_1\\ ta_2+sb_2\\ \vdots\\ ta_n+sb_n\end{pmatrix}$$

일차결합은 경제학에서 자주 등장한다. 예를 들어 $\mathbf{a}$, $\mathbf{b}$가 상품을 나타내는 벡터(상품벡터)이고 벡터의 j번째 성분은 j상품의 수량이라 하자. 만약 t명이 모두 상품벡터 $\mathbf{a}$에 해당하는 상품 묶음을 구입하고 s명이 모두 상품벡터 $\mathbf{b}$에 해당하는 상품 묶음을 구입한다면, 벡터 $t\mathbf{a}+s\mathbf{b}$는 $(t+s)$명이 구입한 상품벡터에 해당하는

3 두 벡터의 차원이 다르면 벡터의 합과 차는 정의되지 않는다. 또한 성분의 개수가 같더라도 행벡터를 열벡터에 더하면 안 된다.

상품 묶음의 총량을 나타낸다. 물론 12.3절에서 다룬 행렬의 덧셈과 스칼라배에 대한 법칙은 벡터에 그대로 적용된다.

내적

사과, 바나나, 체리, 대추처럼 서로 다른 네 가지 상품을 생각해보자. 사과 5단위, 바나나 3단위, 체리 6단위, 대추 7단위를 한 묶음으로 구성한 상품 묶음 $\mathbf{x} = (5, 3, 6, 7)$을 구매했다고 하자. 여기서 각 상품의 단위는 킬로그램이다. 네 가지 과일의 킬로그램당 가격이 달러 단위인 가격벡터 $\mathbf{p} = (4, 5, 3, 8)$로 주어졌다고 하자. 그러면 사과는 $4 \cdot 5 = 20$달러, 바나나는 $5 \cdot 3 = 15$달러, 체리는 $3 \cdot 6 = 18$달러, 대추는 $8 \cdot 7 = 56$달러에 구매해야 한다. 따라서 상품 묶음 하나를 구매하는 데 필요한 총금액은 $4 \cdot 5 + 5 \cdot 3 + 3 \cdot 6 + 8 \cdot 7 = 109$달러이다.

이제 총금액을 두 벡터 $\mathbf{p}$, $\mathbf{x}$에 대해 수행한 연산의 결과로 볼 수 있고, 이를 $\mathbf{p} \cdot \mathbf{x}$로 나타낼 수 있다. 이러한 연산을 $\mathbf{p}$와 $\mathbf{x}$의 **내적**(inner product), **스칼라곱**(scalar product), 또는 **점곱**(dot product)이라 한다. 일반적으로 내적은 행벡터 기준으로 다음과 같이 정의한다.

내적

두 n차원 벡터 $\mathbf{a} = (a_1, a_2, \cdots, a_n)$, $\mathbf{b} = (b_1, b_2, \cdots, b_n)$에 대해 두 벡터의 **내적**은 다음과 같이 정의한다.

$$\mathbf{a} \cdot \mathbf{b} = a_1b_1 + a_2b_2 + \cdots + a_nb_n = \sum_{i=1}^{n} a_ib_i \qquad (12.4.1)$$

두 벡터의 내적은 벡터가 아니라 실수임을 주목하라. 두 벡터 $\mathbf{a}$, $\mathbf{b}$에서 대응하는 성분 (a_j, b_j)를 곱해서 a_jb_j를 구하고 이들을 $j = 1, 2, \cdots, n$에 대해 모두 더하여 내적을 구한다. $\mathbf{a} \cdot \mathbf{b}$는 $\mathbf{a}$, $\mathbf{b}$가 같은 차원인 경우에만 정의된다는 것을 유의하라.

앞에서 $\mathbf{p}$가 가격벡터이고, 그 n개의 성분이 킬로그램당 달러 단위로 측정된다고 했다. $\mathbf{x}$는 상품벡터이고, 그 n개의 성분이 킬로그램으로 측정된다. 이때 각 $j = 1, 2, \cdots, n$에 대해 곱 p_jx_j는 j상품의 총구입액이다. 따라서 내적 $\mathbf{p} \cdot \mathbf{x} = \sum_{j=1}^{n} p_jx_j$는 n개의 상품을 모두 구입하는 데 필요한 금액이다.

EX 12.4.1 $\mathbf{a} = (1, -2, 3)$, $\mathbf{b} = (-3, 2, 5)$일 때 내적 $\mathbf{a} \cdot \mathbf{b}$를 구하라.

풀이

$\mathbf{a} \cdot \mathbf{b} = 1 \cdot (-3) + (-2) \cdot 2 + 3 \cdot 5 = 8$

다음은 내적의 중요한 다섯 가지 법칙을 설명한다.

내적에 대한 법칙

n차원 벡터 $\mathbf{a}$, $\mathbf{b}$, $\mathbf{c}$와 스칼라 α에 대해 다음 법칙이 성립한다.

❶ $\mathbf{a}\cdot\mathbf{b}=\mathbf{b}\cdot\mathbf{a}$

❷ $(\alpha\mathbf{a})\cdot\mathbf{b}=\mathbf{a}\cdot(\alpha\mathbf{b})=\alpha(\mathbf{a}\cdot\mathbf{b})$

❸ $\mathbf{a}\cdot(\mathbf{b}+\mathbf{c})=\mathbf{a}\cdot\mathbf{b}+\mathbf{a}\cdot\mathbf{c}$

❹ $\mathbf{a}\cdot\mathbf{a}\geq 0$

❺ $\mathbf{a}\cdot\mathbf{a}=0 \iff \mathbf{a}=\mathbf{0}$

법칙 ❶과 ❷는 내적의 정의에 의해 쉽게 유도된다. 법칙 ❶은 내적이 두 벡터의 순서를 바꾸어도 결과가 변하지 않는다는 의미에서 **교환법칙**(commutative law)을 만족한다고 한다. 법칙 ❸은 **분배법칙**(distributive law)을 나타내고, 이 역시 내적의 정의에 의해 증명된다. 법칙 ❶과 ❸을 함께 이용하면 다음을 만족한다.

$$(\mathbf{a}+\mathbf{b})\cdot\mathbf{c}=\mathbf{a}\cdot\mathbf{c}+\mathbf{b}\cdot\mathbf{c}$$

법칙 ❹와 ❺는 다음을 의미한다.

$$\mathbf{a}\cdot\mathbf{a}>0 \iff \mathbf{a}\neq\mathbf{0}$$

이 명제가 참인 이유를 이해하려면 먼저 $\mathbf{a}\cdot\mathbf{a}=a_1^2+a_2^2+\cdots+a_n^2\geq 0$임을 생각해보자. 법칙 ❺와 같이 내적이 0일 필요충분조건은 $\mathbf{a}$의 성분 a_i가 모두 0일 때이다.

12.4 연습문제

1 $\mathbf{a}=\begin{pmatrix}2\\-1\end{pmatrix}$, $\mathbf{b}=\begin{pmatrix}3\\4\end{pmatrix}$일 때 $\mathbf{a}+\mathbf{b}$, $\mathbf{a}-\mathbf{b}$, $2\mathbf{a}+3\mathbf{b}$, $-5\mathbf{a}+2\mathbf{b}$를 구하라.

2 $\mathbf{a}=(1, 2, 2)$, $\mathbf{b}=(0, 0, -3)$, $\mathbf{c}=(-2, 4, -3)$일 때 $\mathbf{a}+\mathbf{b}+\mathbf{c}$, $\mathbf{a}-2\mathbf{b}+2\mathbf{c}$, $3\mathbf{a}+2\mathbf{b}-3\mathbf{c}$를 구하라.

3 $3(x, y, z)+5(-1, 2, 3)=(4, 1, 3)$을 만족하는 실수 x, y, z를 구하라.

4 $\mathbf{x}+\mathbf{0}=\mathbf{0}$을 만족하는 벡터 $\mathbf{x}$의 성분을 설명하라.

5 $0\mathbf{x}=\mathbf{0}$을 만족하는 벡터 $\mathbf{x}$의 성분을 설명하라.

6 벡터 $(4, -11)$을 $(2, -1)$과 $(1, 4)$의 일차결합으로 나타내라.

7 벡터방정식 $4\mathbf{x}-7\mathbf{a}=2\mathbf{x}+8\mathbf{b}-\mathbf{a}$에서 벡터 $\mathbf{x}$를 $\mathbf{a}$와 $\mathbf{b}$에 대해 나타내라.

8 [연습문제 1]에서의 두 벡터 $\mathbf{a}$와 $\mathbf{b}$에 대해 내적 $\mathbf{a}\cdot\mathbf{a}$, $\mathbf{a}\cdot\mathbf{b}$, $\mathbf{a}\cdot(\mathbf{a}+\mathbf{b})$를 구하라. 그런 다음 $\mathbf{a}\cdot\mathbf{a}+\mathbf{a}\cdot\mathbf{b}=\mathbf{a}\cdot(\mathbf{a}+\mathbf{b})$가 성립함을 확인하라.

9 두 벡터 $(x, x-1, 3)$, $(x, x, 3x)$의 내적이 0인 x값을 구하라.

10 한 주택건설회사가 A형 주택 5채, B형 주택 7채, C형 주택 12채를 건설할 계획이다. A형 주택 한 채를 건설하려면 목재 20단위가 필요하고 B형 주택은 목재 18단위, C형 주택은 25단위의 목재가 각각 필요하다.

(a) 각 주택 유형별로 건설할 주택 수를 성분으로 하는 3차원 벡터 $\mathbf{x}$를 나타내라.

(b) 각 주택 유형별로 주택 한 채를 건설하는 데 필요한 목재의 양을 성분으로 하는 3차원 벡터 $\mathbf{u}$를 나타내라.

(c) 모든 주택을 건설하는 데 필요한 목재의 총량을 구하고, 이는 내적 $\mathbf{u} \cdot \mathbf{x}$임을 보여라.

11 한 기업이 n개의 서로 다른 재화를 생산하며, 재화의 생산량은 $z_1,\ z_2,\ \cdots,\ z_n$단위로 모두 0 이상이다. 이 기업은 동일한 n가지 재화를 투입물로 사용하며, 투입량은 $x_1,\ x_2,\ \cdots,\ x_n$단위로 모두 0 이상이다. 재화 i에 대해 순생산량을 $y_i = z_i - x_i$로 정의하고 가격은 p_i라 하자. 여기서 $\mathbf{p} = (p_1,\ \cdots,\ p_n)$, $\mathbf{x} = (x_1,\ \cdots,\ x_n)$, $\mathbf{y} = (y_1,\ \cdots,\ y_n)$, $\mathbf{z} = (z_1,\ \cdots,\ z_n)$이다.

(a) 이 회사의 수익과 비용을 구하라.

(b) 이 회사의 이윤은 내적 $\mathbf{p} \cdot \mathbf{y}$로 주어짐을 보이고, $\mathbf{p} \cdot \mathbf{y}$가 음수이면 그 의미를 설명하라.

12 한 기업이 서로 다른 두 재화 중 두 번째 재화를 투입하여 첫 번째 재화를 생산한다. [연습문제 11]에서 정의한 대로 이 기업의 순생산벡터는 $\begin{pmatrix} 2 \\ -1 \end{pmatrix}$이다. 이 기업이 거래하는 가격벡터가 $(1,\ 3)$일 때 투입벡터, 생산벡터, 비용, 수익, 순생산물의 가치, 그리고 그 이윤 또는 손실을 구하라.

12.5 행렬의 곱셈

행렬의 덧셈이나 뺄셈, 행렬에 스칼라를 곱하는 규칙은 모두 자연스럽고 직관적으로 보인다. 그러나 이제 소개할 행렬의 곱셈에 대한 규칙은 다소 낯설고 직관적으로 느껴지지 않는다.[4] 그렇기 때문에 이 규칙을 바로 제시하지 않고 먼저 하나의 연립방정식을 어떻게 다루는지 살펴보면서 왜 그런 규칙이 나오는지를 설명하겠다. 간단한 예로 다음 두 개의 연립일차방정식을 생각해보자.

$$\begin{cases} y_1 = b_{11}x_1 + b_{12}x_2 \\ y_2 = b_{21}x_1 + b_{22}x_2 \\ y_3 = b_{31}x_1 + b_{32}x_2 \end{cases} \tag{i}$$

$$\begin{cases} z_1 = a_{11}y_1 + a_{12}y_2 + a_{13}y_3 \\ z_2 = a_{21}y_1 + a_{22}y_2 + a_{23}y_3 \end{cases} \tag{ii}$$

이 두 연립방정식의 계수행렬은 각각 다음과 같다.

$$\mathrm{B} = \begin{pmatrix} b_{11} & b_{12} \\ b_{21} & b_{22} \\ b_{31} & b_{32} \end{pmatrix},\ \mathrm{A} = \begin{pmatrix} a_{11} & a_{12} & a_{13} \\ a_{21} & a_{22} & a_{23} \end{pmatrix}$$

연립방정식 (i)은 세 개의 y변수를 두 개의 x변수로 나타내고, 연립방정식 (ii)는 두 개의 z변수를 세 개의 y변수로 나타낸다. 따라서 z변수는 분명히 x변수와 관련이 있다. 실제로 (i)의 $y_1,\ y_2,\ y_3$에 대한 식을 (ii)에 대입하면 그 결과는 다음과 같다.

$$\begin{cases} z_1 = a_{11}(b_{11}x_1 + b_{12}x_2) + a_{12}(b_{21}x_1 + b_{22}x_2) + a_{13}(b_{31}x_1 + b_{32}x_2) \\ \\ z_2 = a_{21}(b_{11}x_1 + b_{12}x_2) + a_{22}(b_{21}x_1 + b_{22}x_2) + a_{23}(b_{31}x_1 + b_{32}x_2) \end{cases}$$

4 두 행렬 $\mathrm{A} = (a_{ij})_{m \times n}$, $\mathrm{B} = (b_{ij})_{m \times n}$의 크기가 같을 때 각 성분끼리 곱해서 $\mathrm{C} = (c_{ij})_{m \times n}$, 즉 $c_{ij} = a_{ij}b_{ij}$를 정의하고 싶을 수도 있다. 이 또한 적절한 행렬연산이며 이를 A와 B의 **아다마르 곱**(Hadamard product)이라 한다. 그러나 이제 소개할 행렬의 곱셈은 선형대수학에서 훨씬 널리 사용되며, 가장 유용한 연산이다.

두 식을 x_1항과 x_2항으로 묶어서 정리하면 다음과 같다.

$$\begin{cases} z_1 = (a_{11}b_{11} + a_{12}b_{21} + a_{13}b_{31})x_1 + (a_{11}b_{12} + a_{12}b_{22} + a_{13}b_{32})x_2 \\ z_2 = (a_{21}b_{11} + a_{22}b_{21} + a_{23}b_{31})x_1 + (a_{21}b_{12} + a_{22}b_{22} + a_{23}b_{32})x_2 \end{cases}$$

x_1항과 x_2항의 계수는 다음과 같은 2×2 계수행렬로 표현할 수 있다.

$$\mathrm{C} = \begin{pmatrix} a_{11}b_{11} + a_{12}b_{21} + a_{13}b_{31} & a_{11}b_{12} + a_{12}b_{22} + a_{13}b_{32} \\ a_{21}b_{11} + a_{22}b_{21} + a_{23}b_{31} & a_{21}b_{12} + a_{22}b_{22} + a_{23}b_{32} \end{pmatrix}$$

연립방정식의 계수행렬인 A는 2×3 행렬이고 B는 3×2 행렬이다. 특히 행렬 B의 행 개수는 A의 열 개수와 같다. 행렬 $\mathrm{C} = (c_{ik})_{2\times 2}$의 성분 c_{11}을 다음과 같이 둘 수 있는데, 이는 A의 1행과 B의 1열의 내적이다.

$$c_{11} = a_{11}b_{11} + a_{12}b_{21} + a_{13}b_{31}$$

마찬가지로 성분 c_{12}는 A의 1행과 B의 2열의 내적이다. 그 외의 성분도 동일한 방식으로 계산된다. 일반적으로 C의 각 성분 c_{ik}는 A의 i행과 B의 k열의 내적이다.

이 예에서 행렬 C는 A와 B의 **곱(product)**이라 하고, 이를 C = AB로 표기한다. 이제 행렬의 곱셈을 실제로 계산해보자.

EX 12.5.1 두 행렬 $\mathrm{A} = \begin{pmatrix} 1 & 0 & 3 \\ 2 & 1 & 5 \end{pmatrix}$와 $\mathrm{B} = \begin{pmatrix} 1 & 3 \\ 2 & 5 \\ 6 & 2 \end{pmatrix}$의 곱 AB는 다음과 같다.

$$\mathrm{AB} = \begin{pmatrix} 1 & 0 & 3 \\ 2 & 1 & 5 \end{pmatrix}\begin{pmatrix} 1 & 3 \\ 2 & 5 \\ 6 & 2 \end{pmatrix} = \begin{pmatrix} 1\cdot 1+0\cdot 2+3\cdot 6 & 1\cdot 3+0\cdot 5+3\cdot 2 \\ 2\cdot 1+1\cdot 2+5\cdot 6 & 2\cdot 3+1\cdot 5+5\cdot 2 \end{pmatrix} = \begin{pmatrix} 19 & 9 \\ 34 & 21 \end{pmatrix}$$

이 논리를 일반적인 행렬로 확장해보자. (ii)와 같이 변수 $z_1, \cdots, z_m$은 $y_1, \cdots, y_n$항의 일차결합으로 주어지고, (i)과 같이 변수 $y_1, \cdots, y_n$은 $x_1, \cdots, x_p$항의 일차결합으로 주어진다고 가정하자. 그러면 $z_1, \cdots, z_m$도 $x_1, \cdots, x_p$항의 일차결합으로 나타낼 수 있다. 이때 행렬 B의 행 개수가 A의 열 개수와 일치하면, 지금 설명한 결과는 다음과 같은 행렬의 곱에 대한 정의가 된다.

행렬의 곱셈

두 행렬 $\mathrm{A} = (a_{ij})_{m\times n}$, $\mathrm{B} = (b_{jk})_{n\times p}$의 **곱** C = AB는 $\mathrm{C} = (c_{ik})_{m\times p}$로 정의된다. 여기서 C의 i행 k열의 성분 c_{ik}는 A의 i행과 B의 k열의 내적으로 다음과 같다.

$$c_{ik} = \sum_{j=1}^{n} a_{ij}b_{jk} = a_{i1}b_{1k} + a_{i2}b_{2k} + \cdots + a_{ij}b_{jk} + \cdots + a_{in}b_{nk} \qquad (12.5.1)$$

행렬 C의 i행 k열의 성분 c_{ik}를 구하려면 A의 i행에 있는 각 성분 a_{ij}와 B의 k열에 있는 각 성분 b_{jk}를 하나씩 곱하고, 그 결과를 모두 더해야 한다. 행렬의 곱셈을 시각화하면 다음과 같다.

$$\begin{pmatrix} a_{11} & \cdots & a_{1j} & \cdots & a_{1n} \\ \vdots & & \vdots & & \vdots \\ \boxed{a_{i1}} & \cdots & a_{ij} & \cdots & a_{in} \\ \vdots & & \vdots & & \vdots \\ a_{m1} & \cdots & a_{mj} & \cdots & a_{mn} \end{pmatrix} \begin{pmatrix} b_{11} & \cdots & b_{1j} & \cdots & b_{1p} \\ \vdots & & \vdots & & \vdots \\ b_{i1} & \cdots & b_{ij} & \cdots & b_{ip} \\ \vdots & & \vdots & & \vdots \\ b_{n1} & \cdots & b_{nj} & \cdots & b_{np} \end{pmatrix} = \begin{pmatrix} c_{11} & \cdots & c_{1j} & \cdots & c_{1p} \\ \vdots & & \vdots & & \vdots \\ c_{i1} & \cdots & \boxed{c_{ij}} & \cdots & c_{ip} \\ \vdots & & \vdots & & \vdots \\ c_{m1} & \cdots & c_{mj} & \cdots & c_{mp} \end{pmatrix}$$

다시 한번 강조하자면 행렬 곱 AB가 정의될 필요충분조건은 A의 열 개수와 B의 행 개수가 같은 때이다. 행렬의 곱이 가능하면 AB의 행 개수는 A의 행의 개수와 같고, AB의 열 개수는 B의 열 개수와 같다.

한 가지 주의할 점이 있다. AB는 정의되더라도 BA는 정의되지 않을 수 있다. 예를 들어 A가 6×3 행렬이고 B가 3×5 행렬이면 AB는 6×5 행렬로 정의되지만 BA는 정의되지 않는다.

EX 12.5.2 다음 두 행렬 A, B에 대해 행렬의 곱 AB를 구하라. 그리고 BA도 정의되는지 확인하라.

$$A=\begin{pmatrix} 0 & 1 & 2 \\ 2 & 3 & 1 \\ 4 & -1 & 6 \end{pmatrix},\quad B=\begin{pmatrix} 3 & 2 \\ 1 & 0 \\ -1 & 1 \end{pmatrix}$$

풀이

A는 3×3 행렬이고 B는 3×2 행렬이므로 AB는 다음과 같이 3×2 행렬이다.[5]

$$AB=\begin{pmatrix} 0 & 1 & 2 \\ 2 & 3 & 1 \\ 4 & -1 & 6 \end{pmatrix}\begin{pmatrix} 3 & 2 \\ 1 & 0 \\ -1 & 1 \end{pmatrix}=\begin{pmatrix} -1 & 2 \\ \boxed{8} & 5 \\ 5 & 14 \end{pmatrix}$$

그러나 B의 열의 수는 2이고 A의 행의 수는 3으로 서로 같지 않으므로, 행렬 곱 BA는 정의되지 않는다.

[EX 12.5.2]에서 확인했듯이 곱 AB는 정의되지만 BA는 정의되지 않는다. [연습문제 1]과 [EX 12.6.4]에서는 AB, BA가 모두 정의되더라도 일반적으로 서로 같은 행렬이 아님을 보여준다. 이처럼 두 행렬의 곱 사이에 중요한 차이를 인식할 수 있도록 AB는 A에 B를 **오른쪽에 곱한다**(postmultiply)고 하고, BA는 A에 B를 **왼쪽에 곱한다**(premultiply)고 한다.

EX 12.5.3 세 회사 A, B, C가 특정 상품에 대한 시장을 나누어 갖고 있다고 하자. 초기에는 A회사가 시장의 20%, B회사는 60%, C회사는 20%를 점유하고 있었다. 그 후 1년 동안 다음과 같은 변화가 생겼다고 가정하자.

❶ A회사는 기존 고객의 85%를 유지하고 5%는 B회사로, 10%는 C회사로 빼앗긴다.

❷ B회사는 기존 고객의 55%를 유지하고 10%는 A회사로, 35%는 C회사로 빼앗긴다.

❸ C회사는 기존 고객의 85%를 유지하고 10%는 A회사로, 5%는 B회사로 빼앗긴다.

5 AB의 2행 1열에 있는 성분을 어떻게 구하는지 보여주기 위해 직사각형으로 표시했다. 이는 A의 2행과 B의 1열의 내적으로 그 값은 $2\cdot3+3\cdot1+1\cdot(-1)=8$이다.

세 회사의 시장 점유율은 **시장 점유율 벡터**(market share vector)로 나타낼 수 있다. 이 시장 점유율 벡터는 모든 성분이 0보다 크거나 같고 합이 1인 열벡터 s로 정의된다. 행렬 T와 초기 시장 점유율 벡터 s를 다음과 같이 두자.

$$\mathrm{T} = \begin{pmatrix} 0.85 & 0.10 & 0.10 \\ 0.05 & 0.55 & 0.05 \\ 0.10 & 0.35 & 0.85 \end{pmatrix}, \quad \mathrm{s} = \begin{pmatrix} 0.2 \\ 0.6 \\ 0.2 \end{pmatrix}$$

여기서 행렬 T의 각 성분 t_{ij}는 j회사의 고객 중 다음 해에 i회사의 고객으로 넘어가는 백분율이다. 따라서 T를 **전이행렬**(transition matrix)이라 한다. 벡터 Ts를 구하라. 이 역시 시장 점유율 벡터임을 보이고 그 의미를 설명하라. 또한 T를 왼쪽에 계속 곱해서 얻는 T(Ts), T(T(Ts)), …의 의미를 해석하라.

풀이

Ts를 직접 계산하면 다음과 같다.

$$\mathrm{Ts} = \begin{pmatrix} 0.85 & 0.10 & 0.10 \\ 0.05 & 0.55 & 0.05 \\ 0.10 & 0.35 & 0.85 \end{pmatrix}\begin{pmatrix} 0.2 \\ 0.6 \\ 0.2 \end{pmatrix} = \begin{pmatrix} 0.25 \\ 0.35 \\ 0.40 \end{pmatrix}$$

여기서 $0.25 + 0.35 + 0.40 = 1$이므로 행렬 곱 Ts 역시 시장 점유율 벡터이다. Ts의 첫 번째 성분은 다음 계산으로 얻는다.

$$0.85 \cdot 0.2 + 0.10 \cdot 0.6 + 0.10 \cdot 0.2 = 0.25$$

이 식에서 $0.85 \cdot 0.2$는 A회사가 1년 후에도 유지하는 시장 점유율이고, $0.10 \cdot 0.6$은 A회사가 B회사로부터 가져온 시장 점유율, $0.10 \cdot 0.2$는 A회사가 C회사로부터 가져온 시장 점유율이다. 즉 이 셋을 더한 값은 1년 후 A회사의 시장 점유율이다. Ts의 다른 성분도 동일한 방식으로 해석할 수 있다. 따라서 Ts는 1년 후 세 회사의 새로운 시장 점유율 벡터가 된다. 아울러 T(Ts)는 2년 후 세 회사의 시장 점유율 벡터[6]이고, T(T(Ts))는 3년 후 세 회사의 시장 점유율 벡터이다.

행렬방정식

행렬의 곱셈은 연립일차방정식을 아주 간결하게 표현할 수 있도록 해준다. 예를 들어 다음과 같은 연립일차방정식을 생각해보자.

$$\begin{cases} 3x_1 + 4x_2 = 5 \\ 7x_1 - 2x_2 = 2 \end{cases}$$

이제 2×2 계수행렬을 $\mathrm{A} = \begin{pmatrix} 3 & 4 \\ 7 & -2 \end{pmatrix}$, 미지수로 이루어진 2차원 벡터를 $\mathrm{x} = \begin{pmatrix} x_1 \\ x_2 \end{pmatrix}$로 두면 연립방정식의 좌변을 다음과 같이 나타낼 수 있다.

$$\mathrm{Ax} = \begin{pmatrix} 3 & 4 \\ 7 & -2 \end{pmatrix}\begin{pmatrix} x_1 \\ x_2 \end{pmatrix} = \begin{pmatrix} 3x_1 + 4x_2 \\ 7x_1 - 2x_2 \end{pmatrix}$$

연립방정식의 우변을 2차원 벡터 $\mathrm{b} = \begin{pmatrix} 5 \\ 2 \end{pmatrix}$로 두면 주어진 연립방정식은 행렬방정식 $\mathrm{Ax} = \mathrm{b}$와 동치이다.

6 [연습문제 8]에서 실제로 구해보자.

일반적으로 m개의 일차방정식과 n개의 미지수를 갖는 연립일차방정식 (12.2.1)을 상기하고 다음과 같이 정의하자.

$$\mathrm{A} = \begin{pmatrix} a_{11} & a_{12} & \cdots & a_{1n} \\ a_{21} & a_{22} & \cdots & a_{2n} \\ \vdots & \vdots & & \vdots \\ a_{m1} & a_{m2} & \cdots & a_{mn} \end{pmatrix}, \quad \mathbf{x} = \begin{pmatrix} x_1 \\ x_2 \\ \vdots \\ x_n \end{pmatrix}, \quad \mathbf{b} = \begin{pmatrix} b_1 \\ b_2 \\ \vdots \\ b_m \end{pmatrix}$$

여기서 A는 $m \times n$ 행렬이고 $\mathbf{x}$는 $n \times 1$ 행렬(열벡터)이다. 따라서 행렬 곱 $\mathrm{A}\mathbf{x}$는 $m \times 1$ 행렬로 정의된다. 또한 연립방정식 (12.2.1)은 $\mathrm{A}\mathbf{x} = \mathbf{b}$로 나타낼 수 있다. 이처럼 간결한 표기법은 매우 유용하게 사용된다.

12.5 연습문제

1 두 행렬 A, B가 다음과 같을 때 행렬 곱 AB와 BA가 존재하면 그 곱을 구하라.

(a) $\mathrm{A} = \begin{pmatrix} 0 & -2 \\ 3 & 1 \end{pmatrix}, \ \mathrm{B} = \begin{pmatrix} -1 & 4 \\ 1 & 5 \end{pmatrix}$

(b) $\mathrm{A} = \begin{pmatrix} 8 & 3 & -2 \\ 1 & 0 & 4 \end{pmatrix}, \ \mathrm{B} = \begin{pmatrix} 2 & -2 \\ 4 & 3 \\ 1 & -5 \end{pmatrix}$

(c) $\mathrm{A} = \begin{pmatrix} -1 & 0 \\ 2 & 4 \end{pmatrix}, \ \mathrm{B} = \begin{pmatrix} 3 & 1 \\ -1 & 1 \\ 0 & 2 \end{pmatrix}$

(d) $\mathrm{A} = \begin{pmatrix} 0 \\ -2 \\ 4 \end{pmatrix}, \ \mathrm{B} = \begin{pmatrix} 0 & -2 & 3 \end{pmatrix}$

2 다음과 같은 행렬에 대해 행렬 3A + 2B − 2C + D, AB, C(AB)를 구하라.

$$\mathrm{A} = \begin{pmatrix} 2 & 4 \\ 1 & 2 \end{pmatrix}, \quad \mathrm{B} = \begin{pmatrix} -2 & 4 \\ 1 & -2 \end{pmatrix}$$
$$\mathrm{C} = \begin{pmatrix} 2 & 3 \\ 6 & 9 \end{pmatrix}, \quad \mathrm{D} = \begin{pmatrix} 1 & 1 \\ 1 & 3 \end{pmatrix}$$

3 다음과 같은 행렬에 대해 행렬 A + B, A − B, AB, BA, A(BC), (AB)C를 구하라.

$$\mathrm{A} = \begin{pmatrix} 1 & 2 & -3 \\ 5 & 0 & 2 \\ 1 & -1 & 1 \end{pmatrix}, \ \mathrm{B} = \begin{pmatrix} 3 & -1 & 2 \\ 4 & 2 & 5 \\ 2 & 0 & 3 \end{pmatrix},$$
$$\mathrm{C} = \begin{pmatrix} 4 & 1 & 2 \\ 0 & 3 & 2 \\ 1 & -2 & 3 \end{pmatrix}$$

4 다음 연립방정식에 대응하는 행렬방정식을 구하라.

(a) $\begin{cases} x_1 + x_2 = 3 \\ 3x_1 + 5x_2 = 5 \end{cases}$

(b) $\begin{cases} x_1 + 2x_2 + x_3 = 4 \\ x_1 - x_2 + x_3 = 5 \\ 2x_1 + 3x_2 - x_3 = 1 \end{cases}$

(c) $\begin{cases} 2x_1 - 3x_2 + x_3 = 0 \\ x_1 + x_2 - x_3 = 0 \end{cases}$

5 다음 세 행렬에 대한 물음에 답하라.

$$\mathrm{A} = \begin{pmatrix} 2 & 2 \\ 1 & 5 \end{pmatrix}, \ \mathrm{B} = \begin{pmatrix} 2 & 0 \\ 3 & 2 \end{pmatrix}, \ \mathrm{I} = \begin{pmatrix} 1 & 0 \\ 0 & 1 \end{pmatrix}$$

(a) (A − 2I)C = I를 만족하는 행렬 C를 구하라.

(b) (B − 2I)D = I를 만족하는 행렬 D가 있는가?

6 $m \times n$ 행렬 A에 대해 행렬 곱 AB, BA가 모두 정의되려면 행렬 B의 차원은 얼마여야 하는가?

7 $\mathrm{A} = \begin{pmatrix} 1 & 2 \\ 2 & 3 \end{pmatrix}$일 때 AB = BA를 만족하는 A와 '교환가능'한 행렬 B를 모두 구하라.

8 [EX 12.5.3]에서 T(Ts)를 계산하라.

12.6 행렬의 곱셈법칙

12.5절에서 봤듯이 행렬의 곱셈은 행렬의 덧셈과 스칼라배와 같은 직관적인 연산이 아니다. 그래서 행렬의 곱셈에서 어떤 법칙이 성립하는지 주의 깊게 알아보려고 한다. 앞에서 교환법칙 $AB = BA$는 일반적으로 성립하지 않음을 다뤘다. 그러나 행렬의 곱셈에서는 다음과 같이 중요한 법칙을 만족한다.

행렬의 곱셈법칙

행렬 A, B, C와 스칼라 α에 대해 다음에 주어진 행렬의 연산이 가능하면, 다음 법칙이 성립한다.

- $(AB)C = A(BC)$ (12.6.1)
- $A(B+C) = AB + AC$ (12.6.2)
- $(A+B)C = AC + BC$ (12.6.3)
- $(\alpha A)B = A(\alpha B) = \alpha(AB)$ (12.6.4)

식 (12.6.1)은 **결합법칙**(associative law)으로 알려져 있고, 식 (12.6.2)와 식 (12.6.3)은 각각 **왼쪽 분배법칙**(left distributive law)과 **오른쪽 분배법칙**(right distributive law)을 나타낸다. 여기서 분배법칙이 두 가지로 제시된 이유는 수와 달리 행렬의 곱셈에서 **교환법칙**이 성립하지 않기 때문이다. 즉 $A(B+C)$와 $(B+C)A$는 일반적으로 다르다.

EX 12.6.1 다음 행렬에 대해 식 (12.6.1)과 식 (12.6.2)가 성립함을 보여라.

$$A = \begin{pmatrix} 1 & 2 \\ 0 & 1 \end{pmatrix},\quad B = \begin{pmatrix} 0 & -1 \\ 3 & 2 \end{pmatrix},\quad C = \begin{pmatrix} 1 & 1 \\ 2 & 1 \end{pmatrix}$$

풀이

행렬의 덧셈과 곱셈은 모두 정의되고 계산 결과는 다음과 같다.

$$AB = \begin{pmatrix} 6 & 3 \\ 3 & 2 \end{pmatrix},\qquad (AB)C = \begin{pmatrix} 6 & 3 \\ 3 & 2 \end{pmatrix}\begin{pmatrix} 1 & 1 \\ 2 & 1 \end{pmatrix} = \begin{pmatrix} 12 & 9 \\ 7 & 5 \end{pmatrix}$$

$$BC = \begin{pmatrix} -2 & -1 \\ 7 & 5 \end{pmatrix},\quad A(BC) = \begin{pmatrix} 1 & 2 \\ 0 & 1 \end{pmatrix}\begin{pmatrix} -2 & -1 \\ 7 & 5 \end{pmatrix} = \begin{pmatrix} 12 & 9 \\ 7 & 5 \end{pmatrix}$$

따라서 $(AB)C = A(BC)$가 성립한다. 또한 다음과 같은 행렬의 합과 곱을 생각할 수 있다.

$$B + C = \begin{pmatrix} 1 & 0 \\ 5 & 3 \end{pmatrix},\quad A(B+C) = \begin{pmatrix} 1 & 2 \\ 0 & 1 \end{pmatrix}\begin{pmatrix} 1 & 0 \\ 5 & 3 \end{pmatrix} = \begin{pmatrix} 11 & 6 \\ 5 & 3 \end{pmatrix}$$

$$AC = \begin{pmatrix} 5 & 3 \\ 2 & 1 \end{pmatrix},\quad AC + AC = \begin{pmatrix} 6 & 3 \\ 3 & 2 \end{pmatrix} + \begin{pmatrix} 5 & 3 \\ 2 & 1 \end{pmatrix} = \begin{pmatrix} 11 & 6 \\ 5 & 3 \end{pmatrix}$$

그러므로 $A(B+C) = AB + AC$가 성립한다.

행렬의 곱셈법칙 (12.6.1)~(12.6.4)는 두 벡터의 각 연산과 내적에 대한 법칙을 신중하게 적용하면 간단하게 증명할 수 있다. 예를 들어 결합법칙을 증명해보자.

법칙 (12.6.1)의 증명

행렬 $A=(a_{ij})_{m\times n}$, $B=(b_{jk})_{n\times p}$, $C=(c_{kl})_{p\times q}$를 생각하자. 두 행렬 (AB)C와 A(BC)는 모두 $m\times q$ 행렬로 정의된다. 따라서 두 행렬에 서로 대응하는 성분이 모두 같다는 것을 증명하면 된다.

행렬 (AB)C의 i행 l열 성분 $\{(AB)C\}_{il}$는 AB의 i행과 C의 l열의 내적이다. A(BC)의 성분 $\{A(BC)\}_{il}$도 마찬가지이다. 식을 간단하게 나타내기 위해 합의 기호를 사용하자. 그러면 다음 식에서 두 번째 등호가 성립함을 보여야 한다.

$$\{(AB)C\}_{il}=\sum_{k=1}^{p}\left(\sum_{j=1}^{n}a_{ij}b_{jk}\right)c_{kl}=\sum_{j=1}^{n}a_{ij}\left(\sum_{k=1}^{p}b_{jk}c_{kl}\right)=\{A(BC)\}_{il}$$

두 번째 등호가 성립하는 이유는 양쪽에 있는 이중 합이 모두 $j=1$부터 n까지, $k=1$부터 p까지 움직이면서 생성되는 $a_{ij}b_{jk}c_{kl}$항을 모두 더한 전체 합을 나타내기 때문이다. ■

식 (12.6.1)을 증명하면서 (AB)C의 각 성분과 그에 대응하는 A(BC)의 성분이 모두 일치함을 자세히 확인했다. 나머지 세 개의 법칙도 동일한 방법으로 각 성분이 모두 일치함을 확인해야 한다. 이들에 대한 자세한 증명은 여러분에게 맡긴다. 결합법칙 (12.6.1)이 성립하므로 ABC처럼 여러 행렬의 곱에서는 괄호가 필요하지 않다. 물론 이와 같은 결과는 더 많은 행렬의 곱에서도 유효하다.

행렬대수에서 유용한 하나의 기법은 어떤 결과를 증명할 때 각 성분을 일일이 계산하기보다 필요할 때 법칙 (12.6.1)~(12.6.4)를 반복적으로 사용하는 방식이다. 예를 들어 $A=(a_{ij})$와 $B=(b_{ij})$가 모두 $n\times n$ 행렬일 때 다음을 생각해보자.

$$(A+B)(A+B)=AA+AB+BA+BB \tag{12.6.5}$$

이 명제를 증명하기 위해 규칙 (12.6.2)와 규칙 (12.6.3)을 함께 적용하면 다음을 도출할 수 있다.

$$(A+B)(A+B)=(A+B)A+(A+B)B=(AA+BA)+(AB+BB)$$

따라서 식 (12.6.5)는 12.3절에서 지정한 행렬의 덧셈법칙 ❶, ❷에 따라 바로 도출된다.

행렬의 거듭제곱

A가 정방행렬이면 행렬 곱 AA를 A^2으로 표기한다. 결합법칙 (12.6.1)에 따라 $(A)^2A$를 전개하면 $(A)^2A=(AA)A=A(AA)=A(A)^2$이므로 이 곱을 A^3으로 간략하게 표기할 수 있다. 일반적으로 임의의 자연수 n에 대해 다음과 같이 나타낸다.

$$A^n=\underbrace{AA\cdots A}_{n\text{번}}$$

EX 12.6.2 행렬 $A=\begin{pmatrix}1 & -1\\0 & 1\end{pmatrix}$에 대해 A^2, A^3, A^4을 구하라. 임의의 자연수 n에 대해 A^n의 형태를 추측하라. 마지막으로 수학적 귀납법(1.4절 참고)을 이용하여 그 추측이 맞는지 보여라.

풀이

행렬의 곱셈 정의에 따라 다음을 얻는다.

$$A^2=AA=\begin{pmatrix}1 & -2\\0 & 1\end{pmatrix},\quad A^3=A^2A=\begin{pmatrix}1 & -3\\0 & 1\end{pmatrix},\quad A^4=A^3A=\begin{pmatrix}1 & -4\\0 & 1\end{pmatrix}$$

따라서 임의의 자연수 n에 대해 다음이 성립할 것으로 예측할 수 있다.

$$A^n=\begin{pmatrix}1 & -n\\0 & 1\end{pmatrix} \qquad (*)$$

이제 n에 대한 수학적 귀납법으로 이를 증명해보자. $n=1$이면 식 (*)는 당연히 성립한다. 다음과 같이 (*)가 $n=k$에 대해 성립한다고 가정하자.

$$A^k=\begin{pmatrix}1 & -k\\0 & 1\end{pmatrix}$$

그러면 행렬의 곱셈 정의에 따라 다음을 만족한다.

$$A^{k+1}=A^kA=\begin{pmatrix}1 & -k\\0 & 1\end{pmatrix}\begin{pmatrix}1 & -1\\0 & 1\end{pmatrix}=\begin{pmatrix}1 & -k-1\\0 & 1\end{pmatrix}=\begin{pmatrix}1 & -(k+1)\\0 & 1\end{pmatrix}$$

이는 식 (*)가 $n=k$일 때 성립하면 $n=k+1$에서도 성립함을 보여준다. 따라서 (*)는 모든 자연수 n에 대해 성립한다.

EX 12.6.3 두 $n\times n$ 행렬 P, Q가 $PQ=Q^2P$를 만족한다고 가정하자. 그러면 $(PQ)^2=Q^6P^2$임을 증명하라.

풀이

결합법칙 (12.6.1)을 반복하여 사용하고 PQ에 Q^2P를 두 번 대입하면 다음을 얻는다.

$$(PQ)^2=(PQ)(PQ)=(Q^2P)(Q^2P)=(Q^2P)Q(QP)=Q^2(PQ)(QP)$$

이제 PQ에 Q^2P를 두 번 대입하면 다음을 알 수 있다.

$$Q^2(PQ)(QP)=Q^2(Q^2P)(QP)=Q^2Q^2(PQ)P=Q^4(Q^2P)P=Q^6P^2$$

두 식으로부터 $(PQ)^2=Q^6P^2$이 성립한다.

[EX 12.6.3]에서 각 성분을 일일이 계산해서 증명하는 것은 사실상 불가능하다. 또한 일반적으로 $(PQ)^2$은 P^2Q^2과 같지 않음을 유의하라.

항등행렬

다음과 같이 주대각선의 성분(이하 대각성분이라 함)은 모두 1이고 나머지 성분은 모두 0인 $n \times n$ 행렬을 n차원 **항등행렬**(identity matrix)이라 하고 기호 I_n 또는 I로 표기한다.

$$\mathrm{I}_n = \begin{pmatrix} 1 & 0 & \cdots & 0 \\ 0 & 1 & \cdots & 0 \\ \vdots & \vdots & \ddots & \vdots \\ 0 & 0 & \cdots & 1 \end{pmatrix}_{n \times n}$$

A가 임의의 $m \times n$ 행렬이면 행렬의 곱셈 정의 (12.5.1)을 사용하여 $\mathrm{A\,I}_n = \mathrm{A}$ 임을 확인할 수 있다. 마찬가지로 B가 임의의 $n \times m$ 행렬이면 $\mathrm{I}_n\mathrm{B} = \mathrm{B}$이다. 이로부터 임의의 $n \times n$ 행렬 A에 대해 다음이 성립한다.

$$\mathrm{A\,I}_n = \mathrm{I}_n\mathrm{A} = \mathrm{A} \tag{12.6.6}$$

즉 I_n은 실수에서 1과 같은 역할을 하는 행렬이자 이 성질을 갖는 유일한 행렬이다. 유일성을 증명하기 위해 E가 모든 $n \times n$ 행렬 A에 대해 $\mathrm{AE} = \mathrm{A}$를 만족하는 임의의 $n \times n$ 행렬이라 하자. 특히 $\mathrm{A} = \mathrm{I}_n$이라 두면 $\mathrm{I}_n\mathrm{E} = \mathrm{I}_n$이다. 한편 식 (12.6.6)에 의해 $\mathrm{I}_n\mathrm{E} = \mathrm{E}$이므로 $\mathrm{E} = \mathrm{I}_n$이어야 한다. 따라서 항등행렬은 유일하다.

피해야 할 오류

행렬대수의 법칙을 잘 활용하면 많은 계산과 논의를 쉽게 처리할 수 있다. 그러나 실수에서 성립하는 방식이라 해서 임의의 행렬에 무작정 새로운 법칙을 임의로 만들어 적용하면 안 된다. 예를 들어 식 (12.6.5)에서 우변의 $\mathrm{AA} + \mathrm{AB} + \mathrm{BA} + \mathrm{BB}$를 $\mathrm{AA} + 2\mathrm{AB} + \mathrm{BB}$로 간단하게 정리할 수 없다. 왜냐하면 AB 또는 BA가 정의되지 않을 수도 있고, 설령 정의되더라도 AB가 BA와 같다는 보장이 없기 때문이다. [EX 12.6.4]에서 알 수 있듯이 행렬 곱에서는 교환법칙이 성립하지 않는다.

EX 12.6.4 $\mathrm{A} = \begin{pmatrix} 2 & 0 \\ 0 & 3 \end{pmatrix}$, $\mathrm{B} = \begin{pmatrix} 0 & 1 \\ 1 & 0 \end{pmatrix}$일 때 $\mathrm{AB} \neq \mathrm{BA}$임을 보여라.

풀이

두 행렬의 곱을 직접 구하면 $\mathrm{AB} = \begin{pmatrix} 0 & 2 \\ 3 & 0 \end{pmatrix} \neq \mathrm{BA} = \begin{pmatrix} 0 & 3 \\ 2 & 0 \end{pmatrix}$이다.

실수(스칼라)에서 성립하지만 행렬에서 일반적으로 성립하지 않는 다른 결과를 소개한다. 실수 a, b에 대해 $ab = 0$이면 a와 b 중 적어도 하나는 0이다. 그러나 행렬에서는 A, B가 모두 영행렬이 아니더라도 AB는 영행렬이 될 수 있다. 다음에서 이를 보여준다.

EX 12.6.5 두 행렬 $A=\begin{pmatrix}3 & 1\\ 6 & 2\end{pmatrix}$, $B=\begin{pmatrix}1 & 2\\ -3 & -6\end{pmatrix}$에 대해 AB를 구하라.

풀이

두 행렬을 직접 곱하면 $AB=\begin{pmatrix}3 & 1\\ 6 & 2\end{pmatrix}\begin{pmatrix}1 & 2\\ -3 & -6\end{pmatrix}=\begin{pmatrix}0 & 0\\ 0 & 0\end{pmatrix}$이다.

실수에서는 $ab=ac$이고 $a\neq 0$이면 식의 양변에 $\frac{1}{a}$을 곱해서 $b=c$를 얻을 수 있으며, 이것이 바로 **소거법칙**(cancellation rule)이다. 그러나 [EX 12.6.5]는 소거법칙이 행렬에 대해 일반적으로 성립하지 않음을 보여준다. $AB=A0$이고 $A\neq 0$인데도 $B=0$이 아니라 $B\neq 0$이기 때문이다.

지금까지 다룬 내용을 요약하면 다음과 같다.

❶ $AB\neq BA$
❷ $AB=0$은 $A=0$ 또는 $B=0$임을 의미하지 않는다.
❸ $AB=AC$이고 $A\neq 0$은 $B=C$임을 의미하지 않는다.

여기서 ❶은 행렬 곱셈이 일반적으로 교환법칙을 따르지 않음을 보여주고, ❸은 행렬 곱셈에서 소거법칙이 유효하지 않음을 보여준다.[7] 이제 행렬의 곱셈에 대한 자연스러운 응용 두 가지를 살펴보자.

EX 12.6.6 한 기업이 m종류의 서로 다른 원자재 $R_1, R_2, \cdots, R_m$을 사용해 n개의 서로 다른 상품 $V_1, V_2, \cdots, V_n$을 생산한다고 하자. $j=1, 2, \cdots, n$에 대해 상품 V_j를 한 단위 생산하려면 원자재 R_i(단, $i=1, 2, \cdots, m$)가 a_{ij}단위만큼 필요하다고 하자. 이러한 **투입계수**(input coefficient)는 다음과 같은 행렬을 구성한다.

$$A=(a_{ij})_{m\times n}=\begin{pmatrix}a_{11} & a_{12} & \cdots & a_{1n}\\ a_{21} & a_{22} & \cdots & a_{2n}\\ \vdots & \vdots & \cdots & \vdots\\ a_{m1} & a_{m2} & \cdots & a_{mn}\end{pmatrix}$$

이 기업이 각 상품 V_j(단, $j=1, 2, \cdots, n$)를 매달 u_j단위씩 생산할 계획이라 하자. 이 생산 계획은 다음과 같이 $n\times 1$ 행렬(열벡터) u로 나타낼 수 있다. 이 u를 기업의 월별 생산량벡터라 한다.

$$u=\begin{pmatrix}u_1\\ u_2\\ \vdots\\ u_n\end{pmatrix}$$

성분 a_{i1}은 상품 V_1을 한 단위 생산하는 데 필요한 원자재 R_i의 양이므로 $a_{i1}u_1$은 상품 V_1을 u_1단위 생산하는 데 필요한 원자재 R_i의 총량을 의미한다. 마찬가지로 $a_{ij}u_j$는 상품 V_j(단, $j=2, \cdots, n$)를 u_j단위 생산하는 데 필요한 원자재 R_i의 총량이다. 따라서 원자재 R_i의 월간 총수요량은 다음과 같다.

7 13.6절에서 정의하겠지만 A가 역행렬을 가진다면 ❸에 관한 소거법칙이 성립한다.

$$a_{i1}u_1 + a_{i2}u_2 + \cdots + a_{in}u_n = \sum_{j=1}^{n} a_{ij}u_j$$

이는 A의 i번째 행벡터와 열벡터 u의 내적이다. 따라서 모든 원자재에 대한 이 기업의 월간 총수요량벡터 r은 행렬 곱 r = Au로 주어진다. 즉 r은 $m \times 1$ 행렬(열벡터)이다.

m종류의 원자재에 대한 단위당 가격이 각각 $p_1, p_2, \cdots, p_m$이라 하고, p를 가격벡터 $(p_1, p_2, \cdots, p_m)$으로 나타내자. 그러면 월별 생산량벡터 u를 수행하기 위해 필요한 원자재를 구매하는 월간 총비용 K는 $\sum_{i=1}^{m} p_i r_i$이다. 이 합은 행렬 곱 pr로 나타낼 수 있으므로 K = pr = p(Au)이다. 한편으로 행렬 곱은 결합법칙이 성립하므로 괄호 없이 K = pAu로 표현할 수 있다.

EX 12.6.7 [그림 12.6.1]은 세 국가 A, B, C의 주요 공항 사이에서 운항되는 일일 국제선 항공편 수를 나타낸다. 각 연결선에 표시된 숫자는 두 공항을 오가는 항공편 수이다. 예를 들어 B국가의 b_3공항에서 C국가의 c_3공항까지는 매일 4편의 항공기가 운항되지만 C국가의 c_2공항으로 가는 항공편은 없다.

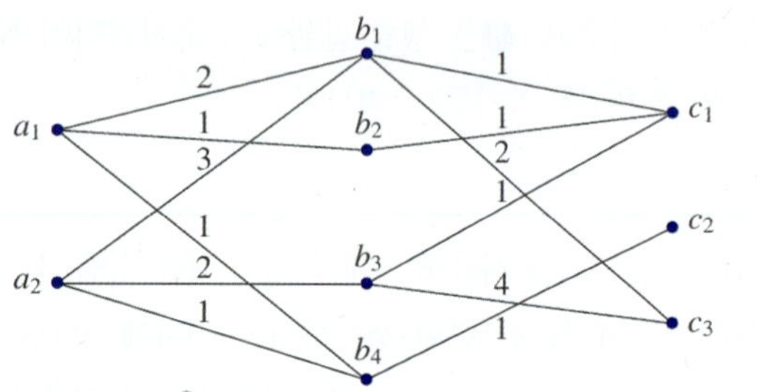

그림 12.6.1 [EX 12.6.7]의 공항과 항공편 수

주어진 자료를 다음과 같이 두 개의 확장행렬로 표현할 수 있다. 여기서는 각 행과 열에 해당하는 이름을 함께 표시했다.

$$\mathrm{P}\ :\ \begin{array}{c} \\ a_1 \\ a_2 \end{array}\!\!\begin{array}{c} \begin{array}{cccc} b_1 & b_2 & b_3 & b_4 \end{array} \\ \begin{pmatrix} 2 & 1 & 0 & 1 \\ 3 & 0 & 2 & 1 \end{pmatrix} \end{array}, \qquad \mathrm{Q}\ :\ \begin{array}{c} \\ b_1 \\ b_2 \\ b_3 \\ b_4 \end{array}\!\!\begin{array}{c} \begin{array}{ccc} c_1 & c_2 & c_3 \end{array} \\ \begin{pmatrix} 1 & 0 & 2 \\ 1 & 0 & 0 \\ 1 & 0 & 4 \\ 0 & 1 & 0 \end{pmatrix} \end{array}$$

행렬 P의 각 성분 p_{ij}는 a_i공항과 b_j공항 사이의 일일 항공편 수를 나타낸다. 마찬가지로 Q의 각 성분 q_{jk}는 b_j공항과 c_k공항 사이의 일일 항공편 수이다. 그렇다면 B국가의 공항에서 한 번 환승하여 a_i공항에서 c_k공항까지 가는 항공편 조합은 총 몇 가지인가? 예를 들어 a_2공항에서 c_3공항으로 가는 항공편은 총 14가지이며, $3 \cdot 2 + 0 \cdot 0 + 2 \cdot 4 + 1 \cdot 0 = 14$로 계산된다. 이는 행렬 P의 두 번째 행벡터와 행렬 Q의 세 번째 열벡터의 내적이다. 이와 같은 계산 방식은 모든 a_i공항과 c_k공항에도 동일하게 적용된다. 따라서 B국가를 경유해 A국가의 공항에서 C국가의 공항으로 이동하는 모든 항공편은 다음과 같이 행렬 곱으로 주어진다.

$$\mathrm{R} = \mathrm{PQ} = \begin{pmatrix} 2 & 1 & 0 & 1 \\ 3 & 0 & 2 & 1 \end{pmatrix} \begin{pmatrix} 1 & 0 & 2 \\ 1 & 0 & 0 \\ 1 & 0 & 4 \\ 0 & 1 & 0 \end{pmatrix} = \begin{pmatrix} 3 & 1 & 4 \\ 5 & 1 & 14 \end{pmatrix}$$

12.6 연습문제

1 다음 행렬에 대해 분배법칙 $A(B+C)=AB+AC$가 성립함을 보여라.

$$A=\begin{pmatrix}1&2\\3&4\end{pmatrix},\ B=\begin{pmatrix}2&-1&1&0\\3&-1&2&1\end{pmatrix},$$
$$C=\begin{pmatrix}-1&1&1&2\\-2&2&0&-1\end{pmatrix}$$

2 다음 행렬 곱을 구하라.

$$\begin{pmatrix}x&y&z\end{pmatrix}\begin{pmatrix}a&d&e\\d&b&f\\e&f&c\end{pmatrix}\begin{pmatrix}x\\y\\z\end{pmatrix}$$

3 다음 행렬에 대해 결합법칙 $(AB)C=A(BC)$가 성립함을 보여라.

$$A=\begin{pmatrix}a_{11}&a_{12}\\a_{21}&a_{22}\end{pmatrix},\ B=\begin{pmatrix}b_{11}&b_{12}\\b_{21}&b_{22}\end{pmatrix},$$
$$C=\begin{pmatrix}c_{11}&c_{12}\\c_{21}&c_{22}\end{pmatrix}$$

4 다음 행렬 곱을 구하라.

(a) $\begin{pmatrix}1&0&0\\0&1&0\\0&0&1\end{pmatrix}\begin{pmatrix}5&3&1\\2&0&9\\1&3&3\end{pmatrix}$

(b) $\begin{pmatrix}1&2&-3\end{pmatrix}\begin{pmatrix}1&0&0\\0&1&0\\0&0&1\end{pmatrix}$

5 A와 B가 n차 정방행렬일 때 일반적으로 다음이 성립함을 보여라. 또한 각 경우에 등식이 성립하기 위한 필요충분조건을 구하라.

(a) $(A+B)(A-B)\neq A^2-B^2$

(b) $(A-B)(A-B)\neq A^2-2AB+B^2$

6 $A^2=A$를 만족하는 정방행렬 A를 **멱등행렬**(idempotent matrix)이라 한다. 물음에 답하라.

(a) $\begin{pmatrix}2&-2&-4\\-1&3&4\\1&-2&-3\end{pmatrix}$은 멱등행렬임을 보여라.

(b) $AB=A$이고 $BA=B$이면 A와 B는 모두 멱등행렬임을 보여라.

(c) A가 멱등행렬이면 모든 양의 정수 n에 대해 $A^n=A$임을 보여라.

7 두 $n\times n$ 행렬 P, Q에 대해 $P^3Q=PQ$가 성립하면 $P^5Q=PQ$임을 보여라.

8 **심화** 2×2 행렬 $A=\begin{pmatrix}a&b\\c&d\end{pmatrix}$를 생각해보자.

(a) $A^2=(a+d)A-(ad-bc)I_2$임을 증명하라.

(b) (a)를 이용하여 $A^2=0$이지만 $A\neq0$인 2×2 행렬 A의 예를 하나 찾아라.

(c) (a)를 이용하여 임의의 2×2 행렬 A가 $A^3=0$을 만족하면 $A^2=0$임을 보여라.

힌트 (a)의 양변에 A를 곱한 다음, $A^3=0$을 이용해서 새로운 식을 도출하라. 그 식에 다시 A를 곱해보라.

12.7 전치행렬

임의의 $m\times n$ 행렬 A를 생각해보자. A의 **전치행렬**(transpose matrix)은 A의 1열을 1행으로, A의 2열을 2행으로, 그리고 이후의 열도 동일한 방식으로 옮겨서 정의한 $n\times m$ 행렬이다. 이를 기호 A' 또는 $A^\top$로 표기한다. $m\times n$ 행렬 A가 다음과 같이 나타난다고 하자.

$$\mathrm{A} = (a_{ij})_{m\times n} = \begin{pmatrix} a_{11} & a_{12} & \cdots & a_{1n} \\ a_{21} & a_{22} & \cdots & a_{2n} \\ \vdots & \vdots & & \vdots \\ a_{m1} & a_{m2} & \cdots & a_{mn} \end{pmatrix}$$

그러면 A 의 전치행렬 A′는 $n \times m$ 행렬이고 다음과 같다.

$$\mathrm{A}' = (a'_{rs})_{n\times m} = \begin{pmatrix} a'_{11} & a'_{12} & \cdots & a'_{1m} \\ a'_{21} & a'_{22} & \cdots & a'_{2m} \\ \vdots & \vdots & & \vdots \\ a'_{n1} & a'_{n2} & \cdots & a'_{nm} \end{pmatrix} = \begin{pmatrix} a_{11} & a_{21} & \cdots & a_{m1} \\ a_{12} & a_{22} & \cdots & a_{m2} \\ \vdots & \vdots & & \vdots \\ a_{1n} & a_{2n} & \cdots & a_{mn} \end{pmatrix} \qquad (12.7.1)$$

간단히 말해서 모든 r과 s에 대해 전치행렬은 성분이 $a'_{rs} = a_{sr}$인 행렬 $\mathrm{A}' = (a'_{rs})$로 표현된다. 예를 들어 A 의 i행은 A′의 i열이고 A 의 j열은 A′의 j행이므로 첨자 r과 s가 서로 바뀐다.

EX 12.7.1 다음 행렬에 대한 전치행렬 A′와 B′를 구하라.

$$\mathrm{A} = \begin{pmatrix} -1 & 0 \\ 2 & 3 \\ 5 & -1 \end{pmatrix}, \quad \mathrm{B} = \begin{pmatrix} 1 & -1 & 0 & 4 \\ 2 & 1 & 1 & 1 \end{pmatrix}$$

풀이

정의 (12.7.1)을 적용하면 전치행렬은 다음과 같다.

$$\mathrm{A}' = \begin{pmatrix} -1 & 2 & 5 \\ 0 & 3 & -1 \end{pmatrix}, \quad \mathrm{B}' = \begin{pmatrix} 1 & 2 \\ -1 & 1 \\ 0 & 1 \\ 4 & 1 \end{pmatrix}$$

EX 12.7.2 다음 두 n차원 벡터를 $n \times 1$ 행렬로 생각하자.

$$\mathbf{a} = \begin{pmatrix} a_1 \\ a_2 \\ \vdots \\ a_n \end{pmatrix}, \quad \mathbf{b} = \begin{pmatrix} b_1 \\ b_2 \\ \vdots \\ b_n \end{pmatrix}$$

전치행렬 $\mathbf{a}'$는 $1 \times n$ 행렬이므로 행렬의 곱 $\mathbf{a}'\mathbf{b}$는 1×1 행렬로 정의된다. 실제로 다음과 같다.

$$\mathbf{a}'\mathbf{b} = a_1b_1 + a_2b_2 + \cdots + a_nb_n$$

행렬 $\mathbf{a}'\mathbf{b}$의 단일 성분은 정확히 두 벡터 $\mathbf{a}$와 $\mathbf{b}$의 내적이다. 표기상 정확하지 않지만, 문맥상 혼동이 없다는 전제하에 종종 $\mathbf{a}'\mathbf{b} = \mathbf{a}\cdot\mathbf{b}$로 간단히 나타내기도 한다.

경제학에서는 별도의 언급이 없으면 일반적으로 벡터 $\mathbf{x}$를 열벡터로 간주한다. 특히 이것이 수량벡터나 상품벡터이면 더욱 그렇다. 가격벡터는 행벡터로 간주하는 것이 일반적인 관례이며, 종종 $\mathbf{p}'$로 표기한다. 그러면 행렬 $\mathbf{p}'\mathbf{x}$는 내적 $\mathbf{p}\cdot\mathbf{x}$로 주어지는 1×1 행렬이다.

전치행렬에 대해 다음 법칙이 성립한다.

전치행렬의 법칙

임의의 두 행렬 A, B와 스칼라 α에 대해 다음이 성립한다.

- $(A')' = A$ (12.7.2)
- $A+B$가 정의되면 $(A+B)' = A' + B'$ (12.7.3)
- $(\alpha A)' = \alpha A'$ (12.7.4)
- AB가 정의되면 $(AB)' = B'A'$ (12.7.5)

처음 세 개의 법칙은 직접 확인하기 어렵지 않으므로 각 i, j에 대해 $a'_{ij} = a_{ji}$임을 이용하여 각자 상세하게 증명해보라. 이 책에서는 마지막 법칙을 증명한다.

식 (12.7.5)의 증명

A가 $m\times n$ 행렬이고 B가 $n\times p$ 행렬이면 AB는 $m\times p$ 행렬이다. A′는 $n\times m$ 행렬이고 B′는 $p\times n$ 행렬이므로 B′A′도 정의된다. 다음으로 (AB)′와 B′A′는 모두 $p\times m$ 행렬이다. 따라서 두 $p\times m$ 행렬에서 서로 대응하는 성분의 쌍이 모두 같음을 증명하면 된다.

전치행렬 (AB)′의 ki 성분은 정의에 의해 AB의 ik 성분이므로 다음과 같이 나타난다.

$$a_{i1}b_{1k} + a_{i2}b_{2k} + \cdots + a_{in}b_{nk} \qquad (*)$$

행렬 B′A′의 ki 성분은 다음과 같다.

$$b'_{k1}a'_{1i} + b'_{k2}a'_{2i} + \cdots + b'_{kn}a'_{ni} \qquad (**)$$

전치행렬의 정의에 따라 모든 $j=1, 2, \cdots, n$에 대해 $b'_{kj} = b_{jk}$이고 $a'_{ji} = a_{ij}$이므로 식 (**)는 다음과 같다.

$$b_{1k}a_{i1} + b_{2k}a_{i2} + \cdots + b_{nk}a_{in} \qquad (***)$$

모든 $j=1, 2, \cdots, n$에 대해 $a_{ij}b_{jk} = b_{jk}a_{ij}$이므로 식 (*)와 식 (***)의 합은 항상 서로 같다. 이로써 (AB)′와 B′A′의 서로 대응하는 성분이 모두 같음을 증명했다. ■

EX 12.7.3 **x**를 열벡터 $(x_1, x_2, \cdots, x_n)'$라 두면 **x**′는 n개의 성분을 갖는 행벡터이다. [EX 12.7.2]에서 보았듯이 곱 **x**′**x**는 내적 **x**·**x**에 해당하고, 이는 $\sum_{i=1}^{n} x_i^2$과 같다. 그러나 곱하는 순서를 바꾼 **xx**′는 $n\times 1$ 행렬과 $1\times n$ 행렬의 곱이므로 ij 성분이 $x_i x_j$인 $n\times n$ 행렬이다.

대칭행렬

자신의 전치행렬과 서로 같은 행렬인 정방행렬을 **대칭행렬**(symmetric matrix)이라 한다. 다음은 모두 대칭행렬이다.

$$\begin{pmatrix} -3 & 2 \\ 2 & 0 \end{pmatrix}, \begin{pmatrix} 2 & -1 & 5 \\ -1 & -3 & 2 \\ 5 & 2 & 8 \end{pmatrix}, \begin{pmatrix} a & b & c \\ b & d & e \\ c & e & f \end{pmatrix}$$

이러한 행렬을 대칭행렬이라 하는 이유는 모든 i, j에 대해 $a_{ij} = a_{ji}$가 성립하므로 주대각선을 중심으로 성분이 서로 대칭이기 때문이다. 이를 형식적으로 다음과 같이 정의한다.

> **대칭행렬**
>
> $\mathrm{A} = (a_{ij})_{n\times n}$가 **대칭행렬**일 필요충분조건은 모든 i, j에 대해 $a_{ij} = a_{ji}$일 때이다. 즉 다음과 같다.
>
> $$\mathrm{A}\text{는 대칭행렬} \quad \Leftrightarrow \quad \mathrm{A} = \mathrm{A}'$$

EX 12.7.4 X가 $m\times n$ 행렬이면 XX′와 X′X는 모두 대칭행렬임을 보여라.

풀이

XX′는 $m\times m$ 행렬이고 X′X는 $n\times n$ 행렬이다. 전치행렬의 법칙 (12.7.5)와 (12.7.2)를 순서대로 적용하면 다음을 만족한다.

$$(\mathrm{XX}')' = (\mathrm{X}')'\mathrm{X}' = \mathrm{XX}'$$

이는 XX′가 대칭행렬임을 보여준다. X′X가 대칭행렬이라는 증명도 같은 방법으로 할 수 있다.

12.7 연습문제

1 다음 세 행렬의 전치행렬을 구하라.

$$\mathrm{A} = \begin{pmatrix} 3 & 5 & 8 & 3 \\ -1 & 2 & 6 & 2 \end{pmatrix}, \ \mathrm{B} = \begin{pmatrix} 0 \\ 1 \\ -1 \\ 2 \end{pmatrix}$$

$$\mathrm{C} = (1 \quad 5 \quad 0 \quad -1)$$

2 두 행렬 $\mathrm{A} = \begin{pmatrix} 3 & 2 \\ -1 & 5 \end{pmatrix}$, $\mathrm{B} = \begin{pmatrix} 0 & 2 \\ 2 & 2 \end{pmatrix}$와 스칼라 $\alpha = -2$에 대한 물음에 답하라.

(a) 행렬 A′, B′, (A + B)′, $(\alpha\mathrm{A})'$, AB, (AB)′, B′A′, A′B′를 구하라.

(b) 주어진 행렬 A, B와 스칼라 α에 대해 전치행렬의 법칙 (12.7.2)~(12.7.5)가 성립함을 보여라.

3 두 행렬 $\mathrm{A} = \begin{pmatrix} 3 & 2 & 3 \\ 2 & -1 & 1 \\ 3 & 1 & 0 \end{pmatrix}$과 $\mathrm{B} = \begin{pmatrix} 0 & 4 & 8 \\ 4 & 0 & 13 \\ 8 & 13 & 0 \end{pmatrix}$은 모두 대칭행렬임을 보여라.

4 행렬 $\begin{pmatrix} a & a^2-1 & -3 \\ a+1 & 2 & a^2+4 \\ -3 & 4a & -1 \end{pmatrix}$이 대칭행렬일 때 모든 a 값을 구하라.

5 두 대칭행렬의 곱은 반드시 대칭행렬인가?

6 행렬 A_1, A_2, A_3가 주어지고 이들 사이의 모든 곱셈이 정의된다고 하자. 그러면 $(A_1A_2A_3)' = A_3'A_2'A_1'$임을 보여라. 또한 이 결과를 n개의 행렬 곱으로 일반화하라.

7 $n\times n$ 행렬 P가 $P'P = I_n$을 만족하면 P를 **직교행렬**(orthogonal matrix)이라 한다. 물음에 답하라.

(a) $\lambda = \pm\dfrac{1}{\sqrt{2}}$일 때 $P = \begin{pmatrix} \lambda & 0 & \lambda \\ \lambda & 0 & -\lambda \\ 0 & 1 & 0 \end{pmatrix}$은 직교행렬임을 보여라.

(b) 2×2 행렬 $A = \begin{pmatrix} p & -q \\ q & p \end{pmatrix}$가 직교일 필요충분조건은 $p^2+q^2=1$임을 보여라.

(c) 두 $n\times n$ 직교행렬의 곱 역시 직교행렬임을 증명하라.

8 $p+q=1$일 때 두 행렬 $T = \begin{pmatrix} p & q & 0 \\ \dfrac{p}{2} & \dfrac{1}{2} & \dfrac{q}{2} \\ 0 & p & q \end{pmatrix}$, $S = \begin{pmatrix} p^2 & 2pq & q^2 \\ p^2 & 2pq & q^2 \\ p^2 & 2pq & q^2 \end{pmatrix}$에 대한 물음에 답하라.

(a) $TS = S$, $T^2 = \dfrac{1}{2}T + \dfrac{1}{2}S$, $T^3 = \dfrac{1}{4}T + \dfrac{3}{4}S$임을 보여라.

(b) $n=2, 3, \cdots$에 대해 $T^n = \alpha_n T + \beta_n S$를 만족하는 두 상수 α_n, β_n이 존재한다고 가정하자. 이 가정하에서 (a)의 결과를 이용하여 α_{n+1}, β_{n+1}을 α_n, β_n의 함수로 나타내라. 이를 이용하여 상수 α_n, β_n에 대한 공식을 추측하고 수학적 귀납법으로 이 예측이 참임을 증명하라.

12.8 가우스 소거법

[EX 3.6.1]에서 방정식과 미지수가 두 개인 연립일차방정식을 풀 때 [방법 2]에서 미지수(변수)를 소거하는 절차를 소개했다. 이러한 연립방정식의 해법은 더 큰 규모의 연립방정식으로 확장할 수 있다. 가우스 소거법(Gaussian elimination)이라 하는 이 방법은 효율성이 뛰어나므로 컴퓨터 알고리즘에서 해를 구하는 출발점으로 자주 사용된다. 이 방식이 어떻게 작동하는지 알아보기 위해 먼저 다음 예를 생각해보자.

EX 12.8.1 다음 연립방정식의 가능한 모든 해를 구하라.

$$\begin{cases} 2x_2 - x_3 = -7 \\ x_1 + x_2 + 3x_3 = 2 \\ -3x_1 + 2x_2 + 2x_3 = -10 \end{cases} \qquad \text{(i)}$$

풀이

해를 구하는 방법의 핵심은 연립방정식을 다음과 같은 형태로 점차 단순하게 만드는 데 있다. 물론 이 과정을 거쳐 변형된 연립방정식의 해가 원래 연립방정식의 해와 정확히 같아야 한다.

❶ x_1은 첫 번째 방정식에만 나타난다.

❷ x_2는 첫 번째 방정식과 두 번째 방정식에만 나타난다.

❸ x_3가 세 번째 방정식에서 유일한 변수로 남는다.

다음과 같이 첫 번째 방정식과 두 번째 방정식의 순서를 맞바꾸는 것으로 시작하자. 이러한 순서 변경은 연립방정식의 해집합에 영향을 주지 않는다.

$$\begin{cases} x_1 + x_2 + 3x_3 = 2 \\ 2x_2 - x_3 = -7 \\ -3x_1 + 2x_2 + 2x_3 = -10 \end{cases} \qquad \text{(ii)}$$

이로써 두 번째 방정식에서 x_1이 소거되었다. 다음 단계는 (ii)의 첫 번째 방정식을 이용하여 세 번째 방정식에서 x_1을 소거하는 것이다. 이를 위해 첫 번째 방정식을 3배하고 이를 세 번째 방정식에 더하면 다음을 얻는다.[8]

$$\begin{cases} x_1 + x_2 + 3x_3 = 2 \\ 2x_2 - x_3 = -7 \\ 5x_2 + 11x_3 = -4 \end{cases} \qquad \text{(iii)}$$

x_1을 소거하고 난 후 다음 단계는 (iii)의 두 번째 방정식에 $\frac{1}{2}$을 곱해 x_2의 계수를 1로 만드는 것이다. 따라서 다음을 얻는다.

$$\begin{cases} x_1 + x_2 + 3x_3 = 2 \\ x_2 - \frac{1}{2}x_3 = -\frac{7}{2} \\ 5x_2 + 11x_3 = -4 \end{cases} \qquad \text{(iv)}$$

다음으로 두 번째 방정식에 -5를 곱한 뒤 그 결과를 세 번째 방정식에 더하면 다음과 같이 마지막 방정식에서 x_2를 소거할 수 있다.

$$\begin{cases} x_1 + x_2 + 3x_3 = 2 \\ x_2 - \frac{1}{2}x_3 = -\frac{7}{2} \\ \frac{27}{2}x_3 = \frac{27}{2} \end{cases} \qquad \text{(v)}$$

마지막으로 세 번째 방정식에 $\frac{2}{27}$를 곱하면 $x_3 = 1$이다. 나머지 두 미지수는 '후진대입법(back substitution)'으로 쉽게 구할 수 있다. 실제로 (v)의 두 번째 방정식에 $x_3 = 1$을 대입하면 $x_2 = -3$이고, (v)의 첫 번째 방정식에 $x_2 = -3$, $x_3 = 1$을 대입하면 $x_1 = 2$이다.

따라서 연립방정식 (i)의 해는 $(x_1, x_2, x_3) = (2, -3, 1)$로 유일하게 존재한다.

소거 과정을 거치면서 (v)의 연립방정식은 x_1, x_2, x_3가 각각 **선행성분**(leading entry)인 '계단형' 연립방정식으로 정리되었다. 이를 다음과 같은 행렬방정식으로 나타낼 수 있다.

$$\begin{pmatrix} 1 & 1 & 3 \\ 0 & 1 & -\frac{1}{2} \\ 0 & 0 & 1 \end{pmatrix} \begin{pmatrix} x_1 \\ x_2 \\ x_3 \end{pmatrix} = \begin{pmatrix} 2 \\ -\frac{7}{2} \\ 1 \end{pmatrix}$$

8 첫 번째 방정식을 x_1에 대해 풀면 $x_1 = -x_2 - 3x_3 + 2$이고, 이를 세 번째 방정식에 대입해도 동일한 결과를 얻는다.

좌변의 계수행렬은 주대각선 또는 그 윗부분에 0이 아닌 성분이 있고 주대각선 아랫부분은 모두 0이므로 **상삼각행렬**(upper triangular matrix)이라 한다. 이 행렬에서 대각성분은 모두 1이다.

[EX 12.8.1]의 풀이 방법을 **가우스 소거법**(Gaussian elimination), 때로는 **가우스–조르당 방법**(Gauss-Jordan method)이라 한다. 주어진 연립방정식을 (v)의 형태로 바꾸는 과정에서 수행한 연산을 **기본행연산**(elementary row operation)이라 한다. 기본행연산은 다음의 세 종류로 구분된다.

❶ **임의의 두 행을 맞바꾸기** : [EX 12.8.1]의 (i)에서 (ii)로 넘어가는 단계에서와 같이 두 행의 순서를 서로 바꾼다. 이 연산은 두 행을 서로 연결하는 양방향 화살표(↔)로 표시한다.

❷ **행에 0이 아닌 스칼라 곱하기** : [EX 12.8.1]의 (iii)에서 (iv)로 넘어가는 단계에서와 같이 임의의 행에 0이 아닌 스칼라를 곱한다. 이 연산은 곱하는 행 옆에 곱하는 스칼라 값을 표기하여 나타낸다.

❸ **한 행의 배수를 다른 행에 더하기** : [EX 12.8.1]의 ((ii)에서 (iii)으로 넘어가는 단계와 (iv)에서 (v)로 넘어가는 단계에서와 같이 한 행의 배수를 다른 행에 더한다. 이 연산은 먼저 스칼라 배수를 곱하는 행 옆에 표기하고, 그 수를 화살표로 더해질 행과 연결하여 나타낸다.

때로 선행성분 아래뿐만 아니라 위의 계수가 모두 0이 될 때까지 기본행연산을 계속 적용하기도 한다. [EX 12.8.1]에서는 ❸번 유형의 연산을 세 번 더 적용하며, 그 첫 번째는 다음과 같이 표시한다.

$$\begin{cases} x_1 + x_2 + 3x_3 = 2 & \leftarrow \\ \phantom{x_1 +{}} x_2 - \dfrac{1}{2}x_3 = -\dfrac{7}{2} & -1 \\ \phantom{x_1 + x_2 +{}} x_3 = 1 & \end{cases} \tag{12.8.1}$$

이 결과는 다음과 같다.

$$\begin{cases} x_1 \phantom{{}+x_2} + \dfrac{7}{2}x_3 = \dfrac{11}{2} & \leftarrow \\ \phantom{x_1+{}} x_2 - \dfrac{1}{2}x_3 = -\dfrac{7}{2} & \leftarrow \\ \phantom{x_1 + x_2 +{}} x_3 = 1 & \dfrac{1}{2} \quad -\dfrac{7}{2} \end{cases} \tag{12.8.2}$$

식 (12.8.2)는 이후 1행과 2행에 수행된 두 기본행연산 과정을 나타낸다. 이 과정을 모두 마치면 간단한 연립방정식 $x_1 = 2$, $x_2 = -3$, $x_3 = 1$로 정리된다. 이제 동일한 방식으로 다른 연립방정식을 풀어보자.

EX 12.8.2 다음 연립방정식의 가능한 모든 해를 구하라.

$$\begin{cases} x_1 + 3x_2 - x_3 = 4 \\ 2x_1 + x_2 + x_3 = 7 \\ 2x_1 - 4x_2 + 4x_3 = 6 \\ 3x_1 + 4x_2 \phantom{{}+4x_3} = 11 \end{cases}$$

풀이

두 번째, 세 번째, 네 번째 방정식에서 x_1을 소거하기 위해 다음과 같이 세 가지 기본행연산을 동시에 적용한다.

$$\begin{cases} x_1 + 3x_2 - x_3 = 4 & -2 \quad -2 \quad -3 \\ 2x_1 + x_2 + x_3 = 7 \\ 2x_1 - 4x_2 + 4x_3 = 6 \\ 3x_1 + 4x_2 = 11 \end{cases}$$

그 결과로 다음을 얻는다. 여기서는 2행에 $-\dfrac{1}{5}$을 곱하는 기본행연산도 함께 표시했다.

$$\begin{cases} x_1 + 3x_2 - x_3 = 4 \\ \quad - 5x_2 + 3x_3 = -1 & \times\left(-\dfrac{1}{5}\right) \\ \quad -10x_2 + 6x_3 = -2 \\ \quad - 5x_2 + 3x_3 = -1 \end{cases}$$

두 가지 기본행연산을 계속 적용하면 다음과 같다.

$$\begin{cases} x_1 + 3x_2 - x_3 = 4 \\ \qquad x_2 - \dfrac{3}{5}x_3 = \dfrac{1}{5} & 10 \quad 5 \\ \quad -10x_2 + 6x_3 = -2 \\ \quad - 5x_2 + 3x_3 = -1 \end{cases}$$

이제 다음과 같은 계단형 연립방정식을 얻는다.

$$\begin{cases} x_1 + 3x_2 - x_3 = 4 \\ \qquad x_2 - \dfrac{3}{5}x_3 = \dfrac{1}{5} & -3 \\ \qquad\qquad 0 = 0 \\ \qquad\qquad 0 = 0 \end{cases}$$

마지막 두 방정식은 불필요하므로(항등식이기 때문에) 생략하고, 선행성분 x_2 위에 있는 계수를 0으로 만들기 위해 기본행연산을 다시 적용하면 그 결과는 다음과 같다.

$$\begin{cases} x_1 \qquad + \dfrac{4}{5}x_3 = \dfrac{17}{5} \\ \qquad x_2 - \dfrac{3}{5}x_3 = \dfrac{1}{5} \end{cases}$$

x_1과 x_2를 각각 x_3에 대한 식으로 다음과 같이 나타낼 수 있다.

$$\begin{cases} x_1 = -\dfrac{4}{5}x_3 + \dfrac{17}{5} \\ x_2 = \dfrac{3}{5}x_3 + \dfrac{1}{5} \end{cases} \qquad (*)$$

여기서 x_3는 임의로 택할 수 있으며 값을 정하면 x_1과 x_2는 식 (*)에 의해 유일하게 결정된다. 따라서 $x_3 = t$라 두면 모든 가능한 해는 임의의 실수 t에 대해 다음과 같이 나타낼 수 있다.

$$(x_1,\ x_2,\ x_3) = \left(-\frac{4}{5}t + \frac{17}{5},\ \frac{3}{5}t + \frac{1}{5},\ t\right)$$

이 해에 대해서는 [EX 15.10.1]에서 더 자세히 다룰 예정이다.

가우스 소거법

연립일차방정식의 해를 구하기 위해 다음 절차를 따른다.

❶ 0이 아닌 선행성분의 계수가 1인 계단형을 만든다.
❷ 각 선행성분 위쪽의 계수는 모두 0이 되도록 만든다.
❸ 일반해는 선행성분으로 나타나는 미지수를 자유롭게 선택할 수 있는 미지수에 대한 식으로 표현하여 구한다. 자유롭게 선택할 수 있는 미지수가 있으면 그 값은 자유롭게 택할 수 있다.

자유롭게 택할 수 있는(없을 수도 있다) 미지수의 개수를 **자유도**(degree of freedom)의 수라 한다.

이 풀이법은 지금까지 연립방정식의 해가 존재한다는 가정하에 설명했다. 사실 가우스 소거법은 연립일차방정식이 해를 갖지 않는다는, 즉 불능임을 보이는 데에도 이용할 수 있다. 이에 대한 예를 살펴보기 전에 기호 사용량을 크게 줄여주는 표기법을 하나 소개한다. 바로 연립방정식의 계수와 우변에 있는 벡터만 알고 있으면 된다. 여기서 변수는 단지 다른 계수를 어느 열에 배치할지를 나타내는 역할만 한다. 따라서 [EX 12.8.2]는 연립방정식 우변의 벡터로 이루어진 열을 추가한 **확대계수행렬**(augmented coefficient matrix)로 나타낼 수 있다.

$$\begin{pmatrix} 1 & 3 & -1 & 4 \\ 2 & 1 & 1 & 7 \\ 2 & -4 & 4 & 6 \\ 3 & 4 & 0 & 11 \end{pmatrix} \begin{matrix} -2 \; -2 \; -3 \end{matrix} \sim \begin{pmatrix} 1 & 3 & -1 & 4 \\ 0 & -5 & 3 & -1 \\ 0 & -10 & 6 & -2 \\ 0 & -5 & 3 & -1 \end{pmatrix} \times\left(-\frac{1}{5}\right)$$

$$\sim \begin{pmatrix} 1 & 3 & -1 & 4 \\ 0 & 1 & -\frac{3}{5} & \frac{1}{5} \\ 0 & -10 & 6 & -2 \\ 0 & -5 & 3 & -1 \end{pmatrix} \begin{matrix} 10 \quad 5 \end{matrix}$$

$$\sim \begin{pmatrix} 1 & 3 & -1 & 4 \\ 0 & 1 & -\frac{3}{5} & \frac{1}{5} \\ 0 & 0 & 0 & 0 \\ 0 & 0 & 0 & 0 \end{pmatrix} \; -3$$

$$\sim \begin{pmatrix} 1 & 0 & \frac{4}{5} & \frac{17}{5} \\ 0 & 1 & -\frac{3}{5} & \frac{1}{5} \\ 0 & 0 & 0 & 0 \\ 0 & 0 & 0 & 0 \end{pmatrix}$$

위의 행렬들은 4×4 확대계수행렬에 적용한 4개의 연속된 **기본행연산**을 보여준다. 여기서 두 행렬이 서로 동치임을 나타내기 위해 기호 $\sim$를 사용했다. 기호 $\sim$ 뒤에 나오는 행렬이 앞 행렬에 기본행연산을 적용해서 얻은 것임을 나타낸다. 이러한 연산은 항상 같은 해를 가지는 동치인 연립방정식을 만들기 때문에 극히 정상적인 풀이 과정이다. [EX 12.8.2]의 연립방정식이 첫 번째 행렬로 어떻게 표현되는지, 그리고 마지막 행렬은 두 방정식 $x_1+\frac{4}{5}x_3=\frac{17}{5}$과 $x_2-\frac{3}{5}x_3=\frac{1}{5}$로 어떻게 해석되는지 주의 깊게 살펴보라.

EX 12.8.3 다음 연립방정식이 해를 갖기 위한 실수 a, b, c의 조건을 구하라. 해가 존재하면 그 해를 구하라.

$$\begin{cases} x_1 - 2x_2 + \ x_3 + 2x_4 = a \\ x_1 + \ x_2 - \ x_3 + \ x_4 = b \\ x_1 + 7x_2 - 5x_3 - \ x_4 = c \end{cases}$$

풀이

주어진 연립방정식을 확대계수행렬로 나타내고, 가우스 소거법에 따라 필요한 기본행연산을 다음과 같이 반복하여 수행하자.

$$\begin{pmatrix} 1 & -2 & 1 & 2 & a \\ 1 & 1 & -1 & 1 & b \\ 1 & 7 & -5 & -1 & c \end{pmatrix} \sim \begin{pmatrix} 1 & -2 & 1 & 2 & a \\ 0 & 3 & -2 & -1 & b-a \\ 0 & 9 & -6 & -3 & c-a \end{pmatrix}$$

$$\sim \begin{pmatrix} 1 & -2 & 1 & 2 & a \\ 0 & 3 & -2 & -1 & b-a \\ 0 & 0 & 0 & 0 & 2a-3b+c \end{pmatrix}$$

마지막 행은 방정식 $0 \cdot x_1 + 0 \cdot x_2 + 0 \cdot x_3 + 0 \cdot x_4 = 2a-3b+c$를 나타낸다. 따라서 이 연립방정식은 $2a-3b+c=0$인 경우에만 해를 갖는다. 이때 마지막 행의 성분은 모두 0이다. 다음 행렬로 바뀔 때까지 기본행연산을 계속 적용해보자.

$$\begin{pmatrix} 1 & 0 & -\frac{1}{3} & \frac{4}{3} & \frac{1}{3}(a+2b) \\ 0 & 1 & -\frac{2}{3} & -\frac{1}{3} & \frac{1}{3}(b-a) \\ 0 & 0 & 0 & 0 & 0 \end{pmatrix}$$

이는 다음 연립방정식을 나타낸다.

$$\begin{cases} x_1 \quad\quad - \frac{1}{3}x_3 + \frac{4}{3}x_4 = \frac{1}{3}(a+2b) \\ \quad\quad x_2 - \frac{2}{3}x_3 - \frac{1}{3}x_4 = \frac{1}{3}(b-a) \end{cases}$$

여기서 x_3, x_4는 임의로 택할 수 있다. 그 값을 정하면 미지수 x_1과 x_2는 $s=x_3$와 $t=x_4$의 일차함수로 유일하게 결정된다. 실제로 구하려는 해는 임의의 실수 s와 t에 대해 다음과 같이 주어진다.

$$\begin{cases} x_1 = \frac{1}{3}(a+2b) + \frac{1}{3}s - \frac{4}{3}t \\ x_2 = \frac{1}{3}(b-a) \quad + \frac{2}{3}s + \frac{1}{3}t \end{cases}$$

12.8 연습문제

1 가우스 소거법을 이용하여 다음 연립방정식을 풀어라.

(a) $\begin{cases} x_1 + x_2 = 3 \\ 3x_1 + 5x_2 = 5 \end{cases}$

(b) $\begin{cases} x_1 + 2x_2 + x_3 = 4 \\ x_1 - x_2 + x_3 = 5 \\ 2x_1 + 3x_2 - x_3 = 1 \end{cases}$

(c) $\begin{cases} 2x_1 - 3x_2 + x_3 = 0 \\ x_1 + x_2 - x_3 = 0 \end{cases}$

2 가우스 소거법을 이용하여 a, b 값에 따라 다음 연립방정식이 어떤 해를 가지는지 설명하라.

$$\begin{cases} x + y - z = 1 \\ x - y + 2z = 2 \\ x + 2y + az = b \end{cases}$$

3 다음 연립방정식이 해를 가질 c 값을 구하고, 그 c 값에 대해 해 전체를 구하라.

$$\begin{cases} 2w + x + 4y + 3z = 1 \\ w + 3x + 2y - z = 3c \\ w + x + 2y + z = c^2 \end{cases}$$

4 다음 연립방정식이 유일한 해를 가질 a 값을 구하라.

$$\begin{cases} ax + y + (a+1)z = b_1 \\ x + 2y + z = b_2 \\ 3x + 4y + 7z = b_3 \end{cases}$$

5 다음 연립방정식의 모든 해를 구하라.

$$\begin{cases} \frac{3}{4}x + y + \frac{7}{4}z = b_1 \\ x + 2y + z = b_2 \\ 3x + 4y + 7z = b_3 \end{cases}$$

12.9 벡터의 기하적 이해

일반적인 행렬과 다르게 벡터는 기하적으로 쉽게 해석할 수 있다. 적어도 2차원 벡터와 3차원 벡터는 그렇다. 원래 '벡터(vector)'라는 단어는 라틴어에서 유래했으며, '운반자(carrier)' 또는 '승객(passenger)'을 함께 가리켰다. 특히 이 단어는 사람이나 물체를 한 장소에서 다른 장소로 이동시키는 것과 연관이 있다. 이러한 관점에서 생물학자는 '벡터'를 말라리아에 있어 모기처럼 질병을 옮기는 매개체로 생각하기도 한다.

xy평면에서 임의의 위치이동은 x방향으로 a_1만큼 이동하고 y방향으로 a_2만큼 이동한 것으로 설명할 수 있다. 따라서 평면에서의 이동은 순서쌍 또는 2차원 벡터 $(a_1,\ a_2)$에 의해 유일하게 결정된다. [그림 12.9.1]에서 보는 바와 같이 이러한 이동은 시점 P에서 종점 Q로 향하는 화살표로 나타낼 수 있다.

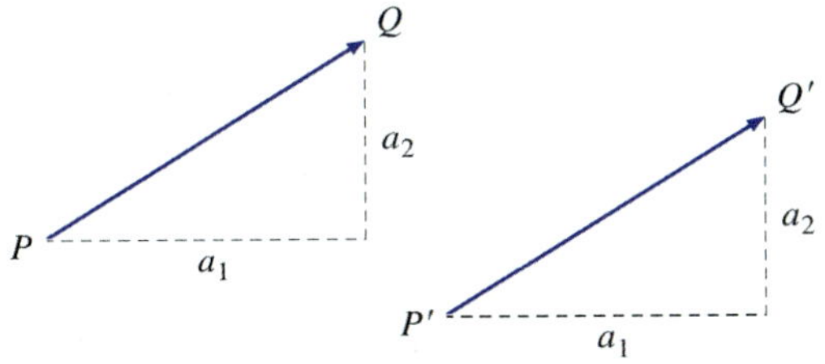

그림 12.9.1 벡터를 평면에서의 이동으로 표현한 예

화살표를 평행하게 이동시켜서 시점을 P', 끝점을 Q'으로 옮기더라도 이 새로운 화살표는 정확히 동일한 이동을 나타낸다. 왜냐하면 x성분과 y성분은 여전히 각각 a_1과 a_2이기 때문이다. 점 P에서 Q까지의 벡터는 기호 $\overrightarrow{PQ}$로 표기하고, 이를 **기하벡터**(geometric vector) 또는 **유향선분**(directed line segment)이라 정의한다. 방향과 길이가 같은 두 기하벡터는 서로 같다고 말한다. 이는 마치 두 분수 $\frac{2}{6}$와 $\frac{1}{3}$이 같은 실수 값을 나타내므로 같은 분수로 여겨지는 것과 비슷한 개념이다.

기하벡터 $\mathbf{a} = (a_1, a_2)$가 점 $P = (p_1, p_2)$에서 점 $Q = (q_1, q_2)$로의 이동을 나타낸다고 하자. 이때 x방향과 y방향의 이동을 나타내는 순서쌍 (a_1, a_2)는 $a_1 = q_1 - p_1$, $a_2 = q_2 - p_2$로 주어진다. 이를 벡터로 나타내면 $(a_1, a_2) = (q_1, q_2) - (p_1, p_2)$와 같다. 이는 [그림 12.9.2]에 그려져 있다.

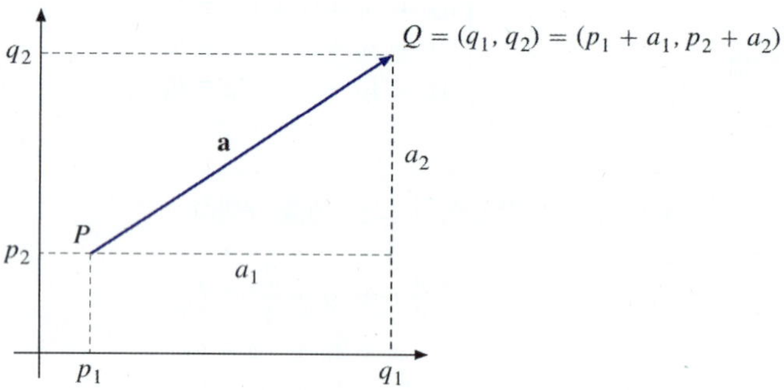

그림 12.9.2 순서쌍으로서의 벡터

순서쌍 (a_1, a_2)가 주어지면 이에 해당하는 이동은 x축 방향으로 a_1단위, y축 방향으로 a_2단위 이동하는 것으로 볼 수 있다. 따라서 시점 $P = (p_1, p_2)$에서 시작하면 종점 Q의 좌표는 $(q_1, q_2) = (p_1 + a_1, p_2 + a_2)$이다. 이 또한 [그림 12.9.2]에서 볼 수 있다.

이러한 대응관계 덕분에 벡터를 수의 순서쌍 (a_1, a_2)로 생각하든, [그림 12.9.2]의 $\overrightarrow{PQ}$와 같은 유향선분으로 생각하든 어느 쪽을 선택할지는 편의의 문제일 뿐이다.

벡터연산

벡터를 유향선분으로 나타내면 벡터의 연산 $\mathbf{a} + \mathbf{b}$, $\mathbf{a} - \mathbf{b}$, $t\mathbf{a}$를 기하적으로 흥미롭게 해석할 수 있다. 두 벡터 $\mathbf{a} = (a_1, a_2)$와 $\mathbf{b} = (b_1, b_2)$가 주어진 좌표평면의 원점 $(0, 0)$에서 시작한다고 하자.

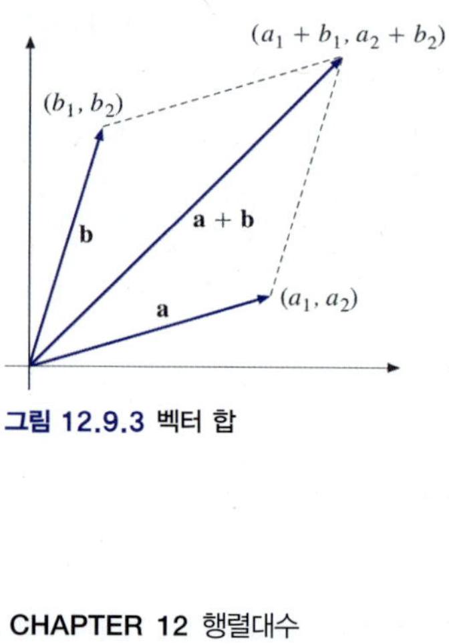

그림 12.9.3 벡터 합

[그림 12.9.3]에서 볼 수 있듯이 합 $\mathbf{a}+\mathbf{b}$는 벡터 $\mathbf{a}$와 $\mathbf{b}$에 의해 결정되는 평행사변형의 대각선이다. 이에 대한 기하적인 해석은 [그림 12.9.4]를 보면 더 명확해진다. 그림에서는 두 직각삼각형 OSR과 PTQ가 합동임을 알 수 있다. 따라서 OR은 PQ와 평행하고 길이도 같으므로 사각형 $OPQR$은 평행사변형이다.[9]

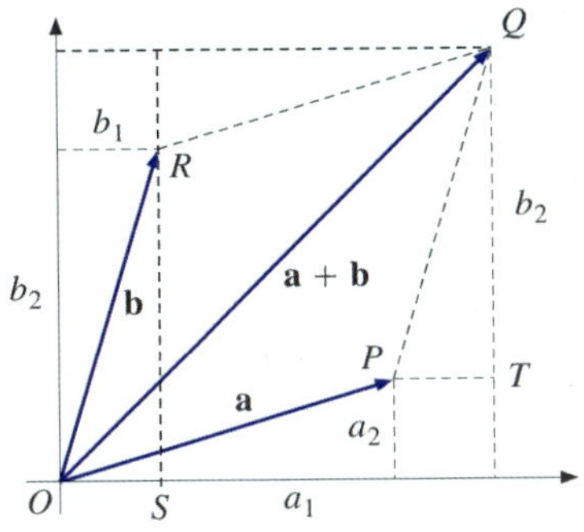

그림 12.9.4 벡터 합의 기하적 해석

벡터 합의 평행사변형 법칙은 [그림 12.9.5]에도 설명되어 있다. 이 그림은 벡터 $\mathbf{a}$가 점 O에서 점 P로 향하고 벡터 $\mathbf{b}$가 점 P에서 점 Q로 향하면, 전체 이동 $\mathbf{a}+\mathbf{b}$는 점 O에서 점 Q로 향하는 하나의 이동이라고 해석할 수 있다. [그림 12.9.4]를 다시 보면 벡터 $\mathbf{b}$는 점 O에서 점 R로 향하고 벡터 $\mathbf{a}$는 점 R에서 점 Q로 향한다. 이 경우에도 전체 이동 $\mathbf{b}+\mathbf{a}$는 점 O에서 점 Q로 향한다. 즉 $\mathbf{a}+\mathbf{b}=\mathbf{b}+\mathbf{a}$이다. [그림 12.9.6]은 벡터 $\mathbf{a}-\mathbf{b}$에 대한 기하적 해석을 보여준다. 기하벡터 $\mathbf{a}-\mathbf{b}$의 방향을 주의 깊게 살펴보라. 그리고 다음이 성립함에 주목하라.

$$\mathbf{b}+(\mathbf{a}-\mathbf{b})=\mathbf{a}=(\mathbf{a}-\mathbf{b})+\mathbf{b}$$

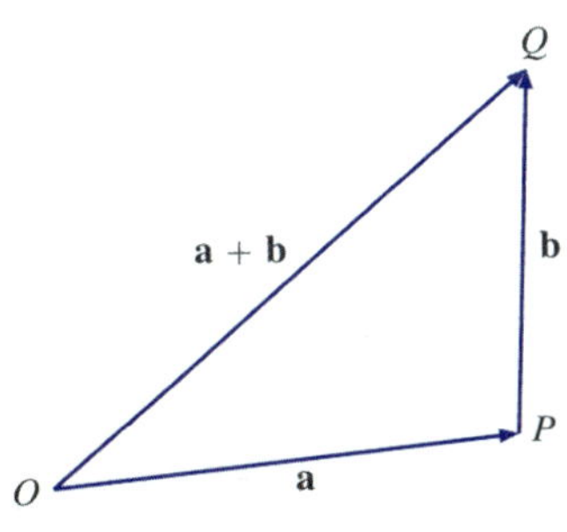

그림 12.9.5 벡터 합

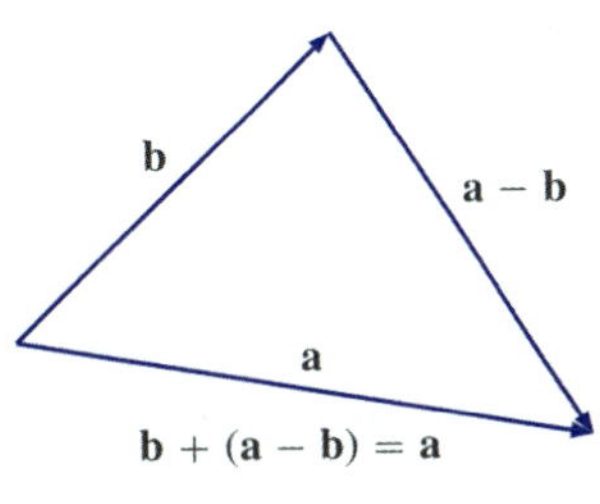

그림 12.9.6 벡터 차

임의의 실수 t에 대해 $t\mathbf{a}$를 비교적 단순하게 기하적으로 해석할 수 있다. $t>0$이면 $t\mathbf{a}$는 벡터 $\mathbf{a}$와 방향이 같고 그 길이는 $\mathbf{a}$의 길이에 t를 곱한 벡터이다. $t<0$이면 $t\mathbf{a}$는 벡터 $\mathbf{a}$와 방향이 반대이고 그 길이는 $\mathbf{a}$의 길이에 t의 절댓값을 곱한 벡터이다. 실제로 t를 곱하는 연산은 벡터 $\mathbf{a}$를 크기만 조정하는 것과 같아서 이때의 수 t를 **스칼라**(scalar)라고 한다.

9 이러한 벡터 합의 평행사변형 법칙은 물리학을 공부했다면 친숙할 것이다. 예를 들어 $\mathbf{a}$와 $\mathbf{b}$가 점 O에 있는 입자에 작용하는 두 힘을 나타낸다고 하자. 그러면 이 두 힘의 합력인 $\mathbf{a}+\mathbf{b}$는 물리적으로 동일한 효과를 갖는 하나의 힘으로 작용한다.

3차원 공간

평면상의 임의의 점을 나타낼 때 두 개의 직교하는 좌표축으로 이루어진 직교좌표계를 기준으로 두 실수의 순서쌍을 사용해 해당 점을 나타냈다는 사실을 상기하자. 이 때문에 평면은 2차원 공간(2-space)으로 간주되며, 이를 보통 $\mathbb{R}^2$로 표기한다. 마찬가지로 3차원 공간(3-space), 즉 $\mathbb{R}^3$에서 임의의 점이나 벡터는 세 실수의 순서쌍으로 표현할 수 있다.

3차원 공간 $\mathbb{R}^3$에는 서로 직교하는 세 좌표축을 설정할 수 있다. [그림 12.9.7]은 이를 시각적으로 표현한 것이다. 그림의 점 O에서 수직으로 교차하는 세 직선은 **좌표축**(coordinate axis)이며, 이들을 각각 x축, y축, z축이라 한다. 여기서 각 축을 따라 길이를 측정할 단위를 정하고, 또한 양의 방향을 설정하여 화살표로 표시한다.

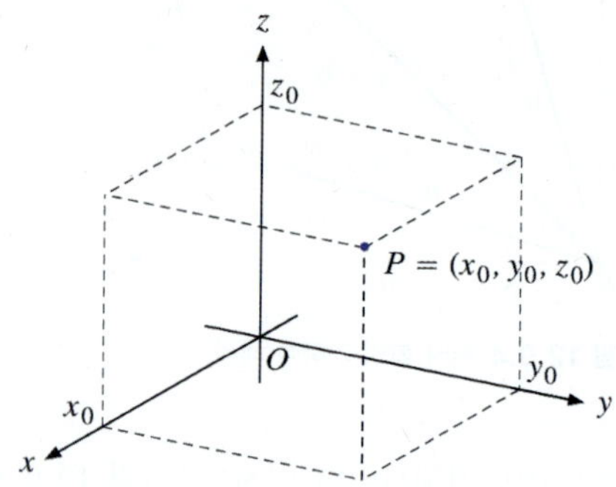

그림 12.9.7 좌표계

방정식 $x = 0$은 y축과 z축을 포함하는 한 **좌표평면**(coordinate plane)에 속하는 모든 점으로 이루어진다. 이 평면을 yz평면이라 부른다. 이 외에도 두 개의 좌표평면이 더 있는데, $z = 0$인 xy평면과 $y = 0$인 xz평면이 있다. 보통 xy평면을 수평면으로 생각하고, 그 평면을 수직으로 관통하는 축을 z축으로 생각한다.

각 좌표평면은 공간을 두 개의 **반공간**(half-space)으로 나눈다. 예를 들어 방정식이 $z = 0$인 xy평면은 공간을 ❶ $z > 0$인 영역(xy평면의 위쪽)과 ❷ $z < 0$인 영역(xy평면의 아래쪽)으로 나눈다. 이러한 세 좌표평면은 함께 공간 전체를 여덟 개의 **팔분면**(octant)으로 나눈다. 특히 $x \geq 0$, $y \geq 0$, $z \geq 0$인 영역을 **음이 아닌 팔분면**(nonnegative octant)이라 한다.

이제 3차원 공간에 있는 임의의 점 P는 세 실수의 순서쌍 (x_0, y_0, z_0)와 대응된다. 이 값들은 각각 세 평면 $x = 0$, $y = 0$, $z = 0$ 위에 있는 가장 가까운 점으로부터의 거리를 의미한다. 반대로 임의의 세 실수로 이루어진 순서쌍은 [그림 12.9.7]에 제시된 것과 같이 3차원 공간에 있는 유일한 점을 나타낸다. 특히 z_0가 음수이면 점 (x_0, y_0, z_0)는 $z = 0$인 xy평면 아래쪽에 놓인다. 좌표가 $(-2, 3, -4)$인 점 P를 구성하는 방법은 [그림 12.9.8]에서 확인할 수 있다. 한편 [그림 12.9.7]에서 점 P는 x, y, z가 모두 양수인 **양의 팔분면**(positive octant)에 놓인다.

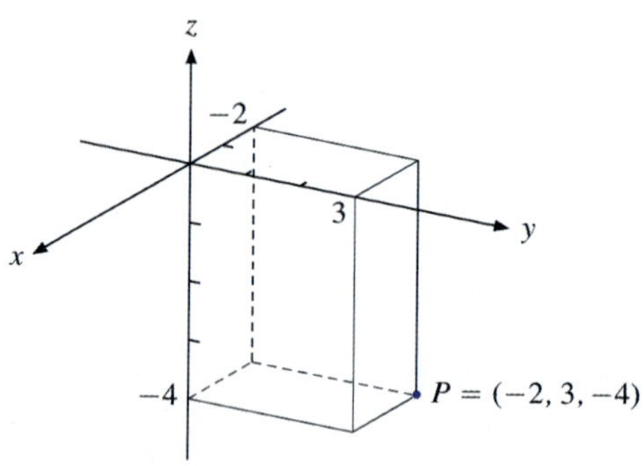

그림 12.9.8 $P = (-2, 3, -4)$

평면에서의 순서쌍과 마찬가지로 3차원 공간에서도 ❶ 순서가 주어진 임의의 순서쌍 (a_1, a_2, a_3)와 ❷ 3차원 공간의 기하벡터 또는 유향선분의 이동 사이에 자연스러운 대응관계가 존재한다. 그리고 벡터 합의 평행사변형 법칙은 3차원 공간에서도 유효하며, 벡터의 스칼라배에 대한 기하적 해석도 그대로 적용된다.

n차원 공간

모든 세 실수의 순서쌍으로 이루어진 공간 $\mathbb{R}^3$는 분명히 모든 n차원 벡터들로 이루어진 n차원 공간 $\mathbb{R}^n$으로 확장할 수 있다. 12.1절에서 이들을 $1\times n$ 행렬인 행벡터 또는 $n\times 1$ 행렬인 열벡터로 소개했다. 실수로 이루어진 모든 n차원 벡터 $\mathbf{x}=(x_1, x_2, \cdots, x_n)$들의 전체집합을 **$n$차원 유클리드 공간**(Euclidean n-dimensional space) 또는 **n차원 공간**(n-space)이라 하고 기호 $\mathbb{R}^n$으로 표기한다.

$n=1$, $n=2$, $n=3$이면 $\mathbb{R}^n$을 기하적으로 각각 선, 평면, 3차원 공간이라 해석한다. 그러나 $n\geq 4$이면 n차원 벡터나 그들이 속한 n차원 공간 $\mathbb{R}^n$에 대해 어떠한 자연스러운 공간 개념으로 해석하기 어렵다. 그럼에도 $\mathbb{R}^2$와 $\mathbb{R}^3$에 대한 많은 성질들이 $\mathbb{R}^n$으로 이어지기 때문에 $\mathbb{R}^n$의 성질을 논할 때 기하적 언어를 사용하는 경우가 많다. 특히 12.4절에서 설명한 벡터의 덧셈, 뺄셈, 스칼라배에 대한 법칙은 $\mathbb{R}^n$에서 $\mathbb{R}^2$와 $\mathbb{R}^3$에서 성립하는 것과 정확히 동일한 방식으로 성립한다.

벡터의 거리와 길이

5.5절에서 평면상의 두 점 사이의 거리에 대한 공식을 알아보았다. 이제 3차원 공간에 있는 점들에 대해 두 점 사이의 거리를 알아보자. [그림 12.9.9]와 같이 모서리의 길이가 각각 a, b, c인 직육면체 상자를 생각하자. 피타고라스 정리를 적용하면 $(PR)^2=a^2+b^2$이다. 여기에 피타고라스 정리를 다시 적용하면 다음이 성립한다.

$$(PQ)^2=(PR)^2+(RQ)^2=a^2+b^2+c^2$$

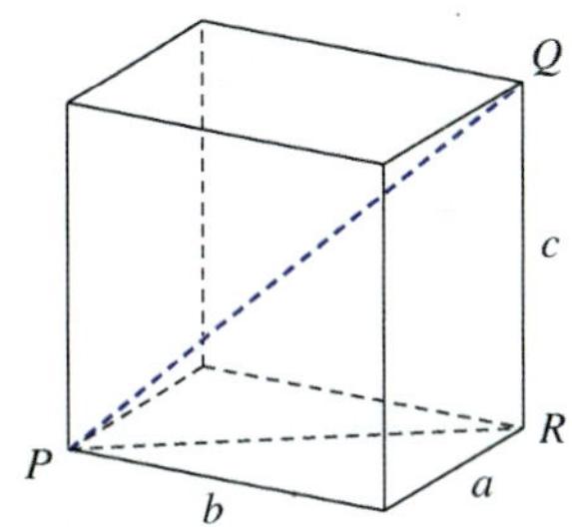

그림 12.9.9 두 점 P와 Q 사이의 거리 PQ

이는 상자의 마주 보는 꼭짓점 P와 Q를 잇는 대각선의 길이가 $PQ=\sqrt{a^2+b^2+c^2}$임을 보여준다.

다음으로 [그림 12.9.10]과 같이 3차원 공간에서 두 점 $P=(x_1, y_1, z_1)$, $Q=(x_2, y_2, z_2)$ 사이의 거리를 구해보자. 이 두 점은 모서리의 길이가 각각 $a=|x_2-x_1|$, $b=|y_2-y_1|$, $c=|z_2-z_1|$인 직육면체 상자의 마주 보는 꼭짓점에 정확히 놓여 있다. [그림 12.9.9]에서 구한 결과를 여기에 적용하면 다음과 같다.

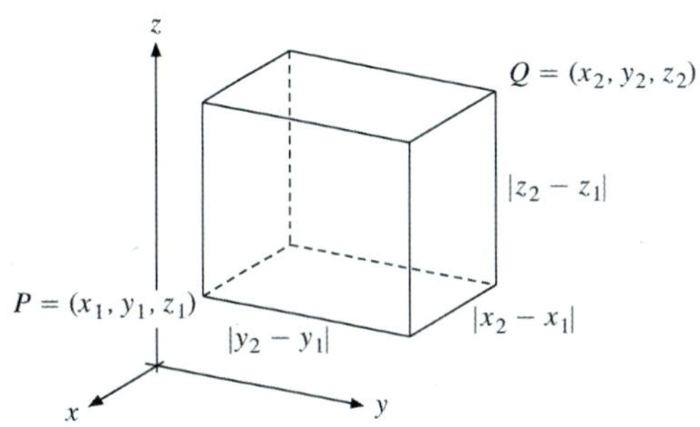

그림 12.9.10 일반적인 두 점 사이의 거리

$$\begin{aligned}(PQ)^2&=|x_2-x_1|^2+|y_2-y_1|^2+|z_2-z_1|^2\\&=(x_2-x_1)^2+(y_2-y_1)^2+(z_2-z_1)^2\end{aligned}$$

이는 다음과 같이 3차원 공간에서 두 점 사이의 거리의 정의로 이어진다.

거리

3차원 공간에서 두 점 (x_1, y_1, z_1)과 (x_2, y_2, z_2) 사이의 **거리** d는 다음과 같다.

$$d = \sqrt{(x_2 - x_1)^2 + (y_2 - y_1)^2 + (z_2 - z_1)^2} \tag{12.9.1}$$

EX 12.9.1 두 점 $(1, 2, -3)$과 $(-2, 4, 5)$ 사이의 거리 d를 구하라.

풀이

식 (12.9.1)에 따라 다음을 얻는다.

$$d = \sqrt{(-2-1)^2 + (4-2)^2 + \{5-(-3)\}^2} = \sqrt{(-3)^2 + 2^2 + 8^2} = \sqrt{77} \approx 8.77$$

3차원 벡터 $\mathbf{a} = (a_1, a_2, a_3)$의 **길이** 또는 **노름**(norm)은 $\mathbf{a}$와 영벡터 $\mathbf{0} = (0, 0, 0)$ 사이의 거리로 정의하고, 기호 $\|\mathbf{a}\|$로 표기한다. 따라서 식 (12.9.1)과 12.4절의 내적 정의에 의해 다음을 얻는다.

$$\|\mathbf{a}\| = \sqrt{a_1^2 + a_2^2 + a_3^2} = \sqrt{\mathbf{a} \cdot \mathbf{a}} \tag{12.9.2}$$

두 정의 (12.9.1)과 (12.9.2)는 $\mathbb{R}^3$에서 두 3차원 벡터 $\mathbf{u} = (u_1, u_2, u_3)$, $\mathbf{v} = (v_1, v_2, v_3)$ 사이의 거리인 $d(\mathbf{u}, \mathbf{v})$는 벡터 $\mathbf{u} - \mathbf{v}$와 영벡터 $\mathbf{0}$ 사이의 거리로, $\mathbf{u} - \mathbf{v}$의 길이와 같음을 의미한다. 따라서 거리를 노름으로 표현하면 $d(\mathbf{u}, \mathbf{v}) = d(\mathbf{u} - \mathbf{v}, \mathbf{0}) = \|\mathbf{u} - \mathbf{v}\|$이다.

이제 이들을 n차원 공간으로 일반화하여 다음과 같이 정의한다.

n차원 공간에서의 길이와 거리

임의의 n차원 벡터 $\mathbf{a} = (a_1, a_2, \cdots, a_n)$의 **길이** 또는 **노름**은 다음과 같이 정의한다.

$$\|\mathbf{a}\| = \sqrt{a_1^2 + a_2^2 + \cdots + a_n^2} = \sqrt{\mathbf{a} \cdot \mathbf{a}} \tag{12.9.3}$$

임의의 두 n차원 벡터 $\mathbf{u} = (u_1, u_2, \cdots, u_n)$, $\mathbf{v} = (v_1, v_2, \cdots, v_n)$ 사이의 **거리**는 다음과 같이 정의한다.

$$d(\mathbf{u}, \mathbf{v}) = \|\mathbf{u} - \mathbf{v}\| = \sqrt{(u_1 - v_1)^2 + (u_2 - v_2)^2 + \cdots + (u_n - v_n)^2} \tag{12.9.4}$$

$\mathbb{R}^n$의 모든 벡터 $\mathbf{a}$에 대해 정의 (12.9.3)은 다음을 의미한다.

실수 α에 대해 $\|\alpha\mathbf{a}\| = \sqrt{(\alpha\mathbf{a}) \cdot (\alpha\mathbf{a})} = |\alpha|\sqrt{\mathbf{a} \cdot \mathbf{a}} = |\alpha|\,\|\mathbf{a}\|$이다. (12.9.5)

모든 n차원 벡터 $\mathbf{a}$에 대해 $\|\mathbf{a}\| \geq 0$이고, $\|\mathbf{a}\| = 0$일 필요충분조건은 $\mathbf{a} = \mathbf{0}$이다. (12.9.6)

이는 12.4절에서 소개한 내적에 대한 법칙 중 ❷, ❹, ❺에 부합한다.

코시-슈바르츠 부등식

식 (12.9.3)은 $\|\mathbf{a}\|$를 $\mathbb{R}^n$에서 원점 $(0,\ 0,\ \cdots,\ 0)$과 점 $(a_1,\ a_2,\ \cdots,\ a_n)$ 사이의 거리로 정의한다. 4.6절 [연습문제 9]에서 **코시-슈바르츠 부등식**을 증명하도록 했는데, 거리를 나타내는 표기를 사용하면 코시-슈바르츠 부등식을 $(\mathbf{a}\cdot\mathbf{b})^2 \le \|\mathbf{a}\|^2 \cdot \|\mathbf{b}\|^2$으로 표현할 수 있다. 식 (12.9.3)에서 $\|\mathbf{a}\|\cdot\|\mathbf{b}\| \ge 0$이므로 코시-슈바르츠 부등식은 다음 부등식과 동치이다.

$$|\mathbf{a}\cdot\mathbf{b}| \le \|\mathbf{a}\|\cdot\|\mathbf{b}\| \tag{12.9.7}$$

EX 12.9.2 두 3차원 벡터 $\mathbf{a}=(1,\ -2,\ 3)$, $\mathbf{b}=(-3,\ 2,\ 5)$에 대해 코시-슈바르츠 부등식 (12.9.7)을 성립함을 확인하라.

풀이

먼저 두 벡터의 거리를 구하면 각각 다음과 같다.

$$\|\mathbf{a}\| = \sqrt{1^2+(-2)^2+3^2} = \sqrt{14},\quad \|\mathbf{b}\| = \sqrt{(-3)^2+2^2+5^2} = \sqrt{38}$$

[EX 12.4.1]에서 $\mathbf{a}\cdot\mathbf{b}=8$임을 구했고, $\sqrt{14}>3$이고 $\sqrt{38}>6$이므로 $8 \le \sqrt{14}\sqrt{38}$이 성립한다. 따라서 코시-슈바르츠 부등식 (12.9.7)을 만족한다.

직교

$n \ge 2$일 때 $\mathbb{R}^n$에 있는 임의의 두 n차원 벡터 $\mathbf{a}$, $\mathbf{b}$를 생각해보자. [그림 12.9.6]에 이어, [그림 12.9.11]은 $\mathbb{R}^n$에 속한 세 점 O, A, B를 포함하는 유일한 2차원 평면상에 세 벡터 $\mathbf{a}$, $\mathbf{b}$, $\mathbf{a}-\mathbf{b}$를 나타낸다.

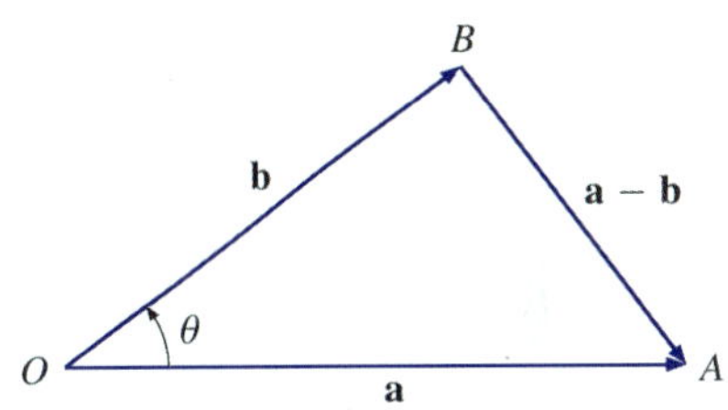

그림 12.9.11 a와 b가 이루는 각

피타고라스 정리에 따르면 두 벡터 $\mathbf{a}$와 $\mathbf{b}$가 이루는 각 θ가 직각$(\theta=90°)$일 필요충분조건은 $(OA)^2+(OB)^2=(AB)^2$이며, 노름으로 나타내면 $\|\mathbf{a}\|^2+\|\mathbf{b}\|^2=\|\mathbf{a}-\mathbf{b}\|^2$이다. 이는 각 θ가 직각일 필요충분조건이 다음과 같음을 의미한다.

$$\mathbf{a}\cdot\mathbf{a}+\mathbf{b}\cdot\mathbf{b} = (\mathbf{a}-\mathbf{b})\cdot(\mathbf{a}-\mathbf{b}) = \mathbf{a}\cdot\mathbf{a}-\mathbf{a}\cdot\mathbf{b}-\mathbf{b}\cdot\mathbf{a}+\mathbf{b}\cdot\mathbf{b} \tag{$*$}$$

내적은 교환법칙을 만족하므로 $\mathbf{a}\cdot\mathbf{b}=\mathbf{b}\cdot\mathbf{a}$이다. 식 (*)가 성립하려면 $2\mathbf{a}\cdot\mathbf{b}=0$을 만족해야 하고, 이는 $\mathbf{a}\cdot\mathbf{b}=0$을 의미한다. $\mathbf{a}$와 $\mathbf{b}$가 이루는 각이 90°일 때 두 벡터는 **직교**(orthogonal)한다고 하고, 기호 $\mathbf{a}\perp\mathbf{b}$로 표기한다. 따라서 $\mathbb{R}^n$에 있는 두 벡터가 직교할 필요충분조건은 그들의 내적이 0임을 증명한 셈이다. 이를 기호로 표기하면 다음과 같다.

$$\mathbf{a}\perp\mathbf{b} \quad\Leftrightarrow\quad \mathbf{a}\cdot\mathbf{b}=0 \tag{12.9.8}$$

$\mathbb{R}^n$에 있는 $\mathbf{0}$이 아닌 두 벡터 $\mathbf{a}$와 $\mathbf{b}$가 이루는 **각**(angle)은 다음을 만족하는 유일한 $\theta\in[0,\ \pi]$이다. 이는 [그림 12.9.11]에 코사인법칙을 적용하면 얻을 수 있다.

$$\cos\theta = \frac{\mathbf{a}\cdot\mathbf{b}}{\|\mathbf{a}\|\cdot\|\mathbf{b}\|} \tag{12.9.9}$$

코시–슈바르츠 부등식에 의해 우변의 절댓값이 1보다 작거나 같으므로 이 정의는 타당하다. 식 (12.9.9)에 따르면 $\cos\theta = 0$일 필요충분조건은 $\mathbf{a}\cdot\mathbf{b} = 0$이다. 이는 식 (12.9.8)과 일치하는데, $\theta \in [0, \pi]$에서는 $\theta = \frac{\pi}{2}$일 때만 $\cos\theta = 0$이기 때문이다.

EX 12.9.3 한 상품의 가격과 수요량을 반복하여 n번 관찰했다고 하자. 그리고 그 관찰 결과는 n개의 쌍 $\{(p_1, d_1), (p_2, d_2), \cdots, (p_n, d_n)\}$으로 주어졌다고 가정하자. 여기서 $i = 1, 2, \cdots, n$에 대해 p_i는 가격을 나타내고, d_i는 그 가격에 대응하는 수요량을 나타낸다. 이들 가격과 수요량에 대한 통계적 평균을 다음과 같이 두자.

$$\bar{p} = \frac{1}{n}\sum_{i=1}^{n} p_i, \quad \bar{d} = \frac{1}{n}\sum_{i=1}^{n} d_i$$

이 평균으로부터 관측된 쌍 (p_i, d_i)가 평균에서 얼마나 벗어났는지를 나타내는 n개의 편차를 다음과 같이 벡터로 나타내자.

$$\mathbf{a} = (p_1 - \bar{p}, p_2 - \bar{p}, \cdots, p_n - \bar{p}), \quad \mathbf{b} = (d_1 - \bar{d}, d_2 - \bar{d}, \cdots, d_n - \bar{d})$$

통계학에서는 식 (12.9.9)의 우변에 있는 비율 $\frac{\mathbf{a}\cdot\mathbf{b}}{\|\mathbf{a}\|\cdot\|\mathbf{b}\|}$를 **상관계수**(correlation coefficient)라 하며, 종종 기호 ρ로 표기한다. 상관계수는 가격과 수요량 사이에 어느 정도의 '상관관계'가 있는지를 측정한다. $\rho = 1$이면 $d_i - \bar{d} = \alpha(p_i - \bar{p})$를 만족하는 상수 $\alpha > 0$가 존재하므로, 이때 수요와 가격은 **완전 상관관계**(perfectly positively correlated)가 있음을 의미한다. 그러나 현실에서는 이 관계가 $\alpha < 0$에 대해 성립할 가능성이 높으므로 $\rho = -1$이 더욱 현실적이다. 일반적으로 $\rho > 0$이면 두 변수는 **양의 상관관계**(positively correlated)가 있고, $\rho < 0$이면 두 변수는 **음의 상관관계**(negatively correlated)가 있다고 한다. $\rho = 0$이면 두 변수는 상관관계가 없다고 본다.[10]

EX 12.9.4 **(계량경제학에서의 직교)** 선형회귀에 대한 [EX 9.3.1]을 상기하자. x와 y 관측값의 평균이 $\mu_x = \mu_y = 0$을 만족한다고 가정했다. 그리고 회귀계수 β를 택해서 다음과 같이 정의된 **평균제곱오차** 손실함수를 최소화했다.

$$L(\beta) = \frac{1}{T}\sum_{t=1}^{T} e_t^2 = \frac{1}{T}\sum_{t=1}^{T} (y_t - \beta x_t)^2$$

여기서 최적의 β는 $\hat{\beta} = \frac{\sigma_{xy}}{\sigma_{xx}}$로 주어지고, σ_{xx}는 x_t의 분산, σ_{xy}는 x_t와 y_t 사이의 공분산을 나타낸다. $t = 1, 2, \cdots, T$에 대해 추정된 회귀계수를 사용한 결과의 오차는 다음과 같다.

$$\hat{e}_t = y_t - \hat{\beta}x_t = y_t - \frac{\sigma_{xy}}{\sigma_{xx}}x_t$$

10 (옮긴이) 상관계수는 두 변수의 선형성을 측정하는 것으로, 비선형성까지 측정하는 측도는 아니다.

가정 $\mu_x = \mu_y = 0$에 따르면 평균오차가 다음을 만족하는 것은 분명하다.

$$\frac{1}{T}\sum_{t=1}^{T}\hat{e}_t = \frac{1}{T}\sum_{t=1}^{T}y_t - \hat{\beta}\frac{1}{T}\sum_{t=1}^{T}x_t = \mu_y - \hat{\beta}\mu_x = 0 \qquad (*)$$

게다가 다음을 만족한다.

$$\frac{1}{T}\sum_{t=1}^{T}x_t\hat{e}_t = \frac{1}{T}\sum_{t=1}^{T}x_t y_t - \frac{1}{T}\frac{\sigma_{xy}}{\sigma_{xx}}\sum_{t=1}^{T}x_t^2 = \sigma_{xy} - \frac{\sigma_{xy}}{\sigma_{xx}}\sigma_{xx} = 0 \qquad (**)$$

세 벡터 $\mathbf{1} = (1, 1, \cdots, 1)$, $\mathbf{x} = (x_1, x_2, \cdots, x_T)$, $\hat{\mathbf{e}} = (\hat{e}_1, \hat{e}_2, \cdots, \hat{e}_T)$에 대해 식 (*)는 $\hat{\mathbf{e}}$과 $\mathbf{1}$이 직교하고, 식 (**)는 $\hat{\mathbf{e}}$과 $\mathbf{x}$가 직교함을 나타낸다.

12.9 연습문제

1 두 2차원 벡터 $\mathbf{a} = (5, -1)$, $\mathbf{b} = (-2, 4)$에 대해 $\mathbf{a} + \mathbf{b}$와 $-\frac{1}{2}\mathbf{a}$를 구하라. 그리고 시점을 원점으로 하는 벡터를 사용하여 기하적으로 나타내라.

2 두 2차원 벡터 $\mathbf{a} = (3, 1)$, $\mathbf{b} = (-1, 2)$와 임의의 스칼라 λ에 대해 $\mathbf{x} = \lambda\mathbf{a} + (1-\lambda)\mathbf{b}$라 정의하자.

(a) $\lambda = 0, \frac{1}{4}, \frac{1}{2}, \frac{3}{4}, 1$일 때 $\mathbf{x}$를 구하고, 그 결과를 그림으로 설명하라.

(b) 닫힌구간 $[0, 1]$에 속하는 모든 실수 λ에 대해 $\mathbf{x} = \lambda\mathbf{a} + (1-\lambda)\mathbf{b}$가 그리는 점들의 집합은 어떤 점을 나타내는지 설명하라.

(c) 모든 실수 λ에 대해 $\mathbf{x}$는 점 $(3, 1)$과 $(-1, 2)$를 지나는 직선 전체를 따라 움직인다는 것을 보여라.

3 3차원 좌표계를 나타내고 4개의 점 $P = (3, 0, 0)$, $Q = (0, 2, 0)$, $R = (0, 0, -1)$, $S = (3, -2, 4)$를 표시하라. 이때 [그림 12.9.7]과 [그림 12.9.8]처럼 각 좌표축에 수직인 선분으로 상자를 표현하라.

4 다음 조건을 만족하는 3차원 공간의 점 (x, y, z)로 이루어진 집합을 기하적으로 설명하라.

(a) x는 모든 실수이고 $y = 2$, $z = 3$

(b) $y = x$, z는 모든 실수

5 세 3차원 벡터를 $\mathbf{a} = (1, 2, 2)$, $\mathbf{b} = (0, 0, -3)$, $\mathbf{c} = (-2, 4, -3)$이라 하고 $\|\mathbf{a}\|$, $\|\mathbf{b}\|$, $\|\mathbf{c}\|$를 구하라. 그리고 $\mathbf{a}$, $\mathbf{b}$가 코시-슈바르츠 부등식 (12.9.7)을 만족하는지 확인하라.

6 두 3차원 벡터 $\mathbf{a} = (1, 2, 1)$, $\mathbf{b} = (-3, 0, -2)$에 대해 물음에 답하라.

(a) $x_1\mathbf{a} + x_2\mathbf{b} = (5, 4, 4)$를 만족하는 실수 x_1, x_2를 구하라.

(b) $x_1\mathbf{a} + x_2\mathbf{b} = (-3, 6, 1)$을 만족하는 실수 x_1, x_2는 존재하지 않음을 증명하라.

7 다음에서 벡터 쌍이 서로 직교하는지 확인하라.

(a) $(1, 2)$, $(-2, 1)$

(b) $(1, -1, 1)$, $(-1, 1, -1)$

(c) $(a, -b, 1)$, $(b, a, 0)$

8 두 4차원 벡터 $(x, -x-8, x, x)$, $(x, 1, -2, 1)$이 서로 직교하는 x 값을 구하라.

9 **심화** 12.7절 [연습문제 7]에서 $\mathbf{P}'\mathbf{P} = \mathbf{I}_n$을 만족하는 $n \times n$ 행렬 $\mathbf{P}$를 직교행렬이라 정의했다. $\mathbf{P}$가 직교행렬일 필요충분조건은 서로 다른 열벡터 쌍(또는 서로 다른 행벡터 쌍)이 서로 직교벡터임을 증명하라.

10 **심화** $\mathbf{a}$와 $\mathbf{b}$가 n차원 벡터일 때 **삼각부등식** $\|\mathbf{a} + \mathbf{b}\| \le \|\mathbf{a}\| + \|\mathbf{b}\|$를 증명하라.

힌트 $(\|\mathbf{a} + \mathbf{b}\|)^2 = (\mathbf{a} + \mathbf{b}) \cdot (\mathbf{a} + \mathbf{b})$와 코시-슈바르츠 부등식 (12.9.7)을 이용하라.

12.10 직선과 평면

$\mathbb{R}^3$의 서로 다른 두 벡터 $\mathbf{a} = (a_1, a_2, a_3)$와 $\mathbf{b} = (b_1, b_2, b_3)$를 생각하자. 이들은 시점이 원점이고 종점이 각각 (a_1, a_2, a_3)와 (b_1, b_2, b_3)인 화살표로 생각할 수 있다. 이 두 점을 지나는 직선 L은 [그림 12.10.1]과 같다.

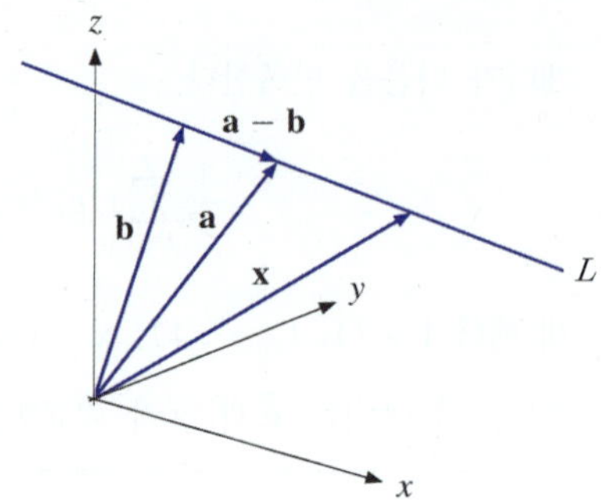

그림 12.10.1 a와 b를 지나는 직선 L

이제 실수 t에 대해 벡터 $\mathbf{x}(t) = (x_1(t), x_2(t), x_3(t))$를 다음과 같이 정의하자.

$$\mathbf{x}(t) = \mathbf{b} + t(\mathbf{a} - \mathbf{b}) = t\mathbf{a} + (1-t)\mathbf{b} \tag{12.10.1}$$

이때 $\mathbf{x}(t)$는 $\mathbf{x}(0) = \mathbf{b}$, $\mathbf{x}(1) = \mathbf{a}$를 만족하는 t의 함수이다. [그림 12.10.1]에서 점 $\mathbf{x}(t)$는 t가 감소하면 왼쪽으로 이동하고 t가 증가하면 오른쪽으로 이동한다. [그림 12.10.1]에서 $\mathbf{x}$로 표시된 특정 벡터는 12.9절에서 제시한 벡터의 기하적 법칙에 따라 대략 $\mathbf{b} + 2.5(\mathbf{a} - \mathbf{b})$로 나타난다. t가 실수 전체에서 움직이면 식 (12.10.1)에 의해 정의된 함수 $\mathbf{x}(t)$는 직선 L 전체를 치역으로 갖는다.

공간 $\mathbb{R}^n$에서 [그림 12.10.1]은 x, y, z로 표시된 세 개의 축을 제거한 후, $\mathbf{a}$, $\mathbf{b}$와 원점 $\mathbf{0}$을 포함하는 유일한 2차원 평면에 네 개의 벡터 $\mathbf{a}$, $\mathbf{b}$, $\mathbf{x}$, $\mathbf{a} - \mathbf{b}$를 표시한 그림으로 간주할 수 있다. 또한 $\mathbf{a}$, $\mathbf{b}$를 지나는 유일한 직선 L이 존재하고, 이 직선은 $\mathbf{x}$도 포함한다. 이 직선은 다음 정의를 충족한다.

n차원 공간에서의 직선

$\mathbb{R}^n$에서 서로 다른 두 점 $\mathbf{a} = (a_1, a_2, \cdots, a_n)$, $\mathbf{b} = (b_1, b_2, \cdots, b_n)$을 지나는 직선 L은 모든 실수 t에 대해 다음과 같이 정의되는 함수 $\mathbf{x}(t) = (x_1(t), x_2(t), \cdots, x_n(t))$의 치역이다.

$$\mathbf{x}(t) = t\mathbf{a} + (1-t)\mathbf{b} = \mathbf{b} + t(\mathbf{a} - \mathbf{b}) \tag{12.10.2}$$

식 (12.10.2)의 좌표를 $\mathbf{a}$, $\mathbf{b}$의 좌표의 항으로 나타내면 다음과 같다.

$$x_1(t) = ta_1 + (1-t)b_1,\ x_2(t) = ta_2 + (1-t)b_2,\ \cdots,\ x_n(t) = ta_n + (1-t)b_n \tag{12.10.3}$$

정의 (12.10.2)와 명제 (12.9.5)에 따르면 모든 실수 t에 대해 다음을 만족한다.

$$\|\mathbf{x}(t) - \mathbf{b}\| = \|t(\mathbf{a} - \mathbf{b})\| = |t|\,\|\mathbf{a} - \mathbf{b}\| \tag{12.10.4}$$

$t > 0$이면 $\mathbf{x}(t)$와 $\mathbf{a}$는 $\mathbf{b}$를 기준으로 같은 쪽에 위치하므로 t는 'a와 b 사이의 거리'에 대한 '$\mathbf{x}(t)$와 b 사이의 거리'의 비율 $\dfrac{\|\mathbf{x}(t) - \mathbf{b}\|}{\|\mathbf{a} - \mathbf{b}\|}$와 같다. 그러나 $t < 0$이면 $\mathbf{x}(t)$와 $\mathbf{a}$는 $\mathbf{b}$를 사이에 두고 반대쪽에 위치하므로 t는 이 거리 비율에 음의 부호를 붙인 값이다.

EX 12.10.1 $\mathbb{R}^3$에서 두 점 $(1, 2, 2)$, $(-1, -1, 4)$를 지나는 직선을 설명하라. 이 직선이 x_1x_2평면과 만나는 점을 구하라.

풀이

식 (12.10.3)에 따르면 두 점을 지나는 직선은 다음 세 개의 방정식으로 주어진다.

$$\begin{cases} x_1 = t\cdot 1 + (1-t)\cdot(-1) = 2t-1 \\ x_2 = t\cdot 2 + (1-t)\cdot(-1) = 3t-1 \\ x_3 = t\cdot 2 + (1-t)\cdot 4 \qquad = 4-2t \end{cases}$$

이 직선이 x_1x_2평면과 만나려면 $x_3=0$이어야 하므로 $4-2t=0$, 즉 $t=2$일 때이다. 따라서 $x_1=3$, $x_2=5$이다. [그림 12.10.2]에 표시된 것처럼 이 직선은 x_1x_2평면과 점 $(3, 5, 0)$에서 만난다.

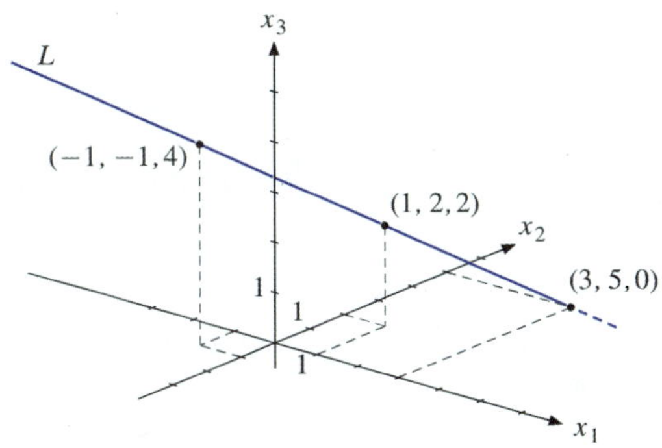

그림 12.10.2 $(1, 2, 2)$와 $(-1, -1, 4)$를 지나는 직선 L

$\mathbf{p} = (p_1, p_2, \cdots, p_n) \in \mathbb{R}^n$에 대해 점 $\mathbf{p}$를 지나면서 벡터 $\mathbf{a} = (a_1, a_2, \cdots, a_n) \neq \mathbf{0}$과 방향이 같은 $\mathbb{R}^n$의 직선 L은 다음 식을 만족하는 $\mathbf{x} \in \mathbb{R}^n$의 집합이다. 이 식은 실수 t에 대해 정의된다.

$$\mathbf{x} = \mathbf{p} + t\mathbf{a} \tag{12.10.5}$$

식 (12.10.2)에 따르면 $\mathbf{a} \neq \mathbf{0}$의 방향으로 점 $\mathbf{p}$를 지나는 직선은 곧 점 $\mathbf{p}$와 점 $\mathbf{p}+\mathbf{a}$를 지나는 직선이다. 반대로 $\mathbf{a} \neq \mathbf{b}$인 두 점 $\mathbf{a}$와 $\mathbf{b}$를 지나는 직선은 $\mathbf{a}-\mathbf{b}$의 방향으로 점 $\mathbf{b}$를 지나는 직선이다.

초평면

[그림 12.10.3]과 같이 $\mathbb{R}^3$의 평면 $\mathscr{P}$를 생각하자. 이 평면은 평면상의 한 점 $\mathbf{a} = (a_1, a_2, a_3)$와 그 평면에 있는 임의의 직선과 수직인 한 벡터 $\mathbf{p} = (p_1, p_2, p_3) \neq (0, 0, 0)$에 의해 결정된다. 이때 벡터 $\mathbf{p}$를 평면 $\mathscr{P}$의 **법벡터**(normal vector)라 한다.

$\mathbf{x} = (x_1, x_2, x_3)$가 점 $\mathbf{a}$를 제외한 평면 $\mathscr{P}$의 임의의 점이면 벡터 $\mathbf{x}-\mathbf{a}$는 벡터 $\mathbf{p}$와 직교하는 방향에 있다. 그러므로 $\mathbf{p}$와 $\mathbf{x}-\mathbf{a}$의 내적은 0이어야 한다. 즉 다음을 만족한다.

$$\mathbf{p}\cdot(\mathbf{x}-\mathbf{a}) = 0 \tag{12.10.6}$$

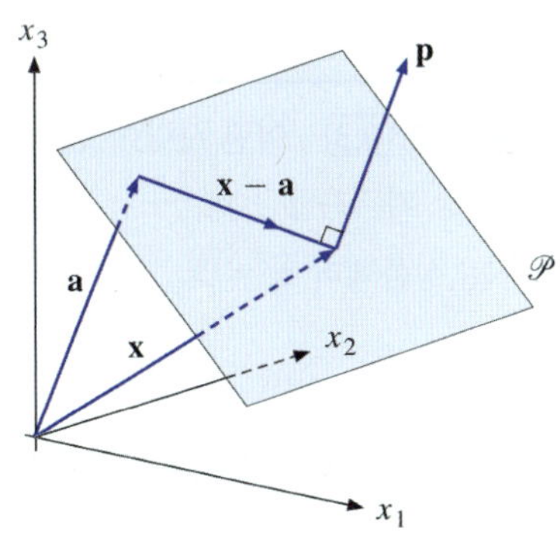

그림 12.10.3 $\mathbb{R}^3$에서의 초평면

따라서 식 (12.10.6)은 점 $\mathbf{a}$를 지나고 법벡터가 $\mathbf{p} \neq \mathbf{0}$인 $\mathbb{R}^3$에서 평면의 일반적인 방정식이다.

EX 12.10.2 $\mathbb{R}^3$에서 점 $\mathbf{a}=(2, 1, -1)$을 지나고 법벡터가 $\mathbf{p}=(-1, 1, 3)$인 평면의 방정식을 구하라. [EX 12.10.1]의 직선이 이 평면과 만나는지 확인하라.

풀이

식 (12.10.6)을 이용하면 구하려는 평면의 방정식은 다음과 같다.

$$-1\cdot(x_1-2)+1\cdot(x_2-1)+3\cdot\{x_3-(-1)\}=0$$

이를 정리하면 $-x_1+x_2+3x_3=-4$이다. [EX 12.10.1]의 직선은 세 방정식 $x_1=2t-1$, $x_2=3t-1$, $x_3=4-2t$로 주어진다. 이 직선이 평면과 어떤 점에서 만나려면 다음 방정식을 만족하는 실수 t가 존재해야 한다.

$$-(2t-1)+(3t-1)+3(4-2t)=-4$$

이 식을 t에 대해 풀면 $t=\frac{16}{5}$이다. 따라서 직선과 평면은 $x_1=\frac{27}{5}$, $x_2=\frac{43}{5}$, $x_3=-\frac{12}{5}$인 점에서 만난다.

$\mathbb{R}^3$에서 평면을 나타낸 방법을 따라 $\mathbb{R}^n$에서도 다음과 같이 평면을 나타내는 일반적인 정의를 도입한다.

n차원 공간에서의 초평면

$\mathbb{R}^n$에서 점 $\mathbf{a}=(a_1, a_2, \cdots, a_n)$을 지나고 $\mathbf{0}$이 아닌 벡터 $\mathbf{p}=(p_1, p_2, \cdots, p_n)$에 직교하는 **초평면**(hyperplane) $\mathscr{H}$는 다음을 만족하는 모든 점 $\mathbf{x}=(x_1, x_2, \cdots, x_n)$의 집합이다.

$$\mathbf{p}\cdot(\mathbf{x}-\mathbf{a})=0 \tag{12.10.7}$$

법벡터 $\mathbf{p}$를 $s\neq 0$인 스칼라배 $s\mathbf{p}$로 대체해도 초평면의 방정식 (12.10.7)을 만족하는 벡터 $\mathbf{x}$의 집합은 정확히 동일하다. 식 (12.10.7)로 정의되는 초평면의 방정식은 벡터의 좌표표현으로 나타내면 다음과 같다.

$$p_1(x_1-a_1)+p_2(x_2-a_2)+\cdots+p_n(x_n-a_n)=0 \tag{12.10.8}$$

이를 동치인 방정식 $p_1x_1+p_2x_2+\cdots+p_nx_n=c$(단, $c=p_1a_1+p_2a_2+\cdots+p_na_n$)로도 나타낼 수 있다.

EX 12.10.3 어떤 사람이 금액 m을 가지고 n개의 서로 다른 상품을 소비하려고 한다. 여기서 각 상품의 단위당 가격은 $p_1, p_2, \cdots, p_n$이다. 이 사람이 선택할 수 있는 소비 조합은 다음의 예산제약 부등식을 만족하는 상품벡터 $\mathbf{x}=(x_1, x_2, \cdots, x_n)$으로 주어진다.

$$p_1x_1+p_2x_2+\cdots+p_nx_n\leq m \tag{12.10.9}$$

식 (12.10.9)가 등식을 만족하면 이는 법벡터가 가격벡터 $(p_1, p_2, \cdots, p_n)$인 **예산 초평면**(budget hyperplane)을 나타낸다. 보통 $x_1\geq 0$, $x_2\geq 0$, $\cdots$, $x_n\geq 0$을 암묵적으로 가정한다. 두 상품의 경우에는 [그림 4.4.12]에서 예산집합을 나타낸 바 있다.[11]

11 [그림 4.4.12]에서는 $p_1=p$와 $p_2=q$로 표기했다.

$n=3$인 경우는 [그림 12.10.4]를 참고하라. 두 경우 모두 가격벡터는 예산 초평면에 직교한다.

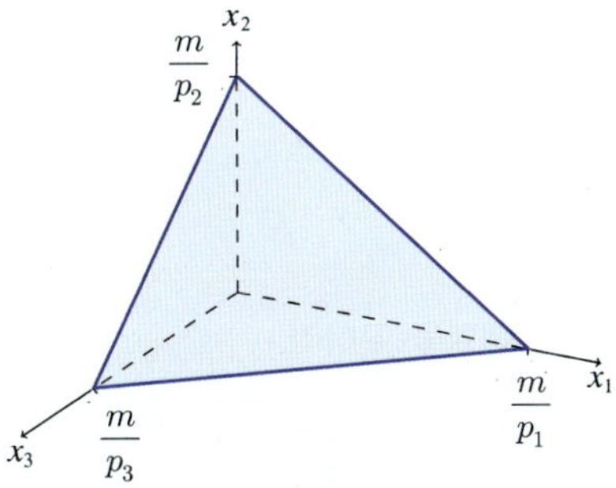

그림 12.10.4 예산 초평면

12.10 연습문제

1 다음 직선의 방정식을 구하라.

(a) 두 점 $(3,\ -2,\ 2)$, $(10,\ 2,\ 1)$을 지나는 직선

(b) 점 $(1,\ 3,\ 2)$를 지나고 벡터 $(0,\ -1,\ 1)$과 같은 방향인 직선

2 $\mathbb{R}^3$에서 직선 L이 세 개의 방정식 $x_1=-t+2$, $x_2=2t-1$, $x_3=t+3$으로 주어져 있다. 물음에 답하라.

(a) 점 $\mathbf{a}=(2,\ -1,\ 3)$은 직선 L 위에 있지만 점 $(1,\ 1,\ 1)$은 직선 L 위에 있지 않음을 보여라.

(b) 점 $\mathbf{a}$를 지나면서 직선 L에 직교하는 평면의 방정식을 구하라.

(c) 직선 L이 평면 $3x_1+5x_2-x_3=6$과 만나는 교점을 구하라.

3 세 점 $(1,\ 0,\ 2)$, $(5,\ 2,\ 1)$, $(2,\ -1,\ 4)$를 지나는 평면의 방정식을 구하라.

4 [EX 12.10.3]에서 가격벡터가 $(2,\ 3,\ 5)$이고 상품벡터 $(10,\ 5,\ 8)$을 구매할 수 있다고 하자. 예산제약을 설명하는 부등식을 구하라.

5 점 $\mathbf{a}=(-2,\ 1,\ -1)$에 대한 물음에 답하라.

(a) 점 $\mathbf{a}$가 평면 $-x+2y+3z=1$상의 한 점임을 보여라.

(b) 점 $\mathbf{a}$를 지나면서 (a)의 평면에 직교하는 직선, 즉 법선의 방정식을 구하라.

CHAPTER 12 복습문제

12.1 $(i,\ j)$ 성분 a_{ij}가 다음과 같은 행렬 $A=(a_{ij})_{2\times 3}$를 구성하라.

(a) $a_{ij}=i+j$　　(b) $a_{ij}=(-1)^{i+j}$

12.2 행렬 A, B, C, D가 다음과 같다고 하자. 행렬이 정의되는 경우에만 행렬을 구하라.

$$A=\begin{pmatrix} 2 & 0 \\ -1 & 1 \end{pmatrix},\ B=\begin{pmatrix} -1 & 2 \\ 1 & -1 \end{pmatrix},\ C=\begin{pmatrix} 2 & 3 \\ 1 & 4 \end{pmatrix},\ D=\begin{pmatrix} 1 & 1 & 1 \\ 1 & 3 & 4 \end{pmatrix}$$

(a) $A-B$　(b) $A+B-2C$　(c) AB　(d) $C(AB)$

(e) AD　(f) DC　(g) $2A-3B$　(h) $(A-B)'$

(i) $(C'A')B'$　(j) $C'(A'B')$　(k) $D'D'$　(l) $D'D$

12.3 다음 연립방정식을 행렬 표기법으로 나타내라.

(a) $\begin{cases} 2x_1-5x_2=3 \\ 5x_1+8x_2=5 \end{cases}$　(b) $\begin{cases} x+y+z+t=a \\ x+3y+2z+4t=b \\ x+4y+8z=c \\ 2x+z-t=d \end{cases}$　(c) $\begin{cases} (a-1)x+3y-2z=5 \\ ax+2y-z=2 \\ x-2y+3z=1 \end{cases}$

12.4 행렬 A, B, C가 다음과 같을 때 행렬 A+B, A−B, AB, BA, A(BC), (AB)C를 구하라.

$$A=\begin{pmatrix} 0 & 1 & -2 \\ 3 & 4 & 5 \\ -6 & 7 & 15 \end{pmatrix},\quad B=\begin{pmatrix} 0 & -5 & 3 \\ 5 & 2 & -1 \\ -4 & 2 & 0 \end{pmatrix},\quad C=\begin{pmatrix} 6 & -2 & -3 \\ 2 & 0 & 1 \\ 0 & 5 & 7 \end{pmatrix}$$

12.5 다음을 만족하는 실수 $a,\ b,\ x$를 구하라.

$$\begin{pmatrix} a & b \\ x & 0 \end{pmatrix}\begin{pmatrix} 2 & 1 \\ 1 & 1 \end{pmatrix}-\begin{pmatrix} 1 & 0 \\ 2 & 1 \end{pmatrix}\begin{pmatrix} a & b \\ x & 0 \end{pmatrix}=\begin{pmatrix} 2 & 1 \\ 4 & 4 \end{pmatrix}$$

12.6 임의의 상수 $a,\ b$에 대해 $A=\begin{pmatrix} a & b & 0 \\ -b & a & b \\ 0 & -b & a \end{pmatrix}$라 하자. 물음에 답하라.

(a) 행렬 $AA=A^2$을 구하라.

(b) 정방행렬 B가 $B=-B'$를 만족하면 B를 **교대행렬**(skew-symmetric matrix)이라 한다. 여기서 B'는 B의 전치행렬을 나타낸다. $C'BC$가 정의되는 임의의 행렬 C에 대해 B가 교대행렬이면 $C'BC$도 교대행렬임을 보여라. 앞에서 정의된 행렬 A는 어떤 조건에서 교대행렬이 되는지 설명하라.

(c) 임의의 정방행렬 A에 대해 $A_1=\frac{1}{2}(A+A')$는 대칭행렬이고 $A_2=\frac{1}{2}(A-A')$는 교대행렬임을 보여라. 또한 $A=A_1+A_2$임을 보이고, 이 식이 어떤 의미를 갖는지 설명하라.

12.7 가우스 소거법을 이용하여 다음 연립방정식을 풀어라.

(a) $\begin{cases} x_1+4x_2=1 \\ 2x_1+2x_2=8 \end{cases}$ (b) $\begin{cases} 2x_1+2x_2-x_3=2 \\ x_1-3x_2+x_3=0 \\ 3x_1+4x_2-x_3=1 \end{cases}$ (c) $\begin{cases} x_1+3x_2+4x_3=0 \\ 5x_1+x_2+x_3=0 \end{cases}$

12.8 가우스 소거법을 이용하여 다음 연립방정식이 해를 가질 a 값을 구하라. 그런 다음 가능한 모든 해를 구하라.

$$\begin{cases} x+ay+2z=0 \\ -2x-ay+z=4 \\ 2ax+3a^2y+9z=4 \end{cases}$$

12.9 $\mathrm{a}=(-1,5,3)$, $\mathrm{b}=(1,1,-3)$, $\mathrm{c}=(-1,2,8)$에 대해 $\|\mathrm{a}\|$, $\|\mathrm{b}\|$, $\|\mathrm{c}\|$를 구하라. 그런 다음 a와 b에 대해 코시-슈바르츠 부등식을 만족함을 보여라.

12.10 P와 Q가 $\mathrm{PQ}-\mathrm{QP}=\mathrm{P}$를 만족하는 $n\times n$ 행렬이라 가정하자. 물음에 답하라.

(a) $\mathrm{P}^2\mathrm{Q}-\mathrm{QP}^2=2\mathrm{P}^2$, $\mathrm{P}^3\mathrm{Q}-\mathrm{QP}^3=3\mathrm{P}^3$임을 증명하라.

(b) 귀납법을 이용하여 $k=1, 2, \cdots$에 대해 $\mathrm{P}^k\mathrm{Q}-\mathrm{QP}^k=k\mathrm{P}^k$임을 증명하라.

MEMO

CHAPTER

13

행렬식과 이차형식

Determinants, Inverses and Quadratic Forms

CONTENTS

사실 우리 모두 수학자가 된 이유는 같다. 게으름을 피우고 싶었기 때문이다.

You know we all became mathematicians for the same reason: we were lazy.

__ 맥스웰 A. 로젠리히트(Maxwell A. Rosenlicht, 1949)

이 장에서도 계속하여 행렬대수를 알아보기로 한다. 처음 다룰 주제는 정방행렬의 행렬식이다. 행렬식은 하나의 수이지만 그 자체만으로도 $n \times n$ 행렬에서 n^2개 성분에 대한 몇 가지 중요한 성질을 결정한다. 행렬이 크면 행렬식을 이용한 계산이 매우 비효율적이기 때문에 일부 경제학자들은 행렬이 거의 쓸모없다고 보기도 한다. 그럼에도 행렬식은 경제학자들이 관심을 갖는 수학의 여러 분야에서 여전히 중요하다.

13.1절부터 13.5절까지 행렬식 개념을 소개하고, 13.6절과 13.7절에서 정방행렬의 역행렬 개념과 주요 성질을 살펴본다. 역행렬은 연립일차방정식의 해법을 이해하는 데 중요한 역할을 한다. 계량경제학에서도 역행렬은 주어진 데이터 집합에 적합한 선형관계를 도출하는 데도 중요하게 쓰인다. 13.8절에서는 n개의 미지수를 갖는 n개의 일차방정식으로 이루어진 연립방정식을 푸는 크레이머 법칙에 대해 알아본다. 크레이머 법칙은 미지수가 3개를 넘어가면 계산 효율이 떨어지긴 하지만 이론 연구에서 자주 사용된다. 이 절에는 동차연립방정식에 대한 중요한 정리도 포함되어 있다. 13.9절에서는 레온티에프 투입·산출모형을 간략하게 소개한다. 마지막 부분은 최적화를 위한 이차조건뿐만 아니라 다변수함수의 오목성 또는 볼록성을 고려할 때 중요한 몇 가지 내용을 다룬다. 13.10절은 고윳값과 고유벡터를 다루고 13.11절은 정방행렬의 대각화를 다룬다. 마지막으로 13.12절은 이차형식을 주제로 한다.

13.1 2차 행렬식

다음 연립일차방정식을 생각하자.

$$\begin{cases} a_{11}x_1 + a_{12}x_2 = b_1 \\ a_{21}x_1 + a_{22}x_2 = b_2 \end{cases} \tag{13.1.1}$$

이에 대응하는 계수행렬은 다음과 같다.

$$\mathrm{A} = \begin{pmatrix} a_{11} & a_{12} \\ a_{21} & a_{22} \end{pmatrix}$$

12.8절에 제시된 절차를 따라 연립방정식 (13.1.1)의 해를 구할 수 있다. 여기서 D를 $a_{11}a_{22} - a_{21}a_{12}$로 둔다. $D \neq 0$이면 연립방정식 (13.1.1)은 다음의 유일한 해를 갖는다.

$$x_1 = \frac{b_1 a_{22} - b_2 a_{12}}{a_{11}a_{22} - a_{21}a_{12}}, \quad x_2 = \frac{b_2 a_{11} - b_1 a_{21}}{a_{11}a_{22} - a_{21}a_{12}} \tag{13.1.2}$$

특히 상수 D는 식 (13.1.2)의 공통분모이므로 D 값은 연립방정식 (13.1.1)이 유일한 해를 갖는지를 결정한다. 이러한 이유로 $D = a_{11}a_{22} - a_{21}a_{12}$를 행렬 A 의 **행렬식**(determinant)이라 한다. 행렬식은 기호 $\det(\mathrm{A})$로 표기하기도 하고, 이 책에서는 보통 기호 $|\mathrm{A}|$로 간략하게 표기한다. 따라서 다음과 같이 정의한다.

2×2 행렬의 행렬식

임의의 2×2 행렬 A $=(a_{ij})_{2\times 2}$에 대해 **2차 행렬식**은 다음과 같다.

$$|\mathrm{A}| = \begin{vmatrix} a_{11} & a_{12} \\ a_{21} & a_{22} \end{vmatrix} = a_{11}a_{22} - a_{21}a_{12} \tag{13.1.3}$$

2×2 행렬의 행렬식은 **차수** 2(order 2)를 갖는다고 한다. 이러한 2차 행렬식 |A|는 다음과 같은 순서로 구한다.

❶ 두 대각성분을 곱한다.

❷ 대각성분이 아닌 두 성분의 곱을 구한다.

❸ 두 대각성분의 곱(❶의 결과)에서 대각성분이 아닌 두 성분의 곱(❷의 결과)을 뺀다.

EX 13.1.1 행렬식을 직접 계산해보면 다음과 같다.

$$\begin{vmatrix} 4 & 1 \\ 3 & 2 \end{vmatrix} = 4\cdot 2 - 3\cdot 1 = 5, \quad \begin{vmatrix} b_1 & a_{12} \\ b_2 & a_{22} \end{vmatrix} = b_1a_{22} - b_2a_{12}, \quad \begin{vmatrix} a_{11} & b_1 \\ a_{21} & b_2 \end{vmatrix} = b_2a_{11} - b_1a_{21}$$

기하적으로 보면 (13.1.1)의 두 일차방정식은 각각 직선을 하나씩 나타낸다. 만약 $D=|\mathrm{A}|\neq 0$이면 두 직선은 식 (13.1.2)를 만족하는 유일한 점 (x_1, x_2)에서 만난다. $D=|\mathrm{A}|=0$이면 x_1과 x_2에 대한 식 (13.1.2)는 정의되지 않는다. 실제로 이 경우 식 (13.1.1)은 기하적으로 다음 둘 중 한 가지 상황을 나타낸다.

❶ 두 직선은 서로 다르지만 평행하여 해가 없다.

❷ 두 직선이 완전히 일치하여 해가 무한히 많다.

[EX 13.1.1]의 마지막 두 부분은 해 (13.1.2)에서 x_1, x_2 식의 **분자** 역시 행렬식으로 표현될 수 있음을 보여준다. 실제로 $|\mathrm{A}|\neq 0$이면 해는 다음과 같다.

$$x_1 = \frac{1}{|\mathrm{A}|}\begin{vmatrix} b_1 & a_{12} \\ b_2 & a_{22} \end{vmatrix}, \quad x_2 = \frac{1}{|\mathrm{A}|}\begin{vmatrix} a_{11} & b_1 \\ a_{21} & b_2 \end{vmatrix} \tag{13.1.4}$$

이는 **크레이머 법칙**(Cramer's rule)이라는 결과의 특별한 경우이다.[1] 두 개의 미지수와 두 개의 일차방정식으로 이루어진 연립방정식을 풀 때는 크레이머 법칙이 매우 편리하다. 그러나 [연습문제 8]과 같은 연립방정식, 특히 거시경제 연립방정식은 단순 대입으로 푸는 것이 더 쉬운 경우가 많다.

EX 13.1.2 식 (13.1.4)를 이용하여 다음 연립방정식의 해를 구하라.

$$\begin{cases} 2x_1 + 4x_2 = 7 \\ 2x_1 - 2x_2 = -2 \end{cases}$$

1 크레이머 법칙은 스위스 수학자 가브리엘 크레이머(Gabriel Cramer, 1704~1752)의 이름을 따서 명명되었다.

풀이

식 (13.1.4)와 정의 (13.1.3)을 적용하면 다음을 얻는다.

$$x_1 = \frac{\begin{vmatrix} 7 & 4 \\ -2 & -2 \end{vmatrix}}{\begin{vmatrix} 2 & 4 \\ 2 & -2 \end{vmatrix}} = \frac{-6}{-12} = \frac{1}{2}, \quad x_2 = \frac{\begin{vmatrix} 2 & 7 \\ 2 & -2 \end{vmatrix}}{\begin{vmatrix} 2 & 4 \\ 2 & -2 \end{vmatrix}} = \frac{-18}{-12} = \frac{3}{2}$$

이제 $x_1 = \frac{1}{2}$, $x_2 = \frac{3}{2}$이 실제로 해가 되는지 대입하여 확인해보라.

EX 13.1.3 식 (13.1.4)를 이용하여 다음을 만족하는 Q_1^D와 Q_2^D를 모수의 식으로 나타내라.

$$\begin{cases} 2(b+\beta_1)Q_1^D + bQ_2^D & = a-\alpha_1 \\ bQ_1^D + 2(b+\beta_2)Q_2^D & = a-\alpha_2 \end{cases}$$

풀이

계수행렬의 행렬식은 다음과 같다.

$$\Delta = \begin{vmatrix} 2(b+\beta_1) & b \\ b & 2(b+\beta_2) \end{vmatrix} = 4(b+\beta_1)(b+\beta_2) - b^2$$

$\Delta \neq 0$이면 식 (13.1.4)에 의해 Q_1^D는 다음과 같다.

$$Q_1^D = \frac{\begin{vmatrix} a-\alpha_1 & b \\ a-\alpha_2 & 2(b+\beta_2) \end{vmatrix}}{\Delta} = \frac{2(b+\beta_2)(a-\alpha_1) - b(a-\alpha_2)}{\Delta}$$

Q_2^D도 이와 유사한 형태로 표현할 수 있다.

다음 절에서는 크레이머 법칙을 세 개의 미지수와 세 개의 일차방정식으로 이루어진 연립방정식으로 확장하고, 13.8절에서는 n개의 미지수를 갖는 n개의 일차방정식으로 일반화한다.

기하적 해석

2차 행렬식은 유의미한 기하적 해석을 가진다. 행렬 $\mathbf{A} = (a_{ij})_{2\times 2}$의 두 행이 [그림 13.1.1]처럼 두 개의 2차원 벡터로 나타난다고 가정해보자. 그러면 행렬식은 음영으로 표시한 평행사변형의 넓이와 같다. 그러나 두 행의 순서를 바꾸면 행렬식은 음영으로 표시한 넓이에 음의 부호를 붙인 음수가 된다.

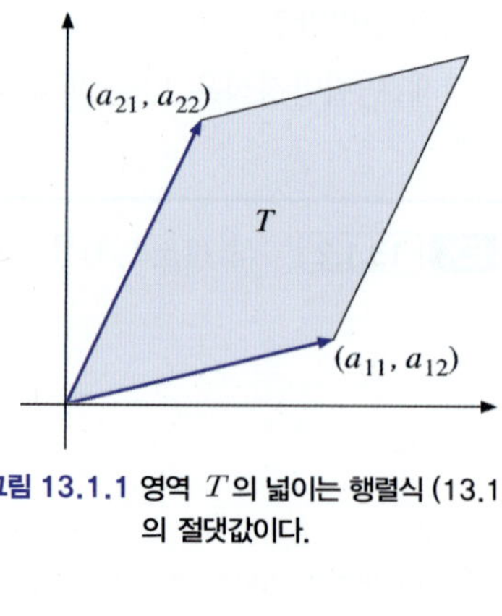

그림 13.1.1 영역 T의 넓이는 행렬식 (13.1.3)의 절댓값이다.

[그림 13.1.2]는 [그림 13.1.1]에서 주장한 결과가 참인 이유를 설명한다. 이제 영역 T의 넓이를 구해보자. [그림 13.1.2]의 전체 직사각형의 넓이는 다음을 만족한다.

$$2T_1 + 2T_2 + 2T_3 + T = (a_{11} + a_{21})(a_{12} + a_{22}) \quad (13.1.5)$$

여기서 $T_1 = a_{12}a_{21}$, $T_2 = \frac{1}{2}a_{21}a_{22}$, $T_3 = \frac{1}{2}a_{11}a_{12}$이다. 따라서 $T = a_{11}a_{22} - a_{21}a_{12}$임을 알 수 있다.

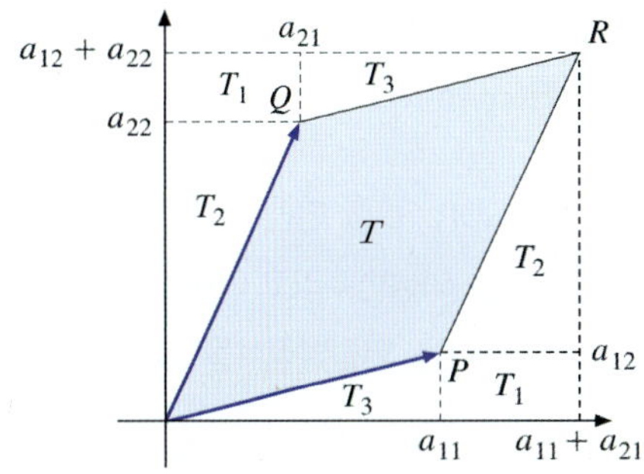

그림 13.1.2 식 (13.1.5)의 시각적 설명

특히 간단한 경우는 $a_{12} = 0$일 때 일어난다. 이때 행렬의 두 행이 만들어내는 영역은 [그림 13.1.3]처럼 나타난다. 따라서 영역 T의 넓이는 밑면과 높이의 곱, 즉 $a_{11}a_{22}$로 간단히 구할 수 있다. 실제로 이 경우에는 $T_1 = T_3 = 0$이고 $a_{12} = 0$이므로 식 (13.1.5)는 $2T_2 + T = (a_{11} + a_{21})a_{22}$로 간단해진다. 이때 $T_2 = \frac{1}{2}a_{21}a_{22}$이므로 $T = a_{11}a_{22} = |\mathrm{A}|$이다.

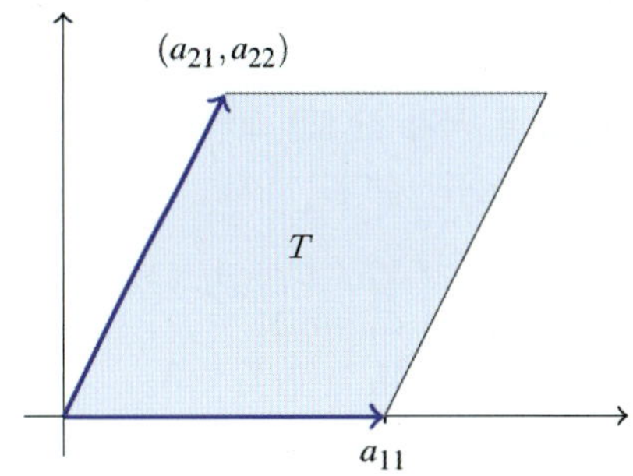

그림 13.1.3 $a_{12} = 0$일 때 영역 T의 넓이

13.1 연습문제

1 다음 행렬식을 구하라.

(a) $\begin{vmatrix} 3 & 0 \\ 2 & 6 \end{vmatrix}$ (b) $\begin{vmatrix} a & a \\ b & b \end{vmatrix}$

(c) $\begin{vmatrix} 2-x & 1 \\ 8 & -x \end{vmatrix}$ (d) $\begin{vmatrix} a+b & a-b \\ a-b & a+b \end{vmatrix}$

(e) $\begin{vmatrix} 3^t & 2^t \\ 3^{t-1} & 2^{t-1} \end{vmatrix}$

2 [연습문제 1(a)]의 행렬식에 대해 [그림 13.1.1]에 나온 기하적 해석을 그림으로 나타내라.

3 크레이머 법칙 (13.1.4)를 이용하여 x와 y에 대한 다음 연립방정식을 풀어라. 각 해가 실제로 맞는지 대입하여 확인하라.

(a) $\begin{cases} 3x - y = 8 \\ x - 2y = 5 \end{cases}$

(b) $\begin{cases} x + 3y = 1 \\ 3x - 2y = 14 \end{cases}$

(c) $\begin{cases} ax - by = 1 \\ bx + ay = 2 \end{cases}$

4 정방행렬 A의 **대각합**(trace)은 모든 대각성분의 합을 뜻하며 기호 $\mathrm{tr}(\mathrm{A})$로 표기한다. 주어진 변수 행렬 $\mathrm{A} = \begin{pmatrix} a & 3 \\ b & 1 \end{pmatrix}$에 대해 $\mathrm{tr}(\mathrm{A}) = 0$과 $|\mathrm{A}| = -10$을 만족하는 a, b 값을 구하라.

5 방정식 $\begin{vmatrix} 2-x & 1 \\ 8 & -x \end{vmatrix} = 0$의 모든 해를 구하라.

6 두 행렬 $\mathrm{A} = \begin{pmatrix} a_{11} & a_{12} \\ a_{21} & a_{22} \end{pmatrix}$, $\mathrm{B} = \begin{pmatrix} b_{11} & b_{12} \\ b_{21} & b_{22} \end{pmatrix}$에 대해 $|\mathrm{AB}| = |\mathrm{A}| \cdot |\mathrm{B}|$가 성립함을 보여라.[2]

2 이는 법칙 (13.4.1)의 특별한 경우이다.

7 $|A+B| \neq |A|+|B|$를 만족하는 2×2 행렬 A와 B를 구하라.

8 Y를 GDP, C를 민간소비라 하자. 투자 I_0와 공공지출 G_0는 외생변수라고 가정한다. 크레이머 법칙을 이용하여 다음 연립방정식을 풀어라.

$$Y = C + I_0 + G_0, \; C = a + bY$$

여기서 a와 $b < 1$은 상수이다. 이때 연립방정식을 푸는 더 간단한 방법을 찾아라.

9 **심화** 두 국가 간에만 교역이 이루어지는 거시경제모형이 다음과 같다고 하자.

$$\begin{cases} Y_1 = C_1 + A_1 + X_1 - M_1 \\ C_1 = c_1 Y_1 \\ M_1 = m_1 Y_1 = X_2 \end{cases}, \quad \begin{cases} Y_2 = C_2 + A_2 + X_2 - M_2 \\ C_2 = c_2 Y_2 \\ M_2 = m_2 Y_2 = X_1 \end{cases}$$

여기서 각 국가 $i = 1,\ 2$에 대해 변수 Y_i는 GDP, C_i는 소비, A_i는 외생지출, X_i는 수출, M_i는 수입을 나타낸다. 물음에 답하라.

(a) 두 방정식 $M_1 = X_2$, $M_2 = X_1$을 해석하라.

(b) 8개의 미지수와 8개의 방정식으로 주어진 연립방정식에 치환을 이용하여 두 내생변수 Y_1, Y_2에 대한 연립방정식으로 정리하라. 그런 다음 외생변수 A_1과 A_2의 함수로서 Y_1과 Y_2를 나타내라.

(c) A_1이 증가하면 Y_2에 어떤 영향을 미치는지 설명하라.

13.2 3차 행렬식

세 개의 미지수와 세 개의 일차방정식으로 이루어진 다음과 같은 연립방정식을 생각해보자.

$$\begin{cases} a_{11}x_1 + a_{12}x_2 + a_{13}x_3 = b_1 \\ a_{21}x_1 + a_{22}x_2 + a_{23}x_3 = b_2 \\ a_{31}x_1 + a_{32}x_2 + a_{33}x_3 = b_3 \end{cases} \tag{13.2.1}$$

여기서 계수행렬 A는 3×3이다. 다소 복잡한 대수 계산과 소거법을 함께 적용하면 퇴화(degenerate)되는 경우[3]를 제외하고 결과적으로 해 x_1, x_2, x_3를 구할 수 있다. 이때 x_1은 다음과 같이 주어진다.

$$x_1 = \frac{b_1a_{22}a_{33} - b_1a_{23}a_{32} - b_2a_{12}a_{33} + b_2a_{13}a_{32} + b_3a_{12}a_{23} - b_3a_{22}a_{13}}{a_{11}a_{22}a_{33} - a_{11}a_{23}a_{32} + a_{12}a_{23}a_{31} - a_{12}a_{21}a_{33} + a_{13}a_{21}a_{32} - a_{13}a_{22}a_{31}} \tag{13.2.2}$$

여기서 나머지 해 x_2와 x_3의 식은 따로 제시하지 않겠다. 하지만 이들 역시 x_1과 동일한 분모를 가진다. 이 공통분모를 A의 **행렬식**이라 하고, 기호 $\det(A)$ 또는 $|A|$로 표기한다. 행렬식이 0이면 주어진 연립방정식은 퇴화되는 경우이다. 즉 3×3 행렬의 행렬식은 다음과 같이 정의한다.

3 (옮긴이) 이는 주어진 연립일차방정식에서 한 방정식이 다른 방정식들로 나타낼 수 있거나 다른 방정식과 모순되는 경우가 있을 때이다. 즉 연립방정식의 해가 무한히 많거나 없는 경우이다.

3×3 행렬의 행렬식

임의의 3×3 행렬 A 에 대해 **3차 행렬식**은 다음과 같다.

$$|A| = \begin{vmatrix} a_{11} & a_{12} & a_{13} \\ a_{21} & a_{22} & a_{23} \\ a_{31} & a_{32} & a_{33} \end{vmatrix} = a_{11}a_{22}a_{33} - a_{11}a_{23}a_{32} + a_{12}a_{23}a_{31} - a_{12}a_{21}a_{33} + a_{13}a_{21}a_{32} - a_{13}a_{22}a_{31} \quad (13.2.3)$$

여인수 전개

식 (13.2.3)의 우변은 6개의 항을 합한 것이다. 처음에는 매우 복잡하게 보이지만 **여인수 전개**(expansion by cofactors)를 이용하면 모든 항을 비교적 쉽게 나타낼 수 있다. 먼저 A 의 1행에 있는 세 성분 a_{11}, a_{12}, a_{13}는 각각 식 (13.2.3)에 정확히 두 번씩 들어 있다. 실제로 항을 잘 묶어주면 $|A|$는 다음과 같이 나타낼 수 있다.

$$|A| = a_{11}(a_{22}a_{33} - a_{23}a_{32}) - a_{12}(a_{21}a_{33} - a_{23}a_{31}) + a_{13}(a_{21}a_{32} - a_{22}a_{31})$$

2차 행렬식을 적용하면 이 식은 다음과 같다.

$$|A| = a_{11}\begin{vmatrix} a_{22} & a_{23} \\ a_{32} & a_{33} \end{vmatrix} - a_{12}\begin{vmatrix} a_{21} & a_{23} \\ a_{31} & a_{33} \end{vmatrix} + a_{13}\begin{vmatrix} a_{21} & a_{22} \\ a_{31} & a_{32} \end{vmatrix} \quad (13.2.4)$$

이러한 방법으로 3차 행렬식 계산은 세 개의 2차 행렬식 계산으로 축소할 수 있다. 즉 a_{11}에는 $|A|$의 1행과 1열을 삭제하여 얻은 2차 행렬식을 곱하고, a_{12}에는 $|A|$의 1행과 2열을 삭제하여 얻은 행렬식을 곱하고 그 값의 부호를 바꾼다. a_{13}에는 $|A|$의 1행과 3열을 삭제하여 얻은 2차 행렬식을 곱한 다음, 세 값을 모두 더하면 3차 행렬식이 된다.

EX 13.2.1 공식 (13.2.4)를 이용하여 다음 행렬식을 구하라.

$$|A| = \begin{vmatrix} 3 & 0 & 2 \\ -1 & 1 & 0 \\ 5 & 2 & 3 \end{vmatrix}$$

풀이

공식 (13.2.4)와 (13.1.3)을 직접 적용하면 다음을 얻는다.

$$|A| = 3 \cdot \begin{vmatrix} 1 & 0 \\ 2 & 3 \end{vmatrix} - 0 \cdot \begin{vmatrix} -1 & 0 \\ 5 & 3 \end{vmatrix} + 2 \cdot \begin{vmatrix} -1 & 1 \\ 5 & 2 \end{vmatrix}$$
$$= 3 \cdot 3 - 0 \cdot (-3) + 2 \cdot (-7) = -5$$

EX 13.2.2 공식 (13.2.4)를 이용하여 다음을 증명하라.

$$|\mathrm{A}| = \begin{vmatrix} 1 & a & a^2 \\ 1 & b & b^2 \\ 1 & c & c^2 \end{vmatrix} = (b-a)(c-a)(c-b)$$

풀이

행렬식을 직접 계산하면 다음을 얻는다.

$$\begin{aligned} |\mathrm{A}| &= 1 \cdot \begin{vmatrix} b & b^2 \\ c & c^2 \end{vmatrix} - a \cdot \begin{vmatrix} 1 & b^2 \\ 1 & c^2 \end{vmatrix} + a^2 \cdot \begin{vmatrix} 1 & b \\ 1 & c \end{vmatrix} \\ &= bc^2 - b^2c - a(c^2 - b^2) + a^2(c-b) \end{aligned}$$

여기서 마지막 등식의 6개 항이 $(b-a)(c-a)(c-b)$로 표현된다는 점은 바로 떠오르지 않을 수 있다. 이럴 때는 $(b-a)(c-a)(c-b)$를 전개하여 두 식이 서로 같음을 직접 확인해보면 된다.

식 (13.2.2)의 분자를 주의 깊게 살펴보면 분자도 행렬식으로 표현할 수 있음을 알 수 있다. 이는 x_2와 x_3에 대해서도 마찬가지이다. 실제로 $|\mathrm{A}| \neq 0$이면 식 (13.2.1)의 해는 다음과 같이 행렬식을 이용해 나타낼 수 있다.

$$x_1 = \frac{\begin{vmatrix} b_1 & a_{12} & a_{13} \\ b_2 & a_{22} & a_{23} \\ b_3 & a_{32} & a_{33} \end{vmatrix}}{|\mathrm{A}|}, \quad x_2 = \frac{\begin{vmatrix} a_{11} & b_1 & a_{13} \\ a_{21} & b_2 & a_{23} \\ a_{31} & b_3 & a_{33} \end{vmatrix}}{|\mathrm{A}|}, \quad x_3 = \frac{\begin{vmatrix} a_{11} & a_{12} & b_1 \\ a_{21} & a_{22} & b_2 \\ a_{31} & a_{32} & b_3 \end{vmatrix}}{|\mathrm{A}|} \tag{13.2.5}$$

이는 세 개의 미지수를 갖는 세 개의 일차방정식으로 주어진 식 (13.2.1)의 해를 구하는 **크레이머 법칙**이다. 13.8절에서 연립방정식이 n개의 미지수를 갖는 n개의 일차방정식으로 주어지는 일반적인 경우에 대해 증명할 것이다.

식 (13.2.5)에서 x_1, x_2, x_3의 분자에 나타난 각 행렬식은 한 열이 다음과 같은 형태이다.

$$\begin{pmatrix} b_1 \\ b_2 \\ b_3 \end{pmatrix}$$

이 열벡터는 당연히 연립방정식 (13.2.1)의 우변이 있는 열벡터이다. 이 특별한 열벡터는 x_1을 구할 때 1열에 있고, x_2를 구할 때 2열로 이동하며 x_3를 구할 때는 3열로 이동한다. 따라서 크레이머 법칙을 쉽게 기억할 수 있다.

3×3 행렬식을 구하기 위해 식 (13.2.4)에서 사용한 방법을 **1행에 따른 여인수 전개**(cofactor expansion along row 1)라 한다. 1행 대신 i행의 성분에 초점을 맞추면 $|\mathrm{A}| = a_{i1}C_{i1} + a_{i2}C_{i2} + a_{i3}C_{i3}$를 얻을 수 있다. 여기서 $j = 1, 2, 3$에 대해 여인수 C_{ij}는 행렬 A에서 i행과 j열을 삭제한 2×2 행렬의 행렬식에 부호 $(-1)^{i+j}$을 곱한 값이다. 따라서 $j = 1, 2, 3$일 때 i행을 따라 여인수 전개를 수행하여 행렬식을 구할 수 있다. 더욱이 $|\mathrm{A}| = a_{1j}C_{1j} + a_{2j}C_{2j} + a_{3j}C_{3j}$와 같이 j열에 따른 여인수 전개로도 행렬식을 구할 수 있다. 여인수 전개에 대한 자세한 내용은 13.5절을 참고하라.

EX 13.2.3 크레이머 법칙을 이용하여 다음 연립방정식을 풀어라.

$$\begin{cases} 2x_1 + 2x_2 - \ \ x_3 = -3 \\ 4x_1 \qquad\quad + 2x_3 = \ \ \ 8 \\ \qquad\ \ 6x_2 - 3x_3 = -12 \end{cases}$$

풀이

이 연립방정식에 대해 식 (13.2.5)에 나타난 행렬식 |A|는 다음과 같다.

$$|A| = \begin{vmatrix} 2 & 2 & -1 \\ 4 & 0 & 2 \\ 0 & 6 & -3 \end{vmatrix} = -24$$

직접 확인해보면 알 수 있듯이 식 (13.2.5)의 세 분자는 각각 다음과 같다.

$$\begin{vmatrix} -3 & 2 & -1 \\ 8 & 0 & 2 \\ -12 & 6 & -3 \end{vmatrix} = -12, \quad \begin{vmatrix} 2 & -3 & -1 \\ 4 & 8 & 2 \\ 0 & -12 & -3 \end{vmatrix} = 12, \quad \begin{vmatrix} 2 & 2 & -3 \\ 4 & 0 & 8 \\ 0 & 6 & -12 \end{vmatrix} = -72$$

식 (13.2.5)를 이용하면 구하려는 해는 다음과 같다.

$$x_1 = \frac{-12}{-24} = \frac{1}{2}, \quad x_2 = \frac{12}{-24} = -\frac{1}{2}, \quad x_3 = \frac{-72}{-24} = 3$$

이 값을 주어진 연립방정식에 대입하면 옳은 해임을 확인할 수 있다.

기하적 해석

2차 행렬식과 마찬가지로 3차 행렬식도 기하적으로 해석할 수 있다. 이는 [그림 13.2.1]에서 보여준다. 여기서 행렬식의 각 행은 그림에 표시된 세 개의 서로 다른 3차원 벡터에 해당한다. 이 벡터들은 6개의 면이 모두 직사각형인 직육면체가 아니라, 모두 평행사변형인 '평행육면체(parallelepiped)', 즉 서로 마주보는 모서리가 평행한 사변형으로 구성된 육면체를 결정한다. 그러면 이 평행육면체의 부피는 식 (13.2.3)에 의해 정의된 행렬식 |A|의 절댓값과 같다.

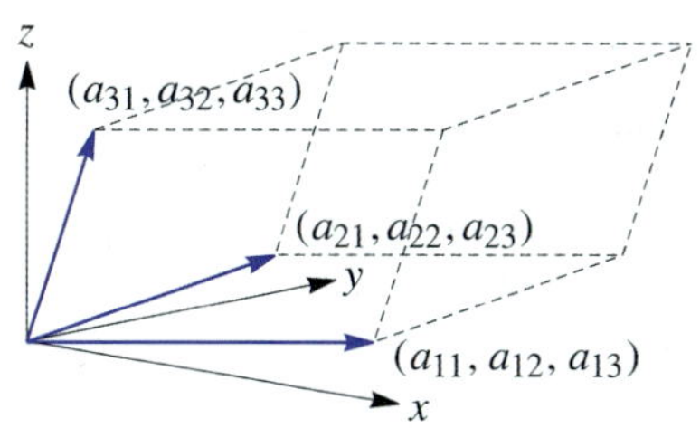

그림 13.2.1 행렬의 세 행벡터가 생성하는 평행육면체

그 이유를 알아보기 위해 간단한 경우인 $a_{12} = a_{13} = a_{23} = 0$을 고려하면 좋다. 이때의 평행육면체는 [그림 13.2.2]와 같다. 평행육면체의 밑면을 이루는 평행사변형은 [그림 13.1.3]과 유사하다. 13.1절에서 보았듯이 이 밑면의 넓이는 2차 행렬식 $\begin{vmatrix} a_{11} & 0 \\ a_{21} & a_{22} \end{vmatrix} = a_{11}a_{22}$의 절댓값으로 주어진다. 부피를 구하려면 밑면의 넓이(2차 행렬식의 절댓값)에 평행육면체의 높이 $|a_{33}|$를 곱하면 된다. 따라서 부피는 다음의 절댓값이다.

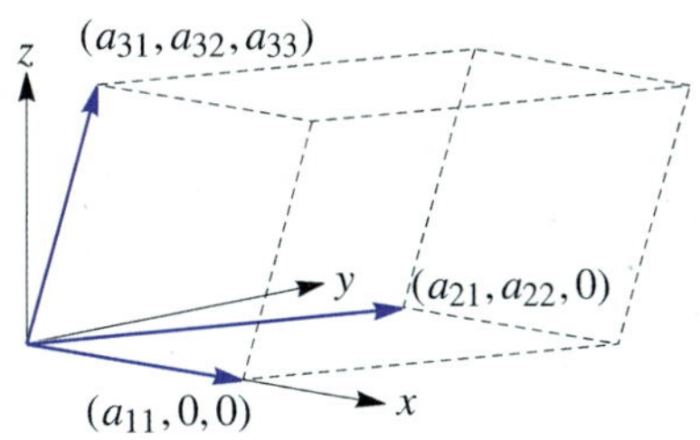

그림 13.2.2 $a_{12} = a_{13} = a_{23} = 0$일 때의 평행육면체

$$a_{11}a_{22}a_{33} = a_{33}\begin{vmatrix} a_{11} & 0 \\ a_{21} & a_{22} \end{vmatrix} = \begin{vmatrix} a_{11} & 0 & 0 \\ a_{21} & a_{22} & 0 \\ a_{31} & a_{32} & a_{33} \end{vmatrix}$$

3×3 행렬식에 대한 사르루스 법칙

많은 사람들이 편리하다고 생각하는 3차 행렬식을 구하는 다른 방법이 있다. 먼저 원래의 3×3 행렬을 두 번 나란히 작성하고, 복사본의 마지막 열은 제거하여 3×5 행렬을 만든다. 결과는 다음과 같다.

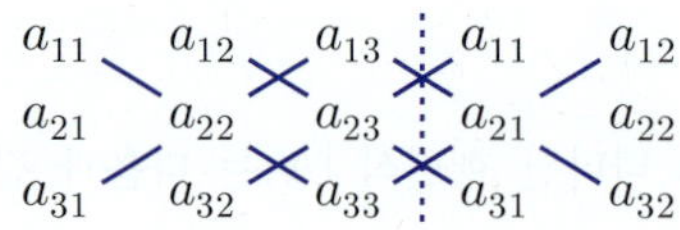

먼저 오른쪽으로 내려가는 세 개의 대각선을 따라 세 개의 수를 곱하고, 그 결과에 양의 부호를 붙여 다음과 같이 그 합을 구한다.

$$a_{11}a_{22}a_{33} + a_{12}a_{23}a_{31} + a_{13}a_{21}a_{32}$$

다음으로 오른쪽으로 올라가는 세 개의 대각선을 따라 세 개의 수를 곱하고, 그 결과에 음의 부호를 붙여 다음과 같이 그 합을 구한다.

$$-a_{13}a_{22}a_{31} - a_{11}a_{23}a_{32} - a_{12}a_{21}a_{33}$$

이 6개 항을 모두 더한 합은 3차 행렬식 $|\mathrm{A}|$에 대한 식 (13.2.3)과 정확히 일치한다. **사르루스 법칙**(Sarrus's rule)으로 알려진 이 방법은 3차 행렬식에만 적용된다는 점에 유의하라.

13.2 연습문제

1 식 (13.2.4) 또는 사르루스 법칙을 이용하여 다음 행렬식을 구하라.

(a) $\begin{vmatrix} 1 & -1 & 0 \\ 1 & 3 & 2 \\ 1 & 0 & 0 \end{vmatrix}$ (b) $\begin{vmatrix} 1 & -1 & 0 \\ 1 & 3 & 2 \\ 1 & 2 & 1 \end{vmatrix}$

(c) $\begin{vmatrix} a & b & c \\ 0 & d & e \\ 0 & 0 & f \end{vmatrix}$ (d) $\begin{vmatrix} a & 0 & b \\ 0 & e & 0 \\ c & 0 & d \end{vmatrix}$

2 행렬 $\mathrm{A} = \begin{pmatrix} 1 & -1 & 0 \\ 1 & 3 & 2 \\ 1 & 2 & 1 \end{pmatrix}$, $\mathrm{B} = \begin{pmatrix} 1 & 2 & 3 \\ 2 & 3 & 4 \\ 0 & 1 & -1 \end{pmatrix}$에 대해 AB, $|\mathrm{A}|$, $|\mathrm{B}|$, $|\mathrm{A}| \cdot |\mathrm{B}|$, $|\mathrm{AB}|$를 구하라. 또한 $|\mathrm{AB}| = |\mathrm{A}| \cdot |\mathrm{B}|$임을 보여라.

3 크레이머 법칙을 이용하여 다음 연립방정식의 해를 구하고, 해가 맞는지 확인하라.

(a) $\begin{cases} x_1 - x_2 + x_3 = 2 \\ x_1 + x_2 - x_3 = 0 \\ -x_1 - x_2 - x_3 = -6 \end{cases}$

(b) $\begin{cases} x_1 - x_2 = 0 \\ x_1 + 3x_2 + 2x_3 = 0 \\ x_1 + 2x_2 + x_3 = 0 \end{cases}$

(c) $\begin{cases} x + 3y - 2z = 1 \\ 3x - 2y + 5z = 14 \\ 2x - 5y + 3z = 1 \end{cases}$

4 $\begin{vmatrix} 1+a & 1 & 1 \\ 1 & 1+b & 1 \\ 1 & 1 & 1+c \end{vmatrix} = abc + ab + ac + bc$임을 보여라.

5 행렬 $\mathrm{A} = \begin{pmatrix} a & 1 & 0 \\ 0 & -1 & a \\ -b & 0 & b \end{pmatrix}$에 대해 $\mathrm{tr}(\mathrm{A}) = 0$, $|\mathrm{A}| = 12$를 만족하는 a, b를 구하라. 여기서 $\mathrm{tr}(\mathrm{A})$는 A의 모든 대각성분의 합을 나타낸다.

6 방정식 $\begin{vmatrix} 1-x & 2 & 2 \\ 2 & 1-x & 2 \\ 2 & 2 & 1-x \end{vmatrix} = 0$을 풀어라.

힌트 이 방정식의 모든 해는 정수이다.

7 실수 모수 t에 대해 행렬 $\mathrm{A}_t = \begin{pmatrix} 1 & t & 0 \\ -2 & -2 & -1 \\ 0 & 1 & t \end{pmatrix}$를 정의하자.

(a) A_t의 행렬식을 구하고, 이 값이 어떤 t에 대해서도 0이 아님을 보여라.

(b) 행렬 곱 A_t^3을 구하고, A_t^3이 항등행렬 I_3가 되는 t가 존재함을 보여라.

8 다음 세 개의 방정식으로 설명되는 간단한 거시경제모형을 생각해보자.

(i) $Y = C + A_0$

(ii) $C = a + b(Y - T)$

(iii) $T = d + tY$

여기서 Y는 GDP, C는 소비, T는 세수, A_0는 (외생적) 고정지출이고, a, b, d, t는 모두 양의 모수이다. $b(1-t) < 1$일 때 다음 방법으로 내생변수 Y, C, T의 균형값을 구하라.

(a) 연립방정식을 연속으로 소거하거나 대입하여 풀어라.

(b) 세 개의 방정식을 행렬 형태로 나타내고 크레이머 법칙을 적용하라.

13.3 일반 행렬식 선택

이 절에서는 일반적인 결과를 증명할 때 유용한 $n \times n$ 행렬식을 정의한다. 이 증명에 그다지 관심이 없다면 이 절을 건너뛰고 13.5절에서 설명하는 여인수 전개 방법만 사용해도 무방하다.

식 (13.2.3)에서 3×3 행렬 $\mathrm{A} = (a_{ij})_{3\times 3}$의 행렬식을 다음과 같이 정의했다.

$$a_{11}a_{22}a_{33} - a_{11}a_{23}a_{32} + a_{12}a_{23}a_{31} - a_{12}a_{21}a_{33} + a_{13}a_{21}a_{32} - a_{13}a_{22}a_{31} \tag{13.3.1}$$

이 식을 좀 더 자세히 살펴보면 확실한 패턴이 있다. 각 항은 행렬의 서로 다른 세 성분의 곱으로 주어지고, 각 곱에는 A의 한 행과 한 열에서 선택된 성분이 하나씩 포함되어 있다.

3×3 행렬에서 각 행과 각 열의 성분을 하나씩만 택하는 방법은 정확히 6가지이다. 이 6가지 형태의 곱은 모두 식 (13.3.1)에 있다. 이제 [그림 13.3.1]과 같이 세 개의 원으로 이루어진 6가지 패턴을 생각해보자. 이때 원 아래의 선과 부호는 일단 무시하고, 각 패턴이 어떻게 구성되어 있는지에 집중하자. 이 6가지 원 패턴은 식 (13.3.1)에 나오는 세 성분의 곱의 순서와 일치하는 배열로 나열되어 있다.

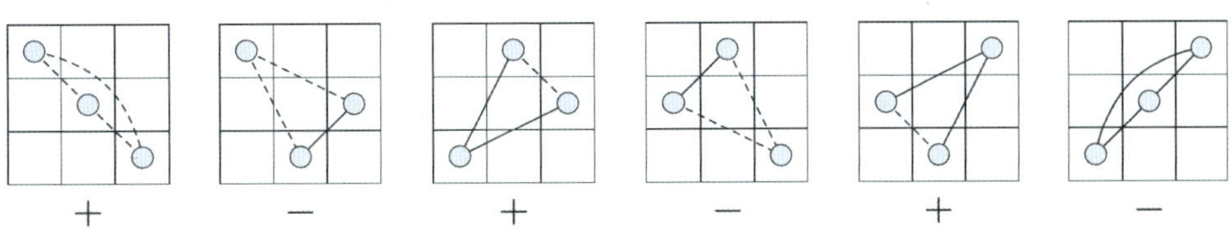

그림 13.3.1 3×3 행렬식의 항

이제 식 (13.3.1)의 각 항의 부호를 결정해야 한다. 이 부호는 [그림 13.3.1]에 대응하는 패턴의 부호로 반복된다. 그러면 각 항의 부호는 어떻게 결정되는가? [그림 13.3.1]에서 모든 네모 안에 있는 각 쌍의 원을 선으로 연결했다. 이 선은 오른쪽으로 올라가면 실선으로, 오른쪽으로 내려가면 점선으로 그려져 있다. 이제 6개의 각 네모에 그려진 실선의 개수를 세어보고, 그 개수가 홀수인지 짝수인지를 확인해보라. 이 과정을 통해 다음의 부호 결정 규칙을 얻는다.

부호 결정 규칙

합산하는 임의의 항의 부호를 결정하기 위해, 해당 곱에 속하는 모든 성분을 패턴으로 나타내자. 패턴 내의 성분에서 가능한 각 쌍을 선으로 연결하라. 각 선은 오른쪽으로 이동할 때 올라가거나 내려간다. 올라가는 선이 짝수개이면 덧셈에서 대응하는 항에 양의 부호를 붙이고, 홀수개이면 음의 부호를 붙인다.

이 규칙을 [그림 13.3.1]에 있는 6개의 네모에 적용해보자. 예를 들어 첫 번째 네모에서는 오른쪽으로 올라가는 선이 없으므로 $a_{11}a_{22}a_{33}$에 양의 부호를 붙인다. 네 번째 네모에서는 정확히 한 개의 선이 오른쪽으로 올라가므로 $a_{12}a_{21}a_{33}$에 음의 부호를 붙인다. 이처럼 다른 네 개의 네모에서도 부호를 붙일 수 있다.

임의의 $n \times n$ 행렬 $\mathrm{A} = (a_{ij})_{n \times n}$의 각 행과 각 열에서 정확히 한 성분씩 총 n개의 성분을 택했다고 하자. 이 n개 성분의 곱은 다음과 같은 형태로 나타낼 수 있다.

$$a_{1r_1} \cdot a_{2r_2} \cdot \ \cdots \ \cdot a_{nr_n}$$

여기서 아래첨자 r_1, r_2, $\cdots$, r_n의 순서는 열 번호를 나타내고, 이는 1, 2, $\cdots$, n이라는 연속된 행 번호의 치환을 나타낸다. 이러한 1, 2, $\cdots$, n의 치환은 총 $n! = n \cdot (n-1) \cdot \ \cdots \ \cdot 2 \cdot 1$가지 존재한다. 즉 첫 번째 성분 r_1을 선택하는 경우의 수는 n가지이고 각각에 대해 두 번째 성분 r_2을 선택하는 경우의 수는 $(n-1)$가지이다. 이러한 방법을 계속 적용하면 총 n개의 성분으로 이루어진 곱은 서로 다른 경우가 $n!$가지 있다.

임의의 $n \times n$ 행렬 A 의 행렬식은 다음과 같이 정의하고, 기호 $\det(\mathrm{A})$ 또는 $|\mathrm{A}|$로 표기한다.

행렬식

A 가 $n \times n$ 정방행렬이면 행렬식 $|\mathrm{A}|$는 다음을 만족하는 $n!$개 항의 합으로 주어진다.

❶ 각 항은 행렬 A 의 각 행과 각 열에서 하나씩 선택한 성분을 n개 곱한 형태이다. 또한 각 행과 각 열이 정확히 한 번씩 나타나는 n개의 성분으로 이루어진 모든 곱은 반드시 이 합에 있어야 한다.

❷ 각 항의 부호는 앞서 설명한 부호 결정 규칙을 적용한다.

부호 결정 규칙에 의한 적절한 부호(+ 또는 −)를 사용하면 행렬식은 다음과 같이 나타낼 수 있다.

$$|\mathrm{A}| = \begin{vmatrix} a_{11} & a_{12} & \cdots & a_{1n} \\ a_{21} & a_{22} & \cdots & a_{2n} \\ \vdots & \vdots & \ddots & \vdots \\ a_{n1} & a_{n2} & \cdots & a_{nn} \end{vmatrix} = \sum (\pm) a_{1r_1} a_{2r_2} \cdots \ a_{nr_n} \tag{13.3.2}$$

2×2 행렬에 대해 이러한 행렬식의 정의가 식 (13.1.3)과 일치함을 직접 확인해보는 것이 좋다.

EX 13.3.1 임의의 4×4 행렬 $A = (a_{ij})_{4 \times 4}$의 행렬식을 생각해보자. 이 행렬식은 $4! = 4 \cdot 3 \cdot 2 \cdot 1 = 24$ 개의 항으로 이루어져 있다. 이들 중에서 항 $a_{13}a_{21}a_{32}a_{44}$를 구성하는 성분들은 다음 배열에서 네모로 표시되어 있다.

$$|A| = \begin{vmatrix} a_{11} & a_{12} & \boxed{a_{13}} & a_{14} \\ \boxed{a_{21}} & a_{22} & a_{23} & a_{24} \\ a_{31} & \boxed{a_{32}} & a_{33} & a_{34} \\ a_{41} & a_{42} & a_{43} & \boxed{a_{44}} \end{vmatrix}$$

이 항은 어떤 부호를 가져야 하는가? 오른쪽으로 올라가는 선이 두 개 있으므로 부호 결정 규칙에 따라 양의 부호를 갖는다.[4] 이와 유사한 도표 3개를 그려보고 다음 합에 표시된 다른 세 개의 항에 올바른 부호가 붙었는지 확인하라.

$$|A| = a_{11}a_{22}a_{33}a_{44} - a_{12}a_{21}a_{33}a_{44} + \cdots + a_{13}a_{21}a_{32}a_{44} - \cdots + a_{14}a_{23}a_{32}a_{41}$$

참고로 여기서 생략한 항은 20개 더 있다.

$n \times n$ 행렬의 행렬식을 **n차 행렬식**(determinant of order n)이라 한다. 일반적으로 n이 4 또는 5만 되어도 정의 (13.3.2)를 직접 사용하여 행렬식을 구하는 것은 쉽지 않다. $n > 5$이면 행렬식을 구하는 과정은 무척 복잡하고 어렵다. 예를 들어 $n = 6$이면 $n! = 720$이므로 식 (13.2.2)에는 총 720개의 항이 포함된다. 다행히도 12.8절에서 논의한 기본행연산을 기반으로 하는 다른 방법은 계산 과정을 상당히 줄여준다. 행렬식을 구하는 여러 표준 컴퓨터 알고리즘은 이러한 방법에 기초한다.

차수가 높은 경우에도 행렬식을 쉽게 구할 수 있는 몇 가지 특수한 경우가 있다. 그중 대표적인 예는 다음과 같다.

$$\begin{vmatrix} a_{11} & a_{12} & \cdots & a_{1n} \\ 0 & a_{22} & \cdots & a_{2n} \\ \vdots & \vdots & \ddots & \vdots \\ 0 & 0 & \cdots & a_{nn} \end{vmatrix} = a_{11}a_{22} \cdots a_{nn} \tag{13.3.3}$$

여기서 주대각선 아래의 성분은 모두 0이다. 이렇게 주대각선 아래 성분이 모두 0인 행렬을 **상삼각행렬**이라 한다. 상삼각행렬에서는 0이 아닌 모든 성분이 주대각선 위쪽 삼각형 영역에 있다. 상삼각행렬에 대해 식 (13.3.2)는 0이 아닌 항을 기껏해야 한 개 가지며, 행렬식은 모든 대각성분을 곱하여 쉽게 구할 수 있다. 실제로 식 (13.3.2)에서 0이 아닌 항을 가지기 위해서는 1열에서 a_{11}을 택해야 한다. 1행에서 이미 a_{11}을 택했으므로 2열에서 a_{12}를 택할 수 없다. 따라서 a_{22}를 택해야 0이 아닌 곱을 얻는다. 3열에서도 유사한 논리로 a_{33}를 택해야 한다. 이런 식으로 계속하면 항 $a_{11}a_{22} \cdots a_{nn}$만 0이 아닌 유일한 항이 된다. 물론 이 항조차도 대각성분 a_{ii} 중 하나라도 0이면 전체가 0이 된다. 그리고 항 $a_{11}a_{22} \cdots a_{nn}$은 성분의 쌍을 연결하는 어떤 선도 오른쪽으로 올라가지 않으므로 양수 부호를 갖는다.

4 점선은 부호 결정 규칙에 포함되지 않으므로 생략했다.

상삼각행렬의 전치행렬은 주대각선 위쪽 삼각형 영역의 모든 성분이 0이고, 이를 **하삼각행렬**(lower triangular matrix)이라 한다. 식 (13.3.3)과 본질적으로 동일한 논리를 사용하면 다음과 같이 하삼각행렬의 행렬식도 모든 대각성분의 곱과 같음을 알 수 있다.

$$\begin{vmatrix} a_{11} & 0 & \cdots & 0 \\ a_{21} & a_{22} & \cdots & 0 \\ \vdots & \vdots & \ddots & \vdots \\ a_{n1} & a_{n2} & \cdots & a_{nn} \end{vmatrix} = a_{11}a_{22}\cdots a_{nn} \tag{13.3.4}$$

13.3 연습문제

1 부호 결정 규칙과 정의 (13.3.2)를 사용하여 다음 행렬식을 계산하라.

(a) $\begin{vmatrix} 1 & 0 & 0 & 0 \\ 0 & 2 & 0 & 0 \\ 0 & 0 & 3 & 0 \\ 0 & 0 & 0 & 4 \end{vmatrix}$

(b) $\begin{vmatrix} 1 & 0 & 0 & 1 \\ 0 & 1 & 0 & 0 \\ 0 & 0 & 1 & 0 \\ a & b & c & d \end{vmatrix}$

(c) $\begin{vmatrix} 1 & 0 & 0 & 2 \\ 0 & 1 & 0 & -3 \\ 0 & 0 & 1 & 4 \\ 2 & 3 & 4 & 11 \end{vmatrix}$

2 $n\times n$ 행렬 A, B가 모두 상삼각행렬일 때 $|\mathrm{AB}|=|\mathrm{A}|\,|\mathrm{B}|$임을 증명하라.

3 다음 5×5 행렬의 행렬식은 $5!=120$개 항으로 이루어진다. 그중 한 항이 다음과 같이 다섯 개의 네모로 표시된 성분의 곱으로 주어졌을 때, 이 항을 올바른 부호와 함께 작성하라.

$$\begin{vmatrix} a_{11} & \boxed{a_{12}} & a_{13} & a_{14} & a_{15} \\ a_{21} & a_{22} & \boxed{a_{23}} & a_{24} & a_{25} \\ a_{31} & a_{32} & a_{33} & a_{34} & \boxed{a_{35}} \\ \boxed{a_{41}} & a_{42} & a_{43} & a_{44} & a_{45} \\ a_{51} & a_{52} & a_{53} & \boxed{a_{54}} & a_{55} \end{vmatrix}$$

4 네모로 표시된 성분의 곱으로 주어지는 항을 올바른 기호와 함께 작성하라.

$$\begin{vmatrix} a_{11} & a_{12} & a_{13} & a_{14} & \boxed{a_{15}} \\ a_{21} & a_{22} & a_{23} & \boxed{a_{24}} & a_{25} \\ a_{31} & \boxed{a_{32}} & a_{33} & a_{34} & a_{35} \\ a_{41} & a_{42} & \boxed{a_{43}} & a_{44} & a_{45} \\ \boxed{a_{51}} & a_{52} & a_{53} & a_{54} & a_{55} \end{vmatrix}$$

5 다음 방정식을 x에 대해 풀어라.

$$\begin{vmatrix} 2-x & 0 & 3 & 0 \\ 1 & 2-x & 0 & 3 \\ 0 & 0 & 2-x & 0 \\ 0 & 0 & 1 & 2-x \end{vmatrix} = 0$$

13.4 행렬식의 기본법칙

$n \times n$ 행렬 A 의 행렬식에 대한 정의 (13.3.2)는 여러 중요한 성질을 가진다. 다음 정리에서는 8개의 성질을 소개한다. 이 성질들은 이론적으로 의미있기도 하지만 일부는 행렬식을 구할 때 매우 유용하다.

정리 13.4.1 행렬식의 법칙

$n \times n$ 행렬 A 에 대해 다음이 성립한다.

❶ A 의 한 행(또는 열)에 있는 모든 성분이 0이면 $|A| = 0$이다.

❷ A 의 전치행렬 A′ 에 대해 $|A'| = |A|$이다.

❸ A 의 한 행(또는 열)의 모든 성분에 임의의 상수 α를 곱하면 행렬식은 $\alpha|A|$이다.

❹ A 의 두 행(또는 열)을 서로 바꾸면 행렬식은 부호가 바뀌지만 절댓값은 바뀌지 않는다.

❺ A 의 두 행(또는 열)이 비례하면 $|A| = 0$이다.

❻ A 의 한 행[열]에 다른 행[열]의 임의의 상수배를 더해도 행렬식은 변하지 않는다.

❼ $n \times n$ 행렬 A , B를 곱한 행렬 AB의 행렬식은 두 행렬의 행렬식의 곱과 같다. 즉 다음이 성립한다.

$$|AB| = |A| \cdot |B| \tag{13.4.1}$$

❽ 임의의 실수 α에 대해 다음을 만족한다.

$$|\alpha A| = \alpha^n |A| \tag{13.4.2}$$

일반적으로 두 행렬의 합의 행렬식은 각 행렬식의 합이 아님을 기억해야 한다.

$$|A + B| \neq |A| + |B| \tag{13.4.3}$$

13.1절 [연습문제 7]에서 이처럼 등식이 성립하지 않는 예를 구한 바 있다.

2차 행렬식과 3차 행렬식에 대한 기하적 해석은 법칙 중 일부를 뒷받침한다. 예를 들어 법칙 ❸에서 $\alpha = 2$이면 [그림 13.1.1] 또는 [그림 13.2.1]에서 한 벡터의 크기를 두 배로 늘리면 넓이 또는 부피도 두 배가 된다는 사실을 반영한다. 법칙 ❶, ❺, ❽에도 기하적 해석을 직접 해보면 좋은 연습이 될 것이다. 이들 법칙에 대한 대부분의 증명은 이 절의 마지막 부분에 있지만, 먼저 A 와 B가 일반적인 2×2 행렬일 때 법칙이 성립하는지 확인해 보자.

❶ $\begin{vmatrix} a_{11} & a_{12} \\ 0 & 0 \end{vmatrix} = a_{11} \cdot 0 - a_{12} \cdot 0 = 0$

❷ $|A| = \begin{vmatrix} a_{11} & a_{12} \\ a_{21} & a_{22} \end{vmatrix} = a_{11}a_{22} - a_{12}a_{21}$이고 $|A'| = \begin{vmatrix} a_{11} & a_{21} \\ a_{12} & a_{22} \end{vmatrix} = a_{11}a_{22} - a_{21}a_{12}$이다.

❸ $\begin{vmatrix} a_{11} & \alpha a_{12} \\ a_{21} & \alpha a_{22} \end{vmatrix} = a_{11}(\alpha a_{22}) - a_{21}(\alpha a_{12}) = \alpha(a_{11}a_{22} - a_{12}a_{21}) = \alpha \begin{vmatrix} a_{11} & a_{12} \\ a_{21} & a_{22} \end{vmatrix}$

❹ $\begin{vmatrix} a_{21} & a_{22} \\ a_{11} & a_{12} \end{vmatrix} = a_{21}a_{12} - a_{11}a_{22} = -(a_{11}a_{22} - a_{12}a_{21}) = -\begin{vmatrix} a_{11} & a_{12} \\ a_{21} & a_{22} \end{vmatrix}$

❺ $\begin{vmatrix} a_{11} & a_{12} \\ \beta a_{11} & \beta a_{12} \end{vmatrix} = a_{11}(\beta a_{12}) - a_{12}(\beta a_{11}) = \beta(a_{11}a_{12} - a_{12}a_{11}) = 0$[5]

❻ 2차 행렬식의 1행에 있는 각 성분에 α를 곱한 후 2행의 대응하는 성분에 더해도 행렬식은 바뀌지 않는다.[6]

$$\begin{vmatrix} a_{11} & a_{12} \\ a_{21} & a_{22} \end{vmatrix} \overset{\alpha}{\leftarrow} = \begin{vmatrix} a_{11} & a_{12} \\ a_{21}+\alpha a_{11} & a_{22}+\alpha a_{12} \end{vmatrix}$$

$$= a_{11}(a_{22}+\alpha a_{12}) - (a_{21}+\alpha a_{11})a_{12}$$

$$= a_{11}a_{22} + \alpha a_{11}a_{12} - a_{12}a_{21} - \alpha a_{12}a_{11} = a_{11}a_{22} - a_{21}a_{12}$$

$$= \begin{vmatrix} a_{11} & a_{12} \\ a_{21} & a_{22} \end{vmatrix}$$

❼ 13.1절 [연습문제 6]을 참고하라.

❽ $\begin{vmatrix} \alpha a_{11} & \alpha a_{12} \\ \alpha a_{21} & \alpha a_{22} \end{vmatrix} = (\alpha a_{11})(\alpha a_{22}) - (\alpha a_{21})(\alpha a_{12}) = \alpha^2(a_{11}a_{22} - a_{21}a_{12}) = \alpha^2 \begin{vmatrix} a_{11} & a_{12} \\ a_{21} & a_{22} \end{vmatrix}$

[정리 13.4.1]은 행렬식에 대한 가장 중요한 법칙 중 일부를 나열한 것이다. 이들을 자신있게 적용하려면 많은 문제를 풀어봐야 한다. 특히 법칙 ❻은 차수가 크거나 복잡한 행렬식을 구하는 데 유용하다.[7] 핵심 아이디어는 주어진 행렬을 상삼각행렬 또는 하삼각행렬로 바꾸는 것이다. 이 과정은 12.8절에서 설명한 가우스 소거법을 적용하여 수행할 수 있다. 이에 따라 3×3 행렬식을 구해보자.

EX 13.4.1 다음 행렬식 계산에 주목하라.

$$\begin{vmatrix} 1 & 5 & -1 \\ -1 & 1 & 3 \\ 3 & 2 & 1 \end{vmatrix} \overset{1}{\leftarrow} = \begin{vmatrix} 1 & 5 & -1 \\ -1+1 & 1+5 & 3+(-1) \\ 3 & 2 & 1 \end{vmatrix} = \begin{vmatrix} 1 & 5 & -1 \\ 0 & 6 & 2 \\ 3 & 2 & 1 \end{vmatrix} \overset{-3}{\leftarrow}$$

$$= \begin{vmatrix} 1 & 5 & -1 \\ 0 & 6 & 2 \\ 0 & -13 & 4 \end{vmatrix} \overset{\frac{13}{6}}{\leftarrow} = \begin{vmatrix} 1 & 5 & -1 \\ 0 & 6 & 2 \\ 0 & 0 & \frac{25}{3} \end{vmatrix} = 1\cdot6\cdot\frac{25}{3} = 50$$

1단계에서는 1열에 0을 만들기 위해 1행의 1배를 2행에 더한다. 2단계에서는 1행의 (-3)배를 3행에 더해서 1열에 두 번째 0을 만든다. 3단계에서는 두 번째 2행의 $\frac{13}{6}$배를 3행에 더해서 2열에 0을 추가로 만든다. 이러한 연산을 표시하는 방법에 대해 주목하라. 이 과정은 상삼각행렬을 만들고, 상삼각행렬의 행렬식은 공식 (13.3.3)을 이용하여 쉽게 구할 수 있다.

EX 13.4.2 다음 행렬식 계산 과정을 살펴보자. 첫 번째와 세 번째 등식은 둘 이상의 기본행연산을 동시에 적용한 결과이다. 두 번째 등식은 법칙 ❸을 사용했고, 네 번째 등식은 공식 (13.3.3)을 이용해서 행렬식의 값을 구한 것이다.

5 이 법칙은 [EX 13.2.2]의 결과를 부분적으로 확인하는 데 도움이 된다. 곱 $(b-a)(c-a)(c-b)$는 $b=a$ 또는 $c=a$ 또는 $c=b$일 때 0이다. 또한 이 세 경우 모두 행렬의 두 행은 비례하고 나아가 동일하다.

6 이 연산을 표시하는 방법을 주의 깊게 주목하고, 12.8절도 참고하라.

7 정의 (13.3.2)를 이용하여 일반적인 10×10 행렬식을 직접 구하려면 $10!-1=3{,}628{,}799$번 이상의 덧셈 또는 곱셈 연산이 필요하다. 하지만 법칙 ❻을 체계적으로 사용하면 필요한 연산의 개수를 약 380개로 줄일 수 있다.

$$\begin{vmatrix} a+b & a & a \\ a & a+b & a \\ a & a & a+b \end{vmatrix} = \begin{vmatrix} 3a+b & 3a+b & 3a+b \\ a & a+b & a \\ a & a & a+b \end{vmatrix}$$

$$= (3a+b)\begin{vmatrix} 1 & 1 & 1 \\ a & a+b & a \\ a & a & a+b \end{vmatrix}$$

$$= (3a+b)\begin{vmatrix} 1 & 1 & 1 \\ 0 & b & 0 \\ 0 & 0 & b \end{vmatrix}$$

$$= (3a+b)\cdot 1 \cdot b \cdot b = b^2(3a+b)$$

EX 13.4.3 다음 두 행렬 A, B에 대해 |AB| = |A||B|임을 확인하라.

$$A = \begin{pmatrix} 1 & 5 & -1 \\ -1 & 1 & 3 \\ 3 & 2 & 1 \end{pmatrix}, \quad B = \begin{pmatrix} 3 & 0 & 2 \\ -1 & 1 & 0 \\ 5 & 2 & 3 \end{pmatrix}$$

풀이

[EX 13.4.1]에서 $|A| = 50$을 구했다. 사르루스 법칙을 사용하거나 다른 방법을 이용하여 $|B| = -5$를 구할 수 있다. 두 행렬을 곱하면 $AB = \begin{pmatrix} -7 & 3 & -1 \\ 11 & 7 & 7 \\ 12 & 4 & 9 \end{pmatrix}$이다. 이 행렬에 사르루스 법칙 또는 다른 방법을 이용하여 $|AB| = -250 = 50 \cdot (-5)$를 계산할 수 있다. 따라서 $|AB| = |A||B|$가 성립한다.

일반적인 $n \times n$ 행렬에 대해 [정리 13.4.1]의 법칙을 하나씩 논리적으로 설명할 수 있다.

❶ 행렬식에서 $n!$개의 각 항은 모든 행[열]에서 정확히 하나의 성분을 선택해야 한다. 그런데 어떤 한 행[열]이 모두 0이면 행렬식의 모든 항에는 반드시 그 행[열]에 0이 포함되므로 행렬식은 0이다.

❷ $|A|$의 각 항은 행렬 A에서 각 행과 각 열의 성분을 정확히 하나씩 택한 성분 n개의 곱이다. 전치행렬 A'에도 동일한 방식으로 행렬식 $|A'|$의 항이 구성되므로 $|A'|$에도 $|A|$와 정확히 동일한 항이 나타난다. 각 항의 부호는 (i, j)와 (k, l)을 연결하는 선 중 오른쪽으로 올라가는 선의 개수에 따라 결정되는데, 이러한 선은 $(i-k)$와 $(j-l)$이 서로 반대 부호를 가질 경우에만 생긴다. 그러나 A에서 (i, j)와 (k, l)을 연결하는 각 선은 A'에서 (j, i)와 (l, k)를 연결하는 선에 일대일대응한다. 더욱이 주어진 쌍 $(i-k)$와 $(j-l)$이 서로 반대 부호일 필요충분조건은 그에 대응하는 쌍 $(k-i)$와 $(l-j)$가 서로 반대 부호인 것인데, 이는 두 부호가 모두 반대로 바뀌기 때문이다. 따라서 행렬 A의 각 항은 전치행렬 A'에 대응하는 각 항과 같은 부호를 갖는다.

❸ A의 한 행(또는 열)에 있는 모든 성분에 α를 곱하여 얻은 행렬을 B라고 하자. 그러면 $|B|$를 정의하는 합에 포함된 각 항은 $|A|$를 정의하는 합의 각 항에 α를 곱한 것과 같다. 따라서 $|B| = \alpha|A|$이다.

❹ 두 행 또는 두 열을 바꾸면 행렬식의 정의 (13.3.2)에 포함된 각 항은 부호가 바뀌는 것을 제외하고는 그대로 유지된다. 이 사실을 엄밀히 보여주려면 다소 복잡한 논의가 필요하므로 여기서는 간단히 설명만 제시한다.[8]

8 대부분의 선형대수학 교재에는 이 법칙과 법칙 ❼의 증명을 함께 다룬다. 이 책에서는 두 법칙에 대해 별도로 증명하지 않는다.

❺ 법칙 ❸에 의해 비례 계수는 행렬식 밖에 묶을 수 있다. 이 결과로 행렬식은 두 개의 서로 같은 행[열]을 갖는다. 성분이 모두 같은 두 행[열]을 서로 바꾸어도 행렬은 변하지 않으므로 행렬식은 변하지 않는다. 반면에 법칙 ❹에 의해 행을 맞바꾸면 행렬식의 부호가 바뀌어야 한다. 따라서 $|A| = -|A|$를 만족해야 하므로 $|A| = 0$이다.

❻ i행의 상수 α배를 j행에 더한 행렬의 행렬식은 다음과 같다.

$$\sum(\pm)a_{1r_1}\cdots a_{ir_i}\cdots(a_{jr_j}+\alpha a_{ir_j})\cdots a_{nr_n}$$
$$=\sum(\pm)a_{1r_1}\cdots a_{ir_i}\cdots a_{jr_j}\cdots a_{nr_n}+\alpha\sum(\pm)a_{1r_1}\cdots a_{ir_i}\cdots a_{ir_j}\cdots a_{nr_n}$$

법칙 ❺에 의해 마지막 합은 i행과 j행이 같은 행렬의 행렬식과 같으므로 0이다. 따라서 좌변은 $|A| + \alpha \cdot 0 = |A|$이다.

❼ $n = 2$일 때의 증명은 13.1절 [연습문제 6]에서 다룬다. A와 B가 모두 상삼각행렬일 때의 증명은 13.3절 [연습문제 2]에서 다룬다. 일반적인 경우를 증명하려면 기본행연산과 기본열연산을 이용하여 행렬 A와 B를 모두 상삼각행렬로 변환한 뒤 행렬식의 곱에 대한 법칙을 적용하면 된다. 이에 대한 증명은 생략한다.

❽ 행렬 αA는 A의 모든 행에 α를 곱한 것이므로 각 행에 한 번씩 n번의 곱셈을 포함한다. 따라서 법칙 ❸을 n번 적용하여 $|\alpha A| = \alpha^n |A|$를 얻는다.

13.4 연습문제

1 행렬 $A = \begin{pmatrix} 1 & 2 \\ 3 & 4 \end{pmatrix}$, $B = \begin{pmatrix} 3 & 4 \\ 5 & 6 \end{pmatrix}$에 대한 물음에 답하라.

(a) AB, BA, $A'B'$, $B'A'$를 구하라.

(b) $|A| = |A'|$, $|AB| = |A| \cdot |B|$임을 보여라.

(c) $|A'B'| = |A'| \cdot |B'|$가 성립하는지 확인하라.

2 행렬 $A = \begin{pmatrix} 2 & 1 & 3 \\ 1 & 0 & 1 \\ 1 & 2 & 5 \end{pmatrix}$에 대해 A'를 구한 뒤 $|A| = |A'|$임을 보여라.

3 다음 행렬식을 가능한 간단한 방법으로 구하라.

(a) $\begin{vmatrix} 3 & 0 & 1 \\ 1 & 0 & -1 \\ 2 & 0 & 5 \end{vmatrix}$ (b) $\begin{vmatrix} 1 & 2 & 3 & 4 \\ 0 & -1 & 2 & 4 \\ 0 & 0 & 3 & -1 \\ -3 & -6 & -9 & -12 \end{vmatrix}$

(c) $\begin{vmatrix} a_1 - x & a_2 & a_3 & a_4 \\ 0 & -x & 0 & 0 \\ 0 & 1 & -x & 0 \\ 0 & 0 & 1 & -x \end{vmatrix}$

4 $|A| = 3$이고 $|B| = -4$인 두 3×3 행렬 A와 B에 대해 6개의 행렬식 $|AB|$, $3|A|$, $|-2B|$, $|4A|$, $|A| + |B|$, $|A+B|$를 생각해보자. 이들 중 값이 유일하게 결정되는 식은 그 값을 구하라. 그렇지 않으면 유일한 값을 결정할 수 없음을 명확히 밝혀라.

5 행렬 $A = \begin{pmatrix} a & 1 & 4 \\ 2 & 1 & a^2 \\ 1 & 0 & -3 \end{pmatrix}$에 대해 A^2과 $|A|$를 구하라.

6 다음 행렬식이 0임을 보여라.

(a) $\begin{vmatrix} 1 & 2 & 3 \\ 2 & 4 & 5 \\ 3 & 6 & 8 \end{vmatrix}$ (b) $\begin{vmatrix} 1 & a & b+c \\ 1 & b & c+a \\ 1 & c & a+b \end{vmatrix}$

(c) $\begin{vmatrix} x-y & x-y & x^2-y^2 \\ 1 & 1 & x+y \\ y & 1 & x \end{vmatrix}$

7 다음 행렬 X에 대해 X′X와 |X′X|를 구하라.

$$X = \begin{pmatrix} 1 & 0 & 0 \\ 1 & 1 & 1 \\ 1 & 2 & 0 \\ 1 & 0 & 1 \end{pmatrix}$$

8 실수 a에 대해 $A_a = \begin{pmatrix} a & 2 & 2 \\ 2 & a^2+1 & 1 \\ 2 & 1 & 1 \end{pmatrix}$로 정의할 때 $|A_a|$를 구하라. 또한 $a=1$일 때 $|A_1^6|$을 구하라.

9 12.7절 [연습문제 7]에서 정의된 직교행렬 P에 대해 |P|는 1 또는 −1임을 증명하라.

10 n차 정방행렬 A가 $A^2 = I_n$을 만족하면 A를 **자기역행렬**(involutive matrix)이라 한다. 다음 명제를 증명하라.

(a) 자기역행렬의 행렬식은 1 또는 −1이다.

(b) 모든 a에 대해 두 행렬 $\begin{pmatrix} -1 & 0 \\ 0 & -1 \end{pmatrix}$, $\begin{pmatrix} a & 1-a^2 \\ 1 & -a \end{pmatrix}$는 자기역행렬이다.

(c) 정방행렬 A가 자기역행렬일 필요충분조건은 $(I_n - A)(I_n + A) = 0$인 것이다.

11 다음 등식이 일반적으로 참인지 거짓인지 결정하라.

(a) $\begin{vmatrix} a & b \\ c & d \end{vmatrix} = -\begin{vmatrix} a & -b \\ c & -d \end{vmatrix} = 2\begin{vmatrix} \frac{a}{2} & \frac{b}{2} \\ \frac{c}{2} & \frac{d}{2} \end{vmatrix}$

(b) $\begin{vmatrix} a & b \\ c & d \end{vmatrix} = \begin{vmatrix} a & b \\ 0 & 0 \end{vmatrix} + \begin{vmatrix} 0 & 0 \\ c & d \end{vmatrix}$

(c) $\begin{vmatrix} a & b \\ c & d \end{vmatrix} = \begin{vmatrix} 0 & b \\ 0 & d \end{vmatrix} + \begin{vmatrix} a & b \\ c & d \end{vmatrix} = \begin{vmatrix} a & 0 & b \\ -1 & 1 & 0 \\ c & 0 & d \end{vmatrix}$

(d) $\begin{vmatrix} a & b \\ c & d \end{vmatrix} = \begin{vmatrix} a & b \\ c-2a & d-2b \end{vmatrix}$

12 $n \times n$ 행렬 B에 대해 $n \times n$ 행렬 P가 BP=PB를 만족하면, P는 B와 **교환가능하다**(commute)고 한다. P, Q가 모두 B와 교환가능하면 PQ도 B와 교환가능함을 증명하라.

13 **심화** 행렬식을 계산하지 않고 다음이 성립함을 보여라.

$$\begin{vmatrix} b^2+c^2 & ab & ac \\ ab & a^2+c^2 & bc \\ ac & bc & a^2+b^2 \end{vmatrix} = \begin{vmatrix} 0 & c & b \\ c & 0 & a \\ b & a & 0 \end{vmatrix}^2$$

14 **심화** 다음의 유용한 결과를 증명하라. 이 결과는 $n=3$일 때 [EX 13.4.2]로 환원된다.

$$D_n = \begin{vmatrix} a+b & a & \cdots & a \\ a & a+b & \cdots & a \\ \vdots & \vdots & \ddots & \vdots \\ a & a & \cdots & a+b \end{vmatrix} = b^{n-1}(na+b)$$

13.5 여인수 전개

3차 행렬식을 다룬 13.2절에서 여인수 전개라는 개념을 소개했다. 3차 행렬식을 계산하는 법칙으로 식 (13.2.4)를 제시했는데, 이 식은 2차 행렬식으로 표현되는 여인수를 포함한다. 이 절에서는 $(n-1)$차 행렬식으로 표현되는 여인수를 포함하는 공식과 함께 3차 이상의 행렬식에 대한 여인수 전개를 다룬다.

정의 (13.3.2)에 따르면 $n \times n$ 행렬 $A = (a_{ij})$의 행렬식은 $n!$개 항들의 합으로 주어진다. 이들 항은 각 행과 각 열에서 하나씩 택한 n개의 성분의 곱으로 구성된다. 이제 특정한 i행을 생각해보자. 먼저 성분 a_{i1}을 갖는 모든 항을 택하고, 다음으로 성분 a_{i2}를 갖는 모든 항을 택하는 방법을 반복한다. 그러면 모든 항은 i행에서 정확히 하나의 성분만을 가지므로 결과적으로 |A|의 모든 항을 포함한다. 따라서 다음과 같이 나타낼 수 있다.

$$|A| = a_{i1}C_{i1} + a_{i2}C_{i2} + \cdots + a_{ij}C_{ij} + \cdots + a_{in}C_{in} \tag{13.5.1}$$

여기서 계수 C_{i1}, C_{i2}, $\cdots$, C_{in}은 a_{i1}, a_{i2}, $\cdots$, a_{in}의 **여인수**(cofactor)이다. 이때 식 (13.5.1)을 $|\mathrm{A}|$의 **i행에 따른 여인수 전개**(cofactor expansion along row i)라고 한다. 마찬가지로 $|\mathrm{A}|$의 **j열에 따른 여인수 전개**(cofactor expansion along column j)는 다음과 같이 주어진다.

$$|\mathrm{A}| = a_{1j}C_{1j} + a_{2j}C_{2j} + \cdots + a_{ij}C_{ij} + \cdots + a_{nj}C_{nj} \tag{13.5.2}$$

전개식 (13.5.1)과 (13.5.2)가 유용한 이유는 행렬식 $|\mathrm{A}|$의 임의의 여인수 C_{ij}를 다음의 계산 과정으로 쉽게 구할 수 있기 때문이다.

❶ 행렬 A에서 i행과 j열을 삭제한 $(n-1)$차 **소행렬식**(minor determinant)을 구한다.

❷ ❶의 소행렬식에 부호 $(-1)^{i+j}$을 곱하여 여인수 C_{ij}를 구한다. 즉 C_{ij}는 다음과 같이 주어진다.

$$C_{ij} = (-1)^{i+j} \begin{vmatrix} a_{11} & \cdots & a_{1j-1} & a_{1j} & a_{1j+1} & \cdots & a_{1n} \\ a_{21} & \cdots & a_{2j-1} & a_{2j} & a_{2j+1} & \cdots & a_{2n} \\ \vdots & & \vdots & \vdots & \vdots & & \vdots \\ a_{i1} & \cdots & a_{ij-1} & \boxed{a_{ij}} & a_{ij+1} & \cdots & a_{in} \\ \vdots & & \vdots & \vdots & \vdots & & \vdots \\ a_{n1} & \cdots & a_{nj-1} & a_{nj} & a_{nj+1} & \cdots & a_{nn} \end{vmatrix} \tag{13.5.3}$$

특정 성분 a_{ij}에 네모로 표시했으며, 행렬식 $|\mathrm{A}|$에서 제거해야 할 i행과 j열은 선을 그어 지운 형태로 나타냈다.

그러면 식 (13.5.3)으로 정의되는 여인수를 임의의 i행에 따른 여인수 전개식 (13.5.1) 또는 임의의 j열에 따른 여인수 전개식 (13.5.2)에 대입하여 행렬식 $|\mathrm{A}|$를 구할 수 있다. 이에 대한 증명은 생략한다. 식 (13.2.4)를 상기하면 첫 번째 행을 따라 3차 행렬식을 전개하는 특별한 경우에 식 (13.5.3)이 실제로 적용된다는 것을 확인할 수 있다. 이에 해당하는 세 개의 여인수는 다음과 같다.

$$C_{11} = (-1)^{1+1}\begin{vmatrix} a_{22} & a_{23} \\ a_{32} & a_{33} \end{vmatrix}, \quad C_{12} = (-1)^{1+2}\begin{vmatrix} a_{21} & a_{23} \\ a_{31} & a_{33} \end{vmatrix}, \quad C_{13} = (-1)^{1+3}\begin{vmatrix} a_{21} & a_{22} \\ a_{31} & a_{32} \end{vmatrix}$$

이를 $i=1$행에 대한 식 (13.5.1)에 대입하여 $|\mathrm{A}| = a_{11}C_{11} + a_{12}C_{12} + a_{13}C_{13}$를 얻을 수 있고, 이는 식 (13.2.4)와 정확하게 일치한다. $n > 3$이면 식 (13.5.3)은 다소 복잡하다. 다음 문제를 풀어보면 이해에 도움이 될 것이다.

EX 13.5.1 다음 행렬식 $|\mathrm{A}|$에서 성분 c의 여인수가 C_{23}임을 확인하라. 식 (13.5.2)와 [EX 13.2.1]을 이용하여 $|\mathrm{A}|$를 구하라.

$$|\mathrm{A}| = \begin{vmatrix} 3 & 0 & 0 & 2 \\ 6 & 1 & \boxed{c} & 2 \\ -1 & 1 & 0 & 0 \\ 5 & 2 & 0 & 3 \end{vmatrix}, \qquad C_{23} = (-1)^{2+3}\begin{vmatrix} 3 & 0 & 2 \\ -1 & 1 & 0 \\ 5 & 2 & 3 \end{vmatrix}$$

풀이

성분 c는 2행 3열에 있으므로 여인수는 올바르게 작성되어 있다. 행렬 $|\mathrm{A}|$의 3열이 다른 어떤 행이나 열보다 성분 0이 많으므로 3열에 따른 여인수 전개를 사용하여 행렬 $|\mathrm{A}|$를 구해보자. 풀이 과정에서 [EX

13.2.1]의 답을 이용하면 |A|는 다음과 같다.

$$|A| = a_{23}C_{23} = c \cdot (-1)^{2+3}\begin{vmatrix} 3 & 0 & 2 \\ -1 & 1 & 0 \\ 5 & 2 & 3 \end{vmatrix} = c \cdot (-1)(-5) = 5c$$

[EX 13.5.1]에서 행렬 A의 3열에는 0이 아닌 성분이 하나밖에 없으므로 이 열에 따른 여인수 전개는 특히 간단하다. 처음에는 성분 0이 충분히 많지 않더라도 [정리 13.4.1]의 법칙 ❻에 따라 기본행연산을 사용하면 일반적으로 더 많은 0을 만들 수 있다. 다음 두 가지 행렬식 계산을 살펴보자.

EX 13.5.2 다음 행렬식 계산에 주목하라.

$$\begin{vmatrix} 3 & -1 & 2 \\ 0 & -1 & -1 \\ 6 & 1 & 2 \end{vmatrix} \begin{matrix} -2 \\ \swarrow \end{matrix} = \begin{vmatrix} 3 & -1 & 2 \\ 0 & -1 & -1 \\ 0 & 3 & -2 \end{vmatrix} \overset{(*)}{=} 3\begin{vmatrix} -1 & -1 \\ 3 & -2 \end{vmatrix} = 3(2+3) = 15$$

등식 (*)는 1열에 따른 여인수 전개이다.

EX 13.5.3 다음 행렬식 계산에 주목하라.

$$\begin{vmatrix} 2 & 0 & 3 & -1 \\ 0 & 4 & 0 & 0 \\ 0 & 1 & -1 & 2 \\ 3 & 2 & 5 & -3 \end{vmatrix} \overset{(*)}{=} (-1)^{2+2} \cdot 4\begin{vmatrix} 2 & 3 & -1 \\ 0 & -1 & 2 \\ 3 & 5 & -3 \end{vmatrix} \begin{matrix} -\frac{3}{2} \\ \swarrow \end{matrix} = 4\begin{vmatrix} 2 & 3 & -1 \\ 0 & -1 & 2 \\ 0 & \frac{1}{2} & -\frac{3}{2} \end{vmatrix}$$

$$\overset{(**)}{=} 4(-1)^{1+1} \cdot 2\begin{vmatrix} -1 & 2 \\ \frac{1}{2} & -\frac{3}{2} \end{vmatrix} = 8\left(\frac{3}{2} - \frac{2}{2}\right) = 4$$

등식 (*)는 2행에 따른 여인수 전개이고, 등식 (**)는 1열에 따른 여인수 전개이다.

다른 행 또는 열의 여인수를 사용한 전개

여인수 전개식 (13.5.1)과 (13.5.2)에 따르면 행렬식의 한 행(또는 열)에 있는 각 성분 a_{ij}에 그에 대응하는 여인수 C_{ij}를 곱하여 모든 곱을 더하면 행렬식 값이 된다. 그렇다면 한 행의 성분에 다른 행(alien row)의 여인수를 곱하여 모두 더하면 어떻게 되겠는가? 또는 한 열의 성분에 다른 열(alien column)의 여인수를 곱하여 모두 더하면 어떻게 되겠는가? 다음을 통해 문제의 답을 생각해보자.

EX 13.5.4 행렬 $A = (a_{ij})_{3\times3}$에 대해 2행에 따른 |A|의 여인수 전개는 다음과 같다.

$$|A| = a_{21}C_{21} + a_{22}C_{22} + a_{23}C_{23}$$

2행의 성분 a_{21}, a_{22}, a_{23}를 각각 a, b, c로 바꿔보자. 그래도 그에 대응하는 여인수 C_{21}, C_{22}, C_{23}는 변함이 없으므로 새로운 행렬의 2행에 따른 여인수 전개는 다음과 같다.

$$\begin{vmatrix} a_{11} & a_{12} & a_{13} \\ a & b & c \\ a_{31} & a_{32} & a_{33} \end{vmatrix} = aC_{21} + bC_{22} + cC_{23} \qquad (*)$$

특히 식 (*)의 a, b, c를 1행의 성분 a_{11}, a_{12}, a_{13}로 바꾸거나 3행의 성분 a_{31}, a_{32}, a_{33}로 바꾼다고 가정하자. 식 (*)에 있는 행렬식에서 두 행이 서로 같아지므로 우변은 0이고, 다음을 만족한다.

$$a_{11}C_{21} + a_{12}C_{22} + a_{13}C_{23} = 0$$
$$a_{31}C_{21} + a_{32}C_{22} + a_{33}C_{23} = 0$$

즉 1행 또는 3행의 각 성분에 2행 성분의 여인수를 곱하여 모두 더하면 0이다.

[EX 13.5.4]에서 사용된 논증은 당연히 일반화할 수 있다. 즉 어떤 행의 성분에 다른 행의 여인수를 곱한 다음 그 곱을 모두 더하면 결과는 항상 0이다. 마찬가지로 어떤 열의 성분에 다른 열의 여인수를 곱한 다음 그 곱을 모두 더해도 결과는 항상 0이다. 이 절의 모든 결과를 다음 정리로 요약한다.

정리 13.5.1 행렬식의 여인수 전개

행렬 $\mathrm{A} = (a_{ij})_{n\times n}$가 주어지고 여인수 C_{ij}는 식 (13.5.3)과 같이 정의되면 다음이 성립한다.

❶ $a_{i1}C_{i1} + a_{i2}C_{i2} + \cdots + a_{in}C_{in} = |\mathrm{A}|$

❷ $a_{i1}C_{k1} + a_{i2}C_{k2} + \cdots + a_{in}C_{kn} = 0$ (단, $k \neq i$)

❸ $a_{1j}C_{1j} + a_{2j}C_{2j} + \cdots + a_{nj}C_{nj} = |\mathrm{A}|$

❹ $a_{1j}C_{1k} + a_{2j}C_{2k} + \cdots + a_{nj}C_{nk} = 0$ (단, $k \neq j$)

[정리 13.5.1]에 따르면 i행 원소를 사용하여 k행의 여인수로 행렬식을 전개할 때 $k \neq i$이면 그 합은 0이고, $k = i$이면 $|\mathrm{A}|$이다. 마찬가지로 j열 원소를 사용하여 k열의 여인수로 행렬식을 전개할 때 $k \neq j$이면 그 합은 0이지만 $k = j$이면 $|\mathrm{A}|$이다.

13.5 연습문제

1 다음 행렬식을 구하라.

(a) $\begin{vmatrix} 1 & 2 & 4 \\ 1 & 3 & 9 \\ 1 & 4 & 16 \end{vmatrix}$

(b) $\begin{vmatrix} 1 & 2 & 3 & 4 \\ 0 & -1 & 0 & 11 \\ 2 & -1 & 0 & 3 \\ -2 & 0 & -1 & 3 \end{vmatrix}$

(c) $\begin{vmatrix} 2 & 1 & 3 & 3 \\ 3 & 2 & 1 & 6 \\ 1 & 3 & 0 & 9 \\ 2 & 4 & 1 & 12 \end{vmatrix}$

2 다음 행렬식을 구하라.

(a) $\begin{vmatrix} 0 & 0 & a \\ 0 & b & 0 \\ c & 0 & 0 \end{vmatrix}$

(b) $\begin{vmatrix} 0 & 0 & 0 & a \\ 0 & 0 & b & 0 \\ 0 & c & 0 & 0 \\ d & 0 & 0 & 0 \end{vmatrix}$

(c) $\begin{vmatrix} 0 & 0 & 0 & 0 & 1 \\ 0 & 0 & 0 & 5 & 1 \\ 0 & 0 & 3 & 1 & 2 \\ 0 & 4 & 0 & 3 & 4 \\ 6 & 2 & 3 & 1 & 2 \end{vmatrix}$

13.6 역행렬

실수 체계에서 1은 모든 실수 α에 대해 $1 \cdot \alpha = \alpha \cdot 1 = \alpha$가 성립하므로 '곱셈에 대한 항등원'이다. 또한 $\alpha \neq 0$이면 $\alpha\alpha^{-1} = \alpha^{-1}\alpha = 1$을 만족하는 유일한 실수 α^{-1}가 존재한다. 이때 α^{-1}를 (곱에 대한) α의 역수라고 한다. 12.6절에서 대각성분이 모두 1이고 나머지 성분이 모두 0인 $n \times n$ 항등행렬 I를 소개했다.[9] 이 행렬은 모든 $n \times n$ 행렬 X에 대해 $\mathrm{IX} = \mathrm{XI} = \mathrm{X}$를 만족하므로 $n \times n$ 행렬의 곱셈에 대한 항등원이다. 따라서 실수 체계의 구조를 참고하여 $\mathrm{AX} = \mathrm{XA} = \mathrm{I}$를 만족하는 $n \times n$ 행렬 A의 (곱에 대한) 역원 X에 대해 알아보자.

임의의 주어진 $n \times n$ 행렬 A에 대해 다음 식을 만족하면 X를 A의 **역행렬**(inverse matrix)이라 한다. 이것이 역행렬의 형식적인 정의이다.

$$\mathrm{AX} = \mathrm{XA} = \mathrm{I} \tag{13.6.1}$$

이러한 역행렬 X가 존재하면 A는 **가역행렬**(invertible matrix)이라 한다. 식 $\mathrm{XA} = \mathrm{AX} = \mathrm{I}$는 행렬 A가 X의 역행렬임을 의미한다. 즉 A와 X는 서로 역행렬이다. 두 행렬의 곱 AX와 XA는 A와 X가 같은 차수의 정방행렬일 때만 정의되고 같은 행렬임을 기억하라. 따라서 역행렬을 가질 수 있는 행렬은 정방행렬에 한정되지만, 모든 정방행렬이 역행렬을 갖는 것은 아니다. [EX 13.6.1(b)]를 확인하라.

EX 13.6.1 물음에 답하라.

(a) 다음 두 행렬은 서로 역행렬임을 보여라.

$$\mathrm{A} = \begin{pmatrix} 5 & 6 \\ 5 & 10 \end{pmatrix}, \quad \mathrm{X} = \begin{pmatrix} \frac{1}{2} & -\frac{3}{10} \\ -\frac{1}{4} & \frac{1}{4} \end{pmatrix}$$

(b) 행렬 $\mathrm{A} = \begin{pmatrix} 1 & 0 \\ 0 & 0 \end{pmatrix}$은 역행렬을 갖지 않음을 보여라.

풀이

(a) 역행렬임을 보이기 위해 두 행렬의 곱 AX를 구하면 다음과 같다.

$$\begin{pmatrix} 5 & 6 \\ 5 & 10 \end{pmatrix}\begin{pmatrix} \frac{1}{2} & -\frac{3}{10} \\ -\frac{1}{4} & \frac{1}{4} \end{pmatrix} = \begin{pmatrix} \frac{5}{2} - \frac{6}{4} & -\frac{15}{10} + \frac{6}{4} \\ \frac{5}{2} - \frac{10}{4} & -\frac{15}{10} + \frac{10}{4} \end{pmatrix} = \begin{pmatrix} 1 & 0 \\ 0 & 1 \end{pmatrix}$$

마찬가지로 $\mathrm{XA} = \mathrm{I}$임도 보일 수 있다.

(b) 모든 실수 x, y, z, w에 대해 $\begin{pmatrix} 1 & 0 \\ 0 & 0 \end{pmatrix}\begin{pmatrix} x & y \\ z & w \end{pmatrix} = \begin{pmatrix} x & y \\ 0 & 0 \end{pmatrix}$이 성립한다. 마지막 행렬의 2행 2열 성분은 1이 아니라 0이므로 어떤 실수 x, y, z, w를 택하더라도 이 두 행렬의 곱은 항등행렬 I가 될 수 없다.

9 이제부터 항등행렬의 차수 n이 분명해 보이면 I_n 대신 간단히 I로 표기할 것이다.

여기서 다음과 같은 세 가지 질문을 던질 수 있다.

❶ 어떤 행렬이 역행렬을 가지는가?
❷ 행렬이 두 개 이상의 역행렬을 가질 수 있는가?
❸ 역행렬이 존재한다면 역행렬을 어떻게 구할 수 있는가?

질문 ❶에 대해 행렬 A가 역행렬을 가질 필요조건은 쉽게 찾을 수 있다. 실제로 식 (13.6.1)과 [정리 13.4.1]의 법칙 ❼로부터 $|AX| = |A| \cdot |X| = |I|$를 이끌어낼 수 있다. 한편 식 (13.3.3)을 이용하면 모든 항등행렬의 행렬식은 1이다. 따라서 X가 A의 역행렬이면 $|A| \cdot |X| = 1$을 만족한다. 만약 $|A| = 0$이면 이 등식은 성립할 수 없다. 따라서 A가 역행렬을 가질 필요조건은 $|A| \neq 0$이다.

13.7절에서 알게 되겠지만 조건 $|A| \neq 0$은 A가 역행렬을 갖기 위한 **충분조건**이기도 하다. 따라서 임의의 정방행렬에 대해 다음 동치조건이 성립한다.

$$A\text{가 역행렬을 갖는다.} \quad \Leftrightarrow \quad |A| \neq 0 \tag{13.6.2}$$

정방행렬 A에 대해 $|A| = 0$이면 **특이행렬**(singular matrix), $|A| \neq 0$이면 **정칙행렬**(nonsingular matrix)이라 한다. 식 (13.6.2)에 따르면 가역행렬과 정칙행렬은 동치이다.

질문 ❷에 대한 답은 다음과 같다. 어떤 행렬도 둘 이상의 역행렬을 가질 수 없다. 실제로 행렬 X가 식 (13.6.1)을 만족하고 어떤 정방행렬 Y가 $AY = I$를 만족한다고 가정하면 다음이 성립한다.

$$Y = IY = (XA)Y = X(AY) = XI = X$$

비슷한 논리를 적용하면 $YA = I$인 경우에도 $Y = X$이다. 따라서 **A의 역행렬은 존재하면 유일하다**. 만약 A의 역행렬이 존재하면 그 역행렬은 보통 기호 A^{-1}로 표기한다. 실수에서는 $a^{-1} = \dfrac{1}{a}$로 나타낼 수 있지만 행렬의 나눗셈은 의미가 없으므로 $\dfrac{I}{A}$와 같은 기호는 사용하지 않는다. 행렬의 곱 $A^{-1}B$가 정의되더라도 보통 BA^{-1}과는 전혀 다른 행렬임을 기억하자. 일반적으로 행렬의 곱은 교환법칙이 성립하지 않기 때문이다.

질문 ❸에 대한 답은 다음 절에서 제시한다. 여기서는 2×2 행렬의 경우만 생각해보자.

EX 13.6.2 행렬 $A = \begin{pmatrix} a & b \\ c & d \end{pmatrix}$의 역행렬이 존재하면 그 역행렬을 구하라.

풀이

$AX = I$를 만족하는 2×2 행렬 X를 구하자. 그 후에는 $XA = I$도 만족함을 쉽게 확인할 수 있다. $AX = I$를 풀려면 다음을 만족하는 x, y, z, w를 구해야 한다.

$$\begin{pmatrix} a & b \\ c & d \end{pmatrix}\begin{pmatrix} x & y \\ z & w \end{pmatrix} = \begin{pmatrix} 1 & 0 \\ 0 & 1 \end{pmatrix}$$

이 행렬 곱셈에서 다음 연립일차방정식이 유도된다.

$$ax + bz = 1, \quad cx + dz = 0, \quad ay + bw = 0, \quad cy + dw = 1 \tag{$*$}$$

이는 두 개의 미지수를 갖는 두 연립방정식으로 이루어져 있는데, 하나는 (*)의 처음 두 방정식이고 다른 하나는 (*)의 마지막 두 방정식이다. 두 연립방정식 모두 계수행렬 A를 가지고 있다. 이제 식 (13.1.4)에서

언급한 2×2 행렬에 대한 크레이머 법칙을 상기해보자. $|A|=ad-bc\neq0$이면 크레이머 법칙을 두 번 적용하여 식 (*)의 유일한 해를 다음과 같이 구할 수 있다.

$$x=\frac{d}{ad-bc},\quad z=\frac{-c}{ad-bc},\quad y=\frac{-b}{ad-bc},\quad w=\frac{a}{ad-bc}$$

이로써 이후에 나올 명제 (13.6.3)을 증명했다.

여기서 주목할 점은 다음과 같다. 2×2 행렬의 역행렬은 주어진 행렬에서 대각성분이 서로 자리를 바꾸고 다른 성분은 부호만 바꾼 다음, 전체 행렬을 A의 행렬식으로 나눈 것이다.

2×2 행렬의 역행렬

$|A|=ad-bc\neq0$이면 다음 명제가 성립한다.

$$A=\begin{pmatrix}a&b\\c&d\end{pmatrix}\ \Rightarrow\ A^{-1}=\frac{1}{ad-bc}\begin{pmatrix}d&-b\\-c&a\end{pmatrix}\tag{13.6.3}$$

3×3 정방행렬도 크레이머 법칙 (13.2.5)를 이용하여 역행렬에 대한 공식을 유도할 수 있다. 다시 말하면 역행렬이 존재하기 위한 조건은 계수행렬의 행렬식이 0이 아니어야 한다는 점이다. 상세한 내용은 13.7절에서 설명한다.

몇 가지 유용한 시사점

A^{-1}가 A의 역행렬이면 $A^{-1}A=I$이고 $AA^{-1}=I$를 만족한다. 실제로 이들은 각각 다음과 같은 의미에서 A의 역행렬을 특징짓는다.

$$AX=I\ \Leftrightarrow\ X=A^{-1}\tag{13.6.4}$$

$$YA=I\ \Leftrightarrow\ Y=A^{-1}\tag{13.6.5}$$

두 식의 필요조건(방향 $\Leftarrow$의 논리)은 역행렬의 정의로부터 바로 증명된다. 명제 (13.6.4)에서 충분조건(방향 $\Rightarrow$의 논리)을 증명하기 위해 $AX=I$임을 가정하면 $|A|\cdot|X|=1$이므로 $|A|\neq0$이다. 따라서 명제 (13.6.2)에 의해 A^{-1}가 존재한다. $AX=I$ 양변의 왼쪽에 각각 A^{-1}를 곱하면 $X=A^{-1}$를 얻는다. 명제 (13.6.5)의 충분조건도 이와 유사하게 증명할 수 있다. 이러한 동치명제 (13.6.4)와 (13.6.5)를 반복해서 적용하여 역행렬의 성질을 증명한다. 다음 두 가지 예를 살펴보자.

EX 13.6.3 $A-A^2=I$를 만족하는 $n\times n$ 행렬 A의 역행렬을 구하라.

풀이

$A-A^2=I$는 $A(I-A)=I$와 같다. 따라서 명제 (13.6.4)는 A가 역행렬 $A^{-1}=I-A$를 갖는다는 것을 의미한다.

EX 13.6.4 B가 $B^2=3B$를 만족하는 0이 아닌 $n\times n$ 행렬일 때, $I+sB=(I+B)^{-1}$를 만족하는 유일한 수 s가 존재함을 증명하라.

풀이

명제 (13.6.5)에 의해 $(I+sB)(I+B)=I$를 만족하는 수 s를 구하면 충분하다. 행렬의 곱셈법칙, I의 정의와 조건식 $B^2=3B$를 반복하여 적용하면 다음을 얻는다.

$$(I+sB)(I+B)=II+IB+sBI+sB^2=I+B+sB+3sB=I+(1+4s)B$$

이 결과가 I가 되려면 $(1+4s)B=0$이어야 한다. $B\neq 0$이므로 이는 $1+4s=0$일 때만 성립한다. 따라서 $s=-\frac{1}{4}$이 유일한 수이다.

역행렬의 성질

이제 역행렬에 대한 몇 가지 유용한 법칙을 증명해보자. 이 성질들을 증명하기 위해 각 경우에 명제 (13.6.4) 또는 명제 (13.6.5)를 사용한다.

정리 13.6.1 역행렬의 성질

A와 B가 $n\times n$ 가역행렬이라 하자.

❶ A^{-1}는 가역행렬이고 $(A^{-1})^{-1}=A$이다.

❷ AB는 가역행렬이고 $(AB)^{-1}=B^{-1}A^{-1}$이다.

❸ 전치행렬 A'는 가역이고 $(A')^{-1}=(A^{-1})'$이다.

❹ c가 0이 아닌 스칼라이면 $(cA)^{-1}=c^{-1}A^{-1}$이다.

증명

❶ 식 (13.6.1)에 의해 $A^{-1}A=I$이므로 A를 A^{-1}로 대체하여 명제 (13.6.4)를 적용하면 $A=(A^{-1})^{-1}$이다.

❷ 법칙 (12.6.1)과 항등행렬 I의 정의, 역행렬의 정의에 따라 다음이 성립한다.

$$(AB)(B^{-1}A^{-1})=A(BB^{-1})A^{-1}=AIA^{-1}=AA^{-1}=I$$

명제 (13.6.4)로부터 $(AB)^{-1}=B^{-1}A^{-1}$이다.

❸ 법칙 (12.7.5)는 임의의 $n\times n$ 행렬 C에 대해 $(AC)'=C'A'$임을 말해준다. 여기에 $C=A^{-1}$를 대입하면 $(A^{-1})'A'=(AA^{-1})'=I'=I$를 얻는다. 따라서 $(A')^{-1}=(A^{-1})'$를 만족한다.

❹ 법칙 (12.6.4)에 따르면 $(cA)(c^{-1}A^{-1})=cc^{-1}AA^{-1}=1\cdot I=I$가 성립한다. 따라서 명제 (13.6.4)에 의해 $(cA)^{-1}=c^{-1}A^{-1}$이다. ■

가역행렬 A가 대칭이면 $A'=A$이므로 성질 ❸에 의해 $(A^{-1})'=(A')^{-1}=A^{-1}$를 만족한다. 즉 A^{-1}는 대칭행렬이다. 이는 대칭행렬의 역행렬도 대칭행렬임을 의미한다.

성질 ❷는 여러 행렬의 곱으로 확장될 수 있다. 예를 들어 A, B, C가 모두 $n\times n$ 가역행렬이면 성질 ❷를 두 번 사용하여 다음을 얻는다.

$$(ABC)^{-1}=\{(AB)C\}^{-1}=C^{-1}(AB)^{-1}=C^{-1}(B^{-1}A^{-1})=C^{-1}B^{-1}A^{-1}$$

성질 ❷에서 A와 B가 둘 다 $n\times n$ 행렬이라는 가정에 주목하라. 통계학과 계량경제학에서 생각하는 XX′ 형태의 곱은 X가 $n\neq m$인 $n\times m$ 행렬이다. 그러면 XX′는 $n\times n$ 행렬이다. 행렬식 $|XX'|$가 0이 아니면 $(XX')^{-1}$는 존재하지만, X^{-1}와 $(X')^{-1}$는 $n=m$인 경우에만 행렬식이 정의되므로 성질 ❷는 적용되지 않는다.

역행렬을 이용한 방정식 풀이

A가 어떤 $n\times n$ 행렬일 때 임의의 행렬 B에 대해 AX = B, YA = B를 만족하는 적절한 차수의 행렬 X와 Y가 있다고 생각해보자. 첫 번째 곱 AX = B가 가능하려면 행렬 B는 행이 n개여야 하고, 두 번째 곱 YA = B가 가능하려면 행렬 B는 열이 n개여야 한다. 이러한 조건은 다음 결과를 설명하는 데 도움이 된다.

정리 13.6.2

행렬 A가 $|A|\neq 0$을 만족하는 $n\times n$ 행렬이라 하자.

- B가 n개의 행을 가지면 $AX=B \Leftrightarrow X=A^{-1}B$이다. (13.6.6)
- B가 n개의 열을 가지면 $YA=B \Leftrightarrow Y=BA^{-1}$이다. (13.6.7)

증명

이 증명은 간단하다. $|A|\neq 0$이고 B가 n개의 행을 가진다고 하자. 명제 (13.6.6)의 식 AX = B에 A^{-1}를 왼쪽에 곱하면 $A^{-1}(AX)=A^{-1}B$이다. 이 식의 좌변은 $(A^{-1}A)X=IX=X$이므로 $X=A^{-1}B$이다. 이는 $X=A^{-1}B$가 AX = B를 만족하는 유일한 해임을 보여준다.

한편으로 $X=A^{-1}B$를 AX = B에 대입하면 $AX=A(A^{-1}B)=(AA^{-1})B=IB=B$이므로 X는 방정식 AX = B의 해이다.

식 (13.6.7)인 YA = B에 대한 증명도 유사하다. 양변의 오른쪽에 A^{-1}를 곱하면 된다. ■

EX 13.6.5 [정리 13.6.2]를 이용하여 연립일차방정식 $\begin{cases}2x+\ \ y=3\\2x+2y=4\end{cases}$를 풀어라.

풀이

행렬 $A=\begin{pmatrix}2&1\\2&2\end{pmatrix}$, $x=\begin{pmatrix}x\\y\end{pmatrix}$, $b=\begin{pmatrix}3\\4\end{pmatrix}$를 정의하자. 주어진 연립방정식은 행렬방정식 Ax = b와 같다. $|A|=2\neq 0$이므로 행렬 A는 역행렬을 갖는다. 식 (13.6.6)에 의해 $x=A^{-1}b$이다. 식 (13.6.3)을 이용해 A^{-1}를 구하여 대입하면 다음을 얻는다.

$$\begin{pmatrix}x\\y\end{pmatrix}=A^{-1}\begin{pmatrix}3\\4\end{pmatrix}=\frac{1}{2}\begin{pmatrix}2&-1\\-2&2\end{pmatrix}\begin{pmatrix}3\\4\end{pmatrix}=\begin{pmatrix}1&-\frac{1}{2}\\-1&1\end{pmatrix}\begin{pmatrix}3\\4\end{pmatrix}=\begin{pmatrix}1\\1\end{pmatrix}$$

따라서 해는 $x=1$, $y=1$이다.

이 해가 [EX 13.6.5]의 옳은 해가 되는지 대입하여 확인해야 한다. 또한 이 연립일차방정식은 두 번째 방정식에서 첫 번째 방정식을 빼면 $y=1$이고, 이로부터 $x=1$을 쉽게 구할 수 있으므로 행렬을 이용하는 방법보다 훨씬 간단하게 풀 수 있다는 점도 유의하라.

13.6 연습문제

1 다음을 보여라.

(a) $\begin{pmatrix} 3 & 0 \\ 2 & -1 \end{pmatrix}^{-1} = \begin{pmatrix} \frac{1}{3} & 0 \\ \frac{2}{3} & -1 \end{pmatrix}$

(b) $\begin{pmatrix} 1 & 1 & -3 \\ 2 & 1 & -3 \\ 2 & 2 & 1 \end{pmatrix}^{-1} = \begin{pmatrix} -1 & 1 & 0 \\ \frac{8}{7} & -1 & \frac{3}{7} \\ -\frac{2}{7} & 0 & \frac{1}{7} \end{pmatrix}$

2 주어진 행렬 A, B에 대해 A가 B의 역행렬이 되는 실수 a, b 값을 구하라.

$$A = \begin{pmatrix} 2 & -1 & -1 \\ a & \frac{1}{4} & b \\ \frac{1}{8} & \frac{1}{8} & -\frac{1}{8} \end{pmatrix}, \quad B = \begin{pmatrix} 1 & 2 & 4 \\ 0 & 1 & 6 \\ 1 & 3 & 2 \end{pmatrix}$$

3 [정리 13.6.2]와 식 (13.6.3)을 이용하여 다음 연립일차방정식을 풀어라.

(a) $\begin{cases} 2x-3y=3 \\ 3x-4y=5 \end{cases}$

(b) $\begin{cases} 2x-3y=8 \\ 3x-4y=11 \end{cases}$

(c) $\begin{cases} 2x-3y=0 \\ 3x-4y=0 \end{cases}$

4 행렬 $A = \frac{1}{2}\begin{pmatrix} -1 & -\sqrt{3} \\ \sqrt{3} & -1 \end{pmatrix}$에 대해 $A^3 = I_2$임을 보이고, 이를 이용하여 A^{-1}를 구하라.

5 행렬 $A = \begin{pmatrix} 0 & 1 & 0 \\ 0 & 1 & 1 \\ 1 & 0 & 1 \end{pmatrix}$에 대한 물음에 답하라.

(a) $|A|$, A^2, A^3, $A^3-2A^2+A-I_3$를 구하라.

(b) (a)의 마지막 계산을 이용하여 A가 역행렬을 가지고 $A^{-1}=(A-I_3)^2$임을 보여라.

(c) $P^2=A$를 만족하는 행렬 P를 구하라. 이 성질을 가진 다른 행렬이 있는가?

6 행렬 $A = \begin{pmatrix} 2 & 1 & 4 \\ 0 & -1 & 3 \end{pmatrix}$에 대한 물음에 답하라.

(a) AA', $|AA'|$, $(AA')^{-1}$를 구하라.

(b) (a)의 AA', $(AA')^{-1}$는 모두 대칭행렬이다. 이는 우연의 일치인가?

7 행렬 $B = \begin{pmatrix} -\frac{1}{2} & 5 \\ \frac{1}{4} & -\frac{1}{2} \end{pmatrix}$에 대해 B^2+B, B^3-2B+I를 계산하고 B^{-1}를 구하라.

8 X가 $m \times n$ 행렬이고 $|X'X| \neq 0$을 가정하자. 행렬 A가 $A = I_m - X(X'X)^{-1}X'$로 정의되었을 때 $A^2=A$임을 보여라. 12.6절 [연습문제 6]에 정의된 바와 같이, A는 멱등행렬이다.

9 주어진 행렬에 대해 $AB+CX=D$를 만족하는 행렬 X를 구하라.

$$A = \begin{pmatrix} -2 & 0 & 1 \\ 1 & -1 & 5 \end{pmatrix}, \quad B = \begin{pmatrix} 3 & 1 \\ 0 & 1 \\ -1 & 2 \end{pmatrix}$$

$$C = \begin{pmatrix} 1 & 2 \\ 3 & 4 \end{pmatrix}, \quad D = \begin{pmatrix} -9 & 3 \\ -8 & 17 \end{pmatrix}$$

10 C가 $C^2+C=I$를 만족하는 $n \times n$ 행렬일 때 다음을 보여라.

(a) $C^{-1}=I+C$

(b) $C^3=-I+2C$, $C^4=2I-3C$

13.7 역행렬의 일반 공식

앞 절에서는 역행렬과 역행렬의 성질에 관한 가장 중요한 내용을 다루었다. 그 내용은 '경제학자라면 누구나 알아야 할 것'이라 할 수 있다. 반면 경제학자들에게는 차수가 큰 행렬의 역행렬을 직접 구하는 방법을 자세히 아는 것이 그리 중요하지 않을 수도 있다. 이미 강력한 컴퓨터 프로그램들이 그런 계산을 대신해주기 때문이다. 그럼에도 이 절에서는 임의의 $n \times n$ 정칙행렬 A 의 역행렬을 구하는 명시적인 공식을 알아보고자 한다. 이 공식이 큰 행렬의 역행렬을 구하는 데 비효율적이지만, 이론적으로는 중요한 의의가 있기 때문이다. 이 공식의 핵심은 행렬식의 여인수 전개에 관한 법칙이다.

$C_{11}, C_{12}, \cdots, C_{nn}$을 행렬 A 에 속하는 성분에 대응하는 n^2개의 여인수라고 하자. [정리 13.5.1]에 따르면 $i, k = 1, 2, \cdots, n$에 대해 n^2개의 여인수 전개는 다음 n^2개의 방정식을 만족한다.

$$a_{i1}C_{k1} + a_{i2}C_{k2} + \cdots + a_{in}C_{kn} = \begin{cases} |\mathrm{A}|, & i = k \\ 0, & i \neq k \end{cases} \tag{$*$}$$

좌변의 각 합은 행렬의 곱셈 정의에 나타나는 내적과 매우 유사하다. 실제로 식 (*)에 있는 n^2개의 모든 방정식의 집합은 다음과 같이 하나의 행렬방정식으로 간단히 정리할 수 있다.

$$\begin{pmatrix} a_{11} & a_{12} & \cdots & a_{1n} \\ \vdots & \vdots & & \vdots \\ a_{i1} & a_{i2} & \cdots & a_{in} \\ \vdots & \vdots & & \vdots \\ a_{n1} & a_{n2} & \cdots & a_{nn} \end{pmatrix} \begin{pmatrix} C_{11} & \cdots & C_{k1} & \cdots & C_{n1} \\ C_{12} & \cdots & C_{k2} & \cdots & C_{n2} \\ \vdots & & \vdots & & \vdots \\ C_{1n} & \cdots & C_{kn} & \cdots & C_{nn} \end{pmatrix} = \begin{pmatrix} |\mathrm{A}| & 0 & \cdots & 0 \\ 0 & |\mathrm{A}| & \cdots & 0 \\ \vdots & \vdots & & \vdots \\ 0 & 0 & \cdots & |\mathrm{A}| \end{pmatrix} \tag{$**$}$$

식 (**)에서 우변의 행렬은 스칼라 $|\mathrm{A}|$와 항등행렬의 곱 $|\mathrm{A}| \cdot \mathrm{I}_n$이다. 행렬 A 의 모든 여인수로 구성된 행렬을 기호 $\mathrm{C}^+ = (C_{ij})_{n \times n}$로 표기하자. 식 (**)의 좌변에 있는 곱의 두 번째 행렬은 행과 열의 첨자가 서로 바뀐 것을 제외하고 C^+와 서로 같다. 즉 이는 C^+의 전치행렬인 $(\mathrm{C}^+)'$이다. 이 특별한 행렬을 A 의 **수반행렬**(adjugate matrix)이라 하며, 다음과 같이 기호 adj(A)로 표기한다.

$$\mathrm{adj}(\mathrm{A}) = (\mathrm{C}^+)' = \begin{pmatrix} C_{11} & \cdots & C_{k1} & \cdots & C_{n1} \\ C_{12} & \cdots & C_{k2} & \cdots & C_{n2} \\ \vdots & & \vdots & & \vdots \\ C_{1n} & \cdots & C_{kn} & \cdots & C_{nn} \end{pmatrix} \tag{13.7.1}$$

정의 (13.7.1)을 이용하면 식 (**)는 $\mathrm{A}\,\mathrm{adj}(\mathrm{A}) = |\mathrm{A}| \cdot \mathrm{I}_n$으로 표기할 수 있다. 그러므로 $|\mathrm{A}| \neq 0$이면 $\mathrm{A}^{-1} = \dfrac{1}{|\mathrm{A}|} \cdot \mathrm{adj}(\mathrm{A})$이다. 이를 요약하면 다음과 같다.

정리 13.7.1 역행렬의 일반 공식

행렬식 $|A| \neq 0$인 임의의 정방행렬 $A = (a_{ij})_{n \times n}$는 $AA^{-1} = A^{-1}A = I$를 만족하는 유일한 역행렬 A^{-1}를 갖는다. 역행렬은 다음과 같이 주어진다.

$$A^{-1} = \frac{1}{|A|} \cdot \text{adj}(A) \qquad (13.7.2)$$

만약 $|A| = 0$이면 $AX = XA = I$를 만족하는 행렬 X는 존재하지 않는다.

EX 13.7.1 [정리 13.7.1]을 이용하여 다음 행렬이 역행렬을 가짐을 보이고, 역행렬을 구하라.

$$A = \begin{pmatrix} 2 & 3 & 4 \\ 4 & 3 & 1 \\ 1 & 2 & 4 \end{pmatrix}$$

풀이

[정리 13.7.1]에 의해 행렬 A는 $|A| \neq 0$일 때만 역행렬을 갖는다. $|A| = -5 \neq 0$이므로 역행렬이 존재한다. 먼저 A의 각 성분의 여인수는 다음과 같다.

$$C_{11} = \begin{vmatrix} 3 & 1 \\ 2 & 4 \end{vmatrix} = 10, \quad C_{12} = -\begin{vmatrix} 4 & 1 \\ 1 & 4 \end{vmatrix} = -15, \quad C_{13} = \begin{vmatrix} 4 & 3 \\ 1 & 2 \end{vmatrix} = 5$$

$$C_{21} = -\begin{vmatrix} 3 & 4 \\ 2 & 4 \end{vmatrix} = -4, \quad C_{22} = \begin{vmatrix} 2 & 4 \\ 1 & 4 \end{vmatrix} = 4, \quad C_{23} = -\begin{vmatrix} 2 & 3 \\ 1 & 2 \end{vmatrix} = -1$$

$$C_{31} = \begin{vmatrix} 3 & 4 \\ 3 & 1 \end{vmatrix} = -9, \quad C_{32} = -\begin{vmatrix} 2 & 4 \\ 4 & 1 \end{vmatrix} = 14, \quad C_{33} = \begin{vmatrix} 2 & 3 \\ 4 & 3 \end{vmatrix} = -6$$

정의 (13.7.2)와 (13.7.1)을 이용하면 A의 역행렬은 다음과 같다.

$$A^{-1} = \frac{1}{|A|}\begin{pmatrix} C_{11} & C_{21} & C_{31} \\ C_{12} & C_{22} & C_{32} \\ C_{13} & C_{23} & C_{33} \end{pmatrix} = -\frac{1}{5}\begin{pmatrix} 10 & -4 & -9 \\ -15 & 4 & 14 \\ 5 & -1 & -6 \end{pmatrix}$$

$AA^{-1} = I$를 직접 계산해보면 결과가 맞는지 확인할 수 있다.

기본행연산을 이용한 역행렬 구하기

[정리 13.7.1]은 정칙행렬의 역행렬을 구하는 일반 공식을 제시한다. 이 공식은 이론적으로는 중요하지만, 행렬의 크기가 2×2보다 훨씬 크면 계산이 많아 비효율적이다. 대신에 $n \times n$ 가역행렬 A의 역행렬을 구하는 효율적인 방법을 살펴보겠다. 먼저 A의 n개의 열 오른쪽에 항등행렬 I의 n개의 열을 이어 붙인 $n \times 2n$ 행렬 $(A \mid I)$를 구성한다. 여기서 기호와 같이 A와 I 사이에 수직선을 그린다. 다음으로 $n \times 2n$ 행렬 $(A \mid I)$에 일련의 기본행연산을 체계적으로 계속 적용하여 가능하면 처음 n개의 열이 항등행렬 I가 되도록 행렬 $(I \mid B)$로 변환시킨다. 이 변환이 성공하면 $B = A^{-1}$가 된다. 그러나 이러한 변환을 마무리할 수 없으면 A는 역행렬을 갖지 않는다. 이처럼 역행렬을 구하는 방법을 실제로 수행해보자.

EX 13.7.2 기본행연산을 적용하여 다음 행렬의 역행렬을 구하라.

$$A = \begin{pmatrix} 1 & 3 & 3 \\ 1 & 3 & 4 \\ 1 & 4 & 3 \end{pmatrix}$$

풀이

처음 세 개의 열은 행렬 A이고, 마지막 세 개의 열은 3×3 항등행렬 I인 3×6 행렬을 다음과 같이 구성하자. 가운데 선은 두 부분을 구분하기 쉽게 표시한 것이다.

$$(A \mid I) = \left(\begin{array}{ccc|ccc} 1 & 3 & 3 & 1 & 0 & 0 \\ 1 & 3 & 4 & 0 & 1 & 0 \\ 1 & 4 & 3 & 0 & 0 & 1 \end{array}\right)$$

이제 처음 세 개의 열이 항등행렬이 되도록 이 행렬에 기본행연산을 적용하자. 그러면 마지막 세 개의 열은 A의 역행렬로 바뀐다.

처음에는 1행의 -1배를 2행에 더한다. 그러면 2행 1열 성분은 0이 된다. 이후에 사용한 기본행연산은 여러분 스스로 이해할 수 있을 것이다. 마지막 기본행연산은 2행과 3행을 바꾸는 것이다.

$$\left(\begin{array}{ccc|ccc} 1 & 3 & 3 & 1 & 0 & 0 \\ 1 & 3 & 4 & 0 & 1 & 0 \\ 1 & 4 & 3 & 0 & 0 & 1 \end{array}\right) \overset{-1}{\leftarrow} \sim \left(\begin{array}{ccc|ccc} 1 & 3 & 3 & 1 & 0 & 0 \\ 0 & 0 & 1 & -1 & 1 & 0 \\ 1 & 4 & 3 & 0 & 0 & 1 \end{array}\right) \overset{-1}{\leftarrow}$$

$$\sim \left(\begin{array}{ccc|ccc} 1 & 3 & 3 & 1 & 0 & 0 \\ 0 & 0 & 1 & -1 & 1 & 0 \\ 0 & 1 & 0 & -1 & 0 & 1 \end{array}\right) \overset{-3}{\leftarrow} \sim \left(\begin{array}{ccc|ccc} 1 & 0 & 3 & 4 & 0 & -3 \\ 0 & 0 & 1 & -1 & 1 & 0 \\ 0 & 1 & 0 & -1 & 0 & 1 \end{array}\right) \overset{-3}{\leftarrow}$$

$$\sim \left(\begin{array}{ccc|ccc} 1 & 0 & 0 & 7 & -3 & -3 \\ 0 & 0 & 1 & -1 & 1 & 0 \\ 0 & 1 & 0 & -1 & 0 & 1 \end{array}\right) \leftrightarrows \sim \left(\begin{array}{ccc|ccc} 1 & 0 & 0 & 7 & -3 & -3 \\ 0 & 1 & 0 & -1 & 0 & 1 \\ 0 & 0 & 1 & -1 & 1 & 0 \end{array}\right)$$

따라서 $A^{-1} = \begin{pmatrix} 7 & -3 & -3 \\ -1 & 0 & 1 \\ -1 & 1 & 0 \end{pmatrix}$이다. $AA^{-1} = I$를 계산하여 역행렬을 올바르게 구했음을 확인할 수 있다.

13.7 연습문제

1 [정리 13.7.1]을 이용하여 다음 행렬의 역행렬을 구하라. 역행렬이 존재하지 않으면 그 이유를 설명하라.

(a) $\begin{pmatrix} 2 & 3 \\ 4 & 5 \end{pmatrix}$ (b) $\begin{pmatrix} 1 & 0 & 2 \\ 2 & -1 & 0 \\ 0 & 2 & -1 \end{pmatrix}$

(c) $\begin{pmatrix} 1 & 0 & 0 \\ -3 & -2 & 1 \\ 4 & -16 & 8 \end{pmatrix}$

2 다음 행렬의 역행렬을 구하라.

$$A = \begin{pmatrix} -2 & 3 & 2 \\ 6 & 0 & 3 \\ 4 & 1 & -1 \end{pmatrix}$$

3 다음 행렬 A에 대해 $(I - A)^{-1}$를 구하라.

$$A = \begin{pmatrix} 0.2 & 0.6 & 0.2 \\ 0 & 0.2 & 0.4 \\ 0.2 & 0.2 & 0 \end{pmatrix}$$

4 경험적 현상을 관찰한 결과가 다음과 같이 p개의 서로 다른 연립일차방정식을 나타낸다고 하자. 여기서 $k=1,\ 2,\ \cdots,\ p$이고, 연립일차방정식은 모두 같은 $n\times n$ 계수행렬 (a_{ij})를 공유한다.

$$\begin{cases} a_{11}x_1 + \cdots + a_{1n}x_n = b_{1k} \\ \qquad\qquad \vdots \\ a_{n1}x_1 + \cdots + a_{nn}x_n = b_{nk} \end{cases} \qquad (*)$$

기본행연산을 이용하여 연립일차방정식을 다음과 같은 형태로 변형하고, p개의 연립일차방정식의 해 $(x_{k1},\ x_{k2},\ \cdots,\ x_{kn})$(단, $k=1,\ 2,\ \cdots,\ p$)를 동시에 구하는 방법을 설명하라.

$$\begin{pmatrix} a_{11} & \cdots & a_{1n} & b_{11} & \cdots & b_{1p} \\ \vdots & \ddots & \vdots & \vdots & & \vdots \\ a_{n1} & \cdots & a_{nn} & b_{n1} & \cdots & b_{np} \end{pmatrix} \sim \begin{pmatrix} 1 & \cdots & 0 & b_{11}^* & \cdots & b_{1p}^* \\ \vdots & \ddots & \vdots & \vdots & & \vdots \\ 0 & \cdots & 1 & b_{n1}^* & \cdots & b_{np}^* \end{pmatrix}$$

연립일차방정식 (*)에서 우변 벡터의 성분이 b_{jr}(단, $j=1,\ 2,\ \cdots,\ n$)인 어떤 r이 존재할 때, 연립일차방정식 (*)의 해를 구하라.

5 다음 행렬이 역행렬을 가진다면 [EX 13.7.2]에서 설명한 기본행연산을 적용하여 역행렬을 구하라.

(a) $A=\begin{pmatrix} 1 & 2 \\ 3 & 4 \end{pmatrix}$ **(b)** $B=\begin{pmatrix} 1 & 2 & 3 \\ 2 & 4 & 5 \\ 3 & 5 & 6 \end{pmatrix}$

(c) $C=\begin{pmatrix} 3 & 2 & -1 \\ -1 & 5 & 8 \\ -9 & -6 & 3 \end{pmatrix}$

13.8 크레이머 법칙

n개의 미지수를 갖는 n개의 일차방정식 풀이에 대한 크레이머 법칙은 두 개 또는 세 개의 미지수를 갖는 연립일차방정식의 풀이 (13.1.4), (13.2.5)를 일반화한 것이다. 다음 연립일차방정식을 생각해보자.

$$\begin{cases} a_{11}x_1 + a_{12}x_2 + \cdots + a_{1n}x_n = b_1 \\ a_{21}x_1 + a_{22}x_2 + \cdots + a_{2n}x_n = b_2 \\ \qquad\qquad \vdots \qquad\qquad\qquad \vdots \\ a_{n1}x_1 + a_{n2}x_2 + \cdots + a_{nn}x_n = b_n \end{cases} \qquad (13.8.1)$$

$j=1,\ 2,\ \cdots,\ n$에 대해 원래 계수행렬의 j열을 성분이 $b_1,\ b_2,\ \cdots,\ b_n$인 열로 대체하여 얻은 행렬식을 다음과 같이 D_j로 표기하자.

$$D_j = \begin{vmatrix} a_{11} & \cdots & a_{1j-1} & b_1 & a_{1j+1} & \cdots & a_{1n} \\ a_{21} & \cdots & a_{2j-1} & b_2 & a_{2j+1} & \cdots & a_{2n} \\ \vdots & & \vdots & \vdots & \vdots & & \vdots \\ a_{n1} & \cdots & a_{nj-1} & b_n & a_{nj+1} & \cdots & a_{nn} \end{vmatrix} \qquad (13.8.2)$$

j열에 따른 D_j의 여인수 전개는 다음과 같다.

$$D_j = C_{1j}b_1 + C_{2j}b_2 + \cdots + C_{nj}b_n \qquad (13.8.3)$$

여기서 여인수 C_{ij}(단, $i=1,\ 2,\ \cdots,\ n$)는 식 (13.5.3)에 의해 정의된다. 이제 일반적인 연립일차방정식에 적용되는 크레이머 법칙에 대해 알아보자.

정리 13.8.1 크레이머 법칙

n개의 미지수를 갖는 n개의 방정식으로 이루어진 일반적인 연립일차방정식 (13.8.1)이 유일한 해를 가질 필요충분조건은 계수행렬 A가 정칙(즉 $|A| \neq 0$)일 때이다. 이때 유일한 해는 다음과 같다.

$$x_1 = \frac{D_1}{|A|}, \quad x_2 = \frac{D_2}{|A|}, \quad \cdots, \quad x_n = \frac{D_n}{|A|} \tag{13.8.4}$$

여기서 D_1, D_2, $\cdots$, D_n은 식 (13.8.2)에 의해 정의된 행렬식이다.

⇐ 방향 증명

연립일차방정식 (13.8.1)은 행렬방정식 $A\mathbf{x} = \mathbf{b}$로 나타낼 수 있다. $|A| \neq 0$이라고 가정하면, 역행렬 A^{-1}가 존재하고 명제 (13.6.6)에 의해 유일한 해는 $\mathbf{x} = A^{-1}\mathbf{b}$로 주어진다. 식 (13.7.2)와 (13.7.1)을 이용하면 이 해는 다음과 같이 나타낼 수 있다.

$$\begin{pmatrix} x_1 \\ x_2 \\ \vdots \\ x_n \end{pmatrix} = \frac{1}{|A|}\begin{pmatrix} C_{11} & C_{21} & \cdots & C_{n1} \\ C_{12} & C_{22} & \cdots & C_{n2} \\ \vdots & \vdots & \cdots & \vdots \\ C_{1n} & C_{2n} & \cdots & C_{nn} \end{pmatrix}\begin{pmatrix} b_1 \\ b_2 \\ \vdots \\ b_n \end{pmatrix} \tag{$*$}$$

여기서 여인수 C_{ij}는 식 (13.5.3)에 의해 주어진다. 각 $j = 1, 2, \cdots, n$에 대해 식 (*)의 j행은 다음과 같다.

$$x_j = \frac{1}{|A|}(C_{1j}b_1 + C_{2j}b_2 + \cdots + C_{nj}b_n) = \frac{D_j}{|A|}$$

마지막 등식은 식 (13.8.3)에서 나온다. 이로써 식 (13.8.4)를 증명했다. ■

[정리 13.8.1]의 ⇒ 방향은『Further Mathematics for Economic Analysis(2nd ed.)』에 자세히 증명되어 있다. 여기서는 [정리 13.8.2]를 다룬 뒤 ⇒ 방향의 증명에 대한 직관적인 설명만 간략히 제시한다.

EX 13.8.1 p의 모든 값에 대해 다음 연립일차방정식의 해를 구하라.

$$\begin{cases} px + y = 1 \\ x - y + z = 0 \\ 2y - z = 3 \end{cases}$$

풀이

계수행렬 A의 1행 또는 1열에 따라 여인수 전개를 수행하면 계수행렬의 행렬식은 다음과 같다.

$$|A| = \begin{vmatrix} p & 1 & 0 \\ 1 & -1 & 1 \\ 0 & 2 & -1 \end{vmatrix} = 1 - p$$

[정리 13.8.1]에 따르면 연립일차방정식은 $1 - p \neq 0$, 즉 $p \neq 1$일 때만 유일한 해를 갖는다. 이 경우 식 (13.8.2)의 행렬식은 다음과 같다.

$$D_1 = \begin{vmatrix} 1 & 1 & 0 \\ 0 & -1 & 1 \\ 3 & 2 & -1 \end{vmatrix} = 2, \quad D_2 = \begin{vmatrix} p & 1 & 0 \\ 1 & 0 & 1 \\ 0 & 3 & -1 \end{vmatrix} = 1-3p, \quad D_3 = \begin{vmatrix} p & 1 & 1 \\ 1 & -1 & 0 \\ 0 & 2 & 3 \end{vmatrix} = -1-3p$$

따라서 $p \neq 1$일 때 주어진 연립일차방정식의 해는 식 (13.8.4)에 의해 다음과 같다.

$$x = \frac{D_1}{|\mathrm{A}|} = \frac{2}{1-p}, \quad y = \frac{D_2}{|\mathrm{A}|} = \frac{1-3p}{1-p}, \quad z = \frac{D_3}{|\mathrm{A}|} = \frac{-1-3p}{1-p}$$

반면에 $p=1$이면 첫 번째 방정식은 $x+y=1$이고 두 번째와 세 번째 방정식을 더하면 $x+y=3$이다. 두 식은 서로 모순이므로 해가 존재하지 않는다.[10]

동차연립방정식

식 (13.8.1)의 우변이 모두 0인 특별한 연립방정식을 생각해보자. n개의 미지수를 갖는 n개의 방정식으로 이루어진 이러한 연립방정식을 **동차**(homogeneous)라 한다. 동차연립방정식의 행렬방정식은 $\mathrm{A}\mathbf{x} = \mathbf{0}$의 형태로 표현되며, 이는 항상 $x_1 = x_2 = \cdots = x_n = 0$인 **자명해**(trivial solution)를 가진다. 하지만 동차연립방정식이 **자명하지 않은 해**(nontrivial solution)를 가지는지 여부가 중요한 경우도 많다.

정리 13.8.2 동차연립방정식의 자명하지 않은 해

동차연립방정식은 다음 행렬방정식으로 표현된다.

$$\mathrm{A}\mathbf{x} = \mathbf{0} \tag{13.8.5}$$

여기서 A는 계수행렬 $(a_{ij})_{n \times n}$이고 $\mathbf{0}$은 모든 성분이 0인 n차원 열벡터이다. 이때 이 연립방정식이 자명하지 않은 해를 가질 필요충분조건은 $|\mathrm{A}| = 0$일 때이다.

[정리 13.8.1]과 같이 한쪽 방향만 증명해보자.

⇒ 방향 증명

$|\mathrm{A}| \neq 0$이라고 가정하면 역행렬 A^{-1}가 존재하고 명제 (13.6.6)에 의해 연립방정식의 유일한 해는 $\mathbf{x} = \mathrm{A}^{-1}\mathbf{0}$이다. 한편 $\mathrm{A}^{-1}\mathbf{0} = \mathbf{0}$이므로 주어진 연립방정식은 자명해만 가진다. 즉 연립방정식 (13.8.5)는 행렬식 $|\mathrm{A}|$가 0인 경우에만 자명하지 않은 해를 갖는다. ■

⇐ 방향에 관해서는 다음과 같이 보일 수 있다.[11] $|\mathrm{A}| = 0$이면 A의 계수가 n보다 작으므로 연립방정식 (13.8.5)는 적어도 하나의 자유도를 갖는다. 즉 자명하지 않은 해 $\mathbf{x}$와 임의의 0이 아닌 스칼라 α에 대해 $\alpha\mathbf{x}$ 형태의 자명하지 않은 해가 무한히 많이 존재한다.

[정리 13.8.2]를 바탕으로 [정리 13.8.1]의 ⇒ 방향을 증명한다.

10 이 연립일차방정식은 가우스 소거법을 이용해 푸는 것도 도움이 된다. 그 과정은 첫 번째 방정식과 두 번째 방정식을 서로 맞바꾸는 것으로 시작한다.

11 『Further Mathematics for Economic Analysis(2nd ed.)』에 소개한 개념을 참고하라.

[정리 13.8.1]의 ⇒ 방향 증명

$|\mathrm{A}|=0$인 경우는 두 가지 가능성이 있다. 첫째, 행렬방정식 $\mathrm{Ax}=\mathrm{b}$로 표현되는 연립방정식 (13.8.1)의 해가 없을 수도 있다. 둘째, $\mathrm{Ax}=\mathrm{b}$는 적어도 하나의 특정한 해 x^P를 가질 수도 있다. 그러나 [정리 13.8.2]에 의해 그에 대응하는 동차연립방정식 $\mathrm{Ax}=0$은 확실히 $\alpha\mathrm{x}^H$ 형태의 해를 갖는다. 여기서 x^H는 $\mathrm{Ax}^H=0$을 만족하는 0이 아닌 벡터이고, α는 임의의 실수이다. 따라서 $\mathrm{x}^P+\alpha\mathrm{x}^H$ 형태의 모든 벡터도 연립방정식 $\mathrm{Ax}=\mathrm{b}$의 해이다. 특히 연립방정식 (13.8.1)은 $|\mathrm{A}|\neq 0$인 경우에만 유일한 해를 갖는다. ■

x^P가 $\mathrm{Ax}=\mathrm{b}$의 특정 해이고 $\hat{\mathrm{x}}$이 또 다른 해라고 가정하면 $\mathrm{A}\hat{\mathrm{x}}=\mathrm{Ax}^P=\mathrm{b}$이다. 이는 $\mathrm{A}(\hat{\mathrm{x}}-\mathrm{x}^P)=0$을 의미한다. 따라서 $\mathrm{Ax}=\mathrm{b}$의 일반해는 특정 해 x^P와 동차연립방정식 $\mathrm{Ax}=0$의 임의의 해 x^H의 합인 $\mathrm{x}=\mathrm{x}^P+\mathrm{x}^H$로 주어진다.

EX 13.8.2 다음 연립방정식이 자명하지 않은 해를 가질 λ 값을 구하라.

$$\begin{cases} 5x+2y+z=\lambda x \\ 2x+y=\lambda y \\ x+z=\lambda z \end{cases} \qquad (*)$$

풀이

변수 x, y, z가 방정식의 양변에 있으므로 식 (*)를 다음과 같이 표준형으로 나타내보자.

$$\begin{cases} (5-\lambda)x+2y+z=0 \\ 2x+(1-\lambda)y=0 \\ x+(1-\lambda)z=0 \end{cases}$$

[정리 13.8.2]에 따르면 이 동차연립방정식이 자명하지 않은 해를 가질 필요충분조건은 계수행렬이 특이행렬인 것이다. 다시 말해 다음을 만족하는 경우에만 자명하지 않은 해를 갖는다.

$$\begin{vmatrix} 5-\lambda & 2 & 1 \\ 2 & 1-\lambda & 0 \\ 1 & 0 & 1-\lambda \end{vmatrix}=0$$

여인수 전개를 이용하여 좌변의 행렬식을 구하면 $\lambda(1-\lambda)(\lambda-6)$이다. 따라서 연립방정식 (*)는 $\lambda=0$, 1, 6인 경우에만 자명하지 않은 해를 갖는다.[12]

13.8 연습문제

1 크레이머 법칙을 이용하여 다음 연립방정식의 해를 구하라.

(a) $\begin{cases} x+2y-z=-5 \\ 2x-y+z=6 \\ x-y-3z=-3 \end{cases}$

(b) $\begin{cases} x+y=3 \\ x+z=2 \\ y+z+u=6 \\ y+u=1 \end{cases}$

12 13.10절에서 설명하는 용어를 사용하면 [EX 13.8.2]는 연립방정식 (*)의 좌변에 있는 계수행렬의 고윳값을 구하는 문제라고 할 수 있다.

2 [정리 13.8.1]을 이용하여 모든 b_1, b_2, b_3에 대해 다음 연립방정식이 유일한 해를 가짐을 증명하고, 그 해를 구하라.

$$\begin{cases} 3x_1 + x_2 = b_1 \\ x_1 - x_2 + 2x_3 = b_2 \\ 2x_1 + 3x_2 - x_3 = b_3 \end{cases}$$

3 다음 동차연립방정식이 자명하지 않은 해를 가질 필요충분조건은 $a^3+b^3+c^3-3abc=0$임을 증명하라.

$$\begin{cases} ax + by + cz = 0 \\ bx + cy + az = 0 \\ cx + ay + bz = 0 \end{cases}$$

13.9 레온티에프 모형

연립일차방정식이 경제학에서 중요한 이유를 설명하기 위해 간단한 레온티에프 모형의 예를 간략하게 살펴보자.

EX 13.9.1 옛날 옛적 노르웨이에서 그리 멀지 않은 고대의 한 땅에 어업, 임업, 선박 제조업만 존재하는 경제가 있었다. 세 산업의 구조는 다음 세 가지 조건으로 정리된다고 하자.

❶ 어류 1톤을 어획하려면 어선 α척을 운행해야 한다.
❷ 목재 1톤을 확보하려면 에너지 넘치는 벌목꾼들을 위해 어류 β톤이 추가로 필요하다.
❸ 어선 1척을 건조하려면 목재 γ톤이 필요하다.

여기서 언급된 것들은 세 가지 산업이 필요로 하는 투입물이다. 어선은 어류를 어획하는 데만 사용되므로 어선에 대한 최종 (외부) 수요는 없다고 가정한다. 그렇다면 대중에게 제공할 어류 d_1톤과 집을 지을 목재 d_2톤이라는 최종 수요를 충족시키기 위해 세 가지 산업 각각이 생산해야 하는 총생산량을 구하라.

풀이

어획해야 할 어류를 x_1톤, 확보해야 할 목재를 x_2톤, 건조해야 할 어선은 x_3척이라 가정하자. 먼저 어류에 대한 수요를 생각해보자. 목재 x_2톤을 생산하기 위해서는 어류 βx_2톤이 필요하고, 최종 수요로 어류 d_1톤이 필요하므로 총어획량은 $x_1=\beta x_2+d_1$톤이어야 한다. 어선을 건조할 때 어류가 필요하지 않으므로 식에 x_3항은 없다.

목재에도 유사한 논리를 적용하면 방정식 $x_2=\gamma x_3+d_2$를 만족해야 한다. 이제 선박 제조를 생각해보자. 어업에만 선박이 필요하고 최종 수요는 없으므로 방정식 $x_3=\alpha x_1$을 만족해야 한다. 따라서 다음 세 가지 방정식이 모두 성립해야 한다.

$$❶\ x_1=\beta x_2+d_1 \qquad ❷\ x_2=\gamma x_3+d_2 \qquad ❸\ x_3=\alpha x_1 \tag{*}$$

이 연립방정식을 푸는 한 방법으로 ❸의 $x_3=\alpha x_1$을 ❷에 대입하여 $x_2=\gamma\alpha x_1+d_2$를 얻는다. 이를 다시 ❶에 대입하면 $x_1=\alpha\beta\gamma x_1+\beta d_2+d_1$이다. $\alpha\beta\gamma\neq 1$이면 x_1에 대한 마지막 방정식을 $x_1=\dfrac{d_1+\beta d_2}{1-\alpha\beta\gamma}$로 정리할 수 있다. 나머지 두 변수에 대한 식도 쉽게 구할 수 있다. 그 결과는 다음과 같다.

$$x_1=\frac{d_1+\beta d_2}{1-\alpha\beta\gamma}, \qquad x_2=\frac{\alpha\gamma d_1+d_2}{1-\alpha\beta\gamma}, \qquad x_3=\frac{\alpha d_1+\alpha\beta d_2}{1-\alpha\beta\gamma} \tag{**}$$

해 (x_1, x_2, x_3)는 $\alpha\beta\gamma < 1$인 때에만 의미가 있다. 이제 이 주요한 부등식에 대한 경제학적 의미를 알아보자.

어류와 목재에 대한 최종 수요 (d_1, d_2)를 고정하고, 세 모수 α, β, γ 중 어느 하나가 증가한다고 생각해보자. 이 증가는 직접 영향을 받는 산업의 생산성이 감소했기 때문으로 간주할 수 있다. 그러나 식 (**)에서 보듯이 세 산업의 산출 수준 (x_1, x_2, x_3)는 모두 증가해야 한다. 이것은 생산성이 떨어진 산업이 다른 산업으로부터 더 많은 투입이 있어야 하기 때문이다. 그리고 그 투입을 생산하는 과정에서 나머지 산업에도 차례로 영향을 미친다.

일반적으로 세 개의 모수 α, β, γ가 함께 증가하면서 $\alpha\beta\gamma$가 1에 가까워질수록 이 경제는 점점 비생산적인 상태로 변한다. 그 결과 식 (**)에 주어진 모든 산출 수준은 $+\infty$로 발산하게 된다. 더 나쁜 것은 $\alpha\beta\gamma > 1$인 경우 이때는 식 (**)로 주어진 x_1, x_2, x_3가 모두 양수인 해가 존재하지 않는다. 적어도 (d_1, d_2) 중 하나가 음수여야만 해가 존재한다. 이는 경제가 너무 비생산적인 상태가 되어 제대로 기능하기 위해서는 외부에서 어류나 목재를 공급받아야 한다는 것을 의미한다. 만약 (*)의 식 ❸을 $x_3 = \alpha x_1 + d_3$(단, $d_3 < 0$)로 대체하면 이번에는 어선을 외부에서 공급받아야 하는 상황이 된다. 또한 생산적인 경제에서 비생산적인 경제로 넘어갈 때, 반드시 $\alpha\beta\gamma = 1$인 임계점을 통과하고, 이때는 해 (**)가 정의되지 않는다.

요약하면 $\alpha\beta\gamma \geq 1$일 때 경제 내부의 생산성이 너무 낮으므로 외부 공급이 없으면 주어진 경제가 어류와 목재에 대한 양의 최종 수요를 충족시킬 수 없다.

일반 레온티에프 모형

[EX 13.9.1]에서 레온티에프 모형의 간단한 예를 살펴보았다. 일반적으로 레온티에프 모형은 n개의 상호 연관된 산업들로 이루어진 경제를 설명하며, 각 산업은 단 하나의 생산 과정을 사용하여 하나의 재화만을 생산한다. 이 재화를 생산하기 위해 각 산업은 일반적으로 다른 산업의 투입물을 사용한다. 예를 들어 철강 산업은 철광석 산업과 석탄 산업은 물론 여러 다른 산업의 재화가 있어야 한다. 각 산업은 다른 산업에 재화를 공급하는 것 이외에도 소비자, 정부, 해외 등 외부 주체로부터 수요, 즉 외부 수요를 맞춰야 할 필요도 있다. 이러한 외부 수요 충족에 필요한 각 재화의 양을 **최종 수요**(final demand)라고 한다.

임의의 산업 i에 대해 x_i를 그 해에 산업 i가 생산할 재화 i의 총생산량이라 하자. 또한 a_{ij}를 다음과 같이 정의하자.

$$a_{ij} = (\text{재화 } j\text{를 1단위 생산하는 데 필요한 재화 } i\text{의 단위 수}) \tag{13.9.1}$$

레온티에프 모형의 중요한 특징 중 하나는 투입량이 생산량에 정비례한다고 가정하는 것이다. 따라서 다음을 만족한다.

$$a_{ij}x_j = (\text{재화 } j\text{를 } x_j\text{단위 생산하는 데 필요한 재화 } i\text{의 단위 수}) \tag{13.9.2}$$

여기서 재화 1, 2, $\cdots$, n을 각 x_1, x_2, $\cdots$, x_n단위씩 생산하는 조합을 이루기 위해 각 산업 i는 재화 i를 총 다음과 같은 양으로 공급해야 한다.

$$a_{i1}x_1 + a_{i2}x_2 + \cdots + a_{in}x_n$$

산업 i가 최종 수요를 충족하기 위해 b_i단위를 추가로 공급해야 하면, 수요와 공급의 균형을 위해 다음을 만족해야 한다.

$$x_i = a_{i1}x_1 + a_{i2}x_2 + \cdots + a_{in}x_n + b_i$$

이는 모든 $i = 1, 2, \cdots, n$인 산업에 동일하게 적용된다. 결국 다음 연립방정식이 성립해야 한다.

$$\begin{cases} x_1 = a_{11}x_1 + a_{12}x_2 + \cdots + a_{1n}x_n + b_1 \\ x_2 = a_{21}x_1 + a_{22}x_2 + \cdots + a_{2n}x_n + b_2 \\ \quad\vdots \\ x_n = a_{n1}x_1 + a_{n2}x_2 + \cdots + a_{nn}x_n + b_n \end{cases} \tag{13.9.3}$$

첫 번째 방정식에서 x_1은 좌변과 우변의 첫 번째 항에 있고, 두 번째 방정식에서 x_2는 좌변과 우변의 두 번째 항에 있다. 연립방정식 (13.9.3)을 표준형으로 만들기 위해 $x_1, x_2, \cdots, x_n$이 포함된 모든 항을 좌변으로 이항하고 정리하면 다음 연립방정식을 얻는다.

$$\begin{cases} (1-a_{11})x_1 - a_{12}x_2 - \cdots - a_{1n}x_n = b_1 \\ -a_{21}x_1 + (1-a_{22})x_2 - \cdots - a_{2n}x_n = b_2 \\ \qquad\qquad\vdots \qquad\qquad\qquad \vdots \\ -a_{n1}x_1 - a_{n2}x_2 - \cdots + (1-a_{nn})x_n = b_n \end{cases} \tag{13.9.4}$$

이 연립방정식을 **레온티에프 연립방정식**(Leontief system)이라 하고, $a_{11}, a_{12}, \cdots, a_{nn}$은 **투입계수** 또는 **기술계수**(technical coefficient)라 한다. 최종 수요량 $(b_1, b_2, \cdots, b_n)$이 주어지면 연립방정식 (13.9.4)의 해 $(x_1, x_2, \cdots, x_n)$은 각 산업이 서로 필요한 수요와 최종 수요를 정확히 충족할 수 있도록 생산해야 하는 산출량을 의미한다. 물론 산업 활동은 일반적으로 되돌릴 수 없는 과정이므로 x_i는 음이 아닌 값만 의미가 있다.

레온티에프 모형은 행렬대수를 이용하여 다루는 것이 자연스럽다. 우선 다음과 같이 행렬을 정의하자.

$$\mathrm{A} = \begin{pmatrix} a_{11} & a_{12} & \cdots & a_{1n} \\ a_{21} & a_{22} & \cdots & a_{2n} \\ \vdots & \vdots & \ddots & \vdots \\ a_{n1} & a_{n2} & \cdots & a_{nn} \end{pmatrix}, \quad \mathbf{x} = \begin{pmatrix} x_1 \\ x_2 \\ \vdots \\ x_n \end{pmatrix}, \quad \mathbf{b} = \begin{pmatrix} b_1 \\ b_2 \\ \vdots \\ b_n \end{pmatrix} \tag{13.9.5}$$

행렬 A 의 성분은 입력계수이므로 이를 **투입행렬**(input matrix) 또는 **레온티에프 행렬**(Leontief matrix)이라 한다. 성분 a_{ij}는 재화 j를 1단위를 생산하는 데 필요한 재화 i의 단위 수를 나타낸다는 것을 기억하라. 따라서 연립방정식 (13.9.3)은 다음과 같이 나타낼 수 있다.

$$\mathbf{x} = \mathrm{A}\mathbf{x} + \mathbf{b} \tag{13.9.6}$$

이는 $\mathbf{x} - \mathrm{A}\mathbf{x} = \mathbf{b}$와 동치이다. n차 항등행렬 I_n에 대해 $\mathbf{x} - \mathrm{A}\mathbf{x} = \mathrm{I}_n\mathbf{x} - \mathrm{A}\mathbf{x} = (\mathrm{I}_n - \mathrm{A})\mathbf{x}$ 이므로 연립방정식 (13.9.3)은 연립방정식 (13.9.4)를 나타내는 다음 행렬방정식과 동치이다.[13]

$$(\mathrm{I}_n - \mathrm{A})\mathbf{x} = \mathbf{b} \tag{13.9.7}$$

이제 레온티에프 모형에 가격 개념을 도입하자. 여기서 재화 i의 1단위 가격을 p_i라 둔다. a_{ij}는 재화 j를 1단

13 식 $\mathbf{x} - \mathrm{A}\mathbf{x} = (1-\mathrm{A})\mathbf{x}$는 말이 되지 않는다. 숫자 1에서 행렬 A를 뺀다는 것은 의미가 없기 때문이다.

위 생산하는 데 필요한 재화 i의 단위 수를 나타내므로 합 $a_{1j}p_1 + a_{2j}p_2 + \cdots + a_{nj}p_n$은 재화 j를 1단위 생산하는 데 필요한 n개 재화의 총비용을 의미한다. 따라서 다음의 식은 재화 j의 1단위 가격과 그 단위를 생산하는 데 드는 총비용의 차를 나타낸다.

$$p_j - a_{1j}p_1 - a_{2j}p_2 - \cdots - a_{nj}p_n$$

이를 부문 j의 **단위 부가가치**(unit value added)라 하며, 기호 v_j로 표기한다. 따라서 부문 $j = 1, 2, \cdots, n$에 대해 다음 연립방정식을 얻을 수 있다.

$$\begin{cases} p_1 - a_{11}p_1 - a_{21}p_2 - \cdots - a_{n1}p_n = v_1 \\ p_2 - a_{12}p_1 - a_{22}p_2 - \cdots - a_{n2}p_n = v_2 \\ \qquad\qquad\qquad \vdots \qquad\qquad\qquad \vdots \\ p_n - a_{1n}p_1 - a_{2n}p_2 - \cdots - a_{nn}p_n = v_n \end{cases} \tag{13.9.8}$$

여기서 입력-출력계수 a_{ij}는 전치된 순서로 나타남을 주목하라. 다음과 같이 정의하자.

$$\mathbf{p} = \begin{pmatrix} p_1 \\ p_2 \\ \vdots \\ p_n \end{pmatrix}, \quad \mathbf{v} = \begin{pmatrix} v_1 \\ v_2 \\ \vdots \\ v_n \end{pmatrix} \tag{13.9.9}$$

이 정의를 사용하면 연립방정식 (13.9.8)은 행렬방정식 $\mathbf{p} - \mathbf{A}'\mathbf{p} = \mathbf{v}$ 또는 다음 식처럼 나타난다.

$$(\mathbf{I}_n - \mathbf{A}')\mathbf{p} = \mathbf{v} \tag{13.9.10}$$

이제 식 (13.9.10)의 양변을 전치하고 식 (12.7.4)를 이용하자. $\mathbf{I}'_n = \mathbf{I}_n$, $(\mathbf{A}')' = \mathbf{A}$ 이므로 다음을 얻는다.

$$\mathbf{p}'(\mathbf{I}_n - \mathbf{A}) = \mathbf{v}' \tag{13.9.11}$$

이는 분명히 연립방정식 (13.9.7)과 밀접한 관련이 있다. 예를 들어 [연습문제 7]을 보라.

13.9 연습문제

1 [EX 13.9.1]에서 $\alpha = \frac{1}{2}$, $\beta = \frac{1}{4}$, $\gamma = 2$, $d_1 = 100$, $d_2 = 80$이라 하자. 이 경우에 대해 연립방정식 (*)를 쓰고 그 해를 구하라. 이 해가 식 (**)에 제시된 일반식과 일치함을 확인하라.

2 어떤 경제를 농업부문 A와 산업부문 I로 구분하자. 농업부문 A에서 1단위를 생산하려면 A에서 $\frac{1}{6}$단위, I에서 $\frac{1}{4}$단위가 필요하고, 산업부문 I에서 1단위를 생산하려면 A에서 $\frac{1}{4}$단위, I에서 $\frac{1}{4}$단위가 필요하다. 두 부문 각각의 최종 수요가 60단위라고 하자.

(a) 이 경제에 대한 레온티에프 연립방정식을 작성하라.

(b) 최종 수요를 충족시키기 위해 각 부문에서 몇 단위를 생산해야 하는가?

3 연립방정식 (13.9.4)로 설명되는 레온티에프 모형을 생각해보자.

(a) 모든 i에 대해 $a_{ii} = 0$인 조건은 어떤 의미인가?

(b) 합 $a_{i1} + a_{i2} + \cdots + a_{in}$은 무엇을 의미하는가?

(c) 입력계수의 열벡터 $(a_{1j}, a_{2j}, \cdots, a_{nj})'$는 무엇을 의미하는가?

(d) 합 $a_{1j} + a_{2j} + \cdots + a_{nj}$를 어떤 의미로 해석할 수 있는가?

4 $n=2$, $a_{11}=0.2$, $a_{12}=0.3$, $a_{21}=0.4$, $a_{22}=0.1$, $b_1=120$, $b_2=90$일 때, 연립방정식 (13.9.4)를 나타내라. 그리고 이 연립방정식의 해를 구하라.

5 산업부문 3개로 구성된 투입-산출모형을 생각해보자. 여기서 부문 1은 중공업, 부문 2는 경공업, 부문 3은 농업이다. 이 세 부문 각각에서 재화 1단위를 생산하는 데 필요한 투입량은 다음 표와 같다.

	중공업(1)	경공업(2)	농업(3)
중공업(1) 재화 투입량	$a_{11}=0.1$	$a_{12}=0.2$	$a_{13}=0.1$
경공업(2) 재화 투입량	$a_{21}=0.3$	$a_{22}=0.2$	$a_{23}=0.2$
농산물(3) 재화 투입량	$a_{31}=0.2$	$a_{32}=0.2$	$a_{33}=0.1$

이 세 산업에서 생산하는 재화에 대한 최종 수요가 각각 85단위, 95단위, 20단위라 하자. 각 부문에서 생산해야 하는 재화의 양을 x_1, x_2, x_3라 할 때, 이 문제에 대한 레온티에프 연립방정식을 작성하라. 또한 이 연립방정식의 해가 $x_1=150$, $x_2=200$, $x_3=100$임을 확인하라.

6 [EX 13.9.1]의 간단한 레온티에프 모형에 대해 입력행렬을 작성하라. [EX 13.9.1]에서 논의된 효율적인 생산을 위한 조건과 입력행렬의 각 열의 성분의 합이 1보다 작아야 한다는 조건을 비교하라.

7 $\mathbf{x}=\mathbf{x}_0$는 식 (13.9.3)의 해이고, $\mathbf{p}'=\mathbf{p}'_0$는 식 (13.9.11)의 해라고 하자. $\mathbf{p}'_0\mathbf{b}=\mathbf{v}'\mathbf{x}_0$임을 증명하라.

13.10 고윳값과 고유벡터

동태적 경제학의 많은 응용문제에 정방행렬 $\mathbf{A}$의 거듭제곱 $\mathbf{A}^n$(단, $n=1, 2, \cdots$)이 자주 등장한다. $\mathbf{0}$이 아닌 벡터 $\mathbf{x}$를 생각하자. $\mathbf{A}$의 차원이 매우 크면 $\mathbf{A}^{100}\mathbf{x}$는 물론이고 $\mathbf{A}^5\mathbf{x}$와 같은 식을 계산하는 것도 대단히 어려운 문제이다. 그러나 어떤 스칼라 λ가 주어진 벡터 $\mathbf{x}$와 함께 다음의 특별한 성질을 만족한다고 가정해보자.

$$\mathbf{A}\mathbf{x}=\lambda\mathbf{x} \tag{13.10.1}$$

이 경우 $\mathbf{A}^2\mathbf{x}=\mathbf{A}(\mathbf{A}\mathbf{x})=\mathbf{A}(\lambda\mathbf{x})=\lambda\mathbf{A}\mathbf{x}=\lambda\lambda\mathbf{x}=\lambda^2\mathbf{x}$이고, 일반적으로 $\mathbf{A}^n\mathbf{x}=\lambda^n\mathbf{x}$가 성립한다. 따라서 $\mathbf{A}$와 거듭제곱 $\mathbf{A}^n$에 대한 여러 성질은 식 (13.10.1)을 만족하는 쌍 $(\lambda, \mathbf{x})$(단, $\mathbf{x}\neq\mathbf{0}$)을 구해서 추론할 수 있다. 이들을 다음과 같이 정의한다.

고윳값과 고유벡터

식 (13.10.1)을 만족하는 $\mathbf{0}$이 아닌 벡터 $\mathbf{x}$를 $\mathbf{A}$의 **고유벡터**(eigenvector)라 하고, 스칼라 λ를 그에 대응하는 **고윳값**(eigenvalue)이라 한다.[14]

14 영어 단어 'eigenvalue'는 독일어 'Eigenwert'를 부분적으로 옮긴 표현이다. 이 용어는 수학의 거장 다비트 힐베르트(David Hilbert, 1862~1943)가 1912년에 적분방정식 연구에서 처음 사용했다. 독일어(또는 네덜란드어)에서 'eigen'은 대략 '자기 자신의(own)'라는 뜻을 가지고, 이는 식 (13.10.1)의 좌변에 있는 일차함수 $\mathbf{A}\mathbf{x}$가 $\mathbf{0}$이 아닌 벡터 $\mathbf{x}$를 그 자신과 같은 방향의 벡터, 즉 스칼라배로 대응한다는 의미를 담고 있다. 프랑스어, 이탈리아어, 포르투갈어, 스페인어와 같은 라틴계 언어에서도 고윳값과 고유벡터를 설명하기 위해 '자기 자신의(own 또는 self)'라는 의미를 지닌 구문을 사용한다.

행렬의 고윳값과 고유벡터를 **특성값**(characteristic value)과 **특성벡터**(characteristic vector)라고도 한다. 만약 $\mathbf{x}$가 고윳값 λ에 대응하는 고유벡터이면, 모든 스칼라 $\alpha \neq 0$에 대해 $\alpha\mathbf{x}$ 역시 λ에 대응하는 고유벡터임을 유의하라. 물론 식 (13.10.1)에서 $\mathbf{x} = \mathbf{0}$은 모든 정방행렬 A와 모든 스칼라 λ에 대해 $\mathrm{A}\mathbf{0} = \lambda\mathbf{0}$을 만족하므로 그다지 흥미롭지 않다.

2차 행렬

$n = 2$이면 식 (13.10.1)은 다음과 같이 간단해진다.

$$\begin{pmatrix} a_{11} & a_{12} \\ a_{21} & a_{22} \end{pmatrix}\begin{pmatrix} x_1 \\ x_2 \end{pmatrix} = \lambda\begin{pmatrix} x_1 \\ x_2 \end{pmatrix}$$

이는 다음 연립방정식을 행렬방정식으로 나타낸 것이다.

$$\begin{cases} a_{11}x_1 + a_{12}x_2 = \lambda x_1 \\ a_{21}x_1 + a_{22}x_2 = \lambda x_2 \end{cases}$$

이 연립방정식은 다음과 같이 다시 작성할 수 있다.

$$\begin{cases} (a_{11}-\lambda)x_1 + \phantom{(a_{22}-\lambda)}a_{12}x_2 = 0 \\ \phantom{(a_{11}-\lambda)}a_{21}x_1 + (a_{22}-\lambda)x_2 = 0 \end{cases}$$

또한 이 연립방정식은 2차 항등행렬 I에 대해 다음의 행렬방정식으로 표현된다.

$$(\mathrm{A} - \lambda\mathrm{I})\mathbf{x} = \mathbf{0} \tag{13.10.2}$$

[정리 13.8.1]에 따르면 이 동차연립방정식은 계수행렬의 행렬식 $|\mathrm{A} - \lambda\mathrm{I}|$가 0인 경우에만 $\mathbf{x} \neq \mathbf{0}$인 해를 갖는다. 이 2×2 행렬식을 계산하면 다음 방정식을 얻는다.

$$|\mathrm{A} - \lambda\mathrm{I}| = \begin{vmatrix} a_{11}-\lambda & a_{12} \\ a_{21} & a_{22}-\lambda \end{vmatrix} = \lambda^2 - (a_{11}+a_{22})\lambda + (a_{11}a_{22} - a_{12}a_{21}) = 0 \tag{13.10.3}$$

따라서 고윳값 λ는 이 이차방정식의 해이고, 고유벡터는 식 (13.10.2)를 만족하는 $\mathbf{0}$이 아닌 벡터 $\mathbf{x}$이다.

EX 13.10.1 2×2 행렬 $\mathrm{A} = \begin{pmatrix} 1 & 2 \\ 3 & 0 \end{pmatrix}$의 고윳값과 그에 대응하는 고유벡터를 구하라.

풀이

이 행렬에 대해 고윳값을 구하는 식 (13.10.3)은 다음과 같다.

$$|\mathrm{A} - \lambda\mathrm{I}| = \begin{vmatrix} 1-\lambda & 2 \\ 3 & -\lambda \end{vmatrix} = \lambda^2 - \lambda - 6 = 0$$

이 이차방정식의 해 $\lambda_1 = -2$, $\lambda_2 = 3$이 행렬 A의 고윳값이다. 고윳값이 $\lambda = \lambda_1 = -2$이면 행렬방정식 (13.10.2)는 모두 $3x_1 + 2x_2 = 0$이다. 여기서 $x_2 = t$라 두면 $x_1 = -\dfrac{2}{3}t$이므로 $\lambda_1 = -2$에 대응하는 고유벡터는 $\begin{pmatrix} -\dfrac{2}{3} \\ 1 \end{pmatrix}$의 0이 아닌 스칼라배로 다음과 같다.

$$\mathbf{x} = t\begin{pmatrix} -\frac{2}{3} \\ 1 \end{pmatrix} \ (\text{단, } t \neq 0)$$

여기서 $t = -3s$로 두면 고유벡터를 다음과 같이 나타낼 수도 있다.

$$\mathbf{x} = s\begin{pmatrix} 2 \\ -3 \end{pmatrix} \ (\text{단, } s \neq 0)$$

다른 고윳값 $\lambda_2 = 3$에 대해 식 (13.10.2)는 $x_1 = x_2$를 의미하므로 그에 대응하는 고유벡터는 0이 아닌 스칼라배로 다음과 같이 나타낼 수 있다.

$$\mathbf{x} = t\begin{pmatrix} 1 \\ 1 \end{pmatrix} \ (\text{단, } t \neq 0)$$

일반적인 2×2 행렬 A에 대해 고윳값 λ_1, λ_2는 이차방정식 (13.10.3)의 두 근이다. 따라서 이러한 근이 주어지면 식 (13.10.3)의 좌변은 다음과 같이 나타낼 수 있다.

$$\begin{aligned} \lambda^2 - (a_{11} + a_{22})\lambda + (a_{11}a_{22} - a_{12}a_{21}) &= (\lambda - \lambda_1)(\lambda - \lambda_2) \\ &= \lambda^2 - (\lambda_1 + \lambda_2)\lambda + \lambda_1\lambda_2 \end{aligned} \tag{13.10.4}$$

식 (13.10.4)에서 볼 수 있듯이 고윳값의 합 $\lambda_1 + \lambda_2$는 대각성분의 합인 $a_{11} + a_{22}$와 같다. 이 값을 행렬의 **대각합**이라 하며, 기호 $\mathrm{tr}(\mathrm{A})$로 표기한다. 고윳값의 곱 $\lambda_1\lambda_2$는 $a_{11}a_{22} - a_{12}a_{21} = |\mathrm{A}|$와 같다. 이들을 기호로 표기하면 다음과 같다.

$$\lambda_1 + \lambda_2 = \mathrm{tr}(\mathrm{A}), \quad \lambda_1\lambda_2 = |\mathrm{A}| \tag{13.10.5}$$

동태적 경제학의 많은 모형에서는 정방행렬이 등장하며, 이 행렬의 고윳값은 모형의 안정성을 결정한다. 따라서 고윳값이 언제 실수이고 어떤 부호를 갖는지를 아는 것이 중요하다. 2×2 행렬에 대해 식 (13.10.3)은 다음을 근으로 갖는 이차방정식이다.

$$\begin{aligned} \lambda_{1,2} &= \frac{1}{2}(a_{11} + a_{22}) \pm \sqrt{\frac{1}{4}(a_{11} + a_{22})^2 - (a_{11}a_{22} - a_{12}a_{21})} \\ &= \frac{1}{2}\mathrm{tr}(\mathrm{A}) \pm \sqrt{\frac{1}{4}\{\mathrm{tr}(\mathrm{A})\}^2 - |\mathrm{A}|} \end{aligned} \tag{13.10.6}$$

두 고윳값이 모두 실수일 필요충분조건은 $(a_{11} + a_{22})^2 \geq 4(a_{11}a_{22} - a_{12}a_{21})$ 또는 $\{\mathrm{tr}(\mathrm{A})\}^2 \geq 4|\mathrm{A}|$일 때이며, 이는 $(a_{11} - a_{22})^2 + 4a_{12}a_{21} \geq 0$과 동치이다. 특히 행렬이 대칭행렬이면 $a_{12} = a_{21}$이므로 이 부등식의 좌변은 두 제곱의 합으로 표현되고, 부등호를 항상 만족한다. 따라서 대칭행렬의 두 고윳값은 실수이다. 그러나 [EX 13.10.1]은 대칭행렬이 아니더라도 실수인 고윳값을 가질 수 있음을 보여준다. 그리고 [EX 13.10.2]는 12.7절 [연습문제 7(b)]에 제시된 2×2 직교행렬이 $\pm \mathrm{I}_2$로 퇴화된 경우를 제외하면 실수인 고윳값을 갖지 않음을 보여준다.

EX 13.10.2 $q \neq 0$이고 $p^2+q^2=1$을 만족하는 임의의 행렬 $\mathrm{P}=\begin{pmatrix} p & -q \\ q & p \end{pmatrix}$는 실수인 고윳값을 갖지 않음을 증명하라.

풀이

이 경우 식 (13.10.3)은 다음과 같다.

$$|\mathrm{P}-\lambda \mathrm{I}|=\begin{vmatrix} p-\lambda & -q \\ q & p-\lambda \end{vmatrix}=(p-\lambda)^2+q^2$$

$q=0$, $p=\pm 1$이면 $\mathrm{P}=\pm \mathrm{I}_2$가 되어 퇴화된 경우인데, 이를 제외하고 모든 실수 λ에 대해 $|\mathrm{P}-\lambda \mathrm{I}|>0$이다. 따라서 행렬 P는 실수인 고윳값을 갖지 않는다.

2×2 행렬에 대한 내용을 다음의 유용한 법칙으로 마무리한다. 이는 식 (13.10.6)에 관한 논의에서 도출된다.

2차 행렬의 고윳값에 대한 법칙

2×2 행렬 A의 두 고윳값이 실수일 필요충분조건은 $\{\mathrm{tr}(\mathrm{A})\}^2 \geq 4|\mathrm{A}|$일 때이다. 그리고 A가 대칭행렬일 때 이 부등식 조건이 성립한다(그러나 대칭행렬일 때만 성립하는 것은 아니다). 아울러 두 고윳값이 실수이면 다음을 만족한다.

❶ 두 고윳값이 모두 양수이다. $\Leftrightarrow$ $|\mathrm{A}|>0$이고 $\mathrm{tr}(\mathrm{A})>0$이다.
❷ 두 고윳값이 모두 음수이다. $\Leftrightarrow$ $|\mathrm{A}|>0$이고 $\mathrm{tr}(\mathrm{A})<0$이다.
❸ 두 고윳값은 다른 부호를 갖는다. $\Leftrightarrow$ $|\mathrm{A}|<0$이다.
❹ 두 고윳값은 같다. $\Leftrightarrow$ $|\mathrm{A}|=\frac{1}{4}\{\mathrm{tr}(\mathrm{A})\}^2$이다.
❺ 고윳값에 0이 있다. $\Leftrightarrow$ $|\mathrm{A}|=0$이고, 다른 고윳값은 $\mathrm{tr}(\mathrm{A})$이다.

n차 행렬

A가 $n\times n$ 행렬인 일반적인 경우를 간략하게 살펴보자. 2×2 행렬에서와 같이 A가 $n\times n$ 행렬일 때 식 (13.10.1)을 만족하는 0이 아닌 n차원 벡터 $\mathbf{x}$가 존재하면 스칼라 λ는 A의 한 **고윳값**이고, $\mathbf{x}$는 λ에 대응하는 A의 **고유벡터**이다. 벡터 $\mathbf{x}$의 성분이 x_1, x_2, $\cdots$, x_n이면 식 (13.10.1)은 다음과 같이 나타낼 수 있다.

$$\begin{cases} (a_{11}-\lambda)x_1 + a_{12}x_2 + \cdots + a_{1n}x_n = 0 \\ a_{21}x_1 + (a_{22}-\lambda)x_2 + \cdots + a_{2n}x_n = 0 \\ \qquad \vdots \qquad\qquad\qquad\qquad \vdots \\ a_{n1}x_1 + a_{n2}x_2 + \cdots + (a_{nn}-\lambda)x_n = 0 \end{cases} \tag{13.10.7}$$

고윳값 λ에 대응하는 고유벡터는 연립방정식 (13.10.7)의 자명하지 않은 해 $(x_1, x_2, \cdots, x_n)$이다.

또다시 식 (13.10.7)을 식 (13.10.2)와 같은 형태인 행렬방정식 $(\mathrm{A}-\lambda\mathrm{I})\mathbf{x}=\mathbf{0}$으로 나타내보자. 이는 동차 행렬방정식 (13.8.5)에서 행렬 A가 $\mathrm{A}-\lambda\mathrm{I}$로 대체된 것이다. [정리 13.8.2]에 의하면 $(\mathrm{A}-\lambda\mathrm{I})\mathbf{x}=\mathbf{0}$이 자명하지 않은 해 $\mathbf{x}\neq\mathbf{0}$을 가질 필요충분조건은 계수행렬이 $|\mathrm{A}-\lambda\mathrm{I}|=0$인 것이다.

이 방정식의 해를 알아보기 위해 모든 실수 λ에 대해 다음과 같이 정의된 함수 $p(\lambda)$를 생각해보자.

$$p(\lambda) = |\mathrm{A} - \lambda \mathrm{I}| = \begin{vmatrix} a_{11}-\lambda & a_{12} & \cdots & a_{1n} \\ a_{21} & a_{22}-\lambda & \cdots & a_{2n} \\ \vdots & \vdots & \ddots & \vdots \\ a_{n1} & a_{n2} & \cdots & a_{nn}-\lambda \end{vmatrix} \tag{13.10.8}$$

$n=2$이면 $p(\lambda)=(a_{11}-\lambda)(a_{22}-\lambda)-a_{12}a_{21}$이고, 이는 이차함수 $\lambda^2 - \lambda\,\mathrm{tr}(\mathrm{A}) + |\mathrm{A}|$로 주어진다. 이 방정식의 두 근 λ_1, λ_2는 행렬 A 의 고윳값이고, 합 $\lambda_1+\lambda_2$는 A 의 대각합 $\mathrm{tr}(\mathrm{A})$와 같으며 곱 $\lambda_1\lambda_2$는 행렬식 $|\mathrm{A}|$와 같다. $n>2$일 때도 유사한 결과가 성립한다. 이를 위해 $n\times n$ 행렬에 대해 정의되는 A 의 **대각합**을 다음과 같이 소개한다.

$$\mathrm{tr}(\mathrm{A}) = a_{11} + a_{22} + \cdots + a_{nn}$$

정리 13.10.1 특성다항식

식 (13.10.8)로 정의된 함수 $p(\lambda)$는 A 의 **특성다항식**(characteristic polynomial)이라 부르는 n차 다항식이다. 방정식 $p(\lambda)=0$은 n개의 근(실수 또는 복소수, 중복 허용)을 가지는데, 이 근은 n개의 고윳값 λ_1, λ_2, $\cdots$, λ_n이다. 이 다항식 $p(\lambda)$는 다음과 같이 주어진다.

$$p(\lambda) = (-1)^n(\lambda-\lambda_1)(\lambda-\lambda_2)\cdots(\lambda-\lambda_n) = (-\lambda)^n + \mathrm{tr}(\mathrm{A})(-\lambda)^{n-1} + \cdots + |\mathrm{A}|$$

더욱이 A 의 n개의 고윳값은 다음을 만족한다.

$$\mathrm{tr}(\mathrm{A}) = \lambda_1 + \lambda_2 + \cdots + \lambda_n, \quad |\mathrm{A}| = \lambda_1\lambda_2\cdots\lambda_n$$

증명

식 (13.3.2)에 따르면 행렬식 (13.10.8)은 $n!$개의 항의 합으로 주어진다. 각 항은 행렬 $\mathrm{A}-\lambda\mathrm{I}$의 각 행과 각 열에서 정확히 하나씩의 성분을 선택한 n개 성분의 곱으로 이루어진다. 그 중 하나는 $\mathrm{A}-\lambda\mathrm{I}$의 모든 대각성분의 곱 $(a_{11}-\lambda)(a_{22}-\lambda)\cdots(a_{nn}-\lambda)$이다. 이 곱은 λ에 대한 n차 다항식이고, 첫 번째 항과 두 번째 항은 각각 $(-\lambda)^n$과 $\mathrm{tr}(\mathrm{A})(-\lambda)^{n-1}$이다. 다항식 $p(\lambda)$에서 λ^{n-1}의 계수는 다음과 같다.

$$(-1)^n(-\lambda_1-\lambda_2-\cdots-\lambda_n) = (-1)^{n-1}(\lambda_1+\lambda_2+\cdots+\lambda_n)$$

나머지 $(n!-1)$개의 곱은 λ에 대한 k차 다항식인데, 여기서 k는 각 항에 포함된 대각성분의 개수이다. 어떤 항에 $(n-1)$개의 대각성분이 포함되면 나머지 하나의 대각성분도 반드시 포함되어야 하므로 $k \le n-2$를 만족한다. 따라서 다른 모든 $(n!-1)$개 항들의 전체 합은 최고차수가 $(n-2)$인 다항식이다.

마지막으로 $p(\lambda)$에 $\lambda=0$을 대입하면 다항식의 상수항이다. 정의 (13.10.8)에 따르면 $p(0)=|\mathrm{A}|$이다. 이 값은 동시에 $(-1)^n(-\lambda_1)(-\lambda_2)\cdots(-\lambda_n)$이므로 $|\mathrm{A}|=\lambda_1\lambda_2\cdots\lambda_n$을 만족한다. ■

다음 방정식을 행렬 A 의 **특성방정식**(characteristic equation)이라 한다.

$$p(\lambda) = |\mathrm{A} - \lambda \mathrm{I}| = 0 \tag{13.10.9}$$

$p(\lambda)$는 λ에 대한 n차 다항식이므로 4.7절에서 논의한 대수학의 기본 정리에 따라 이 특성방정식 (13.10.9)는 복소수 근을 포함하고 중근을 중복도만큼 세었을 때 정확히 n개의 근을 가진다. 이 근들이 모두 실수일 필요는 없으므로 고윳값과 고유벡터를 완전히 이해하려면 복소수에 대한 지식이 필요하다.[15] 여기서는 3×3 행렬에 대한 예시 하나를 보이고 마무리한다.

EX 13.10.3 다음 행렬의 고윳값과 그에 대응하는 고유벡터를 구하라.

$$\mathrm{A} = \begin{pmatrix} 5 & -6 & -6 \\ -1 & 4 & 2 \\ 3 & -6 & -4 \end{pmatrix}$$

풀이

간단한 계산을 통해 특성다항식을 다음과 같이 구할 수 있다.

$$|\mathrm{A} - \lambda \mathrm{I}| = \begin{vmatrix} 5-\lambda & -6 & -6 \\ -1 & 4-\lambda & 2 \\ 3 & -6 & -4-\lambda \end{vmatrix} = -(\lambda-2)^2(\lambda-1)$$

따라서 A의 고윳값은 두 개의 서로 다른 근 $\lambda_1 = 1$과 $\lambda_2 = 2$(중근)이다.

고윳값이 $\lambda_1 = 1$일 때, 그에 대응하는 고유벡터는 다음 행렬방정식의 0이 아닌 해이다.

$$(\mathrm{A} - \mathrm{I})\mathbf{x} = \begin{pmatrix} 4 & -6 & -6 \\ -1 & 3 & 2 \\ 3 & -6 & -5 \end{pmatrix}\begin{pmatrix} x_1 \\ x_2 \\ x_3 \end{pmatrix} = \begin{pmatrix} 0 \\ 0 \\ 0 \end{pmatrix}$$

가우스 소거법 또는 유사한 풀이 과정을 통해 $\lambda_1 = 1$에 대응하는 고유벡터는 다음 형태로 주어진다.

$$\mathbf{x} = t\begin{pmatrix} 3 \\ -1 \\ 3 \end{pmatrix} \quad (\text{단, } t \neq 0)$$

고윳값이 $\lambda_2 = 2$일 때, 그에 대응하는 고유벡터는 다음 연립방정식의 0이 아닌 해이다.

$$\begin{cases} 3x_1 - 6x_2 - 6x_3 = 0 \\ -x_1 + 2x_2 + 2x_3 = 0 \\ 3x_1 - 6x_2 - 6x_3 = 0 \end{cases}$$

세 방정식은 서로 비례하므로 그중 하나만 생각하면 된다. 두 번째 방정식을 기준으로 풀면 방정식의 해는 $x_1 = 2x_2 + 2x_3$를 만족하는 0이 아닌 임의의 형태 (x_1, x_2, x_3)이다. 따라서 고윳값 $\lambda_2 = 2$에 대응하는 A의 고유벡터는 동시에 0이 아닌 s, t에 대해 다음 형태로 주어진다.

$$\mathbf{x} = \begin{pmatrix} 2s + 2t \\ s \\ t \end{pmatrix} = s\begin{pmatrix} 2 \\ 1 \\ 0 \end{pmatrix} + t\begin{pmatrix} 2 \\ 0 \\ 1 \end{pmatrix}$$

15 자세한 설명은 『Further Mathematics for Economic Analysis(2nd ed.)』를 참고하라.

EX 13.10.4 $D = \text{diag}(a_1, a_2, \cdots, a_n)$을 대각성분이 $a_1, a_2, \cdots, a_n$인 $n \times n$ 대각행렬이라 하자. 특성 다항식은 다음과 같다.

$$|D - \lambda I| = (a_1 - \lambda)(a_2 - \lambda) \cdots (a_n - \lambda)$$

따라서 행렬 D의 고윳값은 정확히 D의 대각성분이다. $\mathbb{R}^n$에서 j번째 성분은 1이고 나머지 성분은 모두 0인 단위벡터를 $\mathbf{e}_j$라 하면, $D\mathbf{e}_j$는 j번째를 제외한 모든 성분이 0인 $\lambda\mathbf{e}_j$ 형태의 벡터이다. 실제로 $D\mathbf{e}_j = a_j\mathbf{e}_j$이므로 임의의 $j = 1, 2, \cdots, n$에 대해 0이 아닌 $\mathbf{e}_j$의 모든 스칼라배는 고윳값 a_j에 대응하는 고유벡터이다.

EX 13.10.5 $t = 0, 1, \cdots$은 서로 다른 시점을 나타낸다고 하자. 어떤 n차원 벡터 $\mathbf{x}$가 나타내는 경제 변수에 대한 변화가 다음 **차분방정식**에 따라 움직인다고 가정하자. 즉 시점 t에서 변수 값이 $\mathbf{x}_t$이면 다음 시점에 $\mathbf{x}_{t+1} = A\mathbf{x}_t$로 주어진다. 여기서 A는 주어진 상수 $n \times n$ 계수행렬이다. 이 벡터의 변화가 초깃값 $\mathbf{x}_0$에서 시작된다고 가정하고, 차분방정식 $\mathbf{x}_{t+1} = A\mathbf{x}_t$를 반복해서 적용하면 다음을 얻는다.

$$\begin{cases} \mathbf{x}_1 = A\mathbf{x}_0 \\ \mathbf{x}_2 = A\mathbf{x}_1 = AA\mathbf{x}_0 = A^2\mathbf{x}_0 \\ \mathbf{x}_3 = A\mathbf{x}_2 = AA^2\mathbf{x}_0 = A^3\mathbf{x}_0 \\ \quad \vdots \\ \mathbf{x}_t = A\mathbf{x}_{t-1} = AA^{t-1}\mathbf{x}_0 = A^t\mathbf{x}_0 \end{cases} \qquad (*)$$

만약 $\mathbf{x}_0$가 행렬 A의 고유벡터이고 그에 대응하는 고윳값이 λ이면 다음을 만족한다.

$$A\mathbf{x}_0 = \lambda\mathbf{x}_0$$

이때 (*)에 나타난 일련의 식들은 다음과 같이 나타낼 수 있다.

$$\begin{cases} \mathbf{x}_1 = A\mathbf{x}_0 = \lambda\mathbf{x}_0 \\ \mathbf{x}_2 = A\mathbf{x}_1 = A\lambda\mathbf{x}_0 = \lambda A\mathbf{x}_0 = \lambda\lambda\mathbf{x}_0 = \lambda^2\mathbf{x}_0 \\ \mathbf{x}_3 = A\mathbf{x}_2 = A\lambda^2\mathbf{x}_0 = \lambda^2 A\mathbf{x}_0 = \lambda^2\lambda\mathbf{x}_0 = \lambda^3\mathbf{x}_0 \\ \quad \vdots \\ \mathbf{x}_t = A\mathbf{x}_{t-1} = A\lambda^{t-1}\mathbf{x}_0 = \lambda^{t-1}A\mathbf{x}_0 = \lambda^{t-1}\lambda\mathbf{x}_0 = \lambda^t\mathbf{x}_0 \end{cases} \qquad (**)$$

이제 방정식 $\mathbf{x}_t = \lambda^t\mathbf{x}_0$는 초깃값 $\mathbf{x}_0$가 계수행렬의 고유벡터라는 가정하에 시간이 지남에 따라 n차원 벡터 $\mathbf{x}$가 어떻게 변하는지를 설명한다. 연립방정식 (**)는 이 변화에서 고윳값 λ의 부호와 크기가 매우 중요한 역할을 한다는 것을 보여준다. 예를 들어 다음과 같다.

- $\lambda = 1$이면 변수는 항상 일정하게 유지된다.
- $\lambda = -1$이면 변수는 짝수 시점에는 $\mathbf{x}_0$, 홀수 시점에는 $-\mathbf{x}_0$로 진동한다.
- $|\lambda| < 1$이면 $\mathbf{x}_t$의 모든 성분은 $t \to \infty$일 때 0으로 수렴한다.
- $|\lambda| > 1$이면 $\mathbf{x}_t$의 성분 중 적어도 하나는 $t \to \infty$일 때 무한대로 발산한다.

13.10 연습문제

1 다음 행렬의 고윳값과 그에 대응하는 고유벡터를 모두 구하라.

(a) $\begin{pmatrix} 2 & -7 \\ 3 & -8 \end{pmatrix}$ (b) $\begin{pmatrix} 1 & 4 \\ 6 & -1 \end{pmatrix}$

(c) $\begin{pmatrix} 2 & 0 & 0 \\ 0 & 3 & 0 \\ 0 & 0 & 4 \end{pmatrix}$

2 대칭행렬 $\mathrm{A} = \begin{pmatrix} a & b & c \\ b & d & e \\ c & e & f \end{pmatrix}$가 세 개의 고윳값 $\lambda_1 = 3$, $\lambda_2 = 1$, $\lambda_3 = 4$를 가지고, 각각에 대응하는 고유벡터는 다음과 같다고 가정하자.

$$\mathrm{v}_1 = \begin{pmatrix} 1 \\ 0 \\ -1 \end{pmatrix},\ \mathrm{v}_2 = \begin{pmatrix} 1 \\ 2 \\ 1 \end{pmatrix},\ \mathrm{v}_3 = \begin{pmatrix} 1 \\ -1 \\ 1 \end{pmatrix}$$

이때 a, b, c, d, e, f 값을 구하라.

13.11 대각화

간단하면서도 유용한 사실 하나를 먼저 살펴보자. A는 $n \times n$ 행렬이고 P는 $n \times n$ 가역행렬이라 하면 다음이 성립한다.

$$\mathrm{A}\text{와 } \mathrm{P}^{-1}\mathrm{AP}\text{는 같은 고윳값을 갖는다.} \tag{13.11.1}$$

이는 다음과 같이 두 행렬의 특성다항식이 같기 때문이다.

$$|\mathrm{P}^{-1}\mathrm{AP} - \lambda\mathrm{I}| = |\mathrm{P}^{-1}(\mathrm{A} - \lambda\mathrm{I})\mathrm{P}| = |\mathrm{P}^{-1}||\mathrm{A} - \lambda\mathrm{I}||\mathrm{P}| = |\mathrm{A} - \lambda\mathrm{I}|$$

여기서 [정리 13.4.1]의 ❼에 명시된 행렬식의 곱셈법칙을 이용했으며 이 법칙에 따라 $|\mathrm{P}^{-1}| = \dfrac{1}{|\mathrm{P}|}$도 알 수 있다. 다음 정리는 명제 (13.11.1)을 확인하는 동시에 행렬 P가 첫 번째 행렬 A의 각 고유벡터를 같은 고윳값에 대응하는 두 번째 행렬 $\mathrm{P}^{-1}\mathrm{AP}$의 고유벡터로 변환하는 방법을 보여준다.

정리 13.11.1

A는 $n \times n$ 행렬이고 P는 $n \times n$ 가역행렬이라 하자. 0이 아닌 벡터 x가 고윳값 λ에 대응하는 $\mathrm{P}^{-1}\mathrm{AP}$의 고유벡터일 필요충분조건은 Px가 같은 고윳값 λ에 대응하는 A의 고유벡터일 때이다.

증명

먼저 임의의 n차원 벡터 x가 $\mathrm{Px} = 0$을 만족한다고 하자. P는 가역행렬이므로 $\mathrm{x} = \mathrm{P}^{-1}\mathrm{Px} = 0$이다. 역으로 $\mathrm{x} \neq 0$이면 $\mathrm{Px} \neq 0$이다.

B를 $\mathrm{P}^{-1}\mathrm{AP}$라고 두었을 때 λ를 B의 고윳값이라 하고 $\mathrm{x} \neq 0$는 λ에 대응하는 B의 고유벡터라 하자. 즉 $\mathrm{Bx} = \lambda\mathrm{x}$를 만족한다면 $\mathrm{P}^{-1}\mathrm{APx} = \lambda\mathrm{x}$이다. 이 방정식에 P를 양변의 왼쪽에 곱하면 다음을 만족한다.

$$\lambda P\mathbf{x} = PP^{-1}AP\mathbf{x} = IAP\mathbf{x} = AP\mathbf{x}$$

그리고 $\mathbf{x} \neq 0$이므로 $P\mathbf{x} \neq 0$이다. 따라서 $P\mathbf{x}$는 고윳값 λ에 대응하는 A의 고유벡터이다.

역으로 $B = P^{-1}AP$에서 $Q = P^{-1}$라 두면 $Q^{-1} = P$이므로 $A = PBP^{-1} = Q^{-1}BQ$이다. 이제 증명의 첫 번째 부분에서 A와 P를 B와 Q로 대체하자. λ가 $A = Q^{-1}BQ$의 고윳값이고 $P\mathbf{x} = \mathbf{y} \neq 0$을 λ에 대응하는 A의 고유벡터라 하면, $Q\mathbf{y} = P^{-1}P\mathbf{x} = \mathbf{x}$는 λ에 대응하는 B의 고유벡터이다. ■

이제 다음의 주요한 정의를 소개한다.

$n \times n$ 행렬 A에 대해 다음을 만족하는 $n \times n$ 가역행렬 P와 $n \times n$ 대각행렬 D가 존재하면 A는 **대각화 가능**(diagonalizable)하다고 한다.

$$P^{-1}AP = D \tag{13.11.2}$$

만약 행렬 A가 대각화 가능하고 식 (13.11.2)를 만족하면 식 (13.11.1) 또는 [정리 13.11.1]에 따라 두 행렬 A, D의 고윳값이 같다. 그러나 [EX 13.10.4]에 따르면 대각행렬 D의 고윳값은 대각성분이다. 따라서 A의 고윳값 $\lambda_1, \lambda_2, \cdots, \lambda_n$에 대해 $P^{-1}AP = \mathrm{diag}(\lambda_1, \lambda_2, \cdots, \lambda_n)$이다. 여기서 다음의 두 가지 질문을 생각할 수 있다.

❶ 어떤 정방행렬이 대각화 가능한가?

❷ A가 대각화 가능하다면 식 (13.11.2)의 행렬 P를 어떻게 구할 수 있는가?

다음 정리는 이 두 가지 질문에 대한 답을 준다.

정리 13.11.2 대각화 가능 행렬

$n \times n$ 행렬 A가 대각화 가능할 필요충분조건은 $n \times n$ 가역행렬 P가 존재해서 P의 열이 각각 A의 고유벡터 $\mathbf{x}_1, \mathbf{x}_2, \cdots, \mathbf{x}_n$이고, 이 고유벡터에 대응하는 고윳값이 각각 A의 고윳값 $\lambda_1, \lambda_2, \cdots, \lambda_n$일 때이다. 이때 다음 관계가 성립한다.

$$P^{-1}AP = \mathrm{diag}(\lambda_1, \lambda_2, \cdots, \lambda_n) \tag{13.11.3}$$

증명

고유벡터를 열로 갖는 행렬 P가 가역이라고 가정하자. 각 $j = 1, 2, \cdots, n$에 대해 AP는 j열이 $A\mathbf{x}_j$인 행렬이다. 그런데 $\mathbf{x}_j$는 고윳값 λ_j에 대응하는 고유벡터이므로 $A\mathbf{x}_j = \lambda_j\mathbf{x}_j$이다. 그리고 $D = \mathrm{diag}(\lambda_1, \lambda_2, \cdots, \lambda_n)$에 대해 $\lambda_j\mathbf{x}_j$는 분명히 행렬 PD의 j열과 똑같다. 두 행렬 AP, PD의 n개 열이 모두 서로 같으므로 $AP = PD$이다. P는 가역행렬이라 가정했으므로 양변에 P^{-1}를 왼쪽에 곱하면 식 (13.11.3)을 얻는다.

역으로 A가 대각화 가능하면 정의에 의해 식 (13.11.2)를 만족한다. 이 식 양변에 P를 왼쪽에 곱하면 $AP = PD$이다. 그러면 D의 대각성분은 A의 고윳값이고 P의 열은 그에 대응하는 A의 고유벡터이다. ■

EX 13.11.1 식 (13.11.3)에서 $A = P\,\mathrm{diag}(\lambda_1,\ \lambda_2,\ \cdots,\ \lambda_n)P^{-1}$를 만족한다. 따라서 [연습문제 3]은 자연수 m에 대해 다음이 성립함을 보여준다.

$$A^m = P\,\mathrm{diag}(\lambda_1^m,\ \lambda_2^m,\ \cdots,\ \lambda_n^m)P^{-1} \tag{13.11.4}$$

이는 m이 크더라도 A가 대각화 가능하면 A^m을 간단히 계산할 수 있음을 보여준다.

대칭행렬의 대각화

경제학에서 대칭행렬을 많이 다룬다. 이는 대칭행렬이 다변수 최적화이론(16장 참고)에서 중요한 역할을 하기 때문이다. 일반적으로 비대칭행렬은 대각화할 수 없는 경우가 많지만, 모든 대칭행렬은 항상 대각화가 가능하다는 사실이 알려져 있다. 또한 [정리 13.11.2]의 식 (13.11.3)에 소개되는 가역행렬 P는 12.7절 [연습문제 7]과 [EX 13.10.2]에서 이미 다룬 직교성을 만족한다. 이제 직교성을 형식적으로 다음과 같이 정의한다.

$n \times n$ 행렬 P가 그 전치행렬 P'에 대해 $P'P = I$를 만족하면 **직교행렬**이라 한다. 이는 곧 $P' = P^{-1}$임을 의미한다.

이 정의는 임의의 행렬 P가 직교행렬일 필요충분조건이 P의 전치행렬 P'도 직교행렬임을 보여준다. 또한 임의의 벡터 쌍 $\mathbf{x}$, $\mathbf{y}$에 대해 식 (12.4.1)에서 정의된 변환벡터 $P\mathbf{x}$와 $P\mathbf{y}$의 내적을 생각해보자. [EX 12.7.2]에 의하면 이 내적은 다음을 만족해야 한다.

$$(P\mathbf{x}) \cdot (P\mathbf{y}) = (P\mathbf{x})'(P\mathbf{y}) = \mathbf{x}'P'P\mathbf{y} = \mathbf{x}'I\mathbf{y} = \mathbf{x}'\mathbf{y} = \mathbf{x} \cdot \mathbf{y}$$

따라서 각각의 정의 (12.9.3), (12.9.8), (12.9.9)를 통해 알 수 있는 사실은 다음과 같다. 임의의 직교행렬 P를 왼쪽에서 곱하면 임의의 벡터 $\mathbf{x}$의 길이 $\sqrt{\mathbf{x} \cdot \mathbf{x}}$를 보존하고, 임의의 벡터 쌍 $\mathbf{x}$, $\mathbf{y}$의 직교성과 두 벡터 사이의 각을 그대로 보존한다.

직교행렬 P의 열벡터를 각각 $\mathbf{x}_1,\ \mathbf{x}_2,\ \cdots,\ \mathbf{x}_n$이라 하자. 그러면 이들의 전치벡터 $\mathbf{x}_1',\ \mathbf{x}_2',\ \cdots,\ \mathbf{x}_n'$은 전치행렬 P'의 행벡터이다. 이 표기를 사용하면 직교성 조건 $P'P = I$는 다음과 같은 n^2개의 방정식으로 이루어진 연립방정식과 같다. 모든 쌍 $(i,\ j)$에 대해 P의 i열과 j열의 내적 $\mathbf{x}_i'\mathbf{x}_j$는 $i = j$이면 $\mathbf{x}_i'\mathbf{x}_j = 1$이고, $i \neq j$이면 $\mathbf{x}_i'\mathbf{x}_j = 0$이다. 식 (12.9.8)과 (12.9.3)의 정의에 따라 다음 결과를 얻는다.

정리 13.11.3 직교행렬의 특성

$n \times n$ 행렬 P가 직교행렬일 필요충분조건은 P의 각 열로 이루어진 열벡터 $\mathbf{x}_1,\ \mathbf{x}_2,\ \cdots,\ \mathbf{x}_n$이 모두 길이가 1이고 서로 직교할 때이다.

대칭행렬에 대해 다음과 같은 중요한 대각화 결과를 얻을 수 있다.

정리 13.11.4 대칭행렬에 대한 스펙트럼 정리(spectral theorem)[16]

A가 $n \times n$ 대칭행렬이면 다음이 성립한다.

❶ A의 모든 고윳값은 실수이다.

❷ 서로 다른 고윳값에 대응하는 임의의 두 고유벡터는 직교한다.

❸ 다음을 만족하는 각 열이 열벡터 $\mathbf{v}_1, \mathbf{v}_2, \cdots, \mathbf{v}_n$으로 이루어진 $n \times n$ **직교행렬** P가 존재한다.

$$\mathrm{P}^{-1}\mathrm{AP} = \begin{pmatrix} \lambda_1 & 0 & \cdots & 0 \\ 0 & \lambda_2 & \cdots & 0 \\ \vdots & \vdots & \ddots & \vdots \\ 0 & 0 & \cdots & \lambda_n \end{pmatrix} \tag{13.11.5}$$

여기서 $i = 1, 2, \cdots, n$에 대해 각 대각성분 λ_i는 A의 고윳값이고 $\mathbf{v}_i$는 λ_i에 대응하는 길이가 1인 고유벡터이다.

증명

❶ λ가 A의 임의의 고윳값이라 가정하자(λ는 복소수일 수도 있다). 그러면 $\mathrm{A}\mathbf{x} = \lambda\mathbf{x}$를 만족하는 벡터 $\mathbf{x} \neq \mathbf{0}$가 존재한다($\mathbf{x}$는 복소수 성분을 가질 수도 있다).[17] 그러면 $(\overline{\mathrm{A}\mathbf{x}})'(\mathrm{A}\mathbf{x})$는 0 이상인 실수이고 대칭행렬 A는 실수 성분을 가지므로 $\overline{\mathrm{A}} = \mathrm{A} = \mathrm{A}'$와 $(\overline{\mathrm{A}\mathbf{x}})' = (\overline{\mathrm{A}}\,\overline{\mathbf{x}})' = \overline{\mathbf{x}}'\mathrm{A}$를 만족한다. 따라서 다음이 성립한다.

$$0 \le (\overline{\mathrm{A}\mathbf{x}})'(\mathrm{A}\mathbf{x}) = (\overline{\mathbf{x}}'\mathrm{A})(\mathrm{A}\mathbf{x}) = (\overline{\mathbf{x}}'\mathrm{A})(\lambda\mathbf{x}) = \lambda\overline{\mathbf{x}}'(\mathrm{A}\mathbf{x}) = \lambda\overline{\mathbf{x}}'(\lambda\mathbf{x}) = \lambda^2\overline{\mathbf{x}}'\mathbf{x}$$

여기서 $\overline{\mathbf{x}}'\mathbf{x}$는 양의 실수이므로 λ^2은 음이 아닌 실수이다. 그러므로 λ는 실수이다.

❷ $\mathrm{A}\mathbf{x}_i = \lambda_i\mathbf{x}_i$, $\mathrm{A}\mathbf{x}_j = \lambda_j\mathbf{x}_j$이고 $\lambda_i \neq \lambda_j$라 가정하자. A가 대칭행렬이므로 두 번째 등식의 양변을 전치하면 $\mathbf{x}_j'\mathrm{A} = \lambda_j\mathbf{x}_j'$가 성립한다. 이 등식 양변에 $\mathbf{x}_i$를 오른쪽에 곱하면 $\mathbf{x}_j'\mathrm{A}\mathbf{x}_i = \lambda_j\mathbf{x}_j'\mathbf{x}_i$이고 첫 번째 등식 양변에 $\mathbf{x}_j'$를 왼쪽에 곱하면 $\mathbf{x}_j'\mathrm{A}\mathbf{x}_i = \lambda_i\mathbf{x}_j'\mathbf{x}_i$를 얻는다. 그런데 $\lambda_i\mathbf{x}_i'\mathbf{x}_j = \lambda_j\mathbf{x}_i'\mathbf{x}_j$이므로 $(\lambda_i - \lambda_j)\mathbf{x}_i'\mathbf{x}_j = 0$이다. 한편 $\lambda_i \neq \lambda_j$이므로 $\mathbf{x}_i'\mathbf{x}_j = 0$이다. 즉 $\mathbf{x}_i$와 $\mathbf{x}_j$는 서로 직교한다.

❸ 이 증명에서 A가 서로 다른 n개의 고윳값 $\lambda_1, \lambda_2, \cdots, \lambda_n$을 가질 때만을 생각해보자. ❶에 의해 모든 고윳값은 실수이고, 따라서 이들 각각에 대응하는 n개의 고유벡터 $\mathbf{x}_1, \mathbf{x}_2, \cdots, \mathbf{x}_n$의 성분도 모두 실수이다. 고윳값이 모두 다르므로 ❷에 의해 이 고유벡터들은 서로 직교한다. 이제 모든 고유벡터의 길이가 1이 되도록 각 고유벡터 $\mathbf{x}_j$를 $\dfrac{\mathbf{x}_j}{\|\mathbf{x}_j\|}$로 조절하자. 길이를 조절한 n개의 고유벡터를 열로 하는 $n \times n$ 행렬 P는 [정리 13.11.3]에 의해 직교행렬이다. 더욱이 행렬 P는 [정리 13.11.2]에서 제시한 A가 대각화 가능하기 위한 충분조건을 만족한다. 결국 식 (13.11.3)이 성립하고, 이는 식 (13.11.5)가 성립함을 나타낸다. 일반적으로 고윳값의 일부가 중복되더라도 직교행렬의 열을 이루는 n개의 고유벡터를 귀납적으로 구성할 수 있다.[18] ■

16 1904년 힐베르트는 정방행렬보다 일반적인 개념인 선형연산자의 고윳값을 연구하는 분야에 '스펙트럼 이론(spectral theory)'이라는 이름을 붙였다. 스펙트럼 이론은 1920년대 후반에서야 빛 스펙트럼과 양자역학 사이에 밀접한 관련이 있음이 밝혀졌다.

17 이 증명은 이 책 전체에서 복소수를 사용하는 유일한 부분이다. 복소수는 $x = a + ib$의 형태로 나타내는 수이다. 여기서 a, b는 실수이고, i는 $i^2 = -1$을 만족하는 기본 **허수**(imaginary number)이다. $x = a + ib$의 **켤레복소수**(conjugate complex)는 $\overline{x} = a - ib$로 정의한다. 복소 성분을 갖는 임의의 벡터 또는 행렬에서 켤레복소수에 대한 유사한 정의들이 있다. 증명에 사용된 켤레복소수의 두 가지 주요 성질은 다음과 같다. 임의의 복소수 n차원 벡터 $\mathbf{x}$와 임의의 $n \times n$ 복소행렬 A에 대해 ❶ $\overline{\mathbf{x}}'\mathbf{x}$는 0 이상인 실수이고 $\mathbf{x} \neq \mathbf{0}$이면 $\overline{\mathbf{x}}'\mathbf{x} > 0$이다. ❷ $\overline{\mathrm{A}\mathbf{x}} = \overline{\mathrm{A}}\,\overline{\mathbf{x}}$이다.

18 이에 대한 증명은 예를 들어 쾨르너(2013)의 [정리 8.2.5]를 참고하라.

13.11 연습문제

1 다음 행렬에 대해 행렬 P를 직접 구하여 식 (13.11.5)가 성립함을 보여라.

(a) $\begin{pmatrix} 2 & 1 \\ 1 & 2 \end{pmatrix}$ (b) $\begin{pmatrix} 1 & 1 & 0 \\ 1 & 1 & 0 \\ 0 & 0 & 2 \end{pmatrix}$

(c) $\begin{pmatrix} 1 & 3 & 4 \\ 3 & 1 & 0 \\ 4 & 0 & 1 \end{pmatrix}$

2 행렬 A_k와 P가 다음과 같이 주어졌다고 하자.

$$A_k = \begin{pmatrix} 1 & k & 0 \\ 3 & -2 & -1 \\ 0 & -1 & 1 \end{pmatrix}$$

$$P = \begin{pmatrix} \frac{1}{\sqrt{10}} & -\frac{3}{\sqrt{35}} & \frac{3}{\sqrt{14}} \\ 0 & \frac{5}{\sqrt{35}} & \frac{2}{\sqrt{14}} \\ \frac{3}{\sqrt{10}} & \frac{1}{\sqrt{35}} & -\frac{1}{\sqrt{14}} \end{pmatrix}$$

(a) A_k의 특성방정식을 구하고, 이 방정식이 1을 근으로 갖는다는 것을 증명하라.

(b) A_k의 모든 고윳값이 실수인 k의 범위를 구하라. 그리고 $k=3$인 A_3의 고윳값을 구하라.

(c) P의 열이 A_3의 고유벡터임을 보이고, 행렬 곱 $P'A_3P$를 구하라. 무엇을 알 수 있는가?

3 물음에 답하라.

(a) $n \times n$ 행렬 P와 D가 $A = PDP^{-1}$를 만족하면 $A^2 = PD^2P^{-1}$임을 증명하라.

(b) 모든 양의 정수 m에 대해 $A^m = PD^mP^{-1}$임을 귀납법으로 증명하라.

4 식 (13.11.1)을 이용하여 A와 B가 모두 $n \times n$ 가역행렬이면 AB와 BA의 고윳값이 서로 같음을 증명하라.

13.12 이차형식

수학을 경제학에 적용하는 많은 분야, 특히 16장에서 다룰 다변수 최적화이론에서는 n개의 변수를 가진 특별한 형태의 함수인 **이차형식**(quadratic form)을 사용한다. 이변수에 대한 일반적인 이차형식은 다음과 같다.

$$Q(x_1, x_2) = a_{11}x_1^2 + a_{12}x_1x_2 + a_{21}x_2x_1 + a_{22}x_2^2 \tag{13.12.1}$$

행렬의 곱셈 정의에 따라 이를 다음과 같이 나타낼 수 있다.

$$Q(x_1, x_2) = (x_1 \quad x_2)\begin{pmatrix} a_{11} & a_{12} \\ a_{21} & a_{22} \end{pmatrix}\begin{pmatrix} x_1 \\ x_2 \end{pmatrix} \tag{13.12.2}$$

물론 $x_1x_2 = x_2x_1$이므로 $a_{12}x_1x_2 + a_{21}x_2x_1 = (a_{12}+a_{21})x_1x_2$로 묶을 수 있다. a_{12}와 a_{21}을 모두 평균 $\frac{1}{2}(a_{12}+a_{21})$으로 대체하면, 새로운 수 a_{12}와 a_{21}은 $Q(x_1, x_2)$를 바꾸지 않고 서로 같은 값이 된다. 따라서 식 (13.12.1)에서 $a_{12} = a_{21}$이라고 가정할 수 있다. 이는 식 (13.12.2)의 행렬 $(a_{ij})_{2\times 2}$를 대칭행렬로 만들고, 그 이차형식은 다음과 같이 표현된다.

$$Q(x_1, x_2) = a_{11}x_1^2 + 2a_{12}x_1x_2 + a_{22}x_2^2 \tag{13.12.3}$$

특히 최적화이론에서는 모든 (x_1, x_2)에 대해 (13.12.3)의 $Q(x_1, x_2)$가 같은 부호를 갖게 하는 계수 a_{11},

a_{12}, a_{22}의 조건에 관심을 갖는 경우가 많다. 실제로 $Q(x_1, x_2)=0$을 당연히 만족하는 $(0, 0)$을 제외하고 모든 가능한 쌍 (x_1, x_2)에 대해 $Q(x_1, x_2)$의 부호가 어떻게 되는지 5가지 경우로 구분하여 생각할 수 있다. 구체적으로 모든 $(x_1, x_2) \neq (0, 0)$에 대해 $Q(x_1, x_2)$의 부호에 따라 이차형식 $Q(x_1, x_2)$와 식 (13.12.2)에 나타난 대칭행렬을 모두 다음과 같은 용어로 표현한다.

- $Q(x_1, x_2) > 0$: **양의 정부호**(positive definite)
- $Q(x_1, x_2) \geq 0$: **양의 반정부호**(positive semidefinite)
- $Q(x_1, x_2) < 0$: **음의 정부호**(negative definite)
- $Q(x_1, x_2) \leq 0$: **음의 반정부호**(negative semidefinite)
- $Q(x_1^*, x_2^*) < 0$과 $Q(y_1^*, y_2^*) > 0$을 만족하는 벡터 (x_1^*, x_2^*)와 (y_1^*, y_2^*)가 존재 : **부정부호**(indefinite)

부정부호의 이차형식은 음수 값과 양수 값을 모두 가진다. 이러한 부정부호는 흔히 발생하는 경우로 보아야 한다. 때로는 다음과 같이 이차형식의 부호를 바로 알 수도 있다.

EX 13.12.1 다음 5개 이차형식의 부호를 결정하라.

$$Q_1 = x_1^2 + x_2^2, \quad Q_2 = -x_1^2 - x_2^2, \quad Q_3 = (x_1 - x_2)^2 = x_1^2 - 2x_1x_2 + x_2^2$$
$$Q_4 = -(x_1 - x_2)^2 = -x_1^2 + 2x_1x_2 - x_2^2, \quad Q_5 = x_1^2 - x_2^2$$

풀이

- Q_1은 항상 0 이상이고 x_1과 x_2가 모두 0일 때만 0이므로 양의 정부호이다.
- $Q_2 = -Q_1$은 분명히 음의 정부호이다.
- Q_3는 항상 0 이상이므로 양의 반정부호이다. 예를 들어 $x_1 = x_2 = 1$이라면 $Q_3 = 0$이므로 양의 정부호가 아니다.
- $Q_4 = -Q_3$는 음의 반정부호이다.
- Q_5는 $x_1 = 1$, $x_2 = 0$일 때 1이고, $x_1 = 0$, $x_2 = 1$일 때 -1이므로 부정부호이다.

[EX 13.12.1]에서 5개 이차형식의 부호를 결정하는 것은 매우 쉬웠다. 일반적으로 이러한 부호의 결정은 쉽지 않다. 그렇지만 이변수와 대응하는 2×2 대칭행렬에서는 완전제곱식을 만드는 오래된 기법이 유용하다. 실제로 $a_{11} > 0$이면 식 (13.12.3)은 다음과 같이 나타낸다.

$$Q(x_1, x_2) = a_{11}\left(x_1 + \frac{a_{12}}{a_{11}}x_2\right)^2 + \left(a_{22} - \frac{a_{12}^2}{a_{11}}\right)x_2^2 \tag{13.12.4}$$

다음 성질은 이차형식의 부호를 결정해준다.

이차형식 $Q(x_1,\ x_2)$와 그에 대응하는 대칭행렬 $(a_{ij})_{2\times 2}$의 부호는 다음 성질을 만족한다.

❶ 양의 정부호 $\Leftrightarrow$ $a_{11} > 0,\ a_{11}a_{22} - a_{12}^2 > 0$ (13.12.5)

❷ 양의 반정부호 $\Leftrightarrow$ $a_{11} \ge 0,\ a_{22} \ge 0,\ a_{11}a_{22} - a_{12}^2 \ge 0$ (13.12.6)

❸ 음의 정부호 $\Leftrightarrow$ $a_{11} < 0,\ a_{11}a_{22} - a_{12}^2 > 0$ (13.12.7)

❹ 음의 반정부호 $\Leftrightarrow$ $a_{11} \le 0,\ a_{22} \le 0,\ a_{11}a_{22} - a_{12}^2 \ge 0$ (13.12.8)

증명

❶($\Leftarrow$) $a_{11} > 0,\ a_{11}a_{22} - a_{12}^2 > 0$이면 식 (13.12.4)에 의해 모든 $(x_1,\ x_2)$에 대해 $Q(x_1,\ x_2) \ge 0$이다. 또한 $Q(x_1,\ x_2) = 0$이면 $x_1 + \dfrac{a_{12}}{a_{11}}x_2 = 0,\ x_2^2 = 0$이다. 따라서 $x_1 = x_2 = 0$이다.

($\Rightarrow$) 모든 $(x_1,\ x_2) \ne (0,\ 0)$에 대해 $Q(x_1,\ x_2) > 0$이라 하자. 특히 $Q(1,\ 0) = a_{11} > 0$이다. 또한 식 (13.12.4)에서 $Q\left(-\dfrac{a_{12}}{a_{11}},\ 1\right) = \dfrac{a_{11}a_{22} - a_{12}^2}{a_{11}}$이다. 한편 $a_{11} > 0$, $Q\left(-\dfrac{a_{12}}{a_{11}},\ 1\right) > 0$이므로 $a_{11}a_{22} - a_{12}^2 > 0$이다.

❷($\Leftarrow$) $a_{11} \ge 0,\ a_{22} \ge 0,\ a_{11}a_{22} - a_{12}^2 \ge 0$이라 가정하자. $a_{11} = 0$이면 $a_{11}a_{22} - a_{12}^2 \ge 0$이므로 $a_{12} = 0$이다. 따라서 모든 $(x_1,\ x_2)$에 대해 $Q(x_1,\ x_2) = a_{22}x_2^2 \ge 0$이다. 그러나 $a_{11} > 0,\ a_{11}a_{22} - a_{12}^2 \ge 0$이면 모든 $(x_1,\ x_2)$에 대해 식 (13.12.4)는 $Q(x_1,\ x_2) \ge 0$임을 보여준다.

($\Rightarrow$) $Q(x_1,\ x_2)$가 양의 반정부호라고 가정하자. 특히 $Q(1,\ 0) = a_{11} \ge 0$이고 $Q(0,\ 1) = a_{22} \ge 0$이다. 이제 $a_{11} > 0$인 경우와 $a_{11} = 0$인 경우로 나누어 $a_{11}a_{22} - a_{12}^2 \ge 0$임을 증명해보자. 첫 번째로 $a_{11} > 0$이면 식 (13.12.4)가 성립하고 가정에서 Q가 양의 반정부호이므로 $Q\left(-\dfrac{a_{12}}{a_{11}},\ 1\right) = a_{22} - \dfrac{a_{12}^2}{a_{11}} \ge 0$이다. 따라서 $a_{11}a_{22} - a_{12}^2 \ge 0$을 만족한다. 두 번째로 $a_{11} = 0$이면 $Q(x_1,\ 1) = 2a_{12}x_1 + a_{22}$이다. 여기서 $a_{12} = 0$어야 하는 이유를 살펴보자. 먼저 $a_{12} > 0$이라 가정하고 $x_1 < -\dfrac{1}{2}\dfrac{a_{22}}{a_{12}}$를 택하면 $Q(x_1,\ 1) < 0$이므로 양의 반정부호 조건에 모순이다. 따라서 $a_{12} \le 0$이다. 이번에는 $a_{12} < 0$이라 가정하고 $x_1 > -\dfrac{1}{2}\dfrac{a_{22}}{a_{12}}$를 택하면 $Q(x_1,\ 1) < 0$이므로 또다시 양의 반정부호 조건에 모순이다. 따라서 $a_{12} \ge 0$이다. 결과적으로 $a_{12} = 0$이고, 따라서 $a_{11}a_{22} - a_{12}^2 = 0$이다.

❸~❹ ❶과 ❷로부터 쉽게 증명할 수 있다. 왜냐하면 $Q(x_1,\ x_2)$가 음의 정부호 또는 음의 반정부호일 필요충분조건은 $Q(x_1,\ x_2) = -a_{11}x_1^2 - 2a_{12}x_1x_2 - a_{22}x_2^2$이 각각 양의 정부호 또는 반정부호인 것이기 때문이다. ■

EX 13.12.2 조건 (13.12.5)~(13.12.8)을 적절히 이용하여 다음 이차형식이 정부호인지 반정부호인지를 조사하라.

(a) $Q(x_1,\ x_2) = 5x_1^2 - 2x_1x_2 + x_2^2$

(b) $Q(x_1,\ x_2) = -4x_1^2 + 12x_1x_2 - 9x_2^2$

풀이

(a) 이차형식에서 $a_{11} = 5,\ a_{12} = -1,\ a_{22} = 1$이다. 따라서 $a_{11} > 0$이고 $a_{11}a_{22} - a_{12}^2 = 5 - 1 = 4 > 0$이므로 명제 (13.12.5)에 의해 $Q(x_1,\ x_2)$는 양의 정부호이다.

(b) 이차형식에서 $a_{11} = -4,\ a_{12} = 6,\ a_{22} = -9$이다. $a_{11} \le 0,\ a_{22} \le 0,\ a_{11}a_{22} - a_{12}^2 = 36 - 36 = 0 \ge 0$이므로 명제 (13.12.8)에 의해 $Q(x_1,\ x_2)$는 음의 반정부호이다.

참고 명제 (13.12.5)와 (13.12.7)에서는 a_{22}의 부호에 대해 어떤 조건도 주어지지 않았다. 그 이유는 다른 조건인 $a_{11}a_{22}-a_{12}^2>0$은 $a_{11}a_{22}>a_{12}^2\geq 0$을 의미하므로 $a_{11}a_{22}>0$이 되기 때문이다. 따라서 a_{11}과 a_{22}가 모두 양수이거나 둘 다 음수이다. 결국 a_{22}의 부호에 대해 별도의 조건을 추가할 필요가 없다.

그러나 명제 (13.12.6)과 (13.12.8)에서는 a_{22}의 부호에서 조건을 생략할 수 없다. 예를 들어 $a_{11}=0$, $a_{12}=0$, $a_{22}=-1$일 때 식 (13.12.1)인 이차형식 $Q(x_1, x_2)=-x_2^2$을 생각해보자. 이때 $a_{11}\geq 0$, $a_{11}a_{22}-a_{12}^2=1\geq 0$이지만 $Q(0, 1)=-1<0$이므로 이 이차형식은 분명히 양의 반정부호가 아니다.

n변수 이차형식

n개의 변수를 갖는 이차형식은 다음과 같이 표현되는 함수 Q이다.

$$\begin{aligned} Q(x_1, x_2, \cdots, x_n) &= \sum_{i=1}^{n}\sum_{j=1}^{n} a_{ij}x_ix_j \\ &= a_{11}x_1^2+a_{12}x_1x_2+\cdots+a_{ij}x_ix_j+\cdots+a_{nn}x_n^2 \end{aligned} \tag{13.12.9}$$

여기서 계수 a_{ij}는 상수이다. 이중합의 각 항은 일변수의 제곱항 x_i^2 또는 정확히 이변수의 곱 x_ix_j 형태이다. 이러한 이차형식의 구조를 더 잘 살펴보기 위해 다음과 같이 나타내보자.

$$\begin{aligned} Q(x_1, x_2, \cdots, x_n) = & \; a_{11}x_1^2+a_{12}x_1x_2+\cdots+a_{1n}x_1x_n \\ & +a_{21}x_2x_1+a_{22}x_2^2+\cdots+a_{2n}x_2x_n \\ & \quad\vdots \\ & +a_{n1}x_nx_1+a_{n2}x_nx_2+\cdots+a_{nn}x_n^2 \end{aligned} \tag{13.12.10}$$

벡터 $\mathbf{x}'=(x_1, x_2, \cdots, x_n)$과 행렬 $\mathrm{A}=(a_{ij})_{n\times n}$을 정의하면 행렬의 곱셈 정의에 따라 다음과 같이 표현된다.

$$Q(x_1, x_2, \cdots, x_n)=Q(\mathbf{x})=\mathbf{x}'\mathrm{A}\,\mathbf{x} \tag{13.12.11}$$

앞에서 $n=2$일 때 대칭 표현 (13.12.3)을 얻기 위해 사용한 방법과 같이 식 (13.12.10)에서도 모든 i, j에 대해 $a_{ij}=a_{ji}$를 가정하자. 이때 식 (13.12.11)의 A는 Q에 대응하는 **대칭행렬**이라 하고, Q는 **대칭 이차형식**(symmetric quadratic form)이다.

EX 13.12.3 이차형식 $Q(x_1, x_2, x_3)=3x_1^2+6x_1x_3+x_2^2-4x_2x_3+8x_3^2$을 대칭행렬 A와 함께 식 (13.12.11)에서의 행렬방정식으로 나타내라.

풀이

먼저 Q를 다음과 같이 나타내자.

$$Q=3x_1^2+0\cdot x_1x_2+3x_1x_3+0\cdot x_2x_1+x_2^2-2x_2x_3+3x_3x_1-2x_3x_2+8x_3^2$$

여기서 $A = \begin{pmatrix} 3 & 0 & 3 \\ 0 & 1 & -2 \\ 3 & -2 & 8 \end{pmatrix}$, $x = \begin{pmatrix} x_1 \\ x_2 \\ x_3 \end{pmatrix}$라 두면 $Q(x) = x'Ax$로 표현된다.

다음으로 식 (13.12.3) 이후에 소개한 정의와 명제 (13.12.5)~(13.12.8)에 관한 특성을 일반적인 이차형식으로 확장해보자.

이차형식의 정의

이차형식 $Q(x) = x'Ax$와 그에 대응하는 대칭행렬 A는 모든 $x \neq 0$에 대해 다음과 같은 조건에 따라 분류된다.

- $Q(x) > 0$: **양의 정부호**
- $Q(x) \geq 0$: **양의 반정부호**
- $Q(x) < 0$: **음의 정부호**
- $Q(x) \leq 0$: **음의 반정부호**

또한 $Q(x^*) < 0$, $Q(y^*) > 0$을 만족하는 벡터 x^*, y^*가 존재하면 이차형식 $Q(x)$는 **부정부호**라 한다. 따라서 부정부호 이차형식은 음수 값과 양수 값을 모두 갖는다.

이차형식의 부호를 결정하는 가장 쉬운 방법은 종종 그에 대응하는 행렬의 고윳값 부호를 살펴보는 것이다. [정리 13.11.4]에 따르면 이러한 고윳값은 모두 실수이다. 여기에 이들의 부호를 판정하는 다음 결과가 있다.

정리 13.12.1

$Q(x) = x'Ax$를 A가 대칭행렬인 이차형식이라 하고, λ_1, λ_2, $\cdots$, λ_n을 A의 (실수) 고윳값이라 하자. 그러면 다음을 만족한다.

❶ Q는 양의 정부호 $\Leftrightarrow$ $\lambda_1 > 0,\ \lambda_2 > 0,\ \cdots,\ \lambda_n > 0$

❷ Q는 양의 반정부호 $\Leftrightarrow$ $\lambda_1 \geq 0,\ \lambda_2 \geq 0,\ \cdots,\ \lambda_n \geq 0$

❸ Q는 음의 정부호 $\Leftrightarrow$ $\lambda_1 < 0,\ \lambda_2 < 0,\ \cdots,\ \lambda_n < 0$

❹ Q는 음의 반정부호 $\Leftrightarrow$ $\lambda_1 \leq 0,\ \lambda_2 \leq 0,\ \cdots,\ \lambda_n \leq 0$

❺ Q는 부정부호 $\Leftrightarrow$ A는 양의 고윳값과 음의 고윳값을 모두 갖는다.

증명

[정리 13.11.4]에 의해 $P'AP = P^{-1}AP = \text{diag}(\lambda_1, \lambda_2, \cdots, \lambda_n)$을 만족하는 직교행렬 P가 존재한다. 임의의 n차원 열벡터 x가 주어졌을 때 $y = P^{-1}x$를 만족하는 n차원 열벡터 $y = (y_1, y_2, \cdots, y_n)$을 정의하자. 그러면 $x = Py$이고, $x = 0$일 필요충분조건은 $y = 0$일 때이다. 따라서 다음 방정식을 만족한다.

$$x'Ax = y'P'APy = y'\text{diag}(\lambda_1, \lambda_2, \cdots, \lambda_n)y = \lambda_1 y_1^2 + \lambda_2 y_2^2 + \cdots + \lambda_n y_n^2 \quad (13.12.12)$$

모든 $\mathbf{x} \neq \mathbf{0}$에 대해 $\mathbf{x}'\mathrm{A}\mathbf{x} \geq 0[\mathbf{x}'\mathrm{A}\mathbf{x} \leq 0]$은 모든 $\mathbf{y} \neq \mathbf{0}$에 대해 $\mathbf{y}'\mathrm{P}'\mathrm{AP}\mathbf{y} \geq 0[\mathbf{y}'\mathrm{P}'\mathrm{AP}\mathbf{y} \leq 0]$인 경우와 동치이다. 또한 모든 $\mathbf{x} \neq \mathbf{0}$에 대해 $\mathbf{x}'\mathrm{A}\mathbf{x} > 0[\mathbf{x}'\mathrm{A}\mathbf{x} < 0]$은 모든 $\mathbf{y} \neq \mathbf{0}$에 대해 $\mathbf{y}'\mathrm{P}'\mathrm{AP}\mathbf{y} > 0[\mathbf{y}'\mathrm{P}'\mathrm{AP}\mathbf{y} < 0]$인 경우와 동치이다. 그리고 $\mathbf{y}'\mathrm{P}'\mathrm{AP}\mathbf{y} = \lambda_1 y_1^2 + \lambda_2 y_2^2 + \cdots + \lambda_n y_n^2$이므로 ❶~❹는 모두 바로 증명된다. 명제 ❺는 ❶~❹ 중 어느 것도 참이 아닌 경우에만 일어난다. ■

EX 13.12.4 [정리 13.12.1]을 이용하여 이차형식 $Q(x_1, x_2, x_3) = -x_1^2 + 6x_1x_2 - 9x_2^2 - 2x_3^2$의 부호를 구하라.

풀이

Q에 대응하는 대칭행렬 A와 $\mathrm{A} - \lambda\mathrm{I}$의 특성다항식은 다음과 같다.

$$\mathrm{A} = \begin{pmatrix} -1 & 3 & 0 \\ 3 & -9 & 0 \\ 0 & 0 & -2 \end{pmatrix}, \quad |\mathrm{A} - \lambda\mathrm{I}| = \begin{vmatrix} -1-\lambda & 3 & 0 \\ 3 & -9-\lambda & 0 \\ 0 & 0 & -2-\lambda \end{vmatrix}$$

특성방정식은 다음과 같다.

$$\begin{aligned} |\mathrm{A} - \lambda\mathrm{I}| &= (-2-\lambda)\{(1+\lambda)(9+\lambda) - 9\} = -(\lambda+2)(\lambda^2+10\lambda) \\ &= -\lambda(\lambda+2)(\lambda+10) = 0 \end{aligned}$$

이 특성방정식에서 고윳값 0, -2, -10을 얻는다. 모든 고윳값이 0 이하이므로 [정리 13.12.1]에 의해 주어진 이차형식 Q는 음의 반정부호이다(음의 정부호는 아니다).

[EX 13.12.4]에서 이차형식 Q의 부호를 아주 쉽게 확인하려면 모든 $(x_1, x_2, x_3) \neq (0, 0, 0)$에 대해 다음이 성립함을 확인하면 된다.

$$Q = -x_1^2 + 6x_1x_2 - 9x_2^2 - 2x_3^2 = -(x_1 - 3x_2)^2 - 2x_3^2 \leq 0$$

이때 $x_1 \neq 3x_2$이어야만 $Q < 0$이다.

주소행렬식에 의한 특성

명제 (13.12.5)~(13.12.8)에서 다룬 이차형식의 부호에 대한 특성을 $n \times n$ 대칭행렬로 일반화하기 위해서는 약간의 새로운 개념이 필요하다. 13.5절에서 소행렬을 정의했는데, 이차형식의 부호를 결정하기 위해서는 몇 가지 특별한 소행렬식이 필요하다.

$n \times n$ 행렬 $\mathrm{A} = (a_{ij})$에서 임의의 차수 r인 **주소행렬식**(principal minor determinant)은 A에서 행과 열의 번호가 서로 일치하는 $(n-r)$개의 행과 열을 삭제하여 얻은 $r \times r$ 행렬의 행렬식이다. 즉 i열이 삭제되는 경우에만 i행이 삭제된다. 이 성질에 의해 차수 r인 주소행렬식은 항상 정확히 r개의 대각성분을 포함한다. 행렬식 $|\mathrm{A}|$ 자체도 행이나 열이 전혀 삭제되지 않는 특별한 주소행렬식으로 간주한다.

$1 \leq r \leq n$인 r에 대해 $|\mathrm{A}|$에서 처음 ('선행'하는) r개의 행과 열로 구성된 주소행렬식은 차수 r인 **선행 주소행렬식**(leading principal minor determinant)이라 불린다. 따라서 각 r에 대해 차수 r인 주소행렬식은 ${}_nC_r = \binom{n}{r}$

개 존재하지만, 차수 r인 선행 주소행렬식은 단 하나 존재한다. 또한 행렬 A가 대칭이면 모든 주소행렬식의 행렬도 대칭행렬이다.

EX 13.12.5 다음 두 행렬의 주소행렬식과 선행 주소행렬식을 구하라.

$$\mathrm{A} = \begin{pmatrix} a_{11} & a_{12} \\ a_{21} & a_{22} \end{pmatrix}, \quad \mathrm{B} = \begin{pmatrix} b_{11} & b_{12} & b_{13} \\ b_{21} & b_{22} & b_{23} \\ b_{31} & b_{32} & b_{33} \end{pmatrix}$$

풀이

A에서 2행과 2열을 삭제하면 (a_{11})이고 그 행렬식은 a_{11}이다. 다음으로 A에서 1행과 1열을 삭제하면 (a_{22})이고 그 행렬식은 a_{22}이다. 따라서 A의 주소행렬식은 a_{11}, a_{22}, $|\mathrm{A}|$이고 선행 주소행렬식은 a_{11}, $|\mathrm{A}|$이다.

같은 방법으로 B의 주소행렬식을 구하면 다음과 같다.

$$b_{11},\ b_{22},\ b_{33},\ \begin{vmatrix} b_{11} & b_{12} \\ b_{21} & b_{22} \end{vmatrix},\ \begin{vmatrix} b_{11} & b_{13} \\ b_{31} & b_{33} \end{vmatrix},\ \begin{vmatrix} b_{22} & b_{23} \\ b_{32} & b_{33} \end{vmatrix},\ |\mathrm{B}|$$

B의 선행 주소행렬식은 b_{11}, $\begin{vmatrix} b_{11} & b_{12} \\ b_{21} & b_{22} \end{vmatrix}$, $|\mathrm{B}|$이다.

임의의 $n \times n$ 행렬 $\mathrm{A} = (a_{ij})_{n \times n}$의 선행 주소행렬식은 다음과 같다.

$$D_k = \begin{vmatrix} a_{11} & a_{12} & \cdots & a_{1k} \\ a_{21} & a_{22} & \cdots & a_{2k} \\ \vdots & \vdots & \ddots & \vdots \\ a_{k1} & a_{k2} & \cdots & a_{kk} \end{vmatrix} \quad (\text{단, } k = 1,\ 2,\ \cdots,\ n) \tag{13.12.13}$$

k 값을 차례로 증가시키면 선행 주소행렬식은 다음 패턴에 따라 A로부터 얻을 수 있다.

$$\begin{vmatrix} a_{11} & a_{12} & a_{13} & \cdots & a_{1n} \\ a_{21} & a_{22} & a_{23} & \cdots & a_{2n} \\ a_{31} & a_{32} & a_{33} & \cdots & a_{3n} \\ \vdots & \vdots & \vdots & \ddots & \vdots \\ a_{n1} & a_{n2} & a_{n3} & \cdots & a_{nn} \end{vmatrix} \tag{13.12.14}$$

임의의 $k = 1,\ 2,\ \cdots,\ n$에 대해 집합 $\{1,\ 2,\ \cdots,\ n\}$에서 선택한 k개의 원소로 구성된 임의의 부분집합 K를 생각하자. 이때 Δ_k^K를 차수 k인 주소행렬식이라 하자. 이는 대각성분이 집합 $\{a_{ii} \mid i \in K\}$인 A의 $k \times k$ 부분행렬의 행렬식이다. 이 정의에 따르면 각 $k = 1,\ 2,\ \cdots,\ n$에 대해 주소행렬식 $\Delta_k^{\{1,\ 2,\ \cdots,\ k\}}$는 선행 주소행렬식 D_k와 일치한다. 이러한 정의를 통해 다음 정리를 공식화할 수 있다.

정리 13.12.2 실베스터 기준(Sylvester's Criterion)

주어진 대칭행렬 A 에 대해 다음 이차형식을 생각해보자.

$$Q(\mathrm{x}) = \sum_{i=1}^{n}\sum_{j=1}^{n} a_{ij}x_i x_j = \mathrm{x}'\mathrm{A}\,\mathrm{x}$$

각 $k=1,\ 2,\ \cdots,\ n$에 대해 D_k는 식 (13.12.13)에 의해 정의되는 차수 k인 선행 주소행렬식이고 Δ_k^K는 A 의 차수 k인 임의의 주소행렬식이면, Q는 다음 성질을 갖는다.

❶ 양의 정부호 ⇔ 모든 $k=1,\ 2,\ \cdots,\ n$에 대해 $D_k > 0$이다.
❷ 양의 반정부호 ⇔ 임의의 k에 대해 항상 $\Delta_k^K \geq 0$이다.
❸ 음의 정부호 ⇔ 모든 $k=1,\ 2,\ \cdots,\ n$에 대해 $(-1)^k D_k > 0$이다.
❹ 음의 반정부호 ⇔ 임의의 k에 대해 항상 $(-1)^k \Delta_k^K \geq 0$이다.

$n=2$일 때 [정리 13.12.2]의 결론은 이미 증명한 명제 (13.12.5)~(13.12.8)과 일치한다. $n>2$일 때 B가 임의의 $k \times k$ 행렬이면 [정리 13.4.1]의 ❽에서 $|-\mathrm{B}| = |(-1)\mathrm{B}| = (-1)^k|\mathrm{B}|$가 성립한다. 한편 이차형식 $Q=\sum\sum a_{ij}x_i x_j$가 음의 정부호[음의 반정부호]일 필요충분조건은 $-Q=\sum\sum(-a_{ij})x_i x_j$가 양의 정부호[양의 반정부호]일 때이다. 따라서 [정리 13.12.2]의 ❸, ❹는 각각 ❶, ❷로부터 나온다.

특히 A 가 대각행렬이면 A 의 각 주소행렬식 Δ_k^K 또는 선행 주소행렬식 D_k는 A 의 고윳값(대각성분)의 일부를 곱한 형태이다. [정리 13.12.1]은 A 의 부호가 고윳값의 부호와 어떻게 관련되어 있는지를 보여주므로, 이 특수한 경우에는 [정리 13.12.2]를 쉽게 증명할 수 있다.[19]

참고 흔한 오해 중 하나는 대칭행렬 A가 양의 반정부호인 충분조건을 구하기 위해 [정리 13.12.2]의 ❶에서 각 부등식 $D_k>0$을 $D_k \geq 0$으로 완화시켜도 된다고 생각하는 것이다. 그러나 같은 정리의 ❷는 양의 반정부호에 대한 충분조건이 모든 선행 주소행렬식의 부호뿐만 아니라 모든 주소행렬식의 부호를 고려해야 함을 설명한다. 반례는 [EX 13.12.2] 다음에 나오는 [참고]에 소개되어 있다.

EX 13.12.6 [정리 13.12.2]를 이용하여 다음 이차형식의 부호를 구하라.

(a) $Q=3x_1^2+6x_1x_3+x_2^2-4x_2x_3+8x_3^2$ (b) $Q=-x_1^2+6x_1x_2-9x_2^2-2x_3^2$

풀이

행렬이 단순히 반정부호가 아닌 정부호로 판명될 수도 있으므로 선행 주소행렬식을 먼저 확인하는 것이 좋다.

(a) 주어진 이차형식에 대응하는 대칭행렬 A는 [EX 13.12.3]에 나와 있다. 이 행렬의 선행 주소행렬식을 구하면 다음과 같다.

19 일반적인 대칭행렬 A에 대해 [정리 13.12.2]를 증명하는 방법은 예를 들어 마이어(2000)의 7.6절을 참고하라.

$$D_1 = 3, \quad D_2 = \begin{vmatrix} 3 & 0 \\ 0 & 1 \end{vmatrix} = 3, \quad D_3 = \begin{vmatrix} 3 & 0 & 3 \\ 0 & 1 & -2 \\ 3 & -2 & 8 \end{vmatrix} = 3$$

선행 주소행렬식이 모두 양수이므로 Q는 양의 정부호이다.

(b) 주어진 이차형식에 대응하는 대칭행렬 A는 다음과 같고, 이는 [EX 13.12.4]에서 다룬 바 있다.

$$\mathrm{A} = \begin{pmatrix} -1 & 3 & 0 \\ 3 & -9 & 0 \\ 0 & 0 & -2 \end{pmatrix}$$

A의 2행은 1행의 -3배이므로 선행 주소행렬식은 $D_1 = -1$, $D_2 = 0$, $D_3 = 0$이다. 이는 [정리 13.12.2]의 ❶, ❷, ❸에 제시된 어느 조건도 충족하지 못한다. [정리 13.12.2]의 ❹에 제시된 조건을 확인하기 위해 A의 모든 주소행렬식을 조사해야 한다. [EX 13.12.5]와 같이 3×3 행렬 A는 차수 1인 주소행렬식이 3개 있고, 이 값은 대각성분이다. 그러면 차수 1인 주소행렬식에서 다음을 구할 수 있다.

$$(-1)^1 \Delta_1^{\{1\}} = (-1)(-1) = 1, \quad (-1)^1 \Delta_1^{\{2\}} = (-1)(-9) = 9, \quad (-1)^1 \Delta_1^{\{3\}} = (-1)(-2) = 2$$

차수 2인 주소행렬식은 다음과 같다.

$$\Delta_2^{\{1,\,2\}} = \begin{vmatrix} -1 & 3 \\ 3 & -9 \end{vmatrix} = 0, \quad \Delta_2^{\{1,\,3\}} = \begin{vmatrix} -1 & 0 \\ 0 & -2 \end{vmatrix} = 2, \quad \Delta_2^{\{2,\,3\}} = \begin{vmatrix} -9 & 0 \\ 0 & -2 \end{vmatrix} = 18$$

따라서 $(-1)^2 \Delta_2^{\{1,\,2\}} = 0$, $(-1)^2 \Delta_2^{\{1,\,3\}} = 2$이고 $(-1)^2 \Delta_2^{\{2,\,3\}} = 18$이다. 마지막으로 차수 3인 유일한 주소행렬식은 $(-1)^3 \Delta_3^{\{1,\,2,\,3\}} = (-1)^3 D_3 = 0$이다. 결과적으로 $k = 1,\ 2,\ 3$에 대해 항상 $(-1)^k \Delta_k^K \geq 0$이므로 Q는 음의 반정부호이다.

[EX 13.12.4] 이후에 한 관찰은 다시 한번 강조할 가치가 있다. 즉 [EX 13.12.6]에서 두 번째 이차형식이 $Q = -(x_1 - 3x_2)^2 - 2x_3^2$임을 알면 훨씬 쉽게 해석할 수 있다.

13.12 연습문제

1 조건 (13.12.5)~(13.12.8)을 이용하여 다음 이차형식의 부호를 구하라.

(a) $Q(x_1,\ x_2) = -x_1^2 + 2x_1x_2 - 6x_2^2$

(b) $Q(x_1,\ x_2) = 4x_1^2 + 2x_1x_2 + 25x_2^2$

2 $n = 3$이고 $j = 1,\ 2,\ 3$에 대해 $a_{ij} = a_{ji}$를 만족할 때 식 (13.12.9)에서의 이중합을 전개하라.

3 다음 이차형식에 대응하는 대칭행렬 A를 구하라.

(a) $x^2 + 2xy + y^2$

(b) $ax^2 + bxy + cy^2$

(c) $3x_1^2 - 2x_1x_2 + 3x_1x_3 + x_2^2 + 3x_3^2$

4 다음 이차형식에 대응하는 대칭행렬 A를 구하라.

$$3x_1^2 - 2x_1x_2 + 4x_1x_3 + 8x_1x_4 + x_2^2 + 3x_2x_3 + x_3^2 - 2x_3x_4 + x_4^2$$

5 [정리 13.12.1] 또는 [정리 13.12.2]를 이용하여 다음 이차형식의 부호를 결정하라.

(a) $Q = x_1^2 + 8x_2^2$

(b) $Q = 5x_1^2 + 2x_1x_3 + 2x_2^2 + 2x_2x_3 + 4x_3^2$

(c) $Q = -(x_1 - x_2)^2$

(d) $Q = -3x_1^2 + 2x_1x_2 - x_2^2 + 4x_2x_3 - 8x_3^2$

6 대칭행렬 $\mathrm{A} = (a_{ij})_{n\times n}$가 양의 반정부호라 하자. 다음 명제를 증명하라.

$$\mathrm{A}\text{가 양의 정부호이다.} \ \Leftrightarrow \ |\mathrm{A}| \neq 0$$

7 이차형식 $Q(x,\ y) = 3x^2 - (5+c)xy + 2cy^2$의 부호가 다음과 같을 때, c의 범위를 구하라.

(i) 양의 정부호

(ii) 양의 반정부호

(iii) 부정부호

8 B가 $n\times n$ 행렬일 때 행렬 $\mathrm{A} = \mathrm{B}'\mathrm{B}$는 양의 반정부호임을 보여라. 그리고 A가 양의 반정부호보다는 양의 정부호이기 위한 필요충분조건을 B에 대한 식으로 찾아라.

9 식 (13.12.11)에 있는 이차형식 $Q = \mathbf{x}'\mathrm{A}\mathbf{x}$가 양의 정부호라 하자. [정의 13.12.1]을 이용하여 다음을 증명하라.

(a) 모든 $i = 1,\ 2,\ \cdots,\ n$에 대해 $a_{ii} > 0$이다.

(b) $i < j$인 모든 $i,\ j = 1,\ 2,\ \cdots,\ n$에 대해

$$\begin{vmatrix} a_{ii} & a_{ij} \\ a_{ji} & a_{jj} \end{vmatrix} > 0\text{이다.}$$

10 **심화** 대칭행렬 A의 특성다항식 (13.10.8)을 다음과 같이 나타내자.

$$\phi(\lambda) = (-1)^n(\lambda^n + a_{n-1}\lambda^{n-1} + \cdots + a_1\lambda + a_0)$$

이때 A가 음의 정부호일 필요충분조건은 모든 $i = 0,\ 1,\ \cdots,\ n-1$에 대해 $a_i > 0$임을 증명하라.

CHAPTER 13 복습문제

13.1 다음 행렬식을 구하라.

(a) $\begin{vmatrix} 5 & -2 \\ 3 & -2 \end{vmatrix}$ (b) $\begin{vmatrix} 1 & a \\ a & 1 \end{vmatrix}$

(c) $\begin{vmatrix} (a+b)^2 & a-b \\ (a-b)^2 & a+b \end{vmatrix}$ (d) $\begin{vmatrix} 1-\lambda & 2 \\ 2 & 4-\lambda \end{vmatrix}$

13.2 다음 행렬식을 구하라. 단, (b)와 (c)는 적절한 기본행연산을 적용하여 계산하라.

(a) $\begin{vmatrix} 2 & 2 & 3 \\ 0 & 3 & 5 \\ 0 & 4 & 6 \end{vmatrix}$ (b) $\begin{vmatrix} 4 & 5 & 6 \\ 5 & 6 & 8 \\ 6 & 7 & 9 \end{vmatrix}$

(c) $\begin{vmatrix} 31 & 32 & 33 \\ 32 & 33 & 35 \\ 33 & 34 & 36 \end{vmatrix}$

13.3 $A^{-1}-2I_2=-2\begin{pmatrix} 1 & 1 \\ 1 & 0 \end{pmatrix}$일 때 A를 구하라.

13.4 각 실수 t에 대해 $A_t=\begin{pmatrix} 1 & 0 & t \\ 2 & 1 & t \\ 0 & 1 & 1 \end{pmatrix}$과 $B=\begin{pmatrix} 1 & 0 & 0 \\ 0 & 0 & 1 \\ 0 & 1 & 0 \end{pmatrix}$에 대한 물음에 답하라.

(a) A_t가 역행렬을 가질 t 값을 구하라.

(b) $t=1$일 때, $B+XA_t^{-1}=A_t^{-1}$를 만족하는 행렬 X를 구하라.

13.5 두 3×3 행렬 $A=\begin{pmatrix} q & -1 & q-2 \\ 1 & -p & 2-p \\ 2 & -1 & 0 \end{pmatrix}$, $E=\begin{pmatrix} 1 & 1 & 1 \\ 1 & 1 & 1 \\ 1 & 1 & 1 \end{pmatrix}$에 대한 물음에 답하라.

(a) $|A|$와 $|A+E|$를 구하라.

(b) $A+E$가 역행렬을 가질 p, q 값을 구하라.

(c) 임의의 3×3 행렬 B에 대해 행렬의 곱 BE가 역행렬을 갖지 않는 이유를 설명하라.

13.6 크레이머 법칙을 이용하여 다음 연립방정식이 세 변수 x, y, z에 대해 유일한 해를 가질 t 값을 구하라.

$$\begin{cases} -2x+4y-tz=t-4 \\ -3x+y+tz=3-4t \\ (t-2)x-7y+4z=23 \end{cases}$$

13.7 A가 $A^4=0$을 만족하는 임의의 $n\times n$ 행렬일 때 $(I-A)^{-1}=I+A+A^2+A^3$임을 증명하라.

13.8 U를 n^2개의 모든 성분이 1인 $n\times n$ 행렬이라 하자. 물음에 답하라.

(a) 모든 실수 a, b에 대해 $(I_n+aU)(I_n+bU)=I_n+(a+b+nab)U$임을 보여라.

(b) (a)의 결과를 이용하여 $A=\begin{pmatrix}4&3&3\\3&4&3\\3&3&4\end{pmatrix}$의 역행렬을 구하라.

13.9 A, B, C, X, Y가 모두 $n\times n$ 행렬이고, $|A|\neq 0$이라 가정하자. 이때 두 행렬방정식 $AX+Y=B$와 $X+2A^{-1}Y=C$를 만족하는 X, Y를 각각 A, B, C의 식으로 나타내라.

13.10 미지수 x, y, z에 대한 다음 연립방정식을 생각해보자.

$$\begin{cases} ax+y+4z=2 \\ 2x+y+a^2z=2 \\ x-3z=a \end{cases}$$

(a) 이 연립방정식이 유일한 해를 가지거나 해가 없거나(불능), 무한히 많은 해를 가질 때의 a 값을 구하라.

(b) 연립방정식의 우변을 각각 b_1, b_2, b_3로 바꾸었을 때 새로운 연립방정식이 무한히 많은 해를 가질 필요충분조건을 구하라.

13.11 행렬 $A=\begin{pmatrix}11&-6\\18&-10\end{pmatrix}$에 대한 물음에 답하라.

(a) $|A|$를 구하라. $A^2+cA=2I_2$를 만족하는 실수 c가 존재함을 보이고, A의 역행렬을 구하라.

(b) $B^2=A$를 만족하는 2×2 행렬 B는 존재하지 않음을 보여라.

13.12 A와 B가 $A'A=I_n$을 만족하는 $n\times n$ 가역행렬이면 $(A'BA)^{-1}=A'B^{-1}A$임을 보여라.

13.13 다음 연립방정식이 미지수 x, y, z, u에 대해 유일한 해를 갖는 상수 a, b 값을 조사하라. 유일한 해가 존재할 때 그 해를 a와 b의 식으로 나타내라.

$$\begin{cases} ax+y=3 \\ x+z=2 \\ y+az+bu=6 \\ y+u=1 \end{cases}$$

13.14 $\begin{vmatrix}a+x&b+y\\c&d\end{vmatrix}=\begin{vmatrix}a&b\\c&d\end{vmatrix}+\begin{vmatrix}x&y\\c&d\end{vmatrix}$임을 증명하라.

13.15 심화 3×3 행렬 B가 $B^3=-B$를 만족할 때 B는 역행렬을 갖지 않음을 보여라.

힌트 [정리 13.4.1]의 ❼을 이용하라.

13.16 심화 A, B, C가 각각의 r행만 서로 다른 $n \times n$ 행렬이고, C의 r행은 A와 B의 r행을 각각 더한 것과 같다고 하자. 이때 $|\mathrm{A}|+|\mathrm{B}|=|\mathrm{C}|$임을 증명하라.

힌트 행에 따른 행렬식의 여인수 전개를 생각하라.

13.17 심화 다음 방정식을 만족하는 x를 구하라.

$$\begin{vmatrix} x & a & x & b \\ b & x & a & x \\ x & b & x & a \\ a & x & b & x \end{vmatrix} = 0$$

힌트 기본행연산 또는 기본열연산을 이용하여 행렬식을 계산하라.

13.18 λ가 행렬 A의 고윳값일 필요충분조건은 λ가 A'의 고윳값임을 보여라.

13.19 A가 정방행렬이고 λ을 A의 한 고윳값이라 하자. $|\mathrm{A}| \neq 0$이면 $\lambda \neq 0$임을 증명하라. 이때 $\dfrac{1}{\lambda}$은 역행렬 A^{-1}의 고윳값임을 보여라.

13.20 행렬 $\mathrm{A}=(a_{ij})_{n \times n}$은 각 $j=1, 2, \cdots, n$에 대해 열의 합이 $\sum_{i=1}^{n} a_{ij}=1$을 만족한다고 하자. 이때 $\lambda=1$은 A의 고윳값임을 증명하라.

13.21 다음 행렬에 대해 고윳값과 그 고윳값에 대응하는 고유벡터를 모두 구하라.

(a) $\begin{pmatrix} 2 & 1 & -1 \\ 0 & 1 & 1 \\ 2 & 0 & -2 \end{pmatrix}$ (b) $\begin{pmatrix} 1 & -1 & 0 \\ -1 & 2 & -1 \\ 0 & -1 & 1 \end{pmatrix}$

힌트 고윳값은 모두 정수이다.

MEMO

CHAPTER

14

다변수함수

Functions of Many Variables

CONTENTS

수학은 잘 정돈된 고속도로를 따라 조심스럽게 행진하는 것이 아니라,
탐험가들이 종종 길을 잃는 낯선 황야로의 여행이다.
Mathematics is not a careful march down a well-cleared highway,
but a journey into a strange wilderness, where the explorers often get lost.
_ 윌리엄 S. 앵글린 (William S. Anglin, 1992)

이 책의 1장~11장은 거의 전적으로 일변수함수만 다루었다. 그러나 경제 현상을 현실적으로 설명하려면 변수를 두 개 이상 고려해야 할 때가 많다. 예를 들어 오렌지 주스와 같은 재화에 대한 소비자의 수요는 가격뿐만 아니라 소비자의 소득, 다른 청량음료와 같은 대체품의 가격 또는 일부 식품과 같은 보완재의 가격에도 영향을 받는다.

이제 다변수함수로 넘어가겠다. 경제학자가 다변수함수에 대해 알아야 할 내용은 대부분 일변수함수의 성질을 비교적 간단하게 확장한 것이다. 게다가 어렵게 느껴지는 부분은 일변수를 이변수로 전환할 때 발생한다. 이러한 어려움을 극복하는 방법을 알 수 있도록 14.1절에서 14.3절까지는 이변수함수만 다룬다. 여기에서 약간 어렵긴 하지만 2차원 그림으로도 표현할 수 있는 3차원 그래프가 있다. 방금 언급한 오렌지 주스 수요와 같은 예에서 알 수 있듯이, 다변수함수로만 표현할 수 있는 흥미로운 수학적인 경제 문제가 많이 있다. 이는 14.4절~14.9절에서 설명한다. 마지막 14.10절에서는 경제학에서 중요한 주제인 탄력성을 다룬다.

14.1 이변수함수

다음 정의로 시작하자. 여기서 D는 xy평면의 일부분이다.

이변수함수

정의역 D에서 실변수 x와 y에 대한 **이변수함수** f는 다음과 같은 특정한 수를 할당하는 규칙이다.

$$D\text{에 있는 각 점 } (x,\ y)\text{에 } f(x,\ y)\text{를 할당} \tag{14.1.1}$$

f가 이변수함수이면 종종 z와 같은 문자로 한 점 $(x,\ y)$에서의 f 값을 나타내므로 $z=f(x,\ y)$로 표현한다. 이때 x와 y를 **독립변수** 또는 f의 **인자**라고 한다. z를 **종속변수**라고 하는데, 일반적으로 z 값은 x와 y 값에 따라 달라지기 때문이다. 그러면 함수 f의 정의역은 $f(x,\ y)$가 정의된 독립변수의 모든 쌍 $(x,\ y)$의 집합이고, 치역은 종속변수에 대응하는 값의 집합이다. 경제학에서는 x와 y를 **외생변수**라고 하고, z를 **내생변수**라고 한다.[1]

EX 14.1.1 모든 실수 쌍 $(x,\ y)$에 $2x+x^2y^3$의 숫자를 할당하는 함수 f를 생각해보자. 이러한 함수 f는 $f(x,\ y)=2x+x^2y^3$으로 정의된다. 이때 $f(1,\ 0)$, $f(0,\ 1)$, $f(-2,\ 3)$, $f(a+1,\ b)$ 값을 구하라.

풀이

$f(1,\ 0)$은 $x=1$, $y=0$일 때의 값이므로 $f(1,\ 0)=2\cdot 1+1^2\cdot 0^3=2$이다. 마찬가지로 $f(0,\ 1)=2\cdot 0+0^2\cdot 1^3=0$이고, $f(-2,\ 3)=2(-2)+(-2)^2\cdot 3^3=-4+4\cdot 27=104$이다. 마지막으로 $f(x,\ y)$에서 x를 $(a+1)$로, y를 b로 바꾸면 $f(a+1,\ b)=2(a+1)+(a+1)^2b^3$이다.

1 연립방정식이 있는 경제모형에서는 외생변수와 내생변수를 구분하기가 훨씬 더 까다롭다.

EX 14.1.2 우유 수요에 관한 연구에 따르면 $x = A\dfrac{m^{2.08}}{p^{1.5}}$과 같은 관계가 성립한다고 한다. 여기서 x는 우유 소비량, p는 우유의 상대적 가격, m은 가구당 소득, A는 양의 상수이다. 이 식은 p와 m이 모두 양수일 때 x를 p와 m의 함수로 정의한다. 소득이 증가하면 우유 소비량이 증가하고, 우유 가격이 상승하면 우유 소비량이 감소하는 것은 당연한 결과이다.

EX 14.1.3 많은 경제모형에 나타나는 이변수함수는 다음과 같다.

$$F(x,\ y) = Ax^a y^b \tag{14.1.2}$$

여기서 A, a, b는 상수이다. 경제학에서는 일반적으로 F가 $x>0$과 $y>0$에 대해서만 정의된다고 가정한다. 식 (14.1.2)와 같은 형태의 함수 F를 일반적으로 **콥-더글러스 함수**(Cobb-Douglas function)라고 한다.[2] 이는 특정한 생산 공정을 설명할 때 가장 자주 사용된다. 이때 x와 y를 **투입요소**(input factor)라고 하고, $F(x,\ y)$는 생산된 수량, 즉 **산출량**(output)이다. 이 경우 F를 **생산함수**라고 한다. [EX 14.1.2]에 정의된 함수는 $x = Ap^{-1.5}m^{2.08}$이므로 콥-더글러스 함수이다.

함수의 일반적인 표기법을 철저히 숙지하는 것이 중요하다.

EX 14.1.4 [EX 14.1.3]의 함수 F에 대해 $F(2x,\ 2y)$와 $F(tx,\ ty)$에 대한 식을 구하라. 여기서 t는 임의의 양수이다. $F(x+h,\ y)-F(x,\ y)$를 식으로 나타내라. 이 식에 대한 경제학적 해석을 제시하라.

풀이

먼저 다음을 구할 수 있다.

$$F(2x,\ 2y) = A(2x)^a(2y)^b = A2^a x^a 2^b y^b = 2^a 2^b Ax^a y^b = 2^{a+b}F(x,\ y)$$

F가 생산함수일 때 위 식은 각 투입요소가 2배로 늘어나면 생산량이 2^{a+b}배 늘어난다는 것을 의미한다. 예를 들어 $a+b=1$일 때, 투입요소를 모두 2배로 늘리면 생산량도 2배가 된다. 일반적으로 다음이 성립한다.

$$F(tx,\ ty) = A(tx)^a(ty)^b = At^a x^a t^b y^b = t^a t^b Ax^a y^b = t^{a+b}F(x,\ y) \tag{$*$}$$

(이 결과를 각자 자신의 언어로 설명해보라.)[3] 마지막으로 다음을 얻는다.

$$F(x+h,\ y)-F(x,\ y) = A(x+h)^a(y)^b - Ax^a y^b = Ay^b\{(x+h)^a - x^a\} \tag{$**$}$$

이 식은 첫 번째 투입요소가 h단위 변하고 다른 투입요소는 변하지 않았을 때 생산량의 변화를 보여준다. 예를 들어 $A=100$, $a=\dfrac{1}{2}$, $b=\dfrac{1}{4}$이라고 가정하면 $F(x,\ y)=100x^{\frac{1}{2}}y^{\frac{1}{4}}$이다. 이제 $x=16$, $y=16$, $h=1$

2 식 (14.1.2)의 함수는 1927년 발표된 생산함수 추정에 관한 논문에서 $a+b=1$을 적용한 미국 연구자 C. W. 콥(C. W. Cobb)과 P. H. 더글러스(P. H. Douglas)의 이름을 따서 명명되었다. 그러나 스웨덴 경제학자 K. 빅셀(K. Wicksell, 1851~1926)이 1900년 이전에 이러한 생산함수를 도입했으므로 이 함수는 '빅셀 함수'라고 부르는 것이 적절하다.

3 성질 (*) 때문에 함수 F를 $a+b$차 **동차함수**(homogeneous function)라고 한다. 동차함수는 15.6절과 15.7절에서 설명한다.

을 선택하면 식 (**)에 따라 생산량이 다음과 같이 변한다.

$$F(16+1,\ 16)-F(16,\ 16)=100\cdot 16^{\frac{1}{4}}\left(17^{\frac{1}{2}}-16^{\frac{1}{2}}\right)=100\cdot 2(\sqrt{17}-4)\approx 24.6$$

그러므로 첫 번째 요소의 투입량을 16단위에서 17단위로 늘리고 두 번째 요소의 투입량을 16단위로 일정하게 유지하면 생산량이 약 24.6단위 증가한다.

정의역

경제학에서 연구하는 함수는 일반적으로 함수가 정의되는 영역에 명시적이거나 암묵적인 제한이 있다. 예를 들어 $f(x,\ y)$가 생산함수일 때 일반적으로 생산요소 투입량이 음수가 아니므로 $x\geq 0$, $y\geq 0$이라고 가정한다. 경제학에서는 사용되는 함수의 정의역을 명확히 해야 하는 경우가 많다. **일변수함수와 마찬가지로 별도의 언급이 없으면 수식으로 정의된 함수의 정의역은 해당 수식이 의미 있고 한 가지 값만 제공하는 가장 큰 정의역이라고 가정한다.** 때로는 xy평면에 정의역 D의 그래프를 그리면 도움이 된다.

EX 14.1.5 다음과 같은 두 함수의 정의역을 구하고, xy평면상의 해당 정의역에서 그래프를 그려라.

(a) $f(x,\ y)=\sqrt{x-1}+\sqrt{y}$

(b) $g(x,\ y)=\dfrac{2}{(x^2+y^2-4)^{1/2}}+\sqrt{9-(x^2+y^2)}$

풀이

(a) 두 제곱근 $\sqrt{x-1}$과 $\sqrt{y}$는 $x\geq 1$, $y\geq 0$인 경우에만 의미가 있다. 두 부등식을 모두 만족하는 (무한) 영역은 [그림 14.1.1]에 나타나 있다.

(b) 제곱근 $(x^2+y^2-4)^{\frac{1}{2}}=\sqrt{x^2+y^2-4}$는 $x^2+y^2\geq 4$에서만 정의된다. $x^2+y^2=4$이면 분모가 0이 되므로 $x^2+y^2\neq 4$이어야 한다. 그리고 $9-(x^2+y^2)\geq 0$, 즉 $x^2+y^2\leq 9$가 필요하다. 이를 모두 만족하는 영역은 $4<x^2+y^2\leq 9$이다. 이제 $x^2+y^2=r^2$의 그래프는 중심이 원점이고 반지름이 r인 원의 모든 점으로 구성된다. 따라서 g의 정의역은 ❶, ❷의 점 $(x,\ y)$로 이루어진 집합이다.

❶ 원 $x^2+y^2=4$의 바깥에 있지만, 원 위에는 없는 점

❷ 원 $x^2+y^2=9$의 안쪽 또는 원 위에 있는 모든 점

이 집합은 [그림 14.1.2]와 같이 표현된다. 그림에서 실선은 정의역에 포함되지만, 점선은 정의역에서 제외된다.

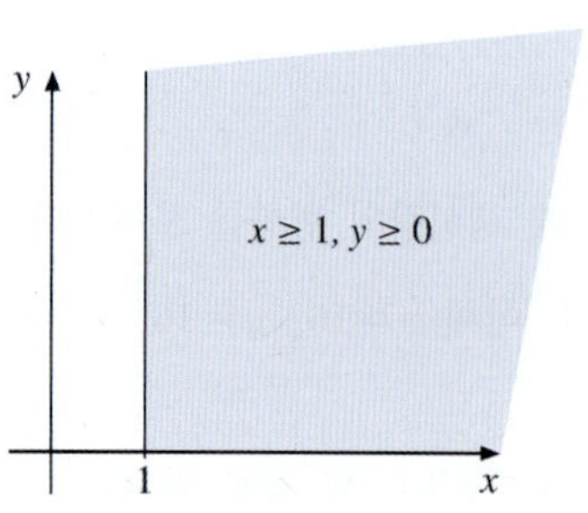

그림 14.1.1 $f(x,\ y)$의 정의역

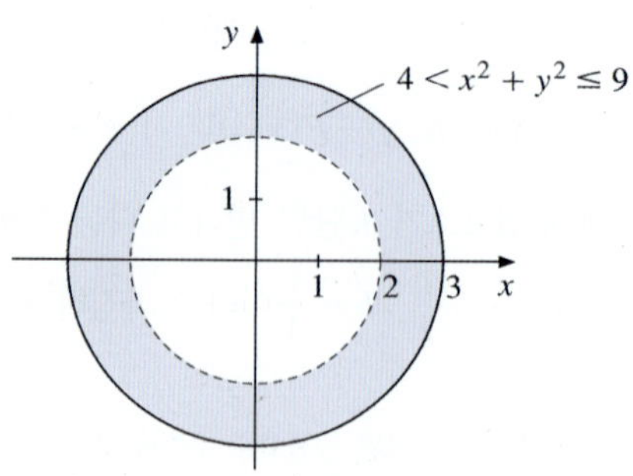

그림 14.1.2 $g(x,\ y)$의 정의역

14.1 연습문제

1 함수 $f(x,\ y)=x+2y$에 대해 $f(0,\ 1)$, $f(2,\ -1)$, $f(a,\ a)$, $f(a+h,\ b)-f(a,\ b)$ 값을 구하라.

2 함수 $f(x,\ y)=xy^2$에 대해 다음 함숫값을 구하라.

$$f(0,\ 1),\ f(-1,\ 2),\ f(10^4,\ 10^{-2}),\ f(a,\ a),$$
$$f(a+h,\ b)-f(a,\ b),\ f(a,\ b+k)-f(a,\ b)$$

3 함수 $f(x,\ y)=3x^2-2xy+y^3$에 대해 다음 함숫값을 구하라.

$$f(1,\ 1),\ f(-2,\ 3),\ f\left(\frac{1}{x},\ \frac{1}{y}\right),$$
$$p=\frac{f(x+h,\ y)-f(x,\ y)}{h},$$
$$q=\frac{f(x,\ y+k)-f(x,\ y)}{k}$$

4 함수 $f(x,\ y)=x^2+2xy+y^2$에 대한 물음에 답하라.

(a) $f(-1,\ 2)$, $f(a,\ a)$, $f(a+h,\ b)-f(a,\ b)$ 값을 구하라.

(b) $f(2x,\ 2y)=2^2f(x,\ y)$인 것과 모든 t에 대해 $f(tx,\ ty)=t^2f(x,\ y)$인 것을 증명하라.

5 $K\geq 0$, $L\geq 0$에 대해 $F(K,\ L)=10K^{\frac{1}{2}}L^{\frac{1}{3}}$이라 하자. $F(1,\ 1)$, $F(4,\ 27)$, $F\left(9,\ \frac{1}{27}\right)$, $F(3,\ \sqrt{2})$, $F(100,\ 1000)$, $F(2K,\ 2L)$ 값을 구하라.

6 다음 함수의 정의역을 구하고, xy평면에 함수 (b), (c)의 정의역을 그래프로 나타내라.

(a) $\dfrac{x^2+y^3}{y-x+2}$

(b) $\sqrt{2-(x^2+y^2)}$

(c) $\sqrt{(4-x^2-y^2)(x^2+y^2-1)}$

7 다음 식으로 정의된 함수의 정의역을 찾아라.

(a) $\dfrac{1}{e^{x+y}-3}$

(b) $\ln(x-a)^2+\ln(y-b)^2$

(c) $2\ln(x-a)+2\ln(y-b)$

14.2 이변수함수의 편도함수

일변수함수 $y=f(x)$의 도함수 $f'(x)$는 x의 변화에 따른 함수의 변화율을 측정하는 수이다. 이제 이변수함수 $z=f(x,\ y)$에 대해 두 독립변수 중 한 변수의 변화에 따라 함숫값이 얼마나 빨리 변하는지 살펴보고자 한다. 예를 들어 어느 기업이 서로 다른 투입량 x와 y를 사용하여 얻은 수익을 $f(x,\ y)$라 하자. x 또는 y가 변할 때 수익이 증가하는지, 그리고 수익이 증가한다면 얼마나 증가할 수 있을지 알고 싶다.

예를 들어 다음 함수를 생각해보자.

$$z=x^3+2y^2 \qquad (*)$$

먼저 y가 일정하다고 가정하자. 그러면 항 $2y^2$은 일정하며, 이는 z가 하나의 변수 x에 대한 함수로 볼 수 있음을 의미한다. 물론 x^3은 미분할 수 있으므로 x에 대한 z의 변화율은 다음과 같다.

$$\frac{dz}{dx} = 3x^2$$

반면에 (*)에서 x를 고정하고 y가 변함에 따라 z가 어떻게 변하는지를 살펴볼 수 있다. 이번에는 x를 일정하게 유지하고 y에 대한 z의 도함수를 구하는데, 그 결과는 다음과 같다.

$$\frac{dz}{dy} = 4y$$

물론 이 두 가지 경우와 다르게 x와 y가 동시에 변할 수 있지만, 이 절에서는 x 또는 y 하나만 변한다고 가정하여 살펴본다.

수학과 경제학은 모두 이변수함수를 다룰 때 y가 고정되었다고 하면 x에 대한 z의 도함수를 $\frac{dz}{dx}$ 대신 $\frac{\partial z}{\partial x}$로 표기한다. 이처럼 d를 ∂로 대체한 표기법은 사소하지만 중요한데, 하나의 독립변수만 변화하고 다른 변수는 고정되어 있음을 상기시키기 위한 것이다. 같은 방식으로 x가 고정된 상태에서 y가 변할 때는 $\frac{dz}{dy}$ 대신 $\frac{\partial z}{\partial y}$로 표기한다. 이 표기법에 따르면 다음과 같다.

$$z = x^3 + 2y^2 \quad \Rightarrow \quad \left[\frac{\partial z}{\partial x} = 3x^2, \quad \frac{\partial z}{\partial y} = 4y\right]$$

일반적으로 편도함수를 다음과 같이 정의한다.

편도함수

$z = f(x, y)$일 때 다음이 성립한다.

❶ $\frac{\partial z}{\partial x}$는 y가 일정할 때 x에 대한 $f(x, y)$의 도함수이다. (14.2.1)

❷ $\frac{\partial z}{\partial y}$는 x가 일정할 때 y에 대한 $f(x, y)$의 도함수이다. (14.2.2)

$z = f(x, y)$일 때 도함수 $\frac{\partial z}{\partial x}$는 $\frac{\partial f}{\partial x}$로 표기하며, 이를 x에 대한 z의[f의] **편도함수**(partial derivative)라고 한다. 마찬가지로 $\frac{\partial z}{\partial y} = \frac{\partial f}{\partial y}$는 y에 대한 z의[f의] **편도함수**라고 한다. $\frac{\partial f}{\partial x}$는 y가 일정할 때 x에 대한 $f(x, y)$의 변화율이고, $\frac{\partial f}{\partial y}$는 x가 일정할 때 y에 대한 $f(x, y)$의 변화율이다. 물론 변수가 2개 있으므로 2개의 다른 편도함수가 있을 수 있다.

함수 $z = f(x, y)$의 편도함수는 쉽게 구할 수 있다. $\frac{\partial f}{\partial x}$를 구하려면 y를 상수이고 f가 x의 함수라고 생각하여 x에 대해 $f(x, y)$를 미분하면 된다. 일변수함수의 도함수를 구하는 규칙은 $\frac{\partial f}{\partial x}$를 구할 때 모두 사용할 수 있다. $\frac{\partial f}{\partial y}$도 마찬가지이다. 몇 가지 예를 더 살펴본다.

EX 14.2.1 다음 함수의 편도함수를 구하라.

(a) $f(x, y)=x^3y+x^2y^2+x+y^2$

(b) $f(x, y)=\dfrac{xy}{x^2+y^2}$

풀이

(a) y를 상수라고 생각하면 x에 대한 편도함수는 $\dfrac{\partial f}{\partial x}=3x^2y+2xy+1$이다. 마찬가지로 x를 상수라고 생각하면 y에 대한 편도함수는 $\dfrac{\partial f}{\partial y}=x^3+2x^2y+2y$이다.

(b) 몫의 미분법 규칙을 적용하여 각 편도함수를 구하면 다음과 같다.

$$\frac{\partial f}{\partial x}=\frac{y(x^2+y^2)-xy\cdot 2x}{(x^2+y^2)^2}=\frac{y^3-x^2y}{(x^2+y^2)^2}$$

$$\frac{\partial f}{\partial y}=\frac{x^3-y^2x}{(x^2+y^2)^2}$$

이 함수를 관찰하면 x와 y를 바꾸어도 값이 변하지 않으므로 x와 y에 대해 대칭(symmetric)임을 알 수 있다. 따라서 $\dfrac{\partial f}{\partial x}$의 식에서 x와 y를 바꾸면 $\dfrac{\partial f}{\partial y}$의 식을 정확히 찾을 수 있다. $\dfrac{\partial f}{\partial y}$를 따로 구해보고 x와 y를 바꾼 답과 일치하는지 확인하면 좋은 연습이 될 것이다.

$z=f(x, y)$의 편도함수에 대한 표기법은 여러 가지가 있다. 그중 일반적인 것은 다음과 같다.

$$\frac{\partial f}{\partial x}=\frac{\partial z}{\partial x}=z'_x=f'_x(x, y)=f'_1(x, y)=\frac{\partial}{\partial x}f(x, y)=\frac{\partial f(x, y)}{\partial x}=\frac{\partial f}{\partial x}(x, y)$$

$$\frac{\partial f}{\partial y}=\frac{\partial z}{\partial y}=z'_y=f'_y(x, y)=f'_2(x, y)=\frac{\partial}{\partial y}f(x, y)=\frac{\partial f(x, y)}{\partial y}=\frac{\partial f}{\partial y}(x, y)$$

이 책에서는 $f'_1(x, y)$와 $f'_2(x, y)$를 가장 선호한다. 여기서 숫자 첨자는 함수에서 인수의 위치를 나타낸다. 따라서 f'_1은 첫 번째 변수에 대한 편도함수를 나타내고, f'_2는 두 번째 변수에 대한 편도함수를 나타낸다. 이 표기법 또한 편도함수 자체가 x와 y의 함수임을 상기시켜 준다. 마지막으로 $f'_1(a, b)$와 $f'_2(a, b)$는 일반적인 점 (x, y)가 아닌 특정한 점 (a, b)에서의 편도함숫값을 나타낸다. 예를 들어 [EX 14.2.1(a)]의 함수 $f(x, y)=x^3y+x^2y^2+x+y^2$에 대해 다음이 성립한다.

$$f'_1(x, y)=3x^2y+2xy+1,\quad f'_1(a, b)=3a^2b+2ab+1$$

특히 $f'_1(0, 0)=1$이고 $f'_1(-1, 2)=3(-1)^2\cdot 2+2(-1)\cdot 2^2+1=-1$이다.

$f'_x(x, y)$와 $f'_y(x, y)$와 같은 표기법도 자주 사용되지만, 합성함수에 적용할 때 해석이 어려울 수도 있다. 예를 들어 $f'_x(x^2y, x-y)$는 무엇을 의미하는지 바로 알기 어렵다.

식 $f'_1(x, y)$와 $f'_2(x, y)$는 각각 x와 y에 대한 f의 변화율을 측정한다. 예를 들어 $f'_1(x, y)>0$은 x가 조금 증가하면 $f(x, y)$가 증가함을 의미한다.

EX 14.2.2 [EX 14.1.2]에서 살펴본 함수 $x = Ap^{-1.5}m^{2.08}$을 상기하자. p와 m에 대한 x의 편도함수를 구하고, 그 부호를 논하라.

풀이

일변수함수 미분법칙에 따라 $\frac{\partial x}{\partial p} = -1.5Ap^{-2.05}m^{2.08}$과 $\frac{\partial x}{\partial m} = 20.8Ap^{-1.5}m^{1.08}$을 얻는다. A, p, m이 모두 양수라고 가정했으므로 $\frac{\partial x}{\partial p} < 0$이고 $\frac{\partial x}{\partial m} > 0$이다. 이 부호는 [EX 14.1.2]의 마지막 설명과 일치한다.

편도함수의 공식적인 정의

지금까지 살펴본 모든 함수는 일반적인 미분법칙으로 편도함수를 구할 수 있는 양함수 형태로 주어졌다. 그러나 이러한 법칙을 사용할 수 없다면 편도함수의 공식적인 정의에 의존해야 한다. 이 정의는 일변수함수에 대한 도함수의 정의에서 다음과 같이 얻는다. 이변수함수 $z = f(x, y)$가 주어질 때 고정된 각각의 y에 대해 일변수함수 $g(x) = f(x, y)$를 정의할 수 있다. 그러면 x에 대한 $f(x, y)$의 편도함수는 간단히 $g(x)$이다. 이 도함수의 정의는 다음과 같다.

$$g'(x) = \lim_{h \to 0} \frac{g(x+h) - g(x)}{h} \tag{14.2.3}$$

여기서 $f'_1(x, y) = g'(x)$이므로 다음과 같이 쓸 수 있다.

편도함수

이변수함수 $f(x, y)$에 대해 다음이 성립한다. 여기서 다음 우변의 극한이 존재해야 한다.

$$f'_1(x, y) = \lim_{h \to 0} \frac{f(x+h, y) - f(x, y)}{h} \tag{14.2.4}$$

$$f'_2(x, y) = \lim_{k \to 0} \frac{f(x, y+k) - f(x, y)}{k} \tag{14.2.5}$$

식 (14.2.4)의 극한이 존재하지 않으면 $f'_1(x, y)$가 존재하지 않거나, 그 점에서 x에 대해 미분할 수 없다고 한다. 마찬가지로 식 (14.2.5)의 극한이 존재하지 않으면 $f'_2(x, y)$가 존재하지 않고, 그 점에서 y에 대해 미분할 수 없다. 예를 들어 함수 $f(x, y) = |x| + |y|$는 $(x, y) = (0, 0)$에서 x 또는 y에 대해 미분할 수 없다.

h의 절댓값이 작을 때 식 (14.2.4)는 다음과 같은 근삿값을 의미한다.

$$f'_1(x, y) \approx \frac{f(x+h, y) - f(x, y)}{h} \tag{14.2.6}$$

마찬가지로 k의 절댓값이 작을 때 식 (14.2.5)는 다음과 같은 근삿값을 의미한다.

$$f'_2(x, y) \approx \frac{f(x, y+k) - f(x, y)}{k} \tag{14.2.7}$$

이 두 근사는 다음과 같이 해석할 수 있다.

편도함수에 대한 근사

$f(x, y)$가 주어질 때 다음이 성립한다.

❶ 편도함수 $f'_1(x, y)$는 y를 상수로 고정한 상태에서 x가 한 단위 증가할 때 $f(x, y)$의 변화와 근사적으로 같다.

❷ 편도함수 $f'_2(x, y)$는 x를 상수로 고정한 상태에서 y가 한 단위 증가할 때 $f(x, y)$의 변화와 근사적으로 같다.

이러한 근삿값은 신중하게 사용해야 한다. 간단히 말하자면 편도함수가 관련 구간에서 너무 많이 변하지 않는다면 근삿값이 크게 부정확하지 않을 것이다. 물론 이는 6.4절과 7.4절에서 살펴본 일변수함수의 사례에서도 마찬가지일 것이다. 하지만 여기서는 x 또는 y의 변화가 보기에는 아주 작아 보여도 $f'_1(x, y)$를 크게 변화시킬 수 있으므로 더 주의해야 한다. 15.8절에서 이러한 근삿값에 대해 자세히 설명한다.[4]

EX 14.2.3 생산 공정에 자본 K단위와 노동 L단위가 투입될 때 생산되는 단위를 $Y = F(K, L)$이라 하자. $F'_K(100, 50) = 5$를 경제학적으로 해석하라.

풀이

식 $F'_K(100, 50) = 5$는 노동 투입량을 50으로 고정한 상태로 $K = 100$에서 시작하여 K가 충분히 작은 정도로 증가하면 K가 1단위 증가할 때마다 생산량이 5단위 증가한다는 의미이다.

고계편도함수

$z = f(x, y)$일 때 $\dfrac{\partial f}{\partial x}$와 $\dfrac{\partial f}{\partial y}$를 **일계편도함수**(first-order partial derivative)라고 한다. 이러한 편도함수는 일반적으로 다시 이변수함수이다. 이 도함수 자체가 미분가능하다면 $\dfrac{\partial f}{\partial x}$에서 x와 y를 기준으로 $\dfrac{\partial f}{\partial x}$의 편미분을 취해 두 개의 새로운 함수를 생성할 수 있다. 같은 방식으로 x와 y를 기준으로 $\dfrac{\partial f}{\partial y}$의 편미분을 취할 수 있다. 이렇게 두 번 미분하여 얻는 네 가지 함수를 $f(x, y)$의 **이계편도함수**(second-order partial derivative)라고 한다. 이계편도함수는 다음과 같이 표기한다.

$$\frac{\partial}{\partial x}\left(\frac{\partial f}{\partial x}\right) = \frac{\partial^2 f}{\partial x^2}, \quad \frac{\partial}{\partial x}\left(\frac{\partial f}{\partial y}\right) = \frac{\partial^2 f}{\partial x \partial y}, \quad \frac{\partial}{\partial y}\left(\frac{\partial f}{\partial x}\right) = \frac{\partial^2 f}{\partial y \partial x}, \quad \frac{\partial}{\partial y}\left(\frac{\partial f}{\partial y}\right) = \frac{\partial^2 f}{\partial y^2}$$

간단히 하기 위해 일계편도함수와 이계편도함수에서 '도함수(derivative)'를 생략하고 '일계편미분' 또는 '이계편미분'이라고 하기도 한다.

4 자세한 설명은 『Further Mathematics for Economic Analysis(2nd ed.)』를 참고하라.

EX 14.2.4 [EX 14.2.1(a)]의 함수에 대한 두 일계편도함수를 각각 편미분하면 다음과 같다.

$$\frac{\partial^2 f}{\partial x^2}=6xy+2y^2,\quad \frac{\partial^2 f}{\partial y\partial x}=3x^2+4xy,\quad \frac{\partial^2 f}{\partial x\partial y}=3x^2+4xy,\quad \frac{\partial^2 f}{\partial y^2}=2x^2+2$$

일계편도함수와 마찬가지로 이계편도함수에 대한 몇 가지 다른 표기법도 자주 사용된다. 예를 들어 $\frac{\partial^2 f}{\partial x^2}$은 $f''_{11}(x,\ y)$ 또는 $f''_{xx}(x,\ y)$로 표기하고, $\frac{\partial^2 f}{\partial y\partial x}$는 $f''_{12}(x,\ y)$ 또는 $f''_{xy}(x,\ y)$로 표기한다. 여기서 $f''_{12}(x,\ y)$는 첫 번째 인수 x를 기준으로 $f(x,\ y)$를 미분한 다음 두 번째 인수 y를 기준으로 미분한다는 뜻이다. $f''_{21}(x,\ y)$를 구하려면 역순으로 미분해야 한다. 이러한 규칙은 다음을 의미한다.

$$f''_{xy}(x,\ y)=\frac{\partial}{\partial y}\frac{\partial f}{\partial x}=\frac{\partial^2 f}{\partial y\partial x},\quad f''_{yx}(x,\ y)=\frac{\partial}{\partial x}\frac{\partial f}{\partial y}=\frac{\partial^2 f}{\partial x\partial y} \tag{14.2.8}$$

여기서 각각 x와 y의 순서가 바뀌었다.

[EX 14.2.4]에서 두 이계 교차편도함수(또는 혼합편도함수)는 서로 같다. 함수 $z=f(x,\ y)$에 대해 대부분 다음과 같은 관계가 성립한다.

$$\frac{\partial^2 f}{\partial x\partial y}=\frac{\partial^2 f}{\partial y\partial x} \tag{14.2.9}$$

식 (14.2.9)가 성립할 충분조건은 [정리 14.6.1]을 참고하라.

지금까지 편미분의 다양한 기호와 정확한 의미를 소개했는데, 의미를 정확하게 알아야 한다. 예를 들어 $\partial x\partial y$가 $\partial y\partial x$와 같으므로 식 (14.2.9)의 두 식이 서로 같다고 믿는 심각한 실수를 저지르면 안 된다. 식 (14.2.8)에서 분명히 알 수 있듯이 식 (14.2.9)의 좌변은 $\frac{\partial f}{\partial y}$의 x에 대한 편도함수이고, 우변은 $\frac{\partial f}{\partial x}$의 y에 대한 편도함수이다. 이 두 식이 일반적으로 서로 같다는 사실은 자명하지 않다. 오히려 놀라운 일이다. 또한 $\frac{\partial^2 z}{\partial x^2}$은 $\left(\frac{\partial z}{\partial x}\right)^2$과 서로 다르다. 예를 들어 $z=x^2+y^2$이면 $\frac{\partial z}{\partial x}=2x$이다. 따라서 $\frac{\partial^2 z}{\partial x^2}=2$인 반면, $\left(\frac{\partial z}{\partial x}\right)^2=4x^2$이다.

삼계, 사계, 그 이상의 편미분도 유사하게 정의할 수 있다. 예를 들어 $\frac{\partial^4 z}{\partial x\partial y^3}=z^{(4)}_{yyyx}$는 먼저 z를 y에 대해 세 번 미분한 다음, 그 결과를 x에 대해 한 번 더 미분했음을 나타낸다.

EX 14.2.5 $f(x,\ y)=x^3e^{y^2}$일 때 $(x,\ y)=(1,\ 0)$에서 일계편도함수와 이계편도함수를 각각 구하라.

풀이

$f'_1(x,\ y)$를 구하기 위해 y를 상수로 두고 $x^3e^{y^2}$을 x에 대해 미분한다. y가 상수이면 e^{y^2}도 상수이므로 $f'_1(x,\ y)=3x^2e^{y^2}$이다. 따라서 점 $(x,\ y)=(1,\ 0)$에서 다음과 같다.

$$f'_1(1,\ 0)=3\cdot 1^2e^{0^2}=3$$

$f'_2(x,\ y)$를 구하려면 x를 상수로 두고 $f(x,\ y)$를 y에 대해 미분한다.

$$f'_2(x, y) = x^3 2ye^{y^2} = 2x^3ye^{y^2}$$

따라서 점 $(x, y) = (1, 0)$에서 $f'_2(1, 0) = 0$이다. 이계편도함수 $f''_{11}(x, y)$를 구하려면 y를 상수로 두고 $f'_1(x, y)$를 x에 대해 미분해야 한다. $f''_{11}(x, y) = 6xe^{y^2}$이므로 다음과 같다.

$$f''_{11}(1, 0) = 6 \cdot 1e^{0^2} = 6$$

$f''_{22}(x, y)$를 구하려면 x를 상수로 두고 $f'_2(x, y) = 2x^3ye^{y^2}$을 y에 대해 미분해야 한다. ye^{y^2}은 각각 y를 포함하는 두 함수의 곱이므로 다음을 얻는다.

$$f''_{22}(x, y) = (2x^3)\left(1 \cdot e^{y^2} + y \cdot 2ye^{y^2}\right) = 2x^3e^{y^2} + 4x^3y^2e^{y^2}$$

따라서 점 $(1, 0)$에서 $f''_{22}(1, 0) = 2$이다. 또한 다음을 얻는다.

$$f''_{12}(x, y) = \frac{\partial}{\partial y}\{f'_1(x, y)\} = \frac{\partial}{\partial y}\left(3x^2e^{y^2}\right) = 3x^2 \cdot 2ye^{y^2} = 6x^2ye^{y^2}$$

$$f''_{21}(x, y) = \frac{\partial}{\partial x}\{f'_2(x, y)\} = \frac{\partial}{\partial x}\left(2x^3ye^{y^2}\right) = 6x^2ye^{y^2}$$

그러므로 모든 x와 y에 대해 $f''_{12}(x, y) = f''_{21}(x, y)$이며, $f''_{12}(1, 0) = f''_{21}(1, 0) = 0$이다.

14.2 연습문제

1 다음 함수에 대해 $\dfrac{\partial z}{\partial x}$와 $\dfrac{\partial z}{\partial y}$를 구하라.

(a) $z = 2x + 3y$ (b) $z = x^2 + y^3$

(c) $z = x^3y^4$ (d) $z = (x+y)^2$

2 다음 함수에 대해 $\dfrac{\partial z}{\partial x}$와 $\dfrac{\partial z}{\partial y}$를 구하라.

(a) $z = x^2 + 3y^2$ (b) $z = xy$

(c) $z = 5x^4y^2 - 2xy^5$ (d) $z = e^{x+y}$

(e) $z = e^{xy}$ (f) $z = \dfrac{e^x}{y}$

(g) $z = \ln(x+y)$ (h) $z = \ln(xy)$

3 다음 함수에 대해 $f'_1(x, y)$, $f'_2(x, y)$, $f''_{12}(x, y)$를 구하라.

(a) $f(x, y) = x^7 - y^7$ (b) $f(x, y) = x^5 \ln y$

(c) $f(x, y) = \left(x^2 - 2y^2\right)^5$

4 다음 함수에 대해 일계편도함수와 이계편도함수를 모두 구하라.

(a) $z = 3x + 4y$ (b) $z = x^3y^2$

(c) $z = x^5 - 3x^2y + y^6$ (d) $z = \dfrac{x}{y}$

(e) $z = \dfrac{x-y}{x+y}$ (f) $z = \sqrt{x^2 + y^2}$

5 다음 함수에 대해 일계편도함수와 이계편도함수를 모두 구하라.

(a) $z = x^2 + e^{2y}$ (b) $z = y\ln x$

(c) $z = xy^2 - e^{xy}$ (d) $z = x^y$

6 특정 어업에 대한 예상 어획량을 추정하는 함수가 $F(S, E) = 2.26S^{0.44}E^{0.48}$이라 하자. 여기서 S는 랍스터의 자원량, E는 어획 노력, $F(S, E)$는 어획량을 나타낸다. 물음에 답하라.

(a) $F'_S(S, E)$와 $F'_E(S, E)$를 구하라.

(b) 적절한 상수 k에 대해 $SF'_S + EF'_E = kF$임을 보여라.

7 $z=(ax+by)^2$이면 $xz'_x+yz'_y=2z$임을 증명하라.

8 $z=\frac{1}{2}\ln(x^2+y^2)$이라 하자. $\frac{\partial^2 z}{\partial x^2}+\frac{\partial^2 z}{\partial y^2}=0$임을 보여라.

9 어느 가구가 첫 번째 재화를 x단위 소비하고, 두 번째 재화를 y단위 소비할 때, 이 가구의 만족도함수는 $s(x, y)=2\ln x+4\ln y$로 측정된다고 한다. 이 가구가 현재 첫 번째 재화를 20단위, 두 번째 재화를 30단위 소비한다고 가정하자. 다음 경우에 이 가구의 만족도는 대략 얼마나 증가할지 구하라.

(a) 첫 번째 재화를 1단위 더 소비

(b) 두 번째 재화를 1단위 더 소비

14.3 기하적 표현

일변수함수를 학습할 때 좌표평면에서 함수를 그래프로 표현하는 것이 얼마나 유용한지 보았다. 이 절에서는 이변수함수를 3차원 공간에서 곡면을 형성하는 그래프로 시각화하는 방법을 살펴본다.

이변수함수의 그래프

$z=f(x, y)$가 xy평면의 정의역 D에서 정의된 이변수함수라고 가정하자. 함수 f의 **그래프**는 (x, y)가 D의 전체를 통과하게 하여 얻을 수 있는 3차원 공간 위의 모든 점 $(x, y, f(x, y))$을 모은 집합이다. f가 충분히 좋은 함수라면 [그림 14.3.1]과 같이 f의 그래프는 3차원 공간에서 연결된 부드러운 곡면이 될 것이다. 특히 점 (x_0, y_0)가 정의역 D 위의 한 점일 때, (x_0, y_0)에서 f의 높이를 $f(x_0, y_0)$로 두어 해당 곡면 위의 점 $P=(x_0, y_0, f(x_0, y_0))$를 얻을 수 있다.

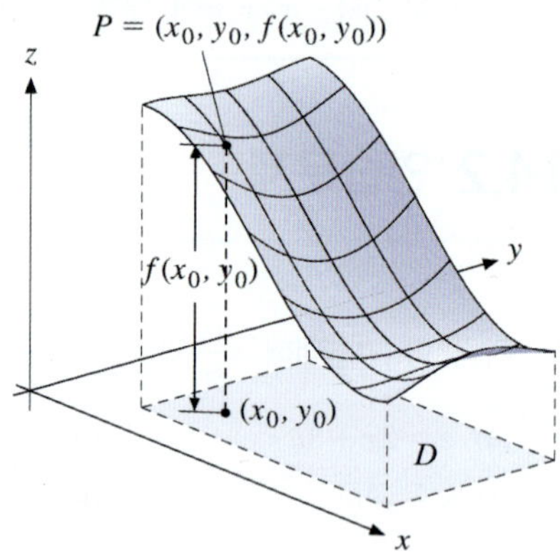

그림 14.3.1 $z=f(x, y)$**의 그래프**

3D 프린터(또는 시간과 자원이 충분한 재능있는 조각가)는 당연히 함수 $z=f(x, y)$의 3차원 그래프 또는 한 가지 예로 [그림 14.3.2]와 같은 함수 $z=x^4-3x^2y^2+y^4$의 그래프를 만들 수 있다. [그림 14.3.1]과 [그림 14.3.2]는 3차원 입체를 2차원으로 나타냈는데, 이러한 그림을 그리는 데에도 어느 정도 예술적인 능력이 필요하다.[5] 이제 이 책과 같이 2차원에 국한되어 있을 때 더 잘 표현되는 기하적 표현을 살펴보자.

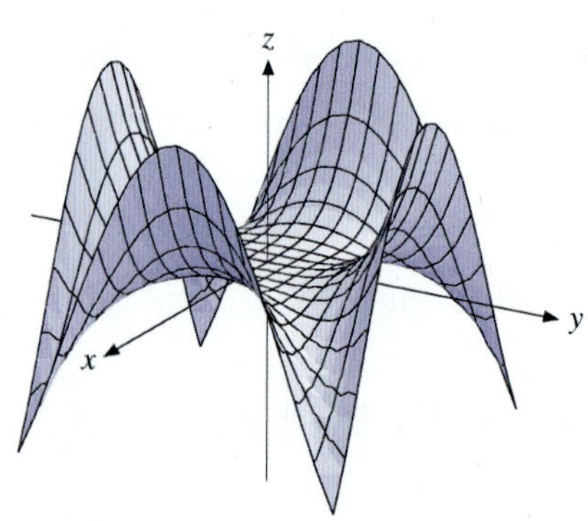

그림 14.3.2 $z=x^4-3x^2y^2+y^4$**의 그래프**

5 컴퓨터 그래픽스는 매우 복잡한 이변수함수에 대한 그래프를 꽤 쉽게 만들 수 있다. 그래프의 모양을 잘 표시하기 위해 회전하거나 색을 입히거나 다른 방식으로 변형할 수도 있다.

등위선

지도 제작 전문가들은 평면 위에서도 언덕과 골짜기 같은 지형의 특징을 묘사할 수 있다. 일반적으로 **등고선**(contour)이라는 **등위선**(level curve)을 사용하는데, 이는 지도상에서 해발 고도가 동일한 지점을 연결하는 선이다. 예를 들어 어떤 등고선은 해발 100미터를 나타내고, 다른 등고선은 200미터, 300미터, 400미터 등을 나타낼 수 있다. 해안가나 사해로 흘러드는 요르단강 계곡과 같은 곳에서는 해발 100미터 아래 등고선이 있을 수 있다. 등고선이 서로 가까울수록 경사가 더 가파른 언덕을 나타낸다. 따라서 등고선 지도를 자세히 연구하면 지표면의 고도 변화에 대한 좋은 정보를 얻을 수 있다.

동일한 아이디어를 사용하여 임의의 함수 $z = f(x, y)$를 기하학적으로 표현할 수 있다. 3차원 공간에서 함수의 그래프는 xy평면에 평행한 수평면으로 잘린 것으로 시각화한다. 그런 다음 각 평면과 그래프 사이의 교점이 xy평면에 사영된다. 교차하는 평면이 $z = c$일 때, 교점을 xy평면에 사영한 것을 f에 대한 높이 c의 **등위선**이라 한다. 이 등위선은 방정식 $f(x, y) = c$를 만족하는 모든 점으로 구성된다. [그림 14.3.3]은 이러한 등위선을 만드는 방법을 설명한다.

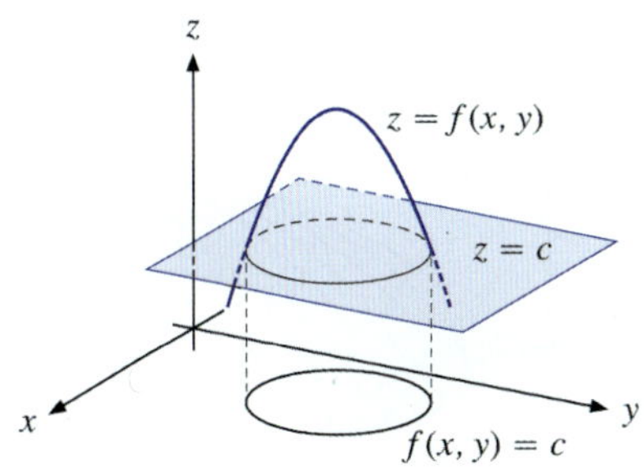

그림 14.3.3 $z = f(x, y)$의 그래프와 그 등위선 중 하나

EX 14.3.1 다음 식으로 정의된 이변수함수를 생각하자.

$$z = x^2 + y^2 \qquad (*)$$

등위선은 어떻게 되는가? 등위선의 한 집합과 함수의 그래프를 각각 그려라.

풀이

변수 z는 0보다 크거나 같아야 한다. 각 등위선은 어떤 $c \geq 0$에 대해 방정식 $x^2 + y^2 = c$를 만족한다. 등위선은 [그림 14.3.4]처럼 원점을 중심으로 하고 반지름이 $\sqrt{c}$인 xy평면상의 원이며, [그림 14.3.4]는 $c = 1, 2, 3, 4, 5$에 대한 등위선을 나타낸다.

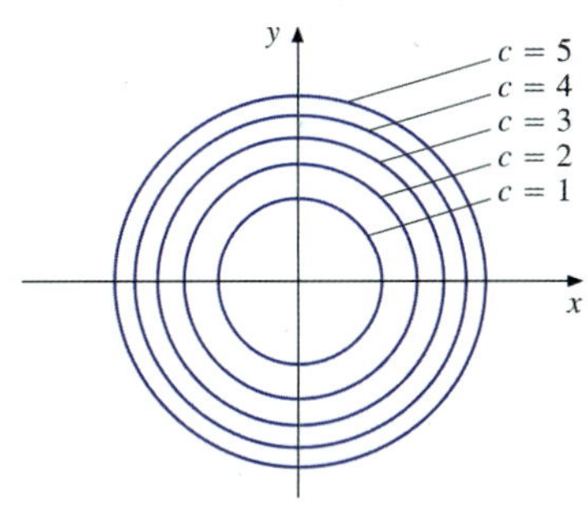

그림 14.3.4 $x^2 + y^2 = c$의 해

이제 식 (*)로 정의된 함수의 3차원 그래프를 살펴보자. $y = 0$일 때 $z = x^2$인데, 이는 함수 (*)의 그래프가 xz평면(평면 $y = 0$)을 포물선으로 잘라낸다는 의미이다. 마찬가지로 $x = 0$일 때 $z = y^2$은 yz평면에서 포물선 그래프이다. 실제로 함수 (*)의 그래프는 z축을 중심으로 포물선 $z = x^2$을 회전하면 얻을 수 있다. 이러한 회전면을 **포물면**(paraboloid)이라 하며, [그림 14.3.5]에 이 포물면의 가장 낮은 부분이 나타나 있다. 또한 이 그림은 [그림 14.3.4]에 표시한 xy평면 위의 등위선 5개와, $z = x^2 + y^2$ 위에서 등위선에 대응하는 원 5개를 나타낸다.

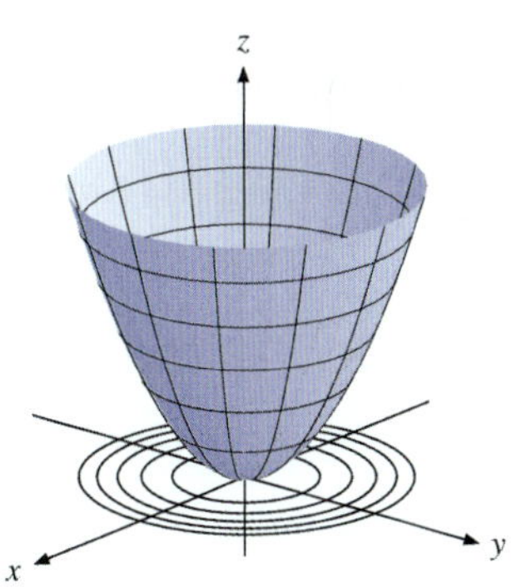

그림 14.3.5 $z = x^2 + y^2$의 그래프

EX 14.3.2 자본과 노동의 투입량을 각각 K와 L이라 할 때 어느 회사의 생산량을 $F(K, L)$이라고 하자. 이 생산함수의 등위선은 Y_0가 상수일 때 KL평면에서 $F(K, L) = Y_0$를 만족하는 곡선이다. 이 곡선을 **등생산량곡선**(isoquant)이라 하며 '동일한 양'을 의미한다. 콥-더글러스 함수 $F(K, L) = AK^aL^b$을 생각해보자. 여기서 $a+b=1$, $A>0$이다. [그림 14.3.6]과 [그림 14.3.7]은 각각 원점 근처의 그래프 일부와 등생산량곡선 3개를 보여준다.

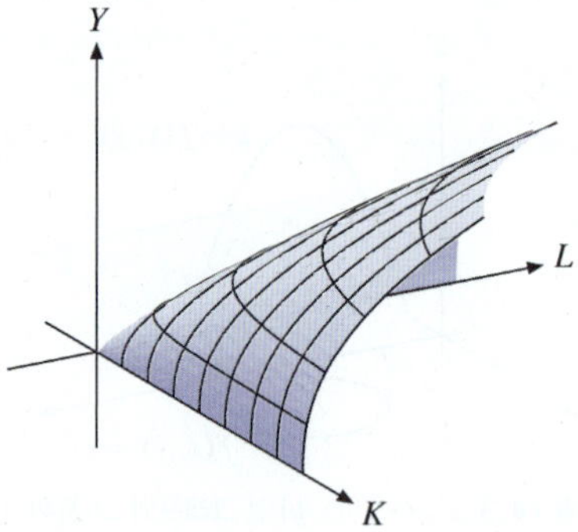

그림 14.3.6 콥-더글러스 생산함수의 그래프

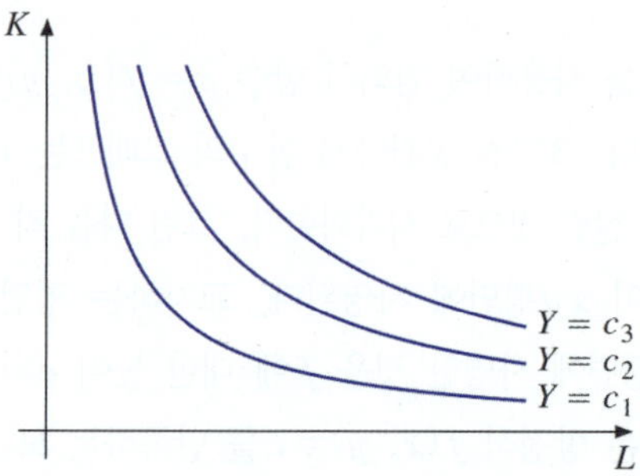

그림 14.3.7 콥-더글러스 생산함수의 등생산량곡선

EX 14.3.3 함수 $g(x, y) = \dfrac{3(xy+1)^2}{x^4y^4-1}$에서 $xy=3$을 만족하는 모든 점 (x, y)는 동일한 등위선 위에 있음을 증명하라.

풀이

식 g에 $xy=3$을 대입하면 다음을 얻는다.

$$g(x, y) = \frac{3(xy+1)^2}{(xy)^4-1} = \frac{3(3+1)^2}{3^4-1} = \frac{48}{80} = \frac{3}{5}$$

이는 $xy=3$인 모든 (x, y)에 대해 $g(x, y)$ 값은 상수 $\dfrac{3}{5}$임을 보여준다. 따라서 $xy=3$인 모든 점 (x, y)는 g에 대해 (높이가 $\dfrac{3}{5}$인) 등위선 위에 있다.[6]

편도함수의 기하적 해석

일계편도함수를 기하적으로 해석하면 흥미로운 부분이 있다. 그래프가 [그림 14.3.8]과 같이 나타나는 이변수함수 $z=f(x, y)$를 생각하고, y 값을 b로 고정하자. f의 그래프에서 $y=b$인 점 $(x, y, f(x, y))$는 그림에 표현된 곡선 K_y 위에 있다. 편도함수 $f'_x(a, b)$는 $x=a$에서 x에 대한 $z=f(x, b)$의 도함수이고, 따라서 $x=a$에서 곡선 K_y에 대한 접선 l_y의 기울기이다. 같은 방식으로 $f'_y(a, b)$는 $y=b$에서 곡선 K_x에 대한 접선 l_x의 기울기이다.

6 실제로 $xy=c\neq\pm1$이면 언제나 $g(x, y) = \dfrac{3(c+1)^2}{c^4-1}$이므로 이 식은 모든 $c\neq1$에 대한 g의 등위선을 나타낸다.

두 편도함수에 대한 기하적 해석은 다른 방식으로 설명할 수 있다. [그림 14.3.8]과 같이 함수 f의 그래프가 산의 표면처럼 보인다고 하자. 우리는 3차원 좌표가 $(a,\ b,\ f(a,\ b))$인 점 P에 서 있고, 높이는 xy평면 위에서 $f(a,\ b)$단위라고 가정한다. P에서 지면의 경사는 바라보는 방향에 따라 달라진다. 특별히 x축과 평행한 양의 방향을 바라본다고 가정하자. 그러면 $f'_x(a,\ b)$는 이 방향의 **경사도**를 측정한 값으로, [그림 14.3.8]에서는 음수이다. 이는 접선 l_x를 따라 P에서 x가 증가하는 방향으로 멀어지면 아래쪽으로 내려가기 때문이다. 또한 [그림 14.3.8]에서 $f'_y(x_0,\ y_0)$는 접선 l_y를 따라 y가 증가하는 방향으로 경사도를 측정한다. [그림 14.3.8]에서 $f'_y(x_0,\ y_0)$는 양수이며, 이는 이 방향의 기울기가 위쪽임을 의미한다.

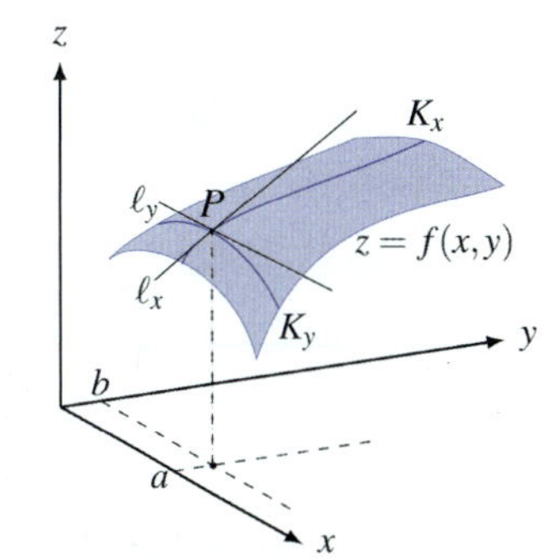

그림 14.3.8 편도함수

이제 이계도함수 f''_{xx}와 f''_{yy}의 **직접적인** 기하적 해석을 간단히 살펴보자. [그림 14.3.8]에 있는 f의 그래프에서 곡선 K_y를 보자. 이 곡선을 따라 x가 증가할 때 $f'_x(a,\ b)$가 감소하므로 $f''_{xx}(x,\ b)$는 음수인 것으로 보인다. 같은 방식으로 K_x를 따라 이동하면 y가 증가할 때 $f'_y(a,\ y)$가 감소하므로 $f''_{yy}(a,\ y) < 0$이다. 특히 $f''_{yy}(a,\ b) < 0$이다. 교차편도함수 f''_{xy}와 f''_{yx}는 기하적으로 해석하기 쉽지 않다. 예를 들어 [그림 14.3.8]의 곡선 K_y를 생각해보자. 그 위치는 y 값, 즉 b에 의해 결정되는데, 이 값은 x에 대한 편미분을 계산할 때 고정된 상태로 유지된다. 첫 번째 편도함수는 $f'_x(x,\ b)$로, 직선 l_y의 x축 방향으로의 기울기이다. 이제 b를 약간 증가시켜 곡선 K_y가 y축 방향으로 밀려나게 한다고 가정하자. 물론 직선 l_y도 밀려나며, 그 기울기는 변할 수 있다. 교차편도함수 f''_{xy}는 그 변화의 크기를 측정한다.

EX 14.3.4 [그림 14.3.9]는 함수 $z = f(x,\ y)$의 등위선 중 일부를 나타낸다. 물음에 답하라.

(a) 점 P와 Q에서 $f'_x(x,\ y)$와 $f'_y(x,\ y)$의 부호를 각각 구하라. $f'_x(3,\ 1)$ 값도 추정하라.

(b) 방정식 ❶ $f(3,\ y) = 4$, ❷ $f(x,\ 4) = 6$의 해를 각각 구하라.

(c) $x = 2$일 때 $f(x,\ y)$가 가질 수 있는 최댓값을 구하라. 이 최댓값에서 y 값을 구하라.

풀이

(a) 점 P에 서 있으면 등위선 $f(x,\ y) = 2$ 위에 있다. x축의 양의 방향에서 직선 $y = 4$를 따라가면 가장 가까운 등위선이 더 큰 z 값을 가지므로 지형이 위쪽으로 경사진 것을 알 수 있다. 따라서 $f'_x > 0$이다. 하지만 점 P에서 y축의 양의 방향으로 보면 지형이 아래쪽으로 기울어진다. 그러므로 P에서 $f'_y < 0$이어야 한다. 점 Q에서도 마찬가지로 $f'_x < 0$과 $f'_y > 0$임을 알 수 있다. 마지막으로 다음 근사가 성립한다.[7]

$$f'_x(3,\ 1) \approx f(4,\ 1) - f(3,\ 1) = 2 - 4 = -2$$

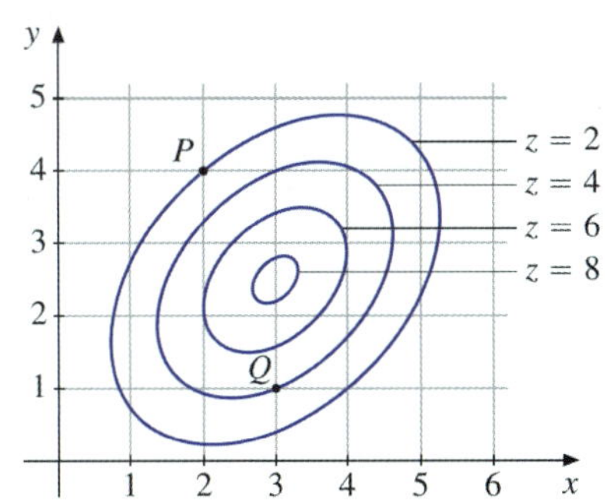

그림 14.3.9 함수 $z = f(x,\ y)$의 등위선

7 이 근삿값은 사실 정확하지 않다. $y = 1$로 고정하고 x를 1단위 줄이면 $f(2,\ 1) \approx 4$이므로 $f'_x(3,\ 1) \approx 4 - 4 = 0$으로 추정된다. 이 '지도'에는 점 Q의 근처에 등고선이 거의 없다.

1 수학 기초 개념
2 일변수 미분적분학
3 기초 선형대수학
4 다변수 미분적분학
5 다변수 최적화

(b) 직선 $x=3$이 두 점 $(3,\ 1)$과 $(3,\ 4)$에서 등위선 $f(x,\ y)=4$를 지나므로 방정식 ❶의 해는 $y=1$과 $y=4$이다. 방정식 ❷는 직선 $y=4$가 등위선 $f(x,\ y)=6$을 전혀 만족하지 않으므로 해가 없다.

(c) 등위선 $f(x,\ y)=c$가 직선 $x=2$와 공통인 점을 가질 때 c의 최댓값은 $c=6$이다. 따라서 $x=2$일 때 $f(x,\ y)$의 최댓값은 6이다. [그림 14.3.9]에 따르면 이 최댓값은 $y\approx 2.2$일 때 얻을 수 있다.

기울기

xy평면에서 두 편도함수를 기하적으로 해석하며 이 절을 마무리하겠다. $(x,\ y)=(a,\ b)$인 어떤 점에서도 이들은 다음과 같은 순서쌍으로 함께 쓸 수 있다.

$$(f'_1(a,\ b),\ f'_2(a,\ b)) \tag{14.3.1}$$

이 순서쌍은 평면 위의 한 점을 나타내며, [그림 14.3.10]에서는 $\nabla f(a,\ b)$로 표기한다.[8]

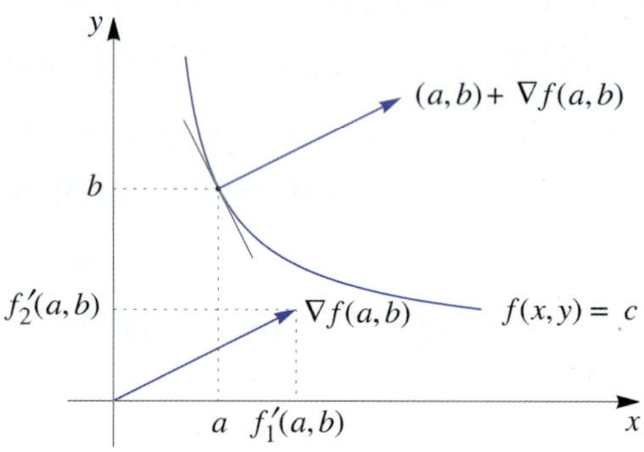

그림 14.3.10 기울기 벡터

이제 [그림 12.9.1]은 원점에서 시작하여 $\nabla f(a,\ b)$에서 끝나는 이동에 해당하는 2차원 벡터를 화살표로 나타냈다고 볼 수 있다. [그림 12.9.2]와 같이 이 벡터의 시작점을 원점이 아니라 점 $(a,\ b)$로 옮긴다고 가정해보자. 그러면 [그림 14.3.10]에서 이렇게 이동한 벡터가 끝나는 점은 식 (14.3.1)의 순서쌍에 $(a,\ b)$를 더하여 구할 수 있는 좌표를 가진다.

$$(a,\ b)+\nabla f(a,\ b)=(a+f'_1(a,\ b),\ b+f'_2(a,\ b))$$

이러한 성질로 인해 식 (14.3.1)의 순서쌍 $\nabla f(a,\ b)$를 점 $a,\ b$에서 함수 f의 **기울기 벡터**(gradient vector)로 정의할 수 있다.

또한 [그림 14.3.10]에는 $(a,\ b)$에서 $(a,\ b)+\nabla f(a,\ b)$로 가는 이동된 벡터에 수직이며 점 $(a,\ b)$를 지나는 직선을 그렸다. 그림에서 알 수 있듯이 이 직선은 해당 점에서 $(a,\ b)$를 지나는 등위선의 접선이다. 다음과 같이 기억해야 할 중요한 개념 세 가지를 소개한다.[9]

8 △을 뒤집은 것처럼 보이는 기호 ∇는 '나블라(nabla)' 또는 '델(del)'로 읽는다. 고대 그리스인들이 하프를 가리킬 때 '나블라'라고 했는데, 그 기원에 대해서는 논란이 있다.

9 자세한 설명은 『Further Mathematics for Economic Analysis(2nd ed.)』를 참고하라.

❶ 화살표에 수직인 직선은 등위선과 접하므로 해당 직선을 따라 $(x,\ y)$를 조금만 변경해도 함숫값은 변하지 않는다.

❷ 반면에 화살표 방향으로 $(x,\ y)$를 조금만 변경하면 함숫값이 가장 빠르게 증가한다. 화살표 반대 방향으로 조금씩 변경하면 함숫값이 가장 빠르게 감소한다.

❸ 화살표의 길이는 $(x,\ y)$ 방향으로 증가할 때 함수가 증가하는 속도를 나타낸다. 화살표가 길수록 증가 속도가 빠르다.

식 (14.3.1)에서 정의한 기울기 벡터는 매우 유용하다. 고급 수준의 미분적분학에서 기울기 벡터는 $(x,\ y)$의 두 축 중 하나에 평행한 경우를 비롯해 평면의 모든 방향으로의 변화로 일반화하여 해석할 수 있다. 또한 n차원 벡터 $\mathbf{x}^0=(x_1^0,\ \cdots,\ x_n^0)$에서 미분가능한 n변수함수 $z=f(x_1,\ \cdots,\ x_n)=f(\mathbf{x})$가 주어지면, 등위면(level surface)에 대한 접선과 다른 방향으로 f가 증가하는 속도에 관해 유사한 결과가 존재한다.[10] 이러한 결과는 다음과 같은 $\mathbf{x}^0$에서의 f의 기울기 n차원 벡터가 포함된다.

$$\nabla f(\mathbf{x}^0)=\left(f'_1(\mathbf{x}^0),\ f'_2(\mathbf{x}^0),\ \cdots,\ f'_n(\mathbf{x}^0)\right) \tag{14.3.2}$$

14.3 연습문제

1 $x^2+y^2=6$이 함수 $f(x,\ y)=\sqrt{x^2+y^2}-x^2-y^2+2$의 등위선임을 보여라.

2 임의의 상수 c에 대해 곡선 $x^2-y^2=c$가 함수 $f(x,\ y)=e^{x^2}e^{-y^2}+x^4-2x^{2y^2}+y^4$의 등위선임을 보여라.

3 함수 $z=f(x,\ y)$의 서로 다른 z 값에 해당하는 두 등위선이 서로 교차할 수 없는 이유를 설명하라.

4 일변수함수 $f(x)$에 대해 식 $g(x,\ y)=f(x)$는 식에 y가 없는 이변수함수를 정의한다. f의 그래프에서 g의 그래프를 어떻게 얻는지 설명하라. 두 함수 $f(x)=x$와 $f(x)=-x^3$을 이용하여 상세히 설명하라.

5 다음 함수의 그래프를 3차원 공간에 그리고, 각각에 대해 등위선을 몇 개 그려라.

(a) $z=3-x-y$　　　(b) $z=\sqrt{3-x^2-y^2}$

6 함수 $z=f(x,\ y)$의 일부 등위선이 [그림 14.3.11]과 같다고 하자. 물음에 답하라.

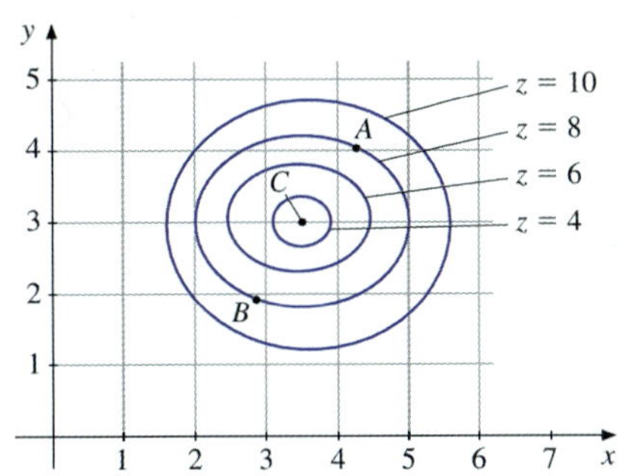

그림 14.3.11 [연습문제 6]의 등위선

(a) $f(2,\ 3)$을 구하라. x에 대한 방정식 $f(x,\ 3)=8$을 풀어라.

(b) $x=2$일 때 $z=f(x,\ y)$의 최솟값을 구하라. 이에 해당하는 y를 구하라.

(c) 세 점 A, B, C에서 $f'_1(x,\ y)$와 $f'_2(x,\ y)$의 부호를 각각 구하라. A에서 이 두 편도함수의 값을 추정하라.

---

10 자세한 설명은 『Further Mathematics for Economic Analysis(2nd ed.)』를 참고하라.

7 함수 $z=f(x, y)$의 일부 등위선과 직선 $2x+3y=12$의 그래프가 [그림 14.3.12]와 같다고 하자. 물음에 답하라.

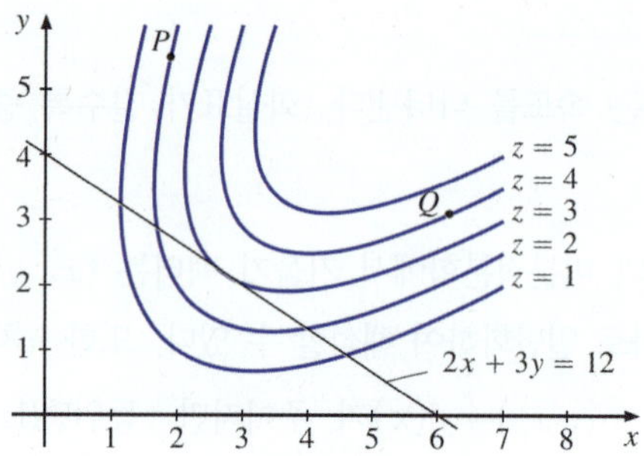

그림 14.3.12 [연습문제 7]의 등위선

(a) 두 점 P와 Q에서 f'_x와 f'_y의 부호를 결정하라.

(b) 방정식 (i) $f(1, y)=2$와 (ii) $f(x, 2)=2$의 해를 구하라.

(c) $2x+3y=12$를 만족하는 점 (x, y) 중에서 함수 $f(x, y)$의 최댓값을 구하라.

8 심화 함수 $F(x, y)$에 대해 다음의 (i)~(iii)이 성립한다고 하자. $F(0, 0)$, $F(1, 0)$, $F(2, 0)$, $F(0, 1)$, $F(1, 1)$의 상대적인 크기에 대해 무엇을 말할 수 있는지 설명하라. 이 다섯 가지 수 사이에 성립하는 부등식을 모두 나타내라.

(i) $F(0, 0)=0$

(ii) 모든 (x, y)에 대해 $F'_1(x, y)\geq 2$

(iii) 모든 (x, y)에 대해 $F'_2(x, y)\leq 1$

14.4 곡면과 거리

5.4절에서 $f(x, y)=c$처럼 두 변수로 된 식을 좌표평면 위의 점 집합, 즉 방정식의 그래프로 표현하는 방법을 살펴보았다. 마찬가지로 $g(x, y, z)=c$처럼 세 변수 x, y, z로 된 식 역시 3차원 공간에 있는 점의 집합으로 표현할 수 있고, 이를 방정식의 그래프라고 한다. 이 그래프는 방정식을 만족하는 모든 순서쌍 (x, y, z)로 구성된다. 이는 종종 3차원 공간에서 **곡면**(surface)이라고 부르는 것을 만든다.

세 변수로 구성된 가장 간단한 방정식 중 하나는 다음과 같다.

$$ax+by+cz=d \tag{14.4.1}$$

여기서 a, b, c는 모두 0이 아니다. 이는 식 (12.10.7)의 특별한 형태이며 3차원 유클리드 공간에서 평면을 나타내는 일반적인 방정식이다. a와 b가 모두 0이 아니라고 가정하면 이 방정식의 그래프는 $z=0$일 때 xy평면과 교차한다. 그러면 $a=b=0$이 아닐 때 xy평면에서 직선 $ax+by=d$가 된다. 같은 방식으로 a, b, c 중 0인 값이 많아야 하나뿐이라면 그래프는 다른 두 좌표평면의 교선이다.

계수의 이름을 바꾼 식이 다음과 같다고 해보자.

$$p_1x_1+p_2x_2+p_3x_3=m \tag{14.4.2}$$

여기서 p_1, p_2, p_3, m은 모두 양수이다. 이 식은 [EX 12.10.3]에서 살펴본 예산식으로, 단위당 가격이 p_1, p_2, p_3인 세 가지 상품에 지출할 수 있는 예산 m을 가진 사람에 대한 식이다. 만약 이 사람이 첫 번째 상품을 x_1단위, 두 번째 상품을 x_2단위, 세 번째 상품을 x_3단위 구매한다면 총지출은 식 (14.4.2)의 좌변과 같다. 지출이 m과 같다면 식 (14.4.2)를 만족하는 묶음 (x_1, x_2, x_3)만을 구매할 수 있다. 이 사람이 세 상품 중 하나라도 음수 소비를 할 수 없지만 지출을 적게 할 수 있다면, **예산집합**은 다음과 같이 정의된다.

$$B=\{(x_1,\ x_2,\ x_3) : p_1x_1+p_2x_2+p_3x_3 \le m,\ x_1 \ge 0,\ x_2 \ge 0,\ x_3 \ge 0\}$$

이는 [그림 12.10.4]와 같이 세 좌표평면과 예산 초평면으로 둘러싸인 3차원 입체를 나타낸다.

또 다른 흥미로운 곡면으로 [그림 14.4.1]과 같이 표현되는 **타원체**(ellipsoid)가 있다. 타원체는 $a>b=c$일 때 점 $(\pm a,\ 0,\ 0)$, $(0,\ \pm b,\ 0)$, $(0,\ 0,\ \pm c)$에서 세 축이 교차한다. 누군가는 이 그래프가 럭비공처럼 생겼다고 생각할 수 있다.

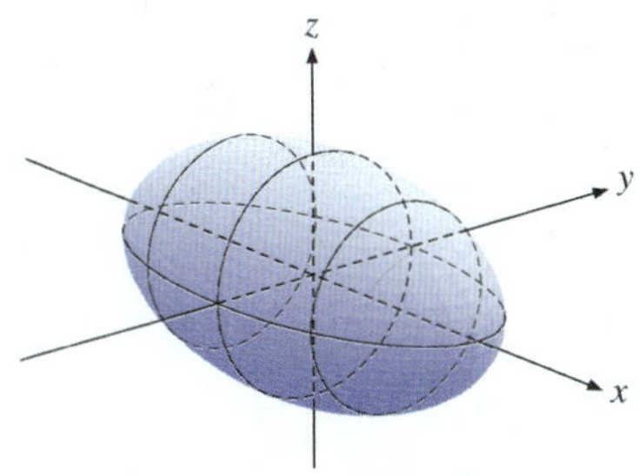

그림 14.4.1 $a>b=c$**일 때** $\frac{x^2}{a^2}+\frac{y^2}{b^2}+\frac{z^2}{c^2}=1$

3차원 공간의 구

3차원 공간의 점 $(a,\ b,\ c)$를 생각하자. 반지름이 r이고 중심이 $(a,\ b,\ c)$인 **구**(sphere)는 점 $(a,\ b,\ c)$에서 거리가 r로 동일한 모든 점 $(x,\ y,\ z)$의 집합이다. 거리 공식 (12.9.1)을 이용하면 다음을 얻는다.

$$\sqrt{(x-a)^2+(y-b)^2+(z-c)^2}=r$$

양변을 제곱하면 다음과 같다.

구의 방정식

중심이 $(a,\ b,\ c)$이고 반지름이 r인 3차원 구의 방정식은 다음과 같다.

$$(x-a)^2+(y-b)^2+(z-c)^2=r^2 \qquad (14.4.3)$$

EX 14.4.1 중심이 $(-2,\ -2,\ -2)$이고 반지름이 4인 구의 방정식을 구하라.

풀이

구의 방정식 (14.4.3)을 적용하면 $\{x-(-2)\}^2+\{y-(-2)\}^2+\{z-(-2)\}^2=4^2$이고, 이 식을 정리하면 $(x+2)^2+(y+2)^2+(z+2)^2=16$이다.

EX 14.4.2 식 $(x+4)^2+(y-3)^2+(z+5)^2$에 대한 해석 중 옳은 것을 고르라.

❶ 중심이 $(-4,\ 3,\ -5)$인 구

❷ 점 $(x,\ y,\ z)$와 점 $(-4,\ 3,\ -5)$ 사이의 거리

❸ 점 $(x,\ y,\ z)$와 점 $(-4,\ 3,\ -5)$ 사이 거리의 제곱

풀이

❸만 옳다.

14.4 연습문제

1 다음 식으로 표현된 3차원 곡면의 그래프를 간단히 그려라.

(a) $x=a$

(b) $y=b$

(c) $z=c$

2 다음 두 점 사이의 거리를 구하라.

(a) $(-1,\ 2,\ 3)$과 $(4,\ -2,\ 0)$

(b) $(a,\ b,\ c)$와 $(a+1,\ b+1,\ c+1)$

3 중심이 $(2,\ 1,\ 1)$이고 반지름이 5인 구의 방정식을 구하라.

4 식 $(x+3)^2+(y-3)^2+(z-4)^2=25$를 기하적으로 해석하라.

5 $z=x^2+y^2$의 그래프가 [그림 14.3.5]와 같은 포물면이라 하자. 점 $(x,\ y,\ z)$가 이 포물면 위에 있다고 가정하고 식 $(x-4)^2+(y-4)^2+\left(z-\frac{1}{2}\right)^2$을 해석하라.

14.5 n변수함수

경제학에서 연구하는 가장 중요한 함수 대부분은 한 국가의 GDP와 같이 독립변수가 매우 많다. 수학과 경제학에서는 이러한 의존관계를 "GDP가 n변수함수이다."라고 표현한다. 12.1절에서 소개한 용어와 표기법에 따라 n개의 수로 구성된 순서쌍 $(x_1,\ x_2,\ \cdots,\ x_n)$을 **$n$차원 벡터**라 하고, 기호 $\mathbf{x}$로 표기한다.

n변수함수

n차원 벡터로 이루어진 정의역 D가 주어질 때, 정의역 D에 있는 정의역 D에 있는 n개의 변수 $x_1,\ x_2,\ \cdots,\ x_n$에 대한 **n변수함수** f는 D에 있는 n차원 벡터 $\mathbf{x}=(x_1,\ x_2,\ \cdots,\ x_n)$마다 다음과 같이 고유한 수를 주는 법칙이다.

$$f(\mathbf{x})=f(x_1,\ x_2,\ \cdots,\ x_n) \tag{14.5.1}$$

EX 14.5.1

(a) 1929년~1935년 동안 미국의 설탕 수요량 x는 근사적으로 다음과 같이 삼변수함수로 추정된다.

$$x=108.83-6.0294p+0.164w-0.4217t$$

여기서 p는 가격, w는 생산지수, t는 연도($t=0$은 1929년에 해당)이다.

(b) 영국의 맥주 수요량 x에 대한 추정식은 다음과 같이 사변수함수이다.

$$x=1.058x_1^{0.136}x_2^{-0.727}x_3^{0.914}x_4^{0.816}$$

여기서 x_1은 개인 소득, x_2는 맥주 가격, x_3는 다른 모든 재화의 일반적인 물가지수, x_4는 맥주 도수이다.

[EX 14.5.1] 중 함수 (a)가 더 간단하다. 왜냐하면 이 함수는 변수 p, w, t에 대한 일차식이기 때문이다. 이 변수들은 서로 곱해지지 않고 상수 계수만 곱해져 있다. 이러한 함수를 **선형함수**라고 한다.[11] 일반적으로 변수가 n개인 선형함수는 다음과 같은 형태이다. 여기서 a_1, a_2, $\cdots$, a_n, b는 상수이다.

$$f(x_1,\ x_2,\ \cdots,\ x_n) = a_1x_1 + a_2x_2 + \ \cdots\ + a_nx_n + b \tag{14.5.2}$$

[EX 14.5.1(b)]에 있는 함수는 식 (14.5.3)과 같은 일반적인 콥–더글러스 함수의 특수한 경우이다.

$$F(x_1,\ x_2,\ \cdots,\ x_n) = Ax_1^{a_1}x_2^{a_2}\cdots\ x_n^{a_n} \tag{14.5.3}$$

여기서 $A>0$이고 a_1, $\cdots$, a_n은 상수이다. 이 함수는 모든 $x_1>0$, $x_2>0$, $\cdots$, $x_n>0$에 대해 정의되고, 이 책에서 매우 자주 사용된다. 식 (14.5.3)의 양변에 자연로그를 취하면 다음과 같다.

$$\ln F = \ln A + a_1\ln x_1 + a_2\ln x_2 + \ \cdots\ + a_n\ln x_n \tag{14.5.4}$$

$\ln F$가 $\ln x_1$, $\ln x_2$, $\cdots$, $\ln x_n$의 선형함수이므로 콥–더글러스 함수가 **로그선형함수** 또는 **ln 선형함수**임을 보여준다.

EX 14.5.2 어느 경제학자가 서로 다른 상점 n군데에서 사과 가격을 양수 x_1, x_2, $\cdots$, x_n으로 기록하고 관찰한다고 하자. 통계학에는 평균 가격을 계산하는 다양한 방법이 있다. 다음 세 가지 방법이 가장 일반적인데, $n=2$인 경우는 2.6절 [연습문제 8]에서 소개한 바 있다.

(a) **산술평균** : $\bar{x}_A = \dfrac{1}{n}(x_1+x_2+\ \cdots\ +x_n)$

(b) **기하평균** : $\bar{x}_G = \sqrt[n]{x_1x_2\cdots\ x_n}$

(c) **조화평균** : $\bar{x}_H = \dfrac{1}{\dfrac{1}{n}\left(\dfrac{1}{x_1}+\dfrac{1}{x_2}+\ \cdots\ +\dfrac{1}{x_n}\right)}$

$\bar{x}_A$는 x_1, $\cdots$, x_n의 선형함수이지만 $\bar{x}_G$와 $\bar{x}_H$는 비선형함수이며, $\bar{x}_G$는 로그선형함수임에 유의하라. 예를 들어 네 관측값이 $x_1=1$, $x_2=2$, $x_3=3$, $x_4=4$라고 하면 산술평균, 기하평균, 조화평균은 각각 다음과 같다.

$$\bar{x}_A = \frac{1+2+3+4}{4} = 2.5,\quad \bar{x}_G = \sqrt[4]{1\cdot 2\cdot 3\cdot 4} = \sqrt[4]{24} \approx 2.21,\quad \bar{x}_H = \left(\frac{\dfrac{1}{1}+\dfrac{1}{2}+\dfrac{1}{3}+\dfrac{1}{4}}{4}\right)^{-1} = \frac{48}{25} = 1.92$$

이 경우 $\bar{x}_H < \bar{x}_G < \bar{x}_A$이다. 2.6절 [연습문제 8]에서 $n=2$일 때 이 부등식이 성립함을 증명했다. 일반적인 n에 대해 다음과 같은 부등식이 성립한다.

$$\bar{x}_H \le \bar{x}_G \le \bar{x}_A \tag{14.5.5}$$

11 이는 다소 일반적인 용어이지만, 많은 수학자들이 $b\neq 0$이면 **아핀함수**(affine function)이고, $b=0$일 때에만 **선형함수**라고 불러야 한다고 주장한다.

EX 14.5.3 어느 가구가 주어진 기간 동안 구매해야 하는 서로 다른 상품 n개의 수량을 결정해야 한다. 소비자수요이론에서는 종종 가구의 선호도를 효용함수 $U(x_1, x_2, \cdots, x_n)$으로 나타낼 수 있다고 가정한다. 여기서 가구는 재화 1을 x_1단위, 재화 2를 x_2단위, …로 구매한다. 이 함수는 경제학적으로 중요한 n변수함수의 예이며, 앞으로도 여러 번 살펴볼 것이다.

소비자수요의 한 가지 모형은 다음과 같이 특정 효용함수에 기반한 **선형소비체계**(linear expenditure system)이다.

$$U(x_1, x_2, \cdots, x_n) = a_1 \ln(x_1 - c_1) + a_2 \ln(x_2 - c_2) + \cdots + a_n \ln(x_n - c_n)$$

이는 $2n$개의 음이 아닌 모수 $a_1, a_2, \cdots, a_n$과 $c_1, c_2, \cdots, c_n$에 의존한다. 여기서 각 c_i는 가구가 살아남는 데 필요한 재화 i의 양을 의미하고, 일부 또는 모든 c_i가 0일 수 있다. $\ln z$는 $z > 0$일 때에만 정의되므로 $U(x_1, x_2, \cdots, x_n)$이 정의되려면 n개의 부등식 $x_1 > c_1$, $x_2 > c_2$, …, $x_n > c_n$이 모두 성립해야 한다. 물론 조건 $a_i > 0$은 소비자가 특정 재화 i의 소비량을 늘리면 효용이 증가함을 의미한다.

n 변수함수의 극한과 연속성

7.8절과 7.9절에서 식 (7.8.1)의 일변수함수에 대한 연속성 개념을 살펴보았다. 여기서는 이 개념을 다변수함수로 확장한다. 간략히 말하면, 독립변수인 n차원 벡터 $\mathbf{x}$의 충분히 작은 변화가 함숫값 $f(\mathbf{x})$의 작은 변화를 유도하는 경우 n변수함수 $z = f(x_1, x_2, \cdots, x_n) = f(\mathbf{x})$를 **연속**이라 한다. 이를 더 명확히 하려면 먼저 n차원 벡터 $\mathbf{x}$의 '작은 변화'가 무엇을 의미하는지 명시해야 한다. 1차원에서 $|x-a|$가 작으면 a에서 x까지의 변화가 작다고 말한다. 물론 $|x-a| = \sqrt{(x-a)^2}$이다. 그러면 n차원에서는 식 (12.9.3)에서 정의한 것처럼 두 벡터의 차 $\mathbf{x}-\mathbf{a}$를 노름 $\|\mathbf{x}-\mathbf{a}\|$로 생각할 수 있다.

$$\|\mathbf{x}-\mathbf{a}\| = \sqrt{(x_1-a_1)^2 + (x_2-a_2)^2 + \cdots + (x_n-a_n)^2}$$

특별히 노름 $\|\mathbf{x}-\mathbf{a}\|$가 작으면 $\mathbf{a}$에서 $\mathbf{x}$까지의 변화가 작다고 한다. 이 정의는 6.5절의 극한에 대한 간략한 정의와 7.9절의 조금 더 형식적인 정의에 따라 다음과 같이 n변수함수 $z = f(\mathbf{x})$로 명확하게 확장할 수 있다.

n변수함수의 극한

$\lim_{\mathbf{x}\to\mathbf{a}} f(\mathbf{x}) = A$는 $\|\mathbf{x}-\mathbf{a}\|$가 충분히 작은 모든 $\mathbf{x} \neq \mathbf{a}$에 대해 $|f(\mathbf{x}) - A|$를 원하는 만큼 작게 만들 수 있음을 의미한다. 형식적으로 표현하면 다음과 같다. 각각의 수 $\epsilon > 0$마다 $0 < \|\mathbf{x}-\mathbf{a}\| < \delta$를 만족하는 모든 $\mathbf{x}$에 대해 어떤 관련 있는 수 $\delta > 0$이 존재해서 $|f(\mathbf{x}) - A| < \epsilon$이라 하자. 그러면 $\mathbf{x}$가 $\mathbf{a}$에 가까워질 때 $f(\mathbf{x})$가 극한 A를 가진다고 한다.

다음은 식 (7.8.1)의 정의를 n변수함수로 확장한 것이다.

연속성

$$\lim_{\mathbf{x}\to\mathbf{a}} f(\mathbf{x}) = f(\mathbf{a})\text{이면 함수 } f(\mathbf{x})\text{는 } \mathbf{x}=\mathbf{a}\text{에서 } \textbf{연속}\text{이다.} \quad (14.5.6)$$

일변수함수와 마찬가지로 다음 규칙은 유용하다.

연속성의 보존

연속함수에 덧셈, 뺄셈, 곱셈, 나눗셈, 합성 연산을 적용하여 구성한 임의의 n변수함수는 정의된 모든 영역에서 연속이다.

연속인 일변수함수는 다변수함수로 간주해도 연속이다. 예를 들어 x, y, z에 대한 함수 $f(x, y, z) = x^2$은 연속인데, x, y, z의 작은 변화는 기껏해야 x^2에 작은 변화를 만들기 때문이다.

EX 14.5.4 다음 함수가 연속인 영역을 구하라.

(a) $f(x, y, z) = x^2y + 8x^2y^5z - xy + 8z$

(b) $g(x, y) = \dfrac{xy-3}{x^2+y^2-4}$

풀이

(a) 함수 f는 양의 거듭제곱끼리 곱한 항들의 합이므로 모든 x, y, z에서 정의되고 연속이다.

(b) 함수 g는 원 $x^2+y^2=4$ 위에 있는 점을 제외한 모든 순서쌍 (x, y)에서 정의되고 연속이다. 이 원 위에서는 분모가 0이므로 $g(x, y)$가 정의되지 않는다.

n변수함수의 표현

12.9절에서 n개의 실수로 이루어진 모든 n차원 벡터 $\mathbf{x} = (x_1, x_2, \cdots, x_n)$의 집합으로 n차원 공간 $\mathbb{R}^n$을 소개했다. 식 $z = f(x_1, x_2, \cdots, x_n) = f(\mathbf{x})$가 n변수함수를 나타낸다고 하자. $n=1$일 때 그 그래프는 평면 $\mathbb{R}^2$에서 모든 순서쌍 $(x_1, f(x_1))$으로 구성된 집합으로 정의하며, f의 정의역에 x_1이 있다. $n=2$일 때 그 그래프는 3차원 $\mathbb{R}^3$에서 모든 순서쌍 $(x_1, x_2, f(x_1, x_2))$로 구성된 집합으로 정의하며, f의 정의역에 (x_1, x_2)가 있다. 이는 종종 3차원 공간에서 곡면을 형성한다. $n \geq 3$을 포함하는 일반적인 n의 경우 f의 그래프는 $\mathbb{R}^{n+1}$의 부분집합으로 정의한다. $\mathbb{R}^{n+1}$ 공간의 점은 $\mathbb{R}^2$ 또는 $\mathbb{R}^3$의 점에 비해 명확하게 해석하기 어렵지만, 삼변수 이상의 다변수함수의 그래프에 대해 이 정의를 사용한다.

구체적으로 식 $z = f(x_1, x_2, \cdots, x_n) = f(\mathbf{x})$가 n변수함수를 나타내면, f의 **그래프**를 f의 정의역에 속하는 $\mathbf{x}$에 대해 $\mathbb{R}^{n+1}$ 위의 모든 점 $(\mathbf{x}, f(\mathbf{x}))$의 집합으로 정의한다. 또한 이 그래프를 $\mathbb{R}^{n+1}$ 위의 **곡면**(surface) 또는 때때로 **초곡면**(hypersurface)이라 한다. z가 상수 $z=z_0$인 경우 $\mathbb{R}^n$에서 $f(\mathbf{x}) = z_0$를 만족하는 점의 집합을 f의 **등위면**이라 한다. $n=3$이면 $\mathbb{R}^4$에서 함수의 그래프를 직접 표현할 수 없지만, 원칙적으로 등위선

은 $\mathbb{R}^3$에서 나타낼 수 있다는 점에 유의하라. $f(\mathbf{x})$가 $a_1x_1 + a_2x_2 + \cdots + a_nx_n + b$와 같은 선형함수라고 하자. $n = 2$이면 선이고 $n = 3$이면 평면이며, $n > 3$이면 **초평면**이라 한다.

생산자이론과 소비자이론 모두 일반적으로 등위면에 다른 이름을 붙인다. 서로 다른 n가지 생산요소의 투입량이 각각 $v_1, v_2, \cdots, v_n$일 때 생산량을 $x = f(\mathbf{v}) = f(v_1, v_2, \cdots, v_n)$이라 하면, $f(v_1, v_2, \cdots, v_n) = x_0$ (단, x_0는 상수)인 등위면을 [EX 14.3.2]와 같이 **등생산량면**(isoquant)이라 한다. 부른다. 반면에 $u = U(\mathbf{x})$가 소비자의 선호를 나타내는 효용함수라면, $U(\mathbf{x}) = u_0$인 등위면을 **무차별곡면**(indifference surface)이라 한다.

14.5 연습문제

1 $f(x, y, z) = xy + xz + yz$라고 하자. 물음에 답하라.

(a) $f(-1, 2, 3)$과 $f(a+1, b+1, c+1) - f(a, b, c)$를 구하라.

(b) 모든 t에 대해 $f(tx, ty, tz) = t^2 f(x, y, z)$임을 보여라.

2 우유 생산 연구에 따르면 다음 식이 성립한다.

$$y = 2.90 x_1^{0.015} x_2^{0.250} x_3^{0.350} x_4^{0.408} x_5^{0.030}$$

여기서 y는 우유의 생산량이고, $x_1, \cdots, x_5$는 다섯 가지 요소의 투입량이다. 물음에 답하라.

(a) 모든 생산요소가 두 배가 된다면 y는 어떻게 변하는가?

(b) 주어진 식을 로그-선형 형태로 나타내라.

3 어느 연기금(pension fund)이 주가 변동성이 큰 XYZ 회사의 주식에 7억 2천만 달러를 투자하기로 결정했다. 이 연기금은 모든 금액을 한꺼번에 투자하여 지나치게 높은 가격을 지급하는 위험을 감수하는 대신, 6주 동안 매주 1억 2천만 달러를 투자하는 '달러 비용 평균화' 전략을 사용하기로 했다. 연기금이 주식을 매입하는 데 지급한 비용은 첫 주에 주당 50달러, 그다음 5주 동안 60달러, 45달러, 40달러, 75달러, 80달러이다. 물음에 답하라.

(a) 연기금이 총 몇 주를 매수하는지 구하라.

(b) 산술평균, 기하평균, 조화평균 중 평균 가격을 가장 정확하게 나타내는 것을 구하라.

4 미국 은행 A와 유럽 은행 E가 통화스왑(currency swap)에 합의했다. $w = 1, 2, \cdots, n$의 연속된 n주 동안 은행 A는 은행 E로부터 1억 달러 상당의 유로를 매입하는데, w번째 주의 종가 현물환율(spot exchange)로 결정된 유로당 p_w달러의 가격으로 한다. 물음에 답하라.

(a) 은행 A는 몇 유로를 매입했을지 계산하라.

(b) 평균적으로 지급했을 유로당 달러 가격을 구하라.

5 심화 세 대의 기계 A, B, C가 하루 8시간 동안 각각 제품 60, 80, 40단위를 생산하는 것으로 관찰되었다. 그러면 하루 평균 생산량은 60단위이다. 기계 A, B, C는 각각 8, 6, 12분마다 제품 1단위씩 만드는 것을 알 수 있다. 물음에 답하라.

(a) 모든 기계의 효율이 똑같고 하루에 $60 + 80 + 40 = 180$단위를 공동생산한다면, 제품 1단위를 생산하는 데 필요한 시간을 구하라. 참고로 $\frac{8+6+12}{3}$가 아니다.

(b) n대의 기계 $A_1, A_2, \cdots, A_n$이 길이가 T인 시간 구간 동안 똑같은 제품을 동시에 생산한다고 가정하자. 제품 1단위당 생산 시간이 각각 $t_1, t_2, \cdots, t_n$일 때 총생산량 Q를 구하라. 모든 기계의 효율이 똑같고 T시간 동안 정확히 똑같은 총량 Q를 생산했다면, 각 기계가 제품 1단위를 생산하는 데 필요한 시간은 정확히 $t_1, t_2, \cdots, t_n$의 조화평균 $\bar{t}_H$임을 보여라.

14.6 다변수함수의 편도함수

지난 절에서 다변수함수의 몇 가지 경제학적 사례를 보았다. 따라서 편도함수의 개념을 변수가 2개 이상인 함수로 확장할 필요가 있다.

n변수 편도함수

함수 $z=f(\mathbf{x})=f(x_1,\ x_2,\ \cdots,\ x_n)$을 생각하자. 그러면 $i=1,\ 2,\ \cdots,\ n$에 대해 $\dfrac{\partial f}{\partial x_i}$는 $j\neq i$인 다른 모든 변수 x_j가 일정하게 유지될 때 x_i에 대한 $f(x_1,\ x_2,\ \cdots,\ x_n)$의 편도함수를 나타낸다.

모든 편도함수가 존재한다고 가정하면 $i=1,\ 2,\ \cdots,\ n$인 각 변수 x_i에 대해 하나씩 n개의 일계편도함수가 있다. 함수 $z=f(x_1,\ x_2,\ \cdots,\ x_n)$의 일계편도함수를 나타내는 다른 표기법은 다음과 같다.

$$\frac{\partial f}{\partial x_i}=\frac{\partial z}{\partial x_i}=z'_i=f'_i(x_1,\ x_2,\ \cdots,\ x_n)$$

EX 14.6.1 함수 $f(x_1,\ x_2,\ x_3)=5x_1^2+x_1x_2^3-x_2^2x_3^2+x_3^2$의 일계편도함수 3개를 모두 구하라.

풀이

$f'_1=10x_1+x_2^3,\ f'_2=3x_1x_2^2-2x_2x_3^2,\ f'_3=-2x_2^2x_3+3x_3^2$이다.

식 (14.2.6)처럼 대략적인 근삿값을 다음과 같이 구할 수 있다.

편도함수의 근사

편도함수 $\dfrac{\partial z}{\partial x_i}$는 $j\neq i$인 다른 모든 변수 x_j가 일정하게 유지될 때, x_i가 증가함에 따라 나타나는 함수 $z=f(x_1,\ x_2,\ \cdots,\ x_n)$의 단위 변화와 근사적으로 같다.

이를 식으로 나타내면 작은 h에 대해 다음과 같이 쓸 수 있다.

$$f'_i(x_1,\ \cdots,\ x_n) \approx \frac{f(x_1,\ \cdots,\ x_{i-1},\ x_i+h,\ x_{i+1},\ \cdots,\ x_n)-f(x_1,\ \cdots,\ x_{i-1},\ x_i,\ x_{i+1},\ \cdots,\ x_n)}{h} \tag{14.6.1}$$

f의 n개 일계편도함수에 대해 n개의 이계편도함수가 존재한다.

$$\frac{\partial}{\partial x_j}\left(\frac{\partial f}{\partial x_i}\right)=\frac{\partial^2 f}{\partial x_j \partial x_i}=z''_{ij}$$

여기서 모든 편도함수가 존재한다는 가정이 필요하다. i와 j는 모두 $1,\ 2,\ \cdots,\ n$이 될 수 있으므로 총 n^2개의 이계편도함수가 존재한다. 이러한 이계편도함수를 다음과 같이 $n \times n$ 크기의 정방행렬로 표현하면 편리하다.

$$\mathbf{f}''(\mathbf{x})=\begin{pmatrix} f''_{11}(\mathbf{x}) & f''_{12}(\mathbf{x}) & \cdots & f''_{1n}(\mathbf{x}) \\ f''_{21}(\mathbf{x}) & f''_{22}(\mathbf{x}) & \cdots & f''_{2n}(\mathbf{x}) \\ \vdots & \vdots & \ddots & \vdots \\ f''_{n1}(\mathbf{x}) & f''_{n2}(\mathbf{x}) & \cdots & f''_{nn}(\mathbf{x}) \end{pmatrix} \tag{14.6.2}$$

12장의 용어에 따라 식 (14.6.2)의 우변은 점 $\mathbf{x}=(x_1, x_2, \cdots, x_n)$에서 f의 **헤시안 행렬**(Hessian matrix) 또는 간단히 **헤시안**(Hessian)이라 부르는 $n \times n$ 행렬이다.

동일한 변수를 두 번 미분하여 얻은 n개의 이계편도함수 f''_{ii}를 **직접이계편도함수**(direct second-order partial)라고 한다. $i \neq j$인 다른 $n(n-1)$개의 이계편도함수 f''_{ij}는 **혼합편도함수** 또는 **교차편도함수**라고 한다.

EX 14.6.2 [EX 14.6.1]에 정의된 함수 f의 헤시안 행렬을 구하라.

풀이

[EX 14.6.1]에서 찾은 일계편도함수를 편미분한다. 그 결과 헤시안 행렬은 다음과 같다.

$$\begin{pmatrix} f''_{11} & f''_{12} & f''_{13} \\ f''_{21} & f''_{22} & f''_{23} \\ f''_{31} & f''_{32} & f''_{33} \end{pmatrix}=\begin{pmatrix} 10 & 3x_2^2 & 0 \\ 3x_2^2 & 6x_1x_2-2x_3^2 & -4x_2x_3 \\ 0 & -4x_2x_3 & -2x_2^2+6x_3 \end{pmatrix}$$

EX 14.6.3 임의의 정방행렬 A에 대해 n변수함수의 이차함수 $q(\mathbf{x})$가 n차원 벡터 $\mathbf{x}=(x_1, x_2, \cdots, x_n)$에 대해 다음과 같은 이중합으로 정의된다고 하자.

$$q(\mathbf{x})=\mathbf{x}'\mathrm{A}\mathbf{x}=\sum_{i=1}^{n}\sum_{j=1}^{n}a_{ij}x_ix_j \tag{14.6.3}$$

임의의 n차원 벡터 $\mathbf{x}$에 대해 $q(\mathbf{x})$의 헤시안 행렬 $\mathbf{q}''(\mathbf{x})$는 A와 그 전치행렬의 합인 대칭행렬 A+A′이 됨을 보여라.

풀이

편미분을 더 쉽게 하려면 식 (14.6.3)의 이중합을 다음과 같이 제곱항으로 나누어 다시 쓴다.

$$q(\mathbf{x})=\sum_{i=1}^{n}a_{ii}x_i^2+\sum_{i\neq j}a_{ij}x_ix_j \tag{*}$$

각 $k=1, 2, \cdots, n$에 대해 식 (*)에서 변수 x_k를 포함한 항은 $a_{kk}x_k^2$, $a_{kj}x_kx_j$(단, $i=k$일 때 $j\neq k$), $a_{ik}x_ix_k$(단, $j=k$일 때 $i\neq k$)이다. x_k에 대해 합 (*)를 항별로 미분하면 다음과 같다.

$$q'(\mathbf{x})=\frac{\partial}{\partial x_k}q'(\mathbf{x})=2a_{kk}x_k+\sum_{j\neq k}a_{kj}x_j+\sum_{i\neq k}a_{ik}x_i \tag{**}$$

분명히 $q''_{kk}(\mathbf{x})=2a_{kk}$이다. 또한 $l \neq k$인 각 $l=1,\ 2,\ \cdots,\ n$에 대해 식 (**)에서 변수 x_l을 포함한 항은 $a_{kl}x_l$(단, $j=l$), $a_{lk}x_l$(단, $i=l$)이다. 식 (**)를 한 번 더 편미분하면 $l \neq k$일 때마다 $q''_{kl}(\mathbf{x})=a_{kl}+a_{lk}$가 된다.

요약하면 k를 i로 바꾸고 l을 j로 바꾸면 헤시안 행렬 $\mathbf{q}''(\mathbf{x})$의 모든 성분 $q''_{ij}(\mathbf{x})$는 다음을 만족한다.

$$q''_{ii}=2a_{ii}(\text{단, } i=1,\ \cdots,\ n),\ q''_{ij}=q''_{ji}=a_{ij}+a_{ji}(\text{단, } i,\ j=1,\ \cdots,\ n)$$

전치행렬 A′의 정의에 따라 $q''(\mathbf{x})=\mathrm{A}+\mathrm{A}'$이다.

A가 대칭이므로 A′ = A 처럼 특수한 경우에 식 (14.6.3)은 식 (13.12.9)에서 A와 관련된 이차형식을 정의하고, [EX 14.6.3]은 이 경우 헤시안 행렬이 $q''(\mathbf{x})=2\mathrm{A}$ 임을 보여준다.

영의 정리

[EX 14.6.2]와 [EX 14.6.3]에서 살펴본 바와 같이 $z=f(x_1,\ x_2,\ \cdots,\ x_n)$일 때 두 이계 교차편도함수 z''_{ij}와 z''_{ji}는 일반적으로 일치한다. 즉 다음과 같다.

$$\frac{\partial}{\partial x_j}\left(\frac{\partial f}{\partial x_i}\right)=\frac{\partial}{\partial x_i}\left(\frac{\partial f}{\partial x_j}\right)$$

이는 미분 순서가 중요하지 않으므로 헤시안 행렬이 대칭행렬임을 의미한다. 다음 정리는 일반적인 결과를 명확하게 나타낸다.

정리 14.6.1 영의 정리(Young's theorem)

함수 $f(x_1,\ x_2,\ \cdots,\ x_n)$의 모든 m계편도함수가 연속이라고 가정하자. 이 중 두 개가 각 변수를 같은 횟수만큼 미분한다면, 이 두 편도함수는 반드시 서로 같다.

이 결과를 설명하기 위해 $m=m_1+\ \cdots\ +m_n$을 가정하고 $f(x_1,\ x_2,\ \cdots,\ x_n)$이 x_1에 대해 m_1번, x_2에 대해 m_2번, $\cdots$, x_n에 대해 m_n번 편미분된다고 하자. 물론 정수 $m_1,\ \cdots,\ m_n$ 중 일부는 0이 될 수 있다. 또한 이 모든 m계편도함수가 그 자체로 연속함수라고 가정하자. 그러면 미분 순서와 관계없이 최종 편도함수가 다음과 같으므로 정확히 같은 결과를 얻을 수 있다.

$$\frac{\partial^m f}{\partial x_1^{m_1}\partial x_2^{m_2}\cdots\ \partial x_n^{m_n}}$$

특히 $m=2$일 때 $i=1,\ \cdots,\ n$과 $j=1,\ \cdots,\ n$에 대해 다음을 얻는다.

$$\frac{\partial^2 f}{\partial x_j \partial x_i}=\frac{\partial^2 f}{\partial x_i \partial x_j}$$

여기서 이들 편도함수가 연속이라는 가정이 필요하다. 영의 정리에 대한 증명은 대부분의 고급 미분적분학 교재에 나와 있다. [연습문제 11]은 교차편도함수가 항상 같지는 않다는 것을 보여준다.

편도함수의 공식 정의

14.2절에서 이변수함수의 편도함수에 대한 공식 정의를 살펴보았다. 이 정의는 일변수함수의 도함수 정의를 수정한 것으로, n변수함수에도 같은 방식으로 적용할 수 있다. 실제로 $z=f(x_1, \cdots, x_n)$일 때, 각 $i=1, 2, \cdots, n$에 대해 다음과 같이 하나의 변수 x_i에 대한 함수를 정의할 수 있다.

$$g(x_i)=f(x_1, \cdots, x_{i-1}, x_i, x_{i+1}, \cdots, x_n)$$

여기서 x_i를 제외한 다른 모든 변수 x_j는 상수로 간주한다. 이변수함수의 편도함수에 대한 식 (14.2.4)와 식 (14.2.5)에 적용한 논리를 따르면, 위 함수에 대한 편도함수의 정의는 결국 $\frac{\partial z}{\partial x_i}=g'(x_i)$가 된다. 이제 식 (6.2.2)에 있는 $g'(x_i)$의 정의를 사용하면 극한이 존재한다는 가정에 따라 다음 식을 얻는다.

$$\frac{\partial z}{\partial x_i}=\lim_{h\to 0}\frac{f(x_1, \cdots, x_i+h, \cdots, x_n)-f(x_1, \cdots, x_i, \cdots, x_n)}{h} \tag{14.6.4}$$

14.2절처럼 식 (14.6.4)의 극한이 존재하지 않으면 $\frac{\partial z}{\partial x_i}$가 존재하지 않거나 그 점에서 x_i에 대해 z가 미분불가능하다고 한다. 마찬가지로 $h\neq 0$이 적당히 작다면 식 (14.6.4)의 우변에 있는 분수가 극한에 가까워지므로 식 (14.6.1)과 같이 근사할 수 있다.

우리가 고려하는 거의 모든 함수는 정의역의 모든 곳에서 연속인 편도함수를 가진다. $z=f(x_1, x_2, \cdots, x_n)$이 정의역 D에서 연속인 일계편도함수를 가진다면, f를 D에서 **연속으로 미분가능**(continuously differentiable)하다고 한다. 또한 이때의 f를 D에서 C^1**함수**(C^1 function)라고 한다. k계까지 모든 편도함수가 존재하고 연속이면, f를 C^k**함수**(C^k function)라고 한다.

14.6 연습문제

1 삼변수함수 $F(x, y, z)=x^2e^{xz}+y^3e^{xy}$에 대해 일계편도함수 $F'_1(1, 1, 1)$, $F'_2(1, 1, 1)$, $F'_3(1, 1, 1)$을 계산하라.

2 다음 함수의 모든 일계편도함수를 계산하라.

(a) $f(x, y, z)=x^2+y^3+z^4$

(b) $f(x, y, z)=5x^2-3y^3+3z^4$

(c) $f(x, y, z)=xyz$

(d) $f(x, y, z)=\frac{x^4}{yz}$

(e) $f(x, y, z)=(x^2+y^3+z^4)^6$

(f) $f(x, y, z)=e^{xyz}$

3 두 도시의 인구를 각각 x와 y라 하고, 두 도시 사이 거리를 d라 하자. 두 도시 간 여행객의 수 T는 k와 n이 상수일 때 $T=\frac{kxy}{d^n}$로 주어진다고 하자.[12] $\frac{\partial T}{\partial x}$, $\frac{\partial T}{\partial y}$, $\frac{\partial T}{\partial d}$를 구하고, 그 부호에 대해 논하라.

12 특히 $n=2$일 때 경제학에서는 뉴턴의 두 점 질량 간의 중력 작용에 대한 '역제곱법칙(inverse square law)'을 따라 이를 '중력모형(gravity model)'이라 부르기도 한다.

4 모든 $(x,\ y,\ z)$에 대해 정의된 함수 g가 다음과 같다.

$$g(x,\ y,\ z) = 2x^2 - 4xy + 10y^2 + z^2 - 4x - 28y - z + 24$$

(a) $g(2,\ 1,\ 1)$, $g(3,\ -4,\ 2)$, $g(1,\ 1,\ a+h) - g(1,\ 1,\ a)$를 계산하라.

(b) 모든 일계편도함수와 이계편도함수를 구하라.

5 $\pi(p,\ r,\ w) = \frac{1}{4}p^2\left(\frac{1}{r} + \frac{1}{w}\right)$이라 하자. p, r, w에 대한 π의 편도함수를 구하라.

6 $w(x,\ y,\ z) = 3xyz + x^2y - xz^3$의 모든 일계편도함수와 이계편도함수를 구하라.

7 $f(x,\ y,\ z) = p(x) + q(y) + r(z)$일 때, f'_1, f'_2, f'_3는 각각 무엇인가?

8 다음 함수의 헤시안 행렬을 구하라.

(a) $f(x,\ y,\ z) = ax^2 + by^2 + cz^2$

(b) $g(x,\ y,\ z) = Ax^a y^b z^c$

9 $w = \left(\frac{x-y+z}{x+y-z}\right)^h$이면 $x\frac{\partial w}{\partial x} + y\frac{\partial w}{\partial y} + z\frac{\partial w}{\partial z} = 0$임을 증명하라.

10 $x > 0$, $y > 0$, $z > 0$에 대한 함수 $f(x,\ y,\ z) = x^{y^z}$을 정의하자. $\ln f$를 미분하여 이 함수의 일계편도함수를 구하라.

11 심화 모든 점 $(x,\ y) \neq (0,\ 0)$에 대해 이변수함수 $f(x,\ y) = \frac{xy(x^2-y^2)}{x^2+y^2}$, $f(0,\ 0) = 0$을 정의하자. $f'_1(0,\ y)$와 $f'_2(x,\ 0)$을 구하고 $f''_{12}(0,\ 0) = -1$과 $f''_{21}(0,\ 0) = 1$임을 보여라. 그런데도 영의 정리가 모순이 아닌 이유는 점 $(0,\ 0)$에서 f''_{12}와 f''_{21} 모두 불연속이기 때문임을 확인하라.

14.7 볼록집합

평면상의 집합에 속하는 두 점을 선택할 때마다 두 점을 집합 안에 완전히 놓인 선분으로 연결할 수 있으면, 그 집합은 **볼록**(convex)하다고 한다. 볼록집합의 예로 [그림 14.7.1]의 집합 S와 T가 있다. 이 두 집합에서 임의의 두 점을 선택하면 두 점을 연결하는 선분은 집합을 벗어나지 않는다. 그런데 다른 두 집합 U와 V는 그렇지 않다. 예를 들어 집합 U에서 두 점 a와 b를 연결하는 직선은 집합 외부를 통과한다. 집합 V의 두 점 c와 d도 마찬가지이다. 따라서 이 두 집합은 볼록하지 않다.

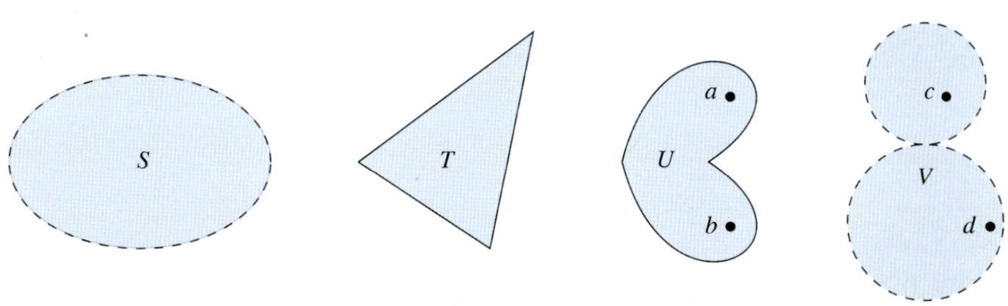

그림 14.7.1 두 개의 볼록집합과 두 개의 비볼록집합

확실히 어떤 비볼록집합은 그 집합 안에 완전히 포함되는 선분으로 연결된 여러 쌍의 점을 찾을 수 있다. [그림 14.7.1]의 집합 U와 V가 이에 해당한다. 하지만 볼록성은 임의의 두 점을 연결하는 모든 직선이 그 집합 내에 포함될 것을 요구한다. 그러므로 어떤 집합이 비볼록집합이면, 연결하는 직선이 집합의 어딘가에서 벗어나는 두 점이 있으면 충분하다.

EX 14.7.1 **(예산집합)** [EX 4.4.7]을 다시 한번 생각해보자. 소비자는 두 상품의 가격이 각각 $p>0$와 $q>0$일 때 총지출이 최대 m인 제약조건에 따라 두 상품을 x와 y만큼 구매할 수 있다. 여기서 x, y는 음이 아니다. 이 소비자의 예산집합은 다음과 같고, 그래프는 [그림 4.4.12]와 같다.

$$B=\{(x,\ y)\ :\ px+qy \leq m,\ x \geq 0,\ y \geq 0\}$$

[그림 4.4.12]에서 집합 B의 임의의 두 점은 B 안에 완전하게 포함된 직선으로 연결됨을 쉽게 확인할 수 있다. 그러므로 집합 B는 볼록하다.

EX 14.7.2 **(비분할 상품)** [EX 14.7.1]에서 상품 y는 오직 정수만큼만 구매할 수 있다는 의미로 **비분할(indivisible)** 상품이라 가정하자. 예를 들어 자동차나 휴대전화에 대해 이 가정은 참이다. 음수가 아닌 정수집합을 $\mathbb{Z}_+$로 나타낸다면, 이 조건은 $y \in \mathbb{Z}_+$가 된다. 상품 x는 비분할 상품이 아니라고 가정하면, 예산집합은 다음과 같이 달라진다.

$$\{(x,\ y)\ :\ px+qy \leq m,\ x \geq 0,\ y=0,\ 1,\ 2,\ \cdots\}=\{(x,\ y)\ :\ px+qy \leq m,\ x \geq 0,\ y \in \mathbb{Z}_+\}$$

이 집합은 [그림 14.7.2]와 같이 수평선으로 구성된다. 각 수평선은 서로 다른 정숫값 y에 해당하며, 이는 해당 y에서 부등식 $px \leq m-qy$를 만족하는 모든 $x \geq 0$으로 구성된다. 이때 이 예산집합이 볼록하지 않음을 보여주기 위해 다른 수평선 위에 있는 두 점을 가져오자. y는 집합 $\mathbb{Z}_+$로 제한되기 때문에, 두 점을 연결하는 선분은 그 전체가 예산집합 내에 놓이지 않을 것이 분명하다.

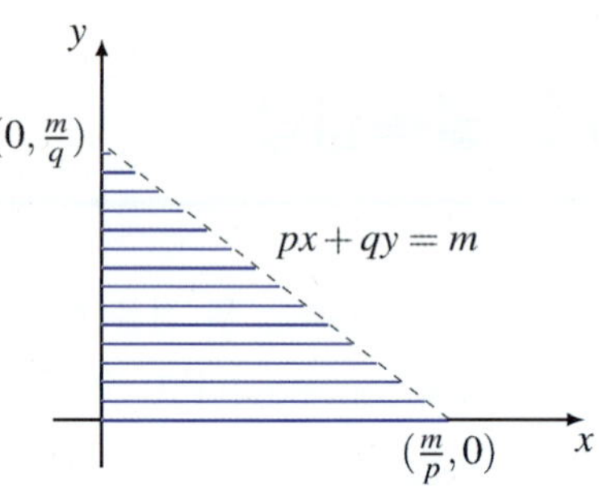

그림 14.7.2 [EX 14.7.2]의 예산집합

볼록성을 형식적으로 정의하려면 '두 점을 연결하는 선분'의 개념을 구체화해야 한다. $a<b$인 두 실수 a와 b가 주어지면 이 두 점을 잇는 선분은 닫힌구간 $[a,\ b]$이다. 또한 c가 구간 $[a,\ b]$에 속할 때에만 $a \leq c \leq b$이며, 이때 다음이 성립한다.

$$c=\frac{b-c}{b-a}a+\frac{c-a}{b-a}b$$

이제 $\lambda=\dfrac{b-c}{b-a}$라 하자. 그러면 $0 \leq \lambda \leq 1$이고 $1-\lambda=\dfrac{c-a}{b-a}$이므로 다음과 같다.

$$c=\lambda a+(1-\lambda)b \tag{14.7.1}$$

이렇게 실수 c는 각 가중치 λ와 $(1-\lambda)$를 사용한 a와 b의 **가중평균**(weighted average)으로 표현되었다. [그림 14.7.3]은 이 구조를 보여준다.

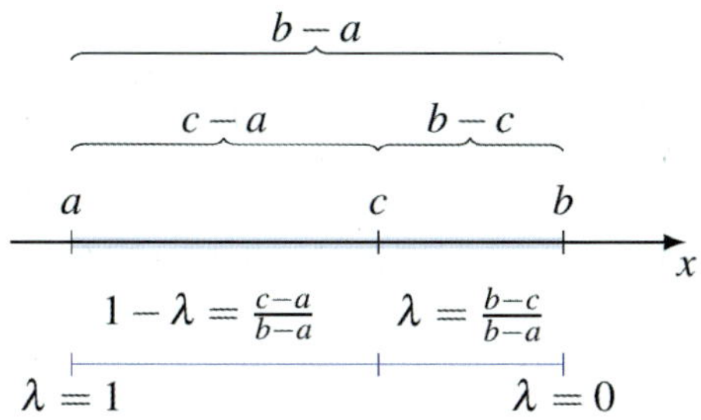

그림 14.7.3 a와 b의 가중평균 c

구간 $[a,\ b]$의 길이 $(b-a)$는 차 $(b-c)$와 $(c-a)$에 비례하여 나뉜다. 그러고 나서 두 점 a와 b에 가중치가 부여된다. 이때 $\lambda=0$이면 $c=b$를 얻고, $\lambda=1$이면 $c=a$를 얻는다. 이 절차에 따라 $[0,\ 1]$에서 적절히 선택된 유일한 λ에 대해 식 (14.7.1)과 같이 구간 $[a,\ b]$에 있는 모든 점 c를 표현할 수 있다. 따라서 다음과 같이 쓸 수 있다.

$$[a,\ b]=\{c\in\mathbb{R}\ :\ \text{어떤 } \lambda\in[0,\ 1] \text{에 대해 } c=\lambda a+(1-\lambda)b\}$$

더 간결하게 표현하면 다음과 같다.

$$[a,\ b]=\{\lambda a+(1-\lambda)b\ :\ \lambda\in[0,\ 1]\}$$

1차원 실수선을 넘어가면, 식 (12.10.2)의 정의에 따라 두 개의 고유한 n차원 벡터 $\mathbf{a}$와 $\mathbf{b}$를 연결하는 $\mathbb{R}^n$ 상의 고유한 직선은 다음과 같이 정의되는 함수의 치역이다.

$$\mathbf{x}(\lambda)=\lambda\mathbf{a}+(1-\lambda)\mathbf{b}=\mathbf{b}+\lambda(\mathbf{a}-\mathbf{b}) \tag{14.7.2}$$

여기서 λ는 실수선 $\mathbb{R}$의 전체범위에 있는 한 값이 될 수 있다. [그림 12.10.1]은 삼차원 예를 그렸고, [그림 14.7.4]는 이차원 예를 보여준다.

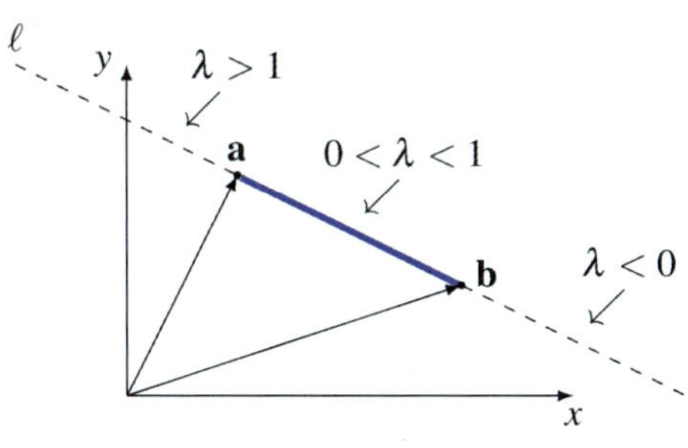

그림 14.7.4 $\mathbf{a}$와 $\mathbf{b}$를 연결하는 선분

임의의 n에 대해 심지어 $n=1$일 때에도 식 (14.7.2)에 정의된 점 $\mathbf{x}(\lambda)$는 λ가 큰 음수에서 큰 양수로 증가하면서 다음과 같이 움직인다.

❶ $\lambda<0$일 때 $\mathbf{b}$를 기준으로 $\mathbf{a}$의 반대편(그림에서 $\mathbf{b}$의 오른쪽)에서 시작한다.
❷ $\lambda=0$일 때 $\mathbf{b}$를 지난다.
❸ λ가 0에서 1로 증가함에 따라 선을 따라 $\mathbf{b}$에서 $\mathbf{a}$를 향해 이동한다.
❹ $\lambda=1$일 때 $\mathbf{a}$를 지난다.
❺ $\lambda>1$일 때 $\mathbf{b}$에서 $\mathbf{a}$ 방향으로 멀리 반대쪽에 있으며, λ가 1보다 커질수록 $\mathbf{a}$에서 더 멀어진다.

특히 λ가 0에서 1 사이일 때의 식 (14.7.2)를 적용하면 식 (14.7.1)과 마찬가지로 '구간' $[\mathbf{a}, \mathbf{b}]$에 있는 임의의 점을 얻을 수 있지만, 이제 n차원으로 구할 수 있다. 이를 염두에 두면 $\mathbb{R}^n$에서 선분과 볼록집합의 정의를 쉽게 공식화할 수 있다.

n차원 공간에서 선분과 볼록집합의 정의

❶ $\mathbb{R}^n$의 서로 다른 두 벡터 $\mathbf{a}$와 $\mathbf{b}$가 주어지면, $\mathbf{a}$와 $\mathbf{b}$를 연결하는 **선분**(line segment) $[\mathbf{a}, \mathbf{b}]$는 다음과 같이 정의된 $\mathbb{R}^n$의 부분집합이다.

$$[\mathbf{a}, \mathbf{b}]=\{\lambda\mathbf{a}+(1-\lambda)\mathbf{b} \ : \ \lambda\in[0, 1]\} \tag{14.7.3}$$

❷ $\mathbb{R}^n$의 집합 S에 속한 임의의 서로 다른 벡터 $\mathbf{a}$와 $\mathbf{b}$에 대해 $\mathbf{a}$와 $\mathbf{b}$를 연결하는 선분 $[\mathbf{a}, \mathbf{b}]$가 S의 부분집합이면, 즉 다음과 같으면 집합 S는 **볼록**하다고 한다.

$$\text{모든 } \lambda\in[0, 1]\text{와 모든 } \mathbf{a}, \mathbf{b}\in S\text{에 대해 } \lambda\mathbf{a}+(1-\lambda)\mathbf{b}\in S \tag{14.7.4}$$

이 정의를 기억하는 또 다른 방법은 $\mathbb{R}^n$의 서로 다른 두 점 $\mathbf{a}$와 $\mathbf{b}$의 **볼록결합**(convex combination)을 $\lambda\in[0, 1]$일 때 $\lambda\mathbf{a}+(1-\lambda)\mathbf{b}$로 정의하는 것이다. 따라서 $\mathbf{a}$와 $\mathbf{b}$를 연결하는 선분 $[\mathbf{a}, \mathbf{b}]$는 그 두 점의 모든 볼록결합의 집합이다. 그리고 집합은 그 안에 있는 임의의 두 점의 가능한 볼록결합을 모두 포함할 때에만 볼록하다.

EX 14.7.3 이제 두 가지 재화가 있을 때 [EX 4.4.7]에 정의된 표준 예산집합 B가 볼록하다는 [EX 14.7.1]의 결론을 형식적으로 증명할 수 있다. 이를 위해 B에서 임의의 두 점 $\mathbf{a}=(a_1, a_2)$와 $\mathbf{b}=(b_1, b_2)$를 고정하고, 임의의 $\lambda\in[0, 1]$도 고정하자. B의 정의에 따라 $a_1\geq 0$, $a_2\geq 0$, $b_1\geq 0$, $b_2\geq 0$이고, 예산부등식 $pa_1+qa_2\leq m$과 $pb_1+qb_2\leq m$도 성립한다. (x, y)가 볼록결합 $\lambda\mathbf{a}+(1-\lambda)\mathbf{b}$이면 다음을 의미한다.

$$x=\lambda a_1+(1-\lambda)b_1, \quad y=\lambda a_2+(1-\lambda)b_2$$

$\lambda\in[0, 1]$이므로 $\lambda\geq 0$, $1-\lambda\geq 0$이다. 또한 $a_1\geq 0$이고 $b_1\geq 0$이므로 $\lambda a_1\geq 0$이고 $(1-\lambda)b_1\geq 0$임을 알 수 있다. 그렇다면 다음을 얻는다.

$$x=\lambda a_1+(1-\lambda)b_1\geq 0 \tag{i}$$

마찬가지로 다음을 얻는다.

$$y = \lambda a_2 + (1-\lambda) b_2 \geq 0 \tag{ii}$$

12.4절에서 내적 곱의 정의를 떠올리면 식 (i), (ii)로부터 다음을 얻는다.

$$\begin{aligned}(p,\ q)\cdot(x,\ y) &= px + qy = p\{\lambda a_1 + (1-\lambda) b_1\} + q\{\lambda a_2 + (1-\lambda) b_2\} \\ &= \lambda(pa_1 + qa_2) + (1-\lambda)(pb_1 + qb_2) \end{aligned} \tag{iii}$$

이제 다시 부등식 $\lambda \geq 0$과 $1-\lambda \geq 0$을 예산부등식과 함께 사용하면 다음을 얻는다.

$$\lambda(pa_1 + qa_2) \leq \lambda m,\ (1-\lambda)(pb_1 + qb_2) \leq (1-\lambda)m \tag{iv}$$

식 (iii)에 두 부등식 (iv)를 대입하면 다음과 같다.

$$(p,\ q)\cdot(x,\ y) \leq \lambda m + (1-\lambda)m = m \tag{v}$$

부등식 조건 (i), (ii), (v)를 종합하면 점 $(x,\ y)$가 예산집합 내 있음을 의미한다. 집합 B에 속한 두 점 $\mathsf{a} = (a_1,\ a_2)$, $\mathsf{b} = (b_1,\ b_2)$와 상수 $\lambda \in [0,\ 1]$은 임의의 값이므로 집합 B가 볼록함이 증명된다.

EX 14.7.4 [EX 14.7.2]와 같이 상품 중 하나가 비분할 상품이라고 가정하자. 그러면 예산집합은 더 이상 볼록하지 않다. 이를 확인하기 위해 $m > q$라고 가정하면, 점 $(0,\ 0)$과 $(0,\ 1)$이 모두 [EX 14.7.2]의 예산집합 내에 있다. 그러면 점 $\left(0,\ \frac{1}{2}\right)$은 $\lambda = \frac{1}{2}$일 때인 $(0,\ 0)$과 $(0,\ 1)$의 볼록결합이다. 하지만 비분할 상품의 수량 y는 정수가 아니므로 예산집합에 포함되지 않는다.

특히 공집합과 한 점으로만 구성된 임의의 집합은 모두 볼록하다는 점에 유의하라. 직관적으로 말하면 볼록집합은 '구멍' 없이 '연결'되어야 하며, 그 경계는 어떤 지점에서도 '안쪽으로 구부러지지 않아야' 한다.

볼록집합의 교집합과 합집합

S와 T가 볼록집합이면, 교집합 $S \cap T$도 볼록집합이다. 하지만 볼록집합의 합집합은 일반적으로 볼록집합이 아니다.

이 결과가 참인 이유는 [그림 14.7.5]에서 확인할 수 있다. 두 집합 S와 T는 모두 볼록하므로 이들의 교집합도 볼록하지만, 이들의 합집합은 볼록하지 않다. 사실 첫 번째 명제의 형식적 증명은 그래프를 이용한 논리만큼이나 쉽다.

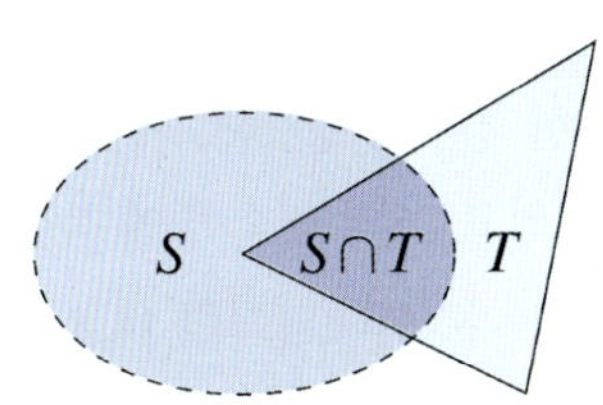

그림 14.7.5 집합 S, T, $S \cap T$는 모두 볼록하지만 $S \cup T$는 볼록하지 않다.

증명

a와 b가 모두 $S \cap T$ 안에 있다고 가정하자. 그러면 a와 b 모두 S와 T 안에 있다. S가 볼록하므로 a와 b의 임의의 볼록결합도 S 안에 있어야 한다. T의 경우도 마찬가지이다. 이 볼록결합은 교집합 $S \cap T$에 있으므로 $S \cap T$는 볼록하다. ■

14.7 연습문제

1 다음 집합을 xy평면에 그리고, 볼록한지 판단하라.

(a) $\{(x, y) : x^2+y^2<2\}$

(b) $\{(x, y) : x\geq 0, y\geq 0\}$

(c) $\{(x, y) : x^2+y^2>8\}$

(d) $\{(x, y) : x\geq 0, y\geq 0, xy\geq 1\}$

(e) $\{(x, y) : xy\geq 1\}$

(f) $\{(x, y) : \sqrt{x}+\sqrt{y}\leq 2\}$

2 임의의 두 집합 S와 T에 대해 **데카르트 곱**(Cartesian product) $S\times T$는 $s\in S$이고 $t\in T$인 모든 순서쌍 (s, t)에 대해 $S\times T=\{(s, t) : s\in S, t\in T\}$와 같이 정의한다. 물음에 답하라.

(a) [그림 14.7.6]과 같이 S와 T가 모두 실수선 위 구간일 때, 즉 이들이 볼록할 때, $S\times T$가 평면의 볼록집합임을 증명하라.

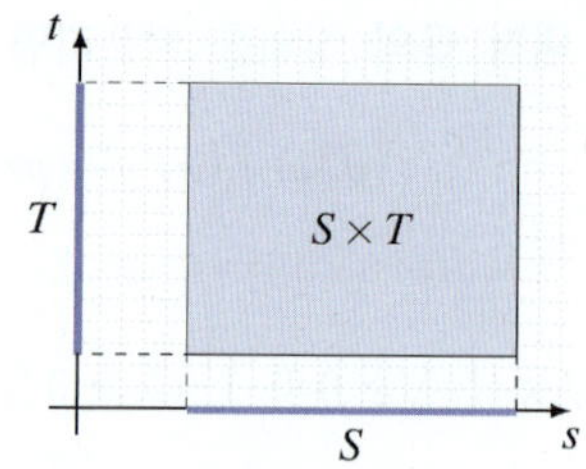

그림 14.7.6 [연습문제 2(a)]의 그림

(b) $\mathbb{R}^m$과 $\mathbb{R}^n$의 데카르트 곱은 $\mathbb{R}^m\times\mathbb{R}^n$의 순서쌍 $((x_1, \cdots, x_m), (y_1, \cdots, y_n))$과 $\mathbb{R}^{m+n}$의 순서쌍인 $(x_1, \cdots, x_m, y_1, \cdots, y_n)$의 대응관계를 통해 $\mathbb{R}^{m+n}$과 동일시할 수 있다. $\mathbb{R}^m$과 $\mathbb{R}^n$ 각각에 있는 임의의 두 볼록집합 S와 T가 주어질 때, $\mathbb{R}^{m+n}$에서 데카르트 곱 $S\times T$가 볼록인지의 여부를 판단하라.

14.8 오목함수와 볼록함수

이변수함수

8장에서 구간 I에 정의된 일변수함수 $y=f(x)$의 그래프가 동굴 천장처럼 속이 빈 면이 아래쪽을 향하는 ∩ 와 같은 모양이면 이 함수는 오목함수라고 했다. 반면에 그래프가 도랑처럼 속이 빈 면이 위쪽을 향하는 ∪ 와 같은 모양이면, I에서 함수 $y=f(x)$는 볼록함수이다. 이제 이변수 이상의 함수에 유효한 정의를 찾아보자. 일변수 함수에 사용한 기하적 직관을 사용하면 다음을 제안할 수 있다. **함수 f가 볼록집합에서 정의되고, 그래프 위의 두 점을 연결하는 선분이 그 그래프 위[아래]에만 있으면 볼록[오목]하다.**

함수의 그래프를 3차원에서 그리기 위해 이변수함수 $z=f(x, y)$의 특수한 경우를 생각해보자. [그림 14.8.1]처럼 볼록집합 S에 f가 정의되어 있고, S의 원소 중에 특정 점 $\mathrm{a}=(a_1, a_2)$와 점 $\mathrm{b}=(b_1, b_2)$가 있다고 가정한다. [그림 14.8.1]에는 이 두 점을 포함하는 xy평면상의 유일한 선 l이 있다. 식 (14.7.3)과 식 (14.7.4)에서 논의한 바와 같이 S의 볼록성은 그 두 점을 연결한 선분 $[\mathrm{a}, \mathrm{b}]$에 속한 l의 모든 점이 S 안에 있다는 것을 의미한다.

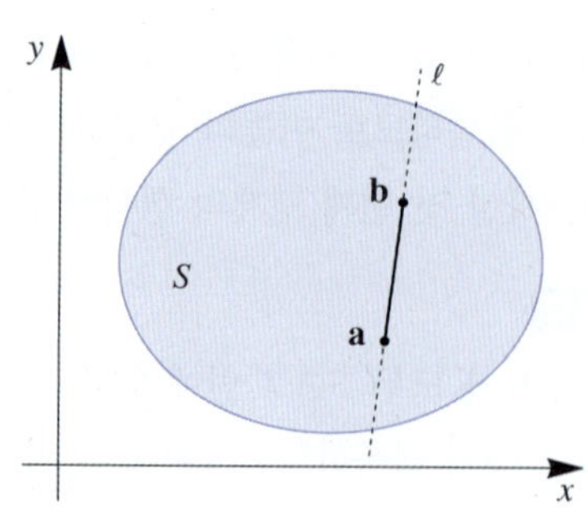

그림 14.8.1 $f(x, y)$에 대한 볼록 정의역

[그림 8.2.1]은 일변수 오목함수에 대한 2차원 그래프를 나타낸다. 이를 이변수함수에서 나타내면 3차원 그래프이고, [그림 14.8.2]에서 일부를 확인할 수 있다. 이 그림에는 [그림 14.8.1]의 집합 S가 음영으로 표시되어 있는데, 이는 좌표 (x, y, z)가 $(x, y) \in S$이고 $z=0$인 모든 점을 나타낸다. [그림 14.8.2]는 사실상 [그림 14.8.1]의 집합 S의 사본이다.

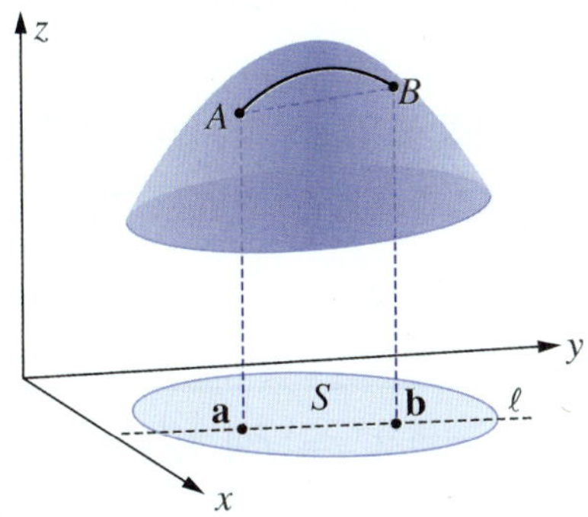

그림 14.8.2 S에 정의된 오목함수

f의 그래프는 $(x, y) \in S$이고 $z=f(x, y)$인 3차원 공간의 모든 점 (x, y, z)로 구성된다. 여기에는 [그림 14.8.2]에 표시된 두 점 A와 B가 포함되며, 이들의 3차원 좌표는 각각 다음과 같다.

$$(\mathbf{a}, f(\mathbf{a})) = (a_1, a_2, f(a_1, a_2)), \ (\mathbf{b}, f(\mathbf{b})) = (b_1, b_2, f(b_1, b_2))$$

f는 볼록집합 S 전체에서 정의되므로, 특히 선분 $[\mathbf{a}, \mathbf{b}]$에 있는 각 (x, y)에 대해 정의된다. [그림 14.8.2]에는 A와 B를 연결하는 곡선이 강조되어 나타나 있다. 이 곡선은 [그림 14.8.2]의 S에서 정의된 f의 그래프의 일부이고, 평면 $z=0$ 위의 선분 $[\mathbf{a}, \mathbf{b}]$의 위쪽에 있다. 이 곡선은 (x, y)가 $\mathbf{a}$와 $\mathbf{b}$의 볼록결합이며 $z=f(x, y)$를 만족하는, $\mathbb{R}^3$의 순서쌍 (x, y, z)로 구성된다. 이 곡선의 두 끝점 A와 B를 연결하는 직선은 결코 그래프상에 A와 B를 연결한, 강조된 곡선의 위쪽에 있지 않다. 이것이 바로 다음과 같이 함수 f가 오목하기 위한 필요조건이다.

오목함수와 볼록함수

평면에서 볼록집합 S에 정의된 함수 $z=f(\mathbf{x})$를 생각하자. 모든 $\mathbf{a}, \mathbf{b} \in S$와 모든 $\lambda \in [0, 1]$에 대해 다음을 만족하는 f는 **오목**하다.

$$f(\lambda \mathbf{a} + (1-\lambda)\mathbf{b}) \geq \lambda f(\mathbf{a}) + (1-\lambda) f(\mathbf{b}) \qquad (14.8.1)$$

마찬가지로 모든 $\mathbf{a}, \mathbf{b} \in S$와 모든 $\lambda \in [0, 1]$에 대해 다음을 만족하는 f는 **볼록**하다.

$$f(\lambda \mathbf{a} + (1-\lambda)\mathbf{b}) \leq \lambda f(\mathbf{a}) + (1-\lambda) f(\mathbf{b}) \qquad (14.8.2)$$

이 정의는 f가 오목한 것과 $-f$가 볼록한 것이 동치임을 명확하게 시사한다. 위 정의에서 f의 인수는 벡터 형식으로 쓰여 있다. 식 (14.8.1)을 이변수함수 $z=f(x, y)$ 형태로 나타내면 다음과 같다.

$$f(\lambda x_1 + (1-\lambda)x_2, \ \lambda y_1 + (1-\lambda)y_2) \geq \lambda f(x_1, y_1) + (1-\lambda) f(x_2, y_2)$$

식 (14.8.2)도 마찬가지이다. 또한 두 부등식 (14.8.1), (14.8.2)는 각각 식 (8.2.1), (8.2.2)와 동일하지만 14장의 f는 인수가 2개라는 점을 상기할 필요가 있다. 이는 방금 설명한 오목성과 볼록성의 정의가 8장의 정의를 단순히 확장한 것임을 보여준다.

8장과 같이 $\mathbf{a} \neq \mathbf{b}$ 이고 $0 < \lambda < 1$일 때 부등식 (14.8.1)이 항상 등호를 제외하고 성립한다면 f는 **순오목**하다. 반면 $\mathbf{a} \neq \mathbf{b}$ 이고 $0 < \lambda < 1$일 때 부등식 (14.8.2)가 항상 등호를 제외하고 성립한다면 f는 **순볼록**하다. 당연하게도 f가 순볼록한 것과 $-f$가 순오목한 것은 동치이다.
일반적으로 특정 집합에서 함수가 오목한지 볼록한지를 보여주기 위해 정의를 직접 적용하는 것은 비효율적이다. 앞으로 함수가 오목한지 볼록한지 쉽게 판단하는 데 도움이 되는 여러 가지 정리를 살펴볼 것이다. 그렇더라도 정의를 직접 적용한 한 가지 예를 소개한다.

EX 14.8.1 $f(x,\ y) = 1 - x^2$으로 정의된 이변수함수 $f(x,\ y)$를 생각해보자. 여기서 y는 f의 식에 나타나지 않는다. 함수 f가 오목함을 보여라. 이 함수가 순오목한지도 판단하라.

풀이

평면상의 임의의 두 점을 $(x_1,\ y_1)$, $(x_2,\ y_2)$라고 하자. f가 오목하려면 모든 $\lambda \in [0,\ 1]$에 대해 다음이 성립해야 한다.

$$f(\lambda x_1 + (1-\lambda)x_2,\ \lambda y_1 + (1-\lambda)y_2) \geq \lambda f(x_1,\ y_1) + (1-\lambda)f(x_2,\ y_2) \qquad (*)$$

f의 정의를 사용하면 식 (*)는 다음과 같다.

$$1 - \{\lambda x_1 + (1-\lambda)x_2\}^2 \geq \lambda\left(1 - x_1^2\right) + (1-\lambda)\left(1 - x_2^2\right)$$

또는 다음과 같다.

$$1 - \{\lambda x_1 + (1-\lambda)x_2\}^2 - \lambda\left(1 - x_1^2\right) - (1-\lambda)\left(1 - x_2^2\right) \geq 0 \qquad (**)$$

부등식 (**)의 좌변에 있는 모든 항을 전개하고 정리하면 다음과 같다.

$$\lambda(1-\lambda)\left\{x_1^2 - 2x_1x_2 + x_2^2\right\} = \lambda(1-\lambda)\left(x_1 - x_2\right)^2 \qquad (***)$$

이 식은 모든 $\lambda \in [0,\ 1]$에 대해 분명히 음이 아니다. 그러므로 부등식 (**)가 성립하고, 이는 $f(x,\ y)$가 오목함을 확인해준다.

$x_1 = x_2$이면 부등식 (***)는 0이고, 심지어 $y_1 \neq y_2$인 모든 y_1과 y_2에 대해 부등식 (**)과 부등식 (*)에서 등호가 성립함을 의미한다. 그러므로 f는 순오목하지 않다.

일변수함수 $g(x) = 1 - x^2$은 오목하다. [EX 14.8.1]은 함수 g를 두 개의 변수 x와 y의 함수로 간주해도 오목하다는 것을 보여준다.

[그림 14.8.3]은 $f(x,\ y) = g(x)$ 형태인 특정 함수의 그래프 일부를 나타낸다. 여기서 g는 오목하고, 따라서 f도 오목하다. 그래프의 각 점 사이에는 그래프에 속하고 y축과 평행한 직선이 있다. 이는 g가 순오목하더라도 f는 순오목할 수 없음을 보여준다.

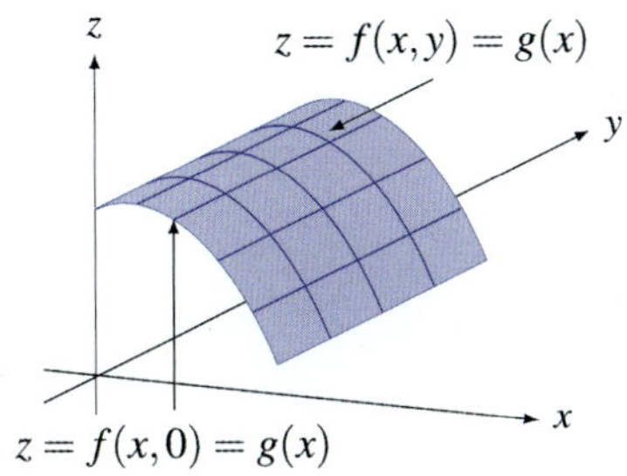

그림 14.8.3 함수 $g(x)$는 순오목하지만, 함수 $f(x,\ y)$는 오목하다.

> **EX 14.8.2** 선형함수(아핀함수) $f(x,\ y) = ax + by + c$를 생각해보자. 여기서 $a,\ b,\ c$는 상수이다. 정의에 따르면 f는 오목한 동시에 볼록하다. f의 그래프는 $\mathbb{R}^3$의 평면이다. 이 평면에서 임의의 두 점을 잇는 선분에 있는 모든 점은 동일한 평면 위에 있다.

함수의 합과 합성

8.3절에서 오목함수 또는 볼록함수의 합과 합성함수에 대한 여러 가지 유용한 결과를 살펴봤다. 명확하고 형식적인 변형을 몇 가지 해보면 이변수함수도 동일한 결과를 보일 수 있다. 이를 증명하는 방법은 사실 같으므로 더 이상의 설명 없이 간단히 서술한다.

> **정리 14.8.1 오목함수의 성질**
>
> S는 평면상의 볼록집합이고 $f(x,\ y)$는 S에서 정의된 함수라고 하자.
>
> ❶ h가 S에서 $h(x,\ y) = -f(x,\ y)$로 정의된 함수라고 하자. 그러면 f가 (순)오목한 것과 h가 (순)볼록한 것은 동치이다.
>
> ❷ $g(x,\ y)$가 S에서 정의된 또 다른 함수라고 하자. f와 g가 모두 오목하면 함수 $f(x,\ y) + g(x,\ y)$도 오목하다. f와 g 중 하나라도 순오목하면, 함수 $f(x,\ y) + g(x,\ y)$도 순오목하다.
>
> ❸ $F(z)$가 f의 치역을 포함하는 구간에서 정의된 증가함수이자 오목함수라고 하자. f가 오목하면 합성함수 $F(f(x,\ y))$도 오목하다. f가 순오목하고 F가 순증가하면서 오목하면, $F(f(x,\ y))$도 순오목하다.

이러한 결과를 결합하여 확장된 결과를 얻거나 볼록함수의 특성을 얻을 수 있다.

이계도함수를 이용한 오목성과 볼록성

일변수함수에 관한 성질 (8.5.3)~(8.5.6)은 이계도함수의 부호를 확인하여 함수가 (순)오목한지 또는 (순)볼록한지를 빠르게 판별하는 방법을 알려준다. 이변수함수에 대해 흔히 사용되는 판별법이 있다.

오목성이나 볼록성을 판별하기 위해서는 $\mathbb{R}^1$에서의 열린구간 개념을 $\mathbb{R}^2$에서의 열린집합 개념으로 확장해야 한다. 먼저 점 $\mathbf{a}$를 중심으로 하는 원이 존재하고 원 내부의 모든 점이 S에 있으면 점 $\mathbf{a}$를 **내부점**(interior point)이라 한다. [그림 14.8.4]를 참고하라. 반면에 점 $\mathbf{a}$를 중심으로 하는 모든 원이 적어도 S에 속하는 점과 S에 속하지 않는 점을 적어도 하나 이상 포함하면 점 $\mathbf{a}$를 **경계점**(boundary point)이라 한다. 마지막으로 점 $\mathbf{a}$를 중심으로 하는 원의 어느 부분도 S에 속하지 않으면 점 **a**를 **외부점**(exterior point)이라 한다. 모든 원은 중심을 포함하므로 S의 외부점은 S에 속할 수 없다.

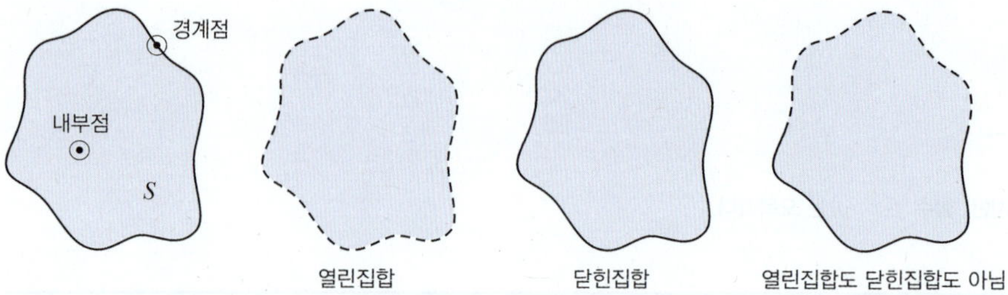

그림 14.8.4 열린집합과 닫힌집합

$\mathbb{R}^2$의 집합 S는 그 집합의 모든 점이 내부점일 때 **열려있다**(open)고 한다. 열린집합의 예는 [그림 14.8.4]의 두 번째 집합이다. 경계점이 집합에 속하면 실선으로 표현하고, 그렇지 않으면 점선으로 표현한다. 열린 제1사분면 $\{(x, y) : x > 0, y > 0\}$, 단위원 내부의 점으로 이루어진 집합 $\{(x, y) : x^2 + y^2 < 1\}$, 열린 직사각형 $\{(x, y) : 0 < x < 5, 2 < y < 4\}$ $\mathbb{R}^2$평면 전체, 공집합 $\varnothing$ 등도 열린집합의 예이다. 공집합을 제외한 세 가지 열린집합 예에서는 집합의 모든 점에서 그 점을 중심으로 하는 작은 원을 찾을 수 있고, 이때 그 원의 내부 전체가 그 집합에 속한다는 것을 분명히 알 수 있다. 하지만 공집합은 어떤가? $\varnothing$는 어떠한 점도 존재하지 않으므로 $\varnothing$의 모든 점은 당연히 내부점이다.

집합 S의 모든 내부점으로 구성된 집합을 S의 **내부**라고 한다. S의 내부가 열린집합임을 증명하는 것은 어렵지 않다. 집합 S의 경계점은 반드시 S에 속할 필요는 없다. [그림 14.8.4]의 세 번째 집합과 같이 S가 모든 경계점을 포함한다면, 집합 S는 **닫혀있다**(closed)고 한다. [그림 14.8.4]의 마지막 예시와 같이 경계점 전체가 아닌 일부를 포함하는 집합은 열려있지도 않고, 닫혀있지도 않다. 실제로 집합이 닫힌 것은 그 여집합이 열린 것과 동치이다.[13]

평면의 부분집합 S가 주어지면 S의 내부, 외부, 경계가 함께 전체 평면을 서로 분리된 세 집합으로 '분할'한다. 이 세 집합 중 S의 내부와 외부는 모두 열려있고, 내부와 외부를 '분리'하는 경계는 닫혀있다. 이 설명은 집합이 열려있거나 닫혀있는 것의 의미를 어렴풋하게 알려줄 뿐이다. 물론 집합이 정확하게 정의되지도 않는다면, 그 집합이 열린집합인지 닫힌집합인지 단정적으로 결정할 수도 없다. 지금까지 열린집합의 개념을 설명했으므로 다음과 같이 결과를 공식화할 수 있다.

이계도함수를 사용한 오목성과 볼록성 조건

함수 $z = f(x, y)$가 열린 볼록집합 S에 정의되었고 C^2함수라고 가정하자. 그러면 다음이 성립한다.

$$f\text{는 오목하다.} \quad \Leftrightarrow \quad f''_{11} \le 0,\ f''_{22} \le 0,\ f''_{11}f''_{22} - (f''_{12})^2 \ge 0 \tag{14.8.3}$$

$$f\text{는 볼록하다.} \quad \Leftrightarrow \quad f''_{11} \ge 0,\ f''_{22} \ge 0,\ f''_{11}f''_{22} - (f''_{12})^2 \ge 0 \tag{14.8.4}$$

13 일상에서 '열려있다'와 '닫혀있다'는 반의어이다. 이를테면 상점은 열려있거나 닫혀있다. 그러나 위상수학에서 경계점 중 일부를 포함하지만 전부를 포함하지 않는 집합은 열려있지도 않고, 닫혀있지도 않다. 이상하게도 위상수학에는 열린 동시에 닫힌, 이른바 '열린닫힌(clopen)' 집합이 항상 존재한다. $\mathbb{R}^2$에서 열린닫힌집합은 $\varnothing$과 $\mathbb{R}^2$ 자신을 포함한다. 자세한 설명은 『Further Mathematics for Economic Analysis(2nd ed.)』를 참고하라.

순오목성과 순볼록성에 대해 다음은 충분조건이지만 필요조건은 아니다.

$$f''_{11} < 0, \ f''_{11}f''_{22} - (f''_{12})^2 > 0 \Rightarrow f\text{는 순오목하다.} \quad (14.8.5)$$

$$f''_{11} > 0, \ f''_{11}f''_{22} - (f''_{12})^2 > 0 \Rightarrow f\text{는 순볼록하다.} \quad (14.8.6)$$

네 가지 부등식 모두 S의 모든 (x, y)에 대해 성립해야 한다.

명제 (14.8.5)와 (14.8.6)의 앞뒤를 바꿀 수는 없다. 예를 들면 함수 $f(x, y) = x^4 + y^4$은 모든 평면에서 순볼록하지만 $f''_{11}(0, 0) = 0$이다. 또한 명제 (14.8.5)의 두 부등식은 함께 $f''_{22}(x, y) < 0$을 의미한다.[14] 마찬가지로 명제 (14.8.6)의 두 부등식도 함께 $f''_{22} > 0$을 의미한다.

EX 14.8.3 모든 (x, y)에 대해 $f(x, y) = 2x - y - x^2 + 2xy - y^2$이라 하자. f는 오목한가, 볼록한가?

풀이

여기서 $f''_{11} = -2$, $f''_{12} = f''_{21} = 2$, $f''_{22} = -2$이다. 그러므로 $f''_{11}f''_{22} - (f''_{12})^2 = 0$이다. 따라서 명제 (14.8.3)의 모든 조건을 만족하므로 f는 모든 (x, y)에 대해 오목하다.

EX 14.8.4 $f(x, y) = x^2 - y^2 - xy - x^3$가 오목한 가장 큰 집합 S를 구하라.

풀이

여기서 $f''_{11} = 2 - 6x$, $f''_{12} = f''_{21} = -1$, $f''_{22} = -2$이다. 그러므로 $f''_{11} \leq 0$과 $x \geq \frac{1}{3}$은 동치이다. 게다가 $f''_{11}f''_{22} - (f''_{12})^2 = 12x - 5 \geq 0$과 $x \geq \frac{5}{12}$는 동치이다. $\frac{5}{12} > \frac{1}{3}$이므로 명제 (14.8.3)으로부터 집합 S는 $x \geq \frac{5}{12}$인 모든 (x, y)로 구성된다는 결론을 내릴 수 있다.

EX 14.8.5 집합 $S = \{(x, y) : x > 0, y > 0\}$에서 $f(x, y) = x^a y^b$으로 정의된 콥-더글러스 함수를 생각하자. 여기서 모수 a와 b는 $a \geq 0$, $b \geq 0$, $a + b \leq 1$을 만족한다. 함수 f의 (순)오목성이나 (순)볼록성을 확인하라.

풀이

여기서 $f''_{11} = a(a-1)x^{a-2}y^b$, $f''_{12} = abx^{a-1}y^{b-1}$, $f''_{22} = b(b-1)x^a y^{b-2}$이다. a와 b가 구간 $[0, 1]$에 속하므로 $f''_{11} \leq 0$이고 $f''_{22} \leq 0$이다. 또한 S 전체에서 $f''_{11}f''_{22} - (f''_{12})^2 = abx^{2a-2}y^{2b-2}(1 - a - b) \geq 0$이다. 명제 (14.8.3)의 조건이 성립하므로 $f(x, y)$는 S에서 오목하다. $a > 0$, $b > 0$, $a + b < 1$일 때, $f''_{11} < 0$, $f''_{11}f''_{22} - (f''_{12})^2 > 0$이다. 그러므로 명제 (14.8.5)에 의해 f는 순오목하다.

14 실제로 두 번째 부등식이 $f''_{11}f''_{22} > (f''_{12})^2 \geq 0$을 의미한다. 그러므로 f''_{11}과 f''_{22}는 같은 부호를 가져야 한다.

이변수함수일 때의 식 (14.6.2)는 다음과 같은 대칭 헤시안 행렬이다.

$$\mathbf{f}''(x,\ y) = \begin{pmatrix} f''_{11}(x,\ y) & f''_{12}(x,\ y) \\ f''_{21}(x,\ y) & f''_{22}(x,\ y) \end{pmatrix}$$

행렬식에 익숙하다면 식 (13.1.3)에 따라 $|\mathbf{f}''| = f''_{11}f''_{22} - (f''_{12})^2$임을 알 것이다. 이 표기법을 사용하면 명제 (14.8.3)~(14.8.6)의 조건을 다음과 같이 기억하기 쉽게 정리할 수 있다.

이계도함수를 사용한 오목성과 볼록성

함수 $z = f(x,\ y)$가 열린 볼록집합 S에 정의되었고 C^2함수라고 가정하자. 그러면 다음이 성립한다.

$$f\text{는 오목하다.} \ \Leftrightarrow \ f''_{11} \le 0,\ f''_{22} \le 0,\ |\mathbf{f}''| \ge 0 \tag{14.8.7}$$

$$f\text{는 볼록하다.} \ \Leftrightarrow \ f''_{11} \ge 0,\ f''_{22} \ge 0,\ |\mathbf{f}''| \ge 0 \tag{14.8.8}$$

$$f''_{11} < 0,\ |\mathbf{f}''| > 0 \ \Rightarrow \ f\text{는 순오목하다.} \tag{14.8.9}$$

$$f''_{11} > 0,\ |\mathbf{f}''| > 0 \ \Rightarrow \ f\text{는 순볼록하다.} \tag{14.8.10}$$

네 가지 부등식은 모두 S의 모든 $(x,\ y)$에 대해 성립해야 한다.

다변수함수

이제 $\mathbb{R}^n$의 부분집합 S에 정의된 n변수함수 $z = f(\mathbf{x})$의 오목성 또는 볼록성 조건을 알아보자. 여기서 $n > 2$로 생각한다. 물론 이 집합은 $(n+1)$차원 공간에 있고, $n+1 > 3$이므로 더 이상 그래프를 그릴 수 없다. 그렇지만 (순)오목함수나 볼록함수와 (순)볼록집합의 개념과 정의를 $(x,\ y)$인 이변수에서 n차원 벡터 $\mathbf{x}$인 n변수로 쉽게 확장할 수 있다. 이러한 개념들을 다변수함수로 확장하기 전에 앞서 몇 가지 중요한 점들을 살펴보자.

첫 번째로 오목함수와 볼록함수의 정의인 부등식 (14.8.1)과 (14.8.2)는 이미 함수 $z = f(\mathbf{x})$의 정의역 S가 $\mathbb{R}^n$의 부분집합이라는 방식으로 표현되었다. 하지만 그 정의를 사용하려면 $z = f(\mathbf{x})$의 정의역 S가 볼록집합인지 확인해야 한다. 정의 (14.7.3)과 (14.7.4)에 따르면 $\mathbb{R}^n$에서 집합 S의 모든 점 $\mathbf{a}$, $\mathbf{b}$에 대해 $\mathbf{a}$와 $\mathbf{b}$의 모든 볼록결합으로 구성된 선분 $[\mathbf{a},\ \mathbf{b}]$가 S에 속해 있을 때만 집합 S는 볼록하다. 아직까지 그림으로 표현할 수 있는 3차원 집합이 그려진 [그림 14.8.5]를 살펴보자. 럭비공 모양인 집합 S는 볼록하지만, 원뿔 플라스크 모양(또는 목이 있고 위에 꼭 맞는 뚜껑이 있는 커피포트 모양)인 집합 T는 볼록하지 않다. 그러나 $n > 3$이면 정의 (14.7.4)에 의존하여 $\mathbb{R}^n$의 집합 S가 볼록한지 또는 비볼록한지 결정해야 한다.

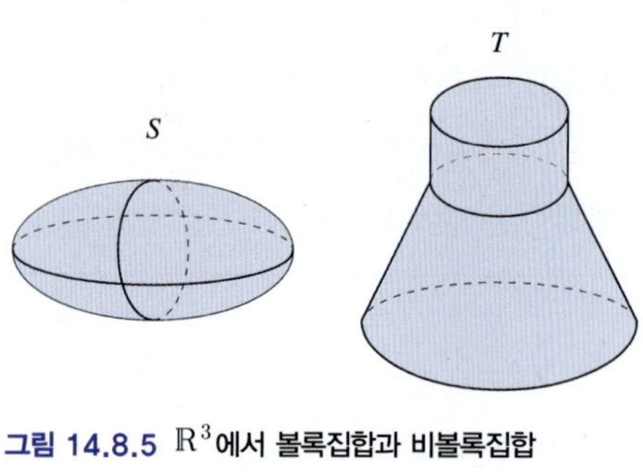

그림 14.8.5 $\mathbb{R}^3$에서 볼록집합과 비볼록집합

두 번째로 내부점과 열린집합의 정의를 평면 $\mathbb{R}^2$에서 $\mathbb{R}^n$으로 확장해야 한다. 실제 수정해야 할 부분은 비교적 명확하다. $\mathbb{R}^n$의 점 $\mathbf{a}$가 집합 S의 내부점이 되려면 $\mathbf{a}$를 중심으로 하는 원이 아닌 구가 있어야 하고, 이 구의 모든 점이 집합 S에 속해야 한다. 이를 명확히 이해하려면 $\mathbb{R}^3$에서 중심 $\mathbf{a}$와 반지름 r을 가진 구의 정의 (14.4.3)을 먼저 살펴보아야 한다. 그러면 $\mathbb{R}^n$의 구는 $\mathbb{R}^n$상에서 집합 $\{\mathbf{x} : \|\mathbf{x}-\mathbf{a}\| = r\}$이 될 것이다. 이 정의를 사용하면 열린집합의 정의는 변하지 않는다. $\mathbb{R}^n$에서 집합 S의 모든 점이 S의 내부점이면 S는 열린집합이다.

세 번째로 $\mathbf{x}$가 $n \geq 3$인 n차원 벡터일 때 $z = f(\mathbf{x})$의 그래프를 그릴 수는 없지만, 정의 (14.8.1)과 (14.8.2)의 부등식을 여전히 2차원 그래프로 표현할 수 있다. 실제로 볼록집합 S의 두 점 $\mathbf{a}$와 $\mathbf{b}$가 주어질 때, 구간 $[0, 1]$의 모든 t에 대해 다음과 같이 정의된 일변수함수 $\varphi(t)$를 생각해보자.

$$\varphi(t)= f(t\mathbf{a} + (1-t)\mathbf{b})$$

이 함수는 일변수이므로 2차원 그래프를 그릴 수 있으며, $(t, z)= (0, f(\mathbf{b}))$와 $(t, z)= (1, f(\mathbf{a}))$인 두 끝점을 연결하는 평면 위의 곡선이 될 것이다. 예를 들어 정의 (14.8.1)은 f가 오목할 때 $0 \leq t \leq 1$에 대한 $z = \varphi(t)$의 그래프인 곡선의 모든 점이 두 끝점을 연결하는 선분 위에 있어야 함을 나타낸다. 이 선분은 집합 $\{(t, z) : 0 \leq t \leq 1,\ z = t\mathbf{a} + (1-t)\mathbf{b}\}$이다. $z = \varphi(t)$가 오목하다는 또 다른 의미는 함수 $z = \varphi(t)$가 구간 $[0, 1]$ 전체에서 오목하다는 것이다. 즉 f는 선분 $[\mathbf{a}, \mathbf{b}]$에서 오목하다. 반대로 f가 S에 속한 모든 선분에 대해 오목하다면, f는 S에서 오목하다.

네 번째로 [정리 14.8.1]의 결과는 이변수함수에서 n변수함수로 확장됨을 쉽게 알 수 있다.

이보다 덜 직접적인 방법은 이계도함수를 사용하여 오목함수나 볼록함수의 특징을 얻는 것이다. 이미 살펴보았지만 이변수함수에 대한 조건 (14.8.3)~(14.8.6)은 일변수함수에 해당하는 조건 (8.5.3)~(8.5.6)보다 훨씬 복잡하다. 또한 함수 f는 연속인 일계편도함수와 이계편도함수를 가져야 한다. 변수가 3개 이상인 함수의 경우는 훨씬 더 복잡하다. 다음 조건은 13.12절에서 소개한 헤시안 행렬의 정부호 성질을 포함한다.[15]

정리 14.8.2 이계도함수를 사용한 오목성과 볼록성

함수 $f(\mathbf{x})$가 $\mathbb{R}^n$ 공간의 열린 볼록집합 S에 정의되었고 C^2함수라고 가정하자. $\mathbf{f}''(\mathbf{x})$는 식 (14.6.2)에 정의된 헤시안 행렬이라 하자. 그러면 다음이 성립한다.

❶ f가 오목한 것과 S에 있는 모든 $\mathbf{x}$에 대해 행렬 $\mathbf{f}''(\mathbf{x})$가 음의 준정부호인 것은 동치이다.
❷ f가 볼록한 것과 S에 있는 모든 $\mathbf{x}$에 대해 행렬 $\mathbf{f}''(\mathbf{x})$가 양의 준정부호인 것은 동치이다.
❸ 모든 $\mathbf{x} \in S$에 대해 행렬 $\mathbf{f}''(\mathbf{x})$가 음의 정부호이면 f는 순오목하다.
❹ 모든 $\mathbf{x} \in S$에 대해 행렬 $\mathbf{f}''(\mathbf{x})$가 양의 정부호이면 f는 순볼록하다.

일변수함수와 이변수함수에 대한 해당 결과와 마찬가지로 조건 ❶과 ❷는 f가 오목하거나 볼록한 필요충분조건이지만, 조건 ❸과 ❹는 f가 순오목하거나 순볼록한 충분조건이지만 필요조건은 아니라는 점에 유의하라.

15 이 결과에 대한 자세한 내용은 『Further Mathematics for Economic Analysis(2nd ed.)』를 참고하라.

EX 14.8.6 모든 실수 x_1, x_2, x_3에 정의된 다음 함수가 순오목함수임을 보여라.

$$f(x_1,\ x_2,\ x_3)=100-2x_1^2-x_2^2-3x_3-x_1x_2-e^{x_1+x_2+x_3}$$

풀이

f의 헤시안 행렬이 음의 준정부호임을 보여야 한다. 통상적인 방식으로 f의 일계편도함수와 이계편도함수를 계산하면 다음과 같다.

$$\mathrm{f}''(x_1,\ x_2,\ x_3)=\begin{pmatrix}-4-e^u & -1-e^u & -e^u \\ -1-e^u & -2-e^u & -e^u \\ -e^u & -e^u & -e^u\end{pmatrix}$$

여기서 $u=x_1+x_2+x_3$이다. [정리 13.12.2]에 따라 ❶~❸과 같이 f″의 세 가지 주소행렬식을 보여주는 것으로 충분하다.

❶ $f''_{11}<0$ ❷ $\begin{vmatrix}f''_{11} & f''_{12} \\ f''_{21} & f''_{22}\end{vmatrix}>0$ ❸ $|\mathrm{f}''|<0$

먼저 $f''_{11}=-4-e^u<0$임을 확인하라. ❷를 확인하려면 다음과 같이 2행에서 이계 주소행렬식의 1행을 빼면 된다.

$$\begin{vmatrix}f''_{11} & f''_{12} \\ f''_{21} & f''_{22}\end{vmatrix}=\begin{vmatrix}-4-e^u & -1-e^u \\ -1-e^u & -2-e^u\end{vmatrix}=\begin{vmatrix}-4-e^u & -1-e^u \\ 3 & -1\end{vmatrix}=7+4e^u>0$$

❸의 경우 $\mathrm{f}''(x_1,\ x_2,\ x_3)$의 행렬식을 계산하기 위해 1행과 2행에서 3행을 빼고, 3열에 여인수전개를 적용한다. 결과는 다음과 같다.

$$|f''|=\begin{vmatrix}-4-e^u & -1-e^u & -e^u \\ -1-e^u & -2-e^u & -e^u \\ -e^u & -e^u & -e^u\end{vmatrix}=\begin{vmatrix}-4 & -1 & 0 \\ -1 & -2 & 0 \\ -e^u & -e^u & -e^u\end{vmatrix}=(-e^u)\begin{vmatrix}-4 & -1 \\ -1 & -2\end{vmatrix}=-7e^u<0$$

[정리 13.12.2]에 따르면 이 부호 패턴은 헤시안 행렬 f″이 음의 정부호이므로 f가 순오목함을 보여준다.

[정리 14.8.2]에 소개한 특징을 증명하는 대신, 유익한 문제를 소개한다.

EX 14.8.7 임의의 대칭행렬 $\mathrm{A}=(a_{ij})_{n\times n}$를 생각하자. 행렬 A가 음의 준정부호, 음의 정부호, 양의 준정부호, 양의 정부호이면 $\mathbb{R}^n$에서 정의된 함수 $f(\mathbf{x})=\mathbf{x}'\mathrm{A}\mathbf{x}$가 각각 오목, 순오목, 볼록, 순볼록함을 보여라. 먼저 A가 대각행렬인 특수한 경우를 고려한 다음, 스펙트럼 정리([정리 13.11.4] 참고)에 의해 존재가 보장되는 A의 대각화 P′AP를 고려하여 일반적인 경우를 보여라.

풀이

A가 $n\times n$ 대각행렬 $\mathrm{D}=\mathrm{diag}(\lambda_1,\ \lambda_2,\ \cdots,\ \lambda_n)$인 특수한 경우에 이차형식은 $f(\mathbf{x})=\mathbf{x}'\mathrm{D}\mathbf{x}=\sum_{i=1}^{n}\lambda_i x_i^2$이다. λ_i가 음수, 0, 양수이면 이 합에 있는 각 $\lambda_i x_i^2$도 각각 순오목, 오목인 동시에 볼록, 순볼록하다. [정리 14.8.1]을 n변수함수로 확장하자. 대각행렬 D의 고윳값인 계수 λ_i가 모두 동시에 양이 아니거나, 음이거나, 음이 아니거나, 양이면 모든 n개 항의 합은 각각 오목, 순오목, 볼록, 순볼록하다. [정리 13.12.1]에 따르면 이는 D가 각각 음의 준정부호, 음의 정부호, 양의 준정부호, 양의 정부호인 경우와 동치이다.

일반적인 경우를 생각하자. A는 대칭이므로 스펙트럼 정리에 의해 A를 대각화 $D = P'AP$로 나타낼 수 있다. 여기서 P는 $P^{-1} = P$이므로 직교행렬이다. 그러면 [정리 13.12.1]의 증명을 전개한 방식처럼 D의 대각원소들은 D와 A 모두의 고윳값이다. 게다가 식 (13.12.12)에 따르면 $y = P'x$일 때 $x'Ax = y'Dy = \sum_{i=1}^{n} \lambda_i y_i^2$이다. A가 대각행렬인 특수한 경우와 마찬가지로 [정리 13.12.1]에 따라 증명이 완성된다.

[EX 14.6.3]에서 임의의 $n \times n$ 대칭행렬 A가 주어지면 이차형식의 헤시안 행렬 $x'Ax$는 $f'' = 2A$를 만족함을 상기하라.

[EX 14.8.7]의 결과와 그 증명은 대칭행렬과 그 고윳값의 부호에 따른 이차형식의 정부호 성질을 보여주는 [정리 13.12.1]뿐만 아니라 스펙트럼 정리의 중요성과 유용성을 다시 한번 강조한다. 이와 매우 가까운 결과를 16장에서 최적화의 이계조건을 다룰 때 다시 볼 것이다.

14.8 연습문제

1 [그림 14.8.6]에 표현된 그래프 중 (아마도) 볼록/오목하거나 순오목/순볼록한 함수를 찾아라.

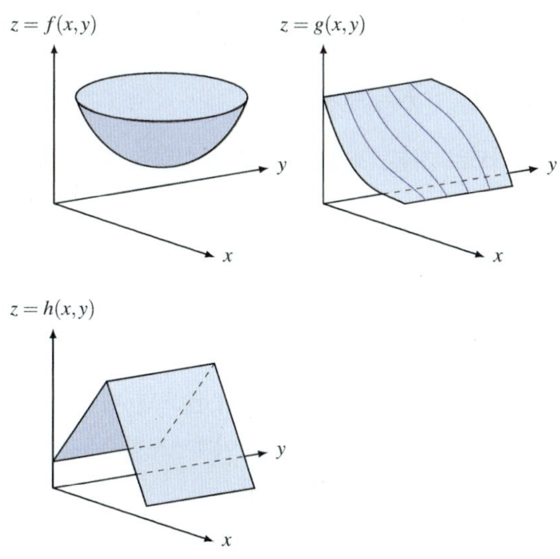

그림 14.8.6 [연습문제 1]의 그래프

2 다음 함수가 오목/볼록한 상수 a 값을 있는 대로 구하라.

$$f(x,\ y) = -6x^2 + (2a+4)xy - y^2 + 4ay$$

3 다음 함수의 볼록성/오목성을 조사하라.

(a) $z = x + y - e^x - e^{x+y}$

(b) $z = e^{x+y} + e^{x-y} - \dfrac{1}{2}y$

(c) $w = (x + 2y + 3z)^2$

힌트 (c)의 경우 w가 이차형식이므로 그 부호를 결정하라. 그러고 나서 [EX 14.8.7]의 결과를 이용하라.

4 심화 음이 아닌 투입요소의 쌍 $(x,\ y)$의 함수로서 생산량 z를 결정하는 생산함수를 $z = f(x,\ y)$라 하고, $f(0,\ 0) = 0$이라 두자. 또한 $x \geq 0,\ y \geq 0$인 고정된 $(x,\ y)$마다 모든 $\lambda > 0$에 대해 $g(\lambda\,;x,\ y) = \dfrac{1}{\lambda}f(\lambda x,\ \lambda y)$를 정의하자. 다음을 증명하라.

(a) f가 두 번 연속으로 미분가능하고 오목함수이면, 모든 $x,\ y$에 대해 $f''_{11}(x,\ y) \leq 0$이고 $f''_{22}(x,y) \leq 0$이다(따라서 각 한계생산은 감소한다).

(b) f가 오목하면 각각의 $x \geq 0,\ y \geq 0$마다 λ의 함수 $g(\lambda\,;x,\ y)$는 감소한다.

(c) $g(\lambda\,;x,\ y)$가 λ에 독립이라는 의미에서 f가 '일정한 수익률'을 보여주는 고정된 $(x,\ y)$가 존재하는 경우(단, $x \geq 0,\ y \geq 0$) f는 순오목하지 않다.

힌트 (b)와 (c)의 경우, $(x,\ y) \neq (0,\ 0)$이고 고정된 $x \geq 0,\ y \geq 0$가 주어진다면 $g(\lambda\,;x,\ y)$가 $f(\lambda x,\ \lambda y)$의 기울기 $s(0,\ \lambda)$임을 보여라. 이는 모든 $\lambda \geq 0$에 대해 정의된 λ의 일변수함수로 본 것이다. 그러고 나서 [정리 8.2.1]을 이용하라.

14.9 경제학에의 응용

이 절에서는 경제학에서 편도함수의 응용 사례를 살펴본다.

EX 14.9.1 농업 생산함수 $Y=F(K, L, T)$를 생각하자. 여기서 Y는 생산량, K는 투자 자본, L은 노동 투입량, T는 사용된 농경지 면적이다. 그렇다면 $\frac{\partial Y}{\partial K}=F'_K$를 **자본의 한계생산**(marginal product of capital)이라 한다. 이는 L과 T가 고정되어 있을 때 K에 대한 생산 Y의 변화율이다. 이와 마찬가지로 $\frac{\partial Y}{\partial L}=F'_L$과 $\frac{\partial Y}{\partial T}=F'_T$를 각각 **노동의 한계생산**(marginal product of labour)과 **토지의 한계생산**(marginal product of land)이라 한다. 예를 들어 K가 달러로 측정된 자본 설비의 가치이고 $\frac{\partial Y}{\partial K}=5$일 때, 자본 투입량을 h단위까지 늘리면 생산은 약 $5h$단위 증가한다.

특별히 F가 콥-더글러스 함수라고 가정하자. 여기서 A, a, b, c는 양의 상수이다.

$$F(K, L, T)=AK^aL^bT^c$$

한계생산과 이계편도함수를 구하라. 각각의 부호에 대해 설명하라.

풀이

세 한계생산은 다음과 같다.

$$F'_K=AaK^{a-1}L^bT^c, \quad F'_L=AbK^aL^{b-1}T^c, \quad F'_T=AcK^aL^bT^{c-1}$$

K, L, T가 모두 양수일 때 한계생산은 모두 양수이다. 그러므로 자본, 노동, 토지의 투입량을 늘리면 생산도 증가한다.

혼합편도함수라고도 하는 이계교차편도함수는 다음과 같다.[16]

$$F''_{KL}=AabK^{a-1}L^{b-1}T^c, \ F''_{KT}=AacK^{a-1}L^bT^{c-1}, \ F''_{LT}=AbcK^aL^{b-1}T^{c-1}$$

모든 교차편도함수가 양수임에 주목하라. 임의의 두 투입요소에 대해 어느 하나가 더 많으면 다른 하나의 한계생산이 증가하기 때문에 두 투입요소를 **보완적**(complementary)이라 한다. 직접이계편도함수는 다음과 같다.

$$F''_{KK}=Aa(a-1)K^{a-2}L^bT^c, \ F''_{LL}=Ab(b-1)K^aL^{b-2}T^c, \ F''_{TT}=Ac(c-1)K^aL^bT^{c-2}$$

예를 들면 F''_{KK}는 자본의 한계생산 F'_K의 K에 대한 편도함수이다. $a<1$이면 $F''_{KK}<0$이고, 이는 자본의 한계생산이 감소하고 있음을 의미한다. 즉 투자된 자본이 조금만 늘어나도 자본의 한계생산이 감소하게 된다. 이는 자본이 조금 증가하면 생산은 증가하여 $F'_K>0$이 되지만, $F''_{KK}<0$이므로 증가속도는 감소한다는 의미로 해석할 수 있다. $b<1$이면 노동에, $c<1$이면 토지에 마찬가지인 상황이 나타난다.

16 역순으로 미분하여 F''_{LK}, F''_{TK}, F''_{TL}을 각각 구함으로써 영의 정리([정리 14.6.1] 참고)가 성립하는지 직접 확인하라.

EX 14.9.2 어느 국가의 GDP를 x라 하고, 오염 수준의 척도를 y라 하자. 함수 $u(x, y)$가 그 사회의 행복 총량을 측정한다고 가정하자. $u'_x(x, y)$와 $u'_y(x, y)$의 부호를 어떻게 예상하는가? 경제학에서 $u''_{xy}(x, y)$의 부호에 대해 일반적으로 어떤 가정을 할지 짐작할 수 있는가?

풀이

GDP x가 증가하면 사회적 행복은 증가하지만, 오염 수준 y가 증가하면 사회적 행복이 감소한다고 생각하는 것이 합리적이다. 따라서 $u'_x(x, y) > 0$, $u'_y(x, y) < 0$을 예상한다. 함수 $u'_x(x, y)$에 식 (14.6.1)을 적용하면 이 함수의 편도함수 $u''_{xy} = \frac{\partial}{\partial y}(u'_x)$는 오염 수준 y의 단위별 증가에 따른 u'_x의 근사적인 변화량이다. 게다가 u'_x는 x의 단위별 증가에 따른 행복의 근사적인 증가량이다.

보통 $u''_{xy} < 0$이라 가정한다. 이는 GDP x의 고정된 작은 증가량 h로 인한 행복의 증가 정도는 오염 수준이 증가할 때 감소하는 경향이 있다는 뜻이다.[17] 경제학에서는 대개 별다른 이유 없이 u가 C^2함수라고 가정한다. 영의 정리([정리 14.6.1] 참고)에 의해 부등식 $u''_{xy} < 0$은 $u''_{yx} < 0$을 의미한다. 그러므로 오염에 조금 덜 노출될 때 얻는 행복의 증가는 단위당 대략 $-u'_y$이며, GDP x에 따라 증가한다. 이는 가난한 사람이 오염을 더 쉽게 견딘다는, 매우 논란이 많은 견해와 일치한다.[18]

14.9 연습문제

1 1929년~1952년 동안 미국의 화폐 수요 M을 측정하는 한 가지 방정식은 다음과 같다.

$$M = 0.14Y + 76.03(r-2)^{-0.84}$$

여기서 Y는 연간 국민소득이고 r은 연 이자율을 %단위로 나타낸 것이며, $r > 2$이다. 편도함수 $\frac{\partial M}{\partial Y}$와 $\frac{\partial M}{\partial r}$을 구하고 그 부호에 대해 논하라.

2 a와 b가 양의 상수라 하고, 다음 함수에 대해 $KY'_K + LY'_L$을 계산하라.

(a) $Y = AK^a + BL^a$

(b) $Y = AK^aL^b$

(c) $Y = \dfrac{K^2L^2}{aL^3 + bK^3}$

3 어느 기업의 제품에 대한 수요 D는 그 기업이 매긴 가격 p와 경쟁기업이 매긴 가격 q에 의존한다. 이는 $D(p, q) = a - bpq^{-\alpha}$으로 주어지며, 여기서 a, b, α는 양수이고 $\alpha < 1$이다. 편도함수 $D'_p(p, q)$와 $D'_q(p, q)$를 구하고 그 부호에 대해 설명하라.

4 함수 $F(K, L, M) = AK^aL^bM^c$을 생각하자. $KF'_K + LF'_L + MF'_M = (a+b+c)F$임을 보여라.

5 두 상품의 단위당 가격이 각각 p와 q일 때 두 상품의 수요를 $D(p, q)$와 $E(p, q)$라고 하자. 두 상품은 버터와 마가린처럼 소비 **대체재(substitute)**라고 가정한다. p와 q에 대한 D와 E의 편도함수의 부호는 일반적으로 어떻게 되겠는가?

---

17 여기 한 가지 사례가 있다. 비흡연자가 담배 연기로 가득 찬 방에 있을 때, 연기 농도가 너무 진해지면 연기에 너무 많은 신경을 쓰게 되므로 조금 더 큰 케이크 조각을 먹어서 얻는 추가적인 만족도가 떨어질 수 있다.

18 가난한 나라가 환경오염을 더 잘 견딘다는 이유로 오염물질을 가난한 나라에 떠넘기는 것이 전 세계에 더 도움이 된다는 주장이 제기되어 논란이 있었다. 이를 암시하는 내용이 담긴 '독성 메모'가 세계은행 부총재가 쓴 것이라고 '조작'된 안타까운 역사가 있으며, 이는 『하버드 매거진』 2001년 5월호에 나와 있다. 다음 링크를 참고하라. https://www.harvardmagazine.com/2001/05/toxic-memo.html

6 $U(x_1,\ x_2,\ \cdots,\ x_n) = 100 - e^{-x_1} - e^{-x_2} - \cdots - e^{-x_n}$ 일 때 $\frac{\partial U}{\partial x_i}$를 구하라.

7 심화 다음과 같은 고정대체탄력성 생산함수에 대해 $KY'_K + LY'_L$의 식을 구하라.

$$Y = Ae^{\lambda t}(aK^{-\rho} + bL^{-\rho})^{-\frac{\mu}{\rho}}$$

14.10 부분탄력성

7.7절에서 일변수함수에 대한 탄력성 개념을 소개했다. 이 절에서는 이 개념을 다변수함수로 확장한다. 이를 통해 수요의 가격탄력성 또는 소득탄력성을 비롯해 다양한 가격탄력성을 고려할 수 있다.

이변수함수

$z = f(x,\ y)$를 생각하자. z의 편도함수가 존재한다면 x와 y에 대한 부분탄력성은 다음과 같이 정의한다.

$$\mathrm{El}_x z = \frac{x}{z}\frac{\partial z}{\partial x},\quad \mathrm{El}_y z = \frac{y}{z}\frac{\partial z}{\partial y} \tag{14.10.1}$$

경제학에서는 부분탄력성이 아니라 오히려 탄력성이라고 한다. 따라서 $\mathrm{El}_x z$는 y가 일정할 때 x에 대한 z의 탄력성이고, $\mathrm{El}_y z$는 x가 일정할 때 y에 대한 z의 탄력성이다. $\mathrm{El}_x z$ 값은 대략 y가 일정할 때 x가 1% 증가하여 발생한 z의 % 변화이며, $\mathrm{El}_y z$도 마찬가지로 해석된다.

7.7절과 같이 모든 변수가 양수일 때 탄력성은 다음과 같이 로그도함수로 표현할 수 있다.

$$\mathrm{El}_x z = \frac{\partial \ln z}{\partial \ln x},\quad \mathrm{El}_y z = \frac{\partial \ln z}{\partial \ln y} \tag{14.10.2}$$

EX 14.10.1 다음 함수에 대해 부분탄력성 $\mathrm{El}_x z$를 구하라.

(a) $z = Ax^a y^b$

(b) $z = xye^{x+y}$

풀이

(a) x에 대한 $Ax^a y^b$의 탄력성을 구할 때, 변수 y를 상수로 취급하므로 Ay^b도 상수로 취급한다. [EX 7.7.1]로부터 $\mathrm{El}_x z = a$이다. 같은 방법으로 $\mathrm{El}_y z = b$이다.

(b) 여기서는 식 (14.10.2)를 사용하는 것이 편리하다. 모든 변수가 양수라고 가정하면, 자연로그를 적절히 취하여 $\ln z = \ln x + \ln y + x + y = \ln x + \ln y + e^{\ln x} + y$를 얻는다. 그러므로 다음을 얻는다.

$$\mathrm{El}_x z = \frac{\partial \ln z}{\partial \ln x} = 1 + e^{\ln x} = 1 + x$$

EX 14.10.2 1927년~1941년 동안 미국의 감자 수요 D_1의 한 추정치는 $D_1 = Ap^{-0.28}m^{0.34}$으로 주어진다. 여기서 p는 감자의 가격, m은 평균소득이다. 사과 수요의 추정치는 $D_2 = Bq^{-1.27}m^{1.32}$이고, 여기서 q는 사과 가격이다. 수요의 가격탄력성 $\text{El}_p D_1$과 $\text{El}_q D_2$, 수요의 소득탄력성 $\text{El}_m D_1$과 $\text{El}_m D_2$를 각각 구하라. 각각의 부호에 대해 설명하라.

풀이

[EX 14.10.1(a)]에 따르면 $\text{El}_p D_1 = -0.28$이다. 따라서 감자 가격이 작은 비율 $h\%$만큼 증가하면 감자 수요는 약 $0.28h\%$ 감소한다. 또한 $\text{El}_q D_2 = -1.27$, $\text{El}_m D_1 = 0.34$, $\text{El}_m D_2 = 1.32$이다.

가격탄력성 $\text{El}_p D_1$과 $\text{El}_q D_2$는 모두 음수이다. 그러므로 자체 가격이 상승하면 수요가 감소하는 것이 합리적이다. 소득탄력성 $\text{El}_m D_1$과 $\text{El}_m D_2$는 모두 양수이다. 그러므로 평균소득이 증가하면 감자와 사과에 대한 수요가 모두 증가하며, 이 역시 합리적으로 보인다. 사과에 대한 수요는 감자에 대한 수요보다 가격과 소득 변화에 더 민감하다는 점에 유의하라. 당시에는 소비자 대부분에게 감자가 사과보다 더 대체불가능한 식품이었으므로 이 역시 합리적으로 보인다.

다변수함수

n변수함수 $z = f(x_1, x_2, \cdots, x_n) = f(\mathbf{x})$에 대해 x_i에 대한 z 또는 f의 **(부분)탄력성**을 다른 $(n-1)$개의 변수가 일정할 때 x_i에 대한 z의 탄력성으로 정의하자. 따라서 모든 변수가 양수라고 가정하면 다음과 같이 쓸 수 있다.

$$\text{El}_i z = \frac{x_i}{f(x)}\frac{\partial f(x)}{\partial x_i} = \frac{x_i}{z}\frac{\partial z}{\partial x_i} = \frac{\partial \ln z}{\partial \ln x_i} \tag{14.10.3}$$

그러므로 작은 변화에 대해 $\text{El}_i z$는 다른 변수 x_j가 일정할 때 i번째 변수 x_i가 1% 증가하여 발생한 z의 % 변화와 근사적으로 같다. 기호 $\text{El}_i z$ 외에 일반적으로 사용되는 다른 표기법으로 $\text{El}_i f(\mathbf{x})$, $\text{El}_{x_i} z$, ε_i, e_i, $\hat{z}_i$[19]가 있다.

EX 14.10.3 모든 $x_1 > 0$, $x_2 > 0$, $\cdots$, $x_n > 0$에 대해 $D = Ax_1^{a_1}x_2^{a_2}\cdots x_n^{a_n}$을 생각하자. 여기서 $A > 0$이고 a_1, a_2, $\cdots$, a_n은 상수이다. $i = 1$, $\cdots$, n에 대해 x_i에 대한 D의 탄력성을 구하라.

풀이

모든 x_i에 대한 부분탄력성을 계산하려면 $x_i^{a_i}$을 제외한 모든 계수를 상수로 고정해야 한다. 따라서 식 (7.7.3)을 적용하면 $\text{El}_i D = a_i$이다.

[EX 14.10.3]의 특수한 경우로 재화 i에 대한 수요가 다음과 같다고 가정하자.

$$D_i = Am^{\alpha}p_i^{-\beta}p_j^{\gamma} \tag{14.10.4}$$

19 'z hat i'로 읽는다.

여기서 m은 소득, p_i는 재화 i의 가격, p_j는 대체재의 가격을 나타낸다. 그러면 α는 [EX 14.10.2]에서 정의된 바와 같이 수요의 소득탄력성이다. 반면에 $-\beta$는 자체 가격 p_i에 대한 소득탄력성이므로 이를 수요의 **자기가격탄력성**(own-price elasticity)이라 한다. 하지만 수요의 자기가격탄력성은 일반적으로 음수이므로 종종 수요의 자기가격탄력성에 $-\beta$가 아닌 β를 사용하기도 한다. 마지막으로 γ는 특정 대체재 가격에 대한 수요의 탄력성이다. 14.6절에서 정의한 교차편도함수와 유사하게 이를 수요의 **교차가격탄력성**(cross-price elasticity)이라 한다.

수요함수가 식 (14.10.4)로 주어지면 재화 i에 지출되는 소득의 비율은 다음과 같다.

$$\frac{p_i D_i}{m} = Am^{\alpha-1} p_i^{1-\beta} p_j^{\gamma}$$

소득탄력성 α가 $\alpha < 1$ 일 때 이 비율은 소득의 감소함수이다. 경제학에서는 이러한 성질을 가진 재화를 **필수재**(necessity)라고 한다. 반면에 $\alpha > 1$이면 재화 i에 지출되는 소득의 비중은 소득과 함께 증가하며, 이 경우 경제학에서는 재화 i를 **사치재**(luxury)라고 한다. [EX 14.10.2]를 다시 생각해보자. 필수재와 사치재의 정의에 따르면 대공황이 있었던 1927년~1941년은 감자가 필수재였지만 사과가 (상대적으로) 사치재였음을 의미한다.

[연습문제 4]에서 일반적인 수요함수를 이용하여 필수재와 사치재의 구분을 살펴본다.

14.10 연습문제

1 다음 경우에 x와 y에 대한 z의 부분탄력성을 구하라.

(a) $z = xy$

(b) $z = x^2 y^5$

(c) $z = x^n e^x y^n e^y$

(d) $z = x + y$

2 $z = (ax_1^d + bx_2^d + cx_3^d)^g$이라 하자. 여기서 a, b, c, d, g는 상수이다. $\sum_{i=1}^{3} \text{El}_i z$를 구하라.

3 $z = x_1^p \cdots x_n^p \exp(a_1 x_1 + \cdots + a_n x_n)$이라 가정하자. 여기서 공통의 차수 p와 모수 $a_1, \cdots, a_n$은 모두 상수이다. $x_1, \cdots, x_n$에 대한 z의 부분탄력성을 구하라.

4 $D(p, m)$은 특정 재화의 가격 p와 소비자 자신의 소득 m에 대한 함수로, 특정 소비자의 특정 재화에 대한 수요를 나타낸다. $\text{El}_m D > 1$이면 해당 재화에 지출된 소득의 비율 $\frac{p}{m}D$가 소득에 따라 증가함을 보여라(이는 '사치재'이며, $\text{El}_m D < 1$이면 '필수재'이다).

CHAPTER 14 복습문제

14.1 $f(x, y)=3x-5y$일 때 $f(0, 1)$, $f(2, -1)$, $f(a, a)$, $f(a+h, b)-f(a, b)$ 값을 구하라.

14.2 $f(x, y)=2x^2-3y^2$일 때 $f(-1, 2)$, $f(2a, 2a)$, $f(a, b+k)-f(a, b)$, $f(tx, ty)-t^2f(x, y)$ 값을 구하라.

14.3 $f(x, y, z)=\sqrt{x^2+y^2+z^2}$일 때 모든 $t \geq 0$에 대해 $f(3, 4, 0)$, $f(-2, 1, 3)$, $f(tx, ty, tz)$ 값을 구하라.

14.4 $Y=F(K, L)=15K^{\frac{1}{5}}L^{\frac{2}{5}}$이 자본 K단위, 노동 L단위가 투입될 때의 생산량 단위를 나타낸다고 하자. 물음에 답하라.

(a) $F(0, 0)$, $F(1, 1)$, $F(32, 243)$을 계산하라.

(b) $F(K+1, L)-F(K, L)$의 식을 구하고, 이를 경제학적으로 해석하라.

(c) $F(32+1, 243)-F(32, 243)$을 계산하고, $F'_K(32, 243)$을 이용하여 얻은 결과와 비교하라.

(d) 상수 k에 대해 $F(tK, tL)=t^kF(K, L)$이 성립함을 보여라.

14.5 수산업 관련 연구에 따르면 연간 청어 어획량 Y는 어획 노력 K와 청어 자원량 S의 함수로 다음과 같이 주어진다.

$$Y(K, S)=0.06157K^{1.356}S^{0.562}$$

(a) $\frac{\partial Y}{\partial K}$와 $\frac{\partial Y}{\partial S}$를 구하라.

(b) K와 S가 모두 두 배가 되면 어획량은 어떻게 되는가?

14.6 다음 함수가 정의될 수 있는 순서쌍 (x, y)를 구하라.

(a) $3xy^3-45x^4-3y$ (b) $\sqrt{1-xy}$ (c) $\ln\left(2-(x^2+y^2)\right)$

14.7 다음 함수가 정의될 수 있는 순서쌍 (x, y)를 구하라.

(a) $\frac{1}{\sqrt{x+y-1}}$ (b) $\sqrt{x^2-y^2}+\sqrt{x^2+y^2-1}$ (c) $\sqrt{y-x^2}-\sqrt{\sqrt{x}-y}$

14.8 □ 안에 알맞은 표현을 써넣어라.

(a) $z=\left(x^2y^4+2\right)^5 \Rightarrow \frac{\partial z}{\partial x}=\square$

(b) $F(K, L)=\left(\sqrt{K}+\sqrt{L}\right)^2 \Rightarrow \sqrt{K}\frac{\partial F}{\partial K}=\square$

(c) $F(K, L)=\left(K^a+L^a\right)^{\frac{1}{a}} \Rightarrow KF'_K(K, L)+LF'_L(K, L)=\square$

(d) $g(t, w)=\frac{3t}{w}+wt^2 \Rightarrow \frac{\partial^2 g}{\partial w \partial t}=\square$

(e) $g(t_1,\ t_2,\ t_3)=\left(t_1^2+t_2^2+t_3^2\right)^{\frac{1}{2}} \quad \Rightarrow \quad g'_3(t_1,\ t_2,\ t_3)=\square$

(f) $f(x,\ y,\ z)=2x^2yz-y^3+x^2z^2 \quad \Rightarrow \quad f'_1(x,\ y,\ z)=\square,\ f''_{13}(x,\ y,\ z)=\square$

14.9 모든 $(x,\ y)$에 대해 함수 f를 $f(x,\ y)=(x-2)^2(y+3)^2$으로 정의하자. 물음에 답하라.

(a) $f(0,\ 0)$, $f(-2,\ -3)$, $f(a+2,\ b-3)$을 계산하라.

(b) f'_x와 f'_y를 구하라.

14.10 점 $(-1,\ 5)$와 $(1,\ 1)$이 함수 $g(x,\ y)=(2x+y)^3-2x+\dfrac{y}{5}$의 동일한 등위선 위에 있음을 보여라.

14.11 각 $c\neq 0$에 대해 $x-y=c$가 $F(x,\ y)=\ln\left(x^2-2xy+y^2\right)+e^{2x-2y}$에 대한 등위선임을 보여라.

14.12 모든 $(x,\ y)$에 대해 함수 f를 $f(x,\ y)=x^4+2y^2-4x^2y+4y$로 정의하자. 물음에 답하라.

(a) $f'_1(x,\ y)$와 $f'_2(x,\ y)$를 구하라.

(b) 두 방정식 $f'_1(x,\ y)=0$과 $f'_2(x,\ y)=0$을 동시에 만족하는 모든 순서쌍 $(x,\ y)$를 구하라.

14.13 함수 $z=f(x,\ y)=\left(x-\dfrac{1}{2}\right)^2-\left(y-\dfrac{1}{2}\right)^2+\dfrac{1}{2}$의 그래프가 [그림 14.R.1]과 같다. 물음에 답하라.

(a) 이 그래프를 이용하여 함수 f가 오목한지, 순오목한지, 볼록한지, 순볼록한지 판별하라.

(b) 명제 (14.8.7)~(14.8.10)을 사용하여 (a)의 결론을 확인하라.

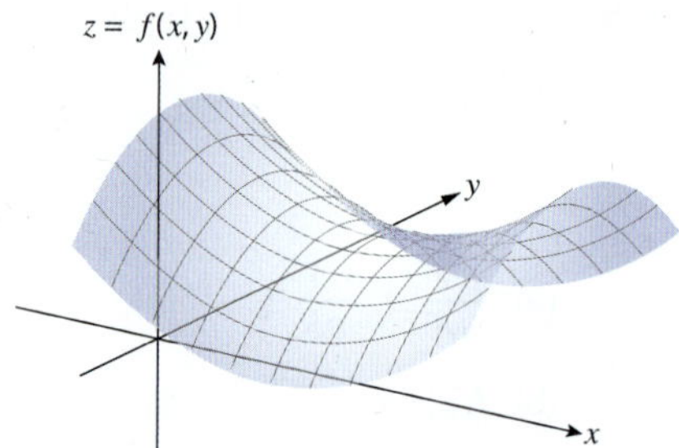

그림 14.R.1 [복습문제 14.13]의 그래프

14.14 모든 x, y에 대해 함수 f를 $f(x,\ y)=x-y-x^2$으로 정의하자. 물음에 답하라.

(a) 식 (14.8.3)을 이용하여 f가 오목함을 보여라.

(b) $-e^{-f(x,\ y)}$이 오목함을 보여라.

14.15 $f(x,\ y)=ax^2+2bxy+cy^2+px+qy+r$이라고 하자. 여기서 a, b, c, p, q, r은 상수이다. 물음에 답하라.

(a) 다음을 증명하라.

(i) f가 $ac-b^2>0$이고 $a<0$이면 순오목하다.

(ii) f가 $ac-b^2>0$이고 $a>0$이면 순볼록하다.

(b) $f(x,\ y)$가 오목/볼록하기 위한 필요조건과 충분조건을 구하라.

14.16 다음 경우에 대해 x와 y에 대한 부분탄력성을 구하라.

(a) $z=x^3y^{-4}$

(b) $z=\ln\left(x^2+y^2\right)$

(c) $z=e^{x+y}$

(d) $z=\left(x^2+y^2\right)^{\frac{1}{2}}$

14.17 물음에 답하라.

(a) $F(x,\ y)=e^{2x}(1-y)^2$일 때 $\dfrac{\partial F}{\partial y}$를 구하라.

(b) $F(K,\ L,\ M)=(\ln K)(\ln L)(\ln M)$일 때 F'_L과 F''_{LK}를 구하라.

(c) $w=x^x y^x z^x$이고 $x,\ y,\ z$가 양수일 때 로그미분법을 사용하여 w'_x를 구하라.

14.18 심화 다음 함수에 대해 $(0,\ 0)$에서 $\dfrac{\partial^{p+q}z}{\partial y^q \partial x^p}$을 구하라.

(a) $z=e^x\ln(1+y)$

(b) $z=e^{x+y}(xy+y-1)$

힌트 먼저 n에 대한 귀납법으로 $\dfrac{d^n}{d^n}(e^u u)=e^u(u+n)$을 증명하라.

14.19 심화 $u=Ax^a y^b$이라면 $\dfrac{u''_{xy}}{u'_x u'_y}$를 u만의 함수로 표현할 수 있음을 보여라. 이 결과를 이용하여 다음을 증명하라.

$$\frac{1}{u'_x}\frac{\partial}{\partial x}\left(\frac{u''_{xy}}{u'_x u'_y}\right)=\frac{1}{u'_y}\frac{\partial}{\partial y}\left(\frac{u''_{xy}}{u'_x u'_y}\right)$$

MEMO

CHAPTER

15

편도함수의 활용

Partial Derivatives in Use

CONTENTS

논리는 직관을 정복하는 데 필요한 제재를 가할 뿐이다.

Logic merely sanctions the conquests of the intuition.

_ 자크 S. 아다마르(Jacques S. Hadamard, 1945)

경제학에서는 편도함수를 사용하는 특정 기법을 설명할 때 **비교정학**(comparative statics)이라는 표현을 사용한다. 이 분석은 수요와 공급과 같은 경제 수량이 연립방정식을 만족하는 내생변수로 어떻게 결정되는지를 보여주는 수학적 모형으로부터 시작한다. 그런 다음 이러한 변수가 선호도나 생산성 충격과 같은 외생변수의 변화에 어떻게 반응하는지에 관한 질문을 다룬다. 조금 더 일반적으로 최적화 문제의 모수가 변하면 해는 어떻게 되겠는가? 아니면 수요와 공급의 균형을 설명하는 시스템의 해는 어떻게 되는가? 이 장에서는 이에 관해 몇 가지 간단한 예를 살펴본다.[1]

일변수함수를 미분할 때 핵심 도구는 6.8절에서 소개한 연쇄법칙이다. 15.1절~15.4절에서는 연쇄법칙을 이변수 이상의 다변수함수로 확장할 때 필요한 내용을 소개한다. 15.5절에서는 경제학에서 등위선의 **곡률**(curvature)을 특성화할 때 자주 사용하는 대체탄력성 개념을 설명한다. 15.6절~15.7절에서 학습할 동차함수와 동조함수는 경제학에서 중요하게 다루는 주제이다. 15.8절~15.9절에서는 선형근사와 미분을 다룬다. 마지막으로 15.10절~15.11절에서는 연립방정식과 그 미분의 여러 성질을 다룬다.

15.1 간단한 연쇄법칙

많은 경제모형은 합성함수를 포함한다. 일변수함수의 합성함수는 6.8절에서 소개했으므로 여기서는 각각의 변수가 기본변수의 함수인 다변수함수에 대해 살펴볼 것이다. 예를 들어 많은 경제 성장 모형은 생산량을 자본과 노동의 함수로 생각하는데, 두 함수 모두 시간의 함수이다. 그렇다면 생산량은 시간에 따라 어떻게 달라지는가? 일반적으로 기본변수가 변할 때 합성함수 값은 어떻게 되는가? 15.4절까지 이러한 질문에 대한 답을 살펴볼 것이다.

$z=f(x,\ y)$는 x와 y의 함수이고, 여기서 $x=g(t)$와 $y=h(t)$는 모두 변수 t의 함수라고 하자. $z=f(x,\ y)$에 x와 y를 대입하면 다음과 같은 합성함수를 얻는다.

$$z=F(t)=f(g(t),\ h(t))$$

이렇게 하면 z를 t만의 함수로 줄일 수 있다. 일반적으로 t가 변하면 $g(t)$와 $h(t)$가 모두 변하고, 그 결과 $z=F(t)$도 변한다. 그렇다면 t가 변할 때 z는 어떻게 달라지는가? 예를 들어 t가 약간 증가하면 z는 증가하는가, 아니면 감소하는가? 6.8절의 연쇄법칙을 다음과 같이 확장하면 t에 대한 z의 변화율인 $\frac{dz}{dt}$의 식을 구할 수 있으므로 이 질문에 훨씬 쉽게 답할 수 있다.

연쇄법칙

$z=f(x,\ y)$이며 $x=g(t)$와 $y=h(t)$라고 하자. f가 C^1 함수이고(연속인 일계편도함수를 가지고 있고), g와 h가 미분가능하면 다음을 만족한다.

$$\frac{dz}{dt}=f'_1(x,\ y)\frac{dx}{dt}+f'_2(x,\ y)\frac{dy}{dt} \tag{15.1.1}$$

1 까다로운 문제는 『Further Mathematics for Economic Analysis(2nd ed.)』에서 다룬다.

식 (15.1.1)의 내용을 정확하게 이해하는 것이 중요하다. 이 식은 x와 y가 모두 t에 대해 미분가능한 함수일 때 t에 대한 $z=f(x, y)$의 도함수를 구한다. 이 도함수를 t에 대한 z의 **전미분**(total derivative)이라 한다. 식 (15.1.1)에 따르면 $f(x, y)$의 첫 번째 변수 x가 t에 의존하므로 $f'_1(x, y)\dfrac{dx}{dt}$가 생긴다. $f(x, y)$의 두 번째 변수 y도 t에 의존하므로 $f'_2(x, y)\dfrac{dy}{dt}$가 생긴다. 전미분 $\dfrac{dz}{dt}$는 이 두 식의 합이다. 참고로 f가 C^1 함수가 아니면 식 (15.1.1)이 성립하지 않을 수 있다. [연습문제 9]에서 이를 다룬다.

EX 15.1.1 $z=f(x, y)=x^2+y^3$이며 $x=t^2$, $y=2t$일 때 $\dfrac{dz}{dt}$를 구하라.

풀이

$f'_1(x, y)=2x$, $f'_2(x, y)=3y^2$, $\dfrac{dx}{dt}=2t$, $\dfrac{dy}{dt}=2$이다. 이들을 식 (15.1.1)에 대입하면 다음을 얻는다.

$$\frac{dz}{dt}=2x\cdot 2t+3y^2\cdot 2=4tx+6y^2=4t^3+24t^2$$

여기서 마지막 등식은 x와 y에 각각 주어진 t의 함수를 대입하면 성립한다. 이처럼 간단한 경우에는 $f(x, y)$ 식에 $x=t^2$, $y=2t$를 대입하고 t에 대해 미분하여 연쇄법칙이 성립하는지 확인할 수 있다. 미분 결과는 다음과 같고, 식 (15.1.1)에 대입하여 푼 결과와 동일하다.

$$z=x^2+y^3=(t^2)^2+(2t)^3=t^4+8t^3 \quad\Rightarrow\quad \frac{dz}{dt}=4t^3+24t^2$$

EX 15.1.2 $z=f(x, y)=xe^{2y}$이며 $x=\sqrt{t}$, $y=\ln t$일 때 $\dfrac{dz}{dt}$를 구하라.

풀이

$f'_1(x, y)=e^{2y}$, $f'_2(x, y)=2xe^{2y}$, $\dfrac{dx}{dt}=\dfrac{1}{2}\sqrt{t}$, $\dfrac{dy}{dt}=\dfrac{1}{t}$이다. $y=\ln t$이면 $e^{2y}=e^{2\ln t}=\left(e^{\ln t}\right)^2=t^2$이므로 식 (15.1.1)에 따라 다음을 얻는다.

$$\frac{dz}{dt}=e^{2y}\frac{1}{2\sqrt{t}}+2xe^{2y}\frac{1}{t}=t^2\frac{1}{2\sqrt{t}}+2\sqrt{t}\,t^2\frac{1}{t}=\frac{5}{2}t^{\frac{3}{2}}$$

[EX 15.1.1]에서와 같이 $f(x, y)$ 식에 $x=\sqrt{t}$, $y=\ln t$를 직접 대입하여 연쇄법칙을 확인할 수 있다. 이렇게 하면 $z=xe^{2y}=\sqrt{t}\cdot t^2=t^{\frac{5}{2}}$이므로 도함수는 $\dfrac{dz}{dt}=\dfrac{5}{2}t^{\frac{3}{2}}$이다.

다음은 경제학에서 식 (15.1.1)을 사용하는 몇 가지 전형적인 예시이다.

EX 15.1.3 어느 상품에 대한 소비자의 수요를 상품의 가격 p와 소비자의 소득 m의 함수인 $D=D(p, m)$으로 나타낸다고 하자. 여기서 $p=p(t)$와 $m=m(t)$는 모두 시간 t에 대해 미분가능한 함수라고 가정한다. 따라서 수요는 t만의 함수 $D=D(p(t), m(t))$이다. D의 상대성장률 $\frac{\dot{D}}{D}$의 식을 구하라.

풀이

점(dot)으로 표기된 시간의 미분을 식 (15.1.1)에 적용하면 다음을 얻는다.

$$\dot{D}=\frac{\partial D(p, m)}{\partial p}\dot{p}+\frac{\partial D(p, m)}{\partial m}\dot{m}$$

우변의 첫 번째 항은 가격 p의 변화가 미치는 수요의 영향을 나타내고, 두 번째 항은 m의 변화가 미치는 영향을 나타낸다. D의 상대성장률은 다음과 같이 쓸 수 있다.

$$\frac{\dot{D}}{D}=\frac{p}{D}\frac{\partial D(p, m)}{\partial p}\frac{\dot{p}}{p}+\frac{m}{D}\frac{\partial D(p, m)}{\partial m}\frac{\dot{m}}{m}=\frac{\dot{p}}{p}\mathrm{El}_p D+\frac{\dot{m}}{m}\mathrm{El}_m D$$

여기서 마지막 등식은 14.10절의 부분탄력성 공식에 따라 성립한다. 그러므로 상대성장률은 가격과 소득의 상대변화율과 각각의 부분탄력성을 곱한 다음 이들을 더하여 구한다.

EX 15.1.4 [EX 14.9.2]에서와 같이 $u(x, y)$가 한 사회의 행복 총량을 나타내고, 여기서 x는 GDP, y는 오염 수준의 척도라고 하자. 또한 그 풀이에서처럼 $u'_x(x, y)>0$, $u'_y(x, y)<0$이라고 가정하자. 이제 경제가 성장할수록 오염이 증가하여 오염이 x에 대한 증가함수 $y=h(x)$이고 $h'(x)>0$이라 가정하자. 그러면 행복 총량은 x만의 함수 $U(x)=u(x, h(x))$이다. $U(x)$가 $x=x^*>0$에서 최댓값을 가질 필요조건을 찾고, 이 조건을 경제학적으로 해석하라.

풀이

[정리 9.1.1]에 의해 $U(x)$가 $x^*>0$에서 최댓값을 가질 필요조건은 $U'(x^*)=0$이다. 이제 연쇄법칙 (15.1.1)을 사용하면 다음을 얻는다.

$$U'(x)=u'_x(x, h(x))\cdot 1+u'_y(x, h(x))\cdot h'(x) \qquad (*)$$

그러므로 $U'(x^*)=0$이 되려면 다음이 성립해야 한다.

$$u'_x(x^*, h(x^*))=-u'_y(x^*, h(x^*))h'(x^*) \qquad (**)$$

이 조건을 해석하기 위해 x^*를 아주 작은 δ만큼[2] 증가시키는 상황을 생각해보자. 식 (14.2.6)에 따르면 GDP가 증가하여 얻는 이익은 대략 $u'_x(x^*, h(x^*))\delta$이고, 오염 수준은 약 $h'(x^*)\delta$단위만큼 증가한다. 그런데 오염 증가 단위당 $-u'_y(x^*, h(x^*))$만큼 행복이 감소한다. 이렇게 x^*가 증가하여 발생한 추가 오염으로 인해 행복이 총 $-u'_y(x^*, h(x^*))h'(x^*)\delta$만큼 감소한다. 식 (**)는 x^*를 아주 작은 δ만큼 증가시킬 때 얻는 직접적인 이익이, 이에 따라 오염이 증가하면서 발생한 간접적인 손실과 일치해야 함을 나타낸다. 그렇지 않으면 식 (*)에 있는 $U'(x^*)$와 부호가 일치하는 아주 작은 δ만큼 x^*를 증가시키면 행복도 아주 작게 증가할 수 있다.

2 여기서 δ는 양수일 수도 있고, 음수일 수도 있다.

고계도함수

가끔 합성함수의 이계도함수를 사용할 때도 있다. 식 (15.1.1)에 기초한 $\frac{d^2z}{dt^2}$의 일반적인 공식은 [연습문제 8]에 제시되어 있다. 여기서는 16장의 최적화이론과 관계있는 특수한 경우를 살펴보겠다. 이는 점 $(a,\ b)$에서 점 $(a+tl,\ b+tk)$로 이동할 때 f가 어떻게 변하는지 기록하는 함수 F에 관한 것이다. $t>0$이면 f는 $(l,\ k)$의 방향으로 움직이지만, $t<0$이면 역방향인 $(-l,\ -k)$의 방향으로 움직인다. [그림 15.1.1]을 참고하라.

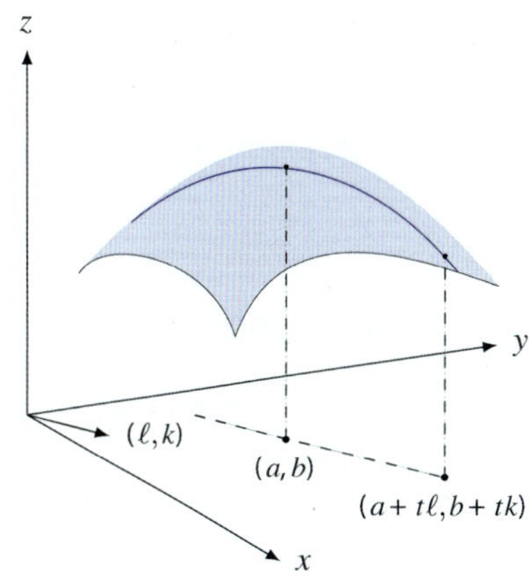

그림 15.1.1 $F(t)=f(a+tl,\ b+tk)$의 그래프

EX 15.1.5 $z=f(x,\ y)$이고 $x=a+tl,\ y=b+tk$라 가정하자. $(a,\ b)$와 $(l,\ k)$를 고정하면 z는 변수 t만의 함수 $z=F(t)$이다. $F'(t)$와 $F''(t)$의 식을 구하라.

풀이

$x=a+tl,\ y=b+tk$라면 $F(t)=f(x,\ y)$이다. 식 (15.1.1)의 연쇄법칙을 이용하면 다음을 얻는다.

$$F'(t)=f'_1(x,\ y)\frac{dx}{dt}+f'_2(x,\ y)\frac{dy}{dt}=f'_1(a+tl,\ b+tk)l+f'_2(a+tl,\ b+tk)k$$

이계도함수 $F''(t)$를 구하기 위해 한 번 더 t에 대해 미분해야 한다. 이 경우 다음을 얻는다.

$$F''(t)=\frac{d}{dt}f'_1(x,\ y)l+\frac{d}{dt}f'_2(x,\ y)k \qquad (*)$$

우변의 도함수를 계산하기 위해 식 (15.1.1)을 한 번 더 사용하면 다음을 얻는다.

$$\frac{d}{dt}f'_1(x,\ y)=f''_{11}(x,\ y)\frac{dx}{dt}+f''_{12}(x,\ y)\frac{dy}{dt}=f''_{11}(x,\ y)l+f''_{12}(x,\ y)k$$
$$\frac{d}{dt}f'_2(x,\ y)=f''_{21}(x,\ y)\frac{dx}{dt}+f''_{22}(x,\ y)\frac{dy}{dt}=f''_{21}(x,\ y)l+f''_{22}(x,\ y)k$$

위 두 식을 식 (*)에 대입하고, 영의 정리에 따라 $f''_{12}=f''_{21}$ 관계를 적용하면 다음과 같이 간단히 할 수 있다.

$$F''(t)=f''_{11}(x,\ y)l^2+2f''_{12}(x,\ y)lk+f''_{22}(x,\ y)k^2$$

연쇄법칙의 증명

앞서 설명한 편미분 법칙만으로는 이변수함수에 대한 연쇄법칙 (15.1.1)이 유효함을 증명하기에는 부족하다. 대신 6.8절의 일변수함수에 대한 연쇄법칙의 증명을 확장한다.

식 (15.1.1)의 증명

$z=f(x,\ y)$가 연속으로 미분가능하고 $x=g(t)$, $y=h(t)$ 역시 미분가능하다고 가정하자. g와 h 모두의 정의역에 속한 임의의 s를 고정하고 $a=g(s)$, $b=h(s)$라 하자. 함수 $F(t)=f(g(t),\ h(t))$가 주어질 때 식 (15.1.1)을 다음과 같이 표현할 수 있다.

$$F'(a)=f'_1(a,\ b)g'(s)+f'_2(a,\ b)h'(s)$$

위 식이 성립함을 보이기 위해 다음과 같이 $(x,\ y)$의 함수를 두 개 정의하자.

$$\varphi_1(x,\ y)=\begin{cases}\dfrac{f(x,\ y)-f(a,\ y)}{x-a} & ,\ x\neq a \\ f'_1(a,\ y) & ,\ x=a\end{cases},\quad \varphi_2(x,\ y)=\begin{cases}\dfrac{f(x,\ y)-f(x,\ b)}{y-b} & ,\ y\neq b \\ f'_2(x,\ b) & ,\ y=b\end{cases}$$

또한 다음과 같이 t의 함수를 두 개 정의하자.

$$\gamma(t)=\begin{cases}\dfrac{g(t)-a}{t-s} & ,\ t\neq s \\ g'(s) & ,\ t=s\end{cases},\quad \eta(t)=\begin{cases}\dfrac{h(t)-b}{t-s} & ,\ t\neq s \\ h'(s) & ,\ t=s\end{cases}$$

함수의 정의에 따라 다음과 같이 여섯 가지 성질 ❶~❻이 성립한다.

❶ 모든 y에 대해 $\lim\limits_{x\to a}\varphi_1(x,\ y)=\varphi_1(a,\ y)$

❷ 모든 x에 대해 $\lim\limits_{y\to b}\varphi_2(x,\ y)=\varphi_2(x,\ b)$

❸ $t\to s$일 때 $\gamma(t)\to\gamma(s)$이고 $\eta(t)\to\eta(s)$

❹ $f(x,\ y)-f(a,\ y)=\varphi_1(x,\ y)(x-a)$

❺ $f(x,\ y)-f(x,\ b)=\varphi_2(x,\ y)(y-b)$

❻ $g(t)-a=\gamma(t)(t-s)$이고 $h(t)-b=\eta(t)(t-s)$

이제 0에 충분히 가까운 모든 δ에 대해 다음이 성립한다.

$$\begin{aligned}F(s+\delta)-F(s) &= f(g(s+\delta),\ h(s+\delta))-f(g(s),\ h(s)) \\ &= f(g(s+\delta),\ h(s+\delta))-f(a,\ h(s+\delta))+f(a,\ h(s+\delta))-f(a,\ b) \\ &= \varphi_1(g(s+\delta),\ h(s+\delta))\{g(s+\delta)-a\}+\varphi_2(a,\ h(s+\delta))\{h(s+\delta)-b\} \\ &= \varphi_1(g(s+\delta),\ h(s+\delta))\gamma(s+\delta)\delta+\varphi_2(a,\ h(s+\delta))\eta(s+\delta)\delta\end{aligned}$$

여기서 첫 번째 등호는 F의 정의에 따라 성립하고, 두 번째 등호는 같은 수를 더하고 빼서 성립한다. 세 번째 등호는 성질 ❹와 ❺에 의해 성립하고, 마지막 등호는 성질 ❻에 의해 성립한다. 따라서 s에서 F의 뉴턴 몫은 다음과 같다.

$$\frac{F(s+\delta)-F(s)}{\delta}=\varphi_1(g(s+\delta),\ h(s+\delta))\gamma(s+\delta)+\varphi_2(a,\ h(s+\delta))\eta(s+\delta)$$

도함수의 정의에 따라 다음을 얻는다.

$$F'(s)=\lim_{\delta\to 0}\{\varphi_1(g(s+\delta),\ h(s+\delta))\gamma(s+\delta)+\varphi_2(a,\ h(s+\delta))\eta(s+\delta)\} \qquad (*)$$

성질 ❸에 의해 $\delta \to 0$일 때 $\gamma(s+\delta) \to g'(s)$이며 $\eta(s+\delta) \to h'(s)$이다. h가 미분가능하므로 h는 연속이며 $h(s+\delta) \to b$이다. ❷에 따라 다음이 성립한다.

$$\varphi_2(a,\ h(s+\delta)) \to f'_2(a,\ b) \tag{**}$$

이제 고려해야 할 것은 조금 더 복잡한 $\varphi_1(g(s+\delta),\ h(s+\delta))$항이다. g 역시 연속이므로 $g(s+\delta) \to a$이다. f가 연속으로 미분가능하므로 f'_1과 φ_1 모두 연속함수이다. 따라서 성질 ❶과 $t=s$에서 $h(t)$가 연속이라는 점에 의해 다음이 성립한다.

$$\lim_{\delta \to 0} \varphi_1(g(s+\delta),\ h(s+\delta)) = \varphi_1(a,\ b) = f'_1(a,\ b) \tag{***}$$

식 (**)와 (***)을 식 (*)에 대입하면 다음을 얻는다.

$$\begin{aligned} F'(s) &= \lim_{\delta \to 0}\{\varphi_1(g(s+\delta),\ h(s+\delta))\gamma(s+\delta)\} + \lim_{\delta \to 0}\{\varphi_2(a,\ h(s+\delta))\eta(s+\delta)\} \\ &= \varphi_1(a,\ b)g'(s) + f'_2(a,\ b)h'(s) \\ &= f'_1(a,\ b)g'(s) + f'_2(a,\ b)h'(s) \end{aligned}$$

■

15.1 연습문제

1 다음 함수에 대해 연쇄법칙 (15.1.1)을 사용하여 $\dfrac{dz}{dt}$를 구하라. 먼저 x와 y의 식을 대입한 다음 미분하여 각 답을 확인하라.

(a) $z=F(x,\ y)=x+y^2,\ x=t^2,\ y=t^3$

(b) $z=F(x,\ y)=x^p y^q,\ x=at,\ y=bt$

2 다음 함수에 대해 $\dfrac{dz}{dt}$를 구하라.

(a) $z=F(x,\ y)=x\ln y+y\ln x,\ x=t+1,\ y=\ln t$

(b) $z=F(x,\ y)=\ln x+\ln y,\ x=Ae^{at},\ y=Be^{bt}$

3 $z=F(x,\ y)$이고 $y=g(t)$일 때 $\dfrac{dz}{dt}$를 구하라. 특히 $z=t^2+ye^y$이고 $y=t^2$인 특수한 경우를 생각하라.

4 $Y=F(K,\ L)$이고 $K=g(L)$일 때, $\dfrac{dY}{dL}$를 구하라.

5 함수가 $Y=10KL-\sqrt{K}-\sqrt{L}$이고 $K=0.2t+5$, $L=5e^{0.1t}$이라 가정하자. $t=0$일 때 $\dfrac{dY}{dt}$를 구하라.

6 세 함수 $x=g(t)$, $y=h(t)$, $G(x)$가 모두 미분가능하다고 가정하자. 다음 함수 $f(x,y)$에 연쇄법칙 (15.1.1)을 적용한 결과를 구하라.

(a) $f(x,\ y)=x+y$

(b) $f(x,\ y)=x-y$

(c) $f(x,\ y)=x\cdot y$

(d) $f(x,\ y)=\dfrac{x}{y}$

(e) $f(x,\ y)=G(x)$

7 심화 [EX 15.1.4]에서 $u(x,\ y)=\ln(x^\alpha+y^\alpha)-\alpha\ln y$, $y=h(x)=\sqrt[3]{ax^4+b}$라고 하자. 여기서 $\alpha,\ a,\ b$는 각각 양의 상수이다. 이 경우 최적 x^*를 구하라.

8 심화 $z=F(x,\ y)$, $x=g(t)$, $y=h(t)$라 가정하자. [EX 15.1.5]의 풀이를 수정하여 $F,\ g,\ h$에 대한 적절한 가정하에 다음을 증명하라.

$$\frac{d^2z}{dt^2}=\frac{\partial z}{\partial x}\frac{d^2x}{dt^2}+\frac{\partial z}{\partial y}\frac{d^2y}{dt^2}+\frac{\partial^2 z}{\partial x^2}\left(\frac{dx}{dt}\right)^2 +2\frac{\partial^2 z}{\partial x\partial y}\left(\frac{dx}{dt}\right)\left(\frac{dy}{dt}\right)+\frac{\partial^2 z}{\partial y^2}\left(\frac{dy}{dt}\right)^2$$

9 **심화** 다음과 같은 함수 $f: \mathbb{R}^2 \to \mathbb{R}$을 생각하자.

$$f(x, y)=\begin{cases} \dfrac{y^3}{x^2+y^2}, & (x, y) \neq (0, 0) \\ 0, & (x, y)=(0, 0) \end{cases}$$

또한 $x(t)=at$, $y(t)=bt$이며 $a \neq 0$, $b \neq 0$은 상수라고 가정하자. 물음에 답하라.

(a) $f'_1(0, 0)$과 $f'_2(0, 0)$을 구하라.

(b) $z(t)=f(x(t), y(t))$라 하고 $z'(0)$을 구하라.

(c) $z'(0) \neq f'_1(x(0), y(0))\dfrac{dx}{dt} + f'_2(x(0), y(0))\dfrac{dy}{dt}$ 임을 보여라.

(d) (c)의 부등식이 연쇄법칙 (15.1.1)과 모순되지 않는 이유를 설명하라.

15.2 다변수함수에 대한 연쇄법칙

경제학에서는 종종 이전 절에서 소개한 이변수함수의 단순한 연쇄법칙보다 더 일반적인 연쇄법칙이 필요하다. 예를 들어 [연습문제 11]에서는 규제 당국이 성수기 요금과 비성수기 요금을 결정하는 철도회사의 예를 다룬다. 철도회사가 모든 승객을 수송하기 위해 필요한 열차 운행 비용은 성수기와 비성수기의 요금에 대한 승객의 수요에 따라 달라진다. 이러한 수요는 당연히 성수기와 비성수기의 요금 모두에 영향을 받는데, 일부 승객이 요금에 따라 열차 사용 여부를 선택하기 때문이다. 이번에 소개할 일반적인 연쇄법칙은 각 요금이 인상될 때 이러한 비용이 어떻게 변화하는지 계산할 수 있게 해준다. 이러한 종류의 일반적인 문제는 $x=g(t, s)$, $y=h(t, s)$를 만족하는 함수 $z=f(x, y)$로 이루어진다. 이 경우 z는 다음과 같이 t와 s 모두의 함수이다.

$$z=F(t, s)=f(g(t, s), h(t, s))$$

여기서는 두 편도함수 $\dfrac{\partial z}{\partial t}$와 $\dfrac{\partial z}{\partial s}$를 구하는 것이 적절하다. s를 고정하면 z는 t만의 함수가 된다. f가 C^1함수이고 g, h가 t에 대해 편미분가능하면 연쇄법칙 (15.1.1)을 적용할 수 있다. 마찬가지로, t를 고정하고 f가 C^1함수이고 g, h가 s에 대해 편미분가능하면 z를 s에 대해 편미분할 수 있다. 이 결과는 다음과 같다.

연쇄법칙

$z=f(x, y)$이며 $x=g(t, s)$, $y=h(t, s)$라면 다음이 성립한다.

$$\frac{\partial z}{\partial t}=f'_1(x, y)\frac{\partial x}{\partial t}+f'_2(x, y)\frac{\partial y}{\partial t} \tag{15.2.1}$$

$$\frac{\partial z}{\partial s}=f'_1(x, y)\frac{\partial x}{\partial s}+f'_2(x, y)\frac{\partial y}{\partial s} \tag{15.2.2}$$

EX 15.2.1 $z=F(x, y)=x^2+2y^2$이고 $x=t-s^2$, $y=ts$일 때 $\dfrac{\partial z}{\partial t}$와 $\dfrac{\partial z}{\partial s}$를 구하라.

풀이

편도함수는 $F'_1(x, y)=2x$, $F'_2(x, y)=4y$, $\dfrac{\partial x}{\partial t}=1$, $\dfrac{\partial x}{\partial s}=-2s$, $\dfrac{\partial y}{\partial t}=s$, $\dfrac{\partial y}{\partial s}=t$이다. 따라서 식 (15.2.1)

과 식 (15.2.2)에 따라 다음을 얻는다.

$$\frac{\partial z}{\partial t}=2x\cdot 1+4y\cdot s=2(t-s^2)+4tss=2t-2s^2+4ts^2$$
$$\frac{\partial z}{\partial s}=2x\cdot(-2s)+4y\cdot t=2(t-s^2)(-2s)+4tst=-4ts+4s^3+4t^2s$$

먼저 z를 t와 s의 함수로 표현한 뒤 직접 편도함수를 구해 풀이를 확인해보면 좋은 연습이 될 것이다.

EX 15.2.2 $z=e^{x^2}+y^2e^{xy}$이고 $x=2t+3s$, $y=t^2s^3$일 때 $z'_t(1, 0)$을 구하라.

풀이

편도함수는 $\frac{\partial z}{\partial x}=2xe^{x^2}+y^3e^{xy}$, $\frac{\partial z}{\partial y}=2ye^{xy}+xy^2e^{xy}$, $\frac{\partial x}{\partial t}=2$, $\frac{\partial y}{\partial t}=2ts^3$이다. 좀 더 간결한 표기법을 사용하면 연쇄법칙에 따라 다음을 얻는다.

$$z'_t(t, s)=\frac{\partial z}{\partial x}\frac{\partial x}{\partial t}+\frac{\partial z}{\partial y}\frac{\partial y}{\partial t}=\left(2xe^{x^2}+y^3e^{xy}\right)\cdot 2+\left(2ye^{xy}+xy^2e^{xy}\right)\cdot 2ts^3$$

$t=1$이고 $s=0$이면 $x=2$이고 $y=0$이므로 $z'_t(1, 0)=4e^4\cdot 2=8e^4$이다.

일반적인 경우

소비자수요이론에서 경제학자들은 일반적으로 가구의 효용이 각 재화를 얼마나 소비할 수 있는지에 따라 달라진다고 가정한다. 재화 소비량의 단위 수는 재화의 가격과 가구의 소득에 의존하므로 가구의 효용은 간접적으로 모든 가격과 소득에 영향을 받는다. 그렇다면 특정 재화의 가격이 오르거나 가구의 소득이 증가할 때 효용은 얼마나 변하는가? 이러한 문제를 다루기 위해 다음과 같은 일반적인 연쇄법칙을 적용할 수 있다.

함수 $z=f(x_1, \cdots, x_n)$을 가정하자. 여기서 각 $i=1, 2, \cdots, n$에 대해 변수 x_i는 m개의 변수 $t_1, \cdots, t_m$에 대한 함수 $x_i=g_i(t_1, \cdots, t_m)$으로 주어진다. 모든 변수 x_i를 변수 t_j의 함수로 보고 f에 대입하면, z를 다음과 같은 **합성함수**로 표현할 수 있다.

$$z=F(t_1, \cdots, t_m)=f(g_1(t_1, \cdots, t_m), \cdots, g_n(t_1, \cdots, t_m))$$

벡터 표기법을 사용하면 $z=F(\mathbf{t})=f(\mathbf{x}(\mathbf{t}))$로 쓸 수 있다. 식 (15.2.1)과 (15.2.2)를 자연스럽게 일반화하면 다음과 같다.

일반적인 연쇄법칙

$z=f(x_1, \cdots, x_n)$이 연속으로 미분가능하고 각 $i=1, 2, \cdots, n$에 대해 $x_i=g_i(t_1, \cdots, t_m)$이 미분가능하다고 가정하자. 그러면 각 $j=1, 2, \cdots, m$에 대해 다음을 얻는다.

$$\frac{\partial z}{\partial t_j}=\frac{\partial z}{\partial x_1}\frac{\partial x_1}{\partial t_j}+\frac{\partial z}{\partial x_2}\frac{\partial x_2}{\partial t_j}+\cdots+\frac{\partial z}{\partial x_n}\frac{\partial x_n}{\partial t_j} \quad (15.2.3)$$

이 공식은 모든 경제학자가 이해해야 할 중요한 식이다. 기본변수 t_j에 작은 변화가 생기면 일련의 연쇄반응이 일어난다. 먼저 각 x_i는 일반적으로 t_j에 의존하므로 t_j가 변하면 x_i도 변한다. 이는 다시 z에 영향을 미친다. 즉 x_i의 변화로 인해 $\frac{\partial z}{\partial x_i}\frac{\partial x_i}{\partial t_j}$가 생긴다. 식 (15.2.3)은 $\frac{\partial z}{\partial t_j}$가 이들의 모든 합임을 보여준다. 다르게 표기하면 다음과 같다.

$$F'_j(\mathrm{t}) = f'_1(\mathbf{x}(\mathrm{t}))\frac{\partial g_1}{\partial t_j}(\mathrm{t}) + f'_2(\mathbf{x}(\mathrm{t}))\frac{\partial g_2}{\partial t_j}(\mathrm{t}) + \cdots + f'_n(\mathbf{x}(\mathrm{t}))\frac{\partial g_n}{\partial t_j}(\mathrm{t})$$

EX 15.2.3 [EX 14.9.1]에서는 농업 생산함수 $Y=F(K,\ L,\ T)$를 고려했는데, 여기서 Y는 생산량, K는 투자 자본, L은 노동 투입량, T는 사용된 농경지 면적이다. K, L, T가 모두 시간 t의 함수라고 가정하면 식 (15.2.3)에 따라 다음을 얻는다.

$$\frac{dY}{dt} = \frac{\partial F}{\partial K}\frac{dK}{dt} + \frac{\partial F}{\partial L}\frac{dL}{dt} + \frac{\partial F}{\partial T}\frac{dT}{dt}$$

특히 F가 콥-더글러스 함수 $F(K,\ L,\ T) = AK^aL^bT^c$이면 다음과 같이 쓸 수 있다.

$$\frac{dY}{dt} = aAK^{a-1}L^bT^c\frac{dK}{dt} + bAK^aL^{b-1}T^c\frac{dL}{dt} + cAK^aL^bT^{c-1}\frac{dT}{dt} \qquad (*)$$

시간의 도함수를 점으로 표기하고 식 (*)의 각 항을 $Y=AK^aL^bT^c$으로 나누면 다음을 얻는다.

$$\frac{\dot{Y}}{Y} = a\frac{\dot{K}}{K} + b\frac{\dot{L}}{L} + c\frac{\dot{T}}{T}$$

따라서 생산량의 상대변화율은 자본, 노동, 토지의 상대변화율의 가중 합이다. 여기서 가중치는 각각의 지수 a, b, c이다.

15.2 연습문제

1 식 (15.2.1)과 식 (15.2.2)를 사용하여 다음 함수에 대해 $\frac{\partial z}{\partial t}$와 $\frac{\partial z}{\partial s}$를 구하라.

(a) $z=F(x,\ y)=x+y^2,\ x=t-s,\ y=ts$

(b) $z=F(x,\ y)=2x^2+3y^3,\ x=t^2-s,\ y=t+2s^3$

2 식 (15.2.1)과 식 (15.2.2)를 사용하여 다음 함수에 대해 $\frac{\partial z}{\partial t}$와 $\frac{\partial z}{\partial s}$를 구하라.

(a) $z=xy^2,\ x=t+s^2,\ y=t^2s$

(b) $z=\frac{x-y}{x+y},\ x=e^{t+s},\ y=e^{ts}$

3 $z=F(u,\ v,\ w)$이고 $u=r^2,\ v=-2s^2,\ w=\ln r+\ln s$일 때 $\frac{\partial z}{\partial r}$와 $\frac{\partial z}{\partial s}$를 구하라.

4 $z=F(x)$이고 $x=g(t_1,\ t_2)$일 때 $\frac{\partial z}{\partial t_1}$과 $\frac{\partial z}{\partial t_2}$를 구하라.

5 $x=F(s,\ g(s),\ h(s,\ t))$일 때 $\frac{\partial x}{\partial s}$와 $\frac{\partial x}{\partial t}$를 구하라.

6 $z=F(u,\ v,\ w)$이고 $u=f(x,\ y),\ v=x^2h(y),\ w=\frac{1}{y}$일 때 $\frac{\partial z}{\partial x}$와 $\frac{\partial z}{\partial y}$를 구하라.

7 일반적인 연쇄법칙 (15.2.3)을 사용하여 다음 함수에 대해 $\dfrac{\partial w}{\partial t}$를 구하라.

(a) $w = xy^2z^3,\ x = t^2,\ y = s,\ z = t$

(b) $w = x^2 + y^2 + z^2,\ x = \sqrt{t+s},\ y = e^{ts},\ z = s^3$

8 다음에 대해 $\dfrac{dz}{dt}$를 구하라.

(a) $z = F(t,\ t^2,\ t^3)$

(b) $z = F(t,\ f(t),\ g(t^2))$

9 $Z = G + Y^2 + r^2$이고 Y와 r은 모두 G에 대해 미분가능한 함수라 하자. $\dfrac{dZ}{dG}$를 구하라.

10 $Z = G + I(Y,\ r)$이고 I는 미분가능한 이변수함수이며 Y와 r은 모두 G에 대해 미분가능한 함수라고 하자. $\dfrac{dZ}{dG}$를 구하라.

11 매주 교외 철도회사는 성수기 동안 Q_1 여객킬로미터(passenger kilometer)와 비성수기 동안 Q_2 여객킬로미터의 서비스를 제공한다고 하자. 이때 주당 총비용은 $C = aQ_1 + bQ_2 + cQ_1^2$이다. 성수기와 비성수기의 킬로미터당 요금을 각각 함수 p_1과 p_2라 할 때 두 서비스의 수요는 $Q_1 = Ap_1^{-\alpha_1}p_2^{\beta_1}$과 $Q_2 = Bp_1^{\alpha_2}p_2^{-\beta_2}$이다. 여기서 $A,\ B,\ \alpha_1,\ \alpha_2,\ \beta_1,\ \beta_2$는 양의 상수이다. 이 철도회사가 수요를 충족하기 위해 충분히 많은 열차를 운행한다고 가정할 때, p_1과 p_2에 대한 C의 편도함수식을 구하라.

12 $u = \ln(x^3 + y^3 + z^3 - 3xyz)$일 때 다음을 증명하라.

(a) $x\dfrac{\partial u}{\partial x} + y\dfrac{\partial u}{\partial y} + z\dfrac{\partial u}{\partial z} = 3$

(b) $(x+y+z)\left(\dfrac{\partial u}{\partial x} + \dfrac{\partial u}{\partial y} + \dfrac{\partial u}{\partial z}\right) = 3$

13 $z = f(x^2y)$이고 f가 미분가능한 일변수함수일 때, $x\dfrac{\partial z}{\partial x} = 2y\dfrac{\partial z}{\partial y}$임을 보여라.

14 $u = f(x,\ y,\ z,\ w)$이고 f는 C^1함수이며 $x,\ y,\ z,\ w$가 모두 두 변수 r과 s에 대해 미분가능한 함수일 때, $\dfrac{\partial u}{\partial r}$을 구하라.

15 $u = xyzw$이고 $x = r+s,\ y = r-s,\ z = rs,\ w = \dfrac{r}{s}$라고 가정하자. 점 $(r,\ s) = (2,\ 1)$에서 $\dfrac{\partial u}{\partial r}$을 구하라.

15.3 등위선을 따른 음함수미분법

경제학에서는 종종 방정식에 의해 음함수로 정의된 함수를 미분해야 할 때가 있다. 9.3절에서 몇 가지 간단한 사례를 다루었으니 다시 살펴보면 좋다. 여기서는 이 문제를 더 일반적인 관점에서 살펴본다.

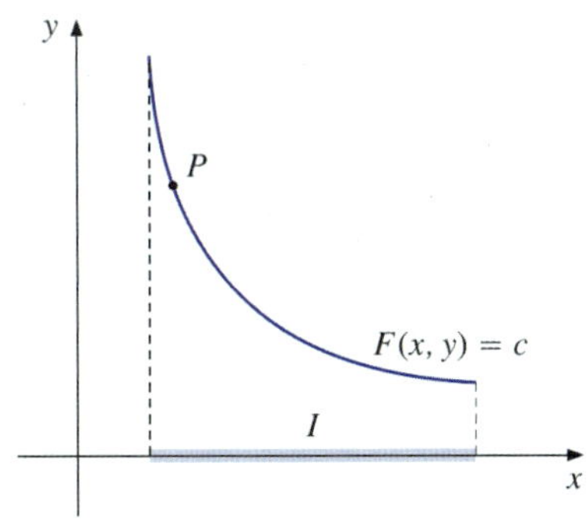

그림 15.3.1 등위선을 따른 미분

F가 이변수함수이자 C^1함수일 때 $F(x,\ y) = c$라는 식을 생각해보자. 여기서 c는 상수이다. 이 식은 14.3절에서 정의된 F의 등위선을 나타낸다. [그림 15.3.1]에 나타난 것처럼 이 식이 어떤 구간 I에서 x의 함수 $y = f(x)$의 함수로, y를 음함수로 정의한다고 가정하자. 이는 구간 I에 있는 모든 x에 대해 다음이 성립함을 의미한다.

$$F(x,\ f(x)) = c \tag{15.3.1}$$

f가 미분가능하다면 $y = f(x)$의 도함수는 무엇인가? f의 그래프가 [그림 15.3.1]과 같다면 이 문제는 점 P와 같은 각각의 점에서 그래프의 기울기를 찾는 것이다(구체적인 사례는 [EX 7.1.5] 참고).

이 기울기의 식을 구하기 위해 I의 모든 x에 대해 $u(x) = F(x,\ f(x))$로 정의되는 보조함수 u를 도입하자. 그러면 함수 F가 C^1이므로 연쇄법칙에 따라 다음을 얻는다.

$$u'(x) = F'_1(x,\ f(x)) \cdot 1 + F'_2(x,\ f(x)) \cdot f'(x)$$

함수 u의 정의와 함께 식 (15.3.1)에 따르면 I의 모든 x에 대해 $u(x) = c$가 성립한다. 상수의 미분은 0이므로 다음을 얻는다.

$$u'(x) = F'_1(x,\ f(x)) + F'_2(x,\ f(x)) \cdot f'(x) = 0$$

$f(x)$를 y로 바꾸고 $f'(x) = y'$에 대해 풀면 다음 결론을 얻는다.

등위선의 기울기

$F(x,\ y) = c$이면 $F'_2(x,\ y) \neq 0$일 때 다음을 얻는다.

$$y' = -\frac{F'_1(x,\ y)}{F'_2(x,\ y)} \tag{15.3.2}$$

이는 중요한 결과이다. 하지만 이 y'에 대해 이 공식을 적용하기 전에 순서쌍 $(x,\ y)$가 방정식 $F(x,\ y) = c$를 만족해야 한다는 점을 기억하라. 또한 y'을 찾기 위해 식 (15.3.2)를 적용할 때 굳이 방정식 $F(x,\ y) = c$를 y의 양함수로 풀 필요는 없다. 이후에 다룰 [EX 15.3.3]은 이 결과가 중요한 이유를 보여준다. 같은 논리로 x와 y를 맞바꾸어 적용하면 식 (15.3.2)와 유사한 결과를 얻는다. 따라서 x가 $F(x,\ y) = c$를 만족하고 y에 대해 연속으로 미분가능한 함수라면 다음이 성립한다. 여기서 $\dfrac{\partial F}{\partial x} \neq 0$이다.

$$F(x,\ y) = c \quad \Rightarrow \quad \frac{dx}{dy} = -\frac{\dfrac{\partial F}{\partial y}}{\dfrac{\partial F}{\partial x}} = -\frac{F'_2(x,\ y)}{F'_1(x,\ y)} \tag{15.3.3}$$

EX 15.3.1 $xy = 5$일 때 식 (15.3.2)를 이용하여 y'을 구하라.

풀이

$F(x,\ y) = xy$로 두면 $F'_1(x,\ y) = y$이고 $F'_2(x,\ y) = x$이다. 그러므로 식 (15.3.2)에 따라 다음을 얻는다.

$$y' = -\frac{F'_1(x,\ y)}{F'_2(x,\ y)} = -\frac{y}{x}$$

이는 [EX 7.1.1]의 결과를 확인해준다.

EX 15.3.2 곡선 $x^3+x^2y-2y^2-10y=0$에 대해 기울기를 구하고 점 $(x, y)=(2, 1)$에서 접선의 방정식을 구하라.

풀이

$F(x, y)=x^3+x^2y-2y^2-10y$라고 하자. 이는 주어진 식이 F의 등위선인 $F(x, y)=0$과 동치임을 의미한다. 먼저 $F(2, 1)=0$이므로 점 $(x, y)=(2, 1)$은 등위선 위에 있음을 알 수 있다. 또한 $F'_1(x, y)=3x^2+2xy$이고 $F'_2(x, y)=x^2-4y-10$이다. 그러므로 식 (15.3.2)에 따라 다음을 얻는다.

$$y' = -\frac{3x^2+2xy}{x^2-4y-10}$$

특히 $x=2$, $y=1$일 때 $y'=\frac{8}{5}$이다. 그러면 점 $(2, 1)$에서 접선의 방정식은 $y-1=\frac{8}{5}(x-2)$, 즉 $5y=8x-11$임을 의미한다. [그림 15.3.2]를 참고하라.

많은 x 값에 대해 점 (x, y)가 곡선 위에 놓이는 y의 대응값이 두 개 이상일 수 있다는 점에 유의하라. 예를 들면 $x=2$일 때 두 점 $(2, 1)$과 $(2, -4)$는 모두 곡선 위에 있다. $(2, -4)$에서 $y'=0.4$임을 확인하는 것도 좋은 연습이 될 것이다.

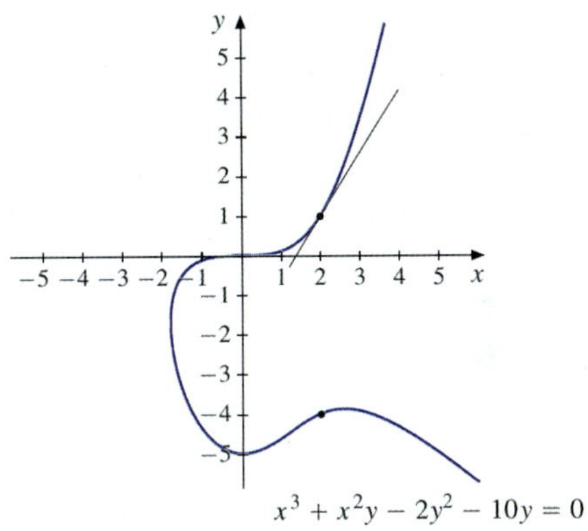

그림 15.3.2 [EX 15.3.2]의 곡선과 접선

EX 15.3.3 방정식 $e^{xy^2}-2x-4y=c$가 y를 x의 미분가능한 음함수 $y=f(x)$로 정의한다고 가정하자. $f(0)=1$이 되도록 상수 c 값을 구하라. 그런 다음 $(x, y)=(0, 1)$에서 y'을 구하라.

풀이

$x=0$이고 $y=1$일 때, 주어진 식은 $1-4=c$이므로 $c=-3$이다. 도함수 y'을 구하기 위해 이변수함수 $F(x, y)=e^{xy^2}-2x-4y$를 정의하자. 그러면 다음이 성립한다.

$$F'_1(x, y)=y^2e^{xy^2}-2, \quad F'_2(x, y)=2xye^{xy^2}-4$$

식 (15.3.2)로부터 $y'=-\frac{F'_1(x, y)}{F'_2(x, y)}=-\frac{y^2e^{xy^2}-2}{2xye^{xy^2}-4}$를 얻는다. 이제 $(x, y)=(0, 1)$에서 $y'=-\frac{1}{4}$을 얻는다.

[EX 15.3.3]에서는 $e^{xy^2}-2x-4y=-3$을 y에 대해 양함수로 푸는 것이 불가능하다는 점에 주목하라. 그렇다고 할지라도 x에 대한 y의 도함수를 양함수 형태로 구할 수 있었다.

다음은 수요가 공급과 일치해야 한다는 조건에 의해 함수가 음함수로 정의된 중요한 경제학적 예이다.

EX 15.3.4 [EX 7.2.2]를 일반화하여 $D=f(t,\ P)$는 세전 가격 P와 단위당 매출세 t에 따라 결정되는 재화의 수요라 하자. $S=g(P)$는 공급함수라 하자. 균형상태에서 공급이 수요와 같아지므로 균형가격 $P=P(t)$는 t에 의존한다. 실제로 $P=P(t)$는 해당 구간의 모든 t에 대해 다음 방정식을 만족해야 한다.

$$f(t,\ p)=g(P) \tag{$*$}$$

방정식 (*)가 P를 t에 대해 미분가능한 음함수로 정의한다고 가정하자. $\dfrac{dP}{dt}$의 식을 찾고, 그 부호에 대해 논하라.

풀이

$F(t,\ P)=f(t,\ P)-g(P)$라고 하자. 그러면 방정식 (*)는 $F(t,\ P)=0$이므로 식 (15.3.2)에 따라 다음을 얻는다.

$$\frac{dP}{dt}=-\frac{F'_t(t,\ P)}{F'_P(t,\ P)}=-\frac{f'_t(t,\ P)}{f'_P(t,\ P)-g'(P)}=\frac{f'_t(t,\ P)}{g'(P)-f'_P(t,\ P)} \tag{$**$}$$

가격이 상승하면 공급이 증가한다는 의미에서 $g'(P)>0$라고 가정하는 것이 타당하다. 또한 세금이나 가격이 상승하면 수요가 감소한다는 의미에서 $f'_t(t,\ P)$와 $f'_P(t,\ P)$는 모두 0보다 작다고 가정하는 것이 합리적이다. 그러면 식 (**)에서 $\dfrac{dP}{dt}<0$이며, 이는 세금 t가 증가함에 따라 공급자가 받는 세전 가격 P는 감소한다는 결론을 얻는다. 그러므로 세금 인상은 공급자와 소비자 모두에게 불리하다.

방정식 (*)를 t에 대해 음함수미분법으로 미분해도 식 (**)를 다음과 같이 유도할 수 있다.

$$f'_t(t,\ P)\cdot 1+f'_P(t,\ P)\frac{dP}{dt}=g'(P)\frac{dP}{dt}$$

이를 $\dfrac{dP}{dt}$에 대해 풀면 식 (**)를 다시 얻는다.

한계대체율 MRS

경제학에서는 등위선의 특정 점에서 접선의 기울기에 관심을 갖는 경우가 많다. 등위선은 보통 아래로 기울지만, 경제학자들은 양수로 나타내기를 선호한다. 따라서 [EX 7.1.5]에서 영감을 받아 식 (15.3.2)에 정의된 기울기의 부호를 바꾸고, 이를 특별한 이름으로 부른다.

한계대체율

다음 비율을 x에 대한 y의 **한계대체율**(MRS)이라 한다.

$$R_{yx}=\frac{F'_x(x,\ y)}{F'_y(x,\ y)} \tag{15.3.4}$$

등위선 $F(x,\ y)=c$를 따라 움직일 때 $R_{ys}=-y'\approx-\dfrac{\Delta y}{\Delta x}$임에 주목하라. 특히 $\Delta x=-1$이면 $R_{yx}\approx\Delta y$이다. 따라서 R_{yx}는 동일한 등위선에 머무르기 위해 x를 1단위 줄일 때 추가해야 하는 y의 양을 근사적으로 나타낸다.

EX 15.3.5 $F(K, L)=100$이 생산함수의 등생산량곡선이라고 하자. 여기서 K는 자본 투입량, L은 노동 투입량, 100은 생산량이다. [그림 15.3.3]을 보자. 점 P, Q, R에서 생산량은 모두 100단위이다. 점 P에서 자본 투입량이 적고 노동 투입량이 많은데, 등생산량곡선의 기울기가 약 -4이므로 점 P에서 MRS는 약 4이다. 이는 노동 4단위를 줄일 때마다 자본 1단위만 추가해도 생산량을 약 100단위로 유지할 수 있음을 의미한다. 자본과 노동의 가격이 동일하도록 단위를 설정한다면 P에서는 자본이 노동보다 더 '가치 있는' 자원으로 간주된다. 점 Q에서 MRS는 약 1이므로 자본과 노동의 '가치가 동일'하다. 점 R에서 MRS는 약 $\frac{1}{5}$이므로 노동 1단위를 줄이기 위해 대략 자본 5단위가 필요하다.

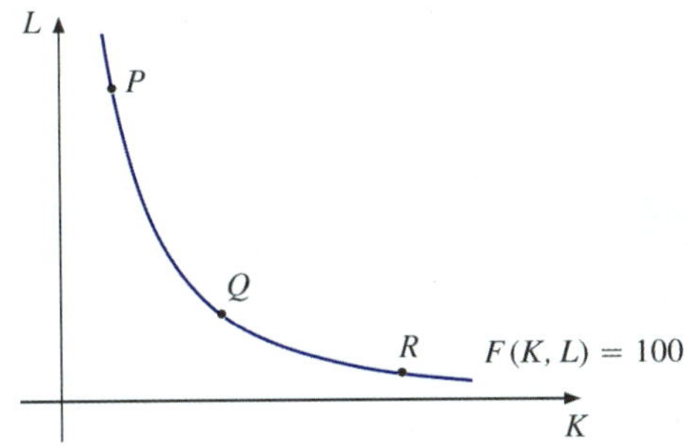

그림 15.3.3 등생산량곡선

이계도함수

식 (15.3.1)과 같이 등위선 $F(x, y)=c$가 함수 $y=f(x)$를 음함수로 정의한다고 가정하자. 때때로 경제학자들은 이 함수가 오목한지 볼록한지 알아야 할 필요가 있다. 이를 알아보는 한 가지 방법은 $y' = -\dfrac{F'_1(x, y)}{F'_2(x, y)}$의 도함수인 y''을 계산하는 것이다. $G(x)=F'_1(x, y)$, $H(x)=F'_2(x, y)$라 하자. 여기서 y는 x의 함수이다. 이제 $y' = -\dfrac{G(x)}{H(x)}$를 x에 대해 미분하고자 한다. 몫의 미분법을 사용하면 다음을 얻는다.

$$y'' = -\frac{G'(x)H(x)-G(x)H'(x)}{\{H(x)\}^2} \qquad (*)$$

y가 x의 함수이므로 $G(x)$와 $H(x)$는 모두 합성함수이다. 연쇄법칙을 사용하여 미분하면 다음을 얻는다.

$$G'(x)=F''_{11}(x, y)\cdot 1+F''_{12}(x, y)\cdot y'$$
$$H'(x)=F''_{21}(x, y)\cdot 1+F''_{22}(x, y)\cdot y'$$

F가 C^2함수라고 가정하면 영의 정리([정리 14.6.1] 참고)에 따라 $F''_{12}=F''_{21}$이다. 이제 위의 두 식에 y'을 몫 $-\dfrac{F'_1}{F'_2}$으로 대체하고, 그 결과를 식 (*)에 대입한다. 식을 간단히 정리하면 다음을 얻는다.

$$y'' = -\frac{1}{(F'_2)^3}\left\{F''_{11}(F'_2)^2-2F''_{12}F'_1F'_2+F''_{22}(F'_1)^2\right\} \qquad (15.3.5)$$

3×3 행렬의 행렬식 (13.2.3)을 사용하면 이 결과를 다음과 같이 기억하기 쉬운 형태로 표현할 수 있다.

$$\frac{d^2y}{dx^2}=\frac{1}{(F'_2)^3}\begin{vmatrix} 0 & F'_1 & F'_2 \\ F'_1 & F''_{11} & F''_{12} \\ F'_2 & F''_{21} & F''_{22} \end{vmatrix}$$

물론 이 식이 성립하려면 $F'_2 \neq 0$이어야 한다.

식 (15.3.5)는 가끔 이론적 논증에 사용된다. 하지만 일반적으로 7.1절에서 살펴본 예처럼 직접 미분하여 y''을 구하는 것이 더 쉽다.

EX 15.3.6 $xy=5$일 때 식 (15.3.5)를 사용하여 y''을 구하라.

풀이

$F(x,\ y)=xy$이므로 $F'_1=y$, $F'_2=x$, $F''_{11}=0$, $F''_{12}=1$, $F''_{22}=0$이다. 식 (15.3.5)에 따라 다음을 얻는다.

$$y''=-\frac{1}{x^3}(-2\cdot 1\cdot y\cdot x)=\frac{2y}{x^2}$$

이는 [EX 7.1.6]에서 찾은 결과와 일치한다.

15.3 연습문제

1 y가 음함수 $2x^2+6xy+y^2=18$로 정의된다고 하자. $F(x,\ y)=2x^2+6xy+y^2$과 $c=18$에 식 (15.3.2)를 적용하여 y'을 구하라. 이 결과를 7.1절 [연습문제 5]의 결과와 비교하라.

2 다음 각 등위선에 대해 식 (15.3.2)를 사용하여 y'을 구하고, 식 (15.3.5)를 사용하여 y''을 구하라.

(a) $x^2y=1$

(b) $x-y+3xy=2$

(c) $y^5-x^6=0$

3 xy평면의 한 곡선이 방정식 $2x^2+xy+y^2-8=0$으로 주어질 때, 물음에 답하라.

(a) y', y''을 구하고 점 $(2,\ 0)$에서 접선의 방정식을 구하라.

(b) 이 곡선 위의 어느 점에서 수평 접선이 존재하는가?

4 방정식 $3x^2-3xy^2+y^3+3y^2=4$는 점 $(1,\ 1)$ 근방에서 y를 x의 함수 $h(x)$에 대해 음함수로 정의한다. $h'(1)$을 구하라.

5 전기차 같은 특정 재화에 대한 총수요 $D(P,\ r)$이 가격 P와 이자율 r에 결정된다고 하자. P와 r에 대한 D의 편도함수의 부호를 논하라. 공급 S가 일정하여 균형상태에서 $D(P,\ r)=S$가 성립한다고 가정하자. 음함수미분을 통해 $\frac{dP}{dr}$을 구하고, 그 부호를 논하라.

6 $D=f(R,\ P)$가 가격 P와 광고 비용 R에 따른 어느 재화의 수요를 나타낸다고 하자. 편도함수 f'_R과 f'_P의 부호를 논하라. 공급이 $S=g(P)$일 때 시장 균형을 위해 $f(R,\ P)=g(P)$가 성립해야 한다. $\frac{dP}{dR}$을 구하고, 그 부호를 논하라.

7 f가 미분가능한 일변수함수이고 a와 b가 상수라고 하자. 방정식 $x-az=f(y-bz)$가 z를 x와 y에 대한 미분가능한 함수로 정의한다고 가정하자. 그러면 z가 $az'_x+bz'_y=1$을 만족함을 증명하라.

15.4 등위면

삼변수함수 $F(x,\ y,\ z)$를 생각해보자. 이 함수는 상수 c의 일부 값에 대해 방정식 $F(x,\ y,\ z)=c$를 만족하는 모든 순서쌍 $(x,\ y,\ z)$로 구성된 3차원 공간의 등위면을 가진다. 이 등위면에는 종종 함수 $z=f(x,\ y)$의 그래프가 포함된다. 이때 이 함수는 평면에서 열린집합인 어떤 정의역 A의 모든 $(x,\ y)$에 대해 음함수 $F(x,\ y,\ z)=c$로 정의된다. 정의역 A에 있는 모든 $(x,\ y)$에 대해 $g(x,\ y)=F(x,\ y,\ f(x,\ y))$로 정의된 함수 g를 생각해보자. 그러면 이 정의역 A에 있는 모든 $(x,\ y)$에서 다음이 성립한다.

$$g(x,\ y)=F(x,\ y,\ f(x,\ y))=c \tag{15.4.1}$$

함수 F와 f가 둘 다 미분가능하다고 가정하자. 식 (15.4.1)은 A에 있는 모든 $(x,\ y)$에 대해 성립해야 하므로 편도함수 g'_x와 g'_y는 둘 다 0이어야 한다. 그러나 $g(x,\ y)$는 x와 y의 합성함수이므로 그 편도함수는 일반화된 연쇄법칙 (15.2.3)을 이용하여 구할 수 있다. 그러므로 다음이 성립한다.

$$g'_x=F'_x\cdot 1+F'_z\cdot z'_x=0,\quad g'_y=F'_y\cdot 1+F'_z\cdot z'_y=0$$

$F'_z\neq 0$이면 이 방정식은 $z=f(x,\ y)$의 편도함수에 대해 다음과 같은 식을 도출한다.

$$F(x,\ y,\ z)=c\ \Rightarrow\ z'_x=-\frac{F'_x}{F'_z},\quad z'_y=-\frac{F'_y}{F'_z} \tag{15.4.2}$$

다시 한번 강조하자면 방정식 (15.4.2)는 식 $F(x,\ y,\ z)=c$를 z에 대해 x와 y의 양함수 형태로 풀 수 없더라도 z'_x와 z'_y를 구할 수 있게 해준다.

EX 15.4.1 방정식 $x-2y-3z+z^2=-2$가 점 $(x,\ y,\ z)=(0,\ 0,\ 2)$ 주변에서 z를 x와 y에 대한 이계 미분가능한 음함수로 정의한다고 하자. z'_x와 z'_y를 구하고, z''_{xx}, z''_{xy}, z''_{yy}를 구하라. 또한 점 $(x,\ y)=(0,\ 0)$에서 편도함수의 값을 구하라.

풀이

$F(x,\ y,\ z)=x-2y-3z+z^2$이고 $c=-2$라 하자. 그러면 $F'_x=1$, $F'_y=-2$, $F'_z=2z-3$을 얻는다. $z\neq\frac{3}{2}$이면 $F'_z\neq 0$이므로 식 (15.4.2)에 의해 다음을 얻는다.

$$z'_x=-\frac{1}{2z-3},\quad z'_y=-\frac{-2}{2z-3}=\frac{2}{2z-3}$$

특히 $x=0$, $y=0$, $z=2$에 대해 $z'_x=-1$, $z'_y=2$이다.

z'_x 식을 x에 대해 편미분하여 z''_{xx}를 구한다. 점 $(x,\ y,\ z)=(0,\ 0,\ 2)$ 주위에서 z가 x와 y의 함수임을 생각하면 $z''_{xx}=\frac{\partial}{\partial x}\{-(2z-3)^{-1}\}=(2z-3)^{-2}2z'_x$이다. 점 $(x,\ y,\ z)=(0,\ 0,\ 2)$에서 $z'_x=-1$이므로 다음을 얻는다.

$$z''_{xx}=\frac{\partial}{\partial x}z'_x=\frac{\partial}{\partial x}\{-(2z-3)^{-1}\}=(2z-3)^{-2}2z'_x=\frac{-2}{(2z-3)^3}=-2$$

이와 마찬가지로 다음을 얻는다.

$$z''_{xy} = \frac{\partial}{\partial y} z'_x = \frac{\partial}{\partial y}\{-(2z-3)^{-1}\} = (2z-3)^{-2} 2z'_y = \frac{4}{(2z-3)^3} = 4$$

$$z''_{yy} = \frac{\partial}{\partial y} z'_y = \frac{\partial}{\partial y}\{2(2z-3)^{-1}\} = -2(2z-3)^{-2} 2z'_y = \frac{-8}{(2z-3)^3} = -8$$

EX 15.4.2 한 기업이 노동 L단위를 사용하여 재화를 $Q=f(L)$단위 생산한다고 하자. 여기서 $f'(L)>0$이고 $f''(L)<0$이므로 f가 순증가하면서 순오목하다고 가정한다.[3]

(a) 이 기업이 생산 단위당 P를 받고 노동 단위당 w를 지급할 때의 이윤함수를 구하고, 이윤이 $L^*>0$에서 최대가 되는 일계조건을 구하라.

(b) 일계조건에 음함수미분법을 사용하여 P와 w가 변할 때 최적 노동 투입량 L^*에 어떤 영향을 미치는지 분석하라.

풀이

(a) 이윤함수는 $\pi(L)=Pf(L)-wL$이므로 $\pi'(L)=Pf'(L)-w$이다. [정리 9.1.1]에 의해 최적 L^*는 다음 일계조건을 만족해야 한다.

$$Pf'(L^*)-w=0 \qquad (*)$$

(b) $F(P, w, L^*)=Pf'(L^*)-w$로 정의한다고 가정하자. 그러면 식 (*)는 $F(P, w, L^*)=0$과 동치이다. 식 (15.4.2)에 따르면 다음을 얻는다.

$$\frac{\partial L^*}{\partial P} = -\frac{F'_P}{F'_{L^*}} = -\frac{f'(L^*)}{Pf''(L^*)}, \quad \frac{\partial L^*}{\partial w} = -\frac{F'_w}{F'_{L^*}} = -\frac{-1}{Pf''(L^*)} = \frac{1}{Pf''(L^*)}$$

함수 f'와 f''의 부호에 대한 가정은 $\frac{\partial L^*}{\partial P}>0$과 $\frac{\partial L^*}{\partial w}<0$을 의미한다. 그러므로 가격 P가 오르면 최적 노동 투입량 L^*는 증가하고, 노동 비용 w가 증가하면 투입량은 감소한다. 이는 일반적인 경제적 직관과 일치한다.[4]

EX 15.4.3 **(탐색을 통한 이익)** 한 제빵사가 x^0단위의 밀가루를 구매하려고 한다. 현재 밀가루는 킬로그램당 p^0의 가격으로 구입할 수 있다. 하지만 제빵사는 다른 판매처를 찾아보면 더 저렴한 가격을 발견할 수 있을 것으로 예상한다. 제빵사가 t시간 동안 시장을 탐색한 후 찾을 것으로 기대되는 킬로그램당 밀가루의 최저가격을 $p(t)$로 나타내자. 이때 $p'(t)<0$으로 가정하는 것이 합리적이다. 게다가 탐색을 계속할수록 더 저렴한 가격을 찾기 어려워지므로 $p''(t)>0$으로 가정한다. 제빵사의 시간당 임금이 w라고 가정하자. t시간 탐색하면 킬로그램당 $p^0-p(t)$만큼 절약할 수 있으므로 x^0단위를 구매할 때 총 비용절감액은 $\{p^0-p(t)\}x^0$이다. 반면 t시간 탐색하면 wt만큼의 임금을 포기해야 한다. 그러므로 제빵사가 t시간 동안 탐색할 때 얻는 기대이윤은 다음과 같다.

3 [연습문제 3]에서 특수한 경우를 다룬다.

4 경제학자들은 종종 식 (15.4.2)에 의존하기보다는 음함수미분법을 선호한다.

$$\pi(t) = \{p^0 - p(t)\}x^0 - wt$$

제빵사의 이윤을 최대화하는 $t = t^* > 0$이 존재하려면, 일계도함수의 필요조건은 다음과 같다.

$$\pi'(t^*) = -p'(t^*)x^0 - w = 0 \qquad (*)$$

이 조건은 충분조건이기도 한데, 모든 t에 대해 $\pi''(t) = -p''(t)x^0 < 0$이기 때문이다.

조건 (*)를 해석하기 위해 $-p'(t^*)x^0 = w$로 쓰자. 이제 제빵사가 탐색시간을 아주 조금 τ만큼 늘린다고 가정한다. 더 저렴한 가격을 찾음으로써 얻는 기대이익은 $\{p(t^*) - p(t^* + \tau)\}x^0$인데, 근사적으로 $-p'(t^*)\tau x^0$이다. 반면 제빵사는 $w\tau$만큼의 임금을 손해 본다. 그러므로 일계조건은 제빵사가 추가로 탐색하는 시간당 한계이익과 임금이 상쇄될 때까지 탐색해야 함을 의미한다.

최적 탐색 시간 t^*는 x^0와 w에 따라 달라진다. 경제학자들은 일반적으로 x^0나 w가 변할 때 t^*가 어떻게 변하는지 알고 싶어 한다. 식 (*)는 [EX 15.4.2]의 식 (*)과 비슷한데, 여기서는 $x^0 = -P$, $p = f$, $t^* = L^*$로 치환한 형태이다. 그러므로 다음을 얻는다.

$$\frac{\partial t^*}{\partial x^0} = -\frac{p'(t^*)}{p''(t^*)x^0} > 0, \quad \frac{\partial t^*}{\partial w} = -\frac{1}{p''(t^*)x^0} < 0$$

여기서 $p'(t^*) < 0$, $p''(t^*) > 0$, $x^0 > 0$이므로 부호가 위와 같이 성립한다. 즉 구매 수량이 증가하면 최적 탐색 시간 t^*는 길어지고, 임금률이 상승하면 t^*는 짧아진다.

이러한 정성적 결과는 기하적으로 설명하면 쉽게 이해할 수 있다. [그림 15.4.1]은 최적 탐색 시간 t^*가 어떻게 곡선 $R = \{p^0 - p(t)\}x^0$의 접선 기울기가 w일 때, 즉 직선 $C = wt$와 평행할 때 t 값이 되는지 보여준다. x^0가 증가하면 곡선 R은 수직방향으로 확장되지만 수평방향으로 확장되지 않으므로 t^*는 오른쪽으로 이동한다. 그러나 w가 증가하면 직선 $C = wt$가 원점을 중심으로 반시계방향으로 회전하고, 최적 t^*는 감소한다.

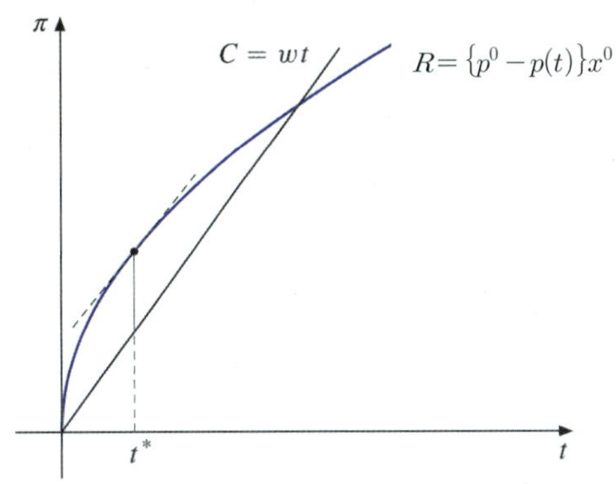

그림 15.4.1 최적 탐색

일반적인 경우

앞서 살펴본 분석은 다변수함수로 확장할 수 있다. $\frac{\partial F}{\partial z} \neq 0$을 가정하면 다음을 얻는다.

$$\text{모든 } i = 1, 2, \cdots, n\text{에 대해 } F(x_1, \cdots, x_n, z) = c \;\Rightarrow\; \frac{\partial z}{\partial x_i} = -\frac{\dfrac{\partial F}{\partial x_i}}{\dfrac{\partial F}{\partial z}} \qquad (15.4.3)$$

이 증명은 식 (15.4.2)에서 사용한 논리를 직접 확장하는 것이므로 여러분에게 맡긴다.

15.4 연습문제

1 다음 함수에 대해 식 (15.4.2)를 사용하여 $\dfrac{\partial z}{\partial x}$를 구하라.

(a) $3x+y-z=0$

(b) $xyz+xz^3-xy^2z^5=1$

(c) $e^{xyz}=3xyz$

2 $x^3+y^3+z^3-3z=0$일 때 z'_x, z'_y, z''_{xy}를 각각 구하라.

3 [EX 15.4.2]에서 살펴본 문제를 상기하자.

(a) $Q=f(L)=\sqrt{L}$이라 가정하자. 이 경우에 대한 식 (*)의 일계조건을 작성하고, L^*를 P와 w에 대한 양함수 표현으로 나타내라. 그런 다음 P와 w에 대한 L^*의 편도함수를 구하라. 편도함수의 부호가 [EX 15.4.2]에서 구한 부호와 일치하는지 검증하라.

(b) 이윤함수가 $\pi(L)=Pf(L)-C(L, w)$로 대체되었다고 가정하자. 여기서 $C(L, w)$는 '비용함수'이다. 이 경우 L^*가 최적이 되기 위한 일계조건은 무엇인가? P와 w에 대한 L^*의 편도함수를 구하라.

4 모든 $x>0$과 $y>0$에 대해 방정식 $x^y+y^z+z^x=k$가 z를 x와 y에 대해 양의 값을 가진 함수로 정의한다고 하자. 여기서 k는 양의 상수이다. x와 y에 대한 z의 편도함수를 구하라.

5 15.3절 [연습문제 6]의 모형을 농산물 시장에 적용해 보자. $S=g(P)$를 $S=g(w, P)$로 대체하고, 여기서 w는 날씨의 좋고 나쁨을 나타내는 지수라고 하자. $g'_w(w, P)>0$이라고 가정한다. 이제 균형상태에서는 $f(R, P)=g(w, P)$가 성립한다. 이 방정식이 P를 R과 w에 대해 미분가능한 음함수로 정의한다고 가정하라. P'_w의 식을 찾고 그 부호에 대해 논하라.

6 모든 x와 y에 대해 $F(x, y)=xe^{y-3}+xy^2-2y$로 정의되는 함수를 생각하자. 먼저 점 $(1, 3)$이 등위선 $F(x, y)=4$ 위에 있음을 보이고, 점 $(1, 3)$에서 곡선에 대한 접선의 방정식을 구하라.

7 **네러브–링스타드 생산함수**(Nerlove–Ringstad production function) $y=y(K, L)$은 음함수 $y^{1+c\ln y}=AK^{\alpha}L^{\beta}$으로 정의된다. 여기서 A, α, β는 양의 상수이다. 이 함수에 대해 자본과 노동의 한계생산, 즉 $\dfrac{\partial y}{\partial K}$와 $\dfrac{\partial y}{\partial L}$을 구하라.

힌트 양변에 로그를 취한 다음 음함수미분하라.

15.5 대체탄력성

이변수함수 F에 대해 등위선 $F(x, y)=c$를 생각해보자. 식 (15.3.4)에서 정의된 MRS R_{yx}는 [그림 15.5.1]과 같이 점 Q에서 이 등위선의 접선의 기울기에 마이너스($-$)를 붙인 값이다. 점 P에서 MRS는 큰 양수이다. 점 Q에서 R_{yx}는 약 1이고 점 R에서 약 0.2이다. 이 등위선을 따라 왼쪽에서 오른쪽으로 이동하면 MRS R_{yx}는 비율 $\dfrac{x}{y}$의 함수로서 순감소하고 그 값은 특정한 양의 구간 I에서 나타난다. 역으로 I에 속한 R_{yx}의 각 값에 대해 등위선 $F(x, y)=c$ 위에 대응하는 유일한

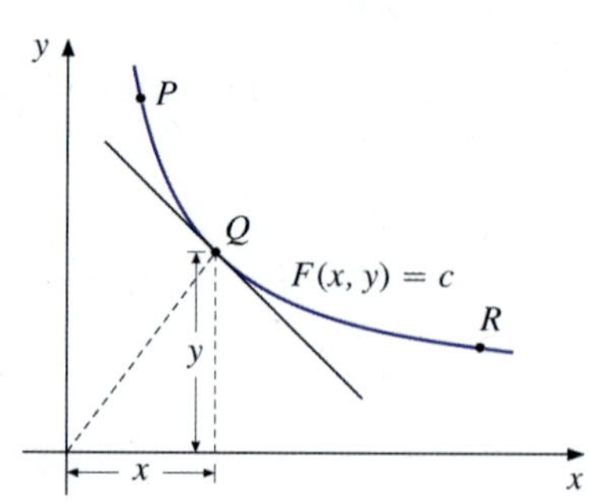

그림 15.5.1 Q에서 R_{yx}

점 (x, y)가 있고, 이에 대응하는 $\frac{y}{x}$ 값이 있다. 그러므로 $\frac{y}{x}$는 R_{yx}의 함수이며 다음과 같이 정의할 수 있다.

대체탄력성

등위선 $F(x, y)=c$를 따라 y와 x 사이의 **대체탄력성**(elasticity of substitution)은 다음과 같이 표현한다.

$$\sigma_{xy} = \mathrm{El}_{R_{yx}}\left(\frac{y}{x}\right) \tag{15.5.1}$$

이는 σ_{yx}를 MRS R_{yx}에 대한 분수 $\frac{y}{x}$의 탄력성으로 정의한다. 그러므로 모든 작은 δ에 대해 $\sigma_{yx}\delta$는 등위선 $F(x, y)=c$를 따라 R_{yx}가 δ만큼 백분율로 증가할 때 $\frac{y}{x}$의 근사적인 백분율 변화를 나타낸다. σ_{yx}는 x와 y에 대해 대칭이다. 사실 $R_{xy}=\frac{1}{R_{yx}}$이므로 탄력성의 로그 공식에 따라 $\sigma_{xy}=\sigma_{yx}$이다. 또한 [연습문제 3]에서 F의 일계편도함수와 이계편도함수를 사용해 대체탄력성을 대칭적인 표현으로 나타내는 방법을 다룰 것이다.

EX 15.5.1 콥-더글러스 함수 $F(K, L)=AK^aL^b$에 대해 σ_{KL}을 계산하라.

풀이

L에 대한 K의 MRS는 다음과 같다.

$$R_{KL}=\frac{F'_L}{F'_K}=\frac{bAK^aL^{b-1}}{aAK^{a-1}L^b}=\frac{b}{a}\frac{K}{L}$$

그러므로 $\frac{K}{L}=\frac{a}{b}R_{KL}$이다. 따라서 R_{KL}에 대한 $\frac{K}{L}$의 탄력성은 1이다. 이는 콥-더글러스 함수에 대해 $\sigma_{KL}=1$임을 보여준다.

EX 15.5.2 CES 함수 $F(K, L)=A(aK^{-\rho}+bL^{-\rho})^{-\frac{\mu}{\rho}}$에 대한 대체탄력성을 구하라. 여기서 A, a, b, μ, ρ는 $A>0$, $a>0$, $b>0$, $\mu\neq 0$, $\rho>-1$, $\rho\neq 0$인 상수이다.

풀이

여기서 다음을 얻는다.

$$F'_K=A\left(-\frac{\mu}{\rho}\right)(aK^{-\rho}+bL^{-\rho})^{\left(-\frac{\mu}{\rho}\right)-1}a(-\rho)K^{-\rho-1}$$

$$F'_L=A\left(-\frac{\mu}{\rho}\right)(aK^{-\rho}+bL^{-\rho})^{\left(-\frac{\mu}{\rho}\right)-1}b(-\rho)L^{-\rho-1}$$

K와 L 사이의 MRS는 다음과 같다.

$$R_{KL}=\frac{F'_L}{F'_K}=\frac{b}{a}\frac{L^{-\rho-1}}{K^{-\rho-1}}=\frac{b}{a}\left(\frac{K}{L}\right)^{\rho+1}$$

이 식을 변형하면 다음과 같다.

$$\frac{K}{L}=\left(\frac{a}{b}\right)^{\frac{1}{\rho+1}}(R_{KL})^{\frac{1}{\rho+1}}$$

x에 대한 Ax^b의 탄력성이 b임을 상기하면 식 (15.5.1)의 정의에 따라 다음을 얻는다.

$$\sigma_{KL}=\mathrm{El}_{R_{KL}}\left(\frac{K}{L}\right)=\frac{1}{\rho+1}$$

따라서 함수 F는 대체탄력성이 $\frac{1}{\rho+1}$로 일정하다. 이것이 바로 F가 '상수의 대체탄력성(constant elasticity of substitution)'을 의미하는 CES 함수로 불리는 이유이다. 또한 $\rho \to 0$일 때 CES 함수의 대체탄력성이 1에 수렴하는데, 이는 [EX 15.5.1]에서 콥-더글러스 함수의 대체탄력성과 정확히 일치한다. 이는 [EX 7.12.5]의 결과와도 일치한다.

15.5 연습문제

1 $F(x, y)=10x^2+15y^2$에 대해 y와 x 사이의 대체탄력성을 계산하라.

2 $F(x, y)=x^a+y^a$으로 정의된 함수에서 a는 $a\neq 0$, $a\neq 1$인 상수라 하자. 다음을 구하라.

(a) x에 대한 y의 MRS

(b) y와 x 사이의 대체탄력성

3 식 (15.5.1)에서 정의된 대체탄력성은 함수 F의 편도함수로 표현할 수 있다. 실제로 전형적인 등생산량곡선 $F(x, y)=c$를 따라 다음을 얻는다.

$$\sigma_{yx}=\frac{-F'_1F'_2(xF'_1+yF'_2)}{xy\{(F'_2)^2F''_{11}-2F'_1F'_2F''_{12}+(F'_1)^2F''_{22}\}}$$

이 식을 사용하여 [EX 15.5.1]의 결과를 도출하라.

15.6 이변수동차함수

$Y=F(K, L)$과 같은 생산함수는 자본 K단위와 노동 L단위가 투입될 때 생산할 수 있는 생산량 Y를 나타낸다. 이러한 생산함수에서 자본과 노동의 투입을 모두 두 배로 늘리면 생산량은 두 배 이상 증가하는가? 아니면 두 배에 못 미치게 증가하는가? [EX 14.1.4]는 콥-더글러스 생산함수에 이 질문을 했을 때 얻은 답이다. 일반적인 이변수함수에 대한 답을 구하기 위해 **동차성** 개념을 소개한다.

동차성

x와 y에 대한 이변수함수 $f(x, y)$가 정의역 D에 있는 모든 (x, y)에 대해 다음을 만족할 때, f를 차수 k의 **동차함수**(homogeneous function)라 한다.

$$f(tx, ty)=t^kf(x, y) \tag{15.6.1}$$

이는 두 변수에 양의 계수 t를 곱하면 함숫값이 t^k배로 증가함을 의미한다.

함수의 동차성 차수는 양수, 0, 음수 등 임의의 실수가 될 수 있다. 앞서 몇 가지 특정 함수에 대한 동차성 차수를 결정했다. 예를 들어 [EX 14.1.4]에서 콥-더글러스 함수 $F(x, y) = Ax^a y^b$은 $(a+b)$차 동차함수이다. 더 간단한 예는 다음과 같다.

EX 15.6.1 $f(x, y) = 3x^2y - y^3$이 3차 동차함수임을 보여라.

풀이

$f(x, y)$에서 x를 tx로, y를 ty로 바꾸면 다음을 얻는다.

$$f(tx, ty) = 3(tx)^2(ty) - (ty)^3 = 3t^2x^2 \cdot ty - t^3y^3 = t^3(3x^2y - y^3) = t^3 f(x, y)$$

그러므로 f는 3차 동차함수이다. 예를 들어 $t=2$라고 두면 다음과 같다.

$$f(2x, 2y) = 2^3 f(x, y) = 8f(x, y)$$

x와 y를 모두 두 배로 늘리면 함숫값은 8배 증가한다.

[EX 15.6.1]의 다항식에서 각 항의 지수의 합이 3임에 주목하라. 일반적으로 다항식이 k차 동차함수이기 위한 필요충분조건은 모든 항의 지수의 합이 k인 것이다. 예를 들어 $f(x, y) = 1 + xy$ 또는 $g(x, y) = x^3 + xy$와 같이 항마다 지수의 합이 다른 다항식은 어떤 차수의 동차함수도 아니다. [연습문제 6]에서 이를 증명할 것이다.

오일러 정리

이변수동차함수는 경제학자들이 주목할 만한 중요한 몇 가지 성질을 지닌다. 그중 한 가지는 다음과 같다.

정리 15.6.1 오일러 정리(Euler's theorem)

연속으로 미분가능한 함수 $f(x, y)$가 k차 동차함수일 필요충분조건은 다음과 같다.

$$xf'_1(x, y) + yf'_2(x, y) = kf(x, y) \tag{15.6.2}$$

다음은 f가 k차 동차함수일 때 식 (15.6.2)가 성립함을 보여주는 간단한 증명이다.

증명

식 (15.6.1)의 양변을 t에 대해 미분하고, 좌변에 연쇄법칙을 사용하면 그 결과는 다음과 같다.

$$xf'_1(tx, ty) + yf'_2(tx, ty) = kt^{k-1}f(x, y)$$

여기서 $t=1$로 두면 바로 $xf'_1(x, y) + yf'_2(x, y) = kf(x, y)$를 얻는다. ■

다음 절에서 소개할 [정리 15.7.1]은 [정리 15.6.1]의 역방향도 증명하고, n변수인 경우도 다룬다.

다음은 k차 동차함수 $f(x, y)$에 대한 세 가지 다른 흥미로운 일반 성질을 다룬다.

$$f'_1(x,\ y)\text{와 } f'_2(x,\ y)\text{는 모두 } (k-1)\text{차 동차함수이다.} \tag{15.6.3}$$

$$x>0\text{이고 } y>0\text{일 때 } f(x,\ y)=x^k f\left(1,\ \frac{y}{x}\right)=y^k f\left(\frac{x}{y},\ 1\right) \tag{15.6.4}$$

$$x^2 f''_{11}(x,\ y)+2xyf''_{12}(x,\ y)+y^2 f''_{22}(x,\ y)=k(k-1)f(x,\ y) \tag{15.6.5}$$

이러한 결과들은 비교적 간단히 증명할 수 있다. 먼저 식 (15.6.3)을 증명하기 위해 t와 y를 상수로 두고 식 (15.6.1)을 x에 대해 편미분한다. 그 결과는 $tf'_1(tx,\ ty)=t^k f'_1(x,\ y)$로, $f'_1(tx,\ ty)=t^{k-1}f'_1(x,\ y)$이다. 이는 $f'_1(x,\ y)$가 $(k-1)$차 동차함수임을 의미한다. 같은 방식으로 $f'_2(x,\ y)$가 $(k-1)$차 동차함수임을 증명할 수 있다. 성질 (15.6.4)의 두 등식을 증명하려면 식 (15.6.1)에서 t를 각각 먼저 $\frac{1}{x}$로 대체하고, 다음으로 $\frac{1}{y}$로 대체하면 된다.

마지막으로 식 (15.6.5)를 증명하기 위해 함수 $f(x,\ y)$가 연속으로 두 번 미분가능하다고 가정하자. 먼저 $f'_1(x,\ y)$와 $f'_2(x,\ y)$가 모두 $(k-1)$차 동차함수이므로 오일러 정리 (15.6.2)를 f'_1에 먼저 적용하고, 이후 f'_2에 적용할 수 있다. 이렇게 하면 다음을 얻는다.

$$xf''_{11}(x,\ y)+yf''_{12}(x,\ y)=(k-1)f'_1(x,\ y) \tag{15.6.6}$$

$$xf''_{21}(x,\ y)+yf''_{22}(x,\ y)=(k-1)f'_2(x,\ y) \tag{15.6.7}$$

이제 식 (15.6.6)에 x를 곱하고 식 (15.6.7)에 y를 곱한 후 두 식을 더하자. f가 C^2함수이므로 영의 정리([정리 14.6.1] 참고)에 따라 $f''_{12}=f''_{21}$이고, 이 결과를 간단히 다음과 같이 쓸 수 있다.

$$x^2 f''_{11}(x,\ y)+2xyf''_{12}(x,\ y)+y^2 f''_{22}(x,\ y)=(k-1)\{xf'_1(x,\ y)+yf'_2(x,\ y)\}$$

오일러 정리에 따라 $xf'_1(x,\ y)+yf'_2(x,\ y)=kf(x,\ y)$이므로 식 (15.6.5)가 성립한다.

EX 15.6.2 함수 $f(x,\ y)=3x^2y-y^3$에 대해 식 (15.6.2)~(15.6.5)가 성립함을 확인하라.

풀이

❶ $f'_1(x,\ y)=6xy$이고 $f'_2(x,\ y)=3x^2-3y^2$이므로 다음과 같다.

$$xf'_1(x,\ y)+yf'_2(x,\ y)=6x^2y+3x^2y-3y^3=3(3x^2y-y^3)=3f(x,\ y)$$

[EX 15.6.1]은 f가 3차 동차함수임을 증명했으므로 식 (15.6.2)가 성립한다.

❷ f'_1과 f'_2는 둘 다 2차 동차다항식이므로 명제 (15.6.3)이 성립한다.

❸ 식 (15.6.4)의 경우 다음과 같이 나타낼 수 있다.

$$3x^2y-y^3=x^3\left\{3\left(\frac{y}{x}\right)-\left(\frac{y}{x}\right)^3\right\}=y^3\left\{3\left(\frac{x}{y}\right)^2-1\right\}$$

❹ 식 (15.6.5)를 증명하기 위해 먼저 f의 모든 이계편도함수를 계산하면 $f''_{11}(x,\ y)=6y$, $f''_{12}(x,\ y)=6x$, $f''_{22}(x,\ y)=-6y$이다. 그러므로 다음이 성립한다.

$$\begin{aligned}x^2 f''_{11}(x,\ y)+2xyf''_{12}(x,\ y)+y^2 f''_{22}(x,\ y)&=6x^2y+12x^2y-6y^3=6(3x^2y-y^3)\\&=3\cdot 2f(x,\ y)\end{aligned}$$

EX 15.6.3 생산함수 $Y=F(K, L)$이 1차 동차함수라고 가정하자. 생산량–노동 비율 $\frac{Y}{L}$를 자본–노동 비율 $k=\frac{K}{L}$의 함수 $\frac{Y}{L}=f\left(\frac{K}{L}\right)$로 나타낼 수 있음을 보여라. 여기서 $f(k)=F(k, 1)$이다. F가 $a+b=1$을 만족하는 콥–더글러스 함수 AK^aL^b일 때, f의 식을 구하라.

풀이

F가 1차 동차함수이므로 명제 (15.6.4)의 특수한 경우로 다음을 얻는다.

$$k=\frac{K}{L}\text{일 때}\quad Y=F(K, L)=F\left(L\left(\frac{K}{L}\right), L\cdot 1\right)=LF(k, 1)=Lf(k)$$

함수 $F(K, L)=AK^aL^{1-a}$에 대해 $f(k)=F(k, 1)=Ak^a$이다.

동차함수의 기하적 성질

이변수동차함수는 몇 가지 흥미로운 기하적 성질을 지닌다. $f(x, y)$가 k차 동차함수라 하자. [그림 15.6.1]처럼 xy평면의 원점 $(0, 0)$에서 시작하여 점 $(x_0, y_0)\neq(0, 0)$을 지나는 반직선을 생각해보자. 이 반직선 위의 임의의 점은 어떤 양수 t에 대해 (tx_0, ty_0)이다. $f(x_0, y_0)=c$라 하면 $f(tx_0, ty_0)=t^kf(x_0, y_0)=t^kc$이다. 이는 xy평면의 점 $(x_0, y_0)\neq(0, 0)$을 지나는 임의의 반직선 위에서 f의 그래프가 곡선 $z=t^kc$로 구성됨을 보여준다. 여기서 t는 원점과 반직선 사이의 거리이고 $c=f(x_0, y_0)$이다. 그러므로 k차 동차함수는 원점을 지나는 각 반직선 위의 임의의 한 점 (x_0, y_0)에서 함숫값 $c=f(x_0, y_0)$에 의해 결정된다.

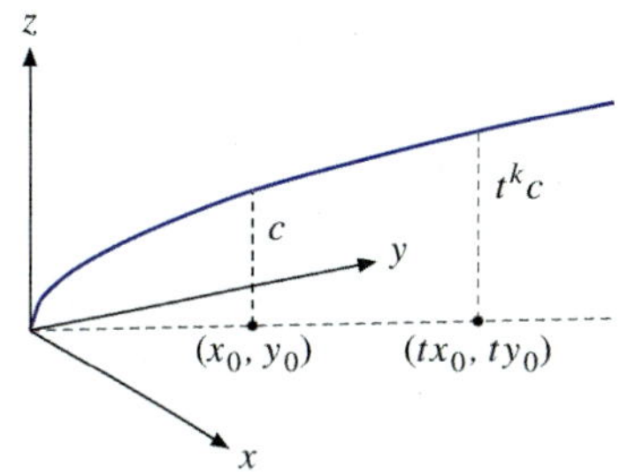

그림 15.6.1 반직선 위의 함수 f

특히 $k=1$이면 $f(x, y)$는 1차 동차함수이다. 그러면 원점을 지나는 반직선 위에 수직으로 놓인 곡선 $z=t^kc$는 직선 $z=tc$가 된다. 이 때문에 종종 **1차 동차함수의 그래프는 원점을 지나는 직선으로 구성된다**고 한다. [그림 15.6.2]에 표시된 $z=f(x, y)$의 그래프 일부분이 이를 보여준다.

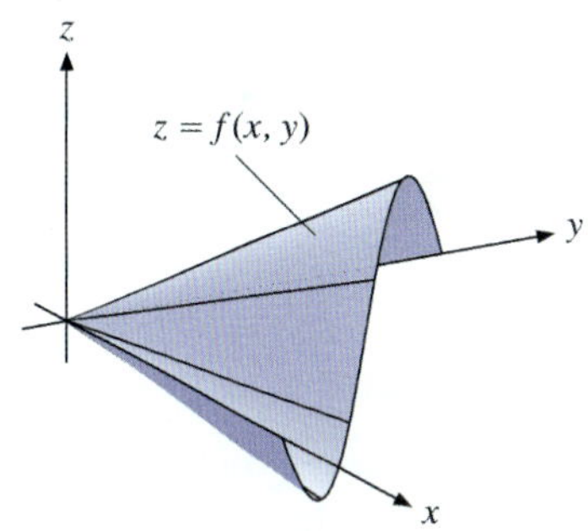

그림 15.6.2 1차 동차함수

이변수함수 $f(x, y)$의 경우 삼차원 그래프 대신 xy평면에서 등위선을 고려하는 것이 종종 편리하다. 그렇다면 동차함수의 등위선은 어떤 특징이 있는가? **동차함수는 하나의 등위선만 알면 나머지 등위선도 모두 알 수 있다는** 점이 밝혀졌다. 이를 확인하기 위해 [그림 15.6.3]과 같이 k차 동차함수 $f(x, y)$를 생각하고 $f(x, y)=c$가 그 등위선 중 하나라고 하자.

이제 $f(x, y)=c$ 위에 있지 않은 임의의 점 A를 지나는 등위선을 구성하는 방법을 설명한다. 먼저 원점에서 시작해서 A를 지나는 유일한 반직선을 그린다. 이 반직선은 등위선 $f(x, y)=c$와 유일한 점 D에서 교차해야 한다. 점 D의 좌표를 (x_1, y_1)이라 하자. 그러면 점 A의 좌표는 어떤 유일한 t 값에 대해 (tx_1, ty_1)이 된다. [그림 15.6.3]에서는 그 값이 약 1.7이다.

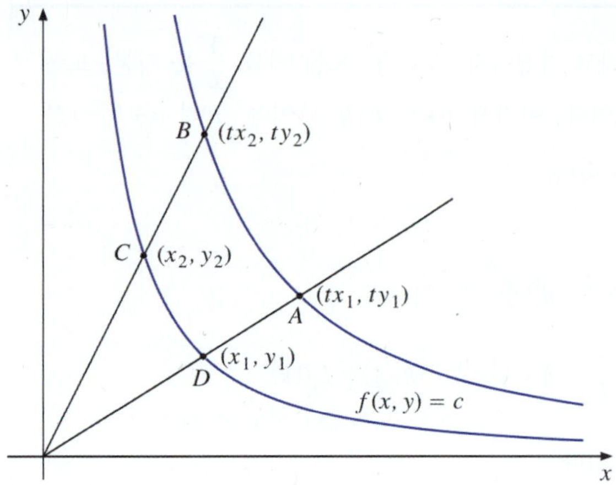

그림 15.6.3 동차함수의 등위선

점 A를 지나면서 동일한 등위선 $f(x,\ y)= f(tx_1,\ ty_1)$ 위에 있는 다른 점을 구성하기 위해 먼저 원점을 지나는 새로운 반직선을 하나 그린다. 이 반직선은 원래의 등위선 $f(x,\ y)= c$와 유일한 점 C에서 교차해야 한다. 점 C의 좌표를 $(x_2,\ y_2)$이라 하자. 이제 이 반직선 위에서 C를 지나 좌표가 $(tx_2,\ ty_2)$인 새로운 점 B로 움직이되, 여기서 t는 앞서 A로부터 D를 구성할 때 사용한 값이다. 점 B는 점 A와 동일한 등위선 위에 있어야 한다. 왜냐하면 k차 동차성에 의해 다음이 성립하기 때문이다.

$$f(tx_2,\ ty_2)= t^k f(x_2,\ y_2)= t^k c = t^k f(x_1,\ y_1)= f(tx_1,\ ty_1)$$

원점을 지나고 등위선 $f(x,\ y)= c$와 교차하는 서로 다른 반직선에 대해 이 과정을 반복하면 새로운 등위선 $f(x,\ y)= t^k f(x_1,\ y_1)$ 위의 원하는 점을 어떤 점이라도 찾을 수 있다. 게다가 이 새로운 등위선 위의 각 점 $(x,\ y)$에서의 함숫값은 $f(x,\ y)= t^k f(x_1,\ y_1)$이다.

이 논증은 동차함수 $f(x,\ y)$가 하나의 등위선과 동차성 차수에 의해 온전히 결정됨을 보여준다. 동차함수의 각 등위선의 모양은 종종 식 (15.5.1)에서 정의한 대체탄력성을 통해 결정된다.

[그림 15.6.3]의 또 다른 성질은 원점을 지나는 반직선 위의 두 점이 임의로 주어지면, 해당 등위선의 접선이 서로 평행하다는 것이다. 그 이유는 다음과 같다. 식 (15.3.2)에 따르면 점 $(x,\ y)$에서 등위선 $f(x,\ y)= c$의 기울기는 $-\dfrac{f'_1(x,\ y)}{f'_2(x,\ y)}$이기 때문이다. 이제 f가 k차 동차함수라는 가정을 유지하자. 식 (15.6.3)에 의해 f의 일계편도함수는 둘 다 $(k-1)$차 동차함수이다. 그러므로 [그림 15.6.3]의 두 점 A와 D에서 등위선의 공통 기울기가 다음을 만족한다.

$$-\frac{f'_1(tx_1,\ ty_1)}{f'_2(tx_1,\ ty_1)}= -\frac{t^{k-1}f'_1(x_1,\ y_1)}{t^{k-1}f'_2(x_1,\ y_1)}= -\frac{f'_1(x_1,\ y_1)}{f'_2(x_1,\ y_1)} \tag{15.6.8}$$

이로부터 원점에서 출발하는 임의의 반직선을 따라가면 해당 등위선의 어느 점에서든 등위선의 기울기가 일정하다는 사실을 알 수 있다. 또한 x에 대한 y의 MRS 정의 (15.3.4)를 참고하여 식 (15.6.8)에서 마이너스 부호를 제거하면 이 MRS는 0차 동차함수임을 알 수 있다.

15.6 연습문제

1 정의 (15.6.1)을 사용하여 $f(x, y)=x^4+x^2y^2$이 4차 동차함수임을 보여라.

2 $x(p, r)=Ap^{-1.5}r^{2.08}$의 동차성 차수를 구하라.

3 $f(x, y)=xy^2+x^3$이 3차 동차함수임을 보여라. 식 (15.6.2)~(15.6.5)의 네 가지 성질이 모두 성립함을 확인하라.

4 함수 $f(x, y)=\dfrac{xy}{x^2+y^2}$가 동차함수인지 판별하고, 동차함수라면 오일러 정리가 성립하는지 확인하라.

5 CES 함수 $F(K, L)=A(aK^{-\rho}+bL^{-\rho})^{-\frac{1}{\rho}}$이 1차 동차함수임을 증명하라. 그런 다음 [EX 15.6.3]의 논리를 적용하여 $\dfrac{1}{L}F(K, L)$을 $k=\dfrac{K}{L}$의 함수로 표현하라.

6 $f(x, y)=x^3+xy$가 어떤 차수의 동차함수도 아님을 보여라.

힌트 $x=y=1$로 두고 식 (15.6.1)에 $t=2$와 $t=4$를 적용하여 모순임을 보여라.

7 모든 $x>0$과 $y>0$에 대해 $f(x, y)$가 1차 동차함수라 하자. 식 (15.6.6)과 (15.6.7)을 사용하여 $f''_{11}(x, y)f''_{22}(x, y)-\{f''_{12}(x, y)\}^2=0$임을 보여라.

8 $f(x, y)$가 2차 동차함수이고 일계편도함수에 대해 $f'_1(2, 3)=4$, $f'_2(4, 6)=12$를 가정하자. $f(6, 9)$ 값을 구하라.

9 **심화** $F(x, y)$가 1차 동차함수라면 그 대체탄력성은 $\sigma_{yx}=\dfrac{F'_1F'_2}{FF''_{12}}$로 표현할 수 있음을 증명하라.

힌트 식 (15.6.6)과 (15.6.7), 15.5절 [연습문제 3]의 결과와 오일러 정리를 사용하라.

15.7 동차함수와 동조함수

f가 정의역 D에서 정의된 n변수함수라고 하자. 어떤 집합 D에 대해 $(x_1, x_2, \cdots, x_n)\in D$이고 $t>0$일 때 점 $(tx_1, tx_2, \cdots, tx_n)$도 D에 속하면, 이러한 집합 D를 **원뿔**(cone)이라 한다. D가 원뿔일 때 모든 $t>0$에 대해 다음을 만족하는 함수 f를 D에서 k차 **동차함수**라 한다.

$$f(tx_1, tx_2, \cdots, tx_n)=t^kf(x_1, x_2, \cdots, x_n) \tag{15.7.1}$$

여기서 상수 k는 양수, 0, 음수를 포함한 모든 실수가 될 수 있다.

EX 15.7.1 함수 $f(x_1, x_2, x_3)=\dfrac{x_1+2x_2+3x_3}{x_1^2+x_2^2+x_3^2}$의 동차성을 확인하라.

풀이

여기서 f는 원점을 제외한 3차원 공간의 모든 점으로 이루어진 집합 D에서 정의되고, D는 원뿔이다. 또한 다음이 성립한다.

$$f(tx_1,\ tx_2,\ tx_3)=\frac{tx_1+2tx_2+3tx_3}{(tx_1)^2+(tx_2)^2+(tx_3)^2}=\frac{t(x_1+2x_2+3x_3)}{t^2(x_1^2+x_2^2+x_3^2)}=t^{-1}f(x_1,\ x_2,\ x_3)$$

그러므로 f는 -1차 동차함수이다.

오일러 정리는 이변수함수에 대해 [정리 15.6.1]로 살펴보았다. 이 정리는 다음과 같이 n변수함수로 일반화할 수 있다.

정리 15.7.1 오일러 정리

n변수함수 f가 열린 원뿔 D에서 정의된 C^1함수라고 가정하자. 그러면 f가 k차 동차함수일 필요충분조건은 D에 속한 모든 $\mathbf{x}$에 대해 다음이 성립하는 것이다.

$$\sum_{i=1}^{n} x_i f'_i(\mathbf{x})=kf(\mathbf{x}) \tag{15.7.2}$$

이 결과에 대한 증명은 [정리 15.6.1]에서 사용한 논증을 확장한 것이다.

오일러 정리의 증명

f가 k차 동차함수라고 가정하면 식 (15.7.1)이 성립한다. 이 식의 $\mathbf{x}$를 고정하고 t에 대해 미분하면 다음과 같다.

$$\sum_{i=1}^{n} x_i f'_i(t\mathbf{x})=kt^{k-1}f(\mathbf{x})$$

$t=1$로 두면 즉시 식 (15.7.2)를 얻는다.

역방향을 증명하기 위해 원뿔 D에 속한 모든 $\mathbf{x}$에 대해 식 (15.7.2)가 성립한다고 가정하자. $\mathbf{x}$를 고정하고 모든 $t>0$에 대해 함수 $g(t)=t^{-k}f(t\mathbf{x})-f(\mathbf{x})$를 정의하자. 이를 t에 대해 미분하면 다음을 얻는다.

$$g'(t)=-kt^{-k-1}f(t\mathbf{x})+t^{-k}\sum_{i=1}^{n} x_i f'_i(t\mathbf{x}) \tag{*}$$

$t\mathbf{x}$가 D에 속하므로 각 x_i를 tx_i로 대체하더라도 식 (15.7.2)가 성립해야 한다. 이는 $\sum_{i=1}^{n}(tx_i)f'_i(t\mathbf{x})=kf(t\mathbf{x})$를 의미한다. 이 식의 양변에 t^{-k-1}을 곱하면 다음을 얻는다.

$$t^{-k}\sum_{i=1}^{n} x_i f'_i(t\mathbf{x})=kt^{-k-1}f(t\mathbf{x}) \tag{**}$$

식 (*)와 (**)에 따르면 모든 $t>0$에 대해 $g'(t)=0$이므로 $g(t)$는 틀림없이 상수 C이다. 당연히 $g(1)=0$이므로 $C=0$이고, 이는 모든 $t>0$에 대해 $g(t)=0$임을 의미한다. g의 정의에 따라 $f(t\mathbf{x})=t^k f(\mathbf{x})$이므로 f는 실제로 k차 동차함수임을 증명할 수 있다. ■

오일러 정리 (15.7.2)의 흥미로운 변형은 $f(\mathbf{x})$가 0이 아닐 때 방정식의 각 항을 $f(\mathbf{x})$로 나누면 얻을 수 있다. 부분탄력성의 정의 (14.10.3)을 사용하면 $\mathrm{El}_i f(\mathbf{x})=\left(\frac{x_i}{f(\mathbf{x})}\right)f'_i(\mathbf{x})$로 쓸 수 있다. 그러므로 다음을 얻는다.

$$\text{El}_1 f(\mathbf{x}) + \text{El}_2 f(\mathbf{x}) + \cdots + \text{El}_n f(\mathbf{x}) = k \tag{15.7.3}$$

따라서 k차 동차함수인 n변수함수에서 부분탄력성의 합은 k와 같아야 한다.

식 (15.6.3)~(15.6.5)의 결과는 n변수함수로 확장할 수 있다. 증명은 비슷하므로 관심이 있다면 직접 해봐도 좋다. 여기서는 식 (15.6.3)과 식 (15.6.5)의 확장된 형태만 간단히 소개한다. $f(\mathbf{x})$가 k차 동차함수라면 각 $i = 1, 2, \cdots, n$에 대해 다음을 얻는다.

$$f'_i(\mathbf{x})\text{는 } (k-1)\text{차 동차함수이다.} \tag{15.7.4}$$

$$\sum_{i=1}^{n}\sum_{j=1}^{n} x_i x_j f''_{ij}(\mathbf{x}) = k(k-1)f(\mathbf{x}) \tag{15.7.5}$$

경제학에의 응용

경제학에서 흔히 보이는 동차함수의 몇 가지 예를 살펴보자.

EX 15.7.2 $f(\mathbf{v}) = f(v_1, \cdots, v_n)$을 어느 생산 공정에서 투입량이 $v_1, \cdots, v_n$일 때의 생산량이라고 하자. 모든 투입량의 단위를 계수 t로 조정하면 생산량도 t배가 된다고 가정하는 경우가 많다. 즉 모든 $t > 0$에 대해 다음이 성립한다.

$$f(t\mathbf{v}) = tf(\mathbf{v}) \tag{$*$}$$

이는 f가 1차 동차함수임을 의미한다. 이러한 성질을 가진 생산함수를 **규모에 대한 수익 불변**(constant return to scale)을 보인다고 한다.

임의의 고정된 투입량 벡터 $\mathbf{v}$에 대해 함수 $\varphi(t) = \frac{1}{t}f(t\mathbf{v})$를 생각하자. 이는 규모에 대한 평균 수익을 나타내는데, 모든 투입량이 동일한 계수로 단위 조정될 때의 단위 투입량당 평균 생산량을 의미한다. 예를 들어 $t=2$일 때 모든 투입량이 두 배로 증가하고, $t = \frac{3}{4}$일 때 모든 투입량이 $\frac{1}{4}$만큼 감소한다.

이제 식 (*)가 성립하면 $\varphi(t) = f(\mathbf{v})$가 되어 t와 무관하다. 또한 k(단, $k<1$)차 동차함수인 생산함수는 $\varphi(t) = t^{k-1}f(\mathbf{v})$이고 $\varphi'(t) < 0$이므로 **규모에 대한 수익 감소**(decreasing return to scale)가 나타난다. 반면 k(단, $k>1$)차 동차함수인 생산함수는 $\varphi'(t) > 0$이므로 **규모에 대한 수익 증가**(increasing return to scale)가 나타난다.

EX 15.7.3 일반적인 콥-더글러스 함수 $F(v_1, \cdots, v_n) = Av_1^{a_1}\cdots v_n^{a_n}$은 n개의 투입요소를 가진 생산함수의 대표적인 예로 사용된다. 이 함수가 동차함수임을 증명하고, 규모에 대한 수익 불변, 수익 감소, 수익 증가가 나타나는지 조사하라. 또한 식 (15.7.3)이 성립함을 확인하라.

풀이

콥-더글러스 함수의 정의에 따라 다음을 얻는다.

$$F(t\mathbf{v}) = A(tv_1)^{a_1}\cdots(tv_n)^{a_n} = At^{a_1}v_1^{a_1}\cdots t^{a_n}v_n^{a_n} = t^{a_1+\cdots+a_n}F(\mathbf{v})$$

그러므로 F는 $(a_1 + \cdots + a_n)$차 동차함수이다. 즉 지수의 합 $(a_1 + \cdots + a_n)$이 1이면 규모에 대한 수익 불변, 1보다 작으면 규모에 대한 수익 감소, 1보다 크면 규모에 대한 수익 증가가 나타난다. 또한 각 $i=1, 2, \cdots, n$에 대해 부분탄력성은 $\mathrm{El}_i F = a_i$이므로 $\sum_{i=1}^{n} \mathrm{El}_i F = \sum_{i=1}^{n} a_i$이다. 따라서 식 (15.7.3)이 성립한다.

EX 15.7.4 세 재화의 수량이 각각 x, y, z이고 단위당 가격이 각각 p, q, r이라 하자. 소득이 m인 어느 소비자의 세 재화에 대한 수요를 $D(p, q, r, m)$이라 하자. 또한 세 가격과 소득 m은 모두 동일한 계수 $t>0$이 곱해진다고 가정한다.[5] 그러면 이 소비자의 예산제약 $px+qy+rz \le m$은 $tpx+tqy+trz \le tm$이 되어 원래와 정확히 동일한 제약이 된다. 여기에 곱한 상수 t는 소비자에게 아무런 영향을 주지 않으므로 다음과 같이 소비자의 수요가 변하지 않는다고 가정하는 것이 자연스럽다.

$$D(tp, tq, tr, tm) = D(p, q, r, m)$$

모든 $t>0$에 대해 이 식이 성립하려면 수요함수 D가 0차 동차함수이어야 한다. 이 경우 종종 소비가 '돈의 착시'에 영향을 받지 않는다고 한다. 예를 들어 소비자가 지출할 돈이 10% 증가했을 때 모든 가격이 10% 증가했다면 아무것도 변하지 않았다는 사실을 알 것이다. 수요 분석에서 흔히 사용되는 함수의 구체적인 예로 다음 함수를 생각해보자.

$$D(p, q, r, m) = \frac{mp^b}{p^{b+1}+q^{b+1}+r^{b+1}}$$

여기서 b는 상수이다. 이 식을 다음과 같이 쓸 수 있다.

$$D(tp, tq, tr, tm) = \frac{(tm)(tp)^b}{(tp)^{b+1}+(tq)^{b+1}+(tr)^{b+1}} = D(p, q, r, m)$$

왜냐하면 각 항에서 계수 t^{b+1}이 약분되기 때문이다.

때때로 다변수함수 중 일부 변수에 대해서만 '부분적으로 동차'인 함수를 만날 수 있다. 이는 특정 변수를 고정할 때 나머지 변수에 대해 동차함수인 경우를 의미한다. 예를 들어 단일 재화 y단위를 생산하는 (최소) 비용은 함수 $C(\mathbf{w}, y)$로 표현할 수 있고, 여기서 벡터 $\mathbf{w} = (w_1, \cdots, w_n)$의 성분은 각각 n개의 투입량의 비용을 나타낸다. 이 경우 모든 투입요소 가격이 두 배로 증가하면 생산비용도 두 배로 증가한다고 예상할 수 있다. 그러므로 일반적으로 모든 $t>0$에 대해 $C(t\mathbf{w}, y) = tC(\mathbf{w}, y)$라고 가정한다. 이는 비용함수가 각각 고정된 생산량 y에 대해 투입량 비용 벡터 $\mathbf{w}$에 대해 '부분적으로 1차 동차함수'임을 의미한다. 대표적인 예로 [연습문제 7]을 참조하라.

5 예를 들어 소득과 모든 재화의 가격이 10% 상승한다고 생각해보라. 또는 모든 가격과 소득이 독일 마르크에서 유로로 환산되었다고 상상해보라.

동조함수

f가 원뿔 K에서 정의된 $\mathbf{x}=(x_1,\ \cdots,\ x_n)$의 n변수함수라고 하자. 다음 조건을 만족하는 f를 **동조함수** (homothetic function)라 한다.

$$\mathbf{x},\ \mathbf{y}\in K,\ f(\mathbf{x})=f(\mathbf{y}),\ t>0 \ \Rightarrow\ f(t\mathbf{x})=f(t\mathbf{y}) \tag{15.7.6}$$

예를 들어 f가 어떤 소비자의 효용함수라면 식 (15.7.6)은 두 재화 묶음 $\mathbf{x}$와 $\mathbf{y}$가 무차별이면 비율 t로 확대하거나 축소하더라도 무차별이어야 함을 말한다. 예를 들어 어느 소비자가 탄산음료 2리터와 주스 3리터를 무차별한다면 탄산음료 4리터와 주스 6리터도 무차별할 것이다. 이러한 성질은 일부 소비자에게 성립할 수 있지만 모든 소비자에게 적용되지 않을 수 있다.

임의의 k에 대해 k차 동차함수는 동조함수이다. 다음과 같이 더 일반적인 결과도 쉽게 증명할 수 있다.

정리 15.7.2
함수 F가 두 실숫값함수 H와 f의 합성함수, 즉 $F(\mathbf{x})=H(f(\mathbf{x}))$로 표현될 수 있다고 가정하자. H가 순증가하고 f가 임의의 차수에 대해 동차함수이면 F는 동조함수이다.

증명
$F(\mathbf{x})=F(\mathbf{y})$, 즉 $H(f(\mathbf{x}))=H(f(\mathbf{y}))$라고 가정하자. H가 순증가하므로 $f(\mathbf{x})=f(\mathbf{y})$이다. f가 k차 동차함수라고 가정하자. 그러면 모든 $t>0$에 대해 다음을 얻는다.

$$F(t\mathbf{x})=H(f(t\mathbf{x}))=H(t^kf(\mathbf{x}))=H(t^kf(\mathbf{y}))=H(f(t\mathbf{y}))=F(t\mathbf{y})$$

$F(\mathbf{x})$가 명제 (15.7.6)을 만족함을 보였다. 즉 $F(\mathbf{x})$는 동조함수이다. ■

그러므로 동차함수의 모든 순증가함수는 동조함수이다. 실제로 이 성질을 보통 $k=1$로 두고 동조함수의 정의로 삼기도 한다.[6]

다음 예는 모든 동조함수가 동차함수는 아님을 보여준다.

EX 15.7.5 함수 $F(x,\ y)=xy+1$이 동차함수는 아니지만 동조함수임을 보여라.

풀이
두 함수 $H(u)=u+1$, $f(x,\ y)=xy$를 정의하자. 그러면 모든 x, y에 대해 $F(x,\ y)=xy+1=H(f(x,\ y))$이다. 여기서 H는 순증가하고 f는 2차 동차함수이므로 [정리 15.7.2]에 의해 F는 동조함수이다. 식 (15.7.6)의 정의를 사용해도 F가 동조함수임을 직접 증명할 수 있다.

6 $F(\mathbf{x})$가 원뿔 K에서 정의된 임의의 연속인 동조함수라고 가정하자. 여기서 K는 n차원 벡터 $\mathbf{x}$의 각 성분이 $x_i\geq 0$(단, $i=1,\ \cdots,\ n$)을 만족하는 점으로 이루어진 집합이다. 즉 $\mathbb{R}^n$의 음이 아닌 사분면이다. 또한 K에서 고정된 벡터 $\mathbf{x}_0\neq\mathbf{0}$마다 $F(t\mathbf{x}_0)$가 t의 순증가함수라고 가정하자. 그러면 $F(\mathbf{x})=H(f(\mathbf{x}))$인 순증가함수 H가 존재함을 증명할 수 있다. 여기서 $f(\mathbf{x})$는 1차 동차함수이다. 사실 H를 거듭제곱함수 $\tilde{H}(u)=u^k$으로 수정하면, f를 임의의 k차 동차함수(단, k는 양수)로 만들 수도 있다.

$F(x)=F(x_1, x_2, \cdots, x_n)$이 모든 n차원 벡터 $\mathbf{x}=(x_1, \cdots, x_n)$에 대해 정의된 미분가능한 생산함수라고 가정하자. 여기서 $i=1, \cdots, n$에 대해 $x_i \geq 0$이다. 요소 i에 대한 요소 j의 MRS는 $i, j=1, 2, \cdots n$일 때 다음과 같이 정의된다.

$$h_{ji}(\mathbf{x})=\frac{\partial F(\mathbf{x})}{\partial x_i} \div \frac{\partial F(\mathbf{x})}{\partial x_j} \tag{15.7.7}$$

$F(\mathbf{x})=H(f(\mathbf{x}))$라고 가정하자. 여기서 H는 미분가능한 일변수함수이고 정의역의 모든 u에 대해 $H'(u)>0$이라 하자. 또한 $f(\mathbf{x})$가 k차 동차함수라고 가정하면 다음을 얻는다.

$$\frac{\partial F(\mathbf{x})}{\partial x_i}=H'(f(\mathbf{x}))\frac{\partial f(\mathbf{x})}{\partial x_i}$$

이는 $f'_j(\mathbf{x})>0$, 즉 $F'_j(\mathbf{x})>0$인 곳에서는 다음이 성립함을 의미한다.

$$\frac{\partial F(\mathbf{x})}{\partial x_i} \div \frac{\partial F(\mathbf{x})}{\partial x_j}=\frac{\partial f(\mathbf{x})}{\partial x_i} \div \frac{\partial f(\mathbf{x})}{\partial x_j} \tag{15.7.8}$$

식 (15.7.7)과 (15.7.8)의 $\mathbf{x}$를 $t\mathbf{x}$로 대체하면 다음을 얻는다.

$$h_{ji}(t\mathbf{x})=\frac{\partial f(t\mathbf{x})}{\partial x_i} \div \frac{\partial f(t\mathbf{x})}{\partial x_j} \tag{15.7.9}$$

f가 k차 동차함수이므로 식 (15.7.4)와 (15.7.9)를 함께 사용하면 모든 $t>0$에 대해 다음이 성립한다.

$$h_{ji}(t\mathbf{x})=\frac{\partial f(t\mathbf{x})}{\partial x_i} \div \frac{\partial f(t\mathbf{x})}{\partial x_j}=t^{k-1}\frac{\partial f(\mathbf{x})}{\partial x_i} \div \left\{t^{k-1}\frac{\partial f(\mathbf{x})}{\partial x_j}\right\}=h_{ji}(\mathbf{x}) \tag{15.7.10}$$

식 (15.7.10)은 MRS가 0차 동차함수임을 보여준다. 이를 통해 다음과 같은 일반적인 결과를 얻는다. [정리 15.7.2]의 전제와 같이 함수 $F(\mathbf{x})=H(f(\mathbf{x}))$가 어떤 동차함수 $u=f(\mathbf{x})$의 순증가변환 $H(u)$라고 가정하자. 여기서 H는 그 정의역의 모든 u에 대해 미분가능하고 $H'(u)>0$이다. 그러면 $F(\mathbf{x})$의 MRS는 0차 동차함수이다.[7] 이 결과는 15.6절 마지막에서 이변수함수로 살펴본 내용을 n변수함수로 일반화한 것이다.

15.7 연습문제

1 다음 함수가 동차함수라면 동차성 차수를 구하라.

(a) $f(x, y, z)=3x+4y-3z$

(b) $g(x, y, z)=3x+4y-2z-2$

(c) $h(x, y, z)=\dfrac{\sqrt{x}+\sqrt{y}+\sqrt{z}}{x+y+z}$

(d) $G(x, y)=\sqrt{xy}\ln\left(\dfrac{x^2+y^2}{xy}\right)$

(e) $H(x, y)=\ln x+\ln y$

(f) $p(x_1, \cdots, x_n)=\sum_{i=1}^{n} x_i^n$

2 다음 함수가 동차함수라면 동차성 차수를 구하라.

(a) $f(x_1, x_2, x_3)=\dfrac{(x_1x_2x_3)^2}{x_1^4+x_2^4+x_3^4}\left(\dfrac{1}{x_1}+\dfrac{1}{x_2}+\dfrac{1}{x_3}\right)$

7 앞서 언급한 각주에 따라 F가 어떤 동조함수이면서 각각 고정된 벡터 $\mathbf{x}$에 대해 $F(t\mathbf{x})$가 스칼라 t의 증가함수이면 동일한 결론이 성립한다.

(b) CES 함수 $x(v_1, v_2, \cdots, v_n)=A\left(\delta_1 v_1^{-\rho}+\delta_2 v_2^{-\rho} + \cdots + \delta_n v_n^{-\rho}\right)^{-\frac{\mu}{\rho}}$

3 [EX 14.5.2]에서 정의된 세 가지 평균 $\overline{x}_A$, $\overline{x}_G$, $\overline{x}_H$의 동차성을 조사하라.

4 효용함수 $u(\mathbf{x})=u(x_1, \cdots, x_n)$을 생각하자. 이 함수의 연속인 편도함수가 어떤 상수 a와 모든 $x_1>0$, $\cdots$, $x_n>0$에 대해 $\sum_{i=1}^{n} x_i \frac{\partial u}{\partial x_i}=a$라 하자. 함수 $v(\mathbf{x})=u(\mathbf{x})-a\ln(x_1+\cdots+x_n)$이 0차 동차함수임을 보여라.[8]

힌트 오일러 정리를 사용하라.

5 다음 함수 $f(x, y)$ 중 동조함수인 것을 찾아라.

(a) $(xy)^2+1$

(b) $\dfrac{2(xy)^2}{(xy)^2+1}$

(c) x^2+y^3

(d) e^{x^2y}

6 **심화** $f(\mathbf{x})$와 $g(\mathbf{x})$가 각각 r차, s차 동차함수라고 가정하자. 다음 함수 h가 동차함수인지 판단하고, 동차함수라면 동차성 차수를 구하라.

(a) $h(\mathbf{x})=f\left(x_1^m, x_2^m, \cdots, x_n^m\right)$

(b) $h(\mathbf{x})=g(\mathbf{x})^p$

(c) $h=f+g$

(d) $h=fg$

(e) $h=\dfrac{f}{g}$

7 **심화** **초월로그**(transcendental logarithmic) 또는 **트랜스로그** 비용함수 $C(\mathbf{w}, y)$가 양의 투입량 비용에 대한 n차원 벡터 $\mathbf{w}=(w_1, w_2, \cdots, w_n)$과 양의 생산량 y에 대해 다음과 같이 음함수로 정의된다.

$$\ln C(\mathbf{w}, y)=a_0+c_1\ln y+\sum_{i=1}^{n}a_i\ln w_i + \frac{1}{2}\sum_{i=1}^{n}\sum_{j=1}^{n}b_{ij}\ln w_i \ln w_j+\ln y\sum_{i=1}^{n}c_i\ln w_i$$

이 비용함수의 다양한 모수가 조건 (i)~(iv)를 만족한다고 하자.

(i) $\sum_{i=1}^{n}a_i=1$

(ii) $\sum_{i=1}^{n}c_i=0$

(iii) 모든 i에 대해 $\sum_{j=1}^{n}b_{ij}=0$

(iv) 모든 j에 대해 $\sum_{i=1}^{n}b_{ij}=0$

각각 고정된 y에 대해 이 비용함수가 $\mathbf{w}$에 대한 1차 동차함수임을 증명하라.

15.8 선형근사

7.4절에서 일변수함수의 선형근사 $f(a+h)\approx f(a)+f'(a)h$를 논의했는데, 이는 식 (7.4.1)에 $h=x-a$를 대입하여 유도할 수 있다. 이 근사에서 오차항 또는 나머지항 $R(h)=f(a+h)-f(a)-f'(a)h$의 크기를 이해하는 것이 중요하다. $h\to 0$일 때 따라 $R(h)\to 0$임은 비교적 분명하지만, 도함수 $f'(a)$의 정의는 이보다 더 강한 성질을 나타낸다. 즉 $h\to 0$일 때 다음이 성립한다.

8 D. W. 카츠너(D. W. Katzner)가 이 함수를 처음 연구했다.

$$\frac{1}{h}R(h) = \frac{1}{h}\{f(a+h) - f(a)\} - f'(a) \to f'(a) - f'(a) = 0 \tag{15.8.1}$$

이제 C^1인 이변수함수 f에 대해 유사한 선형근사를 구하고, 이후 n변수함수로 확장할 것이다. 고정된 수 x_0, y_0, x, y에 대해 일변수함수 $g(t)$를 다음과 같이 정의하자.

$$g(t) = f(x_0 + t(x - x_0),\ y_0 + t(y - y_0)) \tag{15.8.2}$$

여기서 $g(0) = f(x_0, y_0)$, $g(1) = f(x, y)$이다. 일반적인 t에 대해 $g(t)$는 다음과 같은 점에서 f의 함숫값이다.

$$(x(t),\ y(t)) = (x_0 + t(x - x_0),\ y_0 + t(y - y_0)) = ((1-t)x_0 + tx,\ (1-t)y_0 + ty)$$

그리고 이 점은 (x_0, y_0)와 (x, y)를 연결하는 직선 위에 있다. $x'(t) = x - x_0$이고 $y'(t) = y - y_0$이므로 연쇄법칙 (15.1.1)에 따르면 도함수 $g'(t)$는 다음과 같다.

$$f'_1(x_0 + t(x - x_0),\ y_0 + t(y - y_0))(x - x_0) + f'_2(x_0 + t(x - x_0),\ y_0 + t(y - y_0))(y - y_0)$$

여기에 $t = 0$을 대입하면 다음과 같다.

$$g'(0) = f'_1(x_0, y_0)(x - x_0) + f'_2(x_0, y_0)(y - y_0) \tag{15.8.3}$$

그러므로 근사 $g(1) \approx g(0) + g'(0)$을 사용하면 다음 결과를 얻는다.

선형근사

점 (x_0, y_0) 근방에서 이변수함수 $f(x, y)$의 선형근사는 다음과 같다.

$$f(x, y) \approx f(x_0, y_0) + f'_1(x_0, y_0)(x - x_0) + f'_2(x_0, y_0)(y - y_0) \tag{15.8.4}$$

식 (15.8.4)에 $h = x - x_0$와 $k = y - y_0$를 대입하고 오차항 또는 나머지항 $R(h, k)$를 포함하면 다음과 같다.

$$f(x_0 + h,\ y_0 + k) = f(x_0, y_0) + f'_1(x_0, y_0)h + f'_2(x_0, y_0)k + R(h, k)$$

(h, k)의 노름을 $\|(h, k)\| = \sqrt{h^2 + k^2}$으로 표기하자. 함수 $f(x, y)$가 (x_0, y_0) 근방에서 C^1이면, 이 오차항은 $\|(h, k)\| \to 0$일 때 $\dfrac{R(h, k)}{\|(h, k)\|} \to 0$이다. 이는 식 (15.8.1)을 이변수함수로 확장한 것이다. 이 절의 후반부에서는 f가 n변수함수일 때 해당하는 일반적인 결과를 설명할 것이다.

EX 15.8.1 점 $(0, 0)$ 근방에서 $f(x, y) = e^{x+y}(xy - 1)$의 선형근사를 구하라.

풀이

$f(0, 0) = -1$이고 다음이 성립한다.

$$f'_1(x, y) = e^{x+y}(xy - 1) + e^{x+y}y, \quad f'_2(x, y) = e^{x+y}(xy - 1) + e^{x+y}x$$

그러므로 $f'_1(0,\ 0) = -1$이고 $f'_2(0,\ 0) = -1$이다. 식 (15.8.4)에 의해 다음을 얻는다.

$$e^{x+y}(xy-1) \approx -1-x-y$$

따라서 x와 y가 0에 가까울 때 복잡한 함수 $z = e^{x+y}(xy-1)$은 간단한 선형함수 $z = -1-x-y$로 근사된다.

식 (15.8.4)는 함수와 그 도함수를 쉽게 계산할 수 있는 점 근처에서 함숫값을 근사적으로 구할 때 사용할 수 있다. 다음 예를 보자.

EX 15.8.2 $f(x,\ y) = xy^3 - 2x^3$일 때 $f(2,\ 3) = 38$이다. 식 (15.8.4)를 사용하여 $f(2.01,\ 2.98)$의 근삿값을 구하라.

풀이

여기서 $f'_1(x,\ y) = y^3 - 6x^2$이고 $f'_2(x,\ y) = 3xy^2$이므로 $f'_1(2,\ 3) = 3$이고 $f'_2(2,\ 3) = 54$이다. 이때 $x_0 = 2$, $y_0 = 3$, $x = 2 + 0.01$, $y = 3 - 0.02$로 두면 다음을 얻는다.

$$f(2.01,\ 2.98) \approx f(2,\ 3) + f'_1(2,\ 3) \cdot 0.01 + f'_2(2,\ 3) \cdot (-0.02) = 38 + 3(0.01) + 54(-0.02) = 36.95$$

정확한 값은 $f(2.01,\ 2.98) = 36.95061792$이므로 근삿값의 오차는 절댓값 기준으로 0.0006보다 약간 크다.

근사에 대한 식 (15.8.4)는 다음과 같이 다변수함수로 일반화할 수 있다.

선형근사

n변수함수 $f(\mathbf{x}) = f(x_1,\ \cdots,\ x_n)$이 C^1일 때, 점 $\mathbf{x}^0 = \left(x_1^0,\ \cdots,\ x_n^0\right)$ 근방에서 f의 선형근사는 다음과 같다.

$$f(\mathbf{x}) \approx f(\mathbf{x}^0) + f'_1(\mathbf{x}^0)(x_1 - x_1^0) + \cdots + f'_n(\mathbf{x}^0)(x_n - x_n^0) \tag{15.8.5}$$

[연습문제 8]에서 이에 대한 증명을 묻는다. 식 (14.3.2)에서는 $\mathbf{x}^0$에서 계산한 기울기 n차원 벡터를 $\nabla f(\mathbf{x}^0) = \left(f'_1(\mathbf{x}^0),\ \cdots,\ f'_n(\mathbf{x}^0)\right)$로 표기했다. **내적** 표기법을 이용하면 식 (15.8.5)를 더 정확하게 다음과 같이 쓸 수 있다.

$$f(\mathbf{x}^0) \approx f(\mathbf{x}^0) + \nabla f(\mathbf{x}^0) \cdot (\mathbf{x} - \mathbf{x}^0) \tag{15.8.6}$$

미분가능성과 기울기 벡터

식 (15.8.6)의 오차 크기를 논하기 위해 n변수함수의 연속성에 대한 정의 (14.5.6)과 다음 정의를 사용한다.

미분가능성과 도함수

n변수함수 $f(\mathbf{x}) = f(x_1, \cdots, x_n)$이 $\mathbb{R}^n$의 부분집합 S에서 정의되고 $\mathbf{a}$가 S의 내부점이라고 하자. (15.8.7)이 성립하면 f는 $\mathbf{a}$에서 **미분가능**하고 $\mathbf{a}$에서 n차원 벡터 $\mathbf{p}$를 **도함수**로 가진다고 한다.

$$\mathbf{h} \to 0 \text{일 때 } \frac{1}{\|\mathbf{h}\|}\{f(\mathbf{a}+\mathbf{h}) - f(\mathbf{a}) - \mathbf{p} \cdot \mathbf{h}\} \to 0 \tag{15.8.7}$$

n차원 공간에서 **방향**(direction)은 단위구에 있는 n차원 벡터 $\mathbf{u}$로 나타낼 수 있는데, $\|\mathbf{u}\| = \sqrt{\mathbf{u} \cdot \mathbf{u}} = 1$이기 때문이다. 특히 $n = 2$일 때 단위구는 원이므로 나침반 바늘이 동서남북 표시가 있는 원의 둘레를 따라 방향 $\mathbf{u}$를 가리킨다고 생각할 수 있다. 식 (15.8.7)에 정의된 n변수함수의 도함수와 이제 곧 정의할 방향도함수 사이에는 밀접한 관계가 있다.

방향도함수

n변수함수 $f(\mathbf{x}) = f(x_1, \cdots, x_n)$이 $\mathbb{R}^n$의 부분집합 S에서 정의된다고 하자. 여기서 $\mathbf{a}$는 S의 내부점이고 $\mathbf{u}$는 임의의 방향벡터이다. 그러면 점 $\mathbf{a}$에서 $\mathbf{u}$ 방향으로의 f의 **방향도함수**(directional derivative)는 다음과 같이 정의된다.

$$\nabla_{\mathbf{u}} f(\mathbf{a}) = \lim_{\theta \to 0} \frac{1}{\theta}\{f(\mathbf{a}+\theta\mathbf{u}) - f(\mathbf{a})\} \tag{15.8.8}$$

그러므로 $\nabla_{\mathbf{u}} f(\mathbf{a})$는 모든 작은 θ에 대해 $g_{\mathbf{u}}(\mathbf{a}\,;\theta) = f(\mathbf{a}+\theta\mathbf{u})$로 정의되는 일변수함수의 일반적인 도함수에 해당한다. 다음 결과는 방향도함수와 기울기 벡터를 모두 사용하여 식 (15.8.7)에 정의된 도함수 $\mathbf{p}$를 특성화한다.

정리 15.8.1 도함수의 특성화

n변수함수 $f(\mathbf{x})$가 $\mathbb{R}^n$의 부분집합 S에서 정의되고 S의 내부점 $\mathbf{a}$에서 미분가능하며, 그 도함수는 n차원 벡터 $\mathbf{p}$라고 하자. 그러면 도함수 $\mathbf{p}$는 기울기 벡터 $\nabla f(\mathbf{a})$와 같다. 게다가 $\mathbf{a}$에서 $\|\mathbf{u}\| = 1$인 모든 $\mathbf{u}$ 방향으로의 f의 방향도함수 $\nabla_{\mathbf{u}} f(\mathbf{a})$가 존재하며, 다음과 같다.

$$\nabla_{\mathbf{u}} f(\mathbf{a}) = \mathbf{p} \cdot \mathbf{u} = \nabla f(\mathbf{a}) \cdot \mathbf{u} \tag{15.8.9}$$

증명

n차원 공간의 단위구에서 임의의 방향 $\mathbf{u}$와 임의의 작은 $\theta > 0$에 대해 $\mathbf{h} = \theta\mathbf{u}$로 두면 다음을 얻는다.

$$\frac{1}{\theta}\{f(\mathbf{a}+\theta\mathbf{u}) - f(\mathbf{a}) - \mathbf{p} \cdot (\theta\mathbf{u})\} = \frac{1}{\|\mathbf{h}\|}\{f(\mathbf{a}+\mathbf{h}) - f(\mathbf{a}) - \mathbf{p} \cdot \mathbf{h}\}$$

$\theta \to 0$이면 $\mathbf{h} \to 0$이므로 식 (15.8.8)을 사용하면 좌변의 극한이 $\nabla_{\mathbf{u}} f(\mathbf{a}) - \mathbf{p} \cdot \mathbf{u}$이며, 식 (15.8.7)을 사용하면 우변의 극한이 0임을 알 수 있다. 이는 $\nabla_{\mathbf{u}} f(\mathbf{a}) = \mathbf{p} \cdot \mathbf{u}$임을 증명한다. 다음으로 각 $i = 1, 2, \cdots, n$에 대해

$\mathbf{u}=\mathbf{e}_i$인 경우를 생각하자. 여기서 $\mathbf{e}_i$는 i번째 성분이 1이고 나머지 성분이 모두 0인 방향벡터이다. 그러면 등식 $\nabla_{\mathbf{e}_i} f(\mathbf{a}) = \mathbf{p} \cdot \mathbf{e}_i$는 결국 i번째 편도함수가 $\mathbf{p}$의 i번째 성분인 $f'_i(\mathbf{a})=p_i$임을 의미한다. 그러므로 편도함수로 이루어진 벡터 $\nabla f(\mathbf{a})$의 정의는 그것이 도함수 $\mathbf{p}$와 같아야 함을 의미한다. ■

식 (7.9.3)에서 일변수함수가 $x=a$에서 미분가능하면 그 함수는 $x=a$에서 연속임을 보였다. 식 (15.8.7)의 정의는 n변수함수에 대해서도 유사한 결과가 성립함을 암시한다.

정리 15.8.2 미분가능성은 연속을 의미한다

n변수함수 $f(\mathbf{x})$가 $\mathbb{R}^n$의 부분집합 S에서 정의되고 S의 내부점 $\mathbf{a}$에서 미분가능하면 f는 $\mathbf{a}$에서 연속이다.

증명

$\mathbf{p}$로 표기한 도함수가 식 (15.8.7)을 만족하도록 정의되었다고 하자. 14.5절에서 논의한 것처럼 선형함수 $\mathbf{p} \cdot \mathbf{x} = p_1x_1 + \cdots + p_nx_n$은 분명히 $\mathbf{x}$에 대해 연속이다. 즉 $\mathbf{h} \to \mathbf{0}$일 때 $\mathbf{p} \cdot \mathbf{h} \to 0$이다. 또한 다음을 얻는다.

$$f(\mathbf{a}+\mathbf{h})-f(\mathbf{a}) = \|\mathbf{h}\| \left[\frac{1}{\|\mathbf{h}\|}\{f(\mathbf{a}+\mathbf{h})-f(\mathbf{a})-\mathbf{p} \cdot \mathbf{h}\}\right]+\mathbf{p} \cdot \mathbf{h}$$

이제 $\mathbf{h} \to \mathbf{0}$일 때 $\mathbf{p}$의 정의에 따라 괄호 안의 분수는 0으로 수렴하고, $\mathbf{p} \cdot \mathbf{h}$ 역시 0으로 수렴한다. 따라서 $f(\mathbf{a}+\mathbf{h}) \to f(\mathbf{a})$가 되어 f는 $\mathbf{a}$에서 연속이다. ■

[연습문제 10]에서는 (0, 0)에서 두 가지 편도함수를 가지는 이변수함수에 대한 문제를 다룰 것이다. 식 (15.8.3)을 유도할 때 사용한 논리를 따르면 f가 2차원 공간의 단위원에 있는 모든 방향벡터 $\mathbf{u}$에 대해 방향도함수 $\nabla_{\mathbf{u}} f(\mathbf{a})$를 가진다. 그러나 f는 (0, 0)에서 연속도 아니고 미분가능도 아니다. 다음 결과에서 볼 수 있듯이 함수 f의 편도함수가 연속이 아니기 때문이다.

C^1 함수는 미분가능하다

n변수함수 $f(\mathbf{x})$가 $\mathbb{R}^n$의 부분집합 S에서 정의되고 C^1이면, f는 S의 모든 내부점 $\mathbf{a}$에서 미분가능하다.

증명

이 증명은 2차원인 경우만 다룬다.[9] 2차원에서 임의의 점 $(h, k) \neq (0, 0)$에서 다음을 얻는다.

$$f(x+h,\ y+k)-f(x,\ y)=\{f(x+h,\ y+k)-f(x+h,\ y)\}+\{f(x+h,\ y)-f(x,\ y)\} \quad (*)$$

h와 k 모두에 대한 $f(x+h,\ y+k)$의 편도함수가 모든 작은 h와 k에 대해 연속이므로 구간 [0, 1]에서 정의된 θ의 함수 $\varphi(\theta)=f(x+\theta h,\ y)$와 η의 함수 $\psi(\eta)=f(x+h,\ y+\eta k)$ 또한 연속이다. 중간값정리([정리 9.4.2] 참고)에 의해 구간 (0, 1)에 θ^*와 η^*가 존재하여 다음이 성립한다.

$$f(x+h,\ y)-f(x,\ y)=\varphi(1)-\varphi(0)=\varphi'(\theta^*)=f'_1(x+\theta^* h,\ y)h \quad (**)$$

9 $n>2$에 대한 증명은 『Further Mathematics for Economic Analysis(2nd ed.)』를 참고하라.

$$f(x+h,\ y+k)-f(x+h,\ y)=\psi(1)-\psi(0)=\psi'(\eta^*)=f'_2(x+h,\ y+\eta^* k)k \qquad (***)$$

이제 점 $(0,\ 0)$은 아니지만 $(0,\ 0)$ 근방에 있는 모든 $(h,\ k)$에 대해 다음을 정의하자.

$$R(h,\ k)=f(x+h,\ y+k)-f(x,\ y)-f'_1(x,\ y)h-f'_2(x,\ y)k$$

식 (*), (**), (***)로부터 다음을 얻는다.

$$R(h,\ k)=\{f'_1(x+\theta^* h,\ y)-f'_1(x,\ y)\}h+\{f'_2(x+h,\ y+\eta^* k)-f'_2(x,\ y)\}k$$

위 식의 양변을 노름 $\|(h,\ k)\|$로 나누면 다음과 같다.

$$\frac{1}{\|(h,\ k)\|}R(h,\ k)=\{f'_1(x+\theta^* h,\ y)-f'_1(x,\ y)\}\frac{h}{\|(h,\ k)\|}+\{f'_2(x+h,\ y+\eta^* k)-f'_2(x,\ y)\}\frac{k}{\|(h,\ k)\|}$$

f'_1과 f'_2가 모두 $(x,\ y)$에서 연속이라고 가정했으므로 $(h,\ k)\to(0,\ 0)$일 때 $\dfrac{R(h,\ k)}{\|(h,\ k)\|}\to 0$이다. 그러므로 f는 $(x,\ y)$에서 미분가능하고, 그 도함수는 기울기 벡터 $(f'_1(x,\ y),\ f'_2(x,\ y))$와 같다. ■

접평면

식 (15.8.4)에서 함수 $z=f(x,\ y)$는 다음과 같은 **선형함수**로 근사된다.

$$z=f(x_0,\ y_0)+f'_1(x_0,\ y_0)(x-x_0)+f'_2(x_0,\ y_0)(y-y_0)$$

$z=f(x,\ y)$의 그래프는 점 $P=(x_0,\ y_0,\ z_0)$를 지나는 평면이고, 여기서 $z_0=f(x_0,\ y_0)$이므로 점 P는 그래프 위에 있다. 이 평면을 P에서 $z=f(x,\ y)$의 **접평면**(tangent plane)이라 한다.

접평면의 방정식

점 $(x_0,\ y_0,\ z_0)$에서 $z_0=f(x_0,\ y_0)$일 때 $z=f(x,\ y)$의 그래프에 대한 접평면의 방정식은 다음과 같다.

$$z-z_0=f'_1(x_0,\ y_0)(x-x_0)+f'_2(x_0,\ y_0)(y-y_0) \qquad (15.8.10)$$

이 접평면은 [그림 15.8.1]에 나타나 있다. 이 이름이 어울리는가? [그림 14.3.8]을 다시 보면 l_x와 l_y가 점 P에서 곡면 위의 두 곡선 K_x와 K_y의 접선임을 알 수 있다. 직선 l_x의 기울기가 $f'_2(x_0,\ y_0)$이므로 l_x 위의 점 $(x,\ y,\ z)$는 $x=x_0$과 $z-z_0=f'_2(x_0,\ y_0)(y-y_0)$로 표현된다. 하지만 식 (15.8.10)은 이 점들 또한 접평면 위에 있음을 의미한다. 마찬가지로 l_y 역시 접평면 위에 있다. 식 (15.8.10)으로 나타낸 이 그래프는 접선 l_x와 l_y 모두를 포함하는 유일한 평면이므로 이를 $(x_0,\ y_0,\ z_0)$에서 접평면이라고 부르는 것이 적절하다.

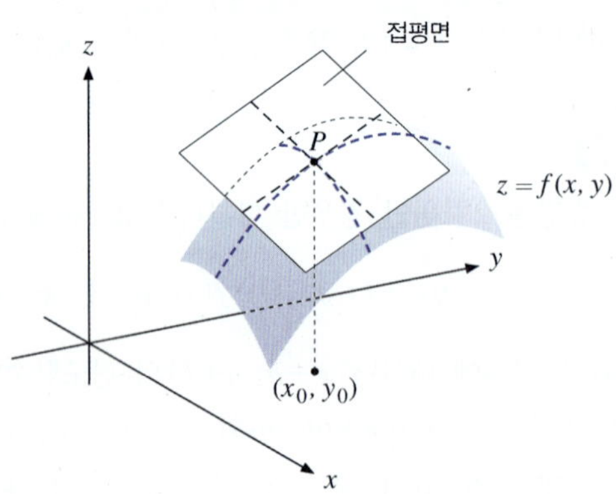

그림 15.8.1 $z=f(x,\ y)$의 그래프와 P에서의 접평면

EX 15.8.3 함수 $f(x, y)=x^2+2xy+2y^2$의 그래프에 대해 점 $P=(x_0, y_0, z_0)=(1, 1, 5)$에서 접평면을 구하라.

풀이

$f(1, 1)=5$이므로 점 P는 f의 그래프 위에 있다. $f'_1(x, y)=2x+2y$이고 $f'_2(x, y)=2x+4y$이므로 $f'_1(1, 1)=4$이고 $f'_2(1, 1)=6$이다. 여기에 식 (15.8.10)을 적용하면 다음을 얻는다.

$$z-5=4(x-1)+6(y-1)$$

이를 간단히 하면 $z=4x+6y-5$이다.

상위기울기와 하위기울기

임의의 이변수함수 $z=f(x, y)$가 xy평면에 있는 정의역 S에서 정의되었다고 하자. f가 점 (x_0, y_0)에서 미분가능하면 정의 (14.3.1)로부터 그 점에서의 기울기 벡터 $\nabla f(x_0, y_0)$는 편도함수의 순서쌍 $(f'_1(x_0, y_0), f'_2(x_0, y_0))$로 주어진다는 점을 기억하라. 특히 오목함수 또는 볼록함수는 선형근사식 (15.8.4)의 오차 부호를 특정할 수 있다. 실제로 일변수함수에 대한 상위기울기의 정의 (8.4.1)과 하위기울기의 정의 (8.4.2)를 바탕으로 이변수함수에 대해 다음과 같이 정의를 도입한다.

상위기울기 벡터와 하위기울기 벡터

xy평면의 정의역 S에서 정의된 함수 $z=f(x, y)$가 (x_0, y_0)에서 미분가능하다고 가정하자. 그러면 그 점에서의 기울기 벡터 $\nabla f(x_0, y_0)=(f'_1(x_0, y_0), f'_2(x_0, y_0))$는 다음과 같이 정의된다.

❶ S 위의 모든 x에 대해 다음이 성립하면 **상위기울기 벡터**(supergradient vector)이다.

$$f(x, y)\leq f(x_0, y_0)+f'_1(x_0, y_0)(x-x_0)+f'_2(x_0, y_0)(y-y_0) \quad (15.8.11)$$

❷ S 위의 모든 x에 대해 다음이 성립하면 **하위기울기 벡터**(subgradient vector)이다.

$$f(x, y)\geq f(x_0, y_0)+f'_1(x_0, y_0)(x-x_0)+f'_2(x_0, y_0)(y-y_0) \quad (15.8.12)$$

그러므로 상위기울기 벡터의 경우 선형근사식 (15.8.4)에서 발생한 오차는 음이 아닌 값을 가지므로 과대근사(over-approximation)이다. 반면에 하위기울기 벡터의 경우 선형근사식 (15.8.4)에서 발생한 오차는 양이 아닌 값을 가지므로 과소근사(under-approximation)이다.

상위기울기와 하위기울기 벡터를 소개하는 주된 이유는 다음과 같은 중요한 결과를 얻을 수 있기 때문이다.

정리 15.8.3 상위기울기와 하위기울기

함수 $z=f(x, y)$가 xy평면의 볼록 정의역 S에서 정의되고 S의 내부점 (x_0, y_0)에서 미분가능하다고 가정하자. 그러면 (x_0, y_0)에서 기울기 벡터 $\nabla f(x_0, y_0)=(f'_1(x_0, y_0), f'_2(x_0, y_0))$는 다음과 같다.

❶ f가 오목함수일 때 $\nabla f(x_0, y_0)$는 상위기울기 벡터이다.

❷ f가 볼록함수일 때 $\nabla f(x_0, y_0)$는 하위기울기 벡터이다.

증명

S 위의 (x_0, y_0)가 아닌 임의의 점 (x, y)를 고정하자. 이제 식 (15.8.2)에 정의된 일변수함수를 상기하자.

$$g(t)=f(x_0+t(x-x_0),\ y_0+t(y-y_0))$$

S가 볼록하므로 함수 $g(t)$는 구간 $[0, 1]$에 있는 모든 t에서 정의된다. (x, y)가 S의 내부점이므로 충분히 작은 $\varepsilon>0$이 존재해서 $g(t)$가 구간 $(-\varepsilon, 1]$을 포함하는 구간 I에서 정의된다. 그리고 f가 점 (x_0, y_0)에서 미분가능하므로 식 (15.8.3)으로부터 다음과 같이 g가 $t=0$에서 미분가능함을 알 수 있다.

$$g'(0)=f'_1(x_0, y_0)(x-x_0)+f'_2(x_0, y_0)(y-y_0)$$

이제 함수 f가 S에서 오목함수인 경우를 생각해보자. u와 v가 I에 있는 임의의 두 점이라 하고, 구간 $[0, 1]$에 있는 임의의 스칼라 λ를 생각하자. $s=\lambda u+(1-\lambda)v$라 하면 $(x(t), y(t))=(x_0+t(x-x_0), y_0+t(y-y_0))$는 $t=u, v, s$에 대해 정의된다. 세 점은 S에 속하고 $(x(s), y(s))=\lambda(x(u), y(u))+(1-\lambda)(x(v), y(v))$를 만족한다. 이제 S에서 f가 오목함수이므로 다음 부등식이 성립한다. 즉 g는 I에서 오목함수이다.

$$g(s)=f(x(s), y(s))\geq \lambda f(x(u), y(u))+(1-\lambda)f(x(v), y(v))=\lambda g(u)+(1-\lambda)g(v) \qquad ■$$

n변수함수일 때 기울기 벡터 $\nabla f(\mathbf{x}^0)=\left(f'_1(\mathbf{x}^0), \cdots, f'_n(\mathbf{x}^0)\right)$가 상위기울기인지 하위기울기인지 판별하는 부등식 (15.8.11)과 (15.8.12)는 내적 표기를 이용하여 다음과 같이 표현할 수 있다.

$$f(\mathbf{x})-f(\mathbf{x}^0)\leq f'_1(\mathbf{x}^0)(x_1-x_1^0)+\cdots+f'_n(\mathbf{x}^0)(x_n-x_n^0)=\nabla f(\mathbf{x}^0)\cdot(\mathbf{x}-\mathbf{x}^0) \qquad (15.8.13)$$

$$f(\mathbf{x})-f(\mathbf{x}^0)\geq f'_1(\mathbf{x}^0)(x_1-x_1^0)+\cdots+f'_n(\mathbf{x}^0)(x_n-x_n^0)=\nabla f(\mathbf{x}^0)\cdot(\mathbf{x}-\mathbf{x}^0) \qquad (15.8.14)$$

[정리 15.8.3]과 두 부등식 (15.8.13), (15.8.14)는 그 자체로도 흥미롭지만 16장에서 오목함수의 내부 임계점이 최댓값이고, 볼록함수의 내부 임계점이 최솟값임을 증명하는 데 사용될 것이다.

이 절의 마지막에는 [정리 8.4.2]를 n변수함수로 확장한다. 이를 통해 오목성에 대한 충분조건으로서의 상위기울기 조건과 볼록성에 대한 충분조건으로서의 하위기울기 조건을 도출할 수 있다.

정리 15.8.4 오목성과 볼록성에 대한 충분조건

함수 f가 n차원 공간의 열린 볼록 정의역 D에 정의된다고 가정하자. 그러면 다음이 성립한다.

❶ f가 I의 모든 점에서 상위기울기 벡터 $\mathbf{p}$를 가지면 f는 오목하다.

❷ f가 I의 모든 점에서 하위기울기 벡터 $\mathbf{p}$를 가지면 f는 볼록하다.

증명

D에 속한 a와 b, 그리고 구간 $[0, 1]$에 속한 λ를 고정하자. $\mathbf{c} = \lambda\mathbf{a} + (1-\lambda)\mathbf{b}$라고 하면 D가 볼록집합이므로 c는 D에 속한다. f가 c에서 상위기울기 벡터 p를 가진다고 가정하면 다음을 얻는다.

$$f(\mathbf{a}) - f(\mathbf{c}) \le \mathbf{p} \cdot (\mathbf{a}-\mathbf{c}) \text{이고 } f(\mathbf{b}) - f(\mathbf{c}) \le \mathbf{p} \cdot (\mathbf{b}-\mathbf{c})$$

이제 첫 번째 부등식의 양변에 λ를 곱하고 두 번째 부등식의 양변에 $(1-\lambda)$를 곱한 다음 그 둘을 더하자. 곱해진 두 수는 모두 음이 아니므로 다음을 얻는다.

$$\lambda f(\mathbf{a}) + (1-\lambda)f(\mathbf{b}) - f(\mathbf{c}) \le \mathbf{p} \cdot \{\lambda(\mathbf{a}-\mathbf{c}) + (1-\lambda)(\mathbf{b}-\mathbf{c})\} = \mathbf{p} \cdot \mathbf{0} = 0$$

$f(\lambda\mathbf{a} + (1-\lambda)\mathbf{b}) \ge \lambda f(\mathbf{a}) + (1-\lambda)f(\mathbf{b})$이므로 f는 오목하다.

❷는 따로 증명하지 않는다. ■

15.8 연습문제

1 다음 각 함수에 대해 점 $(0, 0)$ 근방에서의 선형근사를 구하라.

(a) $f(x, y) = (x+1)^5(y+1)^6$

(b) $f(x, y) = \sqrt{1+x+y}$

(c) $f(x, y) = e^x \ln(1+y)$

2 $f(x, y) = Ax^a y^b$에 대해 점 (x_0, y_0) 근방에서의 선형근사를 구하라.

3 $g(\mu, \varepsilon) = \{(1+\mu)(1+\varepsilon)^\alpha\}^{\frac{1}{1-\beta}} - 1$이라 가정하자. 여기서 α와 β는 상수이다. μ와 ε이 0에 가까워질 때 $g(\mu, \varepsilon) \approx \dfrac{\mu + \alpha\varepsilon}{1-\beta}$임을 보여라.

4 함수 $f(x, y) = 3x^2y + 2y^3$을 생각하자. 그러면 $f(1, -1) = -5$이다. 점 $(x, y) = (1, -1)$ 근방에서 식 (15.8.4)의 선형근사를 사용하여 $f(0.98, -1.01)$ 값을 추정하라. 이 근사의 오차는 얼마나 큰가?

5 $f(x, y) = 3x^2 + xy - y^2$이라 하자. 물음에 답하라.

(a) $f(1.02, 1.99)$ 값을 정확히 계산하라.

(b) 식 (15.8.4)를 사용하여 $(x, y) = (1, 2)$ 근방에서 선형근사를 찾아라. 또 $f(1.02, 1.99) = f(1+0.02, 2-0.01)$ 값을 구하라. 오차는 얼마나 큰가?

6 이변수함수 v가 미분가능하다고 하자. $v(1, 0) = -1$, $v'_1(1, 0) = -\dfrac{4}{3}$, $v'_2(1, 0) = \dfrac{1}{3}$을 만족할 때 $v(1.01, 0.02)$의 근삿값을 구하라.

7 지정된 점에서 다음 곡면의 접평면을 구하라.

(a) $(1, 2, 5)$에서 $z = x^2 + y^2$

(b) $(1, 3, 2)$에서 $z = (y - x^2)(y - 2x^2)$

8 **심화** 다음 함수를 생각하자.

$$g(t) = f\left(x_1^0 + t(x_1 - x_1^0), \ \cdots, \ x_n^0 + t(x_n - x_n^0)\right)$$

식 (15.8.4)를 유도할 때 사용한 논리를 적용하고, 근사식 $g(1) \approx g(0) + g'(0)$을 이용하여 식 (15.8.5)를 유도하라.

9 **심화** $f(x, y)$가 임의의 연속으로 미분가능한 함수라고 하자. f가 1차 동차함수일 필요충분조건이 그 그래프의 모든 점에서 접평면이 원점을 지나는 것임을 증명하라.

10 **심화** $(x, y) \ne (0, 0)$인 모든 (x, y)에 대해 함수 $f(x, y) = \dfrac{xy^2}{x^2 + y^4}$을 정의하고 $f(0, 0) = 0$이라 하자. 물음에 답하라.

(a) 모든 실수 α에 대해 xy평면에서 곡선 $x = \alpha y^2$의 $(0, 0)$을 제외한 모든 점이 f의 동일한 등위선 위에 있음을 보여라.

(b) f가 $(0,\ 0)$에서 연속이 아님을 보여라.

(c) 모든 $(x,\ y)$에 대해 $f'_1(x,\ y)$와 $f'_2(x,\ y)$ 둘 다 존재함을 보여라.

(d) f가 모든 점에서 모든 방향으로 방향도함수를 가짐을 보여라.

(e) f는 $(0,\ 0)$에서 미분가능한지 확인하라.

15.9 미분

이변수함수 $z=f(x,\ y)$가 연속으로 미분가능한 함수라고 가정하자. dx와 dy는 크기에 관계 없이 임의의 두 실수라고 하자. 그러면 $(x,\ y)$에서 $z=f(x,\ y)$의 **미분**(differential)을 다음과 같이 정의하고, 기호 dz 또는 df로 표기한다.

$$z=f(x,\ y) \quad\Rightarrow\quad dz=f'_1(x,\ y)dx+f'_2(x,\ y)dy \tag{15.9.1}$$

반면에 x가 $(x+dx)$로 변하고 y가 $(y+dy)$로 변할 때, 그 함숫값의 실제 변화는 다음과 같은 **증분**(increment)이다.

$$\Delta z=f(x+dx,\ y+dy)-f(x,\ y)$$

dx와 dy의 절댓값이 작다면 Δz는 다음과 같이 dz로 근사할 수 있다.

$$|dx|\text{와 }|dy|\text{가 작을 때 }\Delta z\approx dz=f'_1(x,\ y)dx+f'_2(x,\ y)dy \tag{15.9.2}$$

이 근삿값은 식 (15.8.4)에서 유도할 수 있다. 이를 보이기 위해 먼저 $(x-x_0)$를 dx로, $(y-y_0)$를 dy로 치환한다. 그런 다음 x_0를 x로, y_0를 y로 바꾼다. 식 (15.9.2)의 근삿값은 [그림 15.9.1]에 나타난 바와 같이 기하학적으로 해석할 수 있다. Δz를 dz로 대체할 때 발생하는 오차는 점 P에서 점 R로 '그래프를 따라' 움직이는 대신 점 P에서 점 S로 '접평면을 따라' 움직인 결과이다.

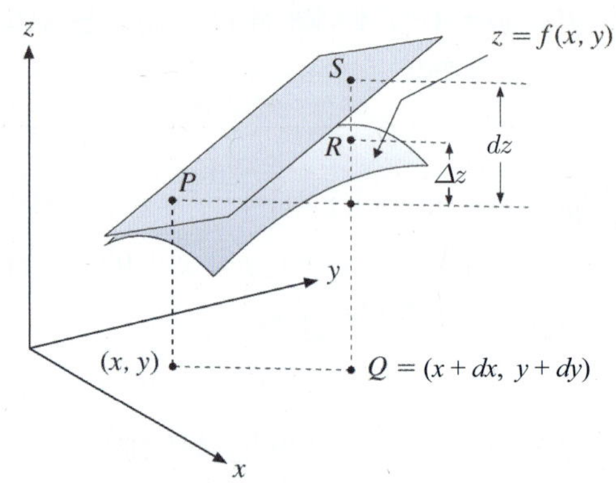

그림 15.9.1 Δz와 미분 dz

조금 더 형식적으로 표현하면, 점 $P=(x,\ y,\ f(x,\ y))$에서의 접평면은 그 좌표가 다음 일차방정식을 만족하는 점 $(X,\ Y,\ Z)$의 집합이다.

$$Z-f(x,\ y)=f'_1(x,\ y)(X-x)+f'_2(x,\ y)(Y-y)$$

$X=x+dx$와 $Y=y+dy$로 두면 다음을 얻는다.

$$Z=f(x,\ y)+f'_1(x,\ y)dx+f'_2(x,\ y)dy=f(x,\ y)+dz$$

그러므로 [그림 15.9.1]에서 선분 QS의 길이는 $f(x,\ y)+dz$이다. 여기서 주의해야 할 점이 하나 있다. 경제학자를 위한 수학 문헌에서는 식 (15.9.1)의 미분 dz를 정의할 때, dx와 dy가 '무한소(infinitesimal)'이거나 '무한히 작은 값'이어야 한다고 설명한다. 이 경우 Δz가 dz와 같아진다고 주장하기도 한다. 이 모호한 개념은 라이프니츠가 처음 소개한 이후 수 세기 동안 혼란을 일으켰으며, 현대 수학에서는 대부분 사용하지 않는다.[10]

EX 15.9.1 $z=f(x,\ y)=xy$라고 하자. 그러면 다음을 얻는다.

$$\Delta z=f(x+dx,\ y+dy)-f(x,\ y)=(x+dx)(y+dy)-xy=ydx+xdy+dx\,dy$$

이 경우 $dz=f'_1(x,\ y)dx+f'_2(x,\ y)dy=ydx+xdy$이므로 $\Delta z-dz=dx\,dy$이다. 오차항은 $dx\,dy$이며, 근사는 [그림 15.9.2]에 나타나 있다. 이 예에서 dx와 dy가 둘 다 10^{-3}과 같이 '매우 작은' 수라면 오차항 $dx\,dy$는 10^{-6}과 같이 '매우, 매우 작은' 수가 될 것이다.

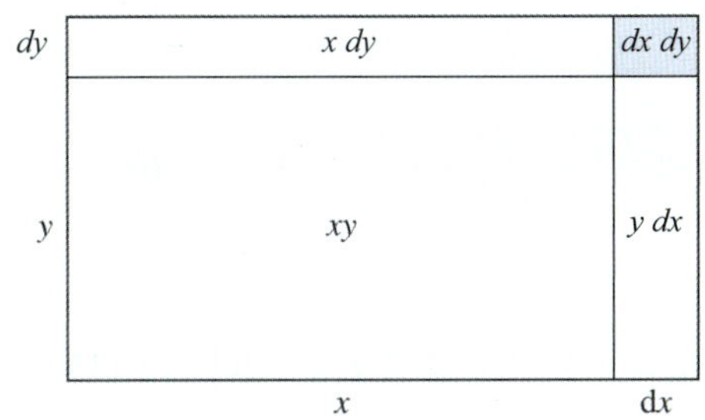

그림 15.9.2 $\Delta z-dz=dx\,dy$

EX 15.9.2 $Y=F(K,\ L)$이 어떤 생산함수라고 하자. 여기서 K와 L은 각각 자본과 노동 투입량이다. 그러면 F'_K와 F'_L은 자본과 노동의 한계생산이다. dK와 dL이 각각 K와 L의 임의의 증분이라면, $Y=F(K,\ L)$의 미분은 $dY=F'_K dK+F'_L dL$이다. 이제 Y의 증분 $\Delta Y=F(K+dK,\ L+dL)-F(K,\ L)$은 dK와 dL의 절댓값이 작다는 가정 아래 dY로 근사할 수 있다. 이는 다음과 같이 쓸 수 있다.

$$\Delta Y=F(K+dK,\ L+dL)-F(K,\ L)\approx F'_K dK+F'_L dL$$

이변수함수 $z=f(x,\ y)$가 미분가능하다면 편도함수 $f'_1(x,\ y)$와 $f'_2(x,\ y)$를 구한 다음 dz의 정의 (15.9.1)을 사용하여 항상 $dz=df$를 구할 수 있다. 반대로 이변수함수 f의 미분 df를 알고 있다면 편도함수를 구할 수 있다. 모든 dx와 dy에 대해 $dz=Adx+Bdy$라고 가정하자. 정의에 따라 모든 dx와 dy에 대해 $dz=f'_1(x,\ y)dx+f'_2(x,\ y)dy$이다. $dx=1$, $dy=0$으로 두면 $A=f'_1(x,\ y)$이다. 동일하게 $dx=0$, $dy=1$로 두면 $B=f'_2(x,\ y)$이다. 그러므로 다음을 얻는다.

$$dz=Adx+Bdy \quad\Rightarrow\quad \frac{\partial z}{\partial x}=A,\ \frac{\partial z}{\partial y}=B \tag{15.9.3}$$

미분법칙

7.4절에서 일변수함수의 미분에 대한 몇 가지 법칙을 설명했다. 이러한 법칙들은 다변수함수에도 동일하게 적용된다. 예를 들어 이변수함수 $f(x,\ y)$와 $g(x,\ y)$가 각각 미분가능하고, 각 미분은 $df=f'_1dx+f'_2dy$, $dg=g'_1dx+g'_2dy$라고 하자. 괄호 안에 대한 미분을 기호 $d(\cdot)$로 나타내면 다음 법칙은 식 (7.4.4)~(7.4.6)의 법칙과 동일하다.

10 그러나 현대 수학의 한 분야인 비표준해석학(nonstandard analysis)에서는 라이프니츠의 무한소 개념을 수정하여 엄밀하게 정의할 수 있다. 이론경제학에 비표준해석학을 적용한 흥미로운 사례가 몇 가지 있다.

미분법칙

f와 g가 x와 y에 대해 미분가능한 함수이고, a와 b가 상수라고 하자. 그러면 미분에 대한 다음 법칙이 성립한다.

- $d(af+bg)=adf+bdg$ (15.9.4)
- $d(fg)=gdf+fdg$ (15.9.5)
- $d\left(\dfrac{f}{g}\right)=\dfrac{gdf-fdg}{g^2}$ (단, $g\neq 0$) (15.9.6)

이 법칙들은 쉽게 증명할 수 있다. 식 (15.9.5)에 대한 논리는 식 (7.4.5)에 대한 논리와 크게 다르지 않다. 실제로 $(fg)(x,\ y)=f(x,\ y)\cdot g(x,\ y)$이므로 다음을 얻는다.

$$\begin{aligned} d(fg) &= \frac{\partial}{\partial x}\{f(x,\ y)\cdot g(x,\ y)\}dx+\frac{\partial}{\partial y}\{f(x,\ y)\cdot g(x,\ y)\}dy \\ &= (f'_x\cdot g+f\cdot g'_x)dx+(f'_y\cdot g+f\cdot g'_y)dy \\ &= g(f'_x dx+f'_y dy)+f(g'_x dx+g'_y dy) \\ &= gdf+fdg \end{aligned}$$

미분의 연쇄법칙도 생각할 수 있다. $z=F(x,\ y)=g(f(x,\ y))$이며 g는 미분가능한 일변수함수라고 가정하자. 그러면 다음을 얻는다.

$$\begin{aligned} dz &= F'_x dx+F'_y dy \\ &= g'(f(x,\ y))f'_x dx+g'(f(x,\ y))f'_y dy \\ &= g'(f(x,\ y))(f'_x dx+f'_y dy) \\ &= g'(f(x,\ y))df \end{aligned}$$

이는 $F'_x=g'f'_x$, $F'_y=g'f'_y$, $df=f'_x dx+f'_y dy$이기 때문에 성립한다. 이를 정리하면 간단히 다음과 같이 공식으로 쓸 수 있다.

미분의 연쇄법칙

$$z=g(f(x,\ y)) \quad\Rightarrow\quad dz=g'(f(x,\ y))df \tag{15.9.7}$$

EX 15.9.3 다음 함수에 대해 dz를 dx와 dy를 사용하여 표현하라.

(a) $z=Ax^a+By^b$

(b) $z=e^{xu}$, 단 $u=u(x,\ y)$

(c) $z=\ln(x^2+y)$

풀이

(a) $dz = Ad(x^a) + Bd(y^b) = Aax^{a-1}dx + Bby^{b-1}dy$

(b) $(x,\ y)$를 생략하고 직접 구하면 다음을 얻는다.

$$\begin{aligned} dz &= e^{xu}d(xu) = e^{xu}(xdu + udx) = e^{xu}\{x(u'_1dx + u'_2dy) + udx\} \\ &= e^{xu}\{(xu'_1 + u)dx + xu'_2dy\} \end{aligned}$$

(c) $dz = d\ln(x^2+y) = \dfrac{d(x^2+y)}{x^2+y} = \dfrac{2xdx+dy}{x^2+y}$

미분의 불변성

세 함수 $z=f(x,\ y)$, $x=g(t,\ s)$, $y=h(t,\ s)$가 모두 미분가능하다고 가정하자. 그러면 z는 t와 s에 대해 미분가능한 합성함수이다. t와 s가 각각 dt와 ds만큼 변할 때, z의 미분은 다음과 같다.

$$dz = z'_t dt + z'_s ds$$

연쇄법칙 (15.1.1)을 적용하여 구한 z'_t와 z'_s 식을 이용하면 다음을 얻는다.

$$\begin{aligned} dz &= \{f'_1(x,\ y)x'_t + f'_2(x,\ y)y'_t\}dt + \{f'_1(x,\ y)x'_s + f'_2(x,\ y)y'_s\}ds \\ &= f'_1(x,\ y)(x'_t dt + x'_s ds) + f'_2(x,\ y)(y'_t dt + y'_s ds) \\ &= f'_1(x,\ y)dx + f'_2(x,\ y)dy \end{aligned}$$

여기서 dx와 dy는 각각 $x=g(t,\ s)$와 $y=h(t,\ s)$로 t와 s의 함수이다. 특히 dz의 마지막 식은 x와 y가 각각 dx와 dy만큼 변할 때 $z=f(x,\ y)$의 미분에 대한 정의와 정확히 일치한다는 점에 유의하라. 그러므로 z의 미분은 x와 y가 자유변수이든, 다른 변수 t와 s에 의존하든 관계없이 동일한 형태를 보인다. 이 성질을 미분의 **불변성**(invariance)이라고 부른다.

n변수함수의 미분

식 (15.9.1)을 확장하여 미분가능한 n변수함수 $z=f(x_1,\ x_2,\ \cdots,\ x_n)$의 미분을 다음과 같이 정의한다.

$$dz = df = f'_1dx_1 + f'_2dx_2 + \cdots + f'_ndx_n \qquad (15.9.8)$$

$dx_1,\ \cdots,\ dx_n$의 절댓값이 모두 작다면 식 (15.9.2)에서와 같이 Δz를 $\Delta z \approx dz$로 근사할 수 있다. 여기서 Δz는 n차원 벡터 $\mathbf{x}=(x_1,\ \cdots,\ x_n)$이 $\mathbf{x}+d\mathbf{x}=(x_1+dx_1,\ \cdots,\ x_n+dx_n)$으로 변할 때 z의 실제 증분이다.

미분법칙 (15.9.4)~(15.9.6)과 연쇄법칙 (15.9.7)은 n변수함수에도 동일하게 적용된다. 또한 미분의 불변성에 대해 다음과 같은 일반적인 규칙이 성립한다. $z=F(x_1,\ \cdots,\ x_n)$의 미분은 $x_1,\ \cdots,\ x_n$이 자유변수이든지, 다른 기저변수(basic variable)에 따라 달라지든지에 관계없이 동일한 형태를 보인다. 이러한 결과에 대한 증명은 이변수함수의 증명을 간단히 확장하면 된다.

15.9 연습문제

1 다음 방식으로 $z=xy^2+x^3$의 미분을 구하라.

(a) $\frac{\partial z}{\partial x}$와 $\frac{\partial z}{\partial y}$를 계산한 다음 dz의 정의 사용

(b) 미분 규칙 (15.9.4)~(15.9.6)을 사용

2 다음 함수의 미분을 구하라.

(a) $z=x^3+y^3$

(b) $z=xe^{y^2}$

(c) $z=\ln(x^2-y^2)$

3 $u=u(x, y)$일 때 다음 함수에 대해 dz를 dx와 dy의 식으로 표현하라.

(a) $z=x^2u$

(b) $z=u^2$

(c) $z=\ln(xy+yu)$

4 근사식 $\Delta T \approx dT$를 사용하여 주어진 식의 근삿값을 구하라.

$$T=\{(2.01)^2+(2.99)^2+(6.02)^2\}^{\frac{1}{2}}$$

5 $U=U(x, y)$가 $Ue^U=x\sqrt{y}$를 만족할 때 dU를 dx와 dy의 식으로 표현하라.

6 함수 $X=AN^{\beta}e^{\rho t}$의 미분을 구하라. 여기서 A, β, ρ는 상수이다.

7 함수 $X_1=BX^EN^{1-E}$의 미분을 구하라. 여기서 B와 E는 상수이다.

8 다음 함수의 미분을 계산하라. 여기서 a_1, $\cdots$, a_n, A, δ_1, $\cdots$, δ_n, ρ는 모두 양의 상수이다.

(a) $U=a_1u_1^2+\cdots+a_nu_n^2$

(b) $U=A\left(\delta_1u_1^{-\rho}+\cdots+\delta_nu_n^{-\rho}\right)^{-\frac{1}{\rho}}$

9 함수 $z=Ax_1^{a_1}x_2^{a_2}\cdots x_n^{a_n}$에 대해 dz를 구하라. 여기서 $x_1>0$, $x_2>0$, $\cdots$, $x_n>0$이고 A, a_1, a_2, $\cdots$, a_n은 모두 상수이며 $A>0$이다.

힌트 먼저 양변에 자연로그를 취하라.

10 **심화** 다음 정의를 이용하여 물음에 답하라.

> 식 (15.9.1)에서 정의된 미분 dz를 **일계미분**(differential of first order)이라 한다. 함수 f가 연속인 이계편도함수를 가진다면 **이계미분**(differential of Second Advent order)은 기호 d^2z로 표기하며, $dz=f'_1(x, y)dx+f'_2(x, y)dy$인 미분 $d(dz)$로 정의한다. 이는 다음을 의미한다.
>
> $$\begin{aligned} d^2z &= d(dz) \\ &= f''_{11}(x, y)(dx)^2+2f''_{12}(x, y)dxdy \\ &\quad +f''_{22}(x, y)(dy)^2 \end{aligned}$$

(a) $z=xy+y^2$일 때 d^2z를 계산하라.

(b) $x=t$이고 $y=t^2$이라 하자. (a)의 함수에 대해 dz와 d^2z를 dt의 식으로 표현하라. 또한 $\frac{d^2z}{dt^2}$을 구한 다음 $d^2z \neq \frac{d^2z}{dt^2}(dt)^2$임을 보여라. (이 결과는 이계미분에 불변성 성질이 존재하지 않음을 보여준다.)

15.10 연립방정식

많은 경제모형은 연립방정식을 통해 여러 변수를 서로 연결한다. 연립방정식 모형의 구조를 이해하려면 자유도 개념이 매우 유용하다.

n개의 변수 x_1, x_2, $\cdots$, x_n을 생각하자. 이 변수들에 어떠한 제약도 없다고 가정하면 정의에 따라 자유도는 n이다. 이는 n개의 변수를 자유롭게 선택할 수 있기 때문이다.[11] 만약 이 변수들이 $f_1(x_1,\ x_2,\ \cdots,\ x_n)=0$과 같은 형태인 하나의 방정식을 만족해야 한다면, 자유도는 일반적으로 하나 감소한다. 추가로 '독립적인' 제약이 하나씩 도입될 때마다 자유도는 또다시 하나씩 감소한다. 일반적으로 변수 x_1, x_2, $\cdots$, x_n에 대해 m(단, $m<n$)개의 독립적인 제약이 있다는 것은 이 변수들이 다음과 같이 m개의 독립적인 식으로 구성된 연립방정식을 만족해야 함을 의미한다.

$$
\begin{cases}
f_1(x_1,\ x_2,\ \cdots,\ x_n)=0 \\
f_2(x_1,\ x_2,\ \cdots,\ x_n)=0 \\
\qquad\qquad\vdots \\
f_m(x_1,\ x_2,\ \cdots,\ x_n)=0
\end{cases}
\tag{15.10.1}
$$

그러면 $m<n$일 때 남은 자유도는 $(n-m)$이다. 이 규칙은 다소 모호한데, 특히 식이 '독립적'이라는 의미를 정확히 설명하기 어렵기 때문이다. 그런데도 경제학과 통계학에서 다음 규칙을 많이 사용한다.

자유도 계산 규칙

연립방정식의 자유도는 변수의 개수 n과 '독립적인' 식의 개수 m에 따라 달라진다. 일반적으로 다음과 같다.

❶ $n>m$이면 연립방정식의 자유도는 $(n-m)$이다.

❷ $n<m$이면 연립방정식에 해가 존재하지 않는다.

변수와 방정식 개수를 세는 규칙은 이를테면 "정부가 추구할 수 있는 독립적인 목표의 개수는 사용할 수 있는 정책 도구의 개수를 초과할 수 없다."와 같은 경제학적 명제를 설명하는 데 사용된다. 예를 들어 어떤 국가의 정부는 저물가, 저실업, 미국 달러 대비 자국 통화 환율의 안정이라는 세 가지 목표를 동시에 달성하고자 한다. 이러한 세 가지 목표를 달성하기 위해 적어도 세 개의 독립적인 정책 수단이 필요하다.[12]

이 자유도 계산 규칙에서 '독립적'이라는 단어는 분명히 삭제할 수 없다. 예를 들어 이전에 사용한 방정식을 단순히 반복하기만 하면 자유도의 수는 줄어들지 않는다. 게다가 [연습문제 4(b)]는 방정식이 단 하나인 경우에도 이 규칙이 항상 성립하지 않음을 보여준다. 따라서 앞서 소개한 자유도의 개념은 다음과 같이 일반화될 필요가 있다.

11 연립방정식에서 자유도가 0이면 어떤 변수도 자유롭게 선택할 수 없으므로 모든 변수에 대한 해를 연립방정식으로 구해야 한다.

12 많은 경제학자들은 이를 '틴베르헌 법칙(Tinbergen rule)'이라 한다. 틴베르헌 법칙은 노벨 경제학상을 공동수상한 얀 틴베르헌(Jan Tinbergen, 1903~1994)의 이름을 따서 명명되었으며, 1956년에 출간된 틴베르헌의 저서『Economic Policy: Principles and Design』에 처음 소개되었다.

연립방정식의 자유도

n개의 변수를 가진 연립방정식에서 자유롭게 선택할 수 있는 k개 변수의 집합이 있고, k개의 자유로운 변수에 특정 값이 할당된 뒤 남은 $(n-k)$개 변수가 유일하게 결정된다면 이 연립방정식의 **자유도**가 k라고 한다.

연립방정식의 자유도가 k이려면 자유롭게 선택할 수 있는 k개의 변수가 존재하기만 하면 충분하다. 어떤 k개의 변수든지 자유롭게 선택할 수 있어야 한다는 조건은 필요하지 않다. n개의 변수가 $\mathbb{R}^n$의 부분집합 A에서만 변할 수 있다는 제약이 있다면, 이 연립방정식은 A에서 자유도가 k이다.

EX 15.10.1 [EX 12.8.2]에서 살펴본 연립방정식을 상기해보자.

$$\begin{cases} x_1+3x_2-x_3=4 \\ 2x_1+x_2+x_3=7 \\ 2x_1-4x_2+4x_3=6 \\ 3x_1+4x_2=11 \end{cases}$$

이 연립방정식의 해가 다음과 같음을 보였다.

$$(x_1,\ x_2,\ x_3)=\left(-\frac{4}{5}t+\frac{17}{5},\ \frac{3}{5}t+\frac{1}{5},\ t\right)$$

여기서 t는 임의의 실수이다. 이는 하나의 변수를 자유롭게 선택할 수 있으므로, 이 연립방정식의 해의 자유도가 1임을 보여준다. 이 변수에 특정 값을 부여하면 다른 두 변수도 유일하게 결정된다.

[EX 15.10.1]의 연립방정식은 미지수가 3개, 방정식이 4개 있지만 자유도가 1이다. 그러나 자유도 계산 규칙에 따르면 방정식 개수가 미지수 개수보다 클 때 그 연립방정식은 해가 존재하지 않는다(inconsistent). 예를 들어 다음과 같이 식이 3개이고 미지수가 2개인 연립방정식을 생각해보자.

$$f(x,\ y)=0,\ \ g(x,\ y)=0,\ \ h(x,\ y)=0$$

이 연립방정식은 보통 해가 없다. 실제로 세 방정식은 각각 한 평면에서 곡선으로 나타나며, 일반적으로 두 곡선은 적어도 한 점에서 만난다. 하지만 세 번째 식을 추가하면 대응되는 곡선은 처음 두 곡선이 만나는 점을 거의 지나지 않으므로 이 연립방정식은 일반적으로 해가 존재하지 않게 된다.

현재까지 $m<n$과 $m>n$인 경우를 살펴보았다. 방정식 개수와 미지수 개수가 일치하는 $m=n$은 어떠한가? 심지어 가장 간단한 일변수함수인 $f(x)=0$으로 된 하나의 방정식도 해가 얼마든지 여러 개 존재할 수 있다. 예를 들어 다음과 같이 변수가 1개인 방정식을 세 가지 생각해보자.

$$x^2+1=0,\ \ x-1=0,\ \ (x-1)(x-2)(x-3)(x-4)(x-5)=0$$

세 방정식의 해는 각각 0, 1, 5개이다. 여러분이 삼각함수를 알고 있다면 간단한 방정식 $\sin x=0$이 모든 정수 n에 대해 $x=n\pi$라는 무한히 많은 해를 가짐을 알 것이다.

일반적으로 미지수와 동일한 개수의 방정식을 가진 연립방정식은 해를 가진다(consistent). 그런데 해가 여럿일 수도 있다. 경제학자들은 유일하면서도 경제학적으로 의미 있는 해를 가지는 연립방정식을 이상적인 경제모형으로 삼고자 한다. 그래야 해당 모형이 특정 경제변수의 값을 예측할 수 있기 때문이다.

앞선 논의에 기초하여 적어도 다음과 같은 대략적인 규칙을 정할 수 있다. 즉 **연립방정식은 방정식 개수가 미지수 개수와 정확히 같지 않으면, 일반적으로 유일한 해를 가지지 않는다.**

EX 15.10.2 다음 연립방정식으로 설명되는 거시경제모형을 생각해보자.

❶ $Y=C+I+G$ ❷ $C=f(Y-T)$ ❸ $I=h(r)$ ❹ $r=m(M)$

여기서 f, h, m은 주어진 함수이고 Y는 GDP, C는 소비, I는 투자, G는 공공지출, T는 세수, r은 이자율, M은 유통 통화량이다. 이 연립방정식의 자유도를 구하라.

풀이

이 연립방정식은 변수가 7개이고 방정식이 4개이므로 자유도 계산 규칙에 따라 자유도가 $7-4=3$이어야 한다. 일반적으로 거시경제학자들은 M, T, G를 경제정책으로 결정되는 외생변수(자유변수)라고 생각한다. 그러면 일반적으로 이 연립방정식은 4개의 내생변수 Y, C, I, r을 3개의 외생변수 M, T, G의 함수로 동시에 결정한다.[13]

EX 15.10.3 다음 방정식으로 이루어진 다른 거시경제모형을 생각해보자.

❶ $Y=C+I+G$ ❷ $C=f(Y-T)$ ❸ $G=\bar{G}$

여기서 각 변수는 [EX 15.10.2]와 동일하게 해석하고, 공공지출 수준은 상수 $\bar{G}$이다. 이 모형의 자유도를 구하라.

풀이

이 모형에는 5개의 변수 Y, C, I, G, T에 대한 3개의 방정식이 있다. 그러므로 자유도 계산 규칙에 따라 자유도가 2여야 한다. 함수 f가 적절하다면 두 변수를 자유롭게 선택할 수 있고, 다른 세 개의 변수는 이 두 변수의 값이 고정되는 순간 결정될 것이다. 여기서는 자유변수로 I와 T를 생각하는 것이 자연스럽다. 여기서 G는 방정식 ❸에 의해 고정되어 있어 자유변수로 선택할 수 없다는 점에 유의하라.

13 이 모형을 더 깊이 있게 분석한 내용은 [EX 15.11.3]을 참조하라. 외생변수와 내생변수에 대한 설명은 15.11절을 참조하라.

15.10 연습문제

1 다음 각 연립방정식에 대해 자유도 계산 규칙을 적용하여 자유도를 구하라. 단, (c)에서는 f와 g가 특정 함수라고 가정한다.

(a) $\begin{cases} xu^3+v=y^2 \\ 3uv-x=4 \end{cases}$

(b) $\begin{cases} x_2^2-x_3^3+2y_1-y_2^3=1 \\ x_1^3-x_2+y_1^5-y_2=0 \end{cases}$

(c) $\begin{cases} f(y+z+w)=x^3 \\ x^2+y^2+z^2=w^2 \\ g(x,\ y)-z^3=w^3 \end{cases}$

2 다음 방정식으로 구성된 거시경제모형에 대해 자유도 계산 규칙을 사용하여 자유도를 구하라. 여기서 변수들은 [EX 15.10.2]와 동일하게 해석하고, F와 f는 주어진 함수이다.

(i) $Y=C+I+G$

(ii) $C=F(Y,\ T,\ r)$

(iii) $I=f(Y,\ r)$

3 다음 세 연립방정식 각각에 대해 자유도를 구할 수 있다면 구하고, 자유도 계산 규칙을 적용할 수 있는지 논하라.

(a) $\begin{cases} 3x-y=2 \\ 6x-2y=4 \\ 9x-3y=6 \end{cases}$

(b) $\begin{cases} x-2y=3 \\ x-2y=4 \end{cases}$

(c) $\begin{cases} x-2y=3 \\ 2x-4y=6 \end{cases}$

4 다음 '연립방정식'은 단지 하나의 방정식으로만 구성되어 있다. 이 연립방정식 각각에 대해 자유도를 구할 수 있다면 구하고, 자유도 계산 규칙을 적용할 수 있는지 논하라.

(a) $x_1^2+x_2^2+\cdots+x_{100}^2=1$

(b) $x_1^2+x_2^2+\cdots+x_{100}^2=-1$

15.11 연립방정식의 미분

이 절에서는 연립방정식에 의해 음함수로 정의된 함수의 편도함수를 구할 때, 미분을 사용하는 방법이 얼마나 효율적인지 보여준다. 먼저 세 가지 예를 살펴보자.

EX 15.11.1 다음과 같은 네 변수에 대한 방정식이 두 개인 연립일차방정식을 생각해보자.

$$\begin{cases} 5u+5v=2x-3y \\ 2u+4v=3x-2y \end{cases}$$

이 연립방정식의 자유도는 2이고, 이 연립방정식을 이용하여 u와 v를 x와 y의 함수로 정의할 수 있다. 연립방정식을 미분한 다음 미분 du와 dv를 dx와 dy로 표현하라. 또한 x와 y에 대한 u와 v의 편도함수를 유도하고, 이 연립방정식의 해를 u와 v에 대한 양함수로 나타낸 결과와 비교해 확인하라.

풀이

두 방정식에 15.9절의 법칙을 사용하여 양변을 미분하면 다음과 같다.

$$\begin{cases} 5du+5dv=2dx-3dy \\ 2du+4dv=3dx-2dy \end{cases}$$

이처럼 상수항이 없는 연립일차방정식에서 미분은 변수와 정확히 동일한 형태의 방정식을 만족한다. du와 dv를 dx와 dy에 대해 동시에 풀면 다음과 같은 유일한 해를 얻는다.

$$du = -\frac{7}{10}dx - \frac{1}{5}dy,\ \ dv = \frac{11}{10}dx - \frac{2}{5}dy$$

따라서 편도함수는 각각 $u'_x = -\frac{7}{10}$, $u'_y = -\frac{1}{5}$, $v'_x = \frac{11}{10}$, $v'_y = -\frac{2}{5}$이다.

미분을 구하는 대신 연립방정식을 직접 풀어서 u와 v를 x와 y의 함수로 나타내면 $u = -\frac{7}{10}x - \frac{1}{5}y$와 $v = \frac{11}{10}x - \frac{2}{5}y$이다. 이 식을 통해 위에서 구한 편도함수를 쉽게 확인할 수 있다.

EX 15.11.2 다음과 같이 두 비선형방정식으로 구성된 연립방정식에 대한 물음에 답하라.

$$u^2 + v = xy,\ \ uv = -x^2 + y^2$$

(a) 이 연립방정식에 자유도 계산 규칙을 적용하여 알 수 있는 내용을 설명하라.

(b) u와 v의 미분을 dx와 dy로 표현하라. x와 y에 대한 u와 v의 편도함수를 구하라.

(c) 점 $P = (x,\ y,\ u,\ v) = (1,\ 0,\ 1,\ -1)$은 주어진 연립방정식을 만족한다. $x = 1$이 0.01만큼 증가하고, $y = 0$이 0.02만큼 증가할 때 u의 새로운 근삿값을 구하라.

(d) 점 P에서 u''_{12}를 계산하라.

풀이

(a) 네 개의 변수와 두 개의 방정식이 있으므로 자유도는 2여야 한다. x와 y 값을 고정했다고 가정하자. 그러면 남아있는 두 미지수 u와 v를 결정하기 위한 두 개의 방정식이 존재한다. 예를 들어 $x = 1$과 $y = 0$이면 이 연립방정식은 $u^2 = -v$와 $uv = -1$이고, 이로부터 $u^3 = 1$이므로 $u = 1$이고 $v = -1$이다. 다른 x와 y 값에 대해서는 u와 v의 해를 구하기 더 어렵다. 하지만 순서쌍 $(x,\ y)$의 정의역이 적절히 제한된다면, $u = u(x,\ y)$와 $v = v(x,\ y)$를 x와 y의 미분가능한 함수로 정의할 수 있다고 보는 것이 타당하다.

(b) 연립방정식에서 각 방정식의 양변은 x와 y의 함수로서 서로 같아야 한다. 그러므로 양변의 미분을 같다고 하면 두 개의 식 $d(u^2 + v) = d(xy)$와 $d(uv) = d(-x^2 + y^2)$을 얻는다. 미분법칙에 따라 다음을 얻는다.

$$\begin{cases} 2udu + dv = ydx + xdy \\ vdu + udv = -2xdx + 2ydy \end{cases}$$

행렬 표기법을 사용하면 다음 식으로 나타낼 수 있다.

$$\begin{pmatrix} 2u & 1 \\ v & u \end{pmatrix}\begin{pmatrix} du \\ dv \end{pmatrix} = \begin{pmatrix} y & x \\ -2x & 2y \end{pmatrix}\begin{pmatrix} dx \\ dy \end{pmatrix} \tag{15.11.1}$$

15.9절에서 언급한 미분의 불변성에 의해 이 연립방정식은 어떤 변수를 독립변수로 설정하더라도 성립한다는 점에 유념하라.

$v \neq 2u^2$이면 3.6절 또는 13장에서 소개한 방법 중 하나를 사용하여 2×2 행렬 방정식 (15.11.1)의 유일한 해를 다음과 같이 찾을 수 있다.

$$du = \frac{2x+yu}{2u^2-v}dx + \frac{xu-2y}{2u^2-v}dy, \quad dv = \frac{-4xu-yv}{2u^2-v}dx + \frac{4uy-xv}{2u^2-v}dy$$

이 두 식으로부터 바로 다음을 얻는다.

$$u'_1 = \frac{2x+yu}{2u^2-v}, \quad u'_2 = \frac{xu-2y}{2u^2-v}, \quad v'_1 = \frac{-4xu-yv}{2u^2-v}, \quad v'_2 = \frac{4uy-xv}{2u^2-v} \qquad (*)$$

(c) $(x, y, u, v)=(1, 0, 1, -1)$인 점 P 근처에서 근사식 $u(x+dx, y+dy) \approx u(x, y)+du$를 사용한다. 식 (*)에 따라 P에서 $u'_1 = \frac{2}{3}$이고 $u'_2 = \frac{1}{3}$이므로 다음을 얻는다.

$$\begin{aligned} u(1+0.01, 0+0.02) &\approx u(1, 0)+u'_1(1, 0)\cdot 0.01+u'_2(1, 0)\cdot 0.02 \\ &= 1+\frac{2}{3}\cdot 0.01+\frac{1}{3}\cdot 0.02 = 1+\frac{4}{3}\cdot 0.01 \\ &\approx 1.0133 \end{aligned}$$

이 경우 $u(1.01, 0.02)$의 정확한 값을 찾기는 어렵다는 점에 유념하라.

(d) u''_{12}를 구하기 위해 다음과 같이 연쇄법칙을 사용한다.

$$u''_{12} = \frac{\partial}{\partial y}(u'_1) = \frac{\partial}{\partial y}\left(\frac{2x+yu}{2u^2-v}\right) = \frac{(yu'_2+u)(2u^2-v)-(2x+yu)(4uu'_2-v'_2)}{(2u^2-v)^2}$$

$(x, y, u, v)=(1, 0, 1, -1)$인 점 P에서 **(c)**를 이용하면 $u'_2 = \frac{1}{3}$이고, 식 (*)에서 $v'_2 = \frac{1}{3}$이므로 $u''_{12} = \frac{1}{9}$이다.

EX 15.11.3 [EX 15.10.2]의 거시경제모형을 상기해보자. f, h, m은 미분가능한 함수이고 $0 < f' < 1$, $h' < 0$, $m' < 0$이라고 가정한다. 그러면 모형의 네 방정식은 내생변수 Y, C, I, r을 외생변수 M, T, G의 미분가능한 함수 형태로 결정한다. 물음에 답하라.

(a) 연립방정식을 미분하여 Y, C, I, r의 미분을 M, T, G의 미분으로 표현하라. $\frac{\partial Y}{\partial T}$와 $\frac{\partial C}{\partial T}$를 구하고, 그 부호에 대해 논하라.

(b) 연립방정식의 초기 균형점을 $P_0 = (M_0, T_0, G_0, Y_0, C_0, I_0, r_0)$라 두자. 정부 정책이나 중앙은행의 개입으로 인해 유통 통화량 M, 세수 T, 공공지출 G가 조금씩 변했을 때, GDP Y와 소비 C의 근사 변화 ΔY와 ΔC를 각각 구하라.

풀이

(a) [EX 15.10.2]의 식 ❶~❹를 미분하면 다음과 같은 네 개의 식으로 된 연립방정식 ❺~❽을 얻는다.

❺ $dY = dC + dI + dg$ ❻ $dC = f'(Y-T)(dY-dT)$

❼ $dI = h'(r)dr$ ❽ $dr = m'(M)dM$

이 연립일차방정식을 풀어서 내생변수의 미분 dY, dC, dI, dr을 외생정책변수의 미분 dM, dT, dG로 표현해야 한다. 이를 위해 먼저 식 ❽을 식 ❼에 대입하여 $dI = h'(r)m'(M)dM$을 얻는다. 이 결과를 식 ❺에 대입하고, 식 ❻의 우변을 dC 대신 대입하여 다음과 같은 하나의 방정식을 얻는다.

$$dY = f'(Y-T)(dY-dT) + h'(r)m'(M)dM + dG$$

$f' < 1$을 가정했으므로 이 방정식을 dY에 대해 풀고 다음과 같이 간단하게 정리할 수 있다.

$$❾\ dY = \frac{h'm'}{1-f'}dM - \frac{f'}{1-f'}dT + \frac{1}{1-f'}dG$$

다음으로 식 ❾를 식 ❻에 대입하고 간단히 정리하면 다음을 얻는다.

$$❿\ dC = \frac{f'h'm'}{1-f'}dM - \frac{f'}{1-f'}dT + \frac{f'}{1-f'}dG$$

식 ❾와 식 ❿은 미분 dY와 dC를 미분 dM, dT, dG의 선형함수로 표현한 것이다.

네 가지 방정식 ❼~❿으로부터 M, T, G에 대한 Y, C, I, r의 편도함수를 쉽게 구할 수 있다. 예를 들어 $\frac{\partial Y}{\partial T} = \frac{\partial C}{\partial T} = -\frac{f'}{1-f'}$이고 $\frac{\partial r}{\partial T} = 0$이다. $0 < f' < 1$이므로 $\frac{\partial Y}{\partial T} = \frac{\partial C}{\partial T} < 0$이다. 이는 M과 G가 일정할 때 세수가 소폭 증가하면 GDP가 감소한다는 뜻이다. 하지만 추가된 세수를 모두 정부가 지출한다면 $dT = dG = dx$(그리고 $dM = 0$)을 얻는다. 이 경우 변화는 $dY = dx$이고 $dC = dI = dr = 0$이다.

(b) $|dM|$, $|dT|$, $|dG|$가 모두 작다면 근사 변화는 다음과 같다.

$$\Delta Y = Y(M_0 + dM,\ T_0 + dT,\ G_0 + dG) - Y(M_0,\ T_0,\ G_0) \approx dY$$
$$\Delta C = C(M_0 + dM,\ T_0 + dT,\ G_0 + dG) - C(M_0,\ T_0,\ G_0) \approx dC$$

dY와 dC를 계산할 때 모든 편도함수는 초기 균형점 P_0에서 계산되어야 한다.

일부 교재에서는 [EX 15.10.2]와 [EX 15.11.3]에서 분석한 모형과 같은 거시경제모형을 행렬 방정식으로 나타낸 후, 크레이머 법칙이나 역행렬을 사용하여 해를 구하도록 권장하기도 한다. 하지만 [EX 15.11.3]에서 사용한 소거법이 훨씬 간단하며, 오류가 발생할 가능성을 크게 줄여준다.

EX 15.11.4 다음 두 방정식이 점 $(x, y, z, w) = (1, 1, 1, 0)$ 근방에서 x와 y의 미분가능한 함수로 $z = \varphi(x, y)$와 $w = \psi(x, y)$를 정의한다고 가정하자.

$$\begin{cases} (z+2w)^5 + xy^2 = 2z - yw \\ (1+z^2)^3 - z^2w = 8x + y^5w^2 \end{cases}$$

(a) $(1, 1, 1, 0)$에서 $\frac{\partial z}{\partial x}$, $\frac{\partial z}{\partial y}$, $\frac{\partial w}{\partial x}$, $\frac{\partial w}{\partial y}$를 각각 계산하라.

(b) (a)의 결과를 사용하여 $\varphi(1+0.1,\ 1+0.2)$의 근삿값을 구하라.

풀이

(a) 두 식 양변의 미분을 (x, y)의 함수로 취급하여 방정식으로 나타내면 다음과 같다.

$$\begin{cases} 5(z+2w)^4(dz+2dw) + y^2dx + 2xydy = 2dz - wdy - ydw \\ 3(1+z^2)^2 2zdz - 2zwdz - z^2dw = 8dx + 5y^4w^2dy + 2y^5wdw \end{cases}$$

한 점 $(x,\ y,\ z,\ w) = (1,\ 1,\ 1,\ 0)$에서 앞의 연립방정식은 다음과 같이 간단히 할 수 있다.

$$3dz + 11dw = -dx - 2dy, \quad 24dz - dw = 8dx$$

이 두 방정식을 dx와 dy를 사용하여 dz와 dw에 대해 동시에 풀면 다음을 얻는다.

$$dz = \frac{29}{89}dx - \frac{2}{267}dy, \quad dw = -\frac{16}{89}dx - \frac{16}{89}dy$$

그러므로 $\dfrac{\partial z}{\partial x} = \dfrac{29}{89}$, $\dfrac{\partial z}{\partial y} = -\dfrac{2}{267}$, $\dfrac{\partial w}{\partial x} = -\dfrac{16}{89}$, $\dfrac{\partial w}{\partial y} = -\dfrac{16}{89}$이다.

(b) $x = 1$이 $dx = 0.1$만큼 증가하고 $y = 1$이 $dy = 0.2$만큼 증가한다고 하자. $z = \varphi(x,\ y)$의 변화는 다음과 같이 근사한다.

$$dz = \frac{29}{89} \cdot 0.1 - \frac{2}{267} \cdot 0.2 \approx 0.03$$

그러므로 구하려는 근삿값은 다음과 같다.

$$\varphi(1+0.1,\ 1+0.2) \approx \varphi(1,\ 1) + dz APPROX 1 + 0.03 = 1.03$$

일반적인 연립방정식

경제학자들이 연립방정식을 다룰 때, 특히 비교정학분석에서 변수는 보통 두 가지 유형으로 미리 나뉜다. 하나는 모형이 결정하고자 하는 **내생변수**이고, 다른 하나는 정부 정책, 소비자 선호, 기술 진보와 같이 경제모형 외부의 '힘'에 의해 결정되는 **외생변수**이다. 이러한 구분은 모형에 따라 달라진다. 예를 들어 공공지출은 공공재정이론에서 주로 외생변수로 간주해 세금 변화가 경제에 미치는 영향을 분석한다. 그런데 정치적 변수를 설명하는 '정치경제모형'에서는 공공지출을 내생변수로 간주해 정치 시스템에서 이러한 변수가 어떻게 나타나는지를 설명하고자 한다.

경제모형은 종종 다음과 같은 형태의 일반적인 **구조방정식**(structural equation)으로 나타난다.

$$\begin{cases} f_1(x_1,\ x_2,\ \cdots,\ x_n,\ y_1,\ y_2,\ \cdots,\ y_m) = 0 \\ f_2(x_1,\ x_2,\ \cdots,\ x_n,\ y_1,\ y_2,\ \cdots,\ y_m) = 0 \\ \qquad\vdots \\ f_m(x_1,\ x_2,\ \cdots,\ x_n,\ y_1,\ y_2,\ \cdots,\ y_m) = 0 \end{cases} \tag{15.11.2}$$

여기서 외생변수 n차원 벡터 $\mathbf{x} = (x_1,\ \cdots,\ x_n)$과 내생변수 m차원 벡터 $\mathbf{y} = (y_1,\ \cdots,\ y_m)$을 구분한다. '초기균형'이나 '현상유지' 해인 $(x^0,\ y^0) = (x_1^0,\ \cdots,\ x_n^0,\ y_1^0,\ \cdots,\ y_m^0)$이 존재한다고 가정한다. 예를 들어 이 **균형상태**는 m개의 서로 다른 재화에 대해 각 재화의 수요와 공급이 현재와 일치하도록 결정되는 m개의 내생변수 상태를 나타낼 수 있다.

연립방정식 (15.11.2)는 m개의 방정식과 $(n+m)$개의 미지수를 가지고 있다. 여기에 자유도 계산 규칙을 적용하면 자유도는 $n + m - m = n$이다. 이 연립방정식이 모든 내생변수 $y_1,\ \cdots,\ y_m$을 $(\mathbf{x}^0,\ \mathbf{y}^0)$ 근방에서 $x_1,\ \cdots,\ x_n$의 C^1함수로 정의한다고 가정하자. '원칙적으로' $y_1,\ \cdots,\ y_m$을 $x_1,\ \cdots,\ x_n$에 대해 풀 수 있으므로 다음을 얻는다.

$$y_1 = \varphi_1(x_1,\ \cdots,\ x_n),\ \cdots,\ y_m = \varphi_m(x_1,\ \cdots,\ x_n) \tag{15.11.3}$$

이 경우 연립방정식 (15.11.3)은 구조방정식 (15.11.2)의 **축약형모형**으로 볼 수 있다. 모든 내생변수는 외생변수의 함수로 표현되고, 함수 φ_1, φ_2, $\cdots$, φ_m의 형태를 반드시 알 필요는 없다. 앞의 예는 내생변수를 외생변수에 대해 편미분하여 양함수로 표현하는 방법을 보여준다.[14]

15.11 연습문제

1 상수 a, b, c, d, e, f, g, h가 $af \neq be$를 만족한다고 가정하자. 다음 연립방정식을 미분하라.

$$\begin{cases} au+bv=cx+dy \\ eu+fv=gx+hy \end{cases}$$

그런 다음 x와 y에 대한 u와 v의 편도함수를 구하라.

2 $xu^3+v=y^2$과 $3uv-x=4$로 정의된 연립방정식을 생각해보라.

(a) 연립방정식을 미분하고 dx와 dy를 사용하여 du와 dv에 대해 풀어라.

(b) (a)의 결과를 사용하여 u'_x와 v'_x를 구하라.

(c) 점 $(x, y, u, v)=\left(0, 1, \dfrac{4}{3}, 1\right)$이 주어진 연립방정식을 만족하는지 확인하라. 그런 다음 이 점에서 u'_x와 v'_x를 구하라.

3 y_1과 y_2가 다음 연립방정식에 의해 x_1과 x_2의 미분가능한 음함수로 정의된다고 가정하자.

$$\begin{cases} 3x_1+x_2^2-y_1-3y_2^3=0 \\ x_1^3-2x_2+2y_1^3-y_2=0 \end{cases}$$

$\dfrac{\partial y_1}{\partial x_1}$과 $\dfrac{\partial y_2}{\partial x_1}$을 구하라.

4 IS-LM 거시경제모형의 한 형태는 $I(r)=S(Y)$와 $aY+L(r)=M$으로 된 연립방정식을 유도한다. 여기서 a는 양의 모수이며, 세 함수 I, S, L은 연속으로 미분가능하다.[15] 이 연립방정식이 Y와 r을 a와 M의 미분가능한 음함수로 정의한다고 가정하자. $\dfrac{\partial Y}{\partial M}$와 $\dfrac{\partial r}{\partial M}$의 식을 구하라.

5 u와 v가 다음 두 방정식에 의해 x와 y의 함수로 정의될 때, 이계미분 u''_{xx}를 구하라.

$$xy+uv=1, \quad xu+yu=0$$

6 방정식 (i), (ii), (iii)로 구성된 거시경제모형을 생각해보자. 여기서 F와 f는 연속으로 미분가능한 함수이고, $F'_Y>0$, $F'_T<0$, $F'_r<0$, $f'_Y>0$, $f'_r<0$, $F'_Y+f'_Y<1$이다.

(i) $Y=C+I+G$

(ii) $C=F(Y, T, r)$

(iii) $I=f(Y, r)$

(a) 연립방정식을 미분하고 dY를 dT, dG, dr로 표현하라.

(b) T가 증가하면 Y는 어떻게 변화하는가? T와 G가 동일하게 증가하면 Y는 어떻게 변화하는가?

7 다음 방정식으로 구성된 거시경제모형을 생각해보자. 여기서 Y는 GDP, r은 이자율, I는 총투자, α는 공공소비, β는 공공투자, M은 유통 통화량이라고 가정하고, C, F, L은 미분가능한 함수이다.

(i) $Y=C(Y, r)+I+\alpha$

(ii) $I=F(Y, r)+\beta$

(iii) $M=L(Y, r)$

(a) 이 모형의 자유도를 계산하라.

(b) 연립방정식을 미분하라. $d\beta=dM=0$으로 두고 dY, dr, dI를 $d\alpha$로 표현하라.

---

14 이와 같은 논리를 일반적으로 적용할 수 있지만, 자세한 설명은 『Further Mathematics for Economic Analysis(2nd ed.)』에 남겨둔다.

15 첫 번째 'IS' 방정식은 투자 함수 I와 저축 함수 S를 포함한다. 두 번째 'LM' 방정식은 유동성 선호함수 L(화폐 수요)과 화폐공급 M을 포함한다. 변수 Y는 GDP를 나타내고 r은 이자율을 나타낸다. IS-LM 모형은 원래 J. R. 힉스(J. R. Hicks)가 고안했다.

8 한 표준 거시경제모형이 다음 두 방정식으로 구성된다고 하자. 여기서 M, α, P는 양의 상수이고 함수 L, S, I는 미분가능하다.

(i) $M=\alpha Py+L(r)$

(ii) $S(y,\ r,\ g)=I(y,\ r)$

(a) 자유도 계산 규칙을 사용하여 이 연립방정식이 일반적으로 y와 r을 g의 미분가능한 함수로 정의한다고 가정한 것이 타당한 이유를 설명하라.

(b) 연립방정식을 미분하고 $\dfrac{dy}{dg}$와 $\dfrac{dr}{dg}$의 식을 구하라.

9 두 방정식 $u^2v-u=x^3+2y^3$과 $e^{ux}=vy$가 좌표가 $(x,\ y,\ u,\ v)=(0,\ 1,\ 2,\ 1)$인 점 P 근방에서 u와 v를 x와 y의 미분가능한 함수로 정의한다. 물음에 답하라.

(a) x와 y의 미분을 사용하여 u와 v의 미분을 구하라. 그런 다음 점 P에서 $\dfrac{\partial u}{\partial y}$와 $\dfrac{\partial v}{\partial x}$를 구하라.

(b) P에서 x가 0.1만큼 증가하고 y가 0.2만큼 감소할 때 u와 v의 근사 변화를 구하라.

10 **심화** 두 개의 재화가 존재할 때 소비자수요이론은 다음 연립방정식을 포함한다.

(i) $U'_1(x_1,\ x_2)=\lambda p_1$

(ii) $U'_2(x_1,\ x_2)=\lambda p_2$

(iii) $p_1x_1+p_2x_2=m$

여기서 $U(x_1,\ x_2)$는 주어진 효용함수이다. 이 연립방정식은 x_1, x_2, λ를 p_1, p_2, m의 미분가능한 함수로 정의한다고 가정하자. $\dfrac{\partial x_1}{\partial p_1}$의 식을 구하라.

CHAPTER 15 복습문제

15.1 다음 두 경우 각각에 대해 연쇄법칙을 사용하여 $\frac{dz}{dt}$를 구하라. 그 다음에 x와 y에 대한 식을 F에 대입한 후 미분하여 결과를 확인하라.

(a) $z=F(x,\ y)=6x+y^3,\ \ x=2t^2,\ \ y=3t^3$

(b) $z=F(x,\ y)=x^p+y^p,\ \ x=at,\ \ y=bt$

15.2 $z=G(u,\ v)$이고 $u=\varphi(t,\ s)$이며 $v=\psi(s)$라고 하자. $\frac{\partial z}{\partial t}$와 $\frac{\partial z}{\partial s}$의 식을 구하라.

15.3 $w=x^2+y^3+z^4$이고 $x=t+s,\ \ y=t-s,\ \ z=st$일 때 $\frac{\partial w}{\partial t}$와 $\frac{\partial w}{\partial s}$의 식을 구하라.

15.4 생산량 X가 근로자의 수 N에 따라 식 $X=Ng\left(\frac{\varphi(N)}{N}\right)$으로 결정된다고 가정하자. 여기서 g와 φ는 주어진 미분가능한 함수이다. $\frac{dX}{dN}$과 $\frac{d^2X}{dN^2}$의 식을 구하라.

15.5 한 가구의 특정 상품에 대한 수요가 가격 p와 소득 m의 함수 $E(p,\ m)=Ap^{-a}m^b$을 따른다고 가정하자. 여기서 $A,\ a,\ b$는 양의 상수이다. 물음에 답하라.

(a) p와 m이 모두 시간 t에 대해 미분가능한 함수라고 가정하자. 그러면 수요 E는 t만의 함수이다. $\frac{\dot{E}}{E}$을 $\frac{\dot{p}}{p}$과 $\frac{\dot{m}}{m}$으로 표현하라.

(b) 시간 $t=0$에서 가격이 p_0이고 소득이 m_0일 때 $p=p_0(1.06)^t$이고 $m=m_0(1.08)^t$이라 하자. 그러면 $Q=(1.08)^b(1.06)^a$일 때 $\frac{\dot{E}}{E}=\ln Q$임을 보여라.

15.6 방정식 $x^3\ln x+y^3\ln y=2z^3\ln z$가 점 $(x,\ y,\ z)=(e,\ e,\ e)$ 근방에서 z를 x와 y의 미분가능한 함수로 정의한다고 하자. $z'_1(e,\ e)$와 $z''_{11}(e,\ e)$를 계산하라.

15.7 $F(x,\ y)=x^2-10y^2$일 때 y와 x 사이의 대체탄력성을 구하라.

15.8 다음 경우에 y와 x 사이의 MRS를 구하라.

(a) $U(x,\ y)=2x^{0.4}y^{0.6}$

(b) $U(x,\ y)=xy+y$

(c) $U(x,\ y)=10\left(x^{-2}+y^{-2}\right)^{-4}$

15.9 다음 함수가 동차함수라면 동차성 차수를 구하라.

(a) $f(x,\ y)=3x^3y^{-4}+2xy^{-2}$

(b) $Y(K,\ L)=\left(K^a+L^a\right)^{2c}e^{\frac{K^2}{L^2}}$

(c) $f(x_1,\ x_2)=5x_1^4+6x_1x_2^3$

(d) $F(x_1,\ x_2,\ x_3)=e^{x_1+x_2+x_3}$

15.10 $U(x, y)=10(x^{-2}+y^{-2})^{-4}$일 때 y와 x 사이의 대체탄력성을 구하라.

15.11 $y^2 e^{x+\frac{1}{y}}=3$일 때 x에 대한 y의 탄력성을 구하라.

힌트 $u=\ln x$와 $v=\ln y$로 두고, $\mathrm{El}_x y=v'_u$임을 기억하라.

15.12 다음 함수가 동차함수라면 동차성 차수를 구하라.

(a) $f(x, y)=xg\left(\dfrac{y}{x}\right)$, 여기서 g는 임의의 일변수함수이다.

(b) $F(x, y, z)=z^k f\left(\dfrac{x}{z}, \dfrac{y}{z}\right)$, 여기서 f는 임의의 이변수함수이다.

(c) $F(K, L, M, N)=K^{a-b}L^{b-c}M^{c-d}N^{d-a}$, 여기서 a, b, c, d는 상수이다.

15.13 모든 $K>0$과 $L>0$에 대해 정의된 생산함수 $F(K, L)$이 1차 동차함수라고 가정하자. 만약 $F''_{KK}<0$, 즉 자본의 한계생산이 K가 증가함에 따라 순감소한다면 $F''_{KL}>0$, 즉 자본의 한계생산은 노동 투입량이 증가할수록 순증가함을 증명하라.[16]

힌트 식 (15.6.6)이나 식 (15.6.7)을 이용하라.

15.14 동차함수의 정의인 식 (15.6.1) 또는 식 (15.7.1)에서 t^k을 임의의 함수 $g(t)$로 대체하면 동차함수 개념을 일반화할 수 없음을 보여라.

힌트 새로운 정의를 t에 대해 미분하고 $t=1$로 두어라. 그런 다음 오일러 정리를 적용하라.

15.15 다음 두 방정식은 점 $P=(x, y, u, v)=(1, 1, -1, 0)$ 근방에서 $u=u(x, y)$와 $v=v(x, y)$를 x와 y의 미분가능한 함수로 정의한다.

$$u+xe^y+v=e-1, \quad x+e^{u+v^2}-y=e^{-1}$$

이 연립방정식을 미분하고 점 P에서 u'_x, u'_y, v'_x, v'_y 값을 구하라.

15.16 노동 수요와 생산품 가격의 한 균형모형은 다음과 같은 두 방정식을 포함한다.

$$pF'(L)-w=0, \quad pF(L)-wL-B=0$$

여기서 모든 변수는 양수이고, 함수 $F(L)$은 모든 $L>0$에서 정의되고 두 번 미분가능하며 $F'(L)>0$이고 $F''(L)<0$이라고 가정하자. w, B를 외생변수로, p, L을 w와 B의 함수인 내생변수로 취급하자. 물음에 답하라.

(a) 음함수미분법을 사용하여 $\dfrac{\partial p}{\partial w}$, $\dfrac{\partial p}{\partial B}$, $\dfrac{\partial L}{\partial w}$, $\dfrac{\partial L}{\partial B}$의 식을 구하라.

(b) 이 편도함수의 부호에 대해 설명하라. 특히 $\dfrac{\partial L}{\partial w}<0$임을 보여라.

16 이를 **빅셀 법칙**(Wicksell's law)이라 부른다.

15.17 양의 지수 α와 β가 주어질 때 다음 두 방정식이 점 $P=(x,\ y,\ u,\ v)=(1,\ 1,\ 1,\ 2)$ 근방에서 $u=u(x,\ y)$와 $v=v(x,\ y)$를 x와 y의 미분가능한 함수로 정의한다.

$$u^{\alpha}+v^{\beta}=2^{\beta}x+y^{3},\quad u^{\alpha}v^{\beta}-v^{\beta}=x-y$$

(a) 연립방정식을 미분하고 점 P에서 $\dfrac{\partial u}{\partial x},\ \dfrac{\partial u}{\partial y},\ \dfrac{\partial v}{\partial x},\ \dfrac{\partial v}{\partial y}$를 구하라.

(b) $u(0.99,\ 1.01)$의 근삿값을 구하라.

15.18 어느 상품 시장에 대한 연구는 적분 $S=\int_{0}^{T}e^{-rx}\left(e^{g(T-x)}-1\right)dx$를 다룬다고 한다. 여기서 $T,\ r,\ g$는 양의 상수이다. 물음에 답하라.

(a) 다음 식이 성립함을 보여라.

$$r(r+g)S=re^{gT}+ge^{-rT}-(r+g) \tag{$*$}$$

(b) 식 $(*)$는 T를 $g,\ r,\ S$의 미분가능한 함수로 정의한다. 이 식을 이용하여 $\dfrac{\partial T}{\partial g}$의 식을 구하라.

15.19 빈티지 자동차(vintage car)의 시장 가치가 시간 t의 함수 $V(t)$로 주어지고, 유지비용이 m의 고정비율로 지속해서 발생한다고 가정하자. 그러므로 매년 고정비율 r로 연속적인 시간 할인을 적용하면 시간 t에 이 자동차를 판매할 때의 현재할인가치는 다음과 같다.

$$P(t)=V(t)e^{-rt}-\int_{0}^{t}me^{-r\tau}d\tau$$

(a) $P(t)$를 최대화하는 최적 t^{*}는 $V'(t^{*})=rV(t^{*})+m$을 만족함을 보이고, 이 조건이 의미하는 경제학적 해석을 제시하라.

(b) $P(t)$가 $t^{*}(r,\ m)$에서 극댓값을 가지기 위한 표준 이계조건 $P''(t^{*})$가 $D=V''(t^{*})-rV'(t^{*})<0$으로 나타낼 수 있음을 보여라.

(c) 편도함수 $\dfrac{\partial t^{*}}{\partial r}$과 $\dfrac{\partial t^{*}}{\partial m}$을 구하라. 그런 다음 (b)에서 도출한 조건 $D<0$을 사용하여 경제학자가 미분 값의 부호를 어떻게 해석할 수 있을지 논하라.

MEMO

CHAPTER

16

제약조건이 없는 최적화

Unconstrained Optimization

CONTENTS

처음 보면 수학처럼 순수하고 열정이 없는 과목이 우리가 사는 이 지저분하고 체계적이지 못하고 혼란스러운 세상에 쓸모 있는 무언가를 말할 수 있다는 것이 신기하게 느껴진다. 다행히도 이전에는 불가사의였던 것을 이해할 때마다 모든 것의 중심에는 질서, 패턴, 상식이 있다는 사실을 발견하게 된다.

At first sight it is curious that a subject as pure and passionless as mathematics can have anything useful to say about that messy, ill-structured, chancy world in which we live. Fortunately we find that whenever we comprehend what was previously mysterious, there is at the centre of everything order, pattern and common sense.

_ 패트릭 B.H.P. 리벳(Patrick B.H.P. Rivett, 1978)

9장은 일변수함수를 포함하는 최적화 문제를 다루었다. 하지만 흥미로운 경제학적 최적화 문제 대부분은 여러 변수를 동시에 선택해야 한다. 예를 들어 하나의 상품을 생산하는 회사가 이윤을 극대화하려면 생산량뿐만 아니라 여러 가지 다양한 투입요소의 수량까지도 결정해야 한다. 소비자는 시장에서 구매할 수 있는 여러 재화의 수량을 선택할 수도 있다.

수학적 난이도는 한 개의 변수에서 두 개의 변수로 확장되는 과정에서 이미 상당히 높아졌다. 이에 더해 경제학 교재에서는 경제학적 문제를 설명할 때 보통 이변수함수를 사용하기도 한다. 이변수함수는 평면에서 등위선을 그릴 수 있어 시각적으로 이해하기 쉽기 때문이다. 16.1절에서는 비교적 단순한 예를 통해 기본 개념과 결과를 설명한다. 16.2절, 16.3절, 16.5절에서는 이변수함수를 활용한 최적화이론을 더 체계적으로 전개한다. 16.4절은 특수한 경우로서 목적함수가 이차함수일 때의 최적화 문제를 다룬다. 마지막으로 16.6절에서는 최적화이론이 다변수함수로 어떻게 확장될 수 있을지 다룬다.

경제분석의 많은 부분은 상황이 변할 때 최적화 문제의 해가 어떻게 반응하는지 살펴보는 것을 포함한다. 이러한 상황의 변화는 종종 몇 가지 관계있는 모수 값의 변화로 묘사된다. 그러므로 기업이론에서는 투입물이든 산출물이든 간에 특정 재화의 가격이 변할 때 모든 투입물과 산출물의 최적 수량이 어떻게 변하는지, 또한 최대 이윤이 어떻게 달라지는지 살펴본다. 이러한 개념을 다룬 몇 가지 간단한 결과를 이 장의 마지막에 간단히 소개할 것이다. 이 장은 제약조건이 없는 최적화 문제를 다루고, 제약조건이 있는 최적화 문제는 17장과 18장에서 다룬다.

16.1 두 개의 선택변수 : 필요조건

xy평면의 집합 S에 정의된 미분가능한 함수 $z=f(x, y)$를 생각해보자. 14.8절에서 설명한 내부점의 정의를 상기하라. 함수 f가 집합 S의 내부점 (x_0, y_0)에서 최댓값을 갖는다고 가정하자. 이는 [그림 16.1.1]과 같이 삼차원 공간에 좌표가 $(x, y, z)=(x_0, y_0, f(x_0, y_0))$인 점 P로 나타난다.[1]

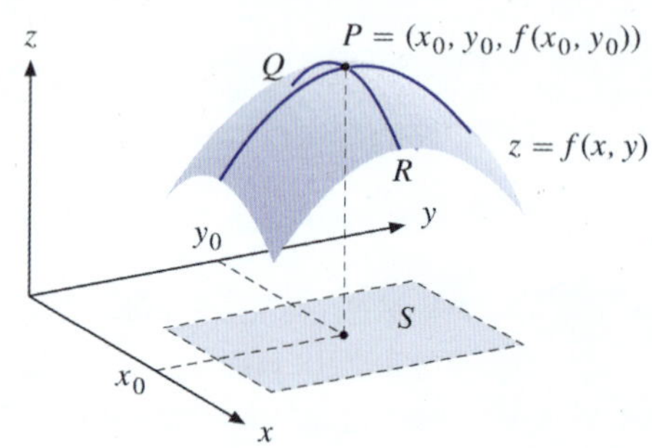

그림 16.1.1 최대점 P에서 (x_0, y_0)는 임계점이다.

이제 y를 y_0에 고정하고 D를 (x, y_0)가 S에 속하는 모든 x로 구성된 집합이라 하자. 그러면 정의역 D의 모든 x에 대해 일변수함수 $g(x)=f(x, y_0)$를 생각할 수 있다. f가 미분가능하므로 g도 미분가능하고, D의 모든 x에 대해 도함수 $g'(x)$는 정확히 편도함수 $f'_1(x, y_0)$와 서로 같다. 또한 함수 $f(x, y)$가 집합 S의 모든 (x, y)에 대해 $f(x, y) \le f(x_0, y_0)$라는 가정은 모든 $x \in D$에서 $g(x) \le g(x_0)=f(x_0, y_0)$가 성립함을 의미하므로 x_0는 D에서 g의 최댓값을 가지는 점이다. 마지막으로 (x_0, y_0)가 S의 내부점이라고 가정했으므로 S에 속한 작은 원으로 둘러싸일 수 있다. 그러므로 x_0도 D의 작은 내부점에 둘러싸일 수 있고, 이는 x_0가 D의 내부점임을 의미한다. 지금까지 전개한 논리는 [정리 9.1.1]

1 내부점 개념은 14.8절에서 이계도함수를 사용한 오목성과 볼록성 조건 (14.8.3)~(14.8.6)을 서술하기 전에 정의되었다.

의 모든 조건이 성립함을 의미한다. 이 정리에 따라 x_0에서 $g'(x_0)=0$이다. 하지만 D의 모든 x에서 $g'(x)=f'_1(x,\ y_0)$이므로 결국 $f'_1(x_0,\ y_0)=0$이다.

이번에는 y를 y_0로 고정하는 대신 x를 x_0에 고정한다고 가정하자. 그리고 y_0 근처의 모든 y에 대해 y의 일변수함수 $h(y)=f(x_0,\ y)$를 생각하자. 동일한 논리를 적용하면 h는 도함수 $h'(y)=f'_2(x_0,\ y)$를 가지는 미분가능한 함수이고, 내부점 $y=y_0$에서 최댓값을 가짐을 보일 수 있다. 그러므로 [정리 9.1.1]을 다시 적용하면 $h'(y_0)=f'_2(x_0,\ y)=0$이다.

점 $(x_0,\ y_0)$와 같이 두 일계편도함수가 0인 점을 f의 **임계점** 또는 **정지점**이라 한다. 함수 f가 S의 내부점 $(x_0,\ y_0)$에서 최솟값을 가진다면 동일한 논리에 의해 $(x_0,\ y_0)$ 역시 임계점이어야 한다. 그러므로 다음과 같은 중요한 결과를 얻는다.

정리 16.1.1 일계도함수 필요조건

미분가능한 함수 $z=f(x,\ y)$가 그 정의역의 내부점 $(x_0,\ y_0)$에서 최댓값 또는 최솟값을 가지려면, 반드시 임계점이어야 한다. 즉 점 $(x,\ y)=(x_0,\ y_0)$에서 다음 두 일계조건이 성립해야 한다.

$$f'_1(x,\ y)=0,\quad f'_2(x,\ y)=0 \tag{16.1.1}$$

[그림 16.1.2]에서 그래프의 세 점 P, Q, R은 모두 함수 f의 정의역 S에서 임계점이지만, 최댓값을 가지는 점은 P뿐이다.[2] 이 절에서는 일계조건만 고려할 것이다. 해당 점이 최댓값인지 최솟값인지 구분하는 방법은 16.2절에서 이계조건을 활용하여 설명할 것이다.

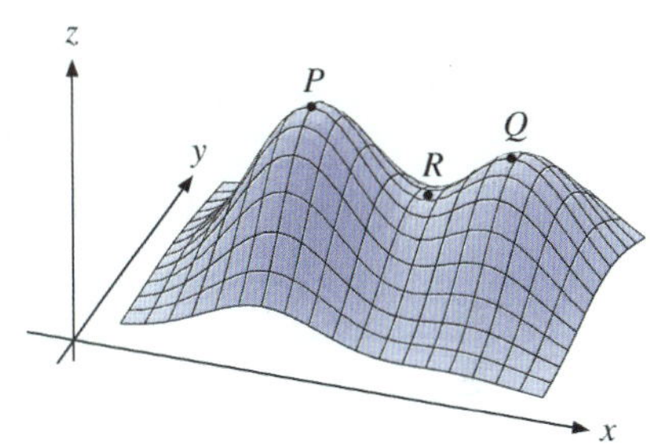

그림 16.1.2 점 P만이 최댓값을 가진다.

EX 16.1.1 모든 $(x,\ y)$에 대해 함수 f가 다음과 같이 정의된다고 하자.

$$f(x,\ y)=-2x^2-2xy-2y^2+36x+42y-158$$

f가 최댓값을 가진다고 가정하고 최댓값을 구하라.

풀이

[정리 16.1.1]을 적용하면 최대점 $(x,\ y)$는 다음 두 일계조건을 만족하는 임계점이어야 한다.

$$f'_1(x,\ y)=-4x-2y+36=0$$
$$f'_2(x,\ y)=-2x-4y+42=0$$

2 이후에 Q를 **극댓값**, R을 **안장점**(saddle point)이라 지칭할 것이다.

이 두 식은 연립일차방정식이고, 유일한 해는 $(x, y)=(5, 8)$이다. 최댓값을 갖는 점이 존재한다고 가정하면 그 좌표는 $(5, 8)$이어야 한다. f의 정의에 $(x, y)=(5, 8)$을 대입하면 함수의 최댓값은 $f(5, 8)=100$이다. 참고로 [EX 16.2.2]에서 점 $(5, 8)$이 실제 최댓값임을 증명할 것이다.

EX 16.1.2 한 회사가 두 가지 제품 A와 B를 생산한다고 하자. 하루에 A를 x단위, B를 y단위 생산하는 데 필요한 하루 생산비용은 다음과 같다. 여기서 단위는 달러이다.

$$C(x, y)=0.04x^2+0.01xy+0.01y^2+4x+2y+500$$

이 회사는 생산한 모든 제품을 판매하며 A는 단위당 15달러, B는 단위당 9달러로 책정했다고 하자. 하루 동안 이윤을 극대화하는 하루 생산량 x와 y를 구하라.

풀이

하루 동안의 이윤은 $\pi(x, y)=15x+9y-C(x, y)$이므로 생산비용함수를 대입하면 다음과 같다.

$$\begin{aligned}\pi(x, y)&=15x+9y-0.04x^2-0.01xy-0.01y^2-4x-2y-500\\&=-0.04x^2-0.01xy-0.01y^2+11x+7y-500\end{aligned}$$

두 생산량 $x>0$, $y>0$이 함께 이윤을 극대화한다면 순서쌍 (x, y)는 다음 두 일계조건을 만족해야 한다.

$$\frac{\partial\pi}{\partial x}=-0.08x-0.01y+11=0$$

$$\frac{\partial\pi}{\partial y}=-0.01x-0.02y+7=0$$

x와 y에 대한 연립일차방정식의 유일한 해는 $x=100$, $y=300$이다. 이때 최대 이윤은 $\pi(100, 300)=1100$달러이다. 이 값이 실제로 최댓값인지에 대한 증명은 16.2절 [연습문제 1]에서 다룬다.

EX 16.1.3 **(이윤 극대화)** 생산함수 $Q=F(K, L)$과 자본 투입량 $K\geq 0$, 노동 투입량 $L\geq 0$을 생각하자. 생산 단위당 가격을 p, 자본 단위당 비용(대여료)을 r, 인건비율을 w라 하자. 여기서 p, r, w는 모두 양의 상수이다. $F(K, L)$단위를 생산하고 판매하여 얻는 이윤 π는 다음과 같다.

$$\pi(K, L)=pF(K, L)-rK-wL$$

함수 F가 미분가능하고 π가 $K>0$, $L>0$에서 최댓값을 가진다면 두 일계조건은 다음과 같다.

$$\pi'_K(K, L)=pF'_K(K, L)-r=0,\quad \pi'_L(K, L)=pF'_L(K, L)-w=0$$

그러므로 $K=K^*$와 $L=L^*$에서 최대 이윤을 가질 필요조건은 다음과 같다.

$$pF'_K(K^*, L^*)=r,\quad pF'_L(K^*, L^*)=w \qquad (*)$$

식 (*)의 첫 번째 식은 자본 비용 r이 단위당 가격 p에서 평가된 자본의 한계생산에 대한 가치와 같아야 한다는 뜻이다. 자본 투입량을 K^*에서 작은 k단위만큼 늘린다고 가정하자. 그러면 이윤은 얼마나 증가하는가? 생산량은 대략 $F'_K(K^*, L^*)k$단위만큼 증가한다. 추가 생산품의 가격은 p이므로 수익은 대략 $pF'_K(K^*, L^*)k$

단위만큼 증가한다. 하지만 자본 단위당 비용이 r이므로 추가 비용이 rk단위만큼 발생한다. 이윤이 극대화되는 지점에서는 수익 증가분과 비용 증가분이 서로 같아야 한다.

식 (*)의 두 번째 식도 비슷하게 해석할 수 있다. 노동 투입량을 최적 수준 L^*에서 작은 l단위만큼 늘린다고 가정하자. 그러면 수익은 대략 $pF'_L(K^*, L^*)l$단위만큼 증가하지만, 노동 비용이 대략 wl만큼 추가될 것이다. 그러므로 이윤을 극대화하는 자본과 노동 투입량인 (K^*, L^*)에서는 어떤 투입량을 증가시켜 얻는 추가 수익이 정확하게 추가 비용과 일치한다.

경제학자들은 종종 일계조건 (*)를 양수 가격 p로 나누어 $F'_K(K, L)=\frac{r}{p}$, $F'_L(K, L)=\frac{w}{p}$와 같이 다른 형태로 나타내기도 한다. 그러므로 이 회사가 최대 이윤을 얻으려면 자본의 한계생산을 '상대' 가격 $\frac{r}{p}$과 같게 하고, 노동의 한계생산을 상대 가격 $\frac{w}{p}$와 같도록 하는 K와 L을 선택해야 한다.

식 (*)에 있는 조건은 최적해가 내부점이 되는 필요조건이지만, 일반적으로 충분조건은 아님에 유의하라. 최적값에 대한 충분조건은 [EX 16.3.3]에서 살펴볼 것이다.

EX 16.1.4 다음과 같은 [EX 16.1.3]의 특수한 경우에서 가능한 유일해를 구하라.

$$\max\ \pi(K, L)=12K^{\frac{1}{2}}L^{\frac{1}{4}}-1.2K-0.6L$$

풀이

일계조건은 다음과 같다.

$$\pi'_K(K, L)=6K^{-\frac{1}{2}}L^{\frac{1}{4}}-1.2=0,\quad \pi'_L(K, L)=3K^{\frac{1}{2}}L^{-\frac{3}{4}}-0.6=0$$

두 식에서 $K^{-\frac{1}{2}}L^{\frac{1}{4}}=K^{\frac{1}{2}}L^{-\frac{3}{4}}=0.2=\frac{1}{5}$이고, 첫 번째 식의 양변에 $K^{\frac{1}{2}}L^{\frac{3}{4}}$을 곱하면 $L=K$이다. 그러므로 $K^{-\frac{1}{4}}=L^{-\frac{1}{4}}=\frac{1}{5}$이다. 따라서 $K=L=5^4=625$가 가능한 유일해이다. 이 값이 실제로 최댓값인지에 대한 증명은 [EX 16.2.3]에서 살펴볼 것이다.

EX 16.1.5 한 회사가 국내 시장에서 독점이지만, 세계 시장에서는 상품 가격 p_w를 주어진 값으로 받아들인다고 하자. 이 회사가 두 시장에서 판매하는 수량을 각각 x_d와 x_w로 표기하자. 국내 시장에서 생성된 가격은 판매량의 함수로서 다음과 같은 역수요함수로 주어진다고 가정하자.

$$p_d=P(x_d)$$

또한 x단위를 생산하는 데 필요한 총비용은 국내 시장과 세계 시장의 배분 비중과 관계없이 $C(x)$라고 가정하자.

(a) 이 회사의 이윤함수 $\pi(x_d, x_w)$를 구하고 이윤이 최대가 되는 조건 $x_d>0$, $x_m>0$에서 일계조건을 나타내라. 이 조건을 경제학적으로 해석하라.

(b) 국내 시장에서 회사가 상대하는 수요곡선의 가격탄력성이 상수 -2라고 가정하자. 국내 시장과 세계 시장에서의 가격 간 관계를 구하라.

풀이

(a) 국내 시장에서 가격 $p_d = P(x_d)$로 x_d단위 판매할 때의 수익은 $P(x_d) \cdot x_d$이고, 세계 시장에서의 수익은 $p_w x_w$이다. 따라서 이윤함수는 $\pi = \pi(x_d,\ x_w) = P(x_d)x_d + p_w x_w - C(x_d + x_w)$이다. 이제 이윤을 극대화하는 두 일계조건은 다음과 같다.

$$\pi'_1 = p_d + P'(x_d)x_d - C'(x_d + x_w) = 0 \tag{*}$$

$$\pi'_2 = p_w - C'(x_d + x_w) = 0 \tag{**}$$

식 (**)에 따르면 세계 시장에서는 한계 비용이 가격 p_w와 같아야 한다. 이는 세계 시장에서 가격이 한계 수익과 동일하다는 의미이다. 국내 시장에서도 한계 비용은 역시 한계 수익과 동일해야 하며, 이때 한계 수익은 $p_d + P'(x_d)x_d$이다.

이 회사가 국내 시장에서 생산량을 약간 더 늘려 판매한다고 가정하자. 이때 추가 생산으로 인해 단위당 추가 수익은 p_d에서 시작하지만, 전체 판매량 증가로 인해 가격이 하락하면서 기존 판매분에서 손실이 발생한다. 이 손실의 크기는 대략 $P'(x_d)x_d$이다. 추가 생산 단위당 비용은 한계 비용 $C'(x_d + x_w)$에 해당한다. 따라서 조건 (*)는 추가 생산으로 인한 단위당 국내 수익 증가분이 비용 증가분과 정확히 일치해야 한다는 뜻이다.

(b) 국내 시장에서 회사가 상대하는 수요곡선의 가격탄력성이 상수 -2이므로 $\text{El}_{p_d} x_d = \left(\frac{p_d}{x_d}\right)\left(\frac{dx_d}{dp_d}\right) = -2$이다. 역함수미분법을 적용하면 다음을 얻는다.

$$P'(x_d) = \frac{dp_d}{dx_d} = \frac{1}{\left(\frac{dx_d}{dp_d}\right)} = -\frac{1}{2}\frac{p_d}{x_d} \tag{***}$$

이제 식 (*), (**), (***)를 조합하면 $\frac{1}{2}p_d = C'(x_d + x_w) = p_w$이다. 즉 국내 시장에서 회사가 받는 가격 p_d는 세계 시장에서 결정된 가격 p_w의 2배이다. 이는 이 회사가 국내 시장을 독점하고 있어 가격을 조정할 수 있는 반면에 세계 시장에서는 주어진 가격을 받아들여야 하기 때문이다.

16.1 연습문제

1 함수 f가 모든 $(x,\ y)$에 대해 다음과 같이 정의되고, 최댓값을 가진다.

$$f(x,\ y) = -2x^2 - y^2 + 4x + 4y - 3$$

최댓값을 가지는 x와 y 값을 구하라.

2 함수 f가 모든 $(x,\ y)$에 대해 다음과 같이 정의된다.

$$f(x,\ y) = x^2 + y^2 - 6x + 8y + 35$$

(a) 이 함수는 최소점을 가진다. 최소점을 구하라.

(b) $f(x,\ y)$를 $f(x,\ y) = (x-3)^2 + (y+4)^2 + 10$의 형태로 나타낼 수 있음을 보여라. 이 식이 (a)에서 실제로 최소점을 구했음을 보여주는 이유를 설명하라.

3 [EX 16.1.3]의 이윤극대화 문제에서 $p = 1$, $r = 0.65$, $w = 1.2$라 하고 다음을 가정하자.

$$F(K,\ L) = 80 - (K-3)^2 - 2(L-6)^2 - (K-3)(L-6)$$

이윤을 극대화하는, 유일하게 가능한 K와 L 값을 구하라.

4 한 회사의 연 이윤함수가 다음과 같다고 가정하자.

$$P(x, y) = -x^2 - y^2 + 22x + 18y - 102$$

여기서 x와 y는 각각 제품 개발과 광고에 사용한 연간 비용이다.

(a) $x = 10$, $y = 8$일 때와 $x = 12$, $y = 10$일 때 회사의 연 이윤을 구하라.

(b) 이윤을 극대화하는, 유일하게 가능한 x와 y 값을 구하라. 이때 최대 이윤을 구하라.

16.2 두 개의 선택변수 : 충분조건

충분조건으로서의 오목성 또는 볼록성

우선 8장과 9장에서 다룬 몇 가지 중요한 결과를 상기하자. 일변수함수 f가 수직선 구간 I에서 정의된 오목함수라고 가정하자. [정리 8.4.1]에서 소개한 상위기울기 성질을 상기하면 미분가능한 임의의 내부점에서 함수의 기울기가 상위기울기이다. 그리고 이 기울기를 가지는 접선이 함수의 그래프 위에 놓인다. 이 결과를 바탕으로 [정리 9.2.2]에서는 구간 I의 내부 임계점이 최대점이 되기 위한 간단한 충분조건을 제시했다. 즉 함수 f가 오목하면 내부 임계점은 최대점이다. 이러한 결론이 성립하는 이유는 임계점에서 함수 f의 기울기가 0이 되기 때문이다. 그러므로 오목함수의 상위기울기 성질에 따라 임계점에서 상위기울기가 0이 되어야 하고, 이는 바로 그 임계점이 최대점임을 의미한다.

이 결과는 심지어 함수 f가 구간 I의 여러 점에서 미분불가능하더라도 성립한다. 중요한 것은 함수가 내부 임계점에서 미분가능해야 한다는 점이다. 이는 오목함수가 해당 점에서 최댓값을 갖기 위한 충분조건이 된다. 유사하게 구간 I의 내부 임계점이 최소점이 되기 위한 충분조건은 f가 볼록함수라는 것이다.

이변수함수에서도 유사한 결과가 성립한다. 먼저 14.7절에서 정의한 볼록집합의 개념을 상기하자. 즉 xy평면에서 어떤 집합 S에 속하는 임의의 두 점 P와 Q를 연결하는 선분이 모두 S에 포함되면 집합 S는 볼록집합이다. 또한 14.8절에서 정의한 오목함수와 볼록함수의 개념도 상기하자. 이제 이변수함수 $z = f(x, y)$가 볼록집합 S에서 정의된 오목함수라고 하자. 함수 f가 미분가능한 임의의 내부점 (x^0, y^0)에서 기울기 벡터 $\nabla f(x^0, y^0) = (f'_1(x^0, y^0), f'_2(x^0, y^0))$와 점 (x^0, y^0)에서의 접평면을 다음과 같이 생각하자.

$$z - f(x^0, y^0) = f'_1(x^0, y^0)(x - x^0) + f'_2(x^0, y^0)(y - y^0) \tag{16.2.1}$$

[정리 15.8.3]의 상위기울기 성질에 따르면 오목함수 f의 기울기 벡터 $\nabla f(x^0, y^0)$은 상위기울기 벡터이고, 이 접평면이 함수의 그래프 위에 놓인다. 즉 S에 속한 모든 (x, y)에 대해 다음 부등식이 성립한다.

$$f(x, y) - f(x^0, y^0) \le f'_1(x^0, y^0)(x - x^0) + f'_2(x^0, y^0)(y - y^0) \tag{16.2.2}$$

[정리 16.1.1]에 따라 내부 임계점 (x^0, y^0)에서 함수 f의 기울기 벡터 $\nabla f(x^0, y^0)$는 영벡터 $(0, 0)$이다. $f'_1(x^0, y^0) = f'_2(x^0, y^0) = 0$을 식 (16.2.2)에 대입하면 집합 S의 모든 (x, y)에 대해 다음을 얻는다.

$$f(x, y) - f(x^0, y^0) \le 0 \tag{16.2.3}$$

즉 내부 임계점 (x^0, y^0)가 오목함수 f의 최대점임을 의미한다. 또한 함수 f가 볼록하고 $-f$가 오목하면 내부 임계점 (x^0, y^0)는 오목함수 $-f$의 최대점이다. 이는 볼록함수 f에서 최소점임을 의미한다. 이제 다음과 같은 중요한 결과를 얻었다.

정리 16.2.1 충분조건으로서의 오목성 또는 볼록성

함수 $z=f(x, y)$가 볼록 정의역 S에서 정의되고 (x^0, y^0)가 S의 내부 임계점이라 가정하자.

❶ 함수 f가 오목함수이면 점 (x^0, y^0)는 최대점이다.

❷ 함수 f가 볼록함수이면 점 (x^0, y^0)는 최소점이다.

오목성 또는 볼록성에 대한 이계조건

함수 f의 이계편도함수에 대한 조건을 찾고, 이 조건이 오목성 또는 볼록성을 보장하는지 살펴보자. 이는 [정리 16.2.1]을 적용하는 데 필요하다. 먼저 일변수함수 f가 실수직선의 구간 I에서 정의되고 두 번 미분가능하다고 가정하자. 식 (8.5.3)에 따르면 함수 f가 구간 I에서 오목함수일 필요충분조건이 '구간 I의 내부에 있는 모든 x에 대해 $f''(x) \le 0$'이다. 마찬가지로 식 (8.5.4)에 따르면 함수 f가 구간 I에서 오목함수일 필요충분조건이 '구간 I의 내부에 있는 모든 x에 대해 $f''(x) \ge 0$'이다.

이변수함수에 대해 식 (14.8.3)~(14.8.6)에서 **이계편도함수**를 이용한 순오목성 또는 순볼록성에 대한 충분조건을 제시했다. 만약 함수가 내부 임계점을 가진다면 이 조건을 통해 그래프의 형태가 [그림 16.1.1]과 같은지 판별할 수 있다.

[그림 16.1.1]과 같이 곡선 QPR이 xz평면과 평행한 경우를 생각해보자. 이 곡선은 일변수 오목함수의 그래프이며, 이는 $f''_{11}(x, y) \le 0$임을 의미한다. 이와 비슷하게 yz평면에 평행한 곡선도 일변수 오목함수이므로 $f''_{22}(x, y) \le 0$이다. 일반적으로 이계편도함수 $f''_{11}(x, y) \le 0$과 $f''_{22}(x, y) \le 0$이 성립한다고 해서 함수가 반드시 오목하다고는 할 수 없다. 즉 이러한 조건만으로는 함수의 그래프가 [그림 16.1.1]과 유사한 형태를 띠는지 보장할 수 없다. 이를 다음 예에서 확인할 수 있다.

EX 16.2.1 함수 $f(x, y)=3xy-x^2-y^2$의 이계편도함수는 $f''_{11}(x, y)=f''_{22}(x, y)=-2$이다. 따라서 xz평면과 평행한 곡선의 방정식은 특정한 y_0에 대한 식 $z=3xy_0-x^2-y_0^2$으로 주어진다. 이 함수는 오목한 포물선이다. yz평면에 평행한 곡선도 마찬가지로 오목하다. 하지만 $y=x$라면 함수는 $f(x, x)=x^2$으로 간단해진다. 이 함수의 그래프는 오목한 포물선이 아닌 볼록한 포물선이다. 그러므로 f는 유일한 임계점인 $(0, 0)$에서 최댓값이나 최솟값을 가지지 않는다.

[EX 16.2.1]이 보여주는 바는 다음과 같다. 함수 f의 그래프가 [그림 16.1.1]의 그래프와 유사한 형태를 가지도록 보장하려면 이계교차편도함수 $f''_{12}(x, y)$를 무시하지 말아야 한다. 이변수함수 $z=f(x, y)$가 볼록 정의역 S에서 정의되고 두 번 미분가능하다고 하자. 함수 f가 오목하기 위한 이계조건은 식 (14.8.3)에 제시되어

있고, 함수 f가 볼록하기 위한 조건은 식 (14.8.4)에 제시되어 있다. 이러한 이계조건을 활용하여 [정리 16.2.1]을 보완하면 내부 임계점이 최대점이나 최소점이 되기 위한 충분조건을 도출할 수 있다.

정리 16.2.2 최댓값과 최솟값의 충분조건

함수 $f(x, y)$가 볼록집합 S에서 정의되고 두 번 이계 미분가능한 함수(C^2함수)이고, 점 (x^0, y^0)가 내부 임계점이라고 가정하자.

❶ S에 속한 모든 (x, y)에 대해 다음이 성립하면 f는 오목하고, (x^0, y^0)는 S에서 $f(x, y)$의 최대점이다.

$$f''_{11}(x, y) \le 0, \quad f''_{22}(x, y) \le 0, \quad f''_{11}(x, y)f''_{22}(x, y) - \{f''_{12}(x, y)\}^2 \ge 0$$

❷ S에 속한 모든 (x, y)에 대해 다음이 성립하면 f는 오목하고, (x^0, y^0)는 S에서 $f(x, y)$의 최소점이다.

$$f''_{11}(x, y) \ge 0, \quad f''_{22}(x, y) \ge 0, \quad f''_{11}(x, y)f''_{22}(x, y) - \{f''_{12}(x, y)\}^2 \ge 0$$

[정리 16.2.2]의 조건 ❶은 내부 임계점이 최대점이 되기 위한 충분조건이지만 필요조건은 아니다. 이는 [그림 16.1.2]의 함수에서 볼 수 있다. 이 함수는 점 P에서 최댓값을 가지지만, 조건 ❶이 정의역 전체에서 성립하지는 않는다.

EX 16.2.2 [EX 16.1.1]에서 찾은 임계점이 최댓값임을 보여라.

풀이

함수 f의 일계편도함수는 $f'_1(x, y) = -4x - 2y + 36$과 $f'_2(x, y) = -2x - 4y + 42$이다. 또한 이계편도함수는 $f''_{11} = -4$, $f''_{12} = -2$, $f''_{22} = -4$이다. 그러므로 $f''_{11}(x, y) \le 0$, $f''_{22}(x, y) \le 0$이고 다음이 성립한다.

$$f''_{11}(x, y)f''_{22}(x, y) - \{f''_{12}(x, y)\}^2 = 16 - 4 = 12 \ge 0$$

[정리 16.2.2]의 조건 ❶에 의해 이 부등식들은 임계점 (5, 8)이 최대점임을 보장한다.

EX 16.2.3 [EX 16.1.4]에서 찾은 임계점이 최댓값임을 보여라.

풀이

모든 $K > 0$과 $L > 0$에 대해 이계편도함수는 다음과 같다.

$$\pi''_{KK} = -3K^{-\frac{3}{2}}L^{\frac{1}{4}}, \quad \pi''_{KL} = \frac{3}{2}K^{-\frac{1}{2}}L^{-\frac{3}{4}}, \quad \pi_{LL} = -\frac{9}{4}K^{\frac{1}{2}}L^{-\frac{7}{4}}$$

분명히 $\pi''_{KK} < 0$이고 $\pi''_{LL} < 0$이다. 또한 다음을 얻는다.

$$\pi''_{KK}\pi''_{LL}-(\pi''_{KL})^2=\frac{27}{4}K^{-1}L^{-\frac{3}{2}}-\frac{9}{4}K^{-1}L^{-\frac{3}{2}}=\frac{9}{2}K^{-1}L^{-\frac{3}{2}}>0$$

세 식의 부호를 통해 임계점 $(K, L)=(625, 625)$가 이윤을 극대화함을 알 수 있다.

이 절의 마지막에서는 변수 선택이 제약을 받는 최적화 문제 두 가지를 다룬다. 그러나 간단한 변환을 통해 문제를 지금까지 논의한 바와 같이 제약조건이 없는 형태로 변환할 수 있다.

EX 16.2.4 [EX 16.1.2]에서 다룬 회사가 생산하는 모든 제품이 공해를 유발한다고 가정하자. 따라서 법적으로 두 가지 제품의 생산량 합이 총 320단위를 초과할 수 없도록 제한되었다. 그러면 이 회사의 최적화 문제는 다음과 같이 변경된다.

$$\begin{aligned}&\text{max} && -0.04x^2-0.01xy-0.01y^2+11x+7y-500\\ &\text{subject to} && x+y=320\end{aligned}$$

이를 만족하는 두 가지 제품의 최적 생산량을 구하라.

풀이

이 회사는 여전히 이윤을 극대화하기를 원한다. 하지만 제약조건 $y=320-x$로 인해 이윤을 x만의 함수로 표현할 수 있다. 새로운 이윤함수는 다음과 같다.

$$\hat{\pi}(x)=-0.04x^2-0.01x(320-x)-0.01(320-x)^2+11x+7(320-x)-500$$

이 함수를 미분하면 $\hat{\pi}'(x)=-0.08x+7.2$이므로 $x=\frac{7.2}{0.08}=90$에서 $\hat{\pi}(x)=0$이다. 하지만 모든 x에 대해 $\hat{\pi}''(x)=-0.08<0$이므로 임계점 $x=90$에서 이윤 $\hat{\pi}$이 극대화된다. 이에 해당하는 y 값은 $y=320-90=230$이고, 최대 이윤은 1,040달러이다.

EX 16.2.5 한 회사가 동일한 제품을 생산하는 세 개의 공장을 운영하고 있다. 세 공장의 생산 수량을 각각 x, y, z로 나타내며, 총 2,000단위의 주문을 만족해야 하므로 제약조건이 $x+y+z=2000$이다. 세 공장의 비용함수는 다음과 같다고 가정하자.

$$C_1(x)=200+\frac{1}{100}x^2,\quad C_2(y)=200+y+\frac{1}{300}y^3,\quad C_3(z)=200+10z$$

총비용 $C(x, y, z)=C_1(x)+C_2(y)+C_3(z)$를 최소화하는 x, y, z 값을 구하라.

풀이

제약조건 $x+y+z=2000$을 z에 대해 풀면 $z=2000-x-y$이다. 이 식을 비용함수에 대입하면 다음을 얻는다.

$$\hat{C}(x, y)=C_1(x)+C_2(y)+C_3(2000-x-y)=\frac{1}{100}x^2-10x+\frac{1}{300}y^3-9y+20600$$

모든 $\hat{C}$의 임계점은 다음 두 식을 만족해야 한다.

$$\hat{C}_1'(x,\ y)=\frac{1}{50}x-10=0,\quad \hat{C}_2'(x,\ y)=\frac{1}{100}y^2-9=0$$

$y<0$인 해를 제외하고 경제학적으로 타당하면서 유일한 해 $x=500$, $y=30$을 택한다. 따라서 $z=1470$이다. 이 값에 해당하는 총비용 C는 17920이다.

$\hat{C}$의 이계편도함수는 다음과 같다.

$$\hat{C}_{11}''(x,\ y)=\frac{1}{50},\quad \hat{C}_{12}''(x,\ y)=0,\quad \hat{C}_{22}''(x,\ y)=\frac{1}{50}y$$

모든 $x\geq 0$, $y\geq 0$에 대해 $\hat{C}_{11}''(x,\ y)\geq 0$, $\hat{C}_{22}''(x,\ y)\geq 0$이며 다음을 얻는다.

$$\hat{C}_{11}''(x,\ y)\hat{C}_{22}''(x,\ y)-\hat{C}_{12}''(x,\ y)^2=\frac{y}{2500}\geq 0$$

이제 [정리 16.2.2]의 조건 ❷를 적용하면 $x\geq 0$, $y\geq 0$, $x+y\leq 2000$을 만족하는 볼록 정의역에서 점 $(500,\ 30)$이 $\hat{C}$의 최소점임을 증명할 수 있다. 그러므로 점 $(500,\ 30,\ 1470)$이 $x\geq 0$, $y\geq 0$, $z\geq 0$, $x+y+z=2000$을 만족하는 $(x,\ y,\ z)$의 정의역에서 C의 최소점이다.

16.2 연습문제

1 다음 각 경우에서 실제로 최댓값을 찾았는지 증명하라.

(a) [EX 16.1.2]의 경우

(b) [EX 16.1.1]의 경우

(c) [EX 16.1.3]의 경우

2 한 회사가 두 종류의 상품 A와 B를 생산한다고 하자. 하루에 A를 x단위, B를 y단위 생산할 때 하루 총생산비용은 다음과 같다.

$$C(x,\ y)=2x^2-4xy+4y^2-40x-20y+514$$

이 회사가 A를 단위당 24달러, B를 단위당 12달러로 판매한다고 가정하자.

(a) 이윤을 극대화하는 하루 생산량 x, y 값을 구하라.

(b) 이 회사가 두 상품을 합쳐 하루에 54단위를 정확하게 생산해야 한다면, 최적 생산량은 어떻게 되는가?

3 제약조건 $x+3y+4z=108$, $x>0$, $y>0$, $z>0$을 만족하는 효용함수 $U(x,\ y,\ z)=xyz$를 극대화하라. 변수 x를 제거하고 y와 z만의 함수를 적절히 정의하여 문제를 풀어라.

4 한 독점기업이 두 제품에 대해 받는 단위당 가격 p와 q는 역수요함수 $p=25-x$와 $q=24-2y$에 의해 결정된다. 여기서 x와 y는 이 독점기업이 선택하는 각 제품의 생산량이다. 첫 번째 제품을 x단위 생산하고 두 번째 제품을 y단위 생산할 때 총생산비용함수는 $C(x,\ y)=3x^2+3xy+y^2$이다.

(a) 이 기업이 첫 번째 제품을 x단위, 두 번째 제품을 y단위 생산하고 판매한다고 하자. 이때 이윤함수 $\pi(x,\ y)$를 구하라.

(b) $\pi(x,\ y)$를 극대화하는 x, y 값을 구하라. 구한 결과가 실제로 이윤을 극대화하는 값인지 확인하라.

5 한 회사가 두 가지 제품을 생산하며, 제품 1을 x단위, 제품 2를 y단위 생산할 때 총생산비용은 다음과 같다.

$$C(x,\ y)=x^2+xy+y^2+x+y+14$$

이 회사가 제품 1, 2를 각각 p와 q의 가격으로 판매한다고 가정하자. 여기서 p, q는 양수이다. $\frac{1}{2}p+\frac{1}{2}<q<2p-1$을 가정할 때, 이윤을 극대화하는 x와 y 값을 구하라.

6 한 회사의 이윤함수가 $\pi(x, y) = px + qy - \alpha x^2 - \beta y^2$이라 하자. 여기서 p와 q는 각 제품의 단위당 가격이고 $\alpha x^2 + \beta y^2$은 첫 번째 제품 x단위와 두 번째 제품 y단위를 생산하고 판매하는 총비용이다. 모든 상수는 양수이다.

(a) 이윤을 극대화하는 x, y 값을 구하라. 이 값을 각각 x^*와 y^*로 표기하자. 이계조건을 만족하는지 확인하라.

(b) 함수 π^*를 정의하여 $\pi^*(p, q) = \pi(x^*, y^*)$가 가격 p와 q에서 회사의 최대 이윤이 되도록 하라. 또한 $\dfrac{\partial \pi^*(p, q)}{\partial p} = x^*$와 $\dfrac{\partial \pi^*(p, q)}{\partial q} = y^*$임을 확인하라. 이 두 방정식의 경제학적 의미를 설명하라.

7 제약조건 $4x + 2y - z = 5$가 주어질 때 $x^2 + y^2 + z^2$의 최솟값을 구하라.[3]

8 A, a, b는 양의 상수이고, p, q, r은 임의의 상수라고 가정하자. $a + b \le 1$일 때 $x > 0$, $y > 0$에 대해 함수 $f(x, y) = Ax^a y^b - px - qy - r$이 오목함을 보여라.

16.3 국소극점

경제학에서는 꽤 자주 이변수함수의 **국소극점**(local extreme point)을 생각할 필요가 있다. 여기서는 9.6절에서 제시한 일변수함수의 개념과 결과를 확장한다. 즉 집합 S에서 점 (x^0, y^0)가 함수 f의 **극대점**이라 하는 것은, (x, y)가 S의 점이고 (x^0, y^0)에 충분히 가까울 때 $f(x, y) \le f(x^0, y^0)$가 성립하는 경우를 의미한다. 더 정확하게 정의하면 양수 r이 존재해서 반지름 r인 원 내부의 S에 속한 모든 (x, y)에 대해 부등식 $f(x, y) \le f(x^0, y^0)$가 성립하면 (x^0, y^0)는 극대점이다. 만약 $(x, y) \ne (x^0, y^0)$에 대해 부등식이 등호를 제외하고 성립한다면 (x^0, y^0)는 **순극대점**이다.

극소점과 **순극소점** 역시 동일한 방식으로 정의되고, 극대점과 순극대점의 정의에서 부등식 방향만 바뀐다. 또한 **극댓값**, **극솟값**, **국소극점**, **국솟값**의 의미도 분명하다. 이러한 정의에서 대역적(global) 극점이 항상 국소극점임을 알 수 있다. 그러나 그 역은 성립하지 않는다.

최대점이나 최소점을 찾을 때 [정리 16.1.1]에서 제시한 일계도함수 필요조건이 매우 유용하다. 국소극점에도 같은 조건을 적용할 수 있다. 즉 **미분가능한 함수의 정의역 내부에 있는 임의의 국소극점은 임계점이어야 한다.** 이는 [정리 16.1.1]의 증명에서도 최적점 근방에서 그 함수의 움직임만 생각하면 충분했기 때문이다. 평면상의 집합 S에서 정의된 임의의 미분가능한 함수 $z = f(x, y)$에 대해 국소극점이 될 수 있는 점은 반드시 임계점이어야 한다. 하지만 임계점은 국소극점이 아닐 수 있다. 실제로 [그림 16.3.1]에서 원점 $(0, 0)$과 같이 f의 임계점 (x^0, y^0)가 극대점도 아니고 극소점도 아닌 경우가 있다. [그림 16.3.1]의 그래프는 말안장(saddle)처럼

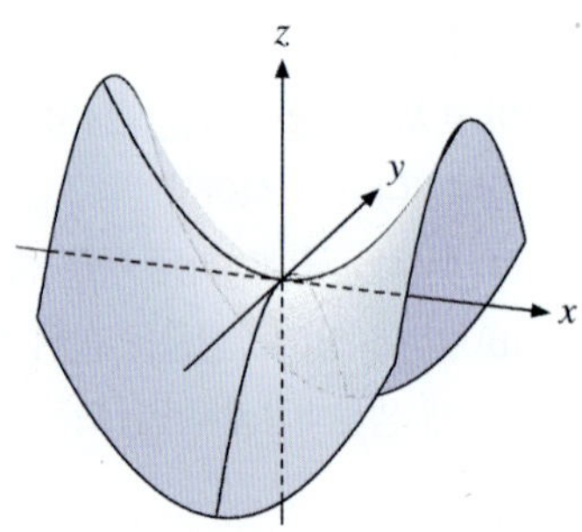

그림 16.3.1 $(0, 0)$이 안장점인 $z = x^2 - y^2$의 그래프

3 기하적으로 이 문제는 평면 $4x + 2y - z = 5$에서 원점과 가장 가까운 점을 구하는 것이다.

생겼기 때문에 이 임계점을 f의 **안장점**(saddle point)이라 부른다. 더 정확하게 말하면 $(x^0,\ y^0)$에 가까운 점 $(x,\ y)$와 $(x',\ y')$이 존재해서 $f(x,\ y) < f(x^0,\ y^0)$와 $f(x',\ y') > f(x^0,\ y^0)$를 만족하면 $(x^0,\ y^0)$를 안장점이라 한다.

EX 16.3.1 함수 $f(x,\ y) = x^2 - y^2$에서 $(0,\ 0)$이 안장점임을 보이고 f의 그래프를 그려라.

풀이

$(0,\ 0)$이 임계점임을 보이는 것은 간단하고, 이때 $f(0,\ 0) = 0$이다. 게다가 $f(x,\ 0) = x^2$과 $f(0,\ y) = -y^2$이므로 $f(x,\ y)$는 원점 근처에서 양의 값과 음의 값을 모두 가진다. 따라서 $(0,\ 0)$이 안장점임을 알 수 있다. 함수 f의 그래프는 [그림 16.3.1]과 같다.

국소극점과 안장점은 히말라야 산맥의 지형을 생각하면 쉽게 이해할 수 있다. 모든 산의 정상은 극대점이지만, 가장 높은 에베레스트산이 대역적 최대점이다. 반대로 호수나 빙하의 가장 깊은 지점은 극소점이다. 또한 산길마다 안장점이 존재하는데, 이는 한 방향에서는 가장 높은 점이지만 다른 방향에서는 가장 낮은 점이다. 그런데 [그림 16.3.2]의 곡면과 같이 모든 안장점이 [그림 16.3.1]처럼 깔끔한 형태를 가지는 것은 아니다.

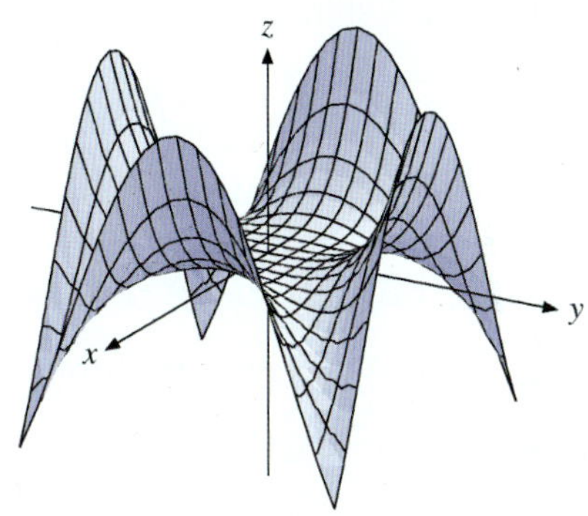

그림 16.3.2 $(0,\ 0)$이 안장점인 $z = x^4 - 3x^2y^2 + y^4$의 그래프

지금까지의 정의에 따르면 함수의 임계점은 극대점, 극소점, 안장점 중 하나에 속한다. 그렇다면 이 세 가지를 어떻게 구분할 수 있는가?

먼저 $z = f(x,\ y)$가 점 $(x^0,\ y^0)$에서 극댓값을 가지는 경우를 생각해보자. 두 함수 $g(x) = f(x,\ y^0)$와 $h(y) = f(x^0,\ y)$는 함수 f가 직선 $y = y^0$와 $x = x^0$를 따라 움직이는 모습을 나타낸다. [그림 16.1.1]에서 볼 수 있듯이 함수 g와 h는 각각 x^0와 y^0에서 극댓값을 가져야 한다. 그러므로 두 이계조건이 성립해야 한다.

$$g''(x^0) = f''_{11}(x^0,\ \ y^0) \le 0,\quad h''(x^0) = f''_{22}(x^0,\ y^0) \le 0$$

반면 $g''(x^0) < 0$이고 $h''(y^0) < 0$을 만족하는 g와 h는 실제로 각각 x^0와 y^0에서 극솟값을 가진다. 즉 $f''_{11}(x^0,\ y^0) < 0$, $f''_{22}(x^0,\ y^0) < 0$이면 어떤 함수 $f(x,\ y)$가 점 $(x^0,\ y^0)$을 지나는 특정한 두 방향(즉 x축과 y축에 평행한 방향)에서 극소점을 가짐을 보장한다. 하지만 $f''_{11}(x^0,\ y^0)$과 $f''_{22}(x^0,\ y^0)$의 부호만으로는 $(x^0,\ y^0)$에서 다른 방향으로 이동할 때 함수 $f(x,\ y)$의 움직임을 완전히 설명할 수 없다. [EX 16.3.1]이 이 점을 잘 보여준다. 그러므로 이변수함수 f에 대한 올바른 이계도함수 판정을 위해 이계 교차편도함수 $f''_{12}(x^0,\ y^0)$도 반드시 살펴보아야 한다. 이는 16.2절에서도 필요했던 이유와 동일하다.

구간 I에 정의된 일변수함수 $f(x)$에 대해 x^0가 I 내부의 임계점이라 하자. [정리 9.2.2]에 따르면 I 전체에서 부등식 $f''(x) \le 0$이 성립한다면 f는 오목하고 x^0는 최대점이다. 반면 [정리 9.6.2]에 따르면 f가 x^0 근처에서 두 번 연속으로 미분가능하고 그 임계점에서 부등식 $f''(x^0) < 0$이 성립한다면 x^0는 순극대점이다. x^0가

최소점 또는 극소점이 되는 경우도 방금 한 방식을 대칭적으로 수행하여 판별할 수 있다.

다음으로 평면집합 S에서 정의된 이변수함수 $f(x, y)$와 S의 내부에 있는 임계점 (x^0, y^0)을 생각해보자. 만약 정의역 S가 볼록하다고 하자. [정리 16.2.2]에 따라 세 부등식 $f''_{11}(x, y) \le 0$, $f''_{22}(x, y) \le 0$, $f''_{11}(x, y)f''_{22}(x, y) - \{f''_{12}(x, y)\}^2 \ge 0$이 모두 S 전체에서 성립한다면 f는 오목함수이고 (x^0, y^0)는 최대점이다. 이와 대칭적으로 최소점을 판별하는 조건도 쉽게 유도할 수 있다. 이제 일변수함수와 마찬가지로 부등식들이 임계점에서만 등호가 성립하지 않는 부등식으로 바꾼다면 그 점이 순극대점 또는 순극소점이기 위한 충분조건이 된다. 다음 정리가 이를 설명한다.

정리 16.3.1 국소극점에 대한 이계도함수 판정법

함수 $f(x, y)$가 정의역 S에서 이계연속(C^2함수)이라 가정하자. (x^0, y^0)가 S의 내부 임계점이라 하고, 다음을 정의하자.

$$A = f''_{11}(x^0, y^0), \quad B = f''_{12}(x^0, y^0), \quad C = f''_{22}(x^0, y^0)$$

그러면 다음이 성립한다.

❶ $A < 0$이고 $AC - B^2 > 0$이면 (x^0, y^0)는 순극대점이다.

❷ $A > 0$이고 $AC - B^2 > 0$이면 (x^0, y^0)는 순극소점이다.

❸ $AC - B^2 < 0$이면 (x^0, y^0)는 안장점이다.

❹ $AC - B^2 = 0$이면 (x^0, y^0)는 극대점, 극소점, 안장점일 수 있다.

조건 $AC - B^2 > 0$이 ❶, ❷에서 사용되었음을 주목하자. 이 조건은 $AC > B^2 \ge 0$을 의미한다. 따라서 $AC > 0$이다. 즉 A와 C가 모두 양수이거나 모두 음수여야 한다. 따라서 ❶의 부등식 $C < 0$ 또는 ❷의 부등식 $C > 0$은 다른 가정들에 의해 자동으로 포함된다.

조건 ❶, ❷, ❸을 보통 **이계조건**(second-order condition)이라 한다. 이 조건들은 각각 임계점이 순극대점, 순극소점, 안장점이 되기 위한 충분조건임을 기억하라. 이 중 어느 것도 충분조건은 아니다. ❹의 결론은 [연습문제 4]에서 $AC - B^2 = 0$인 임계점이 극대점, 극소점, 안장점 중 어느 것도 가능함을 보여주면서 낼 것이다. 이때 이계도함수 판정법을 통해 결론을 내릴 수 없다. [정리 16.3.1]의 증명은 이 장의 마지막에서 다룰 것이다.

EX 16.3.2 함수 $f(x, y) = x^3 - x^2 - y^2 + 8$의 임계점을 찾고 분류하라.

풀이

임계점은 두 방정식 $f'_1(x, y) = 3x^2 - 2x = 0$과 $f'_2(x, y) = -2y = 0$을 만족해야 한다. 첫 번째 방정식을 정리하면 $3x^2 - 2x = x(3x - 2)$이므로 해가 $x = 0$과 $x = \frac{2}{3}$이다. 두 번째 방정식의 해는 $y = 0$이므로 임계점은 $(0, 0)$과 $\left(\frac{2}{3}, 0\right)$이다.

이계편도함수를 구하면 $f''_{11}(x, y) = 6x - 2$, $f''_{12}(x, y) = 0$, $f''_{22}(x, y) = -2$이다. [정리 16.3.1]에서 정의한 A, B, C를 사용하여 임계점을 분류하면 다음과 같다.

(x, y)	A	B	C	$AC - B^2$	분류
$(0, 0)$	-2	0	-2	4	극대점
$\left(\frac{2}{3}, 0\right)$	2	0	-2	-4	안장점

EX 16.3.3 [EX 16.1.3]에서 생산함수 F가 두 번 미분가능하다고 가정하고, 다음을 정의하자.

$$\Delta(K, L) = F''_{KK}(K, L)F''_{LL}(K, L) - \{F''_{KL}(K, L)\}^2$$

이제 (K^*, L^*)를 [EX 16.1.3]의 일계조건 (*)를 만족하는 투입량이라 하자.

(a) 다음이 성립하면 생산함수 F가 오목하고, (K^*, L^*)가 이윤을 극대화함을 증명하라.

$$\text{모든 } K \geq 0\text{과 } L \geq 0\text{에 대해 } F''_{KK}(K, L) \leq 0, \; F''_{LL}(K, L) \leq 0, \; \Delta(K, L) \geq 0 \qquad (*)$$

(b) 다음이 성립하면 (K^*, L^*)가 이윤함수의 순극대점임을 증명하라.

$$F''_{KK}(K^*, L^*) < 0, \; \Delta(K^*, L^*) > 0 \qquad (16.3.1)$$

풀이

(a) 이윤함수의 이계편도함수는 다음과 같다.

$$\pi''_{KK}(K, L) = pF''_{KK}(K, L), \; \pi''_{KL}(K, L) = pF''_{KL}(K, L), \; \pi''_{LL}(K, L) = pF''_{LL}(K, L)$$

여기서 $p > 0$이므로 [정리 16.2.2]의 ❶을 적용하면 증명된다.

(b) [정리 16.3.1]의 ❶을 적용하면 증명된다.

이계도함수 판정법에 대한 증명

이제 국소극점에 대한 이계도함수 판정법을 다루는 [정리 16.3.1]의 충분조건을 증명하는 방법을 설명한다. 이 논의는 일변수함수에 대한 [정리 9.6.2]의 증명에 기초한다. 하지만 본격적인 증명에 앞서 임계점이 국소극점이 되기 위한 필요조건을 살펴보면서 몇 가지 직관을 쌓는 것이 좋다.

함수 $z = f(x, y)$가 이계 연속함수(C^2함수)이고 [그림 16.3.3]의 그래프와 같이 점 (x^0, y^0)가 정의역 내부에서 극대점이라 하자. 임의의 고정된 실수 h, k를 선택하되 $(h, k) \neq (0, 0)$이라 하자.

$|t|$가 적당히 작을 때 함수 f는 점 $(x^0 + th, y^0 + tk)$에서 정의될 것이다. 그러므로 모든 작은 $|t|$에 대해 다음과 같이 일변수함수 g를 정의할 수 있다.

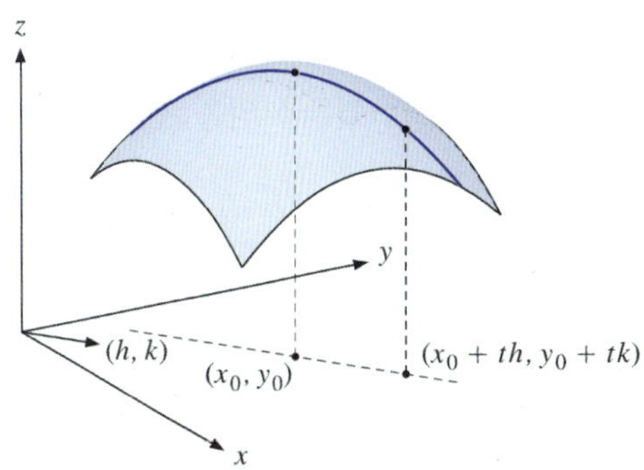

그림 16.3.3 이계도함수 판정법

$$g(t) = f(x^0 + th,\ y^0 + tk)$$

이 함수는 점 $(x^0,\ y^0)$에서 방향 $(h,\ k)$로 조금 이동했을 때 함수 f 값을 알려준다. 즉 $t > 0$일 때 방향 $(h,\ k)$로 이동하고, $t < 0$일 때 반대방향 $(-h,\ -k)$로 이동한다.

연쇄법칙을 적용하면 정의 (15.8.2)에서 식 (15.8.3)을 유도할 때 사용한 방식과 동일하게 $g(t)$의 일계도함수와 이계도함수가 모든 작은 $|t|$에 대해 존재한다. 이 도함수들은 다음과 같이 계산된다.

$$g'(t) = f'_1(x^0 + th,\ y^0 + tk)h + f'_2(x^0 + th,\ y^0 + tk)k$$
$$g''(t) = f''_{11}(x^0 + th,\ y^0 + tk)h^2 + 2f''_{12}(x^0 + th,\ y^0 + tk)hk + f''_{22}(x^0 + th,\ y^0 + tk)k^2$$

특히 $t = 0$에서 g의 이계도함수는 다음과 같다.

$$g''(0) = f''_{11}(x^0,\ y^0)h^2 + 2f''_{12}(x^0,\ y^0)hk + f''_{22}(x^0,\ y^0)k^2 \tag{16.3.2}$$

이제 f가 점 $(x^0,\ y^0)$에서 극댓값을 가지면 $g(t)$는 분명히 $t = 0$에서 극댓값을 가져야 한다. $g(t)$는 작은 $|t|$에 대해 이계 연속(C^2함수)이므로 [정리 9.1.1]과 식 (9.6.3)에 의해 필요조건 $g'(0) = 0$과 $g''(0) \le 0$이 성립해야 한다. 그러므로 f가 $(x^0,\ y^0)$에서 극댓값을 가지려면 식 (16.3.2)에서 나타난 모든 표현식이 모든 $(h,\ k)$의 가능한 조합에 대해 양이 아니어야 한다.

함수 f가 점 $(x^0,\ y^0)$에서 극댓값을 가지는 **필요조건**을 얻었으므로 이제 **충분조건**을 찾아보자. 일변수함수의 경우 [정리 9.6.2]의 ❶로부터 조건 $g'(0) = 0$과 $g''(0) \le 0$이 성립하면 g가 $t = 0$에서 순극댓값을 가진다는 것을 알고 있다. 그러므로 다음과 같은 추론이 성립할 가능성이 높아 보인다.

> $f'_1(x^0,\ y^0) = f'_2(x^0,\ y^0) = 0$이고 식 (16.3.2)에 나타난 $g''(0)$의 식이 $(h,\ k) \ne (0,\ 0)$인 모든 방향에 대해 음수라면 $(x^0,\ y^0)$은 f의 (순)극대점이다.

이 추론은 참임이 알려져 있다.[4] 하지만 [연습문제 6]에서는 식 (16.3.2)의 식이 모든 방향 $(h,\ k)$에 대해 항상 음수여야 함을 보인다. 이 추론에 따라 [정리 16.3.1]의 ❶을 이차형식 $Ah^2 + 2Bhk + Ck^2$으로 고려하고, 이차형식이 음의 정부호가 되기 위한 (13.12.7)을 적용한다. $A < 0$과 $AC - B^2 > 0$을 통해 다음을 유도할 수 있다.

$$\text{모든 } (h,\ k) \ne (0,\ 0)\text{에 대해 } Ah^2 + 2Bhk + Ck^2 < 0$$

이로써 증명하려던 결론을 얻을 수 있다.

4 이 추론이 참임은 『Further Mathematics for Economic Analysis(2nd ed.)』에서 증명한다.

16.3 연습문제

1 함수 f가 $f(x, y) = 5 - x^2 + 6x - 2y^2 + 8y$가 모든 (x, y)에 대해 정의된다고 하자.

(a) 모든 일계편도함수와 이계편도함수를 구하라.

(b) 유일한 임계점을 구하고 이계도함수 판정법을 사용하여 분류하라. 또한 [정리 16.2.2]에서 무엇을 알 수 있는지 설명하라.

2 함수 $f(x, y) = x^2 + 2xy^2 + 2y^2$이 모든 (x, y)에 대해 정의된다고 하자.

(a) 모든 일계편도함수와 이계편도함수를 구하라.

(b) 임계점이 $(0, 0)$, $(-1, 1)$, $(-1, -1)$임을 보이고, 그들을 분류하라.

3 이변수함수 $f(x, y\ ;\ a) = (x^2 - axy)e^y$이 평면상의 각 점 (x, y)에 정의된다고 하자. 여기서 $a \neq 0$은 모수이다.

(a) 각 $a \neq 0$에 대해 f의 임계점을 구하고, 각 임계점이 극대점, 극소점, 안장점인지 구별하라.

(b) 각 $a \neq 0$에 대해 $(x^*(a), y^*(a))$가 $x^*(a) \neq 0$을 만족하는 임계점을 선택하고, 함수 $f^* = f(x^*(a), y^*(a)\ ;\ a)$를 정의하자. f^*가 미분가능 함을 보이고, $\dfrac{df^*(a)}{da}$를 구하라. 또한 f를 (x, y, a)의 함수로 간주하면 다음이 성립함을 보여라.

$$f'_3(x^*(a), y^*(a)\ ;\ a) = \frac{df^*(a)}{da}$$

4 다음 세 함수를 생각하자.

(i) $z = -x^4 - y^4$

(ii) $z = x^4 + y^4$

(iii) $z = x^3 + y^3$

(a) 각 함수에 대해 원점이 임계점임을 보여라. [정리 16.3.1]의 표기법을 이용해 원점에서 $AC - B^2 = 0$임을 증명하라.

(b) 각 함수의 움직임을 분석하여 원점이 (i)의 함수에서 최대점, (ii)의 함수에서 최소점, (iii)의 함수에서 안장점임을 증명하라.

5 **심화** 함수 $f(x, y) = \ln(1 + x^2y)$에 대한 물음에 답하라.

(a) 이 함수가 정의되는 정의역을 구하라.

(b) 이 함수의 모든 임계점은 y축 위의 모든 점임을 증명하라.

(c) 이계도함수 판정법으로는 어떠한 극대점이나 극소점도 판정할 수 없음을 보여라.

(d) $f(x, y)$의 부호를 분석하여 임계점을 분류하라.

6 **심화** 함수 $f(x, y) = (y - x^2)(y - 2x^2)$이 xy평면 전체에서 정의될 때, 물음에 답하라.

(a) 함수 f의 그래프가 xy평면$(z = 0)$과 두 포물선에서 교차함을 보여라.

(b) xy평면에서 f가 음수인 영역과 f가 양수인 영역을 구분하여 그려라.

(c) $(0, 0)$이 유일한 임계점이고 안장점임을 보여라.

(d) 임의의 방향벡터 $(h, k) \neq (0, 0)$을 생각하자. 모든 실수 t에 대해 $g(t) = f(th, tk)$를 정의한다. 이 함수 g가 모든 방향벡터 (h, k)에 대해 $t = 0$에서 극솟값을 가짐을 보여라.[5]

5 그러므로 $(0, 0)$이 안장점일지라도 이 함수는 모든 방향에서 원점에서 극소점을 가진다.

16.4 2차 목적함수를 갖는 선형모형

이 절에서는 이변수 최적화이론의 경제학적 응용 사례를 다룬다. 이와 유사한 문제는 [EX 16.1.5]와 16.2절 [연습문제 4]에서 등장한 바 있다.

EX 16.4.1 **가격차별하는 독점기업(discriminating monopolist)** 어떤 기업이 동일한 제품을 두 개의 서로 고립된 지역 시장에서 판매한다고 가정하자. 재판매가 어렵다면 이 기업은 각 시장에서 서로 다른 가격을 매길 수 있는 이유가 생긴다.[6] 이러한 기업이 각 시장에서 판매량을 조절함으로써 가격에 영향을 줄 수 있는 독점적 영향력을 가지고 있다고 가정하자. 경제학에서는 이런 방식으로 가격을 시장별로 다르게 책정할 수 있는 기업을 '가격차별(price discrimination)하는 독점기업'이라 한다. 이처럼 고립된 시장 두 군데에서 제품을 판매할 때 가격차별하는 독점기업은 두 개의 독립적인 수요곡선을 가진다. 시장 1과 시장 2에서의 가격을 역수요함수로 표현하면 각각 다음과 같다.

$$P_1 = a_1 - b_1 Q_1, \quad P_2 = a_2 - b_2 Q_2 \tag{16.4.1}$$

또한 총비용은 총생산량에 비례하여 특정한 양의 상수 α에 대해 $C(Q) = \alpha Q$를 가정하자.[7] 다른 네 모수 a_1, a_2, b_1, b_2도 양수로 가정하고, 특히 a_1과 a_2는 α보다 크다.

Q_1과 Q_2의 함수로서 총이윤은 다음과 같다.

$$\begin{aligned}\pi(Q_1, Q_2) &= P_1 Q_1 + P_2 Q_2 - C(Q_1 + Q_2)\\ &= (a_1 - b_1 Q_1) Q_1 + (a_2 - b_2 Q_2) Q_2 - \alpha(Q_1 + Q_2)\\ &= (a_1 - \alpha) Q_1 + (a_2 - \alpha) Q_2 - b_1 Q_1^2 - b_2 Q_2^2\end{aligned}$$

기업은 이윤을 극대화하는 $Q_1 \geq 0$과 $Q_2 \geq 0$ 값을 찾고자 한다. 이윤함수 π의 일계조건은 다음과 같다.

$$\pi'_1(Q_1, Q_2) = (a_1 - \alpha) - 2b_1 Q_1 = 0, \quad \pi'_2(Q_1, Q_2) = (a_2 - \alpha) - 2b_2 Q_2 = 0$$

두 방정식의 해는 다음과 같다.

$$Q_1^* = \frac{a_1 - \alpha}{2b_1}, \quad Q_2^* = \frac{a_2 - \alpha}{2b_2} \tag{16.4.2}$$

주어진 모수값에 대한 가정에 따르면 최적 생산량 Q_1^*와 Q_2^*는 둘 다 양수이다. 게다가 이윤함수의 이계도함수가 $\pi''_{11}(Q_1, Q_2) = -2b_1$, $\pi''_{12}(Q_1, Q_2) = 0$, $\pi''_{22}(Q_1, Q_2) = -2b_2$이므로 모든 (Q_1, Q_2)에 대해 다음을 얻는다.

$$\pi''_{11} \leq 0, \quad \pi''_{22} \leq 0, \quad \pi''_{11}\pi''_{22} - (\pi''_{12})^2 = 4b_1 b_2 \geq 0$$

임계점에서 Q_1^*와 Q_2^* 둘 다 양수이므로 점 (Q_1^*, Q_2^*)는 π에 대한 정의역의 내부점이다. 그러므로 [정리

6 예를 들어 특급 배송이나 택배 업체는 유럽에서 북미 지역보다 훨씬 높은 가격을 책정할 수 있는 경우가 많다. 더 분명한 사례로 제약 회사는 동일한 약을 유럽이나 캐나다보다 미국에서 훨씬 비싼 가격에 판매하는 경우가 많다.

7 이 비용함수는 운송비용을 고려하지 않은 단순한 형태이다. 그러나 요점은 두 지역에 공급되는 제품이 생산과정에서 완벽한 대체재라 하더라도 독점기업은 가격차별할 수 있다면 일반적으로 서로 다른 가격을 책정하여 더 높은 이윤을 얻을 수 있다는 것이다.

16.2.2]에 따라 (Q_1^*, Q_2^*)는 이윤을 극대화한다. 각 시장에서 최적 가격은 Q_1^*와 Q_2^* 값들을 역수요함수의 식 (16.4.1)에 대입하여 구할 수 있다.

$$P_1^* = a_1 - b_1 Q_1^* = \frac{1}{2}(a_1 + \alpha), \quad P_2^* = a_2 - b_2 Q_2^* = \frac{1}{2}(a_2 + \alpha) \tag{16.4.3}$$

최대 이윤은 다음과 같다.

$$\pi^* = \frac{(a_1 - \alpha)^2}{4b_1} + \frac{(a_2 - \alpha)^2}{4b_2}$$

$a_1 > \alpha$와 $a_2 > \alpha$를 가정했으므로 P_1^*과 P_2^*는 모두 α보다 크다. 이는 어느 시장에서도 제품 가격이 생산비용 α보다 가격이 낮은 '덤핑(dumping)'이 발생하지 않음을 의미한다. 또한 한 시장에서 손해를 보며 판매하는 것을 다른 시장에서 이윤을 내어 만회하는 '교차보조금(cross-subsidy)'도 존재하지 않는다. 최적 가격이 b_1, b_2와 독립이라는 점은 주목할 만하다. 더 중요한 것은 두 시장의 가격이 일반적으로 다르다는 점이다. 즉 $a_1 = a_2$인 특수한 경우를 제외하면 가격 차이가 존재한다. 특히 $P_1^* > P_2^*$와 $a_1 > a_2$는 서로 동치이다. 이는 수량이 0에 가까울 때 소비자들이 더 높은 가격을 기꺼이 지불하는 시장에서 가격이 높게 설정된다는 것을 의미한다.

EX 16.4.2 [EX 16.4.1]에서 다룬 독점기업이 수요함수 $P_1 = 100 - Q_1$과 $P_2 = 80 - Q_2$를 갖고, 비용함수가 $C(Q) = 6Q$라고 가정하자.

(a) 이윤을 극대화하려면 두 시장에서 판매해야 할 수량은 얼마인가? 이에 해당하는 최적 가격은 얼마인가?

(b) 가격차별이 금지되어 모든 시장에서 동일한 가격을 받아야 한다면, 기업은 얼마의 이윤을 잃게 되는가?

(c) 정부가 시장 1에서 판매된 제품에 대해 단위당 세금 τ를 부과하면, 기업의 전략에 어떤 영향을 미치는지 설명하라.

풀이

(a) [EX 16.4.1]에 $a_1 = 100$, $a_2 = 80$, $b_1 = b_2 = 1$, $\alpha = 6$을 적용한 경우이므로 이 값들을 식 (16.4.2)와 식 (16.4.3)에 대입하면 다음과 같이 최적 판매량과 가격을 구할 수 있다.

$$Q_1^* = \frac{100 - 6}{2} = 47, \quad Q_2^* = 37, \quad P_1^* = \frac{1}{2}(100 + 6) = 53, \quad P_2^* = 43$$

이때 총이윤은 $P_1^* Q_1^* + P_2^* Q_2^* - 6(Q_1^* + Q_2^*) = 3578$이다.

(b) 가격차별이 금지되어 $P_1 = P_2 = P$가 되어야 한다면 식 (16.4.1)의 수요는 $Q_1 = 100 - P$, $Q_2 = 80 - P$이다. 총수요는 $Q = Q_1 + Q_2 = 180 - 2P$이므로 $P = 90 - \frac{1}{2}Q$이다. 그러므로 이윤은 다음과 같다.

$$\pi = \left(90 - \frac{1}{2}Q\right)Q - 6Q = 84Q - \frac{1}{2}Q^2$$

이 이윤함수는 $Q = 84$에서 최대이므로 $P = 48$이다. 이에 따라 새로운 이윤은 $\pi = 3528$이고, 이윤 감소폭은 $3578 - 3528 = 50$이다.

(c) 시장 1에 판매세가 도입되면 새로운 이윤함수는 다음과 같다.

$$\hat{\pi} = (100 - Q_1)Q_1 + (80 - Q_2)Q_2 - 6(Q_1 + Q_2) - \tau Q_1$$

이 함수는 $\hat{Q}_1 = 47 - \frac{1}{2}\tau$, $\hat{Q}_2 = 37$에서 최댓값을 가지고, 이에 해당하는 가격은 $\hat{P}_1 = 53 + \frac{1}{2}\tau$, $\hat{P}_2 = 43$이다. 그러므로 세금은 시장 2의 판매에 영향을 주지 않는다. 하지만 시장 1에서는 판매량이 감소하고 가격이 상승한다. 최적 이윤 π^*는 다음과 같이 계산된다.

$$\left(53 + \frac{1}{2}\tau\right)\left(47 - \frac{1}{2}\tau\right) + 43 \cdot 37 - 6\left(84 - \frac{1}{2}\tau\right) - \tau\left(47 - \frac{1}{2}\tau\right) = 3578 - 47\tau + \frac{1}{4}\tau^2$$

(a)에서 구한 초기 이윤과 비교하면 세금 부과로 인해 이윤은 $47\tau - \frac{1}{4}\tau^2$만큼 감소한다. 시장 1을 관리하는 정부가 얻는 세금은 $T = \tau\hat{Q}_1 = \tau\left(47 - \frac{1}{2}\tau\right) = 47\tau - \frac{1}{2}\tau^2$이다. 이를 통해 기업의 이윤 감소분이 세금 수입보다 $\frac{1}{4}\tau^2$만큼 더 크다는 것을 알 수 있다. 즉 $\frac{1}{4}\tau^2$만큼의 경제적 **사중손실**(deadweight loss)이 발생한다.

독점기업은 우하향하는 수요곡선을 가진다. [EX 16.4.1]에서와 같이 가격차별하는 독점기업은 둘 이상의 고립된 시장에서 각각 독립적으로 우하향하는 수요곡선을 가진다. 반면에 **구매독점기업**(monopsonistic firm)은 하나 이상의 생산요소에 대해 우상향하는 공급곡선을 가진다. 즉 생산요소를 더 많이 구매할수록 가격이 상승한다. 이와 마찬가지로 **가격차별하는 구매독점기업**은 서로 다른 종류의 동일한 생산요소(예를 들어 인종이나 성별이 다른 노동자)에 대해 두 개 이상의 우상향하는 공급곡선을 가진다. 많은 국가에서 인종과 성별에 따른 차별을 법적으로 금지한 데에는 그럴 만한 이유가 있다. 하지만 경제학자들은 이러한 차별을 금지하는 규제가 마련되지 않거나 제대로 시행되지 않을 때 임금과 고용에 미칠 수 있는 영향을 이해할 필요가 있다.

EX 16.4.3 **가격차별하는 구매독점기업(discriminating monopsonist)** 어떤 기업이 두 유형의 노동 L_1과 L_2를 유일한 투입요소로 사용하여 단순한 생산함수 $Q = L_1 + L_2$에 따라 제품을 Q단위 생산한다고 하자. 즉 생산량과 노동 공급량이 동일한 방식으로 측정되고, 노동 1단위가 제품 1단위를 생산한다. 특별히 두 유형의 노동이 본질적으로 구별되지 않는다는 점을 유념하라. 각 유형의 노동 단위는 기업의 제품생산에 동일하게 기여하기 때문이다. 하지만 노동 시장이 서로 고립되어 있으므로 필요한 노동 공급량을 유치하기 위해 지급해야 하는 역공급함수가 각각 다르다고 가정하자. 즉 다음을 가정하자.

$$w_1 = \alpha_1 + \beta_1 L_1, \quad w_2 = \alpha_2 + \beta_2 L_2$$

여기서 모수 α_1, β_1, α_2, β_2는 모두 양수이다. 또한 이 기업은 제품 시장에서 경쟁적이며 가격 P를 고정된 값으로 받아들인다고 가정하자. 그러면 이 회사의 이윤함수는 다음과 같다.

$$\begin{aligned}\pi(L_1, L_2) &= PQ - w_1 L_1 - w_2 L_2 \\ &= P(L_1 + L_2) - (\alpha_1 + \beta_1 L_1)L_1 - (\alpha_2 + \beta_2 L_2)L_2 \\ &= (P - \alpha_1)L_1 - \beta_1 L_1^2 + (P - \alpha_2)L_2 - \beta_2 L_2^2\end{aligned}$$

이 기업은 이윤을 극대화하기를 원한다. 이를 위한 일계조건은 다음과 같다.

$$\pi'_1(L_1, L_2) = (P-\alpha_1) - 2\beta_1 L_1 = 0, \quad \pi'_2(L_1, L_2) = (P-\alpha_2) - 2\beta_2 L_2 = 0$$

두 방정식을 풀면 $L_1^* = \dfrac{P-\alpha_1}{2\beta_1}$, $L_2^* = \dfrac{P-\alpha_2}{2\beta_2}$이다. $P > \alpha_1$이고 $P > \alpha_2$라면 해가 [정리 13.2.1]의 충분조건을 만족함을 쉽게 확인할 수 있다. 따라서 L_1^*과 L_2^*는 실제로 이윤을 극대화한다. 이때 최대 이윤은 다음과 같다.

$$\pi^* = \frac{(P-\alpha_1)^2}{4\beta_1} + \frac{(P-\alpha_2)^2}{4\beta_2}$$

각 노동 시장에서 해당하는 임금은 다음과 같다.

$$w_1^* = \alpha_1 + \beta_1 L_1^* = \frac{1}{2}(P+\alpha_1), \quad w_2^* = \alpha_2 + \beta_2 L_2^* = \frac{1}{2}(P+\alpha_2)$$

그러므로 $\alpha_1 = \alpha_2$인 경우에만 $w_1^* = w_2^*$이다. 일반적으로 매우 낮은 노동 공급 수준에도 더 높은 임금을 요구하는 유형의 노동에 대한 임금이 더 높다. 아마도 이 유형의 노동력이 다른 곳에서 더 나은 일자리를 찾을 가능성이 크기 때문일 것이다.

EX 16.4.4 **(계량경제학 : 선형회귀 2)** 한 경제변수 y가 다른 경제변수 x에 종속된다고 가정하자. 이에 더해 시점 $t=1, 2, \cdots, T$에서 두 변수의 관측 데이터 (x_t, y_t)가 주어져있다고 하자. [EX 9.3.1]에서 이 두 변수의 산술평균이 0이라 가정하고 $y_t = \beta x_t$ 형태의 함수를 추정하는 **선형회귀** 기법을 소개한 바 있다. 하지만 이 변수들의 평균이 0이 아니라면 선형회귀 기법은 데이터를 다음 선형함수에 맞추려고 한다.

$$y = \alpha + \beta x \qquad (*)$$

[그림 16.4.1]은 일곱 개의 데이터 점과 함께 특정 기준에서 가능한 이 점들에 가장 가깝게 추정된 직선을 보여준다.

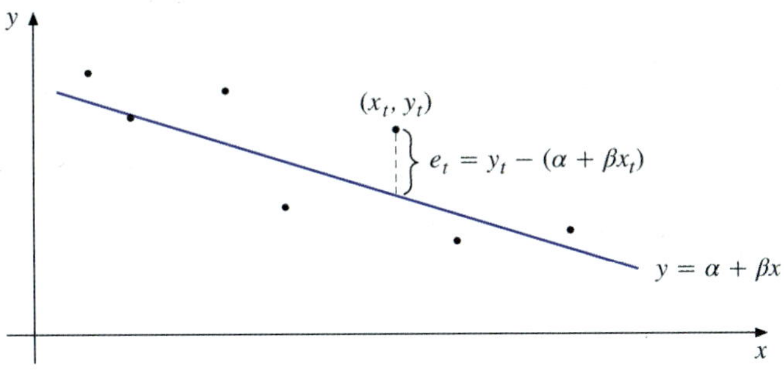

그림 16.4.1 선형회귀

실제로 그림에서 알 수 있듯이 식 (*)에서 α와 β를 어떻게 선택하든지 관계없이 오차는 발생하기 마련이다. 이에 따라 다음 식을 고려해야 한다.

$$t=1, 2, \cdots, T\text{에 대해 } y_t = \alpha + \beta x_t + e_t$$

[EX 9.3.1]에서 평균제곱오차와 같은 이차 손실함수를 생각했다. 이번에 해당하는 손실함수는 다음과 같다.

$$L(\alpha,\ \beta)=\frac{1}{T}\sum_{t=1}^{T}e_t^2=\frac{1}{T}\sum_{t=1}^{T}(y_t-\alpha-\beta x_t)^2 \qquad (**)$$

제곱항을 전개하면 다음과 같이 α와 β에 대한 이차함수를 얻는다.

$$L(\alpha,\ \beta)=\frac{1}{T}\sum_{t=1}^{T}(y_t^2+\alpha^2+\beta^2x_t^2-2\alpha y_t-2\beta x_ty_t+2\alpha\beta x_t)$$

[EX 2.10.2]에서 정의한 대로 변수 x와 y의 산술평균을 $\mu_x=\frac{1}{T}\sum_{t=1}^{T}x_t$와 $\mu_y=\frac{1}{T}\sum_{t=1}^{T}y_t$로 나타내자. 또한 두 변수의 **분산**과 **공분산** 정의를 확장하여 다음과 같이 나타내자.

$$\sigma_{xx}=\frac{1}{T}\sum_{t=1}^{T}(x_t-\mu_x)^2,\quad \sigma_{yy}=\frac{1}{T}\sum_{t=1}^{T}(y_t-\mu_y)^2,\quad \sigma_{xy}=\frac{1}{T}\sum_{t=1}^{T}(x_t-\mu_x)(y_t-\mu_y)$$

여기서 $\sigma_{xx}>0$을 가정하자. [EX 2.10.2]의 결과를 사용하면 다음을 얻는다.

$$\sigma_{xx}=\frac{1}{T}\sum_{t=1}^{T}x_t^2-\mu_x^2,\quad \sigma_{yy}=\frac{1}{T}\sum_{t=1}^{T}y_t^2-\mu_y^2$$

마찬가지로 $\sigma_{xy}=\frac{1}{T}\sum_{t=1}^{T}x_ty_t-\mu_x\mu_y$가 성립함을 확인할 수 있다. 앞선 표기법에 따라 손실함수 $L(\alpha,\ \beta)$를 다시 나타내면 다음과 같다.

$$\begin{aligned}L(\alpha,\ \beta)&=(\sigma_{yy}+\mu_y^2)+\alpha^2+\beta^2(\sigma_{xx}+\mu_x^2)-2\alpha\mu_y-2\beta(\sigma_{xy}+\mu_x\mu_y)+2\alpha\beta\mu_x\\&=\alpha^2+\mu_y^2+\beta^2\mu_x^2-2\alpha\mu_y-2\beta\mu_x\mu_y+2\alpha\beta\mu_x+\beta^2\sigma_{xx}-2\beta\sigma_{xy}+\sigma_{yy}\end{aligned}$$

$L(\alpha,\ \beta)$의 최솟값에 대한 일계조건은 다음과 같다.

$$L'_1(\alpha,\ \beta)=2\alpha-2\mu_y+2\beta\mu_x=0$$

$$L'_2(\alpha,\ \beta)=2\beta\mu_x^2-2\mu_x\mu_y+2\alpha\mu_x+2\beta\sigma_{xx}-2\sigma_{xy}=0$$

$L'_2(\alpha,\ \beta)=\mu_xL'_1(\alpha,\ \beta)+2\beta\sigma_{xx}-2\sigma_{xy}$임을 확인하라. 그러므로 $L(\alpha,\ \beta)$의 유일한 임계점은 $(\hat{\alpha},\ \hat{\beta})$이고 다음과 같다.

$$\hat{\beta}=\frac{\sigma_{xy}}{\sigma_{xx}},\quad \hat{\alpha}=\mu_y-\hat{\beta}\mu_x=\mu_y-\frac{\sigma_{xy}}{\sigma_{xx}}\mu_x \qquad (***)$$

이에 더해 $L''_{11}=2$, $L''_{12}=2\mu_x$, $L''_{22}=2\mu_x^2+2\sigma_{xx}$이다. 따라서 $L''_{11}\geq 0$, $L''_{22}\geq 0$이고 다음이 성립한다.

$$L''_{11}L''_{22}-(L''_{12})^2=2(2\mu_x^2+2\sigma_{xx})-(2\mu_x)^2=4\sigma_{xx}=\frac{4}{T}\sum_{t=1}^{T}(x_t-\mu_x)^2\geq 0$$

[정리 16.2.2]의 조건 ❷를 만족한다고 결론을 내릴 수 있고, 그러므로 식 (***)에 주어진 쌍 $(\hat{\alpha},\ \hat{\beta})$은 $L(\alpha,\ \beta)$를 최소화한다. 이제 문제가 완전히 해결되었다. 즉 주어진 관측값 $(x_1,\ y_1)$, $(x_2,\ y_2)$, $\cdots$, $(x_T,\ y_T)$에 대해 식 (**)의 평균제곱오차를 최소화하는 직선은 $y=\hat{\alpha}+\hat{\beta}x$이다. 여기서 추정된 계수 $\hat{\alpha}$과 $\hat{\beta}$은 식 (***)에 나타나 있다.

특히 추정된 직선은 관측된 데이터 쌍 (x_t, y_t)(단, $t=1, \cdots, T$)의 평균 (μ_x, μ_y)를 지난다는 점에 주목하자. 또한 약간의 계산을 통해 다음을 얻는다.

$$L(\alpha, \beta)=(\alpha+\beta\mu_x-\mu_y)^2+\sigma_{xx}\left(\beta-\frac{\sigma_{xy}}{\sigma_{xx}}\right)^2+\frac{\sigma_{xx}\sigma_{yy}-\sigma_{xy}^2}{\sigma_{xx}}$$

우변의 첫 번째 항과 두 번째 항은 항상 음이 아니다. 게다가 $\alpha=\hat{\alpha}$이고 $\beta=\hat{\beta}$일 때 두 항은 모두 0이다. 이는 쌍 $(\hat{\alpha}, \hat{\beta})$이 실제로 $L(\alpha, \beta)$를 최소화함을 확인시켜 준다.

16.4 연습문제

1 [EX 16.4.1]의 독점기업이 역수요함수 $P_1=200-2Q_1$과 $P_2=180-4Q_2$를 가지고, 비용함수는 $C=20(Q_1+Q_2)$와 같다고 가정하자.

(a) 총이윤을 극대화하기 위해 두 시장에서 각각 얼마를 판매해야 하는가? 해당하는 가격은 얼마인가?

(b) 가격차별이 금지될 때, 얼마나 많은 이윤이 손실되는가?

(c) 시장 1에서 판매되는 제품에 단위당 세금 $\tau=5$를 부과할 때 어떤 영향이 나타나는지 논하라.

2 어느 회사가 하나의 제품을 생산하여 두 개의 분리된 시장에 판매한다. 시장 1에서의 가격이 톤당 P_1이고 시장 2에서의 가격이 톤당 P_2일 때, 각 시장의 수요는 매주 $Q_1=\alpha_1-\beta_1P_1$톤과 $Q_2=\alpha_2-\beta_2P_2$톤이다. 그리고 비용함수는 $C(Q_1, Q_2)=\gamma+\delta(Q_1+Q_2)$이다. 여기서 모든 상수는 양수이다.

(a) 이 회사의 이윤을 가격 P_1과 P_2의 함수로 표현하고, 이윤을 극대화하는 가격 (P_1^*, P_2^*)를 구하라.

(b) 가격차별이 금지되어 이 회사가 두 시장에서 동일한 가격을 받아야 한다고 가정하자. 이때 이윤을 극대화하는 가격 $\hat{P}$을 구하라.

(c) $\delta=0$일 때 회사가 두 시장에서 동일한 가격을 받을 경우 발생하는 이윤 손실을 구하고, 그 의미를 논하라.

3 [EX 16.4.1]의 시장 1에서 판매된 수량 Q_1에 대해 단위당 세금 τ가 부과될 때 미치는 영향에 대해 논하라.

4 다음 표의 2~3행은 1970년부터 1973년까지 노르웨이의 국민총생산(GNP)과 해외 원조(FA) 지출을 나타낸다. 여기서 통화는 노르웨이 크로네(백만 단위)이다.

연도	1970	1971	1972	1973
GNP	79835	89112	97339	110156
FA	274	307	436	524
$y=\ln(\text{GNP})$	11.29	11.40	11.49	11.61

해당 기간 동안 GNP와 FA는 거의 기하급수적으로 성장했다. 특히 $t_0=1970$인 $\text{GNP}=Ae^{a(t-t_0)}$으로 근사할 수 있다. $x=t-t_0$와 $b=\ln A$를 정의하면 자연로그를 취해 $\ln(\text{GNP})=ax+b$를 얻는다. 이 값은 표의 4행에 표시되어 있다.

(a) 최소제곱법을 사용하여 표의 1행과 4행을 가장 잘 적합하는 직선 $y=ax+b$를 추정하라.

(b) (a)의 방법을 반복하여 $\ln(\text{FA})=cx+d$일 때 계수 c와 d를 구하라.

(c) 노르웨이 정부는 궁극적으로 GNP의 1%를 해외원조로 제공하겠다는 목표를 세웠다. 1970년부터 1973년까지의 추세가 그대로 지속되었다면 이 목표는 언제 달성되었을 것인가?

5 **(복점(duopoly))**[8] 두 회사 A와 B가 자체 브랜드로 생수를 생산한다고 하자. 생수의 생산량은 각각 x와 y이고, 각각 단위당 가격 p와 q로 판매된다. 각 회사는 생수 가격을 결정하고, 수요가 있는 만큼 정확히 생산한다고 하자. 두 브랜드에 대한 수요함수는 다음과 같다.

$$x=29-5p+4q, \quad y=16+4p-6q$$

8 (옮긴이) 두 회사가 시장을 독점하는 경우를 복점이라 한다.

회사 A의 총비용은 $5+x$이고, 회사 B의 총비용은 $3+2y$이다(다음 문제에서 극대화 문제가 양의 가격에서 최댓값을 가진다고 가정할 수 있다).

(a) 처음에는 두 회사가 담합하여 마치 하나의 독점기업처럼 행동하면서 총이윤을 극대화하려 한다. 이때 최적의 가격 (p, q), 생산량 (x, y), 두 회사 A와 B의 총이윤을 구하라.

(b) 반독점 규제로 인해 담합이 금지되었다. 그래서 각 회사가 상대 회사 생수의 가격을 고정된 값으로 간주하여 자신의 이윤을 극대화하려 한다. q가 고정된다면 회사 A는 q의 함수인 $p=p_A(q)$를 어떻게 결정하겠는가? 반대로 p가 고정된다면 회사 B는 p의 함수인 $q=q_B(p)$를 어떻게 결정하겠는가?

(c) (b)의 가정을 따를 때 가능한 가격 (p, q)를 구하라. 이 경우 생산량과 각 회사의 이윤을 구하라.

(d) 가로축을 p, 세로축을 q로 두고 '반응' 곡선 $p_A(q)$와 $q_B(p)$를 그려라. 먼저 회사 A가 협력을 깨고 자신의 이윤을 극대화하면 어떻게 변하는지, 이후 회사 B가 이에 대응하여 자신의 이윤을 극대화하면 어떤 변화가 생기는지 나타내라. 이를 반복하며 두 회사의 생수 가격이 시간이 지남에 따라 어떻게 조정되는지 그림으로 나타내라.

16.5 극값정리

일변수함수의 경우와 마찬가지로 다변수함수에서도 최대점이나 최소점을 가지지 않는 예를 쉽게 찾을 수 있다. [정리 9.4.1]에서 소개한 극값정리는 일변수함수가 극값을 가질 충분조건을 알려준다. 이 정리는 다변수함수로도 직접 일반화할 수 있다. 다만 다변수함수의 극값정리를 공식화하기 전에 먼저 열린집합(open set)과 닫힌집합(closed set), 내부점과 경계점의 개념을 상기할 필요가 있다. 이 개념은 14.8절에서 [그림 14.8.4]와 함께 소개한 바 있다. 편의상 [그림 16.5.1]로 다시 제시한다.

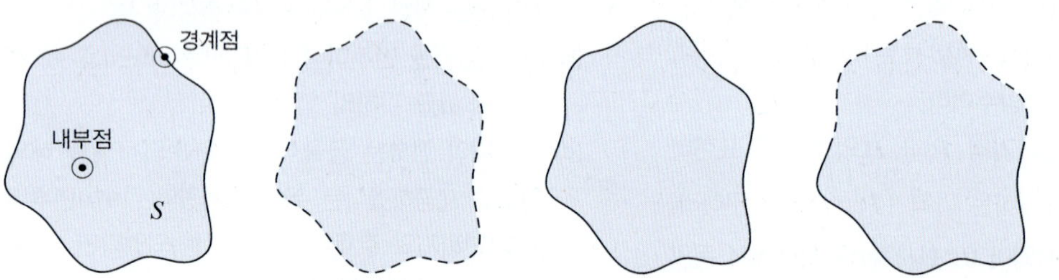

그림 16.5.1 열린집합과 닫힌집합

경제학에서 다루는 많은 최적화 문제에서 집합은 하나 이상의 부등식으로 정의된다. 그러면 경계점은 이러한 부등식 중 하나 이상이 등호를 만족할 때 나타난다. 예를 들어 p, q, m이 양의 상수라면 다음 부등식을 만족하는 점 (x, y)의 집합은 닫힌집합이며, 흔히 예산집합이라 한다.

$$px+qy \leq m, \quad x \geq 0, \quad y \geq 0 \qquad (*)$$

이 집합은 [그림 4.4.12]에서 보여준 바와 같이 삼각형이다. 이 집합의 경계는 삼각형의 세 변으로 구성된다.

세 변 각각은 식 (*)의 부등식 중 하나가 등호를 만족할 때에 해당한다. 반면에 식 (*)에서 부등식 기호 $\le$를 $<$로, $\ge$를 $>$로 바꾸면 열린집합이 된다.

일반적으로 $g(x, y)$가 연속함수이고 c가 어떤 실수라고 가정하자. 그러면 다음과 같이 집합의 조건에 등호를 포함한 식 또는 등호가 있는 부등호를 포함한 식이 있으면 이러한 집합은 모두 닫힌집합이다.

$$\{(x, y): g(x, y) \ge c\}, \quad \{(x, y): g(x, y) \le c\}, \quad \{(x, y): g(x, y) = c\}$$

다음과 같이 집합의 조건에 부등호를 포함한 식만 있으면 이러한 집합은 모두 열린집합이다.

$$\{(x, y): g(x, y) > c\}, \quad \{(x, y): g(x, y) < c\}, \quad \{(x, y): g(x, y) \ne c\}$$

집합 S 전체를 유한한 반지름을 가진 충분히 큰 원으로 둘러쌀 수 있으면 집합 S를 **유계집합**(bounded set)이라 한다. [그림 16.5.1]의 네 가지 집합과 [그림 4.4.12]의 예산 삼각형은 모두 유계(bounded)이다. 반면에 [그림 14.1.1]과 같이 $x \ge 1$과 $y \ge 0$을 만족하는 모든 점 (x, y)로 구성된 집합은 닫힌집합이지만 유계집합은 아니다. 이 집합은 모든 경계점을 포함하므로 닫힌집합이지만, 유한한 반지름을 가진 어떤 원으로도 집합 전체를 둘러쌀 수 없으므로 유계가 아니다. 이 예는 닫힌집합이라고 해서 반드시 유계집합일 필요는 없다는 것을 보여준다. 반대로 유계집합이라고 해서 반드시 닫힌집합일 필요도 없다. 예를 들어 [그림 16.5.1]의 네 번째 집합은 열린집합도 아니고 닫힌집합도 아니지만 유계집합이다. 중요한 것은 닫혀있고 동시에 유계인 평면상의 집합을 **콤팩트하다**(compact)고 지칭한다는 점이다.

이제 이 절의 주요 결과를 공식화할 준비가 되었다.

정리 16.5.1 극값정리

함수 $f(x, y)$가 평면상에서 비어있지 않고 닫힌 유계집합 S에서 연속이라 가정하자. 그러면 S에 f가 최솟값을 가지는 점 (a, b)와 최댓값을 가지는 점 (c, d)가 존재한다. 즉 S의 모든 점 (x, y)에 대해 다음을 만족하는 점 (a, b)와 (c, d)가 존재한다.

$$f(a, b) \le f(x, y) \le f(c, d)$$

[정리 16.5.1]은 존재성에 대한 정리이다. 이 정리는 극값이 존재한다는 사실만 보장하고, 극점을 찾는 방법에 대해서는 아무것도 알려주지 않는다.[9] 또한 극값정리의 조건은 극점의 존재를 보장하는 충분조건이지만, 필요조건은 아니다. 이는 9.4절에서 논한 바와 같이 일변수함수에서도 마찬가지이다.

최댓값과 최솟값 찾기

16.1절과 16.2절에서는 이변수함수의 임계점을 찾아 최대점과 최소점을 찾는 몇 가지 간단한 예를 다뤘다. 다음 과정은 이러한 접근법을 확장하여 일반적인 최적화 문제에 적용할 수 있도록 해준다. 이 과정의 ❶과 ❷는 일반적으로 각각 내부점과 경계점 중 소수의 유한한 후보를 찾는다. 그러므로 ❸에서 요구하는 비교 작업도 번거롭지 않게 수행할 수 있다.

9 고급 미분적분학 교재 또는 『Further Mathematics for Economic Analysis(2nd ed.)』에서 [정리 16.5.1]의 증명을 확인할 수 있다.

최댓값과 최솟값을 찾는 과정

평면상의 닫힌 유계집합 S에 정의된 미분가능한 함수 $f(x, y)$의 최댓값과 최솟값을 찾기 위해 다음 순서를 따른다.

❶ S의 내부에서 f의 모든 임계점을 찾는다.

❷ S의 경계에서 f의 가장 큰 값과 가장 작은 값을 해당 점과 함께 찾는다. 경계가 복잡하면 경계를 여러 구간으로 나누고 각 구간에서 가장 큰 값과 가장 작은 값을 찾아도 좋다.

❸ ❶과 ❷에서 찾은 각 점에서 함숫값을 비교한다. 가장 큰 함숫값이 S에서 f의 최댓값이고, 가장 작은 값이 S에서 f의 최솟값이다.

이제 [그림 16.5.2]의 그래프로 표현된 함수에 대해 최댓값과 최솟값을 찾는 과정을 적용해보자. 함수의 정확한 식을 알 수 없으므로 정확한 계산은 불가능하지만, 기하적인 직관을 통해 대략적인 설명은 가능하다. 이 함수의 정의역은 xy평면의 점 (x, y)로 구성된 직사각형 영역이다.

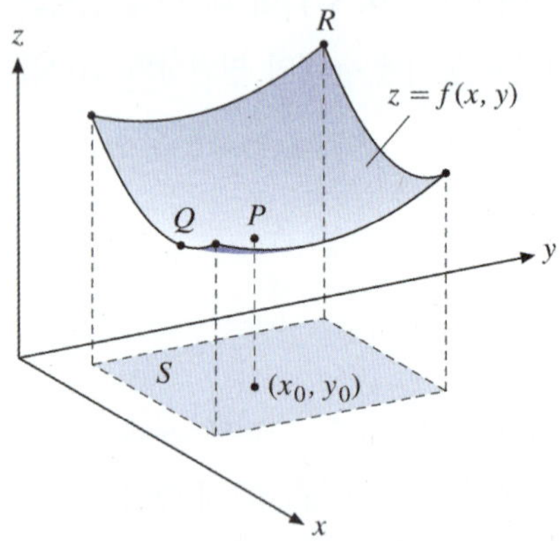

그림 16.5.2 최댓값과 최솟값 찾기

이 과정의 ❶에 따르면 f의 유일한 임계점은 (x^0, y^0)이며, 이 점은 그래프상의 점 P에 해당한다. ❷로 넘어가면 정의역 S의 경계는 네 개의 선분으로 구성되어 있다. 이 경계에서 f의 최댓값은 S의 한 꼭짓점인 점 R에서 나타난다. 마찬가지로 이 경계에서 f의 최솟값은 점 Q에서 나타난다. 그러므로 최댓값과 최솟값이 될 수 있는 점은 P, Q, R 세 개이다. 과정 ❸에서는 이 세 점에서 f의 함숫값을 비교한다. 그 결과로 점 P가 S에서 f의 최솟값을 나타내고, 점 R이 최댓값을 나타냄을 알 수 있다.

다행히 대부분의 경제학 최적화 문제, 특별히 교재에 나오는 문제들은 이 절에서 설명한 과정을 모두 적용해야 할 만큼 어렵지는 않다. 일반적으로 내부 최적점이 존재하고, 이때 모든 일계편도함수를 0으로 두어 최적점을 찾을 수 있다. 이렇게 간단한 접근법을 적용하기 위한 충분조건은 16.2절에서 이미 논의했다. 물론 예외도 있다. 이 절에서는 전체 과정을 실제로 적용해야 하는 비교적 까다로운 문제를 하나 다룰 것이다. 특히 이 절에 나오는 여러 예시와 연습문제 중 [연습문제 3]은 전체 과정이 실질적인 경제 문제에 어떻게 적용되는지 보여준다.

EX 16.5.1 다음과 같이 집합 S에 정의된 함수 $f(x, y)$의 극값을 구하라.

$$f(x, y) = x^2 + y^2 + y - 1, \quad S = \{(x, y) : x^2 + y^2 \le 1\}$$

풀이

[그림 16.5.3]에서 볼 수 있듯이 집합 S는 원점을 중심으로 하고 반지름이 1인 원의 내부 또는 경계 위의 모든 점으로 구성된다. 함수 f는 연속이고 정의역 S는 닫힌 유계집합이므로 극값정리([정리 16.5.1] 참고)에 따라 함수 f는 S에서 최댓값과 최솟값을 가진다.

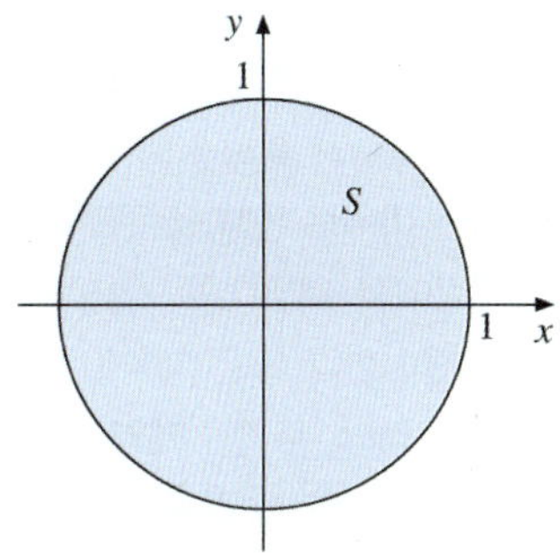

그림 16.5.3 [EX 16.5.1]의 정의역

최댓값과 최솟값을 찾는 과정 ❶에 따라 먼저 정의역 S의 내부점에서 모든 임계점을 찾는다. 이 임계점은 다음 두 식을 만족한다.

$$f'_1(x, y) = 2x = 0, \quad f'_2(x, y) = 2y + 1 = 0$$

두 방정식의 유일한 해는 $(x, y) = \left(0, -\frac{1}{2}\right)$이다. 이 점에서의 함숫값은 $f\left(0, -\frac{1}{2}\right) = -\frac{5}{4}$이므로 임계점은 S의 내부에 있다.

과정 ❷로 넘어가면 정의역 S의 경계는 원 $x^2 + y^2 = 1$이다. 이 원 위에 있는 모든 점 (x, y)에 대해 특히 x와 y는 둘 다 구간 $[-1, 1]$에 속한다. $f(x, y)$ 식에 $x^2 + y^2 = 1$을 대입하면 정의역 S의 **경계를 따라** f 값은 다음과 같은 일변수함수를 따른다.

$$y \in [-1, 1]\text{에 정의된 } g(y) = 1 + y - 1 = y$$

g의 최댓값은 $y = 1$에서 1이고, 이때 $x = 0$이다. 최솟값은 $y = -1$에서 -1이고, 역시 $x = 0$이다. 이제 극점이 될 수 있는 후보점 세 개를 모두 구했으며, 다음과 같다.

$$\left(0, -\frac{1}{2}\right), \quad (0, 1), \quad (0, -1)$$

각 점에서의 함숫값은 $f\left(0, -\frac{1}{2}\right) = -\frac{5}{4}$, $f(0, 1) = 1$, $f(0, -1) = -1$이다. 따라서 S에서 f의 **최댓값은** 점 $(0, 1)$에서 1이고, **최솟값은** 점 $\left(0, -\frac{1}{2}\right)$에서 $-\frac{5}{4}$이다.

16.5 연습문제

1 이변수함수 $f(x, y) = 4x - 2x^2 - 2y^2$이 정의역 $S = \{(x, y) : x^2 + y^2 \le 25\}$에서 정의된다고 하자.

(a) $f'_1(x, y)$와 $f'_2(x, y)$를 계산하고 f의 유일한 임계점을 구하라.

(b) 정의역 S에서 f의 극점을 구하라.

2 주어진 함수의 최대점과 최소점을 각각 구하라.

(a) $S = \{(x, y) : 0 \le x \le 4, 0 \le y \le 4\}$에서 정의된 함수 $f(x, y) = x^3 + y^3 - 9xy + 27$

(b) $S = \{(x, y) : x^2 + y^2 \le 1\}$에서 정의된 함수 $f(x, y) = x^2 + 2y^2 - x$

3 서유럽이 노르웨이와 시베리아에서 각각 수입해야 하는 천연가스의 양을 x와 y라 하자. 한 연구에서는 천연가스 수입으로 인한 효용이 다음과 같은 함수로 주어진다고 가정했다.

$$f(x, y)=9x+8y-6(x+y)^2$$

다만 수송 용량에 제약이 있으므로 수입량 x와 y는 $0 \le x \le 5$와 $0 \le y \le 3$을 만족해야 한다. 또한 정치적인 이유로 인해 노르웨이로부터의 수입 비중이 총 수입량에서 너무 낮지 않도록 조건 $x \ge 2(y-1)$을 만족해야 한다. 모든 제약을 만족하는 집합 S를 xy평면에 그려라. 주어진 제약 아래서 효용 $f(x, y)$를 극대화하는 x와 y 값을 구하라.

4 함수 $f(x, y)=ax^2y+bxy+2xy^2+c$에 대한 물음에 답하라.

(a) 함수 f가 점 $\left(\frac{2}{3}, \frac{1}{3}\right)$에서 극솟값 $-\frac{1}{9}$을 가지는 상수 a, b, c 값을 구하라.

(b) (a)에서 구한 a, b, c 값을 이용하여 집합 $S=\{(x, y): x \ge 0, y \ge 0, 2x+y \le 4\}$에서 f의 최댓값과 최솟값을 구하라.

5 함수 $f(x, y)=xe^{-x}(y^2-4y)$가 모든 실수 x와 y에 대해 정의되어 있다고 하자.

(a) 함수 f의 모든 임계점을 구하고, 이계도함수 판정법을 사용하여 임계점을 분류하라.

(b) 함수 f가 대역적 최댓값도 갖지 않고, 대역적 최솟값도 갖지 않음을 보여라.

(c) 집합 $S=\{(x, y): 0 \le x \le 5, 0 \le y \le 4\}$에서 함수 f가 대역적 최댓값과 대역적 최솟값을 가짐을 보이고, 그 값을 구하라.

(d) 등위곡선 $xe^{-x}(y^2-4y)=e-4$상에서 $x=1$, $y=4-e$일 때 접선의 기울기를 구하라.

6 다음 집합이 열린집합인지, 닫힌집합인지, 유계집합인지, 콤팩트집합인지 결정하라.

(a) $\{(x, y): 5x^2+5y^2 \le 9\}$

(b) $\{(x, y): x^2+y^2 > 9\}$

(c) $\{(x, y): x^2+y^2 \le 9\}$

(d) $\{(x, y): 2x+5y \ge 6\}$

(e) $\{(x, y): 5x+8y=8\}$

(f) $\{(x, y): 5x+8y>8\}$

7 **심화** 연속이 아닌 일변수함수 $g(x)$에 대해 집합 $\{x: g(x) \le 1\}$이 닫힌집합이 아니라 하자. 이를 만족하는 g의 예를 제시하라.

16.6 다변수함수

지금까지는 이변수함수의 최적화 문제만을 생각했지만, 현대 경제이론을 이해하려면 변수를 임의의 개수로 확장할 필요가 있다. 최댓값, 최솟값, 극값 등은 거의 자명하게 다변수함수로 일반화할 수 있다. 예를 들어 n변수함수 $f(\mathbf{x})=f(x_1, \cdots, x_n)$이 $\mathbb{R}^n$의 어떤 집합 S에서 정의된 n변수함수라고 하자. 벡터 $\mathbf{c}=(c_1, \cdots, c_n)$이 S에서 f의 (대역적) **최댓값**이 되기 위한 조건은 다음과 같다.

$$S\text{에 속한 모든 }\mathbf{x}\text{에 대해 } f(\mathbf{x}) \le f(\mathbf{c}) \tag{16.6.1}$$

이 경우 S에 속한 모든 $\mathbf{x}$에 대해 $-f(\mathbf{x}) \ge -f(\mathbf{c})$이다. 그러므로 어떤 점 $\mathbf{c}$가 S에서 f를 최대화(극대화)한다는 것과 점 $\mathbf{c}$가 S에서 $-f$를 최소화(극소화)한다는 것은 동치이다. 이 간단한 원리를 사용하여 최대화 문제를 최소화 문제로 변환하거나 반대로 변환할 수 있다.[10]

10 [그림 9.1.1]을 떠올려보자. 이 그림은 일변수함수에 대해 이 변환을 시각적으로 보여준다.

내부점, 경계점, 열린집합, 닫힌집합, 유계집합의 개념 역시 $\mathbb{R}^n$에서 일반화하기 쉽다. 먼저 $\mathbb{R}^n$에서 임의의 두 점 $\mathbf{x} = (x_1, \cdots, x_n)$, $\mathbf{y} = (y_1, \cdots, y_n)$ 사이의 **거리**를 다음과 같이 정의하자.

$$\|\mathbf{x} - \mathbf{y}\| = \sqrt{(x_1 - y_1)^2 + (x_2 - y_2)^2 + \cdots + (x_n - y_n)^2} \tag{16.6.2}$$

이는 $n = 1, 2, 3$일 때 다룬 유클리드 거리 개념으로 환원된다. 특별히 $\mathbf{y} = \mathbf{0}$이면 식 (16.6.2)는 다음과 같이 간단해진다.

$$\|\mathbf{x}\| = \sqrt{x_1^2 + x_2^2 + \cdots + x_n^2}$$

이는 벡터 $\mathbf{x}$와 원점 간의 거리이고, 벡터 $\mathbf{x}$의 **노름** 또는 **길이**라 한다.

중심이 $\mathbf{a} = (a_1, \cdots, a_n)$이고 반지름이 r인 열린 구는 $\mathbb{R}^n$에서 $\|\mathbf{x} - \mathbf{a}\| < r$을 만족하는 모든 점 $\mathbf{x} = (x_1, \cdots, x_n)$으로 이루어진 집합이다. 16.5절에서 정의한 내부점, 열린집합, 경계점, 닫힌집합, 유계집합, 콤팩트집합의 개념은 '원'을 '구'로 대체하면 $\mathbb{R}^n$의 집합에서도 성립한다. A가 $\mathbb{R}^n$의 임의의 집합일 때 A의 **내부**를 A의 모든 내부점의 집합으로 정의한다. 특히 A가 열린집합이면 A의 내부는 자기 자신이다.[11]

n변수함수 $g(\mathbf{x}) = g(x_1, \cdots, x_n)$가 연속이고 c가 실수이면 세 집합 $\{\mathbf{x}: g(\mathbf{x}) \geq c\}$, $\{\mathbf{x}: g(\mathbf{x}) \leq c\}$, $\{\mathbf{x}: g(\mathbf{x}) = c\}$는 모두 닫혀있다. $n = 1$ 또는 2인 경우와 같이 부등호 $\geq$를 $>$로, $\leq$를 $<$로, $=$를 $\neq$로 바꾸면 해당 집합은 열린집합이다.

n변수함수의 **임계점** 또는 **정지점**은 모든 일계편도함수가 존재하며 그 값이 0인 점이다. 이제 [정리 16.1.1]과 같이 일반화할 수 있다.

정리 16.6.1 내부 극점에 대한 필요조건 : 일계조건

함수 f가 $\mathbb{R}^n$의 어떤 집합 S에서 정의되고, $\mathbf{c} = (c_1, \cdots, c_n)$가 f가 미분가능한 정의역 S의 내부점이라 하자. 그러면 $\mathbf{c}$가 f의 최대점이나 최소점이 되기 위한 필요조건은 $\mathbf{c}$가 f의 임계점인 것이다. 즉 점 $\mathbf{x} = \mathbf{c}$가 각 $i = 1, \cdots, n$에 대해 다음과 같은 n개의 일계조건을 만족해야 한다.

$$f'_i(\mathbf{x}) = 0 \tag{16.6.3}$$

이 정리를 증명하는 데 필요한 모든 것은 이미 갖추고 있다.

증명

점 $\mathbf{c}$는 f가 미분가능한 정의역 S의 내부에 있고 f의 최대점이라 하자. 임의의 고정된 $i = 1, \cdots, n$에 대해 집합 $S_i(\mathbf{c})$를 '점 $(c_1, \cdots, c_{i-1}, x, c_{i+1}, \cdots, c_n)$이 S에 속할 때 모든 실수 x의 집합'이라 하자. 이제 $S_i(\mathbf{c})$를 정의역으로 하는 다음 함수를 정의할 수 있다.

$$g(x) = f(c_1, \cdots, c_{i-1}, x, c_{i+1}, \cdots, c_n)$$

$\mathbf{c} = (c_1, \cdots, c_n)$이 f의 최대점이면 일변수함수 g는 $x = c_i$에서 최댓값을 가져야 한다. 또한 $\mathbf{c}$는 S의 내부점이므로

11 이러한 위상적(topological) 정의와 결과는 『Further Mathematics for Economic Analysis(2nd ed.)』에서 좀 더 자세히 다룬다.

c_i도 $S_i(\mathbf{c})$의 내부점이다. 그러므로 [정리 9.1.1]에 따라 $g'(c_i)=0$이어야 한다. 그런데 $g'(c_i)=f'_i(c_1, \cdots, c_n)$이므로 결론이 성립한다. $\mathbf{c}$가 f의 최소점일 때에도 동일한 논리로 증명할 수 있다. ■

공간 $\mathbb{R}^n$ 안에 어떤 점 $\mathbf{x}^0$가 존재하고 유한한 반지름 $r \geq 0$이 존재해서 S가 중심이 $\mathbf{x}^0$이고 반지름이 r인 공 $\{\mathbf{x} \in \mathbb{R}^n : \|\mathbf{x}-\mathbf{x}^0\| \leq r\}$에 포함되면, $\mathbb{R}^n$에 속하는 집합 S를 **유계**라 한다. 이 정의를 사용하면 극값정리는 다변수함수에서도 성립한다.

> **정리 16.6.2 극값정리**
>
> 함수 f가 $\mathbb{R}^n$의 비어있지 않고 닫힌 유계집합 S에서 연속이라 가정하자. 그러면 S에 f가 최솟값을 가지는 점 $\mathbf{a}$와 f가 최댓값을 가지는 점 $\mathbf{c}$가 존재한다. 즉 S의 모든 $\mathbf{x}$에 대해 다음을 만족하는 점 $\mathbf{a}$와 $\mathbf{c}$가 존재한다.
>
> $$f(\mathbf{a}) \leq f(\mathbf{x}) \leq f(\mathbf{c})$$

함수 $f(\mathbf{x})$가 $\mathbb{R}^n$의 집합 S에 정의되어 있다면, 만약 최대점과 최소점이 존재한다면 그 위치는 집합 S의 내부 또는 경계여야 한다. [정리 16.6.1]에 따르면 f가 미분가능할 때 내부의 모든 최대점이나 최소점은 반드시 일계조건을 만족해야 한다. 결과적으로 16.5절에서 소개한 과정은 $\mathbb{R}^n$의 닫힌 유계집합에 정의된 임의의 n변수함수에도 유효하다.

오목성과 볼록성을 활용한 충분조건

16.2절의 첫 부분에서 이변수함수에 대해 오목성과 볼록성이 '내부 임계점이 최대점이나 최소점이기 위한 충분조건'이 될 수 있는지 살펴보았다. 또한 오목성과 볼록성을 판별하기 위한 이계조건을 소개했다. 여기서는 이러한 결과를 n변수함수로 확장하며, 이를 위해 벡터 표기법을 적극 활용할 것이다. 다만 변수 개수가 많아지므로 n변수함수에 대한 이계조건은 이변수함수에 대한 조건보다 훨씬 더 복잡해진다는 점에 유의하자.

함수 $z=f(\mathbf{x})$가 $\mathbb{R}^n$의 볼록집합 S에 정의된 n변수함수라고 하자. S의 임의의 내부점 $\mathbf{x}^0$에서 f가 미분가능하다면 해당 점에서의 기울기 벡터는 다음과 같다. 여기서 각 성분은 f의 일계편도함수이다.

$$\nabla f(\mathbf{x}^0)=(f'_1(\mathbf{x}^0),\ f'_2(\mathbf{x}^0),\ \cdots,\ f'_n(\mathbf{x}^0))$$

이제 f가 오목함수라면 이 기울기 벡터 $\nabla f(\mathbf{x}^0)$는 식 (15.8.13)에 명시된 것처럼 상위기울기 벡터이다.

$$S\text{에 속한 모든 } \mathbf{x}\text{에 대해 } f(\mathbf{x})-f(\mathbf{x}^0) \leq \nabla f(\mathbf{x}^0)\cdot(\mathbf{x}-\mathbf{x}^0) \tag{16.6.4}$$

반면에 f가 볼록함수라면 이 기울기 벡터 $\nabla f(\mathbf{x}^0)$는 식 (15.8.14)에 명시된 것처럼 하위기울기 벡터이고 식 (16.6.4)에서 부등호 $\leq$를 $\geq$로 바꾸면 된다. 이러한 결과를 바탕으로 $\mathbf{x}^0$가 임계점이고 $\nabla f(\mathbf{x}^0)=\mathbf{0}$일 때 [정리 16.2.1]을 다음과 같이 확장할 수 있다.

정리 16.6.3 오목성, 볼록성과 충분조건

n변수함수 $z=f(\mathbf{x})$가 $\mathbb{R}^n$의 볼록 정의역 S에 정의되고 $\mathbf{x}^0$가 S의 내부 임계점이라 하자. 그러면 다음이 성립한다.

❶ 함수 f가 오목함수이면 점 $\mathbf{x}^0$는 최대점이다.

❷ 함수 f가 볼록함수이면 점 $\mathbf{x}^0$는 최소점이다.

오목성과 볼록성에 대한 이계조건

16.2절에서 이변수함수의 경우를 다루었듯이 여기서는 n변수함수의 이계편도함수에 대한 조건을 찾아 그 함수가 오목함수인지 볼록함수인지 판별하고 [정리 16.6.3]을 적용할 수 있도록 하겠다. 구체적으로 n변수함수 $z=f(\mathbf{x})$가 볼록 정의역 S에 정의된 임의의 C^2함수라 하자. 이때 [정리 14.8.2]는 f가 오목한지 또는 볼록한지(더 나아가 순오목한지 순볼록한지) 판별하는 조건을 제시한다. 이 조건은 S의 각 내부점에서 이계편도함수의 헤시안 행렬 $\mathbf{f}''(\mathbf{x})$에 기초한다.[12] 이러한 결과를 활용하면 함수 f의 내부 임계점이 최대점 또는 최소점이 되기 위한 충분조건으로 [정리 16.6.3]을 적용할 수 있다.

정리 16.6.4 최댓값과 최솟값의 충분조건

n변수함수 $z=f(\mathbf{x})$가 $\mathbb{R}^n$의 볼록 정의역 S에 정의된 C^2함수이고, S의 모든 내부점 $\mathbf{x}$에서 헤시안 행렬 $\mathbf{f}''(\mathbf{x})$를 가진다고 가정하자. 그리고 $\mathbf{x}^0$가 임의의 내부 임계점이라고 하자.

❶ $\mathbf{f}''(\mathbf{x})$가 S에 속한 모든 $\mathbf{x}$에 대해 음의 준정부호이면 f는 오목하고 $\mathbf{x}^0$는 S에서 $f(\mathbf{x})$의 최대점이다.

❷ $\mathbf{f}''(\mathbf{x})$가 S에 속한 모든 $\mathbf{x}$에 대해 양의 준정부호이면 f는 볼록하고 $\mathbf{x}^0$는 S에서 $f(\mathbf{x})$의 최소점이다.

❸ $\mathbf{f}''(\mathbf{x})$가 S에 속한 모든 $\mathbf{x}$에 대해 음의 정부호이면 f는 순오목하고 $\mathbf{x}^0$는 S에서 $f(\mathbf{x})$의 유일한 최대점이다.

❹ $\mathbf{f}''(\mathbf{x})$가 S에 속한 모든 $\mathbf{x}$에 대해 양의 정부호이면 f는 순볼록하고 $\mathbf{x}^0$는 S에서 $f(\mathbf{x})$의 유일한 최소점이다.

[정리 16.2.2]는 이 결과의 특수한 경우임을 알 수 있다. 왜냐하면 [정리 16.2.2]에서 사용한 조건이 이변수함수의 2×2 헤시안 행렬이 음의 준정부호이거나 양의 준정부호가 되도록 보장하기 때문이다. 또 다른 특수한 경우는 [EX 14.8.7]에서 다루었는데, 이때 함수 $z=f(\mathbf{x})$는 그 자체로 이차형식 $\mathbf{x}'\mathrm{A}\mathbf{x}$이다. 여기서 A는 $n\times n$ 대칭행렬이다.

국소극점에 대한 조건

16.3절은 이변수함수의 극대점, 극소점, 순극대점, 순극소점에 대한 정의로 시작했다. 여기서는 이러한 정의를 n변수함수로 확장하는 자명한 일반화를 생략한 대신, 국소극값에 대한 정리(특히 일변수함수에 대해 9.6절에서

12 (옮긴이) 헤시안 행렬의 정의는 14.3절을 참고하라.

제시한 결과와 이변수함수에 대해 [정리 16.3.1]에서 다룬 결과)를 n변수함수로 확장하겠다. 이러한 확장은 모두 해당 임계점에서 이계편도함수 헤시안 행렬의 정부호 성질을 이용한다.[13]

정리 16.6.5 국소극점에 대한 이계도함수 판정법

n변수함수 $z = f(\mathbf{x})$가 정의역 S에서 C^2함수라고 가정하자. $\mathbf{x}^0$가 S의 내부 임계점이라 하고, 이 점에서 $n \times n$ 헤시안 행렬이 $\mathbf{f}''(\mathbf{x}^0)$라고 하자. 다음이 성립한다.

❶ $\mathbf{f}''(\mathbf{x}^0)$가 음의 정부호이면 $\mathbf{x}^0$는 f의 순극대점이다.
❷ $\mathbf{f}''(\mathbf{x}^0)$가 양의 정부호이면 $\mathbf{x}^0$는 f의 순극소점이다.
❸ $\mathbf{f}''(\mathbf{x}^0)$가 음의 준정부호이거나 양의 준정부호이면 $\mathbf{x}^0$는 f의 극대점, 극소점, 안장점일 수 있다.
❹ $\mathbf{f}''(\mathbf{x}^0)$의 정부호를 결정할 수 없으면 $\mathbf{x}^0$는 안장점이다.
❺ $\mathbf{x}^0$가 f의 극대점이면 $\mathbf{f}''(\mathbf{x}^0)$는 음의 준정부호이다.
❻ $\mathbf{x}^0$가 f의 극소점이면 $\mathbf{f}''(\mathbf{x}^0)$는 양의 준정부호이다.

[정리 16.6.5]의 명제 ❶, ❷는 순극대점 또는 순극소점에 대한 충분조건이다. 반면 명제 ❺, ❻은 비록 순극값은 아니지만 극대점 또는 극소점에 대한 충분조건이다. 명제 ❹는 안장점에 대한 충분조건이다. 마지막으로 명제 ❸은 중요한 사실을 강조하고 있다. 즉 헤시안 행렬이 음의 준정부호 또는 양의 준정부호인 것만으로는 해당 임계점 $\mathbf{x}^0$가 약한 극대점 또는 약한 극소점조차도 된다고 보장할 수 없다. 이 주장은 16.3절 [연습문제 4]의 결과로 설명할 수 있다.

증가 변환

이번 절을 마무리하며 이론경제학에서 간단하면서도 상당히 흥미로운 결과 하나를 제시한다. 즉 **어떤 함수를 최대화하는 문제는 그 함수의 순증가 변환함수를 최대화하는 문제와 동치이다.** 예를 들어 xy평면의 어떤 집합 S에서 함수 $f(x, y)$를 최대화하는 모든 쌍 (x, y)를 찾고 싶다고 하자. 그러면 다음과 같은 목적함수 중 아무것이나 최대화해도 동일한 해를 얻을 수 있다.

❶ $af(x, y)+b$ (단, 상수 $a>0$)
❷ $e^{f(x, y)}$
❸ $\ln f(x, y)$ (단, S 전체에서 $f(x, y)>0$)

최대점은 정확히 동일하지만 이때의 **최댓값**은 서로 다르다. 구체적인 예로 $u>0$일 때 변환 $u \mapsto \ln u$는 순증가하므로 다음 두 문제는 정확히 동일한 해를 가진다.

$$(x, y) \in S\text{에 대해 } \max\ e^{x^2+2xy^2-y^3}\text{과 } \max\ x^2+2xy^2-y^3$$

13 정부호 성질은 13.12절에서 정의하고 설명한 바 있다.

정리 16.6.6

함수 $f(\mathbf{x}) = (x_1, \cdots, x_n)$이 $\mathbb{R}^n$의 어떤 집합 S에서 정의된다고 하자. F가 f의 치역에서 정의된 일변수함수이고, $\mathbf{c}$는 S에 속한 점이라 하자. S에서 함수 g를 $g(\mathbf{x}) = F(f(\mathbf{x}))$로 정의하자.

❶ F가 증가함수이고 $\mathbf{c}$가 S에서 f를 최대화[최소화]한다면 같은 점 $\mathbf{c}$가 S에서 g를 최대화[최소화]한다.

❷ F가 순증가함수이면 $\mathbf{c}$가 S에서 f를 최대화[최소화]하는 것과 $\mathbf{c}$가 S에서 g를 최대화[최소화]하는 것은 동치이다.

증명

❶ 점 $\mathbf{c}$가 S에서 f를 최대화하므로 S에 있는 모든 $\mathbf{x}$에 대해 $f(\mathbf{x}) \le f(\mathbf{c})$이다. 그런데 F가 증가함수이므로 S의 모든 $\mathbf{x}$에 대해 $g(\mathbf{x}) = F(f(\mathbf{x})) \le F(f(\mathbf{c})) = g(\mathbf{c})$이다. 그러므로 $\mathbf{c}$가 S에서 g를 최대화한다.

❷ F가 순증가함수이고 $f(\mathbf{x}) > f(\mathbf{c})$라 가정하자. 그러면 $g(\mathbf{x}) = F(f(\mathbf{x})) > F(f(\mathbf{c})) = g(\mathbf{c})$이다. 따라서 S의 모든 $\mathbf{x}$에 대해 $g(\mathbf{x}) \le g(\mathbf{c})$이면 S 전체에서 $f(\mathbf{x}) \le f(\mathbf{c})$임을 의미한다.

최소화의 경우도 유사하게 증명할 수 있다. ■

이 증명이 얼마나 간단한지 주목하라. 연속성이나 미분가능성 같은 가정은 전혀 필요하지 않았다. 대신 최댓값 개념과 증가함수 또는 순증가함수의 개념에만 기반하고 있다. 하지만 어떤 사람들은 이렇게 단순하고 직접적인 논증을 신뢰하지 못하고 '눈에 보이는 모든 것을 미분'해서 일계조건 또는 이계조건을 적용하려 한다. 이러한 불신은 문제를 복잡하게 만들고 오류 가능성을 높인다.

16.6 연습문제

1 다음 함수는 최대점을 가진다. 최대점을 찾아라.

(a) $f(x, y, z) = 2x - x^2 + 10y - y^2 + 3 - z^2$

(b) $f(x, y, z) = 3 - x^2 - 2y^2 - 3z^2 - 2xy - 2xz$

2 함수 $f(x) = e^{-x^2}$으로 정의하자.

(a) $F(u) = \ln u$라 하자. 두 함수 $f(x)$와 $F(f(x))$가 같은 x에서 최댓값을 가짐을 증명하라.

(b) $F(u) = 5$라 하면 $g(x) = F(f(x)) = 5$이다. 이 예가 [정리 16.6.6]의 ❶에 해당하는 명제의 역이 성립하지 않음을 보여주는지 설명하라.

힌트 증가함수 정의는 상수함수도 포함한다는 점을 상기하라.

3 $g(\mathbf{x}) = F(f(\mathbf{x}))$라 하자. 여기서 함수 $f: \mathbb{R}^n \to \mathbb{R}$과 함수 $F: \mathbb{R}^n \to \mathbb{R}^n$은 미분가능하고 모든 곳에서 $F' \neq 0$이 성립한다. $\mathbf{x}$가 f의 임계점인 경우와 $\mathbf{x}$가 g의 임계점인 경우가 서로 동치임을 증명하라.

4 다음과 같은 삼변수함수의 일계편도함수를 구하고, 임계점 여덟 개를 모두 찾아라.

$$f(x, y, z) = -2x^3 + 15x^2 - 36x + 2y - 3z + \int_y^z e^{t^2} dt$$

5 다음 두 최대화 문제를 어떻게 단순화할 수 있는지 제안하라.

(a) $(x, y) \in S$에 대해
$\max \frac{1}{2}\left\{e^{x^2+y^2-2x} - e^{-(x^2+y^2-2x)}\right\}$

(b) $x_1 + x_2 + \cdots + x_n = 1$일 때 $\max Ax_1^{a_1} \cdots x_n^{a_n}$, 여기서 $A > 0$, $x_1 > 0$, $\cdots$, $x_n > 0$

16.7 비교정학과 포락선정리

경제학의 최적화 문제는 보통 어떤 목적함수를 최대화하거나 최소화하는 문제를 포함한다. 이때 목적함수는 선택할 수 있는 내생변수에 따라 달라진다. 하지만 이 함수는 종종 가격, 세율, 소득 수준처럼 선택할 수 없는 외생변수에도 영향을 받는다. 최적화를 수행하는 동안에는 이러한 외생변수들을 고정된 상수로 취급하지만, 실제로는 경제 환경의 변화에 따라 이 값들이 달라지기 마련이다. 예를 들어 완전경쟁 또는 '가격 수용' 기업의 전형적인 정의에 따르면, 이 기업은 주어진 가격을 외생변수로 받아들이고 이를 바탕으로 이윤을 극대화하는 투입량과 생산량을 결정해야 한다. 이후 가격이나 다른 외생변수들이 변화할 때, 그에 따라 최적 투입량과 생산량이 어떻게 반응하는지 살펴보게 된다.

다음과 같은 간단한 문제를 생각해보자. 여기서는 최대화 문제로 다루지만, 이론은 최소화 문제에도 본질적으로 동일하다. 함수 f가 하나의 변수 x와 하나의 모수 r에 의존한다고 가정하자. r을 상수로 고정하고 x에 대해 $f(x, r)$을 최대화하려 한다. 이 문제는 다음과 같이 쓸 수 있다.

$$\max_x f(x, r)$$

f를 최대화하는 x 값은 일반적으로 모수 r에 의존하므로 이를 기호 $x^*(r)$로 나타낸다. $x^*(r)$을 함수 $f(x, r)$에 대입하면 다음과 같은 **가치함수**(value function)를 얻는다.

$$f^*(r) = f(x^*(r), r)$$

그렇다면 r이 변할 때 이 가치함수는 어떻게 변하는가? $f^*(r)$이 미분가능하다고 가정하면 연쇄법칙을 적용하여 다음을 얻는다.

$$\frac{df^*(r)}{dr} = f'_1(x^*(r), r)\frac{dx^*(r)}{dr} + f'_2(x^*(r), r) \qquad (16.7.1)$$

이제 f가 정의된 구간 내의 어떤 내부점 $x^*(r)$에서 최댓값을 가진다면 일계조건 $f'_1(x^*(r), r) = 0$을 만족해야 한다. 그러므로 식 (16.7.1) 우변의 첫 번째 항은 0이고, 이 식은 다음과 같이 간단해진다.

$$\frac{df^*(r)}{dr} = f'_2(x^*(r), r) \qquad (16.7.2)$$

모수 r이 변하면 $f^*(r)$도 다음 두 가지 이유로 변한다.

❶ r은 함수 $f(x, r)$의 두 번째 변수이므로 r의 변화는 f^* 값을 직접적으로 바꾼다.

❷ r이 변하면 함수 $x^*(r)$ 값도 변하므로 함수 $f(x^*(r), r)$도 간접적으로 바뀐다.

그런데 식 (16.7.2)는 전체 효과를 구할 때 오직 r에 대한 $f(x^*(r), r)$의 편도함수만 계산하면 된다는 것을 보여준다. 즉 x^*가 r에 의존한다는 사실, 그로 인한 간접 효과는 완전히 무시해도 된다는 뜻이다. 일견 이 결과는 매우 놀라울 수 있다. 하지만 더 자세히 살펴보면 $x^*(r)$이 $f(x, r)$을 x에 대해 최대화하려면 반드시 일계조건 $f'_1(x^*(r), r) = 0$을 만족해야 한다. 이는 곧 x가 아주 조금 변해도(이 변화가 r의 작은 변화에서 파생되든 아니든 간에) $f(x^*, r)$ 값인 $f^*(r)$에는 한계 효과가 0임을 의미한다.

EX 16.7.1 한 회사가 상품 x단위를 생산하고 판매할 때 수익은 $R(x)=rx$라 하자. 여기서 가격 r은 양의 모수이다. 또한 이 회사의 비용은 $C(x)=x^2$이라 가정하면 회사의 이윤함수는 다음과 같다.

$$\pi(x,\ r)=R(x)-C(x)=rx-x^2$$

x의 최적 선택 x^*를 찾고, 이 경우 식 (16.7.2)를 증명하라.

풀이

이차함수인 이윤함수는 일계조건 $\pi'_1=r-2x=0$을 만족하는 $x^*=\dfrac{r}{2}$에서 최댓값을 가진다. 그러므로 r의 함수인 최대 이윤은 다음과 같다.

$$\pi^*(r)=rx^*-(x^*)^2=r\left(\frac{r}{2}\right)-\left(\frac{r}{2}\right)^2=\frac{r^2}{4}$$

이 함수의 도함수는 $\dfrac{d\pi^*}{dr}=\dfrac{r}{2}$이다. 식 (16.7.2)를 사용하면 지금보다 훨씬 간단하게 계산할 수 있다. 실제로 $\pi'_2(x,\ r)=x$이므로 $\dfrac{d\pi^*}{dr}=\pi'_2(x^*(r),\ r)=x^*(r)=\dfrac{1}{2}r$이다.

EX 16.7.2 [EX 9.6.5]에서는 이윤함수 $\hat{\pi}(Q,\tau)=R(Q)-C(Q)-\tau Q$를 가진 회사를 살펴보았다. 여기서 τ는 생산 단위당 부과되는 세금이다. 최적 생산량을 $Q^*=Q^*(\tau)$라 하고, 이에 대응하는 가치함수를 $\pi^*(\tau)$라 하자. 이윤함수에 대해 $\hat{\pi}'_2=-Q$이므로 식 (16.7.2)에 따라 다음을 얻는다.

$$\frac{d}{d\tau}\pi^*(\tau)=\hat{\pi}'_2(Q^*(\tau),\ \tau)=-Q^*(\tau)$$

이는 앞서 구한 결과와 일치한다.

선택변수 n차원 벡터 $\mathbf{x}=(x_1,\ \cdots,\ x_n)$과 모수 m차원 벡터 $\mathbf{r}=(r_1,\ \cdots,\ r_m)$이 있는 경우를 생각해보자. 함수 $f(\mathbf{x},\ \mathbf{r})$과 가치함수 $f^*(\mathbf{r})$이 적절히 미분가능하다고 가정하면 식 (16.7.2)의 자명한 일반화가 다음과 같이 성립한다. 이 일반화는 $f^*(\mathbf{r})$에 대한 m개의 일계편도함수 $\dfrac{\partial}{\partial r_j}f^*(\mathbf{r})$에 대해 모두 적용된다.

정리 16.7.1 포락선정리(envelope theorem)

$\mathbf{r}^0$ 근방의 모든 모수 벡터 $\mathbf{r}$에 대해 가치함수 $f^*(\mathbf{r})=\max_{\mathbf{x}} f(\mathbf{x},\ \mathbf{r})$이 존재한다고 하자. 그리고 $\mathbf{x}$에 대해 $f(\mathbf{x},\ \mathbf{r})$을 최대화하는 $\mathbf{x}$ 값을 $\mathbf{x}^*(\mathbf{r})$이라 하자. 또한 $\mathbf{x}^0$가 $\mathbf{x}^*(\mathbf{r}^0)$를 나타낸다고 하자. $\mathbf{r}$에 대한 두 함수 $f(\mathbf{x}^0,\ \mathbf{r})$과 $f^*(\mathbf{r})$이 모두 $\mathbf{r}^0$에서 미분가능하다면 각 $j=1,\ \cdots,\ m$에 대해 각각의 j번째 편도함수는 $\mathbf{r}^0$에서 다음을 만족한다.

$$\left.\frac{\partial f^*(\mathbf{r})}{\partial r_j}\right|_{\mathbf{r}=\mathbf{r}^0}=\left.\frac{\partial f(x^*(\mathbf{r}),\ \mathbf{r})}{\partial r_j}\right|_{\mathbf{r}=\mathbf{r}^0} \tag{16.7.3}$$

식 (16.7.3)의 등호 관계는 $\mathbf{x}$에 대해 $f(\mathbf{x}, \mathbf{r})$을 최소화하는 경우에도 성립한다. 더 나아가 $\mathbf{r}^0$ 근방의 각 $\mathbf{r}$에 대해 $\mathbf{x}^*(\mathbf{r})$이 임계점이기만 해도 등호가 성립함을 기억하라.

[그림 16.7.1]은 모수 r 하나만 변화할 수 있는 경우를 가정했을 때 식 (16.7.3)을 시각적으로 보여준다. $\mathbf{x}$ 값을 고정하면 ry평면에서 방정식 $y = f(\mathbf{x}, r)$로 주어지는 곡선 $K_{\mathbf{x}}$가 하나씩 생긴다. [그림 16.7.1]은 이러한 곡선 중 세 가지와 함께 가치함수 $f^*(r)$의 그래프를 보여준다. 모든 $\tilde{\mathbf{x}}$와 r에 대해 다음이 성립한다.

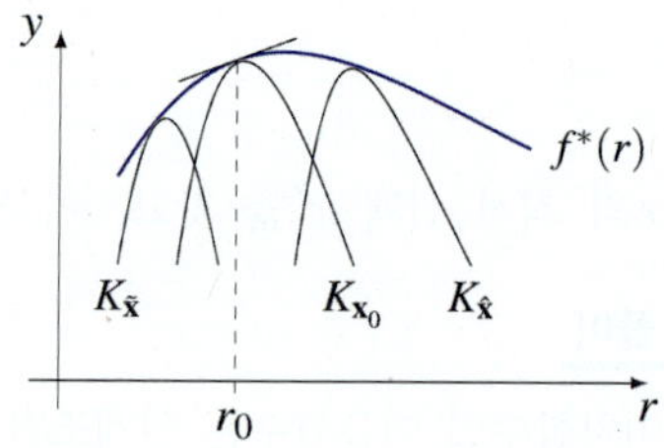

그림 16.7.1 곡선 $y = f^*(r)$은 모든 곡선 $y = f(\mathbf{x}, r)$을 감싸며 외곽을 이룬다.

$$f(\tilde{\mathbf{x}}, r) \le \max_x f(\mathbf{x}, r) = f^*(r)$$

따라서 어떤 $K_{\mathbf{x}}$ 곡선도 곡선 $y = f^*(r)$보다 위에 올라갈 수 없다. 반면 각 r 값에 대해 최소한 하나의 $\mathbf{x}^*(r)$이 존재해서 $f(\mathbf{x}^*(r), r) = f^*(r)$을 만족한다. 즉 해당 r에 대해 최대화 문제의 해가 되는 $\mathbf{x}$의 선택이 존재한다. 예를 들어 $r = r_0$로 고정하고 $\mathbf{x}_0$가 $\mathbf{x}^*(r_0)$를 나타낸다면 그림에서 묘사하는 바와 같이 곡선 $K_{\mathbf{x}_0}$는 점 $(r_0, f^*(r_0))$에서 곡선 $y = f^*(r)$과 접한다. 게다가 $K_{\mathbf{x}_0}$는 $y = f^*(r)$의 그래프보다 위로 올라갈 수 없으므로 두 곡선이 만나는 그 점에서 접선의 기울기도 정확히 동일해야 한다. 그러므로 이 공통 접선의 기울기는 점 $(r_0, f^*(r_0))$에서 f^* 그래프의 접선 기울기인 $\dfrac{df^*}{dr}$이고, 다른 한편으로 곡선 $K_{\mathbf{x}_0}$(즉 $\mathbf{x}_0$를 고정한 상태에서 함수 $f(\mathbf{x}_0, r)$의 그래프)의 점 $(r_0, f(\mathbf{x}_0, r_0))$에서 접선의 기울기인 $\dfrac{\partial f(\mathbf{x}_0, r)}{\partial r}$이다. 이러한 이유로 식 (16.7.3)이 성립한다.

[그림 16.7.1]에서 알 수 있듯이 $y = f^*(r)$의 그래프는 모든 곡선 $K_{\mathbf{x}}$에 접하거나 그 위에 있는 성질을 가진, 가장 아래에 위치한 곡선이다. 그러므로 이 그래프는 마치 모든 곡선을 감싸는 '비닐랩' 또는 덮개처럼 보인다. 실제로 어떤 점이 f^*의 그래프 위 또는 아래에 있다면, 이는 곧 그 점이 어떤 $K_{\mathbf{x}}$ 곡선 위 또는 아래에 있다는 것과 동치이다. 이 때문에 f^*의 그래프를 $K_{\mathbf{x}}$ 곡선족(family of curves)의 **포락선**(envelope)이라 한다.

EX 16.7.3 [EX 16.1.3]을 상기하자. 생산함수 $Q = F(K, L)$에서 자본 투입량이 K, 노동 투입량이 L, 생산 단위당 가격이 p, 자본 단위당 비용(대여료)이 r, 인건비율이 w였다. 회사가 K, L만큼의 생산요소를 사용하여 $F(K, L)$단위를 생산하고 판매할 때 얻는 이윤은 다음과 같다.

$$\hat{\pi}(K, L, p, r, w) = pF(K, L) - rK - wL$$

여기서는 이윤을 선택변수 K, L과 함께 모수 p, r, w의 함수 $\hat{\pi}$으로 표현했다. 이제 p, r, w를 고정하고 K와 L에 대해 $\hat{\pi}$을 최대화한다. 이때 K와 L의 최적값은 p, r, w의 함수이고, 이를 $K^* = K^*(p, r, w)$와 $L^* = L^*(p, r, w)$로 나타낸다. 이 문제의 가치함수는 $\hat{\pi}^*(p, r, w) = \hat{\pi}(K^*, L^*, p, r, w)$이다. 경제학자 대부분은 이 $\hat{\pi}^*$를 이 회사의 **이윤함수**(profit function)라고 부르지만, 정확하게는 '최대이윤함수'라고 할 수 있다. 이는 가격을 주어진 것으로 간주하고 모든 투입요소와 생산품의 최적 수량을 선택하여 얻는 이윤을 나타낸다.

[정리 16.7.1]에 따르면 다음을 얻는다.

$$\frac{\partial \hat{\pi}^*}{\partial p} = F(K^*, L^*) = Q^*, \quad \frac{\partial \hat{\pi}^*}{\partial r} = -K^*, \quad \frac{\partial \hat{\pi}^*}{\partial w} = -L^* \qquad (*)$$

이 세 등식은 생산이론에서 **호텔링 정리**(Hotelling's lemma)로 알려진 결과의 사례이다. 예를 들어 두 번째 식을 경제학적으로 해석하면 다음과 같다. 자본 가격이 아주 조금 오르면 회사의 이윤은 얼마나 감소하는가? 최적 상태에서 이 회사는 자본을 K^*단위 사용하므로 자본 가격이 한 단위 오를 때마다 이윤은 K^*만큼 감소한다. [연습문제 4]에서 더 흥미로운 관계를 다룬다.

포락선정리의 증명

[정리 16.7.1]을 증명하는 한 가지 방법은 식 (16.7.2)에서 논의한 바와 같이 일계조건을 사용하여 다른 항을 소거하는 것이다. 하지만 여기서 소개할 또 다른 증명이 더 간단할 수도 있다. 여기서 구성 자체가 $\mathbf{r}^0$에서 극댓값을 가지도록 고안된 보조함수를 생각한다. 그리고 식 (16.7.3)이 '이 함수가 $\mathbf{r}^0$에서 극대점이기 위한 일계 필요조건'임을 보인다.

[정리 16.7.1]의 증명

정리를 증명하기 위해 먼저 모수 m차원 벡터 $\mathbf{r}^0$를 고정하고, 이에 대응하는 최적 선택 n차원 벡터 $\mathbf{x}^0 = \mathbf{x}^*(\mathbf{r}^0)$를 생각한다. 이 $\mathbf{x}^0$는 $f(\mathbf{x}, \mathbf{r}^0)$를 $\mathbf{x}$에 대해 최대화하는 점이다. 그러고 나서 $\mathbf{r}^0$ 근방의 모든 모수 벡터 $\mathbf{r}$에 대해 다음과 같이 보조함수를 정의한다.

$$\varphi(\mathbf{r}) = f(\mathbf{x}^0, \mathbf{r}) - f^*(\mathbf{r}) \qquad (*)$$

가치함수 $f^*(\mathbf{r})$과 최대점 $\mathbf{x}^*(\mathbf{r})$의 정의에 따라 $\mathbf{r}^0$ 근방의 모든 $\mathbf{r}$에 대해 다음을 얻는다.

$$f(\mathbf{x}^0, \mathbf{r}) \le f(\mathbf{x}^*(\mathbf{r}), \mathbf{r}) = f^*(\mathbf{r})$$

이 부등식은 $\varphi(\mathbf{r}) \le 0$임을 의미한다. 하지만 $\mathbf{r} = \mathbf{r}^0$에서 다음을 얻는다.

$$f(\mathbf{x}^0, \mathbf{r}^0) = f(\mathbf{x}^*(\mathbf{r}^0), \mathbf{r}^0) = f^*(\mathbf{r}^0)$$

이 등식은 $\varphi(\mathbf{r}^0) = 0$임을 의미한다. 그러므로 $\mathbf{r}^0$ 근방의 모든 $\mathbf{r}$에 대해 $\varphi(\mathbf{r}) \le \varphi(\mathbf{r}^0) = 0$임을 증명했다. 따라서 $\varphi(\mathbf{r})$은 $\mathbf{r}^0$에서 극댓값을 갖는다.

마지막으로 앞서 가정한 미분가능성에 따라 식 (*)에서 정의된 보조함수 $\varphi(\mathbf{r})$은 $\mathbf{r}^0$에서 미분가능하고, 편도함수는 다음과 같다.

$$\varphi'_j(\mathbf{r}^0) = \left.\frac{\partial f^*(\mathbf{r})}{\partial r_j}\right|_{\mathbf{r}=\mathbf{r}^0} - \left.\frac{\partial f(\mathbf{x}^*(\mathbf{r}), \mathbf{r})}{\partial r_j}\right|_{\mathbf{r}=\mathbf{r}^0}$$

$\mathbf{r}^0$가 $\varphi(\mathbf{r})$의 극대점이므로 반드시 임계점이어야 한다. 그러므로 각 $j = 1, 2, \cdots, m$에 대해 일계 필요조건 $\varphi'_j(\mathbf{r}^0) = 0$에 따라 식 (16.7.3)이 성립한다. ■

16.7 연습문제

1 한 회사가 하나의 상품을 생산하며 단위당 가격 p를 받고 판매한다. x단위를 생산하는 비용은 $ax+bx^2$이고, 단위당 세금 t를 낸다. 모든 모수는 양수이고 $p>a+t$를 가정하자. 이 회사는 이윤을 극대화하기 원한다.

(a) 최적 생산량 x^*와 최적 이윤 π^*를 구하라.

(b) $\dfrac{\partial\pi^*}{\partial p}=x^*$임을 증명하고, 이를 경제학적으로 해석하라.

2 한 회사는 노동 투입량이 L단위일 때 상품 $Q=\sqrt{L}$ 단위를 생산한다. 생산품의 단위당 가격은 P이고 노동의 단위당 가격은 w이며, 모두 양수이다.

(a) 이윤함수 π의 식을 작성하라. 이윤을 최대화하는 노동 투입량 $L=L^*$를 구하라.

(b) L^*를 두 가격의 함수 $L^*(P, w)$로 생각하고 다음 가치함수를 정의하자.

$$\pi^*(P, w)=\pi(L^*(P, w), P, w)$$

가치함수의 일계편도함수가 다음과 같음을 증명하여 포락선정리가 성립함을 확인하라.

$$\frac{\partial\pi^*}{\partial P}=\pi'_P(L^*, P, w), \quad \frac{\partial\pi^*}{\partial w}=\pi'_w(L^*, P, w)$$

3 한 회사가 자본 K, 노동 L, 토지 T를 사용해 다음 함수에 따라 상품 Q단위를 생산한다.

$$Q=K^{\frac{2}{3}}+L^{\frac{1}{2}}+T^{\frac{1}{3}}$$

이 회사는 단위당 양의 가격 p를 받고 상품을 판매하고 자본, 노동, 토지의 단위당 비용은 각각 r, w, q로 모두 양수이다.

(a) 이 회사의 이윤함수 π를 (K, L, T)의 식으로 표현하라. 그런 다음 이윤을 극대화하는 K, L, T 값을 네 가격의 함수로 나타내라. 여기서 최댓값이 존재한다고 가정해도 좋다.

(b) Q^*가 최적 생산량, K^*가 최적 자본 투입량이라 하자. $\dfrac{\partial Q^*}{\partial r}=-\dfrac{\partial K^*}{\partial p}$임을 보여라.

4 [EX 16.7.3]을 참고하여 F가 C^2함수라고 가정하고 다음 대칭 관계를 증명하라.

$$\frac{\partial Q^*}{\partial r}=-\frac{\partial K^*}{\partial p}, \quad \frac{\partial Q^*}{\partial w}=-\frac{\partial L^*}{\partial p}, \quad \frac{\partial L^*}{\partial r}=\frac{\partial K^*}{\partial w}$$

힌트 먼저 [EX 16.7.3]의 첫 번째 결과와 영의 정리([정리 14.6.1] 참고)을 적용하여 $\dfrac{\partial Q^*}{\partial r}=\dfrac{\partial}{\partial r}\left(\dfrac{\partial\hat{\pi}^*}{\partial p}\right)=\dfrac{\partial}{\partial p}\left(\dfrac{\partial\hat{\pi}^*}{\partial r}\right)$을 먼저 보여라. 그다음 [EX 16.7.3]의 다른 결과를 사용하여 대칭 관계를 유도하라.

5 [EX 16.1.3]을 참고하여 두 생산요소인 자본과 노동에 대한 최적 수요가 임의의 가격 변화에 어떻게 반응하는지 생각해보자.

(a) [EX 16.1.3]의 일계조건 (*)를 미분하여 다음을 증명하라.

$$\begin{aligned} F'_K(K^*, L^*)dp+pF''_{KK}(K^*, L^*)dK \\ +pF''_{KL}(K^*, L^*)dL=dr, \end{aligned}$$

$$\begin{aligned} F'_L(K^*, L^*)dp+pF''_{LK}(K^*, L^*)dK \\ +pF''_{LL}(K^*, L^*)dL=dw \end{aligned}$$

(b) (a)에서 유도한 식을 이용하여 K^*와 L^*의 p, r, w에 대한 편도함수를 구하라.

힌트 먼저 (a)에서 $dr=dw=0$으로 두고 $\dfrac{\partial K^*}{\partial p}$와 $\dfrac{\partial L^*}{\partial p}$를 구 하면 계산이 간단해진다.

(c) [정리 16.3.1]의 순극댓값에 대한 이계조건이 성립한다고 가정하자. 이 가정으로부터 (a)에서 구한 여섯 개의 편도함수 부호에 대해 어떤 결론을 도출할 수 있는가? 특별히 각 생산요소에 대한 수요는 그 요소의 가격이 증가하면 감소함을 보여라. 마지막으로 $\dfrac{\partial K^*}{\partial w}=\dfrac{\partial L^*}{\partial r}$임을 증명하라.

6 이윤을 극대화하려는 독점기업이 두 상품을 생산한다고 하자. 각각의 생산량은 x_1과 x_2로 주어진다. 상품 1은 단위당 σ만큼 보조금을 받고, 상품 2는 단위당 τ만큼 세금을 낸다. 따라서 이 독점기업의 이윤함수는 다음과 같다.

$$\pi(x_1,\ x_2) = R(x_1,\ x_2) - C(x_1,\ x_2) + \sigma x_1 - \tau x_2$$

여기서 수익함수 R과 비용함수 C는 모든 양의 x_1과 x_2에 대해 모두 C^2함수이고, 편도함수는 다음을 만족한다고 가정하자.

$$R'_1 > 0,\quad R'_2 > 0,$$
$$R''_{11} < 0,\ R''_{12} = R''_{21} < 0,\quad R''_{22} < 0$$
$$C'_1 > 0,\quad C'_2 > 0,$$
$$C''_{11} > 0,\ C''_{12} = C''_{21} > 0,\quad C''_{22} > 0$$

(a) 최대 이윤에 대한 일계조건을 구하라.

(b) 최대 이윤에 대한 국소 이계조건을 구하라.

(c) 이 문제의 해가 $x_1^* = x_1^*(\sigma,\ \tau)$, $x_2^* = x_2^*(\sigma,\ \tau)$라고 하자. 국소 이계조건을 만족한다고 가정하고, $\dfrac{\partial x_1^*}{\partial \sigma}$, $\dfrac{\partial x_1^*}{\partial \tau}$, $\dfrac{\partial x_2^*}{\partial \sigma}$, $\dfrac{\partial x_2^*}{\partial \tau}$의 부호를 구하라.

(d) $\dfrac{\partial x_1^*}{\partial \tau} = -\dfrac{\partial x_2^*}{\partial \sigma}$임을 보여라.

CHAPTER 16 복습문제

16.1 함수 $f(x, y) = -2x^2 + 2xy - y^2 + 18x - 14y + 4$는 모든 (x, y)에 대해 정의되고 최댓값을 가진다. 이때의 x, y 값을 구하라. [정리 16.2.2]를 사용하여 이 점이 실제 최대점임을 증명하라.

16.2 한 회사가 서로 다른 두 종류의 상품 A, B를 생산한다. 상품 A를 Q_1단위, 상품 B를 Q_2단위 생산할 때의 하루 생산비용은 $C(Q_1, Q_2) = 0.1(Q_1^2 + Q_1Q_2 + Q_2^2)$이다. 이 회사는 모든 상품을 전량 판매하고, 상품 A는 단위당 $P_1 = 120$, 상품 B는 단위당 $P_2 = 90$의 가격을 받는다.

(a) 이윤을 극대화하는 하루 생산량을 구하라.

(b) $P_2 = 90$이 그대로 유지된다고 할 때 상품 A의 하루 최적 생산량이 400단위가 되도록 하는 단위당 가격 P_1을 구하라.

16.3 한 회사가 두 브랜드의 상품을 각각 x, y 단위 생산하고 판매할 때 이윤이 다음과 같다고 하자,

$$P(x, y) = -0.1x^2 - 0.2xy - 0.2y^2 + 47x + 48y - 600$$

(a) 이윤을 극대화하는 생산량을 구하라.

(b) 핵심 원자재가 배급제로 공급되어 총생산량이 200단위로 제한된다고 하자. 이 제약조건하에서 이윤을 극대화하는 생산량을 구하라.

16.4 다음 (x, y)의 함수에 대해 임계점을 구하라.

(a) $x^3 - x^2y + y^2$

(b) $xye^{4x^2 - 5xy + y^2}$

(c) $4y^3 + 12x^2y - 24x^2 - 24y^2$

16.5 함수 $f(x, y, a) = ax^2 - 2x + y^2 - 4ay$를 정의하자. 여기서 a는 모수이다. 고정된 $a \neq 0$에 대해 함수 f를 (x, y)에 대해 최적화할 때의 유일한 임계점 $(x^*(a), y^*(a))$를 구하라. 가치함수 $f^*(a) = f(x^*(a), y^*(a), a)$를 구하고 이에 대해 포락선정리를 증명하라.

16.6 16.7절 [연습문제 3]의 생산함수를 $Q = K^a + L^b + T^c$으로 대체하자. 여기서 $a, b, c \in (0, 1)$은 모수이다.

(a) 최댓값이 존재한다고 가정하고 이 회사의 이윤을 극대화하는 K, L, T 값을 구하라.

(b) 함수 π^*를 네 가격 p, q, r, w의 함수로 나타낸 최적 이윤이라 하자. $\dfrac{\partial \pi^*}{\partial r}$을 구하라.

(c) 이 경우에 대해 포락선정리가 성립함을 증명하라.

16.7 모든 (x, y)에 대해 함수 $f(x, y) = e^{x+y} + e^{x-y} - \dfrac{3}{2}x - \dfrac{1}{2}y$를 정의하자.

(a) f의 일계편도함수와 이계편도함수를 구하고 $f(x, y)$가 볼록함수임을 보여라.

(b) $f(x, y)$의 최소점을 구하라.

16.8 함수 $f(x,\ y)=x^2-y^2-xy-x^3$을 생각해보자.

(a) 임계점을 찾고 그들을 분류하라.

(b) f가 오목함수가 되는 정의역 S를 구하고, S에서 f의 최댓값을 구하라.

16.9 모수 a가 주어졌다고 하자. 모든 $(x,\ y)$에 대해 함수 $f(x,\ y)$가 다음과 같이 정의된다.

$$f(x,\ y)=\frac{1}{2}x^2-x+ay(x-1)-\frac{1}{3}y^3+a^2y^2$$

(a) $(x^*,\ y^*)=(1-a^3,\ a^2)$이 함수 f의 임계점임을 증명하라.

(b) 이 경우에 대해 포락선정리가 성립함을 증명하라.

(c) xy평면 중 함수 f가 볼록함수인 영역을 찾아라.

16.10 지금까지 살펴본 여러 경제학적 예와 문제를 일반화해보자. 한 회사가 서로 다른 두 재화 A, B를 각각 x, y단위 생산하고, 각각의 단위당 가격은 p, q라 한다. 총비용함수가 $C(x,\ y)$라고 하면 이 회사의 이윤함수는 다음과 같다.

$$\pi(x,\ y)=px+qy-C(x,\ y) \tag{i}$$

(a) 이 회사가 두 재화 모두에 대해 시장 점유율이 낮아서 p, q를 주어진 값으로 받아들인다고 가정하자. 이윤을 극대화하는 $x^*>0$, $y^*>0$의 일계조건을 나타내고, 그 의미를 경제학적으로 해석하라.

(b) 이 회사가 두 재화 모두에 대해 독점력을 가진다고 가정하자. 가격은 더 이상 고정되지 않고 다음과 같은 x, y의 역수요함수로 나타난다.

$$p=F(x,\ y),\quad q=G(x,\ y) \tag{ii}$$

이때 이윤함수는 다음과 같다.

$$\pi(x,\ y)=xF(x,\ y)+yG(x,\ y)-C(x,\ y) \tag{iii}$$

이윤을 극대화하는 $x^*>0$, $y^*>0$의 일계조건을 나타내고, 그 의미를 경제학적으로 해석하라.

(c) $p=a-bx-cy$이고 $q=\alpha-\beta x-\gamma y$라 가정하자. 여기서 b, γ는 양수이다.[14] 비용함수가 이변수함수 $C(x,\ y)=Px+Qy+R$일 때 이윤을 극대화하는 일계조건을 나타내라.

(d) 부등식 $4\gamma b\geq(\beta+c)^2$이 성립하면 (대역적) 이계조건이 충족됨을 증명하라.

14 어느 재화든 가격이 상승하면 그 재화의 수요는 감소하지만, 다른 재화의 수요는 증가할 수도 있고 감소할 수도 있다.

MEMO

CHAPTER

17

등식 제약조건

Equality Constraints

CONTENTS

수학은 인생의 혼란에서 벗어나 있지만, 그 방법과 관계는 우리 존재를 연결하는 사실 사이의 관계를 믿을 수 없을 정도로 순수하게 비추는 거울이다.

Mathematics is removed from this turmoil of human life, but its methods and the relations are a mirror, an incredibly pure mirror, of the relations that link facts of our existence.

_ 콘라트 크노프(Konrad Knopp, 1928)

이전 장에서는 여러 변수가 있는 비제약 최적화 문제를 소개했다. 그러나 경제학에서는 선택해야 할 변수가 하나 이상의 제약조건을 만족해야 하는 경우가 흔하다. 따라서 이번 장부터 제약조건이 있는 최적화 문제를 다룬다. 이번 장에서는 등식 제약조건을 다루고 18장에서는 부등식 제약조건을 다룰 것이다.

이 장의 주요 주제는 라그랑주 승수법이다. 17.1절에서는 선택변수가 두 개일 때 하나의 등식 제약조건이 있는 라그랑주 승수법을 소개한다. 17.2절에서는 등식 제약조건에 대응하는 라그랑주 승수가 가지는 경제학적 의미를 해석하는 방법을 설명한다. 17.3절에서는 일계조건을 모두 만족하는 후보 해가 여러 개 있을 때 이를 다루는 방법을 간략하게 설명한다. 17.4절에서는 라그랑주 승수법이 성립하는 이유를 설명한다. 17.5절에서는 선택변수 벡터가 제약조건하에서 최적해인지 판단할 수 있는 충분조건을 다룬다. 17.6절에서는 선택변수가 두 개이고 제약조건이 하나인 특수한 경우를 넘어서 일반적인 경우로 분석을 확장한다. 마지막으로 17.7절에서는 비교정학 분석 결과와 포락선정리를 소개한다. 부등식 제약조건이 포함된 제약 최적화 문제는 18장에서 다룬다.[1]

17.1 라그랑주 승수법

경제학에서 전형적인 제약 최적화 문제는 한 소비자가 가용한 소득 m이 있을 때 가격 p인 재화를 수량 x만큼 구매하고 다른 재화를 소비하기 위해 소득을 y만큼 남기는 선택에 관한 문제이다. 이 표기법을 사용하면 이 소비자는 예산제약 $px+y=m$을 따른다. 이 소비자의 선호는 효용함수 $u(x, y)$로 나타난다고 가정하자. 수학적으로 이 소비자의 문제는 다음과 같이 표현된다.

$$\max\ u(x, y)\ \text{s.t.}\ px+y=m$$

여기서 's.t'는 'subject to'의 약자로 '(다음과 같은) 제약조건하에서'를 의미한다. 이는 전형적인 **제약 최적화 문제**(constrained maximization problem)이다. 이때 $y=m-px$로 나타낼 수 있으므로 같은 문제를 하나의 변수 x에 대한 함수 $h(x)=u(x, m-px)$의 **비제약 최적화 문제**(unconstrained maximization problem)로 표현할 수 있다. 실제로 16.2절에서 이러한 방식으로 두 변수와 하나의 제약조건을 가진 최적화 문제를 하나의 변수가 있는 비제약 최적화 문제로 변환했다. 제약조건이 복잡한 함수를 포함하거나 여러 개의 등식 제약조건을 고려해야 하는 경우 이러한 변환은 어렵거나 심지어 실제로 불가능할 수 있다. 이럴 때 경제학자들은 지금부터 소개할 **라그랑주 승수법**(Lagrange multiplier method)을 많이 활용한다.[2]

먼저 두 변수 x와 y를 생각하고, 하나의 등식 제약조건 $g(x, y)=c$를 만족해야 하는 상황에서 함수 $f(x, y)$를 최대화하는 문제부터 시작하자. 이 문제는 다음과 같이 쓸 수 있다.

$$\max\ f(x, y)\ \text{s.t.}\ g(x, y)=c \tag{17.1.1}$$

1 제약조건이 있는 최적화에 대해 훨씬 자세한 내용은 『Further Mathematics for Economic Analysis(2nd ed.)』를 참고하라.

2 라그랑주 승수법은 발견자인 이탈리아 태생의 프랑스 수학자 J.-L. 라그랑주(J.-L. Lagrange, 1736~1813)의 이름을 따서 명명되었다. 경제학에서는 덴마크 경제학자 해럴드 베스터가르드(Harald Westergaard)가 1876년에 최초로 사용한 것으로 보인다. 실제로 이 방법은 비제약 문제로 표현하기 쉬운 경우에도 자주 사용된다. 그 이유 중 하나는 라그랑주 승수가 중요한 경제학적 의미를 가지고 있기 때문이다. 또한 제약조건이 부등식으로 표현되는 더 복잡한 최적화 문제(18장 참고)에서도 유사한 방법을 사용할 수 있다.

이 방법의 첫 번째 단계는 제약조건 $g(x, y)=c$에 '관련'된 **라그랑주 승수**(Lagrange multiplier)를 도입하는 것이다. 이를 위해 다음과 같은 **라그랑지안 함수**(Lagrangian function)를 정의한다.

$$\mathcal{L}(x, y)=f(x, y)-\lambda\{g(x, y)-c\} \tag{17.1.2}$$

여기서 $g(x, y)-c$는 제약조건에 따라 0이어야 하는데, 여기에 승수 λ를 곱한 후 최적화 대상인 $f(x, y)$에서 뺐다. 제약조건 $g(x, y)=c$를 만족하는 모든 (x, y)에 대해 $\mathcal{L}(x, y)=f(x, y)$임을 기억해 두면 좋다.

이제 식 (17.1.1)의 문제를 풀기 위해 적절한 일계조건을 도출하자. 이를 위해 라그랑주 승수 λ를 상수로 취급하고, 다음과 같이 x와 y에 대한 라그랑지안 함수 $\mathcal{L}(x, y)$의 두 편도함수를 생각한다.

$$\mathcal{L}'_1(x, y)=f'_1(x, y)-\lambda g'_1(x, y), \quad \mathcal{L}'_2(x, y)=f'_2(x, y)-\lambda g'_2(x, y) \tag{17.1.3}$$

17.4절에서 설명하겠지만 드문 경우를 제외하고는 문제 (17.1.1)의 해가 되려면 어떤 적절한 λ에 대해 (x, y)가 라그랑지안 함수 $\mathcal{L}$의 임계점일 뿐만 아니라 등식 제약조건 $g(x, y)=c$를 만족해야 한다. 9장, 16장에서와 마찬가지로 식 (17.1.3)의 두 조건과 제약조건을 합친 것을 **일계조건**이라 한다.

다음은 간단한 경제학 응용 사례이다.

EX 17.1.1 어떤 소비자가 모든 양의 x, y에 대해 정의된 효용함수 $u(x, y)=xy$와 예산제약조건 $2x+y=100$을 가진다. 라그랑주 승수법을 사용하여 이 제약 효용극대화 문제에 대한 유일한 후보 해를 구하라. 그다음 제약조건을 사용하여 하나의 변수를 제거한 뒤 비제약 최대화 문제로 바꾸었을 때도 이 문제의 해가 됨을 확인하라.

풀이

제약 최대화 문제는 다음과 같다.

$$\max \; xy \quad \text{s.t.} \quad 2x+y=100$$

식 (17.1.2)의 방법을 따르면 해당 라그랑지안 함수는 다음과 같다.

$$\mathcal{L}(x, y)=xy-\lambda(2x+y-100)$$

이때의 일계조건은 다음 세 개의 연립방정식이다.

$$\mathcal{L}'_1(x, y)=y-2\lambda=0, \quad \mathcal{L}'_2(x, y)=x-\lambda=0, \quad 2x+y=100$$

첫 번째와 두 번째 식에서 $y=2\lambda$와 $x=\lambda$를 얻는다. 그러므로 $y=2x$이다. 이를 제약조건에 대입하면 $2x+2x=100$이다. 그러므로 $x=25$이고 $y=50$이며 $\lambda=x=25$이다.

치환 방법을 사용하여 이 해를 확인할 수 있다. $2x+y=100$에서 $y=100-2x$이므로 이를 효용함수에 대입하면 기존 문제는 제약이 없는 열린구간 $(0, 50)$에서 정의된 함수 $h(x)=x(100-2x)=-2x^2+100x$를 최대화하는 문제로 변환할 수 있다. 이 비제약 최대화 문제의 일계조건은 $h'(x)=-4x+100=0$이다. 유일한 임계점은 $x=25$에서 나타난다. 모든 x에 대해 $h''(x)=-4<0$이므로 함수 h는 구간 $(0, 50)$에서 오목하고, 임계점 $x=25$는 최대점이다. 이를 예산제약조건에 대입하면 $y=50$이고, 이는 원래의 제약 최대화 문제의 유일한 해와 같다.

놀랍게도 다음과 같은 최소화 문제에서도 라그랑지안 함수 $\mathcal{L}$ 은 정확히 식 (17.1.2)와 동일한 형태로 정의된다.

$$\min \ f(x, y) \ \text{s.t.} \ g(x, y) = c \tag{17.1.4}$$

해당 문제의 일계조건도 동일하다. 이 때문에 최대화 문제와 최소화 문제를 함께 다룰 때는 다음과 같이 표기하기도 한다.[3]

$$\max[\min] \ f(x, y) \ \text{s.t.} \ g(x, y) = c$$

[EX 17.1.1]은 다음과 같은 일반적인 방법을 보여준다.

라그랑주 승수법

식 (17.1.1)과 식 (17.1.4)의 문제에 대한 가능한 유일한 해를 찾기 위해 다음과 같이 진행한다.

❶ 식 (17.1.2)와 같이 λ가 상수인 라그랑지안 함수를 작성한다.

❷ x와 y에 대해 $\mathcal{L}$ 을 미분하고 각 편도함수를 0으로 둔다.

❸ ❷에서 얻은 두 식과 제약조건을 합하여 다음과 같은 세 개의 **일계조건**을 얻는다.

$$\mathcal{L}'_1(x, y) = f'_1(x, y) - \lambda g'_1(x, y) = 0$$
$$\mathcal{L}'_2(x, y) = f'_2(x, y) - \lambda g'_2(x, y) = 0$$
$$g(x, y) = c$$

❹ ❸의 세 식을 동시에 풀어 미지수 x, y, λ에 대한 해를 구한다. 이 식의 해인 모든 쌍 (x, y, λ)는 제약 최대화 또는 제약 최소화 문제를 푸는 **후보 해**(candidate)이다. 이 문제에 해가 존재한다면 이 후보 해 중 적어도 하나는 반드시 그 문제의 해이다.

중요한 것은 실제 해(true solution)에서 $g'_1(x, y)$와 $g'_2(x, y)$가 모두 0이 되는 경우에는 이 방법으로 정확한 답을 구하지 못할 수 있다.

일부 경제학자들은 라그랑지안 함수를 삼변수함수 $\widetilde{\mathcal{L}}(x, y, \lambda)$로 간주하는 것을 선호한다. 그러면 세 번째 일계조건 $\widetilde{\mathcal{L}}'_3(x, y, \lambda) = 0$은 문제의 제약조건 $g(x, y) = c$를 의미한다. 이 관점의 장점은 세 개의 편도함수를 0으로 두는 것만으로도 필요한 모든 일계조건을 한번에 얻을 수 있다는 점이다. 이는 일계조건을 라그랑지안 함수 $\widetilde{\mathcal{L}}(x, y, \lambda)$의 임계점 (x, y, λ)를 찾는 문제로 정리된다. 하지만 제약조건처럼 당연히 주어지는 필요조건을 도함수를 통해 유도하는 방식은 부자연스러워 보인다. 게다가 이 방법은 부등식 제약조건이 포함된 문제를 다룰 때 오류나 혼란을 일으키기 쉽다. 라그랑지안 함수를 $\mathcal{L}(x, y)$처럼 이변수함수로 간주해야 하는 또 하나의 이유는, 그렇게 해야 이 장의 후반부에서 (x, y)에 대한 $\mathcal{L}$ 의 최대점 또는 최소점에 대한 중요한 결과들을 도출할 수 있기 때문이다. 이 결과들이 특히 유용한 이유는 이변수함수 $\mathcal{L}(x, y)$는 오목하거나 볼록한 경우가 많지만, 삼변수함수 $\widetilde{\mathcal{L}}(x, y, \lambda)$는 그러한 성질을 갖는 경우가 매우 드물기 때문이다(17.5절 참고). 이러한 이유들로 인해 라그랑지안 함수를 이변수함수 $\mathcal{L}(x, y)$로 간주하는 방식을 선호한다.

3 게임이론 수업에서 소개하는 max min $f(x, y)$와 같은 식은 이것과 완전히 다른 의미를 나타낸다.

EX 17.1.2 한 회사가 하나의 제품을 30단위만큼 가능한 한 저렴하게 생산하고자 한다. 자본 K단위와 노동 L단위를 사용하면 제품을 $\sqrt{K}+L$단위 생산할 수 있다. 여기서 K와 L은 음수가 아니다. 자본과 노동의 단위당 가격은 각각 1달러와 20달러라고 가정하자. 그러므로 회사의 문제는 다음과 같다.

$$\min \ K+20L \ \text{s.t.} \ \sqrt{K}+L=30$$

(a) K와 L의 최적 선택을 구하라.

(b) 30단위가 아닌 31단위를 생산할 때 추가 비용은 얼마인가?

풀이

(a) 라그랑지안 함수는 $\mathcal{L}=K+20L-\lambda(\sqrt{K}+L-30)$이다. 그러므로 일계조건은 다음과 같다.

$$\mathcal{L}'_K=1-\frac{\lambda}{2\sqrt{K}}=0, \quad \mathcal{L}'_L=20-\lambda=0, \quad \sqrt{K}+L=30$$

두 번째 식에서 $\lambda=20$을 얻는다. 이를 첫 번째 식에 대입하면 $1=\frac{20}{2\sqrt{K}}$이다. 이를 풀면 $\sqrt{K}=10$이므로 $K=100$이다. 마지막으로 이를 제약조건에 대입하면 $\sqrt{100}+L=30$에서 $L=20$이다. 그러므로 30단위를 생산하는 가장 저렴한 방법은 자본 100단위와 노동 20단위를 사용하는 것이다. 이때 총비용은 $K+20L=500$이다.[4]

(b) 제약조건이 $\sqrt{K}+L=31$로 바뀐 문제를 풀어보자. 여전히 $\lambda=20$이고 $K=100$이므로 $L=31-10=21$이다. 이에 해당하는 최소 비용은 $100+20\cdot 21=520$이고 추가 비용은 $520-500=20$이다. 이 값은 라그랑주 승수와 정확히 일치한다. 이 경우 라그랑주 승수는 생산량을 30에서 31로 한 단위 증가시킬 때 비용이 얼마나 늘어나는지 알려준다.[5]

EX 17.1.3 한 소비자가 모든 음이 아닌 x, y에서 정의된 콥–더글러스 효용함수 $u(x, y)=Ax^ay^b$과 예산제약조건 $px+qy=m$을 가진다. 여기서 A, a, b, p, q, m은 모두 양의 상수이다. 다음 소비자 수요 문제의 유일한 후보 해를 구하라.

$$\max \ Ax^ay^b \ \text{s.t.} \ px+qy=m$$

풀이

라그랑지안 함수는 $\mathcal{L}(x, y)=Ax^ay^b-\lambda(px+qy-m)$이므로 일계조건은 다음과 같다.

$$\mathcal{L}'_1(x, y)=aAx^{a-1}y^b-\lambda p=0, \quad \mathcal{L}'_2(x, y)=bAx^ay^{b-1}-\lambda q=0, \quad px+qy=m$$

첫 번째와 두 번째 식을 풀어 λ를 x, y와 모수의 식으로 표현하면 다음과 같다.

$$\lambda=\frac{aAx^{a-1}y^b}{p}=\frac{bAx^ay^{b-1}}{q}$$

마지막 두 식에서 공통인수 $Ax^{a-1}y^{b-1}$을 소거하면 $\frac{ay}{p}=\frac{bx}{q}$이다. 이 식을 qy에 대해 풀면 $qy=\frac{b}{a}px$이고,

4 [정리 17.5.1]에 따르면 (K, L)에서 $\mathcal{L}$이 볼록하므로 제약 최솟값이 존재한다.

5 17.2절에서 이것이 단순한 우연이 아닌 이유를 살펴볼 것이다.

예산제약식에 대입하면 $px+\frac{b}{a}px=m$이다. 이 식에서 x를 구한 뒤 이어서 y를 찾을 수 있다. 이 결과는 다음과 같은 **수요함수**(demand function)가 된다.

$$x=x(p,\ q,\ m)=\frac{a}{a+b}\frac{m}{p},\quad y=y(p,\ q,\ m)=\frac{b}{a+b}\frac{m}{q} \tag{**}$$

이 해는 경제학적으로도 합리적이다. 실제로 식 (**)로부터 모든 $t>0$에 대해 $x(tp,\ tq,\ tm)=x(p,\ q,\ m)$과 $y(tp,\ tq,\ tm)=y(p,\ q,\ m)$이 성립하는데, 이는 두 수요함수가 차수 0인 동차함수임을 의미한다. [EX 15.7.4]에서 보았듯이 이는 당연한 결과이다. 그 이유는 쌍 $(p,\ q,\ m)$이 $(tp,\ tq,\ tm)$으로 변하면 제약식 (*)는 변하지 않고 x와 y의 최적 선택 역시 변하지 않기 때문이다. 또한 효용함수 Ax^ay^b의 계수 a와 b의 상대적인 크기는 선호도에서 각각 x와 y가 차지하는 상대적인 중요도를 나타낸다. 예를 들어 a가 b보다 큰 경우 소비자는 x가 1% 증가하는 것을 y가 1% 증가하는 것보다 더 가치 있게 여긴다. 이제 곱 px는 첫 번째 재화에 지출한 금액이므로 식 (**)는 소비자가 첫 번째 재화에 소득의 $\frac{a}{a+b}$만큼 지출하고 두 번째 재화에 $\frac{b}{a+b}$만큼 지출해야 함을 의미한다.

식 (**)는 매년 전 세계에서 치러지는 수많은 수리경제학 시험 문제에 정확한 답을 바로 찾는 데 사용될 수 있다. 하지만 주의할 점도 있다. 효용함수가 정확히 콥-더글러스 형태인 Ax^ay^b 또는 이와 동등한 형태가 아니라면 식 (**)로 구한 수요함수는 틀릴 수 있다.[6]

또 한 가지 주의해야 할 사항은 문제 (*)에서 $x\geq 0$과 $y\geq 0$을 가정했다는 점이다. 즉 연속함수 Ax^ay^b을 닫힌 유계집합 $S=\{(x,\ y)\ :\ px+qy=m,\ x\geq 0,\ y\geq 0\}$에서 최대화해야 한다. [정리 16.5.1]의 극값정리에 따르면 최댓값이 반드시 존재한다. 또한 $x=0$이거나 $y=0$일 때 효용은 0이고 식 (**)에서 구한 점에서는 효용이 양수이므로 이 점은 문제의 실제 해이다. 하지만 x와 y에 음이 아닌 제약조건이 없으면 이 문제는 최댓값을 가지지 못할 수도 있다. 문제 (*)의 특수한 경우인 $\max\ x^2y$ s.t. $x+y=1$을 생각해보라. 모든 실수 t에 대해 $(x,\ y)=(-t,\ 1+t)$는 제약조건을 만족하지만 $t\to\infty$일 때 $x^2y=t^2(1+t)\to\infty$이므로 최대점은 존재하지 않는다.

EX 17.1.4 $x>0$, $y>0$일 때 효용함수 $u(x,\ y)$가 정의되고 일계편도함수 u'_x와 u'_y가 모두 양수라고 가정하자. 이때 두 재화를 소비하는 일반적인 **효용극대화 문제**(utility maximization problem)를 분석하라.

$$\max\ u(x,\ y)\ \text{s.t.}\ px+qy=m \tag{17.1.5}$$

풀이

라그랑지안 함수는 $\mathcal{L}(x,\ y)=u(x,\ y)-\lambda(px+qy-m)$이므로 세 개의 일계조건은 다음과 같다.

$$\mathcal{L}'_x(x,\ y)=u'_x(x,\ y)-\lambda p=0 \tag{i}$$

$$\mathcal{L}'_y(x,\ y)=u'_y(x,\ y)-\lambda q=0 \tag{ii}$$

$$px+qy=m \tag{iii}$$

6 예를 들어 효용함수가 $u(x,\ y)=x^a+y^b$이면 해는 식 (**)로 구할 수 없다. 이를 확인하기 위해 $0<a<1$을 가정하고 [연습문제 9]의 (i)에서 $b=1$인 경우와 17.5절 [연습문제 4]에서 $a=b$인 경우를 살펴보라.

식 (i)에서 $\lambda = \dfrac{u'_x(x,\ y)}{p}$를 얻고 식 (ii)에서 $\lambda = \dfrac{u'_y(x,\ y)}{q}$를 얻는다. 라그랑주 승수가 서로 같다고 두면 $\dfrac{u'_x(x,\ y)}{p} = \dfrac{u'_y(x,\ y)}{q}$이므로 다음과 같이 쓸 수 있다.

$$\frac{u'_x(x,\ y)}{u'_y(x,\ y)} = \frac{p}{q} \tag{17.1.6}$$

식 (17.1.6)의 좌변은 **MRS**로 15.5절에서 다룬 바 있다. 그러므로 효용극대화 문제는 MRS와 가격 비율 $\dfrac{p}{q}$가 일치해야 한다는 조건이 필요하다.

식 (17.1.6)을 기하적으로 해석하면 소비자는 예산제약선 $px + qy = m$ 위의 점에서 효용함수 등위곡선의 기울기인 $-\dfrac{u'_x(x,\ y)}{u'_y(x,\ y)}$가 예산제약선의 기울기 $-\dfrac{p}{q}$와 같아지는 점을 선택해야 한다.[7] 그러므로 최적점에서 예산제약선이 효용함수의 등위곡선과 접하게 된다. 이 상황은 [그림 17.1.1]의 점 P에서 시각적으로 나타난다. 효용함수의 등위곡선은 **무차별곡선**(indifference curve)이며 그 정의에 따라 무차별곡선 위에서는 효용 수준이 일정하다. 따라서 효용은 예산제약선이 무차별곡선에 접하는 점에서 극대화된다. 점 P에서 $\lambda = \dfrac{u'_x(x,\ y)}{p} = \dfrac{u'_y(x,\ y)}{q}$가 성립한다는 것은 두 재화에 대한 달러당 한계효용이 일치한다는 의미이다. 반면에 $\dfrac{u'_x(x,\ y)}{p} > \dfrac{u'_y(x,\ y)}{q}$인 임의의 점 $(x,\ y)$에서 소비자는 y에 대한 지출을 줄이고 x에 대한 지출을 늘림으로써 효용을 높일 수 있다. 이 경우 실제로 x에 추가로 1달러를 지출하면 효용은 $\dfrac{u'_x(x,\ y)}{p}$만큼 증가하고, y에 대한 지출을 1달러 줄이면 효용은 $\dfrac{u'_y(x,\ y)}{q}$만큼 감소한다.

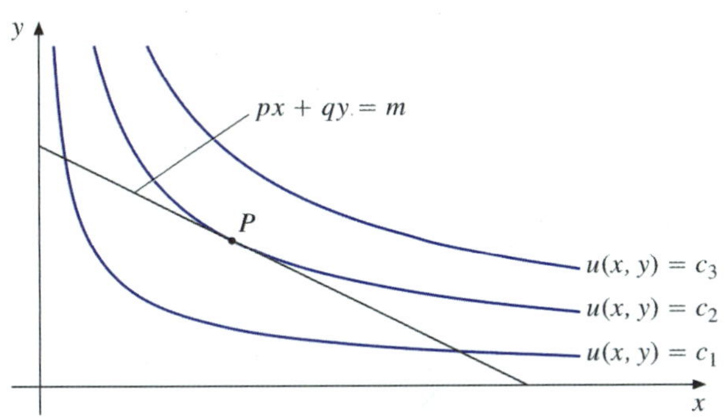

그림 17.1.1 점 P에서 [EX 17.1.4]의 해

[EX 17.1.3]에서와 같이 x와 y의 최적 선택은 $(p,\ q,\ m)$의 **수요함수**로 표현할 수 있고 모두 세 변수 $(p,\ q,\ m)$에 대해 차수 0인 동차함수여야 한다.

이 절의 마지막에 있는 연습문제 각각은 최적값인 하나의 후보 해를 가진다.

7 15.3절에서 다룬 이 기울기를 계산하는 방법을 다뤘다.

17.1 연습문제

1 최적화 문제 max xy s.t. $x+3y=24$를 생각해보자.

(a) 라그랑주 승수법을 사용하여 유일한 해 후보를 구하라.

(b) [EX 17.1.3]의 결과를 사용하여 **(a)**의 해를 확인하라.

2 라그랑주 승수법을 사용하여 다음 문제를 풀어라.

$$\min \; -40Q_1 + Q_1^2 - 2Q_1Q_2 - 20Q_2 + Q_2^2$$
$$\text{s.t. } Q_1 + Q_2 = 15$$

3 [EX 17.1.3]의 결과를 사용하여 다음 문제를 풀어라.

(a) max $10x^{\frac{1}{2}}y^{\frac{1}{3}}$ s.t. $2x+4y=m$

(b) max $x^{\frac{1}{2}}y^{\frac{1}{2}}$ s.t. $50000x+0.08y=1000000$

(c) max $12x\sqrt{y}$ s.t. $3x+4y=12$

4 다음 문제를 풀어라.

(a) max $f(x,\ y)=x^2+y^2$
s.t. $g(x,\ y)=x+2y=4$

(b) max $f(x,\ y)=x^2+2y^2$
s.t. $g(x,\ y)=x+y=12$

(c) max $f(x,\ y)=x^2+3xy+y^2$
s.t. $g(x,\ y)=x+y=100$

5 어떤 사람의 효용함수가 $u(x,\ y)=100xy+x+2y$이다. 상품 x의 단위당 가격이 2달러이고, 상품 y의 단위당 가격이 4달러라 하자. 이 사람이 총 1,000달러를 받아 전액을 두 상품 x와 y에 소비해야 한다. 이 효용극대화 문제를 풀어라.

6 한 개인이 콥-더글러스 효용함수 $U(m,\ l)=Am^al^b$을 가진다. 여기서 m은 소득, l은 여가시간이며 상수 $A,\ a,\ b$는 양수이고 $a+b\le 1$이다. 총 T_0시간을 근로 W와 여가 l에 배분해야 하므로 $W+l=T_0$이다. 시간당 임금이 w이면 소득은 $m=wW$이다. 따라서 이 사람의 최적화 문제는 다음과 같다.

$$\max \; Am^al^b \text{ s.t. } \frac{m}{w}+l=T_0$$

[EX 17.1.3]의 식 (**)를 사용하여 이 문제를 풀어라.

7 라그랑주 승수법을 사용하여 [복습문제 16.3(b)]를 풀어라.

8 한 회사가 두 상품을 생산하고 판매한다. 첫 번째 상품을 x톤 판매하면 톤당 가격이 $p=96-4x$이고, 두 번째 상품을 y톤 판매하면 톤당 가격이 $q=84-2y$이다. 이때 첫 번째 상품을 x톤, 두 번째 상품을 y톤 생산하고 판매할 때 발생하는 총비용은 이변수함수 $C(x,\ y)=2x^2+2xy+y^2$이다. 물음에 답하라.

(a) 이 회사의 이윤함수가 다음과 같음을 보여라.

$$P(x,\ y)=-6x^2-3y^2-2xy+96x+84y$$

(b) 이윤 P의 일계편도함수를 구하고, 유일한 임계점을 구하라.

(c) 이 회사의 생산활동으로 인해 너무 많은 오염이 발생하여 당국이 총생산량을 11톤으로 제한한다고 가정하자. 이 경우에 대한 회사의 이윤극대화 문제를 풀어라. 그리고 총생산량에 대한 제한이 $P(x,\ y)$의 가능한 최댓값을 감소시킴을 증명하라.

9 다음과 같은 효용극대화 문제를 생각하자.

$$\max \; x^a+y \text{ s.t. } px+y=m$$

여기서 세 모수 $p,\ q,\ m$은 양수이고, 상수 a는 $0<a<1$을 만족한다. 물음에 답하라.

(a) 수요함수 $x^*(p,\ m)$과 $y^*(p,\ m)$을 구하라.

(b) p와 m에 대한 수요함수의 일계편도함수를 구하고 그 부호를 확인하라.

(c) x재화에 대한 최적 소비가 p에 따라 어떻게 변하는가? p에 대한 $px^*(p,\ m)$의 탄력성을 구하라.

(d) $a=\dfrac{1}{2}$일 때 수요함수를 구하라. 최대 효용을 p와 m의 함수로 나타낸 $U^*(p,\ m)$을 **가치함수** 또는 **간접효용함수**(indirect utility function)라 한다. 이 함수에 대해 $\dfrac{\partial U^*}{\partial p}=-x^*(p,\ m)$임을 증명하라.

10 **심화** 다음 최적화 문제를 생각하자.

$$\max\ U(x,\ y)=100-e^{-x}-e^{-y}\ \text{s.t.}\ px+qy=m$$

(a) 이 문제에 대한 일계조건을 쓰고 x, y, λ를 양의 모수 p, q, m의 함수로 풀어라.

(b) x와 y가 음이 아닌 수가 되기 위해 필요한 가정은 무엇인가?

(c) x와 y가 p, q, m에 대한 차수 0인 동차함수임을 증명하라.

17.2 라그랑주 승수의 해석

다음 문제를 다시 생각해보자.

$$\max[\min]\ f(x,\ y)\ \text{s.t.}\ g(x,\ y)=c$$

x^*와 y^*가 이 문제의 해인 x와 y 값을 나타낸다고 하자. 일반적으로 x^*와 y^*는 둘 다 상수 c에 의존하므로 이를 $x^*=x^*(c)$와 $y^*=y^*(c)$로 쓴다. 이 해가 c에 대해 미분가능한 함수라고 가정하자. 그러면 이에 해당하는 $f(x,\ y)$의 최댓값 또한 c의 함수이고, (최적) **가치함수**라고 한다. 이를 기호로 다음과 같이 표기한다.

$$f^*(c)=f(x^*(c),\ y^*(c)) \tag{17.2.1}$$

물론 라그랑주 승수 λ 값도 c에 의존하므로 $\lambda(c)$로 표기한다. 이제 어떤 정규성 조건들을 만족하면 다음과 같은 놀라운 결과를 얻는다.

$$\frac{df^*(c)}{dc}=\lambda(c) \tag{17.2.2}$$

그러므로 라그랑주 승수 $\lambda=\lambda(c)$는 제약조건의 상수 c의 변화에 대한 목적함수 최적값의 변화율이다. 특히 dc가 c의 작은 변화라면 다음과 같이 쓸 수 있다.

$$f^*(c+dc)-f^*(c)\approx\lambda(c)dc \tag{17.2.3}$$

경제학에서는 종종 c를 어떤 자원의 가용한 재고라고 해석하고, $f(x,\ y)$를 효용이나 이윤으로 해석한다. 그러면 $\lambda(c)dc$는 dc단위만큼 더 사용할 수 있을 때($dc<0$이면 dc단위만큼 적게 사용할 수 있을 때) 얻는 효용이나 이윤의 근사적인 변화를 나타낸다. 경제학자들은 λ를 해당 자원의 **그림자가격**(shadow price)이라 부른다. $f^*(c)$가 자원투입량이 c일 때 최대 이윤이라고 정의했으므로 식 (17.2.3)은 λ가 자원이 한 단위 증가할 때 발생하는 이윤의 근사적인 증가분을 말한다.

$f^*(c)$가 미분가능하다고 가정하면 식 (17.2.2)를 다음과 같이 증명할 수 있다.

식 (17.2.2)의 조건부 증명

식 (17.2.1)에서 정의된 가치함수를 미분하면 다음을 얻는다.

$$df^*(c)=df(x^*,\ y^*)=f'_1(x^*,\ y^*)dx^*+f'_2(x^*,\ y^*)dy^* \tag{*}$$

일계조건은 $f'_1(x^*,\ y^*)=\lambda g'_1(x^*,\ y^*)$와 $f'_2(x^*,\ y^*)=\lambda g'_2(x^*,\ y^*)$를 의미하므로 식 (*)는 다음과 같다.

$$df^*(c) = \lambda g'_1(x^*, y^*)dx^* + \lambda g'_2(x^*, y^*)dy^* = \lambda\{g'_1(x^*, y^*)dx^* + g'_2(x^*, y^*)dy^*\} \qquad (**)$$

게다가 등식 제약조건에 따라 $g(x^*(c), y^*(c)) = c$이다. 양변을 미분하면 다음을 얻는다.

$$dg(x^*, y^*) = g'_1(x^*, y^*)dx^* + g'_2(x^*, y^*)dy^* = dc$$

이를 식 (**)에 대입하면 $df^*(c) = \lambda dc$를 얻는다. ■

EX 17.2.1 다음과 같이 [EX 17.1.1]을 일반화한 문제를 생각해보자.

$$\max \ xy \ \text{ s.t. } \ 2x + y = m$$

일계조건에 따르면 $y = 2x$, $\lambda = x$이다. $y = 2x$를 제약조건에 대입하면 $2x + 2x = m$이므로 $x = \frac{1}{4}m$이다. 이 절을 시작할 때 소개했던 표기법에 따라 이 해를 $x^*(m) = \frac{1}{4}m$, $y^*(m) = \frac{1}{2}m$, $\lambda(m) = \frac{1}{4}m$으로 쓸 수 있다. 그러므로 가치함수는 $f^*(m) = \left(\frac{1}{4}m\right)\left(\frac{1}{2}m\right) = \frac{1}{8}m^2$이다. 이에 따라 $\frac{df^*(m)}{dm} = \frac{1}{4}m = \lambda(m)$이므로 식 (17.2.2)가 확인되었다.

특히 $m = 100$이라 가정하면 $f^*(100) = \frac{100^2}{8}$이다. m이 100에서 1만큼 증가하면 새 가치는 $f^*(101) = \frac{101^2}{8}$이다. 그러므로 다음을 얻는다.

$$f^*(101) - f^*(100) = \frac{101^2}{8} - \frac{100^2}{8} = \frac{201}{8} = 25.125$$

$dc = 1$일 때 식 (17.2.3)은 $f^*(101) - f^*(100) \approx \lambda(100) \cdot 1 = 25 \cdot 1 = 25$이므로 정확한 값인 25.125에 꽤 가까운 수치임을 알 수 있다.

EX 17.2.2 한 국유기업이 자본 K와 노동 L을 투입할 때 생산량이 $Q = F(K, L)$이라 가정하자. 이 기업이 가지는 자본과 노동의 가격은 각각 단위당 r과 w달러라고 가정하자. 또한 이 회사는 총예산 m달러를 가지고 두 투입요소에 사용할 수 있다. 이 회사는 예산제약하에서 감당할 수 있는 투입량으로 생산량을 최대화하려고 한다. 그러므로 문제는 다음과 같다.

$$\max \ F(K, L) \ \text{ s.t. } \ rK + wL = m$$

라그랑주 승수법을 사용하여 이 문제를 풀면 라그랑주 승수값은 예산 m이 1달러만큼 증가할 때 생산량이 얼마나 증가하는지를 근사적으로 알려준다.

예를 들어 $\max \ 120KL$ s.t. $2K + 5L = m$을 생각해보자. 이 문제는 수학적으로 [EX 17.1.3]의 특수한 경우이다. 소비자가 효용을 극대화하는 문제를 기업이 생산량을 최대화하는 문제로 바뀌면서 표기가 달라졌을 뿐이다. [EX 17.1.3]의 식 (**)으로부터 해는 $K^* = \frac{m}{4}$, $L^* = \frac{m}{10}$, $\lambda = 6m$이다. 최적 생산량은 다음과 같다.

$$Q^*(m) = 120K^*L^* = 120 \cdot \frac{1}{4}m \cdot \frac{1}{10}m = 3m^2$$

그러므로 $\frac{dQ^*}{dm} = 6m = \lambda$이고 식 (17.2.2)가 성립함이 확인되었다.

17.2 연습문제

1 식 (17.2.2)가 문제 $\max\ x^3y$ s.t. $2x+3y=m$에도 성립함을 증명하라.

2 [EX 17.1.2]를 상기하고 물음에 답하라.

(a) 문제 $\min\ rK+wL$ s.t. $\sqrt{K}+L=Q$를 풀어라. 여기서 $Q>\dfrac{w}{2r}$를 가정하고 r, w, Q는 양의 상수이다.

(b) 식 (17.2.2)가 성립함을 확인하라.

3 문제 $\min\ x^2+y^2$ s.t. $x+2y=a$를 생각해보자. 여기서 a는 상수이다.

(a) 이 문제를 하나의 변수를 가진 비제약 최적화 문제로 변환하여 풀어라.

(b) 라그랑주 승수법을 사용하여 같은 해를 얻음을 증명하고, 식 (17.2.8)이 성립함을 확인하라.

(c) 등위곡선 $f(x, y)=x^2+y^2$과 직선 $x+2y=a$의 그래프를 이용하여 해를 설명하라. 이 문제를 기하적으로 해석할 수 있는가? 이에 해당하는 최대화 문제의 해가 존재하는가?

4 효용극대화 문제 $\max\ U(x, y)=\sqrt{x}+y$ s.t. $x+4y=100$을 생각해보자.

(a) 라그랑주 승수법을 사용하여 두 재화에 대한 수요량을 구하라.

(b) 소득이 100에서 101로 증가한다고 가정하자. $U(x, y)$의 최적값이 정확히 얼마나 증가하는지 구하라. **(a)**에서 구한 라그랑주 승수와 비교하라.

(c) 예산제약을 $px+qy=m$으로 변경하지만 효용함수는 변화 없이 그대로라 하자. $m>\dfrac{q^2}{4p}$인 경우에 두 재화에 대한 수요량을 도출하라.

5 다음 소비자 수요 문제를 생각해보자.

$$\max\ U(x, y)=\alpha\ln(x-a)+\beta\ln(y-b) \quad \text{s.t. } px+qy=m \qquad (*)$$

여기서 α, β, a, b, p, q, m은 양의 상수이며, $\alpha+\beta=1$이고 $m>ap+bq$이다.

(a) 쌍 (x^*, y^*)가 문제 (*)의 해일 때, 두 재화의 소비는 다음과 같은 세 변수 (m, p, q)의 두 일차함수로 나타남을 증명하라.[8]

$$px^*=\alpha m+pa-\alpha(pa+qb),$$
$$qy^*=\beta m+qb-\beta(pa+qb) \qquad (**)$$

(b) $U^*(p, q, m)=U(x^*, y^*)$가 간접효용함수를 나타낸다고 하자. $\dfrac{\partial U^*}{\partial m}>0$임을 보이고, 다음과 같은 **로이 항등식**(Roy's identity)을 증명하라.

$$\frac{\partial U^*}{\partial p}=-\frac{\partial U^*}{\partial m}x^*,\quad \frac{\partial U^*}{\partial q}=-\frac{\partial U^*}{\partial m}y^*$$

6 **심화** 한 석유회사가 시점 $t=0$부터 유정에서 석유를 추출하기 시작해서 어떤 종료시점 $t=T$에서 추출을 끝낸다고 하자. 여기서 T는 기업이 스스로 결정할 수 있다. 구간 $[0, T]$ 내 임의의 시점 t에서 추출량은 시간 단위당 $xt(T-t)$배럴이고, 추출 강도 x 또한 기업이 선택한다. 그러므로 주어진 시간 구간에서 총 석유 추출량은 x와 T의 함수이며, 식으로 나타내면 $g(x, T)=\int_0^T xt(T-t)\,dt$이다. 시점 t에서 배럴당 석유 판매가격은 $p=1+t$이고, 배럴당 추출비용은 αT^2이라 하자. 여기서 α는 양의 상수이다. 따라서 시간 단위당 이윤은 $(1+t-\alpha T^2)xt(T-t)$이고, 전체 시간 구간 $[0, T]$에서 얻은 총이윤은 x와 T의 함수로 다음과 같이 나타난다.

$$f(x, T)=\int_0^T(1+t-\alpha T^2)xt(T-t)\,dt$$

해당 유정에서 추출할 수 있는 석유 총량이 M배럴이면 이 회사는 제약조건 $g(x, T)=M$하에서 x와 T 값을 선택할 수 있다. 그러므로 이 회사의 문제는 다음과 같다.

$$\max\ f(x, T) \text{ s.t. } g(x, T)=M \qquad (*)$$

주어진 적분을 계산하여 $f(x, T)$와 $g(x, T)$의 양함수 식을 구하라. 그러고 나서 문제 (*)의 해를 구하고 식 (17.2.8)이 성립함을 확인하라.

8 이는 노벨경제학상 수상자인 영국 경제학자 존 리처드 니콜라스 스톤(John Richard Nicholas Stone)이 1954년 《Economic Journal》에 발표한 논문에서 영국 데이터에 적합시킨 **선형소비체계**의 특수한 경우이다.

17.3 다수의 후보 해

이 장에서 지금까지 고려한 모든 예와 연습문제에서 제약 최적화 문제를 풀 때 후보 해가 하나만 있었다. 이 절에서는 여러 후보 해가 있는 문제를 다룬다. 이런 경우에는 실제 해가 존재하는지 먼저 확인한 뒤 어느 후보 해가 실제로 그 문제를 푸는지 결정해야 한다.

EX 17.3.1 다음 문제를 풀어라.

$$\max[\min]\ f(x, y) = x^2 + y^2 \ \text{ s.t. } \ g(x, y) = x^2 + xy + y^2 = 3$$

풀이

최대화 문제와 최소화 문제 모두에서 라그랑지안 함수는 다음과 같다.

$$\mathcal{L}(x, y) = x^2 + y^2 - \lambda(x^2 + xy + y^2 - 3)$$

그러므로 고려해야 할 세 개의 일계조건은 다음과 같다.

$$\mathcal{L}'_1(x, y) = 2x - \lambda(2x + y) = 0 \qquad \text{(i)}$$

$$\mathcal{L}'_2(x, y) = 2y - \lambda(x + 2y) = 0 \qquad \text{(ii)}$$

$$x^2 + xy + y^2 - 3 = 0 \qquad \text{(iii)}$$

이를 풀기 위해 먼저 식 (i)과 (ii)에서 λ를 소거하자. 식 (i)에서 $y \neq -2x$일 때 $\lambda = \dfrac{2x}{2x+y}$이다. 이 λ 값을 식 (ii)에 대입하면 다음을 얻는다.

$$2y = \frac{2x}{2x+y}(x + 2y)$$

이 식의 양변에 $2x+y$를 곱하고 정리하면 $y^2 = x^2$이므로 $y = \pm x$이다. 이는 다음과 같은 세 가지 가능성이 있음을 의미한다.

❶ **$y = x$인 경우** : 식 (iii)에 따라 $x^2 = 1$이므로 $x = 1$ 또는 $x = -1$이다. 이는 $\lambda = \dfrac{2}{3}$와 함께 두 개의 후보 해 $(x, y) = (1, 1)$과 $(x, y) = (-1, -1)$이 있음을 의미한다.

❷ **$y = -x$인 경우** : 식 (iii)에 따라 $x^2 = 3$이므로 $x = \sqrt{3}$ 또는 $x = -\sqrt{3}$이다. 이는 $\lambda = 2$와 함께 두 개의 후보 해 $(x, y) = (\sqrt{3}, -\sqrt{3})$과 $(x, y) = (-\sqrt{3}, \sqrt{3})$이 있음을 의미한다.

❸ **$y = -2x$인 경우** : 식 (i)에서 $x = 0$이므로 $y = 0$이다. 그러나 (iii)과 모순이므로 해가 될 수 없다.

따라서 문제의 해가 존재한다면 후보 해는 네 가지로 한정된다. 함숫값을 계산하면 다음과 같다.

$$f(1, 1) = f(-1, -1) = 2, \quad f(\sqrt{3}, -\sqrt{3}) = f(-\sqrt{3}, \sqrt{3}) = 6$$

이 문제의 해가 존재한다면 $(1, 1)$과 $(-1, -1)$은 최소화 문제의 해이고, $(\sqrt{3}, -\sqrt{3})$과 $(-\sqrt{3}, \sqrt{3})$은 최대화 문제의 해이다.

기하적으로 보면 문제의 등식 제약조건은 타원을 결정한다. 그러므로 이 문제는 [그림 17.3.1]에서와 같이 원점으로부터 가장 가깝거나 가장 먼 타원 위의 점을 구하는 것이다. 이 타원이 닫힌 유계집합이라는 점은

'기하적으로 자명'하며, 거리함수는 (x, y)의 연속함수이므로 극값정리에 따라 원점에서 가장 가까운 점과 가장 먼 점이 모두 존재해야 한다.

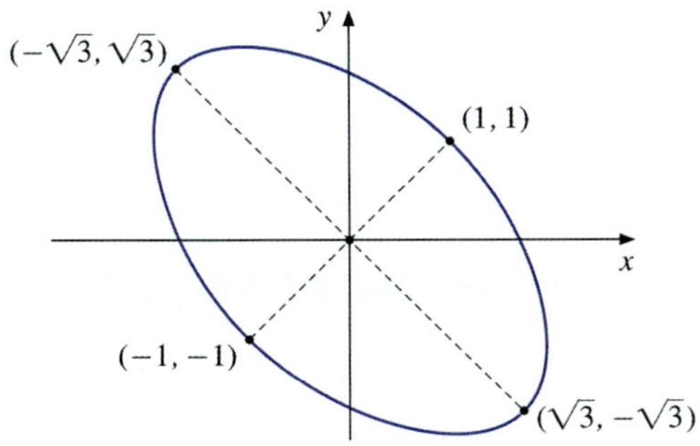

그림 17.3.1 [EX 17.3.1]의 제약조건 곡선

17.3 연습문제

1 다음 문제를 풀어라.

(a) $\max[\min]\ 3xy$ s.t. $x^2+y^2=8$

(b) $\max[\min]\ x+y$ s.t. $x^2+3xy+3y^2=3$

2 다음 문제를 풀어라.[9]

(a) $\max\ x^2+y^2-2x+1$ s.t. $x^2+4y^2=16$

(b) $\min\ \ln(2+x^2)+y^2$ s.t. $x^2+2y=2$

3 문제 $\max[\min]\ f(x, y)=x+y$ s.t. $g(x, y)=x^2+y=1$을 생각해보자.

(a) 이 문제를 해결하기 위한 필요조건의 해를 구하라.

(b) $f(x, y)$의 적절한 등위곡선과 포물선 $x^2+y=1$의 그래프를 함께 그리고 해를 기하적으로 설명하라. 이때 연관된 최소화 문제의 해가 존재하는가?

(c) 제약조건을 $x^2+y=1.1$로 변경하고 이 문제를 다시 풀어라. 이때 함수 $f(x, y)=x+y$의 최적값이 얼마나 변하는지 구하라. 이 변화가 식 (17.2.3)에 나타난 바와 같이 $\lambda \cdot 0.1$과 근사적으로 일치하는지 확인하라.

4 문제 $\max\ f(x, y)=24x-x^2+16y-2y^2$ s.t. $g(x, y)=x^2+2y^2=44$를 생각해보자.

(a) 이 문제를 풀어라.

(b) 제약조건의 우변이 44에서 45로 바뀌면 $f(x, y)$의 최적값은 얼마나 근사적으로 변하는가?

5 **심화** 다음 문제를 생각해보자.

$$\max[\min]\ \ Q=2x_1^2+14x_1x_2+2x_2^2$$
$$\text{s.t.}\ \ x_1^2+x_2^2=1$$

(a) Q를 이차형식 $Q=\mathbf{x}'A\mathbf{x}$로 나타낼 수 있음을 보여라. 여기서 $\mathbf{x}$는 2차원 벡터이고 A는 2×2 대칭행렬이다.

(b) 라그랑주 승수법을 사용하여 두 문제를 푸는 벡터 $\mathbf{x}$에 대한 일계조건이 '$\mathbf{x}$가 행렬 A의 고유벡터이고, 대응하는 고윳값이 라그랑주 승수'임을 보여라.

(c) A의 가장 큰[작은] 고윳값이 제약조건 아래에서 Q의 최댓값[최솟값]임을 증명하라.

힌트 $A\mathbf{x}=\lambda\mathbf{x}$의 양변에 행벡터 $\mathbf{x}'$을 왼쪽에 곱하라.

(d) 제약 최대화 문제와 제약 최소화 문제의 해를 구하라.

9 (b)에서 최솟값이 존재한다고 간주해야 한다.

17.4 라그랑주 승수법이 성립하는 이유

지금까지는 다음과 같은 표준형으로 주어진 등식 제약조건하에서 두 변수에 대한 최대화 문제를 푸는 하나의 절차로 라그랑주 승수법을 제시했다.

$$\max \ f(x,\ y) \ \text{s.t.} \ g(x,\ y) = c \tag{17.4.1}$$

이번 절에서 왜 라그랑주 승수법이 작동하는지 기하학적 관점과 해석학적 관점 모두에서 설명해보려고 한다.

기하적 논증

[그림 17.4.1]은 식 (17.4.1)의 최대화 문제를 삼차원 공간에서 기하적으로 나타낸다. 이 그림은 f의 그래프를 뒤집어 놓은 그릇 모양의 곡면처럼 보인다. 또 제약조건 $g(x,\ y) = c$는 xy평면에서 점선으로 된 곡선으로 표현된다. [그림 17.4.1]에 음영으로 표시된 곡선 K는 제약곡선 $g(x,\ y) = c$ 바로 위에 있는 점들이 곡면 f 위로 투영된 모습이다. 만약 제약조건을 무시한다면 [그림 17.4.1]의 꼭대기 A에서 $f(x,\ y)$의 최댓값이 나타날 것이다. 하지만 제약조건 $g(x,\ y) = c$를 적용하면 곡선 K에 있는 점만 선택할 수 있다. 그러므로 문제 (17.4.1)의 해는 곡선 K에서 가장 높은 점인 B에서 나타난다. 이를 산악 지형에 비유하면 함수 f의 그래프는 산의 형상을 나타내고 곡선 K는 산을 따라 난 산길에 해당한다. 그러면 이 산길을 따라 올라가서 가장 높은 점인 B에 도달해야 한다. 해석적으로 보자면 문제는 바로 B의 좌표를 구하는 것이다.

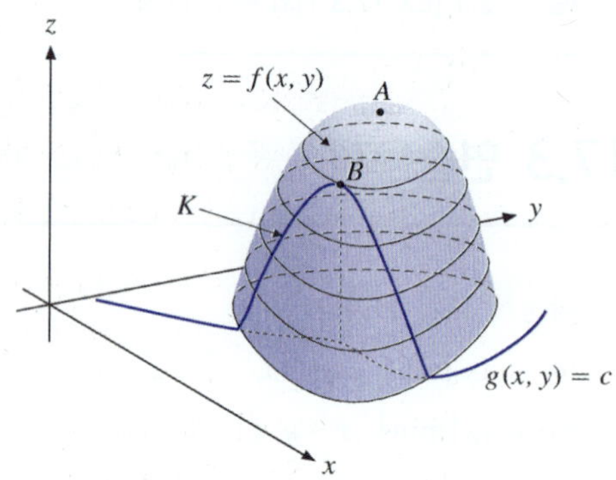

그림 17.4.1 제약 최적화

[그림 17.4.2]는 [그림 17.4.1]의 삼차원 그래프를 이차원 xy평면에 '투영'한다. 함수 f의 그래프가 뒤집힌 그릇 모양이라는 전제하에 [그림 17.4.1]과 [그림 17.4.2]는 모두 이에 대응하는 등위곡선을 몇 가지 보여준다. 제약곡선 $g(x,\ y) = c$는 [그림 17.4.1]에서 [그림 17.4.2]로 복사된 것이다. [그림 17.4.2]는 제약조건 $g(x,\ y) = c$를 만족하는 점들이 함수 f의 곡면 위에서 형성한 삼차원 곡선 K를 xy평면으로 투영한 그래프를 포함한다.

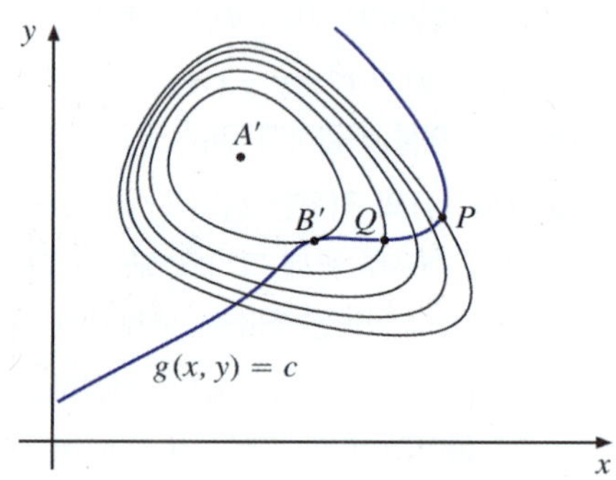

그림 17.4.2 라그랑주 승수법의 기하적 구조

[그림 17.4.1]에서 곡면 위의 점 A로 올라가는 것은 더 높은 등위곡선을 따라 움직이는 것과 같다. 그러다가 더 이상 높은 등위곡선이 존재하지 않으면 곡면의 정점 A에 도달한다. 이를 [그림 17.4.2]에서 살펴보면 점 A'에서 등위곡선이 $f(x,\ y)$의 비제약 최대점인 하나의 점으로 줄어들 때까지 점점 더 작아지는 등위곡선 안쪽으로 이동하는 것과 같다. f의 등위곡선이 점 A'에 가까울수록 그 등위곡선에서 f의 상숫값이 커진다.

식 (17.4.1)의 최대화 문제는 제약곡선 $g(x,\ y) = c$에서 f 값이 가장 큰 점을 찾는 것이다. [그림 17.4.2]에서 제약곡선의 한 점 P에서 시작하여 점 A'을 향해 곡선을 따라 움직이면 더 큰 f 값을 가진 등위곡선을 차례로 지난다. 함수 f의 임의의 등위곡선은 평면에서 f 값이 더 큰 구역과 더 작은 구역을 구분하는 역할을 한다. [그림 17.4.2]에 Q로 표시된 점에서는 제약곡선이 그 지점의 등위곡선을 교차(cross)하여 통과한다. 그러므로 Q에서 한 방향으로 움직이면 이전의 P 방향으로 내려가고, Q에서 반대방향으로 움직이면 더 높은 값을 향해 올라간다. 이 때문에 [그림 17.4.2]의 Q로 표시된 점은 당연히 f가 제약곡선 $g(x, y)=c$ 위에서 최댓값을 갖는 점이 아니다.

하지만 [그림 17.4.1]에서 점 B에 도착하면 더 이상 곡선 K를 따라 올라갈 수 없다. 실제로 점 B를 지나 계속 곡선 K를 따라 움직이면 함수 f 값이 점점 작아지는 낮은 등위곡선으로 내려간다. [그림 17.4.1]과 [그림 17.4.2]를 함께 보면 곡선 K를 따라 올라가서 도달하는 가장 높은 점 B는 평면에서 [그림 17.4.2]의 점 B'에 해당함을 직관적으로 알 수 있다. 게다가 이 점에서는 제약곡선 $g(x, y)=c$가 f의 등위곡선 중 하나와 **교차하지 않고, 정확히 닿기만 한다.** 이 중요한 관찰을 통해 알 수 있는 것은 [그림 17.4.2]의 최적점 B'에서 제약곡선 $g(x, y)=c$의 접선 기울기와 f의 등위곡선의 접선 기울기와 서로 같아야 한다는 점이다.

임의의 함수 F에 대해 임의의 등위곡선 $F(x, y)=c$가 주어지면, 15.3절처럼 F가 미분가능한 임의의 점 (x, y)에서 이 등위곡선의 기울기는 $\dfrac{dy}{dx}=-\dfrac{F'_1(x, y)}{F'_2(x, y)}$임을 상기하자. 지금은 일계편도함수가 0인 점을 제외하고 생각한다. 그러면 제약곡선 $g(x, y)=c$와 $f(x, y)$가 만나는 점에서 두 곡선의 접선 기울기가 서로 같아야 한다는 조건은 해석적으로 다음과 같이 표현할 수 있다.

$$-\frac{g'_1(x, y)}{g'_2(x, y)}=-\frac{f'_1(x, y)}{f'_2(x, y)}$$

이 편도함수 중 어느 것도 0이 아니라고 가정했으므로 이는 분명히 다음 식과 동치이다.

$$\frac{f'_1(x, y)}{g'_1(x, y)}=\frac{f'_2(x, y)}{g'_2(x, y)} \tag{17.4.2}$$

그러므로 문제 (17.4.1)의 해 (x, y)에 대한 필요조건은 식 (17.4.2)의 좌변과 우변이 점 (x, y)에서 같아야 한다는 것이다. 이 두 분수가 공통으로 가지는 값을 λ라 하자. 이 값이 17.1절에서 소개한 라그랑주 승수이다. 이 정의에 따르면 다음을 얻는다.

$$f'_1(x, y)-\lambda g'_1(x, y)=0, \quad f'_2(x, y)-\lambda g'_2(x, y)=0 \tag{17.4.3}$$

실제로 식 (17.4.3)은 식 (17.1.2)에서 정의된 라그랑지안 함수가 (x, y)에서 임계점을 가져야 함을 뜻한다. 제약조건 $g(x, y)=c$하에서 $f(x, y)$를 최소화하는 문제에 유사한 논증을 적용하면 동일한 조건이 도출된다. 지금까지 제시한 기하적 논증은 직관적으로 충분히 설득력이 있다. 그럼에도 다음에 제시할 해석학적 논증은 두 변수 이상의 경우로 확장해서 적용하기 쉽다는 장점이 있다.

해석학적 논증

지금까지 제약조건 $g(x, y)=c$하에서 함수 $f(x, y)$의 최댓값과 최솟값을 찾는 문제만을 다뤘다. 그러나 경제학자들은 16.3절에서와 같이 극대점이나 극소점을 생각해야 할 필요가 있다. 즉 $g(x, y)=c$를 만족하는 점 (x^0, y^0)에 대해, 이 점에 충분히 가까운 모든 섬 (x, y)가 제약조건 $g(x, y)=c$를 만족하면서 다음 조건

중 하나를 만족하는 경우를 찾는 것이다.

❶ (x^0, y^0)가 극대점이면 $f(x, y) \le f(x^0, y^0)$이다.

❷ (x^0, y^0)가 극소점이면 $f(x, y) \ge f(x^0, y^0)$이다.

[그림 17.4.3]에 가능한 극점들이 그래프에 표시되어 있다. 이때 점 R은 제약조건 $g(x, y) = c$하에서 함수 $f(x, y)$의 극소점을 나타내고, 점 Q와 점 P는 극대점을 나타낸다. 단, 제약조건 $g(x, y) = c$하에서 $f(x, y)$의 전역 최대점은 점 P에서만 나타난다. [그림 17.4.3]의 세 점 P, Q, R 각각에서 제약곡선 $g(x, y) = c$와 등위곡선은 공통접선을 가지므로 식 (17.4.2)의 조건을 만족한다. 즉 일계조건은 이전과 정확히 일치한다. 이제 기하학적 직관에 의존하지 않고 이러한 조건을 도출해보자.

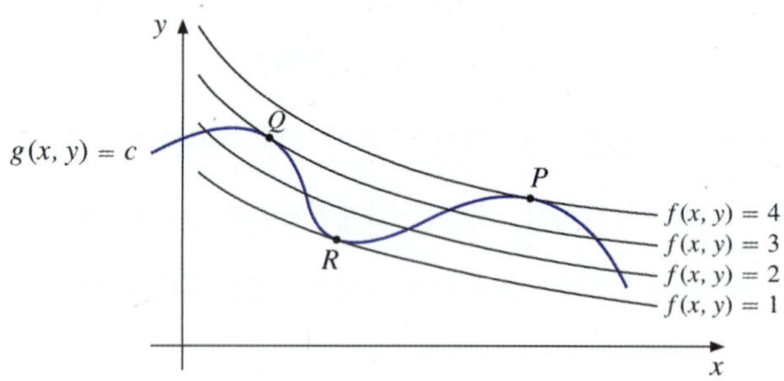

그림 17.4.3 Q, R, P는 모두 일계조건을 만족한다.

15.3절에서 논의한 바와 같이 특수한 일부 경우를 제외하고는 고정된 c를 가진 방정식 $g(x, y) = c$는 이 방정식을 만족하고, 동시에 $g'_2(x, y) \ne 0$인 임의의 점 (x, y) 근방에서 y를 x에 대해 미분가능한 음함수 $y = h(x)$로 정의한다. 이에 더해 이 조건이 만족되면 식 (15.3.2)에 따라 다음을 얻는다.

$$y' = h'(x) = -\frac{g'_1(x, y)}{g'_2(x, y)} \tag{17.4.4}$$

$y = h(x)$를 $f(x, y)$에 대입하면 $z = f(x, y) = f(x, h(x))$를 얻으므로 목적함수를 x에만 의존하게 만들 수 있다. 그러면 국소극점에 대한 필요조건은 $\frac{dz}{dx} = 0$이다. 식 (17.4.4)에 연쇄법칙을 적용하면 다음을 얻는다.

$$\begin{aligned}\frac{dz}{dx} &= f'_1(x, y) + f'_2(x, y)y' = f'_1(x, y) + f'_2(x, y)h'(x) \\ &= f'_1(x, y) - f'_2(x, y)\frac{g'_1(x, y)}{g'_2(x, y)}\end{aligned}$$

그러므로 (x, y)가 문제 (17.4.1)의 해가 되기 위한 필요조건은 다음과 같다.

$$\frac{dz}{dx} = f'_1(x, y) - f'_2(x, y)\frac{g'_1(x, y)}{g'_2(x, y)} = 0 \tag{17.4.5}$$

$g'_2(x, y) \ne 0$이라면 $\lambda = \frac{f'_2(x, y)}{g'_2(x, y)}$로 정의할 수 있고, 식 (17.4.3)에서와 같이 $f'_1(x, y) - \lambda g'_1(x, y) = 0$과 $f'_2(x, y) - \lambda g'_2(x, y) = 0$ 모두 성립해야 한다. 그러므로 다시 식 (17.1.2)에서 정의된 라그랑지안

함수는 $(x,\ y)$에서 임계점을 가져야 한다. 이 논증과 유사하게 $g'_1(x,\ y) \neq 0$일 때도 동일한 결과가 성립한다. 이를 요약하면 다음과 같은 정확한 결과를 증명할 수 있다.

정리 17.4.1 라그랑주 정리(Lagrange's theorem)

함수 $f(x,\ y)$와 $g(x,\ y)$가 xy평면의 정의역 A에서 연속인 편도함수를 가지고, 점 $(x^0,\ y^0)$가 모두 정의역 A의 내부점인 동시에 제약조건 $g(x,\ y)=c$하에서 $f(x,\ y)$의 국소극점이라 가정하자. 그리고 $g'_1(x^0,\ y^0)$와 $g'_2(x^0,\ y^0)$가 둘 다 0이 아니라고 가정하자. 그러면 라그랑지안 함수가 $(x^0,\ y^0)$에서 임계점을 가지는 유일한 실수 λ가 존재한다.

[연습문제 3]에서 [정리 17.4.1]의 가정을 무시하고 라그랑주 승수법을 제대로 사용하지 않으면 어떤 문제가 발생하는지 볼 것이다. [연습문제 4]에서는 $g'_1(x^0,\ y^0)$와 $g'_2(x^0,\ y^0)$가 둘 다 0일 때 어떤 문제가 발생하는지 볼 것이다. 경제학의 제약 최적화 문제에서는 암묵적으로 변수들이 음이 아니라고 가정한다. [EX 17.1.3]에 소개한 효용극대화 문제가 한 가지 예이다. 최적 해가 양수이므로 음이 아닌 제약을 무시해도 문제가 없었다. 하지만 다음은 때때로 좀 더 주의를 기울여야 함을 보여준다.

EX 17.4.1 다음 효용극대화 문제를 생각하자.

$$\max\ xy+x+2y \quad \text{s.t.} \quad 2x+y=m,\ x \geq 0,\ y \geq 0$$

이 문제는 각 재화의 소비량이 음이 아니어야 함이 명시적으로 표현되어 있다. 그러면 라그랑지안 함수는 $\mathcal{L}=xy+x+2y-\lambda(2x+y-m)$이다. 우선 음이 아닌 제약조건을 무시하고 일계조건을 구하면 다음과 같다.

$$\mathcal{L}'_1(x,\ y)=y+1-2\lambda=0, \quad \mathcal{L}'_2(x,\ y)=x+2-\lambda=0$$

λ를 소거하기 위해 식을 정리하면 $y=2\lambda-1=2(x+2)-1=2x+3$이다. 이를 예산제약조건에 대입하면 $2x+2x+3=m$이므로 $x=\frac{1}{4}(m-3)$이다. 이에 해당하는 y 값은 쉽게 구할 수 있다. 이렇게 도출된 해는 $x^*=\frac{1}{4}(m-3)$, $y^*=\frac{1}{2}(m+3)$이다. 이때 $m<3$이면 $x^*<0$이므로 방금 제시한 해는 실제 해가 아님을 확인하라. 다음에서 보겠지만 이때의 실제 해는 $x^*=0$, $y^*=m$이다. 그러므로 소득이 낮을 때 소비자는 두 번째 재화에만 모든 소득을 지출한다.

이 문제를 비제약 최대화 문제로 변환하여 더 자세히 분석해보자. 제약조건이 $y=m-2x$이므로 x와 y가 모두 음이 아니려면 $0 \leq x \leq \frac{m}{2}$, $0 \leq y \leq m$이어야 한다. $y=m-2x$를 효용함수에 대입하면 다음과 같이 x만의 함수 $U(x)$를 얻는다.

$$\text{모든 } x \in \left[0,\ \frac{m}{2}\right] \text{에 대해 } U(x)=x(m-2x)+x+2(m-2x)=-2x^2+(m-3)x+2m$$

이 이차함수는 구간 $\left[0,\ \frac{m}{2}\right]$에서 오목함수이고, 유일한 임계점은 $x=\frac{1}{4}(m-3)$이다. $m>3$이면 이 임계점이 구간의 내부에 위치하므로 오목함수 $U(x)$의 최대점이다. 하지만 $m \leq 3$이면 모든 $x>0$에 대해 $U'(x)=-4x+(m-3)<0$이다. x가 구간 $\left[0,\ \frac{m}{2}\right]$에 있어야 하므로 $x=0$이 함수 $U(x)$의 유일한 최대점이다.

라그랑주 승수법을 설명할 때 (일부 주요 교재를 포함한) 경제학 문헌에서 빈번히 등장하는 오류는 이 방법이 제약 최적화 문제를 라그랑지안 함수의 비제약 최적화 문제로 바꿔준다고 주장하는 것이다. [연습문제 1]에서 이 주장이 잘못된 것임을 볼 것이다. 대신 라그랑주 승수법은 실제로 제약 최적화 문제를 라그랑지안 함수의 적절한 **임계점**을 찾는 문제로 바꿔준다. 그 임계점이 최대점일 수도 있지만, 그렇지 않을 수도 있다. 라그랑주 승수법을 언제 사용할 수 있는지 점검하려면 [연습문제 1]에서는 이 방법이 가능한 이유를 살펴보고, [연습문제 3]과 [연습문제 4]에서는 가능하지 않은 이유를 살펴보는 것이 좋다.

17.4 연습문제

1 문제 max xy s.t. $x+y=2$를 생각해보자. 이 문제를 $x(2-x)$를 최대화하는 일변수 문제로 바꾸고, $(x, y)=(1, 1)$이 유일하게 가능한 해임을 보여라. 이 해가 라그랑주 승수 $\lambda=1$에 대해 제약 최대화 문제의 일계조건을 만족하는지 확인하라. 그리고 라그랑지안 함수 $L(x, y)=xy-1\cdot(x+y-2)$의 최댓값을 구했을 때 $(1, 1)$에서 최댓값이 나타나지 않음을 보여라. 이 점이 실제로 문제가 되는지 설명하라.

2 다음은 라그랑주 승수법의 타당성을 설명하려는 어떤 문헌에서 발췌한 문장이다. 하지만 이 글에는 심각한 오류가 있다. 그 오류를 바로잡아라.

> 등식 제약조건 $g(x, y)=0$하에서 $z=f(x, y)$의 극점을 찾는 일반적인 문제를 생각해보자. 당연히 극점은 두 식 $f'_x(x, y)=0$, $f'_y(x, y)=0$과 등식 제약조건 $g(x, y)=0$을 만족해야 한다. 그러므로 두 미지수 x, y에 대해 세 개의 방정식이 존재한다. 이 연립방정식은 미지수보다 식이 많으므로 과결정(overdetermined) 상태이고, 일반적으로 풀기 어렵다. 계산을 단순화하기 위해…

3 심화 문제 max $f(x, y)=2x+3y$ s.t. $g(x, y)=\sqrt{x}+\sqrt{y}=5$를 생각해보자.

(a) 라그랑주 승수법을 사용하여 해가 $(x, y)=(9, 4)$임을 보여라. 다만 $f(9, 4)=30$, $f(25, 0)=50$이므로 $(9, 4)$가 제약 최대화 문제를 풀지 않음을 보여라.

(b) 제약식의 그래프와 $f(x, y)=2x+3y$의 등위곡선을 함께 살펴서 이 문제의 실제 해를 구하라.

힌트 5.4절 [연습문제 2]를 참고하라.

(c) 이 문제가 [정리 17.4.1]의 어떤 가정을 위반하는지 설명하라.

4 심화 다음 최적화 문제를 풀어라.

$$\min\ f(x, y)=(x+2)^2+y^2$$
$$\text{s.t. } g(x, y)=y^2-x(x+1)^2=0$$

라그랑주 승수법을 사용하면 최솟값을 찾을 수 없음을 보여라.

힌트 $g(x, y)=0$의 그래프를 그려보라. 특히 $g(-1, 0)=0$임을 유의하라.

17.5 충분조건

[정리 17.4.1]은 제약 최적화 문제의 국소 해에 대한 **필요조건**을 제시한다. 하지만 실제로 해를 찾았는지 확인하려면 더 주의 깊게 검토해야 한다. 17.3절의 예와 연습문제는 기하적으로 해석할 수 있으므로 그 해를 찾았음을 강하게 시사한다. 실제로 제약조건 집합이 닫혀 있고 유계이면, [정리 16.5.1]의 극값정리가 보장하는 바에 따라 이 집합에서 연속함수가 최댓값과 최솟값을 반드시 가진다. 예를 들어 [EX 17.3.1]을 생각해보자. [그림 17.3.1]에 나타난 제약조건 집합은 닫힌 유계집합이다. 그러므로 연속함수 $f(x, y) = x^2 + y^2$은 이 제약조건 집합에서 반드시 최댓값과 최솟값을 모두 가진다. 일계조건을 만족하는 네 개의 점이 있으므로 이들 중 어떤 점이 f의 최댓값과 최솟값을 주는지 확인하면 된다.

오목 라그랑지안 함수와 볼록 라그랑지안 함수

다음 문제를 생각해보자.

$$\max[\min]\ f(x, y)\ \text{s.t.}\ g(x, y) = c \tag{17.5.1}$$

이에 대응하는 라그랑지안 함수는 다음과 같다.

$$\mathcal{L}(x, y) = f(x, y) - \lambda\{g(x, y) - c\} \tag{17.5.2}$$

앞서 (x^0, y^0)가 문제 (17.5.1)의 해라면 라그랑지안 함수 (17.5.2)는 일반적으로 (x^0, y^0)에서 임계점을 가짐을 이미 살펴보았다. 하지만 17.4절 [연습문제 1]에서는 $\mathcal{L}$이 (x^0, y^0)에서 최댓값(또는 최솟값)을 가지지 않을 수도 있음을 보여준다. 하지만 $\mathcal{L}$이 (x^0, y^0)에서 이 평면의 모든 (x, y)에 대해 $\mathcal{L}(x^0, y^0) \geq \mathcal{L}(x, y)$인 비제약 전역 최댓값을 가진다고 가정해보자. 그러면 모든 (x, y)에 대해 다음이 성립한다.

$$\mathcal{L}(x^0, y^0) = f(x^0, y^0) - \lambda\{g(x^0, y^0) - c\} \geq \mathcal{L}(x, y) = f(x, y) - \lambda\{g(x, y) - c\} \tag{$*$}$$

이제 (x^0, y^0)가 제약조건 $g(x^0, y^0) = c$도 만족한다고 하자. $g(x, y) = c$를 만족하는 모든 (x, y)에 대해 식 (*)의 중괄호 속 두 항은 0이므로 다음과 같이 간단하게 할 수 있다.

$$\mathcal{L}(x^0, y^0) = f(x^0, y^0) \geq \mathcal{L}(x, y) = f(x, y)$$

그러므로 제약조건 $g(x, y) = c$를 만족하는 모든 (x, y)에 대해 $f(x^0, y^0) \geq f(x, y)$이다. 따라서 (x^0, y^0)는 실제로 최대화 문제 (17.5.1)의 실제 해이다. 최소화 문제 (17.5.1)에 대해서도 $\mathcal{L}$이 (x^0, y^0)에서 비제약 전역 최솟값을 가진다면 동일한 결과를 얻는다.

다음으로 [정리 16.2.1]을 상기하자. 이 정리에 따르면 오목[볼록]함수의 임계점 (x^0, y^0)는 실제로 그 함수를 최대화[최소화]한다. 요약하면 다음과 같은 중요한 결과를 얻는다.

정리 17.5.1 오목 라그랑지안 함수와 볼록 라그랑지안 함수

문제 (17.5.1)을 생각해보자. $(x^0,\ y^0)$가 식 (17.5.2)에 정의된 라그랑지안 함수 $\mathcal{L}$ 의 임계점이고, 등식 제약조건 $g(x^0,\ y^0)=c$를 만족한다고 하자. 그러면 다음이 성립한다.

❶ $\mathcal{L}$ 이 오목하거나 $(x^0,\ y^0)$가 우연히 $\mathcal{L}$ 을 최대화하는 점이면 $(x^0,\ y^0)$는 제약 최대화 문제의 해이다.

❷ $\mathcal{L}$ 이 볼록하거나 $(x^0,\ y^0)$가 우연히 $\mathcal{L}$ 을 최소화하는 점이면 $(x^0,\ y^0)$는 제약 최소화 문제의 해이다.

여기서 주의해야 할 점이 있다. [정리 17.5.1]을 어떤 구체적인 문제에 적용할 때 라그랑지안 함수 $\mathcal{L}$ 이 오목하거나 볼록한 것은 종종 라그랑주 승수 λ의 부호에 따라 달라진다는 사실을 반드시 기억해야 한다. 예를 들어 f가 오목함수이고 g가 볼록함수라고 하자. 그러면 라그랑지안 함수 $\mathcal{L}=f-\lambda g$는 $\lambda \geq 0$이면 오목함수이지만 $\lambda < 0$이면 일반적으로 오목함수가 아니다. 하지만 함수 g가 볼록한 동시에 오목인(선형함수인) $\lambda < 0$일 때에도 라그랑지안 함수는 여전히 오목함수일 수 있다.

EX 17.5.1 한 회사가 자본 K와 노동 L이라는 양의 투입요소를 사용하여 하나의 제품 Q를 생산한다고 하자. 콥-더글러스 생산함수 $Q=F(K,\ L)=AK^aL^b$을 따라 생산하며, 여기서 $A,\ a,\ b$는 $a+b \leq 1$을 만족하는 양의 모수이다. 자본과 노동의 단위당 가격이 각각 $r>0$과 $w>0$이라 하자. 비용을 최소화하는 K와 L의 투입량은 다음 문제의 해가 된다.

$$\min\ rK+wL\ \text{ s.t. }\ AK^aL^b=Q$$

라그랑지안 함수의 모든 임계점에서 라그랑주 승수 λ가 양수인 이유를 설명하라. 또한 이로부터 해당 임계점이 실제로 비용을 최소화한다는 결론이 따라오는 이유를 설명하라.

힌트 16.2절 [연습문제 8]을 참고하라.

풀이

대응하는 라그랑지안 함수는 $\mathcal{L}=rK+wL-\lambda(AK^aL^b-Q)$이다. 임계점에서 일계조건은 $r=\lambda AaK^{a-1}L^b$, $w=\lambda AbK^aL^{b-1}$이고 이로부터 $\lambda>0$이다. 16.2절 [연습문제 8]에 따르면 $-\mathcal{L}$ 이 오목함수이므로 $\mathcal{L}$ 은 볼록함수이다.

국소 이계조건

경제학자들은 어떤 점 $(x^0,\ y^0)$가 제약조건 $g(x,\ y)=c$하에서 함수 $f(x,\ y)$의 국소극점이 되기 위한 충분조건에도 관심이 있다. 이를 위해 먼저 식 (17.4.5)의 $\dfrac{dz}{dx}$를 살펴보면서 시작한다. 조건 $\dfrac{dz}{dx}=0$은 국소 최적화의 필요조건이다. 그런데 라그랑지안 함수의 임계점에서 $\dfrac{d^2z}{dx^2}<0$까지 만족하면 이 점은 국소 최대화 문제의 해가 된다. 이계도함수 $\dfrac{d^2z}{dx^2}$은 x에 대한 $\dfrac{dz}{dx}$의 전미분이다. f와 g가 모두 C^2함수이고 $g'_2(x^0,\ y^0)\neq 0$이면 y가 x의 함수임을 상기하여 식 (17.4.5)를 다시 미분한다. 그 결과는 다음과 같다.

$$\frac{d^2z}{dx^2}=f''_{11}+f''_{12}y'-(f''_{21}+f''_{22}y')\frac{g'_1}{g'_2}-f'_2\frac{(g''_{11}+g''_{12}y')g'_2-(g''_{21}+g''_{22}y')g'_1}{(g'_2)^2}$$

여기서 f와 g 모두 C^2함수이므로 $f''_{12} = f''_{21}$, $g''_{12} = g''_{21}$이다. 또한 $y' = -\dfrac{g'_1}{g'_2}$이고 라그랑지안 함수의 임계점에서 일계조건은 $f'_1 = \lambda g'_1$, $f'_2 = \lambda g'_2$를 의미한다. 이 관계들을 이용해 y'과 f'_2를 소거하고 정리하면 다음을 얻는다.

$$\frac{d^2z}{dx^2} = \frac{1}{(g'_2)^2}\{(f''_{11} - \lambda g''_{11})(g'_2)^2 - 2(f''_{12} - \lambda g''_{12})g'_1 g'_2 + (f''_{22} - \lambda g''_{22})(g'_1)^2\}$$

이제 다음과 같은 함수를 정의하자.

$$D(x, y, \lambda) = (f''_{11} - \lambda g''_{11})(g'_2)^2 - 2(f''_{12} - \lambda g''_{12})g'_1 g'_2 + (f''_{22} - \lambda g''_{22})(g'_1)^2 \tag{17.5.3}$$

분명히 $D(x, y, \lambda) < 0$이면 $\dfrac{d^2z}{dx^2} < 0$이고 $D(x, y, \lambda) > 0$이면 $\dfrac{d^2z}{dx^2} > 0$임을 알 수 있다. 그러므로 [정리 17.5.2]과 같은 결과를 얻는다. 이 결과에서 $D(x^0, y^0, \lambda)$의 부호에 대한 조건은 **국소 이계조건**(local second-order condition)으로 불린다.

정리 17.5.2 국소 이계조건

최적화 문제 (17.5.1)에 대해 쌍 (x^0, y^0, λ)가 다음과 같은 세 가지 일계조건을 만족한다고 가정하자.

$$f'_1(x^0, y^0) = \lambda g'_1(x^0, y^0), \quad f'_2(x^0, y^0) = \lambda g'_2(x^0, y^0), \quad g(x^0, y^0) = c$$

그러면 식 (17.5.3)에서 정의한 $D(x^0, y^0, \lambda)$에 대해 다음이 성립한다.

❶ $D(x^0, y^0, \lambda) < 0$이면 (x^0, y^0)가 최대화 문제의 국소 해이다.

❷ $D(x^0, y^0, \lambda) > 0$이면 (x^0, y^0)가 최소화 문제의 국소 해이다.

EX 17.5.2 다음 문제를 생각해보자.

$$\max[\min] \ f(x, y) = x^2 + y^2 \ \text{s.t.} \ g(x, y) = x^2 + xy + y^2 = 3$$

[EX 17.3.1]에서 일계조건을 만족하는 후보 해는 $\lambda = \dfrac{2}{3}$인 두 점 $(1, 1)$, $(-1, -1)$과 $\lambda = 2$인 두 점 $(\sqrt{3}, -\sqrt{3})$, $(-\sqrt{3}, \sqrt{3})$이 있었다. 이 점에 대해 [정리 17.5.2]의 국소 이계조건을 확인하라.

풀이

주어진 함수에 대해 $f''_{11} = 2$, $f''_{12} = 0$, $f''_{22} = 2$, $g''_{11} = 2$, $g''_{12} = 1$, $g''_{22} = 2$이다. 그러므로 식 (17.5.3)의 정의에 따라 다음을 얻는다.

$$D(x, y, \lambda) = (2 - 2\lambda)(x + 2y)^2 + 2\lambda(2x + y)(x + 2y) + (2 - 2\lambda)(2x + y)^2$$

계산을 조금 해보면 다음을 보일 수 있다.

$$D\left(1, 1, \frac{2}{3}\right) = D\left(-1, -1, \frac{2}{3}\right) = 24$$

$$D(\sqrt{3},\ -\sqrt{3},\ 2) = D(-\sqrt{3},\ \sqrt{3},\ 2) = -24$$

네 가지 후보 해에서 D의 부호를 보면 국소 제약 최소점이 $(1,\ 1)$, $(-1,\ -1)$이고, 국소 제약 최대점이 $(\sqrt{3},\ -\sqrt{3})$, $(-\sqrt{3},\ \sqrt{3})$임을 알 수 있다.[10]

식 (15.3.5)와 마찬가지로 13.2절에서 살펴본 3×3 행렬식 개념에 따라 다음과 같이 식 (17.5.3)을 더 기억하기 쉬운 대칭 형태로 작성할 수 있다.

$$D(x,\ y,\ \lambda) = -\begin{vmatrix} 0 & g'_1(x,\ y) & g'_2(x,\ y) \\ g'_1(x,\ y) & \mathcal{L}''_{11}(x,\ y) & \mathcal{L}''_{12}(x,\ y) \\ g'_2(x,\ y) & \mathcal{L}''_{21}(x,\ y) & \mathcal{L}''_{22}(x,\ y) \end{vmatrix} \tag{17.5.4}$$

정의 (14.6.2)에 따르면 행렬식의 오른쪽 아래에 있는 2×2 행렬(파란색 상자로 표시된 부분)은 라그랑지안 함수의 헤시안 행렬이다. 그러므로 식 (17.5.4)의 행렬식을 자연스럽게 **유테 헤시안**(bordered Hessian)으로 부른다. 이 행렬식에서 1행 1열의 0을 제외하고 1행과 1열의 가장자리는 각각 원소가 제약함수 g의 두 일계편도함수인 2차원 벡터이다.

17.5 연습문제

1 [정리 17.5.1]을 사용하여 17.1절 [연습문제 3]에서 구한 해가 최적해인지 확인하라.

2 최대화 문제 $\max\ \ln x + \ln y$ s.t. $px + qy = m$을 생각해보자. 식 (17.5.3)에 정의된 $D(x,\ y,\ \lambda)$를 계산하고 [정리 17.5.2]에서 제시한 이계조건을 만족함을 증명하라.[11]

3 17.2절 [연습문제 2]에 대해 [정리 17.5.1]의 함수 $D(x,\ y,\ \lambda)$를 구하라. 어떤 결론을 얻을 수 있는가?

4 $a\in(0,\ 1)$일 때 모든 $x>0$, $y>0$에 대해 함수 $U(x,\ y) = x^a + y^a$가 오목함수임을 증명하라. 그리고 문제 $\max\ U(x,\ y)$ s.t. $px + qy = m$을 풀어라. 여기서 p, q, m은 양의 상수이다.

17.6 추가 변수와 제약조건

경제학에서 다루는 많은 제약 최적화 문제들은 두 개보다 많은 변수를 포함한다. n개의 변수와 하나의 제약조건이 있는 전형적인 문제는 다음과 같은 형태로 나타난다.

$$\max[\min]\ f(x_1,\ \cdots,\ x_n) \text{ s.t. } g(x_1,\ \cdots,\ x_n) = c \tag{17.6.1}$$

라그랑주 승수법은 이러한 경우에도 쉽게 일반화할 수 있다. 이전처럼 제약조건에 라그랑주 승수 λ를 대응시키

10 [EX 17.3.1]에서 이 점들이 실제로 **전역 극점**임을 증명했다.

11 이 문제의 라그랑지안 함수는 모든 실수 λ에 대해 $(x,\ y)$의 오목함수임을 쉽게 확인할 수 있다는 점에 주목하라. 그러므로 일계조건에 대한 유일한 해인 $(x,\ y) = \left(\frac{m}{2p},\ \frac{m}{2q}\right)$이 실제로 전역 제약 최대점이다.

고 다음과 같은 라그랑지안 함수를 구성한다.

$$\mathcal{L}(x_1, \cdots, x_n) = f(x_1, \cdots, x_n) - \lambda\{g(x_1, \cdots, x_n) - c\} \tag{17.6.2}$$

다음으로 $\mathcal{L}$의 모든 일계편도함수를 구해 0이 되게 하면 다음을 얻는다.

$$\begin{aligned} \mathcal{L}'_1 &= f'_1(x_1, \cdots, x_n) - \lambda g'_1(x_1, \cdots, x_n) = 0 \\ &\vdots \\ \mathcal{L}'_n &= f'_n(x_1, \cdots, x_n) - \lambda g'_n(x_1, \cdots, x_n) = 0 \end{aligned} \tag{17.6.3}$$

이렇게 해서 만들어진 n개의 방정식에 제약조건을 추가하면 총 $(n+1)$개의 방정식을 얻는다. 이 방정식들은 $(n+1)$개의 미지수 $x_1, \cdots, x_n, \lambda$를 동시에 결정해야 한다. 일반적으로 라그랑지안 함수의 임계점에서 함수 $g(x_1, \cdots, x_n)$의 모든 일계편도함수가 우연히 0이라면 이 방법은 올바른 필요조건을 제시하지 못한다. 하지만 그 외의 경우에는 17.4절에서 다룬 해석학적 논증을 쉽게 일반화하여 [정리 17.4.1]의 일계조건을 n변수로 확장한 형태를 증명할 수 있다. 구체적으로 $\dfrac{\partial g}{\partial x_n} \neq 0$이라 가정하자. 그러면 임계점 근방에서 x_n에 대해 등식 제약조건 $g(x_1, \cdots, x_n) = c$를 풀 수 있고, 따라서 이 문제를 나머지 $(n-1)$개 변수 $x_1, \cdots, x_{n-1}$에 대한 비제약 극대화 문제로 바꿀 수 있다.

EX 17.6.1 다음 소비자 수요 문제를 풀어라.

$$\max \ U(x, y, z) = x^2y^3z \ \text{ s.t. } \ x+y+z=12$$

풀이

라그랑지안 함수 $\mathcal{L}(x, y, z) = x^2y^3z - \lambda(x+y+z-12)$를 정의하자. 그러면 제약조건 $x+y+z=12$에 더해 다음과 같이 세 개의 일계조건을 얻는다.

$$\mathcal{L}'_1(x, y, z) = 2xy^3z - \lambda = 0, \ \mathcal{L}'_2(x, y, z) = 3x^2y^2z - \lambda = 0, \ \mathcal{L}'_3(x, y, z) = x^2y^3 - \lambda = 0 \tag{*}$$

이제 변수 x, y, z 중 하나라도 0이면 $x^2y^3z = 0$이다. 그러나 예를 들어 $(x, y, z) = (4, 4, 4)$를 선택하면 $U(x, y, z)$는 양수이므로 이는 분명히 최댓값이 아니다. 그러므로 x, y, z가 모두 양수라고 가정하자.

식 (*)의 첫 번째와 두 번째 식에서 $\lambda = 2xy^3z = 3x^2y^2z$이므로 $y = \dfrac{3x}{2}$이다. 식 (*)의 첫 번째와 세 번째 식에서 동일하게 $\lambda = 2xy^3z = x^2y^3$이므로 $z = \dfrac{x}{2}$이다. 이제 $y = \dfrac{3x}{2}$, $z = \dfrac{x}{2}$를 등식 제약조건에 대입하면 $x + \dfrac{3x}{2} + \dfrac{x}{2} = 12$이므로 $x = 4$이다. 그러면 $y = \dfrac{3x}{2} = 6$, $z = \dfrac{x}{2} = 2$를 얻는다. 그러므로 유일하게 가능한 해는 $(x, y, z) = (4, 6, 2)$이다.

EX 17.6.2 다음 문제를 풀어라.

$$\min \ f(x, y, z) = (x-4)^2 + (y-4)^2 + \left(z - \frac{1}{2}\right)^2 \ \text{ s.t. } \ x^2 + y^2 = z$$

이 문제를 기하적으로 해석할 수 있는가?

풀이

라그랑지안 함수는 다음과 같다.

$$\mathcal{L}(x, y, z) = (x-4)^2 + (y-4)^2 + \left(z - \frac{1}{2}\right)^2 - \lambda(x^2 + y^2 - z)$$

제약조건을 포함하여 네 개의 일계조건은 다음과 같다.

$$\mathcal{L}'_1(x, y, z) = 2(x-4) - 2\lambda x = 0 \quad \text{(i)}$$

$$\mathcal{L}'_2(x, y, z) = 2(y-4) - 2\lambda y = 0 \quad \text{(ii)}$$

$$\mathcal{L}'_3(x, y, z) = 2\left(z - \frac{1}{2}\right) + \lambda = 0 \quad \text{(iii)}$$

$$x^2 + y^2 = z \quad \text{(iv)}$$

식 (i)에서 $x=0$은 불가능하므로 $\lambda = 1 - \dfrac{4}{x}$이다. 이를 식 (ii)와 (iii)에 대입하면 $y=x$, $z=\dfrac{2}{x}$를 얻는다. 이를 이용하면 식 (iv)는 $2x^2 = \dfrac{2}{x}$에서 $x^3=1$이므로 $x=1$이다. 그러므로 $\lambda=-3$, $(x, y, z)=(1, 1, 2)$이고 이것이 이 문제의 유일한 후보 해이다.

식 $(x-4)^2+(y-4)^2+\left(z-\dfrac{1}{2}\right)^2$은 점 $\left(4, 4, \dfrac{1}{2}\right)$에서 점 (x, y, z)까지 거리의 제곱을 나타낸다. 여기서 제약조건 $z=x^2+y^2$을 만족하는 점 (x, y, z)의 집합은 포물면이며, [그림 17.6.1]에 그 일부가 나타나 있다. 그러므로 최소화 문제는 점 $\left(4, 4, \dfrac{1}{2}\right)$에서 포물면 위의 어떤 점까지의 거리를 가장 짧게 만드는, 즉 가장 가까운 점을 찾는 문제이다. 이 문제는 **기하적으로 분명히** 해가 존재한다. 반면에 동일한 조건에서 거리(또는 거리의 제곱을) 최대화하는 문제는 해가 존재하지 않는다. 포물선은 무한히 뻗어있으므로 거리는 얼마든지 늘릴 수 있기 때문이다.

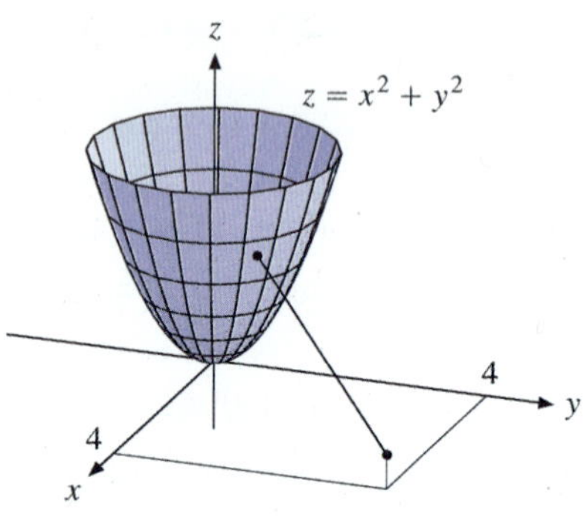

그림 17.6.1 포물면 $z=x^2+y^2$의 그래프와 점 $\left(4, 4, \frac{1}{2}\right)$

EX 17.6.3 재화가 n가지 있을 때 일반적인 소비자 최적화 문제는 다음과 같다.

$$\max \; U(x_1, \cdots, x_n) \;\; \text{s.t.} \;\; p_1x_1 + \cdots + p_nx_n = m \quad (17.6.4)$$

여기서 효용함수 U는 모든 $x_1 \geq 0, \cdots, x_n \geq 0$에서 정의되고 가격 $p_1, p_2, \cdots, p_n$은 모두 양의 모수이다. $\mathbf{x}$가 n차원 벡터 $(x_1, \cdots, x_n)$을 나타낸다고 하자. 그러면 라그랑지안 함수는 다음과 같다.

$$\mathcal{L}(\mathbf{x}) = U(\mathbf{x}) - \lambda(p_1 x_1 + \cdots + p_n x_n - m)$$

예산제약조건과 다른 n개의 일계조건은 다음과 같다.

$$\mathcal{L}'_i(\mathbf{x}) = U'_i(\mathbf{x}) - \lambda p_i = 0 \quad (\text{단, } i = 1, \ \cdots, \ n)$$

이 n개의 식은 다음을 의미한다.

$$\frac{U'_1(\mathbf{x})}{p_1} = \frac{U'_2(\mathbf{x})}{p_2} = \cdots = \frac{U'_n(\mathbf{x})}{p_n} = \lambda \tag{17.6.5}$$

마지막 등식을 사용하여 라그랑주 승수 λ를 결정할 수 있다. λ를 소거하면 $(n-1)$개의 방정식이 남는다.[12] 게다가 제약조건도 성립해야 한다. 이렇게 하면 총 n개의 방정식을 얻고, 이를 통해 변수 $x_1, \ \cdots, \ x_n$ 값을 결정할 수 있다. 식 (17.6.5)로부터 임의의 두 재화 $j, \ k$에 대해 다음을 얻는다.

$$\frac{U'_j(\mathbf{x})}{U'_k(\mathbf{x})} = \frac{p_j}{p_k} \tag{17.6.6}$$

좌변은 재화 k를 기준으로 재화 j에 대한 MRS이고 우변은 두 재화의 가격비율, 즉 재화 k를 재화 j로 교환할 수 있는 비율이다. 그러므로 식 (17.6.6)의 조건은 재화의 각 쌍에 대한 MRS가 가격비율과 동일해야 함을 요구한다.

식 (17.6.5)에 나오는 n개의 방정식과 예산제약조건을 함께 생각해보자. 이 연립방정식을 풀어 수요량 n차원 벡터 $x = (x_1, \ \cdots, \ x_n)$과 라그랑주 승수 λ를 가격 벡터 $\mathbf{p} = (p_1, \ \cdots, \ p_n)$과 소득 m의 함수로 나타낼 수 있다고 하자. 이때 처음 n개 변수는 $i = 1, \ \cdots, \ n$에 대해 $x_i = D_i(\mathbf{p}, m)$으로 표현할 수 있다. 여기서 $D_i(\mathbf{p}, m)$은 가격 $\mathbf{p}$와 소득 m이 주어졌을 때 재화 i에 대한 수요량을 나타낸다. 이러한 이유로 함수 $x_i = D_i(\mathbf{p}, m)$을 소비자의 **수요함수**라 한다. [EX 15.7.4], [EX 17.1.3]에서와 같은 논증을 따르면 모든 수요함수는 가격 $\mathbf{p}$와 소득 m에 대해 차수 0인 동차함수이다. 수요함수를 정확히 도출했는지 확인하려면 이 함수들이 차수 0인 동차함수이며 예산제약조건을 만족하는지 확인하는 것이 좋다.

특히 소비자가 콥-더글러스 효용함수를 가진다면 제약 최대화 문제 (17.6.4)는 다음과 같은 형태를 가진다.

$$\max \ A x_1^{a_1} \cdots x_n^{a_n} \ \text{ s.t. } \ p_1 x_1 + \cdots + p_n x_n = m \tag{17.6.7}$$

여기서 각 $a_i > 0$은 소비자의 '선호'를 나타내는 모수이다. [연습문제 8(a)]에서와 같이 수요함수는 양함수 형태로 구할 수 있으며, 형태는 구체적으로 다음과 같다.

$$D_i(\mathbf{p}, m) = \frac{a_i}{a_1 + \cdots + a_n} \frac{m}{p_i} \tag{17.6.8}$$

여기서 [EX 17.1.3]에서 살펴본 두 재화 문제와 같이 전체 소득 m의 일정 비율이 각 재화에 사용되고, 이 비율은 모든 가격과 무관하게 일정한 양상이 반복됨을 알 수 있다. 또한 어떤 재화 i의 수요는 다른 어떤 재화의 가격 변화에도 전혀 영향을 받지 않는다. 이는 콥-더글러스 효용함수 사용을 반대하는 근거가 되는데, 현실적인 소비자 수요함수는 보완재나 대체재 관계에 따라 다른 재화의 가격에 민감하게 반응할 것이기 때문이다.

12 $n=2$이면 제약조건이 하나, $n=3$이면 제약조건이 둘, 이런 식으로 변수가 하나씩 늘어날 때마다 등식 제약조건도 하나씩 더해진다.

더 많은 제약조건

때때로 경제학자들은 두 개 이상의 등식 제약조건이 있는 최적화 문제를 고려해야 할 필요가 있다. 하지만 실제로는 부등식 제약조건이 여럿 있는 경우가 더 일반적이다. 문제 (17.6.1)을 m개의 등식 제약조건을 가진 경우로 확장하면 자연스럽게 다음 형태가 된다.

$$\max[\min]\ f(x_1,\ \cdots,\ x_n)\ \text{s.t.}\ \begin{cases} g_1(x_1,\ \cdots,\ x_n) = c_1 \\ \vdots \\ g_m(x_1,\ \cdots,\ x_n) = c_m \end{cases} \tag{17.6.9}$$

선택변수의 n차원 벡터를 $\mathbf{x} = (x_1,\ \cdots,\ x_n)$이라 하면 하나의 제약조건 $g(\mathbf{x}) = c$는 $j = 1,\ 2,\ \cdots,\ m$에 대해 m개의 제약조건 $g_j(\mathbf{x}) = c_j$로 대체된다. 라그랑주 승수법은 이러한 문제 (17.6.9)를 풀 수 있도록 확장할 수 있다. 이를 위해 먼저 각 제약조건 $g_j(\mathbf{x}) = c_j$에 대해 별도의 라그랑주 승수 λ_j를 대응시킬 필요가 있다. 그런 다음 식 (17.6.1)에서 나타난 하나의 항 $\lambda\{g(\mathbf{x}) - c\}$를 각 제약조건에 대해 하나씩 총 m개의 항으로 대체한다. 그 결과 다음 형태의 확장된 **라그랑지안 함수**를 얻는다.

$$\mathcal{L}(\mathbf{x}) = f(\mathbf{x}) - \sum_{j=1}^{m} \lambda_j \{g_j(\mathbf{x}) - c_j\} \tag{17.6.10}$$

특수한 경우를 제외하면 국소이든 전역이든 임의의 최적점은 이 라그랑지안 함수의 임계점이어야 한다. 다시 말해 각 변수 x_i에 대한 편도함수가 0이어야 한다. 그러므로 $i = 1,\ 2,\ \cdots,\ n$에 대해 다음을 얻는다.

$$\frac{\partial \mathcal{L}}{\partial x_i} = \frac{\partial f(\mathbf{x})}{\partial x_i} - \sum_{j=1}^{m} \lambda_j \frac{\partial g_j(\mathbf{x})}{\partial x_i} = 0 \tag{17.6.11}$$

이 식들과 m개의 등식 제약조건을 함께 고려하면 $n+m$개의 미지수$(x_1,\ \cdots,\ x_n,\ \lambda_1,\ \cdots,\ \lambda_m)$에 대한 $n+m$개의 방정식이 구성된다.

이제 선택변수가 세 개이고 등식 제약조건이 두 개인 비교적 간단한 경우의 문제를 살펴보자.

EX 17.6.4 다음 문제를 풀어라.

$$\min\ x^2 + y^2 + z^2\ \text{s.t.}\ \begin{cases} x + 2y + z = 30 \\ 2x - y - 3z = 10 \end{cases}$$

풀이

등식 제약조건이 두 개이므로 라그랑주 승수도 두 개이다. 그러면 라그랑지안 함수는 다음과 같다.

$$\mathcal{L}(x,\ y,\ z) = x^2 + y^2 + z^2 - \lambda_1(x + 2y + z - 30) - \lambda_2(2x - y - 3z - 10)$$

식 (17.6.11)의 일계조건은 다음과 같다.

$$\frac{\partial \mathcal{L}}{\partial x} = 2x - \lambda_1 - 2\lambda_2 = 0 \tag{i}$$

$$\frac{\partial \mathcal{L}}{\partial y} = 2y - 2\lambda_1 + \lambda_2 = 0 \tag{ii}$$

$$\frac{\partial \mathcal{L}}{\partial z} = 2z - \lambda_1 + 3\lambda_2 = 0 \quad \text{(iii)}$$

이에 더해 다음 두 제약조건이 필요하다.

$$x + 2y + z = 30 \quad \text{(iv)}$$

$$2x - y - 3z = 10 \quad \text{(v)}$$

그러므로 다섯 개의 미지수 x, y, z, λ_1, λ_2를 결정하기 위한 방정식 (i)~(v)가 준비되었다. 이 연립방정식을 푸는 하나의 방법은 식 (i)과 (ii)를 연립하여 λ_1, λ_2를 x, y에 대한 식으로 표현하는 것이다. 이렇게 하면 다음을 얻는다.

$$\lambda_1 = \frac{2}{5}x + \frac{4}{5}y, \quad \lambda_2 = \frac{4}{5}x - \frac{2}{5}y \quad \text{(vi)}$$

이제 λ_1, λ_2에 대한 식을 (iii)에 대입하고 정리하면 다음을 얻는다.

$$x - y + z = 0 \quad \text{(vii)}$$

이제 식 (iv), (v), (vii)은 미지수 x, y, z에 대한 세 개의 선형 연립방정식을 이룬다. 이 연립방정식을 소거법으로 풀면 유일한 해 $(x, y, z) = (10, 10, 0)$을 얻는다. 식 (vi)을 이용하면 이에 해당하는 두 라그랑주 승수 값은 $\lambda_1 = 12$, $\lambda_2 = 4$이다.

기하적인 관점에서 이 최소화 문제의 해가 맞는지 확인할 수 있다. 두 등식 제약조건은 각각 $\mathbb{R}^3$공간에서 한 평면을 나타내고, 두 제약조건을 동시에 만족하는 점들의 집합은 결과적으로 두 평면이 교차하는 직선상에 존재한다. 함수 $x^2 + y^2 + z^2$은 원점에서 이 직선 위의 점까지 거리의 제곱을 나타낸다. 즉 주어진 문제는 이 직선상의 점 중 원점과 가장 가까운 점을 선택하여 이 거리를 가능한 한 작게 만드는 것이다. 원점과 최대 거리의 점은 존재할 수 없지만 기하적으로 최소 거리의 점은 분명히 존재한다. 이는 직선과 원점 사이의 가장 가까운 점, 즉 수선의 발에서 나타난다.

이 문제를 푸는 훨씬 간단한 방법이 있다. 두 등식 제약조건 (iv)와 (v)를 이용해 y와 z를 x의 식인 $y = 20 - x$와 $z = x - 10$으로 나타내어 일변수 최적화 문제로 바꾸는 것이다. 실제로 이 식은 3차원 공간에서 두 평면이 교차하여 이루는 직선의 모수 방정식이다. 그러면 원점으로부터 거리의 제곱은 다음과 같다.

$$x^2 + y^2 + z^2 = x^2 + (20 - x)^2 + (x - 10)^2 = 3(x - 10)^2 + 200$$

이 함수는 $x = 10$에서 최솟값을 가짐을 쉽게 알 수 있다. 따라서 $y = 10$이고 $z = 0$이다. 이 방법은 [연습문제 5]에서 다시 등장한다.

17.6 연습문제

1 문제 $\min\ x^2+y^2+z^2$ s.t. $x+y+z=1$을 생각해 보자.

(a) 이 문제의 라그랑지안 함수를 쓰고, 필요조건을 만족하는 유일한 점 (x, y, z)를 찾아라.

(b) 해의 존재를 설명하는 기하적 근거를 제시하라. 이에 대한 최대화 문제의 해가 존재하는지 여부도 설명하라.

2 식 (17.6.8)을 사용하여 효용극대화 문제를 풀어라.

$$\max\ 10x^{\frac{1}{2}}y^{\frac{1}{3}}z^{\frac{1}{4}} \text{ s.t. } 4x+3y+6z=390$$

3 어떤 소비자가 세 재화 $x,\ y,\ z$에 대해 효용함수 $U(x, y, z)=x+\sqrt{y}-\dfrac{1}{z}$을 최대화하려고 한다. 이 함수는 모든 $x\ge 0,\ y\ge 0,\ z>0$에 대해 정의된다. 예산제약조건은 $px+qy+rz=m$이고, 여기서 $p,\ q,\ r>0,\ m\ge\sqrt{pr}+\dfrac{p^2}{4q}$이다.

(a) 제약 최대화 문제의 일계조건을 쓰라.

(b) 세 재화에 대해 효용을 최대화하는 수요함수를 네 모수 (p, q, r, m)의 함수로 나타내라.

(c) 최대 효용은 다음과 같은 간접효용함수로 나타남을 보여라.

$$U^*(p, q, r, m)=\frac{m}{p}+\frac{p}{4q}-2\sqrt{\frac{r}{p}}$$

(d) $\dfrac{\partial U^*}{\partial m}$을 구하고 그 의미를 설명하라.

4 한 사람이 매주 두 재화를 각각 x단위, y단위를 소비하고 l시간 일한다고 하자. 이 세 가지 선택변수는 다음 효용함수를 최대화하도록 선택된다.

$$U(x, y, l)=\alpha\ln x+\beta\ln y+(1-\alpha-\beta)\ln(L-l)$$

이 함수는 $0\le l<L$과 $x,\ y>0$에 대해 정의된다. 여기서 $\alpha,\ \beta$는 $\alpha+\beta<1$을 만족하는 양의 모수이다. 이 사람은 시간당 임금이 w일 때 예산제약조건이 $px+qy=wl$이다. 이때 $\gamma=\dfrac{\alpha+\beta}{1-\alpha-\beta}$를 정의하자. 이 사람의 수요함수 $x^*,\ y^*$와 노동 공급 l^*를 $p,\ q,\ w$의 함수로 나타내라.

5 [EX 17.6.4]의 문제를 상기하고 $(x, y, z)=(10+h, 10+k, l)$이라 하자. (x, y, z)가 두 제약조건을 만족하면 $k=-h,\ l=h$임을 보여라. 그리고 $x^2+y^2+z^2=200+3h^2$임을 보여라. 이로부터 어떤 결론을 내릴 수 있는가?

6 통계학에서 중요한 문제 중 하나는 다음과 같은 최적화 문제이다.

$$\min\ a_1^2x_1^2+a_2^2x_2^2+\cdots+a_n^2x_n^2$$
$$\text{s.t. } x_1+x_2+\cdots+x_n=1$$

여기서 상수 a_i는 모두 0이 아니다. 최솟값이 존재한다고 가정하고 문제를 풀어라. 만약 어떤 i에 대해 $a_i=0$이면 해가 어떻게 달라지는지 설명하라.

7 다음 문제를 풀어라.

$$\max[\min]\ x+y \text{ s.t. } \begin{cases} x^2+2y^2+z^2=1 \\ x+y+z=1 \end{cases}$$

8 심화 [EX 17.6.3]의 소비자 최적화 문제를 상기하자. 다음 경우에 대해 수요함수를 구하라.

(a) $A>0,\ a_1>0,\ \cdots,\ a_n>0$일 때 $U(x_1, \cdots, x_n)=Ax_1^{a_1}\cdots x_n^{a_n}$

(b) $0<a<1$일 때 $U(x_1, \cdots, x_n)=x_1^a+\cdots+x_n^a$

17.7 비교정학

식 (17.2.2)는 변수 두 개와 제약조건 두 개가 있는 경우에 대해 라그랑주 승수의 경제학적 해석을 제시한다. 이 개념은 변수 n개와 제약조건 m개가 있는 문제로 확장할 수 있다. 벡터 표기법을 사용하여 문제를 다음과 같은 형태로 쓰자.

$$j=1, \cdots, m \text{에 대해 } \max[\min]\ f(\mathbf{x}) \text{ s.t. } g_j(\mathbf{x})=c_j \tag{17.7.1}$$

여기서 $\mathbf{x}^*=(x_1^*, \cdots, x_n^*)$은 문제 (17.7.1)의 해가 되기 대한 필요조건을 만족하는 변수 $\mathbf{x}$ 값이고, 일반적으로 이 해 $\mathbf{x}^*$는 문제 (17.7.1)의 제약조건 우변에 나타나는 모수 m차원 벡터 $\mathbf{c}=(c_1, \cdots, c_m)$ 값에 따라 달라진다. 각 함수 $x_i^*=x_i^*(\mathbf{c})$가 모수 벡터 $\mathbf{c}$에 대해 미분가능한 함수라고 가정한다. 이제 f^*를 $\mathbf{c}$에 대한 가치함수라고 정의한다. 즉 다음과 같다.

$$f^*(\mathbf{c})=f(\mathbf{x}^*(\mathbf{c})) \tag{17.7.2}$$

해 $\mathbf{x}^*$에 대응하는 m개의 라그랑주 승수 $\lambda_1, \cdots, \lambda_m$ 역시 $\mathbf{c}$에 따라 달라진다. 특정한 정규성 조건이 만족된다면 각 $j=1, \cdots, m$에 대해 다음이 성립한다.

$$\frac{\partial f^*(\mathbf{c})}{\partial c_j}=\lambda_j(\mathbf{c}) \tag{17.7.3}$$

그러므로 j번째 제약조건에 대한 라그랑주 승수 $\lambda_j=\lambda_j(\mathbf{c})$는 목적함수의 최적값이 모수 c_j의 변화에 따라 얼마나 민감하게 변하는지 나타내는 변화율이다. 이 때문에 λ_j를 일반적으로 자원 j단위당 또는 암묵적 **그림자가격** 또는 **한계가치**(marginal value)라 한다.

벡터 $\mathbf{c}=(c_1, \cdots, c_m)$의 성분을 각각 $d\mathbf{c}=(dc_1, \cdots, dc_m)$만큼 변화시킨다고 하자. 선형근사식 (15.8.5)에 따르면 $dc_1, \cdots, dc_m$의 절댓값이 모두 아주 작을 때 식 (17.7.3)에 따라 다음을 얻는다.

$$f^*(\mathbf{c}+d\mathbf{c})-f^*(\mathbf{c}) \approx \lambda_1(\mathbf{c})dc_1+\cdots+\lambda_m(\mathbf{c})dc_m \tag{17.7.4}$$

EX 17.7.1 [EX 17.6.4]를 상기하자. 이때 첫 번째 등식 제약조건을 $x+2y+z=31$로, 두 번째 등식 제약조건을 $2x-y-3z=9$로 바꾸자. 식 (17.7.4)를 사용하여 가치함수의 변화를 근사적으로 추정하라. 또한 변경된 제약조건에 대한 가치함수의 정확한 새 값을 구하라.

풀이

앞서 정의한 표기법과 [EX 17.6.4]의 결과를 사용하면 다음을 얻는다.

$$c_1=30,\ c_2=10,\ dc_1=1,\ dc_2=-1,\ \lambda_1(30, 10)=12,\ \lambda_2(30, 10)=4$$

앞서 찾은 최적 해는 $(x^*, y^*, z^*)=(10, 10, 0)$이므로 가치함수 값은 다음과 같다.

$$f^*(c_1, c_2)=f^*(30, 10)=10^2+10^2+0^2=200$$

이제 식 (17.7.4)를 이용한 근삿값은 다음과 같다.

$$f^*(30+1,\ 10-1) - f^*(30,\ 10) \approx \lambda_1(30,\ 10)dc_1 + \lambda_2(30,\ 10)dc_2 = 12 \cdot 1 + 4 \cdot (-1) = 8$$

그러므로 $f^*(31,\ 9) \approx 200+8=208$이다.

$f^*(31,\ 9)$의 정확한 값을 찾기 위해 [EX 17.6.4]에서 사용한 식 (i)~(iii)와 (vi), (vii)은 여전히 성립함을 확인하라. 그러면 다음 연립방정식 $x+2y+z=31$, $2x-y-3z=9$, $x-y+z=0$을 풀면 된다. 이 연립방정식의 해는 $x=\frac{151}{15}$, $y=\frac{31}{3}$, $z=\frac{4}{15}$이다. 이 값을 목적함수에 대입하면 $f^*(31,\ 9)=\frac{15614}{75}\approx 208.19$이다. 근사로 인한 오차는 $\frac{14}{75}\approx 0.19$이다.

포락선정리

이후에 설명할 [EX 17.7.2]와 [EX 17.7.3]은 문제 (17.7.1)에 모수가 k개인 벡터 $\mathbf{r}=(r_1,\ \cdots,\ r_k)$를 도입할 때 얻는 결과를 경제학자들이 어떻게 광범위하게 사용하는지 보여주는 사례이다. 구체적으로 목적함수 f와 모든 제약함수 g_j를 선택해야 할 n차원 벡터 $\mathbf{x}$뿐만 아니라 모수 벡터 $\mathbf{r}$에도 의존하도록 설정한다. 이 표기법을 사용하면 문제는 다음과 같이 쓸 수 있다.

$$j=1,\ \cdots,\ m\text{에 대해 } \max_{\mathbf{x}}[\min_{\mathbf{x}}]\ f(\mathbf{x},\ \mathbf{r}) \text{ s.t. } g_j(\mathbf{x},\ \mathbf{r})=0 \tag{17.7.5}$$

문제 (17.7.1)에서는 각 등식 제약조건이 $g_j(\mathbf{x})=c_j$였지만, 여기서는 우변이 0으로 바뀌었다. 이는 언제나 c_j를 함수 $g_j(\mathbf{x},\ \mathbf{r})$의 추가 모수로 생각하여 $\tilde{g}_j(\mathbf{x},\ \mathbf{r},\ c_j)=g_j(\mathbf{x},\ \mathbf{r})-c_j$로 나타낼 수 있기 때문이다. 그러면 원래 등식 제약조건 $g_j(\mathbf{x},\ \mathbf{r})=c_j$는 $\tilde{g}_j(\mathbf{x},\ \mathbf{r},\ c_j)=0$의 형태로 바뀐다.

평소와 같이 각 $j=1,\ \cdots,\ m$에 대해 문제 (17.7.5)의 j번째 제약조건에 라그랑주 승수 λ_j를 대응시키자. 그러면 라그랑지안 함수는 다음과 같다.

$$\mathcal{L}(\mathbf{x},\ \mathbf{r}) = f(\mathbf{x},\ \mathbf{r}) - \sum_{j=1}^{m}\lambda_j g_j(\mathbf{x},\ \mathbf{r}) \tag{17.7.6}$$

문제 (17.7.5)의 m개 등식 제약조건에 외에도 해에 대한 다른 n개의 일계조건은 다음과 같은 형태를 가진다.

$$i=1,\ 2,\ \cdots,\ n\text{에 대해 } 0=\frac{\partial}{\partial x_i}\mathcal{L}(\mathbf{x},\ \mathbf{r}) = \frac{\partial}{\partial x_i}f(\mathbf{x},\ \mathbf{r}) - \sum_{j=1}^{m}\lambda_j\frac{\partial}{\partial x_i}g_j(\mathbf{x},\ \mathbf{r})$$

식 (17.7.2)와 마찬가지로 모수 벡터가 $\mathbf{r}$일 때 $\mathbf{x}$의 최적 선택을 $\mathbf{x}^*(\mathbf{r})$이라 하자. 정규성 가정하에 모든 $\mathbf{r}$과 각 $j=1,\ \cdots,\ m$에 대해 $\mathbf{r}$의 함수인 라그랑주 승수 $\lambda_j(\mathbf{r})$이 존재해야 한다. 이때 $\mathbf{x}^*(\mathbf{r})$은 다음과 같은 $n+m$개의 일계조건을 만족한다.

$$\begin{aligned} &\text{모든 } i\text{에 대해 } \frac{\partial f(\mathbf{x}^*(\mathbf{r}),\ \mathbf{r})}{\partial x_i} - \sum_{j=1}^{m}\lambda_j\frac{\partial g_j(\mathbf{x}^*(\mathbf{r}),\ \mathbf{r})}{\partial x_i}=0 \\ &\text{모든 } j\text{에 대해 } g_j(\mathbf{x}^*(\mathbf{r}),\ \mathbf{r})=0 \end{aligned} \tag{17.7.7}$$

이제 가치함수를 다음과 같이 정의하자.

$$f^*(\mathbf{r}) = f(\mathbf{x}^*(\mathbf{r}),\ \mathbf{r}) \tag{17.7.8}$$

식 (17.7.6)과 (17.7.8)의 정의를 바탕으로 다음 결과를 얻는다.

정리 17.7.1 포락선정리

임의의 모수 벡터 $\mathbf{r}^0$와 임의의 선택변수 벡터 $\mathbf{x}^0$에 대해 다음을 만족한다고 하자.

❶ $\mathbf{x}^0$ 근방의 모든 n차원 벡터 $\mathbf{x}$와 $\mathbf{r}^0$ 근방의 모든 모수 벡터 $\mathbf{r}$에 대해 함수 $f(\mathbf{x},\ \mathbf{r})$과 $g_j(\mathbf{x},\ \mathbf{r})$(단, $j=1,\ 2,\ \cdots,\ m$)은 모두 $(\mathbf{x},\ \mathbf{r})$의 함수로서 미분가능하다.

❷ $\mathbf{r}^0$ 근방의 모든 모수 벡터 $\mathbf{r}$에 대해 $\mathbf{r}$의 함수로서 미분가능하고 $\mathbf{x}^*(\mathbf{r}^0)=\mathbf{x}^0$를 만족하는 n차원 벡터 $\mathbf{x}^*(\mathbf{r})$과 라그랑주 승수 $\lambda_j(\mathbf{r})$이 존재한다. 이들은 모두 식 (17.7.7)에 있는 $n+m$개의 일계조건을 만족한다.

그러면 가치함수 $f^*(\mathbf{r})$과 라그랑주 승수 $\mathcal{L}(\mathbf{x}^*(\mathbf{r}),\ \mathbf{r})$ 모두 $\mathbf{r}=\mathbf{r}^0$에서 $\mathbf{r}$의 함수로서 미분가능하다. 게다가 각 $h=1,\ \cdots,\ k$에 대해 다음을 얻는다.

$$\left[\frac{\partial f^*(\mathbf{r})}{\partial r_h}\right]_{\mathbf{r}=\mathbf{r}^0} = \left[\frac{\partial \mathcal{L}(\mathbf{x}^0,\ \mathbf{r})}{\partial r_h}\right]_{\mathbf{r}=\mathbf{r}^0} \tag{17.7.9}$$

포락선정리는 매우 유용한 일반적인 결과로 주의 깊게 살펴볼 필요가 있다. 임의의 모수가 변하면 $f^*(\mathbf{r})$이 두 가지 측면에서 변한다. 첫째, r_h의 변화는 모수 $\mathbf{r}$을 변화시키고, 이에 따라 직접적으로 $f(\mathbf{x}^*(\mathbf{r}),\ \mathbf{r})$을 변화시킨다. 둘째, r_h의 변화는 모든 함수 $x_1^*(\mathbf{r}),\ \cdots,\ x_n^*(\mathbf{r})$을 변화시키고, 이는 간접적으로 $f(\mathbf{x}^*(\mathbf{r}),\ \mathbf{r})$을 변화시킨다. 그런데 [정리 17.7.1]의 포락선정리를 통해 $\mathbf{r}=\mathbf{r}^0$에서 임의의 모수 r_h의 작은 변화가 가치함수에 미치는 전체 영향은 단순히 라그랑지안 함수 $\mathcal{L}(\mathbf{x},\ \mathbf{r})$을 r_h에 대해 편미분하고 $\mathbf{x}^0=\mathbf{x}^*(\mathbf{r}^0)$를 대입한 값으로 찾을 수 있다는 것을 알 수 있다. 이 과정에서 $\mathbf{x}^*$가 $\mathbf{r}$에 의존한다는 점, 즉 간접 효과를 완전히 무시한다. 그 이유는 일계조건 (17.7.7)로 인해 문제 등식 제약조건 (17.7.5)를 유지하면서 $\mathbf{x}$가 작게 변화하면 $f(\mathbf{x}^*(\mathbf{r}),\ \mathbf{r})$ 값에 거의 영향을 주지 않기 때문이다. 그러므로 식 (17.7.9)가 성립한다.

EX 17.7.2 [EX 17.6.3]에서 가격이 $\mathbf{p}=(p_1,\ \cdots,\ p_n)$이고 소득이 m일 때 소비자의 얻을 수 있는 최대 효용을 $U^*(\mathbf{p},\ m)$으로 표기하고, 이를 **간접효용함수**라 하자. λ가 예산제약등식에 대응하는 라그랑주 승수라 하자. 식 (17.7.3)을 이용하여 다음을 얻는다.

$$\lambda = \frac{\partial U^*}{\partial m} \tag{17.7.10}$$

그러므로 λ는 소득이 증가할 때 최대 효용의 증가율이다. 이러한 이유로 λ를 일반적으로 **소득의 한계효용**(marginal utility of income)이라 한다. $n+1$개의 모수로 구성된 벡터 $(\mathbf{p},\ m)$을 포함하면 라그랑지안 함수는 다음 형태를 가진다.

$$\mathcal{L}(\mathbf{x}, \mathbf{p}, m) = U(\mathbf{x}) - \lambda(p_1 x_1 + \cdots + p_n x_n - m)$$

당연히 $\frac{\partial \mathcal{L}}{\partial m} = \lambda$이고 $\frac{\partial \mathcal{L}}{\partial p_i} = -\lambda x_i$이다. 그러므로 식 (17.7.9)로부터 다음을 얻는다.

$$\frac{\partial U^*(\mathbf{p}, m)}{\partial m} = \frac{\partial \mathcal{L}(\mathbf{x}, \mathbf{p}, m)}{\partial m} = \lambda$$

이는 식 (17.7.10)의 결과를 다시 확인해준다. 또한 다음을 얻는다.

$$\frac{\partial U^*(\mathbf{p}, m)}{\partial p_i} = \frac{\partial \mathcal{L}(\mathbf{x}, \mathbf{p}, m)}{\partial p_i} = -\lambda x_i^*$$

이 식을 **로이 항등식**[13]이라 한다. 이 식은 다음과 같이 해석할 수 있다. 가격이 증가할 때 발생하는 한계효용의 감소는 소득의 한계효용 λ에 수요량 x_i^*를 곱한 값과 같다. 직관적으로 이는 가격이 소폭 변할 때 실질소득이 감소하는 정도는 대략적으로 가격 변화량에 수요량을 곱한 값과 같다.

로이 항등식을 설명하기 위해 식 (17.6.7)과 같이 콥–더글러스 효용함수를 가진 소비자 최적화 문제를 생각해보자. 식 (17.6.8)에서 유도된 수요함수를 효용함수에 대입하면 다음과 같은 간접효용함수를 얻는다.

$$U^*(\mathbf{p}, m) = A\left(\frac{a_1 m}{a p_1}\right)^{a_1} \cdots \left(\frac{a_n m}{a p_n}\right)^{a_n} = \frac{B m^a}{P(p_1, \cdots, p_n)} \tag{17.7.11}$$

여기서 $a = a_1 + a_2 + \cdots + a_n$으로 표기했다. 상수 B는 $\frac{A a_1^{a_1} \cdots a_n^{a_n}}{a^a}$을 나타내고 $P = P(p_1, \cdots, p_n)$은 함수 $p_1^{a_1} \cdots p_n^{a_n}$을 나타낸다. 실제로 P도 원래 효용함수와 같은 지수를 가지는 콥–더글러스 함수이다. 또한 P가 차수 a인 동차함수이므로 $\tilde{P} = P^{\frac{1}{a}}$으로 정의된 함수는 차수 1인 동차함수이다. 이때 $\frac{m}{\tilde{P}}$의 증가함수인 $U^*(\mathbf{p}, m) = B\left(\frac{m}{\tilde{P}}\right)^a$이라는 성질을 가진다. 여기서 소득을 $\tilde{P}$로 나눈 $\frac{m}{\tilde{P}}$은 차수 0의 동차함수이다. **물가지수** $\tilde{P}$는 가격 벡터 $\mathbf{p} = (p_1, \cdots, p_n)$에 대해 차수 1인 동차함수로, $\frac{m}{\tilde{P}}$은 실질소득을 측정하는 지표이다.

간접효용함수에 대한 식 (17.7.11)은 $\frac{\partial U^*}{\partial m} = \frac{Bam^{a-1}}{P}$을 의미하고, 또 다음을 나타낸다.

$$\frac{\partial U^*}{\partial p_i} = -\frac{Bm^a}{P^2}\frac{\partial P}{\partial p_i} = -\frac{Bm^a}{P^2}\frac{a_i P}{p_i} = -\frac{Bam^{a-1}}{P}\frac{a_i m}{a p_i} = -\frac{\partial U^*}{\partial m} D_i(\mathbf{p}, m)$$

이 식은 콥–더글러스 효용함수에 대해 로이 항등식이 성립함을 보여준다.

EX 17.7.3 한 기업이 자본 K단위와 노동 L단위를 사용하여 상품 $Q = F(K, L)$단위를 생산한다. 자본과 노동의 가격은 각각 r과 w이다. Q만큼 생산해야 할 때 Q단위만큼 생산하는 비용을 최소화하는 K와 L을 찾는 다음 문제의 가치함수를 $C^*(r, w, Q)$라 하자.

$$\min\ C(K, L) = rK + wL \ \text{ s.t. } \ F(K, L) = Q$$

$\frac{\partial C^*}{\partial r}$, $\frac{\partial C^*}{\partial w}$, $\frac{\partial C^*}{\partial Q}$의 식을 구하라.

13 프랑스 경제학자 르네 로이(René Roy, 1894~1977)의 이름을 따서 명명되었다.

풀이

필요한 생산량 Q와 가격 모수 r, w를 포함하여 라그랑지안 함수를 다음과 같이 쓸 수 있다.

$$\mathcal{L}(K, L, r, w, Q) = rK + wL - \lambda\{F(K, L) - Q\}$$

r, w, Q에 대한 편도함수는 다음과 같다.

$$\frac{\partial \mathcal{L}}{\partial r} = K, \quad \frac{\partial \mathcal{L}}{\partial w} = L, \quad \frac{\partial \mathcal{L}}{\partial Q} = \lambda$$

그러므로 [정리 17.7.1]에 따라 다음을 얻는다.

$$\frac{\partial C^*}{\partial r} = K^*, \quad \frac{\partial C^*}{\partial w} = L^*, \quad \frac{\partial C^*}{\partial Q} = \lambda \tag{$*$}$$

첫 두 식은 **셰퍼드 보조정리**(Shephard's lemma)[14]의 예시이다. 마지막 식은 라그랑주 승수 λ가 생산량의 변화에 대한 최소 비용의 증가율인 **한계비용**과 같아야 함을 보여준다.

[정리 17.7.1]의 포락선정리를 증명하고 이 장을 마무리한다.

[정리 17.7.1]의 증명

이어지는 논증에서 모든 관련 편도함수는 $\mathbf{r} = \mathbf{r}^0$, $\mathbf{x} = \mathbf{x}^0 = \mathbf{x}^*(\mathbf{r}^0)$인 점에서 계산된다고 가정한다. 그리고 이 점에서 함수 $f(\mathbf{x}, \mathbf{r})$, $g_j(\mathbf{x}, \mathbf{r})$, $\mathbf{x}^*(\mathbf{r})$은 모두 미분가능하다고 가정한다(단, $j=1, \cdots, k$). 그러므로 식 (17.7.8)에서 정의된 합성함수 $\mathrm{f}^*(\mathbf{r}) = f(\mathbf{x}^*(\mathbf{r}), \mathbf{r})$은 $\mathbf{r} = \mathbf{r}^0$에서 미분가능하다. 이에 더해 연쇄법칙을 사용하여 식 (17.7.8)의 우변을 r_h(단, $h=1, 2, \cdots, k$)로 편미분할 수 있다. 그 결과는 다음과 같다.

$$\frac{\partial f^*(\mathbf{r})}{\partial r_h} = \sum_{i=1}^{n} \frac{\partial f^*(\mathbf{x}^*(\mathbf{r}), \mathbf{r})}{\partial x_i} \frac{\partial x_i^*(\mathbf{r})}{\partial r_h} + \frac{\partial f^*(\mathbf{x}^*(\mathbf{r}), \mathbf{r})}{\partial r_h} \tag{i}$$

하지만 식 (17.7.6)에 정의된 라그랑지안 함수에서 r_h에 대한 편도함수는 다음과 같다.

$$\frac{\partial \mathcal{L}(\mathbf{x}^*(\mathbf{r}), \mathbf{r})}{\partial r_h} = \frac{\partial f^*(\mathbf{x}^*(\mathbf{r}), \mathbf{r})}{\partial r_h} - \sum_{j=1}^{m} \lambda_j \frac{\partial g_j(\mathbf{x}^*(\mathbf{r}), \mathbf{r})}{\partial r_h} \tag{ii}$$

식 (i)의 양변에서 식 (ii)의 양변을 빼면 다음을 얻는다.

$$\frac{\partial f^*(\mathbf{r})}{\partial r_h} - \frac{\partial \mathcal{L}(\mathbf{x}^*(\mathbf{r}), \mathbf{r})}{\partial r_h} = \sum_{i=1}^{n} \frac{\partial f(\mathbf{x}^*(\mathbf{r}), \mathbf{r})}{\partial x_i} \frac{\partial x_i^*(\mathbf{r})}{\partial r_h} + \sum_{j=1}^{m} \lambda_j \frac{\partial g_j(\mathbf{x}^*(\mathbf{r}), \mathbf{r})}{\partial r_h} \tag{iii}$$

한편 각 제약조건 $g_j(\mathbf{x}^*(\mathbf{r}), \mathbf{r}) = 0$을 r_h에 대해 편미분하면 다음을 얻는다.

$$\sum_{i=1}^{n} \frac{\partial g_j(\mathbf{x}^*(\mathbf{r}), \mathbf{r})}{\partial x_i} \frac{\partial x_i^*(\mathbf{r})}{\partial r_h} + \frac{\partial g_j(\mathbf{x}^*(\mathbf{r}), \mathbf{r})}{\partial r_h} = 0 \tag{iv}$$

이제 식 (iv)를 식 (iii)의 각 $\dfrac{\partial g_j(\mathbf{x}^*(\mathbf{r}), \mathbf{r})}{\partial r_h}$에 대입하면 다음을 얻는다.

14 미국의 수리경제학자 로널드 셰퍼드(Ronald Shephard, 1912~1982)의 이름을 따서 명명되었다.

$$\frac{\partial f^*(\mathbf{r})}{\partial r_h}-\frac{\partial \mathcal{L}(\mathbf{x}^*(\mathbf{r}),\mathbf{r})}{\partial r_h}=\sum_{i=1}^{n}\left[\left\{\frac{\partial f(\mathbf{x}^*(\mathbf{r}),\mathbf{r})}{\partial x_i}-\sum_{j=1}^{m}\lambda_j\frac{\partial g_j(\mathbf{x}^*(\mathbf{r}),\mathbf{r})}{\partial x_i}\right\}\frac{\partial x_i^*(\mathbf{r})}{\partial r_h}\right] \tag{v}$$

하지만 각 $i=1,\ 2,\ \cdots,\ n$에 대해 대괄호 속 항은 라그랑지안 함수에 대한 편도함수 $\dfrac{\partial \mathcal{L}}{\partial x_i}$에 해당하고, 일계조건 (17.6.11)에 의해 이 모든 식이 최적점 $(\mathbf{x}^*(\mathbf{r}),\ \mathbf{r})$에서 0이어야 한다. 그러므로 식 (v)는 다음과 같이 정리된다.

$$\frac{\partial f^*(\mathbf{r})}{\partial r_h}-\frac{\partial \mathcal{L}(\mathbf{x}^*(\mathbf{r}),\mathbf{r})}{\partial r_h}=0$$

이는 식 (17.7.9)를 증명한다. ■

이 증명은 문제 (17.7.5)에 대한 일계조건 (17.6.11)만을 사용했다는 점을 유념하라. 그러므로 [정리 17.7.1]의 결과는 목적함수 $f(\mathbf{x},\ \mathbf{r})$을 최대화하는 경우를 비롯해 최소화하는 경우에도 동일하게 유효하다. 또한 f^*가 미분가능하다는 사실 자체를 증명하지 않았다는 점을 기억하라.[15]

17.7 연습문제

1 효용극대화 문제 $\max\ x+a\ln y$ s.t. $px+qy=m$을 생각해보자. 여기서 $0\le a<\dfrac{m}{p}$을 가정한다.

(a) 해 $(x^*,\ y^*)$를 구하라.

(b) 간접효용함수 $U^*(p,\ q,\ m,\ a)$를 구하고 $p,\ q,\ m,\ a$에 대한 편도함수를 계산하라.

(c) 포락선정리가 성립함을 보여라.

2 문제 $\min\ x+4y+3z$ s.t. $x^2+2y^2+\frac{1}{3}z^2=b$를 생각해보자. 여기서 $b>0$이다. 이 문제의 해가 존재한다고 가정하고 해를 구하라. 그리고 식 (17.7.3)이 성립함을 보여라.

3 한 회사가 노동 L단위를 가지고 세 개의 서로 다른 상품을 생산하려 한다. 이 상품의 생산량이 각각 x, y, z단위일 때 필요한 노동량은 각각 αx^2, βy^2, γz^2 단위이다.

(a) 문제 $\max\ ax+by+cz$ s.t. $\alpha x^2+\beta y^2+\gamma z^2=L$을 풀어라. 여기서 $a,\ b,\ c,\ \alpha,\ \beta,\ \gamma$는 양의 상수이다.

(b) $a=4,\ b=c=1,\ \alpha=1,\ \beta=\frac{1}{4},\ \gamma=\frac{1}{5}$이라 하자. 이 경우 **(a)**의 해가 $x=\frac{4}{5}\sqrt{L},\ y=\frac{4}{5}\sqrt{L},\ z=\sqrt{L}$임을 보여라.

(c) L이 100에서 101로 증가할 때 $4x+y+z$의 최댓값에는 어떤 변화가 나타나는가? 정확한 증가량 또는 감소량을 구하라. 또한 라그랑주 승수의 의미에 기초해 적절한 선형근삿값을 구하라.

4 다음 두 문제를 생각해보자.[16]

$$\max[\min]\ f(x,\ y,\ z)=x^2+y^2+z$$
$$\text{s.t.}\ g(x,\ y,\ z)=x^2+2y^2+4z^2=1$$

(a) 주어진 제약조건에 대해 최대화 문제와 최소화 문제를 모두 풀어라.

(b) 제약조건이 $x^2+2y^2+4z^2=1.02$로 변화한다고 가정하자. $f(x,\ y,\ z)$의 최댓값이 얼마나 변하는지 근사적으로 구하라.

15 f^*의 미분가능성을 보장하는 충분조건은 『Further Mathematics for Economic Analysis(2nd ed.)』에서 다룬다.

16 제약조건의 그래프는 $\mathbb{R}^3$의 타원체 곡면이고, 이는 닫힌 유계집합이라는 점에 유의하라.

5 $F(K, L)=K^{\frac{1}{2}}L^{\frac{1}{4}}$인 특수한 경우에 대해 [EX 17.7.3]의 문제를 풀고, K^*, L^*, C^*, λ의 식을 양함수로 나타내라. 이 경우에 관계식 (*)가 성립함을 보여라.

6 [EX 17.7.3]의 비용함수 C^*가 두 번 연속으로 미분가능하다고 가정하고, 대칭 관계인 $\frac{\partial K^*}{\partial w}=\frac{\partial L^*}{\partial r}$을 증명하라.

7 네 개의 양의 모수 a, m, p, q가 주어지고 $m>\frac{q^2}{4a^2p}$이라 하자. 효용극대화 문제 $\max\ \sqrt{x}+ay$ s.t. $px+qy=m$을 생각해보자.

(a) 수요함수 $x^*(p, q, m, a)$, $y^*(p, q, m, a)$와 간접효용함수 $U^*(p, q, m, a)$를 구하라.

(b) $U^*(p, q, m, a)=x^*+a\sqrt{y^*}$의 모든 일계편도함수 네 가지를 구하고 포락선정리가 성립함을 보여라.

CHAPTER 17 복습문제

17.1 문제 $\max\ f(x,\ y)=3x+4y$ s.t. $g(x,\ y)=x^2+y^2=225$를 생각해보자.

(a) 라그랑주 승수법을 사용하여 이 최대화 문제를 풀고, 이에 대응하는 최소화 문제도 풀어라.

(b) 제약조건의 우변이 225에서 224로 변한다고 가정하자. f의 최댓값은 근사적으로 얼마나 변하는가?

17.2 [EX 17.1.3]의 식 (**)에 있는 수요함수 $x(p,\ q,\ m)$과 $y(p,\ q,\ m)$을 사용하여 모든 $x \geq 0,\ y \geq 0$에서 정의된 다음 함수 $f(x,\ y)$에 대해 제약조건 $px+qy=m$하에서 $f(x,\ y)$를 최대화하는 문제의 해를 구하라.

(a) $f(x,\ y)=25x^2y^3$

(b) $f(x,\ y)=x^{\frac{1}{5}}y^{\frac{2}{5}}$

(c) $f(x,\ y)=10\sqrt{x}\ \sqrt[3]{y}$

17.3 한 회사가 두 가지 상품을 생산하여 판매한다고 하자. 첫 번째 상품을 x톤 판매하면 톤당 가격은 $p(x)$이고, 두 번째 상품을 y톤 판매하면 톤당 가격은 $q(y)$이다. 첫 번째 상품을 x톤, 두 번째 상품을 y톤 생산하고 판매할 때 드는 비용은 모든 $x \geq 0,\ y \geq 0$에서 정의된 미분가능한 함수 $C(x,\ y)$로 주어진다.

(a) 이 회사의 이윤함수를 구하고 $x^* > 0,\ y^* > 0$이 최적해가 되기 위한 필요조건을 구하라. 이 필요조건을 경제학적으로 해석하라.

(b) 이 회사의 생산과정이 환경오염을 유발하여 규제당국이 생산량을 총 m톤 이하로 제한했다. 이때 새로운 문제에서 $\hat{x} > 0,\ \hat{y} > 0$이 최적해가 되기 위한 필요조건을 구하라.

17.4 한 사람이 하루 24시간 중 x시간을 여가로 보내고 다른 재화를 y단위 소비할 때 경험하는 효용이 $U(x,\ y)$로 주어진다고 가정하자. 이 사람은 시간당 임금 w를 벌고 다른 재화는 단위당 평균 가격 p에 구매한다고 가정한다. 또한 벌어들인 모든 소득을 소비에 지출한다면 여가시간 x와 소비량 y는 다음 제약조건을 만족해야 한다.

$$py=w(24-x) \tag{$*$}$$

(a) 제약조건 (*)하에서 $U(x,\ y)$를 최대화하는 문제를 풀면 다음 조건을 얻는다는 것을 보여라.

$$pU'_1(x,\ y)=wU'_2(x,\ y) \tag{$**$}$$

(b) 두 식 (*), (**)가 x와 y를 p와 w의 함수로서 미분가능한 함수 $x(p,\ w)$와 $y(p,\ w)$를 결정한다고 가정하자. 효용함수 $U(x,\ y)$에 대한 적절한 정규성 가정이 주어질 때, 다음이 성립함을 보여라.

$$\frac{\partial x}{\partial w}=\frac{(24-x)(wU''_{22}-pU''_{12})+pU'_2}{p^2U''_{11}-2pwU''_{12}+w^2U''_{22}}$$

17.5 다음 문제를 생각해보자.

$$\max[\min]\ x^2+y^2-2x+1 \ \text{ s.t. } \ \frac{1}{4}x^2+y^2=b$$

여기서 상수 b는 $b>\dfrac{4}{9}$를 만족한다.[17]

(a) 최대화 문제와 최소화 문제를 모두 풀어라.

(b) $f^*(b)$를 최대화 문제의 가치함수라 하자. 이때 $\dfrac{df^*(b)}{db}$가 해당 문제의 라그랑주 승수 λ와 같음을 보여라.

17.6 식 (17.1.5)의 효용극대화 문제를 상기하자. 효용함수 $u(x,\ y)$가 분리할 수 있는(separable) 형태인 함수 $v(x)+w(y)$로 나타난다고 하자. 여기서 $v'(x)>0,\ w'(y)>0,\ v''(x)\le 0,\ w''(y)\le 0$이다.

(a) 효용극대화 문제의 일계조건을 나타내라.

(b) 이 조건들이 최적화를 보장하는 충분조건인 이유를 설명하라.

17.7 다음 문제를 생각해보자.

$$\min\ x^2-2x+1+y^2-2y \ \text{ s.t. } \ (x+y)\sqrt{x+y+b}=2\sqrt{a}$$

여기서 a와 b는 양의 상수이고 x와 y는 양수이다.

(a) $(x,\ y)$가 이 문제의 해라고 가정하자. 그렇다면 $x,\ y$가 다음 식을 만족해야 함을 보여라.

$$x=y,\ \ 2x^3+bx^2=a \tag{$*$}$$

(b) 식 $(*)$는 해 $(x^*,\ y^*)$를 $(a,\ b)$의 함수로 정의한다. 각 편도함수가 존재한다고 가정하고, $\dfrac{\partial x}{\partial a},\ \dfrac{\partial^2 x}{\partial a^2},\ \dfrac{\partial x}{\partial b}$의 식을 구하라.

17 이 제약조건은 xy평면에서 타원 형태의 그래프로 나타나고, 이는 닫힌 유계집합을 정의한다.

MEMO

CHAPTER

18

비선형계획법

Nonlinear Programming

CONTENTS

17장에서는 등식 제약조건이 주어진 상황에서 함수를 최대화하거나 최소화하는 방법을 고려했다.[1] 이 책의 마지막 장인 이 장에서는 목적함수와 **부등식 제약조건**(inequality constraint)을 정의하는 함수가 모두 비선형일 수 있는 '비선형계획법(nonlinear programming)' 문제를 다룬다. 특히 아주 단순한 부등식 제약조건 중 하나는 특정 변수가 음수가 되지 않도록 요구하는 것이다. 경제학적 의미를 유지하려면 이러한 제약을 추가해야 할 때가 많다. 이에 더해 자원 가용성에 대한 제약은 등식보다는 부등식으로 표현되는 경우가 일반적이다.

18.1절에서는 선택변수가 두 개이고 부등식 제약조건이 하나인 단순한 경우를 다룬다. 18.2절은 선택변수와 부등식 제약조건이 여러 개인 경우로 논의를 확장한다. 마지막으로 18.3절은 부등식 제약조건 중 일부는 하나 이상의 선택변수가 음수가 되지 않게 제한하는 중요하고도 특수한 경우를 살펴본다.

18.1 이변수함수와 하나의 제약조건

이 절에서는 변수 두 개와 부등식 제약조건 한 개를 가진 단순한 **비선형계획법 문제**(nonlinear programming problem)를 고려한다. 최대화 문제의 경우 다음과 같은 형태를 가진다.

$$\max\ f(x,\ y)\ \text{ s.t. }\ g(x,\ y) \le c \qquad (18.1.1)$$

그러므로 $g(x,\ y) \le c$를 만족하는 모든 $(x,\ y)$ 쌍의 **허용가능한**(admissible) 또는 **실현가능한**(feasible) 집합 S에서 $f(x,\ y)$가 가질 수 있는 가장 큰 값을 찾는다. $(x,\ y) \in S$에 대해 $f(x,\ y)$를 최소화하는 문제는 $(x,\ y) \in S$에 대해 $-f(x,\ y)$를 최대화하는 문제로 바꿔서 다루면 된다.

문제 (18.1.1)은 16장에서 설명한 비제약 최적화 방법을 사용하여 풀 수 있다. 이는 허용가능한 집합 S 내부에 있는 f의 임계점뿐만 아니라 S의 경계에서 f의 움직임을 살펴보는 것을 포함한다. 하지만 1950년대 이후 경제학자들은 이러한 문제를 다룰 때 라그랑주 승수법을 확장한 방법을 사용해왔다. 이를 **카루시–쿤–터커 방법**(Karush–Kuhn–Tucker method) 또는 줄여서 **KKT 방법**이라 한다.[2]

KKT 방법을 적용하기 위해 문제 (18.1.1)의 해가 될 수 있는 xy평면의 모든 점 $(x,\ y)$를 찾는 절차를 따른다. 물론 아주 특이한 경우를 제외하면 이 과정으로 충분하다. 문제 (17.1.1)과의 유일한 차이점은 이전의 등식 제약이 부등식 제약으로 바뀌었다는 것이므로 이 방법이 17.1절에서 제시한 라그랑주 승수법과 매우 유사하다는 것도 놀랍지 않다.

1 이 책의 원서 『Essential Mathematics for Economic Analysis(6th ed.)』 19장은 선형계획법(linear programming)을 다룬다. 선형계획법에서는 부등식 제약조건으로 완화했지만, 목적함수와 제약조건을 정의하는 모든 함수가 선형인 특수한 경우에 집중했다.

2 경제학자들은 대부분 여전히 이 방법을 미국 수학자 H. W. 쿤(H. W. Kuhn, 1925~2014)와 캐나다 수학자 A.W. 터커(A.W. Tucker, 1905~1975)의 이름을 따라 **쿤–터커 방법**(Kuhn–Tucker method)이라 부른다. 하지만 쿤 본인을 포함한 수학자들은 이미 오래전에 W. 카루시(W. Karush)가 1939년에 발표한 석사학위 논문이 이 방법과 관련이 깊고, 심지어 우선권이 있음을 인정했다.

간단한 경우에 대한 KKT 방법

문제 (18.1.1)의 유일하고 가능한 해를 찾기 위해 다음 절차를 따른다.

❶ 상수인 라그랑주 승수 λ를 부등식 제약조건 $g(x, y) \le c$에 대응시키고, 라그랑지안 함수를 다음과 같이 정의한다.

$$\mathcal{L}(x, y) = f(x, y) - \lambda\{g(x, y) - c\}$$

❷ $\mathcal{L}(x, y)$의 편도함수를 0으로 두고 임계점을 구한다.

$$\begin{aligned} \mathcal{L}'_1(x, y) &= f'_1(x, y) - \lambda g'_1(x, y) = 0 \\ \mathcal{L}'_2(x, y) &= f'_2(x, y) - \lambda g'_2(x, y) = 0 \end{aligned} \tag{18.1.2}$$

❸ **보완여유조건**(complementary slackness condition)을 다음과 같이 도입한다.

$$\lambda \ge 0,\ \text{만약 } g(x, y) < c\text{이면 } \lambda = 0 \tag{18.1.3}$$

❹ (x, y)가 다음 제약을 만족하게 한다.

$$g(x, y) \le c \tag{18.1.4}$$

❺ (x, y)와 그에 대응하는 λ 값이 모든 조건 (18.1.2)~(18.1.4)를 만족하는 점들을 찾는다. 이렇게 찾은 점들은 후보 해이고, 해가 존재한다면 이 중 적어도 하나가 문제를 푸는 해가 된다.

만약 문제의 최대점에서 $g = c$이고 $g'_1 = g'_2 = 0$이면 이 방법으로 해를 구하지 못할 수도 있다.

조건 (18.1.2)는 17.1절의 라그랑주 승수법에서 사용된 두 일계조건과 정확히 일치한다. 이에 더해 조건 (18.1.4)의 제약조건도 당연히 만족해야 한다. 그러므로 여기서 새로 등장한 부분은 조건 (18.1.3)뿐인데, 이는 다소 까다로울 수 있다.[3] 지금 고려하는 비선형계획법 문제에서 조건 (18.1.3)은 λ가 음이 아니고, 만약 $g(x, y) < c$이면 $\lambda = 0$이어야 함을 요구한다. 그러므로 $\lambda > 0$이면 반드시 $g(x, y) = c$이어야 한다. 조건 (18.1.3)을 다르게 표현하면 다음과 같다.

$$\lambda \ge 0\text{이고 } \lambda \cdot \{g(x, y) - c\} = 0 \tag{18.1.5}$$

나중에 살펴보겠지만 부등식 제약조건에 대응하는 라그랑주 승수 역시 등식 제약조건에서와 마찬가지로 '그림자 가격'으로 해석할 수 있다. 이는 17장의 등식 제약조건에서 설명했던 것과 동일한 맥락이다.[4] 즉 '자원 제약조건' $g(x, y) \le c$에서 우변의 c 값을 조금 변화시킬 때 라그랑주 승수 λ는 c가 1단위 증가할 경우 최대화된 목적함수가 얼마나 증가하는지를 근사적으로 나타낸다. 이 해석에 따르면 그림자가격은 음이 아니다. 한편 최적점에서 $g(x, y) < c$이면, 즉 자원 제약조건이 구속(bind)되지 않으면 식 (18.1.3)에 따라 $\lambda = 0$이어야 한다. 이는 c가 조금 증가해도 추가로 얻는 가치가 0임을 의미한다.

3 이에 해당하는 일반적인 선형계획법 문제에 대한 보완여유조건은 『Essential Mathematics for Economic Analysis(6th ed.)』 식 (19.5.2)이며, 이 식을 참고하면 도움이 될 것이다.

4 『Essential Mathematics for Economic Analysis(6th ed.)』 19.4절 후반부에서 선형계획법 문제를 다룰 때 설명했던 것과도 같은 맥락이다.

두 부등식 $\lambda \geq 0$과 $g(x, y) \leq c$는 많아야 하나가 '여유(slack)'있어야 한다는 점에서 **보완적**이다. 여기서 여유있다는 것은 부등호가 $<$ 또는 $>$으로 성립한다는 뜻이다. 다시 말해 적어도 하나는 등식으로 성립해야 한다. 비선형계획법 문제를 풀 때 가장 흔히 저지르는 실수는 보완여유조건에서 $\lambda = 0$과 $g(x, y) = c$가 **동시에 일어날 수 있다는 사실을 놓치는 것이다.**

앞에서 설명한 KKT 방법의 ❷~❺ 단계를 합쳐서 **KKT 조건**(KKT condition)이라 한다. 이 조건들은 (본질적으로) 문제 (18.1.1)의 해가 되기 위한 **필요조건**이다. 그럼에도 일반적으로 KKT 조건은 충분조건과는 거리가 멀다. 구체적으로 f의 임계점이고 $g(x^0, y^0) < c$인 점 (x^0, y^0)를 찾을 수 있다고 가정하자. 이때 라그랑주 승수 $\lambda = 0$을 함께 고려하면 (x^0, y^0)는 KKT 조건을 자동으로 만족한다. 그러면 (x^0, y^0)는 국소 최소점 또는 전역 최소점일 수도 있고 최대점일 수도 있으며 심지어 안장점일 수도 있다. 이러한 KKT 조건이 본질적으로 필요조건이라 하는 이유는 항상 KKT 조건을 만족하는 라그랑주 승수가 존재하는 것은 아니기 때문이다. 매우 드문 경우이긴 하지만 '제약조건 자격'이라 불리는 특별한 기술적 조건을 만족하지 않는 제약 최적화 문제에서는 예외가 발생할 수 있다.[5]

등식 제약조건에서는 편도함수 $\frac{\partial \mathcal{L}}{\partial \lambda}$를 0으로 두면 제약조건 $g(x, y) = c$가 성립한다. 하지만 부등식 제약조건에서는 해당 제약조건에 여유가 있거나 최적점에서 이 제약조건이 무의미하다면 $\frac{\partial \mathcal{L}}{\partial \lambda} = -g(x, y) + c > 0$일 수 있다. 이런 이유 때문에 17장에서 라그랑지안 함수를 승수 λ에 대해 미분하는 방법을(비록 많은 다른 책에서 권장하더라도) 추천하지 않았던 것이다.

등식 제약조건의 경우 [정리 17.5.1]에서 다음 사실을 증명했다. 만약 라그랑주 함수가 오목하거나 혹은 다른 몇 가지 이유로 라그랑지안 함수의 임계점이 그 함수의 비제약 전역 최대점이라면 문제 (17.5.1)의 일계조건은 최적화를 보장하는 충분조건이다. 부등식 제약조건이 있는 문제에도 아주 비슷한 결과가 성립한다. 그리고 [정리 18.1.1]의 증명은 꽤 많은 것을 가르쳐준다.

정리 18.1.1 부등식 제약조건에서 최적화를 보장하는 충분조건

문제 (18.1.1)에서 (x^0, y^0)가 다음 라그랑지안 함수에 대해 조건 (18.1.2)부터 (18.1.4)까지 모두 만족한다고 가정하자.

$$\mathcal{L}(x, y) = f(x, y) - \lambda\{g(x, y) - c\}$$

라그랑지안 함수가 오목하거나 (x^0, y^0)가 어떻게든 $\mathcal{L}$을 최대화한다면 (x^0, y^0)는 제약 최대화 문제의 해가 된다.

증명

조건 (18.1.2)를 만족하는 모든 (x^0, y^0) 쌍은 라그랑지안 함수의 임계점이어야 한다. [정리 16.2.2]에 따르면 라그랑지안 함수가 오목하면 이 (x^0, y^0)는 전역 최대점이다. 그러므로 모든 (x^0, y^0) 쌍은 다음을 만족해야 한다.

$$\mathcal{L}(x^0, y^0) = f(x^0, y^0) - \lambda\{g(x^0, y^0) - c\} \geq \mathcal{L}(x, y) = f(x, y) - \lambda\{g(x, y) - c\} \qquad (*)$$

5 자세한 내용은 『Further Mathematics for Economic Analysis(2nd ed.)』를 확인하라.

이제 라그랑지안 함수 $\mathcal{L}$이 오목하든 그렇지 않든 상관없이 식 (*)가 어떻게든 성립한다고 가정하자. 그러면 식 (*)의 항들을 재배열하여 다음을 얻는다.

$$f(x^0,\ y^0)-f(x,\ y) \geq \lambda\{g(x^0,\ y^0)-g(x,\ y)\} \tag{**}$$

다른 형태의 보완여유조건 (18.1.5)를 적용하면 $\lambda \geq 0$과 $\lambda\{g(x^0,\ y^0)-c\}=0$ 모두 성립한다. 이에 따라 임의의 $(x,\ y)$ 쌍이 부등식 제약조건 $g(x,\ y) \leq c$를 만족할 때 식 (**)의 우변은 다음을 만족한다.

$$\lambda\{g(x^0,\ y^0)-g(x,\ y)\}=\lambda\{c-g(x,\ y)\}\geq 0$$

따라서 부등식 (**)는 $f(x^0,\ y^0) \geq f(x,\ y)$를 의미하고, $(x^0,\ y^0)$는 제약 최대화 문제 (18.1.1)의 해이다. ■

EX 18.1.1 어떤 회사가 노동력 L단위를 가지고 두 가지 서로 다른 재화를 생산하려 한다. 두 재화는 각각 고정된 양수 가격 a와 b로 판매할 수 있다. 첫 번째 재화를 x단위 생산하는 데 노동력 αx^2단위가 필요하고, 두 번째 재화를 y단위 생산하는 데 노동력 βy^2단위가 필요하다. 여기서 α와 β는 양의 상수이다. 이 고정된 노동력을 투입하여 총수익을 최대화하려면 두 재화를 각각 얼마나 생산해야 하는지 구하라.

풀이

이 회사의 문제는 $\max\ \ ax+by\ \ \text{s.t.}\ \ \alpha x^2+\beta y^2 \leq L$이고 라그랑지안 함수는 다음과 같다.

$$\mathcal{L}(x,\ y)=ax+by-\lambda(\alpha x^2+\beta y^2-L) \tag{*}$$

(18.1.2)~(18.1.4)의 조건을 따르면 $(x^*,\ y^*)$가 이 문제의 해가 되기 위해서는 다음과 같은 필요조건을 만족해야 한다.

$$\mathcal{L}'_x=a-2\lambda\alpha x^*=0 \tag{i}$$

$$\mathcal{L}'_y=b-2\lambda\beta y^*=0 \tag{ii}$$

그리고 다음과 같은 보완여유조건도 만족해야 한다.

$$\lambda \geq 0,\ \text{만약}\ \alpha(x^*)^2+\beta(y^*)^2<L\text{이면}\ \lambda=0 \tag{iii}$$

자원 제약조건은 $\alpha x^2+\beta y^2 \leq L$도 만족해야 한다. a와 b가 양수이므로 식 (i)과 (ii)는 함께 $\lambda,\ x^*,\ y^*$가 모두 양수임을 의미한다. 따라서 다음 관계가 성립한다.

$$x^*=\frac{a}{2\alpha\lambda},\quad y^*=\frac{b}{2\beta\lambda} \tag{**}$$

$\lambda>0$이므로 조건 (iii)에 의해 $\alpha(x^*)^2+\beta(y^*)^2=L$이다. x^*와 y^*의 식 (**)를 이 등식에 대입하면 다음을 얻는다.

$$\frac{a^2}{4\alpha\lambda^2}+\frac{b^2}{4\beta\lambda^2}=L$$

이 식에서 λ를 구할 수 있다. 그 값은 다음과 같다.

$$\lambda=\frac{1}{2}L^{-\frac{1}{2}}\sqrt{\frac{a^2}{\alpha}+\frac{b^2}{\beta}} \tag{***}$$

지금까지의 방법에 따라 얻은 유일한 후보 해는 식 (**)로 주어지는 x^*, y^*와 식 (***)로 주어진 λ이다. $\lambda > 0$이므로 식 (*)에 있는 라그랑지안 함수 $\mathcal{L}$은 당연히 오목함수이다. 그러므로 [정리 18.1.1]에 의해 이렇게 제약 최대화 문제의 해를 구했다.

EX 18.1.2 다음 문제를 풀어라.

$$\max \ f(x, y) = x^2 + y^2 + y - 1 \ \text{ s.t. } \ g(x, y) = x^2 + y^2 \le 1$$

풀이

라그랑지안 함수는 다음과 같다.

$$\mathcal{L}(x, y) = x^2 + y^2 + y - 1 - \lambda(x^2 + y^2 - 1)$$

(x, y)가 $\mathcal{L}$의 임계점이 되기 위한 일계도함수 필요조건은 다음과 같다.

$$\mathcal{L}'_1(x, y) = 2x - 2\lambda x = 0 \qquad \text{(i)}$$

$$\mathcal{L}'_2(x, y) = 2y + 1 - 2\lambda y = 0 \qquad \text{(ii)}$$

보완여유조건은 다음과 같다.

$$\lambda \ge 0, \ \text{만약 } x^2 + y^2 < 1\text{이면 } \lambda = 0 \qquad \text{(iii)}$$

이제 조건 (i)~(iii)을 만족하는 (x, y, λ) 쌍의 모든 후보 해를 찾아보자. 식 (i)은 $2x(1-\lambda) = 0$으로 식 (ii)는 $2y(1-\lambda) = -1$로 쓸 수 있다. 두 번째 식은 $\lambda \ne 1$을 의미하므로 첫 번째 식에 의해 $x = 0$이다.

$x^2 + y^2 = 1$인 경우를 먼저 생각해보자. $x = 0$이므로 $y = \pm 1$이다. 먼저 $y = 1$을 시도해보자. 그러면 조건 (ii)에 의해 $\lambda = \frac{3}{2}$이다. $\lambda > 0$이므로 조건 (iii)을 만족한다. 그러므로 쌍 $(x, y, \lambda) = \left(0, 1, \frac{3}{2}\right)$은 조건 (i)~(iii)을 모두 만족하는 첫 번째 최적 후보 해이다. 다음으로 $y = -1$을 시도해보자. 그러면 조건 (ii)에 의해 $\lambda = \frac{1}{2} > 0$이므로 다시 조건 (iii)을 만족한다. 따라서 $(x, y, \lambda) = \left(0, -1, \frac{1}{2}\right)$이 두 번째 최적 후보 해이다.

이번에는 $x^2 + y^2 = y^2 < 1$인 경우를 생각해보자. $x = 0$이므로 $y^2 < 1$이고, 즉 $-1 < y < 1$이다. 이때 조건 (iii)에 따라 $\lambda = 0$이므로 조건 (ii)에 의해 $y = -\frac{1}{2}$이다. 그러므로 쌍 $\left(0, -\frac{1}{2}, 0\right)$이 세 번째 최적 후보 해이다.

결론적으로 세 개의 최적 후보 해가 존재한다. 이에 해당하는 함숫값은 다음과 같다.

$$f(0, 1) = 1, \ f(0, -1) = -1, \ f\left(0, -\frac{1}{2}\right) = -\frac{5}{4}$$

이제 평면에서 $x^2 + y^2 < 1$을 만족하는 단위원판 위에서 연속함수 $x^2 + y^2 + y - 1$을 최대화하려고 한다. 이 집합은 닫힌 유계집합이므로 극값정리에 따라 문제의 해가 반드시 존재한다. 이미 찾은 세 개의 점만이 가능한 해이므로 최대화 문제의 해는 $(x, y) = (0, 1)$임을 알 수 있다.[6]

6 점 $\left(0, -\frac{1}{2}\right)$은 이에 대응하는 최소화 문제의 해이다. [EX 16.5.1]에서 다른 방법을 사용하여 이 두 문제를 푼 적이 있다.

KKT 방법을 사용할 수 있는 이유

xy평면의 점 (x^*, y^*)가 문제 (18.1.1)의 해라고 가정하자. 이때 두 가지 경우가 가능하다. 하나는 제약조건 $g(x^*, y^*) \le c$가 (x^*, y^*)에서 **여유**(slack)있거나 **무의미**(inactive)한 경우인 $g(x^*, y^*) < c$이다. 다른 하나는 (x^*, y^*)에서 이 부등식 제약조건에 구속(bind)되거나, 이 제약조건이 **실효성**(active)이 있거나 **꽉 찬**(tight) 경우인 $g(x^*, y^*) = c$이다. 이 두 가지 다른 경우를 [그림 18.1.1]과 [그림 18.1.2]에서 모수 c 값을 달리하여 나타냈다. 또한 두 그림은 모두 동일한 목적함수 f에 대해 등위곡선 4개를 보여준다. 여기서 함수 f는 등위곡선이 점점 작아질수록 값이 증가하는 함수라고 가정한다.

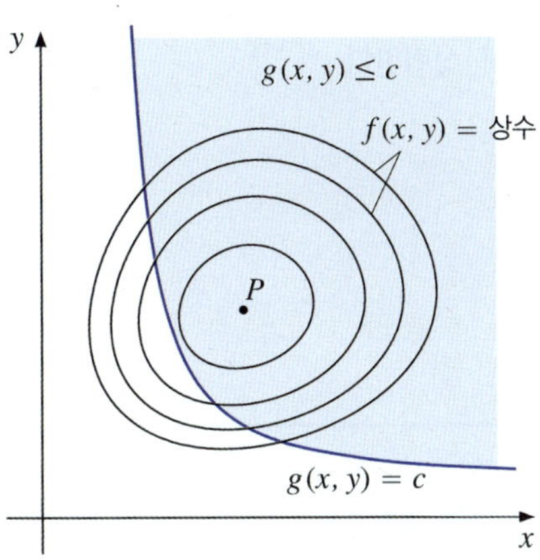

그림 18.1.1 $P=(x^*, y^*)$**는 실현가능한 집합의 내부점이다.**

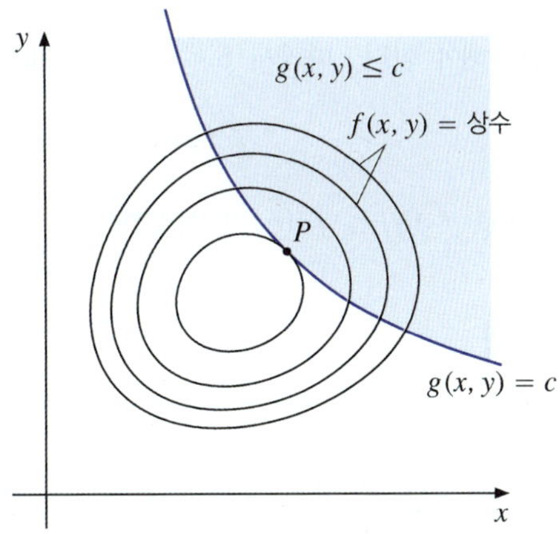

그림 18.1.2 제약조건 $g(x, y) \le c$**는** $P=(x^*, y^*)$**에서 구속된다.**

[그림 18.1.1]과 같은 그림은 문제 (18.1.1)의 해 (x^*, y^*)가 $g(x^*, y^*) < c$를 만족하므로 음영으로 표시된 실현가능한 집합 P의 내부점일 때 나타난다. 그러면 (x^*, y^*)는 함수 f의 국소 최대점이어야 하므로 이 점에서 $f'_1(x^*, y^*) = f'_2(x^*, y^*) = 0$이어야 한다. 이때 $\lambda = 0$으로 두면 세 쌍 (x^*, y^*, λ)는 조건 (18.1.2)~(18.1.4)를 만족한다.

이와 다른 경우가 [그림 18.1.2]에 있다. 이 그림은 문제 (18.1.1)의 해 (x^*, y^*)가 $g(x^*, y^*) = c$를 만족하므로 음영으로 표시된 실현가능한 집합 P의 경계에 있을 때 나타난다. 그러면 제약조건 $g(x, y) \le c$는 구속되고, 실제로 점 (x^*, y^*)는 등식 제약조건을 가진 다음 문제의 해가 되어야 한다.

$$\max\ f(x, y)\ \text{s.t.}\ g(x, y) = c$$

[정리 17.4.1]의 조건을 모두 만족한다면 라그랑지안 함수가 (x^*, y^*)에서 일계조건 (18.1.2)를 만족하는 유일한 라그랑주 승수 λ가 존재한다. 남은 문제는 이 라그랑주 승수 λ가 $\lambda \ge 0$을 만족하는지 확인하는 것이다. 이것이 확인되면 (x^*, y^*)가 조건 (18.1.3)도 만족함을 알 수 있다.

$\lambda \ge 0$을 증명하기 위해 제약조건의 우변에 있는 상수 c를 변수인 모수 b로 대체하고 다음 두 문제를 생각해 보자.

$$\max\ f(x, y)\ \text{s.t.}\ g(x, y) \le b\text{이고}\ \max\ f(x, y)\ \text{s.t.}\ g(x, y) = b$$

부등식 제약조건을 가진 첫 번째 문제에 대해 최대가치함수를 $v(b)$라 하고, 등식 제약조건을 가진 두 번째 문제에 대해 최대가치함수를 $f^*(b)$라 하자. 식 (17.2.2)로부터 함수 $f^*(b)$가 $b=c$에서 미분가능하면 라그랑주 승수 λ는 그 점에서의 도함숫값 $\left[\dfrac{df^*(b)}{db}\right]_{b=c}$ 와 같아야 한다. $b<c$이면 언제나 $f^*(b)\le f^*(c)$임을 보일 것이다. 이는 적어도 f^*가 $b=c$에서 미분가능할 때 $\lambda=\left[\dfrac{df^*(b)}{db}\right]_{b=c}\ge 0$임을 의미한다.

일반적으로 제약 최대화 문제에서는 더 강한 제약조건을 부여하면 최댓값이 더 커질 수 없다. 그러므로 등식 제약조건 $g(x,\ y)=b$는 부등식 제약조건 $g(x,\ y)\le b$보다 더 강하므로 v와 f^*의 정의에 따라 모든 b에 대해 $f^*(b)\le v(b)$이다. 또한 $b<c$이면 제약조건 $g(x,\ y)\le b$는 $g(x,\ y)\le c$보다 더 강하므로 $v(b)\le v(c)$이다. 마지막으로 문제 (18.1.1)의 해 $(x^*,\ y^*)$가 $g(x^*,\ y^*)=c$를 만족하는 경우를 다루고 있으므로, $v(c)=f^*(c)$를 만족해야 한다. 따라서 $b<c$이면 언제든지 다음 부등식이 성립한다.

$$f^*(b)\le v(b)\le v(c)=f^*(c)$$

그러므로 필요한 대로 $f^*(b)\le f^*(c)$가 성립한다.

18.1 연습문제

1 문제 $\max\ -x^2-y^2$ s.t. $x-3y\le -10$을 생각해보자.

(a) 이 문제의 해 $(x^*,\ y^*)$를 구하라.

(b) (a)와 동일한 쌍 $(x^*,\ y^*)$는 동일한 제약조건인 $x-3y\le -10$하에서 x^2+y^2을 최소화하는 문제의 해이기도 한다. 실현가능한 집합 S를 개략적으로 나타내고 이 해를 기하적으로 설명하라.

2 소비자 수요 문제 $\max\ \sqrt{x}+\sqrt{y}$ s.t. $px+qy\le m$을 생각해보자.

(a) 최적 수요 x^*와 y^*를 세 모수 쌍 $(p,\ q,\ m)$에 대한 수요함수로 나타내라.

(b) 이 수요함수들은 차수 0의 동차함수인가?

3 문제 $\max\ 4-\frac{1}{2}x^2-4y$ s.t. $6x-4y\le a$를 생각해보자.

(a) 이 문제에 대한 KKT 조건을 작성하라.

(b) 이 문제를 풀어라.

(c) $V(a)$가 최대가치함수를 나타낸다면 (b)에서 구한 라그랑주 승수 λ가 $V'(a)=\lambda$를 만족함을 보여라.

4 문제 $\max\ x^2+2y^2-x$ s.t. $x^2+y^2\le 1$을 생각해보자.

(a) 라그랑지안 함수와 식 (18.1.2)의 두 일계조건을 작성하라.

(b) 모든 필요조건을 만족하는 쌍 $(x,\ y,\ \lambda)$ 다섯 개를 구하라.

(c) 이 문제의 해를 구하라.

5 다음 문제를 생각해보자.

$$\max\ f(x,\ y)=2-(x-1)^2-e^{y^2}\ \text{s.t.}\ x^2+y^2\le a$$

여기서 a는 양의 상수이다.

(a) $a\in(0,\ 1)$인 경우와 $a\ge 1$인 경우를 구분하여 이 문제의 해에 대한 KKT 조건을 작성하라. 그다음 유일한 후보 해 $(x,\ y,\ \lambda)$를 구하라.

(b) [정리 18.1.1]을 사용하여 이 후보 해가 최적해임을 증명하라.

(c) 이 문제의 가치함수를 $f^*(a)$라 할 때 $\dfrac{df^*(a)}{da}=\lambda$임을 보여라.

6 어떤 회사가 생산량 $Q \geq 0$에 대해 수익함수 $R(Q) = aQ - bQ^2$과 비용함수 $C(Q) = \alpha Q + \beta Q^2$을 가진다고 가정하자. 여기서 a, b, α, β는 모두 양의 모수이다. 이 회사는 $Q \geq 0$의 제약조건하에서 이윤함수 $\pi(Q) = R(Q) - C(Q)$를 최대화하려 한다. KKT 방법을 사용하여 이 일변수 문제를 풀어라. 그리고 최적점에서 제약조건이 구속될 조건을 구하라.

18.2 다변수함수와 부등식 제약조건

n개의 변수와 m개의 부등식 제약조건을 가진 일반적인 비선형계획법 문제는 다음과 같이 나타낼 수 있다.

$$\max\ f(x_1,\ \cdots,\ x_n)\ \text{s.t.} \begin{cases} g_1(x_1,\ \cdots,\ x_n) \leq c_1 \\ \quad\vdots \\ g_m(x_1,\ \cdots,\ x_n) \leq c_m \end{cases} \tag{18.2.1}$$

모든 제약조건을 만족하는 n차원 벡터 $\mathbf{x} = (x_1,\ \cdots,\ x_n)$으로 이루어진 집합을 **허용가능한 집합** 또는 **실현가능한 집합**이라 한다. $f(\mathbf{x})$를 최소화하는 것은 $-f(\mathbf{x})$를 최대화하는 것과 같음을 상기하라. 또한 부등식 제약조건 $g_j(\mathbf{x}) \geq c_j$는 $-g_j(\mathbf{x}) \leq -c_j$로 변형할 수 있고, 등식 제약조건 $g_j(\mathbf{x}) = c_j$는 '$g_j(\mathbf{x}) \geq c_j$와 $-g_j(\mathbf{x}) \leq -c_j$'라는 두 개의 부등식 제약조건 형태로 변형할 수 있다. 이러한 방식으로 대부분의 제약 최적화 문제는 식 (18.2.1)의 형태로 나타낼 수 있다.

17.6절에서 두 식 (17.6.10)과 (17.6.11)을 통해 m개의 등식 제약조건이 있는 문제에 라그랑주 승수법을 적용하는 방법을 설명했다. 여기에서는 문제 (18.2.1)을 푸는 유사한 방법을 소개한다.[7]

KKT 방법

문제 (18.2.1)의 유일하고 가능한 해를 찾기 위해 다음 절차 ❶~❺를 따른다.

❶ 각 $j = 1,\ \cdots,\ m$에 대해 상수인 라그랑주 승수 λ_j를 j번째 제약조건에 대응시키고, 라그랑지안 함수를 다음과 같이 정의한다.

$$\mathcal{L}(\mathbf{x}) = f(\mathbf{x}) - \sum_{j=1}^{m} \lambda_j \{g_j(\mathbf{x}) - c_j\} \tag{18.2.2}$$

7 다음 조건들이 실제로 필요조건이 되려면 『Further Mathematics for Economic Analysis(2nd ed.)』에서 논의한 종류의 제약조건 자격이 필요하다.

❷ 각 $i=1, \cdots, n$에 대해 x_i에 대한 $\mathcal{L}(\mathbf{x})$의 편도함수를 구하고 다음과 같은 n개의 연립방정식을 풀어, m개의 라그랑주 승수 $\lambda_1, \cdots, \lambda_m$에 대해 $\mathcal{L}(\mathbf{x})$의 임계점을 구한다.

$$\frac{\partial \mathcal{L}(\mathbf{x})}{\partial x_i} = \frac{\partial f(\mathbf{x})}{\partial x_i} - \sum_{j=1}^{m} \lambda_j \frac{\partial g_j(\mathbf{x})}{\partial x_i} = 0$$

❸ 각 $j=1, \cdots, m$에 대해 보완여유조건을 다음과 같이 도입한다.

$$\lambda_j \geq 0, \text{ 만약 } g_j(\mathbf{x}) < c_j \text{이면 } \lambda_j = 0$$

❹ $\mathbf{x}$가 모든 제약조건 $g_j(\mathbf{x}) \leq c_j$를 만족하게 한다.

❺ 관련 $\lambda_1, \cdots, \lambda_m$ 값과 함께 조건 ❷, ❸, ❹를 만족하는 모든 벡터 $\mathbf{x}$를 구한다. 이들의 쌍 $(\mathbf{x}, \lambda_1, \cdots, \lambda_m)$은 후보 해이다. 해가 존재한다면 이 중 적어도 하나가 문제를 푸는 해가 된다.

주목할 점은 식 (18.1.5)와 같이 KKT 방법의 ❸~❹단계에서 각 $j=1, \cdots, m$에 대해 j번째 제약조건에 대한 조건을 다음과 같은 세 개의 조건으로 병합할 수 있다는 것이다.

$$\lambda_j \geq 0, \ g_j(\mathbf{x}) \leq c_j, \ \lambda_j\{g_j(\mathbf{x}) - c_j\} = 0 \tag{18.2.3}$$

실제로 이를 더 간결하게 병합할 수 있다. 식 (18.2.3)이 각 $j=1, \cdots, m$에 대해 성립한다면 j에 대해 마지막 등식을 모두 더하여 다음을 얻는다.

$$\sum_{j=1}^{m} \lambda_j\{g_j(\mathbf{x}) - c_j\} = 0 \tag{18.2.4}$$

하지만 그 역도 참이다. 각 $j=1, \cdots, m$에 대해 식 (18.2.3)의 처음 두 부등식은 $\lambda_j\{g_j(\mathbf{x}) - c_j\} \leq 0$을 의미한다. 따라서 식 (18.2.4)의 좌변에 있는 합의 각 항은 모두 양이 아니다. 그런데 전체 합이 0이려면 각 항이 0이 되어야 한다. 그러므로 식 (18.2.3)의 모든 m개 조건이 동시에 성립하는 필요충분조건은 다음과 같이 하나의 병합된 조건이 성립하는 것이다.

$$\lambda_j \geq 0, \ g_j(\mathbf{x}) \leq c_j (\text{단, } j=1, \cdots, m), \ \sum_{j=1}^{m} \lambda_j\{g_j(\mathbf{x}) - c_j\} = 0 \tag{18.2.5}$$

서로 동치인 조건 (18.2.3)과 조건 (18.2.5)는 둘 다 기억하기 쉽고, 다음에 이어지는 유도 과정도 간단하게 만들어준다.

오목계획법

하나의 등식 제약조건을 가진 최대화 문제의 경우에 [정리 17.5.1]은 라그랑지안 함수 $\mathcal{L}(\mathbf{x})$가 $\mathbf{x}$에 대해 오목함수인 특수한 경우의 중요성을 보여주었다. 이는 등식 제약조건을 만족하는 $\mathcal{L}(\mathbf{x})$의 임의의 임계점이 최대화 문제의 해가 되기 때문이다. 실제로 라그랑지안 함수가 오목함수가 아니더라도 제약조건을 만족하면서 어떻게든 라그랑지안 함수를 최대화하는 임계점이라면 그 역시 최대화 문제의 해가 된다. 부등식 제약조건이 주어지면 비슷한 결과가 성립하는 데다 라그랑지안 함수가 오목함수가 되기 위한 몇 가지 유용한 충분조건도 존재한다.

다음 결과는 이러한 충분조건을 보여준다.

오목계획법

(18.2.1)에 제시된 문제를 다음과 같이 상기하자. m개의 부등식 제약조건 $g_j(\mathbf{x}) \le c_j$(단, $j=1,\ 2,\ \cdots,\ m$)하에서 n변수함수 $f(\mathbf{x})$를 최대화하자. 목적함수 f가 오목하고 각 제약함수 g_j(단, $j=1,\ 2,\ \cdots,\ m$)가 볼록하면 이 문제를 **오목계획법**(concave programming)이라 한다.

문제 (18.2.1)에 대해 식 (18.2.2)와 마찬가지로 라그랑지안 함수는 다음과 같다.

$$\mathcal{L}(\mathbf{x}) = f(\mathbf{x}) - \sum_{j=1}^{m} \lambda_j \{g_j(\mathbf{x}) - c_j\}$$

[정리 14.8.1]에서 유한개 오목함수의 합은 역시 오목함수이고, 볼록함수의 음이 아닌 실수배에 음수($-$)를 곱한 함수도 오목함수임을 상기하라. 그러므로 문제 (18.2.1)이 오목계획법이고 모든 m개의 라그랑주 승수 λ_j(단, $j=1,\ 2,\ \cdots,\ m$)가 음이 아니라면 라그랑지안 합에 있는 $m+1$개의 항 각각은 오목함수이다. 따라서 라그랑지안 함수 $\mathcal{L}(\mathbf{x})$ 자신도 오목함수이다.

정리 18.2.1 오목계획법에 대한 충분조건

제약 최대화 문제 (18.2.1)을 생각하자. 식 (18.2.2)로 정의된 라그랑지안 함수 $\mathcal{L}(\mathbf{x})$의 임계점 중 하나인 $\mathbf{x}^0$가 병합된 보완여유조건 (18.2.5)를 만족한다고 하자. $\mathcal{L}$이 오목함수이거나 $\mathbf{x}^0$가 우연히 $\mathcal{L}$을 어떻게든 최대화한다면, $\mathbf{x}^0$는 제약 최대화 문제의 해이다.

증명

모든 $\mathbf{x}$에 대해 $\mathcal{L}(\mathbf{x}^0) \ge \mathcal{L}(\mathbf{x})$라고 가정하면 다음을 얻는다.

$$\mathcal{L}(\mathbf{x}^0) = f(\mathbf{x}^0) - \sum_{j=1}^{m} \lambda_j \{g_j(\mathbf{x}^0) - c_j\} \ge \mathcal{L}(\mathbf{x}) = f(\mathbf{x}) - \sum_{j=1}^{m} \lambda_j \{g_j(\mathbf{x}) - c_j\} \quad (*)$$

또한 병합된 보완여유조건 (18.2.5)도 만족한다고 가정하면 $\sum_{j=1}^{m} \lambda_j \{g_j(\mathbf{x}^0) - c_j\} = 0$이다. 이제 모든 $\mathbf{x}$에 대해 m개의 제약조건 $g_j(\mathbf{x}) \le c_j$(단, $j=1,\ \cdots,\ m$)를 만족한다고 하자. 각 라그랑주 승수가 $\lambda_j \ge 0$을 만족하므로 부등식 $\sum_{j=1}^{m} \lambda_j \{g_j(\mathbf{x}^0) - c_j\} \le 0$을 얻는다. 그러므로 모든 m개의 부등식 제약조건을 만족하는 모든 $\mathbf{x}$에 대해 식 (*)에 따라 다음을 얻는다.

$$f(\mathbf{x}^0) - \sum_{j=1}^{m} \lambda_j \{g_j(\mathbf{x}^0) - c_j\} = f(\mathbf{x}^0) \ge f(\mathbf{x}) - \sum_{j=1}^{m} \lambda_j \{g_j(\mathbf{x}) - c_j\} \ge f(\mathbf{x})$$

이는 $\mathbf{x}^0$가 이 제약조건하에서 최대점임을 증명한다. ■

문제 (18.2.1)에 대응하는 최소화 문제는 다음과 같은 형태를 가진다.

$$\min\ f(\mathbf{x})\ \text{s.t.}\ g_j(\mathbf{x}) \geq c_j\ (\text{단, } j=1,\ 2,\ \cdots,\ m) \tag{18.2.6}$$

이 문제의 라그랑지안 함수는 여전히 다음과 같다.

$$\mathcal{L}(\mathbf{x}) = f(\mathbf{x}) - \sum_{j=1}^{m} \lambda_j \{g_j(\mathbf{x}) - c_j\}$$

목적함수 f가 볼록함수이고 각 제약함수 g_j(단, $j=1,\ 2,\ \cdots,\ m$)가 오목함수이면 최소화 문제 (18.2.6)을 **볼록계획법**(convex programming)이라 한다. 이 조건들은 라그랑지안 함수가 볼록함수임을 보장한다. 그러면 당연히 [정리 18.2.1]을 볼록계획법으로 바꿔 서술할 수 있다. 즉 '오목'을 '볼록'으로, '최대화'를 '최소화'로 바꾸면 된다. 실제로 문제 (18.2.6)의 모든 부호를 바꾸면 다음과 같은 오목계획법 문제가 된다.

$$\max\ -f(\mathbf{x})\ \text{s.t.}\ -g_j(\mathbf{x}) \leq -c_j\ (\text{단, } j=1,\ 2,\ \cdots,\ m)$$

그다음에 이 문제에 대해 [정리 18.2.1]을 적용할 수 있다.

오목계획법의 예

EX 18.2.1 다음 비선형계획법 문제를 생각해보자.

$$\max\ x+3y-4e^{-x-y}\ \text{s.t.}\ \begin{cases} 2-x \geq 2y \\ x-1 \leq -y \end{cases}$$

(a) 이 문제가 오목계획법 문제임을 보여라.

(b) 점 $(x^*,\ y^*)$가 이 문제의 해가 되기 위한 KKT 필요조건을 작성하라. 이 조건은 최적성을 보장하는 충분조건인가?

(c) 이 문제를 풀어라.

풀이

(a) 첫 번째 단계는 문제를 식 (18.2.1)과 같은 형태로 작성하는 것이다.

$$\max\ x+3y-4e^{-x-y}\ \text{s.t.}\ \begin{cases} x+2y \leq 2 \\ x+y \ \ \leq 1 \end{cases} \tag{$*$}$$

각 제약조건의 좌변은 선형함수이므로 볼록하다. 목적함수 $f(x,\ y)=x+3y-4e^{-x-y}$의 이계편도함수는 $f''_{11}=f''_{22}=f''_{12}=-4e^{-x-y}$이다. f의 헤시안 행렬은 $f''_{11}=f''_{22}<0$과 $f''_{11}f''_{22}-(f''_{12})^2=0$을 만족하고, 이로써 목적함수 f는 오목함수이다. 이는 식 (*)가 오목계획법 문제가 되기 위한 모든 조건을 충족한다.

(b) 라그랑지안 함수는 다음과 같다.

$$\mathcal{L}(x,\ y) = x+3y-4e^{-x-y}-\lambda_1(x+2y-2)-\lambda_2(x+y-1)$$

그러므로 $(x^*,\ y^*)$가 이 문제의 해가 되기 위한 KKT 조건은 다음과 같다.

$$\mathcal{L}'_1 = 1 + 4e^{-x^* - y^*} - \lambda_1 - \lambda_2 = 0 \quad \text{(i)}$$

$$\mathcal{L}'_2 = 3 + 4e^{-x^* - y^*} - 2\lambda_1 - \lambda_2 = 0 \quad \text{(ii)}$$

$$\lambda_1 \geq 0, \text{ 만약 } x^* + 2y^* < 2\text{이면 } \lambda_1 = 0 \quad \text{(iii)}$$

$$\lambda_2 \geq 0, \text{ 만약 } x^* + y^* < 1\text{이면 } \lambda_2 = 0 \quad \text{(iv)}$$

(a)의 풀이에서 식 (*)가 오목계획법 문제임을 보였으므로 이 KKT 조건은 최적성을 보장하는 충분조건이다.

(c) 식 (i)에서 식 (ii)를 빼면 $-2+\lambda_1 = 0$이므로 $\lambda_1 = 2$이다. 그러면 식 (iii)과 $x^* + 2y^* \leq 2$에 따라 $x^* + 2y^* = 2$이다. $\lambda_2 = 0$을 가정하자. 그러면 식 (i)에서 $4e^{-x^* - y^*} = 1$이므로 $-x^* - y^* = \ln\frac{1}{4}$이다. 이에 따라 $x^* + y^* = \ln 4 > 1$이므로 제약조건 $x + y \leq 1$을 위반한다. 그러므로 $\lambda_2 > 0$이어야 한다. 그러면 식 (iv)와 $x^* + y^* \leq 1$로부터 $x^* + y^* = 1$임을 알 수 있고, $x^* + 2y^* = 2$임을 알았으므로 $x^* = 0$, $y^* = 1$이다. $\lambda_1 = 2$와 x^*와 y^* 값들을 식 (i)에 대입하면 $\lambda_2 = 4e^{-1} - 1$이고, $e < 4$이므로 이는 양수이다. 해는 $x^* = 0$, $y^* = 1$이고 $\lambda_1 = 2$, $\lambda_2 = 4e^{-1} - 1$이다.

EX 18.2.2 한 근로자가 소비 c와 노동 공급량 l을 선택하여 효용함수 $\alpha \ln c + (1-\alpha)\ln(1-l)$을 최대화하려 한다. 여기서 소비는 $c > 0$이고 여가는 $1 - l > 0$이며 $0 < \alpha < 1$이다. 이 근로자의 예산제약조건은 $c \leq wl + m$이다. 여기서 $w > 0$은 노동 단위당 임금이고 $m \geq 0$은 비근로소득이다. 이에 더해 이 근로자는 $l \geq 0$을 선택해야 한다. 이 근로자의 제약 최대화 문제를 풀어라.

풀이

이 근로자의 문제는 다음과 같다.

$$\max\ \alpha \ln c + (1-\alpha)\ln(1-l) \ \text{ s.t. } \ c \leq wl + m,\ l \geq 0$$

$x > 0$일 때 $\ln x$는 x에 대해 오목함수이므로 $c > 0$, $l < 1$, $0 < \alpha < 1$인 조건하에서 이 문제는 분명히 오목계획법 문제이다. 라그랑지안 함수는 다음과 같다.

$$\mathcal{L}(c, l) = \alpha \ln c + (1-\alpha)\ln(1-l) - \lambda(c - wl - m) + \mu l$$

그러므로 (c^*, l^*)가 문제의 해가 되기 위한 KKT 조건은 다음과 같다.

$$\mathcal{L}'_c = \frac{\alpha}{c^*} - \lambda = 0 \quad \text{(i)}$$

$$\mathcal{L}'_l = \frac{-(1-\alpha)}{1-l^*} + \lambda w + \mu = 0 \quad \text{(ii)}$$

$$\lambda \geq 0, \text{ 만약 } c^* < wl^* + m\text{이면 } \lambda = 0 \quad \text{(iii)}$$

$$\mu \geq 0, \text{ 만약 } l^* > 0\text{이면 } \mu = 0 \quad \text{(iv)}$$

식 (i)로부터 $\lambda = \frac{\alpha}{c^*} > 0$을 얻는다. 첫 번째 제약조건과 식 (iii)을 결합하면 다음을 얻는다.

$$c^* = wl^* + m \quad \text{(v)}$$

가정에 따라 $c^* > 0$이다. 이제 다음 두 가지 경우가 있다.

❶ $\mu = 0$인 경우 : 식 (i)과 (ii)로부터 $c^* = \frac{\alpha}{\lambda}$와 $l^* = 1 - \frac{1-\alpha}{\lambda w}$를 얻는다. 이 값들을 식 (v)에 대입하면 $\frac{\alpha}{\lambda} = w - \frac{1-\alpha}{\lambda} + m$을 얻는다. 이에 따라 $\lambda = \frac{1}{w+m}$이므로 $c^* = \alpha(w+m)$이고 $l^* = 1-(1-\alpha)\frac{w+m}{w} = \alpha - (1-\alpha)\frac{m}{w}$이다. 이때 KKT 조건은 $l^* \geq 0$일 때 모두 만족하고, $l^* \geq 0$일 필요충분조건은 $m \leq \alpha \frac{w}{1-\alpha}$이다.

❷ $\mu > 0$인 경우 : 식 (iv)에 의해 $l^* = 0$이므로 식 (v)에 의해 $c^* = m$이고, 식 (i)에 의해 $\lambda = \frac{\alpha}{c^*} = \frac{\alpha}{m}$이다. 식 (ii)로부터는 $\mu = 1 - \alpha - \alpha\frac{w}{m}$를 얻는다. 이 경우는 $\mu > 0$일 때 성립하고, $\mu > 0$일 필요충분조건은 $m > \alpha\frac{w}{1-\alpha}$이다.

[EX 18.2.1]과 [EX 18.2.1]는 최적점에서 어느 제약조건에 구속되는지(즉 등호로 성립하는지) 찾는 것이 그리 어렵지 않다. 하지만 지금 살펴보고 있는 오목계획법 문제를 포함해 더 복잡한 비선형계획법 문제에서는 이를 찾는 일이 더 어려울 수 있다. 두 개의 제약조건이 있는 비선형계획법 문제에서 모든 최적 후보 해를 찾는 일반적인 방법은 다음과 같이 정리된다. 먼저 두 제약조건에 모두 구속되는 경우를 살펴본다. 다음으로 하나의 제약조건에만 구속되는 두 가지 경우를 각각 살펴본다. 마지막으로 어느 제약조건에도 구속되지 않는 네 번째 경우를 살펴본다. 각각의 경우에 대해 모든 관련 조건을 만족하는 벡터 $\mathbf{x}$와 음이 아닌 두 라그랑주 승수값(존재한다면)을 구한다. 그다음 이 $\mathbf{x}$ 값들에 대해 $f(\mathbf{x})$ 값을 계산하고 $f(\mathbf{x})$가 최대인 $\mathbf{x}$를 선택한다. 특이한 경우를 제외하고 이 과정을 통해 최적값을 찾을 수 있다. 다음을 통해 이 방법의 실제 적용을 살펴보자.

EX 18.2.3 재화 A를 x_1단위, 재화 B를 x_2단위 소비할 때 효용이 $U(x_1, x_2) = \ln x_1 + \ln x_2$라 가정하자. 또한 재화 A, B의 단위당 가격은 각각 10달러와 5달러이고, 두 재화에 사용할 수 있는 총예산이 350달러라 하자. 마지막으로 재화 A를 1단위 소비하는 데 0.1시간, 재화 B를 1단위 소비하는 데 0.2시간이 소요되고, 소비에 사용할 수 있는 총 시간이 8시간이라 하자. 효용을 최대화하기 위해 각각 얼마만큼의 재화를 구매해야 하는가?

풀이

이 문제는 다음과 같다.

$$\max \quad U(x_1, x_2) = \ln x_1 + \ln x_2 \quad \text{s.t.} \begin{cases} 10x_1 + 5x_2 \leq 350 \\ 0.1x_1 + 0.2x_2 \leq 8 \end{cases}$$

라그랑지안 함수는 다음과 같다.

$$\mathcal{L} = \ln x_1 + \ln x_2 - \lambda_1(10x_1 + 5x_2 - 350) - \lambda_2(0.1x_1 + 0.2x_2 - 8)$$

KKT 필요조건은 다음을 만족하는 λ_1과 λ_2가 존재하는 것이다.

$$\mathcal{L}'_1 = \frac{1}{x_1^*} - 10\lambda_1 - 0.1\lambda_2 = 0 \qquad \text{(i)}$$

$$\mathcal{L}'_2 = \frac{1}{x_2^*} - 5\lambda_1 - 0.2\lambda_2 = 0 \qquad \text{(ii)}$$

$$\lambda_1 \ge 0,\ 만약\ 10x_1^* + 5x_2^* < 350 이면\ \lambda_1 = 0 \quad \text{(iii)}$$

$$\lambda_2 \ge 0,\ 만약\ 0.1x_1^* + 0.2x_2^* < 8 이면\ \lambda_2 = 0 \quad \text{(iv)}$$

이 문제는 앞에서 설명한 두 개의 제약조건이 있는 비선형계획법 문제이므로 최적 후보 해를 찾는 일반적인 방법을 따르자.

❶ **두 제약조건에 모두 구속되는 경우** : 첫 번째 제약조건은 다음과 같아진다.

$$10x_1^* + 5x_2^* = 350 \quad \text{(v)}$$

두 번째 제약조건은 $0.1x_1^* + 0.2x_2^* = 8$이다. 이 두 연립일차방정식의 유일한 해는 $(x_1^*, x_2^*) = (20, 30)$이다. 이 값을 식 (i)과 (ii)에 대입하면 $10\lambda_1 + 0.1\lambda_2 = \frac{1}{20}$, $5\lambda_1 + 0.2\lambda_2 = \frac{1}{30}$이고, 이때 유일한 해는 $(\lambda_1, \lambda_2) = \left(\frac{1}{225}, \frac{1}{18}\right)$이다. 특히 λ_1, λ_2가 음이 아니므로 모든 KKT 조건을 만족하는 하나의 최적 후보 해를 구했다.

❷ **첫 번째 제약조건에 구속되고, 두 번째 제약조건에 구속되지 않는 경우** : 식 (v)가 성립하고 두 번째 제약조건은 $0.1x_1^* + 0.2x_2^* < 8$이다. 식 (iv)로부터 $\lambda_2 = 0$을 얻는다. 이제 식 (i)과 (ii)로부터 $x_2^* = 2x_1^*$이다. 이를 식 (v)에 대입하면 $x_1^* = 17.5$이므로 $x_2^* = 2x_1^* = 35$이다. 하지만 이때 $0.1x_1^* + 0.2x_2^* = 8.75$이므로 두 번째 제약조건을 위반한다. 따라서 이 경우 최적 해는 존재하지 않는다.

❸ **두 번째 제약조건에 구속되고, 첫 번째 제약조건에 구속되지 않는 경우** : 두 가지 제약조건은 $10x_1^* + 5x_2^* < 350$, $0.1x_1^* + 0.2x_2^* = 8$이다. 식 (iii)으로부터 $\lambda_1 = 0$이고, 식 (i)과 (ii)에 따라 $0.1x_1^* = 0.2x_2^*$이다. 이를 $0.1x_1^* + 0.2x_2^* = 8$에 대입하면 $x_2^* = 20$, $x_1^* = 40$이다. 하지만 이때 $10x_1^* + 5x_2^* = 500$이 되어 첫 번째 제약조건을 위반한다. 따라서 이 경우에도 최적 해는 존재하지 않는다.

❹ **어떤 제약조건에도 구속되지 않는 경우** : $\lambda_1 = \lambda_2 = 0$이므로 식 (i)과 (ii)가 성립하지 않는다.

❶~❹에 의해 최적 해는 $(x_1^*, x_2^*) = (20, 30)$ 하나뿐이다. 주어진 문제가 오목계획법임을 쉽게 확인할 수 있으므로 이 해는 제약 최대화 문제의 해이다.

가치함수의 성질

앞서 다룬 다른 제약 최대화 문제와 같이 문제 (18.2.1)의 **가치함수**는 각 m차원 벡터 $\mathbf{c} = (c_1, \cdots, c_m)$에 대해 $f^*(\mathbf{c}) = f(\mathbf{x}^*(\mathbf{c}))$로 정의된다. 여기서 $\mathbf{x}^*(\mathbf{c})$는 문제의 해이다. 다음과 같은 f^*의 성질이 매우 유용하다.

$$f^*(\mathbf{c})는\ 각\ 변수\ c_1, \cdots, c_m 에\ 대해\ 감소함수가\ 아니다. \quad (18.2.7)$$

$$j = 1, \cdots, m 에\ 대해\ \frac{\partial f^*(\mathbf{c})}{\partial c_j} 가\ 존재한다면\ 이는\ \lambda_j(\mathbf{c}) 와\ 같다. \quad (18.2.8)$$

성질 (18.2.7)은 바로 알 수 있다. 왜냐하면 c_j가 증가하는 동안 다른 모든 c_k가 고정되었으면 실현가능한 집합은 줄어들지 않으므로 $f^*(\mathbf{c})$는 감소할 수 없기 때문이다. 성질 (18.2.8)에 대해 각 $\lambda_j(\mathbf{c})$는 KKT 조건에서 온 라그랑주 승수이다. 하지만 한 가지 주의해야 할 점이 있다. 가치함수 f^*는 미분가능할 필요가 없다. 심지어

f와 g_1, $\cdots$, g_m이 모두 미분가능하더라도 가치함수는 기울기가 급격하게 변화할 수 있다.[8]

18.2 연습문제

1 문제 $\max\ \frac{1}{2}x-y$ s.t. $x+e^{-x}\le y$, $x\ge 0$을 생각해보자.

(a) 라그랑지안 함수와 KKT 필요조건을 구하라.

(b) 이 문제의 해를 구하라.

2 p, q, m이 양의 모수이고, $0<\alpha<1$이라 하자. 다음 예산제약조건에 더해 첫 번째 재화의 구매량을 제한하는 상한 $\bar{x}$가 있는 소비자 수요 문제를 풀어라.

$$\begin{aligned}&\max\ \alpha\ln x+(1-\alpha)\ln y\\&\text{s.t. } px+qy\le m,\ x\le\bar{x}\end{aligned}$$

3 최적화 문제 $\max\ x+y-e^{x}-e^{x+y}$ s.t. $x+y\ge 4$, $x\ge -1$, $y\ge 1$을 생각해보자.

(a) 실현가능한 집합 S를 그려라.

(b) 모든 필요조건을 만족하는 쌍 (x, y)를 모두 구하라.

(c) 이 문제의 해를 구하라.

4 문제 $\max\ x+ay$ s.t. $x^2+y^2\le 1$, $x+y\ge 0$을 생각해보자. 여기서 a는 상수이다.

(a) 실현가능한 집합을 그려보고 필요조건을 구하라.

(b) 상수 a의 모든 값에 대해 문제의 해를 구하라.

5 해가 존재한다고 가정하고 다음 문제를 풀어라.

$$\begin{aligned}&\max\ y-x^2\\&\text{s.t. } y\ge 0,\ y-x\ge -2,\ y^2\le x\end{aligned}$$

6 문제 $\max\ -\left(x+\frac{1}{2}\right)^2-\frac{1}{2}y^2$ s.t. $e^{-x}-y\le 0$, $y\le\frac{2}{3}$를 생각해보자.

(a) 실현가능한 집합을 그려라.

(b) KKT 조건을 작성하고 문제의 해를 구하라.

7 문제 $\max\ xz+yz$ s.t. $x^2+y^2+z^2\le 1$을 생각해보자.

(a) KKT 조건을 작성하라.

(b) 이 문제를 풀어라.

18.3 음이 아닌 제약조건

문제 (18.2.1)의 일반적인 비선형계획법 문제를 상기하자. 경제학 최적화 문제에 포함된 변수들은 본질적으로 음이 아니어야 하는 경우가 많다. 이러한 제약조건을 문제 (18.2.1)의 형식에 포함하는 것은 어렵지 않다. 예를 들어 조건 $x_1\ge 0$은 추가 제약조건 $h_1(x_1, \cdots, x_n)=-x_1\le 0$으로 표현할 수 있다. 물론 이 제약조건에 대해 라그랑주 승수를 추가로 도입해야 한다. 하지만 너무 많은 라그랑주 승수를 사용하지 않기 위해 음이 아닌 제약조건이 있는 비선형계획법 문제에 대한 해의 필요조건은 때때로 조금 다른 방식으로 공식화되기도 한다. 먼저 다음 문제를 생각해보자.

$$\max\ f(x, y)\ \text{s.t.}\ g(x, y)\le c,\ x\ge 0,\ y\ge 0 \tag{18.3.1}$$

8 이러한 경우는 『Further Mathematics for Economic Analysis(2nd ed.)』에서 다룬다.

함수 $h_1(x, y)=-x$와 $h_2(x, y)=-y$를 도입하여 문제 (18.3.1)의 세 가지 제약조건을 $g(x, y) \le c$, $h_1(x, y) \le 0$, $h_2(x, y) \le 0$으로 표현할 수 있다. 문제 (18.2.1)을 푸는 방법을 적용하면 추가로 두 개의 라그랑주 승수 μ_1, μ_2를 도입하여 다음과 같은 라그랑지안 함수를 구성할 수 있다.

$$\mathcal{L}(x, y)=f(x, y)-\lambda\{g(x, y)-c\}-\mu_1(-x)-\mu_2(-y)$$

KKT 조건은 다음과 같다.

$$\mathcal{L}'_1=f'_1(x, y)-\lambda g'_1(x, y)+\mu_1=0 \tag{i}$$

$$\mathcal{L}'_2=f'_2(x, y)-\lambda g'_2(x, y)+\mu_2=0 \tag{ii}$$

$$\lambda \ge 0,\ \text{만약 } g(x, y)<c\text{이면 } \lambda=0 \tag{iii}$$

$$\mu_1 \ge 0,\ \text{만약 } x>0\text{이면 } \mu_1=0 \tag{iv}$$

$$\mu_2 \ge 0,\ \text{만약 } y>0\text{이면 } \mu_2=0 \tag{v}$$

식 (i)로부터 $f'_1(x, y)-\lambda g'_1(x, y)=-\mu_1$을 얻는다. 식 (iv)로부터 $-\mu_1 \le 0$이고 $x>0$일 때 $-\mu_1=0$이다. 따라서 식 (i)과 식 (iv)를 합하면 다음과 동치이다.

$$f'_1(x, y)-\lambda g'_1(x, y) \le 0,\ \text{만약 } x>0\text{이면 } f'_1(x, y)-\lambda g'_1(x, y)=0 \tag{vi}$$

같은 방식으로 식 (ii)와 식 (v)를 합하면 다음과 동치이다.

$$f'_2(x, y)-\lambda g'_2(x, y) \le 0,\ \text{만약 } y>0\text{이면 } f'_2(x, y)-\lambda g'_2(x, y)=0 \tag{vii}$$

그러므로 식 (iii)과 함께 두 개의 변형된 KKT 조건인 식 (vi)과 (vii)을 가진다. 식 (i)과 식 (iv)를 식 (vi)으로 대체하고, 식 (ii)와 식 (v)를 식 (vii)로 대체한 이후 부등식 제약조건 $g(x, y) \le c$에 대한 라그랑주 승수 λ 하나만 남았음을 유념하라.

이와 같은 아이디어를 다음과 같이 n개의 음이 아닌 변수와 m개의 부등식 제약조건을 가진 일반화된 문제로 쉽게 확장할 수 있다.

$$\max\ f(\mathbf{x})\ \text{s.t.} \begin{cases} g_1(\mathbf{x}) \le c_1 \\ \quad\vdots \\ g_m(\mathbf{x}) \le c_m \end{cases},\ x_1 \ge 0,\ \cdots,\ x_n \ge 0 \tag{18.3.2}$$

간단히 정리하면 문제 (18.3.2)의 해가 되기 위한 필요조건은 각 $i=1, \cdots, n$에 대해 다음과 같다.

$$\frac{\partial f(\mathbf{x})}{\partial x_i}-\sum_{j=1}^{m}\lambda_j\frac{\partial g_j(\mathbf{x})}{\partial x_i} \le 0,\ \text{만약 } x_i>0\text{이면 } \frac{\partial f(\mathbf{x})}{\partial x_i}-\sum_{j=1}^{m}\lambda_j\frac{\partial g_j(\mathbf{x})}{\partial x_i}=0 \tag{18.3.3}$$

이에 더해 각 $j=1, \cdots, m$에 대해 다음과 같은 보완여유조건을 가진다.

$$\lambda_j \ge 0,\ \text{만약 } g_j(\mathbf{x})<c_j\text{이면 } \lambda_j=0 \tag{18.3.4}$$

[정리 18.2.1]에서와 같이 f가 오목함수이고 각 함수 g_j가 볼록함수인 오목계획법의 경우 식 (18.3.3)과 식 (18.3.4)에 있는 조건은 다음과 같은 의미에서 충분조건이다. 그 조건들을 만족하는 임의의 $(\mathbf{x}, \lambda_1, \cdots, \lambda_m)$에 대해 n차원 벡터 $\mathbf{x}$는 최대화 문제 (18.3.2)의 해이다.

KKT 정리를 선형계획법 문제에 적용하는 경우

일반적인 **선형계획법**(LP ; Linear Programming) 문제는 다음과 같이 쓸 수 있다.[9]

$$\max\ c_1x_1 + \cdots + c_nx_n \ \text{ s.t. } \begin{cases} a_{11}x_1 + \cdots + a_{1n}x_n \le b_1 \\ \qquad\vdots \\ a_{m1}x_1 + \cdots + a_{mn}x_n \le b_m \end{cases} \qquad (*)$$

이 문제는 식 (18.3.2)에 제시된 부등식 제약조건을 가진 일반적인 비선형 최적화 문제의 특수한 경우이다. 목적 함수는 $f(\mathbf{x}) = \sum_{j=1}^{n} c_jx_j$이며, 각 $i = 1,\ 2,\ \cdots,\ m$에 대해 i번째 제약조건은 $g_i(\mathbf{x}) = \sum_{j=1}^{n} a_{ij}x_j \le b_i$이다. 이 특수한 경우에 KKT 조건 (18.3.3)과 (18.3.4)가 어떤 형태를 가지는지 살펴보자. 사실 선형계획법 문제는 실제로 오목계획법이므로 KKT 조건만으로 최대점을 결정할 수 있다.

각 $i = 1,\ \cdots,\ m$에 대해 선형계획법 문제 (*)의 i번째 제약조건에 대응하는 음이 아닌 라그랑주 승수를 λ_i 대신 u_i^*로 나타낸다고 하자.[10] 그러면 각 $j = 1,\ \cdots,\ n$에 대해 조건 (18.3.3)은 다음과 같은 형태를 가진다.

$$c_j - \sum_{i=1}^{m} u_i^* a_{ij} \le 0,\ \text{만약 } x_j^* > 0\text{이면 } c_j - \sum_{i=1}^{m} u_i^* a_{ij} = 0 \qquad (18.3.5)$$

반면 $i = 1,\ \cdots,\ m$에 대한 보완여유조건 (18.3.4)는 다음과 같은 형태를 가진다.

$$u_i^* \ge 0,\ \text{만약 } \sum_{j=1}^{n} a_{ij}x_j^* < b_i\text{이면 } u_i^* = 0 \qquad (18.3.6)$$

n차원 벡터 $\mathbf{x}^*$가 선형계획법 문제 (*)의 부등식 제약조건과 음이 아닌 제약조건을 만족해야 한다는 조건과 결합하면 이 조건들은 선형계획법의 보완여유조건이 된다.[11]

KKT 정리의 경제학적 적용 사례

이 장을 마무리하는 동시에 이 책 전체를 마무리하며 세 가지 경제학적 사례를 살펴보겠다. 이 사례들은 KKT 방법의 강력함과 폭넓은 적용가능성, 특히 오목계획법에 적용될 때의 유용함을 잘 보여준다.

EX 18.3.1 **(노르웨이산과 시베리아산 천연가스 수입)** 16.5절 [연습문제 3]에서와 같이 x, y가 각각 서유럽이 노르웨이와 시베리아에서 수입해야 하는 천연가스 양을 나타낸다고 하자. 이 연습문제에서 수입량의 최적 선택은 다음과 같은 오목계획법으로 나타났다.

$$\max\ f(x,\ y) = 9x + 8y - 6(x+y)^2 \ \text{ s.t. } 0 \le x \le 5,\ 0 \le y \le 3,\ x \ge 2(y-1)$$

조건 (18.3.3)과 (18.3.4)를 사용하여 $(x,\ y) = \left(\frac{3}{4},\ 0\right)$이 해임을 검증하라.

9 (옮긴이) 이 식은 『Essential Mathematics for Economic Analysis(6th ed.)』 식 (19.2.1)과 같다.

10 참고로 『Essential Mathematics for Economic Analysis(6th ed.)』 19장 표기법을 사용했다.

11 자세한 사항은 『Essential Mathematics for Economic Analysis(6th ed.)』 [정리 19.5.1]을 참고하라.

풀이

마지막 제약조건을 $-x+2y \le 2$로 변형한다. 이 제약 최대화 문제는 분명히 오목계획법이며, 라그랑지안 함수는 다음과 같다.

$$\mathcal{L}(x,\ y) = 9x + 8y - 6(x+y)^2 - \lambda_1(x-5) - \lambda_2(y-3) - \lambda_3(-x+2y-2)$$

조건 (18.3.3)은 다음과 같은 형태를 가진다.

$$9 - 12(x+y) - \lambda_1 + \lambda_3 \le 0,\ \text{만약 } x > 0\text{이면 } 9 - 12(x+y) - \lambda_1 + \lambda_3 = 0$$
$$8 - 12(x+y) - \lambda_2 - 2\lambda_3 \le 0,\ \text{만약 } y > 0\text{이면 } 8 - 12(x+y) - \lambda_2 - 2\lambda_3 = 0$$

$(x,\ y) = \left(\frac{3}{4},\ 0\right)$과 $(\lambda_1,\ \lambda_2,\ \lambda_3) = (0,\ 0,\ 0)$이 이 조건과 보완여유조건 (18.3.4)도 만족함을 확인할 수 있다. 따라서 $\left(\frac{3}{4},\ 0\right)$이 해이다.

EX 18.3.2 다음 효용극대화 문제를 생각해보자.

$$\max\ x + \ln(1+y)\ \text{ s.t. }\ px + y \le m,\ x \ge 0,\ y \ge 0$$

여기서 두 재화에 대한 소비는 음이 아니어야 한다.

(a) 점 $(x^*,\ y^*)$가 해가 되기 위한 KKT 필요조건을 작성하라.

(b) 모든 양의 p와 m에 대해 문제의 해를 구하라.

풀이

(a) 라그랑지안 함수는 다음과 같다.

$$\mathcal{L}(x,\ y) = x + \ln(1+y) - \lambda(px + y - m)$$

$(x^*,\ y^*)$가 해가 되기 위한 KKT 조건은 다음을 만족하는 λ가 존재하는 것이다.

$$\mathcal{L}'_1(x^*,\ y^*) = 1 - p\lambda \le 0,\ \text{만약 } x^* > 0\text{이면 } 1 - p\lambda = 0 \qquad \text{(i)}$$

$$\mathcal{L}'_2(x^*,\ y^*) = \frac{1}{1+y^*} - \lambda \le 0,\ \text{만약 } y^* > 0\text{이면 } \frac{1}{1+y^*} - \lambda = 0 \qquad \text{(ii)}$$

$$\lambda \ge 0,\ \text{만약 } px^* + y^* < m\text{이면 } \lambda = 0 \qquad \text{(iii)}$$

또한 $x^* \ge 0$, $y^* \ge 0$과 예산제약조건인 $px^* + y^* \le m$을 만족해야 한다.

(b) 주어진 문제는 오목계획법이므로 KKT 조건을 만족하는 임의의 세 쌍 $(x^*,\ y^*,\ \lambda)$가 최대점 $(x^*,\ y^*)$를 줄 것이다. 식 (i)로부터 $\lambda \ne 0$이므로 $\lambda > 0$이다. 그러면 식 (iii)과 $px^* + y^* \le m$에 따라 다음을 얻는다.

$$px^* + y^* = m \qquad \text{(iv)}$$

제약조건 $x \ge 0$과 $y \ge 0$ 중 어느 제약에 구속되는지에 따라 다음 네 가지 경우를 생각할 수 있다.

❶ $x^* = 0$, $y^* = 0$: $m > 0$이므로 식 (iv)에 의해 이 경우는 불가능하다.

❷ $x^* > 0$, $y^* = 0$: 식 (ii)와 $y^* = 0$으로부터 $\lambda \ge 1$이다. 그러면 식 (i)에 따라 $p = \frac{1}{\lambda} \le 1$이다.

식 (iv)에 의해 $x^* = \frac{m}{p}$이므로 다음과 같은 최대점의 후보 해를 하나 얻는다.

$$(x^*, y^*) = \left(\frac{m}{p}, 0\right), \quad \lambda = \frac{1}{p} \quad (\text{단}, \ 0 < p \le 1)$$

❸ $x^* = 0$, $y^* > 0$: 식 (iv)에 의해 $y^* = m$이다. 그러면 식 (ii)에 따라 $\lambda = \frac{1}{1+y^*} = \frac{1}{1+m}$이다. 식 (i)로부터 $p \ge \frac{1}{\lambda} = m+1$을 얻는다. 이렇게 다음과 같은 후보 해를 하나 가진다.

$$(x^*, y^*) = (0, m), \quad \lambda = \frac{1}{1+m} \quad (\text{단}, \ p \ge m+1)$$

❹ $x^* > 0$, $y^* > 0$: 식 (i)과 식 (ii)에서 모두 등식이 성립해야 하므로 $\lambda = \frac{1}{p} = \frac{1}{1+y^*}$이다. 이에 따라 $y^* = p-1$이고, $y^* > 0$이므로 $p > 1$이다. 식 (iv)에 의해 $px^* = m - y^* = m - p + 1$이므로 $x^* = \frac{m+1-p}{p}$이다. $x^* > 0$이므로 $p < m+1$이어야 한다. 그러므로 다음과 같은 마지막 후보 해를 얻는다.

$$(x^*, y^*) = \left(\frac{m+1-p}{p}, p-1\right), \quad \lambda = \frac{1}{p} \quad (\text{단}, \ 1 < p < m+1)$$

❶~❹의 경우를 모두 종합하면 문제의 해는 다음과 같다.

- $0 < p \le 1$이면 ❷가 성립하여 $(x^*, y^*) = \left(\frac{m}{p}, 0\right)$, $\lambda = \frac{1}{p}$이다.
- $1 < p < m+1$이면 ❹가 성립하여 $(x^*, y^*) = \left(\frac{m+1-p}{p}, p-1\right)$, $\lambda = \frac{1}{p}$이다.
- $p \ge m+1$이면 ❸이 성립하여 $(x^*, y^*) = (0, m)$, $\lambda = \frac{1}{1+m}$이다.

중간 범위인 $1 < p < m+1$을 제외하고는 두 재화 중 더 저렴한 재화 하나에 모두 소비하는 것이 최적이다. 즉 $0 < p \le 1$이면 x에만 소비하고, $p \ge m+1$이면 y에만 소비한다.

EX 18.3.3 **(피크 시간대 요금제)** 전기를 생산하는 대규모 발전기업이 있다고 하자. 이 기업은 태양, 풍력, 수력, 천연가스, 석탄, 핵분열 등 다양한 자원을 사용하는 여러 발전소를 운영한다. 전력 수요는 피크 시간대(peak period)와 피크타임이 아닌 시간대(off-peak period)에 따라 달라지는데, 피크 시간대에는 대부분의 발전 용량이 사용되고 피크타임이 아닌 시간대에는 상당한 여유 용량이 있다. 특정 시간 간격(예를 들면 1년)을 동일한 길이의 n개 기간으로 나누어 생각해보자. 이 n개 기간에 전력 판매량을 $x_1, x_2, \cdots, x_n$이라 하자. 규제당국이 이 n개 기간의 전기 가격을 $p_1, p_2, \cdots, p_n$ 수준으로 고정한다고 가정하자. n개의 모든 기간에 대한 총운영비는 비용함수 $C(\mathbf{x})$라고 하자. 여기서 각 기간의 전력 판매량은 $\mathbf{x} = (x_1, \cdots, x_n)$이며 각 기간의 생산 용량은 상수 k이다. $D(k)$가 생산량을 k 수준으로 유지하는 비용이라 하자. 그러면 이 발전기업의 총이윤은 다음과 같다.

$$\pi(\mathbf{x}, k) = \sum_{i=1}^{n} p_i x_i - C(\mathbf{x}) - D(k)$$

이 기업은 어떤 기간에도 용량 k를 초과하여 생산할 수 없으므로 다음 제약조건이 있다.

$$x_1 \le k, \ \cdots, \ x_n \le k$$

이 제약조건하에서 이윤을 최대화하는 $x_1 \geq 0$, $\cdots$, $x_n \geq 0$과 $k \geq 0$을 찾는 문제를 생각한다. 이는 $(n+1)$개의 변수와 n개의 제약조건, n개의 음이 아닌 제약조건을 가진 비선형계획법 문제이다. 이에 대한 라그랑지안 함수는 다음과 같다.

$$\mathcal{L}(\mathbf{x},\ k) = \sum_{i=1}^{n} p_i x_i - C(\mathbf{x}) - D(k) - \sum_{i=1}^{n} \lambda_i (x_i - k)$$

조건 (18.3.3)과 조건 (18.3.4)에 따라 선택 변수 $(\mathbf{x}^0,\ k^0)$는 0보다 크거나 같고, 다음을 만족하는 음이 아닌 라그랑주 승수 λ_1, $\cdots$, λ_n이 존재할 때만 $(\mathbf{x}^0,\ k^0)$가 해가 된다.

$$i=1,\ \cdots,\ n\text{에 대해 } \frac{\partial \mathcal{L}}{\partial x_i} = p_i - C'_i(\mathbf{x}^0) - \lambda_i \leq 0,\ \text{만약 } x_i > 0\text{이면 } p_i - C'_i(\mathbf{x}^0) - \lambda_i = 0 \tag{i}$$

$$\frac{\partial \mathcal{L}}{\partial k} = -D'(k^0) + \sum_{i=1}^{n} \lambda_i \leq 0,\ \text{만약 } k^0 > 0\text{이면 } -D'(k^0) + \sum_{i=1}^{n} \lambda_i = 0 \tag{ii}$$

$$i=1,\ \cdots,\ n\text{에 대해 } \lambda_i \geq 0,\ \text{만약 } x_i^0 < k^0\text{이면 } \lambda_i = 0 \tag{iii}$$

기간 i에서 $x_i^0 > 0$이라고 가정하자. 그러면 식 (i)에 따라 다음을 얻는다.

$$p_i = C'_i(\mathbf{x}^0) + \lambda_i \tag{iv}$$

기간 i가 피크타임이 아닌 시간대라면 $x_i^0 < k^0$이므로 식 (iii)에 의해 $\lambda_i = 0$이다. 식 (iv)로부터 전기 가격은 $p_i = C'_i(x_i^0,\ \cdots,\ x_n^0)$이다. 그러므로 **이윤을 최대화하는 생산량 $\mathbf{x}^0$에서는 모든 피크타임이 아닌 시간대의 규제 가격이 해당 기간의 한계운영비용과 일치하게 된다.**

반면에 피크 시간대에는 $x_i^0 = k^0$일 때 λ_i가 양수일 수 있다. 또한 $k^0 > 0$이면 식 (ii)로부터 $\sum_{i=1}^{n} \lambda_i = D'(k^0)$이다. 그러므로 **이윤을 최대화하는 생산량 $\mathbf{x}^0$에서는 피크 시간대에 규제당국이 설정한 가격이 한계운영비용을 초과하는데, 초과분 λ_i는 사실상 생산량 제약 $x_i^0 \leq k^0$에 대한 '그림자가격'이다. 그리고 모든 피크 시간대에 걸쳐 이 그림자가격을 합한 값은 한계용량비용 $D'(k^0)$와 같다.**

18.3 연습문제

1 다음 효용극대화 문제를 생각해 보자.

$$\max\ x + \ln(1+y)$$
$$\text{s.t. } 16x + y \leq 495,\ x \geq 0,\ y \geq 0$$

(a) 어떤 점이 해가 되기 위한 KKT 필요조건을, 음이 아닌 제약조건을 포함하여 작성하라.

(b) 이 문제의 해를 구하라.

(c) 소득이 495에서 500으로 증가할 때 효용이 얼마나 증가할지 추정하라.

2 다음 문제의 해가 존재한다고 가정하고 문제를 풀어라.

$$\max\ xe^{y-x} - 2ey$$
$$\text{s.t. } y \leq 1 + \frac{x}{2},\ x \geq 0,\ y \geq 0$$

3 한 기업이 생산능력(capacity)을 최적으로 활용하려면 생산량 x_1, x_2와 생산능력 수준 k를 선택해야 하는데, 이때의 문제가 다음과 같다고 하자.

$$\max\ x_1 + 3x_2 - x_1^2 - x_2^2 - k^2$$
$$\text{s.t. } x_1 \leq k,\ x_2 \leq k,\ x_1 \geq 0,\ x_2 \geq 0,\ k \geq 0$$

$k=0$은 최적이 될 수 없음을 보이고, 이 문제를 풀어라.

CHAPTER 18 복습문제

18.1 모든 $a>0$에 대해 다음 문제를 풀어라.

$$\max\ 10-(x-2)^2-(y-1)^2\ \text{s.t.}\ x^2+y^2\le a$$

18.2 다음 비선형계획법 문제를 생각해보자.

$$\max\ xy\ \text{s.t.}\ x^2+ry^2\le m,\ x\ge 1$$

여기서 r과 m은 양의 상수이고 $m>1$이다.

(a) 어떤 점 $(x,\ y)$가 문제의 해가 되기 위한 KKT 필요조건을 작성하라.

(b) 이 문제를 풀어라.

(c) $V(r,\ m)$이 가치함수를 나타낸다고 하자. $\dfrac{\partial V(r,\ m)}{\partial m}$을 구하고 그 부호를 해석하라.

(d) L이 라그랑지안 함수일 때 $\dfrac{\partial V(r,\ m)}{\partial r}=\dfrac{\partial L}{\partial r}$임을 보여라.

18.3 한 기업이 매달 승용차 x_1대와 트럭 x_2대를 생산한다. 여기서 $x_1\ge 0,\ x_2\ge 0$이다. 승용차를 1대 생산하려면 차체 부서의 생산능력 0.04%, 엔진 부서의 생산능력 0.25%, 전용 승용차 조립라인의 생산능력 0.05%가 필요하다. 트럭을 1대 생산하려면 차체 부서의 생산능력 0.03%, 엔진 부서의 생산능력 0.05%, 전용 트럭 조립라인의 생산능력 0.08%가 필요하다. 그러므로 이 기업은 다음 부등식을 만족하면서 매달 자동차 x_1대와 트럭 x_2대를 생산한다.[12]

$$\begin{cases} 0.04x_1+0.03x_2\le 100 \\ 0.025x_1+0.05x_2\le 100 \\ 0.05x_1\le 100 \\ 0.08x_2\le 100 \end{cases} \qquad (*)$$

또한 $x_1\ge 0,\ x_2\ge 0$이다. 자동차 1대당 이윤이 $500-ax_1$이고, 트럭의 1대당 이윤이 250이라 가정하자. 여기서 a는 음이 아닌 상수이다. 이 기업은 다음 최적화 문제를 풀어야 한다.

$$\max\ (500-ax_1)x_1+250x_2\ \text{s.t.}\ \text{식 }(*),\ x_1\ge 0,\ x_2\ge 0$$

(a) $a=0$일 때 이 최대화 문제는 선형계획법으로 환원된다. 그래프를 이용하여 문제를 풀어라.

(b) $a\ge 0$일 때 이 문제에 대한 조건 (18.3.3)과 (18.3.4)를 작성하라.

(c) (b)에서 얻은 조건을 사용하여 $a\ge 0$ 중 어떤 값이 $a=0$인 경우와 같은 해를 도출하는지 살펴보라.

18.4 [EX 9.5.1]의 회사가 생산량 $Q\ge 0$의 함수로 총수익 $R(Q)$를 얻고 총생산비용 $C(Q)$를 지급한다고 가정하자. 여기서 모든 $Q\ge 0$에 대해 $R'(Q)>0,\ C'(Q)>0,\ R''(Q)<0,\ C''(Q)>0$이다. 이 회사는 제약조건 $Q\ge 0$하에서 이윤 $\pi(Q)=R(Q)-C(Q)$를 극대화한다. 이 문제의 해에 대한 일계조건을 작성하고, 최적에서 제약 $Q\ge 0$에 구속되기 위한 충분조건을 구하라.

---

12 (옮긴이) 이 문제는 『Essential Mathematics for Economic Analysis(6th ed.)』 19장을 학습하고 풀어보기를 권한다.

18.5 한 기업이 두 투입요소 K단위와 L단위를 사용하여 제품 $\sqrt{KL}$단위를 생산한다. 여기서 $K>0$, $L>0$이고, 투입요소의 단위당 비용은 각각 r과 w이다. 이 기업은 최소 Q단위 이상을 생산하면서 총비용을 최소화하기를 원한다.

(a) 주어진 상황에 대한 비선형계획법 문제를 수식으로 구성하라. 이를 최대화 문제 형태로 재구성하고 최적에 대한 KKT 조건을 작성하라. 이 조건을 풀어 K^*와 L^*를 $(r,\ w,\ Q)$의 함수로 나타내라.

(b) 최소비용함수를 $c^*(r,\ w,\ Q)=rK^*+wL^*$로 정의하자. $\dfrac{\partial c^*}{\partial r}=K^*$이고 $\dfrac{\partial c^*}{\partial w}=L^*$임을 보이고 이 결과에 대해 경제학적으로 해석하라.

부록

기하학을 모르는 자, 이 문에 들어서지 말라.
Let no one ignorant of geometry enter this door.
_ 학당 아카데미아 입구에 적힌 문구(Entrance to Plato's Academy)

학습할 때 참고할 수 있도록 기하학에서 자주 사용되는 몇 가지 간단한 공식과 결과를 소개하고, 그리스 문자와 읽는 법을 수록했다.

기하학 공식

■ 삼각형

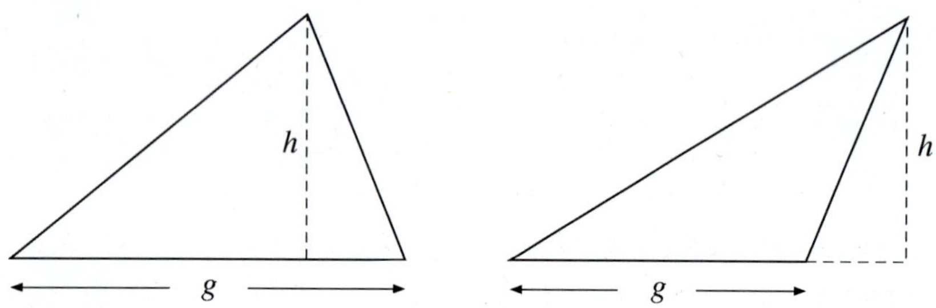

넓이 : $A = \frac{1}{2}gh$

■ 원과 부채꼴

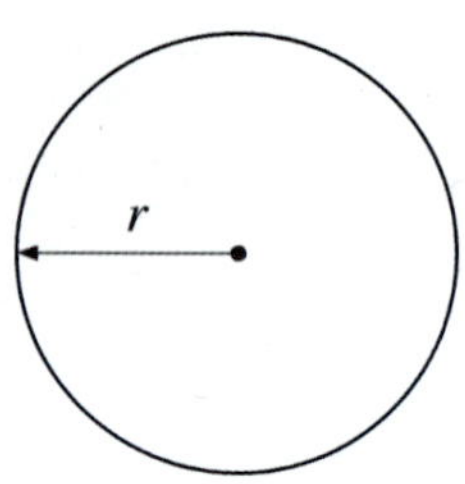

넓이 : $A = \pi r^2$

둘레길이 : $C = 2\pi r$

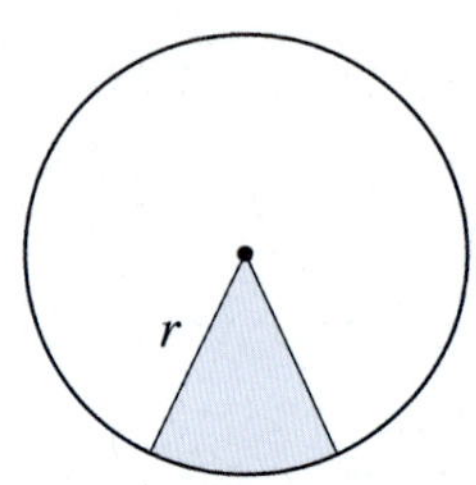

넓이 : $A = \frac{1}{2}xr$

■ 직육면체

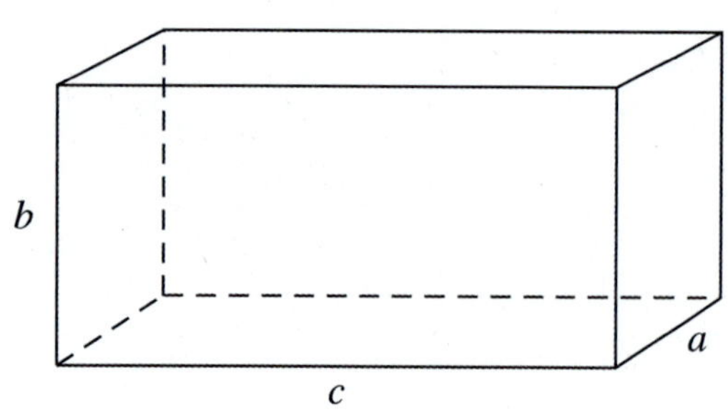

부피 : $V = abc$

겉넓이 : $S = 2ab + 2ac + 2bc$

■ **구(공)**

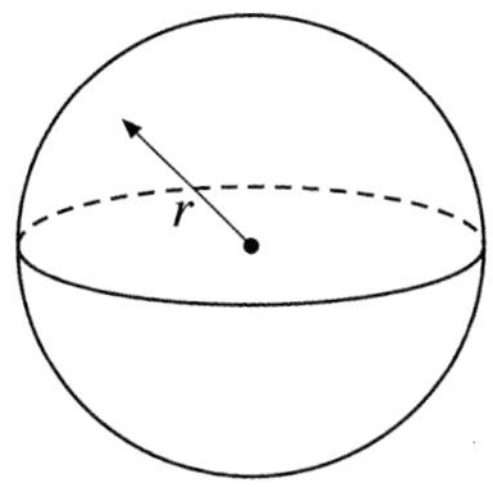

부피 : $V = \frac{4}{3}\pi r^3$

겉넓이 : $S = 4\pi r^2$

■ **원뿔**

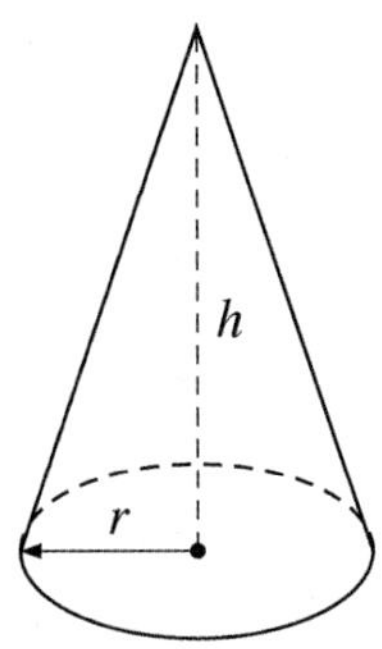

부피 : $V = \frac{1}{3}\pi r^2 h$

겉넓이 : $S = \pi r^2 + \pi r\sqrt{h^2 + r^2}$

■ **사각뿔**

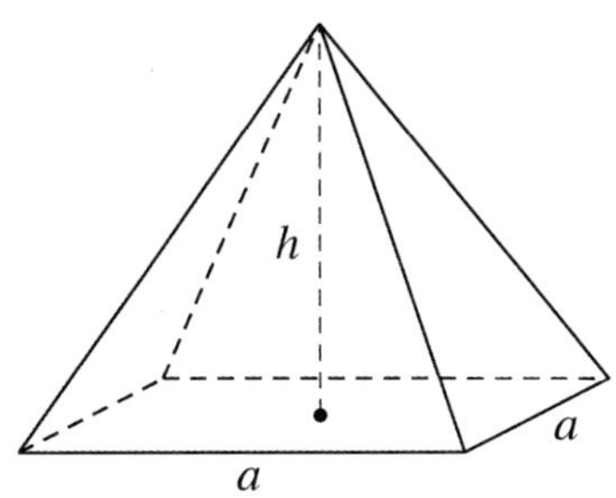

부피 : $V = \frac{1}{3}a^2 h$

겉넓이 : $S = a^2 + a\sqrt{a^2 + 4h^2}$

■ **각**

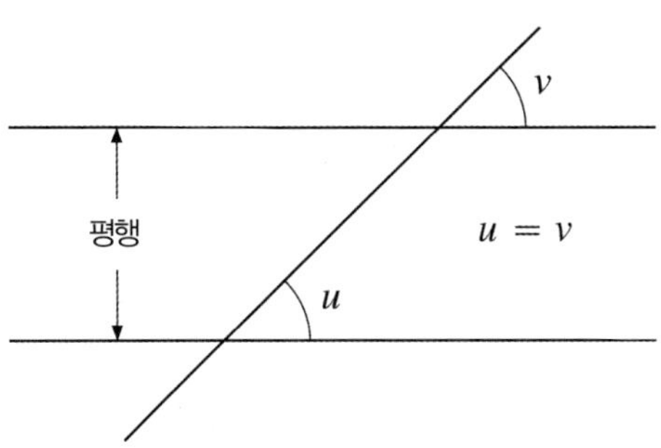

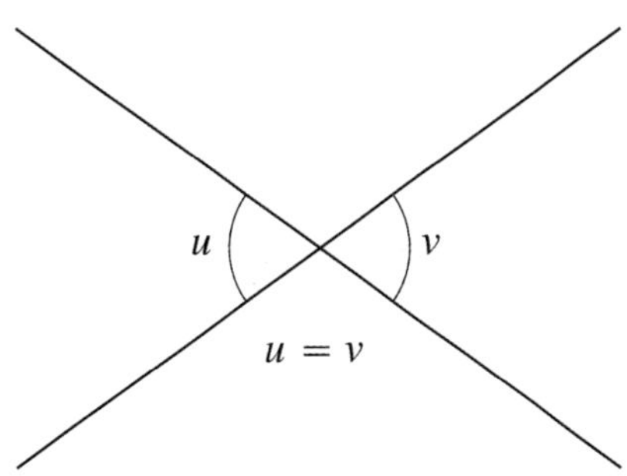

■ 삼각형의 닮음

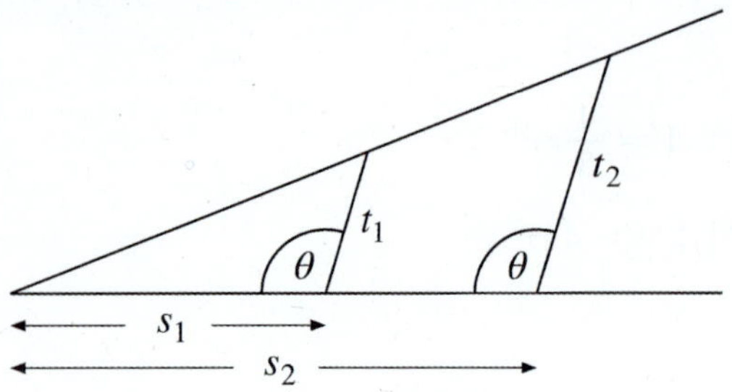

$$\frac{t_1}{s_1} = \frac{t_2}{s_2}$$

■ 삼각형의 세 각의 크기의 합

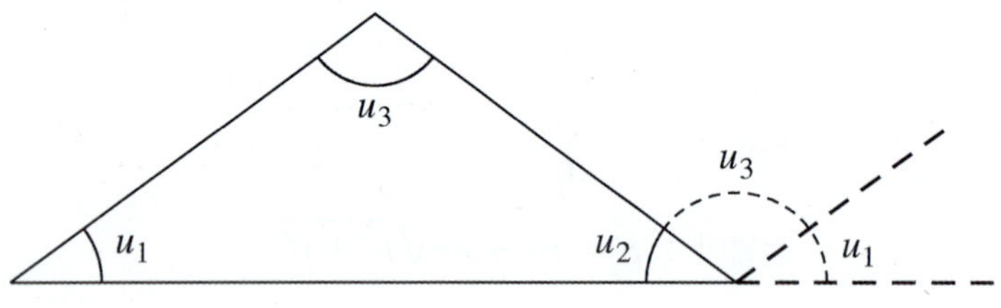

$$u_1 + u_2 + u_3 = 180°$$

■ 피타고라스 정리

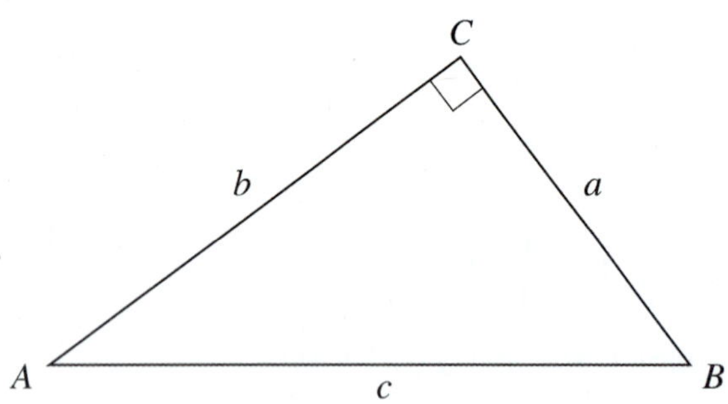

$$\angle C = 90° \quad \Leftrightarrow \quad a^2 + b^2 = c^2$$

그리스 문자

Α α	alpha	알파	Ι ι	iota	요타	Ρ ρ ϱ	rho	로
Β β	beta	베타	Κ κ ϰ	kappa	카파	Σ σ	sigma	시그마
Γ γ	gamma	감마	Λ λ	lambda	람다	Τ τ	tau	타우
Δ δ	delta	델타	Μ μ	mu	뮤	Υ υ	upsilon	입실론
Ε ϵ ε	epsilon	엡실론	Ν ν	nu	뉴	Φ ϕ φ	phi	피
Ζ ζ	zeta	제타	Ξ ξ	xi	크시	Φ χ	chi	카이
Η η	eta	에타	Ο ο	omicron	오미크론	Ψ ψ	psi	프시
Θ θ ϑ	theta	세타	Π π	pi	파이	Ω ω	omega	오메가

찾아보기

ㅂ

ㅅ

ㅇ

ㅈ

D

W ~ Z